해커스 중국어

해설이 상세한

HSK 6급

실전모의고사

해커스

왜 **해설이 상세한** HSK 6급 실전모의고사로 공부해야 할까요?

1 HSK 6급 시간 안에 다 푸시나요?

HSK 6급은 시간 싸움입니다. 따라서 HSK 6급 실전모의고사 교재는 실제 시험장에서 그대로 적용 가능한 문제풀이 전략을 제공하여, 정답을 선택하는 시간을 줄여줄 수 있어야 합니다.

2 독해 1부분 정말 찍어야 하나요?

많은 HSK 6급 수험생들은 독해 1부분을 그냥 찍고 넘어가는 영역이라고 생각합니다. 하지만 독해 1부분을 포기한다면 고득점을 얻기가 어렵습니다. 따라서 HSK 6급 실전모의고사 교재는 독해 1부분을 정복할 수 있는 해법을 제공해야 합니다.

3 1000자 분량의 쓰기 지문 어떻게 외우고, 요약하나요?

1000자 분량의 지문을 10분 안에 외우고, 완벽히 요약해야 하는 쓰기 영역. 따라서 빠른 시간에 전체 내용을 파악하고, 핵심 요약 포인트를 암기하는 전략을 제공하여 쓰기 영역에 자신감을 줄 수 있어야 합니다.

4 점점 어려워지는 시험에 어떻게 대비해야 하나요?

최근 점점 어려워지고 있는 HSK 6급 시험. 따라서 최신 출제경향과 난이도를 그대로 반영하여, 실제 시험과 가장 비슷한 문제와 상세한 해설을 수록한 교재로 공부해야 합니다.

그래서 <해커스 해설이 상세한 HSK 6급 실전모의고사>가 정답입니다!

1. 실제 시험장에서 그대로 적용 가능한 풀이 전략과 읽기만 해도 정답이 한눈에 보이는 상세한 해설 제공!

2. 독해 1부분의 문장 성분이 한눈에 보이는 끊어 읽기 제공!

3. 80점/60점을 전략적으로 공략할 수 있는 쓰기 요약 포인트와 모범 답안 제공!

4. 중~상까지! 모든 난이도와 최신 출제경향을 반영한 HSK 6급 실전모의고사 총 6회분 제공!

차례

문제집

[책속의 책]

듣기
1. 모의고사용 MP3
2. 고사장 소음 버전 MP3
3. 문제별 분할 MP3
4. (부록) 고난도 어휘집 MP3

PDF
품사별로 암기하는 HSK 6급
필수어휘 2500 PDF
HSK 6급 쓰기 원고지 PDF

* 듣기 학습을 위한 모든 MP3와 '품사별로 암기하는 HSK 6급 필수어휘 2500 PDF', 'HSK 6급 쓰기 원고지 PDF'는
해커스중국어 사이트(china.Hackers.com)에서 무료로 다운받으실 수 있습니다.

해커스가 알려 드리는
HSK 6급 정복을 위한 막판 10일 학습법

최근 난이도를 반영한 최신 출제 경향의 모의고사를 푼다!

최근 들어 난이도가 높아지고 있는 HSK 6급. 그러므로 **최신 출제 경향을 철저히 분석**하여 그대로 반영한 <해커스 해설이 상세한 HSK 6급 실전모의고사>로 **실전 감각을 키우고** 철저히 학습해서 **최신 경향에 익숙**해져야 합니다.

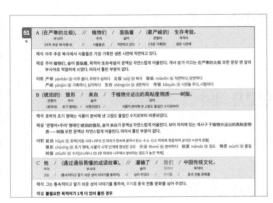

영역별 상세한 해설로 공부한다!

단편적인 설명 방식의 해설은 시험장에서 정답을 선택하는데 아무런 도움이 되지 않습니다. 때문에 **실제 시험장에서 그대로 적용 가능한 문제풀이 전략**과 **정답이 한눈에 보이는 상세한 해설**을 제공하는 <해커스 해설이 상세한 HSK 6급 실전모의고사>로 학습해야 HSK 6급 고득점도 어렵지 않게 달성할 수 있습니다.

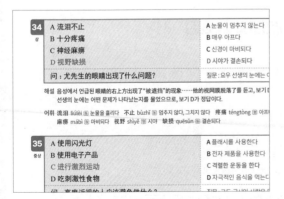

'상/중상/중/하' 난이도에 따라 어려운 문제까지 정복하는 실력으로 향상한다!

틀린 문제가 쉬운 문제인지 어려운 문제인지를 알 수 없으면 자신의 실력을 제대로 파악하기 어렵습니다. 때문에 **모든 문제에 '상/중상/중/하'로 난이도를 표시해 놓고, 각 회차별 난이도까지 표시해 둔** <해커스 해설이 상세한 HSK 6급 실전모의고사>로 틀린 문제의 난이도를 확인하면서 취약한 부분을 보충하다 보면, 어느새 높은 난이도의 문제까지 정복할 수 있게 됩니다.

▌ 총 4종의 각기 다른 MP3로 듣기를 잡는다!

실제 시험의 음원 속도가 너무 빨라 지문의 내용을 이해하기도 힘든 듣기 영역! <해커스 해설이 상세한 HSK 6급 실전모의고사>가 제공하는 **모의고사용, 고사장 소음 버전, 문제별 분할 MP3** 그리고 **(부록)고난도 어휘집 MP3**, 총 4종의 MP3를 반복 청취하면, 직청직해 능력을 극대화하고 실전 감각도 효과적으로 높일 수 있습니다.

▌ 모르는 어휘는 바로 찾고, 고난도 어휘는 집중 암기한다!

HSK 6급 합격을 위해 어휘력은 필수! 모르는 어휘가 나오면 정답 선택이 어렵죠! 때문에 **문제 바로 아래에 어휘를 정리해 둔** <해커스 해설이 상세한 HSK 6급 실전모의고사>로 학습하면, 문제를 풀다가 **모르는 어휘가 나와도 바로 찾아 해석할 수 있습니다.** 또한 각 회차별로 급수 외 고난도 어휘만 모은 **부록 「고난도 어휘집」**을 암기한다면, 어느새 새로운 어휘에 대한 두려움이 사라져 시험에 대한 자신감이 생길 것입니다.

▌ 한 권의 교재로 HSK IBT 6급 시험까지 대비한다!

HSK IBT 시험에 응시하고자 한다면, 실제 시험과 동일한 환경에서 실전모의고사를 풀어봐야 합니다. 그래서 <해커스 해설이 상세한 HSK 6급 실전모의고사>는 **교재에 수록된 모의고사 2회분을 IBT 형태로도 제공**합니다. 이로써 학습자들은 HSK IBT까지도 완벽하게 대비할 수 있습니다.

* IBT 모의고사 2회분은 해커스중국어(china.Hackers.com)에서 이용하실 수 있습니다.

HSK 6급 및 PBT/IBT 시험 정보

HSK 6급 시험 대상

HSK 6급은 5,000개 또는 5,000개 이상의 상용어휘와 관련 어법 지식을 마스터한 학습자를 대상으로 합니다.

HSK 6급 시험 구성 및 시험 시간

- HSK 6급은 듣기·독해·쓰기의 세 영역으로 나뉘며, 총 101문항이 출제됩니다.
- 듣기 영역의 경우, 듣기 시험 시간이 종료된 후 답안 작성시간 5분이 별도로 주어지며, 독해·쓰기 영역은 별도의 답안 작성 시간이 없으므로 해당 영역 시험 시간에 바로 작성해야 합니다.

시험 내용		문항 수		시험 시간
듣기	제1부분	15	50	약 35분
	제2부분	15		
	제3부분	20		
듣기 영역에 대한 답안 작성 시간				5분
독해	제1부분	10	50	50분
	제2부분	10		
	제3부분	10		
	제4부분	20		
쓰기	작문	1문항		45분
합계		101문항		약 135분

* 전체 시험 시간은 응시자 개인 정보 기재시간 5분을 포함하여 약 140분입니다.

HSK 6급 성적표

<성적표>

- HSK 6급 성적표에는 듣기·독해·쓰기 세 영역별 점수와 총점이 기재됩니다. 영역별 만점은 100점이며, 따라서 총점은 300점 만점입니다.
- 또한 성적표에는 영역별 점수 및 총점을 기준으로 백분율을 제공하고 있어 자신의 점수가 상위 몇 %에 속하는지를 확인할 수 있습니다.

■ HSK PBT 시험 접수

1. 인터넷 접수

HSK 한국사무국 홈페이지(http://www.hsk.or.kr)에서 홈페이지 좌측의 [PBT]를 클릭한 후, 홈페이지 중앙의 [인터넷 접수]를 클릭하여 접수합니다.
- 접수 과정 : 인터넷 접수 바로가기 → 응시 등급 선택 → 결제 방법 선택 → 고사장 선택 → 개인 정보 입력 → 사진 등록 → 내용 확인 및 결제
  * 국내 포털 사이트에서 'HSK 접수'로 검색하면 다른 시험센터에서 고사장을 선택하여 접수 가능합니다.

2. 우편 접수

구비 서류를 동봉하여 등기우편으로 접수합니다.
- 구비 서류 : 응시원서(사진 1장 부착), 응시 원서에 부착한 사진 외 별도 사진 1장, 응시비 입금 영수증
- 보낼 주소 : (06336) 서울시 강남구 강남우체국 사서함 115호 <HSK 한국사무국>

3. 방문 접수

준비물을 지참하여 접수처에 방문하여 접수합니다.
- 준비물 : 응시원서(사진 1장 부착), 응시원서에 부착한 사진 외 1장, 응시비
- 접수처 : 서울 강남대로92길 31(역삼동 649-8) 민석빌딩 8층 HSK한국사무국
- 접수 시간 : 평일 09:00-12:00, 13:00-18:00(토·일요일, 공휴일 휴무)

■ HSK PBT 시험 당일 준비물

수험표

유효한 신분증

2B 연필, 지우개

시계

■ HSK PBT 시험 성적 확인

1. 성적 조회

PBT 시험 성적은 시험일로부터 1개월 후 중국고시센터(http://www.chinesetest.cn/goquery.do)에서 조회가 가능합니다.
- 성적 조회 과정 : HSK 한국사무국 홈페이지 우측의 [성적조회] 클릭 → 페이지 하단의 [성적조회 바로가기] 클릭
- 입력 정보 : 수험 번호, 성명, 인증 번호
  * 수험 번호는 PBT [성적 조회] 페이지 하단의 [수험번호 조회]를 클릭한 후, 한글 이름, 생년월일, 핸드폰번호, 시험일자를 입력하면 바로 조회 가능합니다.

2. 성적표 수령 방법

- 우편 수령 신청자의 경우, 성적표는 시험일로부터 45일 이후 등기우편으로 발송됩니다.
- 방문 수령 신청자의 경우, 성적표는 시험일로부터 45일 이후, 홈페이지 공지 사항에서 해당 시험일 성적표 발송 공지문을 확인한 후, 신분증을 지참하여 HSK 한국사무국으로 방문하여 수령합니다.

3. 성적의 유효 기간

성적은 시험을 본 당일로부터 2년간 유효합니다.

HSK 6급 및 PBT/IBT 시험 정보

HSK IBT 접수 및 시험 일정

1. HSK IBT 접수

HSK 한국사무국 홈페이지(http://www.hsk.or.kr)에서 홈페이지 좌측의 [IBT]를 클릭한 후, 홈페이지 중앙의 [인터넷 접수]를 클릭하여 접수합니다.
- 접수 과정 : 인터넷 접수 바로가기 → 응시 등급 선택 → 결제 방법 선택 → 고시장 선택 → 개인 정보 입력 → 사진 등록 → 내용 확인 및 결제

2. HSK IBT 시험 일정

컴퓨터로 진행되는 HSK IBT는 지필시험인 HSK PBT와 동일한 일자에 시험이 치러집니다. 또한, HSK IBT의 경우 1년에 5~7회 추가 시험이 있습니다.
- * HSK IBT의 추가 시험 일정은 HSK 한국사무국 홈페이지(http://www.hsk.or.kr)에서 확인할 수 있습니다.

HSK IBT 시험 당일 준비물

수험표

유효한 신분증

HSK IBT 시험 성적 확인

1. 성적 조회

IBT 시험 성적은 시험일로부터 2주 후, 한국 시간 오전 11시부터 중국고시센터(http://www.chinesetest.cn/goquery.do)에서 조회가 가능합니다.
- 성적 조회 과정 : HSK 한국사무국 홈페이지 우측의 [성적조회] 클릭 → 페이지 하단의 [성적조회 바로가기] 클릭
- 입력 정보 : 수험 번호, 성명, 인증 번호
- * 수험 번호는 IBT [성적 조회] 페이지 하단의 [수험번호 조회]를 클릭한 후, 한글 이름, 생년월일, 핸드폰번호, 시험일자를 입력하면 바로 조회 가능합니다.

2. 성적표 수령 방법

HSK 성적표는 성적 조회 가능일로부터 2주 후, 우편 또는 방문을 통해 수령 가능합니다.
- 우편 수령 신청자의 경우, 성적표는 시험일로부터 45일 이후 등기우편으로 발송됩니다.
- 방문 수령 신청자의 경우, 성적표는 시험일로부터 45일 이후, 홈페이지 공지 사항에서 해당 시험일 성적표 발송 공지문을 확인한 후, 신분증을 지참하여 HSK 한국사무국으로 방문하여 수령합니다.

3. 성적의 유효 기간

성적은 시험을 본 당일로부터 2년간 유효합니다.

HSK IBT 6급 FAQ

Q1. HSK IBT 6급과 일반 시험(HSK PBT 6급)은 많이 다른가요?

A. HSK IBT 6급은 시험 문제 구성과 난이도에 있어 HSK PBT 6급과 동일합니다.

- 필기로 진행되는 HSK PBT와 달리, HSK IBT는 컴퓨터로 시험을 응시하는 방식이지만, 시험 문제 구성과 난이도는 HSK PBT와 동일합니다. 교재에 수록된 모의고사 2회분을 HSK IBT 형식으로도 제공하는 <해커스 해설이 상세한 HSK 6급 실전모의고사>를 통해 HSK IBT 6급 시험을 준비하신다면, 실제 시험에 완벽하게 대비하실 수 있습니다.

  * IBT 모의고사 2회분은 해커스중국어(china.Hackers.com)에서 이용하실 수 있습니다.

Q2. HSK IBT 6급 모의고사를 치를 수 있는 곳이 있나요?

A. 탕차이니즈 홈페이지(www.hskkorea.or.kr)에서 [모의시험]을 클릭하면 HSK IBT 6급 모의고사를 이용하실 수 있습니다.

  * 접속 과정 : 모의 시험 → 무료 체험하기 → more → 응시하기

Q3. 쓰기 영역을 풀 때, 병음을 모르는 한자는 어떻게 입력해야 하나요?

A. HSK IBT 시험에서 사용하는 sogou 중국어 입력 프로그램은 필기 인식기를 사용하여 모르는 한자를 입력할 수 있습니다. 시험 전 미리 sogou 프로그램을 다운로드 및 설치하여 연습해 두시면, 실제 시험장에서도 당황하지 않고 시험에 임할 수 있습니다.

- 중국어 필기 인식기 사용 방법 : 사각형 모양 아이콘 클릭 → 手写输入 클릭 → 다운로드 후 사용
- sogou 프로그램 다운로드 / 설치 방법
  <pinyin.sogou.com> 사이트 접속 → 立即下载(즉시 나운로드) 버튼 클릭 → 다운로드 → 설치

HSK 6급 출제 형태 및 문제풀이 전략

一、听力 듣기

제1부분 | 단문 듣고 일치하는 내용 고르기

1. 출제 형태

- 단문을 듣고 일치하는 보기를 고르는 형태
- 총 문항 수 : 15문항 (1번-15번)

문제지

> **1.** A 这次台风破坏性强
> B 公路设施未受影响
> C 台风威力已经减弱
> D 市民生活恢复正常

음성

> 由于超强台风"山竹"过境，香港多处楼房遭到破坏，公路设施也陷入瘫痪，这严重影响了市民的日常生活。此外，有调查显示台风"山竹"将会继续北上，因此气象专家建议相关地区的居民做好防御措施。

정답 A

2. 문제풀이 전략

STEP 1 보기를 읽고 단문 유형 예측하고 핵심어휘 체크하기
단문을 듣기 전, 보기를 먼저 읽으면서 단문 유형을 예측한다. 보기에서 반복적으로 제시되거나 비슷한 주제의 어휘는 해당 문제의 핵심어휘이므로 미리 체크해 둔다.

STEP 2 단문 듣고 정답 선택하기
단문을 듣고 내용이 일치하는 보기를 정답으로 선택한다.

제2부분 | 인터뷰 듣고 질문에 답하기

1. 출제 형태

- 인터뷰를 듣고 이와 관련된 5개의 질문에 대한 정답을 고르는 형태
- 총 문항 수 : 15문항 (16번-30번)

문제지

16. A 实力强大
B 能当领袖
C 有全局观
D 作风端正

17. A 对此无能为力
B 感到非常焦急
C 尽量突破自我
D 拒绝教练的帮助

18. A 沉着的心理
B 队友的鼓励
C 盲目的自信
D 无敌的技术

19. A 朝气蓬勃
B 团结协作
C 一丝不苟
D 追求卓越

20. A 能不断超越自我
B 是个优秀的运动员
C 关键时刻能扭转局面
D 喜欢提前给自己设限

음성

男：让我们用热烈的掌声欢迎《理想者》的嘉宾朱婷。大众将你视为继姚明、李娜之后的新一代中国超级体育明星。那么在你看来，一个生命力长久的超级体育明星，需要具备什么样的素质呢？

女：需要具备全局观。对排球这类团体项目来说，全局观有着举足轻重的作用。在团队里，个人的思想很难在一个时间点达到全面统一，所以队长需要团结大家，确保在重要的时刻可以带领团队前行。

男：伤病是运动员无法避免的问题，对此你怎么看？

女：伤病会影响训练和比赛的状态，这是每个运动员都要面对的问题，我也一样。为了减少身体的损耗，我需要不断尝试新的打法，学习新的战术。这样做既可以提高自己，也可以为队伍做出贡献。

男：比赛中，冷静的你一次又一次在危机时刻扭转了局势。关于这种稳定的心理状态，你有什么可以跟其他运动员分享的吗？

女：主要是我不紧张。越到关键的时候，我可能会越冷静一些。面对未知的比赛结果，我认为没有必要担忧和恐惧，同时也不要提前给自己设限，尽力发挥就可以了。

男：你觉得女排精神是什么？

女：我觉得是团结，我们每场比赛都会利用集体的力量去战胜对手。比赛时每个人的状态都有所不同，只有互相弥补才能取得好成绩。

16. 下列哪项属于超级体育明星应当具备的素质？
17. 女的如何看待伤病问题？
18. 在危机时刻，女的靠什么扭转了局势？
19. 女的认为女排精神是什么？
20. 关于女的，下列哪项不正确？

정답 C, C, A, B, D

2. 문제풀이 전략

STEP 1 보기를 읽고 인터뷰 대상 예측하기
음성을 듣기 전, 보기를 먼저 읽으면서 인터뷰 대상을 예측한다.

STEP 2 인터뷰를 들으면서 인터뷰에서 언급되거나 관련된 보기에 체크해 두기
인터뷰를 들으며, 문제의 순서에 따라 각 보기와 관련된 내용을 주의 깊게 듣는다. 인터뷰에서 그대로 언급되거나
인터뷰와 관련된 내용의 보기는 정답이 될 가능성이 크기 때문에 그 옆에 살짝 체크해 둔다. 특히 마지막 문제의 정
답 클루는 인터뷰 초중반에 나올 가능성이 있으므로, 인터뷰 초중반의 내용을 주의 깊게 듣는다.

STEP 3 질문 듣고 정답 선택하기
인터뷰가 끝난 후 이어지는 질문을 듣고 보기 옆에 표시해 둔 정보를 바탕으로 정답을 선택한다.

제3부분 ┃ 장문 듣고 질문에 답하기

1. 출제 형태

- 장문을 듣고 이와 관련된 3~4개의 질문에 대한 정답을 고르는 형태
- 총 문항 수 : 20문항 (31번-50번)

문제지

31. A 登陆时间不确定
B 是今年最强的台风
C 强度正在逐步降低
D 对日常生活影响不大

32. A 加固堤坝
B 取消航班
C 进口粮食
D 封锁公路

33. A 学校放假
B 避免外出
C 暂停外卖服务
D 远离沿海区域

음성

　　九月十六日下午，本年度最强台风将于广东珠海到湛江一带登陆。因此，广东省下发了要求全省各级学校停课的通知。而在广州市，机场的相关航班也全部被取消。另外，为了储备食品，广州市民把超市里的食品一扫而空。然而，网友发现，外卖骑手的送餐服务依然在继续。对此，大众呼吁外卖骑手的安全应得到保障，在遭遇极端天气时，外卖平台应暂时关闭该地区的服务系统。两大外卖平台对这个问题迅速地做出了答复，有关人员表示涉及台风的地区已经全部关停，个别因系统关闭的时间差而产生的订单，平台会和用户协商退款。

31. 关于这次台风，下列哪项正确？
32. 面对台风，广州市采取了怎样的措施？
33. 大众发出了什么呼吁？

정답 B, B, C

2. 문제풀이 전략

STEP 1 **보기를 읽고 장문의 내용 예측하기**
장문을 듣기 전, 보기를 먼저 읽으면서 장문의 내용을 예측한다. 참고로, 6개의 단문에 출제되는 문항 수가 3-3-3-4-4-3개의 순서임을 알아 둔다.

STEP 2 **장문을 들으면서 장문에서 언급되거나 관련된 보기에 체크해 두기**
장문을 들으며, 장문의 흐름에 따라 각 보기와 관련된 내용을 주의 깊게 듣는다. 장문에서 그대로 언급되거나 장문과 관련된 내용의 보기는 정답이 될 가능성이 크기 때문에 그 옆에 살짝 체크해 둔다. 장문 중반을 제대로 듣지 못했다 하더라도 끝까지 집중해서 듣도록 한다.

STEP 3 **질문 듣고 정답 선택하기**
장문이 끝난 후 이어지는 질문을 듣고 보기 옆에 표시해 둔 정보를 바탕으로 정답을 선택한다.

二、阅读 독해

제1부분 | 틀린 문장 고르기

1. 출제 형태
- 주어진 4개의 문장 중 틀린 문장 1개를 찾아 정답으로 선택하는 형태
- 총 문항 수 : 10문항 (51번-60번)

문제지

> **51.** A 这家横空出世的公司打破了M集团垄断整个市场的场面。
> B 童年失忆指的是人们对三岁以前发生的事情没有任何印象。
> C 甜蜜的恋爱结束后，有人走入了婚姻殿堂，有人选择了独自生活。
> D 姓氏来源于本族的图腾和居住地，因此可以将其视作家族的深根。

정답 A

2. 문제풀이 전략

STEP 1 주어·술어·목적어 및 각 문장성분 표시하기
보기를 읽으면서 각 문장의 기본 성분인 주어·술어·목적어를 파악한 후, 각 보기에 사용된 문장성분을 구분하여 표시해 둔다.

STEP 2 각 보기를 문장성분에 따라 정확하게 해석하기
STEP1에서 체크해 둔 사항을 토대로 각 문장을 정확하게 해석한다. 이 과정에서 문법 또는 문맥이 어색하거나 틀린 부분이 있는지를 확인한다.

STEP 3 오답 보기를 소거하거나 정답 선택하기
문장을 정확하게 해석한 후 틀린 부분이 없는 보기는 오답으로 소거하고, 틀린 문장은 정답으로 선택한다. 40개의 문장을 전부 읽고 분석하려면 시간이 부족하기 때문에, 문제를 풀면서 틀린 문장임을 확신할 수 있는 보기는 정답으로 선택한 후 바로 다음 문제로 넘어간다.

제2부분 | 빈칸에 알맞은 단어 고르기

1. 출제 형태

- 하나의 단문에 포함된 3~5개의 빈칸에 들어갈 어휘를 선택하는 형태
- 총 문항 수 : 10문항 (61번-70번)

문제지

61. 新疆是整个中国最适合_____葡萄的黄金地区，这里的光照时间长，土壤成分丰富，产出的葡萄_____都很好，具有发展葡萄酒产业的_____的自然条件。

A 培植	品性	人杰地灵
B 植入	品格	天地人和
C 栽种	品德	天时地利
D 种植	品质	得天独厚

정답 D

2. 문제풀이 전략

STEP 1 단문을 빠르게 읽으면서 문맥 파악하기
단문을 처음부터 빠르고 정확하게 해석해서 단문의 내용을 재빨리 파악한다.

STEP 2 각 빈칸의 보기 유형 및 의미 확인하기
단문을 읽다가 빈칸이 나오면, 해당 빈칸의 보기를 읽고, 보기의 유형과 의미를 확인한다.

STEP 3 정답의 후보 또는 정답 고르기
보기의 의미를 염두하며, 빈칸에 알맞은 어휘를 찾는다. 빈칸에 확실히 들어갈 수 있는 어휘에는 √를 표시하면서 정답의 후보가 되는 보기를 좁혀 나간다. 빈칸을 모두 채우지 않았더라도 정답 보기를 확신할 수 있으면 다음 문제로 넘어가서 시간을 절약하도록 한다.

제3부분 | 빈칸에 알맞은 내용 고르기

1. 출제 형태

- 하나의 단문에 포함된 5개의 빈칸에 A~E 중 알맞은 내용을 하나씩 골라 채우는 형태
- 총 문항 수 : 10문항 (71번-80번)

문제지

71-75.

　　上世纪60年代，化学进入神经生物学后，就有人开始研究金鱼的记忆能力了。1965年，美国密歇根大学的研究人员用金鱼做了一个实验。他们把金鱼放进一个长长的鱼缸里，然后在鱼缸的一端射出亮光，20秒后，(71)_____。反复几次后，金鱼就对电击形成了记忆。看到光的时候，金鱼赶在电击释放前就会迅速游到鱼缸的另一头。设计实验的科学家们发现，(72)_____，这些金鱼可以1个月内一直记住躲避电击的技巧。

　　除了金鱼，天堂鱼也有很强的记忆能力。在水池中遇到陌生的金鱼时，天堂鱼会好奇地游来游去，(73)_____，直到失去兴趣为止。天堂鱼和金鱼会在第二次相遇时认出对方，不再继续探索。实验发现，这样的记忆力至少可以保持3个月。

　　很快，科学家发现生物学研究上的模式生物——斑马鱼——也是一种相当聪明的动物。2002年，美国俄亥俄州托雷多大学的几位研究人员测试了斑马鱼的记忆能力。在训练过程中，(74)_____。这项训练中止10天后，斑马鱼仍然记得红灯信号代表进食的时间。此外，斑马鱼和人类的记忆特点有相似之处。(75)_____，对于这些小鱼而言，年龄的增长会让它们记不住东西，注意力变得分散。

A　只要进行合理的训练
B　他们会在喂食前给斑马鱼一个红光作为信号
C　再在鱼缸射出亮光的一端释放电击
D　斑马鱼的记忆能力也会随着衰老而逐渐减退
E　打量着新来的陌生邻居

정답 C, A, E, B, D

---

2. 문제풀이 전략

STEP 1　단문을 빠르게 읽으면서 빈칸 주변에서 단서 찾기

단문을 빠르게 읽으면서 문맥을 파악하다가, 빈칸이 나오면 빈칸 주변에서 보기를 선택하는 단서를 찾는다. 빈칸 주변에 연결어·짝꿍 표현·특징적인 핵심 소재가 있는 경우, 보기를 선택하는 단서가 될 수 있으므로 체크해 둔다.

STEP 2　단서를 토대로 알맞은 보기 고르기

STEP 1에서 체크해 둔 단서를 토대로 알맞은 보기를 선택한다. 특정 빈칸에 들어갈 보기를 확실하게 고르기 어려울 경우, 확실한 빈칸부터 먼저 채운 후 남은 빈칸을 채우면 시간을 절약할 수 있다.

제4부분 | 장문 독해

1. 출제 형태

- 지문을 읽고 관련된 4개의 질문에 대한 정답을 고르는 형태
- 총 문항 수 : 20문항 (81번-100번)

문제지

81-85.

　　近来，有相关机构以孤独人群为对象进行了调查。调查显示，愿意为排解孤独而消费的人有57.69%，不会因排解孤独而消费的人仅占15.68%。此外，阿里的相关报告表明，孤独人群多分布于高薪职业，这些人不仅具有较高的消费能力，而且消费观念也更为开放，消费行为更加果决。

　　前不久，独居的王女士看到邻居换窗，于是一冲动就重新装修了自家的房子。看着崭新漂亮的"新居"，她格外喜悦，深感这1个月来的忙碌和付出没有白费。

　　像王女士这种"有钱有闲"的单身人士，为市场带来了巨大的需求。一项社交媒体对上万名职场人进行的"孤独感"调查显示，75%的孤独者每月至少会花1000元来排解孤独。

　　在消费市场中，"孤独经济"的火爆也得到了不少数据的支撑。2017年，美团外卖服务了1.3亿单身人群；2018年，我国游戏总用户规模达到了6.26亿，在"孤独消费"中游戏开销占一半；2019年，单身人士选择在"七夕"出门旅游同比增长48%。

　　有专家表示，孤独人群的消费具有私人化、便捷化、高端化、悦己化和心理慰藉化五大特征。随着可支配收入的提高，未来单身人群的"孤独消费"将从"基本生活必需品"向"满足内心渴望的商品"转变。

81. 关于"孤独人群"，下列哪项正确？
　　A 收入相对较低　　　　B 消费意愿较弱　　　　C 消费观念开放　　　　D 性格有些懦弱

82. 王女士的例子说明了什么？
　　A 孤独人群消费果决　　B 孤独人群不愿宅家　　C 孤独人群恐惧社交　　D 孤独人群擅长装修

83. 下列哪项与"孤独经济"无关？
　　A 游戏　　　　　　　　B 饮食　　　　　　　　C 旅行　　　　　　　　D 家务

84. 单身人群的"孤独消费"将有怎样的变化？
　　A 更重视商品价格　　　B 更关注内心需求　　　C 不再购买奢侈品　　　D 从国内转至海外

정답 C, A, D, B

2. 문제풀이 전략

STEP 1 질문의 유형 파악하고 핵심어구 체크하기
질문을 읽고, 세부 내용을 묻는 문제인지, 중심 내용을 묻는 문제인지, 옳은 것을 묻는 문제인지, 밑줄 친 어휘 또는 문장의 의미를 묻는 문제인지를 파악하여 질문의 핵심어구나 묻는 포인트를 체크해 둔다.

STEP 2 지문 읽고 정답 선택하기
질문과 관련된 부분을 지문에서 재빨리 찾아, 그 주변에서 정답의 단서를 찾은 다음 정답을 선택한다.

三、书写 쓰기

1. 출제 형태

• 1,000자 분량의 지문을 읽고 400자 분량으로 요약하는 형태
• 총 문항 수 : 1문항 (101번)

문제지

　　1949年，丘成桐出生在广东汕头，同年他跟随父母到香港居住。丘成桐从小受到了良好的教育，然而在他14岁那年，父亲突然逝世，一家人顿时失去了经济来源，陷入了贫困。丘成桐不得不一边打工一边学习，17岁时考入了香港中文大学数学系。因为成绩优异，丘成桐被推荐到美国伯克利大学深造，在那里，他被数学大师陈省身破格录取为研究生。后来，丘成桐在博士论文中巧妙地解决了当时十分著名的"沃尔夫猜想"，这使当时的数学界意识到，一个新星降临了。

　　博士毕业后，丘成桐成为了美国斯坦福大学的数学教授。他的研究工作既深刻又广泛，几乎涉及了微分几何的各个方面，成果累累。后来，他解决了"正质量猜测"等一系列数学难题，被授予世界数学界最高荣誉——菲尔兹奖，该奖迄今为止仅有两位华人数学家获得过。

　　1979年，丘成桐受中国科学院数学所所长的邀请回国访问，再次踏上了祖国的土地。丘成桐说自己从小学习中国历史和哲学，喜欢吃中国菜，对祖国的情感从没有因为离开而改变过。回到美国后，丘成桐有意招收来自中国的博士研究生，但他发现，在博士入学资格考试中，中国学生的成绩并不突出，甚至有些学生的基础知识比较薄弱。于是，丘成桐在中国建立了数学研究所与研究中心，发起了数学竞赛等人才培养计划。

　　上世纪末，丘成桐先后担任清华大学数学科学中心、香港中文大学数学研究所、中科院晨兴数学中心、浙江大学数学中心的主任。出人意料的是，丘成桐没有从中拿任何薪水。不但如此，丘成桐还为数学研究机构四处筹集资金，呼吁各方支持数学研究。丘成桐曾经对媒体表示，他立志做好两件事情：一是做出一流的数学研究，二是为中国数学教育服务，帮助中国成为数学强国。在丘成桐的带领下，清华大学数学科学中心汇集了来自海内外的100多名优秀教师和科研人员，清华大学在数学前沿问题研究、数学人才培养等方面的影响力与日俱增。

　　丘成桐性格直率，对于数学界的问题以及其他不合理现象，他会在公开场合进行批判，这往往使他身陷舆论的旋涡之中。但丘成桐并不后悔。他说，在大家的努力下，高等教育机构越来越重视基本科学了。他认为如果不重视基本科学，中国的科技很难有新的突破，因为无论是大数据、人工智能还是其他技术，背后都有数学支撑着。

　　美国《纽约时报》上曾刊登过关于丘成桐的报道，标题是《数学界的国王》，这也是该报社历史上篇幅最长的科学家报道。文中提到："丘成桐的故事就是展示中国的一个窗口，通过他，可以看到一个拥有五千年历史传统的国家。他努力将现代科学与中国历史传统结合起来。如果这种交融获得成功，就有可能重新塑造世界科技的格局。

모범 답안

					丘	成	桐	的	成	功	故	事			
	19	49	年	丘	成	桐	出	生	在	广	东	，	之	后	跟	着	父	母
到	香	港	生	活	。	他	从	小	受	到	了	良	好	的	教	育	，	然	而
在	14	岁	时	，	父	亲	突	然	去	世	，	家	里	变	得	很	贫	困	。
他	只	能	一	边	打	工	一	边	学	习	。	由	于	成	绩	很	好	，	他
顺	利	考	入	了	大	学	，	后	来	又	到	美	国	某	大	学	学	习	。
他	在	博	士	论	文	中	解	决	了	当	时	有	名	的	数	学	问	题	，
受	到	了	数	学	界	的	关	注	。	博	士	毕	业	后	，	他	成	为	了
数	学	教	授	，	还	获	得	了	世	界	数	学	界	的	最	高	荣	誉	。
	虽	然	取	得	了	很	多	成	就	，	但	他	对	祖	国	的	情	感
从	没	改	变	过	。	他	决	心	做	两	件	事	，	一	是	做	好	数	学
研	究	，	二	是	为	中	国	的	数	学	教	育	服	务	。	他	在	中	国
建	立	了	数	学	研	究	中	心	，	还	无	偿	担	任	很	多	名	校	数
学	中	心	的	主	任	，	呼	吁	人	们	支	持	数	学	研	究	。		
	他	性	格	直	，	敢	于	批	判	，	因	而	受	到	了	不	少	批
评	，	但	他	并	不	后	悔	。	他	认	为	，	高	校	越	来	越	重	视
数	学	了	，	这	是	件	好	事	，	因	为	不	重	视	基	本	科	学	，
中	国	的	科	技	很	难	有	新	的	突	破	。							
	美	国	一	家	报	社	刊	登	了	一	篇	关	于	他	的	报	道	，
上	面	写	着	，	他	的	故	事	是	展	示	中	国	的	一	个	窗	口	，
他	想	把	中	国	历	史	传	统	和	现	代	科	学	结	合	在	一	起	，
如	果	成	功	，	就	有	可	能	重	新	形	成	世	界	科	技	的	格	局 。

2. 문제풀이 전략

STEP 1 지문 읽고 스토리 흐름과 핵심표현 기억하기[제한 시간 10분]
처음 3분 동안은 지문의 주제와 스토리 흐름을 재빨리 이해하고, 남은 7분 동안은 스토리와 핵심표현을 외운다.

STEP 2 기억한 내용을 바탕으로 400자 요약하기[제한 시간 35분]
단락별로 기억한 지문의 내용을 같은 흐름끼리 단락으로 나눈 후 400자 내외로 요약한다. 이때 자신의 의견이나 감정, 또는 지문에 없는 내용을 쓰지 않도록 주의한다.

HSK 6급 목표 달성을 위한 맞춤 학습 플랜

10일 학습 플랜

• HSK 6급 기본서로 학습을 마친 후, 실전모의고사로 10일 동안 점수를 한층 끌어올리고 싶은 학습자

일차	날짜	학습 내용
1일차	/	★ HSK 실전모의고사 제1회 ☆ 부록 「실전모의고사 제1회 고난도 어휘」 암기
2일차	/	★ HSK 실전모의고사 제2회 ☆ 부록 「실전모의고사 제2회 고난도 어휘」 암기
3일차	/	★ HSK 실전모의고사 제3회 ☆ 부록 「실전모의고사 제3회 고난도 어휘」 암기
4일차	/	★ HSK 실전모의고사 제4회 ☆ 부록 「실전모의고사 제4회 고난도 어휘」 암기
5일차	/	★ HSK 실전모의고사 제5회 ☆ 부록 「실전모의고사 제5회 고난도 어휘」 암기
6일차	/	★ HSK 실전모의고사 제6회 ☆ 부록 「실전모의고사 제6회 고난도 어휘」 암기
7일차	/	★ HSK 실전모의고사 제1회~제2회 틀린 문제 한 번 더 풀고, 잘 안 외워진 고난도 어휘 한 번 더 암기 ☆ <품사별로 암기하는 HSK 6급 필수어휘 2500 PDF> 001번~850번 어휘에서 모르는 단어 암기
8일차	/	★ HSK 실전모의고사 제3회~제4회 틀린 문제 한 번 더 풀고, 잘 안 외워진 고난도 어휘 한 번 더 암기 ☆ <품사별로 암기하는 HSK 6급 필수어휘 2500 PDF> 851번~1700번 어휘에서 모르는 단어 암기
9일차	/	★ HSK 실전모의고사 제5회~제6회 틀린 문제 한 번 더 풀고, 잘 안 외워진 고난도 어휘 한 번 더 암기 ☆ <품사별로 암기하는 HSK 6급 필수어휘 2500 PDF> 1701번~2500번 어휘에서 모르는 단어 암기
10일차	/	★ HSK 실전모의고사 제1회~제6회 마무리 복습하기 ☆ <품사별로 암기하는 HSK 6급 필수어휘 2500 PDF> 잘 안 외워진 단어만 한 번 더 암기
시험일	/	**시험장에 가져가면 좋을 학습 자료** **1. 듣기 문제별 분할 MP3를 담은 휴대폰** 　－ 시험장 가는 길에 계속 들어요~ **2. <품사별로 암기하는 HSK 6급 필수어휘 2500> PDF** 　－ 시험장에서 잘 안 외워지는 단어를 재빨리 체크해요~

실전모의고사 학습법

1. 문제를 풀기 전, p.421의 부록 「고난도 어휘집」을 MP3와 함께 먼저 익히면 문제를 더 쉽게 풀 수 있어요.
2. 문제집, 문제집에서 분리한 답안지, 연필, 지우개 그리고 시계를 준비하여 실제 시험장처럼 모의고사 문제를 풉니다.
3. 채점 후 점수가 낮은 영역 또는 부분 위주로 집중 복습합니다.
   (1) 듣기 점수가 낮을 경우, 듣기 문제별 분할 MP3를 사용하여 직청직해가 될 때까지 반복해서 듣습니다.
   (2) 독해 점수가 낮을 경우, 틀린 문제 위주로 다시 풀어보되, 잘 모르는 어휘는 바로 찾고 바로 암기합니다.
   (3) 쓰기 점수가 낮을 경우, 지문 요약 방법을 꼼꼼히 읽고 80점 모범 답안 또는 60점 모범 답안과 최대한 비슷하게 여러 번 작문해 봅니다.

7일 학습 플랜

• 상당한 중국어 실력을 갖추고 있어서, 실전모의고사만으로 HSK 6급 고득점을 얻고 싶은 학습자

일차	날짜	학습 내용
1일차	/	★ HSK 실전모의고사 제1회 ☆ 부록「실전모의고사 제1회 고난도 어휘」암기 ★ <품사별로 암기하는 HSK 6급 필수어휘 2500 PDF> 001번~400번 어휘에서 모르는 단어 암기
2일차	/	★ HSK 실전모의고사 제2회 ☆ 부록「실전모의고사 제2회 고난도 어휘」암기 ★ <품사별로 암기하는 HSK 6급 필수어휘 2500 PDF> 401번~800번 어휘에서 모르는 단어 암기
3일차	/	★ HSK 실전모의고사 제3회 ☆ 부록「실전모의고사 제3회 고난도 어휘」암기 ★ <품사별로 암기하는 HSK 6급 필수어휘 2500 PDF> 801번~1200번 어휘에서 모르는 단어 암기
4일차	/	★ HSK 실전모의고사 제4회 ☆ 부록「실전모의고사 제4회 고난도 어휘」암기 ★ <품사별로 암기하는 HSK 6급 필수어휘 2500 PDF> 1201번~1600번 어휘에서 모르는 단어 암기
5일차	/	★ HSK 실전모의고사 제5회 ☆ 부록「실전모의고사 제5회 고난도 어휘」암기 ★ <품사별로 암기하는 HSK 6급 필수어휘 2500 PDF> 1601번~2000번 어휘에서 모르는 단어 암기
6일차	/	★ HSK 실전모의고사 제6회 ☆ 부록「실전모의고사 제6회 고난도 어휘」암기 ★ <품사별로 암기하는 HSK 6급 필수어휘 2500 PDF> 2001번~2500번 어휘에서 모르는 단어 암기
7일차	/	★ HSK 실전모의고사 제1회~제6회 틀린 문제 한 번 더 풀기 ☆ 직청직해가 잘 되지 않는 문제는 듣기 음원을 1.2배속으로 설정 후 반복하여 들어 보기 ★ 부록「실전모의고사 제1회~제6회 고난도 어휘」잘 안 외워진 단어만 한 번 더 암기
시험일	/	**시험장에 가져가면 좋을 학습 자료** 1. 듣기 문제별 분할 MP3를 담은 휴대폰 - 시험장 가는 길에 계속 들어요~ 2. <품사별로 암기하는 HSK 6급 필수어휘 2500> PDF - 시험장에서 잘 안 외워지는 단어를 재빨리 체크해요~

<품사별로 암기하는 HSK 6급 필수어휘 2500 PDF> 학습법

1. 스마트폰에 PDF와 MP3를 넣어서 6일 동안 매일 400~500개씩 모르는 어휘를 체크해 가며 집중 암기합니다.
   PDF와 MP3로 단어를 따라 읽으면서 여러 번 반복하여 암기하고, 잘 안 외워지는 단어에는 체크를 해 둡니다.
2. 7일째부터 시험 직전까지는 잘 안 외워진 단어 위주로 최종 암기합니다.

시험에 나올 어휘를
효과적으로 공부하려면?

해커스중국어(china.Hackers.com)에서
<품사별로 암기하는 HSK 6급 필수어휘 2500 PDF> 무료 다운받기!

해커스 해설이 상세한 HSK 6급

실전모의고사

제1회

난이도: 중

听力 듣기   어휘 · 해석 · 해설

阅读 독해   어휘 · 해석 · 해설

书写 쓰기   어휘 · 해석 · 해설

1

중

A 带婴儿的乘客得不到任何照顾	A 갓난아기를 데려온 승객은 아무런 배려를 받을 수 없다
B 乘客可向列车员借用转换插座	B 승객은 열차 승무원에게 변환 콘센트를 빌려 쓸 수 있다
C "动感号"列车设有残疾人车厢	C '동감호' 열차에는 장애인 객실이 갖춰져 있다
D "动感号"列车具有完备的设施	D '동감호' 열차는 완전한 시설을 갖추고 있다

| 广深港高铁"动感号"列车的设施十分完善。车厢内有为残疾人提供便利的无障碍洗手间，也有带着婴儿的乘客可以随时使用的母婴护理台。此外，每个座位都安装了两种型号的电源插座，满足了内地和香港乘客的不同需求。 | 광저우-선전-홍콩 고속철도 '동감호' 열차의 시설은 매우 완벽하다. 객실 안에는 장애인을 위해 편리를 제공하는 장애물 없는 화장실이 있고, 갓난아기를 데리고 있는 승객이 아무 때나 사용할 수 있는 기저귀 교환대도 있다. 이 밖에도, 좌석마다 두 가지 타입의 전원 콘센트가 설치되어 있어 중국 본토와 홍콩 승객의 서로 다른 수요를 만족시켰다. |

해설 보기에 列车(열차)가 반복적으로 나오므로 列车와 관련된 설명문 단문이 나올 것을 예측한다. 음성에서 广深港高铁"动感号"列车的设施十分完善。이라고 했다. 따라서 보기 D "动感号"列车具有很完备的设施이 정답이다.

어휘 보기 婴儿 yīng'ér 몡 갓난아기, 영아 乘客 chéngkè 몡 승객 借用 jièyòng 툉 빌려 쓰다, 차용하다
转换插座 zhuǎnhuàn chāzuò 변환 콘센트, 변환 플러그 动感号 Dònggǎnhào 고유 동감호[광둥성 광저우시와 동관시, 선전을 거쳐 홍콩에 도착하는 고속철도] 列车 lièchē 몡 열차 设有 shèyǒu 퉁 (어떤 시설이) 갖추어져 있다 残疾人 cánjírén 장애인
车厢 chēxiāng 몡 객실, 화물칸 设施 shèshī 몡 시설 完备 wánbèi 톙 완전하다, 모두 갖추다

단문 广深港高铁 Guǎng Shēn Gǎng gāotiě 광저우-선전-홍콩 고속철도 便利 biànlì 톙 편리하다 툉 편리하게 하다
无障碍洗手间 wúzhàng'ài xǐshǒujiān 장애물이 없는 화장실 随时 suíshí 튀 아무 때나, 수시로
母婴护理台 mǔyīng hùlǐtái (공중 화장실의) 기저귀 교환대 此外 cǐwài 이 밖에, 이 외에
安装 ānzhuāng 설치하다, 고정하다 型号 xínghào 몡 타입, 모델 电源 diànyuán 몡 전원 插座 chāzuò 몡 콘센트, 소켓
满足 mǎnzú 퉁 만족시키다 톙 만족하다 内地 nèidì 몡 중국 본토, 내륙 香港 Xiānggǎng 고유 홍콩 需求 xūqiú 몡 수요, 필요

2

중

A 月饼冷冻后不能食用	A 월병은 얼린 후 먹을 수 없다
B 尚未发现不合格月饼	B 불합격한 월병을 아직 발견하지 않았다
C 冰皮月饼容易被污染	C 아이스 월병은 쉽게 오염된다
D 月饼须在密封后储存	D 월병은 반드시 밀봉한 후 저장해야 한다

| 据报道，食品药品监督局检验了一百五十三批次月饼，其中不合格的三批次皆为冰皮月饼。冰皮月饼为冷加工食品，它的皮是用熟糯米粉制成的，适合微生物生长，因此它在储存和运输过程中极易受到污染。 | 보도에 따르면, 식품 의약품 감독국은 월병을 153회차 검사했는데, 그 중 불합격한 3번의 회차는 모두 아이스 월병이었다. 아이스 월병은 냉동 가공식품으로, 그것의 껍질은 익힌 찹쌀가루로 만든 것이어서 미생물이 성장하기에 적합하여, 이 때문에 저장과 운송 과정에서 매우 쉽게 오염된다. |

해설 보기에 月饼(월병)이 반복적으로 나오므로 月饼과 관련된 설명문 단문이 나올 것을 예측한다. 음성에서 冰皮月饼……在储存和运输过程中极易受到污染이라고 했다. 따라서 보기 C 冰皮月饼容易被污染이 정답이다.

어휘 보기 月饼 yuèbǐng 몡 월병[소를 넣어 만든 둥근 과자] 冷冻 lěngdòng 퉁 얼리다, 냉동하다 食用 shíyòng 퉁 먹다, 식용하다
尚未 shàngwèi 아직 ~하지 않다 冰皮月饼 bīngpí yuèbǐng 아이스 월병[겉을 굽지 않고 냉동 후 바로 섭취하는 월병]
密封 mìfēng 퉁 밀봉하다, 밀폐하다 储存 chǔcún 퉁 저장하다, 저축하다

단문 报道 bàodào 몡 보도 食品药品监督局 Shípǐn Yàopǐn Jiāndūjú 고유 (중국) 식품 의약품 감독국 检验 jiǎnyàn 툉 검사하다
批次 pīcì 몡 회차, 차수[물품의 대량 생산·검사 등의 횟수를 나타내는 말] 加工 jiāgōng 퉁 가공하다, 다듬다 食品 shípǐn 몡 식품
皮 pí 몡 껍질, 가죽 熟 shú 톙 (과일·곡식·음식이) 익다 糯米粉 nuòmǐfěn 찹쌀가루 制成 zhìchéng 만들어 내다
微生物 wēishēngwù 몡 미생물 生长 shēngzhǎng 툉 성장하다 运输 yùnshū 툉 운송하다

3
중

A 博物馆允许有适当盈利	A 박물관은 적당한 이윤을 내는 것이 허용된다
B 博物馆的经营耗资巨大	B 박물관을 운영하는데 들이는 자금은 어마어마하다
C 博物馆应开展推广活动	C 박물관은 홍보 활동을 전개해야 한다
D 博物馆急需文物修复师	D 박물관은 문화재 복원가를 몹시 필요로 한다

运营博物馆需要大量资金。博物馆的所有文物中，只有极少数被用于对外展示，其他绝大多数的文物要么被收藏在仓库里，要么被用于历史研究。因此，除了基本的清洁、安保等费用以外，博物馆在保存藏品上耗费的资金数额也十分惊人。	박물관을 운영하려면 많은 자금이 필요하다. 박물관의 모든 문화재 중, 극히 일부만 대외 전시에 사용되고, 그 외 대다수의 문화재는 창고에 보관되거나 아니면 역사 연구에 사용된다. 이 때문에 기본적인 청결과 보안 등 비용 이외에 박물관이 수장품을 보존하는 데에 들이는 자금 액수도 사람을 놀라게 한다.

해설 보기에 博物馆(박물관)이 반복적으로 나오므로 博物馆과 관련된 설명문 단문이 나올 것을 예측한다. 음성에서 运营博物馆需要大量资金。이라고 했다. 따라서 보기 B 博物馆的经营耗资巨大가 정답이다.

어휘 보기 博物馆 bówùguǎn 몡 박물관　适当 shìdàng 몐 적당하다, 적절하다　盈利 yínglì 몡 이윤, 이익
经营 jīngyíng 통 운영하다, 경영하다　耗资 hàozī 통 자금을 들이다, 자금을 소모하다　巨大 jùdà 몐 어마어마하다, 거대하다
开展 kāizhǎn 통 전개하다, (전람회·전시회 등을) 열다　推广 tuīguǎng 통 홍보하다, (널리) 보급하다
急需 jíxū 통 몹시 필요로 하다, 급히 필요로 하다　文物 wénwù 몡 문화재, 문물　修复师 xiūfùshī 복원가

단문 运营 yùnyíng 통 운영하다　大量 dàliàng 몐 많은, 대량의　资金 zījīn 몡 자금　所有 suǒyǒu 몐 모든, 전부의
极少数 jí shǎoshù 극히 일부의, 극소수의　用于 yòngyú 통 ~에 사용하다　对外 duìwài 몐 대외의, 대외적인
展示 zhǎnshì 통 전시하다, 드러내다　绝大多数 juédà duōshù 대다수의　要么 yàome 젭 ~하거나, 아니면 ~하든지
收藏 shōucáng 통 보관하다, 소장하다　仓库 cāngkù 몡 창고, 곳간, 식량 창고　清洁 qīngjié 몐 청결하다, 깨끗하다
安保 ānbǎo 몡 보안, 안보　藏品 cángpǐn 몡 수장품[수집하여 보관하는 물품]　耗费 hàofèi 통 들이다, 낭비하다
数额 shù'é 몡 액수　惊人 jīngrén 통 사람을 놀라게 하다

4
중상

A 演员控制情绪的能力较强	A 배우는 감정을 통제하는 능력이 비교적 강하다
B 这些志愿者性格比较急躁	B 이 지원자들의 성격은 비교적 조급하다
C 该实验受到了很大的批评	C 이 실험은 큰 비판을 받았다
D 孤独对人的精神影响极大	D 고독이 사람의 정신에 대해 미치는 영향은 매우 크다

某电视台曾做过一项"孤独实验"，研究人员将志愿者关入封闭的集装箱内进行观察，观察结果如下：生活美满的家庭主妇不到四个小时就情绪失控，性格开朗的喜剧演员在里面也变得急躁不安。由此可见，孤独对人的精神产生的危害超乎想象。	어떤 텔레비전 방송국은 예전에 '고독 실험'을 한 적이 있는데, 연구원들은 지원자들을 폐쇄된 컨테이너 안에 가둬 두고 관찰을 했고, 관찰 결과는 다음과 같았다. 생활이 아름답고 원만한 가정 주부는 4시간도 되지 않아 감정 통제력을 잃었고, 성격이 명랑한 코미디언도 그 안에서는 조급하고 불안하게 변한 것으로 나타났다. 이로써 고독이 사람의 정신에 일으키는 해로움은 상상을 뛰어넘는다는 것을 알 수 있다.

해설 보기에 情绪(감정), 急躁(조급하다), 孤独(고독하다)와 같이 비슷한 주제의 어휘가 나오므로 감정에 대한 정보 전달 단문이 나올 것을 예측한다. 음성에서 孤独对人的精神产生的危害超乎想象이라고 했다. 따라서 보기 D 孤独对人的精神影响极大가 정답이다.

어휘 보기 演员 yǎnyuán 몡 배우　控制 kòngzhì 통 통제하다, 조절하다　情绪 qíngxù 몡 감정, 기분, 정서　志愿者 zhìyuànzhě 몡 지원자
急躁 jízào 몐 (성격이) 조급하다, (어떤 목적을 위해서) 조급하게 서두르다　实验 shíyàn 몡 실험 통 실험하다
孤独 gūdú 몐 고독하다, 외롭다　精神 jīngshén 몡 정신　极大 jídà 몐 매우 크다, 최대한도이다

단문 某 mǒu 떼 어떤, 어느　电视台 diànshìtái 몡 텔레비전 방송국　曾 céng 뮈 예전에, 일찍이　研究人员 yánjiū rényuán 연구원
关入 guān rù (~ 안에) 가두다　封闭 fēngbì 통 폐쇄하다, 봉쇄하다　集装箱 jízhuāngxiāng 몡 컨테이너
观察 guānchá 통 관찰하다　美满 měimǎn 몐 아름답고 원만하다　家庭主妇 jiātíng zhǔfù 몡 가정 주부
失控 shīkòng 통 통제력을 잃다　开朗 kāilǎng 몐 (성격이) 명랑하다, (생각이) 트이다　喜剧演员 xǐjùyǎnyuán 몡 코미디언
不安 bù'ān 몐 불안하다　由此可见 yóucǐ kějiàn 이로써 알 수 있다　产生 chǎnshēng 통 일으키다, 생기다, 나타나다
危害 wēihài 몡 해로움, 손상 통 해를 끼치다　超乎 chāohū 통 ~을 뛰어넘다, ~을 벗어나다　想象 xiǎngxiàng 통 상상하다

5 中상	A 摩擦可以防止静电	A 마찰은 정전기를 방지할 수 있다
	B 静电可能损害健康	B 정전기는 건강을 해칠 수 있다
	C 静电不会产生刺痛感	C 정전기는 찌르는 듯한 통증을 일으키지 않는다
	D 静电常通过手指释放	D 정전기는 자주 손가락을 통해 방출된다

生活中的静电一般是通过摩擦产生的，静电的主要释放形式为尖端放电，也就是从形状尖锐的地方放电，所以人们经常被电到的部位是手指。静电不会对手指造成什么伤害，顶多就是让人有一瞬间的刺痛感。	생활 속의 정전기는 일반적으로 마찰을 통해 생기는 것인데, 정전기의 주요 방출 형태는 첨단방전, 다시 말해 형태가 날카로운 부분에서 방전되는 것이어서, 사람들이 자주 감전되는 부위는 손가락이다. 정전기는 손가락에 어떠한 손상도 야기하지 않으며, 기껏해야 순간의 찌르는 듯한 통증이 있을 뿐이다.

해설 보기에 静电(정전기)이 반복적으로 나오므로 静电과 관련된 설명문 단문이 나올 것을 예측한다. 음성에서 静电的主要释放形式为尖端放电，也就是从形状尖锐的地方放电，所以人们经常被电到的部位是手指라고 했다. 따라서 보기 D 静电常通过手指释放이 정답이다. 음성에서 静电……顶多就是让人有一瞬间的刺痛感을 듣고 보기 C 静电不会产生刺痛感을 정답으로 선택하지 않도록 주의한다.

어휘 보기 摩擦 mócā 圄 마찰하다, 비비다   防止 fángzhǐ 圄 방지하다   静电 jìngdiàn 圀 정전기   损害 sǔnhài 圄 해치다, 손상시키다
产生 chǎnshēng 圄 일으키다, 생기다   刺痛感 cìtònggǎn 찌르는 듯한 통증   手指 shǒuzhǐ 圀 손가락
释放 shìfàng 圄 방출하다, 석방하다, 내보내다

단문 形式 xíngshì 圀 형태, 형식   尖端放电 jiānduān fàngdiàn 첨단방전[전도체 표면의 뾰족한 부분에 전기가 집중하여 방전되는 현상]
形状 xíngzhuàng 圀 형태, 생김새   尖锐 jiānruì 圀 날카롭다, 예리하다   放电 fàngdiàn 圄 방전되다
部位 bùwèi 圀 부위[주로 인체에 사용함]   手指 shǒuzhǐ 圀 손가락   造成 zàochéng 圄 야기하다, 조성하다
伤害 shānghài 圄 손상시키다, 상처를 주다, 해치다   顶多 dǐngduō 凰 기껏해야, 겨우   凰 가장 많다
瞬间 shùnjiān 圀 순간, 눈 깜짝하는 사이

6 중	A 民宿的类型比较单一	A 민박의 유형은 비교적 단일하다
	B 民宿的档次普遍不高	B 민박의 등급은 보편적으로 높지 않다
	C 民宿比传统酒店更加昂贵	C 민박은 기존 호텔보다 더 비싸다
	D 民宿的优势在于特色鲜明	D 민박의 장점은 특색이 뚜렷하다는 데에 있다

在线预定民宿十分火爆，截至去年年底，其交易额已经突破了二百亿元。近年来，民宿的类型日益丰富，很多民宿的运营和管理已经和传统酒店没有太大差别。经营成功的民宿往往具有鲜明的特色，这是其与传统酒店竞争时的优势所在。	온라인 민박을 예약하는 것은 매우 인기가 있어서, 작년 연말에 이르기까지 그 거래액이 이미 2백억 위안을 돌파했다. 최근 몇 년간, 민박의 유형은 나날이 풍부해지고 있는데, 많은 민박의 운영과 관리는 이미 기존 호텔과 큰 차이가 없다. 운영에 성공한 민박은 종종 뚜렷한 특색을 지니는데, 이는 기존 호텔들과 경쟁 시 장점이 되는 부분이다.

해설 보기에 民宿(민박)가 반복적으로 나오므로 民宿와 관련된 설명문 단문이 나올 것을 예측한다. 음성에서 经营成功的民宿往往具有鲜明的特色，这是其与传统酒店竞争时的优势所在。라고 했다. 따라서 보기 D 民宿的优势在于特色鲜明이 정답이다.

어휘 보기 民宿 mínsù 민박   类型 lèixíng 圀 유형   单一 dānyī 圀 단일하다   档次 dàngcì 圀 (품질 등의) 등급, 등차
传统 chuántǒng 圀 기존의, 전통적인 圀 전통   酒店 jiǔdiàn 圀 호텔   昂贵 ángguì 圀 비싸다   优势 yōushì 圀 장점, 우위
在于 zàiyú 圄 ~에 있다   特色 tèsè 圀 특색, 특징 圀 특별한   鲜明 xiānmíng 圀 뚜렷하다, 분명하다

단문 在线 zàixiàn 圄 온라인 상태에 있다   预订 yùdìng 圄 예약하다   火爆 huǒbào 圀 인기가 있다, 왕성하다
截至 jiézhì 圄 (시간적으로) ~에 이르다, ~까지 마감이다   年底 niándǐ 圀 연말   交易额 jiāoyì'é 거래액
突破 tūpò 圄 돌파하다, 타파하다, 극복하다   亿 yì 呣 억   日益 rìyì 凰 나날이, 날로   运营 yùnyíng 圄 운영하다
差别 chābié 圀 차이, 차별   经营 jīngyíng 圄 운영하다, 경영하다   具有 jùyǒu 圄 지니다, 가지다
竞争 jìngzhēng 圄 경쟁하다 圀 경쟁

제2회 제3회 제4회 제5회 제6회

해커스 해설이 상세한 HSK 6급 실전모의고사

7
상

A 唐代已有中欧陶瓷贸易	A 당나라 시대에 이미 중국과 유럽의 도자기 무역이 있었다
B 专家挖掘出了丝绸碎片	B 전문가들은 비단 조각을 발굴해 냈다
C 古代的货物运输十分困难	C 고대의 물품 운송은 매우 어려웠다
D 瓷器的制作已有五百年历史	D 도자기 제작은 이미 5백 년의 역사가 있다

中英两国的考古专家表示，近期在西班牙挖掘出了十多个中国唐代的瓷器碎片，这意味着"海上丝绸之路"在唐代就已经延伸到了西欧。这一重大发现将中欧陶瓷贸易的起始时间向前推进了五百年。

중국과 영국 두 나라의 고고학 전문가들은, 최근 스페인에서 10여 점의 중국 당나라 시대의 도자기 조각을 발굴해 냈는데, 이는 '해상 실크로드'가 당나라 시대에 이미 서유럽까지 뻗어 나갔음을 의미한다고 밝혔다. 이 중대한 발견은 중국과 유럽의 도자기 무역의 시작 시점을 5백 년 앞당겼다.

해설 보기에 陶瓷贸易(도자기 무역), 瓷器的制作(도자기 제작)와 같이 비슷한 주제의 어휘가 나오므로 도자기에 대한 정보 전달 단문이 나올 것을 예측한다. 음성에서 近期在西班牙挖掘出了十多个中国唐代的瓷器碎片, 这意味着"海上丝绸之路"在唐代就已经延伸到了西欧라고 했다. 따라서 보기 A 唐代已有中欧陶瓷贸易가 정답이다.

어휘 보기 唐代 Tángdài [고유] 당나라 시대　陶瓷 táocí [명] 도자기　贸易 màoyì [명] 무역　专家 zhuānjiā [명] 전문가
挖掘 wājué [동] 발굴하다, 파내다　丝绸 sīchóu [명] 비단, 견직물　碎片 suìpiàn [명] 조각, 부스러기　古代 gǔdài [명] 고대
货物 huòwù [명] 물품, 화물　运输 yùnshū [동] 운송하다, 운반하다　瓷器 cíqì [명] 도자기　制作 zhìzuò [동] 제작하다

단문 考古 kǎogǔ [명] 고고학 [동] 고고학을 연구하다　西班牙 Xībānyá [고유] 스페인　意味着 yìwèizhe [동] 의미하다, 뜻하다
海上 hǎishàng [명] 해상　丝绸之路 Sīchóu Zhī Lù [고유] 실크로드　延伸 yánshēn [동] 뻗다, 확장하다　西欧 Xī'ōu [고유] 서유럽
重大 zhòngdà [형] 중대하다　起始时间 qǐshǐ shíjiān 시작 시점　推进 tuījìn [동] 앞당기다, 추진하다

8
중상

A 医生可在线诊断病情	A 의사는 온라인으로 병을 진단할 수 있다
B 医院可共享患者信息	B 병원은 환자 정보를 공유할 수 있다
C "电子健康卡"便于就诊	C '전자 건강 카드'는 진료를 받기 편리하다
D "电子健康卡"已全面实行	D '전자 건강 카드'는 이미 전면적으로 실행되었다

"电子健康卡"即将在全国范围内实行。该电子卡以二维码形式呈现，里面记录着一个人从生到死的所有医疗信息。就诊时，患者通过手机就能实现跨机构、跨区域一卡通。"电子健康卡"的推行是优化服务流程，改善就医环境，方便群众就医的重大民生举措。

'전자 건강 카드'는 곧 전국 범위에서 실행될 예정이다. 이 전자 카드는 QR코드 형식으로 구현되고, 그 안에는 한 사람의 출생부터 죽음에 이르는 모든 의료 정보가 기록되어 있다. 진료를 받을 때, 환자는 휴대폰을 통해서 기구, 구역을 뛰어넘는 통합 카드를 실현할 수 있다. '전자 건강 카드'의 보급은 서비스 과정을 최적화하고, 진료 환경을 개선하여, 사람들이 진료 받는 것을 편리하게 하는 중대한 민생 조치이다.

해설 보기에 "电子健康卡('전자 건강 카드')"가 반복적으로 나오므로 "电子健康卡"와 관련된 설명문 단문이 나올 것을 예측한다. 음성에서 "电子健康卡"的推行是优化服务流程, 改善就医环境, 方便群众就医的重大民生举措。라고 했다. 따라서 보기 C "电子健康卡"便于就诊가 정답이다.

어휘 보기 在线 zàixiàn [동] 온라인 상태에 있다　诊断 zhěnduàn [동] 진단하다　病情 bìngqíng [명] 병, 병세
共享 gòngxiǎng [동] 공유하다, 함께 누리다　患者 huànzhě [명] 환자　电子 diànzǐ [명] 전자　卡 kǎ [명] 카드
就诊 jiùzhěn [동] (의사에게) 진료를 받다　全面 quánmiàn [형] 전면적이다, 전반적이다 [명] 전체　实行 shíxíng [동] 실행하다

단문 即将 jíjiāng [부] 곧　范围 fànwéi [명] 범위　二维码 èrwéimǎ QR코드　形式 xíngshì [명] 형식, 형태
呈现 chéngxiàn [동] 구현하다, 양상을 띠다　记录 jìlù [동] 기록하다 [명] 기록　医疗 yīliáo [명] 의료
实现 shíxiàn [동] 실현하다, 달성하다　跨 kuà [동] 뛰어넘다, (한계를) 초월하다　机构 jīgòu [명] 기구[기관·단체 등의 업무 단위]
区域 qūyù [명] 구역　一卡通 yìkǎtōng 통합 카드[여러 가지 기능이 탑재된 IC카드]　推行 tuīxíng [동] 보급하다, 널리 시행하다
优化 yōuhuà [동] 최적화하다　服务 fúwù [명] 서비스 [동] 서비스 하다　流程 liúchéng [명] 과정, 공정　改善 gǎishàn [동] 개선하다
群众 qúnzhòng [명] 사람들, 민중　重大 zhòngdà [형] 중대하다　民生 mínshēng [명] 민생　举措 jǔcuò [명] 조치

9 중상	A 该计划将不定期开展	A 이 계획은 비정기적으로 전개될 것이다
	B 该计划受到用户的欢迎	B 이 계획은 사용자들의 환영을 받는다
	C 该计划将对车辆进行维修保养	C 이 계획은 자전거에 대해 수리와 정비를 진행할 것이다
	D 该计划将对废旧车辆进行更新	D 이 계획은 폐기된 차량을 새롭게 바꿀 것이다

小黄车平台近期推出了"共享自行车焕新计划"。该平台将定期对车辆进行清洁, 同时对车辆传动及刹车系统进行调试。检测完成后, 会在车辆上悬挂"已保养"标志。这些措施会为用户提供更舒适的骑行体验。	소황차 플랫폼은 최근 '공유 자전거 리뉴얼 계획'을 선보였다. 이 플랫폼은 정기적으로 자전거를 깨끗하게 하고, 동시에 자전거 전동 장치 및 브레이크 시스템에 대한 성능 검사를 진행할 것이다. 검사를 끝낸 후, 자전거에 '이미 정비함' 표지를 걸 것이다. 이러한 조치는 사용자들에게 더욱 쾌적한 라이딩 경험을 제공할 것이다.

해설 보기에 该计划(이 계획)가 반복적으로 나오므로 该计划과 관련된 설명문 단문이 나올 것을 예측한다. 음성에서 小黄车平台近期推出了共享自行车"焕新计划"。该平台将定期对车辆进行清洁, 同时对车辆传动及刹车系统进行调试。이라고 했다. 따라서 보기 C 该计划将对车辆进行维修保养이 정답이다.

어휘 보기 不定期 búdìngqī 비정기적인   开展 kāizhǎn 통 전개되다, (전람회·전시회 등이) 열리다   用户 yònghù 명 사용자, 가입자
维修 wéixiū 통 수리하다, 수선하다   保养 bǎoyǎng 통 정비하다, 수리하다   废旧 fèijiù 형 폐기된, 오래된
更新 gēngxīn 통 새롭게 바뀌다, 경신하다, 업데이트하다

단문 小黄车 Xiǎohuángchē 고유 소황차[중국의 공유 자전거 업체, 'ofo 소황차'라고도 불림]   平台 píngtái 명 플랫폼   近期 jìnqī 명 최근
推出 tuīchū 통 선보이다, 내놓다   共享 gòngxiǎng 통 공유하다, 함께 누리다   焕新 huànxīn 리뉴얼하다, 교체하다
定期 dìngqī 형 정기적인, 정기의 통 날짜를 잡다   车辆 chēliàng 명 자전거, 차량   清洁 qīngjié 형 깨끗하다, 청결하다
传动 chuándòng 통 전동하다, 동력을 전달하다   刹车 shāchē 통 (자동차의) 브레이크를 걸다, 차를 세우다
系统 xìtǒng 명 시스템, 계통   调试 tiáoshì 통 성능 검사를 하다   检测 jiǎncè 통 검사하다, 테스트하다
悬挂 xuánguà 통 걸다, 매달다   标志 biāozhì 명 표지 통 표지하다   措施 cuòshī 명 조치, 대책   舒适 shūshì 형 쾌적하다, 편하다
骑行 qíxíng 통 라이딩하다, (말이나 자전거를) 타고 가다   体验 tǐyàn 통 경험하다, 체험하다

10 중	A 游客的数量大幅度减少	A 여행객 수는 큰 폭으로 줄었다
	B 景区的维修工作已完毕	B 관광지 정비 작업은 이미 끝났다
	C 可以在官网预约景区门票	C 공식 홈페이지에서 관광지 입장권을 예약할 수 있다
	D 文化遗产保护政策已落实	D 문화유산 보호 정책은 이미 시행되었다

布达拉宫的人气越来越高, 前来参观的游客络绎不绝。为了保护这一世界文化遗产, 布达拉宫管理处宣布实行客流限制, 为此, 游客需提前一天预约门票。人们可通过布达拉宫官网预订, 也可以在现场预约。	포탈라 궁전의 인기가 점점 높아지면서, 참관하러 오는 여행객들이 끊이질 않는다. 이 세계 문화유산을 보호하기 위해, 포탈라 궁전 관리처는 유동 인구 제한을 실행하겠다고 발표했고, 그런 까닭에 관광객들은 하루 전에 입장권을 예약해야 한다. 사람들은 포탈라 궁전 공식 홈페이지를 통해서 예약하거나, 현장에서도 예약할 수 있다.

해설 보기에 游客(여행객), 景区(관광지)와 같이 비슷한 주제의 어휘가 나오므로 관광지에 대한 정보 전달 단문이 나올 것을 예측한다. 음성에서 游客需提前一天预约门票。人们可通过布达拉宫官网预订이라고 했다. 따라서 보기 C 可以在官网预约景区门票가 정답이다.

어휘 보기 幅度 fúdù 명 폭   景区 jǐngqū 명 관광지, 명승지   维修 wéixiū 통 정비하다, 보수하다
完毕 wánbì 통 끝내다, 마치다, 종료하다, 완결하다   官网 guānwǎng 명 공식 홈페이지   预约 yùyuē 통 예약하다
遗产 yíchǎn 명 유산   政策 zhèngcè 명 정책   落实 luòshí 통 (계획·조치 등을) 시행하다, 실현시키다

단문 布达拉宫 Bùdálā Gōng 고유 포탈라 궁전[티베트 라사에 있는 건축물]   络绎不绝 luòyìbùjué 생 왕래가 끊이지 않다
宣布 xuānbù 통 발표하다, 선언하다   实行 shíxíng 통 실행하다   客流 kèliú 유동 인구   限制 xiànzhì 통 제한하다
为此 wèicǐ 쩝 그런 까닭에, 이로 인하여   预订 yùdìng 통 예약하다   现场 xiànchǎng 명 (사건이나 사고의) 현장

제2회 제3회 제4회 제5회 제6회

해커스 해설이 상세한 HSK 6급 실전모의고사

11 중상

A 该电影实现了动作片的飞跃
B 拍这部电影耗费了两年时间
C 该电影有浓厚的中国文化色彩
D 观众不认可该电影的表现手法

A 이 영화는 액션 영화의 비약을 실현했다
B 이 영화를 촬영하는 데에 2년의 시간을 소비했다
C 이 영화는 짙은 중국 문화 색채가 있다
D 관객은 이 영화의 표현 기법을 인정하지 않는다

近日上映的张艺谋导演的新片《影》颇受影迷关注。这是张导演时隔两年拍摄的新作，其灵感源于中国文化的美学理念。电影将太极、阴阳、水墨画和动作场面融为一体，展示了"以柔克刚"的中国哲学。

최근 상영한 장이머우 감독의 신작 영화 <그림자>가 영화 팬들의 관심을 제법 받았다. 이것은 장 감독이 2년 만에 찍은 신작으로, 그것의 영감은 중국 문화의 미학 개념에서 왔다. 영화는 태극, 음양, 수묵화와 액션 장면을 하나로 융합하여, '부드러움으로 강함을 이긴다'는 중국 철학을 드러냈다.

해설 보기에 电影(영화)이 반복적으로 나오므로 电影과 관련된 설명문 단문이 나올 것을 예측한다. 음성에서 其灵感源于中国文化的美学理念。电影将太极、阴阳、水墨画和动作场面融为一体，展示了"以柔克刚"的中国哲学。라고 했다. 따라서 보기 C 该电影有浓厚的中国文化色彩가 정답이다.

어휘 보기 实现 shíxiàn 통 실현하다　动作片 dòngzuòpiàn 명 액션 영화　飞跃 fēiyuè 통 비약하다　拍 pāi 통 촬영하다, 찍다
耗费 hàofèi 통 소비하다, 소모하다　浓厚 nónghòu 형 짙다, 농후하다　色彩 sècǎi 명 색채, 빛깔
认可 rènkě 통 인정하다, 허가하다　表现 biǎoxiàn 통 표현하다, 드러나다 명 태도, 행동　手法 shǒufǎ 명 기법, 수법

단문 近日 jìnrì 명 최근, 근래　上映 shàngyìng 통 상영하다, 방영하다　张艺谋 Zhāng Yìmóu 교유 장이머우, 장예모[중국의 영화 감독]
导演 dǎoyǎn 명 감독, 연출자 통 감독하다　颇 pō 위 제법, 상당히　影迷 yǐngmí 명 영화 팬, 영화광
关注 guānzhù 통 관심을 가지다, 배려하다　时隔 shígé 위 ~(시간) 만에　拍摄 pāishè 통 찍다, 촬영하다　灵感 línggǎn 명 영감
源于 yuányú 통 ~에서 오다　美学 měixué 명 미학　理念 lǐniàn 명 개념, 이념　太极 tàijí 명 태극　阴阳 yīnyáng 명 음양
水墨画 shuǐmòhuà 명 수묵화　动作场面 dòngzuò chǎngmiàn 액션 장면　融 róng 통 융합하다, 조화하다
一体 yìtǐ 명 하나, 일체　展示 zhǎnshì 통 드러내다, 전시하다　以柔克刚 yǐróukègāng 셩 부드러움으로 강함을 이기다
哲学 zhéxué 명 철학

12 중상

A 冷藏会影响西红柿的口感
B 西红柿的营养价值并不高
C 食用西红柿前应浸泡片刻
D 高温天气会使西红柿减产

A 냉장은 토마토의 맛에 영향을 준다
B 토마토의 영양가는 그다지 높지 않다
C 토마토를 먹기 전 잠깐 물에 담가 두어야 한다
D 고온의 날씨는 토마토 생산량을 감소시킨다

新鲜的西红柿鲜嫩可口，冷藏过后的西红柿却没什么滋味，这是为什么呢？研究人员发现，西红柿被冷藏七天后，它含有的挥发性物质会减少百分之六十五。就算之后储存环境的温度升高，西红柿也无法恢复原有的口感。

싱싱한 토마토는 신선하고 연하며 맛있지만, 냉장 후의 토마토는 오히려 별다른 맛이 없는데, 이것은 왜 그런 것일까? 연구원들은 토마토가 냉장되고 7일이 지난 후에는, 그것에 함유된 휘발성 물질이 65% 감소한다는 것을 발견했다. 설령 이후에 저장 환경의 온도가 상승하더라도, 토마토는 기존에 가지고 있던 맛을 회복할 수 없다.

해설 보기에 西红柿(토마토)이 반복적으로 나오므로 西红柿과 관련된 설명문 단문이 나올 것을 예측한다. 음성에서 西红柿被冷藏七天后，它含有的挥发性物质会减少百分之六十五……西红柿也无法恢复原有的口感이라고 했다. 따라서 보기 A 冷藏会影响西红柿的口感이 정답이다.

어휘 보기 冷藏 lěngcáng 통 냉장하다　口感 kǒugǎn 명 맛, 식감　营养价值 yíngyǎng jiàzhí 영양가　食用 shíyòng 통 먹다, 식용하다
浸泡 jìnpào 통 (오랜 시간 물에) 담그다, 잠그다　片刻 piànkè 명 잠깐, 잠시　减产 jiǎnchǎn 통 생산량이 감소하다, 생산을 줄이다

단문 鲜嫩 xiānnèn 형 신선하고 연하다　可口 kěkǒu 형 맛있다, 입에 맞다　滋味 zīwèi 명 맛　研究人员 yánjiū rényuán 연구원
含有 hányǒu 통 함유하다, 가지고 있다　挥发性 huīfāxìng 휘발성　物质 wùzhì 명 물질　就算 jiùsuàn 접속 설령~하더라도
储存 chǔcún 통 저장하다, 저축하다　升高 shēnggāo 통 (지위·정도·수준 등이) 상승하다
无法 wúfǎ 통 ~할 수 없다, ~할 방법이 없다　恢复 huīfù 통 회복하다　原有 yuányǒu 통 기존에 가지고 있다, 고유하다

13
중

A 古老的种子顺利萌芽了

B 这种莲子时隔六年开花

C 景区暂时不向游客开放

D 这种花的生长周期很长

A 오래된 씨앗은 순조롭게 발아했다

B 이런 연밥은 6년 만에 꽃이 핀다

C 관광지는 당분간 여행객들에게 개방하지 않는다

D 이 꽃의 성장 주기는 길다

两年前，圆明园的工作人员在如园遗址里发现了十一颗古莲子。经过他们的精心培育，其中六颗古莲子成功发芽。今年春天，它们被人们从温室移植到了荷花基地，现在已经开出美丽的花朵，吸引大量游客前来观赏。

2년 전, 원명원의 직원들은 여원 유적에서 오래된 연밥 11알을 발견했다. 그들의 심혈을 기울인 재배를 거쳐, 그중 오래된 연밥 6개가 성공적으로 발아했다. 올해 봄, 그것들은 온실에서 연꽃 서식지로 옮겨 심어졌고, 지금은 이미 아름다운 꽃을 피워, 많은 여행객이 구경하러 오도록 매료시켰다.

해설 보기의 种子(씨앗), 花(꽃)와 같이 비슷한 주제의 어휘가 나오므로 식물에 대한 정보 전달 단문이 나올 것을 예측한다. 음성에서 两年前，圆明园的工作人员在如园遗址里发现了十一颗古莲子。……其中六颗古莲子成功发芽라고 했다. 따라서 보기 A 古老的种子顺利萌芽了가 정답이다.

어휘 보기 种子 zhǒngzi 몡 씨앗, 열매 萌芽 méngyá 동 싹이 트다 莲子 liánzǐ 몡 연밥 时隔 shígé ~만에
景区 jǐngqū 몡 관광지, 명승지 开放 kāifàng 동 개방하다 톙 개방적이다 周期 zhōuqī 몡 주기

단문 圆明园 Yuánmíng Yuán 고유 원명원[중국 베이징에 있는 청나라 시대의 별궁] 工作人员 gōngzuò rényuán 직원
如园 Rú Yuán 고유 여원[원명원 내에 있는 정원 중 하나] 遗址 yízhǐ 몡 유적 颗 kē 먱 알, 방울
精心 jīngxīn 톙 정성을 들이다, 심혈을 기울이다 培育 péiyù 동 기르다, 재배하다 发芽 fāyá 동 발아하다, 싹이 트다
温室 wēnshì 몡 온실 移植 yízhí 동 옮겨 심다, 이식하다 荷花 héhuā 몡 연꽃 基地 jīdì 몡 서식지, 근거지
观赏 guānshǎng 동 구경하다, 감상하다

14
중

A 野外摄影引发巨大争议

B 野外摄影存在安全隐患

C 鸟类摄影对技术要求高

D 鸟类摄影应有行为规范

A 야외 촬영은 큰 논쟁을 불러일으킨다

B 야외 촬영은 안전상의 잠재적인 위험이 있다

C 조류 촬영은 기술에 대한 요구가 높다

D 조류 촬영은 행동 규범이 있어야 한다

随着野生鸟类摄影队伍的不断扩大，某些摄影者做出了违背生态环境的不道德行为，因而受到了社会舆论的谴责。面对这一问题，我们需要尽快制定生态摄影行为准则，以保护野生鸟类，规范鸟类摄影行为。

야생 조류를 촬영하는 단체가 끊임없이 늘어남에 따라, 어떤 촬영자들은 생태 환경을 위배하는 부도덕한 행동을 하여, 사회 여론의 비난을 받았다. 이 문제에 직면하여, 우리는 시급히 생태 촬영 행동 준칙을 제정하여, 야생 조류를 보호하고, 조류 촬영 행동을 규범화할 필요가 있다.

해설 보기에 应(~해야 한다)과 같은 어휘가 나오므로 의견 주장 단문이 나올 것을 예측한다. 음성에서 我们需要尽快制定生态摄影行为准则，以保护野生鸟类，规范鸟类摄影行为라고 했다. 따라서 보기 D 鸟类摄影应有行为规范이 정답이다.

어휘 보기 野外 yěwài 몡 야외 摄影 shèyǐng 동 촬영하다 引发 yǐnfā 동 불러일으키다, 야기하다 巨大 jùdà 톙 크다, 거대하다
争议 zhēngyì 동 논쟁하다 存在 cúnzài 동 있다, 존재하다 安全隐患 ānquán yǐnhuàn 안전상의 잠재적인 위험
鸟类 niǎolèi 몡 조류 行为 xíngwéi 몡 행동, 행위 规范 guīfàn 몡 규범 톙 규범에 맞는 동 규범화하다, 규범에 맞게 하다

단문 野生 yěshēng 톙 야생의 队伍 duìwu 몡 단체, 부대, 행렬 不断 búduàn 뎐 끊임없이, 부단히 동 끊임없다
扩大 kuòdà 동 늘어나다, 확대하다, 넓히다 某 mǒu 데 어떤, 어느 摄影者 shèyǐngzhě 촬영자
违背 wéibèi 동 위배하다, 위반하다 生态 shēngtài 몡 생태 道德 dàodé 몡 도덕, 윤리 舆论 yúlùn 몡 여론
谴责 qiǎnzé 동 비난하다, 질책하다 面对 miànduì 동 직면하다 尽快 jǐnkuài 뎐 시급히, 되도록 빨리 制定 zhìdìng 동 제정하다
准则 zhǔnzé 몡 준칙

제2회

제3회

제4회

제5회

제6회

해커스 해설이 상세한 HSK 5급 실전모의고사

15 하	A 这种草莓价格昂贵	A 이 딸기 가격은 비싸다
	B 这种草莓是新品种	B 이 딸기는 새로운 품종이다
	C 这种草莓淘汰率高	C 이 딸기의 도태율은 높다
	D 这种草莓最受欢迎	D 이 딸기가 가장 환영 받는다

黑龙江培育出了新的草莓品种——"小白"。它的果皮呈粉白色，果肉呈乳白色，气味清香，口感香甜。相关人士表示，市场上草莓品种繁多，如果不想被淘汰的话，就必须要采用先进的栽培技术提升草莓品质，从而占领市场。	헤이룽장 성은 새로운 딸기 품종인 '샤오바이'를 재배해 냈다. 그것의 껍질은 분처럼 새하얀 색을 띠고, 과육은 흰색을 띠며, 냄새는 은은하고, 맛은 향기롭고 달다. 관계자는 시장에 딸기 품종이 많은데, 만약 도태되고 싶지 않다면, 반드시 선진적인 재배 기술을 채택하여 딸기 품질을 높이고, 그리하여 시장을 점유해야 한다고 밝혔다.

해설 보기에 这种草莓(이 딸기)가 반복적으로 나오므로 这种草莓(이 딸기)와 관련된 설명문 단문이 나올 것을 예측한다. 음성에서 黑龙江培育出了新的草莓品种——"小白"。라고 했다. 따라서 보기 B 这种草莓是新品种이 정답이다.

어휘 보기 草莓 cǎoméi 몡 딸기 昂贵 ángguì 혱 비싸다 品种 pǐnzhǒng 몡 품종, 제품의 종류 淘汰率 táotàilǜ 도태율

단문 黑龙江 Hēilóngjiāng 고유 헤이룽장 성, 흑룡강 성[중국의 지명] 培育 péiyù 통 재배하다, 기르다 果皮 guǒpí 몡 (열매, 과일의) 껍질
呈 chéng 통 (어떤 빛깔·상태 등을) 띠다, 가지다 果肉 guǒròu 몡 과육 气味 qìwèi 몡 냄새
清香 qīngxiāng 몡 은은한 향기, 담백한 향기 口感 kǒugǎn 몡 맛, 입맛 香甜 xiāngtián 혱 향기롭고 달다
相关人士 xiāngguān rénshì 관계자 繁多 fánduō 혱 (종류가) 많다 淘汰 táotài 통 도태하다, 탈락되다
采用 cǎiyòng 통 채택하다, 채용하다 先进 xiānjìn 혱 선진적이다, 뛰어나다 栽培 zāipéi 통 재배하다, 기르다
提升 tíshēng 통 높이다, 진급시키다 品质 pǐnzhì 몡 품질, 질 从而 cóng'ér 젭 그리하여, 따라서
占领 zhànlǐng 통 점유하다, 점령하다

16-20

第16到20题是根据下面一段采访：

女：今天我们请到了[20]中国纪录片界的传奇人物——导演兼制片人赵琦。赵琦您好，您能给现场的观众简单介绍一下《行走敦煌》这部纪录片吗？

男：好的。首先，《行走敦煌》是中国历史上第一部参与国际电影节竞赛的VR纪录片，所以得到了很多关注和支持。同时，它也是我们团队在表达语言上的一次全新尝试。为了给观众带来耳目一新的观影体验，《行走敦煌》用激光扫描的手法建造了洞窟模型。[16]当观众戴上VR眼镜，手持遥控手柄，做好万全准备后，就可以捡起地上的豆油灯，用它照亮黑暗的洞窟。而灯光所及之处，就会徐徐展开精彩绝伦的壁画故事。观众通过这种沉浸、互动的方式，可以领略到敦煌迷人的风采。

女：您在这部作品中使用了VR技术，创作过程如何？

男：以前做纪录片的时候，因为技术和渠道足够成熟，我们只要把内容做好做精就行。但这次开始拍摄时，[17]由于我们对VR技术几乎一无所知，所以在创作上受到了很大的制约。不过，凭借不懈的努力，我们的制作团队最终还是攻克了这一难题。

女：[18]您认为目前阻碍中国纪录片发展的是什么？

男：目前，[18]中国纪录片的从业人员从知识结构到社会阶层都非常单一，这样就很大程度地影响了纪录片的深度和多样性。不管是现在还是将来，我们都应该从更多层面呈现中国日新月异的发展。

16-20번 문제는 다음 인터뷰에 근거한다.

여: 오늘 저희가 [20]중국 다큐멘터리 영화계의 전기적인 인물이신 감독 겸 프로듀서인 자오치 씨를 모셨습니다. 자오치 씨 안녕하세요, 현장의 관객들에게 <행주동황>이라는 다큐멘터리 영화를 간단히 소개해 주실 수 있나요?

남: 네. 우선, <행주동황>은 중국 역사상 첫 번째로 국제 영화제 경쟁에 참여한 VR다큐멘터리 영화이며, 그래서 많은 관심과 지지를 받았습니다. 동시에 그것은 우리 팀이 언어를 표현하는 데 있어서 한차례 새로운 시도이기도 합니다. 관객들에게 눈과 귀가 번쩍 뜨이는 관람 체험을 가져다 주기 위해, <행주동황>은 레이저 스캔 기법으로 동굴 모형을 지었습니다. [16]관객들이 VR안경을 쓰고, 원격 조종 핸들을 손에 쥐며, 만반의 준비를 끝내고 나면, 땅 위의 등잔불을 줄을 수 있는데, 그것을 사용해서 이두운 동굴을 밝힙니다. 그리고 불빛이 닿는 곳에서, 서서히 근사하고 뛰어난 벽화 이야기가 펼쳐집니다. 관객들은 이렇게 몰두하고, 상호 작용하는 방식을 통해, 둔황의 매력적인 기품을 음미할 수 있습니다.

여: 당신은 이 작품에서 VR 기술을 사용하였는데, 창작 과정은 어땠나요?

남: 예전에 다큐멘터리 영화를 만들 때는 기술과 방법이 충분히 성숙했기 때문에, 우리는 그냥 내용만 잘 만들면 되었습니다. 그런데 이번에 촬영을 시작했을 때는 [17]저희가 VR기술에 대해서 거의 아무것도 몰라서, 창작에 많은 제약을 받았습니다. 그러나 꾸준한 노력을 통해 우리의 제작팀은 결국 이 난제를 극복해 냈습니다.

여: [18]당신은 현재 중국 다큐멘터리 영화의 발전을 가로막고 있는 것은 무엇이라고 생각하시나요?

남: 현재 [18]중국 다큐멘터리 영화 종사자들은 지식 구조부터 사회 계층까지 모두 매우 단일한데, 이렇게 되면 다큐멘터리 영화의 깊이와 다양성에 크게 영향을 미칩니다. 현재든 미래든 관계없이, 우리는 반드시 더 많은 방면에서 중국의 나날이 새로워지는 발전을 보여 줘야 합니다.

女: 您对当下年轻纪录片人的创作有什么评价？

男: [19]坦率地说，目前年轻导演的作品中成规模的、有分量的还不多。年轻导演也许更倾向于拍摄有趣的内容，但是我认为有趣和有深度并不是对立的。纪录片人要对生活不断地进行思考，要时刻尝试着为当下热点提供不同的视角、观点和解决方案。

여: 당신은 현재 젊은 다큐멘터리 영화인들의 창작에 대해 어떤 평가를 하시나요?

남: [19]솔직히 말해 현재 젊은 감독들의 작품 중 규모를 이루고, 무게가 있는 것은 아직 많지 않습니다. 젊은 감독들은 아마도 흥미로운 내용을 촬영하는 것에 더 치우쳐 있겠지만, 저는 재미있는 것과 깊이 있는 것은 결코 대립하지 않는다고 생각합니다. 다큐멘터리 영화인들은 삶에 대해 끊임없이 깊이 생각해야 하고, 항상 당시의 이슈에 대해 다른 시각, 관점과 해결 방안을 제시하는 것을 시도해 보아야 합니다.

어휘 纪录片 jìlùpiàn 다큐멘터리 영화　传奇 chuánqí [형] 전기적인, 입지전적인　人物 rénwù [명] 인물　导演 dǎoyǎn [명] 감독, 연출자 [동] 감독하다
兼 jiān [동] 겸하다, 동시에 하다　制片人 zhìpiànrén [명] 프로듀서, 영화 제작자　赵琦 Zhào Qí 자오치[중국의 영화 감독]
行走敦煌 Xíngzǒu Dūnhuáng [고유] 행주둔황[중국의 VR 다큐멘터리 영화]　参与 cānyù [동] 참여하다, 참가하다
竞赛 jìngsài [동] 경쟁하다, 경기하다　团队 tuánduì [명] 팀, 단체　表达 biǎodá [동] (생각·감정을) 표현하다, 나타내다
尝试 chángshì [동] 시도해 보다, 테스트해 보다　耳目一新 ěrmùyìxīn [성] 눈과 귀가 번쩍 뜨이다　体验 tǐyàn [동] 체험하다
激光扫描 jīguāng sǎomiáo 레이저 스캔　手法 shǒufǎ [명] (예술 작품의) 기법, 수단　建造 jiànzào (건물을) 짓다, 세우다
洞窟 dòngkū [명] 동굴　模型 móxíng [명] 모형, 모본　手持 shǒuchí [동] 손에 쥐다　遥控 yáokòng [동] 원격 조종하다
手柄 shǒubǐng [명] 핸들, 손잡이　捡 jiǎn [동] 줍다　豆油灯 dòuyóudēng (콩기름을 사용하는) 등잔불　照亮 zhàoliàng [동] 밝히다, 밝혀주다
黑暗 hēi'àn [형] 어둡다, 깜깜하다　徐徐 xúxú [부] 서서히, 천천히　展开 zhǎnkāi [동] 펼치다, 전개하다　绝伦 juélún 뛰어나다
壁画 bìhuà [명] 벽화　沉浸 chénjìn [동] 몰두하다, 빠지다　互动 hùdòng [동] 상호 작용하다　方式 fāngshì [명] 방식, 방법
领略 lǐnglüè [동] (감성적으로) 음미하다, 깨닫다　敦煌 Dūnhuáng [고유] 둔황, 돈황[중국 간수성에 위치한 옛 지명]
迷人 mírén [동] 매력적이다, 사람을 홀리다　风采 fēngcǎi [명] 기품, 풍모　创作 chuàngzuò [동] (문예 작품을) 창작하다
如何 rúhé [대] 어떠하다, 어떻다　渠道 qúdào [명] 방법, 경로　成熟 chéngshú [형] (정도 등이) 성숙하다 [동] (과실·곡식 등이) 익다
拍摄 pāishè [동] (사진이나 영상을) 촬영하다, 찍다　一无所知 yìwúsuǒzhī 아무것도 모른다　制约 zhìyuē [동] 제약하다
凭借 píngjiè [동] ~을 통해, ~에 의지하다　不懈 búxiè [형] 꾸준하다, 게을리하지 않다　攻克 gōngkè [동] 극복하다, 정복하다
目前 mùqián [명] 현재, 지금　阻碍 zǔ'ài [동] (진행하지 못하도록) 가로막다 [명] 장애물　从业人员 cóngyè rényuán 종사자
结构 jiégòu [명] 구조, 구성　阶层 jiēcéng [명] (사회 문화의) 계층　单一 dānyī [형] 단일하다　深度 shēndù [명] 깊이, 심도
多样性 duōyàngxìng 다양성　层面 céngmiàn [명] 방면, 모습　呈现 chéngxiàn 보이다, 나타나다
日新月异 rìxīnyuèyì 나날이 새로워지다, 변화와 발전이 빠르다　评价 píngjià [명] 평가 [동] 평가하다　坦率 tǎnshuài [형] 솔직하다, 정직하다
规模 guīmó [명] 규모　分量 fènliàng [명] 무게, 중량　倾向 qīngxiàng [동] (한쪽으로) 치우치다, 기울다 [명] 경향, 추세
对立 duìlì [동] 대립하다, 대립되다　思考 sīkǎo [동] 깊이 생각하다, 사고하다　时刻 shíkè [부] 항상, 언제나　热点 rèdiǎn [명] 이슈
视角 shìjiǎo [명] 시각, 앵글　观点 guāndiǎn [명] 관점　方案 fāng'àn [명] 방안

16-20번 보기의 **拍摄**(촬영하다), **纪录片**(다큐멘터리 영화)을 통해 인터뷰 대상이 영화와 관련된 예술가임을 예측할 수 있다. 따라서 예술가 인터뷰가 나올 것을 대비해서 듣는다. 특히, 남자가 인터뷰 대상이므로 남자의 말을 주의 깊게 듣는다.

16 중	A 眼镜和耳机	A 안경과 이어폰
	B 耳机和照明灯	B 이어폰과 조명등
	C 眼镜和遥控手柄	C 안경과 원격 조종 핸들
	D 耳机和遥控手柄	D 이어폰과 원격 조종 핸들
	问 : 根据对话，《行走敦煌》的观众需要什么设备？	질문 : 대화에 근거하여, <행주둔황>의 관객들은 어떤 장비가 필요한가?

해설 남자의 말에서 언급된 当观众戴上VR眼镜, 手持遥控手柄을 듣고, 보기 C 眼镜和遥控手柄에 체크해 둔다. 질문이 대화에 근거하여 <행주둔황>의 관객들은 어떤 장비가 필요한지를 물었으므로, 보기 C가 정답이다.

어휘 耳机 ěrjī [명] 이어폰　照明灯 zhàomíngdēng 조명등　遥控 yáokòng [동] 원격 조종하다　手柄 shǒubǐng [명] 핸들, 손잡이
设备 shèbèi [명] 장비, 설비

제2회
제3회
제4회
제5회
제6회

해커스 해설이 상세한 HSK 6급 실전모의고사

17
중

A 拍摄资金不足	A 촬영 자금이 부족하다
B 缺乏创作热情	B 창작 열정이 부족하다
C 摄影装备落后	C 촬영 장비가 뒤떨어진다
D 创作受到局限	D 창작에 제한을 받았다
问 : 用VR技术拍摄纪录片时, 男的遇到了什么样的困难?	질문 : VR 기술로 다큐멘터리 영화를 촬영할 때, 남자는 어떤 어려움을 겪었는가?

해설 남자의 말에서 언급된 由于我们对VR技术几乎一无所知, 所以在创作上受到了很大的制约를 듣고, 보기 D 创作受到局限에 체크해 둔다. 질문이 VR 기술로 다큐멘터리 영화를 촬영할 때, 남자는 어떤 어려움을 겪었는지를 물었으므로, 보기 D가 정답이다.

어휘 拍摄 pāishè 동 (사진이나 영상을) 촬영하다, 찍다   资金 zījīn 명 자금   不足 bùzú 형 부족하다, 모자라다
缺乏 quēfá 동 부족하다, 모자라다   创作 chuàngzuò 동 (문예 작품을) 창작하다   装备 zhuāngbèi 명 장비, 설비 동 설치하다
落后 luòhòu 동 뒤떨어지다, 뒤처지다   局限 júxiàn 동 제한하다, 국한하다   纪录片 jìlùpiàn 다큐멘터리 영화

18
중상

A 无法得到观众认可	A 관객의 인정을 받을 수 없다
B 技术发展过于缓慢	B 기술 발전이 지나치게 더디다
C 从业人员不够多样	C 업계 종사자가 그다지 다양하지 않다
D 审查制度较为严格	D 심사 제도가 비교적 엄격하다
问 : 在男的看来, 是什么阻碍了中国纪录片的发展?	질문 : 남자가 보기에, 무엇이 중국 다큐멘터리 영화의 발전을 가로막았는가?

해설 여자의 말에서 언급된 您认为目前阻碍中国纪录片发展的是什么?와 남자의 말에서 언급된 中国纪录片的从业人员从知识结构到社会阶层都非常单一, 这样就很大程度地影响了纪录片的深度和多样性을 듣고, 보기 C 从业人员不够多样에 체크해 둔다. 질문이 남자가 보기에 무엇이 중국 다큐멘터리 영화의 발전을 가로막았는지를 물었으므로, 보기 C가 정답이다.

어휘 认可 rènkě 명 인정, 허락 동 인정하다, 허락하다   缓慢 huǎnmàn 형 더디다, 느리다   从业人员 cóngyè rényuán 업계 종사자
多样 duōyàng 형 다양하다   审查 shěnchá 동 심사하다   阻碍 zǔ'ài 동 (진행하지 못하도록) 가로막다 명 장애물
纪录片 jìlùpiàn 다큐멘터리 영화

19
하

A 充满想象力	A 상상력이 가득하다
B 内容有深度	B 내용에 깊이가 있다
C 有分量的不多	C 무게가 있는 것이 많지 않다
D 缺少社会热点	D 사회적 이슈가 부족하다
问 : 男的如何评价年轻纪录片导演的作品?	질문 : 남자는 젊은 다큐멘터리 영화 감독들이 작품을 어떻게 평가하는가?

해설 남자의 말에서 언급된 坦率地说, 目前年轻导演的作品中成规模的、有分量的还不多。를 듣고, 보기 C 有分量的不多에 체크해 둔다. 질문이 남자는 젊은 다큐멘터리 영화 감독들의 작품을 어떻게 평가하는지를 물었으므로, 보기 C가 정답이다.

어휘 充满 chōngmǎn 동 가득하다, 충만하다   想象力 xiǎngxiànglì 상상력   深度 shēndù 깊이, 심도   分量 fènliàng 무게, 중량
热点 rèdiǎn 명 이슈   如何 rúhé 대 어떻다, 어떠하다   评价 píngjià 동 평가하다 명 평가   纪录片 jìlùpiàn 다큐멘터리 영화
导演 dǎoyǎn 명 감독 동 감독하다   作品 zuòpǐn 명 작품

20
중상

A 排斥在纪录片里使用VR技术	A 다큐멘터리 영화에서 VR 기술 사용을 배척한다
B 是中国纪录片界的传奇人物	B 중국 다큐멘터리 영화계의 전기적인 인물이다
C 试图拍摄题材有趣的纪录片	C 소재가 재미있는 다큐멘터리 영화를 촬영하려고 시도한다
D《行走敦煌》是男的的处女作	D <행주돈황>은 남자의 첫 번째 작품이다
问 : 关于男的, 可以知道什么?	질문 : 남자에 관하여, 무엇을 알 수 있는가?

해설 여자의 말에서 언급된 中国纪录片界的传奇人物를 듣고 보기 B 是中国纪录片界的传奇人物에 체크해 둔다. 질문이 남자에 관하여 알

수 있는 것을 물었으므로, 보기 B가 정답이다. 참고로, 맨 마지막 문제의 단서는 인터뷰 초중반에 언급되기도 한다.

어휘 排斥 páichì 图 배척하다   纪录片 jìlùpiàn 다큐멘터리 영화   传奇 chuánqí 图 전기적인, 입지적인   人物 rénwù 图 인물
试图 shìtú 图 시도하다, 시험하다   拍摄 pāishè 图 (사진이나 영상을) 촬영하다, 찍다   题材 tícái 图 (문학이나 예술 작품의) 소재
处女作 chǔnǚzuò 图 첫 번째 작품

21-25

第21到25题是根据下面一段采访：

男：今天是"世界孤独症关注日"，也是北京市第五次为孤独症孩子举办绘画艺术展览了。我们请到了北京大学第六医院的主任医师贾美英。贾教授，您能给大家简单介绍一下孤独症孩子的情况吗？

女：很多人认为，所有的孤独症孩子都有情绪问题和行为偏差，但事实并非如此，而且²⁵有一些患有孤独症的孩子，他们在某一个领域会展现出惊人的天赋，比如绘画、音乐、数学等。

男：您还记得自己诊断的第一例孤独症孩子吗？他目前的状态如何？

女：²¹我们诊断的第一例孤独症患者今年大约五十岁。那时，人们对孤独症所知甚少，也没有康复训练机构，因此他的主要症状并没有得到改善，成年后也不大会跟人交流，²¹始终没有就业。

男：关于孤独症的成因众说纷纭，有人说是遗传因素，也有人说是空气污染，还有人说是父母感情不融洽。对孤独症的成因，您怎么看？

女：²²对孤独症的病因，医学界还没有一个准确的答案。²²它可能包含很多方面的因素，比如基因的改变，空气污染，电器带来的辐射影响等等。

男：那么家长如何才能及早发现孩子得了孤独症呢？

女：家长要定期观察孩子的表达能力是否落后于同龄人，如果到两三岁还不会说话的话，就要提高警惕了。

男：²³大部分家长不愿相信孩子得了孤独症，因而²³错过了最佳的干预期。那么，什么时候是孤独症最佳治疗时期？

女：越早越好，²³孩子三四岁以前是发育的黄金期，这之前治疗效果最理想。在确诊孤独症之后，我们会通过药物、训练等方法，慢慢改善他们的症状。

男：最后您还有什么想说的吗？

女：首先，²⁴我希望大家，特别是孤独症孩子的老师和同学能够平等地、宽容地对待他们。其次，也希望有关部门可以多多关注他们的情况，并且经常举办一些有意义的活动。

21-25번 문제는 다음 인터뷰에 근거한다.

남：오늘은 '세계 자폐증 인식의 날'인데, 베이징 시는 다섯 번째로 자폐증 아이들을 위해 회화 예술 전시를 열었습니다. 저희는 베이징 대학 제 6병원의 자메이상 주임 교수님을 모셨네¹ᴵᵀㅏ. 쟈 교수님, 모두에게 자폐증 아이들의 상황에 대해 간단히 소개해 주실 수 있으실까요?

여：많은 사람들은 모든 자폐증 아이들이 정서적 문제와 행동 오류가 있으리라 생각하는데, 사실은 결코 그렇지 않습니다. 게다가²⁵자폐증을 앓고 있는 일부 아이들은 어떤 분야에서 사람들을 놀라게 하는 천부적인 소질을 보이기도 하는데, 예를 들어 회화, 음악, 수학 등입니다.

남：당신은 본인이 진단한 첫 번째 자폐증 아이를 아직 기억하시나요? 그의 현재 상태는 어떤가요?

여：²¹저희가 진단한 첫 번째 자폐증 환자는 올해 대략 50살입니다. 그 당시 사람들은 자폐증에 대해 아는 게 별로 없었고, 또 재활 훈련 기관도 없었는데요, 이 때문에 그의 주요 증상이 전혀 개선되지 않았으며, 성인이 된 후에도 사람들과 그다지 잘 교류하지 못했고, ²¹줄곧 취업이 안 됐어요.

남：자폐증의 형성 원인에 대해서 이런저런 말들이 많은데요, 어떤 사람은 유전 요인이라 말하고, 어떤 사람은 공기 오염이라고 말하고, 또 어떤 사람은 부모들 사이의 감정이 좋지 않아서라고 말합니다. 자폐증의 형성 원인에 대해서 어떻게 보시나요?

여：²²자폐증의 원인에 대해서 의학계는 아직 정확한 답을 내놓지 않고 있습니다. ²²그것은 아마도 여러 가지 요인을 포함할 수 있는데, 예를 들어 유전자의 변화, 공기 오염, 전자 기기가 가져오는 전자파 영향 등입니다.

남：그렇다면 보호자가 어떻게 해야 아이가 자폐증에 걸렸다는 것을 미리 발견할 수 있을까요?

여：보호자는 정기적으로 아이의 표현 능력이 또래보다 뒤처지지는 않는지 자세히 살펴야 하고, 만약 두세 살이 되었는데도 말을 하지 못한다면 경각심을 높여야 합니다.

남：²³대부분의 보호자는 아이가 자폐증에 걸렸다는 것을 믿고 싶어 하지 않아해서, ²³가장 최적의 개입 시기를 놓쳐 버립니다. 그렇다면 언제가 자폐증의 최적의 치료 시기인가요?

여：빠를수록 좋은데, ²³아이의 서너 살 이전은 성장의 황금기로, 이 이전의 치료 효과가 가장 이상적입니다. 자폐증을 확정 진단한 후, 우리는 약물과 훈련 등의 방법을 통해 천천히 그들의 증상을 개선할 수 있습니다.

남：마지막으로 하고 싶은 말씀이 있으세요?

여：우선, ²⁴저는 여러분들이, 특히 자폐증 아이의 선생님이나 학우들이 평등하고 관대하게 그들을 대해주시기를 바랍니다. 다음으로, 관련 부서가 그들의 상황을 예의주시하며 의미 있는 행사도 자주 개최했으면 합니다.

어휘 孤独症 gūdúzhèng 图 자폐증   绘画 huìhuà 图 회화 图 그림을 그리다   展览 zhǎnlǎn 图 전시, 전람 图 전시하다, 전람하다
主任 zhǔrèn 图 주임   情绪 qíngxù 图 정서, 기분   行为 xíngwéi 图 행동, 행위   偏差 piānchā 图 오류, 편차   事实 shìshí 图 사실
并非如此 bìngfēi rúcǐ 결코 그렇지 않다   领域 lǐngyù 图 분야, 영역   展现 zhǎnxiàn 图 보이다, 드러내다
惊人 jīngrén 图 사람을 놀라게 하다   天赋 tiānfù 图 천부적인 소질, 타고난 자질   诊断 zhěnduàn 图 진단하다   目前 mùqián 图 현재, 지금
状态 zhuàngtài 图 상태   如何 rúhé 데 어떻다, 어떠하다   患者 huànzhě 图 환자

所知甚少 suǒzhī shèn shǎo 아는 게 별로 없다, 아는 게 매우 적다　康复 kāngfù 통 재활 통 재활하다, 건강을 회복하다
训练 xùnliàn 명 훈련 통 훈련하다　机构 jīgòu 명 기관, 기구　症状 zhèngzhuàng 명 증상, 증후　改善 gǎishàn 통 개선하다
不大会 bú dàhuì 그다지 잘 하지 못하다　始终 shǐzhōng 분 줄곧, 시종일관　就业 jiùyè 통 취업하다, 취직하다　成因 chéngyīn 명 형성 원인
众说纷纭 zhòngshuōfēnyún 성 이런저런 말들이 많다, 의논이 분분하다　遗传 yíchuán 통 유전하다
因素 yīnsù 명 (사물의 성립을 결정하는) 요인, 원인　融洽 róngqià 형 (사이가) 좋다, 조화롭다, 융화하다　病因 bìngyīn 명 (병의) 원인, 병인
基因 jīyīn 명 유전자, 유전 인자　电器 diànqì 명 전자 기기, 가전제품　辐射 fúshè 통 (중심에서 여러 방향으로) 방사하다
家长 jiāzhǎng 명 보호자, 학부형　及早 jízǎo 분 미리, 서둘러서　定期 dìngqī 형 정기적인 통 기한을 정하다　落后 luòhòu 통 뒤처지다
同龄人 tónglíngrén 또래, 동년배　警惕 jǐngtì 통 경각심을 가지다, 경계심을 가지다　最佳 zuìjiā 형 최적이다, 가장 적당하다
干预 gānyù 통 개입하다, 간섭하다　治疗 zhìliáo 통 치료하다　时期 shíqī 명 (특정한) 시기　发育 fāyù 통 성장하다, 자라다
黄金期 huángjīnqī 황금기　确诊 quèzhěn 통 확정 진단하다, 최종 진단하다　药物 yàowù 명 약물　平等 píngděng 형 평등하다
宽容 kuānróng 통 관대하다, 너그럽게 받아들이다　对待 duìdài 통 대하다

21-25번 보기의 症状(증상), 确诊(확정 진단하다), 孤独症患者(자폐증 환자), 治疗方式(치료 방식)를 통해, 인터뷰 대상이 질병과 관련된 전문가임을 예측할 수 있다. 따라서 특정 분야 전문가 인터뷰가 나올 것을 대비해서 듣는다. 특히, 여자가 인터뷰 대상이므로 여자의 말을 주의 깊게 듣는다.

21 중	A 症状明显改善	A 증상이 확실하게 개선되었다
	B 始终没有就业	B 줄곧 취업이 안 되었다
	C 受到专业机构的帮助	C 전문 기관의 도움을 받았다
	D 与人交流时问题不大	D 사람들과 교류할 때 문제가 크지 않다
	问 : 关于第一例孤独症患者, 下列哪项正确?	질문 : 첫 번째 자폐증 환자에 관하여, 다음 중 옳은 것은?

해설 여자의 말에서 언급된 我们诊断的第一例孤独症患者今年大约五十岁。……始终没有就业를 듣고, 보기 B 始终没有就业에 체크해 둔다. 질문이 첫 번째 자폐증 환자에 관하여 옳은 것을 물었으므로, 보기 B가 정답이다.

어휘 症状 zhèngzhuàng 명 증상　明显 míngxiǎn 형 확실하다, 분명하다　改善 gǎishàn 통 개선하다　始终 shǐzhōng 분 줄곧, 시종일관
就业 jiùyè 통 취업하다, 취직하다　机构 jīgòu 명 기관, 기구　孤独症 gūdúzhèng 명 자폐증

22 중상	A 基因改变	A 유전자 변화
	B 空气污染	B 공기 오염
	C 电器辐射	C 전자 기기의 전자파
	D 外力伤害	D 외부 힘에 의한 상해
	问 : 下列哪项不属于孤独症的病因?	질문 : 다음 중 자폐증의 원인에 속하지 않는 것은?

해설 여자의 말에서 언급된 对孤独症的病因……它可能包含很多方面的因素, 比如基因的改变, 空气污染, 电器带来的辐射影响等等。 을 듣고, 보기 A 基因改变, B 空气污染, C 电器辐射에 체크해 둔다. 질문이 자폐증의 원인에 속하지 않는 것을 물었으므로, 인터뷰에서 언급되지 않은 보기 D가 정답이다.

어휘 基因 jīyīn 명 유전자, 유전 인자　电器 diànqì 명 전자 기기, 가전제품　辐射 fúshè 명 전자파 통 (중심에서 여러 방향으로) 방사하다
外力 wàilì 명 외부의 힘　伤害 shānghài 통 상해하다, 손상시키다　孤独症 gūdúzhèng 명 자폐증　病因 bìngyīn 명 (병의) 원인, 병인

23 중상	A 刚出生时	A 막 태어났을 때
	B 刚确诊时	B 막 확정 진단했을 때
	C 学走路时	C 걷는 것을 배울 때
	D 三四岁前	D 서너 살 전에
	问 : 孤独症的最佳干预期是什么时候?	질문 : 자폐증의 최적의 개입 시기는 언제인가?

해설 남자의 말에서 언급된 大部分家长……错过了最佳的干预期。那么, 什么时候是孤独症最佳治疗时期?와 여자의 말에서 언급된 孩子三四岁以前是发育的黄金期, 这之前治疗效果最理想을 듣고, 보기 D 三四岁前에 체크해 둔다. 질문이 자폐증의 최적의 개입 시기를 물었으므로, 보기 D가 정답이다.

어휘 确诊 quèzhěn 통 확정 진단하다, 최종 진단하다　孤独症 gūdúzhèng 명 자폐증　最佳 zuìjiā 형 최적이다, 가장 적당하다
干预 gānyù 통 개입하다, 간섭하다, 관여하다

제2회 제3회 제4회 제5회 제6회

해커스 해설의 상세한 HSK 6급 실전모의고사

실전모의고사 제1회 | 듣기 제2부분　37

24	A 宽容对待孤独症患者	A 너그럽게 자폐증 환자를 대한다
중	B 主动帮助孤独症患者	B 자발적으로 자폐증 환자를 도와준다
	C 对孤独症迹象提高警惕	C 자폐증 징조에 대한 경각심을 높인다
	D 了解孤独症的治疗方式	D 자폐증의 치료 방식을 이해한다
	问 : 女的对普通民众发出了什么呼吁?	질문 : 여자는 일반 대중에게 어떤 호소를 했는가?

해설 여자의 말에서 언급된 我希望大家, 特别是孤独症孩子的老师和同学能够平等地、宽容地对待他们을 듣고, 보기 A 宽容对待孤独症患者에 체크해 둔다. 질문이 여자는 일반 대중에게 어떤 호소를 했는지를 물었으므로, 보기 A가 정답이다.

어휘 宽容 kuānróng 툉 너그럽게 받아들이다, 관용하다　孤独症 gūdúzhèng 몡 자폐증　患者 huànzhě 몡 환자
迹象 jìxiàng 몡 징조, 조짐　警惕 jǐngtì 툉 경각심을 가지다, 경계하다　治疗 zhìliáo 툉 치료하다　方式 fāngshì 몡 방식
普通 pǔtōng 톙 일반적이다, 보통이다　民众 mínzhòng 몡 대중, 국민　发出 fāchū 툉 (소리 등을) 내다, (명령 지시 등을) 발표하다
呼吁 hūyù 툉 호소하다, 구하다

25	A 情绪十分急躁	A 정서가 매우 급하다
중상	B 行为都有偏差	B 행동에 오류가 있다
	C 有的极具天赋	C 어떤 아이들은 매우 천부적인 소질이 있다
	D 普遍喜爱艺术	D 보편적으로 예술을 좋아한다
	问 : 关于孤独症孩子, 可以知道什么?	질문 : 자폐증 아이에 관하여, 무엇을 알 수 있는가?

해설 여자의 말에서 언급된 有一些患有孤独症的孩子, 他们在某一个领域会展现出惊人的天赋, 比如绘画、音乐、数学等을 듣고, 보기 C 有的极具天赋에 체크해 둔다. 질문이 자폐증 아이에 관하여 알 수 있는 것을 물었으므로, 보기 C가 정답이다. 참고로, 맨 마지막 문제의 단서는 인터뷰 초중반에 언급되기도 한다.

어휘 情绪 qíngxù 몡 정서, 기분　急躁 jízào 톙 (성격이) 급하다　偏差 piānchā 몡 오류, 편차　天赋 tiānfù 몡 천부적인 소질, 타고난 자질
具 jù 툉 있다, 갖추다　喜爱 xǐ'ài 툉 좋아하다, 사랑하다　孤独症 gūdúzhèng 몡 자폐증

26-30

第26到30题是根据下面一段采访:

女: 今天我们的主题是"如何建立一个优秀的品牌", 为此, 我们特意请来了近期备受关注的"网易严选"的创始人丁磊先生, 下面有请丁先生出场。丁先生, 您好, 您能给我们简单介绍一下"网易严选"吗?

男: ²⁶"网易严选"是一个原创生活类品牌, 建立这样一个品牌的主要目的是为了给国人选出高品质、高性价比的优质商品。因此, 我们秉持着"顾客至上"的原则, 选择了直接和制造商合作的模式。通过这种模式, 我们不但省去了复杂的中间环节, 还从根本上杜绝了品牌的溢价。

女: 您是怎么想到去做这样一个品牌的呢?

男: 通过网络上流传的各种数据, 我们可以看出当下这个时代正是电商的全盛时期, 市场上的商品种类繁多, 但²⁷缺乏专业眼光的老百姓很难分辨出真货和假货, 更别说了解品牌的好坏了。所以"网易严选"想要搭建一个平台, 一个让人人都能买到高性价比的优质商品的平台。

女: 接下来聊聊品牌的理念吧, 您可以讲一讲"网易严选"中的这个"严"字是如何体现的吗?

26-30번 문제는 다음 인터뷰에 근거한다.

여 : 오늘 우리의 주제는 '어떻게 훌륭한 브랜드를 만들 수 있을까?'로, 이를 위해서 저희는 특별히 최근 관심을 받고 있는 '넷이즈 엄선'의 창업자 딩레이 선생을 모셨는데요, 그럼 딩 선생님을 무대로 모셔 보겠습니다. 딩 선생님 안녕하세요, 저희에게 '넷이즈 엄선'을 간단히 소개해 주시겠습니까?

남 : ²⁶넷이즈 엄선'은 하나의 오리지널 라이프 브랜드로, 이런 브랜드를 설립한 주요 목적은 국민들에게 고품질, 가성비 높은 양질의 상품을 선별해 드리기 위해서입니다. 이 때문에 우리는 '고객이 왕이다'라는 원칙을 유지하고 있으며, 직접 제조업체와 합작하는 모델을 채택했습니다. 이 모델을 통해 우리는 복잡한 중간 과정을 생략했을 뿐만 아니라, 또 브랜드 상품에 프리미엄이 붙는 것을 근본적으로 없앴습니다.

여 : 당신은 어떻게 이런 브랜드를 만들 생각을 하셨나요?

남 : 인터넷에서 퍼지는 각종 데이터를 통해 우리는 지금 이 시대가 바로 전자 상거래의 전성기인 것을 알 수 있는데요, 시장에 상품의 종류는 많지만, ²⁷전문적인 안목이 결여된 대중은 진짜 상품과 가짜 상품을 구분하기 어렵고, 브랜드의 장단점을 이해하는 것은 더 말할 것도 없습니다. 그래서 '넷이즈 엄선'은 누구나 가성비 높은 우수한 상품을 살 수 있는 플랫폼을 구축하고 싶었습니다.

여 : 다음으로 브랜드 이념에 관해서 이야기 나눠 볼까요, 당신은 '넷이즈 엄선'의 '엄'자가 어떻게 구현되었는지에 대해 말씀해 주실 수 있나요?

男: ²⁸ "严"是严格的意思, ²⁹表明了品牌的态度。就拿最近火爆的高山荞麦壳枕头来说吧, 我们走遍大江南北, 寻遍大街小巷, 最后才在四川大凉山找到了一家做高山荞麦茶的茶厂。我们发现他们的荞麦壳品质很好, 就买下了他们所有的荞麦壳, 然后用这些荞麦壳来制作枕头。总的来说就是, 为了筛选出最好的商品, 我们制定了一套十分严格的标准。不管制造商给出多优惠的价格, 只要碰到以次充好的情况, 我们就会立刻把货退回去, 可以说是 "严" 得不留情面。

女: 您认为 "网易严选" 未来该如何发展?

男: "网易严选" 会继续品牌电商的理念, 甄选世间好物, ³⁰专心做好每一款产品, 争取服务更多的消费者, 把 "网易严选" "好的生活, 没那么贵" 的理念传达给消费者。

남: ²⁸'엄'은 엄격하다는 뜻으로, ²⁹브랜드의 태도를 나타냅니다. 최근 폭발적으로 인기 있는 가오산의 메밀 껍질 베개를 예로 들어 말하면, 우리는 중국 전역을 두루 돌아다니고, 크고 작은 골목을 샅샅이 뒤지며, 마침내 쓰촨성 다량산에서 가오산 메밀차를 제작하는 차 공장을 찾았습니다. 우리는 그들의 메밀 껍질 품질이 좋다는 것을 발견했고, 그들의 모든 메밀 껍질을 구입한 후, 이 메밀 껍질로 베개를 만들었습니다. 전반적으로 말하자면, 가장 좋은 상품을 선별해 내기 위해서 우리는 매우 엄격한 기준 하나를 정했습니다. 제조업체가 아무리 할인된 가격을 제시해도 나쁜 물건을 좋은 물건이라고 속이는 상황에 맞닥뜨리기만 하면 우리는 즉시 물건을 반품하는데, '엄'해서 인정사정 없다고 말할 수 있겠네요.

여: 당신은 '넷이즈 엄선'이 미래에 어떻게 발전해야 한다고 생각하시나요?

남: '넷이즈 엄선'은 브랜드 전자 상거래의 이념을 계속 이어가며 세상의 좋은 물건들을 선별하고 ³⁰제품 하나하나를 전념하여 만들어서, 더 많은 소비자에게 서비스하는 것을 목표로 노력하여, '넷이즈 엄선'의 '좋은 삶, 그렇게 비싸지 않다'는 이념을 소비자에게 전달할 것입니다.

어휘 如何 rúhé 떼 어떻게, 어떠하다 建立 jiànlì 통 만들다, 세우다 品牌 pǐnpái 명 브랜드, 상표 特意 tèyì 閉 특별히, 일부러 网易严选 Wǎngyìyánxuǎn 고유 넷이즈 엄선[중국의 대표 ODM 회사] 创始人 chuàngshǐrén 명 창업자, 창시자 丁磊 Dīng Lěi 고유 딩레이[중국의 기업인, 넷이즈의 창업자] 原创 yuánchuàng 통 오리지널이다, 처음으로 만들다 选出 xuǎnchū 선별하다, 선출하다 品质 pǐnzhì 명 품질, 질 性价比 xìngjiàbǐ 명 가성비 优质 yōuzhì 명 양질, 우수한 상품 商品 shāngpǐn 명 상품, 제품 秉持 bǐngchí 통 유지하다, 장악하다 顾客至上 gùkè zhìshàng 고객이 왕이다 原则 yuánzé 명 원칙 制造商 zhìzàoshāng 명 제조업체 模式 móshì 명 모델, 형식 省去 shěngqù 통 생략하다, 절약하다 环节 huánjié 명 과정, 부분 杜绝 dùjué 통 (나쁜 일을) 없애다, 끊다 品牌 pǐnpái 명 브랜드, 브랜드 상표 溢价 yìjià 통 프리미엄이 붙다, 원래 정해진 가격보다 높다 流传 liúchuán 통 퍼지다, 전해지다 数据 shùjù 명 데이터 时代 shídài 명 시대, 시절 电商 diànshāng 전자 상거래 全盛时期 quánshèng shíqī 전성기, 황금시대 种类 zhǒnglèi 명 종류 繁多 fánduō 형 많다, 풍부하다 缺乏 quēfá 통 결여되다, 결핍되다 眼光 yǎnguāng 명 안목, 관점 老百姓 lǎobǎixìng 명 대중, 일반인 分辨 fēnbiàn 통 구분하다, 분별하다 搭建 dājiàn 통 구축하다, 세우다 平台 píngtái 명 플랫폼 理念 lǐniàn 명 이념 体现 tǐxiàn 통 구현하다, 구체적으로 드러내다 表明 biǎomíng 통 (분명하게) 나타내다, 표명하다 火爆 huǒbào 형 폭발적으로 인기 있다 荞麦 qiáomài 명 메밀 壳 ké 명 껍질 枕头 zhěntou 명 베개 走遍 zǒubiàn 통 두루 돌아다니다 大江南北 dàjiāng nánběi 중국 전역, 장강의 남북 寻遍 xúnbiàn 샅샅이 뒤지다, 모두 찾아 보다 大街小巷 dàjiēxiǎoxiàng 성 크고 작은 골목, 모든 곳 大凉山 Dàliáng Shān 고유 다량산[중국 쓰촨성에 위치한 산] 制作 zhìzuò 통 제작하다 筛选 shāixuǎn 통 선별하다, 체로 치다 制定 zhìdìng 통 정하다, 만들다 优惠 yōuhuì 형 할인의, 특혜의 碰 pèng 통 (우연히) 맞닥뜨리다, 부딪치다 以次充好 yǐ cì chōng hǎo 나쁜 물건을 좋은 물건이라고 속이다 立刻 lìkè 閉 즉시, 당장 退 tuì 통 (구매한 물건 등을) 반품하다, 되돌려주다 不留情面 bù liú qíngmiàn 인정사정없다, 사정을 봐주지 않는다 继续 jìxù 통 계속하다 甄选 zhēnxuǎn 통 선별하다, 선발하다 专心 zhuānxīn 통 전념하다, 열중하다 争取 zhēngqǔ 통 ~을 목표로 노력하다, 쟁취하다 传达 chuándá 통 전달하다

26-30번 부기의 **品牌**(브랜드), **创业**(창업하다)를 통해 인터뷰 대상은 특정 브랜드와 관련된 사업가임을 예측할 수 있다. 따라서 사업가 인터뷰가 나올 것을 대비해서 듣는다. 특히, 남자가 인터뷰 대상이므로 남자의 말을 주의 깊게 듣는다.

26
중

A 属于教育类品牌	A 교육 관련 브랜드에 속한다
B 商品的性价比低	B 상품의 가성비가 낮다
C 是原创生活品牌	C 오리지널 라이프 브랜드이다
D 不与制造商直连	D 제조업체와 직접 연결되지 않는다
问 : 关于 "网易严选", 下列哪项正确?	질문 : '넷이즈 엄선'에 관하여, 다음 중 옳은 것은?

해설 남자의 말에서 언급된 "网易严选"은 一个原创生活类品牌를 듣고, 보기 C 是原创生活品牌에 체크해 둔다. 질문이 '넷이즈 엄선'에 관하여 옳은 것을 물었으므로, 보기 C가 정답이다.

어휘 属于 shǔyú 통 ~에 속하다 品牌 pǐnpái 명 브랜드, 상표 商品 shāngpǐn 명 상품, 제품 性价比 xìngjiàbǐ 명 가성비 原创 yuánchuàng 통 오리지널이다, 처음으로 만들다 制造商 zhìzàoshāng 명 제조업체 直连 zhílián 직접 연결하다 网易严选 Wǎngyìyánxuǎn 고유 넷이즈 엄선[중국의 대표 ODM 회사]

27 중	A 过于相信广告	A 광고를 지나치게 믿는다
	B 需承担昂贵的邮费	B 비싼 택배비를 부담해야 한다
	C 无法分辨货品的真假	C 상품의 진위를 구별할 수 없다
	D 买不到新款式的商品	D 새로운 스타일의 상품을 살 수 없다
	问 : 男的认为电商的消费者可能会遇到什么问题?	질문 : 남자는 전자 상거래의 소비자가 어떤 문제를 겪을 수 있다고 생각하는가?

해설 남자의 말에서 언급된 缺乏专业眼光的老百姓很难分辨出真货和假货를 듣고, 보기 C 无法分辨货品的真假에 체크해 둔다. 질문이 남자는 전자 상거래의 소비자가 어떤 문제를 겪을 수 있다고 생각하는지를 물었으므로, 보기 C가 정답이다.

어휘 过于 guòyú ⓟ 지나치게, 너무　承担 chéngdān ⑧ 부담하다, 맡다　昂贵 ángguì ⑱ 비싸다　邮费 yóufèi ⑲ 택배비
分辨 fēnbiàn ⑧ 구별하다, 분별하다　货品 huòpǐn ⑲ 상품, 물품　真假 zhēnjiǎ ⑲ 신위　款式 kuǎnshì ⑲ 스타일, 타입
电商 diànshāng 전자 상거래　消费者 xiāofèizhě ⑲ 소비자

28 하	A 严格	B 严峻	A 엄격하다	B 준엄하다
	C 严重	D 严寒	C 심각하다	D 아주 춥다
	问 : "网易严选" 的 "严" 字是什么意思?		질문 : '넷이즈 엄선'의 '엄'자는 무슨 뜻인가?	

해설 남자의 말에서 언급된 "严"是严格的意思를 듣고, 보기 A 严格에 체크해 둔다. 질문이 '넷이즈 엄선'의 '엄'자가 무슨 뜻인지를 물었으므로, 보기 A가 정답이다.

어휘 严峻 yánjùn ⑱ 준엄하다, 가혹하다　严寒 yánhán ⑱ 아주 춥다　网易严选 Wǎngyìyánxuǎn 고유 넷이즈 엄선[중국의 ODM 회사]

29 상	A 说明创业的艰辛	A 창업의 고달픔을 설명한다
	B 阐明品牌的态度	B 브랜드의 태도를 확실히 밝힌다
	C 介绍公司的业务	C 회사 업무를 소개한다
	D 推广当地旅游业	D 현지 관광업을 널리 보급한다
	问 : 高山荞麦壳枕头的例子有什么作用?	질문 : 가오산 메밀 껍질 베개의 예시는 어떤 역할을 하는가?

해설 남자의 말에서 언급된 表明了品牌的态度。就拿最近火爆的高山荞麦壳枕头来说吧를 듣고, 보기 B 阐明品牌的态度에 체크해 둔다. 질문이 가오산 메밀 껍질 베개의 예시는 어떤 역할을 하는지를 물었으므로, 보기 B가 정답이다.

어휘 创业 chuàngyè ⑧ 창업하다　艰辛 jiānxīn ⑱ 고달프다, 고생스럽다　阐明 chǎnmíng ⑧ 확실히 밝히다　品牌 pǐnpái ⑲ 브랜드, 상표
推广 tuīguǎng ⑧ 널리 보급하다, 홍보하다　荞麦 qiáomài ⑲ 메밀　壳 ké ⑲ 껍질　枕头 zhěntou ⑲ 베개　例子 lìzi ⑲ 예시, 보기

30 중상	A 提高产品价格	A 제품 가격을 인상한다
	B 无视品牌理念	B 브랜드 이념을 무시한다
	C 缩小服务范围	C 서비스 범위를 축소한다
	D 用心做好产品	D 심혈을 기울여 좋은 제품을 만든다
	问 : 关于 "网易严选" 的发展方向, 下列哪项正确?	질문 : '넷이즈 엄선'의 발전 방향에 관하여, 다음 중 옳은 것은?

해설 남자의 말에서 언급된 专心做好每一款产品, 争取服务更多的消费者를 듣고, 보기 D 用心做好产品에 체크해 둔다. 질문이 '넷이즈 엄선'의 발전 방향에 관하여 옳은 것을 물었으므로, 보기 D가 정답이다.

어휘 品牌 pǐnpái ⑲ 브랜드, 상표　理念 lǐniàn ⑲ 이념　缩小 suōxiǎo ⑧ 축소하다, 줄이다　范围 fànwéi ⑲ 범위 ⑧ 제한하다
用心 yòngxīn ⑱ 심혈을 기울이다　网易严选 Wǎngyìyánxuǎn 고유 넷이즈 엄선[중국의 대표 ODM 회사]

第31到33题是根据下面一段话：

　　櫻花因品种不同，开放的时间也略有差别，比如说，著名的吉野櫻花基本上都在春天开放。³¹吉野櫻花经历盛开、枯萎后，通常很快就会在夏天重新形成花芽。但其叶子会分泌一种抑制植物生长的植物激素——脱落酸，这会使花芽处于休眠状态，直到第二年春天才会开放。

　　可是今年深秋，有网友晒出了吉野櫻花开放的照片。气象专家随即对此进行了紧急调查，³²最后收到了超过三百五十份吉野櫻花提前开放的报告。櫻花开放的地点从日本西南边的九州岛，一直延伸到北边的北海道。

　　³³专家认为，此次吉野櫻花提前开放，很可能和极端天气有关。前段时间，日本遭遇了强烈的西太平洋台风。超强台风"飞燕"和"谭美"接连到来，把很多櫻花树吹秃了。没了叶子，也就意味着植物激素不再发生作用，因此，吉野櫻花的花芽开始缓慢发育。³³因为这个秋天天气异常温暖，所以櫻花误以为春天来临，而集体开放。

31-33번 문제는 다음 내용에 근거한다.

　　벚꽃은 품종에 따라 꽃이 피는 시기에도 조금 차이가 있는데, 예를 들면 유명한 요시노 벚꽃은 대체로 봄에 꽃이 핀다. ³¹요시노 벚꽃은 만개하고 시드는 것을 겪고 난 후, 보통 여름에 꽃눈을 빠르게 다시 형성한다. 그러나 그 잎은 식물 성장을 억제하는 식물 호르몬인 아브시스산을 분비하고, 이는 꽃눈을 휴면 상태에 처하게 하여 이듬해 봄이 되어서야 비로소 꽃이 피게 만든다.

　　그러나 올해 늦가을, 어떤 네티즌이 요시노 벚꽃이 핀 사진을 공개했다. 기상 전문가들은 즉시 이에 대한 긴급 조사를 진행했는데, ³²마지막에는 요시노 벚꽃이 이르게 개화했다는 보고를 350건 넘게 받았다. 벚꽃이 피는 장소는 일본 서남쪽의 규슈에서 북쪽의 홋카이도까지 쭉 확대되었다.

　　³³전문가들은 이번 요시노 벚꽃의 이른 개화가 극단적인 날씨와 관련이 있을 것으로 보고 있다. 얼마 전, 일본은 강한 서태평양 태풍을 맞닥뜨렸다. 초강력 태풍 '제비'와 '짜미'가 연이어 와서, 많은 벚꽃 나무들의 잎을 바람으로 다 날려 버린 것이다. 잎이 없다는 것은 식물 호르몬이 더는 영향을 미치지 않는다는 것을 의미하며, 이 때문에 요시노 벚꽃의 꽃눈은 느리게 자라나기 시작했다. ³³이번 가을 날씨가 비정상적으로 따뜻했기 때문에, 벚꽃은 봄이 온 줄로 알았고, 이에 단체로 꽃을 피웠다.

어휘　櫻花 yīnghuā 囘 벚꽃　品种 pǐnzhǒng 囘 품종　开放 kāifàng 匽 (꽃이) 피다, 개화하다　差别 chābié 囘 차이, 구별
　　　吉野 Jíyě 고유 요시노[일본 나라현 남부에 있는 벚꽃으로 유명한 산]　基本 jīběn 囘 대체로, 거의　盛开 shèngkāi 匽 만개하다, 활짝 피다
　　　枯萎 kūwěi 匽 시들다, 마르다　通常 tōngcháng 囘 보통, 일반적으로　形成 xíngchéng 匽 형성하다, 이루다
　　　花芽 huāyá 囘 꽃눈[자라서 꽃이 될 싹]　分泌 fēnmì 匽 분비하다　抑制 yìzhì 匽 억제하다, 억누르다　生长 shēngzhǎng 匽 성장하다
　　　激素 jīsù 囘 호르몬　脱落酸 tuōluòsuān 囘 아브시스산　休眠 xiūmián 匽 휴면하다, 동면하다　状态 zhuàngtài 囘 상태
　　　晒 shài 匽 (홈페이지나 웹상에) 공개하다　气象 qìxiàng 囘 기상　专家 zhuānjiā 囘 전문가　随即 suíjí 囘 즉시, 곧
　　　紧急 jǐnjí 囘 긴급하다, 절박하다　报告 bàogào 囘 보고, 보고서　九州岛 Jiǔzhōu Dǎo 고유 규슈[일본의 지명]
　　　延伸 yánshēn 匽 확대하다, 늘이다　北海道 Běihǎidào 고유 홋카이도[일본의 지명]　极端 jíduān 囘 극단적인
　　　遭遇 zāoyù 匽 (적 또는 불행·불리한 일에) 맞닥뜨리다　强烈 qiángliè 囘 강하다, 강렬하다　太平洋 Tàipíngyáng 고유 태평양
　　　台风 táifēng 囘 태풍　飞燕 fēiyàn 제비[2013년에 발생한 제9호 태풍]　谭美 tánměi 짜미[2013년에 발생한 제12호 태풍]
　　　接连 jiēlián 囘 연이어, 잇달아　吹秃 chuītū (잎을 남김없이) 바람으로 날리다　意味着 yìwèizhe 匽 의미하다, 뜻하다
　　　缓慢 huǎnmàn 囘 느리다, 더디다　发育 fāyù 匽 자라다, 발육하다　温暖 wēnnuǎn 囘 따뜻하다, 포근하다 匽 따뜻하게 하다
　　　误以为 wùyǐwéi ~인 줄 알다　来临 láilín 匽 오다, 이르다　集体 jítǐ 囘 단체, 집단

31	A 在春秋两季都会开放	A 봄, 가을 두 계절 모두 꽃이 핀다
중	B 在夏天重新形成花芽	B 여름에 꽃눈을 다시 형성한다
	C 叶子会分泌出杀菌素	C 잎은 살균소를 분비한다
	D 对土壤和气候要求高	D 토양과 기후에 대한 요구가 높다
	问：关于吉野櫻花，下列哪项正确？	질문：요시노 벚꽃에 관하여, 다음 중 옳은 것은?

해설　음성에서 언급된 吉野櫻花经历盛开、枯萎后，通常很快就会在夏天重新形成花芽.를 듣고, 보기 B 在夏天重新形成花芽에 체크해
　　　둔다. 질문이 요시노 벚꽃에 관하여 옳은 것을 물었으므로, 보기 B가 정답이다.

어휘　开放 kāifàng 匽 (꽃이) 피다, 개화하다　花芽 huāyá 囘 꽃눈　分泌 fēnmì 匽 분비하다, 분비되어 나오다
　　　杀菌素 shājūnsù 살균소[세균을 죽이며 몸을 보호하는 물질]　土壤 tǔrǎng 囘 토양, 흙　吉野櫻花 jíyě yīnghuā 요시노 벚꽃

32	A 櫻花提早盛开了	A 벚꽃이 앞당겨 만개했다
중상	B 九州岛没有櫻花	B 규슈에는 벚꽃이 없다
	C 櫻花叶子枯萎了	C 벚꽃 잎은 시들었다
	D 櫻花遭昆虫侵袭	D 벚꽃은 곤충이 습격을 당했다
	问：根据这段话，可以知道什么？	질문：이 글에 근거하여, 무엇을 알 수 있는가?

제1회 듣기　제2회　제3회　제4회　제5회　제6회　해커스 해설이 상세한 HSK 6급 실전모의고사

해설 음성에서 언급된 最后收到了超过三百五十份吉野樱花提前开放的报告를 듣고, 보기 A 樱花提早盛开了에 체크해 둔다. 질문이 이 글에 근거하여 알 수 있는 것을 물었으므로, 보기 A가 정답이다.

어휘 樱花 yīnghuā 圐 벚꽃　提早 tízǎo 圄 (예정보다 시간을) 앞당기다　盛开 shèngkāi 圄 만개하다, 활짝 피다, 만발하다
九州岛 Jiǔzhōu Dǎo 고유 규슈[일본의 지명]　枯萎 kūwěi 圄 시들다, 마르다　昆虫 kūnchóng 圐 곤충
侵袭 qīnxí 圄 (침입하여) 습격하다

---

33 中	A 气温升高	B 环境污染	A 기온의 상승	B 환경 오염
	C 基因改变	D 人为干预	C 유전자의 변화	D 인위적인 간섭
	问：吉野樱花提前盛开的原因是什么？		질문 : 요시노 벚꽃이 앞당겨 만개한 원인은 무엇인가?	

해설 음성에서 언급된 专家认为, 此次吉野樱花提前开放, 很可能和极端天气有关。……因为这个秋天天气异常温暖, 所以樱花误以为春天来临, 而集体开放。을 듣고, 보기 A 气温升高에 체크해 둔다. 질문이 요시노 벚꽃이 앞당겨 만개한 원인은 무엇인지를 물었으므로, 보기 A가 정답이다.

어휘 气温 qìwēn 圐 기온　升高 shēnggāo 圄 상승하다　基因 jīyīn 圐 유전자　人为 rénwéi 圐 인위적인 圄 사람이 하다
干预 gānyù 圄 간섭하다, 방해하다　吉野樱花 jíyě yīnghuā 요시노 벚꽃　盛开 shèngkāi 圄 만개하다, 활짝 피다

34-36

第34到36题是根据下面一段话：

今年三十二岁的尤先生患有遗传性高度近视。周末, 他带着妻子和一双儿女前往游乐园游玩。他跟孩子们一起玩了过山车, 享受了一把惊险刺激。第二天, 尤先生突然发现眼睛出现了异常——[34]眼睛的右上方出现了"被遮挡"的现象。于是, 尤先生立即到医院就医, 诊断结果显示, [34]他的视网膜脱落了。[36]所幸经过手术之后, 尤先生的病情大为好转。

医生表示, 像尤先生这样的[35]高度近视人群眼轴比普通人要长得多, 视网膜也薄得多。[35]在进行剧烈运动时, 视网膜很容易受到前方玻璃体组织的牵拉而出现裂孔, 进而导致视网膜脱落。视网膜脱落通常没有明显的疼痛感, 初期症状是眼前黑影飘飘, 频繁闪光等等。医生建议患者, 一旦发现这些症状, 无论以前眼睛是否患有疾病, 都应该尽快到医院进行检查。倘若被确诊为视网膜脱落, 就要第一时间接受手术治疗, 使视网膜复位, 减少视力的损失。

34-36번 문제는 다음 내용에 근거한다.

올해 32살인 요우 선생은 유전성 고도 근시를 앓고 있다. 주말에 그는 아내와 아들 딸을 데리고 놀이동산에 놀러 갔다. 그는 아이들과 함께 롤러코스터를 탔고 스릴 넘치는 자극을 즐겼다. 다음날, 요우 선생은 갑자기 눈에 이상이 생긴 것을 발견했는데, [34]눈의 오른쪽 윗부분에 '가려진' 현상이 나타났다. 그리하여 요우 선생은 바로 병원에 가서 의사에게 진찰을 받았고, 진단한 결과 [34]그의 망막이 떨어진 것으로 나타났다. [36]다행히도 수술을 받고 난 뒤, 요우 선생의 병세는 크게 호전되었다.

의사는 요우 선생같은 이러한 [35]고도근시인 사람들의 안구축은 보통 사람들보다 훨씬 길고, 망막도 훨씬 얇다고 말했다. [35]격렬한 운동을 할 때, 망막은 앞쪽 유리체 조직에 의해 쉽게 잡아당겨져 찢어진 구멍이 생기게 되고, 더 나아가 망막 박리를 야기한다. 망막 박리는 보통 뚜렷한 통증이 없는데, 초기 증상은 눈앞에 검은 그림자가 떠다니고, 빛 번짐이 잦다는 것 등이다. 의사는 환자에게 일단 이런 증상들이 발견되면, 이전에 안구 질병을 앓았던 여부와는 상관없이 되도록 빨리 병원에 가서 검사를 진행할 것을 조언했다. 만일 망막 박리로 확정 진단을 받으면 최단 시간에 수술 치료를 받아서, 망막을 원래 위치로 회복시키고 시력의 손실을 줄여야 한다.

어휘 遗传 yíchuán 圄 유전하다　高度近视 gāodù jìnshì 고도 근시[안경 도수가 -10.00도 이상의 심한 근시]　游乐园 yóulèyuán 놀이동산, 유원지
过山车 guòshānchē 圐 롤러코스터　享受 xiǎngshòu 圄 즐기다, 누리다　惊险 jīngxiǎn 圐 스릴 넘치다, 아슬아슬하다
刺激 cìjī 圐 자극 圐 자극적이다　异常 yìcháng 圐 이상하다 圄 대단히, 특히　方 fāng 圐 부분, 쪽　遮挡 zhēdǎng 圄 가리다, 차단하다
立即 lìjí 圄 바로, 당장　就医 jiùyī 圄 의사에게 진찰을 받다　诊断 zhěnduàn 圄 진단하다　视网膜 shìwǎngmó 圐 망막
脱落 tuōluò 圄 떨어지다, 빠지다　所幸 suǒxìng 圄 다행히도　手术 shǒushù 圐 수술　病情 bìngqíng 圐 병세
大为 dàwéi 圄 크게, 대단히　好转 hǎozhuǎn 圄 호전되다　人群 rénqún 圐 사람들, 무리
眼轴 yǎnzhóu 안구축[안구의 각막·수정체·유리체·망막을 잇는 라인]　薄 báo 圐 얇다　剧烈 jùliè 圐 격렬하다, 극렬하다
玻璃体 bōlìtǐ 유리체[수정체와 망막 사이의 안구 속을 채우고 있는 반고체의 투명한 물질]　组织 zǔzhī 圐 조직, 시스템 圄 조직하다
牵 qiān 圄 잡아당기다, 끌다, 관련되다　裂 liè 圄 찢어지다, 갈라지다　孔 kǒng 圐 구멍　进而 jìn'ér 圄 더 나아가, 진일보하여
导致 dǎozhì 圄 야기하다　视网膜脱落 shìwǎngmó tuōluò 망막 박리[망막이 그 아래층의 맥락막에서 떨어져 시력 장애를 일으키는 병]
明显 míngxiǎn 圐 뚜렷하다, 분명하다　症状 zhèngzhuàng 圐 증상, 증후　飘飘 piāopiāo 圐 떠다니는 모양　频繁 pínfán 圐 잦다, 빈번하다
闪光 shǎnguāng 圐 빛이 번지다　一旦 yídàn 圄 일단　患有 huànyǒu 圄 (질병을) 앓다, 걸리다　疾病 jíbìng 圐 질병
尽快 jǐnkuài 圄 되도록 빨리　倘若 tǎngruò 졥 만일~한다면　确诊 quèzhěn 圄 확정 진단하다　治疗 zhìliáo 圄 치료하다
复位 fùwèi 圄 원래 위치로 회복되다　视力 shìlì 圐 시력　损失 sǔnshī 圄 손실하다, 손해보다

34 상	A 流泪不止 B 十分疼痛 C 神经麻痹 D 视野缺损	A 눈물이 멈추지 않는다 B 매우 아프다 C 신경이 마비되다 D 시야가 결손되다
	问 : 尤先生的眼睛出现了什么问题?	질문 : 요우 선생의 눈에는 어떤 문제가 나타났는가?

해설 음성에서 언급된 眼睛的右上方出现了"被遮挡"的现象……他的视网膜脱落了를 듣고, 보기 D 视野缺损에 체크해 둔다. 질문이 요우 선생의 눈에는 어떤 문제가 나타났는지를 물었으므로, 보기 D가 정답이다.

어휘 流泪 liúlèi 동 눈물을 흘리다 不止 bùzhǐ 동 멈추지 않다, 그치지 않다 疼痛 téngtòng 형 아프다 神经 shénjīng 명 신경, 정신 이상 麻痹 mábì 동 마비되다 视野 shìyě 명 시야 缺损 quēsǔn 동 결손되다

35 중상	A 使用闪光灯 B 使用电子产品 C 进行激烈运动 D 吃刺激性食物	A 플래시를 사용한다 B 전자 제품을 사용한다 C 격렬한 운동을 한다 D 자극적인 음식을 먹는다
	问 : 高度近视的人应该避免做什么?	질문 : 고도 근시인 사람은 무엇을 하는 것을 피해야 하는가?

해설 음성에서 언급된 高度近视人群……在进行剧烈运动时, 视网膜很容易受到前方玻璃体组织的牵拉而出现裂孔, 进而导致视网膜脱落.를 듣고, 보기 C 进行激烈运动에 체크해 둔다. 질문이 고도 근시인 사람은 무엇을 하는 것을 피해야 하는지를 물었으므로, 보기 C가 정답이다.

어휘 闪光灯 shǎnguāngdēng 명 플래시 产品 chǎnpǐn 명 제품, 상품 激烈 jīliè 형 격렬하다 刺激性 cìjīxìng 명 자극적, 자극성 食物 shíwù 명 음식 高度近视 gāodù jìnshì 고도 근시[안경 도수가 -10.00도 이상의 심한 근시] 避免 bìmiǎn 동 피하다, 모면하다

36 중상	A 控制饮食 B 注射药物 C 按摩头部 D 进行手术	A 음식을 통제한다 B 약물을 주사한다 C 머리 부분을 마사지한다 D 수술을 진행한다
	问 : 医生对尤先生采取了哪种治疗手段?	질문 : 의사는 요우 선생에게 어떤 종류의 치료 수단을 취하였는가?

해설 음성에서 언급된 所幸经过手术之后, 尤先生的病情大为好转.을 듣고, 보기 D 进行手术에 체크해 둔다. 질문이 의사는 요우 선생에게 어떤 종류의 치료 수단을 취하였는지를 물었으므로, 보기 D가 정답이다.

어휘 控制 kòngzhì 동 통제하다, 규제하다 饮食 yǐnshí 명 음식 注射 zhùshè 동 주사하다 按摩 ànmó 동 마사지하다, 안마하다 手术 shǒushù 명 수술 采取 cǎiqǔ 동 (어떤 수단·방법·방침 등을) 취하다, 채택하다 治疗 zhìliáo 동 치료하다 手段 shǒuduàn 명 수단

37-39

第37到39题是根据下面一段话:
　　³⁷古人将漆树分泌出来的液体涂在各种日用器物上, 使其更加坚固耐用, 这就是漆器的来源。千百年来, 中国的漆器工艺不断发展, 达到了相当高的水平。直到今日, 漆器还依然是民间工艺的重要组成部分。
　　³⁸许多制作精美的古代漆器, 就算被长期埋藏在地下, 也能保持鲜艳的色彩。但漆器被挖掘出来后, 如果空气过于干燥, 容易出现漆面分裂; 而如果湿度过大, 则容易出现变形和脱漆。因此, 收藏时应特别注意: 不要把漆器放得离地面太近, 因为地面湿气大, 长时间放

37-39번 문제는 다음 내용에 근거한다.
　　³⁷옛날 사람들은 옻나무에서 분비되어 나오는 액체를 각종 일상 도구에 발라 그것을 더욱 견고하고 오래 쓸 수 있게 만들었는데, 이것이 바로 칠기의 기원이다. 오랜 세월 동안, 중국의 칠기 공예는 끊임없이 발전하여 상당히 높은 수준에 이르렀다. 오늘날에 이르기까지 칠기는 여전히 민간 공예의 중요한 구성 부분이다.
　　³⁸정교하고 아름답게 제작된 수많은 고대 칠기는 설령 장기간 지하에 묻혀 있더라도 선명하고 아름다운 색깔을 유지할 수 있었다. 그러나 칠기가 발굴된 후에 만약 공기가 지나치게 건조하다면, 칠기 겉면이 갈라지는 현상이 쉽게 나타난다. 만약 습도가 지나치게 높다면, 변형과 옻칠이 벗겨지는 현상이 쉽게 나타난다. 이 때문에 보관할 때 특별히 주의해야 한다. 칠기를 지면과 너무 가

置会使器物发霉脱漆。³⁹在搬运漆器时应轻拿轻放，避免剧烈的震动，同时注意不要与坚硬、尖锐的物体碰撞或摩擦。因为有的漆器在地下埋藏千年，胎质已经变得疏松，稍不注意，就会发生损坏。

까운 곳에 놓아두면 안 되는데, 지면은 습기가 많아서 장시간 방치하면 기물에 곰팡이가 피고 옻칠이 벗겨질 수 있기 때문이다. ³⁹칠기를 옮길 때는 살짝 들고 살짝 놓아야 하며, 격렬한 진동은 피하고 동시에 단단하고 날카로운 물체와 부딪치거나 마찰하지 않도록 주의해야 한다. 왜냐하면 어떤 칠기는 지하에 1000년간 묻혀서 태질이 이미 푸석푸석하게 변한 터라, 조금만 부주의해도 손상이 발생할 수 있기 때문이다.

어휘 漆树 qīshù 몡 옻나무　分泌 fēnmì 통 분비하다　液体 yètǐ 몡 액체　涂 tú 통 (안료·염료 등을) 바르다, 칠하다　器物 qìwù 몡 도구, 기물
坚固 jiāngù 형 견고하다, 튼튼하다　耐用 nàiyòng 형 오래 쓸 수 있다　漆器 qīqì 몡 칠기　来源 láiyuán 몡 기원, 근원 통 기원하다, 유래하다
工艺 gōngyì 몡 공예　不断 búduàn 뷔 끊임없이, 부단히　达到 dádào 통 이르다, 도달하다　相当 xiāngdāng 뷔 상당히, 꽤
直到 zhídào 통 ~에 이르다　依然 yīrán 뷔 여전히　民间 mínjiān 몡 민간　组成 zǔchéng 통 구성하다　制作 zhìzuò 통 제작하다
精美 jīngměi 형 정교하고 아름답다　古代 gǔdài 몡 고대　就算 jiùsuàn 접 설령 ~하더라도　埋藏 máicáng 통 묻히다
保持 bǎochí 통 유지하다, 지키다　鲜艳 xiānyàn 형 (색이) 선명하고 아름답다　色彩 sècǎi 몡 색깔, 색채, 성향　挖掘 wājué 통 발굴하다, 캐다
过于 guòyú 뷔 지나치게, 과도하게　干燥 gānzào 형 건조하다, 마르다　分裂 fēnliè 통 갈라지다, 분열하다　湿度 shīdù 몡 습도
变形 biànxíng 통 변형하다　脱 tuō 통 벗겨지다, 떨어지다　收藏 shōucáng 통 보관하다, 소장하다, 수장하다　湿气 shīqì 몡 습기
放置 fàngzhì 통 방치하다, 놓아두다, 내버려두다　发霉 fāméi 통 곰팡이가 피다　搬运 bānyùn 통 옮기다, 운반하다
避免 bìmiǎn 통 피하다, 모면하다　剧烈 jùliè 형 격렬하다, 극렬하다　震动 zhèndòng 통 진동하다　坚硬 jiānyìng 형 단단하다, 견고하다
尖锐 jiānruì 형 날카롭다, 예리하다　碰撞 pèngzhuàng 통 (물체가) 부딪치다, 충돌하다　摩擦 mócā 통 마찰하다, 비비다
胎质 tāizhì 태질[도자기의 밑감이 되는 흙의 품질]　疏松 shūsōng 형 (토양 등이) 푸석푸석하다　稍 shāo 뷔 조금, 약간
损坏 sǔnhuài 통 손상하다, 파손하다, 훼손하다

37 중상	A 使其更为美观	A 그것을 더욱 보기 좋게 한다
	B 使其保持湿润	B 그것을 촉촉하게 유지하게 한다
	C 使其愈加牢固	C 그것을 더욱 견고하게 한다
	D 使其散发香气	D 그것이 향기를 발산하게 한다
	问：将漆树的分泌物涂在器物上的作用是什么？	질문：옻나무의 분비물을 도구 위에 바르는 것의 역할은 무엇인가?

해설 음성에서 언급된 古人将漆树分泌出来的液体涂在各种日用器物上，使其更加坚固耐用을 듣고, 보기 C 使其愈加牢固에 체크해 둔다. 질문이 옻나무의 분비물을 도구 위에 바르는 것의 역할은 무엇인지를 물었으므로, 보기 C가 정답이다.

어휘 美观 měiguān 형 (형식·구성 등이) 보기 좋다, 예쁘다　保持 bǎochí 통 유지하다, 지키다　湿润 shīrùn 형 촉촉하다, 습윤하다
愈加 yùjiā 뷔 더욱　牢固 láogù 형 견고하다, 튼튼하다　散发 sànfā 통 발산하다, 내뿜다　漆树 qīshù 몡 옻나무
分泌物 fēnmìwù 분비물　涂 tú 통 (안료·염료 등을) 바르다, 칠하다　器物 qìwù 몡 도구, 기물

38 중상	A 收藏条件并不复杂	A 보관 조건이 결코 복잡하지 않다
	B 仅供贵族家庭使用	B 귀족 집안에서만 사용하도록 공급된다
	C 能长期保持鲜艳的颜色	C 장기간 선명하고 아름다운 색깔을 유지할 수 있다
	D 比现代漆器制作水平高	D 현대 칠기보다 제작 수준이 높다
	问：关于古代漆器，可以知道什么？	질문：고대 칠기에 관하여, 무엇을 알 수 있는가?

해설 음성에서 언급된 许多制作精美的古代漆器，就算被长期埋藏在地下，也能保持鲜艳的色彩。를 듣고, 보기 C 能长期保持鲜艳的颜色에 체크해 둔다. 질문이 고대 칠기에 관하여 알 수 있는 것을 물었으므로, 보기 C가 정답이다.

어휘 收藏 shōucáng 통 보관하다, 소장하다　贵族 guìzú 몡 귀족　家庭 jiātíng 몡 집안, 가정　保持 bǎochí 통 유지하다, 지키다
鲜艳 xiānyàn 형 (색이) 선명하고 아름답다　现代 xiàndài 몡 현대　漆器 qīqì 몡 칠기　制作 zhìzuò 통 제작하다　古代 gǔdài 몡 고대

39 중상	A 避免碰撞	A 부딪치는 것을 피한다
	B 经常清洗	B 자주 깨끗하게 씻는다
	C 涂抹油脂	C 기름을 칠한다
	D 长期暴晒	D 장기간 강한 햇볕에 오랫동안 쬐인다
	问：收藏漆器时，下列哪种做法正确？	질문：칠기를 보관할 때, 다음 중 옳은 방법은 무엇인가?

해설 음성에서 언급된 在搬运漆器时应轻拿轻放，避免剧烈的震动，同时注意不要与坚硬、尖锐的物体碰撞或摩擦。를 듣고, 보기 A 避免碰撞에 체크해 둔다. 질문이 칠기를 보관할 때 옳은 방법은 무엇인지를 물었으므로, 보기 A가 정답이다.

어휘 避免 bìmiǎn [동] 피하다, 모면하다 碰撞 pèngzhuàng [동] 부딪치다, 충돌하다 涂抹 túmǒ [동] 칠하다, 바르다 油脂 yóuzhī [명] 기름 暴晒 bàoshài [동] 강한 햇볕에 오래 쪼이다 收藏 shōucáng [동] 보관하다, 소장하다 漆器 qīqì [명] 칠기

40-43

第40到43题是根据下面一段话：

[40]从前有个年轻人箭术十分出色。他总会在各种比赛上拿到冠军，所以他内心很是骄傲，总是大肆炫耀自己的本领。

有一天，他跟几个徒弟在院子里练习射箭时，有个卖油的老翁路过。老翁停下了脚步，站在一旁观看他们练习。[41]看到那个年轻人一口气发出十枝箭，每枝都射中了红心，老翁也只是微微地点了一下头。

看到老翁的反应，年轻人心里不快，就跑过去问道："你肯定没见过像我这么厉害的人吧？"老翁却笑着说道："这不算上乘技术，实在是没有夸赞的必要。我是不会射箭，但我可以倒油给你们看。"

老翁说完，把手上的葫芦放在了地上，又在葫芦上放了一枚有孔的铜钱。他慢慢地用勺子把油倒进葫芦。[42]油不仅没有漏到外面，而且也没有沾到铜钱，可以说是鬼斧神工了。但老翁却说："其实这也不是什么了不起的技术，只是熟能生巧罢了。"

这个故事告诉我们，[43]不管做什么事情，只要勤学苦练，寻求规律，就能找到窍门，提高效率。

40-43번 문제는 다음 내용에 근거한다.

[40]옛날 한 젊은이는 궁술이 매우 뛰어났다. 그는 항상 각종 대회에서 우승했기 때문에 그의 속마음은 아주 거만했고, 늘 자신의 재능을 거리낌없이 자랑했다.

어느 날, 그가 몇 명의 제자와 함께 뜰에서 활 쏘는 연습을 하고 있었는데, 기름을 파는 한 노인이 지나갔다. 노인은 걸음을 멈추고 옆에 서서 그들의 연습을 구경했다. [41]그 젊은이가 단숨에 열 발의 화살을 쏘고, 매 화살마다 빨간 점에 명중하는 것을 봤지만 노인은 그저 고개를 약간 끄덕일 뿐이었다.

노인의 반응을 보고 젊은이는 심기가 불쾌해서, 바로 달려가서 물었다. "당신은 분명 저처럼 이렇게 대단한 사람을 보지 못했을 텐데요?" 그러자 노인은 오히려 웃으면서 말했다. "이는 높은 수준의 기술이라고 할 수 없어서, 정말이지 칭찬할 필요가 없습니다. 저는 화살을 쏠 줄은 모르지만, 기름을 부어 당신들에게 보여 줄 수 있습니다."

노인은 말을 마치고는 손에 있는 호리병박을 바닥에 놓고, 호리병박 위에 구멍이 있는 엽전 한 개를 놓았다. 그는 천천히 숟가락으로 기름을 호리병박에 부었다. [42]기름은 바깥으로 새지 않았을 뿐만 아니라 엽전에 닿지도 않아서, 기교가 귀신이 만든 것처럼 정교하다고 말할 수 있었다. 그러나 노인은 "사실 이것도 뭐 대단한 기술이 아니고, 그저 숙련돼서 요령이 생긴 것뿐입니다."라고 말했다.

이 이야기는 우리에게 [43]무슨 일을 하든지 부지런히 배우고 열심히 연마하여 규칙을 찾는다면 요령을 찾을 수 있어서, 효율을 높일 수 있다는 것을 알려준다.

어휘 从前 cóngqián [명] 옛날, 이전 箭术 jiànshù [명] 궁술 出色 chūsè [형] 뛰어나다, 출중하다 冠军 guànjūn [명] 우승, 챔피언 大肆 dàsì [부] 거리낌없이, 제멋대로 炫耀 xuànyào [동] 자랑하다, 뽐내다 本领 běnlǐng [명] 재능, 능력 徒弟 túdì [명] 제자 院子 yuànzi [명] 뜰, 정원 射箭 shèjiàn [동] 활을 쏘다 老翁 lǎowēng [명] 노인 脚步 jiǎobù [명] 걸음 观看 guānkàn [동] 구경하다, 관람하다 一口气 yìkǒuqì [부] 단숨에, 한숨에 箭 jiàn [명] 화살 射中 shèzhòng [동] 명중하다 微微 wēiwēi [부] 약간, 조금 点头 diǎntóu [동] 고개를 끄덕이다 反应 fǎnyìng [명] 반응 [동] 반응하다 不快 búkuài [형] 불쾌하다, 유쾌하지 않다 不算 búsuàn [동] ~라고 할 수 없다 上乘 shàngchéng [명] 높은 수준, 높은 등급 夸赞 kuāzàn [동] 칭찬하다, 과산하다 必要 bìyào [형] 필요하다 倒油 dàoyóu 기름을 붓다 葫芦 húlu [명] 호리병박, 조롱박 枚 méi [양] 개, 매, 장[작은 조각으로 된 사물을 세는 단위] 孔 kǒng [명] 구멍 铜钱 tóngqián [명] 엽전 漏 lòu [동] 새다, 빠지다 沾 zhān [동] 닿다, 묻히다 鬼斧神工 guǐfǔshéngōng [성] 기교가 귀신이 만든 것처럼 정교하다 了不起 liǎobuqǐ [형] 대단하다, 뛰어나다, 중대하다 熟能生巧 shúnéngshēngqiǎo [성] 숙련되면 요령이 생긴다, 매우 능숙하다 勤学苦练 qínxuékǔliàn [성] 부지런히 배우고 열심히 연마하다 寻求 xúnqiú [동] 찾다, 모색하다 规律 guīlǜ [명] 규칙, 규율 窍门 qiàomén [명] 요령 效率 xiàolǜ [명] 효율, 능률

40 중

A 打仗	B 骑马	A 전투하다	B 말을 타다
C 战术	D 射箭	C 전술	D 활을 쏘다

问：年轻人擅长什么？

질문 : 젊은이는 무엇에 뛰어난가?

해설 음성에서 언급된 从前有个年轻人箭术十分出色。를 듣고, 보기 D 射箭에 체크해 둔다. 질문이 젊은이는 무엇에 뛰어난지를 물었으므로, 보기 D가 정답이다.

어휘 打仗 dǎzhàng [동] 전투하다, 전쟁하다 骑马 qímǎ [동] 말을 타다 战术 zhànshù [명] 전술 射箭 shèjiàn [동] 활을 쏘다 擅长 shàncháng [동] 뛰어나다, 정통하다

41 중상	A 佩服	B 平静	A 탄복하다	B 평온하다
	C 冷酷	D 厌恶	C 냉혹하다	D 혐오하다

问 : 看到年轻人的表现, 老翁是什么态度?	질문 : 젊은이의 활약을 보고, 노인은 어떤 태도인가?

해설 음성에서 언급된 看到那个年轻人一口气发出十枝箭, 每枝都射中了红心, 老翁也只是微微地点了一下头。를 듣고, 보기 B 平静에 체크해 둔다. 질문이 젊은이의 활약을 보고 노인은 어떤 태도인지를 물었으므로, 보기 B가 정답이다.

어휘 佩服 pèifú 통 탄복하다, 감탄하다　平静 píngjìng 형 평온하다, 차분하다　冷酷 lěngkù 형 냉혹하다, 잔인하다
厌恶 yànwù 통 혐오하다, 싫어하다　老翁 lǎowēng 명 노인

42 중상	A 老翁觉得射箭不重要	A 노인은 활 쏘기가 중요하지 않다고 생각한다
	B 老翁倒油的技术高超	B 노인이 기름을 붓는 기술은 뛰어나다
	C 老翁表现得十分激动	C 노인은 매우 감격한 것처럼 보인다
	D 老翁觉得年轻人值得夸奖	D 노인은 젊은이가 칭찬해 줄 만하다고 생각한다

问 : 关于老翁, 可以知道什么?	질문 : 노인에 관하여, 무엇을 알 수 있는가?

해설 음성에서 언급된 油不仅没有漏到外面, 而且也没有沾到铜钱, 可以说是鬼斧神工了。를 듣고, 보기 B 老翁倒油的技术高超에 체크해 둔다. 질문이 노인에 관하여 알 수 있는 것을 물었으므로, 보기 B가 정답이다.

어휘 老翁 lǎowēng 명 노인　射箭 shèjiàn 통 활을 쏘다　倒油 dàoyóu 기름을 붓다　高超 gāochāo 형 뛰어나다, 훌륭하다
夸奖 kuājiǎng 통 칭찬하다

43 중상	A 做人要谦虚谨慎	A 사람은 겸손하고 신중해야 한다
	B 天赋是与生俱来的	B 천부적인 소질은 타고나는 것이다
	C 熟练了就能找到技巧	C 능숙해지면 기교를 찾을 수 있다
	D 应努力寻找事物的规律	D 사물의 규칙을 열심히 찾아야 한다

问 : 这段话主要想告诉我们什么?	질문 : 이 글은 주로 우리에게 무엇을 알려주고자 하는가?

해설 음성에서 언급된 不管做什么事情, 只要勤学苦练, 寻求规律, 就能找到窍门을 듣고, 보기 C 熟练了就能找到技巧에 체크해 둔다. 질문이 이 글은 주로 우리에게 무엇을 알려주고자 하는지를 물었으므로, 보기 C가 정답이다. 참고로, 음성의 초중반 내용만 듣고 보기 A를 정답으로 선택하지 않도록 주의한다.

어휘 谦虚 qiānxū 형 겸손하다　谨慎 jǐnshèn 형 신중하다　天赋 tiānfù 명 천부적인 소질, 타고난 자질 통 소질이 있다
与生俱来 yǔ shēng jù lái 타고나다　熟练 shúliàn 형 능숙하다　技巧 jìqiǎo 명 기교, 테크닉　规律 guīlǜ 명 규칙, 규율

44-47

第44到47题是根据下面一段话:
　　很多人都会觉得纳闷儿, 有时候明明没有饥饿感, 却总想吃东西。44特别是在感到焦虑、孤独、无聊的时候, 这种想要疯狂进食的念头就会更加强烈。因饥饿以外的原因产生食欲, 通过进食来抚慰情绪的行为被称为"情绪性进食"。
　　45情绪性进食的产生原因比较复杂。从精神层面看, 在人们的孩童时期, 食物一直被当成首要的安抚手段, 所以长大成人之后, 人们遇到情绪问题时, 往往也会选择大吃一顿; 45从生理层面来看, 压力会导致皮质醇水平增高, 而皮质醇增高会引起血糖的升高, 食欲的增加以及新陈代谢的变化。而在压力之下, 能给人带来愉悦感的食物, 通常含有高糖分或高脂肪。

44-47번 문제는 다음 내용에 근거한다.
　　많은 사람들이 가끔 분명히 배고픈 느낌은 없는데 자꾸 먹고 싶은 생각이 드는 것에 궁금해 할 것이다. 44특히 마음을 졸이거나 고독하거나 무료하다고 느낄 때, 미친 듯이 음식을 먹고 싶은 생각이 더욱 강렬해진다. 배고픔 이외의 원인으로 인해 식욕이 생겨나 음식을 먹는 것을 통해 기분을 달래는 행위는 '정서적 섭식'이라고 불린다.
　　45정서적 섭식의 발생 원인은 비교적 복잡하다. 정신적인 방면에서 보자면, 사람들의 어린 시절 음식은 줄곧 제일 중요한 위로 수단으로 여겨졌는데, 그래서 성장하여 어른이 된 후 사람들이 정서적인 문제에 부딪힐 때, 실컷 한 끼를 먹는 것을 종종 선택하게 되는 것이다. 45생리적인 방면에서 보자면, 스트레스는 코티솔 수치가 높아지는 것을 초래하는데, 코티솔이 높아지면 혈당의 상승, 식욕의 증가 및 신진대사의 변화를 일으킬 수 있다. 스트레스를 받을 때, 사람들에게 즐거움을 가져다주는 음식은 보통 높은 당분이나 고지방을 함유하고 있다.

제1회
듣기

제2회

제3회

제4회

제5회

제6회

해커스 해설이 상세한 HSK 6급 실전모의고사

负面情绪可以通过吃来调节，但[46]医生为什么不鼓励情绪性进食呢？这是因为吃东西只能暂时抚慰情绪，并不能解决生活中的实际问题。说穿了，情绪性进食并不是为了缓解生理上的饥饿问题，而是为了获得情绪上的满足。[47]倘若长期通过食物获得满足感，那么这种抚慰效果就会逐步减退。也就是说，从前吃了一个汉堡就能感觉愉快，现在却要吃两个、三个汉堡才能改善情绪。情绪性进食会导致肥胖和营养不良，还会让人们在暴饮暴食后产生负罪感、羞耻感，从而引起更大的情绪问题。

부정적인 기분은 먹는 것을 통해 조절할 수 있는데, [46]의사는 왜 정서적 섭식을 장려하지 않는 것일까? 이는 음식을 먹는 것은 기분을 잠시 달래 줄 뿐, 생활 속의 실제적인 문제를 결코 해결할 수 없기 때문이다. 툭 터놓고 말해서, 정서적 섭식은 결코 생리적인 배고픔 문제를 완화하기 위해서가 아니라, 정서상의 만족을 얻기 위한 것이다. [47]만일 장기간 음식을 통해서 만족감을 얻는다면, 이런 위로 효과는 점차 감퇴할 것이다. 다시 말하면, 예전에는 햄버거를 하나 먹으면 즐거움을 느낄 수 있었지만 지금은 햄버거를 2개, 3개 먹어야 비로소 기분을 나아지게 할 수 있다. 정서적 섭식은 비만과 영양실조를 초래하며, 사람들이 폭음과 폭식 후에 죄의식, 수치심을 느끼게 하여 더 큰 정서적 문제를 일으킬 수 있다.

어휘 纳闷儿 nàmèn'er 图 궁금하다, 답답하다　明明 míngmíng 图 분명히, 명백히　饥饿 jī'è 图 배고프다, 굶주리다
焦虑 jiāolǜ 图 마음을 졸이다, 애태우다　孤独 gūdú 图 고독하다, 외롭다　疯狂 fēngkuáng 图 미치다　进食 jìnshí 图 음식을 먹다, 섭식하다
念头 niàntou 图 생각　强烈 qiángliè 图 강렬하다　产生 chǎnshēng 图 생기다, 나타나다　食欲 shíyù 图 식욕
抚慰 fǔwèi 图 달래다, 위로하다　情绪 qíngxù 图 기분, 정서, 감정　行为 xíngwéi 图 행위, 행동　情绪性进食 qíngxùxìng jìnshí 정서적 섭식
精神 jīngshén 图 정신　层面 céngmiàn 图 방면, 범위　孩童时期 háitóng shíqī 어린 시절　食物 shíwù 图 음식, 음식물
首要 shǒuyào 图 제일 중요한　安抚 ānfǔ 图 위로하다, 위안하다　长大成人 zhǎngdà chéngrén 성장하여 어른이 되다
顿 dùn 图 끼, 번, 차례[요리·식사·질책 등을 세는 단위]　生理 shēnglǐ 图 생리, 생리학　导致 dǎozhì 图 초래하다, 야기하다
皮质醇 pízhìchún 코티솔[부신 피질에서 생기는 스테로이드 호르몬의 일종]　血糖 xuètáng 图 혈당　新陈代谢 xīnchéndàixiè 图 신진대사
愉悦 yúyuè 图 (마음이) 즐겁다, 기쁘다　通常 tōngcháng 图 보통의, 일반적인　糖分 tángfèn 图 당분　脂肪 zhīfáng 图 지방
负面 fùmiàn 图 부정적인 면, 나쁜 면　调节 tiáojié 图 조절하다, 조정하다　说穿 shuōchuān 툭 터놓고 말해서
缓解 huǎnjiě 图 완화되다, 호전되다　满足 mǎnzú 图 만족하다　倘若 tǎngruò 젭 만일～한다면　逐步 zhúbù 图 점차
减退 jiǎntuì 图 (정도가) 감퇴하다　从前 cóngqián 图 예전, 옛날　改善 gǎishàn 图 나아지다, 개선하다　肥胖 féipàng 图 비만하다, 뚱뚱하다
营养不良 yíngyǎng bùliáng 영양실조　暴饮暴食 bàoyǐn bàoshí 폭음하고 폭식하다　负罪感 fùzuìgǎn 죄의식　羞耻感 xiūchǐgǎn 수치심

44 하	A 孤独　　　　　　B 欢乐 C 疲惫　　　　　　D 震惊	A 고독하다　　　　　B 즐겁다 C 피곤하다　　　　　D 놀라다
	问：根据这段话，下列哪种情绪会促使人们疯狂进食？	질문 : 이 글에 근거하여, 다음 중 어떤 정서가 사람들에게 음식을 미친듯이 먹게 하는가?

해설 음성에서 언급된 特别是在感到焦虑、孤独、无聊的时候，这种想要疯狂进食的念头就会更加强烈。를 듣고, 보기 A 孤独에 체크해 둔다. 질문이 이 글에 근거하여 어떤 정서가 사람들에게 음식을 먹게 하는지를 물었으므로, 보기 A가 정답이다.

어휘 孤独 gūdú 图 고독하다, 외롭다　欢乐 huānlè 图 즐겁다, 유쾌하다　疲惫 píbèi 图 (대단히) 피곤하다
震惊 zhènjīng 图 (몹시) 놀라다, 놀라게 하다　情绪 qíngxù 图 정서, 기분　促使 cùshǐ 图 ~하게 (재촉)하다, 추진하다
疯狂 fēngkuáng 图 미치다　进食 jìnshí 图 음식을 먹다, 섭식하다

45 상	A 较少的脂肪含量 B 某种元素的缺乏 C 皮质醇水平的增高 D 低于标准的营养成分	A 비교적 적은 지방 함량 B 어떤 요소의 부족 C 코티솔 수치의 증가 D 표준보다 낮은 영양 성분
	问：从生理层面看，导致情绪性进食的原因有什么？	질문 : 생리적 방면에서 보면, 정서적 섭식을 초래한 원인에는 어떤 것이 있는가?

해설 음성에서 언급된 情绪性进食的产生原因比较复杂。……从生理层面来看，压力会导致皮质醇水平增高，而皮质醇增高会引起血糖的升高，食欲的增加以及新陈代谢的变化。를 듣고 보기 C 皮质醇水平的增高에 체크해 둔다. 질문이 생리적 방면에서 보면 정서적 섭식을 초래한 원인에는 어떤 것이 있는지를 물었으므로, 보기 C가 정답이다.

어휘 脂肪 zhīfáng 图 지방　含量 hánliàng 图 함량　元素 yuánsù 图 요소
皮质醇 pízhìchún 코티솔[부신 피질에서 생기는 스테로이드 호르몬의 일종]　成分 chéngfèn 图 성분　层面 céngmiàn 图 방면, 범위
情绪性进食 qíngxùxìng jìnshí 정서적 섭식

<table>
<tr><td rowspan="5">**46**
중</td><td>A 无法有效调节情绪</td><td>A 기분을 효과적으로 조절할 수 없다</td></tr>
<tr><td>B 无法解决现实问题</td><td>B 현실적인 문제를 해결할 수 없다</td></tr>
<tr><td>C 容易引起肠胃疾病</td><td>C 위장 질병을 일으키기 쉽다</td></tr>
<tr><td>D 容易造成神经麻痹</td><td>D 신경 마비를 야기하기 쉽다</td></tr>
<tr><td>问：为什么医生不鼓励情绪性进食？</td><td>질문 : 의사는 왜 정서적 섭식을 장려하지 않는가?</td></tr>
</table>

해설　음성에서 언급된 医生为什么不鼓励情绪性进食呢？这是因为吃东西只能暂时抚慰情绪，并不能解决生活中的实际问题를 듣고, 보기 B 无法解决现实问题에 체크해 둔다. 질문이 의사가 정서적 섭식을 장려하지 않는 이유를 물었으므로, 보기 B가 정답이다.

어휘　调节 tiáojié 图 조절하다, 조정하다　情绪 qíngxù 图 기분, 정서　现实 xiànshí 图 현실 图 현실적이다　肠胃 chángwèi 图 위장
疾病 jíbìng 图 질병　造成 zàochéng 图 야기하다, 조성하다　神经 shénjīng 图 신경　麻痹 mábì 图 마비되다
情绪性进食 qíngxùxìng jìnshí 정서적 섭식

<table>
<tr><td rowspan="5">**47**
중상</td><td>A 在儿童中更常见</td><td>A 아동에게서 더 흔히 보인다</td></tr>
<tr><td>B 易造成营养过剩</td><td>B 영양 과잉을 야기하기 쉽다</td></tr>
<tr><td>C 对人体危害不大</td><td>C 인체에 해가 크지 않다</td></tr>
<tr><td>D 抚慰效果不持久</td><td>D 위로 효과가 오래 지속되지 않는다</td></tr>
<tr><td>问：关于情绪性进食，下列哪项正确？</td><td>질문 : 정서적 섭식에 관하여, 다음 중 옳은 것은?</td></tr>
</table>

해설　음성에서 언급된 倘若长期通过食物获得满足感，那么这种抚慰效果就会逐步减退。를 듣고, 보기 D 抚慰效果不持久에 체크해 둔다. 질문이 정서적 섭식에 관하여 옳은 것을 물었으므로, 보기 D가 정답이다.

어휘　造成 zàochéng 图 야기하다, 조성하다　营养 yíngyǎng 图 영양　过剩 guòshèng 图 (수량이) 과잉되다, 초과하다
危害 wēihài 图 해, 손상 图 해를 끼치다　抚慰 fǔwèi 图 위로하다, 달래다　持久 chíjiǔ 图 오래 지속되다
情绪性进食 qíngxùxìng jìnshí 정서적 섭식

48-50

第48到50题是根据下面一段话：

　　近年来，"原生家庭"这个词出现的频率越来越高。[48]所谓"原生家庭"，指的是自己出生和长大的家庭，有爸爸妈妈，也许还有兄弟姐妹。很多学者认为，每个人和原生家庭都有千丝万缕的联系，这种联系会对一个人的成长产生深远的影响，甚至会改变人的一生。的确，我们在情感上最依赖的就是家庭，如果家庭不和谐，会对人生的发展造成很大的阻碍。

　　但是，当人们面对不和谐的原生家庭时，他们选择的人生道路各不相同。一些人因为出生在不好的家庭而怨天尤人、自暴自弃，甚至误入歧途。然而，另一些人却克服了不理想的原生家庭所带来的问题。所以，就算原生家庭不和谐，人们依然拥有改变自己命运的可能性。

　　最近热播的[49]电视剧《都挺好》真实地反映出了亿万中国家庭的现状。该电视剧中，主人公的原生家庭令人失望。因为得不到父母的支持，她失去了很多发展机会。对此，主人公一次又一次地感到愤怒、悲哀与无奈，但她没有就此一蹶不振，而是把那些负面情绪转化为一种极强的动力，变得自立自强，一步步走向了成功。[49]这表明原生家庭给人生带来的影响并不是绝对的。

48-50번 문제는 다음 내용에 근거한다.

　　최근 몇 년간, '원가정'이라는 단어의 출현 빈도수가 점점 높아지고 있다. [48]이른바 '원가정'이란 자신이 태어나고 자란 가정을 가리키며, 아빠 엄마가 있고, 혹은 형제 자매도 있을 것이다. 많은 학자들은 모든 사람이 원가정과 매우 밀접한 관계를 맺고 있는데, 이러한 관계는 한 사람의 성장에 깊은 영향을 미치며, 심지어 사람의 인생도 바꿀 수도 있다고 생각한다. 확실히 우리가 감정적으로 가장 의지하는 것은 가정인데, 만약 가정이 화목하지 않다면 인생의 발전에 큰 걸림돌이 될 수 있다.

　　하지만 사람들이 화목하지 못한 원가정을 마주할 때, 그들이 선택하는 인생의 길은 제각기 다르다. 일부 사람들은 좋지 않은 가정에서 태어났기 때문에 하늘을 원망하고 다른 사람을 비난하거나, 자포자기하거나, 심지어 잘못된 길로 들어선다. 그러나 또 다른 이들은 이상적이지 않은 원가정이 가져온 문제를 극복했다. 따라서 설령 원가정이 화목하지 않더라도, 사람들은 여전히 자신의 운명을 바꿀 수 있는 가능성을 가지고 있다.

　　최근 인기리에 방영된 [49]드라마 <모든 것이 좋아>는 억만 중국 가정의 현 상태를 진실하게 반영하였다. 이 드라마에서 주인공의 원가정은 실망스럽다. 부모의 지원을 받지 못했기 때문에 그녀는 수많은 발전 기회를 놓쳤다. 이에 대해 주인공은 한 번 또 한 번 분노, 비애 그리고 어쩔 수 없다는 것을 느끼지만, 그녀는 이것으로 쓰러지지 않고, 그러한 부정적인 감정을 매우 강한 원동력으로 바꾸어 자력갱생하고, 한 걸음 한 걸음 성공을 향해 걸어 나갔다. [49]이는 원가정이 인생에 미치는 영향이 결코 절대적이지 않다는 것을 보여 준다.

> ⁵⁰人们无法选择自己的出身，但是可以选择自己的人生之路。只要换一种思维方式，所有的经历都有可能成为人生最珍贵的财富，也可以促使人们开始崭新的生活。

> ⁵⁰사람들은 자신의 출신을 선택할 수 없지만, 자신의 인생의 길은 선택할 수 있다. 사고 방식을 바꾸기만 하면, 모든 경험은 인생의 가장 귀중한 자산이 될 수 있고, 또 사람들이 새로운 인생을 시작하도록 할 수 있다.

어휘 原生家庭 yuánshēng jiātíng 원가정[한 사람이 태어나고 자란 가정]　频率 pínlǜ 명 빈도수, 주파수　所谓 suǒwèi 형 이른바, 소위
家庭 jiātíng 명 가정　兄弟 xiōngdì 명 형제　千丝万缕 qiānsīwànlǚ 셍 (비유) 관계가 매우 밀접하다　深远 shēnyuǎn 형 깊다, 심원하다
的确 díquè 부 확실히　情感 qínggǎn 명 감정　依赖 yīlài 동 의지하다, 의존하다　和谐 héxié 형 화목하다, 조화롭다
阻碍 zǔ'ài 명 걸림돌, 장애물　怨天尤人 yuàntiānyóurén 셍 하늘을 원망하고 다른 사람을 비난하다　自暴自弃 zìbàozìqì 셍 자포자기하다
误入歧途 wùrùqítú 셍 잘못된 길로 들어서다　克服 kèfú 동 극복하다, 이겨내다　依然 yīrán 부 여전히, 변함없이　命运 mìngyùn 명 운명
热播 rèbō 동 (방송 프로그램 등이) 인기리에 방영되다　真实 zhēnshí 형 진실한　反映 fǎnyìng 동 반영하다　亿万 yìwàn 수 억만
现状 xiànzhuàng 명 현상태　愤怒 fènnù 동 분노하다　悲哀 bēi'āi 형 비애, 슬픔　无奈 wúnài 형 어쩔 수 없다, 유감스럽다
就此 jiùcǐ 부 이것으로　一蹶不振 yìjuébúzhèn 셍 (좌절하여) 쓰러지다, 좌절하여 다시는 일어서지 못하다　负面 fùmiàn 명 부정적인 면
情绪 qíngxù 명 감정, 기분　转化 zhuǎnhuà 동 바꾸다　动力 dònglì 명 (일·사업 등을 추진시키는) 원동력, 동력
自立自强 zìlì zìqiáng 자력갱생하다　绝对 juéduì 형 절대적인　出身 chūshēn 명 출신, 신분　思维 sīwéi 명 사고, 사유
方式 fāngshì 명 방식, 방법　珍贵 zhēnguì 형 귀중하다, 진귀하다　财富 cáifù 명 자산, 부(富)
促使 cùshǐ 동 ~하도록 (재촉)하다, (~하도록) 추진하다　崭新 zhǎnxīn 형 새롭다, 참신하다

48
중

A 刚刚组织的家庭	A 막 구성된 가정
B 从小成长的家庭	B 어릴 때부터 성장한 가정
C 条件很优越的家庭	C 조건이 우수한 가정
D 气氛不和谐的家庭	D 분위기가 화목하지 않은 가정
问：“原生家庭”的含义是什么？	질문：'원가정'의 함의는 무엇인가?

해설 음성에서 언급된 所谓"原生家庭", 指的是自己出生和长大的家庭를 듣고, 보기 B 从小成长的家庭에 체크해 둔다. 질문이 '원가정'의 함의는 무엇인지를 물었으므로, 보기 B가 정답이다.

어휘 组织 zǔzhī 동 구성하다, 조직하다　家庭 jiātíng 명 가정　成长 chéngzhǎng 동 성장하다　优越 yōuyuè 형 우수하다
和谐 héxié 형 화목하다　原生家庭 yuánshēng jiātíng 원가정[한 사람이 태어나고 자란 가정]　含义 hányì 명 함의, 내포된 뜻

49
중

A 人们应该为家庭牺牲	A 사람들은 가정을 위해 희생해야 한다
B 家庭的影响是相对的	B 가정의 영향은 상대적인 것이다
C 家庭成员应该互相尊重	C 가족 구성원은 서로 존중해야 한다
D 家庭是人们珍贵的财富	D 가정은 사람들의 귀중한 자산이다
问：电视剧《都挺好》的例子说明了什么？	질문：드라마 <모든 것이 좋아>의 예는 무엇을 설명했는가?

해설 음성에서 언급된 电视剧《都挺好》……这表明原生家庭给人生带来的影响并不是绝对的。를 듣고, 보기 B 家庭的影响是相对的에 체크해 둔다. 질문이 드라마 <모든 것이 좋아>의 예는 무엇을 설명했는지를 물었으므로, 보기 B가 정답이다.

어휘 家庭 jiātíng 명 가정　牺牲 xīshēng 동 희생하다　成员 chéngyuán 명 구성원, 성원　珍贵 zhēnguì 형 귀중하다, 진귀하다
财富 cáifù 명 자산, 부(富)　例子 lìzi 명 예, 예시

50
중

A 人们可以忽略家庭	A 사람들은 가정을 등한시해도 된다
B 家庭条件极其重要	B 가정 조건은 매우 중요하다
C 人们可以自己创造未来	C 사람들은 스스로 미래를 만들 수 있다
D 自我挑战需要家庭支持	D 자신과의 도전은 가정의 지지가 필요하다
问：下列哪项属于说话人的观点？	질문：다음 중 화자의 관점에 속하는 것은?

해설 음성에서 언급된 人们无法选择自己的出身，但是可以选择自己的人生之路。를 듣고, 보기 C 人们可以自己创造未来에 체크해 둔다. 질문이 화자의 관점에 속하는 것을 물었으므로, 보기 C가 정답이다.

어휘 忽略 hūlüè 동 등한시하다, 소홀히 하다　家庭 jiātíng 명 가정　创造 chuàngzào 동 만들다, 창조하다
未来 wèilái 명 미래, 장래 형 미래의　挑战 tiǎozhàn 동 도전하다　观点 guāndiǎn 명 관점

해커스 해설이 상세한 HSK 6급 실전모의고사

51
하

A (在严寒的北极), // 植物们 / 面临着 / (最严峻的) 生存考验。

(在严寒的北极),	植物们	面临着	(最严峻的)	生存考验。
부사어	주어	술어	관형어	목적어
(아주 추운 북극에서),	식물들은	직면하고 있다	(가장 가혹한)	생존 시련에

해석 아주 추운 북극에서 식물들은 가장 가혹한 생존 시련에 직면하고 있다.

해설 주어 植物们, 술어 面临着, 목적어 生存考验이 문맥상 자연스럽게 어울린다. 개사 在가 이끄는 在严寒的北极 또한 문장 맨 앞의 부사어로 적절하게 쓰였다. 따라서 틀린 부분이 없다.

어휘 严寒 yánhán 📖 아주 춥다, 추위가 심하다　北极 běijí 📖 북극　面临 miànlín 📖 직면하다, 당면하다
严峻 yánjùn 📖 가혹하다, 심각하다　生存 shēngcún 📖 생존하다　考验 kǎoyàn 📖 시련을 주다, 시험하다

B (琥珀的) 雏形 / 来自 / 于植物分泌出的高粘度物质——树脂。

(琥珀的)	雏形	来自	于植物分泌出的高粘度物质——树脂。
관형어	주어	술어	보어
(호박의)	초기 형태는	비롯되었다	식물이 분비해 낸 고점도 물질인 수지로부터

해석 호박의 초기 형태는 식물이 분비해 낸 고점도 물질인 수지로부터 비롯되었다.

해설 '관형어+주어' 형태인 琥珀的雏形, 술어 来自가 문맥상 자연스럽게 어울린다. 보어 자리에 있는 개사구 于植物分泌出的高粘度物质——树脂 또한 문맥상 자연스럽게 어울린다. 따라서 틀린 부분이 없다.

어휘 琥珀 hǔpò 📖 호박[지질 시대 나무의 진 따위가 땅속에 묻혀서 탄소·수소·산소 따위와 화합하여 굳어진 누런색 광물]
雏形 chúxíng 📖 초기 형태, 사물의 시작 단계에 형성된 규모　分泌 fēnmì 📖 분비하다　粘度 niándù 📖 점도　物质 wùzhì 📖 물질
树脂 shùzhī 📖 수지[소나무나 전나무 따위의 나무에서 분비하는 점도가 높은 액체]

C 他 / (通过通俗易懂的成语故事), // 灌输了 / 我们 / 中国传统文化。

他	(通过通俗易懂的成语故事),	灌输了	我们	中国传统文化。
주어	부사어	술어	목적어	목적어
그는	(통속적이고 알기 쉬운 성어 이야기를 통하여),	심어 주었다	우리를	중국 전통 문화를

해석 그는 통속적이고 알기 쉬운 성어 이야기를 통하여, 우리를 중국 전통 문화를 심어 주었다.

해설 **불필요한 목적어가 1개 더 있어 틀린 경우**

술어 灌输了의 목적어로 我们이 불필요하게 1개 더 있으므로 틀린 문장이다. 문맥상 我们은 술어 灌输了의 목적어가 될 수 없다. 따라서 我们 앞에 행위의 대상을 나타내는 개사 给를 추가하고, 술어 灌输了 앞에 위치한 부사어로 만들어야 옳은 문장이 된다.

★ 옳은 문장 : 他通过通俗易懂的成语故事, 给我们灌输了中国传统文化。
그는 통속적이고 알기 쉬운 성어 이야기를 통하여, 우리에게 중국 전통 문화를 심어 주었다.

어휘 通俗 tōngsú 📖 통속적이다　成语 chéngyǔ 📖 성어　灌输 guànshū 📖 (사상이나 지식 등을) 심어 주다, 주입하다

D (受年轻人青睐的) 牛仔裤, // 是 / (一种不会被时尚淘汰的) 单品。

(受年轻人青睐的)	牛仔裤,	是	(一种不会被时尚淘汰的)	单品。
관형어	주어	술어	관형어	목적어
(젊은이들에게 주목을 받는)	청바지는,	~이다	(유행에서 도태되지 않는)	아이템

해석 젊은이들에게 주목을 받는 청바지는 유행에서 도태되지 않는 아이템이다.

해설 술어 是과 연결되는 주어 牛仔裤, 목적어 单品이 동격이다. 목적어 앞 관형어 一种不会被时尚淘汰的에 사용된 개사 被 또한 문맥상 자연스럽게 어울린다. 따라서 틀린 부분이 없다.

어휘 青睐 qīnglài 📖 주목하다, 흥미를 가지다　牛仔裤 niúzǎikù 📖 청바지　时尚 shíshàng 📖 유행 📖 유행에 맞다
淘汰 táotài 📖 도태하다, 탈락되다　单品 dānpǐn 📖 아이템, 단품

52
중

A (这款能够自动清扫的) 吸尘器上 / 配备着 / (最新的) 跟随系统。

(这款能够自动清扫的)	吸尘器上	配备着	(最新的)	跟随系统。
관형어	주어	술어	관형어	목적어
(자동으로 청소할 수 있는 이)	진공청소기에는	갖추어져 있다	(최신)	추적 시스템이

제2회 제3회 제4회 제5회 제6회

해석 자동으로 청소할 수 있는 이 진공청소기에는 최신 추적 시스템이 갖추어져 있다.

해설 주어 吸尘器上, 술어 配备着, 목적어 跟随系统이 문맥상 자연스럽게 어울린다. 따라서 틀린 부분이 없다.

어휘 自动 zìdòng 웹 자동이다   清扫 qīngsǎo 동 청소하다, 깨끗이 제거하다   吸尘器 xīchénqì 웹 진공청소기
　　 配备 pèibèi 동 갖추다, 배치하다   웹 (세트를 이루거나 이미 잘 갖추어진) 설비나 장비   跟随 gēnsuí 동 추적하다, 따라가다
　　 系统 xìtǒng 웹 시스템, 체계

B	(在北京),	//	(新建的)	大兴机场与首都机场	形成了	/	双枢纽格局。
	부사어		관형어	주어	술어		목적어
	(베이징에서),	//	(새로 지어진)	다싱 공항과 서우두 공항이	형성했다	/	듀얼 허브 구도를

해석 베이징에서 새로 지어진 다싱 공항과 서우두 공항이 듀얼 허브 구도를 형성했다.

해설 주어 大兴机场与首都机场, 술어 形成了, 목적어 双枢纽格局가 문맥상 자연스럽게 어울린다. 개사 在가 이끄는 在北京 또한 문장 맨 앞의 부사어로 적절하게 쓰였다. 따라서 틀린 부분이 없다.

어휘 大兴 Dàxīng 고유 다싱[중국 베이징의 구(区) 명칭]   形成 xíngchéng 동 형성하다, 이루다   枢纽 shūniǔ 웹 허브, 중추
　　 格局 géjú 웹 구도, 구조

C	福建平潭岛	/	拥有	/	(一种得天独厚的)	奇妙自然景观——蓝眼泪。
	주어		술어		관형어	목적어
	푸젠성 핑탄섬은	/	가지고 있다		(천혜의 조건을 갖춘)	기묘한 자연 경관인 '푸른 눈물'을

해석 푸젠성 핑탄섬은 천혜의 조건을 갖춘 기묘한 자연 경관인 '푸른 눈물'을 가지고 있다.

해설 주어 福建平潭岛, 술어 拥有, 목적어 奇妙自然景观——蓝眼泪가 문맥상 자연스럽게 어울린다. 따라서 틀린 부분이 없다.

어휘 福建 Fújiàn 고유 푸젠성[중국의 지명]   平潭岛 Píngtán Dǎo 고유 핑탄섬[중국 푸젠성에 있는 섬]   拥有 yōngyǒu 동 가지다, 보유하다
　　 得天独厚 détiāndúhòu 젱 천혜의 조건을 갖추다, 특별히 뛰어난 조건을 갖추다   奇妙 qímiào 웹 기묘하다, 신기하다
　　 景观 jǐngguān 웹 경관, 경치   蓝眼泪 lán yǎnlèi 푸른 눈물[푸른 빛을 띄는 발광성 와편모조류의 별칭]

D	很多人	/	认为,	//	(针灸的)	中国传统医学	是	/	(一门古老而又神奇的)	学问。
	주어		술어		관형어	주어	술어		관형어	목적어
						목적어(주술목구)				
	많은 사람이		~라고 여기다,	//	(침구의)	중국 전통 의학은	~이다	/	(오래되고 신기한)	학문

해석 많은 사람이 침구의 중국 전통 의학은 오래되고 신기한 학문이라고 여긴다.

해설 주어와 관형어가 문맥상 어울리지 않아 틀린 경우

주어 很多人, 술어 认为 뒤의 목적어가 주술목구 형태인 문장인데, 목적어 내의 관형어 针灸的, 주어 中国传统医学가 문맥상 어색하므로 틀린 문장이다. '침구의 중국 전통 의학은'이 아니라 '중국 전통 의학 중 침구는'이 목적어 내의 주어가 되어야 문맥상 자연스럽다.

★ 옳은 문장 : 很多人认为, 中国传统医学中的针灸是一门古老而又神奇的学问。
　　　　　　 많은 사람이 중국 전통 의학 중 침구는 오래되고 신기한 학문이라고 여긴다.

어휘 针灸 zhēnjiǔ 웹 침구[침질과 뜸질]   传统 chuántǒng 웹 전통   웹 전통적이다   古老 gǔlǎo 웹 오래되다
　　 神奇 shénqí 웹 신기하다, 기묘하다   学问 xuéwen 웹 학문, 학식

53
중상

A	(在现代社会),	//	养生	/	(不再)	是	/	(只有老年人关注的)	事情。
	부사어		주어		부사어	술어		관형어	목적어
	(현대 사회에서),	//	양생은	/	(더 이상 ~가 아니다)	~이다	/	(노인들만이 관심을 가지는)	일

해석 현대 사회에서, 양생은 더 이상 노인들만이 관심을 가지는 일이 아니다.

해설 술어 是과 연결되는 주어 养生, 목적어 事情이 동격이다. 또한 개사 在가 이끄는 在现代社会도 문장 맨 앞의 부사어로 적절하게 쓰였다. 따라서 틀린 부분이 없다.

어휘 现代 xiàndài 웹 현대   养生 yǎngshēng 동 양생하다, 보양하다

B	(此类)	路面修补胶带	/	(由高分子聚合物和玻璃纤维)	合伙	(而成)。
	관형어	주어		부사어	술어	보어
	(이)	노면 보수 테이프는	/	(고분자 화합물과 유리 섬유가)	독류가 되어	(이루어진다)

해석 이 노면 보수 테이프는 고분자 화합물과 유리 섬유가 동료가 되어 이루어졌다.

해설 **술어가 전체 문맥에 어울리지 않아 틀린 경우**

술어 合伙가 문맥상 어울리지 않으므로 틀린 문장이다. 참고로, 合伙는 어떤 일을 하기 위해서 파트너가 된다는 의미이다.

★ 옳은 문장 : 此类路面修补胶带由高分子聚合物和玻璃纤维结合而成。

이 노면 보수 테이프는 고분자 화합물과 유리 섬유가 결합하여 이루어졌다.

어휘 **修补** xiūbǔ [동] 보수하다, 수리하다 **胶带** jiāodài [명] 테이프 **高分子** gāofēnzǐ [명] 고분자 **聚合物** jùhéwù [명] 화합물, 폴리머 **玻璃** bōli [명] 유리 **纤维** xiānwéi [명] (천연 또는 인공의) 섬유 **合伙** héhuǒ [동] 동료가 되다, 파트너가 되다 **结合** jiéhé [동] 결합하다

C 女教练 / 头发 / 短短的, // 眼睛里 / 闪烁着 / 光芒, //

주어 / 주어 술어 (술어1(주술구)) // 주어 술어 목적어 (술어2(주술목구))

여자 코치는 / 머리가 / 짧다, // 눈에는 / 반짝이고 있다 / 빛이, //

干练里 / 透着 / 一股英气。

주어 술어 목적어 (술어3(주술목구))

유능함과 노련함 속에서 / 드러나고 있다 / 뛰어난 기상이

해석 여자 코치는 머리가 짧고, 눈에는 빛이 반짝이고 있으며, 유능함과 노련함 속에서 뛰어난 기상이 드러나고 있다.

해설 주어 女教练, 주술구로 이루어진 술어1 头发短短的가 문맥상 자연스럽게 어울리고, 주술목구 형태인 술어2 眼睛里闪烁着光芒, 술어3 干练里透着一股英气도 주어와 문맥상 자연스럽게 어울린다. 따라서 틀린 부분이 없다.

어휘 **教练** jiàoliàn [명] 코치, 감독 [동] 훈련하다, 가르치다 **闪烁** shǎnshuò [동] 반짝이다, 깜빡이다 **光芒** guāngmáng [명] 빛 **干练** gànliàn [형] 유능하고 노련하다, 재능과 경험이 있다 **透** tòu [동] 드러나다 **英气** yīngqì [명] 뛰어난 기상, 영기

(앞 절) D 他 / (在无数次的严峻考验下) (都) (没有) 退缩, // (뒤 절) (这种超越常人的) 毅力 /

주어 / 부사어 / 부사어 / 부사어 / 술어 // 관형어 / 주어1

그는 / (무수한 모진 시련에) (항상) (~않았다) 위축되다, // (보통 사람을 뛰어넘는 이러한) 굳센 의지는 /

令 / 人 / 佩服。

술어1 / 목적어1 주어2 / 술어2

~하게 하다 / 사람들이 / 감탄한다

해석 그는 무수한 모진 시련에도 항상 위축되지 않았는데, 보통 사람을 뛰어넘는 이러한 굳센 의지는 사람들을 감탄하게 한다.

해설 앞 절의 주어 他, 술어 退缩가 문맥상 자연스럽게 어울리고, 뒤 절의 주어1 毅力, 술어1 令, 목적어1 겸 주어2인 人, 술어2 佩服도 문맥상 모두 자연스럽게 어울린다. 또한 개사구 在无数次的严峻考验下, 범위부사 都, 부정부사 没有가 앞 절의 술어 退缩 앞 부사어로 문맥상 적절하게 쓰였다. 따라서 틀린 부분이 없다. 참고로, 부사어의 어순은 기본적으로 부사→조동사→개사(구)이지만, 범위부사 都, 부정부사 没有는 문맥에 따라 개사구 뒤에 위치할 수 있다는 점을 알아 둔다.

어휘 **严峻** yánjùn [형] 모질다, 엄숙하다 **考验** kǎoyàn [동] 시련을 주다, 검증하다 **退缩** tuìsuō [동] 위축되다, 뒷걸음질치다 **超越** chāoyuè [동] 뛰어넘다, 앞지르다 **常人** chángrén [명] 보통 사람 **毅力** yìlì [명] 굳센 의지, 끈기 **佩服** pèifú [동] 감탄하다, 탄복하다

54 중

A (这位) 农民 / (把自家院里挖出的十九件文物) (全部) 捐给了 / 故宫博物院。

관형어 / 주어 / 부사어(把+행위의 대상) / 부사어 / 술어 / 목적어

(이) 농민은 / (자기 집 정원에서 파낸 문물 19점을) (전부) 기증했다 / 고궁 박물관에

해석 이 농민은 자기 집 정원에서 파낸 문물 19점을 전부 고궁 박물관에 기증했다.

해설 위 문장은 개사 把가 쓰인 把자문으로, 주어 农民, '把+행위의 대상' 형태의 把自家院里挖出的十九件文物, 술어 捐给了, 목적어 故宫博物院이 문맥상 자연스럽게 어울린다. 따라서 틀린 부분이 없다.

어휘 **农民** nóngmín [명] 농민, 농부 **挖** wā [동] 파다 **文物** wénwù [명] 문물 **捐给** juān gěi 기증하다, 기부하다 **故宫** Gùgōng [고유] 고궁, 자금성 **博物院** bówùyuàn [명] 박물관

B	改变	(不了)	/	风向,	//	但	(可以)	调整	/	风帆;	//	改变	(不了)	/	事物,	//
	술어	보어		목적어,		접속사	부사어	술어		목적어		술어	보어		목적어	
	바꾸다	(~할 수 없다)		풍향을,		그러나	(~할 수 있다)	조정하다		배의 돛을,		바꾸다	(~할 수 없다)		사물을,	

	但	(可以)	重塑	/	观念。
	접속사	부사어	술어		목적어
	그러나	(~할 수 있다)	다시 세우다		관념을

해석 풍향을 바꿀 수 없지만 배의 돛을 조정할 수 있고, 사물을 바꿀 수는 없지만 관념을 다시 세울 수는 있다.

해설 각 절의 술어와 목적어가 각각 문맥상 자연스럽게 어울린다. 또한 반대/전환의 의미를 나타내는 접속사 但도 문맥상 적절하게 쓰였다. 따라서 틀린 부분이 없다. 참고로, 위와 같은 명언 문장에서는 종종 주어가 생략된다는 점을 알아 둔다.

어휘 风向 fēngxiàng 몡 풍향　调整 tiáozhěng 동 조정하다, 조절하다　风帆 fēngfān 몡 배의 돛　事物 shìwù 몡 사물
重塑 chóngsù 다시 세우다　观念 guānniàn 몡 관념, 생각

C	(为了防止此类事故不再发生),	//	相关部门	/	开展了	/	(一系列和安全有关的)	讲座。
	부사어		주어		술어		관형어	목적어
	(이러한 사고가 더 이상 발생하지 않는 것을 방지하기 위하여),		관련 부서에서는		열었다		(안전과 관련된 일련의)	강좌를

해석 이러한 사고가 더 이상 발생하지 않는 것을 방지하기 위하여, 관련 부서에서는 안전과 관련된 일련의 강좌를 열었다.

해설 이중 부정 형태의 의미 중복으로 틀린 경우

'방지하다'라는 의미의 防止과 '더 이상 ~하지 않다'라는 의미의 不再가 함께 사용되어 부정의 의미가 중복되므로 틀린 문장이다. 防止과 不再 중 1개를 제외해야 옳은 문장이 된다.

★ 옳은 문장: 为了防止此类事故发生, 相关部门开展了一系列和安全有关的讲座。
이러한 사고가 발생하는 것을 방지하기 위하여, 관련 부서에서는 안전과 관련된 일련의 강좌를 열었다.

어휘 防止 fángzhǐ 동 방지하다　事故 shìgù 몡 사고　相关 xiāngguān 동 (서로) 관련되다　部门 bùmén 몡 부서, 부문
开展 kāizhǎn 동 열다, 전개되다　一系列 yíxìliè 형 일련의　讲座 jiǎngzuò 몡 강좌

D	管理者	/	(必须)	(要)	明白,	//
	주어		부사어	부사어	술어	
	관리자는		(반드시)	(~해야 한다)	알다,	

	(没有物质保障, 只有精神奖励的话),	//	[是]	留不住	/	优秀员工	[的]。
	부사어		是	술어		목적어	的
				목적어(술목구)			
	물질적 보장 없이, 단지 정신적 장려만 있다면,			붙잡아 둘 수 없다	/	우수한 직원을	

해석 관리자는 물질적 보장 없이 단지 정신적 장려만 있다면, 우수한 직원을 붙잡아 둘 수 없다는 것을 반드시 알아야 한다.

해설 주어 管理者, 술어 明白 뒤의 목적어가 술목구 형태인 문장으로, 목적어 내의 술어 留不住, 목적어 优秀员工이 문맥상 자연스럽게 어울린다. 또한 부사 必须와 조동사 要도 술어 明白 앞에서 부사→조동사 순으로 알맞게 배치되었다. 따라서 틀린 부분이 없다. 참고로, 목적어에 是……的 강조 구문이 사용되어 是과 的 사이에 있는 留不住优秀员工을 강조하였음을 알아 둔다.

어휘 物质 wùzhì 몡 물질　保障 bǎozhàng 몡 보장, 보증 동 (생명·재산·권리 등을) 보장하다, 보증하다　精神 jīngshén 몡 정신
奖励 jiǎnglì 동 장려하다, 격려하다　员工 yuángōng 몡 직원

55
중상

A	앞 절						뒤 절			
	(中国的)	姓氏	/	(大多)	源	(于上古时期),	//	(几乎每个)	姓氏	/	(都)	有	/
	관형어	주어		부사어	술어	보어		관형어	주어		부사어	술어	
	(중국의)	성씨는	/	(대부분)	기원하다	(상고시대부터),	//	(거의 모든)	성씨는	/	(모두)	가지고 있다	/

	其起源和演变历史。
	목적어
	그 기원과 변천 역사를

해석 중국의 성씨는 대부분 상고시대부터 기원하며, 거의 모든 성씨는 그 기원과 변천 역사를 모두 가지고 있다.

해설 앞 절의 주어 姓氏, '술어+보어' 형태의 源于上古时期가 문맥상 자연스럽게 어울리고, 뒤 절의 주어 姓氏, 술어 有, 목적어 其起源和演变历史도 문맥상 자연스럽게 어울린다. 따라서 틀린 부분이 없다.

어휘 姓氏 xìngshì 몡 성씨   源于 yuán yú ~부터 기원하다   上古时期 shànggǔ shíqī 상고시대   起源 qǐyuán 몡 기원 통 기원하다   演变 yǎnbiàn 통 (시간이 비교적 오래 걸려) 변천하다, 변화 발전하다

B (良好的) 评价和声誉, // 是 / 每个人都应该重视的, // 因为 这 / (会) 带 (来) //

관형어	주어		술어	목적어		접속사	주어	부사어	술어	보어
(좋은)	평가와 명성은,	//	~이다	/ 사람마다 모두 마땅히 중시해야 하는 것,	//	왜냐하면	이것은	/ (~할 수 있다)	가지고	(오다) //

(意想不到的) 收获。

관형어	목적어
(예상치 못한)	성과를

해석 좋은 평가와 명성은 사람마다 모두 마땅히 중시해야 하는 것인데, 왜냐하면 이것은 예상치 못한 성과를 가지고 올 수 있기 때문이다.

해설 앞 절의 술어 是과 연결되는 주어 评价和声誉, 목적어 每个人都应该重视的가 동격이다. 그리고 뒤 절의 주어 这, '술어+보어' 형태의 带来, 목적어 收获도 문맥상 자연스럽게 어울린다. 또한 원인을 나타내는 접속사 因为도 문맥상 적절하게 쓰였다. 따라서 틀린 부분이 없다.

어휘 良好 liánghǎo 혱 좋다, 양호하다   评价 píngjià 몡 평가 통 평가하다   声誉 shēngyù 몡 명성, 명예   意想不到 yìxiǎngbudào 성 예상치 못하다   收获 shōuhuò 몡 성과, 소득 통 얻다, 수확하다

C (汉魏时期的) 诗歌 / 朴实自然, // (非常) 口语化, // 具象多而抽象少, //

관형어	주어		술어1		부사어	술어2		술어3	
(한위 시기의)	시가는	/	소박하고 자연스러우며,	//	(매우)	구어체적이며,	//	구체적인 것이 많고 추상적인 것은 적어서,	//

适合 / 让孩子们背诵。

술어4	목적어
적절하다	/ 아이들에게 암송시키기에

해석 한위 시기의 시가는 소박하고 자연스러우며, 매우 구어체적이며, 구체적인 것이 많고 추상적인 것은 적어서, 아이들에게 암송시키기에 적절하다.

해설 주어 诗歌, 술어1 朴实自然, 술어2 口语化, 술어3 具象多而抽象少가 문맥상 자연스럽게 어울리고, 술어4 适合, 목적어 让孩子们背诵도 주어와 문맥상 자연스럽게 어울린다. 따라서 틀린 부분이 없다.

어휘 汉魏时期 Hàn Wèi shíqī 한위 시기   诗歌 shīgē 시가, 시   朴实 pǔshí 소박하다, 꾸밈이 없다   具象 jùxiàng 몡 구체적인 것, 구상   抽象 chōuxiàng 혱 추상적이다 통 추상하다   背诵 bèisòng 통 암송하다, 외우다

D (这位思想家在捍卫真理的过程中所经历的) 曲折曲折, //

관형어	주어
(이 사상가가 진리를 수호하는 과정 중에 경험한)	곡절이 많다 곡절이 많다는, //

本身 / (就) 是 / (一部非常伟大的) 作品。

주어	부사어	술어	관형어	목적어
그 자체로	(바로)	~이다	(매우 위대한)	작품

해석 이 사상가가 진리를 수호하는 과정 중에 경험한 곡절이 많다 곡절이 많다는, 그 자체로 바로 매우 위대한 작품이다.

해설 **형용사의 중첩 형태가 잘못되어 틀린 경우**

주어 曲折曲折의 중첩 형태가 잘못되었으므로 틀린 문장이다. 2음절 형용사가 중첩되어 사용될 경우에는 AABB 형태로 중첩되어야 하므로, 형용사 曲折의 중첩 형태는 曲曲折折가 되어야 한다.

★옳은 문장: 这位思想家在捍卫真理的过程中所经历的曲曲折折, 本身就是一部非常伟大的作品。
이 사상가가 진리를 수호하는 과정 중에 경험한 우여곡절은, 그 자체로 바로 매우 위대한 작품이다.

어휘 捍卫 hànwèi 통 수호하다, 지키다   真理 zhēnlǐ 몡 진리   曲折 qūzhé 곡절이 많다, 구불구불하다   本身 běnshēn 떼 그 자체, 본인   伟大 wěidà 혱 위대하다   作品 zuòpǐn 몡 작품   曲曲折折 qūquzhézhé 우여곡절

56 하

A 人 / (在一定的环境下) (久了) 生活工作, // (往往) (容易) 形成 /
주어 부사어 보어 술어1 부사어 부사어 술어2
사람은 / (일정한 환경에서) (오래되면) 생활하고 일하면, // (종종) (~하기 쉽다) 형성하다 /

(一套固定的) 思维模式。
관형어 목적어
(하나의 고정된) 사고 패턴을

해석 사람은 일정한 환경에서 오래되면 생활하고 일하면, 종종 하나의 고정된 사고 패턴을 형성하기 쉽다.

해설 **보어의 위치가 잘못되어 틀린 경우**
시량보어 久了가 술어1 生活工作 앞에 배치되었으므로 틀린 문장이다. 술어 뒤에 보어가 배치되어야 옳은 문장이 된다.
★ 옳은 문장: 人在一定的环境下生活工作久了, 往往容易形成一套固定的思维模式。
사람은 일정한 환경에서 오랫동안 생활하고 일하면, 종종 하나의 고정된 사고 패턴을 형성하기 쉽다.

어휘 形成 xíngchéng [동] 형성하다 固定 gùdìng [형] 고정되다, 불변하다 [동] 고정하다 思维 sīwéi [명] 사고, 사유 [동] 사유하다, 숙고하다
模式 móshì [명] 패턴, 양식

B (앞 절) 方言 / 是 / (文化的) 载体, // (뒤 절) 不同的方言体现的 / 是 / (多元化的)
주어 술어 관형어 목적어 주어 술어 관형어
방언은 / ~이다 / (문화의) 매개체, // 서로 다른 방언이 드러내는 것은 / ~이다 / (다원화된)

社会文化 [以及] (各地的) 风土人情。
목적어1 접속사 관형어 목적어2
사회 문화 [및] (각 지역의) 특유한 자연환경과 풍속

해석 방언은 문화의 매개체이며, 서로 다른 방언이 드러내는 것은 다원화된 사회 문화 및 각 지역의 특유한 자연환경과 풍속이다.

해설 앞 절의 술어 是과 연결되는 주어 方言, 목적어 载体가 동격이며, 뒤 절의 술어 是과 연결되는 주어 不同的方言体现的, 목적어1 社会文化, 목적어2 风土人情 역시 동격이다. 또한 병렬 관계로 나열된 어휘를 연결하는 접속사 以及도 문맥상 적절하게 쓰였다. 따라서 틀린 부분이 없다.

어휘 方言 fāngyán [명] 방언 载体 zàitǐ [명] 매개체 体现 tǐxiàn [동] 드러내다, 구현하다
多元化 duōyuánhuà [형] 다원화된, 다양한 风土人情 fēngtǔ rénqíng (한 지방의) 특유한 자연환경과 풍속

C (自2010年起), // (内地居民的) 出境人数 / (每年) (都) (在) (大幅) 递增, //
부사어 관형어 주어 부사어 부사어 부사어 부사어 술어1
(2010년부터), // (내륙 주민의) 출국 인원수는 / (매년) (~마다) (~하고 있다) (대폭) 늘다, //

(在2016年) 达到了 (1.37亿人次)。
부사어 술어2 보어
(2016년에는) 도달했다 (연인원 1.37억 명에)

해석 2010년부터 내륙 주민의 출국 인원수는 매년마다 대폭 늘고 있어, 2016년에는 연인원 1.37억 명에 도달했다.

해설 주어 出境人数, 술어1 递增이 문맥상 자연스럽게 어울리고, 술어2 达到了도 주어와 문맥상 자연스럽게 어울린다. 시기를 나타내는 부사어 自2010年起가 문장 맨 앞의 부사어로 적절히 쓰였고, 시간사 每年, 범위부사 都, 개사 在, 술어와 의미적으로 밀접한 부사 大幅 또한 술어1 递增 앞 부사어로 문맥상 적절하게 쓰였다. 또한 보어 1.37亿人次도 술어2 达到了 뒤에 알맞게 배치되었다. 따라서 틀린 부분이 없다. 참고로, 시간사는 일반적으로 다른 부사들보다 앞에 위치한다는 점을 알아 둔다.

어휘 内地 nèidì [명] 내륙 居民 jūmín [명] 주민, 거주민 出境 chūjìng [동] 출국하다 大幅 dàfú [부] 대폭, 크게
递增 dìzēng [동] (점차) 늘다 人次 réncì [양] 연인원

D (在奥运会一万米长跑比赛上), // 她 / 凭借 / (不放弃的) 精神, // 克服了 /
부사어 주어 술어1 관형어 목적어 술어2
(올림픽 10,000m 장거리 달리기 시합에서), // 그녀는 / ~에 기대다 / (포기하지 않는) 정신에, // 극복했다 /

(所有) 困难, // (最终) 夺得了 / 冠军。
관형어 목적어 부사어 술어3 목적어
(모든) 어려움을, // (결국) 차지했다 / 1등을

해석 올림픽 10,000m 장거리 달리기 시합에서 그녀는 포기하지 않는 정신에 기대어 모든 어려움을 극복했고, 결국 1등을 차지했다.

해설 주어 她, 술어1 凭借, 목적어 精神이 문맥상 자연스럽게 어울리고, 술어2 克服了, 목적어 困难, 술어3 夺得了, 목적어 冠军도 주어와 문맥상 자연스럽게 어울린다. 개사 在가 이끄는 在奥运会一万米长跑比赛上 또한 문장 맨 앞의 부사어로 적절히 쓰였다. 따라서 틀린 부분이 없다.

어휘 奥运会 Àoyùnhuì [고유] 올림픽　凭借 píngjiè [동] ~에 기대다　放弃 fàngqì [동] 포기하다　克服 kèfú [동] 극복하다
　　　 夺得 duódé [동] 차지하다, 쟁취하다　冠军 guànjūn [명] 1등, 챔피언

---

57 中上

A (去其他国家之前), // (必须) (要) (先) 了解 / (当地的) 社会状况、风俗文化等, //
　　부사어　　　　　부사어　부사어　부사어　술어1　　관형어　　　　목적어

　(다른 나라에 가기 전에), // (반드시) (~해야 한다) (먼저) 이해하다 / (현지의) 사회 상황, 풍속 문화 등을, //

否则 (很) (容易) 闹 (出) / 笑话。
접속사 부사어 부사어 술어2 보어　목적어

그렇지 않으면 (매우) (~하기 쉽다) 되다 (나오다) / 웃음거리가

해석 다른 나라에 가기 전에 반드시 현지의 사회 상황, 풍속 문화 등을 먼저 이해해야 하는데, 그렇지 않으면 웃음거리가 되기 쉽다.

해설 술어1 了解, 목적어 社会状况、风俗文化等이 문맥상 자연스럽게 어울리고, '술어2+보어' 형태의 闹出, 목적어 笑话도 문맥상 자연스럽게 어울린다. 또한 가정을 나타내는 접속사 否则도 문맥상 적절하게 쓰였다. 따라서 틀린 부분이 없다. 참고로, 위 문장처럼 주어가 불특정 다수일 경우에는 주어가 생략될 수 있다는 점을 알아 둔다.

어휘 当地 dāngdì [명] 현지　状况 zhuàngkuàng [명] 상황　风俗 fēngsú [명] 풍속　闹笑话 nào xiàohuà 웃음거리가 되다

첫 번째 절			두 번째 절					

B 佛殿 / 坐北朝南, // (从其前殿露台) 前行 (约5米) / (即) (可) 进入 /
　　주어　　술어　　　　　부사어　　　술어　보어　　　부사어 부사어 술어

불전은 / 북쪽에 자리잡고 남쪽을 향하다, // (그것의 전전 마루로부터) 나아가다 (약 5m) / (즉시) (~할 수 있다) 진입하다 /

		세 번째 절			

正殿, // 正殿里 / 有 (不少烧香拜佛的) 信徒。
목적어　　주어　　술어　　관형어　　　　목적어

정전에, // 정전 안에는 / 있다 (향을 피우고 예불하는 많은) 신도가

해석 불전은 북쪽에 자리잡고 남쪽을 향해 있고, 그것의 전전 마루로부터 약 5m 나아가면 즉시 정전에 진입할 수 있는데, 정전 안에는 향을 피우고 예불하는 신도가 많이 있다.

해설 각 절의 주어, 술어, 목적어가 각각 문맥상 자연스럽게 어울린다. 따라서 틀린 부분이 없다. 참고로, 두 번째 절의 주어는 생략되었는데, 이와 같이 주어가 불특정 다수일 경우에는 주어가 생략될 수 있다는 점을 알아 둔다.

어휘 佛殿 fódiàn [명] 불전　坐北朝南 zuò běi cháo nán 북쪽에 자리잡고 남쪽을 향하다
　　　 前殿 qiándiàn 전전[궁전 중에서 전방에 두는 대표적인 건물]　露台 lùtái [명] 마루, 테라스
　　　 正殿 zhèngdiàn [명] 정전[궁전이나 사당 안에서 중간에 위치한 중요한 전각]　烧香 shāoxiāng [동] 향을 피우다　拜佛 bàifó [동] 예불하다
　　　 信徒 xìntú [명] 신도, 신자

C 医学研究 / 表明, // (这种治疗心脏病的) 药物 / (被) 用 (于对人体没有任何副作用), //
　　주어　　술어　　　　　관형어　　　　　목적어 부사어(被) 술어　　보어

의학 연구는 / 밝혔다, // (심장병을 치료하는 이러한) 약물은 / (~되다) 사용하다 (인체에 어떠한 부작용도 없는 것에), //

病人 / (可) (放心) 服用。
주어　 부사어　부사어　술어
　　　 목적어(주술구)

환자는 / (~할 수 있다) (안심하고) 복용하다

해석 의학 연구는, 심장병을 치료하는 이러한 약물은 인체에 어떠한 부작용도 없는 것에 사용되어서 환자는 안심하고 복용할 수 있다고 밝혔다.

해설 **被자문의 어순이 잘못되어 틀린 경우**

개사 被를 포함한 被用于가 잘못된 위치에 배치되어 '심장병을 치료하는 이러한 약물은 인체에 어떠한 부작용도 없는 것에 사용되다'라는 어색한 문맥이 되었으므로 틀린 문장이다. 被用于 뒤에는 용도를 나타내는 표현이 와야 하므로, 被用于가 治疗心脏病 앞에 위치해야 옳은 문장이 된다.

★ 옳은 문장: 医学研究表明, 这种被用于治疗心脏病的药物对人体没有任何副作用, 病人可放心服用。
　　　　　의학 연구는, 이러한 심장병을 치료하는 것에 사용되는 약물은 인체에 어떠한 부작용도 없어 환자는 안심하고 복용할 수 있다고 밝혔다.

어휘 治疗 zhìliáo 图 치료하다　心脏病 xīnzàngbìng 몡 심장병　药物 yàowù 몡 약물　副作用 fùzuòyòng 몡 부작용
　　　服用 fúyòng 图 복용하다, 약을 먹다

D | | 앞 절 | | | | | |
|---|---|---|---|---|---|---|
| (目前), | // | 白色污染 | (已) | 成为 | (世界各国无法忽视的) | 问题, | // |
| 부사어 | | 주어 | 부사어 | 술어 | 관형어 | 목적어 | |
| (현재), | // | 백색 오염은 | (이미) | ~이 되다 | (세계 각국이 소홀히 할 수 없는) | 문제로, | |

뒤 절

因此	食品包装厂商	(也)	(在)	(不断)	寻求	突破和转变。
접속사	주어	부사어	부사어	부사어	술어	목적어
이 때문에	식품 포장 제조업자는	(~도)	(~하고 있다)	(끊임없이)	찾다	돌파와 변화를

해석 현재 백색 오염은 이미 세계 각국이 소홀히 할 수 없는 문제가 되었고, 이 때문에 식품 포장 제조업자도 돌파와 변화를 끊임없이 찾고 있다.

해설 앞 절의 주어 白色污染, 술어 成为, 목적어 问题가 문맥상 자연스럽게 어울리고, 뒤 절의 주어 食品包装厂商, 술어 寻求, 목적어 突破和转变도 문맥상 자연스럽게 어울린다. 시간사 目前이 문장 맨 앞의 부사어로 적절히 쓰였고, 부사 也, 개사 在, 술어와 의미적으로 밀접한 부사 不断 또한 뒤 절의 술어 寻求 앞 부사어로 문맥상 적절하게 쓰였다. 또한 인과를 나타내는 접속사 因此도 문맥상 적절하게 쓰였다. 따라서 틀린 부분이 없다.

어휘 目前 mùqián 몡 현재, 지금　白色污染 báisè wūrǎn 백색 오염, 페비닐 오염　忽视 hūshì 图 소홀히 하다, 경시하다
　　　包装 bāozhuāng 몡 포장 图 포장하다　厂商 chǎngshāng 몡 제조업자　不断 búduàn 뷔 끊임없이, 부단히 图 끊임없다
　　　寻求 xúnqiú 图 찾다　突破 tūpò 图 돌파하다, 타파하다　转变 zhuǎnbiàn 图 변화하다, 바뀌다

---

58 중

A | 宇航员顺利登上月球一事, | // | 让 | 大众 | (对月球的起源、结构及演化过程) | 有了 | / |
|---|---|---|---|---|---|---|
| 주어1 | | 술어1 | 목적어1 / 주어2 | 부사어 | 술어2 | |
| 우주 비행사가 순조롭게 달에 도착한 이 일은, | // | ~하게 하다 | 대중들이 | (달의 기원, 구조 및 변천 과정에 대하여) | 생기다 | |

(更进一步的)	了解。
관형어	목적어2
(한 걸음 더 나아간)	이해가

해석 우주 비행사가 순조롭게 달에 도착한 이 일은 대중들에게 달의 기원, 구조 및 변천 과정에 대하여 한 걸음 더 나아간 이해가 생기게 하였다.

해설 사역동사 让이 사용된 겸어문으로, 주어1 宇航员顺利登上月球一事, 술어1 让, 목적어1 겸 주어2인 大众, 술어2 有了, 목적어2 了解가 모두 문맥상 자연스럽게 어울린다. 개사 对가 이끄는 对月球的起源、结构及演化过程 또한 술어2 有了 앞 부사어로 적절하게 쓰였다. 따라서 틀린 부분이 없다.

어휘 宇航员 yǔhángyuán 몡 우주 비행사　月球 yuèqiú 몡 달　大众 dàzhòng 몡 대중, 군중　起源 qǐyuán 몡 기원 图 기원하다
　　　结构 jiégòu 몡 구조, 구성　演化 yǎnhuà 图 변천하다, 진화하다

B | (两年前), | // | (这家) | 公司 | 发现了 | (中国产的) | 石材 | 物美价廉, | // |
|---|---|---|---|---|---|---|---|
| 부사어 | | 관형어 | 주어 | 술어1 | 관형어 | 주어 | 술어 | |
| | | | | | | 목적어(주술구) | | |
| (2년 전), | // | (이) | 회사는 | 발견했다 | (중국산) | 석재가 / 상품의 질이 좋고 값도 저렴하다는 것을, | | // |

于是	(就)	(果断地)	(和中国的石材公司)	签订了	/	合同。
접속사	부사어	부사어	부사어	술어2		목적어
그래서	(바로)	(결단력 있게)	(중국의 석재 회사와)	체결했다	/	계약을

해석 2년 전, 이 회사는 중국산 석재가 상품의 질이 좋고 값도 저렴하다는 것을 발견했고, 그래서 바로 결단력 있게 중국의 석재 회사와 계약을 체결했다.

해설 주어 公司, 술어1 发现了, 주술구 형태의 목적어 中国产的石材物美价廉이 문맥상 자연스럽게 어울리고, 술어2 签订了, 목적어 合同도 주어와 문맥상 자연스럽게 어울린다. 또한 앞 뒤 문맥을 자연스럽게 이어주는 접속사 于是도 문맥상 적절하게 쓰였다. 따라서 틀린 부분이 없다.

어휘 石材 shícái 圕 석재 物美价廉 wùměijiàlián 圀 상품의 질이 좋고 값도 저렴하다 果断 guǒduàn 圀 결단력이 있다, 과단성이 있다 签订 qiāndìng 圄 체결하다 合同 hétong 圕 계약

C (学校为学生提供的)　　午餐 / 无论 价格合理, // (都) 富含 /
　관형어　　　　　주어　접속사　　　술어　　　부사어　술어
(학교가 학생들을 위해 제공하는) 점심 식사는 -을 막론하고 가격이 합리적이다, // (모두) 다량 함유하다 /

(学生在生长发育时所需的) 热量、蛋白质、脂肪和维生素。
　　관형어　　　　　　　　　　목적어
(학생이 성장 발육할 때 필요한) 열량, 단백질, 지방 그리고 비타민을

해석 학교가 학생들을 위해 제공하는 점심 식사는 가격이 합리적인 것을 막론하고, 학생이 성장 발육할 때 필요한 열량, 단백질, 지방 그리고 비타민을 모두 다량 함유하고 있다.

해설 접속사가 문맥에 맞지 않게 사용되어 틀린 경우

자주 짝을 이루어 쓰이는 표현 '无论 A, 都 B'가 문맥상 어울리지 않아 틀린 문장이다. 일반적으로 无论 뒤에는 선택 의문문/정반 의문문/의문대명사가 와야 하는데, 위 문장에서는 无论 뒤에 평서문 价格合理가 왔다. 无论과 都 자리에 不仅과 还가 들어가야 문맥상 옳은 문장이 된다.

★ 옳은 문장: 学校为学生提供的午餐不仅价格合理, 还富含学生在生长发育时所需的热量、蛋白质、脂肪和维生素。
　　　　　　　학교가 학생들을 위해 제공하는 점심 식사는 가격이 합리적일 뿐만 아니라, 게다가 학생이 성장 발육할 때 필요한 열량, 단백질, 지방 그리고 비타민을 다량 함유하고 있다.

어휘 合理 hélǐ 圀 합리적이다 富含 fùhán 圄 다량 함유하다 生长 shēngzhǎng 圄 성장하다, 자라다 发育 fāyù 圄 발육하다, 성장하다 热量 rèliàng 圕 열량 蛋白质 dànbáizhì 圕 단백질 脂肪 zhīfáng 圕 지방 维生素 wéishēngsù 圕 비타민

　　　　　　　　　　　　　　　　　앞 절
D (在发展经济的过程中), // 中国 采用了 / ("中心——外围"的) 模式, //
　　부사어　　　　　　　주어　술어　　　　관형어　　　　　목적어
(경제를 발전시키는 과정에서), // 중국은 채택했다 / ('중심과 주변 이론') 모델을, //

　　　　　　　　뒤 절
(其中), // 国家 以首都为中心, // 各省 以省会为中心。
부사어　주어1　술어1　　　　주어2　술어2
(그중), // 국가는 수도를 중심으로 삼고, // 각 성들은 성도를 중심으로 삼았다

해석 경제를 발전시키는 과정에서 중국은 '중심과 주변 이론' 모델을 채택했는데, 그중 국가는 수도를 중심으로 삼고, 각 성들은 성도를 중심으로 삼았다.

해설 앞 절의 주어 中国, 술어 采用了, 목적어 模式이 문맥상 자연스럽게 어울리고, 뒤 절의 주어1 国家, 술어1 以首都为中心, 주어2 各省, 술어2 以省会为中心도 문맥상 자연스럽게 어울린다. 개사 在가 이끄는 在发展经济的过程中 또한 문장 맨 앞의 부사어로 적절히 쓰였고, 자주 짝을 이루어 쓰이는 표현 '以 A 为 B'도 문맥상 적절히 쓰였다. 따라서 틀린 부분이 없다.

어휘 采用 cǎiyòng 圄 채택하다 中心——外围 Zhōngxīn——Wàiwéi 囻 중심과 주변 이론 [수도와 성회를 중심으로, 그 외 지역들을 다스리는 통치 방식] 模式 móshì 圕 모델, (표준) 양식 省会 shěnghuì 圕 성도, 성 소재지

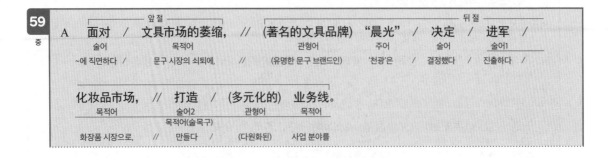

59
중

　　　　　　　앞 절
A 面对 文具市场的萎缩, // (著名的文具品牌) "晨光" 决定 / 进军 /
　술어　　목적어　　　　　　관형어　　　주어　술어　　술어1
~에 직면하다 / 문구 시장의 쇠퇴에, // (유명한 문구 브랜드인) '천광'은 / 결정했다 / 진출하다 /

　　　　　　　　　　　　　　　　　뒤 절
化妆品市场, // 打造 / (多元化的) 业务线。
　목적어　　　술어2　관형어　　목적어
　　　　　목적어(술목구)
화장품 시장으로, // 만들다 / (다원화된) 사업 분야를

해석 문구 시장의 쇠퇴에 직면하여, 유명한 문구 브랜드인 '천광'은 화장품 시장으로 진출하여 다원화된 사업 분야를 만들기로 결정했다.

해설 앞 절의 술어 面对, 목적어 文具市场的萎缩가 문맥상 자연스럽게 어울리고, 뒤 절의 주어 "晨光", 술어 决定, 술목구 형태의 목적어 进军化妆品市场, 打造多元化的业务线도 문맥상 자연스럽게 어울린다. 앞 절의 주어가 "晨光"이라는 것을 문맥상 분명하게 알 수 있으므로, 앞 절의 주어는 생략되었다. 따라서 틀린 부분이 없다.

어휘 面对 miànduì [동] 직면하다, 마주 보다 文具 wénjù [명] 문구 市场 shìchǎng [명] 시장 萎缩 wěisuō [동] (경제가) 쇠퇴하다, 부진하다
进军 jìnjūn [동] 진출하다, 진군하다 化妆品 huàzhuāngpǐn [명] 화장품 打造 dǎzào [동] 만들다, 제조하다
多元化 duōyuánhuà [동] 다원화하다 业务线 yèwùxiàn 사업 분야

B (据记者现场了解), // 事故现场清理工作 / (已) (基本) 完成, //
부사어 / 주어 / 부사어 / 부사어 / 술어
(기자가 현장에서 이해한 바에 따르면), // 사고 현장 수습 업무는 / (이미) (거의) 완료되었다, //

[而] 卡车司机 / (正在) 接受了 / (交通部门的) 事故调查。
접속사 / 주어 / 부사어 / 술어+了 / 관형어 / 목적어
[그리고] 트럭 기사는 / (~하는 중이다) 받았다 / (교통 부서의) 사고 조사를

해석 기자가 현장에서 이해한 바에 따르면 사고 현장 수습 업무는 이미 거의 완료되었고, 트럭 기사는 교통 부서의 사고 조사를 받았다 하는 중이다.

해설 **조사 了가 문맥에 맞지 않게 사용되어 틀린 경우**

완료의 의미를 나타내는 조사 了가 동작이 진행되고 있거나 상태가 지속되고 있음을 나타내는 부사어 正在와 문맥상 함께 사용될 수 없으므로 틀린 문장이다. 了를 제외해야 옳은 문장이 된다.

★ 옳은 문장 : 据记者现场了解，事故现场清理工作已基本完成，而卡车司机正在接受交通部门的事故调查。
기자가 현장에서 이해한 바에 따르면, 사고 현장 수습 업무는 이미 거의 완료되었고, 트럭 기사는 교통 부서의 사고 조사를 받고 있는 중이다.

어휘 现场 xiànchǎng [명] 현장 事故 shìgù [명] 사고 清理 qīnglǐ [동] 수습하다, 깨끗이 정리하다 基本 jīběn [부] 거의, 대체로
卡车 kǎchē [명] 트럭 部门 bùmén [명] 부서, 부문

C (在科技时代), // 人们 / (可以) (通过手机软件) 查询 / 植物的种类, //
부사어 / 주어 / 부사어 / 부사어 / 술어1 / 목적어
(과학 기술 시대에), // 사람들은 / (~할 수 있다) (모바일 앱을 통하여) 알아보다 / 식물의 종류를, //

(再也) (不用) (像以前一样) (凭着脑海里的记忆) 翻 / 书 / 了。
부사어 / 부사어 / 부사어 / 부사어 / 술어2 / 목적어 / 了
(더 이상) (~할 필요가 없다) (예전처럼) (머리 속의 기억에 따라) 뒤적이다 / 책을

해석 과학 기술 시대에 사람들은 모바일 앱을 통하여 식물의 종류를 알아볼 수 있어서, 더 이상 예전처럼 머리 속의 기억에 따라 책을 뒤적일 필요가 없게 되었다.

해설 주어 人们, 술어1 查询, 목적이 植物的种类가 문맥상 자연스럽게 어울리고, 술어2 翻, 목적어 书도 주어와 자연스럽게 어울린다. 시기를 나타내는 부사어 在科技时代가 문장 맨 앞의 부사어로 적절히 쓰였고, 술어1 查询과 술어2 翻 앞의 부사이 또한 문맥상 적절하게 사용되었다. 따라서 틀린 부분이 없다. 참고로, 부사어는 일반적으로 부사→조동사→개사(구) 순서로 술어 앞에 위치한다는 점을 알아 둔다.

어휘 时代 shídài [명] 시대, 시절 软件 ruǎnjiàn [명] 앱, 소프트웨어 查询 cháxún [동] 알아보다, 조회하다 种类 zhǒnglèi [명] 종류
凭 píng [개] ~에 따라, ~에 근거하여 [동] 맡기다, 의지하다 记忆 jìyì [명] 기억 翻 fān [동] 뒤적이다, 펴다

D 很多城市规划专家 / 认为, // (必须保持原有格局的) 胡同改造工程, // 是 /
주어 / 술어 / 관형어 / 주어 / 술어
많은 도시 계획 전문가들은 / ~라고 생각하다, // (원래의 구조를 반드시 유지해야 하는) 골목 개조 공사는, // ~이다 /

(中国实行难度最大、限制条件最多的) 项目之一。
관형어 / 목적어
목적어(주술목구)
(중국에서 실행 난이도가 가장 높고, 제약 조건이 가장 많은) 프로젝트 중의 하나

해석 많은 도시 계획 전문가들은 원래의 구조를 반드시 유지해야 하는 골목 개조 공사는 중국에서 실행 난이도가 가장 높고, 제약 조건이 가장 많은 프로젝트 중의 하나라고 생각한다.

해설 주어 很多城市规划专家, 술어 认为, 목적어 必须保持原有格局的胡同改造工程, 是中国实行难度最大、限制条件最多的项目之一가 문맥상 자연스럽게 어울린다. 따라서 틀린 부분이 없다. 참고로, 목적어는 술어 是과 연결되는 주어 胡同改造工程, 목적어 项目之一가 동격인 주술목구 형태이다. 이와 같이 술어가 认为일 경우, 목적어는 구나 절이 올 수 있다는 점을 알아 둔다.

어휘 规划 guīhuà 圆 계획, 기획 图 계획하다, 기획하다 专家 zhuānjiā 圆 전문가 保持 bǎochí 图 유지하다, 지키다
格局 géjú 圆 구조, 골격 胡同 hútòng 圆 골목 改造 gǎizào 图 개조하다 工程 gōngchéng 圆 공사, 공정
实行 shíxíng 图 실행하다 难度 nándù 圆 난이도 限制 xiànzhì 图 제약하다, 제한하다 项目 xiàngmù 圆 프로젝트, 항목

60
중

A 《资治通鉴》	/	是	/	(中国第一部)	编年体通史,	//	(在中国官修史书中)		占有	/
주어		술어1		관형어	목적어		부사어		술어2	
《자치통감》은		~이다		(중국의 첫 번째)	편년체 통사,	//	(중국 관청에서 주관하여 편찬한 역사서 중)		차지하다	/

(极重要的)	地位,	//	参考价值	巨大。
관형어	목적어		주어	술어
			술어3(주술구)	
(매우 중요한)	지위를,	//	참고 가치가	크다

해석 《자치통감》은 중국의 첫 번째 편년체 통사로, 중국 관청에서 주관하여 편찬한 역사서 중 매우 중요한 지위를 차지하고 있어 참고 가치가 크다.

해설 술어1 是과 연결되는 주어 《资治通鉴》, 목적어 编年体通史이 동격이고, 술어2 占有, 목적어 地位, 주술구 형태의 술어3 参考价值巨大도 주어와 문맥상 자연스럽게 어울린다. 따라서 틀린 부분이 없다.

어휘 资治通鉴 Zīzhìtōngjiàn 圆 자치통감[중국 송나라 시대의 역사서] 编年体 biānniántǐ 圆 편년체[연대순으로 편찬한 역사 편찬의 체재]
通史 tōngshǐ 圆 통사 官修 guānxiū 图 관청에서 주관하여 편찬하다 占有 zhànyǒu 图 차지하다 地位 dìwèi 圆 지위, 위치
参考 cānkǎo 图 참고하다 价值 jiàzhí 圆 가치 巨大 jùdà 图 크다, 거대하다

B (在纷繁复杂、瞬息万变的市场竞争中),	//	"老字号"	(要)	打开	思路,	//
부사어		주어	부사어	술어1	목적어	
(번잡하고, 변화가 매우 빠른 시장 경쟁에서),	//	'유서가 깊은 가게'는	(~해야 한다)	열다	사고를,	//

开阔	/	眼界,	//	用	/	创新思维	/	打造	/	(新时代的)	文化精品。
술어2		목적어		술어3		목적어		술어4		관형어	목적어
넓히다	/	시야를,	//	이용하다	/	창의적 사고를	/	만들다	/	(새로운 시대의)	문화 작품을

해석 번잡하고 변화가 매우 빠른 시장 경쟁에서, '유서가 깊은 가게'는 사고를 열고 시야를 넓혀서, 창의적 사고로 새로운 시대의 문화 작품을 만들어야 한다.

해설 주어 "老字号", 술어1 打开, 목적어 思路, 술어2 开阔, 목적어 眼界가 문맥상 자연스럽게 어울리고, 술어3 用, 목적어 创新思维, 술어4 打造, 목적어 文化精品도 주어와 문맥상 자연스럽게 어울린다. 따라서 틀린 부분이 없다.

어휘 纷繁复杂 fēnfán fùzá 번잡하다, 복잡하다 瞬息万变 shùnxīwànbiàn 図 변화가 매우 빠르다 竞争 jìngzhēng 图 경쟁하다
老字号 lǎozìhao 圆 유서가 깊은 가게, 전통이 있는 가게 思路 sīlù 圆 사고, 생각의 갈피 开阔 kāikuò 图 넓히다
眼界 yǎnjiè 圆 시야 创新 chuàngxīn 圆 창의성, 창조성 思维 sīwéi 圆 사고, 사유 打造 dǎzào 图 만들다, 제조하다
时代 shídài 圆 시대 精品 jīngpǐn 圆 (정교한) 작품

C 科普节目《流言终结者》,	//	(自开播以来)	(对数百个流言)	进行了	/	实验,	//
주어1		부사어	부사어	술어1		목적어1	
대중 과학 프로그램 《유언비어 종결자》는,	//	(방송을 시작한 이래로)	(수백 개의 유언비어에 대해)	실시했다	/	실험을,	//

让	/	大众	/	了解	(到了)	/	它们	(究竟)	是	/	谣言	还是	假的。
술어2		목적어2		술어3	보어		주어	부사어	술어		목적어	접속사	목적어
		주어2											
							목적어3(주술목구)						
~하게 하다	/	대중들이	/	알다	(했다)	/	그것들이	(과연)	~이다	/	유언비어	아니면	가짜

해석 대중 과학 프로그램《유언비어 종결자》는 방송을 시작한 이래로 수백 개의 유언비어에 대해 실험을 실시했고, 대중들에게 그것들이 과연 유언비어인지 아니면 가짜인지를 알게 했다.

해설 **목적어가 문맥상 어울리지 않아 틀린 경우**

접속사 还是로 연결된 목적어 谣言, 假的가 문맥상 어울리지 않으므로 틀린 문장이다. 접속사 还是은 'A 还是 B' 형태로 자주 사용되며, 성질이 다른 두 가지 중 하나를 선택한다는 의미를 나타낸다. 위 문장에서는 谣言과 假的가 비슷한 뜻이므로, 두 어휘 중 하나를 '사실'이라는 의미의 어휘로 바꾸어야 옳은 문장이 된다.

★ 옳은 문장: 科普节目《流言终结者》，自开播以来对数百个流言进行了实验，让大众了解到了它们究竟是谣言还是事实。
대중 과학 프로그램《유언비어 종결자》는 방송을 시작한 이래로 수백 개의 유언비어에 대해 실험을 실시했고, 대중들에게 그것들이 과연 유언비어인지 아니면 사실인지를 알게 했다.

어휘 科普节目 kēpǔ jiémù 몡 대중 과학 프로그램　流言 liúyán 몡 유언비어　开播 kāibō 동 방송을 시작하다
大众 dàzhòng 몡 대중　谣言 yáoyán 몡 유언비어

		앞 절			
D (近年来), //	国内不少景点 /	(频繁)	发生 /	(乱刻乱画的)	不文明行为, //
부사어	주어	부사어	술어	관형어	목적어
(최근에), //	국내의 많은 명소에서 /	(빈번히)	발생하다 /	(함부로 낙서하는)	교양 없는 행위가, //

			뒤 절			
所以	相关部门 /	号召 /	老百姓	(从自身做起), //	保护 /	(珍贵的) 文化遗产。
접속사	주어1	술어1	목적어1 주어2	부사어	술어2	관형어　목적어2
그래서	관련 부서에서는 /	호소하다 /	국민들에게	(나부터 실천하는), //	보호하다 /	(진귀한) 문화 유산을

해석 최근에 국내의 많은 명소에서 함부로 낙서하는 교양 없는 행위가 빈번히 발생하여, 관련 부서에서는 국민들에게 나부터 실천하는 진귀한 문화 유산 보호하기를 호소했다.

해설 앞 절의 주어 国内不少景点, 술어 发生, 목적어 不文明行为가 문맥상 자연스럽게 어울린다. 뒤 절의 주어1 相关部门, 술어1 号召, 목적어1 겸 주어2인 老百姓, 술어2 保护, 목적어2 文化遗产도 모두 문맥상 자연스럽게 어울린다. 시기를 나타내는 부사어 近年来가 문장 맨 앞의 부사어로 적절히 쓰였고, 인과를 나타내는 접속사 所以도 문맥상 적절하게 쓰였다. 따라서 틀린 부분이 없다.

어휘 景点 jǐngdiǎn 몡 (경치가 좋은) 명소　频繁 pínfán 혱 빈번하다, 잦다　文明 wénmíng 혱 교양이 있다 몡 문명
行为 xíngwéi 몡 행위, 행동　相关 xiāngguān 동 (서로) 관련되다　部门 bùmén 몡 부서, 부문　号召 hàozhào 동 호소하다
老百姓 lǎobǎixìng 몡 국민, 일반인　珍贵 zhēnguì 혱 진귀하다, 귀중하다　遗产 yíchǎn 몡 유산

61
중상

别具一格, 博大精深的中国诗词生动体现了中国的文化精神。这些或是趣味盎然, 或是雄伟大气的诗词里, 不仅蕴藏着诗人的思想和感悟, 还包含着当时社会的发展和历史的沉淀。

독특한 풍격을 지니고, **넓고 심오한** 중국 시가는 중국의 문화 정신을 생생하게 구현했다. 이러한 흥겹거나 기세가 웅장한 시가 속에는 시인의 생각과 깨달음이 **잠재되어** 있을 뿐만 아니라, 또 당시 사회의 발전과 역사의 **응집**이 포함되어 있다.

A 博大精深 ✓	蕴藏 ✓	沉淀 ✓
B 丰富多彩 ✓	蕴含 ✓	沉思
C 精益求精	酝酿	内涵 ✓
D 难能可贵	陷入	内幕

A 넓고 심오하다	잠재하다	응집
B 풍부하고 다채롭다	내포하다	깊이 생각하다
C 더욱더 완벽을 추구하다	미리 준비하다	속뜻
D 매우 귀하다	빠지다	내막

어휘 지문 别具一格 biéjùyìgé 솅 독특한 풍격을 지니다, 색다른 품격을 갖추다　诗词 shīcí 몡 시가, 시와 사
生动 shēngdòng 혱 생생하다, 생동감이 있다　体现 tǐxiàn 동 구현하다, 체현하다　精神 jīngshén 몡 정신
或是 huòshì 접 ~이거나, ~이다　趣味盎然 qùwèiàngrán 흥겹다, 흥미진진하다　雄伟大气 xióngwěidàqì 기세가 웅장하다
思想 sīxiǎng 몡 생각, 사상　感悟 gǎnwù 동 깨닫다, 느끼고 이해하다

보기 博大精深 bódàjīngshēn 솅 (작품·이론·사상이) 넓고 심오하다　丰富多彩 fēngfùduōcǎi 솅 (내용이) 풍부하고 다채롭다
精益求精 jīngyìqiújīng 더욱더 완벽을 추구하다　难能可贵 nánnéngkěguì 솅 매우 귀하다, 가장 소중하다
蕴藏 yùncáng 동 잠재하다, 간직해 두다　蕴含 yùnhán 동 내포하다, 포함하다　酝酿 yùnniàng 동 미리 준비하다, 술을 빚다
陷入 xiànrù 동 (불리한 지경에) 빠지다, 놓이다　沉淀 chéndiàn 몡 응집, 침전물 동 응집하다, 가라앉다
沉思 chénsī 동 깊이 생각하다, 심사숙고하다　内涵 nèihán 몡 (언어에 담겨있는) 속뜻, 의미
内幕 nèimù 몡 내막, 속사정[주로 나쁜 것을 가리킴]

해설 첫째 보기가 모두 사자성어이다. '독특한 풍격을 지니고, _____ 중국 시가'라는 문맥에 적합한 보기 A 博大精深(넓고 심오하다), B 丰
빈칸 富多彩(풍부하고 다채롭다)를 정답의 후보로 체크해 둔다.

　　　C 精益求精(더욱더 완벽을 추구하다)은 학술·작품·제품 등을 현재의 상태보다 더 뛰어나게 하려고 공을 들인다는 의미이므로, 문
　　　맥과 어울리지 않는다.
　　　D 难能可贵(매우 귀하다)는 어려운 일이나 하기 힘든 일을 해내어 귀중하게 생각할 만하다는 의미이므로, 문맥과 어울리지 않는다.

둘째 보기 A, B는 공통글자 蕴을 포함하여 '내포하다'와 관련된 동사 유의어이고, C, D는 의미가 다른 동사이다. '…… 시가 속에는 시인
빈칸 의 생각과 깨달음이 _____ 있을 뿐만 아니라'라는 문맥에 적합한 보기 A 蕴藏(잠재하다), B 蕴含(내포하다)을 정답의 후보로 체
크해 둔다.

　　　C 酝酿(미리 준비하다), D 陷入(빠지다)는 문맥과 어울리지 않는다.

셋째 보기 A, B는 공통글자 沉을 포함하여 형태는 비슷하지만 의미가 다른 어휘로, A는 명사/동사이고, B는 동사이다. 그리고 C, D는 공
빈칸 통글자 内를 포함하여 형태는 비슷하지만 의미가 다른 명사이다. '딩시 사회의 발전과 역사의 _____ 이 포함되어 있다'라는 문
　　　맥에 적합하고, 빈칸 앞 历史的(역사의)와 의미상으로 호응하는 보기 A 沉淀(응집), C 内涵(속뜻)을 정답의 후보로 체크해 둔다.

　　　B 沉思(깊이 생각하다)는 사람이 심사숙고하는 것을 의미하므로, 문맥과 어울리지 않는다.
　　　D 内幕(내막)는 주로 좋지 않은 속사정을 의미하므로, 문맥과 어울리지 않는다.

　　　* 따라서 모든 빈칸에서 정답 후보를 포함하는 보기 A가 정답이다.

62
중

电梯里的镜子给坐轮椅的**残疾**人士提供了极大的便利。使用电梯时，他们可以通过镜子确认出入口的**位置**。此外，镜子的折射功能会让电梯的空间看起来没那么**压抑**，这可以缓解封闭空间给人带来的不安和焦虑。

엘리베이터 안의 거울은 휠체어를 타는 **장애**인에게 매우 큰 편리함을 제공했다. 엘리베이터를 사용할 때, 그들은 거울을 통해 출입문의 **위치**를 확인할 수 있다. 이 밖에, 거울의 굴절 기능은 엘리베이터의 공간을 그다지 **답답하지** 않은 것처럼 보이게 하는데, 이것은 폐쇄된 공간이 사람에게 주는 불안과 초조함을 완화시킬 수 있다.

A 残障 ✓	岗位	压迫		A 장애	직위	억압하다
B 进步	诸位	压制		B 진보적이다	여러분	억제하다
C 外交	设置	压榨		C 외교	설치하다	압착하다
D 残疾 ✓	位置 ✓	压抑 ✓		D 장애	위치	답답하다

어휘 지문 轮椅 lúnyǐ 몡 휠체어　人士 rénshì 몡 사람, 인사　便利 biànlì 혱 편리하다 동 편리하게 하다　确认 quèrèn 동 확인하다
此外 cǐwài 젭 이 밖에, 이 외에　折射 zhéshè 동 굴절하다　功能 gōngnéng 몡 기능, 작용　空间 kōngjiān 몡 공간
缓解 huǎnjiě 동 완화시키다　封闭 fēngbì 동 폐쇄하다　不安 bù'ān 혱 불안하다　焦虑 jiāolǜ 혱 초조하다

보기 残障 cánzhàng 몡 장애, 불구　进步 jìnbù 혱 진보적이다 동 (사람이나 사물 등이) 진보하다　外交 wàijiāo 몡 외교
残疾 cánjí 몡 장애, 불구　岗位 gǎngwèi 몡 직위, (업무상의) 자리　诸位 zhūwèi 떼 여러분, 제위
设置 shèzhì 동 설치하다, 설립하다　位置 wèizhì 몡 위치　压迫 yāpò 동 (행동이나 욕망 등을) 억압하다, (어떤 부위를) 압박하다
压制 yāzhì 동 (행동이나 욕망 등을) 억제하다, 억누르다　压榨 yāzhà 동 (기계로) 압착하다, 눌러 짜다
压抑 yāyì 혱 (걱정으로 마음이나 가슴이) 답답하다, 억압하다

해설 첫째 보기 A, D는 공통글자 残을 포함하여 '장애'와 관련된 명사 유의어이고, B는 '진보적이다'라는 의미의 형용사, C는 '외교'라는 의미
빈칸 의 명사이다. 빈칸 뒤 人士(사람)과 결합하여 '장애인'이라는 의미로 사용될 수 있으면서, 빈칸 앞 坐轮椅的(휠체어를 타는)와 의미
상으로 호응하는 보기 A 残障(장애), D 残疾(장애)를 정답의 후보로 체크해 둔다.

　　　B 进步(진보적이다), C 外交(외교)는 문맥과 어울리지 않는다.

둘째 보기 A, B는 공통글자 位를 포함하여 형태는 비슷하지만 의미가 다른 명사이다. 그리고 C, D는 공통글자 置를 포함하여 형태는 비
빈칸 슷하지만 의미가 다른 어휘로, C는 동사이고 D는 명사이다. '그들은 거울을 통해 출입문의 _____ 를 확인할 수 있다'라는 문맥
에 적합한 보기 D 位置(위치)가 정답이다.

　　　A 岗位(직위), B 诸位(여러분), C 设置(설치하다)은 문맥과 어울리지 않는다.

　　　* 둘째 빈칸에서는 D밖에 정답이 될 수 없기 때문에, 실제 시험에서는 보기 D를 정답으로 선택하고 바로 다음 문제로 넘어간다.

셋째 보기가 모두 공통글자 压를 포함하여 '누르다, 억압하다'와 관련된 어휘로, A, B, C는 동사이고, D는 형용사이다. '거울의 굴절 기능
빈칸 은 엘리베이터의 공간을 그다지 _____ 않은 것처럼 보이게 하는데, 이것은 폐쇄된 공간이 사람에게 주는 불안과 초조함을 완
화시킬 수 있다'라는 문맥에 적합하고, 빈칸 앞 쪽의 空间(공간)과 의미상으로 호응하는 보기 D 压抑(답답하다)가 정답이다.

　　　A 压迫(억압하다)의 대상은 주로 사람 또는 신체의 한 부분이기 때문에, 空间(공간)과 의미상으로 호응하지 않는다.
　　　B 压制(억제하다)의 대상은 주로 의견·비평·감정이기 때문에, 空间(공간)과 의미상으로 호응하지 않는다.
　　　C 压榨(압착하다)는 어떤 대상을 눌러 짠다는 의미이므로, 문맥과 어울리지 않는다.

63
하

不管去哪里, 这位科学家总是随身**携带**一个本子, 这个本子是他的科研备忘录。**一旦**发现与自己提出的理论相悖的现象, 他就会迅速记下来。他认为一味地**维护**自己的研究成果, 并不会对科研有任何积极影响。

어디를 가든지, 이 과학자는 항상 노트 한 권을 몸에 지니며 **휴대하는데**, 이 노트는 그의 과학 연구 메모장이다. **일단** 자신이 제기한 이론과 어긋나는 현상을 발견하면, 그는 바로 재빨리 적어 둔다. 그는 자신의 연구 성과를 무턱대고 **옹호하는** 것은 결코 과학 연구에 어떠한 긍정적인 영향도 없다고 생각한다.

A 带领	一向	推广 ✓		A 이끌다	줄곧	널리 보급하다	
B 携带 ✓	一旦 ✓	维护 ✓		B 휴대하다	일단	옹호하다	
C 收藏	一贯	推论		C 소장하다	일관되다	추론하다	
D 保存	一再	维持 ✓		D 보존하다	거듭	유지하다	

어휘 지문 随身 suíshēn 툉 몸에 지니는, 휴대하는　科研 kēyán 圐 과학 연구　备忘录 bèiwànglù 圐 메모장, 회의록
提出 tíchū 툉 제기하다, 제출하다　理论 lǐlùn 圐 이론　相悖 xiāngbèi 튕 어긋나다, 위배하다　现象 xiànxiàng 圐 현상
迅速 xùnsù 튕 재빠르다, 신속하다　一味 yíwèi 튀 무턱대고　成果 chéngguǒ 圐 성과

보기 带领 dàilǐng 툉 이끌다, 인솔하다　携带 xiédài 툉 (어떤 물건을) 휴대하다　收藏 shōucáng 툉 소장하다, 보관하다
保存 bǎocún 툉 보존하다　一向 yíxiàng 튀 줄곧, 내내　一旦 yídàn 튀 일단　一贯 yíguàn 튕 일관되다, 한결같다
一再 yízài 튀 거듭, 반복하여　推广 tuīguǎng 툉 널리 보급하다, 일반화하다　维护 wéihù 툉 옹호하다, 유지하고 보호하다
推论 tuīlùn 툉 추론하다 圐 추론　维持 wéichí 툉 (어떤 상태를) 유지하다, 지켜나가다

해설 첫째 보기 A, B는 공통글자 带를 포함하여 형태는 비슷하지만 의미가 다른 동사이고, C, D는 의미가 다른 동사이다. '이 과학자는 항상 빈칸 노트 한 권을 몸에 지니며 ＿＿＿＿＿'라는 문맥에 적합하고, 빈칸 앞의 부사어 随身(몸에 지니며)과 짝꿍으로 쓰이는 보기 B 携带(휴대하다)가 정답이다.

　　A 带领(이끌다)은 사람이나 단체를 목적어로 가지는 어휘이므로, 빈칸 뒤 목적어 一个本子(노트 한 권)의 술어가 될 수 없다.
　　C 收藏(소장하다)은 수집하여 보관하고 있는 것을 의미하므로, 문맥과 어울리지 않는다.
　　D 保存(보존하다)은 사물의 성질·의미·기풍 등이 손실되거나 변화가 일어나지 않도록 하는 것을 의미하므로, 문맥과 어울리지 않는다.

　　* 첫째 빈칸에서는 B밖에 정답이 될 수 없기 때문에, 실제 시험에서는 보기 B를 정답으로 선택하고 바로 다음 문제로 넘어간다.

둘째 보기가 모두 공통글자 一를 포함하여 형태는 비슷하지만 의미가 다른 어휘로, A, B, D는 부사이고, C는 형용사이다. 빈칸은 부사어 빈칸 자리로, '＿＿＿＿＿ 자신이 제기한 이론과 어긋나는 현상을 발견하면, 그는 바로 재빨리 적어 둔다.'라는 문맥에 적합하고, 빈칸 뒤쪽의 부사어 就와 짝꿍으로 쓰이는 보기 B 一旦(일단)이 정답이다.

　　A 一向(줄곧)은 과거에서부터 현재까지의 시간을 나타낼 때만 쓸 수 있고, 就와 짝꿍으로 쓰이지 않는다.
　　C 一贯(일관되다), D 一再(거듭)는 문맥과 어울리지 않는다.

셋째 보기 A, C는 공통글자 推를 포함하여 형태는 비슷하지만 의미가 다른 동사이고, B, D는 공통글자 维를 포함하여 '지키다'와 관련 빈칸 된 동사 유의어이다. '자신의 연구 성과를 무턱대고 ＿＿＿＿＿ 것은'이라는 문맥에 적합하고, 빈칸 뒤쪽의 목적어 研究成果(연구 성과)와 의미상으로 호응하는 A 推广(널리 보급하다), B 维护(옹호하다), D 维持(유지하다)를 정답의 후보로 체크해 둔다.

　　C 推论(추론하다)은 어떤 판단을 근거로 삼아 판단을 이끌어 낸다는 의미이므로, 문맥과 어울리지 않는다.

64
중상

在野外考察时, 科学家发现了金钱豹的**踪迹**, 还拍摄到了**珍贵**的影像资料。这是该地区动物多样性研究的重大**突破**。科学家还会对金钱豹的种群数量、生活**模式**等做进一步的观测和研究。

야외 답사를 할 때, 과학자들은 표범의 **종적**을 발견했고, **진귀한** 영상 자료도 촬영했다. 이는 이 지역 동물의 다양성 연구의 중대한 **돌파**이다. 과학자들은 또한 표범의 개체군 수, 생활 **패턴** 등에 대하여 한층 더 나아간 관찰과 연구를 할 것이다.

A 踪迹 ✓	珍贵 ✓	突破 ✓	模式 ✓	A 종적	진귀하다	돌파하다	패턴
B 痕迹 ✓	珍稀 ✓	更新	格式	B 흔적	희귀하다	갱신하다	격식
C 迹象	难得 ✓	事件	方式 ✓	C 기미	얻기 어렵다	사건	방식
D 形象	罕见 ✓	启发	样板	D 이미지	보기 드물다	일깨우다	샘플

어휘 지문 考察 kǎochá 툉 답사하다, 고찰하다　金钱豹 jīnqiánbào 圐 표범　拍摄 pāishè 툉 촬영하다　影像 yǐngxiàng 圐 영상
资料 zīliào 圐 자료　地区 dìqū 圐 지역　重大 zhòngdà 튕 중대하다　种群 zhǒngqún 圐 개체군, 종군
观测 guāncè 툉 관찰하다

보기 踪迹 zōngjì 圐 종적, 발자취　痕迹 hénjì 圐 흔적, 자취　迹象 jìxiàng 圐 기미, 징조　形象 xíngxiàng 圐 이미지, 형상
珍贵 zhēnguì 튕 진귀하다, 귀중하다　珍稀 zhēnxī 튕 희귀하다, 진귀하고 드물다
难得 nándé 튕 (기회 등을) 얻기 어렵다, ~하기 쉽지 않다　罕见 hǎnjiàn 튕 보기 드물다　突破 tūpò 툉 돌파하다, 타파하다

更新 gēngxīn [동] 갱신하다, 업데이트하다 **事件** shìjiàn [명] 사건 **启发** qǐfā [동] 일깨우다, 영감을 주다 **模式** móshì [명] 패턴, 형식
格式 géshì [명] 격식 **方式** fāngshì [명] 방식, 방법 **样板** yàngbǎn [명] 샘플, 견본품

해설 첫째 빈칸 보기 A, B는 공통글자 迹를 포함하여 '흔적'과 관련된 명사 유의어이고, C, D는 공통글자 象을 포함하여 형태는 비슷하지만 의미가 다른 명사이다. '야외 답사를 할 때, 과학자들은 표범의 ________을 발견했고'라는 문맥에 적합하고, 빈칸 앞 쪽의 술어 发现(발견하다)과 의미상으로 호응하는 보기 A 踪迹(종적), B 痕迹(흔적)를 정답의 후보로 체크해 둔다.

C 迹象(기미)은 어떤 사물의 과거나 미래를 짐작할 수 있게 도와주는 낌새나 징조를 의미하므로, 문맥과 어울리지 않는다.
D 形象(이미지)은 마음과 감각에 의하여 떠오르는 대상의 모습이나 느낌을 의미하므로, 문맥과 어울리지 않는다.

둘째 빈칸 보기 A, B는 공통글자 珍을 포함하여 '귀하다'와 관련된 형용사 유의어이고, C, D는 의미가 다른 형용사이다. '과학자들은 …… ________ 영상 자료도 촬영했다'라는 문맥에 적합하고, 빈칸 뒤 影像资料(영상 자료)와 의미상으로 호응하는 보기 A 珍贵(진귀하다), B 珍稀(희귀하다), C 难得(얻기 어렵다), D 罕见(보기 드물다)을 모두 정답의 후보로 체크해 둔다.

셋째 빈칸 보기 A, B, D는 의미가 다른 동사이고, C는 '사건'이라는 의미의 명사이다. '이는 이 지역 동물의 다양성 연구의 중대한 ________이다.'라는 문맥에 적합한 보기 A 突破(돌파하다), C 事件(사건)을 정답의 후보로 체크해 둔다.

B 更新(갱신하다), D 启发(일깨우다)는 문맥과 어울리지 않는다.

넷째 빈칸 보기 A, B, C는 공통글자 式을 포함하여 '형식, 방식'과 관련된 명사 유의어이고, D는 '샘플'이라는 의미의 명사이다. '과학자들은 또한 표범의 개체군 수, 생활 ________ 등에 대하여'라는 문맥에 적합하고, 빈칸 앞 生活(생활)와 짝꿍으로 쓰이는 보기 A 模式(패턴), C 方式(방식)을 정답의 후보로 체크해 둔다.

B 格式(격식)은 일정한 규격이나 양식·틀을 의미하며, 公文(공문서), 书信(편지), 报告(보고서) 등의 어휘와 자주 호응한다.
D 样板(샘플)은 문맥과 어울리지 않는다.

* 따라서 모든 빈칸에서 정답 후보를 포함하는 보기 A가 정답이다.

65 중상

网络剧之所以深受大众欢迎，是因为制作方积极**探索**与传统剧集不同的模式，拓宽剧情类作品的**题材**边界。以往电视剧中较少出现的主题，现在在网络剧中不断**涌现**，还包含了网络独有的**特色**和风格。

웹 드라마가 대중의 환영을 깊이 받은 이유는, 제작자들이 적극적으로 기존의 드라마 시리즈와는 다른 형식을 **탐색하고**, 스토리 유형 작품의 **소재** 경계를 넓혔기 때문이다. 이전의 드라마에서는 좀처럼 출현하지 않던 주제가 현재 웹 드라마에서는 끊임없이 **나타나고** 있고, 또 오직 웹만이 가지고 있는 **특색**과 스타일이 포함되어 있다.

A 探讨 ✓	话题	出现 ✓	要素	A 연구하고 토론하다	화제	출현하다	요인
B 探望	专题	体现	因素	B 살피다	특별 주제	구현하다	구성 요소
C 探测	题目	实现	特征 ✓	C 관측하다	제목	실현하다	특징
D 探索 ✓	题材 ✓	涌现 ✓	特色 ✓	D 탐색하다	소재	나타나다	특색

어휘 지문 **网络剧** wǎngluòjù 웹 드라마 **之所以** zhīsuǒyǐ ~한 이유, ~한 까닭 **大众** dàzhòng [명] 대중 **制作方** zhìzuòfāng 제작자
传统 chuántǒng [형] 기존의, 전통적이다 [명] 전통 **剧集** jùjí [명] 드라마 시리즈, 연속극 **模式** móshì [명] 형식, 패턴
拓宽 tuòkuān [동] 넓히다 **剧情类** jùqínglèi 스토리 유형 **作品** zuòpǐn [명] 작품 **边界** biānjiè [명] 경계, 국경선
以往 yǐwǎng [명] 이전, 과거 **主题** zhǔtí [명] 주제 **不断** búduàn [부] 끊임없이, 부단히 [동] 끊임없다 **包含** bāohán [동] 포함하다
网络 wǎngluò [명] 인터넷, 네트워크 **风格** fēnggé [명] 스타일, 풍격

보기 **探讨** tàntǎo [동] 연구하고 토론하다 **探望** tànwàng [동] (어떤 상황이나 변화 등을) 살피다, 문안하다
探测 tàncè [동] (기구로) 관측하다, 탐측하다 **探索** tànsuǒ [동] 탐색하다, 찾다 **话题** huàtí [명] 화제, 논제
专题 zhuāntí [명] 특별 주제, 특별 테마 **题目** tímù [명] 제목, 테마 **题材** tícái [명] (예술이나 문학 작품을 구성하는) 소재, 제재
出现 chūxiàn [동] 출현하다, 나타나다 **体现** tǐxiàn [동] 구현하다, 구체적으로 드러내다 **实现** shíxiàn [동] 실현하다
涌现 yǒngxiàn [동] (대량으로) 나타나다, 생겨나다 **要素** yàosù [명] 요인, 요소 **因素** yīnsù [명] 구성 요소 **特征** tèzhēng [명] 특징
特色 tèsè [명] 특색

해설 첫째 빈칸 보기가 모두 공통글자 探을 포함하여 '찾다, 알아보다'와 관련된 동사 유의어이다. '기존의 드라마 시리즈와는 다른 형식을 ________'라는 문맥에 적합하고, 빈칸 뒤 쪽의 목적어 模式(형식)과 의미상으로 호응하는 보기 A 探讨(연구하고 토론하다), D 探索(탐색하다)를 정답의 후보로 체크해 둔다.

B 探望(살피다, 문안하다)은 어떤 상황이나 변화를 살펴본다는 의미 또는 누군가의 안부를 묻는다는 의미로, 四处(사방), 动静(동정), 病人(환자) 등의 어휘와 자주 호응한다.
C 探测(관측하다)는 직접 관찰할 수 없는 사물이나 현상에 대해 기구를 이용해서 살펴본다는 의미로, 卫星(위성), 气象(기상) 등의 어휘와 자주 호응한다.

둘째 빈칸 보기가 모두 공통글자 题를 포함하여 '주제, 소재'와 관련된 명사 유의어이다. '스토리 유형 작품의 ________ 경계를 넓혔기 때문이다'라는 문맥에 적합하고, 빈칸 앞 관형어 作品的(작품의)와 의미상으로 호응하는 보기 D 题材(소재)가 정답이다.

A 话题(화제)는 이야기나 대화의 내용을 의미하므로, 作品的(작품의)와 의미상으로 호응하지 않는다.

B 专题(특별 주제), C 题目(제목)는 문맥과 어울리지 않는다.

* 둘째 빈칸에서는 D밖에 정답이 될 수 없기 때문에, 실제 시험에서는 보기 D를 정답으로 선택하고 바로 다음 문제로 넘어간다.

셋째 빈칸 보기가 모두 공통글자 现을 포함하여 '나타나다'와 관련된 동사 유의어이다. '이전의 드라마에서는 좀처럼 출현하지 않던 주제가 현재 웹 드라마에서는 끊임없이 _____ 있고'라는 문맥에 적합하고, 빈칸 앞 쪽의 주어 主题(주제)와 의미상으로 호응하는 보기 A 出现(출현하다), D 涌现(나타나다)을 정답의 후보로 체크해 둔다.

B 体现(구현하다)은 어떤 특징이나 현상을 구체적으로 드러나게 한다는 의미로, 精神(정신), 价值观(가치관) 등의 어휘와 자주 호응한다.

C 实现(실현하다)은 꿈·기대 등을 실제로 이룬다는 의미로, 愿望(염원), 理想(이상) 등의 어휘와 자주 호응한다.

넷째 빈칸 보기 A, B는 공통글자 素를 포함하여 '요소'와 관련된 명사 유의어이고, C, D는 공통글자 特를 포함하여 '특징, 특색'과 관련된 명사 유의어이다. '오직 웹만이 가지고 있는 _____ 과 스타일이 포함되어 있다'라는 문맥에 적합하고, 빈칸 뒤 쪽의 风格(스타일)과 의미상으로 호응하는 보기 C 特征(특징), D 特色(특색)를 정답의 후보로 체크해 둔다.

A 要素(요인), B 因素(구성 요소)는 어떤 사물을 구성하는 데 있어서 필요한 성분이나 조건을 의미하므로, 문맥과 어울리지 않는다.

66
중상

在很早以前, 人们就发现猫薄荷会对猫的行为产生一些**神奇**的影响。猫薄荷被轻微地触碰后, 就会散发出**浓厚**的香味。每当猫闻到这种味道, 或变得**异常**兴奋, 四处打滚, 或**陶醉**地闭上眼睛。

오래 전부터, 사람들은 캣닢이 고양이의 행동에 약간의 **신기한** 영향을 미친다는 것을 발견했다. 캣닢을 가볍게 건드리면 **농후한** 향기를 내뿜는다. 고양이는 이런 냄새를 맡을 때마다 **무척** 흥분하게 되어서, 사방으로 뒹굴거나 혹은 **도취**하여 눈을 감는다.

A 奇特 ✓	雄厚	优异	熏陶
B 神奇 ✓	浓厚 ✓	异常 ✓	陶醉 ✓
C 神气	浓郁 ✓	格外 ✓	麻醉
D 惊奇	激烈	时常	摇摆

A 기묘하다	풍부하다	우수하다	영향을 주다
B 신기하다	농후하다	무척	도취하다
C 생기가 있다	그윽하다	아주	마취하다
D 놀라고 이상하다	격렬하다	항상	흔들다

어휘 지문 猫薄荷 māobòhe 몡 캣닢[고양이가 좋아하는 풀의 종류로 개박하라고 함]　行为 xíngwéi 몡 행동, 행위
产生 chǎnshēng 통 미치다, 생기다　轻微 qīngwēi 톈 (정도가) 가볍다, 경미하다　触碰 chùpèng 통 건드리다, 접촉하다
散发 sànfā 통 내뿜다, 퍼지다　香味 xiāngwèi 몡 향기　闻 wén 통 냄새를 맡다　打滚 dǎgǔn 통 뒹굴다, 구르다

보기 奇特 qítè 톈 기묘하다, 색다르다　神奇 shénqí 톈 신기하다　神气 shénqì 톈 생기가 있다, 으스대다　惊奇 jīngqí 톈 놀라고 이상하다
雄厚 xiónghòu 톈 (인력·물자 등이) 풍부하다, 충분하다　浓厚 nónghòu 톈 (연기·안개·구름층 등이) 농후하다, 짙다
浓郁 nóngyù 톈 (향기가) 그윽하다, 짙다, (색채·감정·분위기 등이) 강하다　激烈 jīliè 톈 격렬하다, 치열하다
优异 yōuyì 톈 (성적이나 활동 등이) 우수하다, 뛰어나다　异常 yìcháng 혱 무척, 특히 톈 이상하다, 심상치 않다
格外 géwài 톈 아주, 특히　时常 shícháng 혱 항상, 늘　熏陶 xūntáo 통 (좋은 쪽으로) 영향을 끼치다, 훈도하다
陶醉 táozuì 통 도취하다, 빠지다　麻醉 mázuì 통 마취하다, 마비시키다　摇摆 yáobǎi 통 흔들다, 동요하다

해설 첫째 빈칸 보기 A, B, D는 공통글자 奇를 포함하여 '신기하다, 궁금해 하다'와 관련된 형용사 유의어이고, C는 '생기가 있다'라는 의미의 형용사이다. 빈칸은 관형어 자리로, '캣닢이 고양이의 행동에 약간의 _____ 영향을 미친다'라는 문맥에 적합하고, 빈칸 뒤 影响(영향)의 관형어가 될 수 있는 보기 A 奇特(기묘하다), B 神奇(신기하다)를 정답의 후보로 체크해 둔다.

C 神气(생기가 있다), D 惊奇(놀라고 이상하다)는 사람과 관련된 형용사이기 때문에, 影响(영향)의 관형어가 될 수 없다.

둘째 빈칸 보기 B, C는 공통글자 浓을 포함하여 '짙다'와 관련된 형용사 유의어이고, A는 '충분하다', D는 '격렬하다'라는 의미의 형용사이다. 빈칸은 관형어 자리로, 빈칸 뒤 香味(향기)와 의미상으로 호응하는 보기 B 浓厚(농후하다), C 浓郁(그윽하다)를 정답의 후보로 체크해 둔다.

A 雄厚(풍부하다)는 인력·물자 등이 충분하다는 의미로, 力量(역량), 资金(자금), 技术(기술) 등의 어휘와 자주 호응한다.
D 激烈(격렬하다)는 치열하고 열정적이라는 의미로, 比赛(경기), 竞争(경쟁), 讨论(토론하다) 등의 어휘와 자주 호응한다.

셋째 빈칸 보기 A, B는 공통글자 异를 포함하여 형태는 비슷하지만 의미가 다른 어휘로, A는 형용사이고, B는 부사/형용사이다. 그리고 C, D는 의미가 다른 부사이다. 빈칸은 부사어 자리로, '고양이는 이런 냄새를 맡을 때마다 _____ 흥분하게 되어서'라는 문맥에 적합하고, 빈칸 뒤 兴奋(흥분하다)의 부사어가 될 수 있는 보기 B 异常(무척), C 格外(아주)를 정답의 후보로 체크해 둔다.

A 优异(우수하다)는 성적이나 활동 등이 뛰어나다는 의미로, 成绩(성적), 贡献(공헌), 产品(상품) 등의 어휘와 자주 호응한다.
D 时常(항상)은 시간부사로, 대부분 주어 뒤에서 사용된다.

넷째 빈칸 보기 B, C는 공통글자 醉를 포함하여 형태는 비슷하지만 의미가 다른 동사이고, A, D는 의미가 다른 동사이다. '고양이는 …… 흥분하게 되어서, 사방으로 뒹굴거나 혹은 _____ 하여 눈을 감는다'라는 문맥을 살펴보면, 빈칸에는 캣닢의 냄새를 맡은 후 고양이가 취하는 행동과 관련된 어휘가 들어가야 한다. 따라서 보기 B 陶醉(도취하다)가 정답이다.

A 熏陶(영향을 주다)는 어떤 사람이나 사물을 장기간 접해서 생활 습관이 좋은 방향으로 영향을 받는다는 의미이므로, 문맥과 어울리지 않는다.

C 麻醉(마취하다), D 摇摆(흔들다)는 문맥과 어울리지 않는다.

67
하

对考古工作者来说，最基本的装备就是一把手铲和一副手套。手铲是在做细部挖掘时用的，手套是为了防止工作人员和文物直接接触，避免文物受到污染。祖先留下的文物非常宝贵，所有人都应当学习这种对文物慎重的态度。	고고학 종사자에게 있어서, 가장 기본적인 장비는 바로 조그만 삽 한 자루와 장갑 한 **쌍**이다. 조그만 삽은 미세한 부분을 **발굴할** 때 쓰는 것이고, 장갑은 업무자와 문물이 직접 닿는 것을 방지하여 문물이 오염되는 것을 피하기 위한 것이다. **선조**가 남긴 문물은 매우 귀중하므로, 모든 사람들은 문물에 대한 이러한 **신중한** 태도를 배워야 한다.

A 枚	开采 ✓	先人 ✓	荒唐		A 장	채굴하다	선조	황당하다
B 束	雕刻	先祖 ✓	偏见		B 묶음	조각하다	조상	편견
C 副 ✓	挖掘 ✓	祖先 ✓	慎重 ✓		C 쌍	발굴하다	선조	신중하다
D 粒	采集	前辈	茫然		D 알	채집하다	선배	막연하다

어휘 지문 考古 kǎogǔ 몡 고고학　基本 jīběn 몡 기본적인　装备 zhuāngbèi 몡 장비, 설비　手铲 shǒuchǎn 몡 조그만 삽
手套 shǒutào 몡 장갑　细部 xìbù 몡 미세한 부분　防止 fángzhǐ 동 방지하다　工作人员 gōngzuò rényuán 몡 업무자, 근로자
文物 wénwù 몡 문물　接触 jiēchù 동 닿다, 접촉하다　避免 bìmiǎn 동 피하다　宝贵 bǎoguì 혱 귀중하다, 진귀하다

보기 枚 méi 양 장, 매[보통 형체가 작고 둥근 모양의 물건을 셀 때 쓰임]　束 shù 양 묶음, 다발[한데 묶인 물건을 셀 때 쓰임] 동 묶다
副 fù 양 쌍, 벌[쌍으로 된 물건을 셀 때 쓰임], [얼굴 표정에 쓰임]　粒 lì 양 알, 톨　开采 kāicǎi 동 (지하자원을) 채굴하다, 개발하다
雕刻 diāokè 동 (금속·상아·뼈 등에) 조각하다 몡 조각, 조각품　挖掘 wājué 동 발굴하다, 파내다　采集 cǎijí 동 채집하다, 수집하다
先人 xiānrén 몡 선조, 조상　先祖 xiānzǔ 몡 조상, 선조　祖先 zǔxiān 몡 선조, 조상　前辈 qiánbèi 몡 선배, 연장자
荒唐 huāngtáng 혱 황당하다, 터무니없다　偏见 piānjiàn 몡 편견, 선입견　慎重 shènzhòng 혱 신중하다, 조심하다 동 신중히 하다
茫然 mángrán 혱 막연하다, 망연하다

해설 첫째 보기가 모두 물건을 셀 때 쓰는 양사이다. 빈칸 뒤에 手套(장갑)가 있으므로, 手套와 짝꿍으로 쓰이는 보기 C 副(쌍)가 정답이다.
빈칸 참고로, 副는 짝, 세트를 이루는 물건을 셀 때 쓰인다.
　　A 枚(장)는 일반적으로 형체가 작고 둥근 모양의 물건을 셀 때 쓰이며, 硬币(동전), 奖章(메달), 炸弹(폭탄) 등의 어휘와 자주 호응한다.
　　B 束(묶음)는 한데 묶인 물건을 셀 때 쓰이며, 花(꽃), 稻草(볏짚) 등의 어휘와 자주 호응한다.
　　D 粒(알)는 알갱이 모양의 물건을 셀 때 쓰이며, 米(쌀), 玉米(옥수수) 등의 어휘와 자주 호응한다.

　　* 첫째 빈칸에서는 C밖에 정답이 될 수 없기 때문에, 실제 시험에서는 보기 C를 정답으로 선택하고 바로 다음 문제로 넘어간다.

둘째 보기 A, C는 '캐다'와 관련된 동사 유의어이고, B, D는 의미가 다른 동사이다. '조그만 삽은 미세한 부분을 ＿＿＿＿＿ 때 쓰는 것이
빈칸 고, 장갑은 업무자와 문물이 직접 닿는 것을 방지하여 문물이 오염되는 것을 피하기 위한 것이다.'라는 문맥을 살펴보면, 빈칸에는
고고학 종사자가 문물을 발견하기 위해 취하는 동작과 관련된 어휘가 들어가야 한다. 따라서 문맥에 적합한 보기 A 开采(채굴하다),
C 挖掘(발굴하다)를 정답의 후보로 체크해 둔다.
　　B 雕刻(조각하다), D 采集(채집하다)는 문맥과 어울리지 않는다.

셋째 보기 A, B, C는 공통글자 先을 포함하여 '선조, 조상'과 관련된 명사 유의어이고, D는 '선배'라는 의미의 명사이다. '＿＿＿＿＿가 남
빈칸 긴 문물은 매우 귀중하므로'라는 문맥에 적합한 보기 A 先人(선조), B 先祖(조상), C 祖先(선조)를 정답의 후보로 체크해 둔다.

　　D 前辈(선배)는 문맥과 어울리지 않는다.

넷째 보기가 모두 의미가 다른 어휘로, A, C, D는 형용사이고, B는 명사이다. '문물은 매우 귀중하므로, 모든 사람들은 문물에 대한 이러
빈칸 한 ＿＿＿＿＿ 태도를 배워야 한다'라는 문맥을 살펴보면, 빈칸에는 문물을 조심스럽게 다루는 고고학 종사자와 같은 태도를 묘사
하는 어휘가 들어가야 한다. 따라서 문맥에 적합한 보기 C 慎重(신중하다)이 정답이다.
　　A 荒唐(황당하다), B 偏见(편견), D 茫然(막연하다)은 문맥과 어울리지 않는다.

68
중

中国人常用"四世同堂"这个词来描绘四代人在一个屋檐下生活的情景。近来，在互联网晒一家四代人的合影或者视频成为了一种潮流。这不仅引发了热议，还得到了众多网友的共鸣，因为不少人认为这是家庭和睦、生活美满的象征。	중국인들은 흔히 '사세동당'이라는 이 단어로 4대가 한 처마 아래에서 생활하는 모습을 **묘사한다**. **최근**, 인터넷에 일가족 4대의 단체 사진 혹은 동영상을 공유하는 것이 하나의 **흐름**이 되었다. 이것은 열띤 토론을 일으켰을 뿐만 아니라 매우 많은 누리꾼의 공감을 얻었는데, 왜냐하면 적지 않은 사람들이 이것을 가정이 화목하고, 생활이 **아름답고 원만하다**는 상징으로 여기기 때문이다.

A 记载	以来	趋势 ✓	喜悦		A 기록하다	이래	추세	기쁘다
B 形容 ✓	向来	时尚 ✓	圆满		B 형용하다	원래부터	유행	원만하다
C 描绘 ✓	近来 ✓	潮流 ✓	美满 ✓		C 묘사하다	최근	흐름	아름답고 원만하다
D 描写 ✓	历来	风气 ✓	美妙		D 묘사하다	역대로	풍조	아름답다

어휘 지문 四世同堂 sì shì tóng táng 사세동당[4대가 한 집에 살다] 屋檐 wūyán 몡 처마 情景 qíngjǐng 몡 모습, 광경
晒 shài 통 공유하다, 햇볕을 쬐다 合影 héyǐng 몡 단체 사진 통 함께 사진을 찍다 视频 shìpín 몡 동영상
引发 yǐnfā 통 일으키다, 야기하다 热议 rèyì 열띠게 토론하다 众多 zhòngduō 혱 (인구나 문제 등이) 매우 많다
共鸣 gòngmíng 통 공감하다, 공명하다 家庭 jiātíng 몡 가정 和睦 hémù 혱 화목하다 象征 xiàngzhēng 몡 상징 통 상징하다

보기 记载 jìzǎi 통 기록하다, 기재하다 形容 xíngróng 통 (사물이나 성질을) 형용하다, 묘사하다
描绘 miáohuì 통 (생생하게) 묘사하다, 나타내다 描写 miáoxiě 통 묘사하다, 그려 내다 以来 yǐlái 몡 이래, 동안
向来 xiànglái 분 원래부터, 여태까지 近来 jìnlái 몡 최근, 요즘 历来 lìlái 분 역대로, 항상 趋势 qūshì 몡 추세, 경향
时尚 shíshàng 몡 유행, 시류 혱 유행에 맞다 潮流 cháoliú 몡 (사회적) 흐름, 유행, 조류
风气 fēngqì 몡 (사회문화나 집단의) 풍조, 기풍 喜悦 xǐyuè 혱 기쁘다, 즐겁다 몡 기쁨, 희열 圆满 yuánmǎn 혱 원만하다, 완벽하다
美满 měimǎn 혱 아름답고 원만하다, 행복하다 美妙 měimiào 혱 아름답다, 아름답고 묘하다

해설 첫째 보기 A는 '기록하다'라는 의미의 동사이고, B, C, D는 '묘사하다'와 관련된 동사 유의어이다. '중국인들은 흔히 '사세동당'이라는 이
빈칸 단어로 4대가 한 처마 아래에서 생활하는 모습을 _____'라는 문맥에 적합하고, 빈칸 앞의 这个词(이 단어)와 의미상으로 호응
하는 보기 B 形容(형용하다), C 描绘(묘사하다), D 描写(묘사하다)를 정답의 후보로 체크해 둔다.

A 记载(기록하다)는 어떤 일이나 내용을 전체적으로 기록한다는 의미이므로, 这个词(이 단어)와 의미상으로 호응하지 않는다.

둘째 보기 A, C는 의미가 다른 시간명사이고, B, D는 의미가 다른 부사이다. 빈칸은 부사어 자리로, '_____, 인터넷에 일가족 4대의
빈칸 단체 사진 혹은 동영상을 공유하는 것'이라는 문맥에 적합하고, 문장 맨 앞에서 단독으로 사용될 수 있는 보기 C 近来(최근)가 정
답이다. 참고로, 시간명사는 보통 단독으로 문장 맨 앞에서 부사어로 사용될 수 있다.

A 以来(이래)는 문장 맨 앞에서 단독으로 사용되지 않는 시간명사이다.
B 向来(원래부터), D 历来(역대로)는 부사로, 문장 맨 앞에서 단독으로 사용되지 않는다.

* 둘째 빈칸에서는 C밖에 정답이 될 수 없기 때문에, 실제 시험에서는 보기 C를 정답으로 선택하고 바로 다음 문제로 넘어간다.

셋째 보기가 모두 '유행, 흐름'과 관련된 명사 유의어이다. '인터넷에 일가족 4대의 단체 사진 혹은 동영상을 공유하는 것이 하나의
빈칸 _____이 되었다'라는 문맥에 적합한 보기 A 趋势(추세), B 时尚(유행), C 潮流(흐름), D 风气(풍조)를 모두 정답의 후보로 체크
해 둔다.

넷째 보기가 모두 의미가 다른 형용사이다. '가정이 화목하고, 생활이 _____는 상징'이라는 문맥에 적합하고, 빈칸 앞의 生活(생활)
빈칸 와 짝꿍으로 쓰이는 보기 C 美满(아름답고 원만하다)이 정답이다.

A 喜悦(기쁘다)는 사람의 마음이 기쁘고 즐겁다는 의미로, 生活(생활)와 의미상으로 호응하지 않는다.
B 圆满(원만하다)은 주로 답안이나 결말이 훌륭해서 사람을 만족하게 한다는 의미로, 完成(완성하다), 结束(마치다), 成功(성공하
다) 등의 어휘와 자주 호응한다.
D 美妙(아름답다)는 들은 것이나 본 것이 아름답고 기묘하다는 의미로, 生活(생활)와 의미상으로 호응하지 않는다.

69
상

超高建筑是**当代**一大奇观，但其反重力的设计不免让人心生**疑惑**：这样的建筑真的能保证安全吗？答案是肯定的。因为施工方会在钢管里填充混凝土，使钢管的抗压能力发挥到**极限**，这样做的结果是钢管能够承载的力量和纯钢柱子**相差**无几。

초고층 건축물은 **당대**의 매우 진기한 풍경이지만, 그 중력을 거스르는 설계는 사람들의 마음에 **의혹**이 생기게 하는 것을 피할 수 없다. 이러한 건축물은 정말로 안전을 보증할 수 있는가? 답은 그렇다이다. 왜냐하면 시공사는 강철 파이프 안에 콘크리트를 채워서 강철 파이프의 압력에 저항하는 능력을 **최대 한도**로 발휘되게 하기 때문인데, 이렇게 한 결과 강철 파이프가 하중을 견딜 수 있는 힘은 순수한 강철 기둥과 얼마 **차이가 나지** 않는다.

A 如今	迷惑	极端	误差		A 지금	미혹되다	극단	오차
B 当代 ✓	疑惑 ✓	极限 ✓	相差 ✓		B 당대	의혹	최대 한도	차이가 나다
C 现代 ✓	迟疑	极致 ✓	差距		C 현대	주저하다	극치	격차
D 当今 ✓	疑问 ✓	极点 ✓	偏差		D 현재	의문	최고조	편차

어휘 지문 超高建筑 chāogāo jiànzhù 초고층 건축물 一大奇观 yídà qíguān 매우 진기한 풍경 反重力 fǎn zhònglì 중력을 거스르다
设计 shèjì 몡 설계, 디자인 不免 bùmiǎn 분 피할 수 없다 建筑 jiànzhù 몡 건축물 保证 bǎozhèng 통 보증하다, 담보하다
施工方 shīgōngfāng 시공사, 시공 업자 钢管 gāngguǎn 강철 파이프 填充 tiánchōng 통 (어떤 공간을) 채우다, 메우다

混凝土 hùnníngtǔ 圆 콘크리트　抗压能力 kàngyā nénglì (콘크리트 재료 등의) 압력에 저항하는 능력　发挥 fāhuī 圆 발휘하다
承载 chéngzài 圆 (물체를 받쳐서) 하중을 견디다, 무게를 견디다　力量 lìliang 圆 힘, 역량　纯钢 chúngāng 순수한 강철
柱子 zhùzi 圆 기둥　无几 wújǐ 圆 얼마 되지 않다, 많지 않다

보기　如今 rújīn 圆 지금, 오늘날　当代 dāngdài 圆 당대, 지금 시대, 그 시대　现代 xiàndài 圆 현대　当今 dāngjīn 圆 현재, 지금
迷惑 míhuò 圆 미혹되다 圆 미혹시키다, 현혹시키다　疑惑 yíhuò 圆 의혹, 의심 圆 의혹하다, 수상하게 여기다
迟疑 chíyí 圆 주저하다, 머뭇거리다　疑问 yíwèn 圆 의문　极端 jíduān 圆 극단 圆 극도로　极限 jíxiàn 圆 최대한도, 극한
极致 jízhì 圆 극치, 최고의 경지　极点 jídiǎn 圆 최고조, 절정　误差 wùchā 圆 오차　相差 xiāngchà 圆 (서로) 차이가 나다, 다르다
差距 chājù 圆 격차, 차이　偏差 piānchā 圆 편차, 오차

해설　첫째 보기가 모두 '현재'와 관련된 시간명사이다. 빈칸은 관형어 자리로, 구조조사 的 없이 관형어로 사용될 수 있고 '초고층 건축물
빈칸　은 _____ 의 매우 진기한 풍경'이라는 문맥에도 적합한 보기 B 当代(당대), C 现代(현대), D 当今(현재)을 정답의 후보로 체크해
둔다.

A 如今(지금)은 부사어나 관형어로 사용될 수 있지만, 관형어로 사용할 경우에는 대부분 구조조사 的를 동반해야 한다.

둘째 보기 B, D는 공통글자 疑를 포함하여 '의문'과 관련된 명사 유의어이다. 그리고 A는 '미혹되다, 미혹시키다'라는 의미의 형용사/동
빈칸　사이고, C는 '주저하다'라는 의미의 형용사이다. '그 중력을 거스르는 설계는 사람들의 마음에 _____ 이 생기게 하는 것을 피할
수 없다'라는 문맥에 적합한 보기 B 疑惑(의혹), D 疑问(의문)을 정답의 후보로 체크해 둔다.

A 迷惑(미혹되다), C 迟疑(주저하다)는 문맥과 어울리지 않는다.

셋째 보기가 모두 공통글자 极를 포함하여 '최고, 최대'와 관련된 명사 유의어이다. '강철 파이프의 압축에 저항하는 능력을
빈칸　_____ 로 발휘되게 하기 때문인데'라는 문맥에 적합하고, 빈칸 앞 发挥(발휘하다)와 의미상으로 호응하는 보기 B 极限(최대 한
도), C极致(극치), D 极点(최고조)을 정답의 후보로 체크해 둔다. 참고로, 세 어휘는 모두 '최대치, 최고조'라는 의미로 사용될 수 있다.

A 极端(극단)은 길이나 일의 진행 방향이 끝까지 미쳐 더 나아갈 지경이 없는 것을 의미하며, 陷入(빠지다), 走(가다) 등의 어휘와
자주 호응한다.

넷째 보기가 모두 공통글자 差를 포함하여 '차이'와 관련된 어휘로, A, C, D는 명사이고, B는 동사이다. 빈칸은 술어 자리로, 보기 중 유
빈칸　일하게 술어가 될 수 있으면서 无几(얼마 되지 않다)와 짝꿍으로 쓰이는 보기 B 相差(차이가 나다)가 정답이다.

A 误差(오차), C 差距(격차), D 偏差(편차)는 일반적으로 술어가 될 수 없다.

70 상

黑疣大壁虎体长可达30多厘米，头长大于尾长，其栖息地主要集中在森林和岩石壁上。它们白天躲藏在各种空隙中，夜间出来寻找食物，食物以昆虫为主。这种大壁虎具有很强的领地意识，进入其活动范围的其它生物都会遭到攻击。

검은점 도마뱀붙이는 몸집의 길이가 30여 cm에 달하고, 머리 길이는 꼬리 길이보다 길고, 그 서식지는 주로 숲과 **바위** 벽 위에 집중되어 있다. 그것들은 낮에는 각종 **틈** 사이에 숨어 있다가 밤에 나와 먹이를 **찾는데**, 먹이는 곤충을 위주로 한다. 이런 도마뱀붙이는 강한 영역 **의식**을 가지고 있어서, 그 활동 범위에 들어간 다른 생물들은 모두 공격을 **당할** 수 있다.

A 岩石 ✓	空隙 ✓	寻找 ✓	意识 ✓	遭到 ✓
B 钻石	缝隙 ✓	索取	思想	遭受 ✓
C 化石	空白	寻觅	意志	遭殃
D 悬崖 ✓	空洞 ✓	查获	思维	忍受

A 바위	틈	찾다	의식	당하다
B 다이아몬드	틈	요구하다	사상	당하다
C 화석	여백	찾다	의지	재난을 입다
D 절벽	구멍	수색해서 찾다	사유	견디다

어휘　지문　黑疣 hēiyóu 검은점　大壁虎 dàbìhǔ 圆 도마뱀붙이[도마뱀과 비슷하게 생긴 파충류]　厘米 límǐ 圆 센티미터(cm)
栖息地 qīxīdì 서식지　集中 jízhōng 圆 집중하다, 모으다　躲藏 duǒcáng 圆 (남이 보이지 않게 몸을) 숨다, 숨기다
夜间 yèjiān 圆 밤, 야간　食物 shíwù 圆 먹이, 음식　昆虫 kūnchóng 圆 곤충　领地 lǐngdì 圆 영역, 영지　范围 fànwéi 圆 범위
生物 shēngwù 圆 생물, 생물학　攻击 gōngjī 圆 공격하다

보기　岩石 yánshí 圆 바위, 암석　钻石 zuànshí 圆 다이아몬드　化石 huàshí 圆 화석　悬崖 xuányá 圆 절벽, 낭떠러지
空隙 kòngxì 圆 틈, 간격　缝隙 fèngxì 圆 틈, 사이[벌어져서 사이가 생긴 곳]　空白 kòngbái 圆 여백, 공백
空洞 kōngdòng 圆 (물체 내부의) 구멍 圆 내용이 없다, 공허하다　寻找 xúnzhǎo 圆 찾다
索取 suǒqǔ 圆 (돈이나 물건 등을 달라고) 요구하다　寻觅 xúnmì 圆 찾다
查获 cháhuò 圆 (범죄·훔친 물건·금지 물품 등을) 수색해서 찾다, 수사하여 찾다　意识 yìshí 圆 의식　思想 sīxiǎng 圆 사상, 생각
意志 yìzhì 圆 의지, 의기　思维 sīwéi 圆 사유 圆 사유하다, 숙고하다　遭到 zāodào 圆 (불행이나 불리한 일을) 당하다, 만나다
遭受 zāoshòu 圆 (불행한 일이나 손해를) 당하다, 입다　遭殃 zāoyāng 圆 재난을 입다, 불행을 당하다　忍受 rěnshòu 圆 견디다, 참다

해설　첫째 보기 A, B, C는 공통글자 石를 포함하여 형태는 비슷하지만 의미가 다른 명사이고, D는 '절벽'이라는 의미의 명사이다. '그(검은점
빈칸　도마뱀붙이) 서식지는 주로 숲과 _____ 벽 위에 집중되어 있다'라는 문맥을 살펴보면, 빈칸에는 검은점 도마뱀붙이의 서식지와

제1회
독해

제2회

제3회

제4회

제5회

제6회

해커스 해설이 상세한 HSK 6급 실전모의고사

관련된 어휘가 들어가야 한다. 따라서 문맥에 적합한 보기 A 岩石(바위), D 悬崖(절벽)를 정답의 후보로 체크해 둔다.

B 钻石(다이아몬드), C 化石(화석)은 문맥과 어울리지 않는다.

둘째
빈칸

보기 A, B는 공통글자 隙를 포함하여 '틈'과 관련된 명사 유의어이고, C, D는 공통글자 空을 포함하여 형태는 비슷하지만 의미가 다른 명사이다. '그것들(검은점 도마뱀붙이)은 낮에는 각종 _____ 사이에 숨어 있다'라는 문맥을 살펴보면, 빈칸에는 검은점 도마뱀붙이가 숨을 수 있는 공간과 관련된 어휘가 들어가야 한다. 따라서 문맥에 적합한 보기 A 空隙(틈), B 缝隙(틈), D 空洞(구멍)을 정답의 후보로 체크해 둔다.

C 空白(여백)는 문맥과 어울리지 않는다.

셋째
빈칸

보기 A, C는 공통글자 寻를 포함하여 '찾다'와 관련된 동사 유의어이고, B, D는 의미가 다른 동사이다. '그것들(검은점 도마뱀붙이)은 …… 밤에 나와 먹이를 _____, 먹이는 곤충을 위주로 한다.'라는 문맥에 적합하고, 빈칸 뒤 목적어 食物(먹이)와 의미상으로 호응하는 보기 A 寻找(찾다), C 寻觅(찾다)를 정답의 후보로 체크해 둔다.

B 索取(요구하다)는 돈이나 물건 등을 달라고 요구한다는 의미이므로, 문맥과 어울리지 않는다.
D 查获(수색해서 찾다)는 범죄·훔친 물건·금지 물품 등을 수사하여 찾는다는 의미이므로, 문맥과 어울리지 않는다.

넷째
빈칸

보기 A, C는 공통글자 意를 포함하여 형태는 비슷하지만 의미가 다른 명사이고, B, D는 공통글자 思를 포함하여 '생각'과 관련된 명사 유의어이다. '이런 도마뱀붙이는 강한 영역 _____ 을 가지고 있어서'라는 문맥에 적합하고, 빈칸 앞 领地(영역)와 결합하여 '영역 의식'이라는 의미로 사용될 수 있는 보기 A 意识(의식)이 정답이다.

B 思想(사상), C 意志(의지), D 思维(사유)는 领地(영역)과 결합하여 한 단어처럼 사용되지 않으며, 문맥과도 어울리지 않는다.

* 넷째 빈칸에서는 A밖에 정답이 될 수 없기 때문에, 실제 시험에서는 보기 A를 정답으로 선택하고 바로 다음 문제로 넘어간다.

다섯째
빈칸

보기 A, B, C는 공통글자 遭를 포함하여 '당하다'와 관련된 동사 유의어이고, D는 '견디다'라는 의미의 동사이다. '그 활동 범위에 들어간 다른 생물들은 모두 공격을 _____ 수 있다'라는 문맥에 적합하고, 빈칸 뒤 목적어 攻击(공격)와 의미상으로 호응하는 보기 A 遭到(당하다), B 遭受(당하다)를 정답의 후보로 체크해 둔다.

C 遭殃(재난을 입다)은 목적어를 취할 수 없는 이합동사이며, 문맥과도 어울리지 않는다.
D 忍受(견디다)는 문맥과 어울리지 않는다.

71-75 　중

东汉时期，一个叫做刘昆的人在江陵县当县令。有一天，县里突然发生了火灾，刘昆闻讯赶赴现场。到达现场后，**[71]他看到火势愈来愈猛，心里惦记着百姓安危，焦急不已，(71) D 便不由自主地对着大火磕头**。没想到，**[72]忽然天降大雨，一下子就把大火熄灭了，(72) C 就这样，一场灾难很快被化解了**。

后来，朝廷任命他为弘农太守。他当政三年，实施德政，爱民如子。当地曾经猛虎横行，经常发生老虎在乡间的道路上吃人的事件，旅客都不敢经过此地。但刘昆当政时，**[73]当地老虎都背着幼虫，[73]到别的地方去了，(73) B 这片土地终于恢复了安宁，[73]百姓得以安居乐业**。

听到这些事情后，皇帝感到非常惊奇，同时认为刘昆是个能臣，想提拔他。召见刘昆时，**(74) A 皇帝迫不及待地问他**：**[74]"你推行了什么德政，怎么会有这般不同寻常的效果？"**刘昆坦然地回答道："这并不是我的功劳。"他解释道："这纯粹只是巧合。发生大火的那天，天空早已布满阴云；当地百姓长期伐木，导致老虎的栖息地大量减少，弘农郡的老虎只好外逃。"**[75]皇帝见刘昆如此大公无私、真诚坦荡，[75]不禁感叹道："(75) E 这才是品德高尚的长者啊！"**

동한 시기, 류곤이라는 사람이 쟝링현에서 현령으로 있었다. 어느 날, 현에서 갑자기 화재가 발생했는데, 류곤은 소식을 듣고 현장에 급히 달려갔다. 현장에 도착한 후, [71]그는 불이 점점 거세지는 것을 보고, 마음 속으로 백성들의 안위를 걱정하면서 몹시 초조하여, **(71) D 자신도 모르게 바로 큰불을 향해 머리를 조아렸다.** 생각지도 못하게 [72]갑자기 하늘에서 큰비가 내려 순식간에 큰불은 꺼졌고, **(72) C 이렇게 한 차례의 재난은 금방 사라졌다.**

훗날, 조정은 그를 훙눙 태수에 임명했다. 그는 3년 동안 정사를 다스리면서 덕정을 실시했고, 백성을 자신의 자녀와 같이 아끼고 사랑했다. 그 지방에는 일찍이 맹호가 날뛰었는데, 호랑이가 마을의 길에서 사람을 잡아먹는 사건이 자주 일어나 나그네들이 모두 이 지역을 감히 지나가지 못했다. 그러나 류곤이 정사를 다스릴 때는 [73]그 곳의 호랑이들이 모두 새끼 호랑이를 등에 진채 [73]다른 곳으로 갔고, **(73) B 이 땅은 드디어 안정을 회복하여** [73]백성들은 편안하게 살면서 즐겁게 일할 수 있게 되었다.

이러한 일들을 들은 후, 황제는 매우 이상하게 여겼고, 동시에 류곤을 능력 있는 신하라고 생각하여 그를 등용하려고 했다. 류곤을 만났을 때, **(74) A 황제는 일각도 지체하지 않고 그에게 물었다.** [74]"자네가 어떤 덕정을 널리 시행했길래, 이토록 예사롭지 않은 효과가 일어날 수 있단 말인가?" 류곤은 차분하게 대답했다. "이는 저의 공로가 아닙니다." 그가 이렇게 설명하며 말했다. "이는 순전히 그저 우연하게 들어맞았을 뿐입니다. 큰불이 일어난 그날, 하늘은 이미 검은 구름이 가득 퍼져 있었습니다. 그 지방 백성들이 장기간 벌목한 것으로 인해 호랑이의 서식지가 크게 줄어들어서, 훙눙군의 호랑이들은 어쩔 수 없이 밖으로 도망쳐야 했습니다." [75]황제는 류곤이 이처럼 오로지 대중의 이익을 위해 생각하며 사사로운 감정이 없고 진실하며 거리낌 없는 것을 보고, [75]자기도 모르게 감탄하며 말했다. **"(75) E 그야말로 품성이 고상한 장자로구나!"**

<table>
<tr><td>

A 皇帝迫不及待地问他

B 这片土地终于恢复了安宁

C 就这样，一场灾难很快被化解了

D 便不由自主地对着大火磕头

E 这才是品德高尚的长者啊

</td><td>

A 황제는 일각도 지체하지 않고 그에게 물었다

B 이 땅은 드디어 안정을 회복하였다

C 이렇게 한 차례의 재난은 금방 사라졌다

D 자신도 모르게 바로 큰불을 향해 머리를 조아렸다

E 그야말로 품성이 고상한 장자이다

</td></tr>
</table>

어휘 지문 **时期** shíqī 몡 (특정한) 시기　**县令** xiànlìng 몡 현령[현의 장관]　**火灾** huǒzāi 몡 화재　**闻讯** wénxùn 통 소식을 듣다

赶赴 gǎnfù 급히 달려가다　**现场** xiànchǎng 몡 (사건이나 사고의) 현장, 현지　**到达** dàodá 통 도착하다, 도달하다

愈 yù 뷔 점점, 더욱더　**惦记** diànjì 통 걱정하다, 항상 마음에 두다　**百姓** bǎixìng 몡 백성　**安危** ānwēi 몡 안위　**焦急** jiāojí 톙 초조하다

忽然 hūrán 뷔 갑자기, 문득　**熄灭** xīmiè 통 (등이나 불이) 꺼지다, 소멸하다　**朝廷** cháotíng 몡 조정　**任命** rènmìng 통 임명하다

太守 tàishǒu 몡 태수[고대에 지방의 최고 행정 장관]　**当政** dāngzhèng 통 정사를 다스리다, 집권하다　**实施** shíshī 통 실시하다, 실행하다

德政 dézhèng 몡 덕정[어질고 바른 정치]　**爱民如子** àimínrúzǐ 졍 백성을 자신의 자녀와 같이 아끼고 사랑하다

当地 dāngdì 몡 그 지방, 현지　**曾经** céngjīng 뷔 일찍이, 이전에　**横行** héngxíng 통 날뛰다, 난폭하게 굴다　**乡间** xiāngjiān 몡 마을, 시골

事件 shìjiàn 몡 사건　**背** bēi 통 등에 지다 등　**得以** déyǐ 통 ~을 할 수 있다　**安居乐业** ānjūlèyè 졍 편안하게 살면서 즐겁게 일하다

皇帝 huángdì 몡 황제　**惊奇** jīngqí 톙 이상하게 여기다, 의아해 하다　**能臣** néngchén 몡 능력 있는 신하

提拔 tíbá 통 등용하다, 발탁하다　**召见** zhàojiàn 통 (윗 사람이 아랫 사람을) 만나다, 소견하다　**推行** tuīxíng 통 널리 시행하다, 보급하다

不同寻常 bùtóngxúncháng 예사롭지 않다, 보통이 아니다　**效果** xiàoguǒ 몡 효과　**坦然** tǎnrán 톙 (마음이) 차분하다, 태연하다

功劳 gōngláo 몡 공로　**纯粹** chúncuì 뷔 순전히, 완전히　**巧合** qiǎohé 통 우연히 들어맞다　**天空** tiānkōng 몡 하늘, 공중

布满 bùmǎn 통 가득 퍼지다　**阴云** yīnyún 몡 검은 구름　**伐木** fámù 통 벌목하다, 나무를 베다

导致 dǎozhì 통 ~로 인해 일어나다, 초래하다　**栖息地** qīxīdì 서식지　**如此** rúcǐ 떼 이처럼, 이와 같다

大公无私 dàgōngwúsī 졍 오로지 대중의 이익을 위해 생각하며 사사로운 검정이 없다　**真诚** zhēnchéng 톙 진실하다

坦荡 tǎndàng 톙 거리낌이 없다, 순결하다　**不禁** bùjīn 뷔 자기도 모르게, 견디지 못하다　**感叹** gǎntàn 통 감탄하다

보기 **皇帝** huángdì 몡 황제　**迫不及待** pòbùjídài 일각도 지체할 수 없다, 잠시도 늦출 수 없다　**土地** tǔdì 몡 땅, 토지

恢复 huīfù 회복하다　**安宁** ānníng 톙 안정되다, 평안하다　**灾难** zāinàn 몡 재난, 재해　**化解** huàjiě 통 사라지다, 없애다

便 biàn 뷔 바로, 곧　**不由自主** bùyóuzìzhǔ 졍 자신도 모르게　**磕头** kētóu 통 머리를 조아리다　**品德** pǐndé 몡 품성, 인품과 덕성

高尚 gāoshàng 톙 고상하다, 품위 있다　**长者** zhǎngzhě 장자[나이가 많고 덕이 있는 사람]

해설 (71) 빈칸 앞쪽에 他看到火势愈来愈猛이 있으므로, 불이 점점 거세지는 것을 보고 난 다음 류곤이 취한 행동을 설명한 보기 D 便不由自主
地对着大火磕头가 정답이다.

(72) 빈칸 앞에 忽然天降大雨, 一下子就把大火熄灭了가 있으므로, 就这样으로 시작하여 빈칸 앞 내용의 결과가 되는 보기 C 就这样, 一
场灾难很快被化解了가 정답이다.

(73) 빈칸 앞에 当地老虎……到别的地方去了가 있고, 빈칸 뒤에 百姓得以安居乐业가 있으므로, 빈칸 앞 내용의 결과가 되고 빈칸 뒤 내용
의 원인이 되는 보기 B 这片土地终于恢复了安宁이 정답이다.

(74) 빈칸 뒤에 "你推行了什么德政, 怎么会有这般不同寻常的效果?"가 있으므로, 따옴표 안의 내용을 물어보는 상황인 보기 A 皇帝迫不
及待地问他가 정답이다.

(75) 빈칸 앞에 皇帝……不禁感叹道가 있으므로, 황제가 직접 언급한 내용이 되는 보기 E 这才是品德高尚的长者啊가 정답이다. 참고로, 빈
칸 뒤에 느낌표(!)가 있을 경우, 啊와 같이 감탄사로 끝나는 보기가 정답이 될 가능성이 높다.

76-80 중

　　76每个孩子都听说过 "兔子爱吃胡萝卜" 这一说
法, **(76) E 这是因为童话书和动画片都传达了这样的信
息**。然而, 实际上兔子并不那么爱吃胡萝卜。给兔子喂
太多胡萝卜的话, 会对它们的身体产生不良的影响。

　　作为食草动物, 兔子的消化系统与人类不同。被兔
子吃下的食物经过胃、小肠后, 会被分组处理: **(77) A
体积大、难消化的纤维**, 直接被推进结肠; 77而体积小,
可继续消化的纤维则进入盲肠。兔子的盲肠非常发达,
其容量约占消化系统的一半, 里面混合着的酵母菌和有

　　76모든 아이들은 '토끼는 당근을 먹는 것을 좋아한다'라는 이 말을 들어 본
적이 있는데, **(76) E 이는 동화책과 애니메이션에서 모두 이런 정보를 전달
했기 때문이다**. 하지만, 사실 토끼는 당근을 먹는 것을 그다지 좋아하지 않
는다. 토끼에게 너무 많은 당근을 먹인다면, 그것들의 몸에 나쁜 영향을 끼
칠 수 있다.

　　초식 동물로서, 토끼의 소화 체계는 인류와 다르다. 토끼에게 먹힌 음식물
은 위와 소장을 거친 후, 조로 나뉘어져서 처리된다. **(77) A부피가 크고 소화
하기 힘든 섬유질은** 바로 결장까지 밀려 들어가지만, 77부피가 작고 계속 소화
될 수 있는 섬유질은 맹장으로 들어간다. 토끼의 맹장은 매우 발달되어서, 그
용량은 소화 체계의 약 절반을 차지하며, 안에 혼합되어 있는 효모균과 유익

제1회
독해

제2회

제3회

제4회

제5회

제6회

해커스 해설이 상세한 HSK 6급 실전모의고사

益菌一般都会和谐共处。这些微生物会让盲肠里的纤维发酵, 然后转化成可以吸收的养分, 之后通过盲肠将其排出体外。(78) D 依靠这套神奇的消化系统, ⁷⁸兔子能从高纤维、低蛋白质、低碳水化合物的食物中获得身体所需的营养。如果给兔子喂高脂肪、低纤维、高碳水化合物的食物, 则会打破盲肠内的生态平衡, 滋生有害细菌。

胡萝卜就是对兔子的盲肠不宜的食物。(79) B 如果将胡萝卜和草料组合起来, ⁷⁹以 "甜品" 的形式喂给兔子的话, 则不会有太大的问题, 但⁸⁰如果人为地把兔子的主食换成胡萝卜, 兔子肠内的生态平衡就会被打破, (80) C 它的消化系统也会遭到严重的损坏。这对兔子百害而无一利。

A 体积大、难消化的纤维
B 如果将胡萝卜和草料组合起来
C 它的消化系统也会遭到严重的损坏
D 依靠这套神奇的消化系统
E 这是因为童话书和动画片都传达了这样的信息

균은 일반적으로 조화롭게 공존한다. 이런 미생물들은 맹장 속의 섬유질을 발효시킨 후 흡수 가능한 양분으로 바꾸고, 그 다음 맹장을 통해 체외로 배출한다. (78) D 이 신기한 소화 계통에 의지하여, ⁷⁸토끼는 고섬유질, 저단백질, 저탄수화물의 음식물로부터 몸에 필요한 영양을 얻을 수 있다. 만약 토끼에게 고지방, 저섬유질, 고탄수화물의 음식물을 먹인다면, 맹장 내의 생태 균형을 깨뜨리고 유해 세균을 번식시킬 수 있다.

당근이 바로 토끼의 맹장에 좋지 않은 음식물이다. (79) B 만약 당근과 여물을 조합하여 ⁷⁹'디저트' 형식으로 토끼에게 먹인다면 큰 문제가 없지만, ⁸⁰만약 인위적으로 토끼의 주식을 당근으로 바꾼다면, 토끼 장 내의 생태 균형이 깨질 수 있고, (80) C 그것의 소화 체계 또한 심각한 손상을 받을 수 있다. 이것은 토끼에게 백해무익하다.

A 부피가 크고 소화하기 힘든 섬유질
B 만약 당근과 여물을 조합하여
C 그것의 소화 체계 또한 심각한 손상을 받을 수 있다
D 이 신기한 소화 계통에 의지한다
E 이는 동화책과 애니메이션에서 모두 이런 정보를 전달했기 때문이다

어휘 지문 兔子 tùzi 몡 토끼　胡萝卜 húluóbo 몡 당근, 홍당무　喂 wèi 동 (음식이나 약을) 먹이다, 기르다, 사육하다
产生 chǎnshēng 동 끼치다, 생기다, 나타나다　不良 bùliáng 혱 나쁘다, 불량하다　作为 zuòwéi 개 ~로서
食草动物 shícǎo dòngwù 몡 초식 동물　系统 xìtǒng 몡 체계, 시스템　人类 rénlèi 몡 인류　食物 shíwù 몡 음식물, 음식
胃 wèi 몡 위　小肠 xiǎocháng 몡 소장, 작은 창자　分组 fēnzǔ 동 조를 나누다　处理 chǔlǐ 동 처리하다, 해결하다
结肠 jiécháng 몡 결장[대장의 일부]　纤维 xiānwéi 몡 섬유질, 섬유　盲肠 mángcháng 몡 맹장　发达 fādá 혱 발달하다
容量 róngliàng 몡 용량　占 zhàn 동 차지하다　混合 hùnhé 동 혼합하다, 함께 섞다　酵母菌 jiàomǔjūn 몡 효모균, 이스트
有益菌 yǒuyìjūn 유익균　和谐 héxié 혱 조화롭다, 화목하다　共处 gòngchǔ 동 공존하다, 함께 지내다
微生物 wēishēngwù 몡 미생물　发酵 fājiào 동 발효시키다, 발효하다　转化 zhuǎnhuà 동 바꾸다, 바뀌다　吸收 xīshōu 동 흡수하다
养分 yǎngfèn 몡 양분　排出 páichū 동 배출하다, 방출하다　蛋白质 dànbáizhì 몡 단백질
碳水化合物 tànshuǐhuàhéwù 몡 탄수화물　营养 yíngyǎng 몡 영양　脂肪 zhīfáng 몡 지방　打破 dǎpò 동 깨뜨리다, 깨다
生态 shēngtài 몡 생태　平衡 pínghéng 혱 균형이 맞다　滋生 zīshēng 동 번식하다　有害 yǒuhài 혱 유해하다, 해롭다
细菌 xìjūn 몡 세균　不宜 bùyí 동 ~하기에 좋지 않다, ~하기에 적절하지 않다　甜品 tiánpǐn 몡 디저트　形式 xíngshì 몡 형식, 형태
人为 rénwéi 혱 인위적　百害而无一利 bǎihài ér wú yílì 백해무익하다

보기 体积 tǐjī 몡 부피, 체적　消化 xiāohuà 동 소화하다　纤维 xiānwéi 몡 심유질, 섬유　胡萝卜 húluóbo 몡 당근, 홍당무
草料 cǎoliào 몡 여물, 꼴[가축에게 먹이는 사료]　组合 zǔhé 동 조합하다 몡 조합　消化 xiāohuà 동 소화하다
系统 xìtǒng 몡 체계, 시스템　遭到 zāodào 동 (불행이나 불리한 일을) 받다, 당하다　损坏 sǔnhuài 동 손상하다, 훼손하다
依靠 yīkào 동 의지하다, 의존하다　神奇 shénqí 혱 신기하다, 기묘하다　童话书 tónghuàshū 동화책
动画片 dònghuàpiàn 몡 애니메이션　传达 chuándá 동 전달하다, 표현하다

해설 (76) 빈칸 앞에 每个孩子都听说过 "兔子爱吃胡萝卜" 这一说法가 있으므로, 这是因为로 시작하여 빈칸 앞 내용의 원인이 되는 보기 E 这是因为童话书和动画片都传达了这样的信息가 정답이다.

(77) 빈칸 뒤쪽에 而体积小, 可继续消化的纤维가 있으므로, 빈칸 뒤 내용과 병렬 관계를 이루는 보기 A 体积大、难消化的纤维가 정답이다.

(78) 빈칸 뒤에 兔子能从高纤维、低蛋白质、低碳水化合物的食物中获得身体所需的营养이 있으므로, 빈칸 뒤 내용의 조건이 되는 보기 D 依靠这套神奇的消化系统이 정답이다.

(79) 빈칸 뒤에 以 "甜品" 的形式喂给兔子的话가 있으므로, ……的话와 자주 짝을 이루어 사용되는 접속사 如果가 포함된 보기 B 如果将胡萝卜和草料组合起来가 정답이다.

(80) 빈칸 앞에 如果人为地把兔子的主食换成胡萝卜, 兔子肠内的生态平衡就会被打破가 있으므로, 빈칸 앞 내용의 결과가 되는 보기 C 它的消化系统也会遭到严重的损坏가 정답이다.

十九世纪，法国的葡萄酒业在欧洲十分有名，但刚酿造好的葡萄酒总会在短时间内变酸，导致很多酿酒商因为无法控制品质而蒙受巨大损失。因此，[81]一家酿酒商在1856年主动[81]请求著名的化学教授路易·巴斯德帮助寻找原因，看看能否防止葡萄酒变酸。

[82]巴斯德答应研究这个问题。[82]他先在显微镜下观察了未变质的陈年葡萄酒，结果发现其液体中含有一种圆球状的酵母细胞。而等到葡萄酒变酸后，[82]他又发现酒液里出现了一根根细棍似的乳酸杆菌。多次对比证实，正是这种乳酸杆菌导致葡萄酒变酸。

这个发现是前所未有的，但巴斯德并没有就此满足。[83]为了找到细菌产生的原因，他进行了著名的"鹅颈瓶实验"。他将肉汤分别灌进瓶颈不同的两个烧瓶里，一个是普通的烧瓶，瓶颈竖直朝上；另一个则是瓶颈像天鹅颈一样弯曲的烧瓶。他把里面的肉汤煮沸灭菌后冷却。两个烧瓶都没有用塞子塞住瓶口。几天后，瓶颈竖直的烧瓶里，肉汤腐败变质；瓶颈弯曲的鹅颈瓶里，肉汤却新鲜如初。

这究竟是为什么呢？因为第一个烧瓶的瓶颈竖直，空气中的细菌可以落入瓶口直达肉汤里，这些细菌在肉汤里迅速生长繁殖，导致肉汤变质。第二个烧瓶——鹅颈瓶的瓶口虽然也直接接触空气，但由于瓶颈弯曲，空气中的细菌很难落入肉汤中，从而没有使肉汤腐败变质。

为了进一步证实该结论，巴斯德把鹅颈瓶弯曲的瓶颈打断，瓶里原本新鲜的肉汤立刻就腐败了。[83]实验很简单，但完美证明了接触外部环境中的细菌是液体变质的重要原因。这一结论揭开了葡萄酒变酸的奥秘。

为了保证葡萄酒的质量，巴斯德接下来做了一个新的尝试，就是在很短的时间内将液体加热后密封保存。事实证明，[84]这个方法能够完全杀死液体中的细菌。这就是著名的"巴斯德灭菌法"。

19세기, 프랑스의 와인업은 유럽에서 매우 유명했으나, 갓 양조한 와인은 항상 짧은 시간 내에 시큼해져서, 술을 빚는 많은 업체들이 품질을 제어하지 못하여 막대한 손실을 입는 것을 초래했다. 이 때문에 [81]술을 빚는 한 업체가 1856년에 자발적으로 [81]저명한 화학 교수 루이 파스퇴르에게 원인을 찾아, 와인이 시큼하게 변하는 것을 방지할 수 있는지 요청했다.

[82]파스퇴르는 이 문제를 연구하기로 승낙했다. [82]그는 우선 현미경으로 아직 변질되지 않은 오래된 와인을 관찰했고, 그 결과 그 액체 안에 원형의 효모 세포가 함유되어 있다는 것을 발견했다. 또한 와인이 시큼하게 변하기를 기다린 후, [82]그는 술 안에 가는 막대기와 같은 젖산간균이 가닥가닥 생긴 것도 발견했다. 여러 번의 대조로, 바로 이러한 젖산간균이 포도주가 시큼하게 변하도록 한다는 사실이 증명되었다.

이 발견은 전대미문한 것이었지만, 파스퇴르는 이것으로 만족하지 않았다. [83]세균이 생긴 원인을 찾기 위해서, 그는 유명한 '백조목 플라스크 실험'을 진행했다. 그는 고기즙을 병의 목 부분이 다른 2개의 플라스크에 각각 채웠는데, 한 개는 일반적인 플라스크로 병의 목 부분이 수직으로 위를 향했고, 다른 하나는 병의 목 부분이 백조의 목처럼 굽은 플라스크였다. 그는 안의 고기즙을 부글부글 끓여 멸균한 후 냉각했다. 2개의 플라스크는 모두 마개로 병 입구를 막지 않았다. 며칠 후, 병의 목이 수직인 플라스크 안에서는 고기즙이 부패하고 변질되었으나, 병의 목이 굽은 백조목 플라스크 안에서는 고기즙이 오히려 처음처럼 신선했다.

이는 도대체 왜일까? 첫 번째 플라스크의 병 목 부분은 수직이었기 때문에, 공기 중의 세균이 병 입구로 들어가 고기즙에 바로 도달했고, 이 세균들이 고기즙에서 빠르게 성장하고 번식하여 고기즙이 변질되는 것을 초래했다. 두 번째 플라스크인 백조목 플라스크의 병 입구도 비록 직접적으로 공기와 접촉했지만 병의 목 부분이 굽어 있어 공기 중의 세균이 고기즙 안으로 들어가기 매우 어려웠고, 그리하여 고기즙이 부패하고 변질되지 않게 했다.

이 결론을 한층 더 검증하기 위해 파스퇴르가 백조목 플라스크의 굽은 목 부분을 잘라 냈더니, 병 안의 원래는 신선했던 고기즙이 금방 부패했다. [83]실험은 매우 간단했지만, 외부 환경의 세균과 접촉하는 것은 액체가 변질되는 중요한 원인이라는 것을 완벽하게 증명했다. 이 결론은 와인이 시큼하게 변하는 비밀을 밝혀냈다.

와인의 품질을 보장하기 위해서 파스퇴르는 이어서 새로운 테스트를 하였는데, 바로 짧은 시간 안에 액체를 가열한 후 밀봉하여 보존하는 것이다. 사실이 증명하듯이, [84]이 방법은 액체 속의 세균을 완전히 죽일 수 있다. 이것이 바로 유명한 '파스퇴르 살균법'이다.

어휘 欧洲 Ōuzhōu [고유] 유럽　酿造 niàngzào [동] 양조하다　导致 dǎozhì [동] 초래하다, 야기하다　酿酒 niàngjiǔ [동] 술을 빚다
控制 kòngzhì [동] 제어하다, 통제하다　品质 pǐnzhì [명] 품질, 자질　蒙受 méngshòu [동] 입다, 받다　巨大 jùdà [형] 막대하다, 거대하다
损失 sǔnshī [명] 손실, 손해　主动 zhǔdòng [형] 자발적이다, 능동적이다　请求 qǐngqiú [동] 요청하다, 부탁하다　요구 化学 huàxué [명] 화학
路易·巴斯德 Lùyì Bāsīdé [고유] 루이 파스퇴르[프랑스의 화학자, 미생물학자]　寻找 xúnzhǎo [동] 찾다, 구하다　防止 fángzhǐ [동] 방지하다
答应 dāying [동] 승낙하다, 들어주다　显微镜 xiǎnwēijìng [명] 현미경　观察 guānchá [동] 관찰하다
变质 biànzhì [동] (주로 나쁜 쪽으로) 변질되다　陈年 chénnián [형] 오래된, (여러 해 동안) 보관한　液体 yètǐ [명] 액체　含有 hányǒu [동] 함유하다
酵母 jiàomǔ [명] 효모　细胞 xìbāo [명] 세포　根 gēn [양] 가닥, 개 [명] 뿌리, 근본　棍 gùn [명] 막대기, 몽둥이　似的 shìde [조] ~와/과 같다
乳酸杆菌 rǔsuāngǎnjūn [명] 젖산간균　对比 duìbǐ [동] 대조하다　证实 zhèngshí [동] 사실을 증명하다, 실증하다　正 zhèng [부] 바로, 마침
前所未有 qiánsuǒwèiyǒu [성] 전대미문의　就此 jiùcǐ [부] 이것으로　满足 mǎnzú [동] 만족하다　细菌 xìjūn [명] 세균
产生 chǎnshēng [동] 생기다, 나타나다　鹅颈瓶 éjǐngpíng 백조목 플라스크　实验 shíyàn [명] 실험 [동] 실험하다
分别 fēnbié [부] 각각　[동] 차이　[동] 헤어지다　灌 guàn [동] (액체·기체 또는 알갱이 형태의 물체를) 채우다　瓶颈 píngjǐng 병의 목 부분
烧瓶 shāopíng [명] 플라스크　竖直 shùzhí [동] 수직　天鹅 tiān'é [명] 백조　颈 jǐng [명] 목　弯曲 wānqū [형] 굽다, 구불구불하다
煮沸 zhǔfèi [동] 부글부글 끓이다　灭菌 mièjūn [동] 멸균하다, 살균하다　冷却 lěngquè [동] 냉각하다　塞子 sāizi [명] 마개　塞 sāi [동] 막다
腐败 fǔbài [동] 부패하다, 썩다　直达 zhídá [동] 바로 도달하다, 직통하다　繁殖 fánzhí [동] 번식하다, 증가하다　接触 jiēchù [동] 접촉하다, 닿다
结论 jiélùn [명] 결론　打断 dǎduàn [동] 자르다　立刻 lìkè [부] 금방, 즉시　完美 wánměi [형] 완벽하다, 매우 훌륭하다
证明 zhèngmíng [동] 증명하다　揭开 jiēkāi [동] 밝혀내다, 드러내다　奥秘 àomì [명] 비밀, 수수께끼　质量 zhìliàng [명] 품질
尝试 chángshì [동] 테스트해 보다, 경험해 보다　密封 mìfēng [동] 밀봉하다, 밀폐하다　保存 bǎocún [동] 보존하다　事实 shìshí [명] 사실
杀死 shāsǐ [동] 죽이다

제1회
독해

제2회

제3회

제4회

제5회

제6회

해커스 해설이 상세한 HSK 6급 실전모의고사

81
중

酿酒商邀请化学教授解决什么问题?

술을 빚는 업체는 화학 교수에게 무슨 문제를 해결해 달라고 요청했는가?

A 酒的浓度过高

B 酒的纯度较低

C 酿酒时间过长

D 酒的味道变酸

A 술의 농도가 너무 높은 것

B 술의 순도가 비교적 낮은 것

C 술을 빚는 시간이 너무 긴 것

D 술의 맛이 시큼하게 변한 것

해설 질문이 술을 빚는 업체는 화학 교수에게 무슨 문제를 해결해 달라고 요청했는지를 물었으므로, 酿酒商과 관련된 내용을 지문에서 재빨리 찾는다. 첫 번째 단락에서 一家酿酒商……请求著名的化学教授路易·巴斯德帮助寻找原因, 看看能否防止葡萄酒变酸이라고 했으므로, 보기 D가 정답이다.

어휘 酿酒 niàngjiǔ 图 술을 빚다   化学 huàxué 图 화학   浓度 nóngdù 图 농도   纯度 chúndù 图 순도

82
하

巴斯德是如何发现乳酸杆菌的?

파스퇴르는 어떻게 젖산간균을 발견했는가?

A 品尝肉汤

B 使用显微镜

C 摇晃玻璃瓶

D 闻酒的气味

A 고기즙을 맛보아서

B 현미경을 사용하여

C 유리병을 흔들어서

D 술의 냄새를 맡아서

해설 질문이 파스퇴르는 젖산간균을 어떻게 발견했는지를 물었으므로, 巴斯德……发现乳酸杆菌과 관련된 내용을 지문에서 재빨리 찾는다. 두 번째 단락에서 巴斯德……他先在显微镜下观察了未变质的陈年葡萄酒……他又发现酒液里出现了一根根细棍似的乳酸杆菌이라고 했으므로, 보기 B가 정답이다.

어휘 巴斯德 Bāsīdé [고유] 파스퇴르[프랑스의 화학자, 미생물학자]   如何 rúhé 때 어떻다, 어떠하다   乳酸杆菌 rǔsuāngǎnjūn 젖산간균
品尝 pǐncháng 图 맛보다, 시식하다   显微镜 xiǎnwēijìng 图 현미경   摇晃 yáohuàng 图 흔들다   玻璃 bōli 图 유리
气味 qìwèi 图 냄새

83
상

鹅颈瓶实验:

백조목 플라스크 실험은:

A 难以被其他人复制

B 遭到了酿酒商的反对

C 揭示了细菌产生的作用

D 改变了人们的饮食习惯

A 다른 사람에 의해 복제되기 어렵다

B 술을 빚는 업체의 반대에 부딪혔다

C 세균이 일으키는 작용을 밝혀냈다

D 사람들의 음식 습관을 변화시켰다

해설 질문이 백조목 플라스크 실험에 대해 물었으므로, 鹅颈瓶实验과 관련된 내용을 지문에서 재빨리 찾는다. 세 번째 단락에서 为了找到细菌产生的原因, 他进行了著名的"鹅颈瓶实验"。이라고 했고, 다섯 번째 단락에서 实验很简单, 但完美证明了接触外部环境中的细菌是液体变质的重要原因。이라고 했으므로, 보기 C가 정답이다.

어휘 鹅颈瓶 éjǐngpíng 백조목 플라스크   实验 shíyàn 图 실험   复制 fùzhì 图 복제하다   酿酒 niàngjiǔ 图 술을 빚다
揭示 jiēshì 图 밝혀내다, 드러내다   细菌 xìjūn 图 세균   饮食 yǐnshí 图 음식

84
중

关于"巴斯德灭菌法", 下列哪项正确?

'파스퇴르 살균법'에 관하여, 다음 중 옳은 것은?

A 对人体有很大的害处

B 现在已经被禁止使用

C 不需要将液体密封保存

D 能完全杀死液体中的细菌

A 인체에 큰 해로움이 있다

B 현재 이미 사용이 금지되었다

C 액체를 밀봉하여 보존할 필요가 없다

D 액체 속의 세균을 완전히 죽일 수 있다

해설 질문이 '파스퇴르 살균법'에 관하여 옳은 것을 물었으므로, 巴斯德灭菌法와 관련된 내용을 지문에서 재빨리 찾는다. 마지막 단락에서 这个方法能够完全杀死液体中的细菌。这就是著名的"巴斯德灭菌法"。라고 했으므로, 보기 D가 정답이다.

어휘 巴斯德 Bāsīdé [고유] 파스퇴르[프랑스의 화학자, 미생물학자]   灭菌 mièjūn 图 살균하다, 멸균하다   液体 yètǐ 图 액체
密封 mìfēng 图 밀봉하다, 밀폐하다   保存 bǎocún 图 보존하다   杀死 shāsǐ 图 죽이다   细菌 xìjūn 图 세균

现在，乘飞机出差或者旅行已经是很平常的事情了。然而部分身体孱弱的人，其实是不适合坐飞机的。对贫血患者来说，飞机在地面时不会给他们带来特别的感觉，但[85]起飞后，他们就会出现眩晕、呕吐、浑身发软的症状。这种说法并非言过其实，实际上这样的情况已经发生了很多次。多数航空公司考虑到其中的风险，不建议中度及重度贫血患者乘坐飞机。如果贫血患者要乘坐飞机，最好事先从医院获取处方药或采取一些预防措施。

那么，为什么会出现这样的情况呢？研究表明，在高空飞行时，飞机上的增压程序将舱内气压维持在海拔2400米左右的大气压力。这时，大气压下降，[86]人吸入的氧分压也会下降，动脉血里的氧分压就会从正常的98毫米汞柱降到60毫米汞柱。氧气进入呼吸系统后，携带氧气的红细胞给大脑、心脏、肾脏等器官供氧，然后将代谢产物——二氧化碳排出。当吸入的氧气减少时，红细胞携带的氧气和对身体组织的氧供给都会减少。通常情况下，[87]如果血氧下降，人的机体会通过增加呼吸频率、增快心跳的方法来代偿。经过代偿，氧分压仍低于60毫米汞柱的话，就会出现呼吸衰竭的症状，从而[87]造成重要脏器的损害。也就是说，当人们处在海拔较高的地方时，身体健康的人能依靠强大的代偿能力供氧，而贫血患者却可能会因为代偿能力不足，无法维持足够的氧运输而出现种种不适症状。

除了贫血患者以外，脑血管不好，或[88]心肺功能较弱的人都不适合坐飞机。[88]必须要乘坐飞机的话，一定要在了解航空公司的规定后[88]咨询医生，以防意外发生。

오늘날 비행기를 타고 출장을 가거나 여행하는 것은 이미 평범한 일이 되었다. 하지만 몇몇 몸이 허약한 사람들은 사실 비행기를 타기 적합하지 않다. 빈혈 환자에게 있어, 비행기가 지상에 있을 때는 그들에게 특별한 느낌을 가져다 주지는 않지만, [85]이륙한 후, 그들에게는 현기증이 나고 구토를 하며 전신에 힘이 빠지는 증상이 나타날 수 있다. 이러한 이야기는 결코 **사실보다 과장해서 말한게** 아닌데, 실제로 이러한 상황은 이미 여러 번 발생했다. 다수의 항공사는 그 위험을 고려하여, 중도 및 중증도 빈혈 환자가 비행기를 타는 것을 추천하지 않고 있다. 만약 빈혈 환자가 비행기를 타야 한다면, 사전에 병원으로부터 처방약을 얻거나 몇몇 예방 조치를 취하는 것이 가장 좋다.

그렇다면 왜 이러한 상황이 발생하는 걸까? 연구에서는 고공 비행을 할 때, 비행기 안의 여압 장치는 객실 내의 기압을 해발 2400m 내외의 대기 압력으로 유지하는 것으로 나타났다. 이때, 대기압이 떨어지고 [86]사람이 들이마시는 산소 분압 역시 떨어져, 동맥혈 안의 산소 분압이 정상치인 90mmHg에서 60mmHg까지 떨어지게 된다. 산소가 호흡 계통에 들어간 후에는 산소를 지니고 있는 적혈구가 대뇌, 심장, 신장 등의 장기에 산소를 공급하고, 그 후에 대사 산물인 이산화탄소를 배출한다. 들이마시는 산소가 적어질 때, 적혈구가 지니고 있는 산소와 신체 조직으로의 산소 공급도 모두 줄어들 수 있다. 일반적인 상황에서 [87]만약 혈중 산소량이 떨어지면, 사람의 유기체는 호흡 빈도수를 늘리고 심장 박동을 빠르게 하는 방법을 통해서 보완한다. 보완을 거치고도 산소 분압이 여전히 60mmHg보다 낮다면 호흡부전 증상이 나타날 수 있으며, 이로 인해 [87]중요 장기의 손상이 야기될 수 있다. 즉, 사람들이 해발이 비교적 높은 곳에 위치해 있을 때, 신체가 건강한 사람은 강한 산소 공급 보완 능력에 기댈 수 있지만, 빈혈 환자는 보완 능력이 부족하기 때문에 충분한 산소 공급을 유지할 수 없어 여러 불편한 증상이 나타날 수 있다는 것이다.

빈혈 환자 외에도, 뇌혈관이 좋지 않거나 혹은 [88]심폐 기능이 비교적 약한 사람도 비행기 탑승에 적합하지 않다. [88]꼭 비행기를 타야 한다면 뜻하지 않은 사고 발생을 방지하기 위해, 반드시 항공사의 규정을 이해한 후 [88]의사에게 자문을 구해야 한다.

어휘 孱弱 chánruò 혱 허약하다　贫血 pínxuè 혱 빈혈　患者 huànzhě 혱 환자　眩晕 xuànyùn 통 현기증이 나다　呕吐 ǒutù 통 구토하다
浑身 húnshēn 몡 전신, 온몸　发软 fāruǎn 힘이 빠지다, 나른해지다　症状 zhèngzhuàng 혱 증상, 증후
言过其实 yánguòqíshí 혱 사실보다 과장해서 말하다　航空 hángkōng 통 항공하다　风险 fēngxiǎn 혱 위험, 모험　事先 shìxiān 혱 사전에
获取 huòqǔ 통 얻다, 획득하다　处方药 chǔfāngyào 처방약　采取 cǎiqǔ 통 취하다, 채택하다　预防 yùfáng 통 예방하다
措施 cuòshī 혱 조치, 대책　表明 biǎomíng 통 (분명하게) 나타내다, 표명하다　增压 zēngyā 통 여압하다, 압력을 올리다
程序 chéngxù 혱 장치, 순서, 절차, 단계　舱 cāng 혱 객실, 선실　气压 qìyā 혱 기압　维持 wéichí 통 유지하다　海拔 hǎibá 혱 해발
氧分压 yǎngfēnyā 산소 분압　动脉 dòngmài 혱 동맥　毫米汞柱 háomǐgǒngzhù 혱 수은주밀리미터(mmHg)　氧气 yǎngqì 혱 산소
呼吸系统 hūxī xìtǒng 호흡 계통　携带 xiédài 통 지니다　红细胞 hóngxìbāo 적혈구　心脏 xīnzàng 혱 심장
肾脏 shènzàng 혱 신장, 콩팥　脏器 zàngqì 혱 장기　供氧 gōngyǎng 산소를 공급하다　代谢产物 dàixiè chǎnwù 대사 산물
二氧化碳 èryǎnghuàtàn 혱 이산화탄소(CO₂)　组织 zǔzhī 혱 조직 통 조직하다　供给 gōngjǐ 통 공급하다, 제공하다
通常 tōngcháng 혱 일반적이다 閅 보통, 일반적으로　血氧 xuèyǎng 혈중 산소량　机体 jītǐ 혱 유기체　频率 pínlǜ 혱 빈도수, 주파수
代偿 dàicháng 통 보완하다, 대신 작용하다　呼吸衰竭 hūxī shuāijié 호흡부전　从而 cóng'ér 졥 이로 인해, 그리하여
造成 zàochéng 통 야기하다, 조성하다　损害 sǔnhài 통 손상시키다, 손해를 주다　依靠 yīkào 통 기대다, 의지하다　不足 bùzú 혱 부족하다
氧运输 yǎng yùnshū 산소 공급　脑血管 nǎoxuèguǎn 뇌혈관　心肺 xīnfèi 혱 심폐　功能 gōngnéng 혱 기능, 작용
咨询 zīxún 통 자문을 구하다　意外 yìwài 혱 뜻하지 않은 사고 혱 의외의, 뜻밖의

85	第一段中，"言过其实"是什么意思？	첫 번째 단락에서, '言过其实'은 무슨 의미인가？
중상	A 讲出真实的话	A 진실된 말을 한다
	B 不愿听过分的话语	B 심한 말을 듣고 싶어 하지 않는다
	C 符合现实生活的言语	C 현실 생활에 부합하는 말
	D 说出的话超过实际情况	D 내뱉은 말이 실제 상황을 넘어선다

해설 질문이 첫 번째 단락에서 '言过其实'의 의미를 물었으므로, 言过其实이 나온 부분을 지문에서 재빨리 찾는다. 첫 번째 단락에서 起飞后，他们就会出现眩晕、呕吐、浑身发软的症状。这种说法并非言过其实，实际上这样的情况已经发生了很多次。라고 했으므로, 보기 D가 정답이다.

어휘 言过其实 yánguòqíshí [성] 사실보다 과장해서 말하다 真实 zhēnshí [형] 진실하다 过分 guòfèn [형] 심하다, 지나치다

86	人吸入的氧分压下降时，会出现什么情况？	사람이 들이마시는 산소 분압이 떨어질 때, 무슨 상황이 발생할 수 있는가?
중상	A 人的呼吸频率会减缓	A 사람의 호흡 빈도수가 느려진다
	B 细胞的携氧功能上升	B 세포의 산소를 지니는 기능이 상승한다
	C 动脉血的流动速度加快	C 동맥혈의 유동 속도가 빨라진다
	D 动脉血里的氧分压下降	D 동맥혈 안의 산소 분압이 떨어진다

해설 질문이 사람이 들이마시는 산소 분압이 떨어질 때 무슨 상황이 발생할 수 있는지를 물었으므로, 人吸入的氧分压下降과 관련된 내용을 지문에서 재빨리 찾는다. 두 번째 단락에서 人吸入的氧分压也会下降，动脉血里的氧分压就会从正常的98毫米汞柱降到60毫米汞柱라고 했으므로, 보기 D가 정답이다.

어휘 氧分压 yǎngfēnyā 산소 분압 呼吸 hūxī [동] 호흡하다 频率 pínlǜ [명] 빈도수, 주파수 细胞 xìbāo [명] 세포 携 xié 지니다
功能 gōngnéng [명] 기능, 작용 动脉 dòngmài [명] 동맥

87	血氧过低的话，会造成什么严重后果？		혈중 산소량이 너무 낮으면, 어떤 심각한 결과를 초래할 수 있는가?	
중	A 肌肉酸痛	B 心跳过快	A 근육이 쑤시고 아프다	B 심장 박동이 너무 빠르다
	C 脏器受损	D 耳鸣加重	C 장기가 손상을 입는다	D 이명이 심해진다

해설 질문이 혈중 산소량이 너무 낮으면 어떤 심각한 결과를 초래할 수 있는지를 물었으므로, 血氧过低와 관련된 내용을 지문에서 재빨리 찾는다. 두 번째 단락에서 如果血氧下降，人的机体会通过增加呼吸频率、增快心跳的方法来代偿。经过代偿，氧分压仍低于60毫米汞柱的话，就会……造成重要脏器的损害라고 했으므로, 보기 C가 정답이다.

어휘 血氧 xuèyǎng 혈중 산소량 造成 zàochéng [동] 초래하다, 야기하다 后果 hòuguǒ [명] (주로 안 좋은) 결과 肌肉 jīròu [명] 근육
酸痛 suāntòng [형] 쑤시고 아프다 脏器 zàngqì [명] 장기 受损 shòusǔn [동] 손상을 입다 耳鸣 ěrmíng [명] 이명

88	下列哪类人坐飞机前需要咨询医生？		다음 중 어떤 부류의 사람들이 비행기 탑승 전 의사에게 자문을 구할 필요가 있는가?	
중	A 心肺不好的人	B 视力不佳的人	A 심폐가 좋지 않은 사람	B 시력이 좋지 않은 사람
	C 关节脆弱的人	D 皮肤敏感的人	C 관절이 연약한 사람	D 피부가 민감한 사람

해설 질문이 어떤 부류의 사람들이 비행기 탑승 전 의사에게 자문을 구할 필요가 있는지를 물었으므로, 需要咨询医生과 관련된 내용을 지문에서 재빨리 찾는다. 마지막 단락에서 心肺功能较弱的人……必须要乘坐飞机的话，一定要……咨询医生，以防意外发生이라고 했으므로, 보기 A가 정답이다.

어휘 咨询 zīxún [동] 자문을 구하다 心肺 xīnfèi [명] 심폐 关节 guānjié [명] 관절 脆弱 cuìruò [형] 연약하다 敏感 mǐngǎn [형] 민감하다

89-92

提起故宫，很多人脑海里浮现出"雄壮"、"大气"、"厚重"这样的形容词。但故宫博物院第六任院长[89]单霁翔颠覆了人们的印象，在他的管理下，故宫成了有趣、时尚的代名词，还获得了众多年轻人的喜爱和关注。

单院长是个凡事都喜欢亲力亲为的人，所以一上任就带着秘书调查故宫的情况。在五个月的时间里，他每天走四五公里，最后终于摸清了故宫有9371间房子。不光如此，他还带领员工拆除"不合群"的临时建筑。

고궁을 언급하면 많은 사람의 머리 속에는 '웅장하다', '기품이 있다', '중후하다'와 같은 이러한 형용사가 떠오른다. 그러나 고궁 박물관의 제6대 관장인 [89]산지샹은 사람들의 인상을 뒤엎었는데, 그의 관리 하에 고궁은 재미있고 스타일리쉬함의 대명사가 되었고, 또 매우 많은 젊은이들의 사랑과 관심을 받았다.

산 원장은 매사 타인에 의존하지 않고 자신이 직접 하는 것을 좋아하는 사람이어서, 취임하자마자 비서를 대동하여 고궁의 상황을 조사했다. 5개월이라는 시간 동안 그는 매일 4, 5km를 걸어, 마침내 고궁에 9371개의 방이 있다는 것을 확실하게 파악했다. 이뿐만 아니라, 그는 직원을 인솔하여 '잘 어울리지 않는' 가건물을 철거했다.

单院长实施的改革措施中，影响力最大的还是扩大故宫的开放面积和打造各种文化产品。⁹⁰单院长上任之前，故宫的开放区域只有30%，绝大部分的文物收藏品都沉睡在仓库里。所以故宫的游客在参观古建筑物时，⁹⁰能亲眼看到的文物更是屈指可数。游客无法尽兴，自然就不会主动学习关于故宫的知识。因此故宫的推广变得格外艰难。

不过⁹¹单院长上任后，成功解决了这些问题。他不仅把故宫的开放面积提高至80%以上，更是⁹¹打造了一系列和故宫有关的网红节目、人物及⁹¹文创产品。从文物修复师王津，到故宫文创、化妆品，再到丰富多样的文化活动，故宫从未停下前进的脚步。对此，故宫工作人员表示，单院长才是故宫真正的"网红"。

最近，为故宫工作了七年的⁹²单院长已退休。被问及今后的计划时，单院长表示自己想在故宫做一名志愿者，为广大游客讲解关于故宫的一切。

산 원장이 시행한 개혁 조치 중 영향력이 가장 큰 것은 역시 고궁의 개방 면적을 확대한 것과 각종 문화 상품을 만든 것이다. ⁹⁰산 원장이 부임하기 전까지 고궁의 개방 구역은 겨우 30%에 불과했는데, 거의 대부분의 문화재 수장품은 창고에서 깊이 잠들어 있었다. 그래서 고궁의 관광객들이 옛 건축물을 둘러볼 때, ⁹⁰직접 볼 수 있는 문화재들은 더욱 손에 꼽을 정도였다. 관광객들은 마음껏 즐길 방법이 없어, 자연스레 고궁에 대한 지식을 자발적으로 배우지 않게 되었다. 이 때문에 고궁의 홍보는 아주 어렵게 되었다.

그러나 ⁹¹산 원장이 취임한 후, 이러한 문제를 성공적으로 해결했다. 그는 고궁의 개방 면적을 80% 이상으로 높였을 뿐만 아니라, 일련의 고궁과 관련된 왕홍 프로그램, 인물 및 ⁹¹문화 창업 상품을 만들었다. 문화재 복원가 왕진에서부터 고궁 문화 창업 상품, 화장품, 더 나아가 풍부하고 다양한 문화 활동에 이르기까지 고궁은 앞으로 나아가는 발걸음을 지금까지 멈추지 않고 있다. 이에 대해 고궁 관계자는 산 원장이야말로 고궁의 진정한 '왕홍'이라고 말했다.

최근, 고궁을 위해 7년간 일했던 ⁹²산 원장은 이미 은퇴했다. 향후 계획에 대해 질문을 받았을 때, 산 원장은 자신이 고궁에서 자원 봉사자로 일하면서 많은 관광객들에게 고궁의 모든 것에 관해 설명해 주고 싶다고 밝혔다.

어휘 故宫 Gùgōng [고유] 고궁[중국 베이징에 위치한 청나라 시대의 궁전, 자금성이라고도 함] 浮现 fúxiàn [동] (과거에 경험했던 일이) 떠오르다, 생각나다
雄壮 xióngzhuàng [형] 웅장하다 大气 dàqi [형] (색깔·스타일 등이) 기품이 있다 厚重 hòuzhòng [형] 중후하다 形容词 xíngróngcí [명] 형용사
博物院 bówùyuàn [명] 박물관 单霁翔 Shàn Jìxiáng [고유] 산지샹[베이징 고궁 박물관의 제6대 관장] 颠覆 diānfù [동] 뒤엎다, 전복하다
时尚 shíshàng [형] 스타일리쉬하다, 유행에 맞다 [명] 유행 代名词 dàimíngcí [명] 대명사 众多 zhòngduō [형] (주로 인구가) 매우 많다
关注 guānzhù [동] 관심을 가지다 凡事 fánshì [명] 매사, 모든 일 亲力亲为 qīn lì qīn wéi 타인에 의존하지 않고 자신이 직접 하다
上任 shàngrèn [동] 취임하다, 부임하다 秘书 mìshū [명] 비서 摸清 mōqīng 확실하게 파악하다 带领 dàilǐng [동] 인솔하다, 이끌다
员工 yuángōng [명] 직원, 종업원 拆除 chāichú [동] (건축물 등을) 철거하다, 허물다 合群 héqún [형] 잘 어울리다, 사이좋다
临时建筑 línshí jiànzhù [명] 가건물, 임시 건축물 实施 shíshī [동] 시행하다, 실시하다 改革 gǎigé [동] 개혁하다 措施 cuòshī [명] 조치, 대책
扩大 kuòdà [동] 확대하다, 넓히다 开放 kāifàng [동] 개방하다 [형] 개방적이다 面积 miànjī [명] 면적 打造 dǎzào [동] 만들다, 제조하다
产品 chǎnpǐn [명] 상품, 제품 区域 qūyù [명] 구역, 지역 文物 wénwù [명] 문화재, 문물 收藏品 shōucángpǐn [명] 수장품, 소장품
沉睡 chénshuì [동] 깊이 잠들다 仓库 cāngkù [명] 창고, 곳간 建筑物 jiànzhùwù [명] 건축물, 건물 亲眼 qīnyǎn [명] 직접, 제눈으로
屈指可数 qūzhǐkěshǔ 손에 꼽을 정도이다, 손꼽아 헤아릴 수 있다 无法 wúfǎ [동] ~할 방법이 없다, ~할 수 없다
尽兴 jìnxìng [동] (충분히 만족할 때까지) 마음껏 즐기다, 흥을 다하다 主动 zhǔdòng [형] 자발적이다, 능동적이다
推广 tuīguǎng [동] 홍보하다, 널리 보급하다 格外 géwài [부] 아주, 특히 艰难 jiānnán [형] 어렵다, 힘들다 一系列 yíxìliè [형] 일련의
网红 wǎnghóng 왕홍[중국 SNS에서 인기 있는 사람을 일컫는 말] 人物 rénwù [명] 인물 文创 wénchuàng 문화 창업 상품[文化创业产品의 줄임말]
修复师 xiūfùshī [명] 복원가 王津 Wáng Jīn [고유] 왕진[고궁에서 근무하는 정상급 문화재 복원가] 化妆品 huàzhuāngpǐn [명] 화장품
从未 cóngwèi 지금까지 ~하지 않다 工作人员 gōngzuò rényuán 관계자, 종사자 退休 tuìxiū [동] 은퇴하다, 퇴직하다
问及 wènjí (~에 대해) 질문하다, 묻다 志愿者 zhìyuànzhě [명] 자원 봉사자, 지원자 广大 guǎngdà [형] (사람 수가) 많다
讲解 jiǎngjiě [동] 설명하다, 해설하다

89 [중상] 根据第一段，下列哪项**不属于**单霁翔所做出的成就？

첫 번째 문단에 근거하여, 다음 중 산지샹이 이루어 낸 성과에 **속하지 않는** 것은?

A 让故宫变得时尚有趣
B 在故宫内开设了很多商店
C 颠覆了人们对故宫的印象
D 使故宫获得了年轻人的喜爱

A 고궁을 스타일리쉬하고 재미있게 변하도록 했다
B 고궁 안에 많은 상점을 세웠다
C 사람들의 고궁에 대한 인상을 뒤엎었다
D 고궁이 젊은이들의 사랑을 얻게 했다

해설 질문이 첫 번째 문단에 근거하여 산지샹이 이루어 낸 성과에 속하지 않는 것을 물었으므로, 单霁翔이 이루어 낸 成就와 관련된 내용을 지문에서 재빨리 찾는다. 첫 번째 단락에서 单霁翔颠覆了人们的印象, 在他的管理下, 故宫成了有趣、时尚的代名词, 还获得了众多年轻人的喜爱和关注라고 했으므로, 지문에서 언급되지 않은 보기 B가 정답이다.

어휘 属于 shǔyú [동] (~에) 속하다 单霁翔 Shàn Jìxiáng [고유] 산지샹 成就 chéngjiù [명] 성과, 성취 故宫 Gùgōng [고유] 고궁
时尚 shíshàng [형] 스타일리쉬하다, 유행에 맞다 [명] 유행 开设 kāishè [동] (가게·공장 등을) 세우다 颠覆 diānfù [동] 뒤엎다, 전복하다

제2회 제3회 제4회 제5회 제6회

해커스 해설이 상세한 HSK 6급 실전모의고사

90
중상

单霁翔担任院长之前, 故宫:	산지샹이 관장을 맡기 전, 고궁은:
A 经济效益很好	A 경제 효과와 이익이 좋았다
B 游客数量不多	B 관광객 수가 많지 않았다
C 可参观的区域有限	C 참관할 수 있는 구역이 제한적이었다
D 文物修复进展缓慢	D 문화재 복원 진전이 느렸다

해설 질문이 산지샹이 관장을 맡기 전 고궁은 어떠했는지를 물었으므로, 单霁翔担任院长之前의 故宫과 관련된 내용을 지문에서 재빨리 찾는다. 세 번째 단락에서 单院长上任之前, 故宫的开放区域只有30%……能亲眼看到的文物更是屈指可数라고 했으므로, 보기 C가 정답이다.

어휘 单霁翔 Shàn Jìxiáng 고유 산지샹 担任 dānrèn 동 맡다, 담당하다 故宫 Gùgōng 고유 고궁 效益 xiàoyì 효과와 이익
区域 qūyù 명 구역, 지역 有限 yǒuxiàn 형 제한적이다, 한계가 있다 文物 wénwù 명 문화재, 문물
修复 xiūfù 복원하다, 원상 복구하다 进展 jìnzhǎn 동 진전하다, 진행하다 缓慢 huǎnmàn 형 느리다, 완만하다

91
중

在单霁翔担任院长期间, 故宫博物院发生了 什么变化?	산지샹이 관장을 맡은 기간 동안, 고궁 박물관에는 무슨 변화가 일어났는가?
A 面积变大了	A 면적이 커졌다
B 收藏品减少了	B 수장품이 줄어들었다
C 文创产品诞生了	C 문화 창업 상품이 탄생했다
D 文化活动变得单一了	D 문화 활동이 단일해졌다

해설 질문이 산지샹이 관장을 맡은 기간 동안 고궁 박물관에는 무슨 변화가 일어났는지를 물었으므로, 故宫博物院의 变化와 관련된 내용을 지문에서 재빨리 찾는다. 네 번째 단락에서 单院长上任后……打造了……文创产品이라고 했으므로, 보기 C가 정답이다.

어휘 单霁翔 Shàn Jìxiáng 고유 산지샹 担任 dānrèn 동 맡다, 담당하다 期间 qījiān 명 기간 故宫 Gùgōng 고유 고궁
博物院 bówùyuàn 명 박물관 面积 miànjī 명 면적 收藏品 shōucángpǐn 수장품, 소장품
文创 wénchuàng 문화 창업 상품[文化创业产品의 줄임말] 诞生 dànshēng 동 탄생하다, 태어나다 单一 dānyī 형 단일하다

92
하

单霁翔退休后可能会做什么?	산지샹은 은퇴 후 아마도 무슨 일을 할 것인가?
A 文创网红 B 讲解志愿者	A 문화 창업 상품 왕홍 B 해설 자원 봉사자
C 文物收藏家 D 文物修复师	C 문화재 수집가 D 문화재 복원가

해설 질문이 산지샹은 은퇴 후 어떤 일을 할 가능성이 있는지를 물었으므로, 单霁翔退休后와 관련된 내용을 지문에서 재빨리 찾는다. 마지막 단락에서 单院长已退休。被问及今后的计划时, 单院长表示自己想在故宫做一名志愿者, 为广大游客讲解关于故宫的一切。라고 했으므로, 보기 B가 정답이다.

어휘 单霁翔 Shàn Jìxiáng 고유 산지샹 退休 tuìxiū 동 은퇴하다, 퇴직하다 文创 wénchuàng 문화 창업 상품[文化创业产品의 줄임말]
网红 wǎnghóng 왕홍[중국 SNS에서 인기 있는 사람을 일컫는 말] 讲解 jiǎngjiě 동 해설하다, 설명하다
志愿者 zhìyuànzhě 명 자원 봉사자, 지원자 文物 wénwù 명 문화재, 문물 收藏家 shōucángjiā 명 수집가, 소장가
修复师 xiūfùshī 복원가

93-96

最近, 93中国科学工作者独立设计制作了被称为"人造太阳"的科学装置——"东方超环(EAST)"。它是中国科学院等离子体物理研究所自主设计研制的磁约束核聚变实验装置, 其目的是让海水中的元素通过核聚变的方式产生清洁能源。经过不断地研究和改进, 93 "东方超环(EAST)"在多个方面实现了重大突破, 包括首次实现加热功率超过10兆瓦, 等离子体储能增加到300千焦等。

최근 93중국 과학자는 '인조 태양'이라고 불리는 과학 장치 '이스트(EAST)'를 독자적으로 설계하여 제작했다. 이것은 중국 과학원 플라즈마 물리 연구소에서 자주적으로 설계하고 연구 제작한 자기 밀폐 핵융합 실험 장치로, 이것의 목적은 바닷물 속의 화학 원소가 핵융합 방식을 통하여 친환경 에너지를 생산함에 있다. 끊임없이 연구하고 개선하는 것을 거쳐 93'이스트(EAST)'는 많은 방면에서 중대한 돌파를 실현했는데, 처음으로 발열량이 10메가와트를 넘고 플라즈마 에너지 축적이 300킬로줄까지 증가한 것 등을 93포함한다.

专家表明，这项研究成果可以让人类走出地球，探索更多的宇宙奥秘。人类在探索宇宙时，离不开火箭。但[94]火箭最常用的还是通过燃烧方式产出的化学能，导致可以获取的能量和动力十分有限。这种有限的能量是无法让宇宙飞行器远距离飞行的。不过“东方超环(EAST)”产生的核聚变能将会改变这一局面。因为核聚变能属于核能的一种，而核能又比化学能先进。从本质上来看，核能是从物质转化而来的，是原子核层面的变化。电子打破核力的束缚，从一种元素变成另外一种元素，产生质量的变化，最终实现能量的变化。

除了探索宇宙外，“东方超环(EAST)”产生的核聚变能还会给未来的生活带来极大的改变。众所周知，人类社会的发展和生活水平的提高离不开能源的保障。与有限的不可再生能源不同，[95]核聚变能具有资源无限，[95]不污染环境，不产生高放射性核废料等优点。所以它一定会在未来取代不可再生能源，成为人类未来能源的主导形式之一。

[96]作为人类未来能源的重要来源，核聚变能将会在各个方面发挥重要作用，带来重大影响。或许在不久的将来，它可以为我们提供电能和热能，全方位保障日常生活所需的能源。生活物资自然会变得廉价，食物、水、能源将会更加充沛，且随处可见。全球70亿人不必担心未来吃不饱穿不暖，也不用担心后代会因为资源匮乏而无法生存了。

전문가는 이 연구 성과로 인류는 지구에서 벗어나 더 많은 우주의 비밀을 탐색할 수 있게 되었다고 밝혔다. 인류가 우주를 탐사할 때, 로켓이 없어서는 안 된다. 하지만 [94]로켓이 가장 자주 사용하는 것은 여전히 연소하는 방식으로 생산되는 화학 에너지여서, 얻을 수 있는 에너지와 동력이 매우 유한해진다. 이러한 유한한 에너지는 우주선으로 하여금 먼거리로 비행할 수 없게 만든다. 하지만 '이스트(EAST)'가 생산한 핵융합 에너지는 이러한 국면을 바꿀 수 있다. 핵융합 에너지는 원자력의 한 종류에 속하고, 원자력은 화학 에너지보다 뛰어나기 때문이다. 본질적으로 보자면, 원자력은 물질이 전환되면서 발생하는 것으로, 원자핵 방면의 변화이다. 전자는 핵에너지의 속박을 깨고, 한 화학 원소에서 다른 화학 원소로 변하고, 질량의 변화가 발생하여 결국 에너지의 변화를 실현한다.

우주를 탐사하는 것 외에, '이스트(EAST)'에서 발생한 핵융합 에너지는 또한 미래 생활에 매우 큰 변화를 가져올 수 있다. 모든 사람이 다 알고 있듯이 인류 사회의 발전과 생활 수준의 향상은 에너지의 보장에서 벗어날 수 없다. 유한한 비재생에너지와는 다르게 [95]핵융합 에너지는 자원이 무한하고, [95]환경을 오염시키지 않고, 고방사성 핵폐기물을 만들지 않는 것 등의 장점이 있다. 그래서 이것은 반드시 미래에 비재생에너지를 대체하여 인류의 미래 에너지를 주도하는 형식 중 하나가 될 것이다.

[96]인류 미래 에너지의 중요한 근원으로서, 핵융합 에너지는 각 방면에서 중요한 역할을 발휘하여 중대한 영향을 끼칠 것이다. 어쩌면 머지않은 미래에 이것은 우리를 위해 전기 에너지와 열에너지를 제공하여 일상 생활에 필요한 에너지를 전방위적으로 보장할 수 있을 것이다. 생활 물자는 자연스럽게 저렴해지고 음식, 물, 에너지는 더욱 넘쳐 흘러서, 어디에서든 볼 수 있을 것이다. 전세계 70억 인구는 미래에 배불리 먹지 못하고 따뜻하게 입지 못하는 것을 걱정할 필요가 없으며, 또한 후대가 자원이 부족하여 생존할 수 없게 되는 것을 걱정할 필요가 없게 될 것이다.

어휘 **独立** dúlì [동] 독자적으로 하다 **设计** shèjì [동] 설계하다, 디자인하다 [명] 설계, 디자인 **制作** zhìzuò [동] 제작하다 **称** chēng [동] 부르다, 칭하다
装置 zhuāngzhì [명] 장치 [동] 설치하다 **等离子体** děnglízǐtǐ [명] 플라즈마 **物理** wùlǐ [명] 물리 **自主** zìzhǔ [동] 자주적으로 하다
研制 yánzhì [동] 연구 제작하다 **磁约束核聚变** cíyuēshù héjùbiàn 자기 밀폐 핵융합 **实验** shíyàn [명] 실험 [동] 실험하다
元素 yuánsù [명] 화학 원소, 요소 **核聚变** héjùbiàn [명] 핵융합 **方式** fāngshì [명] 방식, 방법 **产生** chǎnshēng [동] 생산하다, 나타나다
清洁能源 qīngjié néngyuán 친환경 에너지 **不断** búduàn [부] 끊임없이, 부단히 [동] 끊임없다 **改进** gǎijìn [동] 개선하다, 개량하다
实现 shíxiàn [동] 실현하다, 달성하다 **重大** zhòngdà [형] 중대하다 **突破** tūpò [동] 돌파하다, 타파하다 **包括** bāokuò [동] 포함하다, 포괄하다
加热功率 jiārè gōnglǜ 발열량 **兆瓦** zhàowǎ [양] 메가와트(MW) **储能** chǔ néng 에너지 축적
焦 jiāo [양] 킬로줄[kilojoules, 에너지의 양을 나타내는 단위] **专家** zhuānjiā [명] 전문가 **表明** biǎomíng [동] (분명하게) 밝히다, 나타내다
成果 chéngguǒ [명] 성과 **人类** rénlèi [명] 인류 **探索** tànsuǒ [동] 탐색하다, 찾다 **宇宙** yǔzhòu [명] 우주, 세계 **奥秘** àomì [명] 비밀, 수수께끼
火箭 huǒjiàn [명] 로켓 **燃烧** ránshāo [동] 연소하다, 타다 **化学能** huàxuénéng [명] 화학 에너지 **导致** dǎozhì [동] ~하게 되다, 초래하다
获取 huòqǔ [동] 얻다 **能量** néngliàng [명] 에너지 **动力** dònglì [명] 동력, 원동력 **有限** yǒuxiàn [형] 유한하다, 한계가 있다
宇宙飞行器 yǔzhòu fēixíngqì 우주선 **局面** júmiàn [명] 국면, 형세 **核聚变能** héjùbiànnéng 핵융합 에너지 **属于** shǔyú [동] ~에 속하다
核能 hé néng 원자력 **先进** xiānjìn [형] (다른 것보다 진보나 수준이) 뛰어나다, 선천적이다 [명] 선진적인 사람이나 단체 **本质** běnzhì [명] 본질, 본성
物质 wùzhì [명] 물질 **转化** zhuǎnhuà [동] 전환하다, 바꾸다 **原子核** yuánzǐhé [명] 원자핵 **层面** céngmiàn [명] 방면, 분야
打破 dǎpò [동] 깨다 **核力** hélì [명] 핵에너지 **束缚** shùfù [동] 속박하다, 구속하다 **质量** zhìliàng [명] 질량
未来 wèilái [명] 미래 [형] 앞으로의, 미래의 **众所周知** zhòngsuǒzhōuzhī [성] 모든 사람이 다 알고 있다
保障 bǎozhàng [명] 보장, 보증 [동] (생명·재산·권리 등을) 보장하다, 보증하다 **不可再生能源** bù kě zàishēng néngyuán 비재생에너지
资源 zīyuán [명] 자원 **无限** wúxiàn [형] 무한하다 **放射性** fàngshèxìng [명] 방사성 **核废料** héfèiliào [명] 핵폐기물
取代 qǔdài [동] 대체하다 **主导** zhǔdǎo [동] 주도하다 [명] 주도 **形式** xíngshì [명] 형식, 형태 **作为** zuòwéi [개] ~로서
来源 láiyuán [명] 근원, 출처 [동] 기원하다, 유래하다 **发挥** fāhuī [동] 발휘하다 **或许** huòxǔ [부] 어쩌면, 아마 **电能** diànnéng [명] 전기 에너지
热能 rènéng [명] 열에너지 **全方位** quánfāngwèi [명] 전방위, 모든 방면 **日常** rìcháng [형] 일상의 **物资** wùzī [명] 물자
廉价 liánjià [명] 저렴한 가격 **食物** shíwù [명] 음식, 음식물 **充沛** chōngpèi [형] 넘쳐흐르다, 충족하다 **亿** yì [수] 억
后代 hòudài [명] 후대, 후세, 자손 **匮乏** kuìfá [형] 부족하다, 모자라다 **生存** shēngcún [동] 생존하다

93 [중] 根据第一段，中国的“人造太阳”实现了什么方面的突破？

첫 번째 단락에 근거하여, 중국의 '인조 태양'은 어떤 방면의 돌파를 실현했는가?

A 化学燃烧	B 水利发展	A 화학 연소	B 수리 발전
C 废物利用	D 加热功率	C 폐기물 이용	D 발열량

해설 질문이 첫 번째 단락에 근거하여 중국의 '인조 태양'은 어떤 방면의 돌파를 실현했는지를 물었으므로, "人造太阳"의 突破와 관련된 내용을 지문에서 재빨리 찾는다. 첫 번째 단락에서 中国科学工作者独立设计制作了被称为"人造太阳"的科学装置——"东方超环(EAST)"……"东方超环(EAST)"在多个方面实现了重大突破，包括首次实现加热功率超过10兆瓦라고 했으므로, 보기 D가 정답이다.

어휘 实现 shíxiàn [동] 실현하다, 달성하다 突破 tūpò [동] 돌파하다, 타파하다 化学 huàxué [명] 화학 燃烧 ránshāo [동] 연소하다, 타다 水利 shuǐlì [명] 수리[식수나 관개용 등으로 물을 이용하는 일] 废物 fèiwù [명] 폐기물 加热功率 jiārè gōnglǜ 발열량

94 중

火箭是如何获取化学能的？	로켓은 어떻게 화학 에너지를 얻는가?
A 通过燃烧的方式	A 연소하는 방식을 통해
B 通过爆炸的方式	B 폭발하는 방식을 통해
C 通过放烟花的方式	C 폭죽을 터뜨리는 방식을 통해
D 通过核裂变的方式	D 핵분열 방식을 통해

해설 질문이 로켓은 어떻게 화학 에너지를 얻는지를 물었으므로, 火箭의 化学能과 관련된 내용을 지문에서 재빨리 찾는다. 두 번째 단락에서 火箭最常用的还是通过燃烧方式产出的化学能이라고 했으므로, 보기 A가 정답이다.

어휘 火箭 huǒjiàn [명] 로켓 获取 huòqǔ [동] 얻다 化学能 huàxuénéng [명] 화학 에너지 燃烧 ránshāo [동] 연소하다, 타다 方式 fāngshì [명] 방식 爆炸 bàozhà [동] 폭발하다 放烟花 fàng yānhuā 폭죽을 터뜨리다 核裂变 hélièbiàn [명] 핵분열

95 중상

下列哪项属于核聚变的特点？		다음 중 핵융합의 특징에 속하는 것은?	
A 放射性强	B 能量有限	A 방사성이 강하다	B 에너지가 유한하다
C 干净清洁	D 原料稀少	C 깨끗하고 청결하다	D 원료가 희소하다

해설 질문이 핵융합의 특징에 속하는 것을 물었으므로, 核聚变과 관련된 내용을 지문에서 재빨리 찾는다. 세 번째 단락에서 核聚变能……不污染环境이라고 했으므로, 보기 C가 정답이다.

어휘 属于 shǔyú [동] ~에 속하다 核聚变 héjùbiàn [명] 핵융합 放射性 fàngshèxìng [명] 방사성 能量 néngliàng [명] 에너지 有限 yǒuxiàn [형] 유한하다, 한계가 있다 清洁 qīngjié [형] 청결하다 原料 yuánliào [명] 원료 稀少 xīshǎo [형] 희소하다

96 중상

第四段主要介绍的是：	네 번째 단락에서 주로 소개하는 것은:
A 核聚变能可大幅提高收入	A 핵융합 에너지는 수입을 대폭 올릴 수 있다
B 核聚变能改变未来的生活	B 핵융합 에너지는 미래의 생활을 바꿀 수 있다
C 核聚变能会产生放射性核废料	C 핵융합 에너지는 방사성 핵폐기물을 생산해 낼 수 있다
D 核聚变能与不可再生能源相同	D 핵융합 에너지는 비재생에너지와 동일하다

해설 질문이 네 번째 단락에서 주로 소개하는 것을 물었으므로, 지문 네 번째 단락의 중심 내용을 재빨리 파악한다. 마지막 단락에서 作为人类未来能源的重要来源，核聚变能将会在各个方面发挥重要作用，带来重大影响。이라고 했고, 단락 전체에 걸쳐 핵융합이 미래의 일상 생활에 가져올 변화에 대해 설명하였으므로, 보기 B가 정답이다.

어휘 核聚变能 héjùbiànnéng 핵융합 에너지 未来 wèilái [명] 미래 [형] 앞으로의, 미래의 产生 chǎnshēng [동] 생산하다, 나타나다 放射性 fàngshèxìng [명] 방사성 核废料 héfèiliào [명] 핵폐기물 不可再生能源 bù kě zàishēng néngyuán 비재생에너지

97-100

近日，《上海市生活垃圾管理条例》（简称"定时定点"）正式实施。该条例以构建全程分类体系为核心，在分类投放、分类收集、分类处置垃圾等方面作出制度规范，为提升上海市生活垃圾管理水平提供法制保障。	최근, 《상하이 시 생활 쓰레기 관리 조례》(약칭 '정해진 시간, 정해진 장소')가 정식으로 시행되었다. 이 조례는 전 과정의 분류 체계를 구축하는 것을 핵심으로 하여, 쓰레기를 분류하여 버리고, 분류하여 모으고, 분류하여 처리하는 등의 방면에서 제도 규범을 마련함으로써, 상하이 시의 생활 쓰레기 관리 수준을 높이기 위한 법제적 보장을 제공한다.

各区都在全力⁹⁷/¹⁰⁰推进这项"定时定点"制度的落实，但在推行这项制度的过程中，出现了一些问题。问题主要集中在两个方面，一是⁹⁸市民不理解且不适应"定时定点"制度，二是⁹⁷部分管理者在督促政策实施的过程中急于求成。

关于这些问题产生的原因，相关专家给出了答案。⁹⁸首先，"定时定点"不符合居民投放垃圾的固有习惯，缺乏过渡期很难让居民在短时间内改变生活方式。其次，政府要求各地区迅速落实"定时定点"制度，这就导致部分居住区的管理方式出现简化倾向。工作人员没有对"定时定点"进行详细说明，所以居民不了解投放点和投放时间，不理解"定时定点"的必要性，自然就不会配合这项政策。这不仅使普及工作陷入困境，更使居民们怨声载道，叫苦连天。

¹⁰⁰相关部门应针对这些问题提出一些可行性较高的改革措施，比如说制定具体的实施细则，要求各办公室坚持精细化管理，做到"一小区一方案"。同时，居委会、物业、业委会三方也要加强沟通合作，充分理解细则后及时传达给居民。在这个过程中，一定要避免粗暴提要求，不详细解释说明的情况出现。只有这样做才能取得居民的信任和支持。

另外，利用一些智能设备和补救措施，做好平稳过渡的工作也是必要的。例如安装监控设备，⁹⁹设置"误时投放点"等。类似做法既能强化监督措施，又⁹⁹能方便错过投放时间的人群投放垃圾。

각 구는 최선을 다해⁹⁷/¹⁰⁰이 '정해진 시간, 정해진 장소' 제도의 정착을 추진하고 있지만, 이 제도를 시행하는 과정에서 일부 문제점이 나타났다. 문제는 주로 두 가지 방면에 집중되었는데, 첫 번째는 ⁹⁸시민들이 '정해진 시간, 정해진 장소' 제도를 이해하지 못하고 적응하지도 못하는 점이고, 두 번째는 ⁹⁷일부 관리자들이 정책 시행을 독려하는 과정에서 급하게 성과를 거두려고 하는 점이었다.

이러한 문제들이 나타나는 원인에 대해 관련 전문가들이 답을 내놓았다. ⁹⁸우선, '정해진 시간, 정해진 장소'는 주민들의 쓰레기를 버리는 고유의 관습에 맞지 않는데, 과도기가 부족하면 주민들이 짧은 시간 내에 생활 방식을 바꾸기 어렵게 만든다. 다음으로, 정부가 각 지역별로 신속하게 '정해진 시간, 정해진 장소' 제도를 성착시키도록 요구한 것이, 일부 주거 구역의 관리 방식이 간소화되는 경향이 나타나도록 했다. 실무자들이 '정해진 시간, 정해진 장소'에 대한 자세한 설명을 하지 않아서 주민들은 쓰레기를 버리는 곳과 버리는 시간을 몰랐으며, '정해진 시간, 정해진 장소'의 필요성을 이해하지 못하여 자연스럽게 이 정책에 호응할 수 없었다. 이것은 보급 업무를 곤경에 빠지게 했을 뿐만 아니라 주민들의 원성이 자자하게 만들고, 고충을 끊임없이 호소하게 만들었다.

¹⁰⁰관련 부처는 이런 문제점을 겨냥하여 실행 가능성이 비교적 높은 개혁 조치를 내놓아야 하는데, 가령 구체적인 시행 세칙을 제정하여 각 사무실이 세심화된 관리를 지속하도록 요구하면서, '한 동네 한 방식'을 달성하도록 하는 것이다. 동시에 주민 위원회, 부동산, 업주 위원회 삼자도 소통과 협력을 강화하고, 세칙을 충분히 이해한 후에 신속히 주민들에게 전달해야 한다. 이 과정에서 무례하게 요구를 제기하거나, 상세하게 설명하지 않는 경우가 발생하는 것을 반드시 방지해야 한다. 이렇게 해야만 비로소 주민들의 신임과 지지를 얻을 수 있다.

이 외에도, 스마트 장비와 보완 조치를 활용하여 원활하게 업무를 이행하는 것도 필요하다. 예를 들어 모니터링 장비를 설치하거나 ⁹⁹때를 놓쳤을 때 버리는 곳 등을 설치하는 것이다. 이와 비슷한 방법은 단속 조치를 강화할 수 있을 뿐만 아니라, 또 ⁹⁹쓰레기 버리는 시간을 놓친 사람들이 쓰레기를 버릴 수 있도록 편리함을 줄 수 있다.

어휘 **条例** tiáolì 뎽 조례, 조항　**简称** jiǎnchēng 뎽 약칭 뎽 약칭하다　**定时** dìngshí 뎽 정해진 시간에　**定点** dìngdiǎn 뎽 장소를 정하다
实施 shíshī 뎽 시행하다, 실시하다　**构建** gòujiàn 뎽 구축하다, 확립하다　**体系** tǐxì 뎽 체계, 시스템　**核心** héxīn 뎽 핵심
分类 fēnlèi 뎽 분류하다, 분리하다　**投放** tóufàng 뎽 버리다, 던지다　**收集** shōují 뎽 모으다, 수집하다　**处置** chǔzhì 뎽 처리하다, 처치하다
制度 zhìdù 뎽 제도　**规范** guīfàn 뎽 규범, 표준, 준칙　**法制** fǎzhì 뎽 법제　**保障** bǎozhàng 뎽 보장, 보증
区 qū 뎽 구[자치구·직할시 등 인구가 일정 수준 이상이 되는 시(市)의 행정 구역]　**全力** quánlì 뎽 최선, 온 힘　**推进** tuījìn 뎽 추진하다, 추진시키다
落实 luòshí 뎽 (계획, 정책, 조치 등을) 정착시키다, 실현하다　**推行** tuīxíng 뎽 (널리) 시행하다, 보급하다　**集中** jízhōng 뎽 집중하다, 모으다
督促 dūcù 뎽 독려하다, 감독하다　**政策** zhèngcè 뎽 정책　**急于求成** jíyúqiúchéng 뎽 급하게 성과를 거두려고 하다
专家 zhuānjiā 뎽 전문가　**居民** jūmín 뎽 주민, 거주민　**固有** gùyǒu 뎽 고유의　**缺乏** quēfá 뎽 부족하다, 모자라다　**过渡期** guòdùqī 과도기
方式 fāngshì 뎽 방식, 방법　**政府** zhèngfǔ 뎽 정부　**地区** dìqū 뎽 지역　**迅速** xùnsù 뎽 신속하다, 재빠르다
导致 dǎozhì 뎽 ~하도록 하다, 초래하다　**居住区** jūzhùqū 주거 구역, 주거 단지　**简化** jiǎnhuà 뎽 간소화하다
倾向 qīngxiàng 뎽 경향, 추세 뎽 (한쪽으로) 기울다, 쏠리다　**工作人员** gōngzuò rényuán 실무자, 종사자
投放点 tóufàngdiǎn 쓰레기를 버리는 곳　**必要性** bìyàoxìng 필요성　**配合** pèihé 뎽 호응하다, 협력하다　**普及** pǔjí 뎽 보급되다, 보편화하다
陷入 xiànrù 뎽 (불리한 지경에) 빠지다, 떨어지다　**怨声载道** yuànshēngzàidào 졍 원성이 자자하다
叫苦连天 jiàokǔliántiān 졍 고충을 끊임없이 호소하다　**部门** bùmén 뎽 부처, 부서, 부문　**针对** zhēnduì 뎽 겨냥하다, 겨누다
可行性 kěxíngxìng 뎽 (방안·계획 등이 갖추고 있는) 실행 가능성, 타당성　**改革** gǎigé 뎽 개혁하다　**措施** cuòshī 뎽 조치, 대책
制定 zhìdìng 뎽 제정하다, 세우다　**具体** jùtǐ 뎽 구체적이다, 특정의　**细则** xìzé 뎽 세칙　**精细化** jīngxìhuà 세심하게 하다, 꼼꼼하게 하다
小区 xiǎoqū 뎽 동네, 단지　**方案** fāng'àn 뎽 방식, 방안　**居委会** jūwěihuì 주민 위원회[居民委员会의 약칭]　**物业** wùyè 뎽 부동산
业委会 yèwěihuì 업주 위원회　**加强** jiāqiáng 뎽 강화하다, 보강하다　**沟通** gōutōng 뎽 소통하다　**合作** hézuò 뎽 협력하다
充分 chōngfèn 뎽 충분히 뎽 충분하다　**传达** chuándá 뎽 전달하다, 전하다, 표현하다　**避免** bìmiǎn 뎽 방지하다, 피하다
粗暴 cūbào 뎽 무례하다, 난폭하다, 거칠다　**信任** xìnrèn 뎽 신임 뎽 신임하다, 믿다　**利用** lìyòng 뎽 활용하다, 이용하다
智能 zhìnéng 뎽 스마트하다, 지능을 갖추다　**设备** shèbèi 뎽 장비, 설비　**补救** bǔjiù 뎽 (조치를 취하여) 보완하다, 만회하다
平稳 píngwěn 뎽 (어떠한 동요나 위험이 없이) 원활하다, 안정되다　**过渡** guòdù 뎽 이행하다 뎽 중간 상태, 과도
安装 ānzhuāng 뎽 설치하다, 고정하다　**设置** shèzhì 뎽 설치하다, 설립하다　**误时** wùshí 뎽 때를 놓치다, 시간에 늦다
类似 lèisì 뎽 비슷하다, 유사하다　**监督** jiāndū 뎽 단속하다, 감독하다 뎽 감독　**错过** cuòguò 뎽 (시기나 대상 등을) 놓치다, 지나치다

97 중상

在实行 "定时定点" 制度的过程中, 一些管理者的态度如何?

'정해진 시간, 정해진 장소' 제도를 실행하는 과정 중, 일부 관리자들의 태도는 어떠한가?

A 积极踊跃　　　B 比较急躁
C 耐心细致　　　D 敷衍了事

A 적극적이고 활기차다　　B 비교적 조급하다
C 인내심 있고 꼼꼼하다　　D 일을 대강대강 해치운다

해설 질문이 '정해진 시간, 정해진 장소' 정책을 실행하는 과정 중 일부 관리자들의 태도는 어떠한지를 물었으므로, 一些管理者的态度와 관련된 내용을 지문에서 재빨리 찾는다. 두 번째 단락에서 推进这项 "定时定点" 制度的落实, 但在推行这项制度的过程中, 出现了一些问题……部分管理者在督促政策实施的过程中急于求成이라고 했으므로, 보기 B가 정답이다.

어휘 实行 shíxíng 圖 실행하다　制度 zhìdù 圐 제도　如何 rúhé 때 어떠하다　踊跃 yǒngyuè 圐 활기차다, 열렬하다
急躁 jízào 圐 (성격이) 조급하다　细致 xìzhì 圐 꼼꼼하다, 세밀하다　敷衍了事 fūyǎnliǎoshì 젤 일을 대강대강 해치우다

98 하

为什么居民不适应 "定时定点" 的投放方式?

왜 주민들은 '정해진 시간, 정해진 장소'로 버리는 방식에 적응하지 못했는가?

A 不符合固有习惯
B 处罚的金额太高
C 投放点数量太少
D 程序复杂难以理解

A 고유의 관습에 부합하지 않았다
B 처벌 금액이 지나치게 높았다
C 버리는 곳의 수가 너무 적었다
D 절차가 복잡하여 이해하기 어려웠다

해설 질문이 주민들이 '정해진 시간, 정해진 장소'로 버리는 방식에 적응하지 못한 이유를 물었으므로, 居民不适应 "定时定点" 과 관련된 내용을 지문에서 재빨리 찾는다. 두 번째 단락에서 市民不理解且不适应 "定时定点" 制度라고 했고, 세 번째 단락에서 首先, "定时定点" 不符合居民投放垃圾的固有习惯이라고 했으므로, 보기 A가 정답이다.

어휘 投放 tóufàng 圖 버리다　固有 gùyǒu 圐 고유의　处罚 chǔfá 圖 처벌하다　金额 jīn'é 圐 금액　程序 chéngxù 圐 절차, 단계

99 하

设置 "误时投放点" 是为了:

'때를 놓쳤을 때 버리는 곳'을 설치하는 것은 무엇을 위해서인가:

A 对垃圾进行有效分类
B 强化对居民的监督措施
C 提高与居民的沟通效率
D 方便错过时间的人投放垃圾

A 쓰레기를 효과적으로 분류하기 위해서
B 주민에 대한 단속 조치를 강화하기 위해서
C 주민과의 소통 능률을 높이기 위해서
D 시간을 놓친 사람들이 쓰레기를 버리는 것을 편리하게 하기 위해서

해설 질문이 '때를 놓쳤을 때 버리는 곳'을 설치하는 것은 무엇을 위해서인지 물었으므로, "误时投放点" 과 관련된 내용을 지문에서 재빨리 찾는다. 마지막 단락에서 设置 "误时投放点" 等。类似做法……能方便错过投放时间的人群投放垃圾라고 했으므로, 보기 D가 정답이다.

어휘 设置 shèzhì 圖 설치하다　分类 fēnlèi 圖 분류하다　监督 jiāndū 圖 단속하다, 감독하다　措施 cuòshī 圐 조치, 대책
沟通 gōutōng 圖 소통하다　效率 xiàolǜ 圐 능률, 효율　错过 cuòguò 圖 (시기나 대상 등을) 놓치다

100 중상

上文主要介绍的是:

위 글이 주로 소개하는 것은:

A 垃圾投放方式
B 居民的陈旧观念
C 垃圾管理带来的收益
D 关于新政策的问题和建议

A 쓰레기를 버리는 방식
B 주민들의 낡은 사고 방식
C 쓰레기 관리가 가져 오는 이득
D 새로운 정책에 관한 문제점과 제안

해설 질문이 위 글이 주로 소개하는 것을 물었으므로, 지문 전체의 중심 내용을 재빨리 파악한다. 두 번째 단락에서 推进这项 "定时定点" 制度的落实, 但在推行这项制度的过程中, 出现了一些问题라며 새로운 정책의 실행 과정 중에 나타난 문제점들에 대해 언급했고, 네 번째 단락에서 相关部门应针对这些问题提出一些可行性较高的改革措施라며, 이러한 문제점을 해결하기 위한 여러 가지 방안들을 제시했다. 따라서 보기 D가 정답이다.

어휘 投放 tóufàng 圖 버리다　陈旧 chénjiù 圐 낡다　观念 guānniàn 圐 사고 방식　收益 shōuyì 圐 이득, 수익　政策 zhèngcè 圐 정책

지문 해석

101
중

1954年10月，著名华人导演李安在台湾出生。他家一共有四个孩子，他是体质最弱、玩心最强的一个。李安身体羸弱，总得去医院打针，还得时不时吃药。进了高中的李安成绩出众，人缘极佳，高考时却发挥失常，和心仪的大学失之交臂。他选择了复读，但在第二次高考时，又因为紧张不幸落榜。一连串的打击让李安心灰意冷，甚至有了最坏的想法。好在家人和数学家教一直陪在他身边，伴他度过了最艰难的时光。

1954년 10월, 유명한 중국인 감독 리안이 대만에서 태어났다. 그의 집에는 모두 네 명의 아이가 있었는데, 그는 체력이 가장 약하면서 놀 생각이 가장 강한 아이였다. 리안은 몸이 약해서 늘 병원에 가서 자주 주사를 맞아야 했고, 또 수시로 약을 먹어야 했다. 고등학교에 입학한 리안은 성적이 뛰어났고 다인과의 관계도 좋았는데, 대학 입시 때 실력을 제대로 발휘하지 못해 마음에 드는 대학에 진학할 기회를 놓쳤다. 그는 재수를 택했지만, 두 번째 대학 입시 때 또 긴장한 나머지 불행히도 시험에 떨어졌다. 연이은 타격은 리안을 의기소침하게 했고, 심지어 최악의 생각까지 갖게 했다. 다행히 가족과 수학 가정교사가 계속 그의 곁에서 그와 함께 가장 힘든 시기를 보내 주었다.

两次失败反而让李安有了平常心。第三次挑战高考的李安发挥出色，进入了理想的大学。李安学习的是戏剧和美术，这为他今后的导演之路打下了良好的基础。在校期间，李安非常活跃，不是参加巡回公演就是表演舞台剧。这样的生活让他快乐不已，但是面对父亲时，他还是会收敛一些，因为他知道父亲不喜欢这些。

두 번의 실패는 오히려 리안에게 평정심을 갖게 했다. 세 번째 대학 입시 도전에 나선 리안은 뛰어난 기량을 발휘하여 원하는 대학에 진학했다. 리안이 공부한 것은 연극과 미술로, 이것은 그의 훗날 감독의 길을 위한 좋은 기초를 다져주었다. 재학 기간 중 리안은 매우 활발했는데, 순회 공연에 참가하거나 연극을 공연할 정도였다. 이런 생활이 그를 더없이 즐겁게 해 주었지만, 아버지를 대할 때면 그는 좀 자제하게 되었는데, 아버지가 이런 것들을 좋아하지 않는다는 것을 알았기 때문이었다.

毕业后，他准备报考美国伊利诺伊大学的戏剧电影系，却遭到父亲的强烈反对。父亲告诉李安，在好莱坞，每年有5万多人争抢200个角色，黄皮肤的华人很难混出名堂。然而被梦想冲昏头的李安，根本没听进去父亲的话。和父亲大吵一架后，他就坐上了去美国的飞机。

졸업 후, 그는 미국 일리노이 대학의 연극영화과에 지원하려고 준비했으나, 아버지의 거센 반대에 부닥쳤다. 아버지는 리안에게, 할리우드에서는 매년 5만여 명이 200개의 배역을 다투어 빼앗으며, 노란 피부를 가진 중국인은 성과를 내기 힘들다고 말씀하셨다. 하지만 꿈에 넋을 잃은 리안은 아버지의 말이 귀에 전혀 들어오지 않았다. 아버지와 크게 다툰 후, 그는 미국으로 가는 비행기를 탔다.

在美国顺利完成学业后，李安结婚了。本以为美好的生活即将开启，但他的电影梦遭到了现实的打击。父亲说的话一一得到了验证。即便进入剧组，李安也只能做一些杂事，根本接触不到核心部门，更别说为自己的剧本拉到投资了。电影梦还没有实现，生活却变得困难，所以李安一度想放弃电影。这时妻子表示自己可以养家糊口，继续支持李安的梦想。

미국에서 순조롭게 학업을 마친 후, 리안은 결혼했다. 원래는 아름다운 삶이 곧 열릴 줄 알았는데, 그의 영화 꿈은 현실의 타격을 받았다. 아버지가 하신 말씀이 하나하나 검증되었다. 설령 제작팀에 들어가더라도 리안은 잡일만 할 뿐, 핵심 부서와는 전혀 접촉할 수 없었고, 자신의 극본에 투자를 끌어들이는 것은 더 말할 것도 없었다. 영화의 꿈은 아직 실현되지도 않았는데 생활은 오히려 어려워져, 리안은 한동안 영화를 포기하려고 했다. 이때 아내가 자신이 가족을 부양할 수 있다며, 리안의 꿈을 계속 지지하겠다고 말했다.

于是李安一边做家务带孩子，一边研究好莱坞的电影模式，就这样度过了6年。琐碎的家务并没有消磨掉李安的意志，反而让他进一步了解到普通人的日常生活。在他的《饮食男女》等作品中，都可以看到这种富有真实感的细节。

그래서 리안은 집안일을 하고 아이들을 돌보며, 할리우드의 영화 패턴을 연구했고, 그렇게 6년을 보냈다. 소소한 집안일은 리안의 의지를 꺾지 못했고, 오히려 그가 평범한 사람들의 일상을 한 단계 더 이해하게 해 주었다. 그의 《음식남녀》 등의 작품에서 이런 실감이 많이 나는 디테일을 볼 수 있다.

后来，李安凭借剧本《推手》获得一笔奖金，正式踏上了导演之路。由他执导的《喜宴》、《卧虎藏龙》、《少年派的奇幻漂流》在国际电影节上取得了大大小小的奖项。被鲜花和掌声包围后，李安依然没有忘记初心，还是很严谨地对待自己的每一个作品。

이후 리안은 극본 《쿵후 선생》으로 받은 상금에 기반하여 본격적으로 감독의 길에 올라섰다. 그가 감독을 맡은 《희연》, 《와호장룡》, 《소년파의 판타지 래프팅》은 국제영화제에서 크고 작은 상을 받았다. 꽃과 박수 소리에 둘러싸인 뒤에도 리안은 여전히 초심을 잃지 않고, 자신의 작품 하나하나를 엄격하게 대했다.

李安所有的成就都离不开他丰富的人生经历。出身于书香门第的李安从小就接触到了中国的传统文化，而在美国打拼的日子又让他对美国文化有了深层次的了解。所以，在亚洲电影人和欧美电影人的眼里，李安就是华人导演的标杆。他们认为，不管是中文电影还是英文电影，李安在拍摄时都能完美地将中美文化融入其中。出现在他电影中的文化和情感，完美贴合了中美人民的生活，引发了所有人的共鸣。	리안의 모든 업적은 그의 풍부한 인생 경험과 떨어질 수 없다. 학자 가문 출신인 리안은 어려서부터 중국의 전통 문화를 접했는데, 미국에서 고군분투하던 시절은 또 그가 미국 문화에 대해 깊은 차원의 이해를 하게 만들었다. 그래서 아시아 영화인과 유럽 및 미국 영화인의 눈에는 리안이 바로 중국인 감독의 본보기이다. 그들은 중국어 영화든 영어 영화든 리안이 촬영할 때는 중국과 미국의 문화를 그 속에 완벽하게 녹여낼 수 있다고 생각한다. 그의 영화에 등장하는 문화와 감정은 중국와 미국 사람들의 삶에 완벽하게 밀착되어, 모든 사람의 공감을 불러일으켰다.

어휘 **导演** dǎoyǎn [명] 감독, 연출자 **体质** tǐzhì [명] 체력, 체질 **孱弱** chánruò [형] (신체가) 약하다, 허약하다 **时不时** shíbùshí [부] 수시로, 자주
出众 chūzhòng [형] 뛰어나다, 출중하다 **人缘** rényuán [명] 타인과의 관계, 붙임성
发挥失常 fāhuī shīcháng 실력을 제대로 발휘하지 못하다 **心仪** xīnyí [동] 마음에 들다, 마음속으로 흠모하다
失之交臂 shīzhījiāobì [성] 기회를 놓치다, 어깨를 스치고 지나간 격이다 **复读** fùdú [동] 재수하다 **不幸** búxìng [부] 불행히도
落榜 luòbǎng [동] 시험에 떨어지다, 낙방하다 **一连串** yìliánchuàn [형] 연이은 **打击** dǎjī [동] 타격을 주다
心灰意冷 xīnhuīyìlěng [성] 의기소침하다, 실망하다 **度过** dùguò [동] (시간을) 보내다, 지내다 **艰难** jiānnán [형] 힘들다, 어렵다
时光 shíguāng [명] 시기, 세월 **反而** fǎn'ér [부] 오히려, 도리어 **平常心** píngchángxīn [명] 평정심 **挑战** tiǎozhàn [동] 도전하다
出色 chūsè [형] 뛰어나다, 출중하다 **戏剧** xìjù [명] 연극, 희극 **美术** měishù [명] 미술 **良好** liánghǎo [형] 좋다, 양호하다
期间 qījiān [명] 기간, 시간 **活跃** huóyuè [형] (행동이) 활발하다, 활기차다 [동] 활기차게 하다 **巡回** xúnhuí [동] 순회하다
公演 gōngyǎn [명] 공연 [동] 공연하다 **舞台剧** wǔtáijù [명] 연극, 무대극 **面对** miànduì [동] 대하다, 직면하다
收敛 shōuliǎn [동] 자제하다, 삼가다 **报考** bàokǎo [동] 지원하다, 응시하다 **伊利诺伊** Yīlìnuòyī [고유] 일리노이
戏剧电影系 xìjù diànyǐng xì 연극영화과 **遭到** zāodào [동] 부닥치다, 만나다 **强烈** qiángliè [형] 거세다, 강렬하다
好莱坞 Hǎoláiwū [고유] 할리우드 **争抢** zhēngqiǎng [동] 다투어 빼앗다, 쟁탈하다 **角色** juésè [명] 배역, 역할
黄皮肤 huángpífū 노란 피부 **混出名堂** hùnchū míngtang 성과를 내다 **梦想** mèngxiǎng [명] 꿈 **冲昏头** chōng hūn tóu 넋을 잃다
根本 gēnběn [부] 전혀 [명] 근본 **吵架** chǎojià [동] 다투다, 말다툼하다 **即将** jíjiāng [부] 곧, 머지않아 **开启** kāiqǐ [동] 열리다, 시작하다
现实 xiànshí [명] 현실 [형] 현실적이다 **验证** yànzhèng [동] 검증하다 **即便** jíbiàn [접] 설령 ~하더라도 **进入** jìnrù [동] 들어가다, 진입하다
剧组 jùzǔ [명] (연극 영화의) 제작팀 **杂事** záshì [명] 잡일 **接触** jiēchù [동] 접촉하다, 만나다, 닿다 **核心** héxīn [명] 핵심
部门 bùmén [명] 부서, 부문 **剧本** jùběn [명] 극본, 대본 **投资** tóuzī [명] 투자 [동] 투자하다 **实现** shíxiàn [동] 실현하다, 달성하다
养家糊口 yǎngjiāhúkǒu [성] 가족을 부양하다 **继续** jìxù [동] 계속하다 **家务** jiāwù [명] 집안일 **模式** móshì [명] 패턴, 모델
琐碎 suǒsuì [형] 소소하다 **消磨** xiāomó [동] 꺾다, 소모하다 **意志** yìzhì [명] 의지, 의기 **反而** fǎn'ér [부] 오히려, 역으로
进一步 jìn yí bù 한 단계 더 나아가다, 진일보하다 **日常** rìcháng [형] 일상의, 일상적인 **饮食** yǐnshí [명] 음식, 먹고 마시는 것
作品 zuòpǐn [명] 작품 **富有** fùyǒu [동] 많다, 풍부하다 **真实** zhēnshí [형] 실감나다 **细节** xìjié [명] 디테일, 자세한 사정
凭借 píngjiè [동] ~을 기반으로 하다, ~에 의지하다 **踏** tà [동] 올라서다, 밟다 **执导** zhídǎo [동] (연극 영화) 감독을 맡다
鲜花 xiānhuā [명] 꽃 **掌声** zhǎngshēng [명] 박수 소리 **包围** bāowéi [동] 둘러싸이다, 에워싸다 **依然** yīrán [부] 여전히
严谨 yánjǐn [형] 엄격하다, 빈틈없다 **对待** duìdài [동] 대하다, 대처하다 **成就** chéngjiù [명] 업적, 성취, 성과 **人生** rénshēng [명] 인생
出身 chūshēn [동] ~출신이다 **书香门第** shū xiāng mén dì 학자 가문, 선비 가문 **传统** chuántǒng [명] 전통 [형] 전통적이다
打拼 dǎpīn [동] 고군분투하다 **日子** rìzi [명] 시절, 날, 날짜 **层次** céngcì [명] 차원, (서로 관련된) 각급 기구 **标杆** biāogān [명] 본보기, 모범
拍摄 pāishè [동] (사진이나 영상을) 촬영하다, 찍다 **完美** wánměi [형] 완벽하다, 매우 훌륭하다
融入 róngrù [동] 녹여내다, 융합되어 들어가다 **情感** qínggǎn [명] 감정, 느낌 **贴合** tiēhé [형] 밀착하다, 딱 맞다
共鸣 gòngmíng [동] 공감하다, 공명하다

지문 요약

지문		기억한 스토리
파란색 글자는 지문에서 반드시 외워야 할 핵심표현이에요.	제목	—
1954年10月, 著名华人导演**李安**在台湾出生。他家一共有四个孩子, 他是体质最弱、玩心最强的一个。李安身体孱弱, 总得去医院打针, 还得时不时吃药。进了高中的李安成绩出众, 人缘极佳, 高考时却发挥失常, 和心仪的大学失之交臂。他选择了复读, 但在第二次高考时, 又因为紧张不幸落榜。一连串的打击让李安心灰意冷, 甚至有了最坏的想法。好在家人和数学家教一直陪在他身边, 伴他度过了最艰难的时光。	① 주인공의 어린시절	1954년, 감독 **李安**은 대만에서 태어남. 고등학교 때 그는 **成绩出众, 人缘极佳**했지만, 대학 입시에서 기량을 제대로 발휘하지 못하여 마음에 들었던 대학에 진학하지 못했고, 두 번째 대학 입시도 불행히 낙방하여, 이것이 그를 낙담하게 함.
两次失败反而让李安有了平常心。第三次挑战高考的李安发挥出色, 进入了理想的大学。李安学习的是戏剧和美术, 这为他今后的导演之路打下了良好的基础。在校期间, 李安非常活跃, 不是参加巡回公演就是表演舞台剧。这样的生活让他快乐不已, 但是面对父亲时, 他还是会收敛一些, 因为他知道父亲不喜欢这些。	② 주인공의 대학시절	세 번째 대학 입시에서 리안은 **发挥出色**했고, 마침내 원하는 대학에 진학하여 **戏剧와 美术**을 공부했는데, 이것은 그의 성장을 위한 **打下了良好的基础**함. 그는 학교에서 매우 **活跃**했지만, 그러나 아버지 앞에서는 좀처럼 마음 속의 즐거움을 드러내지 않았음.
毕业后, 他准备报考美国伊利诺伊大学的戏剧电影系, 却遭到父亲的强烈反对。父亲告诉李安, 在好莱坞, 每年有5万多人争抢200个角色, 黄皮肤的华人很难混出名堂。然而被梦想冲昏头的李安, 根本没听进去父亲的话。和父亲大吵一架后, 他就坐上了去美国的飞机。	③ 첫 번째 시련	졸업 후, 그는 미국의 모 대학에 지원하고 싶었지만 아버지의 **反对에 遭到**함. 아버지는 미국 영화계는 경쟁이 치열하고, 중국인은 성공하기 힘들다고 생각하셨음. 그럼에도 불구하고 그는 미국으로 감.
在美国顺利完成学业后, 李安结婚了。本以为美好的生活即将开启, 但他的电影梦遭到了现实的打击。父亲说的话一一得到了验证。即便进入剧组, 李安也只能做一些杂事, 根本接触不到核心部门, 更别说为自己的剧本拉到投资了。电影梦还没有实现, 生活却变得困难, 所以李安一度想放弃电影。这时妻子表示自己可以养家糊口, 继续支持李安的梦想。	④ 두 번째 시련	리안은 미국에서 결혼한 후, 좋은 날들을 보낼 수 있을 것이라고 생각했지만, 그의 꿈은 **现实的打击**를 받음. 아버지가 말씀한 것과 같이, 그는 제작팀에서 잡일만 할 수 있었고, 생활도 어려워졌음. 그가 **放弃**하고 싶어졌을 때, 아내가 **养家糊口**하겠다고 하면서 그의 꿈을 **支持**함.
于是李安一边做家务带孩子, 一边研究好莱坞的电影模式, 就这样度过了6年。琐碎的家务并没有消磨掉李安的意志, 反而让他进一步了解到普通人的日常生活。在他的《饮食男女》等作品中, 都可以看到这种富有真实感的细节。	⑤ 시련 극복 과정	그래서 리안은 집안일을 하면서 **电影를 研究**함. 이러한 평범한 나날들은 그가 **普通人의 生活**을 이해할 수 있게 해 줌.
后来, 李安凭借剧本《推手》获得一笔奖金, 正式踏上了导演之路。由他执导的《喜宴》、《卧虎藏龙》、《少年派的奇幻漂流》在国际电影节上取得了大大小小的奖项。被鲜花和掌声包围后, 李安依然没有忘记初心, 还是很严谨地对待自己的每一个作品。	⑥ 성공의 결실	그후 리안은 극본《推手》로 상금을 받았고, 본격적으로 **导演之路**에 올라섰는데, 그가 연출한 여러 작품도 국제적으로 상을 받음. 성공 후에도 리안은 예전과 같이 **严谨**하게 자신의 매 작품을 **对待**함.
李安所有的成就都离不开他丰富的人生经历。出身于书香门第的李安从小就接触到了中国的传统文化, 而在美国打拼的日子又让他对美国文化有了深层次的了解。所以, 在亚洲电影人和欧美电影人的眼里, 李安就是华人导演的标杆。他们认为, 不管是中文电影还是英文电影, 李安在拍摄时都能完美地将中美文化融入其中。出现在他电影中的文化和情感, 完美贴合了中美人民的生活, 引发了所有人的共鸣。	⑦ 성공요인	리안의 업적은 **丰富한 人生经历**와 떨어질 수 없음. 그는 중국과 미국의 문화를 잘 이해하고 있고, 중국과 미국의 문화를 완벽하게 영화 속에 **融入**함. 그의 영화는 모든 사람의 **共鸣**을 불러일으킴.

요약	요약 포인트
李安的成功故事	李安의 성공 일화에 대한 지문 내용이므로 '李安的成功故事(리안의 성공 이야기)'을 제목으로 쓴다.
1954年, 导演李安在台湾出生。高中时他成绩出众, 人缘极佳, 但高考没发挥好, 没能进入心仪的大学。第二次高考又不幸落榜, 这让他感到灰心。	• '이것이 그를 ~하게 했다'로 기억한 내용은 '这让他……'와 같은 표현을 사용하여 쓴다. 어떤 일로 인하여 리안에게 변화가 생겼다는 내용을 요약하는 것이므로 사역동사 让을 활용한다. • 지문의 '心灰意冷'처럼 외우기 어려운 표현이나 구문은 비슷한 뜻을 가진 쉬운 표현인 '感到灰心'으로 쉽게 기억해서 쓴다.
第三次高考李安发挥出色, 终于进入了理想的大学学习戏剧和美术, 这为他的发展打下了良好的基础。他在学校很活跃, 然而很少在父亲面前表现出内心的快乐。	• '그는 ~했지만, 그러나 ~했다'처럼 반대/전환되는 내용을 요약할 때는 '然而'과 같은 연결어를 활용한다.
毕业后, 他想报考美国某大学, 却遭到了父亲的反对。父亲认为, 美国电影界竞争激烈, 中国人很难成功。尽管如此, 他还是去了美国。	• 지문의 '美国伊利诺伊大学'처럼 외우기 어려운 고유명사는 '某大学'로 쉽게 기억해서 쓴다. • '그럼에도 불구하고'로 기억한 내용은 '尽管如此'와 같은 표현을 사용한다.
李安在美国结婚后, 以为可以过上好日子, 但他的梦想遭到了现实的打击。正如父亲所说的那样, 他只能在剧组做杂事, 生活也变得困难。当他想放弃时, 妻子愿意养家糊口, 支持他的梦想。	• '아버지가 말씀하신 것과 같이 ~'로 기억한 내용은 '正如父亲说的那样'과 같은 표현을 사용한다. • '그가 ~하고 싶어졌을 때'로 기억한 내용은 '当他想……时'와 같은 표현을 사용한다.
于是李安一边做家务, 一边研究电影, 这种平凡的日子让他了解到了普通人的生活。	• '평범한 나날들은 그가 ~하게 해줌'으로 기억한 내용은 '平凡的日子让他……'와 같은 표현을 사용하여 쓴다. 어떤 일로 인하여 그에게 변화가 생겼다는 내용을 요약하는 것이므로 사역동사 让을 활용한다.
后来, 李安靠剧本《推手》获得奖金, 正式走上了导演之路, 他导演的多部作品也在国际上获奖。成功后, 李安一如既往地严谨对待自己的每一个作品。	• 지문에서 '《喜宴》、《卧虎藏龙》、《少年派的奇幻漂流》'처럼 길게 열거된 내용은 '多部作品'과 같은 포괄적인 표현으로 간단히 기억해서 쓴다. • '예전과 같이'로 기억한 내용은 '一如既往'과 같은 표현을 사용한다.
李安的成就离不开丰富的人生经历。他非常了解中国和美国的文化, 并把中美文化完美地融入电影中。他的电影引发了所有人的共鸣。	• 지문의 '李安从小就接触到了中国的传统文化, 而在美国打拼的日子又让他对美国文化有了深层次的了解'처럼 인물의 상황을 길게 묘사한 내용은 '非常了解'와 같은 직설적인 표현으로 쉽게 기억해서 쓴다. • '중국과 미국의 문화를 ~할'으로 기억한 내용은 '把中美文化……'와 같은 표현을 사용하여 쓴다.

모범 답안[80점]

→ 파란색 글자는 지문에서 읽은 표현을 그대로 쓴 것이에요.

李安的成功故事

　　　　1954年，导演李安在台湾出生。高中时他成绩出众，人缘极佳，但高考没发挥好，没能进入心仪的大学。第二次高考又不幸落榜，这让他感到灰心。

　　　　第三次高考李安发挥出色，终于进入了理想的大学学习戏剧和美术，这为他的发展打下了良好的基础。他在学校很活跃，然而很少在父亲面前表现出内心的快乐。

　　　　毕业后，他想报考美国某大学，却遭到了父亲的反对。父亲认为，美国电影界竞争激烈，中国人很难成功。尽管如此，他还是去了美国。

　　　　李安在美国结婚后，以为可以过上好日子，但他的梦想遭到了现实的打击。正如父亲所说的那样，他只能在剧组做杂事，生活也变得困难。当他想放弃时，妻子愿意养家糊口，支持他的梦想。

　　　　于是李安一边做家务，一边研究电影，这种平凡的日子让他了解到了普通人的生活。

　　　　后来，李安靠剧本《推手》获得奖金，正式走上了导演之路，他导演的多部作品也在国际上获奖。成功后，李安一如既往地严谨对待自己的每一个作品。

　　　　李安的成就离不开丰富的人生经历。他非常了解中国和美国的文化，并把中美文化完美地融入电影中。他的电影引发了所有人的共鸣。

리안의 성공 이야기

1954년, 감독 리안은 대만에서 태어났다. 고등학교 때 그는 성적이 뛰어났고, 타인과의 관계도 좋았지만, 대학 입시에서 기량을 제대로 발휘하지 못하여 마음에 들었던 대학에 진학하지 못했다. 두 번째 대학 입시도 불행히 낙방하여, 이것이 그를 낙담하게 했다.

세 번째 대학 입시에서 리안은 뛰어난 기량을 발휘했고, 마침내 원하는 대학에 진학하여 연극과 미술을 공부했는데, 이것은 그의 성장을 위한 좋은 기초를 다져주었다. 그는 학교에서 매우 활발했지만, 그러나 아버지 앞에서는 좀처럼 마음 속의 즐거움을 드러내지 않았다.

졸업 후, 그는 미국의 모 대학에 지원하고 싶었지만 아버지의 반대에 부딪쳤다. 아버지는 미국 영화계는 경쟁이 치열하고, 중국인은 성공하기 힘들다고 생각하셨다. 그럼에도 불구하고 그는 미국으로 갔다.

리안은 미국에서 결혼한 후, 좋은 날들을 보낼 수 있을 것이라고 생각했지만, 그의 꿈은 현실의 타격을 받았다. 아버지가 말씀한 것과 같이, 그는 제작팀에서 잡일만 할 수 있었고, 생활도 어려워졌다. 그가 포기하고 싶어졌을 때, 아내가 가족을 부양하겠다고 하면서 그의 꿈을 지지했다.

그래서 리안은 집안일을 하면서 영화를 연구했는데, 이러한 평범한 나날들은 그가 평범한 사람의 생활을 이해할 수 있게 해 주었다.

그후 리안은 극본 《쿵후 선생》으로 상금을 받았고, 본격적으로 감독의 길에 올라섰는데, 그가 연출한 여러 작품도 국제적으로 상을 받았다. 성공 후에도 리안은 예전과 같이 자신의 작품 하나하나를 엄격하게 대했다.

리안의 업적은 풍부한 인생 경험과 떨어질 수 없다. 그는 중국과 미국의 문화를 잘 이해하고 있고, 중국과 미국의 문화를 완벽하게 영화 속에 녹여냈다. 그의 영화는 모든 사람의 공감을 불러일으켰다.

어휘　导演 dǎoyǎn 몡 감독, 연출자　툉 연출하다　台湾 Táiwān 고유 대만　出众 chūzhòng 휑 뛰어나다, 출중하다
人缘 rényuán 몡 타인과의 관계, 붙임성　心仪 xīnyí 툉 마음에 들다, 마음속으로 흠모하다　不幸 búxìng 뿐 불행히도
落榜 luòbǎng 툉 낙방하다, 시험에 떨어지다　灰心 huīxīn 툉 낙담하다　出色 chūsè 휑 뛰어나다　戏剧 xìjù 몡 연극, 희극
美术 měishù 몡 미술　良好 liánghǎo 휑 좋다, 양호하다　活跃 huóyuè 휑 (행동이) 활발하다, 활기차다　툉 활기차게 하다
报考 bàokǎo 툉 지원하다, 응시하다　遭到 zāodào 툉 부닥치다, 만나다　激烈 jīliè 휑 치열하다　梦想 mèngxiǎng 몡 꿈
现实 xiànshí 몡 현실　휑 현실적이다　打击 dǎjī 툉 타격을 주다　剧组 jùzǔ 몡 (연극 영화의) 제작팀　杂事 záshì 몡 잡일
养家糊口 yǎngjiāhúkǒu 졩 가족을 부양하다　家务 jiāwù 몡 집안일　平凡 píngfán 휑 평범하다　剧本 jùběn 몡 극본, 대본
一如既往 yìrújìwǎng 졩 예전과 같다　严谨 yánjǐn 휑 엄격하다, 빈틈없다　对待 duìdài 툉 대하다, 대처하다
成就 chéngjiù 몡 업적, 성취, 성과　人生 rénshēng 몡 인생　完美 wánměi 휑 완벽하다, 매우 훌륭하다　融入 róngrù 툉 녹여내다
共鸣 gòngmíng 툉 공감하다, 공명하다

모범 답안[60점]

					李	安	的	成	功	故	事			
	李	安	在	台	湾	出	生	。	高	中	时	他	虽	然	成	绩	出	色，
但	两	次	高	考	都	失	败	了	。					
	第	三	次	高	考	后	，	李	安	终	于	进	入	了	理	想	的	大
学	。	他	在	学	校	参	加	了	各	种	活	动	，	但	很	少	在	父	亲
面	前	表	现	出	自	己	的	快	乐	。				
	毕	业	后	，		他	想	进	美	国	某	大	学	，	但	父	亲	不	同
意	他	的	选	择	，		因	为	父	亲	认	为	中	国	人	很	难	在	美	国
成	功	。	尽	管	这	样	，		他	还	是	去	了	美	国	。
	过	了	一	段	时	间	后	，		李	安	在	美	国	结	婚	了	。	他
发	现	父	亲	的	话	没	有	错	，		他	只	能	在	剧	组	做	杂	事，
生	活	也	变	得	困	难	。	当	他	想	放	弃	时	，	妻	子	说	愿	意
支	持	他	的	梦	想	。								
	于	是	李	安	在	做	家	务	的	同	时	，		研	究	电	影	。	这
让	他	了	解	到	了	普	通	人	的	生	活	。		
	后	来	，		李	安	通	过	一	部	作	品	获	得	奖	金	，	他	的
其	他	作	品	也	在	国	际	上	获	奖	了	。	成	功	后	，	李	安	仍
然	认	真	地	对	待	自	己	的	作	品	。			
	李	安	的	成	功	和	他	的	人	生	经	历	有	关	。	他	把	中
国	和	美	国	的	文	化	完	美	地	融	入	电	影	中	。	他	的	电	影
引	发	了	所	有	人	的	共	鸣	。					

리안의 성공 이야기

리안은 대만에서 태어났다. 고등학교 때 그는 비록 성적이 비록 뛰어났지만, 두 번의 대학 입시를 모두 실패했다.

세 번째 대학 입시 후, 리안은 마침내 원하는 대학에 진학했다. 그는 학교에서 각종 활동에 참여했지만, 아버지 앞에서는 좀처럼 자신의 즐거움을 드러내지 않았다.

졸업 후, 그는 미국의 모 대학에 들어가고 싶었지만 아버지는 그의 선택을 동의하지 않았는데, 아버지는 중국인이 미국에서 성공하기 힘들다고 생각하셨기 때문이다. 그럼에도 불구하고 그는 미국에 갔다.

어느 정도 시간이 지나고 난 후, 리안은 미국에서 결혼했다. 그는 아버지의 말이 틀리지 않았다는 것을 깨달았는데, 그는 제작팀에서 잡일 밖에 할 수 없었고, 생활도 어려워졌다. 그가 포기하고 싶어졌을 때, 아내는 그의 꿈을 지지하길 원한다고 말했다.

그래서 리안은 집안일을 하는 동시에, 영화를 연구했다. 이것은 그가 평범한 사람의 생활을 잘 이해하게 해 주었다.

그후 리안은 한 작품을 통해 상금을 받았고, 그의 다른 작품들도 국제적으로 상을 받았다. 성공 후에도 리안은 여전히 진지하게 자신의 작품을 대했다.

리안의 성공은 그의 인생 경험과 관련이 있다. 그는 중국과 미국의 문화를 완벽하게 영화 속에 녹여냈다. 그의 영화는 모두의 공감을 불러일으켰다.

어휘 **台湾** Táiwān 고유 대만　**出色** chūsè 형 뛰어나다　**剧组** jùzǔ 명 (연극 영화의) 제작팀　**杂事** záshì 명 잡일　**梦想** mèngxiǎng 명 꿈
家务 jiāwù 명 집안일　**作品** zuòpǐn 명 작품　**对待** duìdài 동 대하다, 대처하다　**人生** rénshēng 명 인생
完美 wánměi 형 완벽하다, 매우 훌륭하다　**融入** róngrù 동 녹여내다　**共鸣** gòngmíng 동 공감하다, 공명하다

해커스 해설이 상세한 HSK 6급 실전모의고사

고사장 소음까지 대비하고
듣기 점수 올리려면?

해커스중국어(china.Hackers.com)에서
고사장 소음 버전 MP3 무료 다운받기!

해커스 해설이 상세한 HSK 6급

실전모의고사

제2회

난이도: 중상

听力 듣기 어휘·해석·해설

阅读 독해 어휘·해석·해설

书写 쓰기 어휘·해석·해설

一、听力 듣기

문제별 분할파일
mp3 바로듣기

1
중상

A 西瓜运输难度大 B 西瓜水分含量高 C 变质的西瓜对人体有害 D 身体弱的人应少吃西瓜	A 수박은 운송 난이도가 높다 B 수박은 수분 함량이 높다 C 변질된 수박은 인체에 해롭다 D 몸이 허약한 사람은 수박을 적게 먹어야 한다
西瓜看起来个儿大皮厚，但实际上较为脆弱。在运输西瓜的过程中稍有疏忽，就可能会造成严重的后果。比如，路上的颠簸会使西瓜互相挤压，造成破损，导致腐烂；另外，如果遇上大堵车，西瓜也可能会因为高温暴晒而变质。	수박은 크기가 크고 껍질이 두꺼워 보이지만, 사실은 비교적 잘 깨진다. 수박을 운송하는 과정에서 조금만 소홀히 하면 심각한 결과를 초래할 수 있다. 예를 들면 길 위에서의 흔들거림은 수박을 서로 짓눌러 파손시키고 부패를 초래하는 것인데, 이 밖에도 만약 심한 교통 체증을 만난다면 수박은 고온과 강렬한 햇볕 아래 오랫동안 쬐여진 것 때문에 변질될 수 있다.

해설 보기에 西瓜(수박)가 반복적으로 나오므로 西瓜와 관련된 설명문 단문이 나올 것을 예측한다. 음성에서 在运输西瓜的过程中稍有疏忽，就可能会造成严重的后果。라고 했다. 따라서 보기 A 西瓜运输难度大가 정답이다.

어휘 보기 **运输** yùnshū [동] 운송하다 **含量** hánliàng [명] 함량 **变质** biànzhì [동] (주로 나쁜 쪽으로) 변질되다 **弱** ruò [형] 허약하다, 약하다

단문 **脆弱** cuìruò [형] 잘 깨지다, 연약하다 **稍** shāo [부] 조금, 얼마쯤 **疏忽** shūhu [동] 소홀히 하다, 등한히 하다
造成 zàochéng [동] 초래하다, 야기하다 **颠簸** diānbǒ [동] (위아래로) 흔들리다, 요동하다 **挤压** jǐyā [동] (상하·좌우로) 짓누르다
破损 pòsǔn [동] 파손시키다, 파손되다 **导致** dǎozhì [동] 초래하다, 야기하다 **腐烂** fǔlàn [동] 부패하다, 부식하다
暴晒 bàoshài [동] 강렬한 햇볕 아래 오랫동안 쪼이다

2
중상

A 傅园慧初次参加比赛 B 傅园慧发挥得非常出色 C 傅园慧的淘汰出人意料 D 傅园慧在比赛中未尽全力	A 푸위안후이는 처음 경기에 참가한다 B 푸위안후이는 매우 뛰어나게 발휘했다 C 푸위안후이가 탈락된 것은 예상 밖이다 D 푸위안후이는 시합 중에 최선을 다하지 않았다
著名选手傅园慧在世锦赛一百米仰泳预赛中发挥失常，惨遭淘汰。谈到意外出局，傅园慧说自己也很震惊，很无奈。对于接下来的五十米仰泳赛，傅园慧说这是她的强项，她会调整好心态，全力以赴，争取夺冠。	유명한 선수인 푸위안후이는 세계 선수권 대회 100m 배영 예선에서 실력을 제대로 발휘하지 못해서 참혹하게 탈락했다. 뜻밖의 탈락에 대해서 언급하자, 푸위안후이는 자신도 역시 깜짝 놀랐으며 유감스럽다고 말했다. 이어지는 50m 배영 경기에 대해서 푸위안후이는 이것은 그녀가 강한 종목이므로, 그녀는 마음을 잘 다스리고 최선을 다해 우승을 쟁취하겠다고 말했다.

해설 보기에 傅园慧(푸위안후이)가 반복적으로 나오므로 傅园慧와 관련된 설명문 단문이 나올 것을 예측한다. 음성에서 谈到意外出局，傅园慧说自己也很震惊，很无奈。라고 했다. 따라서 보기 C 傅园慧的淘汰出人意料가 정답이다.

어휘 보기 **傅园慧** Fù Yuánhuì [고유] 푸위안후이[중국의 여자 수영 선수] **发挥** fāhuī [동] 발휘하다 **出色** chūsè [형] 뛰어나다, 출중하다
淘汰 táotài [동] 탈락되다, 도태하다 **出人意料** chūrényìliào [성] (사물의 좋고 나쁨·상황의 변화·수량의 크기 등이) 예상 밖이다
未尽全力 wèi jìn quánlì 최선을 다하지 않다, (어떤 일에) 전력 투구하지 않다

단문 **选手** xuǎnshǒu [명] 선수 **世锦赛** shìjǐnsài 세계 선수권 대회 **仰泳** yǎngyǒng [명] 배영
惨遭 cǎnzāo [동] 참혹하게 당하다, 참혹한 일을 당하다 **意外** yìwài [형] 의외의, 뜻밖의 [명] 의외의 사고, 뜻밖의 사고
出局 chūjú [동] (시합에서 져서) 탈락하다 **震惊** zhènjīng [동] 깜짝 놀라다, 놀라게 하다 **无奈** wúnài [동] 유감스럽다, 어쩔 수 없다
强项 qiángxiàng [명] (스포츠에서 실력이) 강한 종목 **调整** tiáozhěng [동] 다스리다, 조절하다 **心态** xīntài [명] 마음, 심리 상태
全力以赴 quánlìyǐfù [성] 최선을 다하다, (어떤 일에) 전력 투구하다 **争取** zhēngqǔ [동] 쟁취하다, 얻다
夺冠 duóguàn [동] 우승을 쟁취하다, 챔피언을 차지하다

3 중상

A 弹性工作时间与节日无关

B 新调休方式不会扣除年假

C 新调休方式方便员工出行

D 职工的假期普遍增加了一天

A 유연 근무제는 명절과 상관이 없다

B 새로운 휴일 조정 방식은 연차에서 차감하지 않는다

C 새로운 휴일 조정 방식은 근로자의 외출을 편리하게 한다

D 근로자의 휴가 기간은 보편적으로 하루 늘었다

"周五下午加周末"的新型调休方式一直颇受关注。据了解, 多出来的半天将从个人的年假里扣除。已享受过这种新调休方式的职工表示, 这种模式可避开周五下午的交通高峰, 使他们的出行变得更加便利了。

'금요일 오후 더하기 주말'이라는 새로운 유형의 휴일 조정 방식은 줄곧 상당한 관심을 받고 있다. 알려진 바에 따르면 늘어난 0.5일은 개인의 연차에서 차감된다. 이미 이러한 새로운 휴일 조정 방식을 누린 근로자는 이런 방식은 금요일 오후의 러시아워를 피할 수 있게 하여 그들의 외출을 더욱 편리하게 만들었다고 밝혔다.

해설 보기에 新调休方式(새로운 휴일 조정 방식)이 반복적으로 나오므로 新调休方式과 관련된 설명문 단문이 나올 것을 예측한다. 음성에서 这种模式可避开周五下午的交通高峰, 使他们的出行变得更加便利了라고 했다. 따라서 보기 C 新调休方式方便员工出行이 정답이다.

어휘 보기 弹性工作时间 tánxìng gōngzuò shíjiān 유연 근무제　调休 tiáoxiū 图 휴일을 조정하다　方式 fāngshì 图 방식, 방법　扣除 kòuchú 图 차감하다, 빼다, 공제하다　年假 niánjià 图 연차　出行 chūxíng 图 외출하다　假期 jiàqī 图 휴가 기간

단문 颇 pō 图 꽤, 상당히　关注 guānzhù 图 관심을 가지다　个人 gèrén 图 개인　享受 xiǎngshòu 图 누리다, 즐기다　模式 móshì 图 방식, 모델　交通高峰 jiāotōng gāofēng 러시아워

4 중

A 工人的工作环境艰苦

B 该机器人的造价很高

C 该机器人能做极限运动

D 工人能远程操纵机器人

A 노동자의 근무 환경은 고달프다

B 이 로봇의 제조 비용은 높다

C 이 로봇은 익스트림 스포츠를 할 수 있다

D 노동자는 원격으로 로봇을 제어할 수 있다

某公司研发出了一种智能机器人, 该机器人具有手和眼睛的功能, 能远程模仿工人的动作, 并向工人传递力觉、触觉和视界。工人能够在安全的地方进行远程操控, 让机器人在危险的极限环境下作业。

한 회사가 스마트 로봇을 연구 제작하여 개발해 냈는데, 이 로봇은 손과 눈의 기능을 갖추었으며, 원격으로 노동자의 동작을 모방할 수 있고, 노동자에게 역각, 촉각과 시야를 전달할 수 있다. 노동자는 안전한 곳에서 원격 제어를 할 수 있어서, 로봇이 위험한 극한 환경에서 작업하게 한다.

해설 보기에 机器人(로봇)이 반복적으로 나오므로 机器人과 관련된 설명문 단문이 나올 것을 예측한다. 음성에서 工人能够在安全的地方进行远程操控, 让机器人在危险的极限环境下作业。라고 했다. 따라서 보기 D 工人能远程操纵机器人이 정답이다.

어휘 보기 工人 gōngrén 图 (육체) 노동자　艰苦 jiānkǔ 图 고달프다, 고생스럽다　机器人 jīqìrén 图 로봇　造价 zàojià 图 제조 비용　极限 jíxiàn 图 익스트림, 극한　远程 yuǎnchéng 图 원격의, 원거리의　操纵 cāozòng 图 (기계·기기 등을) 제어하다, 다루다

단문 某 mǒu 団 한, 어느　研发 yánfā 图 연구 제작하여 개발하다　智能 zhìnéng 图 스마트한, 지능이 있는图 지능　模仿 mófǎng 图 모방하다, 흉내 내다　传递 chuándì 图 전달하다, 전하다　力觉 lìjué 역각, 힘 감지　触觉 chùjué 图 촉각　视界 shìjiè 图 시야　操控 cāokòng 图 (조종하여) 제어하다

5 상

A 近日游客的数量猛增

B 该乐园有相关安全规定

C 有些区域不让游客拍照

D 该娱乐项目有安全隐患

A 최근 여행객의 수가 급증했다

B 이 놀이공원은 관련된 안전 규정이 있다

C 어떤 구역에서는 여행객들이 촬영하지 못하게 한다

D 이 놀이 기구들에 안전 취약점이 있다

迪士尼乐园严禁使用自拍杆。官方发言人称, 这么做是出于安全考虑, 因为不少游客在玩过山车、海盗船等危险项目时, 随意拿出自拍杆进行拍摄。这种行为不仅有可能损坏娱乐设施, 还有可能威胁其他游客的安全。

디즈니 랜드는 셀카봉 사용을 엄격하게 금지한다. 정부 측 대변인은 이렇게 하는 것은 안전을 고려한 것에서 비롯된 것이라고 말했는데, 이는 적지 않은 여행객들이 롤러코스터, 바이킹 등의 위험한 기구를 탈 때 마음대로 셀카봉을 꺼내 촬영하기 때문이다. 이런 행위는 놀이 시설을 파손시킬 수 있을 뿐만 아니라 다른 여행객의 안전을 위협할 수도 있다.

해설 보기에 乐园(놀이공원), 娱乐项目(놀이 기구)와 같이 비슷한 주제의 어휘가 나오므로 놀이공원에 대한 정보 전달 단문이 나올 것을 예측

한다. 음성에서 迪士尼乐园严禁使用自拍杆。……这么做是出于安全考虑라고 했다. 따라서 보기 B 该乐园有相关安全规定이 정답이다.

어휘 보기 **猛增** měngzēng [동] 급증하다, 갑자기 늘어나다 **规定** guīdìng [명] 규정, 규칙 **区域** qūyù [명] 구역, 지역 **娱乐** yúlè [명] 놀이, 오락 **项目** xiàngmù [명] 기구, 항목 **隐患** yǐnhuàn [명] 취약점, 잠복해 있는 병

단문 **迪士尼乐园** [고유] Díshìní Lèyuán 디즈니 랜드 **自拍杆** zìpāigān 셀카봉 **严禁** yánjìn [동] 엄격하게 금지하다, 엄금하다 **官方** guānfāng [명] 정부 측, 정부 당국 **发言人** fāyánrén [명] 대변인 **过山车** guòshānchē [명] 롤러코스터 **海盗船** hǎidàochuán 바이킹, 해적선 **随意** suíyì [동] 마음대로 하다 **损坏** sǔnhuài [동] 파손시키다, 손상시키다 **设施** shèshī [명] 시설 **威胁** wēixié [동] 위협하다

6 중상

A 过早写字不利于孩子发育	A 너무 일찍 글자를 쓰는 것은 아이의 성장에 이롭지 않다
B 锻炼孩子的肌肉十分重要	B 아이의 근육을 단련하는 것은 매우 중요하다
C 家长辅导孩子要注意态度	C 학부모는 아이를 지도할 때 태도에 주의해야 한다
D 孩子能在学习中获得乐趣	D 아이는 학습에서 즐거움을 얻을 수 있다
很多家长早早地就开始教孩子写字，这是一种非常不妥当的做法，会影响到儿童的发育。四岁以下儿童手部关节还没有完成骨化，同时，他们手部肌肉的力量较差，而且协调能力也比较弱，所以不适合做写字这类需要持续用力的动作。	많은 학부모들이 일찍부터 아이들에게 글자 쓰는 것을 가르치기 시작하는데, 이는 매우 적절하지 않은 방법으로, 아동의 성장에 영향을 줄 수 있다. 4세 이하 아동의 손 관절은 아직 완전히 골화되지 않았고, 동시에 그들의 손 근육의 힘은 좋지 않은데다가 협응력 또한 비교적 약해서, 글자를 쓰는 것과 같이 지속적으로 힘을 사용해야 하는 동작을 하는 것은 적합하지 않다.

해설 보기에 要(~해야 한다)와 같은 어휘가 나오므로 의견 주장 단문이 나올 것을 예측한다. 음성에서 很多家长早早地就开始教孩子写字，这是一种非常不妥当的做法，会影响到儿童的发育。라고 했다. 따라서 보기 A 过早写字不利于孩子发育가 정답이다.

어휘 보기 **发育** fāyù [동] 성장하다, 자라다 **肌肉** jīròu [명] 근육 **辅导** fǔdǎo [동] (학습을 도우며) 지도하다 **乐趣** lèqù [명] 즐거움, 기쁨, 재미

단문 **妥当** tuǒdang [형] 적절하다, 알맞다 **关节** guānjié [명] 관절 **骨化** gǔhuà [동] 골화하다[골조직의 생성과정] **力量** lìliàng [명] 힘, 역량 **协调能力** xiétiáo nénglì 협응력[근육·신경 기관·운동 기관 등의 움직임의 상호 조정 능력] **弱** ruò [형] 약하다, 허약하다 **持续** chíxù [동] 지속하다

7 중

A 歌手选拔赛即将开始	A 가수 선발 대회가 곧 시작된다
B 网络有利于音乐传播	B 인터넷은 음악을 널리 알리는 데에 유리하다
C 优秀的儿歌数量众多	C 우수한 동요의 수가 매우 많다
D 该活动鼓励儿歌创作	D 이 활동은 동요 창작을 장려한다
近来越来越多的成人音乐占据了孩子们稚嫩的世界，挤压了儿歌的生存空间。因此，为了鼓励儿歌的创作，QQ音乐平台主办了"给孩子写首歌"活动，联合音乐制作人和歌手，共同打造了更符合孩子们心理需求的优秀儿歌作品。	최근 점점 더 많은 성인 음악이 아이들의 미숙한 세계를 차지하면서 동요의 생존 공간을 밀어냈다. 이 때문에 동요의 창작을 장려하기 위하여, QQ 음악 플랫폼은 '아이들에게 노래 써 주기' 행사를 주최하고, 음악 프로듀서와 가수를 연합하여 아이들의 심리적 요구에 더욱 부합하는 우수한 동요 작품을 공동 제작했다.

해설 보기에 儿歌(동요)가 반복적으로 나오므로 儿歌와 관련된 설명문 단문이 나올 것을 예측한다. 음성에서 为了鼓励儿歌的创作，QQ音乐平台主办了"给孩子写首歌"活动이라고 했다. 따라서 D 该活动鼓励儿歌创作가 정답이다.

어휘 보기 **选拔** xuǎnbá [동] (인재를) 선발하다 **即将** jíjiāng [부] 곧, 머지않아 **网络** wǎngluò [명] 인터넷, 네트워크 **有利** yǒulì [형] 유리하다, 이롭다 **传播** chuánbō [동] 널리 알리다, 전파하다 **众多** zhòngduō [형] 매우 많다 **创作** chuàngzuò [동] (문예 작품을) 창작하다 [명] 창작물, 문예 작품

단문 **近来** jìnlái [명] 최근, 근래 **成人** chéngrén [명] 성인, 어른 [동] 어른이 되다 **占据** zhànjù [동] 차지하다, 점유하다 **稚嫩** zhìnèn [형] 미숙하다 **挤压** jǐyā [동] 밀어내다, 내리 누르다 **生存** shēngcún [동] 생존하다 **空间** kōngjiān [명] 공간 **QQ音乐** QQ Yīnyuè [고유] QQ 음악[중국의 모바일 기업 텐센트가 운영하는 온라인 음악 플랫폼] **平台** píngtái [명] 플랫폼 **主办** zhǔbàn [동] 주최하다 **联合** liánhé [동] 연합하다, 단결하다 [형] 연합의, 공동의 **打造** dǎzào [동] 제작하다, 만들다 **心理** xīnlǐ [명] 심리적, 심리 **需求** xūqiú [명] 요구, 수요 **作品** zuòpǐn [명] 작품

제1회

제2회 듣기

제3회

제4회

제5회

제6회

해커스 해설이 상세한 HSK 6급 실전모의고사

8
중

A 这种鲨鱼体积巨大	A 이 상어의 부피는 거대하다
B 这种鲨鱼冬季不易捕捉	B 이 상어는 겨울에 포획하기 쉽지 않다
C 这种鲨鱼生活在深海海底	C 이 상어는 심해 해저에서 생활한다
D 这种鲨鱼分泌的液体能够发光	D 이 상어가 분비하는 액체는 빛을 낼 수 있다

| 海洋生物学家最近发现了鲨鱼的新品种, 它能够分泌发光液体, 吸引猎物主动送上门来。它长约十八厘米, 比成年人的手掌还小。这种小小的猎食者隐藏在亮光后, 趁猎物不注意时发动袭击, 捕捉猎物。 | 해양 생물학자는 최근 상어의 새로운 품종을 발견했는데, 그것은 빛을 내는 액체를 분비할 수 있어 사냥감이 제 발로 스스로 찾아오도록 유인한다. 그것의 길이는 약 18cm로, 성인의 손바닥보다 더 작다. 이 작은 약탈자는 밝은 빛 뒤에 숨어 있다가, 사냥감이 부주의할 때를 틈타 기습하여 사냥감을 포획한다. |

해설 보기에 这种鲨鱼(이 상어)가 반복적으로 나오므로 특정 鲨鱼와 관련된 설명문 단문이 나올 것을 예측한다. 음성에서 海洋生物学家最近发现了鲨鱼的新品种, 它能够分泌发光液体라고 했다. 따라서 D 这种鲨鱼分泌的液体能够发光이 정답이다.

어휘 보기 鲨鱼 shāyú 몡 상어 体积 tǐjī 몡 부피, 체적 巨大 jùdà 혱 거대하다, 막대하다 捕捉 bǔzhuō 됭 포획하다
分泌 fēnmì 됭 분비하다, 분비되어 나오다 液体 yètǐ 몡 액체

단문 生物 shēngwù 몡 생물 品种 pǐnzhǒng 몡 품종, 제품의 종류 猎物 lièwù 몡 사냥감 主动 zhǔdòng 혱 스스로하다, 자발적이다
送上门 sòngshàngmén 제 발로 찾아오다 厘米 límǐ 몡 센티미터(cm) 猎食者 lièshízhě 약탈자 隐藏 yǐncáng 됭 숨다
亮光 liàngguāng 몡 빛 趁 chèn 걘 ~을 틈타서 猎物 lièwù 몡 사냥감 发动 fādòng 됭 일으키다, 발동하다
袭击 xíjī 됭 기습하다

9
중상

A 这款手表即将上市	A 이 손목시계는 곧 출시된다
B 这款手表没有显示屏	B 이 손목시계는 디스플레이 장치가 없다
C 公司未公布市场战略	C 회사는 시장 전략을 아직 공개하지 않았다
D 公司还未获得专利权	D 회사는 특허권을 아직 획득하지 않았다

| OPPO公司拥有一项名为 "可穿戴电子设备" 产品的专利。这个产品是一款配备了可折叠显示屏的手表, 用户只需按一下按钮, 便可将隐藏的屏幕释放出来。至于这款手表的上市日期以及未来的市场战略就不得而知了。 | OPPO 회사는 '웨어러블 전자 설비' 라는 제품의 특허권을 가지고 있다. 이 제품은 폴더블 디스플레이 장치를 갖춘 손목시계로, 사용자는 버튼을 한 번 누르기만 하면 바로 숨겨진 스크린을 나타나게 할 수 있다. 이 손목시계의 출시 날짜 및 앞으로의 시장 전략에 대해서는 아직 알 수 없다. |

해설 보기에 这款手表(이 시계), 公司(회사)가 반복적으로 나오므로 특정 手表, 公司와 관련된 설명문 단문이 나올 것을 예측한다. 음성에서 至于这款手表的上市日期以及未来的市场战略就不得而知了。라고 했다. 따라서 C 公司未公布市场战略가 정답이다.

어휘 보기 即将 jíjiāng 뷔 곧, 머지않아 上市 shàngshì 됭 (상품이) 출시하다, 시장에 나오다 显示屏 xiǎnshìpíng 몡 디스플레이 장치, 스크린
公布 gōngbù 됭 공개하다, 공포하다 市场 shìchǎng 몡 시장 战略 zhànlüè 몡 전략 专利权 zhuānlìquán 몡 특허권

단문 OPPO 고유 OPPO[중국의 모바일 업체] 拥有 yōngyǒu 됭 가지다, 보유하다 可穿戴 kěchuāndài 웨어러블 设备 shèbèi 몡 설비, 시설
产品 chǎnpǐn 몡 제품, 생산품 专利 zhuānlì 몡 특허권, 특허 配备 pèibèi 됭 갖추다, 분배하다 可折叠 kězhédié 폴더블
用户 yònghù 몡 사용자, 가입자 按钮 ànniǔ 몡 버튼 隐藏 yǐncáng 됭 숨기다 屏幕 píngmù 몡 스크린(screen), 화면
释放 shìfàng 됭 나타내다, 석방하다 至于 zhìyú 걘 ~에 대해서는 日期 rìqī 몡 날짜 不得而知 bùdé'érzhī 졩 알 수가 없다

10
중

A 海水稻生长于海水中	A 바닷물벼는 바닷물 속에서 자란다
B 海水稻生存能力更强	B 바닷물벼의 생존 능력은 더 강하다
C 种植海水稻经济效益高	C 바닷물벼를 재배하는 것의 경제적 효과는 높다
D 所有的海水稻口感相似	D 모든 바닷물벼의 맛은 비슷하다

| 海水稻并非是生长于海水中的, 而是能在海边滩涂地和盐碱地种植的, 短期内不怕海水浸泡的一种农作物。海水稻有数百个品种, 口感不尽相同。与普通水稻相比, 海水稻更能抗涝、抗病虫, 且具有更强的生存能力。 | 바닷물벼는 결코 바닷물 속에서 자라는 것이 아닌, 해변 간석지와 알칼리성 토양에서 재배할 수 있는 것으로, 단기간 동안 바닷물에 담겨지는 것을 두려워하지 않는 농작물이다. 바닷물벼는 수백 개의 품종이 있으며, 맛이 완전히 똑같지는 않다. 보통의 논벼와 비교하면 바닷물벼는 수해에 강하고, 병충해에도 강하며, 또한 강한 생존 능력을 갖고 있다. |

해설 보기에 海水稻(바닷물벼)가 반복적으로 나오므로 海水稻와 관련된 설명문 단문이 나올 것을 예측한다. 음성에서 海水稻更能抗涝、抗病虫，且具有更强的生存能力라고 했다. 따라서 보기 B 海水稻生存能力更强이 정답이다.

어휘 보기 **海水稻** hǎishuǐdào 바닷물벼[중국에서 개발된 새로운 벼 품종] **生长** shēngzhǎng [동] 자라다, 성장하다
生存 shēngcún [동] 생존하다 **种植** zhòngzhí [동] 재배하다, 종식하다 **效益** xiàoyì [명] (경제적, 사회적) 효과
口感 kǒugǎn [명] 맛, 식감 **相似** xiāngsì [형] 비슷하다, 닮다

단문 **并非** bìngfēi 결코 ~이 아니다 **滩涂地** tāntúdì 간석지[강물이 바다로 들어가는 곳 또는 해안 부근에 침적토로 인해 형성된 얕은 갯벌]
盐碱地 yánjiǎndì [명] 알칼리성 토양 **浸泡** jìnpào [동] (액체 속에) 담그다, 적시다 **农作物** nóngzuòwù [명] 농작물
品种 pǐnzhǒng [명] 품종, 제품의 종류 **不尽** bújìn 완전히 ~하지는 않다 **水稻** shuǐdào [명] 논벼
抗涝 kànglào [동] (장마 등의) 수해에 강하다

11 중상

A 近五年气温大幅度上升	A 최근 5년간 기온이 큰 폭으로 상승했다
B 气候变化速度正在放缓	B 기후 변화 속도는 늦춰지는 중이다
C 科学家对天气变化很乐观	C 과학자들은 날씨 변화에 대해 낙관적이다
D 赤道附近会频发自然灾害	D 적도 부근에 자연재해가 빈번하게 발생할 수 있다
日前，科学家发布的一项报告指出，到二○五○年，全球仍有许多城市避免不了剧烈的气候变化。比如说，赤道附近的城市虽然气温不会大幅度地波动，但很可能出现诸如干旱或暴雨这样的极端天气，自然灾害也会频繁发生。	며칠 전 과학자들이 발표한 한 보고서에서, 2050년이 되면 전 세계적으로 여전히 많은 도시들이 격렬한 기후 변화를 피할 수 없을 것이라고 밝혔다. 예를 들어 적도 부근의 도시는 비록 기온이 큰 폭으로 오르내리지는 않더라도, 이를테면 가뭄 혹은 폭우와 같은 극단적인 날씨가 나타날 가능성이 높고, 자연재해도 빈번하게 발생할 수 있다.

해설 보기에 气温(기온), 气候(기후), 天气(날씨)와 같이 비슷한 주제의 어휘가 나오므로 날씨에 대한 정보 전달 단문이 나올 것을 예측한다. 음성에서 赤道附近……自然灾害也会频繁发生이라고 했다. 따라서 보기 D 未来赤道附近会频发自然灾害가 정답이다.

어휘 보기 **幅度** fúdù [명] (사물의 변동) 폭 **上升** shàngshēng [동] 상승하다, 올라가다 **气候变化** qìhòu biànhuà 기후 변화
放缓 fànghuǎn [동] 늦추다 **乐观** lèguān [형] 낙관적이다 **赤道** chìdào [명] 적도 **频发** pínfā [동] 빈번하게 발생하다
灾害 zāihài [명] 재해

단문 **发布** fābù [동] (명령·지시·뉴스 등을) 발표하다 **报告** bàogào [명] 보고서 [동] 보고하다 **避免** bìmiǎn [동] 피하다, 모면하다
剧烈 jùliè [형] 격렬하다, 극렬하다 **波动** bōdòng [동] 오르내리다, 요동치다 **诸如** zhūrú [동] 이를테면, 예를 들자면
干旱 gānhàn [형] 가물다 **暴雨** bàoyǔ [명] 폭우 **极端** jíduān [형] 극단적인 **频繁** pínfán [형] 빈번하다

12 상

A 沙湖的轮廓像蝴蝶	A 사호의 윤곽은 나비와 닮았다
B 沙湖位于高山地区	B 사호는 고산 지역에 위치한다
C 沙湖由洪水积聚而成	C 사호는 홍수로 인해 축적되어 만들어졌다
D 沙湖堤坝在暴雨中塌了	D 사호의 댐은 폭우 속에서 무너졌다
沙湖原来是宁夏银川平原上一处碟形洼地。一九五八年秋季山洪爆发，导致排水沟崩溃，大量洪水流入洼地，形成了面积达一万多亩的湖泊。这个湖泊因轮廓像中国古代的金元宝，所以又被当地人称为"元宝湖"。	사호는 원래 닝샤 인촨 평원의 접시 모양의 저지대였다. 1958년 가을에 산의 홍수가 폭발하여 배수구 붕괴를 일으켜서, 대량의 홍수가 저지대로 흘러 들어와 면적이 1만 여 묘에 달하는 호수를 형성했다. 이 호수는 윤곽이 중국 고대의 금원보와 닮았다고 해서 현지인들에게 '원보호'라고도 불린다.

해설 보기에 沙湖(사호)가 반복적으로 나오므로 沙湖와 관련된 설명문 단문이 나올 것을 예측한다. 음성에서 沙湖……大量洪水流入洼地，形成了面积达一万多亩的湖泊라고 했다. 따라서 C 沙湖由洪水积聚而成이 정답이다.

어휘 보기 **沙湖** Shā Hú [고유] 사호[중국 닝샤후이족자치구에 있는 호수] **轮廓** lúnkuò [명] 윤곽 **蝴蝶** húdié [명] 나비 **位于** wèiyú [동] ~에 위치하다
地区 dìqū [명] 지역 **洪水** hóngshuǐ [명] 홍수 **积聚** jījù [동] 축적하다, 모으다 **堤坝** dībà [명] 댐 **塌** tā [동] 무너지다, 꺼지다

단문 **宁夏** Níngxià [고유] 닝샤[중국의 지명] **银川平原** Yínchuān Píngyuán [고유] 인촨 평원[중국 닝샤후이족자치구에 있는 평원]
碟 dié [명] 접시 **洼地** wādì [명] 저지대, 움푹한 지대 **山洪** shānhóng [명] (큰비가 내리거나 쌓인 눈이 녹아 발생하는) 산의 홍수
爆发 bàofā [동] 폭발하다, 터지다 **导致** dǎozhì [동] 일으키다, 초래하다 **排水沟** páishuǐgōu 배수구 **崩溃** bēngkuì [동] 붕괴하다
形成 xíngchéng [동] 형성하다, 이루다 **面积** miànjī [명] 면적 **亩** mǔ [양] 묘[토지 면적의 단위, 1亩는 약 666.7㎡에 해당함]
湖泊 húpō [명] 호수 **古代** gǔdài [명] 고대 **金元宝** Jīnyuánbǎo [고유] 금원보[중국 명나라 시대에 쓰였던 금으로 만든 말발굽 모양의 화폐]
当地人 dāngdìrén 현지인 **称** chēng [동] 부르다, 칭하다

13 중	A 繁华区域开店成本太高 B 实体店的发展前景不明 C 集合店里摆设着二手商品 D 集合店得到年轻人的关注	A 번화한 지역의 개점 원가는 너무 높다 B 오프라인 매장의 발전 전망은 밝지 않다 C 편집숍에는 중고 상품이 진열되어 있다 D 편집숍은 젊은이들의 관심을 받는다
	设计师品牌集合店大多位于城市的繁华区域。宽敞亮丽，充满艺术感的店堂里陈列着设计师设计的服装、首饰、家居物品等，吸引了年轻一代的目光，也让实体店在网络购物的冲击下找到了新的发展途径。	디자이너 브랜드 편집숍은 대부분 도시의 번화한 지역에 위치해 있다. 넓으면서 밝고 아름다우며 예술 감성이 충만한 매장에는 디자이너가 디자인한 의류, 장신구, 인테리어 소품 등이 진열되어 있어서 젊은 세대의 눈길을 잡아끌었고, 오프라인 매장이 인터넷 쇼핑의 타격에서 새로운 발전 방법을 찾을 수 있게 했다.

해설 보기에서 集合店(편집숍)이 반복적으로 나오므로 集合店과 관련된 설명문 단문이 나올 것을 예측한다. 음성에서 集合店……吸引了年轻一代的目光이라고 했다. 따라서 D 集合店得到年轻人的关注가 정답이다.

어휘 보기 **繁华** fánhuá [형] (도시·거리가) 번화하다 **区域** qūyù [명] 지역, 구역 **成本** chéngběn [명] 원가 **实体店** shítǐdiàn 오프라인 매장 **前景** qiánjǐng [명] 전망, 전경 **不明** bùmíng [형] 밝지 않다, 확실하지 않다 **集合店** jíhédiàn 편집숍 **摆设** bǎishè [동] 진열하다, 장식하다 **二手商品** èrshǒu shāngpǐn 중고 상품 **关注** guānzhù [동] 관심을 가지다

단문 **设计师** shèjìshī [명] 디자이너, 설계사 **集合店** jíhédiàn 편집숍 **位于** wèiyú [동] ~에 위치하다 **宽敞** kuānchang [형] 넓다, 드넓다 **亮丽** liànglì [형] 밝고 아름답다 **充满** chōngmǎn [동] 충만하다, 가득차다 **店堂** diàntáng [명] (상점의) 매장 **陈列** chénliè [동] 진열하다 **设计** shèjì [동] 디자인하다, 설계하다 [명] 설계, 디자인 **服装** fúzhuāng [명] 의류, 복장 **首饰** shǒushi [명] 장신구, 머리 장식품 **家居物品** jiājū wùpǐn 인테리어 소품 **一代** yídài [명] 한 세대 **目光** mùguāng [명] 눈길, 시선 **网络** wǎngluò [명] 인터넷, 네트워크 **冲击** chōngjī [동] 타격을 입다 **途径** tújìng [명] 방법, 경로

14 상	A 文物专业成为热门选择 B 故宫文物数量不断增加 C 国家急需修复文物的人才 D 成为文物修复师并非易事	A 문화재 전공은 인기 있는 선택이 되었다 B 고궁 문화재의 수량은 끊임없이 증가한다 C 국가는 문화재를 수리하여 복원하는 인재를 급히 필요로 한다 D 문화재 복원가가 되는 것은 쉬운 일이 아니다
	自从纪录片《我在故宫修文物》走红后，文物修复师就成了炙手可热的职业。众多年轻人争先恐后地报考修复师，仅今年一年就有四万多人报考，经过层层选拔，最终只有八十八人被录取。这些新成员的加入为故宫注入了新的活力。	다큐멘터리 영화 <나는 고궁에서 문화재를 보수한다>가 인기를 끈 후부터, 문화재 복원가는 뜨거운 인기를 누리는 직업이 되었다. 수많은 젊은이들은 뒤질세라 앞을 다투어 복원가에 응시했는데, 올 한 해에만 4만여 명의 사람들이 응시했고, 몇 단계 선발을 거쳐서 최종적으로 88명만 선정되었다. 이 새로운 구성원들의 합류는 고궁에 새로운 활력을 불어 넣었다.

해설 보기에 文物专业(문화재 전공), 文物修复师(문화재 복원가)과 같이 비슷한 주제의 어휘가 나오므로 문화재와 관련된 직업에 대한 정보 전달 단문이 나올 것을 예측한다. 음성에서 众多年轻人争先恐后地报考修复师，仅今年一年就有四万多人报考，经过层层选拔，最终只有八十八人被录取。라고 했다. 따라서 보기 D 成为文物修复师并非易事이 정답이다.

어휘 보기 **文物** wénwù [명] 문화재 **热门** rèmén [명] 인기 있는 것, 유행하는 것 **修复** xiūfù [동] 수리하여 복원하다, 원상 복구하다 **人才** réncái [명] 인재 **修复师** xiūfùshī 복원가

단문 **自从** zìcóng [개] ~부터, ~에서 **纪录片** jìlùpiàn [명] 다큐멘터리 영화 **走红** zǒuhóng [동] 인기를 끌다, 환영을 받다 **炙手可热** zhìshǒukěrè [성] 뜨거운 인기를 누리다, 권세가 대단하다 **争先恐后** zhēngxiānkǒnghòu [성] 뒤질세라 앞을 다투다 **报考** bàokǎo [동] (신청하여) 응시하다 **选拔** xuǎnbá [동] (인재를) 선발하다 **录取** lùqǔ [동] (시험에 합격한 사람을) 선정하다, 뽑다 **成员** chéngyuán [명] 구성원 **活力** huólì [명] 활력, 생기

15 상	A 所有的蜘蛛都会飞	A 모든 거미들은 날 수 있다
	B 蜘蛛能转移栖息地	B 거미는 서식지를 옮길 수 있다
	C 蜘蛛飞行时不携带卵	C 거미는 비행할 때 알을 몸에 지니지 않는다
	D 鲁宾逊岛上没有蜘蛛	D 로빈슨 섬에는 거미가 없다

蜘蛛有很多种类，其中有一些是会飞的。它们在迁徙的时候，会携带自己产下的卵飞行，借此扩散自己的种群。最典型的例子就是鲁宾逊岛上的蜘蛛，两百万年前，一些会飞的蜘蛛从南美大陆飞到鲁宾逊岛，然后在此繁殖，最后繁衍出了很多不同类型的蜘蛛。	거미는 많은 종류가 있고, 그중 몇몇은 날 수 있다. 이들은 이주할 때, 자신이 낳은 알을 가지고 비행하며 이를 통해 자신의 개체를 확산시킨다. 가장 대표적인 예가 로빈슨 섬의 거미인데, 2백만 년 전에 몇몇 날 수 있는 거미들이 남미 대륙에서 로빈슨 섬으로 날아왔고, 그 후 여기서 번식하며 결국 다른 유형의 많은 거미들을 퍼뜨렸다.

해설 보기에 蜘蛛(거미)가 반복적으로 나오므로 蜘蛛와 관련된 설명문 단문이 나올 것을 예측한다. 음성에서 蜘蛛有很多种类, 其中有一些是会飞的。它们在迁徙的时候라고 했다. 따라서 보기 B 蜘蛛能转移栖息地가 정답이다.

어휘 보기 所有 suǒyǒu 형 모든, 일체의 蜘蛛 zhīzhū 명 거미 栖息地 qīxīdì 서식지 携带 xiédài 동 지니다, 휴대하다
卵 luǎn 명 알, 수정란 鲁宾逊岛 Lǔbīnxùn Dǎo 고유 로빈슨 섬

단문 种类 zhǒnglèi 명 종류 迁徙 qiānxǐ 동 이주하다, 옮겨 가다 借此 jiècǐ 동 이를 통하다, 이 기회를 빌다
扩散 kuòsàn 동 확산하다 种群 zhǒngqún 명 개체, 종군, 군체 典型 diǎnxíng 형 대표적인, 전형적인 例子 lìzi 명 예, 본보기
繁殖 fánzhí 동 번식하다 繁衍 fányǎn 동 퍼뜨리다 类型 lèixíng 명 유형

16-20

第16到20题是根据下面一段采访：

女：掌声有请"下一站"旅行有限公司的负责人李先生。李先生，据说贵公司的创始人都是大学生，这是真的吗？

男：没错，16我们公司是由黑龙江大学几名在校大学生创立的，起初主要是做哈尔滨市周边的短线旅行产品，后来逐渐开发出了四十余条国内和国际长线产品。公司自创立以来，一直都把精力放在了企划"深度旅行"上。

女：您能具体说说什么是"深度旅行"吗？

男："深度旅行"是我们公司最初创立的全新旅行方式。它和传统旅行社主推的"跟团游"和"自助游"不同，注重游玩体验的同时，添加了现代人必需的社交元素。17"深度旅行"线路新颖、时间充裕，且一次只精心挑选一个景点。这种方式不需要在有限的时间内跑好几个地方，有利于深入探索当地原汁原味的自然风光和人文环境。

女：从创业之初到现在，过程是怎么样的呢？

男：说实话，学生创业很不容易，困难重重。但是18学校给了我们相当大的支持，提供了启动资金和办公场所。我们最早的办公地点在学生创业园区，后来注册成立公司后搬到了高档写字楼。目前公司全职员工接近一百人，国内、国际线路也已经做得很成熟了。即便如此，19我们并没有满足于现状，仍然在孜孜不倦地开发着新的旅游线路。

16-20번 문제는 다음 인터뷰에 근거한다.

여：'샤이잔' 여행 유한 회사의 책임자인 리 선생님을 박수로 맞아주세요. 리 선생님, 듣기로는 귀사의 창업자가 모두 대학생이라던데, 이게 정말인가요？

남：맞습니다, 16저희 회사는 헤이룽장 대학의 재학생 몇 명이 세운 것으로, 처음에는 주로 하얼빈 시 주변의 단거리 여행 상품을 다루다가, 후에 점차 40여 개의 국내 및 국제 장거리 상품을 개발해 냈습니다. 회사가 창립한 이래로 계속해서 에너지를 '심층 여행' 기획에 두고 있습니다.

여：'심층 여행'이 무엇인지 구체적으로 말씀해 주실 수 있나요？

남：'심층 여행'은 우리 회사가 가장 초기에 창립한 완전히 새로운 여행 방식입니다. 그것은 기존 여행사에서 주로 판매하는 '패키지 여행' 및 '자유 여행'과는 다른데요, 여행 체험을 중요시하는 동시에 현대인에게 반드시 필요한 사교 요소를 더했습니다. 17'심층 여행'은 노선이 참신하고, 시간이 충분하며, 한번에 하나의 명소만 심혈을 기울여 고릅니다. 이러한 방식은 제한된 시간 내에 몇 군데의 지역을 바쁘게 돌아다닐 필요가 없고, 본래의 자연 풍경과 인류 문화적 환경을 깊게 탐색하는 데에 좋습니다.

여：창업 초기에서부터 지금까지, 과정은 어땠나요？

남：솔직히 말하자면, 학생 창업은 쉽지 않고 어려움이 많습니다. 그러나 18학교에서 저희에게 상당히 큰 지원을 해 주었고, 사업 운영 자금과 사무 공간 등을 제공해 주었습니다. 우리의 첫 사무실은 학생 창업 단지에 있었는데, 훗날 회사를 등록하고 설립한 후에는 고급 오피스텔로 이사했습니다. 현재 회사의 정규 직원은 100명 가까이 되고, 국내, 국제 노선도 이미 꽤 갖추어졌습니다. 설사 그렇다고 하더라도 19저희는 현 상태에 만족하지 않고, 여전히 부지런하게 노력하며 새로운 여행 노선을 개발하고 있습니다.

女: 据说目前公司在招聘员工，什么样的人才符合你们的需求？	여: 현재 회사에서 직원을 채용하고 있다고 들었는데, 어떤 인재가 당신들의 요구에 부합하나요?
男: 我们想要招聘的是会玩，也会工作的年轻人。会玩，是因为公司在开发更好更新的旅游线路时，需要会玩的人提出更多有趣的创意；会工作，是因为公司的运营涉及到各个方面，[20]这就要求应聘者掌握摄影、电脑、外语、驾驶等各种技能，[20]并有吃苦耐劳的精神。	남: 저희가 채용하고 싶은 분은 놀 줄도 알고, 일할 줄도 아는 젊은이입니다. 놀 줄 아는 것은, 회사가 더 좋고 더 새로운 여행 노선을 개발할 때 놀 줄 아는 사람이 더욱 재미있는 새로운 의견을 내는 것이 필요하기 때문이고, 일할 줄 아는 것은, 회사의 운영이 각 방면과 관련되기 때문인데요, 이것은 [20]지원자들이 촬영, 컴퓨터, 외국어, 운전 등의 각 기능에 숙달된 것과 [20]또 고통을 참고 힘든 일을 견디어 내는 정신도 있어야 하는 것을 요구합니다.

어휘 掌声 zhǎngshēng 몡 박수　下一站 Xiàyízhàn 고유 샤이잔[중국의 여행 업체]　有限公司 yǒuxiàn gōngsī 몡 유한 회사
负责人 fùzérén 몡 책임자　据说 jùshuō 동 듣기로는, 말하는 바에 의하면　创始人 chuàngshǐrén 몡 창업자
黑龙江 Hēilóngjiāng 고유 헤이룽장[중국의 지명, 흑룡강]　创立 chuànglì 동 세우다, 창립하다　起初 qǐchū 몡 처음, 최초
哈尔滨市 Hā'ěrbīn Shì 고유 하얼빈 시[중국의 지명]　周边 zhōubiān 몡 주변　产品 chǎnpǐn 몡 상품, 생산품　逐渐 zhújiàn 뷔 점차, 점점
开发 kāifā 동 개발하다, 개척하다　余 yú 몡 여, 남짓　精力 jīnglì 몡 에너지, 정력　企划 qǐhuà 동 기획하다　具体 jùtǐ 혱 구체적이다
最初 zuìchū 몡 초기에, 최초　全新 quánxīn 혱 완전히 새롭다　传统 chuántǒng 혱 기존의, 전통적인 몡 전통
主推 zhǔtuī 동 주로 판매하다, 집중 홍보하다　跟团游 gēntuányóu 패키지 여행, 단체 여행　自助游 zìzhùyóu 자유 여행
注重 zhùzhòng 동 중요시하다, 신경을 쓰다　体验 tǐyàn 동 체험하다　添加 tiānjiā 동 더하다, 첨가하다
必需 bìxū 동 반드시 필요하다, 꼭 필요하다　社交 shèjiāo 몡 사교　元素 yuánsù 몡 요소, 원소　线路 xiànlù 몡 노선, 회로
新颖 xīnyǐng 혱 참신하다, 새롭다　充裕 chōngyù 혱 충분하다, 여유롭다　精心 jīngxīn 혱 심혈을 기울이다
挑选 tiāoxuǎn 동 고르다, 선택하다　景点 jǐngdiǎn 몡 (경치가 좋은) 명소　有限 yǒuxiàn 혱 제한이 있는, 한계가 있는
有利于 yǒulìyú ~에 유리하다, 이롭다　探索 tànsuǒ 동 탐색하다, 찾다　原汁原味 yuánzhī yuánwèi 본래의 풍격, 오리지널
风光 fēngguāng 몡 풍경, 경치　人文 rénwén 몡 인간 사회의 문화　创业 chuàngyè 동 창업하다　实话 shíhuà 몡 솔직한 말
重重 chóngchóng 혱 많다, 겹겹의　相当 xiāngdāng 뷔 상당히, 꽤　启动资金 qǐdòng zījīn 사업 운영 자금, 착수금
办公地点 bàngōng dìdiǎn 사무실　园区 yuánqū 몡 단지, 구역, 지구　注册 zhùcè 동 (관련 기관·단체·학교 등에) 등록하다
成立 chénglì 동 (조직·기구 등을) 설립하다, 세우다　高档 gāodàng 혱 고급의　写字楼 xiězìlóu 오피스텔
全职员工 quánzhí yuángōng 정규 직원　成熟 chéngshú 혱 (조건·정도 등이) 갖추다, 성숙하다 동 (과실·곡식 등이) 익다
即便 jíbiàn 젭 설사~하더라도　如此 rúcǐ 뷔 그러하다, 이러하다　现状 xiànzhuàng 몡 현 상태, 현황　孜孜不倦 zīzībújuàn 졩 부지런하게 노력하다
人才 réncái 몡 인재　需求 xūqiú 몡 요구, 수요, 필요　创意 chuàngyì 몡 새로운 의견, 창조적인 생각　运营 yùnyíng 몡 운영
涉及 shèjí 동 관련되다, 미치다　应聘者 yìngpìnzhě 지원자　掌握 zhǎngwò 동 숙달하다, 파악하다　摄影 shèyǐng 동 촬영하다
驾驶 jiàshǐ 동 운전하다, 조종하다　吃苦耐劳 chīkǔnàiláo 졩 고통을 참고 힘든 일을 견디어 내다　精神 jīngshén 몡 정신

16-20번 보기의 线路(노선), 景点(명소), 旅行(여행), 全职员工(정규 직원)을 통해 인터뷰 대상이 여행과 관련된 사업가임을 예측할 수 있다. 따라서 사업가 인터뷰가 나올 것을 대비해서 듣는다. 특히, 남자가 인터뷰 대상이므로 남자의 말을 주의 깊게 듣는다.

16 하	A 家庭主妇	A 가정 주부
	B 退休人员	B 정년 퇴직자
	C 在校大学生	C 대학교 재학생
	D 学校教职工	D 학교 교직원
	问: 该公司最初是由什么人群创立的？	질문: 이 회사는 제일 처음에 어떤 사람들에 의해 세워졌는가?

해설 남자의 말에서 언급된 我们公司是由黑龙江大学几名在校大学生创立的를 듣고, 보기 C 在校大学生에 체크해 둔다. 질문이 이 회사는 제일 처음에 어떤 사람들에 의해 세워졌는지를 물었으므로, 보기 C가 정답이다.

어휘 家庭 jiātíng 몡 가정　主妇 zhǔfù 몡 주부　退休人员 tuìxiū rényuán 정년 퇴직자　教职工 jiàozhígōng 교직원
最初 zuìchū 몡 처음, 최초　人群 rénqún 몡 사람들, (사람의) 무리　创立 chuànglì 동 세우다, 창립하다

17 중상	A 线路比较新颖	A 노선이 비교적 참신하다
	B 精挑细选景点	B 명소를 까다롭게 고른다
	C 旅行时间充足	C 여행 시간이 충분하다
	D 费用十分昂贵	D 비용이 매우 비싸다
	问: 下列哪项<u>不属于</u>"深度旅行"的特点？	질문: 다음 중 '심층 여행'의 특징에 <u>속하지 않는</u> 것은?

해설 남자의 말에서 언급된 "深度旅行"线路新颖、时间充裕, 且一次只精心挑选一个景点。을 듣고, 보기 A 线路比较新颖, B 精挑细选景点, C 旅行时间充足에 체크해 둔다. 질문이 다음 중 '심층 여행'의 특징에 속하지 않는 것을 물었으므로, 인터뷰에서 언급되지 않은 보기 D가 정답이다.

어휘 线路 xiànlù 몡 노선, 회로 新颖 xīnyǐng 톙 참신하다, 새롭다 精挑细选 jīng tiāo xì xuǎn 까다롭게 고르다
　　 景点 jǐngdiǎn 몡 (경치가 좋은) 명소 充足 chōngzú 톙 충분하다, 충족하다 费用 fèiyòng 몡 비용 昂贵 ángguì 톙 비싸다

18 상	A 给予经济资助	A 경제적인 도움을 준다
	B 协助媒体宣传	B 대중 매체 홍보를 협조한다
	C 给予技术支持	C 기술 지원을 준다
	D 提供学生贷款	D 학생 대출을 제공한다
	问 : 刚开始创业时, 学校给了什么样的支持?	질문 : 막 창업했을 때, 학교는 어떤 지원을 해 주었는가?

해설 남자의 말에서 언급된 学校给了我们相当大的支持, 提供了启动资金和办公场所를 듣고, 보기 A 给予经济资助에 체크해 둔다. 질문이 막 창업했을 때 학교는 어떤 지원을 해 주었는지를 물었으므로, 보기 A가 정답이다.

어휘 给予 jǐyǔ 통 주다, 부여하다 资助 zīzhù 통 경제적으로 돕다, 재물로 돕다 协助 xiézhù 통 협조하다, 거들어 주다, 보조하다
　　 媒体 méitǐ 몡 대중 매체 宣传 xuānchuán 통 홍보하다, 광고하다 贷款 dàikuǎn 통 대출하다 몡 대출금
　　 创业 chuàngyè 통 창업하다

19 중	A 没有固定办公地点	A 고정된 사무 공간이 없다
	B 还在开发新的线路	B 여전히 새로운 노선을 개발하고 있다
	C 国内线路还不成熟	C 국내 노선은 아직 갖춰지지 않았다
	D 全职员工超过一百人	D 정규 직원이 100명이 넘는다
	问 : 关于这个公司, 下列哪项正确?	질문 : 회사에 관하여, 다음 중 옳은 것은?

해설 남자의 말에서 언급된 我们并没有满足于现状, 仍然在孜孜不倦地开发着新的旅游线路를 듣고, 보기 B 还在开发新的线路에 체크해 둔다. 질문이 회사에 관하여 옳은 것을 물었으므로, 보기 B가 정답이다.

어휘 固定 gùdìng 톙 고정되다, 불변하다 통 고정하다 办公地点 bàngōng dìdiǎn 사무 공간 开发 kāifā 통 개발하다
　　 线路 xiànlù 몡 노선, 회로 成熟 chéngshú 톙 (조건·정도 등이) 갖추다, 성숙하다 통 (과실·곡식 등이) 익다
　　 全职员工 quánzhí yuángōng 정규 직원

20 중상	A 不怕吃苦受累的	A 고생하는 것을 두려워하지 않는
	B 性格幽默风趣的	B 성격이 유머러스하고 재미있는
	C 广告宣传能力强的	C 광고 홍보 능력이 뛰어난
	D 有相关工作经验的	D 관련 업무 경험이 있는
	问 : 公司需要什么样的人才?	질문 : 회사는 어떤 인재를 필요로 하는가?

해설 남자의 말에서 언급된 这就要求应聘者……并有吃苦耐劳的精神을 듣고, 보기 A 不怕吃苦受累的에 체크해 둔다. 질문이 회사는 어떤 인재를 필요로 하는지를 물었으므로, 보기 A가 정답이다.

어휘 吃苦 chīkǔ 통 고생하다, 고통을 맛보다 受累 shòulèi 통 고생하다 风趣 fēngqù 톙 유머러스하다, 재미있다 몡 재미, 유머
　　 宣传 xuānchuán 통 홍보하다, 광고하다 相关 xiāngguān 통 (서로) 관련되다 行业 hángyè 몡 업계, 업무 분야 人才 réncái 몡 인재

第21到25题是根据下面一段采访:

男: ²⁵今天我们邀请到了上海戏剧学院附属高级中学校长肖英。肖校长,您为何如此喜欢戏剧?

女: 因为戏剧的魅力是无与伦比的。平面的、没有生命的文字在一般情况下,并不会造成人们的情绪波动。但是²¹在戏剧作品中,文字就会变得立体而富有生命,从而引发台下观众的笑声或眼泪。这是何等奇妙的事!

男: 听说您十分推崇戏剧教育,您认为它对学生有什么作用?

女: 戏剧的作用来自于戏剧的四个核心元素:一是角色认知。正确的角色定位,恰当的角色扮演以及对角色的准确把控是戏剧人一辈子都在实践与研究的。²²二是情景体验。情景体验能够培养学生的自信心、表达能力以及应变能力。三是团队合作。戏剧作品通常由一个团队共同完成,这能够培养学生的合作能力。最后,戏剧教育是创造力教育的良好载体,可以通过台上台下无声的交流,形成共鸣与共情。

男: ²³您在教学中有什么印象深刻的事情吗?

女: 几天前,我和来访的校长们一起看学生们演话剧,在表演的过程中,一位同学脚滑了一下,眼看着要出问题,旁边的同学随机应变,马上补了一句台词。²³表演结束后,校长们感叹道:"你们学生的应变能力太强了!非常沉着、冷静。"

男: 上戏附中今年获评上海市特色高中,在您看来,这个"特色"体现在哪里?

女: 教学上,我们提供高层次的戏剧教育;师资配备上,除了本校教师外,我们还请了三十多位艺术专业的高校教师,定期给学生上课。

男: 关于学校的发展,接下来您有什么规划?

女: 上戏附中会加快步伐,²⁴开展一系列研究项目,力求提高课堂效率,改善教与学的方式,贯彻落实普通高中育人方式改革的要求。

[한국어 번역 및 어휘 생략]

步伐 bùfá 명 (일이 진행되는) 속도, 발걸음　开展 kāizhǎn 동 전개되다　一系列 yíxìliè 형 일련의　项目 xiàngmù 명 프로젝트, 항목
力求 lìqiú 동 힘쓰다, 온갖 노력을 다하다　效率 xiàolǜ 명 효율, 능률　改善 gǎishàn 동 개선하다
贯彻 guànchè 동 (방침·정책·정신·방법 등을) 관철하다　落实 luòshí 동 실현되다, 구체화되다　育人 yùrén 인재를 양성하다
改革 gǎigé 동 개혁하다

21-25번 보기의 学生(학생), 学校(학교), 教育(교육)를 통해 인터뷰 대상이 학교와 관련된 전문가임을 예측할 수 있다. 따라서 특정 분야 전문가 인터뷰가 나올 것을 대비해서 듣는다. 특히, 여자가 인터뷰 대상이므로 여자의 말을 주의 깊게 듣는다.

21
중상

A 非常深刻	A 아주 강렬하다
B 文字生动	B 문장이 생동감 있다
C 令人震撼	C 사람을 흥분시킨다
D 十分新颖	D 매우 참신하나
问 : 女的认为戏剧作品有什么特点?	질문 : 여자는 희극 작품은 어떤 특징이 있다고 생각하는가?

해설 여자의 말에서 언급된 在戏剧作品中, 文字就会变得立体而富有生命을 듣고, 보기 B 文字生动에 체크해 둔다. 질문이 여자는 희극 작품이 어떤 특징이 있다고 생각하는지를 물었으므로, 보기 B가 정답이다.

어휘 深刻 shēnkè 형 (느낌이) 강렬하다, (인상이) 깊다　震撼 zhènhàn 동 흥분시키다　新颖 xīnyǐng 형 참신하다, 새롭다
戏剧 xìjù 명 희극, 연극　作品 zuòpǐn 명 작품

22
중

A 锻炼意志	A 의지를 단련시킨다
B 挖掘潜力	B 잠재력을 발굴한다
C 提升自信	C 자신감을 높인다
D 树立理想	D 꿈을 세운다
问 : 戏剧表演对学生有什么作用?	질문 : 희극 공연은 학생에게 어떤 영향이 있는가?

해설 여자의 말에서 언급된 二是情景体验。情景体验能够培养学生的自信心、表达能力以及应变能力。를 듣고, 보기 C 提升自信에 체크해 둔다. 질문이 희극 공연은 학생에게 어떤 영향이 있는지를 물었으므로, 보기 C가 정답이다.

어휘 意志 yìzhì 명 의지, 의기　挖掘 wājué 동 발굴하다　潜力 qiánlì 명 잠재력　提升 tíshēng 동 높이다, 끌어올리다
树立 shùlì 동 세우다, 수립하다　戏剧 xìjù 명 희극, 연극

23
중상

A 学生刻苦训练	A 학생이 애쓰며 훈련한다
B 学生懂得感激	B 학생이 감사를 느낄 줄 안다
C 学生沉着应变	C 학생이 차분하게 임기응변한다
D 学生有创新意识	D 학생이 혁신적인 의식을 가지고 있다
问 : 什么事情令女的印象深刻?	질문 : 어떤 일이 여자의 인상에 깊게 남았나?

해설 남자의 말에서 언급된 您在教学中有什么印象深刻的事情吗?와 여자의 말에서 언급된 表演结束后, 校长们感叹道："你们学生的应变能力太强了! 非常沉着、冷静。"을 듣고, 보기 C 学生沉着应变에 체크해 둔다. 질문이 어떤 일이 여자의 인상에 깊게 남았는지를 물었으므로, 보기 C가 정답이다.

어휘 刻苦 kèkǔ 형 애쓰다, 고생을 견디다　训练 xùnliàn 동 훈련하다　感激 gǎnjī 동 감사를 느끼다　沉着 chénzhuó 형 차분하다
应变 yìngbiàn 동 임기응변하다　创新 chuàngxīn 동 혁신하다　意识 yìshí 명 의식　深刻 shēnkè 형 (인상이) 깊다, (느낌이) 강렬하다

24
하

A 扩大学校的招生规模	A 학교의 신입생 모집 규모를 확대한다
B 聘请艺术专业的教师	B 예술 전공의 교사를 초빙한다
C 提供高层次戏剧教育	C 고차원의 희극 교육을 제공한다
D 开展一系列研究项目	D 일련의 연구 프로젝트를 전개한다
问 : 女的接下来有什么规划?	질문 : 여자는 다음에 어떤 계획이 있는가?

해설 여자의 말에서 언급된 开展一系列研究项目를 듣고, 보기 D 开展一系列研究项目에 체크해 둔다. 질문이 여자는 다음에 어떤 계획이 있는지를 물었으므로, 보기 D가 정답이다. 참고로, 여자의 앞 인터뷰에서 언급된 我们提供高层次的戏剧教育를 듣고 보기 C를 정답으로 선택하지 않도록 주의한다.

어휘 招生 zhāoshēng [동] 신입생 모집 规模 guīmó [명] 규모 聘请 pìnqǐng [동] 초빙하다 层次 céngcì [명] 차원 戏剧 xìjù [명] 희극, 연극 开展 kāizhǎn [동] 전개되다 一系列 yíxìliè [형] 일련의 项目 xiàngmù [명] 프로젝트, 항목 规划 guīhuà [명] 계획, 기획 [동] 계획하다, 기획하다

25 상

A 是戏剧导演	A 희극 감독이다
B 是高中校长	B 고등학교 교장 선생님이다
C 曾经是话剧演员	C 예전에는 연극 배우였다
D 在高校兼职授课	D 대학교에서 겸직하여 수업을 한다
问：关于女的，可以知道什么？	질문 : 여자에 관하여, 무엇을 알 수 있는가?

해설 남자의 말에서 언급된 今天我们邀请到了上海戏剧学院附属高级中学校长肖英。을 듣고, 보기 B 是高中校长에 체크해 둔다. 질문이 여자에 관하여 알 수 있는 것을 물었으므로, 보기 B가 정답이다. 참고로, 맨 마지막 문제의 단서는 인터뷰 초중반에 언급되기도 한다.

어휘 戏剧 xìjù [명] 희극, 연극 导演 dǎoyǎn [명] 감독, 연출자 [동] 감독하다 话剧 huàjù [명] 연극 兼职 jiānzhí [동] 겸직하다 授课 shòukè [동] 수업하다, 강의를 하다

26-30

第26到30题是根据下面一段采访：

女：今天来到现场的是男中音歌唱家廖昌永。廖先生，您参加综艺节目这件事还挺让观众诧异的，节目组当初怎么会想到找您？

男：我听工作人员说，在准备阶段，[26]导演组为了选择节目的嘉宾，聚在一起投了好几轮票，结果我获得的票数最高。他们搜索了很多我的资料后发现，十几年前我就开始做融合古典音乐和流行音乐的工作了。这和他们的节目理念是一致的，因为他们想通过这个节目让更多人了解歌剧，对歌剧产生兴趣。

女：您是形象较为严肃的传统歌唱家，然而综艺节目会要求嘉宾有娱乐感，您有过这方面的顾虑吗？

男：没有，我不排斥任何一种节目类型。[30]我希望能够借助媒体，大范围地传播古典音乐。节目播出一期后，取得了很高的收视率，在网上的热度也不低，这出乎大家的意料。所以说很多事不能以固定思维去看，要学会勇敢尝试。

女：[27]您曾经表示，希望通过这档节目消除观众对歌剧的隔阂和误解，那您觉得主要的隔阂和误解是什么呢？

男：观众总认为歌剧难懂，所以不愿意主动去了解。其实在很多年前，歌剧就是流行音乐，而且歌剧的题材几乎都是根据名著改编的。[28]观众在欣赏歌剧的同时，也可以了解这些名著，提高文学修养。

女：参加该节目的三十六位选手中，有歌剧演员、音乐剧演员，还有流行歌手。以往他们都是在各自的领域里比赛，现在齐聚一堂，参加同一个竞赛，您觉得效果怎么样？

26-30번 문제는 다음 인터뷰에 근거한다.

여 : 오늘 현장에 모신 분은 바리톤 성악가 랴오창융씨입니다. 랴오씨, 당신이 버라이어티 쇼에 참여한 이 일은 시청자들을 매우 의아하게 만들었는데요, 제작진은 처음에 어떻게 당신을 찾을 생각을 한 것인가요?

남 : 저도 직원에게 들었는데, 준비 단계에서 [26]연출 팀이 프로그램의 게스트를 선택하기 위해 함께 모여서 여러 라운드로 투표를 했고, 그 결과 제가 얻은 표 수가 가장 많았다고 하더군요. 그들은 저의 많은 자료를 검색해 본 뒤 10여 년 전부터 제가 클래식 음악과 대중음악을 융합하는 작업을 시작했다는 것을 발견했어요. 이는 그들의 프로그램 이념과 일치했는데요, 그들은 이 프로그램을 통해 더 많은 사람이 오페라를 이해하고 오페라에 흥미를 가졌으면 했기 때문입니다.

여 : 당신은 이미지가 비교적 근엄한 전통 성악가인데요, 그런데 버라이어티 쇼는 게스트가 예능감이 있는 것을 요구하잖아요, 당신은 이 방면에서 걱정해 본 적이 있으신가요?

남 : 없었습니다, 저는 어떠한 장르의 프로그램도 배척하지 않습니다. [30]저는 미디어의 힘을 빌려 광범위하게 클래식 음악을 전파하고 싶습니다. 프로그램이 1회 방영된 후, 매우 높은 시청률을 얻었고 인터넷에서의 인기도 낮지 않았는데, 이것은 사람들의 예상을 뛰어넘었어요. 그래서 많은 일을 고정된 생각으로 봐서는 안 되고 용감하게 시도하는 것을 배워야 합니다.

여 : [27]당신은 예전에 이 프로그램을 통해 시청자가 오페라에 가지는 간극과 오해를 해소하고 싶다고 밝히셨는데, 당신이 생각하기에 주된 장벽과 오해는 무엇인가요?

남 : 시청자들은 늘 오페라가 이해하기 어렵다고 생각하고, 그래서 자발적으로 이해하기를 원하지 않습니다. 사실 아주 예전에 오페라는 대중음악이었고, 오페라의 소재도 거의 명작을 토대로 각색한 것입니다. [28]시청자들은 오페라를 감상하는 동시에 이러한 명작도 이해할 수 있고, 문학 소양을 높일 수 있지요.

여 : 이 프로그램에 참여한 36명의 선수 중에는 오페라 배우, 뮤지컬 배우, 그리고 대중음악 가수가 있죠. 과거 그들은 모두 각자의 분야에서 경쟁했지만 현재는 한자리에 모여 같은 경기에 참여하고 있는데, 당신은 효과가 어떤 것 같으세요?

男: 唱法不同的选手们聚在一起, 会促使歌剧的演唱方法更加多元化。²⁹这是因为在歌剧表演中, 技术并不是最重要的, 重要的是要挖掘出角色的内涵。

남: 창법이 다른 선수들이 한데 모이면 오페라의 공연 방법이 더욱 다양해지도록 할 수 있습니다. ²⁹이것은 오페라 공연에서 기술이 결코 가장 중요한 것이 아니고, 중요한 것은 캐릭터의 속뜻을 찾아내야 하기 때문입니다.

어휘 现场 xiànchǎng 몡 (사건이나 사고의) 현장 男中音 nánzhōngyīn 몡 바리톤 歌唱家 gēchàngjiā 몡 성악가
廖昌永 Liào Chāngyǒng 교유 랴오창융[중국의 유명 바리톤] 综艺节目 zōngyì jiémù 버라이어티 쇼 诧异 chàyì 통 의아하다
节目组 jiémùzǔ 제작진 当初 dāngchū 몡 처음, 이전 阶段 jiēduàn 몡 단계, 계단 导演组 dǎoyǎnzǔ 연출 팀
嘉宾 jiābīn 몡 게스트, 귀빈 聚 jù 통 모이다, 집합하다 票数 piàoshù 몡 표 수 搜索 sōusuǒ 통 검색하다, 찾다
资料 zīliào 몡 자료, 필수품 融合 rónghé 통 융합하다 古典 gǔdiǎn 혱 클래식의, 고전의 理念 lǐniàn 몡 이념
一致 yízhì 혱 일치하다 몡 일치 歌剧 gējù 몡 오페라 兴趣 xìngqù 몡 흥미, 취미 形象 xíngxiàng 몡 이미지 较为 jiàowéi 閉 비교적
严肃 yánsù 혱 근엄하다, 엄숙하다 娱乐感 yúlègǎn 예능감 顾虑 gùlǜ 통 걱정, 고민 통 고려하다, 걱정하다 排斥 páichì 통 배척하다
类型 lèixíng 몡 장르, 유형 借助 jièzhù 통 (다른 사람 또는 사물의) 힘을 빌리다, 도움을 받다 媒体 méitǐ 몡 미디어, 대중 매체
范围 fànwéi 몡 범위 收视率 shōushìlù 시청률 热度 rèdù 몡 인기 出乎意料 chūhūyìliào 젱 예상을 뛰어넘다, 예상 밖이다
固定 gùdìng 혱 고정되다, 불변하다 통 고정하다 思维 sīwéi 몡 생각, 사유 통 사유하다, 숙고하다 尝试 chángshì 통 시도해 보다
曾经 céngjīng 閉 예전에, 일찍이 档 dàng 떙 건[사건이나 일 등을 세는 단위] 消除 xiāochú 통 해소하다, 없애다
隔阂 géhé 몡 (생각·감정의) 장벽, 간극 误解 wùjiě 몡 오해 통 오해하다 题材 tícái 몡 (문학이나 예술 작품의) 소재
名著 míngzhù 몡 명작, 명저 改编 gǎibiān 통 각색하다, 개편하다 欣赏 xīnshǎng 통 감상하다, 마음에 들다 文学 wénxué 몡 문학
修养 xiūyǎng 몡 소양 选手 xuǎnshǒu 몡 선수 音乐剧 yīnyuèjù 몡 뮤지컬 以往 yǐwǎng 몡 과거, 종전 各自 gèzì 떼 각자, 제각기
领域 lǐngyù 몡 분야, 영역 齐聚一堂 qí jù yì táng 한자리에 모이다 竞赛 jìngsài 통 경기하다, 경쟁하다, 시합하다
多元化 duōyuánhuà 혱 다양한, 다원화된 挖掘 wājué 통 찾아내다, 발굴하다, 파내다 角色 juésè 몡 캐릭터, 배역
内涵 nèihán 몡 속뜻, 의미, 내포

26-30번 보기의 音乐人(음악가), 歌剧演员(오페라 배우)을 통해 인터뷰 대상이 음악과 관련된 예술가임을 예측할 수 있다. 따라서 예술가 인터뷰가 나올 것을 대비해서 듣는다. 특히, 남자가 인터뷰 대상이므로 남자의 말을 주의 깊게 듣는다.

26
중

A 网络广告	A 인터넷 광고
B 观众来信	B 관객이 보낸 편지
C 问卷调查	C 설문 조사
D 导演组投票	D 연출 팀 투표
问 : 男的是通过什么方式被选为节目嘉宾的?	질문 : 남자는 어떤 방식을 통해 프로그램 게스트로 선정되었는가?

해설 남자의 말에서 언급된 导演组为了选择节目的嘉宾, 聚在一起投了好几轮票, 结果我获得的票数最高를 듣고, 보기 D 导演组投票에 체크해 둔다. 질문이 남자는 어떤 방식을 통해 프로그램 게스트로 선정되었는지를 물었으므로, 보기 D가 정답이다.

어휘 网络 wǎngluò 몡 인터넷, 네트워크 问卷调查 wènjuàn diàochá 설문 조사 导演组 dǎoyǎnzǔ 연출 팀
投票 tóupiào 통 투표하다 嘉宾 jiābīn 몡 게스트, 귀빈

27
중

A 结识更多的音乐人	A 더 많은 음악가들과 친분을 맺는다
B 打响自己的知名度	B 자신의 지명도를 높인다
C 降低歌剧演员的门槛	C 오페라 배우의 조건을 낮춘다
D 消除观众对歌剧的误解	D 오페라에 대한 시청자의 오해를 없앤다
问 : 男的对这档节目抱有何种期待?	질문 : 남자는 이 프로그램에 대해 어떤 기대를 품고 있는가?

해설 여자의 말에서 언급된 您曾经表示, 希望通过这档节目消除观众对歌剧的隔阂和误解를 듣고, 보기 D 消除观众对歌剧的误解에 체크해 둔다. 질문이 남자는 이 프로그램에 대해 어떤 기대를 품고 있는지를 물었으므로, 보기 D가 정답이다. 참고로, 인터뷰 질문에서 정답의 단서가 언급되기도 한다.

어휘 结识 jiéshí 통 친분을 맺다, 사귀다 打响 dǎxiǎng 높이다, 초보적인 성공을 거두다 知名度 zhīmíngdù 몡 지명도
歌剧 gējù 몡 오페라, 가극 门槛 ménkǎn 몡 조건, 표준 消除 xiāochú 통 없애다, 제거하다 误解 wùjiě 몡 오해 통 오해하다
档 dàng 떙 건[사건이나 일 등을 세는 단위] 抱有 bàoyǒu 통 품다, 가지다 期待 qīdài 통 기대하다, 바라다

28 중

A 净化心灵	A 영혼을 정화한다
B 激发灵感	B 영감을 불러일으킨다
C 了解世界历史	C 세계 역사를 이해한다
D 提升文学修养	D 문학 소양을 끌어올린다
问：根据对话，歌剧对观众有什么益处？	질문: 대화에 근거하여, 오페라는 시청자들에게 어떤 유익한 점이 있는가?

해설 남자의 말에서 언급된 观众在欣赏歌剧的同时，也可以了解这些名著，提高文学修养。을 듣고, 보기 D 提升文学修养에 체크해 둔다. 질문이 대화에 근거하여 오페라는 시청자들에게 어떤 유익한 점이 있는지를 물었으므로, 보기 D가 정답이다.

어휘 净化 jìnghuà [동] 정화하다 心灵 xīnlíng [명] 영혼, 마음 激发 jīfā [동] (감정을) 불러일으키다, 끓어오르게 하다 灵感 línggǎn [명] 영감 提升 tíshēng [동] 끌어올리다, 진급시키다 文学 wénxué [명] 문학 修养 xiūyǎng [명] 소양 歌剧 gējù [명] 오페라, 가극 益处 yìchu [명] 유익한 점, 이로운 점

29 하

A 挖掘角色的内涵	A 캐릭터의 속뜻을 찾아낸다
B 表现高超的技巧	B 출중한 기교를 보여 준다
C 多积累演出经验	C 공연 경험을 많이 쌓는다
D 向音乐大师学习	D 음악계의 거장에게 배운다
问：对歌剧演员来说，最重要的是什么？	질문: 오페라 배우에게 있어, 가장 중요한 것은 무엇인가?

해설 남자의 말에서 언급된 这是因为在歌剧表演中，技术并不是最重要的，重要的是要挖掘出角色的内涵。을 듣고, 보기 A 挖掘角色的内涵에 체크해 둔다. 질문이 오페라 배우에게 있어 가장 중요한 것은 무엇인지를 물었으므로, 보기 A가 정답이다.

어휘 挖掘 wājué [동] 찾아내다, 발굴하다 角色 juésè [명] 캐릭터, 배역 内涵 nèihán [명] 속뜻, 의미 表现 biǎoxiàn [동] 보이다, 활약하다 [명] 활약, 태도 高超 gāochāo [형] 출중하다, 특출나다 技巧 jìqiǎo [명] 기교, 기예 歌剧 gējù [명] 오페라, 가극

30 중상

A 非常排斥娱乐节目	A 예능 프로그램을 매우 배척한다
B 试图改变表演形式	B 공연 형식을 바꾸는 것을 시도한다
C 致力于推广古典音乐	C 클래식 음악을 널리 보급하는 데에 힘쓴다
D 拥有极高的娱乐天赋	D 매우 높은 예능적 자질을 가지고 있다
问：关于男的，可以知道什么？	질문: 남자에 관하여, 무엇을 알 수 있는가?

해설 남자의 말에서 언급된 我希望能够借助媒体，大范围地传播古典音乐。를 듣고, 보기 C 致力于推广古典音乐에 체크해 둔다. 질문이 남자에 관하여 알 수 있는 것을 물었으므로, 보기 C가 정답이다. 참고로, 맨 마지막 문제의 단서는 인터뷰 초중반에 언급되기도 한다.

어휘 排斥 páichì [동] 배척하다 娱乐 yúlè [명] 예능, 오락 试图 shìtú [동] 시도하다, 시험하다 形式 xíngshì [명] 형식, 형태 致力 zhìlì [동] 힘쓰다, 진력하다 推广 tuīguǎng [동] 널리 보급하다, 확대하다 古典 gǔdiǎn [형] 클래식의, 고전의 拥有 yōngyǒu [동] 가지다, 보유하다 极高 jígāo [형] 매우 높다, 극히 높다 天赋 tiānfù [명] (타고난) 자질, 천부적인 소질

31-33

第31到33题是根据下面一段话： 夏秋季节是葡萄成熟的季节，一颗颗晶莹的葡萄个儿大味甜，看上去十分诱人。细心的人会发现，有些葡萄的表皮上覆盖着一层"白霜"，像是抹了一层粉。有人说，"白霜"是农药残留，这样的葡萄千万不能吃。其实，这样的说法是毫无依据的。	31-33번 문제는 다음 내용에 근거한다. 여름과 가을은 포도가 익는 계절로, 한 알 한 알 빛나고 투명한 포도는 알이 크고 맛이 달아 아주 탐스럽게 보인다. 세심한 사람은 어떤 포도의 껍질 위가 가루를 바른 것 같이 한 층의 '흰 서리'로 덮여 있는 것을 알아차릴 수 있다. 어떤 사람은 '흰 서리'는 농약의 잔류물로, 이런 포도는 절대 먹을 수 없다고 말하는데, 사실 이러한 의견은 전혀 근거가 없다.

专业人士解释说，³¹"白霜"并不是农药，而是葡萄表皮细胞分泌出的一种糖醇类物质，叫做"果粉"。除了葡萄，李子、蓝莓、西梅等水果表面也有类似的白霜。

"果粉"不仅对身体无害，而且还有保护葡萄的作用。³²果粉不溶于水，在葡萄表面起到了屏障作用，³²可以防止细菌滋生和侵入，还可以防止葡萄因长期的运输和储存，而失去水分收缩的情况出现。因此，如果葡萄表面布满果粉，反而能证明葡萄很新鲜。³³在吃葡萄前，先用流水冲洗掉表面的浮尘和杂质，再放入水中浸泡二十分钟，最后冲洗几遍，就可以安心地食用了。

전문가는 ³¹'흰 서리'는 결코 농약이 아니라 포도 껍질 세포가 분비하는 일종의 글리시톨 물질이며, '과분'이라고 부른다고 설명했다. 포도 외에도 자두, 블루베리, 프룬 등의 과일 표면에도 이와 비슷한 흰 서리가 있다.

'과분'은 신체에 무해할 뿐만 아니라 게다가 포도를 보호하는 역할을 한다.³² 과분은 물에 녹지 않아 포도 표면에서 보호벽 작용을 일으켜서 ³²세균의 번식과 침입을 방지할 수 있고, 또 포도가 장기간의 운송과 저장으로 인해 수분을 잃고 수축하는 현상이 일어나는 것을 방지할 수 있다. 그러므로 만약 포도 표면에 과분이 가득 퍼졌다면, 오히려 포도가 신선하다는 것을 증명할 수 있다. ³³포도를 먹기 전에 먼저 흐르는 물로 표면의 먼지와 불순물을 씻어 내고, 다시 물속에 20분 담가 두고 난 후, 마지막으로 물로 몇 번 씻으면 안심하고 먹을 수 있다.

어휘 成熟 chéngshú 園 (과실·곡식 등이) 익다　颗 kē 鵴 알, 방울　晶莹 jīngyíng 園 빛나고 투명하다　诱人 yòurén 톕 탐스럽다, 매력적이다　细心 xìxīn 세심하다, 주의 깊다　表皮 biǎopí 껍질, 표피　覆盖 fùgài 園 덮다, 뒤덮다　霜 shuāng 園 서리　抹 mǒ 園 바르다, 칠하다　粉 fěn 園 가루, 분말　农药 nóngyào 園 농약　残留 cánliú 園 (부분적으로) 잔류하다, 남아 있다　毫无 háowú 園 전혀~이 없다, 조금도~이 없다　依据 yījù 園 근거, 바탕　专业人士 zhuānyè rénshì 전문가　细胞 xìbāo 園 세포　分泌 fēnmì 분비하다　糖醇类 Tángchúnlèi 고유 글리시톨[glycitols, 포도당을 수소로 환원시켜서 얻을 수 있는 설탕과 매우 흡사한 물질]　物质 wùzhì 園 물질　果粉 guǒfěn 園 과분[과일의 열매가 성숙한 후 껍질에 덮이는 흰 가루]　李子 lǐzi 園 자두　蓝莓 lánméi 園 블루베리　西梅 xīméi 園 프룬　表面 biǎomiàn 園 표면, 겉　类似 lèisì 園 비슷하다, 유사하다　溶 róng 園 녹다, 용해되다　屏障 píngzhàng 園 보호벽, 장벽　防止 fángzhǐ 園 방지하다　细菌 xìjūn 園 세균　滋生 zīshēng 園 번식하다　侵入 qīnrù 園 침입하다　运输 yùnshū 園 운송하다, 운반하다　储存 chǔcún 園 저장하다, 저축하다　失去 shīqù 園 잃다, 잃어버리다　收缩 shōusuō 園 수축하다, 줄이다　布满 bùmǎn 園 가득 퍼지다, 가득 널리다　反而 fǎn'ér 園 오히려, 반대로　流水 liú shuǐ 흐르는 물　冲洗 chōngxǐ 園 (붙어 있는 것들을 떼어내기 위해) 물로 씻다　浮尘 fúchén 園 (물체의 표면에 붙어 있는) 먼지, 티끌　杂质 zázhì 園 불순물　浸泡 jìnpào 園 (오랜 시간 물에) 담그다, 잠그다　食用 shíyòng 園 먹다, 식용하다

31

하

A 农药	B 果粉	A 농약	B 과분
C 乳油	D 雾气	C 크림	D 안개

问："白霜"是什么物质？ | 질문: '흰 서리'는 어떤 물질인가?

해설 음성에서 언급된 "白霜"并不是农药, 而是葡萄表皮细胞分泌出的一种糖醇类物质, 叫做"果粉"을 듣고, 보기 B 果粉에 체크해 둔다. 질문이 '흰 서리'는 어떤 물질인지를 물었으므로, 보기 B가 정답이다.

어휘 农药 nóngyào 園 농약　果粉 guǒfěn 園 과분[과일의 열매가 성숙된 후 껍질에 덮이는 흰 가루]　乳油 rǔyóu 園 크림　雾气 wùqì 園 안개　霜 shuāng 서리　物质 wùzhì 園 물질

32

중상

A 可增加葡萄甜度	A 포도의 당도를 늘릴 수 있다
B 可避免昆虫叮咬	B 곤충이 무는 것을 피할 수 있다
C 可防止细菌繁殖	C 세균의 번식을 방지할 수 있다
D 可使葡萄不易破损	D 포도가 쉽게 파손되지 않게 할 수 있다

问：关于"果粉"的作用，可以知道什么？ | 질문: '과분'의 역할에 관하여, 무엇을 알 수 있는가?

해설 음성에서 언급된 果粉不溶于水……可以防止细菌滋生和侵入를 듣고, 보기 C 可防止细菌繁殖에 체크해 둔다. 질문이 '과분'의 역할에 관하여 알 수 있는 것을 물었으므로, 보기 C가 정답이다.

어휘 甜度 tiándù 園 당도　避免 bìmiǎn 園 피하다, 모면하다　昆虫 kūnchóng 園 곤충　叮咬 dīngyǎo 園 (모기 등이) 물다　防止 fángzhǐ 園 방지하다　细菌 xìjūn 園 세균　繁殖 fánzhí 園 번식하다　破损 pòsǔn 園 파손시키다, 파손되다　果粉 guǒfěn 園 과분[과일의 열매가 성숙된 후 껍질에 덮이는 흰 가루]

제1회

제2회
듣기

제3회

제4회

제5회

제6회

해커스 해설이 상세한 HSK 6급 실전모의고사

33 중	A 可直接食用	A 직접 먹을 수 있다
	B 要用纸擦掉	B 종이를 사용해서 닦아 내야 한다
	C 在水中浸泡	C 물 속에 담근다
	D 须用力揉搓	D 반드시 힘을 써서 문질러야 한다
	问 : 吃葡萄时, 应该怎么处理 "白霜"?	질문 : 포도를 먹을 때, '흰 서리'는 어떻게 처리해야 하는가?

해설 음성에서 언급된 在吃葡萄前, 先用流水冲洗掉表面的浮尘和杂质, 再放入水中浸泡二十分钟, 最后冲洗几遍, 就可以安心地食用了.를 듣고, 보기 C 在水中浸泡에 체크해 둔다. 질문이 포도를 먹을 때 '흰 서리'를 어떻게 처리해야 하는지를 물었으므로, 보기 C가 정답이다.

어휘 食用 shíyòng 통 먹다, 식용하다 擦 cā 통 닦다, 비비다 浸泡 jìnpào 통 (오랜 시간 물에) 담그다, 잠그다
揉搓 róucuo 통 (손으로) 문지르다, 비비다 处理 chǔlǐ 통 처리하다, 해결하다 霜 shuāng 명 서리

34-36

第34到36题是根据下面一段话:

³⁶垃圾分类绝不是面子工程, 而是改善我们生活质量的必要手段, 可以说 "功在当代, 利在千秋". 中国的垃圾处理技术起步较晚, ³⁴以往使用最多的垃圾处理技术是填埋, 这种技术简单方便, 成本低, 但时间一长, 垃圾中的有害物质会进入土壤甚至地下水中, 危害极大.

因此, ³⁶实行垃圾分类迫在眉睫. ³⁵在中国, 垃圾主要分为可回收垃圾、有害垃圾、湿垃圾和干垃圾四类. 可回收垃圾能够循环使用, 所以处理方式并不复杂; 有害垃圾是指含有对人体和环境有重大危害的物质, 比如电池里的重金属, 油漆里的有机溶剂等, 它们要先接受无害化处理, 然后再被填埋; 湿垃圾的处理方法是堆肥, 利用细菌, 把有机质转化成易吸收的肥料; 干垃圾最后的归宿是焚烧炉或填埋场, 可燃的就焚烧, 否则就进行填埋. 这两项技术在中国已经很成熟了.

分类之后, 需要处理的垃圾数量变少, 处理难度也会大大降低.

34-36번 문제는 다음 내용에 근거한다.

³⁶쓰레기 분리수거는 전시 행정이 절대 아니라 우리 삶의 질을 개선하는 데 필요한 수단으로, '공로는 당대에 있으나, 그 이익은 천 년 동안 계속된다'라고 말할 수 있다. 중국의 쓰레기 처리 기술은 비교적 늦게 시작되었는데, ³⁴과거에 가장 많이 사용된 쓰레기 처리 기술은 매립으로, 이 기술은 간단하고 편리하며 원가가 낮지만, 시간이 지나면 쓰레기 속의 유해물질이 토양이나 심지어 지하수 속으로 들어갈 수 있어 위험이 매우 크다.

그러므로 ³⁶쓰레기 분리수거를 실행하는 것은 대단히 시급하다. ³⁵중국에서 쓰레기는 주로 재활용 쓰레기, 유해 쓰레기, 음식물 쓰레기와 마른 쓰레기 네 종류로 구분한다. 재활용 쓰레기는 반복하여 사용할 수 있어서 처리 방식이 그렇게 복잡하지는 않다. 유해 쓰레기는 인체와 환경에 중대한 해를 끼치는 물질을 가리키는 것으로, 예를 들어 배터리 속의 중금속, 페인트 속의 유기 용제 등인데, 그것들은 우선 무공해 처리를 받은 후에 다시 매립되어야 한다. 음식물 쓰레기의 처리 방법은 퇴비인데, 세균을 이용해서 유기 물질을 흡수하기 쉬운 비료로 바꾸는 것이다. 마른 쓰레기의 가장 마지막 귀착점은 소각로 혹은 매립장으로, 불에 잘 타는 것은 소각하고, 만약 그렇지 않으면 바로 매립을 한다. 이 두 가지 기술은 중국에서 이미 무르익었다.

분리수거 후에는 처리가 필요한 쓰레기 수량이 적어지고, 처리 난이도도 크게 낮아질 것이다.

어휘 垃圾分类 lājī fēnlèi 쓰레기 분리수거 面子工程 miànzi gōngchéng 전시 행정, 겉치레용 행정
改善 gǎishàn 통 개선하다 必要 bìyào 형 필요하다 手段 shǒuduàn 명 수단, 방법
功在当代, 利在千秋 gōng zài dāngdài, lì zài qiānqiū 공로는 당대에 있으나, 그 이익은 천 년 동안 계속된다 处理 chǔlǐ 통 처리하다, 해결하다
起步 qǐbù 통 (사업·업무·일 등을) 시작하다 以往 yǐwǎng 명 과거, 이전 填埋 tiánmái 매립 成本 chéngběn 명 원가, 자본금
有害物质 yǒuhài wùzhì 유해물질 土壤 tǔrǎng 명 토양, 흙 危害 wēihài 명 위험, 손해 极大 jídà 형 매우 크다
实行 shíxíng 통 실행하다 迫在眉睫 pòzàiméijié 정 대단히 시급하다, 눈앞에 임박하다 分为 fēnwéi 통 ~으로 구분한다, 나누다
可回收垃圾 kěhuíshōu lājī 재활용 쓰레기 湿垃圾 shī lājī 음식물 쓰레기 循环 xúnhuán 통 반복하다, 순환하다
处理 chǔlǐ 통 처리하다, 해결하다 重大 zhòngdà 형 중대하다 电池 diànchí 명 배터리, 전지 重金属 zhòngjīnshǔ 명 중금속
油漆 yóuqī 명 페인트, 도료 有机溶剂 yǒujī róngjì 유기 용제[고체·기체·액체를 녹일 수 있는 액체 유기 화합물]
无害化处理 wú hài huà chǔlǐ 무공해 처리 堆肥 duīféi 퇴비 利用 lìyòng 통 이용하다 细菌 xìjūn 명 세균
有机质 yǒujīzhì 유기 물질, 유기질 转化 zhuǎnhuà 통 바꾸다, 바뀌다 吸收 xīshōu 통 흡수하다 肥料 féiliào 명 비료
归宿 guīsù 명 귀착점, 귀결점 焚烧炉 fénshāolú 소각로 填埋场 tiánmáichǎng 매립장 可燃 kěrán 형 불에 잘 타는, 가연성의
焚烧 fénshāo 통 소각하다, 불태우다 否则 fǒuzé 접 만약 그렇지 않으면 项 xiàng 양 조항, 조목
成熟 chéngshú 형 (정도 등이) 무르익다, 성숙하다 难度 nándù 명 난이도

34 중	A 填埋 B 焚烧 C 回收 D 分类	A 매립 B 소각 C 회수 D 분류
	问 : 以前中国最常用的垃圾处理技术是什么?	질문 : 이전에 중국에서 가장 자주 사용했던 쓰레기 처리 기술은 무엇인가?

해설 음성에서 언급된 以往使用最多的垃圾处理技术是填埋를 듣고, 보기 A 填埋에 체크해 둔다. 질문이 이전에 중국에서 가장 자주 사용했던 쓰레기 처리 기술은 무엇인지를 물었으므로, 보기 A가 정답이다.

어휘 填埋 tiánmái 매립   焚烧 fénshāo 툉 소각하다, 불태우다   回收 huíshōu 圀 회수 圀 회수하다   分类 fēnlèi 툉 분류하다, 나누다
     常用 cháng yòng 자주 사용하다   垃圾分类 lājī fēnlèi 쓰레기 분리수거

35 중상	A 湿垃圾 B 有害垃圾 C 可燃垃圾 D 可回收垃圾	A 음식물 쓰레기 B 유해 쓰레기 C 가연성 쓰레기 D 재활용 쓰레기
	问 : 中国的垃圾分类<u>不包括</u>下列哪项?	질문 : 중국의 쓰레기 분리수거는 다음 중 어떤 항목을 **포함하지 않는가**?

해설 음성에서 언급된 在中国, 垃圾主要分为可回收垃圾、有害垃圾、湿垃圾和干垃圾四类。를 듣고, 보기 A 湿垃圾, B 有害垃圾, D 可回收垃圾에 체크해 둔다. 질문이 중국의 쓰레기 분리수거에 포함되지 않는 항목을 물었으므로, 지문에서 언급되지 않은 보기 C 可燃垃圾가 정답이다.

어휘 湿垃圾 shī lājī 음식물 쓰레기   垃圾 lājī 圀 쓰레기   可燃 kěrán 휑 가연성의, 불에 잘 타는   可回收 kěhuíshōu 재활용
     垃圾分类 lājī fēnlèi 쓰레기 분리수거   包括 bāokuò 툉 포함하다, 포괄하다   项 xiàng 먱 항목, 조항

36 중상	A 中国的垃圾分类 B 垃圾的处理成本 C 焚烧垃圾的危害 D 垃圾的回收技术	A 중국의 쓰레기 분리수거 B 쓰레기의 처리 원가 C 쓰레기를 소각하는 위험 D 쓰레기 수거 기술
	问 : 这段话主要介绍的是什么?	질문 : 이 글은 주로 무엇을 소개하는가?

해설 음성에서 언급된 垃圾分类绝不是面子工程, 而是改善我们生活质量的必要手段……实行垃圾分类迫在眉睫를 듣고, 보기 A 中国的垃圾分类에 체크해 둔다. 질문이 이 글은 주로 무엇을 소개하는지를 물었고, 음성 전체에 걸쳐 중국의 垃圾分类에 대해 언급하고 있으므로, 보기 A가 정답이다.

어휘 垃圾分类 lājī fēnlèi 쓰레기 분리수거   处理 chǔlǐ 툉 처리하다, 해결하다   成本 chéngběn 圀 원가, 자본금
     焚烧 fénshāo 툉 소각하다, 불태우다   危害 wēihài 圀 위험, 손해   回收 huíshōu 툉 수거하다, 회수하다

37-39

第37到39题是根据下面一段话:	37-39번 문제는 다음 내용에 근거한다.
³⁷近日, 青岛、杭州、广州等多地海关查获了几批试图以邮寄的方式偷运到国内的蚂蚁。据悉, 这种情况频发的原因是, 很多蚂蚁爱好者想要将海外蚂蚁作为宠物饲养。现在除了野外捕捉和海外购买等方式外, 还有商家公然在国内的某些购物平台上销售进口宠物蚂蚁。	³⁷최근 칭다오, 항저우, 광저우 등 많은 지역의 세관은 우편으로 보내는 방식으로 국내 밀반입이 시도된 몇 무더기의 개미들을 수색해서 찾았다. 들리는 바로는, 이러한 상황이 빈번하게 발생하는 원인은 많은 개미 애호가가 해외 개미를 반려동물로 삼아 기르고 싶어 하기 때문이다. 현재 야외 채집과 해외 구매 등의 방식 외에, 어떤 상인들은 공공연하게 국내의 몇몇 쇼핑 플랫폼에서 수입 애완 개미를 팔기도 한다.

然而，偷运蚂蚁明确触犯了法律。[38]相关法律规定，活体昆虫属于禁止邮寄进境的物品，未经检疫审批，个人不允许携带除猫类、犬类动物外的其他动物入关。而且，在未取得相关许可证的情况下饲养蚂蚁，是非法行为。想要合法入境，必须要委托有资质的报关代理公司，以货物形式进行报关。

此外，[39]非法运输、饲养蚂蚁会给涉事人带来极大的损失。他们可能会面临经济处罚，严重的话还会有牢狱之灾。同时，部分蚂蚁极具攻击性，一旦有人靠近就会立刻将毒刺狠狠地刺进他们的皮肤。这会使伤口变得红肿，刺痛难忍。对此，皮肤科医生解释道，蚂蚁分泌物中的蚁酸会对皮肤产生刺激，进而导致刺激性皮炎和虫咬皮炎，使皮肤出现水泡，甚至变得红肿。

그러나 개미를 밀반입하는 것은 분명히 법률에 위반된다.[38]관련 법률은 살아 있는 곤충은 우편으로 입국되는 것이 금지된 물품에 속하며, 검역 검사를 거치지 않고서는 개인이 고양이과, 개과 동물 외의 기타 동물을 데리고 세관으로 들어갈 수 없도록 규정하고 있다. 게다가 관련 허가증을 취득하지 않은 상황에서 개미를 기르는 것은 불법 행위이다. 합법적으로 입국을 하고 싶다면 반드시 자격이 있는 세관 신고 대행 회사에 위탁하여 화물 형식으로 통관 수속을 진행해야 한다.

이 밖에 [39]불법 운송과 개미 사육은 관련된 사람들에게 매우 큰 피해를 줄 수 있다. 그들은 경제적 처벌에 직면할 수도 있고, 심하면 감옥에 가는 불행을 치를 수도 있다. 동시에 일부 개미들은 매우 공격성이 있어서, 일단 누군가가 다가가면 즉시 매섭게 그들의 피부에 독침을 찌를 수도 있다. 이것은 상처를 빨갛게 붓게 하고, 참을 수 없게 따끔거리게 할 수 있다. 이에 대해 피부과 의사는 개미의 분비물 속 개미산이 피부에 자극을 줄 수 있고, 더 나아가 접촉성 피부염과 곤충교상 피부염을 유발해 피부에 물집이 생기게 하고 심지어 빨갛게 부어오르게 할 수 있다고 설명했다.

어휘 近日 jìnrì 톙 최근, 근래 青岛 Qīngdǎo 고유 칭다오[중국의 지명] 杭州 Hángzhōu 고유 항저우[중국의 지명]
广州 Guǎngzhōu 고유 광저우[중국의 지명] 海关 hǎiguān 톙 세관 查获 cháhuò 통 수색해서 찾다, 수사하여 찾다 批 pī 톙 무더기, 무리, 떼
试图 shìtú 통 시도하다 邮寄 yóujì 통 우편으로 보내다, 통관하다 偷运 tōuyùn 통 밀반입하다 蚂蚁 mǎyǐ 톙 개미
据悉 jùxī 들리는 바로는, 아는 바로는 频发 pínfā 빈번하게 발생하다 爱好者 àihàozhě 톙 애호가 海外 hǎiwài 톙 해외, 국외
宠物 chǒngwù 톙 반려동물 饲养 sìyǎng 통 기르다, 사육하다 野外 yěwài 톙 야외 捕捉 bǔzhuō 통 채집하다, 잡다
商家 shāngjiā 톙 상인 公然 gōngrán 튀 공공연히, 거리낌 없이 平台 píngtái 톙 플랫폼 销售 xiāoshòu 통 팔다, 판매하다
进口 jìnkǒu 통 수입하다 明确 míngquè 톙 분명하다, 명확하다 触犯 chùfàn 통 위반하다, 침범하다
相关 xiāngguān 통 관련되다, 연관되다 活体 huótǐ 톙 살아 있는 생명체, 생체 昆虫 kūnchóng 톙 곤충 属于 shǔyú 통 ~에 속하다
进境 jìnjìng 통 입국하다, (학업 등이) 진보하다 未经 wèijīng 통 ~하지 않다, 아직 ~하지 못하다 检疫 jiǎnyì 통 검역하다
审批 shěnpī 통 검사하다, 심사하여 허가하다 携带 xiédài 통 데리다, 휴대하다 入关 rùguān 세관으로 들어가다, 통관하다
取得 qǔdé 통 취득하다, 얻다 许可证 xǔkězhèng 톙 허가증 非法 fēifǎ 톙 불법적인, 위법적인 行为 xíngwéi 톙 행위, 행동
入境 rùjìng 통 입국하다 委托 wěituō 통 위탁하다 资质 zīzhì 톙 자격, 자질
报关 bàoguān 통 (수출입 물품을) 통관 수속을 하다, 세관에 신고하다 代理 dàilǐ 통 대행하다, 대리하다 货物 huòwù 톙 화물, 물품, 상품
形式 xíngshì 톙 형식, 형태 此外 cǐwài 이 밖에, 이외에 涉事人 shèshìrén 관련된 사람 极大 jídà 매우 크다
损失 sǔnshī 톙 피해, 손실 面临 miànlín 통 직면하다, 당면하다 处罚 chǔfá 통 처벌하다 牢狱 láoyù 톙 감옥
攻击性 gōngjīxìng 톙 공격성 一旦 yídàn 톙 일단, 어느 때 靠近 kàojìn 통 다가가다, 접근하다 톙 가깝다 立刻 lìkè 튀 즉시, 당장
毒刺 dúcì 톙 독침 狠狠 hěnhěn 튀 매섭게, 호되게 红肿 hóngzhǒng 통 (피부가) 빨갛게 붓다 刺痛 cìtòng 통 따끔거리다, 쿡쿡 쑤시다
难忍 nánrěn 참을 수 없다, 참기 어렵다 分泌物 fēnmìwù 톙 분비물
蚁酸 yǐsuān 톙 개미산, 폼산[개미나 벌 따위의 산체에 들어 있는 무색의 산성 액체] 刺激 cìjī 통 자극하다 进而 jìn'ér 더 나아가
导致 dǎozhì 통 유발하다, 초래하다 刺激性皮炎 cìjīxìng píyán 접촉성 피부염 虫咬皮炎 chóngyǎo píyán 곤충교상 피부염
水泡 shuǐpào 톙 물집

37 중	A 伪造的文件	A 위조된 문서
	B 逃税的商品	B 탈세한 상품
	C 动物的标本	C 동물의 표본
	D 邮寄的蚂蚁	D 우편으로 보낸 개미
	问：最近海关查获了什么？	질문 : 최근 세관이 무엇을 수색해서 찾았는가?

해설 음성에서 언급된 近日, 青岛、杭州、广州等多地海关查获了几批试图以邮寄的方式偷运到国内的蚂蚁。를 듣고, 보기 D 邮寄的蚂蚁에 체크해 둔다. 질문이 최근 세관이 무엇을 수색해서 찾았는지를 물었으므로, 보기 D가 정답이다.

어휘 伪造 wěizào 통 위조하다, 날조하다 文件 wénjiàn 톙 문서, 서류 逃税 táoshuì 통 탈세하다
标本 biāoběn 톙 (동물·식물·광물 등의) 표본 邮寄 yóujì 통 우편으로 보내다 蚂蚁 mǎyǐ 톙 개미 海关 hǎiguān 톙 세관
查获 cháhuò 통 수색해서 찾다

38 중	A 已经报关的猫狗	A 이미 세관에 신고한 고양이와 개
	B 海外寄来的昆虫	B 해외에서 보내진 곤충
	C 体积巨大的物品	C 부피가 거대한 물품
	D 未包装好的食品	D 아직 포장이 안 된 식품
	问：携带下列哪项入境是违反法律的?	질문：다음 중 무엇을 소지해서 입국하는 것이 법률에 위배되는 것인가?

해설 음성에서 언급된 相关法律规定，活体昆虫属于禁止邮寄进境的物品을 듣고, 보기 B 海外寄来的昆虫에 체크해 둔다. 질문이 무엇을 소지해서 입국하는 것이 법률에 위배되는 것인지를 물었으므로, 보기 B가 정답이다.

어휘 报关 bàoguān 图 세관에 신고하다　昆虫 kūnchóng 몡 곤충　体积 tǐjī 몡 부피, 체적　巨大 jùdà 톙 거대하다, 막대하다
包装 bāozhuāng 图 포장하다 몡 포장　携带 xiédài 图 소지하다, 휴대하다　入境 rùjìng 图 입국하다
违反 wéifǎn 图 (법률 규정 등을) 위배하다, 위반하다　法律 fǎlǜ 몡 법률

39 중상	A 破坏生态环境	A 생태 환경을 파괴한다
	B 导致疾病的流行	B 질병의 유행을 일으킨다
	C 扰乱宠物市场的秩序	C 반려동물 시장의 질서를 교란시킨다
	D 涉事人会受经济处罚	D 관련된 사람은 경제적인 처벌을 받는다
	问：根据这段话，这种违法行为可能会有什么后果?	질문：이 글에 근거하여, 이런 위법 행위는 아마도 어떤 결과가 있을 것인가?

해설 음성에서 언급된 非法运输、饲养蚂蚁会给涉事人带来极大的损失。他们可能会面临经济处罚를 듣고, 보기 D 涉事人会受经济处罚에 체크해 둔다. 질문이 이 글에 근거하여 이런 위법 행위는 아마도 어떤 결과가 있을 것인지를 물었으므로, 보기 D가 정답이다.

어휘 破坏 pòhuài 图 파괴하다, 손상시키다　生态 shēngtài 몡 생태　导致 dǎozhì 图 일으키다, 초래하다, 야기하다　疾病 jíbìng 몡 질병
扰乱 rǎoluàn 图 교란시키다, 뒤죽박죽 하다　宠物 chǒngwù 몡 반려동물　市场 shìchǎng 몡 시장　秩序 zhìxù 몡 질서
涉事人 shèshìrén 관련된 사람　处罚 chǔfá 图 처벌하다　违法 wéifǎ 图 위법하다, 법을 어기다　行为 xíngwéi 몡 행위, 행동
后果 hòuguǒ 몡 (주로 안 좋은) 결과, 뒷일

40-43

第40到43题是根据下面一段话：
　　与以往不同，现在的游学市场已经不再由学校主导了。这两年，游学市场再次升温，呈现爆发式增长。校外培训机构、旅游网站以及各路资本纷纷加大了对游学市场的投入。⁴⁰市场上的游学产品品种繁多，琳琅满目，⁴¹其中，特色鲜明的、由专家、名师带队的产品最受家长和孩子欢迎。比如"携程旅行网"针对十二至十六周岁的人群⁴²推出了"壮游计划"。这个系列的产品共有十五条线路，主题为西方文明起源、华夏文明丝绸之路、意大利文艺复兴、西班牙大航海时代、北京皇家与市井文化等等。⁴²这些线路成为了今年暑期游学的亮点。
　　⁴³对家长们来说，这个系列的产品最具诱惑力的地方是由名师和专家设计行程，参与带队。比如"汉魏洛阳故城游"由本地的考古团队担任向导，他们会跟孩子们分享自己的考古经历；而文艺复兴探访营会由名校的教授担任学术顾问。家长们纷纷表示："由教授、专家来对孩子进行指导，有助于激发孩子的兴趣，引导孩子深度思考。"

40-43번 문제는 다음 내용에 근거한다.
　　과거와 다르게 현재 유학 시장은 이미 더 이상 학교가 주도하지 않는다. 최근 2년간 유학 시장은 다시 뜨거워져서 폭발적인 성장을 보여 주었다. 학교 밖 학원, 여행 사이트 및 각종 자본이 유학 시장에 대한 투자를 잇달아 늘리고 있다. ⁴⁰시장의 유학 상품은 종류가 많고 훌륭한 것도 많은데, ⁴¹그중 특색이 뚜렷하고 전문가, 유명한 교사가 인솔하는 상품이 가장 학부모와 아이들의 인기를 얻고 있다. '씨트립 투어'가 만 12세에서 만 16세의 사람들을 겨냥하여 ⁴²'그랜드 투어 계획'을 선보인 것이 그 예다. 이 계열의 상품은 모두 15개의 노선이 있는데, 테마는 서양 문명의 기원, 화하 문명 실크로드, 이탈리아 르네상스, 스페인 대항해 시대, 베이징 황실과 거리 문화 등이다. ⁴²이러한 노선은 올해 여름 방학 유학의 인기 있는 상품이 되었다.
　　⁴³학부모들에 있어서 이 계열의 상품이 가장 매력을 가지고 있는 부분은 유명한 선생님과 전문가가 여정을 설계하고 인솔에 참여한다는 것이다. 예를 들어 '한위 낙양 고성 투어'는 현지의 고고학 단체가 가이드를 담당하는데, 그들은 아이들과 자신의 고고학 경험을 함께 나눌 수 있다. 르네상스 탐방 캠프는 명문 학교의 교수가 학술 고문을 맡는다. 학부모들은 "교수와 전문가가 아이들에게 지도하는 것은 아이들의 흥미를 불러일으키고, 아이들이 깊이 사고하는 것을 이끌어 내는 데에 도움이 됩니다."라고 잇달아 밝혔다.

어휘 以往 yǐwǎng 阅 과거, 이전　游学 yóuxué 阅 유학 통 유학하다　市场 shìchǎng 阅 시장　不再 bú zài 더 이상 ~하지 않다
主导 zhǔdǎo 통 주도하다 阅 주도　再次 zàicì 뵈 다시, 재차　升温 shēngwēn 통 (열기가) 뜨거워지다, (온도가) 상승하다
呈现 chéngxiàn 통 보여 주다, 나타나다　爆发式 bàofāshì 폭발적　培训机构 péixùn jīgòu 학원, 양성 기관　以及 yǐjí 집 및, 그리고
各路 gèlù 각종, 여러 가지　资本 zīběn 阅 자본, 자금　纷纷 fēnfēn 뵈 잇달아, 계속해서　加大 jiādà 통 늘리다, 확대하다
投入 tóurù 阅 투자 통 투입하다, 뛰어들다　产品 chǎnpǐn 阅 상품, 제품　品种 pǐnzhǒng 阅 종류, 품종　繁多 fánduō 阅 (종류가) 많다
琳琅满目 línlángmǎnmù 엉 훌륭한 것이 매우 많다　特色 tèsè 阅 특색, 특징 阅 특별한
鲜明 xiānmíng 阅 뚜렷하다, 분명하다, 명확하다, 선명하다　专家 zhuānjiā 阅 전문가　名师 míngshī 阅 유명한 교사
带队 dàiduì 통 (무리나 대열을) 인솔하다　家长 jiāzhǎng 阅 학부모　携程 Xiéchéng 고유 씨트립[중국 최대 온라인 여행사]
针对 zhēnduì 통 겨냥하다, 겨누다　周岁 zhōusuì 阅 만 ~세, 돌[태어난지 만 1년이 되는 것]　人群 rénqún 阅 사람들, 무리
推出 tuīchū 통 선보이다, 내놓다　壮游计划 Zhuàngyóu Jìhuà 고유 그랜드 투어 계획[씨트립 투어의 여행 상품 중 하나]　系列 xìliè 阅 계열, 시리즈
线路 xiànlù 阅 노선, 선로　主题 zhǔtí 阅 테마, 주제　文明 wénmíng 阅 문명 阅 교양이 있다　起源 qǐyuán 阅 기원 통 기원하다
华夏 huáxià 화하[중국의 옛 이름]　丝绸之路 Sīchóu Zhī Lù 고유 실크로드　意大利 Yìdàlì 阅 이탈리아
文艺复兴 wényì fùxīng 르네상스, 문예 부흥　西班牙 Xībānyá 고유 스페인　大航海 dà hánghǎi 대항해　时代 shídài 阅 시대, 시절
皇家 huángjiā 阅 황실, 황가　市井 shìjǐng 阅 거리, 시가　亮点 liàngdiǎn 阅 인기 있는 상품　诱惑力 yòuhuòlì 阅 매력
设计 shèjì 통 설계하다, 디자인하다　行程 xíngchéng 阅 여정, 노정[여행의 경로나 일정]　参与 cānyù 통 참여하다, 참가하다
带队 dàiduì 인솔하다　汉魏 Hàn Wèi 한위[중국 고대 한나라와 위나라를 통칭하는 말]
洛阳 Luòyáng 고유 낙양[중국 허난성(河南省) 서부에 위치한 중국 옛 도시 중 하나]　故城 gùchéng 阅 고성, 오래된 도시
考古 kǎogǔ 阅 고고학 통 고고학을 연구하다　团队 tuánduì 阅 단체, 그룹　担任 dānrèn 통 담당하다, 맡다
向导 xiàngdǎo 阅 가이드　分享 fēnxiǎng 통 함께 나누다, 함께 누리다　探访营 tànfǎngyíng 탐방 캠프　学术 xuéshù 阅 학술
顾问 gùwèn 阅 고문　指导 zhǐdǎo 통 지도하다　有助于 yǒuzhùyú 도움이 되다, ~에 좋은 점이 있다　激发 jīfā 통 (감정을) 불러일으키다
兴趣 xìngqù 阅 흥미, 취미　引导 yǐndǎo 통 이끌다, 인솔하다　深度 shēndù 阅 깊이, 심도　思考 sīkǎo 통 사고하다

40
중

A 产品种类众多	A 상품 종류가 매우 많다
B 费用不断上涨	B 비용이 끊임없이 오른다
C 发展较为缓慢	C 발전이 비교적 느리다
D 一般由学校主导	D 일반적으로 학교가 주도한다
问：关于现在的游学市场，可以知道什么？	질문 : 현재의 유학 시장에 관하여, 무엇을 알 수 있는가?

해설 음성에서 언급된 市场上的游学产品品种繁多, 琳琅满目를 듣고, 보기 A 产品种类众多에 체크해 둔다. 질문이 현재의 유학 시장에 관하여 알 수 있는 것을 물었으므로, 보기 A가 정답이다.

어휘 产品 chǎnpǐn 阅 상품, 제품　种类 zhǒnglèi 阅 종류　众多 zhòngduō 阅 매우 많다　费用 fèiyòng 阅 비용, 지출
不断 búduàn 뵈 끊임없이, 부단히　上涨 shàngzhǎng 통 (수위나 물가가) 오르다　较为 jiàowéi 뵈 비교적
缓慢 huǎnmàn 阅 느리다, 완만하다　主导 zhǔdǎo 통 주도하다 阅 주도　游学 yóuxué 阅 유학 통 유학하다　市场 shìchǎng 阅 시장

41
상

A 与时俱进的	A 시대에 따라 발전하는 것
B 有专人领队的	B 전담자가 인솔하는 것
C 能接触自然的	C 자연을 접할 수 있는 것
D 与艺术相关的	D 예술과 관련된 것
问：什么样的游学产品最受欢迎？	질문 : 어떤 유학 상품이 가장 환영받는가?

해설 음성에서 언급된 其中, 特色鲜明的, 由专家、名师带队的产品最受家长和孩子欢迎을 듣고, 보기 B 有专人领队的에 체크해 둔다. 질문이 어떤 유학 상품이 가장 환영받는지를 물었으므로, 보기 B가 정답이다.

어휘 与时俱进 yǔshíjùjìn 엉 시대에 따라 발전하다　专人 zhuānrén 阅 전담자　领队 lǐngduì 통 인솔하다　接触 jiēchù 통 접촉하다, 닿다
相关 xiāngguān 통 (서로) 관련되다　游学 yóuxué 阅 유학 통 유학하다　产品 chǎnpǐn 阅 상품, 제품

42
중

A 一共包括了五十条线路	A 모두 50개의 노선을 포함한다
B 只接收十六岁以上的人	B 16세 이상의 사람들만 받는다
C 是暑期游学的热门产品	C 여름 방학 유학의 인기 상품이다
D 大多数主题为科学实践	D 대부분의 테마는 과학 실습이다
问：关于"壮游计划"，下列哪项正确？	질문 : '그랜드 투어 계획'에 관하여, 다음 중 옳은 것은?

해설 음성에서 언급된 推出了"壮游计划"……这些线路成为了今年暑期游学的亮点。을 듣고, 보기 C는 暑期游学的热门产品에 체크해 둔다. 질문이 '그랜드 투어 계획'에 관하여 옳은 것을 물었으므로, 보기 C가 정답이다.

어휘 包括 bāokuò 图 포함하다, 포괄하다　线路 xiànlù 图 노선, 선로　接收 jiēshōu 图 받다, 접수하다　暑期 shǔqī 图 여름 방학
　　　游学 yóuxué 图 유학 图 유학하다　热门 rèmén 图 인기 있는 것, 유행하는 것　产品 chǎnpǐn 图 상품, 제품
　　　大多数 dàduōshù 图 대부분, 대다수　主题 zhǔtí 图 테마, 주제　实践 shíjiàn 图 실습, 실천, 이행 图 실천하다
　　　壮游计划 Zhuàngyóu Jìhuà 고유 그랜드 투어 계획[씨트립 투어의 여행 상품 중 하나]　项 xiàng 图 조항, 조목

43
중

A 由权威人士亲自带队	A 권위자가 직접 인솔한다
B 学生能接触最新技术	B 학생들이 최신 기술을 접할 수 있다
C 学生受到最好的照顾	C 학생들이 제일 좋은 배려를 받는다
D 家长全程陪同与管理	D 학부모가 전체 일정에 동행하고 관리한다
问：这些游学项目最吸引家长的是什么？	질문 : 이 유학 프로그램이 학부모들을 가장 끌어당기는 것은 무엇인가?

해설 음성에서 언급된 对家长们来说，这个系列的产品最具诱惑力的地方是由名师和专家设计行程，参与带队。를 듣고, 보기 A 由权威人士亲自带队에 체크해 둔다. 질문이 이 유학 프로그램이 학부모들을 가장 끌어당기는 것은 무엇인지를 물었으므로, 보기 A가 정답이다.

어휘 权威 quánwēi 图 권위적인 图 권위, 권위자　人士 rénshì 图 인사　带队 dàiduì (대열을) 인솔하다, 거느리다
　　　接触 jiēchù 图 접하다, 만나다, 닿다　家长 jiāzhǎng 图 학부모　全程 quánchéng 图 전체 일정, 전 코스
　　　陪同 péitóng 图 동행하다, 함께 가다　游学 yóuxué 图 유학 图 유학하다　项目 xiàngmù 图 프로그램, 프로젝트, 항목

44-47

第44到47题是根据下面一段话：

⁴⁴斯坦福大学的心理学家曾历时八年，跟踪调查了三万美国成年人，分析了他们身上压力和健康之间的联系。她发现：⁴⁵那些相信压力有害的人，更容易出现失眠、内分泌失调等症状，也更容易患上癌症或心脏病。相反，同样承受着极大的压力，却并不认为压力有害的人，患病风险相对较低。这项研究表明，压力本身不会导致患病风险增加，而如何看待压力才是影响健康的决定因素。

根据这项研究，改变对压力的看法，就能促进人们的健康。⁴⁶人们可以通过以下三个步骤进行改变。第一步，承认压力的存在。感受到压力时，不要逃避，⁴⁶观察自己面对压力时的生理和心理反应，并将其记录下来。坚持这样做，就能逐步总结出自己应对压力的方法。⁴⁶第二步，欢迎压力。压力是对自己所在意事物的反应，通过压力可以看到其背后的积极动机。⁴⁶第三步，运用压力带来的能量。不要试图耗费时间管理压力，而是思考现在可以做什么来应对压力。

这些思维模式上的小改变，会激发一连串深入的变化。⁴⁷我们面对压力时心态与策略不同的话，结局也会大不一样。

44-47번 문제는 다음 내용에 근거한다.

⁴⁴스탠퍼드 대학교의 심리학자는 예전에 8년에 걸쳐 3만 명의 미국 성인을 추적 조사하여, 그들의 신체적 스트레스와 건강 사이의 상관관계를 분석했다. 그녀는 ⁴⁵스트레스가 건강에 나쁘다고 믿는 사람들은 불면증, 내분비 불균형 등의 증상이 더 나타나기 쉽고, 또 암이나 심장병에 더 걸리기 쉽다는 것을 발견했다. 반대로, 마찬가지로 큰 스트레스를 견디면서도 결코 스트레스가 해롭다고 여기지 않는 사람은 병에 걸릴 위험이 상대적으로 비교적 낮았다. 이 연구는 스트레스 자체는 병에 걸리는 위험을 증가시키지 않으며, 어떻게 스트레스를 대하느냐가 건강에 영향을 주는 결정적 요소라는 것을 보여 준다.

이 연구에 근거하여, 스트레스에 대한 견해를 바꾸면, 사람들의 건강을 촉진시킬 수 있다. ⁴⁶사람들은 아래 세 가지 단계를 통해 바뀔 수 있다. 첫 번째 단계, 스트레스의 존재를 인정하라. 스트레스를 느낄 때는 도피하지 말고, ⁴⁶자신이 스트레스를 직면했을 때의 생리와 심리 반응을 관찰하고, 그것을 기록해라. 계속 이렇게 해 나가면 자신이 스트레스를 대처하는 방법을 점차적으로 총정리 할 수 있다. ⁴⁶두 번째 단계, 스트레스를 환영하라. 스트레스는 자신이 신경을 쓰는 사물에 대한 반응으로, 스트레스를 통해 배후의 긍정적인 동기를 볼 수 있다. ⁴⁶세 번째 단계, 스트레스가 가져오는 에너지를 활용하라. 시간을 들여 스트레스를 관리하려고 시도하지 말고, 스트레스에 대처하기 위해 무엇을 할 수 있는지를 깊이 생각하라.

이러한 사고 패턴에서의 작은 변화가 일련의 깊이 있는 변화를 불러일으킬 수 있다. ⁴⁷우리가 스트레스를 직면할 때의 마음가짐과 전략이 다르다면, 결말도 크게 다를 수 있다.

어휘 斯坦福大学 Sītǎnfú Dàxué 고유 스탠퍼드 대학교　心理学家 xīnlǐxuéjiā 심리학자　曾 céng 图 예전에, 일찍이
　　　历时 lìshí 图 시간이 걸리다, 시간이 경과하다　跟踪 gēnzōng 图 추적하다, 미행하다　分析 fēnxī 图 분석하다
　　　失眠 shīmián 图 불면증 图 잠을 이루지 못하다　内分泌 nèifēnmì 图 내분비　失调 shītiáo 图 불균형하다, 균형을 잃다
　　　症状 zhèngzhuàng 图 증상, 증세　患上 huàn shàng 걸리다　癌症 áizhèng 图 암[의학]　心脏 xīnzàng 图 심장
　　　承受 chéngshòu 图 견디다, 감당하다　患病 huànbìng 图 병에 걸리다, 병이 나다　风险 fēngxiǎn 图 위험, 모험

相对 xiāngduì 웹 상대적이다　**表明** biǎomíng 됭 보이다, 나타내다　**导致** dǎozhì 됭 ~하게 하다, 초래하다　**如何** rúhé 때 어떻게, 왜
看待 kàndài 됭 대하다, 취급하다　**决定** juédìng 뗑 결정 됭 결정하다　**因素** yīnsù 뗑 요소, 조건　**促进** cùjìn 됭 촉진시키다, 촉진하다
步骤 bùzhòu 뗑 단계, 순서　**承认** chéngrèn 됭 인정하다, 동의하다　**存在** cúnzài 뗑 존재 됭 존재하다
感受 gǎnshòu 됭 (영향을) 느끼다 뗑 느낌　**逃避** táobì 됭 도피하다　**观察** guānchá 됭 관찰하다　**面对** miànduì 됭 직면하다, 마주 보다
生理 shēnglǐ 뗑 생리, 생리학　**反应** fǎnyìng 뗑 반응 됭 반응하다　**记录** jìlù 됭 기록하다 뗑 기록　**逐步** zhúbù 뵈 점차
应对 yìngduì 됭 대처하다, 응대하다　**在意** zàiyì 됭 신경을 쓰다, 마음에 두다　**背后** bèihòu 뗑 배후, 뒤쪽　**动机** dòngjī 뗑 동기
运用 yùnyòng 됭 활용하다, 운용하다　**能量** néngliàng 뗑 에너지, (사람이 가지고 있는) 능력, 역량　**试图** shìtú 됭 시도하다
耗费 hàofèi 됭 들이다, 낭비하다　**思考** sīkǎo 됭 깊이 생각하다, 사고하다　**思维** sīwéi 뗑 사고, 생각　**模式** móshì 뗑 패턴, 모델
一连串 yìliánchuàn 웹 일련의, 이어지는　**深入** shēnrù 됭 깊이 있다, 심화시키다　**心态** xīntài 뗑 마음가짐, 심리 상태
策略 cèlüè 뗑 전략, 전술　**结局** jiéjú 뗑 결말, 마지막

44
중상

A 分析社交媒体	A 소셜 미디어를 분석한다
B 记录健康指标	B 건강 수치를 기록한다
C 阅读书信日记	C 편지와 일기를 읽는다
D 进行追踪研究	D 추적 연구를 진행한다
问 : 斯坦福大学的心理学家是如何收集数据的?	질문 : 스탠퍼드 대학교의 심리학자는 어떻게 데이터를 모았는가?

해설 음성에서 언급된 斯坦福大学的心理学家曾历时八年, 跟踪调查了三万美国成年人을 듣고, 보기 D 进行追踪研究에 체크해 둔다. 질문이 스탠퍼드 대학교의 심리학자는 어떻게 데이터를 모았는지를 물었으므로, 보기 D가 정답이다.

어휘 **分析** fēnxī 됭 분석하다　**社交媒体** shèjiāo méitǐ 소셜 미디어　**记录** jìlù 됭 기록하다 뗑 기록　**指标** zhǐbiāo 뗑 수치, 지표
书信 shūxìn 뗑 편지　**追踪** zhuīzōng 됭 추적하다　**心理学家** xīnlǐxuéjiā 심리학자　**如何** rúhé 때 어떻다, 어떠하다
收集 shōují 됭 모으다, 수집하다　**数据** shùjù 뗑 데이터, 수치

45
중

A 情绪变化剧烈	A 정서 변화가 격렬하다
B 情感逐渐麻木	B 감정이 점점 무감각해진다
C 患病风险增加	C 병에 걸릴 위험이 증가한다
D 无法与人沟通	D 사람들과 교류할 수 없다
问 : 相信压力有害的人会出现什么问题?	질문 : 스트레스가 해롭다고 믿는 사람들에게 어떤 문제가 발생할 수 있는가?

해설 음성에서 언급된 那些相信压力有害的人, 更容易出现失眠、内分泌失调等症状, 也更容易患上癌症或心脏病을 듣고, 보기 C 患病风险增加에 체크해 둔다. 질문이 스트레스가 해롭다고 믿는 사람들에게 어떤 문제가 발생할 수 있는지를 물었으므로, 보기 C가 정답이다.

어휘 **情绪** qíngxù 뗑 정서, 기분　**剧烈** jùliè 웹 격렬하다, 극렬하다　**情感** qínggǎn 뗑 감정, 느낌　**逐渐** zhújiàn 뵈 점점, 점차
麻木 mámù 웹 무감각하다, 마비되다　**患病** huànbìng 됭 병에 걸리다, 병이 나다　**风险** fēngxiǎn 뗑 위험, 모험
无法 wúfǎ 됭 ~할 수 없다　**沟通** gōutōng 됭 교류하다, 소통하다

46
상

A 观察记录自己的反应	A 자신의 반응을 관찰하고 기록한다
B 对压力持欢迎的态度	B 스트레스에 대해 지속적으로 환영하는 태도를 가진다
C 运用压力带来的能量	C 스트레스가 가져오는 에너지를 활용한다
D 寻求专业人士的帮助	D 전문 인사의 도움을 구한다
问 : 下列哪项无法改变人对压力的看法?	질문 : 다음 중 스트레스에 대한 사람의 견해를 바꿀 수 없는 것은 무엇인가?

해설 음성에서 언급된 人们可以通过以下三个步骤进行改变。第一步……观察自己面对压力时的生理和心理反应, 并将其记录下来……第二步, 欢迎压力。……第三步, 运用压力带来的能量。을 듣고, 보기 A 观察记录自己的反应, B 对压力持欢迎的态度, C 运用压力带来的能量에 체크해 둔다. 질문이 스트레스에 대한 사람의 견해를 바꿀 수 없는 것은 무엇인지를 물었으므로, 지문에서 언급되지 않은 보기 D 寻求专业人士的帮助가 정답이다.

어휘 **观察** guānchá 됭 관찰하다　**记录** jìlù 됭 기록하다 뗑 기록　**反应** fǎnyìng 뗑 반응 됭 반응하다　**运用** yùnyòng 됭 활용하디, 운용하다
能量 néngliàng 뗑 에너지, (사람이 가지고 있는) 능력, 역량　**寻求** xúnqiú 됭 구하다, 찾다　**人士** rénshì 뗑 인사
无法 wúfǎ 됭 ~할 수 없다

47 중상	A 只要付出就能够有收获 B 不经受挫折就不会成熟 C 心态和结局有因果关系 D 希望越大失望也就越大	A 대가를 지불하기만 하면 소득이 있을 수 있다 B 좌절을 견디지 않는다면 성숙할 수 없다 C 마음가짐과 결과는 인과관계가 있다 D 희망이 클수록 실망도 크다
	问：说话人可能会同意下列哪种观点？	질문：화자는 다음 중 아마도 어떤 관점에 동의할 것인가？

해설 음성에서 언급된 我们面对压力时心态与策略不同的话，结局也会大不一样。을 듣고, 보기 C 心态和结局有因果关系에 체크해 둔다. 질문이 화자가 아마도 동의할 관점을 물었으므로, 보기 C가 정답이다.

어휘 付出 fùchū 图 (돈·대가 등을) 지불하다, 내다　收获 shōuhuò 图 소득, 성과 图 얻다, 수확하다
经受 jīngshòu 图 (고난이나 시련 등을) 견디다, 참다　挫折 cuòzhé 图 좌절시키다, 꺾다　成熟 chéngshú 图 (정도 등이) 성숙하다
心态 xīntài 图 마음가짐, 심리 상태　结局 jiéjú 图 결말, 마지막　因果 yīnguǒ 图 인과[원인과 결과]　观点 guāndiǎn 图 관점

48-50

第48到50题是根据下面一段话：

　　山西省芮城县的永乐宫被人们誉为"东方艺术画廊"。近日，[48]永乐宫壁画艺术博物馆与北京中创集团签署了合作协议。双方将合作开发永乐宫系列文化产品，深度挖掘永乐宫文化艺术内涵，让这些元代壁画"活起来"。

　　博物馆馆长席九龙说："这是永乐宫首次进行文化创意产业跨界运营的尝试。永乐宫壁画具有极高的文化和艺术价值。此次合作的目的是全方位推广永乐宫品牌，使永乐宫壁画为更多人所熟知"。[49]北京中创集团将先对永乐宫的壁画图库进行二次开发，然后重新描绘图库，用现代年轻人喜欢的方式呈现出来。

　　[50]永乐宫一九六一年被评为全国重点文物保护单位，除了山门是清代重建的之外，宫内其余景观皆为元代所建。更为重要的是，[50]这里保存着十分罕见的元代壁画，总面积达到一千平方米。近年来，为进一步做好永乐宫壁画的保护工作，当地的文物部门实施了永乐宫壁画的数字化采集，壁画监测，宫殿建筑维护等多项保护工程，并于今年启动了永乐宫壁画的修复工作。

48-50번 문제는 다음 내용에 근거한다.

산시성 루이청현의 영락궁은 사람들에게 '동방 예술 화랑'으로 불린다. 최근 [48]영락궁 벽화 예술 박물관은 베이징 중창 그룹과 협력 협의를 체결했다. 쌍방은 영락궁 시리즈의 문화 상품을 협력 개발하고, 영락궁의 문화 예술적 함의를 깊이 있게 발굴하여, 이러한 원나라 시대의 벽화를 '살아나게 한다'.

시쥬룽 박물관 관장은 "이것은 영락궁이 처음으로 문화 창의 산업에서 크로스오버 운영을 시도한 것입니다. 영락궁 벽화는 높은 문화와 예술적 가치를 지니고 있습니다. 이번 협력의 목적은 영락궁 브랜드를 전방위로 홍보하여, 영락궁 벽화를 더 많은 사람들에게 알리는 것입니다."라고 설명했다. [49]베이징 중창 그룹은 먼저 영락궁의 벽화 그림 창고를 2차로 개발한 다음, 다시 그림 창고를 그려 현대 젊은이들이 좋아하는 방식으로 보여줄 것이다.

[50]영락궁은 1961년 전국 중점 문화재 보호 단위로 선정되었으며, 산문이 청나라 시대에 재건된 것을 제외하고는 궁 내부의 나머지 경관은 모두 원나라 시대 때 건립되었다. 더욱 중요한 것은 [50]이곳에는 매우 보기 드문 원나라 시대의 벽화가 보존되어 있으며, 총면적이 1000㎡에 이른다는 점이다. 최근 몇 년 동안 영락궁 벽화를 보호하는 일을 더 잘하기 위해, 현지의 문화재 부서는 영락궁 벽화의 디지털화 수집, 벽화 모니터링, 궁전 건축물 보수 등 여러 가지 보호 프로젝트를 실시하였으며, 올해에는 영락궁 벽화의 복원 작업을 실시하였다.

어휘 山西省 Shānxī Shěng 교유 산시성[중국 동부에 있는 성]　芮城县 Ruìchéng Xiàn 교유 루이청현[중국 산시성 원청에 있는 현]
永乐宫 Yǒnglè Gōng 교유 영락궁[중국 도교 팔선의 한 사람인 여동빈을 제향한 묘]　誉为 yùwéi 图 ~라고 불리다, ~라고 칭송받다
东方 dōngfāng 图 동방　画廊 huàláng 图 화랑　壁画 bìhuà 图 벽화　博物馆 bówùguǎn 图 박물관　集团 jítuán 图 그룹, 단체
签署 qiānshǔ 图 체결하다, (중요한 문서상에) 정식 서명하다　合作 hézuò 图 협력하다, 합작하다　协议 xiéyì 图 협의, 합의
双方 shuāngfāng 图 쌍방, 양측　开发 kāifā 图 개발하다, 개척하다　系列 xìliè 图 시리즈, 계열　产品 chǎnpǐn 图 상품, 제품
挖掘 wājué 图 발굴하다, 캐다　内涵 nèihán 图 함의, 내포　元代 Yuándài 교유 원나라 시대　馆长 guǎnzhǎng 图 관장
首次 shǒucì 图 처음, 최초　创意 chuàngyì 图 창의, 새로운 의견　产业 chǎnyè 图 산업, 공업
跨界 kuàjiè 图 크로스오버[경계를 자유롭게 넘나든다는 뜻]　运营 yùnyíng 图 운영하다　尝试 chángshì 图 시도해 보다, 경험해 보다
具有 jùyǒu 图 지니다　价值 jiàzhí 图 가치　此次 cǐcì 图 이번, 금번　全方位 quánfāngwèi 图 전방위, 다각도　推广 tuīguǎng 图 홍보하다
品牌 pǐnpái 图 브랜드　熟知 shúzhī 图 알리다, 숙지하다　库 kù 图 창고, 곳간　描绘 miáohuì 图 그리다, 베끼다　现代 xiàndài 图 현대
方式 fāngshì 图 방식, 방법　呈现 chéngxiàn 图 보여주다, 나타나다　文物 wénwù 图 문화재, 문물　保护 bǎohù 图 보호하다
单位 dānwèi 图 단위, 기관, 단체　山门 shānmén 图 산문[불교 사찰의 대문]　清代 Qīngdài 교유 청나라 시대　重建 chóngjiàn 图 재건하다
其余 qíyú 图 나머지　景观 jǐngguān 图 경관, 경치　皆 jiē 图 모두, 전부, 다　保存 bǎocún 图 보존하다
罕见 hǎnjiàn 图 보기 드물다, 희한하다　面积 miànjī 图 면적　达到 dádào 图 이르다, 도달하다
平方米 píngfāngmǐ 图 평방미터(㎡), 제곱미터　当地 dāngdì 图 현지, 현장　部门 bùmén 图 부서, 부문　实施 shíshī 图 실시하다, 실행하다
数字化 shùzìhuà 图 디지털화　采集 cǎijí 图 수집하다, 채집하다　监测 jiāncè 图 모니터링　宫殿 gōngdiàn 图 궁전　建筑 jiànzhù 图 건축물

维护 wéihù 屠 보수하다, 지키다, 옹호하다　工程 gōngchéng 阌 프로젝트, 공정　启动 qǐdòng 屠 (계획·방안 등을) 실시하다
修复 xiūfù 복원하다, 원상 복구하다

48 하	A 给壁画注入生命	A 벽화에 생명을 불어넣는다
	B 修复元代的壁画	B 원나라 시대의 벽화를 복원한다
	C 培训景区的员工	C 관광지 직원을 양성한다
	D 拍摄景点纪录片	D 명소의 다큐멘터리 영화를 촬영한다
	问：合作协议的主要内容是什么？	질문：협력 협의의 주요 내용은 무엇인가？

해설　음성에서 언급된 永乐宫壁画艺术博物馆与北京中创集团签署了合作协议。双方将合作开发永乐宫系列文化产品, 深度挖掘永乐宫文化艺术内涵, 让这些元代壁画"活起来"를 듣고, 보기 A 给壁画注入生命에 체크해 둔다. 질문이 협력 협의의 주요 내용은 무엇인지를 물었으므로, 보기 A가 정답이다.

어휘　壁画 bìhuà 阌 벽화　注入 zhùrù 屠 불어넣다, 주입하다　修复 xiūfù 복원하다, 원상 복구하다　元代 Yuándài 교유 원나라 시대
培训 péixùn 屠 양성하다, 훈련하다　景区 jǐngqū 阌 관광지　员工 yuángōng 阌 직원, 종업원　拍摄 pāishè 屠 촬영하다, 찍다
景点 jǐngdiǎn 阌 명소　纪录片 jìlùpiàn 阌 다큐멘터리 영화　合作 hézuò 屠 협력하다, 합작하다
协议 xiéyì 阌 협의, 합의 屠 협의하다, 합의하다

49 중상	A 对宫殿进行维修	A 궁전을 수리한다
	B 挖掘埋藏的文物	B 매장된 문화재를 발굴한다
	C 对壁画进行绘制	C 벽화를 그린다
	D 解读壁画的含义	D 벽화의 함의를 해독한다
	问：中创集团接下来会进行哪项工作？	질문：중창 그룹은 이어서 어떤 일을 할 것인가？

해설　음성에서 언급된 北京中创集团将先对永乐宫的壁画图库进行二次开发, 然后重新描绘图库를 듣고, 보기 C 对壁画进行绘制에 체크해 둔다. 질문이 중창 그룹이 이어서 할 일을 물었으므로, 보기 C가 정답이다.

어휘　宫殿 gōngdiàn 阌 궁전　维修 wéixiū 屠 수리하다, 수선하다　挖掘 wājué 屠 발굴하다, 캐다　埋藏 máicáng 屠 매장하다
文物 wénwù 阌 문화재, 문물　壁画 bìhuà 阌 벽화　绘制 huìzhì 屠 그리다　解读 jiědú 屠 해독하다
含义 hányì 阌 함의, 담겨진 의미　集团 jítuán 阌 그룹, 단체

50 중	A 知名度非常高	A 지명도가 매우 높다
	B 建筑都是重建的	B 건축물은 모두 재건된 것이다
	C 拥有罕见的壁画	C 보기 드문 벽화를 가지고 있다
	D 深受年轻人喜爱	D 젊은 사람들에게 사랑을 많이 받고 있다
	问：关于永乐宫, 下列哪项正确？	질문：영락궁에 관하여, 다음 중 옳은 것은？

해설　음성에서 언급된 永乐宫……这里保存着十分罕见的元代壁画를 듣고, 보기 C 拥有罕见的壁画에 체크해 둔다. 질문이 영락궁에 관하여 옳은 것을 물었으므로 보기 C가 정답이다.

어휘　知名度 zhīmíngdù 阌 지명도　建筑 jiànzhù 阌 건축물　重建 chóngjiàn 屠 재건하다　拥有 yōngyǒu 屠 가지고 있다, 보유하다
罕见 hǎnjiàn 톕 보기 드물다, 희한하다　壁画 bìhuà 阌 벽화　永乐宫 Yǒnglè Gōng 교유 영락궁[중국 도교 팔선의 한 사람인 여동빈을 제향한 묘]

51 **A** (贫困地区的) 教育问题, // (一直) 是 / (政府关注的) 重点之一。

중

(贫困地区的)	教育问题,	//	(一直)	是	/	(政府关注的)	重点之一。
관형어	주어		부사어	술어		관형어	목적어
(빈곤 지역의)	교육 문제는,	//	(줄곧)	~이다		(정부가 주목하는)	중점 중 하나

해석 빈곤 지역의 교육 문제는 줄곧 정부가 주목하는 중점 중 하나이다.

해설 술어 是과 연결되는 주어 教育问题, 목적어 重点之一가 동격이다. 따라서 틀린 부분이 없다.

어휘 贫困 pínkùn 통 빈곤하다, 곤궁하다 地区 dìqū 몡 지역 政府 zhèngfǔ 몡 정부

B (为了完成任务), // 他 / 不惜 / 离不开了 / (新婚的) 妻子 和 (年迈的) 父母。

(为了完成任务),	//	他	不惜	离不开了	(新婚的)	妻子	和	(年迈的)	父母。
부사어		주어	술어	술어	관형어	목적어	접속사	관형어	목적어
						목적어			
(임무를 완성하기 위해),	//	그는	~을 마다하지 않다	떠나지 않았다	(신혼의)	아내	~와/과	(연로한)	부모를

해석 임무를 완성하기 위해, 그는 신혼의 아내와 연로한 부모를 떠나지 않는 것을 마다하지 않았다.

해설 **이중 부정 형태의 의미 중복으로 틀린 경우**

'~을 마다하지 않다'라는 의미의 不惜와 '떠나지 않았다'라는 의미의 离不开了가 함께 사용되어서 이중 부정이 되어 어색한 문맥이 되었으므로 틀린 문장이다. 离不开了 대신 离开了를 사용해야 문맥상 옳은 문장이 된다.

★ 옳은 문장 : 为了完成任务, 他不惜离开了新婚的妻子和年迈的父母。
임무를 완성하기 위해, 그는 신혼의 아내와 연로한 부모를 떠나는 것을 마다하지 않았다.

어휘 不惜 bùxī 통 ~을 마다하지 않다, 아까워하지 않다 年迈 niánmài 톙 연로하다, 나이가 많다

	─── 앞 절 ───					─── 뒤 절 ───		
C (一次比赛的)	输赢	/	(并不)	代表	什么,	//	下次多注意, 谨慎出手	(就) 行了。
관형어	주어		부사어	술어	목적어		주어	부사어 술어
(한 번 경기에서의)	승패는		(결코 ~하지 않다)	의미하다	무엇을,		다음에 더 주의하고 신중하게 손을 쓰면	(바로) 되다

해석 한 번 경기에서의 승패는 결코 무엇도 의미하지 않으니, 다음에 더 주의하고 신중하게 손을 쓰면 된다.

해설 앞 절의 주어 输赢, 술어 代表, 목적어 什么가 문맥상 자연스럽게 어울리고, 뒤 절의 주어 下次多注意, 谨慎出手, 술어 行了도 문맥상 자연스럽게 어울린다. 따라서 틀린 부분이 없다.

어휘 代表 dàibiǎo 통 의미하다, 대표하다 몡 대표 谨慎 jǐnshèn 톙 신중하다, 조심스럽다

	── 앞 절 ──				── 뒤 절 ──			
D 哈雷尔	是	/	(一个非常出色的)	球员,	//	(他充满激情的)	球风	让 人 /
주어	술어		관형어	목적어		관형어	주어1	술어1 목적어1
								주어2
해럴은	/ ~이다	/	(매우 훌륭한)	운동선수,	//	(그의 열정에 가득 찬)	태도는	/ ~하게 하다 / 사람이 /

印象深刻。
술어2
인상 깊다

해석 해럴은 매우 훌륭한 운동선수이며, 그의 열정에 가득 찬 태도는 사람으로 하여금 인상 깊게 한다.

해설 앞 절의 술어 是과 연결되는 주어 哈雷尔, 목적어 球员이 동격이다. 그리고 뒤 절의 주어1 球风, 술어1 让, 목적어1 겸 주어2 人, 술어2 印象深刻도 문맥상 자연스럽게 어울린다. 따라서 틀린 부분이 없다.

어휘 充满 chōngmǎn 통 가득차다, 충만하다 激情 jīqíng 몡 열정 球风 qiúfēng 몡 (경기 중 선수들의) 태도, 매너

제1회

제2회
독해

제3회

제4회

제5회

제6회

해커스 해설이 상세한 HSK 6급 실전모의고사

A　[앞 절] 电脑系统 / 崩溃了, // [뒤 절] 我 / (得) 拜托 / 朋友 / 找 / (一个修电脑的) 高手。

주어　　　　술어　　　　주어1　부사어　술어1　목적어1 / 주어2　술어2　　관형어　　　　목적어2

컴퓨터 시스템이 / 붕괴되었다, // 나는 / (~해야 한다) 부탁하다 / 친구가 / 찾다 / (컴퓨터를 고치는 한 명의) 전문가를

해석 컴퓨터 시스템이 붕괴되어서, 나는 친구에게 컴퓨터를 고치는 전문가 한 명을 찾아 달라고 부탁해야 한다.

해설 앞 절의 주어 电脑系统, 술어 崩溃了가 문맥상 자연스럽게 어울리고, 뒤 절의 주어1 我, 술어1 拜托, 목적어1 겸 주어2 朋友, 술어2 找, 목적어2 高手도 문맥상 자연스럽게 어울린다. 따라서 틀린 부분이 없다.

어휘 系统 xìtǒng 몡 시스템, 체계　崩溃 bēngkuì 통 붕괴하다, 무너지다　拜托 bàituō 통 부탁하다

B　由于 下了 / 零星小雨, // 致使 (不一会儿) (就) 停了, // (连地面) (都) (没) 打湿。

접속사　술어　　　목적어　　　접속사　부사어　부사어　술어　　　부사어　부사어 부사어　술어

~때문에　내렸다 / 소량의 비가, // ~하게 되다 (얼마 지나지 않아) (바로) 멈췄다, // (지면조차) (~도) (~않았다) 젖다

해석 소량의 비가 내렸기 때문에, 얼마 지나지 않아 바로 멈추게 되어 지면조차도 젖지 않았다.

해설 **접속사가 문맥에 맞지 않게 사용되어 틀린 경우**

자주 짝을 이루어 사용되는 표현인 '由于 A, 致使 B'가 문맥상 어울리지 않으므로 틀린 문장이다. '由于 A, 致使 B' 대신 '虽然 A, 但是 B'가 들어가야 문맥상 옳은 문장이 된다.

★ 옳은 문장 : 虽然下了零星小雨, 但是不一会儿就停了, 连地面都没打湿。
　　　　　　비록 소량의 비가 내렸지만, 하지만 얼마 지나지 않아 바로 멈춰 지면조차도 젖지 않았다.

어휘 零星 língxīng 혱 소량이다　致使 zhìshǐ 통 ~하게 되다　打湿 dǎshī 통 젖다, 적시다

C　(根据被告的陈述和律师提交的证据), // 法院 / (对被告人) 做 (出了) / 无罪判决。

　　　　　　부사어　　　　　　　　　　　주어 / 부사어　술어　보어 / 목적어

　(피고의 진술과 변호사가 제출한 증거에 따라), // 법원은 / (피고인에게) 하다 (~냈다) / 무죄 판결을

해석 피고의 진술과 변호사가 제출한 증거에 따라 법원은 피고인에게 무죄 판결을 내렸다.

해설 주어 法院, '술어+보어' 형태의 做出了, 목적어 无罪判决가 문맥상 자연스럽게 어울린다. 개사 根据가 이끄는 根据被告的陈述和律师提交的证据가 문장 맨 앞의 부사어로 적절히 쓰였고, 개사구 对被告人 또한 술어 做 앞 부사어로 문맥상 적절하게 쓰였다. 따라서 틀린 부분이 없다. 참고로, 提交와 证据는 자주 함께 쓰이는 어휘라는 점을 알아 둔다.

어휘 被告 bèigào 몡 피고, 피고인　陈述 chénshù 통 진술하다　提交 tíjiāo 통 제출하다　证据 zhèngjù 몡 증거
　　　法院 fǎyuàn 몡 법원　判决 pànjué 통 판결하다, 선고하다

D　这里 / 遍布着 / (大大小小, 形状各异的) 瀑布, // 因此 获得了 / ("瀑布之乡"的)

주어 / 술어1 / 　　　관형어　　　　목적어 // 접속사　술어2 / 　　관형어

이곳에는 / 고루 분포해 있다 / (크고 작고 모습이 제각각인) 폭포가, // 이 때문에 얻었다 / ('폭포의 고향'이라는)

称号。
목적어
칭호를

해석 이곳에는 크고 작고 모습이 제각각인 폭포가 고루 분포해 있어서, 이 때문에 '폭포의 고향'이라는 칭호를 얻었다.

해설 주어 这里, 술어1 遍布着, 목적어 瀑布가 문맥상 자연스럽게 어울리고, 술어2 获得了, 목적어 称号도 주어와 문맥상 자연스럽게 어울린다. 또한 인과를 나타내는 접속사 因此도 문맥상 적절하게 쓰였다. 따라서 틀린 부분이 없다. 참고로, 이 문장은 장소를 나타내는 这里가 주어로 사용된 존현문이다. 이와 같이 존현문에서는 장소를 나타내는 어휘가 주어로 올 수 있다는 점을 알아 둔다.

어휘 遍布 biànbù 통 고루 분포하다　形状 xíngzhuàng 몡 모습, 외관, 형상　瀑布 pùbù 몡 폭포
　　　称号 chēnghào 몡 (주로 영광스런) 칭호, 호칭

53
중상

A (当雾气渐渐散去), // (那座小岛美丽的) 轮廓 / (就) (在汪洋大海中) 显露 (出来)。

	부사어		관형어	주어	부사어	부사어	술어	보어
	(안개가 점차 흩어져 갈 때),	//	(그 작은 섬의 아름다운)	윤곽이	(곧)	(물살이 매우 큰 바다 속에서)	드러나다	(~해 보이다)

해석 안개가 점차 흩어져 갈 때, 그 작은 섬의 아름다운 윤곽은 물살이 매우 큰 바다 속에서 곧 드러난다.

해설 주어 轮廓, '술어+보어' 형태의 显露出来가 문맥상 자연스럽게 어울린다. 시기를 나타내는 부사어 当雾气渐渐散去가 문장 맨 앞의 부사어로 적절히 쓰였고, 부사 就, 개사구 在汪洋大海中 또한 술어 显露 앞에서 부사→개사구 순으로 알맞게 배치되었다. 따라서 틀린 부분이 없다.

어휘 雾气 wùqì 몡 안개 渐渐 jiànjiàn 囘 점차 轮廓 lúnkuò 몡 윤곽 汪洋大海 wāngyángdàhǎi 젱 물살이 매우 큰 바다
显露 xiǎnlù 됭 드러나다, 나타나다

B 很多人之所以爱健身, // 是 / 因为健身不仅能改变容貌, 还能改变气质。

주어	술어	목적어
많은 사람들이 헬스를 좋아하는 까닭은,	~이다	헬스는 외모를 바꿀 수 있을 뿐만 아니라, 기질도 바꿀 수 있기 때문

해석 많은 사람이 헬스를 좋아하는 까닭은 헬스는 외모를 바꿀 수 있을 뿐만 아니라, 기질도 바꿀 수 있기 때문이다.

해설 술어 是과 연결되는 주어 很多人之所以爱健身, 목적어 因为健身不仅能改变容貌, 还能改变气质이 동격이다. 따라서 틀린 부분이 없다. 참고로, 之所以와 是因为는 '之所以 A, 是因为 B'라는 형태로 자주 사용된다는 점을 알아 둔다.

어휘 健身 jiànshēn 됭 헬스하다, 몸을 건강하게 하다 容貌 róngmào 몡 외모, 생김새 气质 qìzhì 몡 기질

┌─── 앞 절 ───┐   ┌─── 뒤 절 ───┐
C 世界上 / 没有 / (绝对完美的) 事物, // (所谓的) 完美 / (不过) 是 /

주어	술어	관형어	목적어		관형어	주어	부사어	술어
세상에	없다	(절대적으로 완벽한)	사물은,	//	(소위 ~라는 것은)	완벽하다	(그저)	~이다

(人们虚假的) 想象 / 而已。

관형어	목적어	조사
(사람들의 거짓된)	상상	(다만) ~뿐이다

해석 세상에 절대적으로 완벽한 사물은 없고, 소위 완벽하다는 것은 그저 사람들의 거짓된 상상일 뿐이다.

해설 앞 절의 주어 世界上, 술어 没有, 목적어 事物가 문맥상 자연스럽게 어울리고, 뒤 절의 술어 是과 연결되는 주어 完美, 목적어 想象이 동격이다. 또한 조사 而已도 문장 끝에 알맞게 위치했다. 따라서 틀린 부분이 없다. 참고로, 앞 절은 장소를 나타내는 世界上이 주어로 사용된 존현문이다. 이와 같이 존현문에서는 장소를 나타내는 어휘가 주어로 올 수 있다는 점을 알아 둔다.

어휘 绝对 juéduì 囘 절대적으로 完美 wánměi 톙 완벽하다 事物 shìwù 몡 사물 所谓 suǒwèi 소위 ~라는 것은
虚假 xūjiǎ 톙 거짓의, 허위의 想象 xiǎngxiàng 몡 상상 됭 상상하다 而已 éryǐ 조 (다만) ~뿐이다

┌──────── 앞 절 ────────┐
D 家庭常备药物 / (并非) (越) 多 / (越) 好, //

주어	부사어	부사어	술어	부사어	술어	
가정 상비약은	(결코 ~이 아니다)	(~할수록)	많다	(더 ~하다)	좋다,	//

┌──────────────── 뒤 절 ────────────────┐
以免 (长期存放后), // 因 过期 / 药物 / 而 失去 / 疗效。

접속사	부사어		접속사	술어1	목적어	접속사	술어2	목적어
~하지 않기 위하여	(오랜 기간 보관한 후),	//	~으로 인해	기한을 넘기다	약을	그리고	잃어버리다	약효를

해석 오랜 기간 보관한 후 기한을 넘긴 것으로 약을 인해 약효를 잃어버리지 않게 하기 위하여, 가정 상비약은 결코 많을수록 더 좋은 것이 아니다.

해설 이합동사 뒤에 불필요한 목적어가 있어 틀린 경우

뒤 절의 술어1 过期는 목적어를 가질 수 없는 이합동사인데, 过期 뒤에 불필요한 목적어 药物이 있으므로 틀린 문장이다. 뒤 절에 주어가 없으므로, 药物가 접속사 因 앞 주어 자리에 와야 옳은 문장이 된다.

★ **옳은 문장**: 家庭常备药物并非越多越好, 以免长期存放后, 药物因过期而失去疗效。
오랜 기간 보관한 후 약이 기한을 넘긴 것으로 인해, 약효를 잃어버리지 않게 하기 위하여, 가정 상비약은 결코 많을수록 더 좋은 것이 아니다.

어휘 家庭 jiātíng 몡 가정 常备 chángbèi 됭 상비하다 并非 bìngfēi 결코 ~이 아니다, 결코 ~하지 않다
以免 yǐmiǎn 젭 ~하지 않기 위하여, ~하지 않도록 存放 cúnfàng 됭 보관하다 过期 guòqī 됭 기한을 넘기다
失去 shīqù 됭 잃어버리다, 잃다 疗效 liáoxiào 몡 약효

54 중

A

互联网	/	(以不可阻挡之势),	//	(在世界范围内)	掀起了	/	(巨大的)	浪潮。
주어		부사어		부사어	술어		관형어	목적어
인터넷은	/	(저지할 수 없는 기세로),	//	(세계적으로)	불러일으켰다	/	(거대한)	물결을

해석 인터넷은 저지할 수 없는 기세로, 세계적으로 거대한 물결을 불러일으켰다.

해설 주어 互联网, 술어 掀起了, 목적어 浪潮가 문맥상 자연스럽게 어울린다. 또한 수단/방법을 나타내는 개사구 以不可阻挡之势과 장소를 나타내는 개사구 在世界范围内도 문맥상 적절하게 쓰였다. 따라서 틀린 부분이 없다. 참고로, 여러 개의 개사구가 부사어로 사용될 경우, 수단/방법을 나타내는 개사구→장소를 나타내는 개사구 순서로 술어 앞에 위치한다는 점을 알아 둔다.

어휘 阻挡 zǔdǎng [동] 저지하다 掀起 xiānqǐ [동] 불러일으키다 巨大 jùdà [형] 거대하다 浪潮 làngcháo [명] 물결, 흐름

B

(这些)	食材	/	是	/	古代丝绸商人从西域带来的,	//
관형어	주어		술어1		목적어	
(이러한)	식재료는	/	~이다	/	고대 비단 상인이 서역에서 가져온 것,	//

[但]	(大多)	(已)	经过	/	培育和改良	/	了。
접속사	부사어	부사어	술어2		목적어		了
[그러나]	(대부분)	(이미)	거치다	/	재배와 개량을		

해석 이러한 식재료는 고대 비단 상인이 서역에서 가져온 것이지만, 대부분 이미 재배와 개량을 거쳤다.

해설 술어1 是과 연결되는 주어 食材, 목적어 古代丝绸商人从西域带来的가 동격이고, 술어2 经过, 목적어 培育和改良도 주어와 문맥상 자연스럽게 어울린다. 부사 大多, 부사 已가 술어2 经过 앞 부사어로 문맥상 적절하게 쓰였고, 반대/전환의 의미를 나타내는 접속사 但도 문맥상 적절하게 쓰였다. 따라서 틀린 부분이 없다.

어휘 古代 gǔdài [명] 고대 丝绸 sīchóu [명] 비단 西域 xīyù [명] 서역 培育 péiyù [동] 재배하다 改良 gǎiliáng [동] 개량하다

C

앞 절 / 뒤 절

礼文化	/	[是]	(与中华文明)	(一同)	诞生	[的],	//	它	/	影响和制约着	/
주어		是	부사어	부사어	술어	的		주어		술어	
예절 문화는	/		(중국 문명과)	(함께)	탄생하다,		//	그것은	/	영향을 끼치고 제약하고 있다	/

(中国人的)	思想和言论。
관형어	목적어
(중국인의)	생각과 말에

해석 예절 문화는 중국 문명과 함께 탄생한 것으로, 그것은 중국인의 생각과 말에 영향을 끼치고 제약하고 있다.

해설 앞 절의 주어 礼文化, 술어 诞生이 문맥상 자연스럽게 어울리고, 뒤 절의 주어 它, 술어 影响和制约着, 목적어 思想和言论도 문맥상 자연스럽게 어울린다. 또한 개사구 与中华文明, 술어와 의미적으로 밀접한 부사 一同이 앞 절의 술어 诞生 앞 부사어로 문맥상 적절하게 쓰였고, 是……的 강조구문이 사용되어 是과 的 사이에 있는 술어 诞生을 강조하였다. 따라서 틀린 부분이 없다. 참고로, 부사어의 어순은 기본적으로 부사→조동사→개사(구)이지만, 술어와 의미적으로 밀접한 부사는 술어 바로 앞에 온다는 점을 알아 둔다.

어휘 文明 wénmíng [명] 문명 [형] 교양이 있다 诞生 dànshēng [동] 탄생하다 制约 zhìyuē [동] 제약하다 思想 sīxiǎng [명] 생각, 사상 言论 yánlùn [명] 말, 언사

D

앞 절

[如果]	(一个本来跟自己特别好关系的)	人	/	(莫名其妙)	变	(得冷淡了),	//
접속사	관형어	주어		부사어	술어	보어	
[만약]	(원래 자신과 특별히 관계를 좋게 하는 한)	사람이	/	(영문을 알 수 없이)	변하다	(냉담하게),	//

뒤 절

(就)	(得)	(先)	(从自身)	找	/	原因。
부사어	부사어	부사어	부사어	술어		목적어
(바로)	(~해야 한다)	(먼저)	(자신으로부터)	찾다	/	원인을

해석 만약 원래 자신과 특별히 관계를 좋게 하는 한 사람이 영문을 알 수 없이 냉담하게 변했다면, 먼저 자신으로부터 원인을 찾아야 한다.

해설 관형어의 어순이 잘못되어 틀린 경우

앞 절의 주어 人 앞 관형어 一个本来跟自己特别好关系的에서 关系가 잘못된 자리에 위치하였으므로 틀린 문장이다. 개사 跟은 주로 '跟+A(대상)+B(동작)' 형태로 쓰여 'A와 B를 하다'라는 의미를 나타내는데, 위 문장에서는 동작을 나타내는 자리에 特别好关系가 쓰여 '자신과 특별히 관계를 좋게 하는'이라는 어색한 문맥이 되었다. 따라서 关系가 特别好 앞에 위치하여 '자신과 관계가 매우 좋은'이라는 의미가 되어야 문맥상 자연스럽다.

★ 옳은 문장 : 如果一个本来跟自己关系特别好的人莫名其妙变得冷淡了, 就得先从自身找原因。
　　　　　　　만약 원래 자신과 관계가 매우 좋았던 사람이 영문을 알 수 없이 냉담하게 변했다면, 먼저 자신으로부터 원인을 찾아야 한다.

어휘 莫名其妙 mòmíngqímiào 匎 영문을 알 수 없다　冷淡 lěngdàn 匎 냉담하다, 쌀쌀하다

55
중

A 获取人们的理解和认可 / 是 / (道德观念成为社会准则的) 必经之路。
　　　주어　　　　　　　　　술어　　　　관형어　　　　　　　목적어
　사람들의 이해와 허락을 얻는 것은 / ~이다 / (도덕 관념이 사회 준칙이 되기 위하여) 반드시 거쳐야 하는 길

해석 사람들의 이해와 허락을 얻는 것은 도덕 관념이 사회 준칙이 되기 위하여 반드시 거쳐야 하는 길이다.

해설 술어 是과 연결되는 주어 获取人们的理解和认可, 목적어 必经之路가 동격이다. 따라서 틀린 부분이 없다.

어휘 认可 rènkě 图 허락하다, 인가하다　道德 dàodé 匎 도덕 匎 도덕적이다　观念 guānniàn 匎 관념, 의식　准则 zhǔnzé 匎 준칙

B [无论] 走 (多远), // (都) (不要) 忘记 / 当初为什么出发, //
　　접속사　술어1　보어　　부사어　부사어　술어2　　　　목적어
　~하든지 간에　가다　(얼마나 멀리),　//　(항상)　(~하지 마라)　잊다　/　처음에 왜 출발했는지를, //

(也) (不要) 忘记 / (生活本身的) 意义。
부사어　부사어　술어3　　　관형어　　목적어
(또한)　(~하지 마라)　잊다　/　(생활 그 자체의)　의미를

해석 얼마나 멀리 가든지 간에 처음에 왜 출발했는지를 항상 잊지 말고, 또한 생활 그 자체의 의미를 잊지 마라.

해설 술어1 走, 술어2 忘记, 목적어 当初为什么出发, 술어3 忘记, 목적어 意义가 문맥상 모두 자연스럽게 어울린다. 부사 都, 조동사 不要가 술어2 忘记 앞 부사어로 문맥상 적절하게 쓰였고, 부사 也, 조동사 不要 또한 술어3 忘记 앞 부사어로 문맥상 적절하게 쓰였다. 또한 자주 짝을 이루어 쓰이는 표현 '无论 A, 都 B'도 문맥상 적절하게 쓰였다. 따라서 틀린 부분이 없다. 참고로, 위와 같은 명언 문장에서는 종종 주어가 생략된다는 점을 알아 둔다.

어휘 当初 dāngchū 匎 처음, 당초　本身 běnshēn 匎 그 자체, 그 자신　意义 yìyì 匎 의미, 의의

C (自从在课堂上翻译了这位演说家的演讲片段然后), // 我 / (就) (深深地) (为他) 着迷了。
　　　　　　　　부사어　　　　　　　　　　　　　　주어　부사어　부사어　부사어　술어
(교실에서 이 연설가의 연설 일부를 번역한 그러한 후부터), // 나는 / (곧) (깊이) (그에게) 빠져들었다

해석 교실에서 이 연설가의 연설 일부를 번역한 그러한 후부터, 나는 곧 그에게 깊이 빠져들었다.

해설 접속사가 문맥에 맞지 않게 사용되어 틀린 경우

개사 自从이 이끄는 부사어에 접속사 然后가 사용되었으므로 틀린 문장이다. 접속사 然后는 절의 가장 앞에 위치하여 앞 뒤 문맥을 이어주는 역할을 하므로, 然后 대신 后가 와야 옳은 문장이 된다. 참고로, 시간의 기점을 표시하는 개사 自从과 함께 짝을 이루어 쓸 수 있는 방위명사로는 后/以后/以来가 있다.

★ 옳은 문장 : 自从在课堂上翻译了这位演说家的演讲片段后, 我就深深地为他着迷了。
　　　　　　　교실에서 이 연설가의 연설 일부를 번역한 후부터, 나는 곧 그에게 깊이 빠져들었다.

어휘 自从 zìcóng 캐 ~부터, ~한 후　课堂 kètáng 匎 교실　演说家 yǎnshuōjiā 匎 연설가　演讲 yǎnjiǎng 图 연설하다, 강연하다
片段 piànduàn 匎 일부　着迷 zháomí 图 빠져들다, 사로잡히다

D 他 / (仅) 学了 / (八个月的) 编程, // (就) (顺利) 通过了 / (西宁大学计算机系的)
　주어　부사어　술어1　　관형어　　목적어　　부사어　부사어　술어2　　　　　　관형어
　그는 / (겨우) 공부했다 / (8개월간) 프로그래밍을, // (바로) (순조롭게) 통과했다 / (시닝 대학교 컴퓨터 전공의)

考试, // (太) 不可思议 了。
목적어　　부사어　　술어3　　了
시험을, // (너무)　믿기지 않다

해석 그는 겨우 8개월간 프로그래밍을 공부했는데 시닝 대학교 컴퓨터 전공 시험을 순조롭게 통과했으니, 너무 믿기지 않는다.

해설 주어 他, 술어1 学了, 목적어 编程이 문맥상 자연스럽게 어울리고, 술어2 通过了, 목적어 考试, 술어3 不可思议도 주어와 문맥상 자연스럽게 어울린다. 따라서 틀린 부분이 없다.

어휘 **编程** biānchéng [동] (컴퓨터) 프로그래밍을 하다 **计算机** jìsuànjī [명] 컴퓨터 **不可思议** bùkěsīyì [성] 믿기지 않다, 불가사의하다

56 중

A (这些) 现象 / (严重) 影响了 / (市民的) 日常生活, // (给国民经济) 形成了 / (极大) 损失。
관형어 주어 / 부사어 술어1 / 관형어 목적어 // 부사어 술어2 / 관형어 목적어
(이러한) 현상은 / (심각하게) 영향을 주었다 / (시민의) 일상생활에, // (국민 경제에) 형성했다 / (매우 큰) 손실을

해석 이러한 현상은 시민의 일상생활에 심각하게 영향을 주었고, 국민 경제에 매우 큰 손실을 형성했다.

해설 **술어와 목적어가 문맥상 서로 어울리지 않아 틀린 경우**

술어2 形成了와 목적어 损失이 문맥상 어울리지 않으므로 틀린 문장이다. 损失은 주로 造成(야기하다)과 함께 사용되므로, 形成了 대신 造成了가 와야 한다. 참고로, 造成의 목적어로는 损失(손실), 后果(최후의 결과) 등 부정적인 결과가 주로 오며, 形成의 목적어로는 山(산), 风格(스타일), 现象(현상) 등 발전과 변화를 거쳐 생겨난 사물이 주로 온다.

★ 옳은 문장 : 这些现象严重影响了市民的日常生活, 给国民经济造成了极大损失。
이러한 현상은 시민의 일상생활에 심각하게 영향을 주었고, 국민 경제에 매우 큰 손실을 야기했다.

어휘 **现象** xiànxiàng [명] 현상 **损失** sǔnshī [동] 손실하다

B "一根筋" / (在汉语中) (常) (被) 用 (来) / 形容一个人性格偏执顽固, 不开窍, 认死理。
주어 / 부사어 부사어 부사어(被) 술어 보어 / 목적어
'一根筋'은 / (중국어에서) (자주) (~되다) 사용하다 (오다) / 한 사람의 성격이 완고하고 보수적이며, 생각이 트여있지 않고, 고집불통인 것을 묘사하는 데

해석 '一根筋'은 중국어에서 한 사람의 성격이 완고하고 보수적이며, 생각이 트여있지 않고, 고집불통인 것을 묘사하는 데에 자주 사용되어 왔다.

해설 위 문장은 개사 被가 쓰인 被자문으로, 주어 "一根筋", 개사 被, '술어+보어' 형태의 用来, 목적어 形容一个人性格偏执顽固, 不开窍, 认死理가 문맥상 자연스럽게 어울린다. 또한 범위를 나타내는 개사구 在汉语中, 부사 常, 개사 被가 술어 用 앞 부사어로 문맥상 적절하게 쓰였다. 따라서 틀린 부분이 없다. 참고로, 부사어의 어순은 기본적으로 부사→조동사→개사(구)이지만, 범위/장소를 나타내는 개사구는 예외적으로 부사 앞에 위치할 수 있다는 점을 알아 둔다.

어휘 **一根筋** yìgēnjīn [형] 고지식하다, 융통성이 없다 **形容** xíngróng [동] 묘사하다, 형용하다 **偏执** piānzhí [형] 완고하다 **顽固** wángù [형] 보수적이다, 완고하다 **开窍** kāiqiào [동] (생각·사상이) 트이다 **认死理** rèn sǐ lǐ 고집불통이다

C (对3岁以下的幼儿来说), // (文字少、插图多的) 儿童启蒙读物 / [既] 简单, // (又) 有趣。
부사어 // 관형어 주어 / 접속사 술어1 // 부사어 술어2
(3세 이하 유아에게), // (문자가 적고 삽화가 많은) 아동 계몽 도서는 / [~할 뿐만 아니라] 쉽다, // (또) 재미있다

해석 3세 이하 유아에게 문자가 적고 삽화가 많은 아동 계몽 도서는 쉬울 뿐만 아니라 또 재미있다.

해설 주어 儿童启蒙读物, 술어1 简单, 술어2 有趣가 문맥상 자연스럽게 어울린다. 개사 对가 이끄는 对3岁以下的幼儿来说가 문장 맨 앞의 부사어로 적절히 쓰였고, 자주 짝을 이루어 쓰이는 표현 '既 A, 又 B'도 문맥상 적절하게 쓰였다. 따라서 틀린 부분이 없다.

어휘 **插图** chātú [명] 삽화 **启蒙** qǐméng [동] 계몽하다, 기초 지식을 전수하다

```
                          ┌──────── 앞 절 ────────┐
 D  古代神话    /    来源   (于现实生活),    //
    주어              술어        보어
    고대 신화는  /    기원하다   (현실 생활에서),  //
```

```
                          ┌──────────── 뒤 절 ────────────┐
    它  /  反映了  /  (先民们征服自然、追求美好生活的)   愿望。
    주어     술어              관형어                    목적어
    그것은 /  반영했다 / (고대 사람들이 자연을 정복하고 아름다운 생활을 추구하고자 하는)  염원을
```

해석 고대 신화는 현실 생활에서 기원했는데, 그것은 고대 사람들이 자연을 정복하고 아름다운 생활을 추구하고자 하는 염원을 반영했다.

해설 앞 절의 주어 古代神话, '술어+보어' 형태의 来源于现实生活가 문맥상 자연스럽게 어울리고, 뒤 절의 주어 它, 술어 反映了, 목적어 愿望도 문맥상 자연스럽게 어울린다. 따라서 틀린 부분이 없다.

어휘 古代 gǔdài 몡 고대 神话 shénhuà 몡 신화 来源 láiyuán 동 기원하다, 유래하다 现实 xiànshí 몡 현실 혱 현실석이다
　　　 反映 fǎnyìng 동 반영하다 先民 xiānmín 고대 사람 征服 zhēngfú 동 정복하다 追求 zhuīqiú 동 추구하다
　　　 愿望 yuànwàng 몡 염원, 소망

57
중상

```
 A  龙华区  /   是   (深圳的)   产业大区,   //
    주어     술어1   관형어      목적어
    룽화구는 /  ~이다  (선전의)   대규모 산업 구역,  //
```

```
    采取了  /  (以工业为主导, 以电子信息产业为辅助的)   发展格局。
    술어2                   관형어                      목적어
    채택했다 /  (공업을 주도로 하고 전자 정보 산업을 보조로 하는)   발전 구조를
```

해석 룽화구는 선전의 대규모 산업 구역으로, 공업을 주도로 하고 전자 정보 산업을 보조로 하는 발전 구조를 채택했다.

해설 술어1 是과 연결되는 주어 龙华区, 목적어 产业大区가 동격이고, 술어2 采取了, 목적어 发展格局도 주어와 문맥상 자연스럽게 어울린다. 따라서 틀린 부분이 없다.

어휘 龙华区 Lónghuá Qū 고유 룽화구 深圳 Shēnzhèn 고유 선전[중국 광둥성에 있는 시명] 产业 chǎnyè 몡 산업
　　　 采取 cǎiqǔ 동 채택하다, 채용하다 主导 zhǔdǎo 몡 위주, 주도 동 주도하다 信息 xìnxī 몡 정보, 소식 辅助 fǔzhù 동 보조하다
　　　 格局 géjú 몡 구조, 골격

```
 B  乳木果油  /   具有  /  (很好的深层滋润)  功效,  //  (一般)   (会)   (被各大化妆品公司)
    주어           술어1         관형어          목적어    부사어   부사어    부사어(被+행위의 주체)
    시어 버터는 /  가지고 있다 /  (우수한 심층 보습)  효능을,  //  (일반적으로) (~한다)  (각 대형 화장품 회사에 의해)
```

```
    制    (成)  /  (保养干性皮肤的)   产品。
    술어2   보어        관형어          목적어
    제조하다 (~가 되다) / (건성 피부를 보호하는)   제품
```

해석 시어 버터는 우수한 심층 보습 효능을 가지고 있어서, 일반적으로 각 대형 화장품 회사에 의해 건성 피부를 보호하는 제품으로 제조된다.

해설 위 문장은 개사 被가 쓰인 被자문으로, 주어 乳木果油, 술어1 具有, 목적어 功效가 문맥상 자연스럽게 어울리고, '被+행위의 주체' 형태의 被各大化妆品公司, '술어2+보어' 형태의 制成, 목적어 产品도 주어와 문맥상 자연스럽게 어울린다. 또한 형용사 一般, 조동사 会, 개사구 被各大化妆品公司도 술어2 制 앞에서 형용사(부사)→조동사→개사구 순으로 알맞게 배치되었다. 따라서 틀린 부분이 없다. 참고로, 형용사 一般은 부사어 자리에 위치하여 부사와 같은 어법 기능을 할 수 있다는 점을 알아 둔다.

어휘 乳木果油 rǔmùguǒyóu 몡 시어 버터 滋润 zīrùn 동 보습하다, 촉촉하게 적시다 혱 촉촉하다 功效 gōngxiào 몡 효능, 효과
　　　 化妆品 huàzhuāngpǐn 몡 화장품 保养 bǎoyǎng 동 보호하다, 보양하다 干性皮肤 gānxìng pífū 건성 피부
　　　 产品 chǎnpǐn 몡 제품, 생산품

C

	앞 절						
(每个)	公司 /	(都)	(要)	(提前) /	做	(好) /	准备, //
관형어	주어	부사어	부사어	부사어	술어	보어	목적어
(각)	회사는 /	(모두)	(~해야 한다)	(미리) /	하다	(잘) /	준비를, //

	뒤 절					
因为	(在优胜劣汰的市场准则下), //	业务竞争	(只)	(会)	(越来越)	缓和。
접속사	부사어	주어	부사어	부사어	부사어	술어
왜냐하면	(우수한 것은 살아남고 열등한 것은 도태되는 시장의 규범 하에), //	업무 경쟁은 /	(단지)	(~할 수 있다)	(점점)	완화되다

해석 각 회사는 미리 준비를 잘 해야 하는데, 왜냐하면 우수한 것은 살아남고 열등한 것은 도태되는 시장의 규범 하에 업무 경쟁은 단지 점점 완화될 수밖에 없기 때문이다.

해설 술어가 전체 문맥에 어울리지 않아 틀린 경우

뒤 절의 술어 缓和가 문맥상 어울리지 않으므로 틀린 문장이다. 缓和와 반대되는 의미를 가진 어휘가 사용되어야 옳은 문장이 된다.

★옳은 문장 : 每个公司都要提前做好准备，因为在优胜劣汰的市场准则下，业务竞争只会越来越残酷。
각 회사는 미리 준비를 잘 해야 하는데, 왜냐하면 우수한 것은 살아남고 열등한 것은 도태되는 시장의 규범 하에 업무 경쟁은 단지 점점 잔혹해질 수밖에 없기 때문이다.

어휘 优胜劣汰 yōushèngliètài 젱 우수한 것은 살아남고 열등한 것은 도태되다　准则 zhǔnzé 명 규범, 준칙　业务 yèwú 명 업무
缓和 huǎnhé 동 완화하다, 누그러들다　残酷 cánkù 형 잔혹하다

D

	앞 절				뒤 절		
民间艺术 /	是	(中国传统文化的)	瑰宝, //	所以	(很多)	人 /	投入了 /
주어	술어	관형어	목적어	접속사	관형어	주어	술어1
민간 예술은 /	~이다	(중국 전통 문화의)	진귀한 보물, //	그래서	(많은)	사람이 /	들였다 /

(大量的)	时间和精力 /	(来)	研究 /	(它的)	起源和演变。
관형어	목적어	부사어	술어2	관형어	목적어
(매우 많은)	시간과 힘을 /	(~을 가지고)	연구하다 /	(그것의)	기원과 변천을

해석 민간 예술은 중국 전통 문화의 진귀한 보물이어서, 많은 사람이 매우 많은 시간과 힘을 들여 그것의 기원과 변천을 연구한다.

해설 앞 절의 술어 是과 연결되는 주어 民间艺术, 목적어 瑰宝가 동격이고, 뒤 절의 주어 人, 술어1 投入了, 목적어 时间和精力, 술어2 研究, 목적어 起源和演变도 문맥상 자연스럽게 어울린다. 또한 인과를 나타내는 접속사 所以도 문맥상 적절하게 쓰였다. 따라서 틀린 부분이 없다.

어휘 民间 mínjiān 명 민간　传统 chuántǒng 명 전통　瑰宝 guībǎo 명 진귀한 보물　投入 tóurù 동 들이다, 투입하다
精力 jīnglì 명 힘, 정력　起源 qǐyuán 명 기원 동 기원하다　演变 yǎnbiàn 동 변천하다, 변화 발전하다

58
상

A

	앞 절				뒤 절		
高考考生	(在考场上)	(专心地)	答题, //	(场外的)	老师和家长 /	(无时无刻)	
	주어	부사어	부사어	술어	관형어	주어	부사어
대학 입학 시험 수험생들은 /	(고사장에서)	(열중하여)	문제를 풀다, //	(고사장 밖의)	선생님과 학부모는 /	(시도 때도 없이)	

(都)	(在)	(焦急地)	等待着。
부사어	부사어	부사어	술어
(모두)	(~하고 있다)	(초조하게)	기다리고 있다

해석 대학 입학 시험 수험생들은 고사장에서 열중하여 문제를 풀고, 고사장 밖의 선생님과 학부모는 시도 때도 없이 모두 초조하게 기다리고 있다.

해설 부사어가 문맥상 어울리지 않아 틀린 경우

뒤 절의 술어 等待着 앞에 부사어 无时无刻가 사용되어 '고사장 밖의 선생님과 학부모는 시도 때도 없이 모두 초조하게 기다리고 있다'라는 어색한 문맥이 되었으므로 틀린 문장이다. 无时无刻는 '시도 때도 없이, 항상'이라는 의미로, 현재 진행 중인 행동이 아니라 긴 시간에 걸쳐 지속적으로 하는 행동을 꾸며줄 때 사용된다. 따라서 无时无刻를 삭제해야 옳은 문장이 된다.

★옳은 문장 : 高考考生在考场上专心地答题，场外的老师和家长都在焦急地等待着。
대학 입학 시험 수험생들은 고사장에서 열중하여 문제를 풀고, 고사장 밖의 선생님과 학부모는 모두 초조하게 기다리고 있다.

어휘 专心 zhuānxīn 형 열중하다, 몰두하다　无时无刻 wúshíwúkè 젱 시도 때도 없이, 항상　焦急 jiāojí 형 초조하다, 조급해하다
等待 děngdài 동 기다리다

B

(不同的)	场合	/	要求	/	(不一样的)	着装,	//	穿着	/	不仅	(要)	符合	/
관형어	주어		술어		관형어	목적어		주어		접속사	부사어	술어1	
(다른)	상황은		요구하다		(다른)	옷차림을,		복장은		~뿐만 아니라	(~해야 한다)	부합하다	

첫 번째 절 / 두 번째 절

个人特点,	//	而且	(还)	(要)	(与特定的氛围)	(相)	协调。
목적어		접속사	부사어	부사어	부사어	부사어	술어2
개인 특징에,	//	게다가	(~도)	(~해야 한다)	(특정 분위기와)	(서로)	잘 어울리게 하다

세 번째 절

해석 다른 상황은 다른 옷차림을 요구하는데, 복장은 개인 특징에 부합해야 할 뿐만 아니라, 게다가 특정 분위기와도 서로 잘 어울리게 해야 한다.

해설 첫 번째 절의 주어 场合, 술어 要求, 목적어 着装이 문맥상 자연스럽게 어울린다. 그리고 두 번째 절의 주어 穿着, 술어1 符合, 목적어 个人特点도 문맥상 자연스럽게 어울리고, 세 번째 절의 술어2 协调 또한 두 번째 절의 주어와 문맥상 자연스럽게 어울린다. 또한 자주 짝을 이루어 쓰이는 연결어 '不仅 A, 而且 B'도 문맥상 적절하게 쓰였다. 따라서 틀린 부분이 없다.

어휘 场合 chǎnghé 명 (어떤) 상황, 장소 着装 zhuózhuāng 명 옷차림, 복장 穿着 chuānzhuó 명 복장 个人 gèrén 명 개인
氛围 fēnwéi 명 분위기 协调 xiétiáo 동 잘 어울리게 하다 형 조화롭다, 어울리다

C

独生子女	/	(想要)	(在竞争激烈的社会上)	立足,	//	(就)	(一定)	(要)	摆脱	/
주어		부사어	부사어	술어1		부사어	부사어	부사어	술어2	
외동 자녀가	/	(~하려고 하다)	(경쟁이 치열한 사회에서)	기반을 마련하다,	//	(바로)	(반드시)	(~해야 한다)	벗어나다	

(凡事依赖父母的)	习惯,	/	培养	/	(自力更生的)	能力。
관형어	목적어		술어3		관형어	목적어
(모든 일을 부모에게 의지하는)	습관에서,		기르다		(자력갱생하는)	능력을

해석 외동 자녀가 경쟁이 치열한 사회에서 기반을 마련하고자 한다면 모든 일을 부모에게 의지하는 습관에서 반드시 벗어나야 하며, 자력갱생하는 능력을 길러야 한다.

해설 주어 独生子女, 술어1 立足가 문맥상 자연스럽게 어울리고, 술어2 摆脱, 목적어 习惯, 술어3 培养, 목적어 能力도 주어와 문맥상 자연스럽게 어울린다. 부사 想要, 개사구 在竞争激烈的社会上이 술어1 立足 앞에서 부사→개사구 순으로 알맞게 배치되었고, 부사 就와 一定, 조동사 要 또한 술어2 摆脱 앞에서 부사→조동사 순으로 알맞게 배치되었다. 따라서 틀린 부분이 없다.

어휘 独生子女 dúshēng zǐnǚ 외동 자녀 激烈 jīliè 치열하다, 격렬하다 立足 lìzú 기반을 마련하다, 입지를 세우다
摆脱 bǎituō 벗어나다 凡事 fánshì 모든 일, 만사 依赖 yīlài 의지하다, 의존하다 培养 péiyǎng 기르다, 양성하다
自力更生 zìlìgēngshēng 셩 자력갱생하다

D

《蒋公的面子》	/	凭借	(特殊的)	题材	与	(对人物入木三分的)	刻画,	//
주어		술어1	관형어	목적어	접속사	관형어	목적어	
《장공의 얼굴》은		~에 기대다	(특수한)	소재	~와/과	(인물에 대한 예리한)	묘사에,	//

获得了	/	(一致)	好评,	//	创造了	/	(校园戏剧演出的)	奇迹。
술어2		관형어	목적어		술어3		관형어	목적어
얻었다		(한결 같은)	호평을,	//	창조했다		(캠퍼스 희극 공연의)	기적을

해석 《장공의 얼굴》은 특수한 소재와 인물에 대한 예리한 묘사로 한결 같은 호평을 얻었고, 캠퍼스 희극 공연의 기적을 창조했다.

해설 주어 《蒋公的面子》, 술어1 凭借, 목적어 题材, 刻画가 문맥상 자연스럽게 어울리고, 술어2 获得了, 목적어 好评, 술어3 创造了, 목적어 奇迹도 주어와 문맥상 자연스럽게 어울린다. 따라서 틀린 부분이 없다.

어휘 面子 miànzi 명 얼굴, 체면 凭借 píngjiè 동 ~에 기대다, ~를 통하다 特殊 tèshū 형 특수하다, 특별하다
题材 tícái 명 (문학이나 예술 작품의) 소재 人物 rénwù 명 인물 入木三分 rùmùsānfēn 셩 예리하다, 핵심을 찌르다
刻画 kèhuà 동 묘사하다, 그리다 一致 yízhì 형 한결 같다, 일치하다 부 일제히, 함께 创造 chuàngzào 동 창조하다, 발명하다
戏剧 xìjù 명 희극, 연극 演出 yǎnchū 동 공연하다 奇迹 qíjì 명 기적

A (这件事发生后), // 班主任老师 / 召集 / 全体班级委员 / 开会 / 研究, //
　　부사어　　　　　　주어1　　　술어1　　　목적어　　　　술어2　　술어3
　　　　　　　　　　　　　　　　　　　　　　　　　　　주어2

(이 일이 발생한 후), // 담임 선생님은 / 불러 모으다 / 전체 학급 위원을 / 회의를 열다 / 연구하다, //

决定 / 让 / 全班同学 / (对这个问题) 进行 / (一次) 教育。
술어4　술어　　목적어　　　부사어　　　술어　　관형어　목적어
　　　　　　　　　　　　　　　　목적어

결정하다 / ~을 ~하게 하다 / 반 전체 학우들 / (이 문제에 대해) 진행하다 / (한 차례의) 교육을

해석 이 일이 발생한 후, 담임 선생님은 전체 학급 위원을 불러 모아 회의를 열어 연구하였고, 반 전체 학우들을 이 문제에 대해 한 차례의 교육을 진행하게 하기로 결정했다.

해설 목적어 자리에 불필요한 술어가 1개 더 있어 틀린 경우

술어4 决定의 목적어 자리에 술어가 될 수 있는 사역동사 让이 불필요하게 사용되었으므로 틀린 문장이다. 让 대신 개사 给를 사용하여 全班同学가 进行一次教育라는 동작의 수용 대상이 되어야 한다.

★ 옳은 문장: 这件事发生后, 班主任老师召集全体班级委员开会研究, 决定给全班同学对这个问题进行一次教育。
　　　　　　이 일이 발생한 후, 담임 선생님은 전체 학급 위원을 불러 모아 회의를 열어 연구하였고, 반 전체 학우들에게 이 문제에 대해 한 차례의 교육을 진행하기로 결정했다.

어휘 班主任 bānzhǔrèn 몡 담임 선생님　召集 zhàojí 동 불러 모으다　委员 wěiyuán 몡 (위원회의) 위원

B ─── 첫 번째 절 ───　　　　　　　　　　　　　　　　─── 두 번째 절 ───
　 急功近利 / 是 / (导致身心疲惫的) 重要原因, // 如果 (过分)
　 　주어　　 술어　　　관형어　　　　목적어　　　접속사　부사어
조급한 성공과 눈앞의 이익에만 급급한 것은 / ~이다 / (심신의 피로를 초래하는) 중요한 원인, // 만약 (지나치게)

─────────────── 세 번째 절 ───────────────
计较 / (个人的) 成败得失, // 人生 / (也) (就) (无法) 得到 / (片刻的) 平静。
술어　관형어　　목적어　　　주어　부사어 부사어 부사어　술어　관형어　　목적어
따지다 / (개인의) 승패와 득실을, // 인생에서 / (~도) (바로) (~할 수 없다) 얻다 / (잠깐의) 평온을

해석 조급한 성공과 눈앞의 이익에만 급급한 것은 심신의 피로를 초래하는 중요한 원인으로, 만약 개인의 승패와 득실을 지나치게 따진다면 인생에서 잠깐의 평온도 얻을 수 없다.

해설 첫 번째 절의 술어 是과 연결되는 주어 急功近利, 목적어 重要原因이 동격이다. 그리고 두 번째 절의 술어 计较, 목적어 成败得失이 문맥상 자연스럽게 어울리고, 세 번째 절의 주어 人生, 술어 得到, 목적어 平静도 문맥상 자연스럽게 어울린다. 또한 가정을 나타내는 접속사 如果도 문맥상 적절하게 쓰였다. 따라서 틀린 부분이 없다. 참고로, 두 번째 절처럼 주어가 불특정 다수일 경우에는 주어가 생략될 수 있다는 점을 알아 둔다.

어휘 急功近利 jígōngjìnlì 몡 조급한 성공과 눈앞의 이익에만 급급하다　导致 dǎozhì 동 초래하다, 야기하다　疲惫 píbèi 몡 피로하다
过分 guòfèn 톙 지나치다　计较 jìjiào 동 따지다, 계산하여 비교하다　个人 gèrén 몡 개인　人生 rénshēng 몡 인생
片刻 piànkè 몡 잠깐, 잠시　平静 píngjìng 톙 평온하다

　　　　　　　　　　　── 앞 절 ──
C (随着经济的发展), // (越来越多的) 高楼大厦 / 出现 (在人们的视野中), //
　　　부사어　　　　　　　관형어　　　주어　　　술어　　　보어
　(경제 발전에 따라), // (점점 더 많은) 높은 건물이 / 나타나다 / (사람들의 시야에), //

──────────────────── 뒤 절 ────────────────────
这 / 使 / 幽静古老的胡同和传统的四合院 / 成为 / (这个时代的) "珍宝"。
주어1　술어1　　　　　　목적어　　　　　　　　술어2　　관형어　　　목적어
　　　　　　　　　　　　주어2
이는 / ~하게 하다 / 아늑하고 낡은 골목과 전통적인 사합원이 / ~되다 / (이 시대의) '진귀한 보물'이

해석 경제 발전에 따라, 점점 더 많은 높은 건물이 사람들의 시야에 나타나고 있는데, 이는 아늑하고 낡은 골목과 전통적인 사합원이 이 시대의 '진귀한 보물'이 되게 하였다.

해설 앞 절의 주어 高楼大厦, '술어+보어' 형태의 出现在人们的视野中이 문맥상 자연스럽게 어울리고, 뒤 절의 주어1 这, 술어1 使, 목적어 겸 주어2인 幽静古老的胡同和传统的四合院, 술어2 成为, 목적어 "珍宝"도 문맥상 자연스럽게 어울린다. 개사 随着가 이끄는 随着经济的发展 또한 문장 맨 앞의 부사어로 적절히 쓰였다. 따라서 틀린 부분이 없다.

어휘 大厦 dàshà 몡 (고층·대형) 건물, 빌딩　视野 shìyě 몡 시야, 시계, 시야　幽静 yōujìng 톙 아늑하다, 그윽하고 조용하다
胡同 hútòng 몡 골목　传统 chuántǒng 몡 전통 톙이디 진통　四合院 sìhéyuàn 몡 사합원[사방이 집이고 중간 부분에 뜰이 있는 주택 양식]　时代 shídài 몡 시대, 시절　珍宝 zhēnbǎo 몡 진귀한 보물

첫 번째 절 / 두 번째 절

D 这 / 是 / (一家刚创办不久的) 公司, // [由于] 该公司 / (进入市场的) 时机 /
주어 술어 관형어 목적어 접속사 주어 관형어 주어
이것은 / ~이다 / (세워진 지 얼마 안 된) 회사, // [~때문에] 이 회사는 / (시장에 진입한) 시기가 /

恰当, // (又) 选择了 / (一个前景不错的) 产品, //
술어 부사어 술어2 관형어 목적어
술어1(주술구)
적절하다, // (또한) 선택했다 / (전망이 좋은) 제품을, //

세 번째 절

[因此], // (短短几个月) (就) 创 (下了) / (巨大的) 经济收益。
접속사 부사어 부사어 술어 보어 관형어 목적어
[그래서], // (짧은 몇 개월 내에) (이미) 거두다 (~했다) / (막대한) 경제 수익을

해석 이것은 세워진 지 얼마 안 된 회사인데, 이 회사는 시장에 진입한 시기가 적절하였고 또한 전망이 좋은 제품을 선택했기 때문에 짧은 몇 개월 내에 이미 막대한 경제 수익을 거두었다.

해설 첫 번째 절의 술어 是과 연결되는 주어 这, 목적어 公司가 동격이다. 그리고 두 번째 절의 주어 该公司, 주술구 형태의 술어1 进入市场的时机恰当, 술어2 选择了, 목적어 产品이 문맥상 자연스럽게 어울리고, 세 번째 절의 '술어+보어' 형태의 创下了, 목적어 经济收益도 두 번째 절의 주어와 문맥상 자연스럽게 어울린다. 또한 인과를 나타내는 접속사 由于와 因此도 문맥상 적절하게 쓰였다. 따라서 틀린 부분이 없다.

어휘 **创办** chuàngbàn [동] 세우다, 설립하다 **时机** shíjī [명] (유리한) 시기, 기회 **恰当** qiàdàng [형] 적절하다, 알맞다
前景 qiánjǐng [명] 전망, 전경 **产品** chǎnpǐn [명] 제품, 생산품 **巨大** jùdà [형] 막대하다, 거대하다 **收益** shōuyì [명] 수익, 이득

60
중상

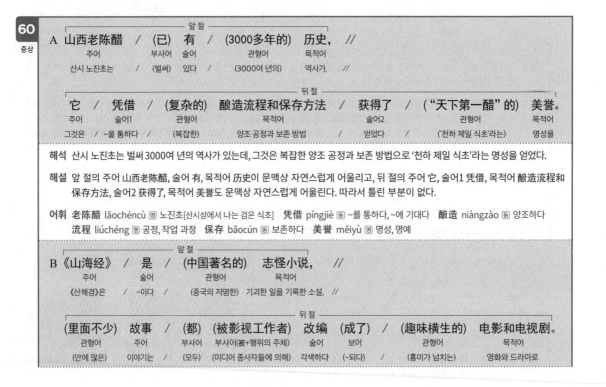

앞 절

A 山西老陈醋 / (已) 有 / (3000多年的) 历史, //
주어 부사어 술어 관형어 목적어
산시 노진초는 / (벌써) 있다 / (3000여 년의) 역사가, //

뒤 절

它 / 凭借 / (复杂的) 酿造流程和保存方法 / 获得了 / ("天下第一醋" 的) 美誉。
주어 술어1 관형어 목적어 술어2 관형어 목적어
그것은 / ~을 통하다 / (복잡한) 양조 공정과 보존 방법 / 얻었다 / ('천하 제일 식초'라는) 명성을

해석 산시 노진초는 벌써 3000여 년의 역사가 있는데, 그것은 복잡한 양조 공정과 보존 방법으로 '천하 제일 식초'라는 명성을 얻었다.

해설 앞 절의 주어 山西老陈醋, 술어 有, 목적어 历史이 문맥상 자연스럽게 어울리고, 뒤 절의 주어 它, 술어1 凭借, 목적어 酿造流程和保存方法, 술어2 获得了, 목적어 美誉도 문맥상 자연스럽게 어울린다. 따라서 틀린 부분이 없다.

어휘 **老陈醋** lǎochéncù [명] 노진초[산시성에서 나는 검은 식초] **凭借** píngjiè [동] ~를 통하다, ~에 기대다 **酿造** niàngzào [동] 양조하다
流程 liúchéng [명] 공정, 작업 과정 **保存** bǎocún [동] 보존하다 **美誉** měiyù [명] 명성, 명예

앞 절

B《山海经》 / 是 / (中国著名的) 志怪小说, //
주어 술어 관형어 목적어
《산해경》은 / ~이다 / (중국의 저명한) 기괴한 일을 기록한 소설, //

뒤 절

(里面不少) 故事 / (都) (被影视工作者) 改编 (成了) / (趣味横生的) 电影和电视剧。
관형어 주어 부사어 부사어(被+행위의 주체) 술어 보어 관형어 목적어
(안에 많은) 이야기는 / (모두) (미디어 종사자들에 의해) 각색하다 (~되다) / (흥미가 넘치는) 영화와 드라마로

제1회

제2회
독해

제3회

제4회

제5회

제6회

해커스 해설이 상세한 HSK 6급 실전모의고사

해석 《산해경》은 기괴한 일을 기록한 중국의 저명한 소설인데, 안에 많은 이야기는 모두 미디어 종사자들에 의해 흥미가 넘치는 영화와 드라마로 각색되었다.

해설 앞 절의 술어 是과 연결되는 주어 《山海经》, 목적어 志怪小说가 동격이다. 뒤 절은 개사 被가 쓰인 被자문으로, 주어 故事, '被+행위의 주체' 형태의 被影视工作者, '술어+보어' 형태의 改编成了, 목적어 电影和电视剧가 문맥상 자연스럽게 어울린다. 또한 범위부사 都와 개사구 被影视工作者도 뒤 절의 술어 改编 앞에서 부사→개사구 순으로 알맞게 배치되었다. 따라서 틀린 부분이 없다.

어휘 山海经 Shānhǎijīng 고유 산해경[고대의 신화와 지리를 기록한 책으로 작자는 미상이며 책이 나온 시기는 대략 전국시대임]
志怪 zhìguài 동 기괴한 일을 기록하다   改编 gǎibiān 동 각색하다   趣味横生 qùwèi héngshēng 흥미가 넘치다

C (这位男演员出演的两部)   电影 / 包揽了 / (本年度票房榜的)   冠亚军。 //
　　관형어　　　　　　　　　　주어　　술어　　　　관형어　　　　　　목적어
　(이 남자 배우가 출연한 두 편의)　영화는 /　휩쓸었다 /　(올해 흥행 순위의)　1, 2위를　//

(这样的)   成绩 / (实属)   罕见, // (理所当然地)   成为了 / (公认的)   票房之王。
관형어　　주어　　부사어　　술어1　　　　부사어　　　　술어2　　　관형어　　　목적어
(이러한)　성적은 /　(정말 ~이다)　보기 드물다, //　(당연히 그렇게)　~이 되었다 /　(모두가 인정하는)　흥행 수입의 왕

해석 이 남자 배우가 출연한 영화 두 편은 올해 흥행 순위 1, 2위를 휩쓸었다. 이러한 성적은 정말 보기 드물며, 당연히 모두가 인정하는 흥행 수입의 왕이 되었다.

해설 **주어가 없어 틀린 경우**

뒤 문장의 술어2 成为了, 목적어 票房之王과 연결되는 주어가 없으므로 틀린 문장이다. 술어2 成为了, 목적어 票房之王과 호응할 수 있는 주어 他를 술어2 成为 앞 주어 자리에 추가해야 옳은 문장이 된다.

★ 옳은 문장 : 这位男演员出演的两部电影包揽了本年度票房榜的冠亚军。这样的成绩实属罕见, 他理所当然地成为了公认的票房之王。
이 남자 배우가 출연한 영화 두 편은 올해 흥행 순위의 1, 2위를 휩쓸었다. 이러한 성적은 정말 보기 드물며, 그는 당연히 모두가 인정하는 흥행 수입의 왕이 되었다.

어휘 包揽 bāolǎn 동 휩쓸다   票房榜 piàofángbǎng 흥행 순위   冠亚军 guànyàjūn 1, 2위   实属 shíshǔ 동 정말 ~이다
罕见 hǎnjiàn 동 보기 드물다, 희한하다   理所当然 lǐsuǒdāngrán 성 당연히 그렇다, 도리로 보아 당연하다
公认 gōngrèn 동 모두가 인정하다   票房 piàofáng 명 흥행 수입

┌─────────── 앞 절 ───────────
D (很多)   司机 / (在驾驶汽车的时候) (不) (会)   晕车, //
　관형어　　주어　　　　부사어　　　　　부사어　부사어　술어1
　(많은)　운전사는 /　(자동차를 운전할 때)　(~않다)　(~하다)　차멀미를 하다, //

但是 (在乘坐汽车的时候) (却) (会)   晕车, //
접속사　　　부사어　　　　부사어　부사어　술어2
그러나　(자동차를 타고 있을 때)　(오히려)　(~할 수 있다)　차멀미를 하다, //

┌─────────── 뒤 절 ───────────
(这种情况出现的)   原因 / 是, // 驾驶是主动状态, 而乘坐是被动状态。
　관형어　　　　　주어　　술어　　　　　　　　목적어
(이러한 상황이 나타나는)　원인은 /　~이다, //　운전하는 것은 능동적인 상태이지만, 타는 것은 피동적인 상태인 것

해석 많은 운전사는 자동차를 운전할 때 차멀미를 하지 않지만, 자동차를 타고 있을 때 오히려 차멀미를 할 수 있는데, 이러한 상황이 나타나는 원인은 운전하는 것은 능동적인 상태이지만, 타는 것은 피동적인 상태이기 때문이다.

해설 앞 절의 주어 司机, 술어1, 술어2 晕车가 문맥상 자연스럽게 어울리고, 시기를 나타내는 개사구 在驾驶汽车的时候, 부정부사 不, 조동사 会가 술어1 晕车 앞 부사어로 문맥상 적절하게 쓰였고, 시기를 나타내는 개사구 在乘坐汽车的时候, 부사 却, 조동사 会도 술어2 晕车 앞 부사어로 문맥상 적절하게 쓰였다. 뒤 절의 술어 是과 연결되는 주어 原因, 목적어 驾驶是主动状态, 而乘坐是被动状态도 동격이다. 또한 반대/전환의 의미를 나타내는 접속사 但是도 문맥상 적절하게 쓰였다. 따라서 틀린 부분이 없다. 참고로 부사어의 어순은 기본적으로 부사→조동사→개사구이지만, 시기/시간을 나타내는 개사구는 예외적으로 부사 앞에 위치할 수 있다는 점을 알아 둔다.

어휘 驾驶 jiàshǐ 동 운전하다   晕车 yùnchē 동 차멀미 하다   主动 zhǔdòng 형 능동적이다, 자발적이다   状态 zhuàngtài 명 상태
被动 bèidòng 형 피동적이다, 소극적이다

61 중상

油炸食物是一种吃起来香，吃完却容易发胖的食物。它含有的氧化物还会令**皮肤衰老**，不宜吃太多。实在**克制**不住的话，吃之前不妨提前补充一些富含维生素E的食物，以便增强皮肤的**抵抗力**。

기름에 튀긴 음식은 먹으면 맛있지만, 다 먹고 나면 살이 찌기 쉬운 음식이다. 그것이 가진 산화물은 피부를 **노화시킬** 수 있기 때문에, 너무 많이 먹는 것은 좋지 않다. 정말로 **자제하기** 어렵다면, 피부의 **저항**력을 강화하도록 먹기 전에 비타민 E가 풍부하게 함유된 음식을 미리 보충하는 것도 괜찮다.

A 衰退	克服	投降		A 쇠퇴하다	극복하다	투항하다
B 衰老 ✓	克制 ✓	抵抗 ✓		B 노화하다	자제하다	저항하다
C 脆弱	制服 ✓	对抗		C 연약하다	제압하다	대항하다
D 薄弱	抑制 ✓	反抗		D 박약하다	억제하다	반항하다

어휘 지문 油炸 yóuzhá 통 기름에 튀기다　食物 shíwù 몡 음식, 음식물　含有 hányǒu 통 가지다, 함유하다　氧化物 yǎnghuàwù 몡 산화물　实在 shízài 뮈 정말로, 확실히　不妨 bùfáng 튀 (~하는 것도) 괜찮다, 무방하다　补充 bǔchōng 통 보충하다, 추가하다　富含 fùhán 풍부하게 함유하다　维生素 wéishēngsù 몡 비타민　以便 yǐbiàn 접 ~하도록　增强 zēngqiáng 통 강화하다

보기 衰退 shuāituì 통 쇠퇴하다, 쇠약해지다　衰老 shuāilǎo 통 노화하다, 노쇠하다　脆弱 cuìruò 톙 연약하다, 나약하다　薄弱 bóruò 톙 박약하다, 취약하다　克服 kèfú 통 극복하다　克制 kèzhì 통 (감정을) 자제하다, 억제하다　制服 zhìfú 통 (강한 힘으로) 제압하다, 굴복시키다 몡 제복　抑制 yìzhì 통 (행동이나 욕망 등을) 억제하다, 억압하다　投降 tóuxiáng 통 투항하다　抵抗 dǐkàng 통 저항하다, 대항하다　对抗 duìkàng 통 대항하다, 맞서다　反抗 fǎnkàng 통 반항하다, 저항하다

해설 첫째 빈칸 보기 A, B는 공통글자 衰를 포함하여 형태는 비슷하지만 의미가 다른 어휘로, A는 동사이고, B는 형용사이다. 그리고 C, D는 공통글자 弱를 포함하여 '약하다'와 관련된 형용사 유의어이다. '그것(기름에 튀긴 음식)이 가진 산화물은 피부를 ＿＿＿ 수 있기 때문에'라는 문맥에 적합하고, 빈칸 앞 皮肤(피부)와 의미상으로 호응하는 보기 B 衰老(노화하다), C 脆弱(연약하다)를 정답의 후보로 체크해 둔다.

A 衰退(쇠퇴하다)는 신체·정신·의지·능력 등이 쇠약해지거나 국가의 정치·경제 상황이 안 좋아지는 것을 의미하며, 记忆力(기억력), 视力(시력), 经济(경제) 등의 어휘와 자주 호응한다.

D 薄弱(박약하다)는 힘·의지·사상 등이 굳세지 않거나 실력이 탄탄하지 않음을 의미하며, 意志(의지), 技术(기술), 环节(부분) 등의 어휘와 자주 호응한다.

둘째 빈칸 보기 A는 '극복하다'라는 의미의 동사이고, B, C, D는 공통글자 制를 포함하여 '제지하다'와 관련된 동사 유의어이다. '기름에 튀긴 음식은 …… 너무 많이 먹는 것은 좋지 않다. 정말로 ＿＿＿ 어렵다면'이라는 문맥을 살펴보면, 빈칸에는 기름에 튀긴 음식을 먹고 싶은 것을 참는 것과 관련된 어휘가 들어가야 한다. 따라서 문맥에 적합한 보기 B 克制(자제하다), D 抑制(억제하다)을 정답의 후보로 체크해 둔다. 참고로, 克制은 감정을 억누른다는 의미이고, 抑制은 행동이나 욕망을 누른다는 의미이다.

A 克服(극복하다)는 결점·잘못·불리한 상황 등을 이겨낸다는 의미로, 문맥과 어울리지 않는다.
C 制服(제압하다)는 강한 힘으로 어떤 대상을 굴복시킨다는 의미로, 문맥과 어울리지 않는다.

셋째 빈칸 보기 A는 '투항하다'라는 의미의 동사이고, B, C, D는 공통글자 抗을 포함하여 '저항하다'와 관련된 동사 유의어이다. '피부의 ＿＿＿력을 강화하도록'이라는 문맥을 살펴보면, 빈칸에는 피부가 가진 힘을 나타낼 수 있는 어휘가 들어가야 한다. 따라서 문맥에 적합하고, 빈칸 뒤 力(힘)와 결합하여 '저항력'이라는 의미로 사용될 수 있는 보기 B 抵抗(저항하다)이 정답이다.

A 投降(투항하다), C 对抗(대항하다), D 反抗(반항하다)은 문맥과 어울리지 않는다. 참고로, A, C, D는 모두 사람의 행동과 관련된 어휘이다.

---

62 중

漱口水是**清洁**口腔、促进口腔健康的用品之一。在每天刷牙的基础上使用漱口水，能够进一步控制牙菌斑的形成。这样做不仅可以减少细菌，还可以**保障**牙龈的健康。因为漱口水属于液体，可以深入口腔内部清洗各个**部位**。

가글액은 구강을 **청결하게 하고**, 구강 건강을 촉진시키는 용품 중 하나이다. 매일 양치질을 하는 기초에 가글액을 사용하면, 플라크의 형성을 더욱 통제할 수 있다. 이렇게 하면 세균을 감소시킬 수 있을 뿐만 아니라 잇몸의 건강도 **보장할** 수 있다. 왜냐하면 가글액은 액체에 속해서 구강 내부 깊숙이 들어가 여러 **부위**를 깨끗하게 씻을 수 있기 때문이다.

A 清理 ✓	确认	局部		A 정리하다	확인하다	일부
B 清除	确保 ✓	部门		B 제거하다	확보하다	부문
C 澄清	保险	方位		C 맑고 깨끗하다	보증하다	방위
D 清洁 ✓	保障 ✓	部位 ✓		D 청결하다	보장하다	부위

제1회

제2회 독해

제3회

제4회

제5회

제6회

해커스 해설이 상세한 HSK 6급 실전모의고사

어휘 지문　漱口水 shùkǒushuǐ 가글액　口腔 kǒuqiāng 명 구강　促进 cùjìn 동 촉진시키다, 촉진하다　控制 kòngzhì 동 통제하다, 조절하다
　　　牙菌斑 yájūnbān 플라크, 치태[이에 끼는 젤라틴 모양의 퇴적물]　形成 xíngchéng 동 형성하다　细菌 xìjūn 명 세균
　　　牙龈 yáyín 잇몸　属于 shǔyú 동 ~에 속하다, ~에 소속되다　液体 yètǐ 명 액체　清洗 qīngxǐ 동 깨끗하게 씻다

보기　清理 qīnglǐ 동 (어수선하거나 쓸데없는 것을 깨끗이) 정리하다　清除 qīngchú 동 (완전히) 제거하다, 없애다
　　　澄清 chéngqīng 형 맑고 깨끗하다 동 (인식·문제 등을) 분명히 하다, 분명하게 밝히다　清洁 qīngjié 형 청결하다, 깨끗하다
　　　确认 quèrèn 동 확인하다, 확실히 인정하다　确保 quèbǎo 동 확보하다, 확실하게 보증하다
　　　保险 bǎoxiǎn 동 보증하다 형 안전하다 명 보험　保障 bǎozhàng 동 보장하다, 보호하다　局部 júbù 명 일부, 국부
　　　部门 bùmén 명 부문, 부서　方位 fāngwèi 명 방위, 방향　部位 bùwèi 명 부위[주로 인체에 사용함]

해설 첫째　보기가 모두 공통글자 清을 포함하여 '깨끗하다'와 관련된 어휘로, A, B는 동사이고 C는 형용사/동사, D는 형용사이다. 빈칸 뒤 목
빈칸　적어 口腔(구강)과 짝꿍으로 쓰이는 보기 A 清理(정리하다), D 清洁(청결하다)를 정답의 후보로 체크해 둔다. 참고로, 清洁는 형용
　　　사이지만 목적어를 동반하여 '~을 깨끗하게 하다'라는 의미로 사용될 수 있다.

　　　B 清除(제거하다), C 澄清(맑고 깨끗하다)은 문맥과 어울리지 않는다.

둘째　보기 A, B는 공통글자 确를 포함하여 '확실히 하다'와 관련된 동사 유의어이고, C, D는 공통글자 保를 포함하여 '보장하다'와 관련
빈칸　된 동사 유의어이다. '세균을 감소시킬 수 있을 뿐만 아니라 잇몸의 건강도 _____ 수 있다'라는 문맥에 적합하고, 빈칸 뒤 목적
　　　어 牙龈的健康(잇몸의 건강)과 의미상으로 호응하는 보기 B 确保(확보하다), D 保障(보장하다)을 정답의 후보로 체크해 둔다.

　　　A 确认(확인하다)은 어떤 사실이나 원칙 등을 확실하게 알아보고 인정한다는 의미로, 문맥과 어울리지 않는다.
　　　C 保险(보증하다)은 동사로 사용될 때 어떤 사물이나 사람에 대하여 책임지고 틀림이 없음을 증명한다는 의미이므로, 문맥과 어
　　　울리지 않는다.

셋째　보기 A, B, D는 공통글자 部를 포함하여 형태는 비슷하지만 의미가 다른 명사이고, C는 '위치'라는 의미의 명사이다. '가글액은 액
빈칸　체에 속해서 구강 내부 깊숙이 들어가 여러 _____를 깨끗하게 씻을 수 있기 때문이다'라는 문맥에 적합한 보기 D 部位(부위)가
　　　정답이다. 참고로, 部位는 주로 인체의 특정 부분을 지칭할 때 사용한다.

　　　A 局部(일부), B 部门(부문), C 方位(방위)는 문맥과 어울리지 않는다.

63
중상

环保袋有两个**定义**，一个是指用天然材料做成的，可以重复利用的袋子；另一个是指丢弃后不会在自然环境中**残留**固体废物的袋子。而一般的塑料袋和环保袋不同，当它被丢弃后，不但无法**分解**，还会产生有害物质。

에코 백은 두 가지 **정의**가 있는데, 하나는 천연 재료로 만들어져서 재활용 할 수 있는 주머니를 가리키고, 다른 하나는 버리고 나서 자연 환경에 고체 폐기물이 **잔류하지** 않는 봉지를 가리킨다. 그러나 일반적인 비닐봉지는 에코 백과 달리, 버려진 뒤에 **분해할** 수 없을 뿐만 아니라 유해 물질도 발생한다.

A 定义 ✓	残留 ✓	分解 ✓	A 정의	잔류하다	분해하다
B 含义 ✓	遗留 ✓	解除	B 함의	남아 있다	해제하다
C 理念	遗失	解体	C 이념	분실하다	해체하다
D 概念 ✓	滞留	解散	D 개념	체류하다	해산하다

어휘 지문　环保袋 huánbǎodài 에코 백　天然 tiānrán 형 천연의, 자연의　重复利用 chóngfù lìyòng 재활용하다　丢弃 diūqì 동 버리다
　　　固体 gùtǐ 명 고체　废物 fèiwù 명 폐기물, 폐품　产生 chǎnshēng 동 발생하다, 나타나다　有害 yǒuhài 형 유해하다, 해롭다
　　　物质 wùzhì 명 물질

보기　定义 dìngyì 명 정의　含义 hányì 명 함의, 내포된 뜻　理念 lǐniàn 명 이념　概念 gàiniàn 명 개념　残留 cánliú 동 잔류하다
　　　遗留 yíliú 동 (예전의 사물이나 현상 등이) 남아 있다, 남기다　遗失 yíshī 동 분실하다, 유실하다　滞留 zhìliú 동 체류하다, 머물다
　　　分解 fēnjiě 동 분해하다　解除 jiěchú 동 해제하다, 없애다　解体 jiětǐ 동 해체하다, 와해하다　解散 jiěsàn 동 해산하다, 흩어지다

해설 첫째　보기 A, B는 공통글자 义를 포함하여 '의미'와 관련된 명사 유의어이고, C, D는 공통글자 念을 포함하여 형태는 비슷하지만 의미가
빈칸　다른 명사이다. '에코 백은 두 가지 _____가 있는데, 하나는 ……를 가리키고, 다른 하나는 ……를 가리킨다.'라는 문맥에 적합
　　　한 보기 A 定义(정의), B 含义(함의), D 概念(개념)을 정답의 후보로 체크해 둔다.
　　　C 理念(이념)은 문맥과 어울리지 않는다.

둘째　보기 A, B, D는 공통글자 留를 포함하여 '남다'와 관련된 동사 유의어이고, C는 '분실하다'라는 의미의 동사이다. '다른 하나는 버
빈칸　리고 나서 자연 환경에 고체 폐기물이 _____ 않는 주머니를 가리킨다'라는 문맥에 적합하고, 빈칸 뒤 固体废物(고체 폐기물)와
　　　의미상으로 호응하는 보기 A 残留(잔류하다), B 遗留(남아 있다)를 정답의 후보로 체크해 둔다.
　　　C 遗失(분실하다)은 문맥과 어울리지 않는다.
　　　D 滞留(체류하다)는 사람이 어느 곳에 머무른다는 의미이므로, 固体废物(고체 폐기물)와 의미상으로 호응하지 않는다.

셋째 빈칸 보기가 모두 공통글자 解를 포함하여 '분리하다, 제거하다'와 관련된 동사 유의어이다. '일반적인 비닐봉지는 …… 버려진 뒤에 ________ 수 없을 뿐만 아니라'라는 문맥에 적합한 보기 A 分解(분해하다)가 정답이다.

B 解除(해제하다), C 解体(해체하다), D 解散(해산하다)은 문맥과 어울리지 않는다.

64 상

在一直**拥护**电子游戏的爱好者眼中，电子游戏的传播史虽然十分短暂，却也异常**艰难**，几经起落。当下电子游戏已具备了作为一种传播**媒介**的基本条件，同时还具有多元化及**清晰**的传播效果。	줄곧 컴퓨터 게임을 **옹호하는** 마니아들의 눈에는, 컴퓨터 게임이 전파된 역사는 비록 매우 짧지만 대단히 **시련을 겪었고**, 여러 번 기복을 겪었다. 이제 컴퓨터 게임은 이미 일종의 전파 **매체**로서의 기본 조건을 갖추었고, 동시에 다원화되고 **명확한** 전파 효과도 갖추었다.
A 守护 艰苦 手法 确切	A 수호하다 고생스럽다 수단 틀림없다
B 拥护 ✓ 艰难 ✓ 媒介 ✓ 清晰 ✓	B 옹호하다 시련을 겪다 매체 명확하다
C 支持 ✓ 曲折 ✓ 媒体 精确	C 지지하다 곡절이 많다 매스컴 정확하다
D 坚持 ✓ 挫折 中介 良好 ✓	D 고수하다 좌절시키다 중개 양호하다

어휘 지문 **传播** chuánbō [동] 전파하다 **短暂** duǎnzàn [형] (시간이) 짧다 **异常** yìcháng [부] 대단히, 특히 **几经** jǐjīng [동] 여러 번 거치다 **起落** qǐluò [동] 기복을 겪다, 오르락내리락하다 **具备** jùbèi [동] 갖추다, 구비하다 **多元化** duōyuánhuà [동] 다원화하다

보기 **守护** shǒuhù [동] 수호하다, 지키다 **拥护** yōnghù [동] (당파·지도자·정책·노선 등을) 옹호하다, 지지하다 **支持** zhīchí [동] 지지하다, 지원하다 **坚持** jiānchí [동] (어떤 태도나 주장 등을) 고수하다, 견지하다 **艰苦** jiānkǔ [형] 고생스럽다, 고달프다 **艰难** jiānnán [형] 시련을 겪다, 힘들다, 어렵다 **曲折** qūzhé [형] (일이나 사연, 내용 등이) 곡절이 많다, 구불구불하다 **挫折** cuòzhé [동] 좌절시키다, 꺾다 **手法** shǒufǎ [명] (주로 부정적인) 수단, 수법 **媒介** méijiè [명] 매체, 매개체 **媒体** méitǐ [명] 매스컴, 매체 **中介** zhōngjiè [명] 중개, 중개자 **确切** quèqiè [형] 틀림없다, 정확하다 **清晰** qīngxī [형] 명확하다, 분명하다 **精确** jīngquè [형] (논점·계산·분석 등이) 정확하다, 틀림없다 **良好** liánghǎo [형] 양호하다, 좋다

해설 첫째 빈칸 보기 A, B는 공통글자 护를 포함하여 형태는 비슷하지만 의미가 다른 동사이고, C, D는 공통글자 持을 포함하여 '지지하다'와 관련된 동사 유의어이다. '줄곧 컴퓨터 게임을 ________ 마니아들의 눈에는'이라는 문맥에 적합하고, 빈칸 뒤 목적어 电子游戏(컴퓨터 게임)와 의미상으로 호응하는 보기 B 拥护(옹호하다), C 支持(지지하다), D 坚持(고수하다)을 정답의 후보로 체크해 둔다.

A 守护(수호하다)는 지키고 보호한다는 의미로, 祖国(조국), 城市(도시), 国家(국가) 등의 어휘와 자주 호응한다.

둘째 빈칸 보기 A, B는 공통글자 艰을 포함하여 '어렵다, 고통스럽다'와 관련된 형용사 유의어이다. 그리고 C, D는 공통글자 折를 포함하여 형태는 비슷하지만 의미가 다른 어휘로, C는 형용사이고, D는 동사이다. '컴퓨터 게임이 전파된 역사는 비록 매우 짧지만 대단히 ________, 여러 번 기복을 겪었다'라는 문맥에 적합하고, 빈칸 앞 쪽의 주어 传播史(전파된 역사)과 의미상으로 호응하는 보기 B 艰难(시련을 겪다), C 曲折(곡절이 많다)를 정답의 후보로 체크해 둔다.

A 艰苦(고생스럽다)는 주로 사람이 처한 상황을 나타내므로, 传播史(전파된 역사)과 의미상으로 호응하지 않는다.
C 挫折(좌절시키다)는 문맥과 어울리지 않는다.

셋째 빈칸 보기 A, D는 의미가 다른 명사이고, B, C는 공통글자 媒를 포함하여 '매체'와 관련된 명사 유의어이다. '이제 컴퓨터 게임은 이미 일종의 전파 ________로서의 기본 조건을 갖추었고'라는 문맥에 적합하고, 빈칸 앞의 传播(전파)와 결합하여 '전파 매체'라는 의미로 사용될 수 있는 보기 B 媒介(매체)가 정답이다.

A 手法(수단)는 사람을 대하거나 처세에 이용하는 방법을 의미하므로, 문맥과 어울리지 않는다.
C 媒体(매스컴)는 신문·방송·광고와 같이 정보를 교류하고 전파하는 도구를 의미하므로, 문맥과 어울리지 않는다.
D 中介(중개)는 두 당사자 사이에서 일이 잘 되도록 힘쓰는 사람 또는 사물을 의미하므로, 문맥과 어울리지 않는다.

* 셋째 빈칸에서는 B밖에 정답이 될 수 없기 때문에, 실제 시험에서는 보기 B를 정답으로 선택하고 바로 다음 문제로 넘어간다.

넷째 빈칸 보기 A, B, C는 '확실하다'와 관련된 형용사 유의어이고, D는 '양호하다'라는 의미의 형용사이다. '이제 컴퓨터 게임은 …… 다원화되고 ________ 전파 효과도 갖추었다'라는 문맥에 적합하고, 빈칸 뒤 쪽의 效果(효과)와 의미상으로 호응하는 보기 B 清晰(명확하다), D 良好(양호하다)를 정답의 후보로 체크해 둔다.

A 确切(틀림없다)는 데이터·정보·뉴스 등이 믿을 만하다, 또는 발언·정의·이름 따위가 적절하다는 의미이므로, 문맥과 어울리지 않는다.
C 精确(정확하다)는 논점·계산·분석 등이 틀림이 없다는 의미이므로, 문맥과 어울리지 않는다.

65
중상

"北斗"系统是中国<u>自主</u>研发的全球卫星导航系统，它的<u>问世</u>标志着中国科技的一大进步。"北斗"可以全天候为各类<u>用户</u>提供高精度的服务。如今测绘、水利、交通运输等领域都<u>遍布</u>着这项技术的身影。

'베이더우' 시스템은 중국이 **자주적으로** 연구 개발한 범지구 위성 항법 시스템으로, 그것의 **출시**는 중국 과학 기술의 큰 진보를 나타낸다. '베이더우'는 각 유형의 **사용자**에게 고정밀도의 서비스를 상시 제공할 수 있다. 오늘날 측량, 수리, 교통 운송 등의 영역에는 모두 이 기술의 자취가 **널리 퍼져 있다.**

A 自主 ✓	问世 ✓	用户 ✓	遍布 ✓
B 擅自	出身	顾问	涉及
C 自行 ✓	开发 ✓	客户 ✓	蔓延
D 私自	诞辰	群众	普遍

A 자주적으로 하다	출시하다	사용자	널리 퍼지다
B 자기 멋대로	~ 출신이다	고문	관련되다
C 스스로	개발하다	고객	만연하다
D 제멋대로	탄신일	대중	보편적이다

어휘 지문 北斗 Běidǒu [고유] 베이더우[중국에서 구축 중인 범지구 위성 항법 시스템] 系统 xìtǒng 명 시스템, 체계 研发 yánfā 통 연구 개발하다
全球卫星导航系统 quánqiú wèixīng dǎoháng xìtǒng 범지구 위성 항법 시스템[GNSS] 标志 biāozhì 통 나타내다, 표지하다
进步 jìnbù 통 진보하다 全天候 quántiānhòu 명 상시의, 전천후의 精度 jīngdù 명 정밀도 如今 rújīn 명 오늘날, 지금
测绘 cèhuì 통 측량하다 水利 shuǐlì 명 수리, 수리 공사 运输 yùnshū 통 운송하다 领域 lǐngyù 명 영역 身影 shēnyǐng 명 자취

보기 自主 zìzhǔ 통 자주적으로 하다, 자신의 뜻대로 처리하다 擅自 shànzì 분 자기 멋대로, 독단적으로
自行 zìxíng 분 스스로, 자발적으로 私自 sīzì 분 제멋대로, 은밀하게
问世 wènshì 통 (저작물·발명품·신상품 등이) 출시하다, 세상에 나오다 出身 chūshēn 통 ~ 출신이다 명 신분, 출신
开发 kāifā 통 개발하다 诞辰 dànchén 명 탄신일, 생일 用户 yònghù 명 사용자, 가입자
顾问 gùwèn 명 고문[어떤 방면에 전문적인 지식을 가지고 개인이나 기관, 단체에 자문을 해 주는 사람] 客户 kèhù 명 고객, 거래처
群众 qúnzhòng 명 대중, 군중 遍布 biànbù 통 널리 퍼지다, 널리 분포하다 涉及 shèjí 통 (힘·말·작용 등이) 관련되다, 영향을 주다
蔓延 mànyán 통 만연하다, 널리 퍼지다 普遍 pǔbiàn 형 보편적이다

해설 첫째 보기가 모두 공통글자 自를 포함하여 형태가 비슷한 어휘로, A는 '자주적으로 하다'라는 의미의 동사이고, B, C, D는 의미가 다른
빈칸 부사이다. '중국이＿＿＿＿＿ 연구 개발한 범지구 위성 항법 시스템'이라는 문맥에 적합하고, 빈칸 뒤 研发(연구 개발하다)와 의미상으로 호응하는 보기 A 自主(자주적으로 하다), C 自行(스스로)을 정답의 후보로 체크해 둔다.
B 擅自(자기 멋대로), D 私自(제멋대로)는 문맥과 어울리지 않는다.

둘째 보기 A, B, C는 의미가 다른 동사이고, D는 '탄신일'이라는 의미의 명사이다. '그것('베이더우' 시스템)의＿＿＿＿＿는 중국 과학 기술
빈칸 의 큰 진보를 나타낸다'라는 문맥에 적합한 보기 A 问世(출시하다), C 开发(개발하다)를 정답의 후보로 체크해 둔다.
B 出身(~ 출신이다), D 诞辰(탄신일)은 문맥과 어울리지 않는다.

셋째 보기가 모두 사람의 신분과 관련된 명사이다. "'베이더우'는 각 유형의＿＿＿＿＿에게 고정밀도의 서비스를 상시 제공할 수 있다.'라
빈칸 는 문맥에 적합한 보기 A 用户(사용자), C 客户(고객)를 정답의 후보로 체크해 둔다.
B 顾问(고문)은 문맥과 어울리지 않는다.
D 群众(대중)은 집합 명사이기 때문에, 各类(각 유형)와 의미상으로 호응하지 않는다.

넷째 보기 A, C, D는 '퍼지다'와 관련된 어휘로, A, C는 동사이고, D는 형용사이다. 그리고 B는 '관련되다'라는 의미의 동사이다. 빈칸 뒤
빈칸 에 조사 着가 있으므로, 빈칸에는 동사가 들어가야 한다. 따라서 보기 중 소사 着와 함께 쓸 수 있으며, '오늘날 측량, 수리, 교통 운송 등의 영역에서 모두 이 기술의 자취가＿＿＿＿＿'라는 문맥에 적합한 보기 A 遍布(널리 퍼지다)가 정답이다.
B 涉及(관련되다)는 힘·말·작용 등이 어느 범위까지 영향이 미친다는 의미이며, 일반적으로 조사 着와 같은 기타 성분을 뒤에 붙여 쓰지 않는다.
C 蔓延(만연하다)은 주로 부정적인 것이 널리 퍼진다는 의미로, 문맥과 어울리지 않는다.
D 普遍(보편적이다)은 형용사이기 때문에 조사 着와 함께 쓸 수 없다.

66
하

中国篮球协会发布<u>公告</u>称：经过<u>一番</u>考察和评估，现聘任李楠为新一届男篮主教练。李教练是一个有着强烈的责任心、事业心和<u>使命</u>感的人，同时他还凭着不凡的眼光挖掘出了一大批很有<u>潜力</u>的年轻球员。

중국 농구 협회가 발표한 **공고**에서는, 한 **차례** 현지 조사와 평가를 거쳐서 현재 리난을 남자 농구팀의 새로운 감독으로 초빙하여 임용할 것이라고 말했다. 리 감독은 매우 높은 책임감, 성취욕과 **사명**감이 있는 사람이면서, 동시에 비범한 안목으로 **잠재력**이 있는 수많은 유망주들을 발굴했다.

A 专题	串	正义 ✓	精力
B 公告 ✓	番 ✓	使命 ✓	潜力 ✓
C 政策	轮 ✓	优越	才干 ✓
D 章程	阵	压迫	天赋 ✓

A 특별 주제	꾸러미	정의롭다	정신과 체력
B 공고	차례	사명	잠재력
C 정책	회	우월하다	재능
D 규정	바탕	압박하다	타고난 자질

어휘 지문 协会 xiéhuì 圐 협회　发布 fābù 嗧 (명령·지시·뉴스 등을) 발표하다, 선포하다　考察 kǎochá 嗧 현지 조사하다, 답사하다
评估 pínggū 嗧 (질·수준·성적 등을) 평가하다　聘任 pìnrèn 嗧 초빙하여 임용하다, 모시다　主教练 zhǔjiàoliàn 圐 감독
强烈 qiángliè 嗧 (어떤 정도가) 매우 높다, 선명하다　事业心 shìyèxīn 圐 성취욕, 사업욕　不凡 bùfán 嗧 비범하다, 대단하다
眼光 yǎnguāng 圐 안목, 식견　挖掘 wājué 嗧 발굴하다, 파내다

보기 专题 zhuāntí 圐 특별 주제　公告 gōnggào 圐 공고, 알림 嗧 공포하다, 공고하다　政策 zhèngcè 圐 정책
章程 zhāngchéng 圐 규정, 규칙　串 chuàn 쟁 꾸러미, 송이
番 fān 쟁 차례, 번, 회[시간이나 힘을 비교적 많이 소모하거나, 과정이 완결되는 행위를 셀 때 쓰임]
轮 lún 쟁 회, 차례[순환하는 동작이나 사물을 셀 때 쓰임]　阵 zhèn 쟁 바탕, 번, 차례　正义 zhèngyì 嗧 정의롭다 圐 정의
使命 shǐmìng 圐 사명　优越 yōuyuè 嗧 우월하다, 우수하다　压迫 yāpò 嗧 압박하다, 억압하다　精力 jīnglì 圐 정신과 체력
潜力 qiánlì 圐 잠재력　才干 cáigàn 圐 재능, 능력　天赋 tiānfù 圐 타고난 자질, 천부적인 소질

해설 첫째
빈칸 　보기 A, B는 의미가 다른 명사이고, C, D는 '정책'과 관련된 명사 유의어이다. '중국 농구 협회가 발표한 _____에서는, …… 현 재 리닌을 남자 농구팀의 새로운 감독으로 초빙하여 임용할 것이라고 말했다'라는 문맥에 적합하고, 빈칸 앞 쪽의 주어 中国篮球 协会(중국 농구 협회)와 의미상으로 호응하는 보기 B 公告(공고)가 정답이다.

A 专题(특별 주제)는 문맥과 어울리지 않는다.
C 政策(정책)는 정부나 국가에 의해 정해지는 것으로, 中国篮球协会(중국 농구 협회)와 의미상으로 호응하지 않는다.
D 章程(규정)은 서면상으로 정해져서 따라야 하는 조직의 규칙이나 업무 처리 방식으로, 새로운 남자 농구 감독을 초빙하여 임용 할 것이라는 내용과 의미상으로 호응하지 않는다.

* 첫째 빈칸에서는 B밖에 정답이 될 수 없기 때문에, 실제 시험에서는 보기 B를 정답으로 선택하고 바로 다음 문제로 넘어간다.

둘째
빈칸 　보기 A는 물건의 수량과 관련된 양사이고, B, C, D는 동작의 횟수와 관련된 양사이다. 빈칸 뒤에 考察(현지 조사하다), 评估(평가하 다)라는 동사가 있는데, 이 동사들은 비교적 긴 시간 동안 지속되었다가 완결되는 행위를 나타낸다. 따라서 동사 考察와 评估의 양 사가 될 수 있고, '한 _____ 현지 조사와 평가를 거쳐서'라는 문맥에도 적합한 보기 B 番(차례), C 轮(회)을 정답의 후보로 체크 해 둔다.

A 串(꾸러미)는 꾸러미로 뭉쳐져 있거나 한 줄로 꿴 사물을 셀 때 쓰는 양사이다.
D 阵(바탕)은 잠시 동안 지속되는 일이나 동작을 세는 양사이다.

셋째
빈칸 　보기 A, C는 의미가 다른 형용사이고, B는 '사명'이라는 의미의 명사, D는 '압박하다'라는 의미의 동사이다. '리 감독은 매우 높은 책 임감, 성취욕과 _____감이 있는 사람이면서'라는 문맥을 살펴보면, 빈칸에는 责任心(책임감), 事业心(성취욕)과 같이 긍정적인 의미를 가진 어휘가 들어가야 한다. 따라서 문맥에 적합한 보기 A 正义(정의롭다), B 使命(사명)을 정답의 후보로 체크해 둔다.

C 优越(우월하다), D 压迫(압박하다)는 부정적인 의미를 가진 어휘이다.

넷째
빈칸 　보기가 모두 사람이 가지고 있는 특성이나 자질과 관련된 명사이다. '리 감독은 …… 비범한 안목으로_____이 있는 수많은 유 망주들을 발굴했다'라는 문맥에 적합하고, 빈칸 뒤 年轻球员(유망주)와 의미상으로 호응하는 보기 B 潜力(잠재력), C 才干(재능), D 天赋(타고난 자질)를 정답의 후보로 체크해 둔다.

A 精力(정신과 체력)는 문맥과 어울리지 않는다.

67
중

在追求个性的年轻人中，"美黑"逐渐成为一种时尚，因为现在已经不是以白为美的时代了。人们不再盲目推崇雪白的肤色，也不再畏惧将皮肤暴露在阳光下了。但"美黑"亦需适度，不然皮肤很容易被晒伤，还会出现红肿、破皮等问题。	개성을 추구하는 젊은이들 사이에서 '태닝'은 점차 하나의 유행이 되었는데, 지금은 더 이상 하얗다는 것을 아름다움으로 여기는 시대가 아니기 때문이다. 사람들은 더 이상 새하얀 피부색을 맹목적으로 찬양하거나, 피부를 햇볕에 드러내는 것을 더 이상 두려워하지 않는다. 그러나 '태닝' 또한 적당히 해야 하는데, 그렇지 않으면 피부가 쉽게 화상을 입거나 피부가 빨갛게 붓고 벗겨지는 등의 문제가 생길 수 있다.

A 气氛	拼命	揭露	皆		A 분위기	필사적으로	폭로하다	모두
B 风气 √	随意	流露	颇		B 풍조	마음대로 하다	표출하다	상당히
C 时尚 √	盲目 √	暴露 √	亦 √		C 유행	맹목적이다	드러내다	또한
D 潮流 √	胡乱	透露	便		D 흐름	대충	누설하다	바로

어휘 지문 追求 zhuīqiú 嗧 추구하다　个性 gèxìng 圐 개성　美黑 měihēi 태닝　逐渐 zhújiàn 嗵 점차, 점점　时代 shídài 圐 시대
推崇 tuīchóng 嗧 찬양하다, 높이 평가하다　雪白 xuěbái 嗧 새하얗다　肤色 fūsè 圐 피부색
畏惧 wèijù 嗧 두려워하다, 무서워하다　适度 shìdù 嗧 (정도가) 적당하다, 적절하다　不然 bùrán 嗵 그렇지 않으면
晒伤 shài shāng (피부 등이 타서) 화상을 입다　红肿 hóngzhǒng 嗧 피부가 빨갛게 붓다 圐 피부가 빨갛게 붓는 현상

보기 气氛 qìfēn 圐 분위기　风气 fēngqì 圐 (사회문화나 집단의) 풍조, 기풍　时尚 shíshàng 圐 (당시의) 유행, 시류 嗧 유행에 맞다
潮流 cháoliú 圐 (사회적) 흐름, 추세　拼命 pīnmìng 嗵 필사적으로, 결사적으로 嗧 필사적으로 하다, 기를 쓰다

随意 suíyì 형 마음대로 하다　盲目 mángmù 형 맹목적이다　胡乱 húluàn 분 대충, 마음대로　揭露 jiēlù 동 폭로하다

流露 liúlù 동 (생각·감정을 무의식 중에) 표출하다, 드러내다　暴露 bàolù 동 (숨겨진 것을) 드러내다, 폭로하다

透露 tòulù 동 누설하다, 누출하다　皆 jiē 분 모두, 전부　颇 pō 분 상당히, 꽤　亦 yì 분 또한, ~도 역시

便 biàn 분 바로, 곧　형 편리하다, 편하다

해설 첫째
빈칸　보기 A는 '분위기'라는 의미의 명사이고, B, C, D는 '유행, 흐름'과 관련된 명사 유의어이다. '개성을 추구하는 젊은이들 사이에서 '태닝'은 점차 하나의 _____이 되었는데'라는 문맥에 적합하고, 빈칸 앞 쪽의 술어 成为(~이 되다)와 의미상으로 호응하는 보기 B 风气(풍조), C 时尚(유행), D 潮流(흐름)를 정답의 후보로 체크해 둔다.

A 气氛(분위기)은 成为(~이 되다)의 목적어로 거의 사용되지 않는다.

둘째
빈칸　보기 A, D는 의미가 다른 부사이고, B, C는 의미가 다른 형용사이다. '사람들은 더 이상 새하얀 피부색을 _____ 찬양하거나'라는 문맥에 적합하고, 빈칸 뒤 술어 推崇(찬양하다)과 의미상으로 호응하는 보기 C 盲目(맹목적이다)가 정답이다.

A 拼命(필사적으로)는 대부분 주어 뒤에만 붙여 쓸 수 있다.
B 随意(마음대로 하다), D 胡乱(대충)은 문맥과 어울리지 않는다.

* 둘째 빈칸에서는 C밖에 정답이 될 수 없기 때문에, 실제 시험에서는 보기 C를 정답으로 선택하고 바로 다음 문제로 넘어간다.

셋째
빈칸　보기가 모두 공통글자 露를 포함하여 '드러내다'와 관련된 동사 유의어이다. '피부를 햇볕에 _____을 더 이상 두려워하지 않는다'라는 문맥에 적합한 보기 C 暴露(드러내다)가 정답이다.

A 揭露(폭로하다)는 숨겨진 어떤 사실을 사람이 들추어낸다는 의미로, 矛盾(모순), 阴谋(음모), 本质(본질) 등의 어휘와 자주 호응한다.

B 流露(표출하다)는 무의식 중에 의견이나 감정을 드러낸다는 의미로, 感情(감정), 微笑(미소), 神情(기색) 등의 어휘와 자주 호응한다.

D 透露(누설하다)는 소식이나 소문 등을 폭로한다는 의미로, 风声(풍문), 内情(속사정), 真相(진상) 등의 어휘와 자주 호응한다.

넷째
빈칸　보기가 모두 의미가 다른 부사이다. '그러나 '태닝' _____ 적당히 해야 하는데, 그렇지 않으면 …… 등의 문제가 생길 수 있다.'라는 문맥을 살펴보면, 빈칸에는 태닝이 또 다른 속성(피부에 문제를 일으킬 수 있음)을 가지고 있음을 나타낼 수 있는 부사가 들어가야 한다. 따라서 한 사물이나 사람이 두 가지 속성을 가짐을 나타낼 수 있는 보기 C 亦(또한)가 정답이다.

A 皆(모두), B 颇(상당히), D 便(바로)은 한 사물이 두 가지 속성을 가지고 있음을 나타내지 않는 부사이다.

---

68 중상

桂林山清水秀, 风光迷人, 是许多人向往的旅游胜地。现在流通的二十元人民币的背面, 就印有桂林山水。桂林的美食也是一绝, 其中最著名的就是美味可口的桂林米粉。它风味独特, 所以吸引了众多食客前去品尝。

구이린은 경치가 아름답고 풍경이 매력적이라서, 많은 사람이 **동경하는** 관광 명소이다. 현재 **유통되고** 있는 20위안짜리 인민폐의 뒷면에는 구이린의 풍경이 인쇄되어 있다. 구이린의 맛있는 음식 또한 일품인데, 그중에서도 가장 유명한 것은 바로 맛있고 **감칠맛 나는** 구이린 쌀국수이다. 그것은 풍미가 독특해서, 많은 식객을 끌어들여 가서 **맛보도록** 했다.

A 憧憬 ✓	通用 ✓	适口	尝试
B 向往 ✓	流通 ✓	可口 ✓	品尝 ✓
C 神往 ✓	流浪	爽口 ✓	鉴定
D 爱戴	流传	苦口	品味 ✓

A 동경하다	통용하다	입에 맞다	시도해 보다
B 동경하다	유통하다	감칠맛이 나다	맛보다
C 끌리다	유랑하다	맛이 시원하다	감정하다
D 추대하다	전하다	쓴맛을 내다	시식하다

어휘 지문　桂林 Guìlín 고유 구이린[중국의 지명, 계림]　山清水秀 shānqīngshuǐxiù 성 경치가 아름답다, 산 좋고 물 맑다

风光 fēngguāng 명 풍경, 경치　迷人 mírén 형 매력적이다, 미혹시키다　旅游胜地 lǚyóu shèngdì 관광 명소

印有 yìnyǒu 동 (글자·문양 등이) 인쇄되어 있다, 찍혀 있다　山水 shānshuǐ 명 풍경, 산수　米粉 mǐfěn 명 쌀국수

风味 fēngwèi 명 풍미, 맛　独特 dútè 형 독특하다　食客 shíkè 명 식객, 손님

보기　憧憬 chōngjǐng 동 동경하다, 지향하다　向往 xiàngwǎng 동 동경하다, 갈망하다　神往 shénwǎng 동 (마음이) 끌리다, 쏠리다

爱戴 àidài 동 추대하다, 우러러 섬기다　通用 tōngyòng 동 (일정 범위 안에서) 통용하다, 보편적으로 사용하다

流通 liútōng 동 유통하다, (막힘 없이 잘) 통하다　流浪 liúlàng 동 유랑하다, 떠돌다

流传 liúchuán 동 (사적·작품 등이) 전해지다, 퍼지다　适口 shìkǒu 형 입에 맞다　可口 kěkǒu 형 감칠맛이 나다, 맛있다

爽口 shuǎngkǒu 형 맛이 시원하다, 개운하다　苦口 kǔkǒu 동 쓴맛을 내다　분 번거로움을 마다하지 않고

尝试 chángshì 동 시도해 보다, 테스트해 보다　品尝 pǐncháng 동 맛보다, 시식하다

鉴定 jiàndìng 동 (사물의 진위 등을) 감정하다, (사람의 장단점을) 평가하다　명 감정서

品味 pǐnwèi 동 시식하다, 음미하다　명 품질과 맛, 품격과 취미

해설 첫째
빈칸　보기 A, B, C는 '끌리나, 농경하나'와 관련된 동사 유의어이고, D는 '추내하다'라는 의미의 동사이다. '구이린은 …… 많은 사림이 _____ 관광 명소이다'라는 문맥에 적합하고, 빈칸 뒤 旅游胜地(관광 명소)와 의미상으로 호응하는 보기 A 憧憬(동경하다), B 向往(동경하다), C 神往(끌리다)을 정답의 후보로 체크해 둔다.

D 爱戴(추대하다)는 문맥과 어울리지 않는다.

둘째 보기 A, B는 공통글자 通을 포함하여 '서로 오고 가다'와 관련된 동사 유의어이고, C, D는 공통글자 流를 포함하여 형태는 비슷하
빈칸 지만 의미가 다른 동사이다. '현재 _____ 있는 20위안짜리 인민폐의 뒷면에는'이라는 문맥에 적합한 보기 A 通用(통용하다), B
流通(유통하다)을 정답의 후보로 체크해 둔다.

C 流浪(유랑하다), D 流传(전하다)은 문맥과 어울리지 않는다.

셋째 보기가 모두 공통글자 口를 포함하여 '입, 맛'과 관련된 어휘로, A, B, C는 형용사이고, D는 동사/부사이다. '구이린의 맛있는 음식
빈칸 또한 일품인데, 그중에서도 가장 유명한 것은 바로 맛있고 _____ 구이린 쌀국수이다.'라는 문맥에 적합하고, 빈칸 앞 美味(맛있
다)와 짝꿍으로 쓰이는 보기 B 可口(감칠맛이 나다), C 爽口(맛이 시원하다)를 정답의 후보로 체크해 둔다.

A 适口(입에 맞다)는 어떤 사람의 주관적인 느낌을 나타내는 어휘로, 桂林米粉(구이린 쌀국수)의 일반적인 특성을 설명하는 문맥
과는 어울리지 않는다.
D 苦口(쓴맛을 내다)는 문맥과 어울리지 않는다.

넷째 보기가 모두 '경험해 보다, 테스트하다'와 관련된 동사 유의어이다. '그것(구이린 쌀국수)은 풍미가 독특해서, 많은 식객들을 끌어들
빈칸 여 가서 _____ 했다.'라는 문맥을 살펴보면, 빈칸에는 많은 식객들이 구이린 쌀국수를 한 번 먹어보러 간다는 의미를 나타낼 수
있는 어휘가 들어가야 한다. 따라서 문맥에 적합한 보기 B 品尝(맛보다), D 品味(시식하다)를 정답의 후보로 체크해 둔다.

A 尝试(시도해 보다)은 주로 어떤 방법이나 기술을 테스트해 보거나 경험한다는 의미로, 新事物(새로운 사물), 机制(메커니즘), 功
能(기능) 등의 어휘와 자주 호응한다.
C 鉴定(감정하다)은 사물의 진위나 사람의 장단점을 평가한다는 의미로, 质量(품질), 古书(고서), 指纹(지문) 등의 어휘와 자주 호
응한다.

* 따라서 모든 빈칸에서 정답 후보를 포함하고 있는 보기 B가 정답이다.

---

69 하

华为手机是中国智能手机的代表。它旗下有多款产品，既有适合年轻人的系列，也有拍照功能强劲的系列和着力于商务功能的系列，可以说是十分齐全了。为了打造领先世界的民族品牌，华为在把控产品质量一事上也是一丝不苟的。

화웨이폰은 중국 **스마트**폰의 대표 주자이다. 그 아래에는 많은 **스타일**의 제품이 있는데, 젊은이들에게 맞는 시리즈도 있고, 촬영 기능이 뛰어난 시리즈와 비즈니스 업무 기능에 힘을 기울인 시리즈도 있어서, 매우 **잘 갖추어졌다고** 말할 수 있다. 세계를 리드하는 민족 브랜드를 만들기 위해, 화웨이는 제품의 품질을 파악하고 통제하는 일에도 **조금도 빈틈이 없다**.

A 聪明	样 ✓	健全	千方百计		A 똑똑하다	종류	완벽하다	방법과 계략을 다하다
B 智能 ✓	款 ✓	齐全	一丝不苟 ✓		B 스마트하다	스타일	잘 갖추다	조금도 빈틈이 없다
C 智慧	种 ✓	完备 ✓	急功近利		C 지혜	종류	완비되다	눈앞의 이익에만 급급하다
D 智商	型	完整	急于求成		D 지능지수	유형	온전하다	급하게 성공을 거두려고 하다

어휘 지문 华为 Huáwéi [고유] 화웨이[중국의 통신 장비 업체 회사]   代表 dàibiǎo [명] 대표 주자, 대표 [동] 대표하다   旗下 qíxià [명] 아래, 휘하, 부하
产品 chǎnpǐn [명] 제품, 생산품   系列 xìliè [명] 시리즈, 계열   拍照 pāizhào [동] 촬영하다, 찍다   功能 gōngnéng [명] 기능, 작용
强劲 qiángjìng [형] 뛰어나다, 강력하다   着力 zhuólì [동] 힘을 기울이다, 애쓰다   商务 shāngwù [명] 비즈니스 업무
打造 dǎzào [동] 만들다, 제조하다   领先 lǐngxiān [동] 리드하다, 선두에 서다   品牌 pǐnpái [명] 브랜드, 상표
把控 bǎ kòng 파악하고 통제하다[把握와 控制의 합성어]   质量 zhìliàng [명] 품질, 질량

보기 智能 zhìnéng [형] 스마트하다, 지능이 있는 [명] 지능   智慧 zhìhuì [명] 지혜   智商 zhìshāng [명] 지능지수, IQ
样 yàng [양] 사물의 종류를 셀 때 쓰는 단위 [명] 모델, 모양, 형상   款 kuǎn [양] 어떤 양식이나 스타일을 셀 때 쓰는 단위 [명] 스타일, 양식
型 xíng [명] 유형, 모형   健全 jiànquán [형] (사물이) 완벽하다, (심신이) 건전하다 [동] 완비하다, 건전하게 하다
齐全 qíquán [형] 잘 갖추다, 완비하다   完备 wánbèi [형] 완비되다, 완전하다   完整 wánzhěng [형] 온전하다, 완전하다
千方百计 qiānfāngbǎijì [성] 방법과 계략을 다하다, 갖은 방법을 다 써 보다   一丝不苟 yìsībùgǒu [성] 조금도 빈틈이 없다
急功近利 jígōngjìnlì [성] 눈앞의 이익에만 급급하다   急于求成 jíyúqiúchéng [성] 급하게 성공을 거두려고 하다

해설 첫째 보기 A는 '똑똑하다'라는 의미의 형용사이다. 그리고 B, C, D는 공통글자 智를 포함하여 형태는 비슷하지만 의미가 다른 어휘로, B
빈칸 는 형용사이고, C, D는 명사이다. 빈칸은 관형어 자리로, 빈칸 뒤 手机(핸드폰)와 결합하여 '스마트폰'이라는 의미로 사용될 수 있는
보기 B 智能(스마트하다)이 정답이다.

A 聪明(똑똑하다), C 智慧(지혜), D 智商(지능지수)은 手机와 의미상으로 호응하지 않는다.

* 첫째 빈칸에서는 B밖에 정답이 될 수 없기 때문에, 실제 시험에서는 보기 B를 정답으로 선택하고 바로 다음 문제로 넘어간다.

둘째 보기 A, B, C는 양사이고, D는 '유형'이라는 의미의 명사이다. 보기는 양사 자리로, '그 아래에는 많은 _____의 제품이 있는데'
빈칸 라는 문맥에 적합한 보기 A 样(종류), B 款(스타일), C 种(종류)을 정답의 후보로 체크해 둔다.

D 型(유형)은 양사로 사용되지 않는다.

제1회
제2회 독해
제3회
제4회
제5회
제6회

해커스 해설이 상세한 HSK 6급 실전모의고사

셋째 보기가 모두 공통글자 全 또는 完을 포함하여 '완전하다'와 관련된 형용사 유의어이다. '젊은이들에게 맞는 시리즈도 있고, 촬영 기능이 뛰어난 시리즈와 비즈니스 업무 기능에 힘을 기울인 시리즈도 있어서, 매우 _____ 말할 수 있다'라는 문맥을 살펴보면, 빈칸에는 각 수요층에 맞는 제품들이 잘 갖춰져 있다는 의미를 나타낼 수 있는 어휘가 들어가야 한다. 따라서 문맥에 적합한 보기 B 齐全(잘 갖추다), C 完备(완비하다)를 정답의 후보로 체크해 둔다.

A 健全(완벽하다)은 어떤 사물에 결점이 없다는 의미로, 문맥과 어울리지 않는다.
D 完整(온전하다)은 형태가 손상이 없이 완전무결하다는 의미로, 문맥과 어울리지 않는다.

넷째 보기가 모두 사자성어이다. '세계를 리드하는 민족 브랜드를 만들기 위해, 화웨이는 제품의 품질을 파악하고 통제하는 일에도 빈칸 _____.'라는 문맥에 적합한 보기 B 一丝不苟(조금도 빈틈이 없다)가 정답이다.

A 千方百计(방법과 계략을 다하다), C 急功近利(눈앞의 이익에만 급급하다), D 急于求成(급하게 성공을 거두려고 하다)은 문맥과 어울리지 않는다.

70 상

给新款汽车起名时一定要再三**斟酌**, 因为名字代表了品牌的态度。那种把字母和数字组合起来的固有**做法过于**随意, 而且会让消费者质疑厂商的诚意。而在这方面一直持有"绝不**敷衍**"原则的吉利汽车, 就做出了很好的**示范**。他们会选取诸如"远程"、"几何"这类**新颖**的词汇来为汽车命名。

새로운 디자인의 자동차 이름을 지을 때는 반드시 여러 번 **고려해야** 하는데, 이름은 브랜드의 태도를 대표하기 때문이다. 알파벳과 숫자를 조합하는 고유의 방식은 **지나치게** 마음대로여서, 소비자들이 기업의 성의에 대해 의문을 제기하게 할 수 있다. 이런 면에서 '결코 **대충하지** 않는다'는 원칙을 줄곧 가지고 있는 지리 자동차는 좋은 **시범**을 만들어 냈다. 그들은 이를테면 '위안청', '지오메트리'와 같은 **참신한** 어휘를 채택하여 자동차의 이름을 붙인다.

A 构思 ✓	极其 ✓	固执	模范	古老
B 探讨	极端 ✓	轻视	规范 ✓	新奇 ✓
C 考核	过度	闭塞	提示	陈旧
D 斟酌 ✓	过于 ✓	敷衍 ✓	示范 ✓	新颖 ✓

A 구상하다	몹시	고집스럽다	모범	오래되다
B 연구 토론하다	극도로	경시하다	규범	신기하다
C 심사하다	과도하다	막다	일러주다	낡다
D 고려하다	지나치게	대충하다	시범하다	참신하다

어휘 지문 新款 xīnkuǎn 圈 새로운 디자인 起名 qǐmíng 圄 이름을 짓다 再三 zàisān 퇸 여러 번, 거듭 代表 dàibiǎo 圄 대표하다 圈 대표 品牌 pǐnpái 圈 브랜드, 상표 字母 zìmǔ 圈 알파벳, 자모 组合 zǔhé 圄 조합하다 圈 조합, 조립 固有 gùyǒu 圈 고유의 做法 zuòfǎ 圈 방식, 방법 随意 suíyì 圈 마음대로, 뜻대로 质疑 zhìyí 圄 의문을 제기하다, 질의하다 厂商 chǎngshāng 圈 기업, 회사 诚意 chéngyì 圈 성의, 진심 持有 chíyǒu 圄 가지고 있다, 지니다 原则 yuánzé 圈 원칙 吉利 Jílì 교유 지리[Geely, 중국의 자동차 제조 업체] 选取 xuǎnqǔ 圄 채택하다, 골라 쓰다 诸如 zhūrú 圄 이를테면, 예컨대 远程 Yuǎnchéng 교유 위안청[지리의 상용차 브랜드] 几何 Jǐhé 교유 지오메트리[지리의 전기차 브랜드] 词汇 cíhuì 圈 어휘 命名 mìngmíng 圄 이름을 붙이다, 명명하다

보기 构思 gòusī 圄 구상하다 探讨 tàntǎo 圄 연구 토론하다, 탐구하다 考核 kǎohé 圄 심사하다, 대조하다 斟酌 zhēnzhuó 圄 고려하다, 숙고하다 极其 jíqí 퇸 몹시, 극히 极端 jíduān 퇸 극도로, 몹시 圈 극단적인, 극도의 圈 극단 过度 guòdù 圈 과도하다, 지나치다 过于 guòyú 퇸 지나치게, 너무 固执 gùzhí 圈 고집스럽다, 완고하다 轻视 qīngshì 圄 경시하다, 무시하다 闭塞 bìsè 圄 막다, 막히다 圈 불편하다, 소통되지 않다 敷衍 fūyǎn 圄 (일처리나 남을 대하는 것이) 대충하다, 적당히 얼버무리다 模范 mófàn 圈 모범 圈 모범적인, 귀감이 될 만한 规范 guīfàn 圈 규범 圈 규범에 맞다 提示 tíshì 圄 일러주다, 제시하다 示范 shìfàn 圄 시범하다, 모범을 보이다 古老 gǔlǎo 圈 오래되다 新奇 xīnqí 圈 신기하다, 새롭고 기이하다 陈旧 chénjiù 圈 낡다, 오래되다 新颖 xīnyǐng 圈 참신하다, 새롭고 독특하다

해설 첫째 보기가 모두 의미가 다른 동사이다. '새로운 디자인의 자동차 이름을 지을 때는 반드시 여러 번 _____ 하는데'라는 문맥에 적합한 보기 A 构思(구상하다), D 斟酌(고려하다)를 정답의 후보로 체크해 둔다.

B 探讨(연구 토론하다)는 일반적으로 학술 분야와 관련된 어휘이므로, 문맥과 어울리지 않는다.
C 考核(심사하다)는 일반적으로 사람이나 업무의 성과를 평가한다는 의미이므로, 문맥과 어울리지 않는다.

둘째 보기 A, B는 공통글자 极를 포함하여 '몹시'와 관련된 부사 유의어이다. 그리고 C, D는 공통글자 过를 포함하여 '과하다'와 관련된 어휘로, C는 형용사이고, D는 부사이다. '알파벳과 숫자를 조합하는 고유의 방식은 _____ 마음대로여서, 소비자들이 기업의 성의에 대해 의문을 제기하도록 만들 수 있다.'라는 문맥에 적합하고, 빈칸 뒤 随意(마음대로)와 의미상으로 호응하는 보기 A 极其(몹시), B 极端(극도로), D 过于(지나치게)를 정답의 후보로 체크해 둔다.

C 过度(과도하다)는 적당한 한도를 넘어선다는 의미로, 随意(마음대로)와 의미상으로 호응하지 않는다.

셋째 보기가 모두 의미와 품사가 다른 어휘이다. '소비자들이 기업의 성의에 대해 의문을 제기하게 할 수 있다. 이런 면에서 '결코 _____ 않는다'는 원칙을 줄곧 가시고 있는 지리 자동차는 '이라는 문맥을 살펴보면, 빈칸에는 기업의 성의에 대해 의문을 제기하게 만들 수 있는 행위와 관련된 어휘가 들어가야 한다. 따라서 문맥에 적합한 보기 D 敷衍(대충하다)이 정답이다.

A 固执(고집스럽다), B 轻视(경시하다), C 闭塞(막다)는 문맥과 어울리지 않는다.

*셋째 빈칸에서는 D밖에 정답이 될 수 없기 때문에, 실제 시험에서는 보기 D를 정답으로 선택하고 바로 다음 문제로 넘어간다.

넷째 빈칸 보기 A, B는 공통글자 范을 포함하여 '모범'과 관련된 명사/형용사 유의어이고, C, D는 공통글자 示을 포함하였지만 의미는 다른 동사이다. '이런 면에서 …… 지리 자동차는 좋은 _____을 만들어 냈다.'라는 문맥에 적합한 보기 A 模范(모범), B 规范(규범), D 示范(시범하다)을 정답의 후보로 체크해 둔다.

C 提示(일러주다)은 문맥과 어울리지 않는다.

다섯째 빈칸 보기 A, C는 '오래되다'와 관련된 형용사 유의어이고, B, D는 공통글자 新을 포함하여 '새롭다'와 관련된 형용사 유의어이다. '그들은 이를테면 '위안청', '지오메트리'와 같은 _____ 어휘를 채택하여 자동차의 이름을 붙인다.'라는 문맥에 적합한 보기 B 新奇(신기하다), D 新颖(참신하다)을 정답의 후보로 체크해 둔다.

A 古老(오래되다), C 陈旧(낡다)는 문맥과 어울리지 않는다.

71-75 중

在风光壮丽的美国西部, 有一个叫做波浪谷的景区。(71) **B 其砂岩呈现出类似海浪的纹路**, [71]这种纹路清晰地展示了沙丘沉积的过程。作为一个天然景点, 波浪谷不同角度的风景都让人叹为观止。

如此绝美的奇观, [72]自然有不少人想去观光。(72) **D 但考虑到波浪谷独特的地质**, [72/73]美国土地管理局每日只允许20个人进入景点, [73]而且波浪谷的门票只售7美元, (73) **A 可以想象到竞争会有多激烈**。和一般的售票方式不同, [73]波浪谷主要实行现场抽签和网上申请的方法, 两个方法的名额各有10人。

即便如此, 还是有一些抽签的小窍门可以参考。[74]比如说约几个朋友, 组成一个6人组进行申请的话, (74) **E 被抽中的几率就会很高**。[74]即使没抽到也不用担心, 因为还可以隔天参加第二次抽签。

网上申请的难度比现场的还大。首先, [75]申请人需要提前4个月申请, (75) **C 而且每人每个月只能申请一次**, [75]可以说是十分苛刻了。但还是有办法增加中签率的。因为美国旅游局是根据邮箱数量去计算申请份数的, 所以只要群组里的人使用不同的邮箱申请, 就会有更多的机会了。

将以上这些窍门研究透彻, 既会减少走弯路的次数, 也能大大增加进入波浪谷游玩的几率。

A 可以想象到竞争会有多激烈
B 其砂岩呈现出类似海浪的纹路
C 而且每人每个月只能申请一次
D 但考虑到波浪谷独特的地质
E 被抽中的几率就会很高

풍경이 웅장하고 아름다운 미국 서부에는 더 웨이브라고 불리는 관광지가 하나 있다. (71) **B 그 사암은 파도와 비슷한 무늬를 드러내는데**, [71]이런 무늬는 모래 언덕의 퇴적하는 과정을 뚜렷하게 보여 준다. 하나의 자연 명소로서, 더 웨이브의 각기 다른 각도에서의 풍경은 사람으로 하여금 감탄하게 한다.

이렇게 더없이 아름다운 기이한 광경에, [72]자연스럽게 많은 사람들은 관광하러 가고 싶어한다. (72) **D 그러나 더 웨이브의 독특한 지질을 고려하여** [72/73]미국 토지 관리국은 하루에 오직 20명만 관광지에 들어가도록 허가하며, [73]게다가 더 웨이브의 입장료를 단돈 7달러에 팔기에 (73) **A 경쟁이 얼마나 치열할지를 상상할 수 있다**. 일반적인 매표 방식과는 달리 [73]더 웨이브는 주로 현장 추첨과 온라인 신청 방법을 시행하는데, 두 방법의 정원은 각각 10명씩이다.

설령 이렇다 하더라도 참고할만한 추첨 팁이 몇 가지 있다. [74]예를 들어 친구 몇 명과 약속하고 6인 1조를 구성하여 신청을 진행한다면, (74) **E 당첨될 확률은 높아질 것이다**. [74]설령 추첨되지 않았더라도 걱정할 필요가 없는데, 왜냐하면 하루의 간격을 두고 2차 추첨에 참가할 수 있기 때문이다.

온라인 신청의 난이도는 현장보다 높다. 우선, [75]신청자는 4개월 전에 미리 신청해야 하는데, (75) **C 게다가 모든 사람은 매월 한번만 신청할 수 있어서**, [75]매우 까다롭다고 말할 수 있다. 그러나 당첨률을 높일 수 있는 방법은 여전히 있다. 미국 관광국은 이메일 수량에 따라서 신청 횟수를 고려하기 때문에 그룹 내의 사람들이 서로 다른 이메일을 사용해서 신청하기만 하면, 더 많은 기회가 주어질 것이다.

이상의 팁들을 확실하게 고려한다면, 시행착오를 겪는 횟수를 줄일 수 있고 더 웨이브에 들어가 돌아다니며 구경할 수 있는 확률도 크게 높일 수 있다.

A 경쟁이 얼마나 치열할지를 상상할 수 있다
B 그 사람은 파도와 비슷한 무늬를 드러낸다
C 게다가 모든 사람은 매월 한번만 신청할 수 있다
D 그러나 더 웨이브의 독특한 지질을 고려한다
E 당첨될 확률은 높아질 것이다

어휘 지문 风光 fēngguāng 뎽 풍경, 경치 壮丽 zhuànglì 뎽 웅장하고 아름답다, 장려하다
波浪谷 Bōlànggǔ 교유 더 웨이브[The Wave, 미국 유타 주와 아리조나 주 경계에 위치한 1억 9천 만 년 전에 형성된 지층]
景区 jǐngqū 뎽 관광지, 명승지 展示 zhǎnshì 통 보여주다, 드러내다 沙丘 shāqiū 뎽 모래 언덕, 사구 沉积 chénjī 통 퇴적하다
作为 zuòwéi 개 ~로서 통 ~으로 삼다 天然 tiānrán 뎽 자연의, 천연의 景点 jǐngdiǎn 뎽 (경치가 좋은) 명소 角度 jiǎodù 뎽 각도
风景 fēngjǐng 뎽 풍경, 경치 叹为观止 tànwéiguānzhǐ 찡 (눈으로 본 것을) 감탄하다, 감탄해 마지 않다 绝美 juéměi 뎽 더없이 아름답다
奇观 qíguān 뎽 기이한 광경 观光 guānguāng 통 관광하다, 견학하다 土地 tǔdì 뎽 토지, 땅 售 shòu 통 팔다
方式 fāngshì 뎽 방식, 방법 实行 shíxíng 통 시행하다, 실행하다 现场 xiànchǎng 뎽 (사건이나 사고의) 현장
抽签 chōuqiān 통 추첨하다, 제비뽑기를 하다 名额 míng'é 뎽 정원, 인원 수 即便 jíbiàn 찝 설령 ~하더라도

제1회

제2회
독해

제3회

제4회

제5회

제6회

해커스 해설의 상세한 HSK 5급 실전모의고사

小窍门 xiǎo qiàomén 팁, 요령　**参考** cānkǎo 图 참고하다, 참조하다　**组成** zǔchéng 图 구성하다　**组** zǔ 圆 조, 팀, 그룹
隔天 gétiān 하루의 간격을 두다　苛刻 kēkè 圈 (조건·요구 등이) 까다롭다, 너무 지나치다　**中签率** zhòngqiānlǜ 당첨률
计算 jìsuàn 고려하다, 계산하다　**份数** fènshù 횟수, 부수　**群组** qúnzǔ 그룹　透彻 tòuchè 圈 확실하다, 투철하다
走弯路 zǒuwānlù 시행착오를 겪다, 길을 돌아가다　游玩 yóuwán 图 돌아다니며 구경하다, 유람하다

보기　想象 xiǎngxiàng 图 상상하다　激烈 jīliè 圈 치열하다, 격렬하다　砂岩 shāyán 圆 사암, 사암석　**呈现** chéngxiàn 图 드러나다, 나타나다
　类似 lèisì 圈 비슷하다, 유사하다　**海浪** hǎilàng 圆 (바다의) 파도, 물결　**纹路** wénlù 圆 무늬, 주름, 결
　波浪谷 Bōlànggǔ 고유 더 웨이브[The Wave, 미국 유타 주와 아리조나 주 경계에 위치한 1억 9천 만 년 전에 형성된 지층]　**独特** dútè 圈 독특하다
　地质 dìzhì 圆 지질, 지질학　抽中 chōuzhòng 당첨되다　几率 jīlǜ 圆 확률

해설　(71) 빈칸 뒤에 这种纹路가 있으므로, 纹路를 키워드 단서로 체크해 둔다. 纹路라는 표현이 그대로 들어가고, 빈칸 뒤 내용과 연결이 되는
　　　보기 B 其砂岩呈现出类似海浪的纹路가 정답이다.

(72) 빈칸 앞에 自然有不少人想去观光이 있고, 빈칸 뒤에 美国土地管理局每日只允许20个人进入景点이 있으므로, 但으로 시작해서 빈칸
　　앞 내용과 반대/전환이 되고, 빈칸 뒤 내용과 연결이 되는 보기 D 但考虑到波浪谷独特的地质가 정답이다.

(73) 빈칸 앞에 美国土地管理局每日只允许20个人进入景点, 而且波浪谷的门票只售7美元이 있고 빈칸 뒤에 波浪谷主要实行现场抽签
　　和网上申请的方法가 있으므로, 빈칸 앞 내용의 결과가 되고, 빈칸 뒤 내용의 원인이 되는 보기 A 可以想象到竞争会有多激烈가 정답이다.

(74) 빈칸 앞에 比如说约几个朋友, 组成一个6人组进行申请的话가 있고 빈칸 뒤에 即使没抽到也不用担心이 있으므로, 빈칸 앞 내용의 결
　　과가 되고, 빈칸 뒤와 내용이 연결이 되는 E 被抽中的几率就会很高가 정답이다.

(75) 빈칸 앞에 申请人需要提前4个月申请이 있고, 빈칸 뒤에 可以说是十分苛刻了가 있으므로, 而且로 시작하여 빈칸 앞 내용과 연결이 되
　　고 빈칸 뒤 내용의 원인이 되는 C 而且每人每个月只能申请一次가 정답이다.

76-80　중

　　　众所周知, [76]中国有着一流的棉纺织工艺水平。然而
很少有人知道, **(76) A 中国原本是没有棉花的**。西汉时
期, 中国西南地区和两广地区率先从印度引进了树棉。
到了东汉时期, 新疆地区也通过丝绸之路[77]引进了草棉,
用它织出了名为"白叠布"的棉布。不过, 无论是南方还
是西域的棉花种植, 在很长一段时间内, [77]都没有延伸到
中原地区, 所以中原地区在制作服装的时候, **(77) E 使**
用的还是麻、丝绸等面料。

　　　直到元代, 情况终于发生了变化。这时候, 南方的
棉花向北传播到了长江流域, 而西域的棉花也向东传播
到了陕西一带。在众多能工巧匠中, 黄道婆是最有名的
一位。[78]黄道婆年轻时流落到了海南岛, 向那里的黎族
人[78]学会了轧棉、弹棉、纺纱、织布等全套技术。她晚年
回归故里, **(78) B 便把这整套技术传授给了家乡人**。从
此, 以松江府为中心的江南地区逐渐变成重要的棉纺织
手工业区。

　　　在明代, [79]棉花的种植技术进一步向华北等地扩
散, **(79) D 棉花也逐渐淘汰了葛和麻**, [79]成为纺织的主
要原料。[80]为了在寒冷的北方栽培棉花, **(80) C 人们培**
育出了植株矮小的树棉品种。在之后的几百年间, [80]这种
树棉成为了中国种植最广泛的棉花。

A 中国原本是没有棉花的

B 便把这整套技术传授给了家乡人

C 人们培育出了植株矮小的树棉品种

D 棉花也逐渐淘汰了葛和麻

E 使用的还是麻、丝绸等面料

모든 사람이 다 알고 있듯이, [76]중국은 일류의 면 방직 공예 실력을 가지고
있다. 그러나 (76) A 중국에는 원래 면화가 없었다는 것을 [76]알고 있는 사람
은 드물다. 서한 시기에, 중국 서남 지역과 광둥과 광시 지역이 인도에서 재
래면을 먼저 들여왔다. 동한 시기에 이르러서 신장 지역도 실크로드를 통해
서 [77]목화를 들여와, 그것으로 '백첩포'라는 면포를 짰다. 그러나 남방이나 서
역의 면화 재배를 막론하고 [77]오랜 기간 동안 중원 지역까지 확장되지 않아
서, 중원 지역에서 의류를 만들 때, (77) E 사용한 것은 여전히 삼베, 비단 등
의 옷감이었다.

원나라 시대에 이르자 상황에 마침내 변화가 생겼다. 이때, 남방의 면화
는 북쪽으로 창강 유역까지 전파되었고, 서역의 면화도 동쪽으로 산시성 일
대에까지 전파되었다. 매우 많은 숙련공 가운데 황다오포가 가장 유명한 사
람이다. [78]황다오포는 젊을 때 하이난 섬을 떠돌아 다녔는데, 그곳의 여족 사
람들에게 [78]소면, 타면, 방적, 베짜기 등의 모든 기술을 배웠다. 그녀는 노년에
고향으로 돌아가, (78) B 바로 이 모든 기술을 고향 사람들에게 전수했다. 그
로부터 송강부를 중심으로 한 강남 지역은 점점 중요한 면 방직 수공업 지역
으로 변모하였다.

명나라 시대에는 [79]면화의 재배기술이 화베이 등지로 더욱 확산되었고,
(79) D 면화도 갈포와 삼베를 점점 도태시켜서, [79]방직의 주요 원료가 되었다.
[80]한랭한 북방에서 면화를 재배하기 위해, (80) C 사람들은 식물체가 왜소한
재래면 품종을 재배했다. 그 후 몇 백년 동안, [80]이런 재래면은 중국에서 가장
광범위하게 재배되는 면화가 되었다.

A 중국에는 원래 면화가 없었다

B 바로 이 모든 기술을 고향 사람들에게 전수했다

C 사람들은 식물체가 왜소한 재래면 품종을 재배했다

D 면화도 갈포와 삼베를 짐짐 도데시켰다

E 시용한 것은 여전히 삼베, 비단 등의 옷감이다

어휘 지문 **众所周知** zhòngsuǒzhōuzhī 圈 모든 사람이 다 알고 있다　**一流** yīliú 圈 일류의, 일등의　**棉** mián 圈 면　**纺织** fǎngzhī 图 방직하다

工艺 gōngyì 圈 공예　**西汉** Xī Hàn 교유 서한[기원전 206년~서기 25년에 존재했던 중국 왕조의 이름]　**时期** shíqī 圈 (특정한) 시기

地区 dìqū 圈 지역　**两广** liǎngguǎng 교유 광둥(广东)과 광시(广西), 양광[广东和广西의 줄임말]　**率先** shuàixiān 凰 먼저, 앞장서서

印度 Yìndù 교유 인도　**树棉** shùmián 圈 재래면, 수면　**东汉** Dōng Hàn 교유 동한[서기 25년~220년에 존재했던 중국 왕조의 이름]

新疆 Xīnjiāng 교유 신장[신장 위구르 자치구(新疆维吾尔自治区)의 줄임말]　**丝绸之路** Sīchóu Zhī Lù 교유 실크로드

草棉 cǎomián 圈 목화, 면화　**织** zhī 图 (실 등으로) 짜다, 엮다　**白叠布** báidiébù 백첩포　**棉布** miánbù 圈 면포　**西域** xīyù 圈 서역

棉花 miánhua 圈 면화, 목화, 목화솜　**种植** zhòngzhí 图 재배하다, 종식하다　**延伸** yánshēn 图 확장하다, 펴다

中原 zhōngyuán 圈 중원　**制作** zhìzuò 图 만들다, 제작하다　**服装** fúzhuāng 圈 의류, 복장, 패션　**元代** Yuándài 교유 원나라 시대, 원대

传播 chuánbō 图 전파하다, 널리 퍼뜨리다　**流域** liúyù 圈 유역　**陕西** Shǎnxī 교유 산시성　**一带** yídài 圈 일대

众多 zhòngduō 圈 매우 많다　**能工巧匠** nénggōngqiǎojiàng 圈 숙련공[기술이 능숙한 기술자나 노동자]

黄道婆 Huáng Dàopó 교유 황다오포[중국 원나라 시대의 방직 전문가]　**流落** liúluò 图 떠돌아 다니다, 유랑하다

海南岛 Hǎinán Dǎo 교유 하이난 섬　**黎族** Lízú 교유 여족[중국의 소수 민족]　**轧棉** yà mián 조면[면화의 씨를 빼고 솜을 만드는 것]

弹棉 tán mián 타면[솜을 타서 부드럽게 하다]　**纺纱** fǎngshā 图 방적하다, 실을 잣다　**织布** zhī bù 베를 짜다

晚年 wǎnnián 圈 노년, 늘그막　**回归** huíguī 图 돌아가다, 회귀하다　**故里** gùlǐ 圈 고향　**便** biàn 凰 바로, 곧

从此 cóngcǐ 凰 그로부터, 이로부터　**松江府** Sōngjiāngfǔ 교유 송강부[중국 원나라 시대에 세워진 지역 행정 구역]

中心 zhōngxīn 圈 중심, 센터　**手工业** shǒugōngyè 圈 수공업　**明代** Míngdài 교유 명나라 시대　**华北** Huáběi 교유 화베이

扩散 kuòsàn 图 확산하다, 퍼지다　**淘汰** táotài 图 도태하다, 탈락되다　**原料** yuánliào 圈 원료　**寒冷** hánlěng 圈 한랭하다, 춥고 차다

栽培 zāipéi 图 재배하다, 배양하다　**广泛** guǎngfàn 圈 광범위하다, 폭넓다

보기 **棉花** miánhua 圈 면화, 목화, 목화솜　**便** biàn 凰 바로, 곧　**整套** zhěngtào 圈 모든, 완전한

传授 chuánshòu 图 (학문·기예 등을 다른 사람에게) 전수하다, 가르치다　**家乡** jiāxiāng 圈 고향　**培育** péiyù 图 재배하다, 기르다

植株 zhízhū 圈 식물체[식물의 몸 또는 그에 해당하는 유기체]　**矮小** ǎixiǎo 圈 왜소하다　**树棉** shùmián 圈 재래면, 수면

品种 pǐnzhǒng 圈 품종, 제품의 종류　**逐渐** zhújiàn 凰 점점, 점차　**淘汰** táotài 图 도태하다, 탈락되다

葛 gé 圈 갈포[날실은 명주실로, 씨실은 면실 또는 면실로 짠 방직물]　**麻** má 圈 삼베, 마　**丝绸** sīchóu 圈 비단　**面料** miànliào 圈 옷감, 원단

해설 (76) 빈칸 앞에 中国有着一流的棉纺织工艺水平。然而很少有人知道가 있으므로, 빈칸 앞의 내용과 반대/전환이 되는 보기 A 中国原本是没有棉花的가 정답이다.

(77) 빈칸 앞쪽에 引进了草棉, 用它织出了名为"白叠布"的棉布。不过가 있고, 빈칸 바로 앞에 都没有延伸到中原地区, 所以中原地区在制作服装的时候가 있으므로, 빈칸 앞 내용과 연결이 되는 보기 E 使用的还是麻、丝绸等面料가 정답이다.

(78) 빈칸 앞쪽에 黄道婆年轻时⋯⋯学会了轧棉、弹棉、纺纱、织布等全套技术。她晚年回归故里가 있으므로, 全套技术를 키워드 단서로 체크해 둔다. 技术라는 표현이 들어가 있고, 빈칸 앞 내용과 연결이 되는 B 便把这整套技术传授给了家乡人이 정답이다.

(79) 빈칸 앞에 棉花的种植技术进一步向华北等地扩散이 있고, 빈칸 뒤에 成为纺织的主要原料가 있으므로, 棉花也로 시작하여 빈칸 앞 내용과 연결이 되고 빈칸 뒤 내용의 원인이 되는 D 棉花也逐渐淘汰了葛和麻가 정답이다.

(80) 빈칸 앞에 为了在寒冷的北方栽培棉花가 있고, 빈칸 뒤쪽에 这种树棉이 있으므로 树棉을 키워드 단서로 체크해 둔다. 树棉이라는 표현이 들어가 있고, 빈칸 앞 내용과 연결이 되는 C 人们培育出了植株矮小的树棉品种이 정답이다.

81-84

一提起星星，很多人的脑海里都会出现五角星的形状。但[81]大多数观测结果表明，真实的星星更接近圆形而非多边形。那么，[84]为何在仰望夜空时，看不到圆形的星星呢？这个问题的答案就在人类的眼睛里。

经历了漫长的演化过程后，人类的眼睛变得格外精密。很多生物也和人类一样，都有着性能超过高级相机的眼睛。而[82]它们眼睛中存在的透明物质，都可以成为记录生命中偶然痕迹的"镜头"。比如说，在观察世界时，虫子的眼睛依靠的是石头晶体，扇贝的眼睛利用的是鸟嘌呤，[82]人类的眼睛借助的则是蛋白质。虽然蛋白质本身就具有复杂的结构和多种多样的功能，但是它对于人类来说却只有一个功能，就是在演化中作为构建晶状体的材料。

별을 언급하면 많은 사람의 머릿속에는 오각별의 형태가 떠오를 것이다. 그러나 [81]대다수의 관측 결과는 진짜 별은 원형에 더 가깝고 다각형이 아니라는 것을 드러냈다. 그렇다면 [84]왜 밤하늘을 바라볼 때, 원형의 별을 볼 수 없는 것일까? 이 문제의 해답은 바로 인류의 눈에 있다.

긴 진화의 과정을 겪은 후, 인류의 눈은 더욱 정밀하게 변했다. 많은 생물도 인류와 마찬가지로 고급 카메라를 능가하는 성능의 눈을 가지고 있다. [82]그것들의 눈 속에 존재하는 투명한 물질은 모두 생명의 우연한 흔적을 기록한 '렌즈'가 될 수 있다. 예를 들어 세계를 관찰할 때, 곤충의 눈이 의존하는 것은 돌의 결정체이고, 가리비의 눈이 이용하는 것은 구아닌이고, [82]인류의 눈이 도움을 받는 것은 단백질이다. 비록 단백질 자체는 복잡한 구조와 아주 다양한 기능을 가지고 있지만, 인류에게 있어서 그것은 그저 하나의 기능만을 가지고 있는데, 바로 진화 중 수정체를 구축하는 재료로서의 기능이다.

不过，自然选择是不完美的，只要能够看得见这个世界，感受所有的生命就足够了。因此充满偶然，也布满缺陷的眼睛显得格外宝贵。和精雕细琢的特殊光学玻璃不同，[83]眼睛里晶状体的表面不是光洁如新的，而是[83]充满了发育过程中留下的纹路。所有人的晶状体纹路都不尽相同，而且还会随着年龄的增长有所改变。

这些纹路表面上看起来似乎微不足道，但面对星星这样几乎纯圆的光源时，它们的衍射效果就发挥出来了。就像望远镜支架和相机光圈会让照片里的星星显示出四芒或六芒一样，[83]因为有了这些独一无二的纹路，人们眼里的星星变成了有趣的多边形。

하지만 자연 선택은 완벽하지 않아서, 이 세상을 볼 수 있고 모든 생명을 느낄 수 있다면 충분하다. 그래서 우연이 가득하고 또한 결함이 가득한 눈은 더욱 귀중한 것처럼 보인다. 심혈을 기울여 조각한 특수 광학 유리와는 달리, [83]눈 속의 수정체의 표면은 새 것처럼 광택이 나고 깨끗하지 않으며 [83]발육 과정에서 남은 무늬들로 가득하다. 모든 사람들의 수정체 무늬는 모두 같은 것은 아니며, 게다가 나이가 들어감에 따라서 다소 바뀐다.

이런 무늬들은 표면상으로는 마치 보잘 것 없어 보이지만, 별처럼 거의 둥근 광원을 마주했을 때 그것들의 회절 효과가 발휘되어 나온다. 마치 망원경 받침대와 카메라 조리개가 사진 속의 별을 사망성이나 육망성처럼 나타나 보이게 하는 것처럼, [83]이 유일무이한 무늬가 있어서 사람들 눈 속의 별은 흥미로운 다각형으로 변한다.

어휘 五角星 wǔjiǎoxīng 몡 오각별[☆ 형태를 가리키는 말] 形状 xíngzhuàng 몡 형태, 생김새 观测 guāncè 통 관측하다, 관찰하다
表明 biǎomíng 통 (분명하게) 드러내다, 표명하다 真实 zhēnshí 혱 진짜의, 진실한 接近 jiējìn 혱 가깝다, 비슷하다 통 가까이하다, 접근하다
圆形 yuánxíng 몡 원형 非 fēi 통 ~(이)가 아니다 多边形 duōbiānxíng 몡 다각형, 다변형
仰望 yǎngwàng 통 (머리를 들어) 바라보다, 쳐다보다 夜空 yèkōng 몡 밤하늘 人类 rénlèi 몡 인류
漫长 màncháng 혱 (시간이나 길 등이) 길다, 끝이 없다 演化 yǎnhuà 통 진화하다, 변천하다 格外 géwài 분 더욱, 유달리
精密 jīngmì 혱 정밀하다 生物 shēngwù 몡 생물, 생물학 性能 xìngnéng 몡 성능 高级 gāojí 혱 고급의 相机 xiàngjī 몡 카메라, 사진기
透明 tòumíng 혱 투명하다 物质 wùzhì 몡 물질 记录 jìlù 통 기록하다 몡 기록 偶然 ǒurán 혱 우연하다 분 우연히
痕迹 hénjì 몡 흔적, 자취 镜头 jìngtóu 몡 (사진기·촬영기·영사기 등의) 렌즈, 장면 观察 guānchá 통 관찰하다 虫子 chóngzi 몡 곤충, 벌레
依靠 yīkào 통 의존하다, 의지하다 몡 지지자, 후원자 石头 shítou 몡 돌 晶体 jīngtǐ 몡 결정체, 크리스털 扇贝 shànbèi 몡 가리비
利用 lìyòng 통 이용하다 鸟嘌呤 niǎopiàolíng 구아닌[핵산을 구성하는 성분의 하나]
借助 jièzhù 통 (다른 사람 또는 사물의) 도움을 받다, 힘을 빌리다 则 zé [대비를 나타냄] 몡 편, 토막 蛋白质 dànbáizhì 몡 단백질
本身 běnshēn 몡 자체, 자신 结构 jiégòu 몡 구조, 구성 功能 gōngnéng 몡 기능, 효능 作为 zuòwéi 깨 ~로서 통 ~으로 삼다, ~으로 여기다
构建 gòujiàn 통 구축하다, 세우다 晶状体 jīngzhuàngtǐ 몡 수정체 完美 wánměi 혱 완벽하다, 매우 훌륭하다
感受 gǎnshòu 통 (영향을) 느끼다, 받다 몡 느낌, 체험 充满 chōngmǎn 통 가득하다, 충만하다 布满 bùmǎn 통 가득하다, 가득 널리다
缺陷 quēxiàn 몡 결함, 결점 显得 xiǎnde 통 ~처럼 보이다, (상황이) 드러나다 宝贵 bǎoguì 혱 귀중한
精雕细琢 jīngdiāoxìzhuó 셩 심혈을 기울여 조각하다 特殊 tèshū 혱 특수하다, 특별하다 光学 guāngxué 몡 광학 玻璃 bōli 몡 유리
表面 biǎomiàn 몡 표면 光洁 guāngjié 혱 광택이 나고 깨끗하다 发育 fāyù 통 발육하다, 자라다 纹路 wénlù 몡 무늬, 주름
似乎 sìhū 분 마치 ~인 것 같다 微不足道 wēibùzúdào 셩 보잘 것 없다 面对 miànduì 통 마주하다 光源 guāngyuán 몡 광원
衍射效果 yǎnshè xiàoguǒ 회절 효과[파동의 전파가 장애물 때문에 일부가 차단되었을 때 장애물의 그림자 부분에까지도 파동이 전파하는 현상]
发挥 fāhuī 통 발휘하다 望远镜 wàngyuǎnjìng 몡 망원경 支架 zhījià 몡 받침대, 지지대 光圈 guāngquān 몡 조리개
显示 xiǎnshì 통 나타나 보이다, 드러내다 四芒 sìmáng 사망성, 사각성 六芒 liùmáng 육망성, 육각성 独一无二 dúyīwú'èr 셩 유일무이하다

81 하	根据上文，可以知道：	위 글에 근거하여, 알 수 있는 것은:
	A 星星是多边形的	A 별은 다각형이다
	B 星星的形状很完美	B 별의 형태는 완벽하다
	C 真实的星星接近圆形	C 진짜 별은 원형에 가깝다
	D 很多国旗上印有星星	D 많은 국기에 별이 인쇄되어 있다

해설 질문이 위 글에 근거하여 알 수 있는 것을 물었으므로, 각 보기에 언급된 星星과 관련된 내용을 지문에서 재빨리 찾는다. 첫 번째 단락에서 大多数观测结果表明, 真实的星星更接近圆形而非多边形이라고 했으므로, 보기 C가 정답이다.

어휘 多边形 duōbiānxíng 몡 다각형, 다변형 形状 xíngzhuàng 몡 형태, 생김새 完美 wánměi 혱 완벽하다, 매우 훌륭하다
真实 zhēnshí 혱 진짜의, 진실한 接近 jiējìn 혱 가깝다, 비슷하다 통 가까이하다, 접근하다 国旗 guóqí 몡 국기
印有 yìnyǒu 통 (글자·문양 등이) 인쇄되어 있다, 찍혀 있다

82 상	第二段中画线词语指的是：	두 번째 단락에서 밑줄 친 단어가 가리키는 것은:
	A 人或动物的观察力	A 사람 혹은 동물의 관찰력
	B 眼睛里面的晶状体	B 눈 안의 수정체
	C 一种透明的小石头	C 투명한 작은 돌
	D 观察星空的望远镜	D 별이 떠있는 밤하늘을 관찰하는 망원경

해설 질문이 두 번째 단락에서 밑줄 친 단어가 가리키는 것을 물었으므로, 밑줄 친 단어가 나온 부분을 지문에서 재빨리 찾는다. 두 번째 단락에서 它们眼睛中存在的透明物质, 都可以成为记录生命中偶然痕迹的"镜头"。比如说, 在观察世界时……人类的眼睛借助的则是蛋白质。虽然蛋白质本身就具有复杂的结构和多种多样的功能, 但是它对于人类来说却只有一个功能, 就是在演化中作为构建晶状体的材料。라고 했으므로, 이를 통해 눈 속에 존재하는 투명한 물질이 镜头가 된다는 것을 알 수 있다. 그런데 사람의 경우, 이 투명한 물질이 단백질이고, 이 단백질은 수정체의 재료가 된다는 것을 알 수 있다. 이를 통해 镜头는 수정체를 가리킨다는 것을 유추할 수 있다. 따라서 보기 B가 정답이다.

어휘 观察力 guāncháli 圓 관찰력   晶状体 jīngzhuàngtǐ 圓 수정체   透明 tòumíng 圓 투명하다   石头 shítou 圓 돌
观察 guānchá 圓 관찰하다   星空 xīngkōng 圓 별이 떠있는 밤하늘   望远镜 wàngyuǎnjìng 圓 망원경

83

중상

为什么我们眼中的星星不是正圆的?

왜 우리 눈 속의 별은 완벽한 원 모양이 아닌가?

A 晶状体表面有纹路
B 晶状体自身会发光
C 眼睛能接收光的信息
D 星星和地球的距离遥远

A 수정체 표면에 무늬가 있어서
B 수정체 자체가 빛을 낼 수 있어서
C 눈이 빛의 정보를 받아들일 수 있어서
D 별과 지구의 거리가 멀어서

해설 질문이 우리 눈 속의 별은 완벽한 원 모양이 아닌 이유를 물었으므로, 我们眼中的星星과 관련된 내용을 지문에서 재빨리 찾는다. 세 번째 단락에서 眼睛里晶状体的表面……充满了发育过程中留下的纹路라고 했고, 마지막 단락에서 因为有了这些独一无二的纹路, 人们眼里的星星变成了有趣的多边形이라고 했으므로, 보기 A가 정답이다.

어휘 正圆 zhèngyuán 완벽한 원 모양, 정원형   晶状体 jīngzhuàngtǐ 圓 수정체   表面 biǎomiàn 圓 표면, 겉   纹路 wénlù 圓 무늬, 주름
遥远 yáoyuǎn 圓 (시간이나 거리가) 멀다, 요원하다

84

중

上文最有可能出现在下列哪本杂志上?

위 글은 다음 중 어떤 잡지에 나올 가능성이 있는가?

A 服装潮流
B 文学遗产
C 科普知识
D 情报研究

A 패션 트렌드
B 문학 유산
C 내중 과학 지식
D 정보 연구

해설 질문이 위 글은 어떤 잡지에 나올 가능성이 있는지를 물었으므로, 지문 전체의 중심 내용을 재빨리 파악한다. 첫 번째 단락에서 为何在仰望夜空时, 看不到圆形的星星呢? 这个问题的答案就在人类的眼睛里。라고 했고, 지문 전체에 걸쳐 별이 다각형으로 보이는 과학적인 이유에 대해 설명하고 있으므로, 보기 C가 정답이다.

어휘 服装 fúzhuāng 圓 패션, 복장   潮流 cháoliú 圓 트렌드, (사회적) 풍조   文学 wénxué 圓 문학   遗产 yíchǎn 圓 유산
科普 kēpǔ 圓 대중 과학, 과학 보급   情报 qíngbào 圓 (주로 기밀성을 띤) 정보

85-88

近几年, 85棕黄色本色纸的价格一直比白色纸昂贵, 但本色纸依然受到消费者的热捧。本色纸不含漂白剂、荧光粉等化学剂, 因此, 人们认为它更加安全环保, 使用起来也更令人放心。但是, 被称为"自然无公害"的本色纸, 真的比传统的白色卫生纸健康吗?

首先, 让我们了解一下本色纸和白色纸的区别。86/88两种卫生纸有一个共同的制作流程, 就是将秸秆、木头、竹子等原材料蒸煮成木色纸浆。86然而, 其他的制作流程就稍有差别了。白色纸需要先漂白纸浆, 再对纸浆进行洗涤和筛选。漂白时会使用含氯化合物, 就算反复清洗, 也会有少量残留。而86本色纸则省略了漂白的程序, 只需要直接对纸浆进行洗涤筛选。

최근 몇 년 동안85황갈색 무표백 화장지의 가격은 줄곧 표백지보다 비쌌지만, 무표백 화장지는 여전히 소비자들의 열렬한 환영을 받고 있다. 무표백 화장지는 표백제, 형광 분말 등의 화학 제품이 함유되어 있지 않아서, 이 때문에 사람들은 그것이 더 안전하고 친환경적이며, 사용하는 데에도 더 안심이 된다고 생각한다. 그러나 '자연 무공해'라고 불리는 무표백 화장지가 정말로 기존의 흰색 화장지보다 건강한 것일까?

먼저, 무표백 화장지와 표백지의 차이점을 알아보자. 86/88두 화장지는 한가지 공통적인 제조 과정이 있는데, 바로 짚, 나무, 대나무 등의 원재료를 쪄서 나무색 펄프로 만드는 것이다. 86그러나 다른 제조 과정에는 약간 차이가 있다. 표백지는 먼저 펄프를 표백한 다음, 다시 펄프를 세척하고 선별한다. 표백할 때에는 염소 함유 화합물을 사용하는데, 세척을 반복하더라도 소량의 잔류물이 있을 수 있다. 반면 86무표백 화장지는 표백 절차가 생략되어, 펄프를 바로 세척하고 선별만 하면 된다.

有关部门规定，可以在卫生纸中适当添加一些漂白剂，含量不超标的话，对人体无害。而未经漂白的本色纸中木质素含量较高，生产出来的纸比较硬。所以[86]很多厂家为了让本色纸达到柔软亲肤的效果，添加了比白色纸更多的化学剂。由此可见，"本色纸因不含化学剂而天然环保"的宣传内容并不属实。

综上所述，本色纸未必比白色纸更加安全健康。既然如此，[87]到底该怎样选择卫生纸呢？购买时，我们可以通过以下方法进行挑选：一、看触感：好的卫生纸柔软细腻，不会掉粉、掉毛；二、比韧度：好的卫生纸柔韧性好，使劲拉扯也不会立即断裂；三、用水泡：将卫生纸浸泡后进行搅拌，如果能完整捞出的话，说明质量过关；四、看包装：包装能从侧面反映出卫生纸的质量。我们可以通过查看生产日期、产品等级、主要原料等信息，判断卫生纸的质量。

관련 부서는 화장지에 약간의 표백제를 적당히 첨가할 수 있다고 규정했는데, 함량이 규정된 표준을 초과하지 않는다면 인체에 무해하다. 그러나 표백을 거치지 않은 무표백 화장지의 리그닌 함량은 비교적 높아서, 생산되는 화장지가 비교적 단단하다. 그래서[86]많은 공장이 무표백 화장지가 부드럽게 피부에 닿는 효과를 내도록, 표백제보다 더 많은 화학 제품을 첨가한다. 이로써 '무표백 화장지는 화학 제품이 함유되지 않아서 천연 무공해하다'라는 홍보 내용은 결코 사실에 부합하지 않는다는 점을 알 수 있다.

앞에서 서술한 바를 종합하면, 무표백 화장지가 반드시 표백지보다 더 안전하고 건강한 것은 아니다. 그렇다면[87]도대체 화장지를 어떻게 선택해야 할까? 구매할 때, 우리는 다음 방법을 통해 선택할 수 있다. 하나, 촉감을 본다. 좋은 화장지는 부드럽고 매끄러우며, 가루가 떨어지거나 털이 빠지지 않는다. 둘, 질긴 정도를 비교한다. 좋은 화장지는 유연성이 좋아서 힘을 써서 잡아당기더라도 바로 찢어지지 않는다. 셋, 물에 적신다. 화장지를 담근 후 휘저어서 만약 완전히 건져낼 수 있다면 품질이 검사를 통과했다는 것을 입증한다. 넷, 포장을 본다. 포장은 화장지의 품질을 다른 측면에서 알 수 있게 한다. 우리는 생산 일자, 상품 등급, 주요 원료 등의 정보를 살펴보는 것을 통해 화장지의 품질을 판단할 수 있다.

어휘 棕黄色 zōnghuángsè 황갈색　本色纸 běnsèzhǐ 무표백 화장지, 표백하지 않은 화장지　白色纸 báisèzhǐ 표백지　昂贵 ángguì 휑 비싸다
消费者 xiāofèizhě 소비자　热捧 rèpěng 휑 (상품 등이) 열렬한 환영을 받다　漂白剂 piǎobáijì 표백제
荧光粉 yíngguāngfěn 휑 형광 분말　化学剂 huàxuéjì 화학 제품　称 chēng 휑 부르다, 칭하다　无公害 wúgōnghài 무공해
区别 qūbié 휑 차이점, 구별 휑 구별하다　制作 zhìzuò 휑 제조하다, 제작하다　流程 liúchéng 휑 과정, 공정　秸秆 jiēgǎn 휑 짚
木头 mùtou 휑 나무, 목재　竹子 zhúzi 대나무　蒸煮 zhēngzhǔ 찌다, 끓이다　纸浆 zhǐjiāng 휑 펄프
稍有 shāoyǒu 휑 (~가) 약간 있다, 조금 있다　差别 chābié 휑 차이, 차별　漂白 piǎobái 휑 표백하다　洗涤 xǐdí 휑 세척하다, 씻다
筛选 shāixuǎn 휑 선별하다, 걸러 내다　含氯化合物 hán lǜ huàhéwù 염소 함유 화합물　残留 cánliú 휑 (부분적으로) 잔류하다, 남아 있다
则 zé 휑 [대비를 나타냄] 휑 편, 토막　省略 shěnglüè 휑 생략하다　程序 chéngxù 휑 절차, 순서　部门 bùmén 휑 부서, 부문
适当 shìdàng 휑 적당하다, 적절하다　添加 tiānjiā 휑 첨가하다, 보태다　含量 hánliàng 휑 함량　超标 chāobiāo 휑 규정된 표준을 초과하다
无害 wúhài 휑 무해하다　木质素 mùzhìsù 휑 리그닌[목재·대나무·짚 따위의 목화(木化)한 식물체 속에 20~30% 존재하는 방향족 고분자 화합물]
硬 yìng 휑 단단하다, 딱딱하다　柔软亲肤 róuruǎn qīnfū 부드럽게 피부에 닿다　可见 kějiàn 휑 ~임을 알 수 있다
宣传 xuānchuán 휑 홍보하다, 선전하다　属实 shǔshí 휑 사실에 부합하다, 사실과 일치하다
综上所述 zōng shàng suǒ shù 앞에서 서술한 바를 종합하다　未必 wèibì 휑 반드시 ~한 것은 아니다　挑选 tiāoxuǎn 휑 선택하다, 고르다
触感 chùgǎn 휑 촉감　柔软 róuruǎn 휑 부드럽다, 유연하다　细腻 xìnì 휑 매끄럽다, 부드럽다　韧度 rèndù 휑 질긴 정도, 인성
柔韧性 róurènxìng 유연성　使劲 shǐjìn 휑 힘을 쓰다　拉扯 lāche 휑 잡아당기다, 끌어당기다　立即 lìjí 휑 바로, 즉시
断裂 duànliè 휑 찢어지다, 부러지다　泡 pào 휑 (액체에) 적시다, 담그다　浸泡 jìnpào 휑 (오랜 시간 물에) 담그다, 잠그다
搅拌 jiǎobàn 휑 휘젓다, 반죽하다　完整 wánzhěng 휑 완전하다, 온전하다　捞 lāo 휑 건지다, 끌어올리다, 취득하다, 챙기다
过关 guòguān 휑 검사를 통과하다, 관문을 넘다　包装 bāozhuāng 휑 포장 휑 포장하다　侧面 cèmiàn 휑 측면, 옆면
反映 fǎnyìng 휑 알게 하다, 반영하다　日期 rìqī 휑 일자, 날짜　产品 chǎnpǐn 휑 상품, 제품　等级 děngjí 휑 등급, 계급
原料 yuánliào 휑 원료

85	关于本色纸，下列哪项正确？	무표백 화장지에 관하여, 다음 중 옳은 것은?
중	A 比白色纸安全健康	A 표백지보다 안전하고 건강하다
	B 手感比白色纸柔软细腻	B 손에 닿는 감촉이 표백지보다 부드럽고 매끄럽다
	C 制作工序比白色纸复杂	C 제작 생산 공정이 표백지보다 복잡하다
	D 价格比白色纸高出不少	D 가격이 표백지보다 많이 비싸다

해설 질문이 무표백 화장지에 관하여 옳은 것을 물었으므로, 本色纸과 관련된 내용을 지문에서 재빨리 찾는다. 첫 번째 단락에서 棕黄色本色纸的价格一直比白色纸昂贵라고 했으므로, 보기 D가 정답이다.

어휘 本色纸 běnsèzhǐ 무표백 화장지, 표백하지 않은 화장지　白色纸 báisèzhǐ 표백지　手感 shǒugǎn 휑 손에 닿는 감촉
柔软 róuruǎn 휑 부드럽다, 유연하다　细腻 xìnì 휑 매끄럽다, 부드럽다　制作 zhìzuò 휑 제작하다　工序 gōngxù 휑 생산 공정

86 상

下列哪项**不属于**本色纸的制作程序?	다음 중 무표백 화장지의 제조 과정에 **속하지 않는** 것은?
A 洗涤筛选	A 세척하고 선별한다
B 漂白纸浆	B 펄프를 표백한다
C 蒸煮原材料	C 원재료를 찐다
D 添加化学剂	D 화학 제품을 첨가한다

해설 질문이 무표백 화장지의 제조 과정에 속하지 않는 것을 물었으므로, 本色纸的制作程序와 관련된 내용을 지문에서 재빨리 찾는다. 두 번째 단락에서 两种卫生纸有一个共同的制作流程, 就是将秸秆、木头、竹子等原材料蒸煮成木色纸浆。然而……本色纸则省略了漂白的程序, 只需要直接对纸浆进行洗涤筛选이라고 했고, 세 번째 단락에서 很多厂家为了让本色纸达到柔软亲肤的效果, 添加了比白色纸更多的化学剂라고 했으므로, 지문에서 언급되지 않은 보기 B가 정답이다.

어휘 属于 shǔyú [동] ~에 속하다 制作 zhìzuò [동] 제조하다, 제작하다 程序 chéngxù [명] 과정, 절차 洗涤 xǐdí [동] 세척하다, 씻다 筛选 shāixuǎn [동] 선별하다, 걸러 내다 漂白 piǎobái [동] 표백하다 纸浆 zhǐjiāng [명] 펄프 蒸煮 zhēngzhǔ 찌다, 끓이다 添加 tiānjiā [동] 첨가하다 化学剂 huàxuéjì 화학 제품

87 중상

第四段主要介绍的是:	네 번째 단락이 주로 소개하는 것은:
A 白色纸的优缺点	A 표백지의 장단점
B 本色纸的制作工序	B 무표백 화장지의 제조 생산 공정
C 选择卫生纸的方法	C 화장지를 선택하는 방법
D 两种卫生纸的区别	D 두 화장지의 차이점

해설 질문이 네 번째 단락이 주로 소개하는 것을 물었으므로, 네 번째 단락의 중심 내용을 재빨리 파악한다. 네 번째 단락에서 到底该怎样选择卫生纸呢? 购买时, 我们可以通过以下方法进行挑选이라며, 단락 전체에 걸쳐 화장지를 선택하는 방법에 대해 설명하고 있으므로, 보기 C가 정답이다.

어휘 白色纸 báisèzhǐ 표백지 本色纸 běnsèzhǐ 무표백 화장지, 표백하지 않은 화장지 制作 zhìzuò [동] 제조하다, 제작하다 工序 gōngxù [명] 생산 공정 区别 qūbié [명] 차이점, 구별 [동] 구별하다

88 하

根据上文, 什么原材料可用于制作卫生纸?		위 글에 근거하여, 어떤 원재료가 화장지를 제조하는 데에 사용될 수 있는가?	
A 羊毛	B 布料	A 양털	B 천
C 蚕丝	D 木头	C 잠사	D 나무

해설 질문이 위 글에 근거하여 어떤 원재료가 화장지를 제조하는 데에 사용될 수 있는지를 물었으므로, 原材料와 관련된 내용을 지문에서 재빨리 찾는다. 두 번째 단락에서 两种卫生纸有一个共同的制作流程, 就是将秸秆、木头、竹子等原材料蒸煮成木色纸浆。이라고 했으므로, 보기 D가 정답이다.

어휘 制作 zhìzuò [동] 제조하다, 제작하다 布料 bùliào [명] 천, 옷감 蚕丝 cánsī [명] 잠사[누에고치에서 뽑은 실] 木头 mùtou [명] 나무, 목재

89-92

1974年[89]从兵马俑坑里出土的武器和兵马俑, 吸引了全世界的目光。当时出土的武器主要包括弩、剑、戈、箭等等。[89]其中, [89/90]大部分铜武器上找不到锈蚀的痕迹, 这令人惊奇不已。因为通常情况下, [89]材料为铜锡合金的金属制品很容易锈蚀。那么, [90]究竟是什么技术让它们历经两千年还保持光洁如新的样子呢?

1974년 [89]병마용갱에서 출토된 무기와 병마용은 전 세계의 이목을 끌었다. 당시 출토된 무기는 주로 석궁, 검, 창, 화살 등을 포함했다. [89]그중, [89/90]대부분의 구리로 된 무기에서 녹슬어 부식된 흔적을 찾지 못했는데, 이는 사람들로 하여금 놀라움을 금치 못하게 했다. 왜냐하면 일반적인 상황에서 [89]재료가 구리 주석 합금인 금속 제품은 녹슬어서 부식되기 쉽기 때문이다. 그렇다면 [90]과연 어떤 기술이 그것들을 2천 년에 걸쳐도 새 것과 같이 광택이 나고 깨끗한 모양을 유지할 수 있게 했을까?

为了解开这个谜底，专家对这些铜武器的化学成分进行了分析，结果发现了武器中含有的一个元素——铬。这一发现让人想起了现代冶金工业中常用的铬转化膜防腐蚀技术。武器有了这层保护膜，就像是穿上了一层"衣服"。这不仅可以避免和氧气、水分以及酸性物质直接接触，还大大减缓了武器被腐蚀的速度。

专家认为，这些铜武器表面的铬元素，也许来自周边的环境。其中，"嫌疑"最大的可能是武器周边的土壤，因为土壤与武器的接触时间最长。然而检测结果显示，武器周边土壤中，铬的含量极少。相关模拟实验也否定了这一假设。

后来，研究人员想到了另一种平时无处不在，但很难被注意到的东西，这便是"油漆"。兵马俑在上色之前，需要涂几层漆作为基底，武器上同样也会涂漆。所以，漆在整个兵马俑坑中的存量非常大。中国古代传统的漆是从漆树干上采集的，属于"纯天然"产品，不可能含铬。但是古人为了提升漆的性能，通常会放一些添加剂进去，而这其中或许就有铬元素存在。

于是，⁹¹/⁹²专家对武器上残留的油漆成分进行了检测。漆的含铬量果然非常丰富，⁹²比土壤中的含铬量足足高出了好几个等级！就这样，兵马俑坑武器的含铬之谜终于**真相大白**了。

이 수수께끼의 답을 풀기 위해 전문가들은 구리로 된 이 무기들의 화학 성분에 대해서 분석을 진행했는데, 그 결과 무기에 함유된 크롬이라는 화학 원소를 발견했다. 이 발견은 현대 야금 공업에서 자주 사용하는 크롬 변환 코팅 부식 방지 기술을 떠올리게 한다. 무기에 이런 보호막이 생긴 것은 마치 '옷'을 한 겹 입은 것과 같다. 이는 산소, 수분 및 산성 물질의 직접적인 접촉을 피할 수 있게 해줄 뿐만 아니라, 무기가 부식되는 속도를 크게 늦췄다.

전문가들은 이러한 구리로 된 무기 표면의 크롬 원소는 아마도 주변 환경으로부터 온 것이라고 여겼다. 그중 '혐의'가 가장 큰 것은 아마도 무기 주변의 토양인데, 토양이 무기와 접촉하는 시간이 가장 길기 때문이다. 그러나 검사 측정 결과, 무기 주변의 토양에는 크롬의 함유량이 매우 적은 것으로 밝혀졌다. 관련 모의 실험도 이 가설을 부정했다.

그 후, 연구원들은 평소에 어디에나 있지만 눈에 잘 띄지 않는 또 다른 대상을 생각해 냈는데, 그것은 바로 '도료'였다. 병마용은 색을 칠하기 전에 몇 겹의 도료를 베이스로 칠해야 하고, 무기에도 마찬가지로 도료를 칠하게 된다. 그래서 도료는 전체 병마용갱에서 보존량이 매우 많다. 중국 고대의 전통적인 도료는 옻나무 줄기에서 채취한 것으로, '순수한 천연' 제품에 속하므로 크롬이 포함될 수 없다. 그러나 옛날 사람들은 도료의 성능을 끌어올리기 위해서 일반적으로 첨가제를 넣었는데, 그 안에는 아마도 크롬 원소가 존재할 수도 있다.

그래서 ⁹¹/⁹²전문가들은 무기에 남아 있는 도료 성분을 검사 측정했다. 도료에 함유된 크롬의 양은 역시나 매우 풍부하여, ⁹²토양 속에 함유된 크롬의 양보다 족히 몇 등급이나 높았다! 이렇게 병마용갱 무기의 크롬 함유에 관한 수수께끼는 마침내 **진상이 명확히 밝혀졌다**.

어휘 兵马俑坑 Bīngmǎyǒng Kēng [고유] 병마용갱　出土 chūtǔ [동] 출토하다　武器 wǔqì [명] 무기　目光 mùguāng [명] 이목, 시선
包括 bāokuò [동] 포함하다, 포괄하다　弩 nǔ [명] 석궁　剑 jiàn [명] 검, 큰 칼　戈 gē [명] 창　箭 jiàn [명] 화살　铜 tóng [명] 구리, 동
锈蚀 xiùshí [동] (금속이) 녹슬어서 부식되다　痕迹 hénjì [명] 흔적　惊奇 jīngqí [동] 놀라워하다, 경이롭게 생각하다
通常 tōngcháng [형] 일반적이다, 보통이다 [부] 보통, 일반적으로　锡 xī [명] 주석　合金 héjīn [명] 합금　金属 jīnshǔ [명] 금속　制品 zhìpǐn [명] 제품
保持 bǎochí [동] 유지하다, 지키다　光洁 guāngjié [형] 광택이 나고 깨끗하다, 빛나고 깨끗하다　解开 jiěkāi [동] (질문이나 의문 등을) 풀다, 해답하다
谜底 mídǐ [명] 수수께끼의 답, 일의 진상　专家 zhuānjiā [명] 전문가　化学 huàxué [명] 화학　成分 chéngfèn [명] 성분, 요인
分析 fēnxī [동] 분석하다　含有 hányǒu [동] 함유하다, 포함하고 있다　元素 yuánsù [명] 화학 원소, 요소　铬 gè [명] 크롬　现代 xiàndài [명] 현대
冶金 yějīn [동] 야금하다, 제련하다　工业 gōngyè [명] 공업　转化 zhuǎnhuà [동] 변환하다, 전환하다　膜 mó [명] 코팅, 막
防腐蚀 fáng fǔshí 부식 방지, 방부식　避免 bìmiǎn [동] 피하다, 모면하다　氧气 yǎngqì [명] 산소　以及 yǐjí [접] 및, 그리고
酸性 suānxìng [명] 산성　物质 wùzhì [명] 물질　接触 jiēchù [동] 접촉하다, 닿다　减缓 jiǎnhuǎn [동] (속도를) 늦추다
腐蚀 fǔshí [동] 부식하다, 썩어 문드러지다　表面 biǎomiàn [명] 표면, 겉　周边 zhōubiān [명] 주변　嫌疑 xiányí [명] 혐의, 의심쩍음
土壤 tǔrǎng [명] 토양, 흙　检测 jiǎncè [동] 검사 측정하다　显示 xiǎnshì [동] 밝히다, 드러내나　相关 xiāngguān [동] (서로) 관련되다
模拟实验 mónǐ shíyàn [명] 모의 실험　否定 fǒudìng [동] 부정하다 [형] 부정적인　假设 jiǎshè [명] 가설 [동] 가정하다
研究人员 yánjiū rényuán [명] 연구원　无处不在 wúchù búzài 어디에나 있는　油漆 yóuqī [명] 도료, 페인트 [동] (페인트 등을) 칠하다
涂 tú [동] (안료·도료 등을) 칠하다, 바르다　漆 qī [명] (페인트·니스 등의) 도료 [동] (도료를 기물에) 칠하다, 바르다
作为 zuòwéi [개] ~로서 [동] ~으로 삼다, ~으로 여기다　基底 jīdǐ [명] 베이스, 밑바탕　同样 tóngyàng [형] 마찬가지다, 같다
整个 zhěnggè [형] 전체의, 전부의　古代 gǔdài [명] 고대　传统 chuántǒng [형] 전통적이다 [명] 전통　漆树 qīshù [명] 옻나무
采集 cǎijí [동] 채취하다, 채집하다　属于 shǔyú [동] ~에 속하다　产品 chǎnpǐn [명] 제품, 상품　提升 tíshēng [동] 끌어올리다, 진급시키다
性能 xìngnéng [명] 성능　添加剂 tiānjiājì [명] 첨가제　或许 huòxǔ [부] 아마도, 어쩌면　存在 cúnzài [동] 존재하다 [명] 존재
残留 cánliú [동] (부분적으로) 남아 있다, 잔류하다　果然 guǒrán [부] 역시나, 과연　足足 zúzú [부] 족히, 충분히　等级 děngjí [명] 등급, 계급
谜 mí [명] 수수께끼　真相大白 zhēnxiàngdàbái [성] 진상이 명확히 밝혀지다, 진상이 낱낱이 드러나다

89	根据上文，兵马俑坑中发现了：	위 글에 근거하여, 병마용갱에서 발견한 것은：
하	A 衣服	A 옷
	B 药物	B 약
	C 古代钱币	C 고대 화폐
	D 金属制品	D 금속 제품

해설 질문이 위 글에 근거하여 병마용갱에서 발견한 것을 물었으므로, 兵马俑坑中发现과 관련된 내용을 지문에서 재빨리 찾는다. 첫 번째 단락에서 从兵马俑坑里出土的武器和兵马俑……其中, 大部分铜武器上找不到锈蚀的痕迹……材料为铜锡合金的金属制品이라고 했으므로, 보기 D가 정답이다.

어휘 兵马俑坑 Bīngmǎyǒng Kēng 고유 병마용갱   古代 gǔdài 몡 고대   钱币 qiánbì 몡 화폐, 돈   金属 jīnshǔ 몡 금속
制品 zhìpǐn 몡 제품

90	关于兵马俑坑中的铜武器, 可以知道:	병마용갱 속의 구리로 된 무기에 관하여, 알 수 있는 것은:
중상	A 发掘难度较大	A 발굴 난이도가 비교적 높다
	B 保存得非常好	B 매우 잘 보존되어 있다
	C 采用了抗腐蚀技术	C 부식 방지 기술을 채택했다
	D 上面涂抹了有毒物质	D 윗면에 유독 물질을 칠했다

해설 질문이 병마용갱 속의 구리로 된 무기에 관하여 알 수 있는 것을 물었으므로, 铜武器와 관련된 내용을 지문에서 재빨리 찾는다. 첫 번째 단락에서 大部分铜武器上找不到锈蚀的痕迹……究竟是什么技术让它们历经两千年还保持光洁如新的样子呢?라고 했으므로, 보기 B가 정답이다.

어휘 兵马俑坑 Bīngmǎyǒng Kēng 고유 병마용갱   铜 tóng 몡 구리, 동   武器 wǔqì 몡 무기   发掘 fājué 통 발굴하다
保存 bǎocún 통 보존하다   采用 cǎiyòng 통 채택하다, 채용하다   抗腐蚀 kàngfǔshí 부식 방지, 방부식   涂抹 túmǒ 통 칠하다, 바르다
有毒 yǒudú 유독, 독이 있는   物质 wùzhì 몡 물질

91	武器上的铬最可能来自于哪里?		무기의 크롬은 어디에서 왔을 가능성이 가장 큰가?	
중	A 土壤	B 油漆	A 토양	B 도료
	C 氧气	D 地下水	C 산소	D 지하수

해설 질문이 무기의 크롬은 어디에서 왔을 가능성이 가장 큰지를 물었으므로, 武器上的铬와 관련된 내용을 지문에서 재빨리 찾는다. 마지막 단락에서 专家对武器上残留的油漆成分进行了检测。漆的含铬量竟然非常丰富라고 했으므로, 보기 B가 정답이다.

어휘 武器 wǔqì 몡 무기   铬 gè 몡 크롬   土壤 tǔrǎng 몡 토양, 흙   油漆 yóuqī 몡 도료, 페인트 통 (페인트 등을) 칠하다
氧气 yǎngqì 몡 산소

92	最后一段中画线词语的意思是:	마지막 단락에서 밑줄 친 단어의 뜻은:
중상	A 弄明白了真实情况	A 진짜 상황을 알아냈다
	B 真理是需要检验的	B 진리는 검증이 필요하다
	C 相关研究仍是空白	C 관련 연구는 여전히 공백이다
	D 白白浪费了很多时间	D 많은 시간을 쓸데없이 낭비했다

해설 질문이 마지막 단락에서 밑줄 친 단어의 뜻을 물었으므로, 밑줄 친 단어가 나온 부분을 지문에서 재빨리 찾는다. 마지막 단락에서 专家对武器上残留的油漆成分进行了检测。漆的含铬量竟然非常丰富, 比土壤中的含铬量足足高出了好几个等级! 就这样, 兵马俑坑武器的含铬之谜终于真相大白了。라고 했으므로, 밑줄 친 단어 真相大白는 병마용갱 무기의 크롬 함유에 관한 수수께끼가 바로 도료 때문이었다는 것을 명확하게 알게 되었다는 뜻으로 사용되었음을 알 수 있다. 따라서 보기 A가 정답이다.

어휘 真实 zhēnshí 혱 진짜의, 진실한   真理 zhēnlǐ 몡 진리   检验 jiǎnyàn 통 검증하다, 검사하다   相关 xiāngguān 통 관련되다, 연관되다
空白 kòngbái 몡 공백, 여백   白白 báibái 분 쓸데없이, 헛되이

93-96

[96]美国密苏里大学最近发布了一项研究报告。报告指出, [93]继自动驾驶、语音识别、图像识别后, 人工智能又在材料科学领域取得了重大进展。人工智能网络经过训练, 能在一秒内准确预测出数十亿材料的性能。

[96]최근 미국 미주리 대학교에서 한 연구 보고서를 발표했다. 보고서에서 [93]자율 주행, 음성 인식, 패턴 인식에 이어서 인공 지능이 재료 과학 분야에서 중대한 진전을 얻었다고 밝혔다. 인공 지능 네트워크는 훈련을 통해 1초 내에 수십억 재료의 성능을 정확히 예측해 낼 수 있다.

96这项了不起的进展是由密苏里大学机械和航空航天工程系、电子工程和计算机科学系的96三名中国研究员齐心协力完成的。94他们将石墨烯的数千种可能性输入到高性能计算机中，然后将这些数据录入到人工智能网络中进行训练。这是因为石墨烯作为典型的二维材料，具有导电性强等特性，特别适合应用在航空航天等诸多领域。而人工智能擅长通过学习小规模数据来构建结构性能关系，进而进行大规模的性能预测。

经过多次检验后，94他们发现预测材料结构的时间被大大缩短了。通常情况下2天才能完成的预测工作，现在只要一秒就能完成。不光如此，预测准确度也提高到了95%。

对此，三名中国研究员表达了自己的看法。董源教授说：“95用科学的方式训练计算机，让其在短时间内完成人类需要好多年才能做成的事情。这既是了不起的突破，也是重要的起点，95对社会、对科技的发展都有着举足轻重的作用。”而林见教授则指出：“当原子的位置不同时，材料的表现也会出现很大的差异，因为结构决定性质。而计算机的功能就是，在不进行任何实验的情况下预测这些属性。这提高了研究效率，减轻了研究员的负担。”另一名教授——程建林表示：“材料科学领域出现了一种新的趋势，那就是不管遇到什么样的材料结构，人工智能都可以精准地进行预测。这是一个巨大进步，也是应用人工智能改变该领域设计流程的一个典型示范。”

最后，研究员们进一步指出，这项技术未来可用于LED电视、触摸屏、智能手机、太阳能电池、航空航天装备等的设计。

96이 대단한 진전은 미주리 대학의 기계 및 항공 우주 공학과, 전자 공학과 컴퓨터 학과의 96중국 연구원 세 명이 한 마음 한 뜻으로 함께 노력하여 완성한 것이다. 94그들은 그래핀의 수천 종류의 가능성을 고성능 컴퓨터에 입력하고, 그 다음 이러한 데이터를 인공 지능 네트워크에 입력하여 훈련을 진행했다. 이는 그래핀이 전형적인 이차원 재료로서, 전기 전도성이 강하다는 특성을 가지고 있어 항공 우주 등 많은 분야에 응용하기에 특히 적합하기 때문이다. 인공 지능은 소규모의 데이터 학습을 통해 구조 성능 관계를 세우고, 더 나아가 대규모의 성능 예측을 진행하는 것에 뛰어나다.

여러 차례의 검증을 거친 후, 94그들은 재료 구조를 예측하는 시간이 크게 단축되었다는 것을 발견했다. 일반적인 상황이라면 이틀 만에 겨우 끝낼 수 있는 예측 작업이 현재는 1초면 완성할 수 있는 것이다. 이뿐만 아니라 예측 정확도 역시 95%로 높아졌다.

이에 대해 중국 연구원 세 명은 자신의 견해를 밝혔다. 동위안 교수는 “95과학적인 방식으로 컴퓨터를 훈련해서, 그것으로 하여금 짧은 시간 내에 인류가 몇 년을 필요로 해야 겨우 달성할 수 있는 일을 완성하게 합니다. 이는 대단한 새로운 진전일 뿐만 아니라 중요한 기점이기도 하며, 95사회, 과학 기술의 발전에도 모두 대단히 중요한 역할을 합니다.”라고 말했다. 린젠 교수는 “원자의 위치가 다를 때 재료의 움직임에도 큰 차이가 생길 수 있는데, 왜냐하면 구조가 성질을 결정하기 때문입니다. 컴퓨터의 기능은 바로 어떠한 실험도 진행하지 않은 상황에서 이러한 속성을 예측하는 것입니다. 이는 연구 효율을 높였고, 연구원들의 부담을 줄였습니다.”라고 말했다. 또 한 명의 교수인 청젠린은 “재료 과학 분야에는 새로운 추세가 나타났는데, 그것은 바로 어떠한 재료 구조를 만나더라도 인공 지능이 정확하게 예측을 진행할 수 있다는 것입니다. 이는 거대한 진보이자, 인공 지능을 응용하여 이 분야의 설계 과정을 바꿀 수 있는 전형적인 시범입니다.”라고 밝혔다.

마지막으로 연구원들은 한 걸음 더 나아가 이 기술이 미래에 LED TV, 터치 스크린, 스마트폰, 태양광 건전지, 항공 우주 장비 등의 설계에 사용될 수 있을 것이라고 밝혔다.

어휘 密苏里大学 Mìsūlǐ Dàxué [고유] 미주리 대학교　发布 fābù [동] (명령·지시·뉴스 등을) 발표하다　项 xiàng [양] 조항, 조목
报告 bàogào [명] 보고서 [동] 보고하다　自动驾驶 zìdòng jiàshǐ 자율 주행　识别 shíbié [동] 인식하다, 식별하다　图像 túxiàng [명] 패턴, 영상
人工智能 réngōng zhìnéng 인공 지능　材料 cáiliào [명] 재료, 자료　领域 lǐngyù [명] 분야, 영역　重大 zhòngdà [형] 중대하다
进展 jìnzhǎn [동] 진전하다, 진행하다　网络 wǎngluò [명] 네트워크, 온라인　训练 xùnliàn [동] 훈련하다　秒 miǎo [양] 초
预测 yùcè [동] 예측하다　亿 yì [수] 억　性能 xìngnéng [명] 성능　了不起 liǎobuqǐ [형] 대단하다, 뛰어나다
机械 jīxiè [명] 기계, 기계 장치 [형] 융통성이 없다, 기계적이다　航空 hángkōng [동] 항공하다　航天 hángtiān [동] 우주 비행하다
工程 gōngchéng [명] 공학, 공사　系 xì [명] 학과　齐心协力 qíxīnxiélì [성] 한 마음 한 뜻으로 함께 노력하다
石墨烯 shímòxī 그래핀[탄소원자로 이루어진 얇은 막]　输入 shūrù [동] 입력하다　数据 shùjù [명] 데이터, 수치
录入 lùrù [동] (컴퓨터에) 입력하다　作为 zuòwéi [동] ~으로 삼다, ~으로 여기다　典型 diǎnxíng [형] 전형적인 [명] 전형, 대표적인 인물
二维 èrwéi [명] 이차원　导电性 dǎodiànxìng [명] 전기 전도성　应用 yìngyòng [동] 응용하다　诸多 zhūduō [형] 많은, 수많은
擅长 shàncháng [동] (어떤 방면에) 뛰어나다, 잘하다　规模 guīmó [명] 규모　构建 gòujiàn [동] 세우다, 수립하다　结构 jiégòu [명] 구조, 구성
进而 jìn'ér [접] 더 나아가, 진일보하여　检验 jiǎnyàn [동] 검증하다, 검사하다　缩短 suōduǎn [동] 단축하다, 줄이다
通常 tōngcháng [형] 일반적이다, 보통이다 [부] 보통, 일반적으로　表达 biǎodá [동] (생각·감정을) 밝히다, 나타내다　方式 fāngshì [명] 방식, 방법
人类 rénlèi [명] 인류　突破 tūpò [동] 새로운 진전을 이루다, 돌파하다　举足轻重 jǔzúqīngzhòng [성] 대단히 중요하다　原子 yuánzǐ [명] 원자
位置 wèizhi [명] 위치　表现 biǎoxiàn [명] 움직임, 표현 [동] 활약하다, 나타나다　差异 chāyì [명] 차이　性质 xìngzhì [명] 성질
功能 gōngnéng [명] 기능, 효능　实验 shíyàn [명] 실험 [동] 실험하다　属性 shǔxìng [명] 속성　效率 xiàolǜ [명] 효율, 능률
负担 fùdān [명] 부담, 책임 [동] 부담하다, 책임지다　趋势 qūshì [명] 추세　巨大 jùdà [형] 거대하다　进步 jìnbù [동] 진보하다
精准 jīngzhǔn [형] (계산·분석 등이) 정확하다　设计 shèjì [명] 설계, 디자인 [동] 설계하다, 디자인하다　流程 liúchéng [명] 과정, 공정
示范 shìfàn [동] 시범하다, 모범을 보이다　未来 wèilái [명] 미래 [형] 미래의, 앞으로의　触摸屏 chùmōpíng [명] 터치스크린
电池 diànchí [명] 건전지　装备 zhuāngbèi [명] 장비, 설비 [동] (무기나 기계를) 장착하다, 탑재하다

93	下列哪项**不属于**人工智能取得突破的领域？	다음 중 인공 지능이 새로운 진전을 이룬 분야에 **속하지 않는** 것은?
중	A 图像识别	A 패턴 인식
	B 语音识别	B 음성 인식
	C 材料合成	C 재료 합성
	D 自动驾驶	D 자율 주행

해설 질문이 인공 지능이 새로운 진전을 이룬 분야에 속하지 않는 것을 물었으므로, 人工智能取得突破的领域와 관련된 부분을 지문에서 재빨리 찾는다. 첫 번째 단락에서 继自动驾驶、语音识别、图像识别后, 人工智能又在材料科学领域取得了重大进展이라고 했으므로, 지문에서 언급되지 않은 보기 C가 정답이다.

어휘 人工智能 réngōng zhìnéng 명 인공 지능　突破 tūpò 통 새로운 진전을 이루다, 돌파하다　领域 lǐngyù 명 분야, 영역
图像 túxiàng 명 패턴, 영상　识别 shíbié 통 인식하다, 식별하다　材料 cáiliào 명 재료, 자료　合成 héchéng 통 합성하다
自动驾驶 zìdòng jiàshǐ 자율 주행

94	在材料科学中, 人工智能能够：	재료 과학에서, 인공 지능이 할 수 있는 것은 :
중상	A 提高材料价值	A 재료의 가치를 높인다
	B 提升测量速度	B 측량 속도를 높인다
	C 改善材料属性	C 재료의 속성을 개선한다
	D 树立行业标准	D 업계 기준을 세운다

해설 질문이 재료 과학에서 인공 지능이 할 수 있는 것을 물었으므로, 人工智能과 관련된 부분을 지문에서 재빨리 찾는다. 두 번째 단락에서 他们将石墨烯的数千种可能性输入到高性能计算机中, 然后将这些数据录入到人工智能网络中进行训练이라고 했고, 세 번째 단락에서 他们发现预测材料结构的时间被大大缩短了。通常情况下2天才能完成的预测工作, 现在只要一秒就能完成이라고 했으므로, 보기 B가 정답이다.

어휘 材料 cáiliào 명 재료, 자료　人工智能 réngōng zhìnéng 명 인공 지능　价值 jiàzhí 명 가치　提升 tíshēng 통 높이다, 진급시키다
测量 cèliáng 통 측량하다　改善 gǎishàn 통 개선하다　属性 shǔxìng 명 속성　树立 shùlì 통 세우다　行业 hángyè 명 업계

95	根据第四段, 用科学的方式训练计算机：	네 번째 단락에 근거하여, 과학적인 방식으로 컴퓨터를 훈련하는 것은 :
중상	A 降低了研究效率	A 연구 효율을 저하시킨다
	B 是一个巨大的退步	B 거대한 퇴보이다
	C 增加了研究员的负担	C 연구원들의 부담을 증가시켰다
	D 对科技发展意义重大	D 과학 기술 발전에 의미가 크다

해설 지문이 네 번째 단락에 근거하여 과학적인 방식으로 컴퓨터를 훈련하는 것은 어떠한지를 물었으므로, 用科学的方式训练计算机와 관련된 부분을 지문에서 재빨리 찾는다. 네 번째 단락에서 用科学的方式训练计算机……对社会、对科技的发展都有着举足轻重的作用이라고 했으므로, 보기 D가 정답이다.

어휘 方式 fāngshì 명 방식　训练 xùnliàn 통 훈련하다　效率 xiàolǜ 명 효율　巨大 jùdà 형 거대하다　负担 fùdān 명 부담

96	根据上文, 这一研究：	위 글에 근거하여, 이 연구는 :
중	A 可行性仍不明确	A 실행 가능성이 여전히 명확하지 않다
	B 是中国学者的成果	B 중국 학자의 성과이다
	C 未改变材料设计流程	C 재료 설계 과정을 아직 개선하지 않았다
	D 已应用于触摸屏的制造	D 이미 터치스크린 제조에 응용되고 있다

해설 질문이 위 글에 근거하여 이 연구는 어떠한지를 물었으므로, 研究와 관련된 세부 내용을 재빨리 파악한다. 첫 번째 단락에서 美国密苏里大学最近发布了一项研究报告이라고 했고, 두 번째 단락에서 这项了不起的进展是……三名中国研究员齐心协力完成的라고 했으므로, 보기 B가 정답이다.

어휘 可行性 kěxíngxìng 명 실행 가능성　明确 míngquè 형 명확하다 통 명확하게 하다　成果 chéngguǒ 명 성과

材料 cáiliào 뗑 재료, 자료　设计 shèjì 뗑 설계하다, 디자인하다 뗑 설계, 디자인　流程 liúchéng 뗑 과정, 공정
应用 yìngyòng 뗑 응용하다　触摸屏 chùmōpíng 뗑 터치스크린　制造 zhìzào 뗑 제조하다, 만들다

97-100

小时候，汪滔在一个偶然的机会下读了一本书，那是一本关于直升机探险的漫画故事书。从此，他就对航模产生了浓厚的兴趣，这份儿时的爱好一直伴随他进入大学。上大学后，他毅然决定研究遥控直升机的飞行控制系统，并将它作为毕业课题的方向。[97]汪滔为了实现儿时的一个设想——"让遥控直升机自由选择悬停的位置"，努力研究了大半年，可还是失败了。

然而，这次失败给汪滔带来了意想不到的机会。他的领导才能及对技术的理解得到了香港科技大学李泽湘教授的认可。在李教授的推荐下，汪滔顺利进入了香港科技大学攻读硕士。他敏锐地嗅到了无人机市场的商机后，就把研究方向转向了无人机。经过没日没夜的研究，他在2006年1月做出了第一台无人机样品。然后，[98]他用筹集到的资金，和朋友在深圳成立了"大疆"公司，主要研发和生产无人飞行器控制系统。

[98]公司刚成立时可谓举步艰难。团队中只有汪滔有无人机技术背景，所以需要他手把手地教其他员工。由于公司效益不好，员工陆续投靠了其他公司，还有人偷偷在网上出售了公司的物品。这段时期被汪滔认为是"黎明前的黑暗"。[99]在紧要关头，李教授给公司带来了资金，还带来了很多优秀的人才。"大疆"终于迎来了发展的曙光。

2013年，公司推出了一款小型一体航拍无人机——"大疆精灵"。凭借简洁性和易用性，该产品迅速占领了无人机市场70%的市场份额。通过不断的创新，"大疆"的一系列产品成为全球航模航拍爱好者的首选，同时也被广泛应用到工业及商业领域。

成功后，[100]汪滔决定用实际行动回报母校。他与香港科技大学推出了"联合奖学金计划"，对电子计算机工程专业的博士和硕士新生提供每人1.4万元港币的全额奖学金。在大多数人眼里，中国的高科技企业历来只扮演"追赶者"和"跟跑者"的角色，而汪滔和他的公司却在短短十年内，打破了这个偏见，成为了无人机领域的"领跑者"。

어린 시절, 왕타오는 우연한 기회로 책 한 권을 읽었는데, 그것은 헬리콥터 탐험에 관한 만화 이야기책이었다. 그로부터 그는 비행기 모형에 대해 깊은 흥미가 생겼고, 이 어린 시절의 취미는 줄곧 그가 대학에 입학할 때까지 따라다녔다. 대학에 입학한 후, 그는 원격 조종 헬리콥터의 비행 통제 시스템을 연구하기로 단호히 결정하고, 그것을 졸업 과제의 방향으로 삼았다. [97]왕타오는 '원격 조종 헬리콥터가 자유롭게 공중에서 멈추는 위치를 선택하게 하는 것'이라는 어린 시절의 상상을 실현하기 위해서, 반년 동안 열심히 연구했지만 실패했다.

그러나 이 실패는 왕타오에게 전혀 생각하지 못한 기회를 가져다 주었다. 그의 리더십 재능 및 기술에 대한 이해는 홍콩 과학 기술 대학교 리쩌샹 교수의 인정을 받았다. 리 교수의 추천으로 왕타오는 순조롭게 홍콩 과학 기술 대학교에 들어가 석사를 열심히 공부했다. 그는 예민하게 드론 시장의 사업 기회의 냄새를 맡은 후, 연구 방향을 드론으로 전향했다. 밤낮없이 연구한 끝에, 그는 2006년 1월에 첫 번째 드론 샘플을 만들어 냈다. 이어서 [98]그는 모아둔 자금으로 친구와 함께 선전에서 주로 무인 비행기 통제 시스템을 연구 개발하고 생산하는 [98]'다장' 회사를 설립했다.

[98]회사가 막 설립되었을 때는 발걸음을 내딛는 것이 힘들었다고 말할 수 있다. 팀에서 오직 왕타오만이 드론 기술 배경을 가지고 있었기에, 그가 손수 일일이 다른 직원들을 가르쳐야 했다. 회사의 수익이 좋지 않아서 직원들은 잇달아 다른 회사에 빌붙었고, 어떤 사람들은 남몰래 회사의 물품을 인터넷에서 팔기도 했다. 이 시기는 왕타오에게 '동이 트기 전의 어두움'으로 여겨진다. [99]중대한 고비에서 리 교수는 회사에 자금을 가져왔고, 수많은 우수한 인재들도 데려왔다. '다장'은 마침내 발전의 서광을 맞이했다.

2013년, 회사는 소형 일체형 항공 촬영 드론인 '다장 징링'을 선보였다. 간결성과 사용성에 기대어, 이 제품은 신속하게 드론 시장의 70%의 마켓 점유율을 차지했다. 끊임없는 혁신을 통해, '다장'의 일련의 제품들은 전 세계 비행기 모형과 항공 촬영 애호가들이 우선적으로 선택하는 것이 되었으며, 동시에 공업 및 비즈니스 영역에서 광범위하게 응용되었다.

성공 후, [100]왕타오는 실제 행동으로 모교에 보답하기로 결정했다. 그는 홍콩 과학 기술 대학교와 '연합 장학금 계획'을 내놓았는데, 전자 컴퓨터 공학 전공의 박사와 석사 신입생에게 1인당 1.4만 위안 홍콩 달러의 전액 장학금을 주는 것이다. 대다수 사람의 눈에 중국의 하이테크 기업은 줄곧 '쫓는 자'와 '후발 주자'의 역할을 맡는 것처럼 보이지만, 왕타오와 그의 회사는 불과 10년 만에 이런 편견을 깨고 드론 영역의 '선두 주자'가 되었다.

어휘　偶然 ǒurán 톙 우연하다 틘 우연히　直升机 zhíshēngjī 뗑 헬리콥터, 헬기　探险 tànxiǎn 동 탐험하다　漫画 mànhuà 뗑 만화
从此 cóngcǐ 틘 그로부터, 이로부터　航模 hángmó 뗑 비행기 모형　产生 chǎnshēng 동 생기다　浓厚 nónghòu 톙 (흥미가) 깊다
伴随 bànsuí 동 따르다　毅然 yìrán 틘 단호히　遥控 yáokòng 동 원격 조종하다　控制 kòngzhì 동 통제하다　系统 xìtǒng 뗑 시스템, 체계
作为 zuòwéi 동 ~로 삼다　课题 kètí 뗑 과제, 프로젝트　设想 shèxiǎng 동 상상하다, 가상하다
悬停 xuántíng 동 (헬리콥터 등이) 공중에서 멈추다　位置 wèizhi 뗑 위치　意想不到 yìxiǎngbúdào 젱 전혀 생각하지 못하다, 예상치 못하다
领导 lǐngdǎo 동 리드하다, 이끌다 뗑 대표, 리더　香港 Xiānggǎng 고유 홍콩　认可 rènkě 동 인정하다, 승낙하다　推荐 tuījiàn 동 추천하다
攻读 gōngdú 동 열심히 공부하다　敏锐 mǐnruì 톙 (감각이) 예민하다, 날카롭다　嗅 xiù 동 냄새를 맡다　无人机 wúrénjī 드론, 무인기
市场 shìchǎng 뗑 시장　商机 shāngjī 뗑 사업 기회　转向 zhuǎnxiàng 동 전향하다, 방향을 바꾸다
没日没夜 méirìméiyè 젱 밤낮이 없다, 밤낮을 가리지 않다　样品 yàngpǐn 뗑 샘플, 견본　筹集 chóují 동 모으다, 마련하다
资金 zījīn 뗑 자금　深圳 Shēnzhèn 고유 선전[중국 광둥성에 위치한 도시]　成立 chénglì 동 (조직·기구를) 설립하다

大疆 Dàjiāng [고유] 다장[중국의 세계 제1위 드론 생산 기업, DJI]　研发 yánfā [동] 연구 개발하다

飞行器 fēixíngqì [명] 비행기[공중에서 날 수 있는 물체를 통칭하는 말]　可谓 kěwèi [동] (~라고) 말해도 좋을 것이다　举步 jǔbù [동] 발걸음을 내딛다

艰难 jiānnán [형] 힘들다, 곤란하다　团队 tuánduì [명] 팀, 단체　背景 bèijǐng [명] 배경

手把手 shǒu bǎ shǒu 손수 일일이 가르치다, 직접 가르치다　员工 yuángōng [명] 직원　效益 xiàoyì [명] 수익, 효과와 이익

陆续 lùxù [부] 잇달아, 끊임없이　投靠 tóukào [동] 빌붙다, (남에게 몸을) 의탁하다　偷偷 tōutōu [부] 남몰래　出售 chūshòu [동] 팔다, 판매하다

物品 wùpǐn [명] 물품　时期 shíqī [명] (특정한) 시기　黎明 límíng [명] 동이 틀 무렵, 여명　黑暗 hēi'àn [형] (빛이 없어서) 어둡다

紧要关头 jǐnyào guāntóu 중대한 고비, 관건　人才 réncái [명] 인재　曙光 shǔguāng [명] 서광, (비유) 좋은 징조

推出 tuīchū [동] 선보이다, 내놓다　航拍 hángpāi [동] 항공 촬영을 하다　大疆精灵 Dàjiāng Jīnglíng [고유] 다장 징링, Phantom 1

凭借 píngjiè [동] ~에 기대다, ~를 통하다　简洁性 jiǎnjiéxìng 간결성　易用性 yìyòngxìng 사용성　产品 chǎnpǐn [명] 제품, 상품

迅速 xùnsù [형] 신속하다, 재빠르다　占领 zhànlǐng [동] 차지하다, 점유하다　市场份额 shìchǎng fèn'é 마켓 점유율

不断 búduàn [부] 끊임없이, 부단히　创新 chuàngxīn [동] 혁신하다 [명] 창의성　一系列 yíxìliè [형] 일련의

首选 shǒuxuǎn [동] 우선적으로 선택하다　广泛 guǎngfàn [형] 광범위하다, 범위가 넓다　应用 yìngyòng [동] 응용하다　工业 gōngyè [명] 공업

商业 shāngyè [명] 비즈니스, 상업　领域 lǐngyù [명] 영역, 분야　行动 xíngdòng [명] 행동 [동] 행동하다　回报 huíbào [동] 보답하다

联合 liánhé [형] 연합의, 공동의　奖学金 jiǎngxuéjīn [명] 장학금　电子 diànzǐ [명] 전자　计算机工程 jìsuànjī gōngchéng 컴퓨터 공학

港币 Gǎngbì [고유] 홍콩 달러　全额 quán'é [명] 전액　高科技 gāokējì [명] 하이테크, 첨단 기술　企业 qǐyè [명] 기업　历来 lìlái [부] 줄곧, 항상

扮演 bànyǎn [동] ~역을 맡아 하다, 출연하다　追赶者 zhuīgǎnzhě 쫓는 자　跟跑者 gēnpǎozhě 후발 주자　角色 juésè [명] 역할, 배역

打破 dǎpò [동] 깨다, 깨뜨리다　偏见 piānjiàn [명] 편견, 선입견　领跑者 lǐngpǎozhě 선두 주자

97
중상

根据第一段，汪滔想解决什么核心问题？ ┆ 첫 번째 단락에 근거하여, 왕타오는 어떤 핵심 문제를 해결하고 싶어 했는가?

A 直升机的自由升降 ┆ A 헬리콥터의 자유 승강

B 节约直升机的能源 ┆ B 헬리콥터의 에너지를 절약하는 것

C 直升机的自由悬停 ┆ C 헬리콥터가 자유롭게 공중에서 멈추는 것

D 直升机的加速飞行 ┆ D 헬리콥터의 가속 비행

해설 질문이 첫 번째 단락에 근거하여 왕타오가 해결하고 싶어한 핵심 문제는 무엇인지를 물었으므로, 汪滔의 문제와 관련된 내용을 지문에서 재빨리 찾는다. 첫 번째 단락에서 汪滔为了实现儿时的一个设想——"让遥控直升机自由选择悬停的位置"이라고 했으므로, 보기 C가 정답이다.

어휘 核心 héxīn [명] 핵심　直升机 zhíshēngjī [명] 헬리콥터, 헬기　自由 zìyóu [명] 자유 [형] 자유롭다

升降 shēngjiàng [동] 승강하다, 오르내리다　能源 néngyuán [명] 에너지, 에너지원　悬停 xuántíng [동] (헬리콥터 등이) 공중에서 멈추다

加速 jiāsù [동] 가속하다, 속도를 늘리다

98
중

关于"大疆"公司，可以知道什么？ ┆ '다장' 회사에 관하여, 무엇을 알 수 있는가?

A 由政府投资建立 ┆ A 정부가 투자해서 세웠다

B 母公司位于香港 ┆ B 모회사는 홍콩에 위치해 있다

C 人才的竞争激烈 ┆ C 인재의 경쟁이 치열하다

D 创业初期很艰辛 ┆ D 창업 초기에 고생스러웠다

해설 질문이 '다장' 회사에 관하여 알 수 있는 것을 물었으므로, "大疆"公司와 관련된 내용을 지문에서 재빨리 찾는다. 두 번째 단락에서 他用筹集到的资金, 和朋友在深圳成立了"大疆"公司라고 했고, 세 번째 단락에서 公司刚成立时可谓举步艰难。이라고 했으므로, 보기 D가 정답이다.

어휘 政府 zhèngfǔ [명] 정부　投资 tóuzī [동] 투자하다　建立 jiànlì [동] 세우다　位于 wèiyú [동] ~에 위치하다　香港 Xiānggǎng [고유] 홍콩

人才 réncái [명] 인재　激烈 jīliè [형] 치열하다　创业 chuàngyè [동] 창업하다　艰辛 jiānxīn [형] 고생스럽다

99
중

"大疆"公司的转折点是什么？ ┆ '다장' 회사의 전환점은 무엇인가?

A 公司最终成功上市 ┆ A 회사가 마침내 성공적으로 상장된 것

B 订单数量大幅增长 ┆ B 주문서 수량이 큰 폭으로 증가한 것

C 研发出了新一代产品 ┆ C 신세대 제품을 연구 개발해 낸 것

D 李教授带来资金和人才 ┆ D 리 교수가 자금을 가져오고 인재를 데려온 것

해설 질문이 '다쟝' 회사의 전환점은 무엇인지를 물었으므로, 转折点과 관련된 내용을 지문에서 재빨리 찾는다. 세 번째 단락에서 在紧要关头, 李教授给公司带来了资金, 还带来了很多优秀的人才。"大疆"终于迎来了发展的曙光。이라고 했으므로, 보기 D가 정답이다.

어휘 转折点 zhuǎnzhédiǎn 몡 전환점 上市 shàngshì 됭 상장되다, (상품이) 출시되다 订单 dìngdān 몡 주문서
研发 yánfā 됭 연구 개발하다 产品 chǎnpǐn 몡 제품, 상품 资金 zījīn 몡 자금 人才 réncái 몡 인재

100 중	汪滔决定如何报答母校？	왕타오는 모교에 어떻게 보답하기로 결정했는가?
	A 设立全额奖学金	A 전액 장학금을 설립한다
	B 赠送无人机产品	B 드론 제품을 증정한다
	C 创办无人机学院	C 드론 단과 대학을 창설한다
	D 为校友提供实习机会	D 동문에게 실습할 기회를 제공한다

해설 질문이 왕타오는 모교에 어떻게 보답하기로 결정했는지를 물었으므로, 报答母校와 관련된 내용을 지문에서 재빨리 찾는다. 마지막 단락에서 汪滔决定用实际行动回报母校。他与香港科技大学推出了"联合奖学金计划", 对电子计算机工程专业的博士和硕士新生提供每人1.4万元港币的全额奖学金。이라고 했으므로, 보기 A가 정답이다.

어휘 如何 rúhé 때 어떻다, 어떠하다 报答 bàodá 됭 보답하다 设立 shèlì 됭 설립하다 全额 quán'é 몡 전액
奖学金 jiǎngxuéjīn 몡 장학금 赠送 zèngsòng 됭 증정하다 无人机 wúrénjī 드론, 무인기 产品 chǎnpǐn 몡 제품, 상품
创办 chuàngbàn 됭 창설하다, 창립하다 学院 xuéyuàn 몡 단과 대학 校友 xiàoyǒu 몡 동문, 동창 实习 shíxí 됭 실습하다

三、书写 쓰기

지문 해석

101
중상

战国时期，赵王得到了一块珍贵的玉——和氏璧。因为和氏璧象征着吉祥，秦王也想得到这块玉，于是他就派人给赵王送来一封信，说秦国愿意拿十五座城池来交换这块玉。

看完信后，赵王心想：秦王向来只占便宜，从不吃亏，这次怎么这么大方？不答应他的请求，他可能会以此为借口进攻赵国；答应的话，又怕上当受骗。思来想去，赵王还是拿不定主意，就把大臣们叫来商量对策。

在大家都不知道如何是好的时候，有人向赵王推荐了自己的门客蔺相如。此人表示，蔺相如虽然体格小，但机智勇敢，很有计谋，所以赵王召见了蔺相如。拜见赵王时，蔺相如诚恳地说："大王，请让我带着和氏璧去见秦王吧。到秦国后我会见机行事，如果秦王不肯用十五座城池交换，我一定把和氏璧完好无损地带回来。"赵王看他决心很大，就派他带着和氏璧去秦国了。

秦王在宫殿里接见了蔺相如，蔺相如把和氏璧献给秦王。秦王十分高兴，接过和氏璧反复地看，赞叹不已。他看完后，又给大臣们展示了一遍，然后又让后宫的妃子们观赏。蔺相如站在一旁等候了很久，始终不见秦王提起给赵国十五座城池的事。

蔺相如发现秦王没有诚意，便上前一步说道："这块玉虽然很美，但其实有个小毛病，让我指给您看看吧。"秦王相信了他的话，吩咐手下将和氏璧递给蔺相如。蔺相如接过和氏璧，退后几步，靠着宫殿的一根大柱子站定，然后冷静地说："我看您并不想交出十五座城池，所以把和氏璧要了回来。您要是强迫我，我就把这块玉撞碎！"说完，他就举起和氏璧，做出要撞柱子的动作。

秦王想让士兵去抢，可是又怕在争夺的过程中摔坏了玉，只好向蔺相如道歉，又叫人取来秦国地图，随手指定了十五座城。但聪明的蔺相如一下就看出来秦王并不是真心想交换，就补充道："和氏璧是罕见的宝贝，赵王在我动身以前，为它举行了隆重的仪式。如果您是真的有诚意交换，也请准备一个仪式，到时候我再把玉献给您。"秦王没有办法，只好同意了。

전국 시대에 조나라 왕은 진귀한 옥인 화씨벽을 얻었다. 화씨벽은 길함을 상징해서, 진나라 왕도 이 옥을 얻고 싶었기 때문에, 그는 사람을 보내 진나라 왕이 15개의 성을 이 옥과 교환하기를 원한다고 말한 편지 한 통을 조나라 왕에게 전했다.

편지를 다 본 후, 조나라 왕은 속으로 '진나라 왕은 여태까지 이익만 챙기려고 하고 손해를 보려 하지 않았는데, 이번에는 어찌 이렇게 호탕할까?'라고 생각했다. 그의 부탁을 들어주지 않으면, 그는 아마 이것을 구실로 삼아 조나라를 공격할 것이고, 들어주면 또 속임을 당할까 두려웠다. 이리저리 생각해 보았지만 조나라 왕은 여전히 방법을 결정하지 못하여, 대신들을 불러 대책을 논의했다.

모두가 어떻게 해야 좋을지 모를 때, 어떤 이가 조나라 왕에게 자신의 문객인 인상여를 추천했다. 그 사람은 인상여가 비록 체격은 작지만, 슬기롭고 용감하며, 책략이 있다고 하여 조나라 왕은 인상여를 만났다. 조나라 왕을 알현할 때, 인상여는 진실하게 말했다. "대왕님, 제가 화씨벽을 가지고 진나라 왕을 뵙고 올 수 있게 해 주십시오. 진나라에 도착한 후 저는 적당한 시기에 행동하되, 만약 진나라 왕이 15개의 성과 바꾸려고 하지 않는다면, 저는 반드시 화씨벽을 온전하게 가지고 돌아오겠습니다." 조나라 왕은 그의 결심이 큰 것을 보고, 그가 화씨벽을 가지고 진나라에 가도록 보냈다.

진나라 왕은 궁전에서 인상여를 만났고, 인상여는 화씨벽을 진나라 왕에게 바쳤다. 진나라 왕은 매우 기뻐했고, 화씨벽을 건네받아 계속 보면서 감탄을 그치지 않았다. 그는 다 본 후, 대신들에게 한 번 보여 주었고, 그 다음에는 또 후궁의 첩들에게 구경하고 감상하게 했다. 인상여는 한쪽에 서서 오랫동안 기다렸으나, 진나라 왕이 조나라에게 15개의 성을 준다는 일을 언급한 것을 끝내 보지 못했다.

인상여는 진나라 왕이 진심이 없다는 것을 알아차리고, 앞으로 한 발짝 나아가 "이 옥은 비록 아름답지만 사실 작은 결점이 있는데, 제가 당신께 보여드리도록 해 주십시오."라고 말했다. 진나라 왕은 그의 말을 믿고, 부하에게 화씨벽을 인상여에게 넘겨주라고 명령했다. 인상여는 화씨벽을 넘겨받고 뒤로 몇 걸음 물러나 궁전의 한 기둥에 기대어 꼼짝 않고 선 다음, 침착하게 말했다. "제가 보기에 당신은 결코 15개의 성을 내놓고 싶어 하지 않으시니, 화씨벽을 돌려받아야겠습니다. 당신이 만약 저를 강요하신다면, 저는 이 옥을 부딪쳐 깨뜨려 버릴 것입니다!" 말을 마치고, 그는 화씨벽을 위로 들어 올려 기둥에 부딪치려는 동작을 했다.

진나라 왕은 병사에게 가서 빼앗으라고 하고 싶었지만, 쟁탈하는 과정에서 옥을 깨뜨릴까 두려워서 어쩔 수 없이 인상여에게 사과를 했고, 또 사람을 불러 진나라 지도를 가져오게 하여 손이 가는 대로 15개의 성을 지정했다. 그러나 총명한 인상여는 단번에 진나라 왕이 결코 진심으로 교환하고 싶어하지 않는다는 것을 간파하고, 덧붙여서 말했다. "화씨벽은 보기 드문 보물로, 조나라 왕께서는 제가 떠나기 전에 그것을 위한 성대한 의식을 거행하셨습니다. 만약 당신이 진심으로 바꾸길 원하신다면, 부디 의식을 하나 준비해 주시고, 때가 되면 제가 다시 옥을 당신께 바치겠습니다." 진나라 왕은 어쩔 수 없이 동의했다.

제1회

제2회
쓰기

제3회

제4회

제5회

제6회

해커스 해설이 상세한 HSK 6급 실전모의고사

蔺相如回到住处，立即安排随从带着和氏璧走小路回赵国。过了几天，秦王发现和氏璧已经被送走，十分恼火。但他冷静下来一想，此时惩罚蔺相如，不但得不到和氏璧，还会使秦赵两国的关系恶化，可以说是得不偿失了。所以他最终下令放了蔺相如。

인상여는 거처로 돌아가서, 즉시 수행원이 화씨벽을 가지고 지름길로 조나라로 돌아가게 했다. 며칠이 지나 진나라 왕은 화씨벽이 이미 가져가고 없다는 것을 알아차리고는 매우 노했다. 하지만 그가 차분하게 한 번 생각해보니, 이때 인상여를 벌하면 화씨벽을 얻을 수 없을 뿐만 아니라 진나라와 조나라 두 나라의 관계를 악화시킬 수 있어 얻는 것보다 잃는 것이 더 많다고 할 수 있었다. 그리하여 그는 결국 명령을 내려 인상여를 풀어 주었다.

蔺相如安全回到赵国之后，被赵王重用，成为了赵国著名的政治家和外交家。这个历史故事叫做"完璧归赵"，在《史记》中有详细的记载。后来，"完璧归赵"演变为一个成语，比喻把物品完好无损地归还给主人。

인상여는 안전하게 조나라로 돌아온 후, 조나라 왕에게 중용되어 조나라의 유명한 정치가이자 외교가가 되었다. 이 역사 이야기는 '완벽귀조'라 불리는데, 《사기》에 자세한 기록이 있다. 훗날 '완벽귀조'는 성어로 변화 발전하였고, 물건을 온전하게 주인에게 돌려주는 것을 비유하게 되었다.

어휘 战国时期 Zhànguó Shíqī 고유 전국 시대　珍贵 zhēnguì 형 진귀하다, 귀중하다　玉 yù 명 옥
和氏璧 Héshìbì 고유 화씨벽[화씨가 발견한 둥근 돌 모양의 원석]　象征 xiàngzhēng 동 상징하다　吉祥 jíxiáng 형 길하다, 상서롭다
派 pài 동 보내다, 파견하다　城池 chéngchí 명 성, 도시　交换 jiāohuàn 동 교환하다　向来 xiànglái 부 여태까지, 본래부터
占便宜 zhàn piányi 이익만 챙기다, 유리한 조건을 가지다　吃亏 chīkuī 동 손해를 보다, 손해를 입다　大方 dàfang 형 호탕하다, 대범하다
答应 dāying 동 들어주다, 동의하다　请求 qǐngqiú 명 부탁, 요구　借口 jièkǒu 동 구실로 삼다, 핑계를 대다
进攻 jìngōng 동 공격하다, 진공하다, 공세를 취하다　上当受骗 shàngdàng shòupiàn 속임을 당하다
拿不定 nábudìng 동 결정하지 못하다, 망설이다　大臣 dàchén 명 대신, 중신　对策 duìcè 명 대책　推荐 tuījiàn 동 추천하다
门客 ménkè 명 문객, 식객　蔺相如 Lìn Xiàngrú 고유 인상여[중국 전국시대 조나라의 정치가]　体格 tǐgé 명 체격
机智 jīzhì 형 슬기롭다, 기지가 넘치다　计谋 jìmóu 명 책략, 계책　召见 zhàojiàn 동 (윗사람이 아랫사람을 불러서) 만나다, 소견하다
拜见 bàijiàn 동 알현하다, 만나 뵙다　诚恳 chéngkěn 형 (태도가) 진실하다, 간절하다
见机行事 jiànjīxíngshì 성 적당한 시기에 행동하다, 상황에 따라 대처하다　不肯 bù kěn ~하려고 하지 않다
完好无损 wánhǎo wúsǔn 온전하다, 완전하고 손상이 없다　决心 juéxīn 명 결심　宫殿 gōngdiàn 명 궁전
接见 jiējiàn 동 만나다, 접견하다　献给 xiàngěi 동 바치다, 올리다　赞叹 zàntàn 동 감탄하다, 찬탄하다
不已 bùyǐ 동 (계속하여) 그치지 않다　展示 zhǎnshì 동 보여주다, 드러내다　后宫 hòugōng 명 후궁　妃子 fēizi 명 (임금의) 첩
观赏 guānshǎng 동 구경하고 감상하다　始终 shǐzhōng 부 끝내, 줄곧　诚意 chéngyì 명 진심, 성의　毛病 máobìng 명 결점, 고장
吩咐 fēnfù 동 명령하다, 분부하다　手下 shǒuxià 명 부하, 수하　递 dì 동 넘겨주다, 전해 주다　退后 tuìhòu 동 뒤로 물러서다, 후퇴하다
靠 kào 동 기대다　根 gēn 양 개, 가닥　柱子 zhùzi 명 기둥　站定 zhàndìng 꼼짝 않고 서다, 단단히 밟고 서다
强迫 qiǎngpò 동 강요하다　撞 zhuàng 동 부딪치다, 충돌하다　碎 suì 동 깨지다, 부수다　举 jǔ 동 위로 들어 올리다
士兵 shìbīng 명 병사, 사병　抢 qiǎng 동 빼앗다　争夺 zhēngduó 동 쟁탈하다, 다투다　取来 qǔlai 가져오다
随手 suíshǒu 부 손이 가는 대로, ~하는 김에　指定 zhǐdìng 동 지정하다, 확정하다　罕见 hǎnjiàn 동 보기 드물다, 희한하다
宝贝 bǎobèi 명 보물　动身 dòngshēn 동 떠나다, 출발하다　隆重 lóngzhòng 형 성대하다, 장중하다　仪式 yíshì 명 의식
诚意 chéngyì 명 진심, 성의　住处 zhùchù 명 거처　立即 lìjí 부 즉시, 즉각　随从 suícóng 명 수행원　带着 dàizhe ~을 가지고
小路 xiǎolù 명 지름길, 좁은 길　恼火 nǎohuǒ 동 노하다, 화내다　惩罚 chéngfá 동 벌하다, 징벌하다
恶化 èhuà 동 악화시키다, 악화되다　得不偿失 débùchángshī 성 얻는 것보다 잃는 것이 더 많다　下令 xiàlìng 동 명령을 내리다, 하달하다
重用 zhòngyòng 동 중용하다　政治家 zhèngzhìjiā 명 정치가　外交家 wàijiāojiā 명 외교가
完璧归赵 wánbìguīzhào 성 완벽귀조[빌려 온 원래 물건을 온전하게 주인에게 되돌려 주는 것을 뜻함]　记载 jìzǎi 동 기록하다, 기재하다
演变 yǎnbiàn 동 변화 발전하다, 변천하다　成语 chéngyǔ 명 성어　比喻 bǐyù 동 비유하다　归还 guīhuán 동 돌려주다, 반환하다
主人 zhǔrén 명 주인

지문		기억한 스토리
파란색 글자는 지문에서 반드시 외워야 할 핵심표현이에요.	제목	—
战国时期, 赵王得到了一块珍贵的玉——和氏璧。因为和氏璧象征着吉祥, 秦王也想得到这块玉, 于是他就派人给赵王送来一封信, 说秦国愿意拿十五座城池来交换这块玉。 看完信后, 赵王心想: 秦王向来只占便宜, 从不吃亏, 这次怎么这么大方? 不答应他的请求, 他可能会以此为借口进攻赵国; 答应的话, 又怕上当受骗。思来想去, 赵王还是拿不定主意, 就把大臣们叫来商量对策。	① 이야기의 발단	전국시대에 조나라 왕은 和氏璧 하나를 얻었음. 진나라 왕도 그것을 얻고 싶어서, 그는 조나라 왕에게 편지를 써서 十五座城池과 交换하기를 원한다고 말함. 조나라 왕은 좋은 방법이 떠오르지 않았는데, 허락하지 않으면 진나라 왕이 조나라를 공격할 것이고, 허락한다면 속임을 당할까 두려워함. 조나라 왕은 이리저리 생각해 보았지만 여전히 拿不定主意하여, 大臣들을 불러 함께 商量함.
在大家都不知道如何是好的时候, 有人向赵王推荐了自己的门客蔺相如。此人表示, 蔺相如虽然体格小, 但机智勇敢, 很有计谋, 所以赵王召见了蔺相如。拜见赵王时, 蔺相如诚恳地说:"大王, 请让我带着和氏璧去见秦王吧。到秦国后我会见机行事, 如果秦王不肯用十五座城池交换, 我一定把和氏璧完好无损地带回来。"赵王看他决心很大, 就派他带着和氏璧去秦国了。	② 이야기의 전개1	이때, 어떤 이가 총명하고 용감한 蔺相如를 推荐함. 인상여는 조나라 왕에게 만약 진나라 왕이 성으로 교환하려 하지 않으면, 자신이 반드시 화씨벽을 完好无损지 带回来하겠다고 장담함.
秦王在宫殿里接见了蔺相如, 蔺相如把和氏璧献给秦王。秦王十分高兴, 接过和氏璧反复地看, 赞叹不已。他看完后, 又给大臣们展示了一遍, 然后又让后宫的妃子们观赏。蔺相如站在一旁等候了很久, 始终不见秦王提起给赵国十五座城池的事。	③ 이야기의 전개2	진나라에 도착한 후, 인상여는 화씨벽을 진나라 왕에게 献给했는데, 진나라 왕은 赞叹不已하면서도 끝내 조나라 왕에게 15개의 성을 준다는 일은 提起하지 않음.
蔺相如发现秦王没有诚意, 便上前一步说道:"这块玉虽然很美, 但其实有个小毛病, 让我指给您看看吧。"秦王相信了他的话, 吩咐手下将和氏璧递给蔺相如。蔺相如接过和氏璧, 退后几步, 靠着宫殿的一根大柱子站定, 然后冷静地说:"我看您并不想交出十五座城池, 所以把和氏璧要了回来。您要是强迫我, 我就把这块玉撞碎!"说完, 他就举起和氏璧, 做出要撞柱子的动作。	④ 이야기의 위기	인상여는 진나라 왕이 诚意가 없는 것을 보고, 진나라 왕에게 이 옥에 小毛病이 있다고 속여 화씨벽을 가져와서는, 만약 진나라 왕이 자신을 强迫한다면 그것을 撞碎하겠다고 말함.
秦王想让士兵去抢, 可是又怕在争夺的过程中摔坏了玉, 只好向蔺相如道歉, 又叫人取来秦国地图, 随手指定了十五座城。但聪明的蔺相如一下就看出来秦王并不是真心想交换, 就补充道:"和氏璧是罕见的宝贝, 赵王在我动身以前, 为它举行了隆重的仪式。如果您是真的有诚意交换, 也请准备一个仪式, 到时候我再把玉献给您。"秦王没有办法, 只好同意了。	⑤ 이야기의 절정	진나라 왕은 어쩔 수 없이 道歉하고, 지도에서 随手하여 15개의 성을 指定함. 하지만 인상여는 진나라 왕이 真心이 아니라는 것을 간파하고서, 진나라 왕에게 一个仪式을 准备해 달라고 요구함.
蔺相如回到住处, 立即安排随从带着和氏璧走小路回赵国。过了几天, 秦王发现和氏璧已经被送走, 十分恼火。但他冷静下来一想, 此时惩罚蔺相如, 不但得不到和氏璧, 还会使秦赵两国的关系恶化, 可以说是得不偿失了。所以他最终下令放了蔺相如。	⑥ 이야기의 결말	인상여는 住处로 돌아가서, 즉시 사람을 보내 带着和氏璧回赵国하게 함. 며칠이 지나고 나서, 진나라 왕은 화씨벽이 送走된 것을 알아차린 후 매우 화를 냄. 그러나 진나라 왕이 차분히 생각해보니, 인상여를 惩罚하면 两国의 关系를 恶化할 수 있어서 인상여를 放了함.
蔺相如安全回到赵国之后, 被赵王重用, 成为了赵国著名的政治家和外交家。这个历史故事叫做"完璧归赵", 在《史记》中有详细的记载。后来, "完璧归赵"演变为一个成语, 比喻把物品完好无损地归还给主人。	⑦ 이야기와 관련된 고사성어	인상여는 조나라로 돌아온 후, 유명한 정치가와 외교가가 됨. 이것이 바로 '完璧归赵'의 이야기임. 훗날 '완벽귀조'는 성어로 변화 발전하여, 把物品完好无损地归还给主人를 비유하게 됨.

요약	요약 포인트
完璧归赵	고사성어 完璧归赵의 유래에 대해 이야기하는 내용이므로 성어를 그대로 제목으로 쓴다.
战国时期, 赵王得到了一块和氏璧。秦王也想得到它, 于是他写信给赵王, 说愿意用十五座城池来交换。赵王想不出好办法, 不答应的话, 秦王可能会进攻赵国, 答应的话, 又怕上当受骗。赵王想来想去, 还是拿不定主意, 就叫大臣们一起商量。	• '그는 조나라 왕에게 편지를 써서'로 기억한 내용은 '他写信给赵王'과 같은 표현을 사용한다. • '조나라 왕은 좋은 방법이 떠오르지 않았는데'로 기억한 내용은 '赵王想不出好办法'와 같은 표현을 사용한다.
这时, 有人推荐了聪明勇敢的蔺相如。蔺相如向赵王保证, 如果秦王不肯用城池交换, 自己一定把和氏璧完好无损地带回来。	• 지문의 '在大家都不知道如何是好的时候'처럼 새로운 시점의 사건으로 전환되는 내용은 '这时'과 같은 포괄적인 시간 표현으로 쉽게 쓴다. • '인상여는 조나라 왕에게 ~하겠다고 장담함'으로 기억한 내용은 '蔺相如向赵王保证……'과 같은 간접화법의 표현을 사용하여 쓴다.
到了秦国后, 蔺相如把和氏璧献给秦王, 秦王赞叹不已, 却始终不提起给赵国十五座城池的事。	• '진나라에 도착한 후'로 기억한 내용은 '到了秦国后'와 같은 표현을 사용한다.
蔺相如见秦王没有诚意, 就骗秦王这块玉有个小毛病, 拿回了和氏璧, 还表示如果秦王强迫自己, 就会把它撞碎。	• '~라고 말함'으로 기억한 내용은 '……表示'과 같은 간접화법의 표현을 사용하여 쓴다.
秦王只好道歉, 又在地图上随手指定了十五座城。但蔺相如看出来秦王不是真心的, 就要求秦王准备一个仪式。	• '진나라 왕에게 ~해 달라고 요구함'으로 기억한 내용은 '要求秦王'과 같은 표현을 사용한다.
蔺相如回到住处, 立刻派人带着和氏璧回赵国。过了几天, 秦王发现和氏璧被送走后, 非常生气。但秦王冷静一想, 惩罚蔺相如可能会使两国关系恶化, 就放了蔺相如。	• 지문의 '十分恼火'처럼 외우기 어려운 표현이나 구문은 비슷한 뜻을 가진 쉬운 표현인 '非常生气'로 쉽게 기억해서 쓴다.
蔺相如回到赵国后, 成为了著名的政治家和外交家。这就是 "完璧归赵" 的故事。后来 "完璧归赵" 演变为成语, 比喻把物品完好无损地归还给主人。	• '이것이 바로 ~의 이야기임'으로 기억한 내용은 '这就是……的故事'과 같은 표현을 사용하여 쓴다.

모범 답안[80점]

파란색 글자는 지문에서 외운 표현을 그대로 쓴 것이에요. ←

완璧归赵

战国时期，赵王得到了一块和氏璧。秦王也想得到它，于是他写信给赵王，说愿意用十五座城池来交换。赵王想不出好办法，不答应的话，秦王可能会进攻赵国，答应的话，又怕上当受骗。赵王想来想去，还是拿不定主意，就叫大臣们一起商量。

这时，有人推荐了聪明勇敢的蔺相如。蔺相如向赵王保证，如果秦王不肯用城池交换，自己一定把和氏璧完好无损地带回来。

到了秦国后，蔺相如把和氏璧献给秦王，秦王赞叹不已，却始终不提起给赵国十五座城池的事。

蔺相如见秦王没有诚意，就骗秦王这块玉有个小毛病，拿回了和氏璧，还表示如果秦王强迫自己，就会把它撞碎。

秦王只好道歉，又在地图上随手指定了十五座城。但蔺相如看出来秦王不是真心的，就要求秦王准备一个仪式。

蔺相如回到住处，立刻派人带着和氏璧回赵国。过了几天，秦王发现和氏璧被送走后，非常生气。但秦王冷静一想，惩罚蔺相如可能会使两国关系恶化，就放了蔺相如。

蔺相如回到赵国后，成为了著名的政治家和外交家。这就是"完璧归赵"的故事。后来"完璧归赵"演变为成语，比喻把物品完好无损地归还给主人。

완벽귀조

전국시대 조나라 왕은 화씨벽 하나를 얻었다. 진나라 왕도 그것을 얻고 싶어서, 그는 조나라 왕에게 편지를 써서 15개의 성으로 교환하기를 원한다고 말했다. 조나라 왕은 좋은 방법이 떠오르지 않았는데, 허락하지 않으면 진나라 왕이 조나라를 공격할 것이고, 허락한다면 속임을 당할까 두려워했다. 조나라 왕은 이리저리 생각해 보았지만 여전히 방법을 결정하지 못하여, 대신들을 불러 함께 논의했다.

이때, 어떤 이가 총명하고 용감한 인상여를 추천했다. 인상여는 조나라 왕에게 만약 진나라 왕이 성으로 교환하려 하지 않으면, 자신이 반드시 화씨벽을 온전하게 가지고 돌아오겠다고 장담했다.

진나라에 도착한 후, 인상여는 화씨벽을 진나라 왕에게 바쳤는데, 진나라 왕은 감탄을 그치지 않으면서도 끝내 조나라 왕에게 15개의 성을 준다는 일은 언급하지 않았다.

인상여는 진나라 왕이 진심이 없는 것을 보고, 진나라 왕에게 이 옥에 작은 결점이 있다고 속여 화씨벽을 가져와서는, 만약 진나라 왕이 자신을 강요한다면 그것을 부딪쳐 깨뜨리겠다고 말했다.

진나라 왕은 어쩔 수 없이 사과하고, 지도에서 손이 가는 대로 15개의 성을 지정했다. 하지만 인상여는 진나라 왕이 진심이 아니라는 것을 간파하고서, 진나라 왕에게 의식을 하나 준비해 달라고 요구했다.

인상여는 거처로 돌아가서, 즉시 사람을 보내 화씨벽을 가지고 조나리로 들어가게 했다. 며칠이 지나고 나서, 진나라 왕은 화씨벽이 돌려보내진 것을 알아차린 후 매우 화를 냈다. 그러나 진나라 왕이 차분히 생각해 보니, 인상여를 처벌하면 양국의 관계를 악화시킬 수 있어서 인상여를 풀어 주었다.

인상여는 조나라로 돌아온 후, 유명한 정치가이자 외교가가 되었다. 이것이 바로 '완벽귀조'의 이야기이다. 훗날 '완벽귀조'는 성어로 변화 발전하여, 물건을 온전하게 주인에게 돌려주는 것을 비유하게 되었다.

어휘 **完璧归赵** wánbìguīzhào 쎙 완벽귀조[빌려 온 원래 물건을 온전하게 주인에게 되돌려 주는 것을 뜻함]　**战国时期** Zhànguó Shíqī 고유 전국 시대

和氏璧 Héshìbì 고유 화씨벽[화씨가 발견한 둥근 돌 모양의 원석]　**城池** chéngchí 쎙 성, 도시　**交换** jiāohuàn 동 교환하다

答应 dāying 동 허락하다　**进攻** jìngōng 동 공격하다, 진공하다　**上当受骗** shàngdàng shòupiàn 속임을 당하다

拿不定 nábudìng 결정하지 못하다, 망설이다　**大臣** dàchén 쎙 대신, 중신　**推荐** tuījiàn 동 추천하다

蔺相如 Lìn Xiàngrú 고유 인상여[중국 전국시대 조나라의 정치가]　**完好无损** wánhǎo wúsǔn 온전하다　**献给** xiàngěi 동 바치다, 올리다

赞叹 zàntàn 동 감탄하며 찬미하다　**不已** bùyǐ (계속하여) 그치지 않다　**诚意** chéngyì 쎙 진심, 성의

毛病 máobìng 쎙 결점, 고장　**拿回** náhuí 가져오다　**强迫** qiǎngpò 동 강요하다　**撞** zhuàng 동 부딪치다, 충돌하다

碎 suì 동 깨지다, 부수다　**随手** suíshǒu 부 손이 가는 대로, ~하는 김에　**指定** zhǐdìng 동 지정하다, 확정하다

看出来 kàn chūlai 간파하다, 알아차리다　**仪式** yíshì 쎙 의식　**住处** zhùchù 쎙 거처　**立刻** lìkè 부 즉시, 바로

惩罚 chéngfá 동 처벌하다, 징벌하다　**恶化** èhuà 동 악화시키다, 악화되다　**演变** yǎnbiàn 동 변화 발전하다, 변천하다

比喻 bǐyù 동 비유하다　**归还** guīhuán 동 돌려주다, 반환하다　**主人** zhǔrén 쎙 주인

모범 답안[60점]

战国时期，赵王得到了一块和氏璧。秦王也想要它，就写信给赵王，说愿意用十五个城池来交换。赵王想，不同意的话，秦王可能会进攻，同意的话，又怕被骗。赵王不知道该怎么办，就叫大臣们一起讨论。

有人推荐了蔺相如。蔺相如向赵王保证，如果秦王不肯用城池交换，自己一定会把那块玉完整地带回来。

到了秦国后，蔺相如把和氏璧给了秦王，秦王很高兴，却不说十五座城池的事。

蔺相如觉得秦王没有诚意，于是拿回了和氏璧，还让秦王不要强迫自己，否则会把它撞碎。

秦王只好道歉，又在地图上指了十五座城。但蔺相如不相信他，要求他准备一个仪式。

蔺相如回到住的地方后，马上让人带着和氏璧回赵国。秦王发现后很生气，但他考虑到两国的关系，就放了蔺相如。

蔺相如安全地回到了赵国。这就是"完璧归赵"的故事，后来比喻把物品完整地还给主人。

완벽귀조

전국시대 조나라 왕은 화씨벽 하나를 얻었다. 진나라 왕도 그것을 갖고 싶어서, 조나라 왕에게 편지를 써서 15개의 성으로 교환하기를 원한다고 말했다. 조나라 왕은 동의하지 않으면 진나라 왕이 공격할 것이고, 허락한다면 속임을 당할까 두려워했다. 조나라 왕은 어떻게 해야 할지 몰라서, 대신들을 불러 함께 토론했다.

어떤 이가 인상여를 추천했다. 인상여는 조나라 왕에게 만약 진나라 왕이 성으로 교환하려 하지 않으면, 자신이 반드시 그 옥을 온전하게 가지고 돌아오겠다고 장담했다.

진나라에 도착한 후, 인상여는 화씨벽을 진나라 왕에게 주었는데, 진나라 왕은 기뻐하면서도 15개의 성의 일은 말하지 않았다.

인상여는 진나라 왕이 진심이 없다고 생각하여 화씨벽을 가지고 왔고, 또 진나라 왕에게 자신을 강요하지 말라고 했는데, 그렇지 않으면 그것을 부딪쳐 깨뜨리겠다고 말했다.

진나라 왕은 어쩔 수 없이 사과하고, 지도에서 15개의 성을 가리켰다. 그러나 인상여는 그를 믿지 않고, 그에게 의식을 하나 준비해 달라고 요구했다.

인상여는 지내는 곳으로 돌아가서, 곧장 어떤 사람에게 화씨벽을 가지고 조나라로 돌아가게 했다. 진나라 왕이 알아챈 후 매우 화가 났지만, 그는 두 나라의 관계를 고려하여, 인상여를 풀어 주었다.

인상여는 안전하게 조나라로 돌아왔다. 이것이 바로 '완벽귀조'의 이야기인데, 훗날 물건을 온전하게 주인에게 돌려주는 것을 비유하게 되었다.

어휘　完璧归赵 wánbìguīzhào 〔성〕 완벽귀조[빌려 온 원래 물건을 온전하게 주인에게 되돌려 주는 것을 뜻함]　战国时期 Zhànguó Shíqī 〔고유〕 전국 시대　和氏璧 Héshìbì 〔고유〕 화씨벽[화씨가 발견한 둥근 돌 모양의 원석]　城池 chéngchí 〔명〕 성, 도시　交换 jiāohuàn 〔동〕 교환하다　进攻 jìngōng 〔동〕 공격하다　大臣 dàchén 〔명〕 대신, 중신　推荐 tuījiàn 〔동〕 추천하다　蔺相如 Lìn Xiàngrú 〔고유〕 인상여[중국 전국시대 조나라의 정치가]　完整 wánzhěng 〔형〕 온전하다, 완전하다　诚意 chéngyì 〔명〕 진심, 성의　拿回 náhuí 〔동〕 가져오다　强迫 qiǎngpò 〔동〕 강요하다　撞 zhuàng 〔동〕 부딪치다, 충돌하다　碎 suì 〔동〕 깨지다, 부수다　指 zhǐ 〔동〕 가리키다　仪式 yíshì 〔명〕 의식　比喻 bǐyù 〔동〕 비유하다

제1회 / 제3회 / 제4회 / 제5회 / 제6회

해커스 해설이 상세한 HSK 6급 실전모의고사

실전모의고사 제2회 | 쓰기　**153**

쓰기 연습을 더 해보고 싶다면?

해커스중국어(china.Hackers.com)에서
<HSK 6급 쓰기 원고지 PDF> 무료 다운받기!

해커스 해설이 상세한 HSK 6급

실전모의고사

제3회

난이도: 상

听力 듣기   어휘·해석·해설

阅读 독해   어휘·해석·해설

书写 쓰기   어휘·해석·해설

문제별 분할파일
mp3 바로듣기

1
중상

A 塑料餐盒上没有标志
B 聚丙烯塑料安全无害
C 聚丙烯塑料气味刺鼻
D 塑料餐盒上都标着 "5"

A 플라스틱 도시락에는 마크가 없다
B 폴리프로필렌 플라스틱은 안전하고 무해하다
C 폴리프로필렌 플라스틱은 냄새가 코를 찌른다
D 플라스틱 도시락 위에는 모두 '5'가 적혀져 있다

在使用塑料餐盒的时候, 我们需要注意塑料餐盒上的回收标志。大部分塑料餐盒上会标着代表聚丙烯原料的 "五"。采用这种塑料的餐盒具有安全而稳定的性能, 不会散发出有毒有害的气味。

플라스틱 도시락을 사용할 때, 우리는 플라스틱 도시락 위에 있는 회수 마크에 주의를 기울여야 한다. 대부분의 플라스틱 도시락 위에는 폴리프로필렌 원료를 뜻하는 '5'가 표시되어 있다. 이 플라스틱을 사용한 도시락은 안전하고 안정적인 성능을 가지며, 유독하고 유해한 냄새를 풍기지 않는다.

해설 보기에 塑料(플라스틱), 聚丙烯塑料(폴리프로필렌 플라스틱)가 반복적으로 나오므로 塑料와 관련된 설명문 단문이 나올 것을 예측한다. 음성에서 大部分塑料餐盒上会标着代表聚丙烯原料的"五"。采用这种塑料的餐盒具有安全而稳定的性能이라고 했다. 따라서 보기 B 聚丙烯塑料安全无害가 정답이다.

어휘 보기 塑料 sùliào 몡 플라스틱 餐盒 cānhé 몡 도시락, 찬합 标志 biāozhì 몡 마크, 표시, 상징
聚丙烯 jùbǐngxī 몡 폴리프로필렌 无害 wúhài 무해하다, 해로움이 없다 气味 qìwèi 몡 냄새 刺鼻 cìbí 톙 (냄새가) 코를 찌르다

단문 使用 shǐyòng 동 사용하다 回收 huíshōu 동 회수하다 大部分 dàbùfen 대부분 代表 dàibiǎo 동 뜻하다, 대표하다
原料 yuánliào 몡 원료 采用 cǎiyòng 동 사용하다, 채용하다 具有 jùyǒu 동 가지다, 구비하다 性能 xìngnéng 몡 성능
散发 sànfā 풍기다, 발산하다 有毒 yǒudú 동 유독하다 有害 yǒuhài 동 유해하다

2
중

A 爱吃甜食的人性格更外向
B 高热量饮食让人精力充沛
C 患糖尿病和爱吃甜食无关
D 尽量不要吃脂肪多的食物

A 단것을 좋아하는 사람은 성격이 더 외향적이다
B 고칼로리 음식은 에너지가 넘쳐흐르게 한다
C 당뇨병에 걸리는 것은 단것을 좋아하는 것과 무관하다
D 지방이 많은 음식은 되도록 먹지 않는다

"爱吃甜食的人容易得糖尿病" 是一种非常流行的观点。事实上, 吃甜食与患糖尿病之间没有因果关系。比如说, 有一些内脏脂肪过厚的人并不喜欢吃甜食, 但是他们患糖尿病的概率依然大于内脏健康的人。

'단것을 좋아하는 사람은 당뇨병에 걸리기 쉽다'는 매우 널리 퍼진 관점이다. 사실, 단것을 먹는 것과 당뇨병에 걸리는 것은 인과 관계가 없다. 내장 지방이 너무 두꺼운 어떤 사람들은 단 음식을 먹는 것을 결코 좋아하지 않지만, 그들이 당뇨병에 걸릴 확률은 여전히 내장이 건강한 사람보다 높다는 것이 그 예다.

해설 보기에 不要(~하지 마라)와 같은 어휘가 나오므로 의견 주장 단문이 나올 것을 예측한다. 음성에서 事实上, 吃甜食与患糖尿病之间没有因果关系。라고 했다. 따라서 보기 C 患糖尿病和爱吃甜食无关이 정답이다.

어휘 보기 甜食 tiánshí 몡 단것, 단맛의 식품 外向 wàixiàng 톙 (성격이) 외향적이다 高热量 gāorèliàng 몡 고칼로리
饮食 yǐnshí 몡 음식, 먹고 마시는 것 精力 jīnglì 몡 에너지, 힘 充沛 chōngpèi 톙 넘쳐흐르다, 왕성하다
患 huàn 동 (병에) 걸리다 糖尿病 tángniàobìng 몡 당뇨병 尽量 jǐnliàng 튀 되도록, 가능한 한 脂肪 zhīfáng 몡 지방
食物 shíwù 몡 음식, 음식물

단문 观点 guāndiǎn 몡 관점 事实 shìshí 몡 사실 因果关系 yīnguǒguānxì 인과 관계 内脏 nèizàng 몡 내장
概率 gàilǜ 몡 확률 依然 yīrán 튀 여전히

3
중

A 这位画家知名度很高	A 이 화가는 인지도가 높다
B 画像里的主人公是总统	B 초상화 속의 주인공은 대통령이다
C 这幅画像近日首次展出	C 이 초상화는 최근 처음으로 전시되었다
D 这幅画像有被损坏的痕迹	D 이 초상화는 파손된 흔적이 있다
二十世纪初, 有位美国艺术家为清朝的统治者慈禧创作了一幅肖像油画。而慈禧为了扭转其国际形象, 特意将此画赠送给了美国总统罗斯福。近日, 这幅油画五十年来第一次被公开展出, 让人们清晰地看到了这幅画像的细节。	20세기 초, 어떤 미국의 예술가는 청나라 왕조의 통치자 서태후를 위해 한 폭의 초상 유화를 창작했다. 그리고 서태후는 자신의 국제적인 이미지를 반전시키기 위해, 특별히 이 그림을 미국 루스벨트 대통령에게 선물했다. 최근 이 유화는 50년 만에 처음으로 공개 전시되어, 사람들에게 이 초상화의 디테일을 생생하게 보여 주었다.

해설 보기에 画像(초상화)이 반복적으로 나오므로 画像과 관련된 설명문 단문이 나올 것을 예측한다. 음성에서 二十世纪初, 有位美国艺术家……创作了一幅肖像油画……近日, 这幅油画五十年来第一次被公开展出라고 했다. 따라서 보기 C 这幅画像近日首次展出가 정답이다.

어휘 보기 画家 huàjiā 몡 화가 知名度 zhīmíngdù 몡 인지도 画像 huàxiàng 몡 초상화 主人公 zhǔréngōng 몡 주인공
总统 zǒngtǒng 몡 대통령 幅 fú 양 폭[그림·천을 세는 단위] 近日 jìnrì 몡 최근, 근래 首次 shǒucì 몡 처음, 최초
展出 zhǎnchū 동 전시하다, 진열하다 损坏 sǔnhuài 동 파손하다 痕迹 hénjì 몡 흔적

단문 清朝 Qīngcháo 고유 청나라 왕조 统治者 tǒngzhìzhě 몡 통치자 慈禧 Cíxǐ 고유 서태후[청나라 함풍제의 후궁이며, 동치제의 생모]
创作 chuàngzuò 동 창작하다 肖像 xiàoxiàng 몡 (사람의) 초상, 사진 油画 yóuhuà 몡 유화
扭转 niǔzhuǎn 동 반전하다, 전환하다 形象 xíngxiàng 몡 이미지, 형상 特意 tèyì 분 특별히, 일부러
赠送 zèngsòng 동 선물하다, 증정하다 罗斯福 Luósīfú 고유 시어도어 루스벨트[미국의 제26대 대통령] 公开 gōngkāi 혱 공개적인
清晰 qīngxī 혱 생생하다, 뚜렷하다 细节 xìjié 몡 디테일, 자세한 부분

4
중상

A 该程序是城市规划师制作的	A 이 프로그램은 도시 설계사가 제작한 것이다
B 制作三维城市需要很多指令	B 3차원 도시를 만드는 데는 많은 명령어가 필요하다
C 系统能够自动绘制三维模型	C 시스템은 자동으로 3차원 모델을 제작할 수 있다
D 城市规划项目的工作量很大	D 도시 기획 프로젝트의 업무량은 많다
为了帮助城市规划师们顺利进行三维展示, 一家互联网公司发布了一款一键制作三维城市的程序。规划师在地图上框选城区范围后, 系统就会自动生成所选范围内所有建筑的三维模型。这项技术最大限度地提高了工作效率。	도시 설계사들이 3차원 디스플레이를 원활하게 하는 것을 돕기 위해, 한 인터넷 회사가 클릭 한 번으로 3차원 도시를 제작하는 프로그램을 발표했다. 설계사가 지도 상에서 도시 영역을 테두리로 선택하고 나면, 시스템은 자동으로 선택한 범위 내의 모든 건축물의 3차원 모델을 생성할 수 있다. 이 기술은 업무 효율을 최대한도로 높였다.

해설 보기에 城市(도시), 三维(3차원)가 반복적으로 나오므로 城市과 三维와 관련된 설명문 단문이 나올 것을 예측한다. 음성에서 系统就会自动生成所选范围内所有建筑的三维模型이라고 했다. 따라서 보기 C 系统能够自动绘制三维模型이 정답이다.

어휘 보기 程序 chéngxù 몡 프로그램, 순서 规划师 guīhuàshī 몡 설계사 制作 zhìzuò 동 제작하다, 만들다 三维 sānwéi 몡 3차원, 3D
指令 zhǐlìng 몡 (컴퓨터의) 명령어, 지시 系统 xìtǒng 몡 시스템, 체계 自动 zìdòng 혱 자동이다
绘制 huìzhì 동 제작하다, 그리다 模型 móxíng 몡 모델, 모형 规划 guīhuà 동 기획하다, 계획을 짜다
项目 xiàngmù 몡 프로젝트, 항목

단문 展示 zhǎnshì 동 디스플레이하다, 전시하다, 드러내다 发布 fābù 동 (명령·지시·뉴스 등을) 발표하다, 선포하다
框 kuàng 동 테두리를 두르다 范围 fànwéi 몡 영역, 범위 建筑 jiànzhù 몡 건축물 最大限度 zuìdà xiàndù 최대한도
效率 xiàolǜ 몡 효율, 능률

5	A 猫毛可以帮助猫及时散热	A 고양이 털은 고양이가 제때 열을 방출하는 것을 도울 수 있다
중	B 夏天要定期给宠物剃光毛	B 여름에는 정기적으로 반려동물의 털을 다 깎아 주어야 한다
	C 夏天宠物不宜在室内玩耍	C 여름에 반려동물이 실내에서 노는 것은 좋지 않다
	D 剃毛会影响宠物的生理规律	D 털을 깎는 것은 반려동물의 생리적 법칙에 영향을 줄 수 있다

许多人在夏天都为自己的宠物剃毛避暑, 但这样做并没有多大的作用, 甚至会扰乱宠物正常的生理规律。适当清理宠物脚底和腹部的毛, 同时保持空气流通的话, 就可以充分帮助宠物散热。

많은 사람은 여름에 자신의 반려동물을 위해 털을 깎아서 더위를 피하게 하지만, 이렇게 하는 것은 별로 효과가 없고 심지어 반려동물의 정상적인 생리적 법칙을 어지럽힐 수 있다. 반려동물의 발바닥과 배의 털을 적당히 깨끗이 정리하고 동시에 공기가 통하게 유지한다면, 반려동물이 열을 방출하는 것을 충분히 도울 수 있다.

해설 보기에 宠物(반려동물)가 반복적으로 나오므로 宠物와 관련된 설명문 단문이 나올 것을 예측한다. 음성에서 许多人在夏天都为自己的宠物剃毛避暑, 但这样做……会扰乱宠物正常的生理规律라고 했다. 따라서 보기 D 剃毛会影响宠物的生理规律가 정답이다.

어휘 보기 散热 sànrè 통 열을 방출하다, 산열하다　夏天 xiàtiān 명 여름　定期 dìngqī 형 정기적인　宠物 chǒngwù 명 반려동물
剃光 tìguāng 통 (털을) 다 깎다　不宜 bùyí 통 ~하는 것은 좋지 않다　玩耍 wánshuǎ 통 놀다, 장난하다
生理 shēnglǐ 명 생리, 생리학　规律 guīlǜ 명 법칙, 규율

단문 避暑 bìshǔ 통 더위를 피하다, 피서하다　扰乱 rǎoluàn 통 어지럽히다, 뒤죽박죽 되게 하다　适当 shìdàng 형 적당하다, 적절하다
清理 qīnglǐ 통 깨끗이 정리하다　脚底 jiǎodǐ 명 발바닥　腹部 fùbù 명 배, 복부　保持 bǎochí 통 유지하다, 지키다
流通 liútōng 통 막힘없이 잘 통하다　充分 chōngfèn 閠 충분히

6	A 平板电脑会发出耀眼的红光	A 태블릿 PC는 눈부신 빨간 빛을 낼 수 있다
상	B 睡前看电子屏幕有助于睡眠	B 자기 전에 전자 스크린을 보는 것은 수면에 이롭다
	C 蓝光会使人体合成睡眠激素	C 블루라이트는 인체가 수면 호르몬을 합성하게 만들 수 있다
	D 电子屏幕的蓝光会干扰睡眠	D 전자 스크린의 블루라이트는 수면을 방해할 수 있다

想要改善睡眠, 最重要的就是减少晚间看电子屏幕的时间。这是因为电脑、平板电脑、智能手机等电子产品的屏幕会发出对人体有害的蓝光。这种蓝光会刺激视神经和大脑神经, 导致人们无法安心入睡。

수면을 개선하려고 한다면, 가장 중요한 것은 바로 저녁에 전자 스크린을 보는 시간을 줄이는 것이다. 이것은 컴퓨터, 태블릿 PC, 스마트폰 등 전자 제품의 스크린이 인체에 유해한 블루라이트를 내기 때문이다. 이런 종류의 블루라이트는 시신경과 대뇌 신경을 자극해 사람들이 편히 잠들 수 없도록 한다.

해설 보기에 睡眠(수면)이 반복적으로 나오므로 睡眠과 관련된 설명문 단문이 나올 것을 예측한다. 음성에서 这种蓝光会刺激视神经和大脑神经, 导致人们无法安心入睡。라고 했다. 따라서 보기 D 电子屏幕的蓝光会干扰睡眠이 정답이다.

어휘 보기 平板电脑 píngbǎn diànnǎo 태블릿 PC　发出 fāchū 통 내다, 발표하다　耀眼 yàoyǎn 형 눈부시다
屏幕 píngmù 명 스크린(screen), 화면　睡眠 shuìmián 명 수면, 잠　蓝光 lánguāng 명 블루라이트　人体 réntǐ 명 인체
合成 héchéng 통 합성하다　激素 jīsù 명 호르몬　干扰 gānrǎo 통 방해하다

단문 改善 gǎishàn 통 개선하다　晚间 wǎnjiān 명 저녁, 밤　智能 zhìnéng 형 스마트한, 지능이 있는　产品 chǎnpǐn 명 제품
有害 yǒuhài 통 유해하다　刺激 cìjī 통 자극하다, 자극시키다　视神经 shìshénjīng 명 시신경　大脑 dànǎo 명 대뇌
神经 shénjīng 명 신경　导致 dǎozhì 통 ~하게 만들다, 초래하다　无法 wúfǎ 통 ~할 수 없다, ~할 방법이 없다
安心 ānxīn 통 편하다, 안심하다　入睡 rùshuì 통 잠들다

7 상	A 该书以文字描述为主	A 이 책은 문자 묘사를 위주로 한다
	B 该书讲述中国古代星空	B 이 책은 중국 고대 밤하늘을 서술한다
	C 该书主要介绍书画艺术	C 이 책은 주로 서화 예술을 소개한다
	D 该书揭开了成语的秘密	D 이 책은 사자성어의 비밀을 풀어냈다

《星空帝国——中国星宿揭秘》是一本浓缩了中国经典文化的科普书籍。书中包括文艺、文物雕刻、成语典故、民间传说等元素。这本书以文图交融、古今贯通的编写方式，揭开了中国古代星空系统的秘密，既注重了文化内涵，又保留了趣味性和生动性。	《별이 빛나는 제국-중국 성수의 비밀을 캐내다》는 중국의 고전 문화를 농축한 과학 보급 서적이다. 책 속에는 문예, 문물 조각, 성어 전고, 민간 전설 등의 요소가 포함되어 있다. 이 책은 글과 그림이 융합되고 고금을 연결한 집필 방식으로 중국 고대 밤하늘 시스템의 비밀을 풀어냈으며, 문화적 함의를 중시하면서 재미와 생동감도 간직하고 있다.

해설 보기에 该书(이 책)가 반복적으로 나오므로 특정 书와 관련된 설명문 단문이 나올 것을 예측한다. 음성에서 这本书以文图交融、古今贯通的编写方式，揭开了中国古代星空系统的秘密라고 했다. 따라서 보기 B 该书讲述中国古代星空이 정답이다.

어휘 보기 文字 wénzì 몡 문자　描述 miáoshù 툉 묘사하다, 기술하다　讲述 jiǎngshù 툉 서술하다, 진술하다　古代 gǔdài 몡 고대
星空 xīngkōng 몡 밤하늘, 별이 총총한 하늘　书画 shūhuà 몡 서화　揭开 jiēkāi 툉 풀어내다, 드러내다
成语 chéngyǔ 몡 사자성어　秘密 mìmì 몡 비밀

단문 帝国 dìguó 몡 제국　星宿 xīngxiù 몡 성수[고대 중국에서 28수(宿)로 나눈 별자리를 일컫던 말]　揭秘 jiēmì 툉 비밀을 캐내다
浓缩 nóngsuō 툉 농축하다　经典 jīngdiǎn 몡 고전　科普 kēpǔ 몡 과학 보급　书籍 shūjí 몡 서적, 책
包括 bāokuò 툉 포함하다, 포괄하다　文艺 wényì 몡 문예[문학과 예술]　文物 wénwù 몡 문물　雕刻 diāokè 툉 조각, 조각품
典故 diǎngù 몡 전고[고서를 인용한 문장이나 단어]　民间 mínjiān 몡 민간　传说 chuánshuō 몡 전설　元素 yuánsù 몡 요소
交融 jiāoróng 툉 융합하다, 혼합하다　古今 gǔjīn 몡 고금　贯通 guàntōng 툉 연결하다, 개통하다
编写 biānxiě 툉 집필하다, 창작하다　方式 fāngshì 몡 방식　系统 xìtǒng 몡 시스템　注重 zhùzhòng 툉 중시하다, 신경을 쓰다
内涵 nèihán 몡 함의, 의미　保留 bǎoliú 툉 간직하다, 보존하다　趣味 qùwèi 몡 재미, 흥미　生动性 shēngdòngxìng 생동감

8 중	A 巡逻的警察十分疲惫	A 순찰하는 경찰은 매우 피곤하다
	B 警察清除了道路障碍	B 경찰은 도로의 장애물을 깨끗이 없앴다
	C 司机应提前了解路况	C 운전사는 미리 도로 사정을 알아야 한다
	D 疲劳驾驶有安全隐患	D 졸음운전은 안전상의 잠재되어 있는 위험이 있다

警察在高速公路巡逻时，发现了一辆左摇右晃的大货车。警察将该货车引至安全地段后进行了检查，最终得知，司机因为长时间驾驶，变得十分疲倦，不知不觉打起了瞌睡。警察随即要求司机到服务区休息。这一举措消除了潜在的道路安全隐患。	경찰이 고속도로를 순찰할 때, 흔들거리는 대형 트럭을 한 대 발견했다. 경찰은 그 트럭을 안전한 구역으로 안내한 후 조사를 했는데, 운전사가 장시간 운전으로 인해서 매우 피곤하여, 자기도 모르는 사이에 꾸벅꾸벅 졸았다는 것을 결국 알게 되었다. 경찰은 즉시 운전사에게 휴게소에 가서 휴식할 것을 요구했다. 이런 조치는 도로 교통 안전상의 잠재되어 있는 위험을 없앴다.

해설 보기에 警察(경찰)가 나오므로 이야기 단문이 나올 것을 예측한다. 음성에서 司机因为长时间驾驶，变得十分疲倦，不知不觉打起了瞌睡……这一举措消除了潜在的道路安全隐患이라고 했다. 따라서 보기 D 疲劳驾驶有安全隐患이 정답이다.

어휘 보기 巡逻 xúnluó 툉 순찰하다, 순시하다　疲惫 píbèi 혱 피곤하다　清除 qīngchú 툉 깨끗이 없애다　障碍 zhàng'ài 몡 장애물, 방해물
疲劳驾驶 píláo jiàshǐ 졸음운전　隐患 yǐnhuàn 몡 잠재되어 있는 위험

단문 左摇右晃 zuǒ yáo yòu huàng 흔들거리다, 우왕좌왕하다　大货车 dà huòchē 대형 트럭　地段 dìduàn 몡 구역, 지역
最终 zuìzhōng 몡 결국, 끝　得知 dézhī 툉 알게 되다　驾驶 jiàshǐ 툉 운전하다　疲倦 píjuàn 혱 피곤하다, 지치다
不知不觉 bùzhībùjué 젱 자기도 모르는 사이에　瞌睡 kēshuì 툉 꾸벅꾸벅 졸다, 졸리다　随即 suíjí 뿐 즉시, 바로
服务区 fúwùqū 휴게소　消除 xiāochú 툉 없애다, 제거하다

9 중상	A 该博物馆已经有百年历史	A 이 박물관은 이미 100년의 역사가 있다
	B 展馆的啤酒供人免费品尝	B 전시관의 맥주는 사람들이 무료로 맛보도록 제공한다
	C 青岛啤酒仍使用传统工艺	C 칭다오 맥주는 여전히 전통 기술을 사용한다
	D 该展馆展示了青啤的历史	D 이 전시관은 칭다오 맥주의 역사를 보여 준다

青岛啤酒博物馆是为筹备青岛啤酒百年庆祝典礼而设计的。展馆将百年青啤的起源发展、酿造工艺与现代化生产作业区进行了关联展示。在这里，你可以顺着漫长的时空线索，通过详尽的图文资料，了解青啤的悠久历史。

칭다오 맥주 박물관은 칭다오 맥주 100년 축하 행사를 기획하고 준비하기 위해 설계된 것이다. 전시관은 100년 칭다오 맥주의 기원과 발전, 양조 기술과 현대식 생산 작업 구역을 관련 전시로 진행했다. 이곳에서 당신은 기나긴 시공의 흐름에 따라 상세하고 빠짐없는 그림과 텍스트 자료를 통해, 칭다오 맥주의 오래된 역사를 이해할 수 있다.

해설 보기에 展馆(전시관)이 반복적으로 나오므로 展馆과 관련된 설명문 단문이 나올 것을 예측한다. 음성에서 展馆将百年青啤的起源发展、酿造工艺与现代化生产作业区进行了关联展示。在这里，你可以……了解青啤的悠久历史라고 했다. 따라서 보기 D 该展馆展示了青啤的历史이 정답이다.

어휘 보기 博物馆 bówùguǎn 圏 박물관　展馆 zhǎnguǎn 圏 전시관　品尝 pǐncháng 圄 맛보다, 시음하다
青岛啤酒 Qīngdǎo Píjiǔ 고유 칭다오 맥주　使用 shǐyòng 圄 사용하다　传统 chuántǒng 圏 전통　工艺 gōngyì 圏 기술, 수공예
展示 zhǎnshì 圄 보여 주다, 드러내다

　단문 筹备 chóubèi 圄 (사전에) 기획하고 준비하다　庆祝 qìngzhù 圄 축하하다, 경축하다　典礼 diǎnlǐ 圏 (성대한) 행사, 의식
设计 shèjì 圄 설계하다, 디자인하다　起源 qǐyuán 圏 기원　酿造 niàngzào 圄 양조하다　现代化 xiàndàihuà 圏 현대식
生产 shēngchǎn 圄 생산하다　作业区 zuòyèqū 圏 작업 구역　关联 guānlián 圄 관련되다, 관계되다
顺着 shùnzhe 圄 ~을 따라　漫长 màncháng 圏 (시간·공간이) 길다　时空 shíkōng 圏 시공[시간과 공간]
线索 xiànsuǒ 圏 흐름, 단서, 맥락　详尽 xiángjìn 圏 상세하고 빠짐없다　图文 túwén 圏 그림과 텍스트　资料 zīliào 圏 자료
悠久 yōujiǔ 圏 오래다, 유구하다

10 중상	A 中国从国外进口了地铁	A 중국은 외국에서 지하철을 수입했다
	B 该地铁有多种先进设备	B 이 지하철은 여러 종류의 첨단 설비가 있다
	C 地铁站外面安装了探测仪	C 지하철역 밖에 탐지기가 설치되어 있다
	D 车厢可以容纳一百人以上	D 객실은 100명 이상 수용할 수 있다

近日，中国向一些欧洲国家出口了地铁。制造商对地铁的很多设备进行了调整和重装，他们不仅设置了开关门时会发出警告声的尖端设备，还在车厢内配备了红外探测仪。这个探测仪可以随时随地监控车厢内的客流量，准确率基本上可以达到百分之百。

최근, 중국은 일부 유럽 국가에 지하철을 수출했다. 제조사는 지하철의 많은 설비에 대해 조정과 재설치를 했는데, 이들은 문을 열고 닫을 때 경고음이 울리는 첨단 설비를 설치했을 뿐만 아니라 객실 내에 적외선 탐지기도 배치했다. 이 탐지기는 언제 어디서나 객실 내 승객 유동량을 모니터링할 수 있으며, 정확도는 기본적으로 100%에 달할 수 있다.

해설 보기에 地铁(지하철)가 반복적으로 나오므로 地铁와 관련된 설명문 단문이 나올 것을 예측한다. 음성에서 他们不仅设置了开关门时会发出警告声的尖端设备，还在车厢内配备了红外探测仪라고 했다. 따라서 보기 B 该地铁有多种先进设备가 정답이다.

어휘 보기 进口 jìnkǒu 圄 수입하다　先进 xiānjìn 圏 첨단의, 선진적인　安装 ānzhuāng 圄 설치하다, 고정하다
探测仪 tàncèyí 圏 탐지기, 측정기　车厢 chēxiāng 圏 (열차의) 객실, 화물칸　容纳 róngnà 圄 수용하다

　단문 近日 jìnrì 圏 최근, 근래　欧洲 Ōuzhōu 고유 유럽　出口 chūkǒu 圄 수출하다　制造商 zhìzàoshāng 圏 제조자, 제조업체
设备 shèbèi 圏 설비, 장비　调整 tiáozhěng 圄 조정하다, 조절하다　重装 chóngzhuāng 재설치하다　设置 shèzhì 圄 설치하다
发出 fāchū 圄 울리다, 내다　尖端 jiānduān 圏 첨단의　配备 pèibèi 圄 (인력이나 장비를) 배치하다, 분배하다
红外 hóngwài 적외선의　随时随地 suíshísuídì 언제 어디서나, 시간과 장소를 가리지 않고
监控 jiānkòng 圄 모니터링하다, 감독하고 제어하다　客流量 kèliúliàng 圏 승객 유동량　准确率 zhǔnquèlǜ 정확도
达到 dádào 圄 달하다, 이르다

11 중상	A 寺庙的住持喜欢饲养小动物	A 절의 주지는 작은 동물을 기르는 것을 좋아한다
	B 寺庙里猫的数量高达两千只	B 절에 있는 고양이 수는 2천 마리에 달한다
	C 寺庙是为了拯救猫而修建的	C 절은 고양이를 구제하기 위해 지어졌다
	D 许多流浪猫到那座寺庙安家	D 많은 떠돌이 고양이들이 그 절에 가서 터를 잡았다

在偏远的村庄里有一个寺庙，十几年前寺庙刚修建好的时候，有一只受了伤的流浪猫误闯了进来，寺庙里的住持不忍心让它继续流浪，就收留了它。之后接连有流浪猫跑到寺庙，住持统统都收留了它们。寺庙里的猫变得越来越多，最多时是那里僧侣的两倍。久而久之，那座寺庙变成了"猫寺"。	외진 마을에 절이 하나 있는데, 십여 년 전 절이 막 지어졌을 때 상처를 입은 떠돌이 고양이 한 마리가 잘못 뛰어들어왔고, 절의 주지가 냉정하게 고양이가 계속 떠돌아다니게 할 수 없어서, 그것을 거두게 되었다. 이후 떠돌이 고양이들이 잇달아 절로 달려왔고, 주지는 그것들을 모두 거두어들였다. 절에 고양이가 점점 많아져서 제일 많을 때는 그곳 승려의 두 배가 되었다. 오랜 시간이 지나, 그 절은 '고양이 절'이 되었다.

해설 보기에 寺庙(절)가 반복적으로 나오므로 寺庙와 관련된 설명문 단문이 나올 것을 예측한다. 음성에서 寺庙里的住持不忍心让它继续流浪，就收留了它。之后接连有流浪猫跑到寺庙，住持统统都收留了它们。이라고 했다. 따라서 보기 D 许多流浪猫到那座寺庙安家가 정답이다.

어휘 보기 寺庙 sìmiào 圀 절, 사찰　住持 zhùchí 圀 주지　饲养 sìyǎng 图 기르다, 사육하다　拯救 zhěngjiù 图 구제하다, 구하다
修建 xiūjiàn 图 짓다, 시공하다　流浪 liúlàng 图 떠돌다, 유랑하다　安家 ānjiā 图 터를 잡다, 가정을 이루다

단문 偏远 piānyuǎn 圀 외지다　村庄 cūnzhuāng 圀 마을　闯 chuǎng 图 (맹렬하게) 뛰어들다, 돌진하다
忍心 rěnxīn 图 냉정하게 ~하다, 모진 마음을 먹고 ~하다　继续 jìxù 图 계속　收留 shōuliú 图 거두다, 받아들이다
接连 jiēlián 图 잇달아, 연이어　统统 tǒngtǒng 图 모두, 전부　僧侣 sēnglǚ 圀 승려
久而久之 jiǔ'érjiǔzhī 졩 오랜 시간이 지나다, 오래오래 지속되다

12 상	A 传统礼节经常被人忽略	A 전통 예절은 사람들에게 자주 등한시된다
	B 文创产品能够传播文化	B 문화 창의 제품은 문화를 널리 퍼뜨릴 수 있다
	C 经济效益占据首要位置	C 경제적 효과와 이익은 제일 중요한 위치를 차지한다
	D 年轻人创业对社会有益	D 젊은이들이 창업하는 것은 사회에 이롭다

故宫文创为目标用户——三十五岁以下的年轻人量身打造了多款产品。设计产品时，增加了更多丰富的元素，其中包含了风趣的段子和网络游戏。这么做不仅可以提高经济效益，更重要的是能促使年轻人成为文化传承的主体。	고궁 문화 창의는 타깃 유저인 35세 이하의 젊은이들을 위해 여러 상품을 맞춤 제작했다. 상품을 디자인할 때 더 많은 풍부한 요소들을 추가했는데, 그중에는 유머러스한 메시지와 사이버 게임이 포함되었다. 이렇게 하면 경제적 효과와 이익을 증가시킬 수 있을 뿐만 아니라, 더욱 중요한 것은 젊은이들이 문화 전승의 주체가 될 수 있게 한다.

해설 보기에 传统礼节(전통 예절), 文创(문화 창의)과 같이 비슷한 주제의 어휘가 나오므로 문화와 관련된 정보 전달 단문이 나올 것을 예측한다. 음성에서 故宫文创为目标用户——三十五岁以下的年轻人量身打造了多款产品。……这么做……能促使年轻人成为文化传承的主体라고 했다. 따라서 보기 B 这些产品能够传播文化가 정답이다.

어휘 보기 传统 chuántǒng 圀 전통　礼节 lǐjié 圀 예절　忽略 hūlüè 图 등한시 하다　文创 wén chuàng 문화 창의[文化创意의 줄임말]
产品 chǎnpǐn 圀 제품, 생산품　传播 chuánbō 图 널리 퍼뜨리다, 전파하다　效益 xiàoyì 圀 효과와 이익
占据 zhànjù 图 차지하다, 점거하다　首要 shǒuyào 圀 제일 중요한　位置 wèizhi 圀 위치　创业 chuàngyè 图 창업하다
有益 yǒuyì 圀 이롭다, 도움이 되다

단문 故宫 Gùgōng 고유 고궁　目标 mùbiāo 圀 타깃, 목표　用户 yònghù 圀 유저, 가입자　量身 liáng shēn 맞춤식
打造 dǎzào 图 제작하다, 만들다　设计 shèjì 图 디자인하다, 설계하다　元素 yuánsù 圀 요소　包含 bāohán 图 포함하다
风趣 fēngqù 圀 유머스럽다, 재미있다　段子 duànzi 圀 메시지, 단락　网络 wǎngluò 圀 사이버, 네트워크
促使 cùshǐ 图 ~하도록 (재촉)하다, ~하게끔 (추진)하다　传承 chuánchéng 图 전승하다　主体 zhǔtǐ 圀 주체

13 중		
	A 海洋塑料垃圾多来自轮船	A 해양 플라스틱 쓰레기는 대개 증기선에서 나온다
	B 海洋塑料垃圾的体积很大	B 해양 플라스틱 쓰레기의 부피는 크다
	C "微塑料" 会破坏海洋生态	C '미세 플라스틱'은 해양 생태계를 파괴할 수 있다
	D 这些塑料是被人工粉碎的	D 이러한 플라스틱들은 인위적으로 분쇄된 것이다

随意倾倒在河流里或者陆地上的塑料垃圾，最终都会流入海洋。阳光、风以及海浪最终会把这些海洋塑料垃圾粉碎分解成肉眼无法分辨的碎片，而这些直径不到五毫米的 "微塑料" 会使海洋生态进一步恶化。	마음대로 강이나 육지에 부어버린 플라스틱 쓰레기는 최종적으로 모두 바다로 흘러 들어간다. 햇빛과 바람, 그리고 파도는 결국 이 해양 플라스틱 쓰레기들을 육안으로 구분할 수 없는 조각들로 분쇄하고 분해하는데, 지름이 5mm도 안 되는 이 '미세 플라스틱'들은 해양 생태계를 더 악화시킬 수 있다.

해설 보기에 塑料(플라스틱)가 반복적으로 나오므로 塑料와 관련된 설명문 단문이 나올 것을 예측한다. 음성에서 这些直径不到五毫米的 "微塑料"会使海洋生态进一步恶化라고 했다. 따라서 보기 C "微塑料"会破坏海洋生态가 정답이다.

어휘 보기 塑料 sùliào 몡 플라스틱   轮船 lúnchuán 몡 증기선   体积 tǐjī 몡 부피, 체적   微塑料 wēisùliào 몡 미세 플라스틱
　　　破坏 pòhuài 통 파괴하다, 훼손하다   生态 shēngtài 몡 생태   人工 réngōng 몡 인위적인, 인공의
　　　粉碎 fěnsuì 통 분쇄하다, 가루로 만들다

단문 随意 suíyì 마음대로 하다   倾倒 qīngdào 통 붓다, 쏟다   河流 héliú 몡 강   陆地 lùdì 몡 육지   以及 yǐjí 젭 그리고, 및
　　　海浪 hǎilàng 파도, 파랑   分解 fēnjiě 통 분해하다   肉眼 ròuyǎn 몡 육안, 맨눈   分辨 fēnbiàn 통 구분하다, 분별하다
　　　碎片 suìpiàn 몡 조각, 파편   直径 zhíjìng 몡 지름, 직경   毫米 háomǐ 양 밀리미터(mm)   恶化 èhuà 통 악화시키다, 악화되다

14 중		
	A 这枚火箭的规格比较小	A 이 로켓의 규격은 비교적 작다
	B 航天研究所成功发射火箭	B 우주 비행 연구소는 성공적으로 로켓을 발사했다
	C 此次火箭发射由民企主导	C 이번 로켓 발사는 민간 기업이 주도했다
	D 这枚火箭主要负责传输信号	D 이 로켓은 주로 신호를 전송하는 것을 담당한다

最近，在中国酒泉卫星发射中心，一家民间航天企业主导发射了"双曲线一号"运载火箭，并取得了圆满成功。此次发射的这枚火箭是目前为止，中国商业航天界规模最大、运载能力最强的运载火箭。	최근, 중국 주취안 위성 발사 센터에서 한 민간 우주 비행 기업이 주도적으로 '쌍곡선1호' 탑재 로켓을 발사했고, 훌륭한 성공을 거뒀다. 이번에 발사한 이 로켓은 지금까지 중국 상업 우주 비행계에서 규모가 가장 크고 탑재 능력이 가장 뛰어난 탑재 로켓이다.

해설 보기에 火箭(로켓)이 반복적으로 나오므로 火箭과 관련된 설명문 단문이 나올 것을 예측한다. 음성에서 一家民间航天企业主导发射了"双曲线一号"运载火箭이라고 했다. 따라서 보기 C 此次火箭发射由民企主导가 정답이다.

어휘 보기 枚 méi 양 개, 매, 장[작은 조각으로 된 사물을 세는 단위]   火箭 huǒjiàn 몡 로켓   规格 guīgé 몡 규격, 표준
　　　航天 hángtiān 통 우주 비행하다   发射 fāshè 통 (총알·미사일·전파 등을) 발사하다, 쏘다   此次 cǐcì 몡 이번, 금번
　　　民企 mínqǐ 몡 민간 기업   主导 zhǔdǎo 통 주도하다   传输 chuánshū 통 전송하다   信号 xìnhào 몡 신호

단문 酒泉 Jiǔquán 고유 주취안[중국 간쑤성 서북부에 있는 도시]   卫星 wèixīng 몡 위성   中心 zhōngxīn 몡 센터, 중심
　　　民间 mínjiān 몡 민간   企业 qǐyè 몡 기업, 업체   双曲线 shuāngqūxiàn 몡 쌍곡선   运载 yùnzài 탑재하다, 실어나르다
　　　圆满 yuánmǎn 휑 훌륭하다, 원만하다   目前 mùqián 몡 지금, 현재   为止 wéizhǐ 통 ~까지 하다   商业 shāngyè 몡 상업
　　　规模 guīmó 몡 규모

15 중상		
	A 过度劳累被认为是种疾病	A 과로는 질병으로 여겨진다
	B 过度劳累对人体并无害处	B 과로는 인체에 아무런 해로운 점이 없다
	C 过度劳累对心理影响不大	C 과로는 심리적 영향이 크지 않다
	D 过度劳累是缺乏锻炼引起的	D 과로는 운동 부족으로 인해 일어난 것이다

世界卫生组织将过度劳累判定为职业病，并将其定义为 "长期面对工作压力，却无法成功化解这些压力所导致的慢性疲劳综合征"。过度劳累对人的生理和心理都有着极大的伤害，甚至会引发多种并发症。	세계 보건 기구(WHO)는 과로를 직업병으로 판정하고, 이를 '장기간 업무 스트레스에 직면하고도, 이러한 스트레스를 성공적으로 해소할 수 없어서 발생한 만성 피로 증후군'으로 정의 내렸다. 과로는 사람의 생리와 심리에 모두 지극히 큰 해를 끼치며, 심지어 여러 가지 합병증을 일으킬 수 있다.

해설 보기에 过度劳累(과로)가 반복적으로 나오므로 过度劳累와 관련된 설명문 단문이 나올 것을 예측한다. 음성에서 世界卫生组织将过度劳累判定为职业病이라고 했다. 따라서 보기 A 过度劳累被认为是种疾病이 정답이다.

어휘 보기 过度劳累 guòdù láolèi 과로 疾病 jíbìng 몡 질병, 병 心理 xīnlǐ 몡 심리, 기분 缺乏 quēfá 부족하다, 결핍되다

단문 世界卫生组织 Shìjiè Wèishēng Zǔzhī 고유 세계 보건 기구(WHO) 判定 pàndìng 통 판정하다 职业病 zhíyèbìng 몡 직업병
定义 dìngyì 통 정의를 내리다 长期 chángqī 몡 장기간, 장기 面对 miànduì 통 직면하다, 마주 보다
无法 wúfǎ 통 ~할 수 없다, ~할 방법이 없다 化解 huàjiě 통 해소하다, 풀리다 导致 dǎozhì 통 발생하다, 초래하다
慢性 mànxìng 몡 만성의, 느긋한 疲劳 píláo 몡 피로 综合征 zōnghézhēng 몡 증후군 生理 shēnglǐ 몡 생리, 생리학
极大 jídà 혱 지극히 크다 伤害 shānghài 통 해치다, 손상시키다 引发 yǐnfā 통 일으키다, 야기하다
并发症 bìngfāzhèng 몡 합병증

16-20

第16到20题是根据下面一段采访：

男：今天我们要采访的是曾经活跃于电视屏幕的广告童星高君雨。君雨，你好，首先祝贺你被中国传媒大学播音主持专业录取，可以说说你为什么选择这个专业吗？

女：我高中时参加了表演课和播音课，慢慢发现自己对播音很有兴趣。我还担任过很多大型典礼的主持人，[20]这样的经历让我发现自己在播音主持方面的天赋。为了进一步深造，我在报考大学时特意选择了播音主持专业。

男：大学生活即将开始，你对哪些方面比较期待呢？

女：[16]我对大学生活的方方面面都比较期待。比如说校园和宿舍的环境，师生关系，同学之间的相处等。另外我还很期待专业课和考试的形式。

男：[17]我们听说，你小时候会把作业带到片场去写，当时你是如何兼顾学习和拍摄的呢？

女：幼儿园到小学时期，我参与的广告较多，所以拍摄日程也较为紧凑。[17]为了不落下功课，我会把作业带到现场完成。不拍摄时，我会认真地预习和复习学校的功课。

男：作为曾经的童星，你有什么不同的感受吗？

女：[18]我觉得当童星没什么特别之处，只是比别人多了一些拍摄经验，[18]比同龄人更加繁忙罢了。在学校里，我只是一个普通的学生，我不会因为拍了广告就觉得自己不平凡。

男：作为公众人物，[19]你被贴上了"童星"、"学霸"等标签。你怎样看待这种情况呢？

女：标签象征着一个人的特色，被贴标签的好处是容易被大众记住。但同样，[19]标签也可能会成为迈向未来，走上转型之路的绊脚石。所以我觉得这种情况有利有弊，不能一概而论。

16-20번 문제는 다음 인터뷰에 근거한다.

남: 오늘 저희가 인터뷰할 대상은 예전에 텔레비전 스크린에서 활약했던 광고 아역 스타 까오쥔위입니다. 쥔위, 안녕하세요, 먼저 중국 전매 대학 방송 진행 전공에 합격한 것을 축하합니다. 왜 이 전공을 선택하게 되었는지 말해 줄 수 있나요?

여: 저는 고등학교 때 연기 수업과 방송 수업을 들었는데, 차츰 제가 방송에 관심이 있다는 것을 알게 되었습니다. 저는 많은 대형 행사 사회자도 맡았었는데, [20]이러한 경험은 저로 하여금 방송 진행 방면에 있어서 저의 타고난 자질을 발견하게 했습니다. 더 깊이 공부를 하기 위해, 저는 대학에 지원할 때 일부러 방송 진행 전공을 선택했습니다.

남: 대학 생활이 곧 시작되는데, 어떤 부분에서 좀 기대가 되나요?

여: [16]저는 대학 생활의 모든 방면이 다 기대됩니다. 예를 들어 캠퍼스와 기숙사의 환경, 선생님과 학생의 관계, 동기들끼리 함께 지내는 것 등에서 말이에요. 그 외에 전공 수업과 시험 형식도 기대됩니다.

남: [17]저희가 들은 바로는, 어렸을 때 숙제를 촬영장에 가져가서 했다고 하던데, 당시에 공부와 촬영을 어떻게 병행했나요?

여: 유치원에서 초등학교 시기까지 제가 참여한 광고가 꽤 많았었는데요, 그래서 촬영 일정도 거의 빈틈이 없었습니다. [17]학업에 뒤쳐지지 않기 위해 저는 숙제를 현장에 가지고 가서 끝냈습니다. 촬영을 안 할 때는 학교 수업을 열심히 예습하고 복습했습니다.

남: 예전의 아역 스타로서, 어떤 다른 느낀 점이 있습니까?

여: [18]저는 아역 스타가 된다는 것은 어떤 특별한 점이 없고, 그저 다른 사람보다 촬영 경험이 많고, [18]같은 또래보다 더 바쁜 것일 뿐이라고 생각해요. 학교에서 저는 그저 평범한 학생이에요, 제가 광고를 찍었다고 해서 스스로가 평범하지 않다고 생각하지 않아요.

남: 공인으로서, [19]당신은 '아역 스타', '공부왕' 등의 꼬리표가 붙여졌습니다. 이러한 상황을 어떻게 보시나요?

여: 꼬리표는 한 사람의 특징을 상징하는데요, 꼬리표가 붙은 것의 장점은 대중에게 기억되기 쉽다는 것입니다. 그러나 마찬가지로, [19]꼬리표는 미래를 향해 나아가고 이미지를 바꾸는 데에 걸림돌이 될 수 있습니다. 그래서 저는 이런 상황은 이로운 점도 있고 해로운 점도 있어서, 일률적으로 논할 수 없다고 생각합니다.

어휘 采访 cǎifǎng 통 인터뷰하다, 취재하다 曾经 céngjīng 閉 예전에, 일찍이 活跃 huóyuè 통 활약하다, 활발하게 하다
屏幕 píngmù 몡 스크린(screen), 화면 童星 tóngxīng 아역 스타 中国传媒大学 Zhōngguó Chuánméi Dàxué 고유 중국 전매 대학[방송·통신 및 출판 분야 등의 인재 양성을 목적으로 설립한 대학] 播音 bōyīn 통 방송하다 主持 zhǔchí 통 진행하다, 주최하다 专业 zhuānyè 몡 전공
录取 lùqǔ 통 합격시키다, 뽑다, 채용하다 担任 dānrèn 통 맡다, 담당하다 大型 dàxíng 몡 대형의 典礼 diǎnlǐ 몡 (성대한) 행사, 식
天赋 tiānfù 몡 타고난 자질, 천부적인 소질 深造 shēnzào 통 (더 높은 수준에 도달하기 위해) 깊이 공부하다 报考 bàokǎo 통 지원하다, 응시하다

特意 tèyì 图 일부러, 특별히   即将 jíjiāng 图 곧, 머지않아   期待 qīdài 图 기대하다, 바라다   方方面面 fāngfāngmiànmiàn 图 모든 방면
校园 xiàoyuán 图 캠퍼스   宿舍 sùshè 图 기숙사   相处 xiāngchǔ 图 함께 지내다, 함께 살다   形式 xíngshì 图 형식, 형태
片场 piànchǎng 图 촬영장   如何 rúhé 图 어떻게, 어떠하다   兼顾 jiāngù 图 병행하다, 고르게 살피다   拍摄 pāishè 图 촬영하다
幼儿园 yòu'éryuán 图 유치원   时期 shíqī 图 (특정한) 시기   参与 cānyù 图 참여하다, 참가하다   日程 rìchéng 图 일정
紧凑 jǐncòu 图 빈틈없다   现场 xiànchǎng 图 현장, 현지   感受 gǎnshòu 图 느낀 점, 경험   同龄人 tónglíngrén 图 같은 또래, 동년배
繁忙 fánmáng 图 (일이 많아서) 바쁘다, 여유가 없다   平凡 píngfán 图 평범하다, 보통이다   公众人物 gōngzhòng rénwù 图 공인
学霸 xuébà 공부왕[공부를 잘하는 사람을 지칭하는 말]   标签 biāoqiān 图 꼬리표, 태그   看待 kàndài 图 ~에 대하여 보다, 대우하다
象征 xiàngzhēng 图 상징하다 图 상징   特色 tèsè 图 특징, 특색   大众 dàzhòng 图 대중   迈向 màixiàng 图 (앞으로) 나아가다, 내딛다
未来 wèilái 图 미래   转型 zhuǎnxíng 图 이미지를 바꾸다, 구조를 바꾸다   绊脚石 bànjiǎoshí 图 걸림돌, 장애물
有利有弊 yǒulì yǒu bì 이로운 점도 있고 해로운 점도 있다   一概而论 yígài'érlùn 图 일률적으로 논하다, 한결같이 대하다

16-20번 보기의 拍摄(촬영하다), 粉丝(팬), 播音主持(방송 진행), 电影主演(영화 주연)을 통해 인터뷰 대상이 방송과 관련된 예술가임을 예측할 수 있다. 따라서 예술가 인터뷰가 나올 것을 대비해서 듣는다. 특히, 여자가 인터뷰 대상이므로 여자의 말을 주의 깊게 듣는다.

---

16 하

A 广告拍摄	A 광고 촬영
B 大型活动	B 대형 행사
C 宿舍环境	C 기숙사 환경
D 新人选拔	D 신인 선발
问 : 女的向往大学生活的哪方面?	질문 : 여자는 대학 생활의 어떤 부분을 동경하는가?

해설 여자의 말에서 언급된 我对大学生活的方方面面都比较期待。比如说校园和宿舍的环境을 듣고, 보기 C 宿舍环境에 체크해 둔다. 질문이 여자는 대학 생활의 어떤 부분을 동경하는지를 물었으므로, 보기 C가 정답이다.

어휘 拍摄 pāishè 图 촬영하다   大型 dàxíng 图 대형의   宿舍 sùshè 图 기숙사   新人 xīnrén 图 신인   选拔 xuǎnbá 图 선발하다
向往 xiàngwǎng 图 동경하다, 지향하다

---

17 중상

A 由父母督促学习	A 부모가 공부하는 것을 재촉한다
B 请专家辅导功课	B 전문가에게 수업 지도를 요청한다
C 和粉丝一起学习	C 팬들과 함께 공부한다
D 在拍摄空隙学习	D 촬영 틈에 공부한다
问 : 女的小时候是如何学习的?	질문 : 여자는 어렸을 때 어떻게 공부했는가?

해설 남자의 말에서 언급된 我们听说, 你小时候会把作业带到片场去写, 当时你是如何兼顾学习和拍摄的呢?와 여자의 말에서 언급된 为了不落下功课, 我会把作业带到现场完成。不拍摄时, 我会认真地预习和复习学校的功课。를 듣고, 보기 D 在拍摄空隙学习에 체크해 둔다. 질문이 여자는 어렸을 때 어떻게 공부했는지를 물었으므로, 보기 D가 정답이다.

어휘 督促 dūcù 图 재촉하다, 감독하다   专家 zhuānjiā 图 전문가   辅导 fǔdǎo 图 (학습 등을 도우고) 지도하다, 스터디하다
粉丝 fěnsī 图 팬   拍摄 pāishè 图 촬영하다   空隙 kòngxì 图 틈, 간격

---

18 중

A 不再平凡	A 더이상 평범하지 않다
B 相对忙碌	B 상대적으로 바쁘다
C 收入很高	C 수입이 많다
D 受人关注	D 사람들의 관심을 받는다
问 : 女的认为当童星怎么样?	질문 : 여자는 아역 스타가 되는 것이 어떻다고 생각하는가?

해설 여자의 말에서 언급된 我觉得当童星没什么特别之处……比同龄人更加繁忙罢了를 듣고, 보기 B 相对忙碌에 체크해 둔다. 질문이 아역 스타가 되는 것에 대한 여자의 생각을 물었으므로, 보기 B가 정답이다.

어휘 平凡 píngfán 图 평범하다, 보통이다   相对 xiāngduì 图 상대적이다   忙碌 mánglù 图 바쁘다   关注 guānzhù 图 관심을 가지다
童星 tóngxīng 아역 스타

19 상	A 受益很大	A 얻은 이익이 크다
	B 难以摆脱	B 벗어나기 어렵다
	C 是双刃剑	C 양날의 검이다
	D 带来阻碍	D 지장을 가져온다
	问 : 女的如何看待自己被贴标签?	질문 : 여자는 자신에게 꼬리표가 붙은 것을 어떻게 보는가?

해설   남자의 말에서 언급된 你被贴上了"童星"、"学霸"等标签。你怎样看待这种情况呢?와 여자의 말에서 언급된 标签也可能会成为迈向未来, 走上转型之路的绊脚石。所以我觉得这种情况有利有弊를 듣고, 보기 C 是双刃剑에 체크해 둔다. 질문이 여자는 자신에게 꼬리표가 붙은 것을 어떻게 보는지를 물었으므로, 보기 C가 정답이다.

어휘   受益 shòuyì 图 이익을 얻다   摆脱 bǎituō 图 벗어나다, 빠져나오다   双刃剑 shuāngrènjiàn 圐 양날의 검
     阻碍 zǔ'ài 图 지장이 되다, 방해하다   看待 kàndài 图 ~에 대하여 보다, 다루다   标签 biāoqiān 圐 꼬리표, 태그

20 상	A 擅长播音主持	A 방송 진행에 뛰어나다
	B 曾是电影主演	B 예전에 영화 주연이었다
	C 考试成绩较差	C 시험 성적이 비교적 나쁘다
	D 得到父母支持	D 부모의 지지를 얻다
	问 : 关于女的, 可以知道什么?	질문 : 여자에 관하여, 무엇을 알 수 있는가?

해설   여자의 말에서 언급된 这样的经历让我发现自己在播音主持方面的天赋를 듣고, 보기 A 擅长播音主持에 체크해 둔다. 질문이 여자에 관하여 알 수 있는 것을 물었으므로, 보기 A가 정답이다. 참고로, 맨 마지막 문제의 단서는 인터뷰 초중반에 언급되기도 한다.

어휘   擅长 shàncháng 图 뛰어나다, 정통하다   播音 bōyīn 图 방송하다   主持 zhǔchí 图 진행하다, 주최하다   主演 zhǔyǎn 圐 주연

21-25

第21到25题是根据下面一段采访:

女: 今天来到节目现场的是中国文物保护基金会副理事长詹长法。詹先生, 您如何评价中国的文物保护工作呢?

男: 我认为, ²¹在保护文物方面, 中国还存在很多技术空白和政策缺口。其中, 亟需关注的就是预防火灾的问题。由于中国的文物建筑大多都以木质结构为主, 所以稍有疏忽就可能会引发大型火灾。

女: 对此, 国家文物局发布规定, 对文物施工单位和工地的消防安全检查内容作出了严格要求。但违规施工导致火灾发生的问题仍时有发生, 您认为问题出在哪里?

男: 现在, ²²中国有很多事后追责的行政手段, 但缺乏强有力的刑法惩戒案例。这就无法引起施工方的注意, 更难防患于未然。²²所以我们应该双管齐下, 将行政手段和刑法措施结合起来, 并注重安全检查, 在根源上加以防范。

女: 在根源上加以防范是指更加严格地审查承建方的资格吗?

21-25번 문제는 다음 인터뷰에 근거한다.

여: 오늘 녹화장에 오신 분은 중국 문화재 보호 기금회의 부이사장이신 잔 창파 씨입니다. 잔 선생님, 선생님께서는 중국의 문화재 보호 업무를 어떻게 평가하십니까?

남: 저는 ²¹문화재 보호 방면에서, 중국은 아직 많은 기술 공백과 정책 허점이 있다고 생각합니다. 이 가운데, 시급히 관심을 가져야 할 것은 바로 화재 예방 문제입니다. 중국의 문화재 건축물은 대부분 목재 구조 위주이기 때문에, 조금만 소홀히 해도 대형 화재를 야기할 수 있습니다.

여: 이에 대해서, 국가문물국은 규정을 발표하여 문화재 시공사와 공사장의 소방 안전 점검 내용에 대해 엄격한 요구를 했습니다. 그러나 규정을 어기고 시공하여 화재를 일으킨 문제가 여전히 심심찮게 발생하고 있는데, 선생님께서는 문제가 어디에 있다고 생각하십니까?

남: 현재, ²²중국에는 사후 책임을 묻는 행정 수단이 많이 있지만, 강력한 형법 징계 규정은 부족합니다. 이는 시공사의 주의를 끌 수 없어서, 사고를 미리 방지하기 더욱 어렵습니다. ²²그래서 저희는 두 가지 일을 동시에 해야 하는데, 행정 수단과 형법 조치를 결합하고, 안전 점검에 신경을 쓰면서 근본적으로 대비해야 합니다.

여: 근본적으로 대비를 한다는 것은 더욱 엄격하게 건축업자의 자격을 심사한다는 것을 의미하시나요?

男: 所谓"在根源上加以防范"不只是审查承建方的资格，更重要的是制定工地现场的标准。因为²³只靠审查承建方资格的方式，是无法真正判断出预防火灾的能力的。目前，中国缺乏文物施工工地的规范，没有将文物修缮施工和其他建筑施工的标准加以区分，这是不科学的。

女: 那有什么办法可以减少火灾事故呢？

男: ²⁴中国文物火灾发生的主要诱因是电气故障。在改造电气时，只要严格采用防火材料，就可以大大降低电气故障引发火灾的可能性。

女: 最后，您觉得我们在文物消防方面还需要做哪些努力？

男: 比如说引入文物火灾风险评估机制。²⁵可以按文物保护单位的等级和状况来评定风险指数。另外，在历史街区、古城或者文物保护单位密度较高的风险地带，文物部门和应急消防部门要形成联动系统，以便及时应对风险。

남: 소위 '근본적으로 대비한다'는 것은 건축업자의 자격을 심사하는 것뿐만 아니라 공사장 현장의 기준을 제정하는 것이 더 중요합니다. ²³오직 건축업자의 자격을 심사하는 방식에만 기댄다면, 화재 예방 능력을 확실히 판단할 수 없기 때문입니다. 현재, 중국은 문화재 시공 공사장의 규범이 부족하고, 문화재 보수 시공과 기타 건축물 시공의 기준을 구분하지 않았는데, 이는 비과학적입니다.

여: 그렇다면 화재 사고를 줄일 수 있는 방법은 무엇이 있습니까?

남: ²⁴중국 문화재 화재 발생의 주요 원인은 전기 결함입니다. 전기를 개량할 때 방화 자재를 엄격히 고르기만 한다면, 전기 결함으로 일어나는 화재의 가능성을 크게 낮출 수 있습니다.

여: 마지막으로, 선생님께서는 중국이 문화재 소방 방면에서 어떤 노력을 더 해야 한다고 생각하십니까?

남: 예를 들어 문화재 화재 위험 평가 메커니즘을 도입하는 것이 있겠네요. ²⁵문화재 보호 기관의 등급과 상황에 따라 위험 지수를 평가하여 결정할 수 있을 테니까요. 이 외에, 역사적 구역이나 오래된 도시 혹은 문화재 보호 기관의 밀집도가 비교적 높은 위험 지대에 즉시 위험에 대응할 수 있도록, 문화재 부서와 응급 소방 부서가 연동 시스템을 구성해야 합니다.

어휘 节目现场 jiémù xiànchǎng 녹화장, 세트장　文物 wénwù 몡 문화재, 문물　基金会 jījīnhuì 몡 기금회　副 fù 톙 부, 보조의
如何 rúhé 떼 어떻다, 어떠하다　评价 píngjià 동 평가하다　存在 cúnzài 동 있다, 존재하다　空白 kòngbái 몡 공백, 여백
政策 zhèngcè 몡 정책　缺口 quēkǒu 몡 허점, 빈틈　亟 jí 혱 (일이나 사정 등이) 시급히, 신속히　预防 yùfáng 동 예방하다
火灾 huǒzāi 몡 화재　建筑 jiànzhù 몡 건축물　木质结构 mùzhì jiégòu 목재 구조　稍 shāo 튄 조금, 약간
疏忽 shūhu 동 소홀히 하다, 등한시 하다　引发 yǐnfā 동 야기하다, 일으키다　大型 dàxíng 혱 대형의
国家文物局 Guójiā Wénwùjú 고유 (중국) 국가문물국　发布 fābù 동 (명령·지시·뉴스 등을) 발표하다, 선포하다
施工单位 shīgōng dānwèi 시공사　工地 gōngdì 몡 공사장　消防 xiāofáng 동 소방하다　违规 wéiguī 동 규정을 어기다
施工 shīgōng 동 시공하다　导致 dǎozhì 동 일으키다, 초래하다　时有 shíyǒu 심심찮게　事后 shìhòu 몡 사후[일이 벌어진 후]
追责 zhuīzé 책임을 묻다　行政 xíngzhèng 몡 행정, 시무　手段 shǒuduàn 몡 수단, 방법　缺乏 quēfá 동 부족하다, 모자라다
强有力 qiángyǒulì 강력하다　刑法 xíngfǎ 몡 형법, 형률　惩戒 chéngjiè 동 징계하다　条例 tiáolì 몡 규정
防患于未然 fánghuàn yú wèirán 사고를 미리 방지하다　双管齐下 shuāngguǎnqíxià 두 가지를 동시에 하다　措施 cuòshī 몡 조치, 대책
结合 jiéhé 동 결합하다　注重 zhùzhòng 동 신경을 쓰다, 중시하다　根源 gēnyuán 몡 근본, 근원　加以 jiāyǐ 동 ~을 하다, ~을 가하다
防范 fángfàn 동 대비하다, 방비하다　审查 shěnchá 동 심사하다, 검열하다　承建方 chéngjiànfāng 건축업자　资格 zīgé 몡 자격
制定 zhìdìng 동 제정하다, 세우다　标准 biāozhǔn 몡 기준　靠 kào 동 기대다, 의지하다　方式 fāngshì 몡 방식, 방법
目前 mùqián 몡 현재, 지금　规范 guīfàn 몡 규범, 준칙　修缮 xiūshàn 동 (건축물을) 보수하다, 수리하다　区分 qūfēn 동 구분하다, 나누다
事故 shìgù 몡 사고　诱因 yòuyīn 몡 원인, 유인　电气 diànqì 몡 전기　故障 gùzhàng 몡 (기계 따위의) 결함, 고장
改造 gǎizào 동 개량하다, 개조하다　采用 cǎiyòng 동 고르다, 채택하다　防火材料 fánghuǒ cáiliào 방화 자재
引入 yǐnrù 동 도입하다, 끌어들이다　风险评估 fēngxiǎn pínggū 위험 평가　机制 jīzhì 몡 메커니즘　单位 dānwèi 몡 기관, 단체
等级 děngjí 몡 등급, 계급　状况 zhuàngkuàng 몡 상황　评定 píngdìng 동 평가하여 결정하다　风险指数 fēngxiǎn zhǐshù 위험 지수
街区 jiēqū 몡 구역　古城 gǔchéng 오래된 도시　密度 mìdù 몡 밀집도, 밀도　地带 dìdài 몡 지대　部门 bùmén 몡 부서, 부문
应急 yìngjí 동 응급조처하다　形成 xíngchéng 동 구성하다, 이루다　联动 liándòng 동 연동하다　系统 xìtǒng 몡 시스템, 체계
以便 yǐbiàn 젭 ~(하기에 편리) 하도록, ~하기 위하여　应对 yìngduì 동 대응하다, 대처하다

> 21-25번 보기의 文物(문화재), 文物保护单位(문화재 보호 기관)를 통해 인터뷰 대상이 문화재와 관련된 전문가임을 예측할 수 있다. 따라서 특정 분야 전문가 인터뷰가 나올 것을 대비해서 듣는다. 특히, 남자가 인터뷰 대상이므로 남자의 말을 주의 깊게 듣는다.

21 중상	A 技术不够完备	A 기술이 완전하지 않다
	B 没有统一标准	B 통일된 기준이 없다
	C 建筑结构不佳	C 건축물 구조가 좋지 않다
	D 消防员人数少	D 소방대원의 수가 적다
	问：目前文物保护存在哪方面的问题？	질문：현재 문화재 보호는 어떤 방면의 문제가 있는가?

해설 남자의 말에서 언급된 在保护文物方面, 中国还存在很多技术空白和政策缺口를 듣고, 보기 A 技术不够完备에 체크해 둔다. 질문이

현재 문화재 보호는 어떤 방면의 문제가 있는지를 물었으므로, 보기 A가 정답이다.

어휘 完备 wánbèi 閾 완전하다, 완비되다　统一 tǒngyī 閾 통일적인, 단일한　建筑 jiànzhù 閾 건축물, 건축　结构 jiégòu 閾 구조
不佳 bùjiā 閾 좋지 않다　消防员 xiāofángyuán 소방대원　目前 mùqián 閾 현재, 지금　文物 wénwù 閾 문화재

22 中상	A 应加大处罚力度	A 처벌 강도를 높여야 한다
	B 应考虑施工难度	B 시공 난이도를 고려해야 한다
	C 应与刑法措施相结合	C 형법 조치와 서로 결합해야 한다
	D 应向文物施工单位追责	D 문화재 시공사에게 책임을 물어야 한다
	问：男的对事后追责的行政手段有什么建议？	질문：남자는 사후 책임을 묻는 행정 수단에 어떤 제안이 있는가?

해설 남자의 말에서 언급된 中国有很多事后追责的行政手段，但缺乏强有力的刑法惩戒条例……所以我们应该双管齐下，将行政手段和刑法措施结合起来를 듣고, 보기 C 应与刑法措施相结合에 체크해 둔다. 질문이 남자는 사후 책임을 묻는 행정 수단에 어떤 제안이 있는지를 물었으므로, 보기 C가 정답이다.

어휘 处罚 chǔfá 閾 처벌하다　力度 lìdù 閾 (힘의) 강도　施工 shīgōng 閾 시공하다　刑法 xíngfǎ 閾 형법, 형률　措施 cuòshī 閾 조치, 대책
结合 jiéhé 閾 결합하다　文物 wénwù 閾 문화재　施工单位 shīgōng dānwèi 시공사　追责 zhuī zé 책임을 묻다
事后 shìhòu 閾 사후[일이 벌어진 후]　行政 xíngzhèng 閾 행정, 사무　手段 shǒuduàn 閾 수단, 방법

23 中상	A 明显提高其防火能力	A 방화 능력을 현저히 높인다
	B 会减少文物施工队伍	B 문화재 시공 단체를 줄일 수 있다
	C 能淘汰懒惰的施工方	C 게으른 시공사를 탈락시킬 수 있다
	D 难以判断其防火能力	D 방화 능력을 판단하기 어렵다
	问：男的认为，只靠审查承建方资格的方式会怎么样？	질문：남자는 단지 건축업자의 자격을 심사하는 방식에만 기대면 어떻게 된다고 생각하는가?

해설 남자의 말에서 언급된 只靠审查承建方资格的方式，是无法真正判断出预防火灾的能力的를 듣고, 보기 D 难以判断其防火能力에 체크해 둔다. 질문이 단지 건축업자의 자격을 심사하는 방식에만 기대는 것에 대한 남자의 생각을 물었으므로, 보기 D가 정답이다.

어휘 明显 míngxiǎn 閾 현저하다, 뚜렷하다　防火 fánghuǒ 閾 방화하다, 화재를 방지하다　文物 wénwù 閾 문화재
施工 shīgōng 閾 시공하다　队伍 duìwu 閾 단체, 대열　淘汰 táotài 閾 탈락되다, 도태되다　懒惰 lǎnduò 閾 게으르다
审查 shěnchá 閾 심사하다, 검열하다　承建方 chéngjiànfāng 건축업자　资格 zīgé 閾 자격　方式 fāngshì 閾 방식, 방법

24 하	A 乱扔烟头	A 함부로 담배꽁초를 버린다
	B 电气故障	B 전기 결함
	C 领导不重视	C 관리자가 중시하지 않는다
	D 缺少防火材料	D 방화 자재가 부족하다
	问：文物火灾发生的主要诱因是什么？	질문：문화재 화재 발생의 주요 원인은 무엇인가?

해설 남자의 말에서 언급된 中国文物火灾发生的主要诱因是电气故障。을 듣고, 보기 B 电气故障에 체크해 둔다. 질문이 문화재 화재 발생의 주요 원인은 무엇인지를 물었으므로, 보기 B가 정답이다.

어휘 烟头 yāntóu 閾 담배꽁초　电气 diànqì 閾 전기　故障 gùzhàng 閾 (기계 따위의) 결함, 고장　领导 lǐngdǎo 閾 관리자
防火材料 fánghuǒ cáiliào 방화 자재　文物 wénwù 閾 문화재　火灾 huǒzāi 閾 화재　诱因 yòuyīn 閾 원인, 유인

25 하	A 文物保护单位的状况	A 문화재 보호 기관의 상황
	B 当地消防单位的数量	B 현지 소방 기관의 수
	C 当地文物部门的权力	C 현지 문화재 부서의 권력
	D 当地消防单位的能力	D 현지 소방 기관의 능력
	问：评定风险指数的根据是什么？	질문：위험 지수를 평가하여 결정하는 근거는 무엇인가?

26-30

第26到30题是根据下面一段采访:

男：您以前参加过各地的马拉松比赛，那您觉得今年参加的青海玛沁国际马拉松比赛和以前的比赛有什么不同？

女：²⁶我一直想在不同的地理环境中体验马拉松，挑战一下自己的极限。而这是一场在高海拔地区进行的比赛，对我来说是一次特别的体验。因为在高原跑绝对是一个巨大的挑战，运动员不仅要克服高原反应，还要在曲折蜿蜒的山路上跑整场比赛，这更需要运动员具备顽强的毅力，较好的身体及心理素质。

男：为了参加今年的玛沁国际马拉松比赛，²⁷您做了什么样的训练？

女：我很早就来到青海，在这里住了十多天，²⁷进行了一系列针对性训练。大家都知道，在高海拔地区，连喘气都很困难，所以更需要专业的训练。等到大多数生理性适应达到稳定水平，才能实现很好的训练效果，并取得理想的比赛成绩。

男：您觉得到目前为止，²⁸赛事组委会提供的后勤服务中，最贴心的是什么？

女：²⁸我认为是心肺功能检验测量。我第一次做这么专业而全面的心肺功能检测。刚开始很多运动员担心自己适应不了气压低、氧气少的高海拔环境。为了消除安全隐患，组委会专门提供了这么个检测项目，给运动员把关，满足每个人的身体需求。

男：玛沁给您的第一印象是什么？

女：是辽阔的大草原与高耸的雪山。这是我第一次来玛沁，我非常喜欢这里壮丽的风光。除此之外，²⁹这里少数民族特别多，极具特色的风土人情给我留下了深刻的印象。

男：您觉得玛沁主办这场马拉松比赛，会给这里带来很大的变化吗？

女：我想会的。这是一个小县城，很多人以前都不知道马拉松是怎样的运动。但是这样一场马拉松赛事让当地人了解到了马拉松，当地居民的报名热情明显高涨，我觉得这就是一个很好的开始。³⁰这样的赛事应该还会对宣扬区域文化起很大的作用。

26-30번 문제는 다음 인터뷰에 근거한다.

남: 당신은 예전에 여러 곳의 마라톤 경기에 참가하신 적이 있는데, 올해 참가한 칭하이 마친 국제 마라톤 경기는 이전 경기와 어떻게 다르다고 생각하세요?

여: ²⁶저는 항상 다른 지리적 환경에서 마라톤을 경험하면서, 스스로의 한계에 도전하고 싶었습니다. 이번은 고지대 지역에서 하는 경기였는데, 저에게는 특별한 경험이었습니다. 고원에서 뛰는 것은 확실히 큰 도전이기 때문에, 선수들은 고산병을 극복해야 할 뿐만 아니라, 구불구불한 산길에서 경기 내내 달려야 하는데, 이것은 선수가 강인한 의지, 비교적 좋은 신체적 및 심리적인 자질을 갖추는 것을 더 필요로 합니다.

남: 올해의 마친 국제 마라톤 대회에 참가하기 위해, ²⁷당신은 어떤 훈련을 하셨습니까?

여: 저는 일찍 칭하이에 와서 이곳에 십 여 일 동안 살며, ²⁷일련의 맞춤형 훈련을 했습니다. 다들 아시겠지만, 고지대 지역에서는 숨 쉬는 것도 어려워서 전문적인 훈련이 더욱 필요하죠. 대부분의 생리적 적응이 안정된 수준에 도달할 때까지 기다려야, 비로소 좋은 훈련 효과를 낼 수 있고, 이상적인 경기 성적을 거둘 수 있습니다.

남: 당신이 생각하시기에 지금까지 ²⁸대회 조직 위원회가 제공한 지원 서비스 중에서, 가장 마음에 드는 것이 무엇인가요?

여: ²⁸저는 심폐 기능 검사를 측정하는 것이라고 생각합니다. 저는 처음으로 이렇게 전문적이고 전면적인 심폐 기능 검사를 해 봤어요. 처음에는 많은 선수들이 기압이 낮고, 산소가 적은 고지대 환경에 자신이 적응하지 못할까봐 걱정했어요. 안전상의 위험을 없애기 위해, 위원회는 전문적으로 이런 검사 프로그램을 제공해 주었고, 선수들에게 책임지고 모든 사람의 신체적 요구를 만족시켜 주었습니다.

남: 마친이 당신에게 준 첫인상은 무엇인가요?

여: 광활한 대초원과 높이 솟은 설산입니다. 이번에 저는 마친에 처음 와봤는데요, 저는 이곳의 웅장하고 아름다운 경치가 매우 좋아요. 그 외에도, ²⁹이곳에는 소수 민족이 유달리 많은데, 특색 있는 풍습과 인심이 저에게 깊은 인상을 남겼습니다.

남: 당신은 마친이 이번 마라톤을 주최해서, 이곳에 큰 변화를 가져올 것이라고 생각하세요?

여: 그럴 거라고 생각합니다. 여기는 작은 현이라, 많은 사람들이 이전에는 마라톤이 어떤 운동인지 몰랐어요. 하지만 이런 마라톤 대회는 현지인이 마라톤을 알 수 있게 해서, 현지 주민의 지원 열기도 눈에 띄게 높아졌는데요, 저는 이것이 좋은 시작이라고 생각합니다. ³⁰이러한 경기는 반드시 지역 문화를 알리는 데도 큰 역할을 할 것입니다.

어휘 马拉松 mǎlāsōng 명 마라톤 青海 Qīnghǎi 고유 칭하이[중국의 지명] 玛沁 Mǎqìn 고유 마친[중국의 지명] 不同 bùtóng 형 다르다, 같지 않다
地理 dìlǐ 명 지리 体验 tǐyàn 통 경험하다, 체험하다 挑战 tiǎozhàn 통 도전하다 极限 jíxiàn 명 한계, 극한
高海拔 gāo hǎibá 고지대[해발이 높은 지역] 地区 dìqū 명 지역 高原 gāoyuán 명 고원 绝对 juéduì 부 확실히, 결코
巨大 jùdà 형 크다, 거대하다 克服 kèfú 통 극복하다, 이겨내다 高原反应 gāoyuán fǎnyìng 명 고산병

曲折蜿蜒 qūzhé wānyán 구불구불하다　　山路 shānlù 몡 산길　　顽强 wánqiáng 몡 강인하다, 완강하다　　毅力 yìlì 몡 의지, 끈기
心理 xīnlǐ 몡 심리, 기분　　素质 sùzhì 몡 자질, 소양　　训练 xùnliàn 됭 훈련하다　　一系列 yíxìliè 일련의　　针对性 zhēnduìxìng 몡 맞춤형
喘气 chuǎnqì 됭 숨을 쉬다, 호흡하다　　大多数 dàduōshù 대부분, 대다수　　生理 shēnglǐ 몡 생리, 생리학　　达到 dádào 됭 도달하다, 이르다
稳定 wěndìng 셩 안정되다　　实现 shíxiàn 됭 내다, 실현하다　　效果 xiàoguǒ 몡 효과　　取得 qǔdé 됭 거두다, 얻다
目前 mùqián 몡 지금, 현재　　为止 wéizhǐ 됭 (주로 시간 따위에 쓰여) ~까지 하다　　赛事 몡 대회, 시합　　组委会 zǔwěihuì 몡 조직 위원회
后勤 hòuqín 몡 지원, 후방 근무　　贴心 tiēxīn 몡 마음에 들다, 가장 친하다　　心肺 xīnfèi 몡 심폐[심장과 폐]　　功能 gōngnéng 몡 기능
检测 jiǎncè 됭 검사하다　　测量 cèliáng 됭 측정하다　　全面 quánmiàn 셩 전면적이다, 포괄적이다　　气压 qìyā 몡 기압　　氧气 yǎngqì 몡 산소
消除 xiāochú 됭 없애다, 해소하다　　隐患 yǐnhuàn 몡 위험, 잠복해 있는 병　　项目 xiàngmù 몡 프로그램, 항목
把关 bǎguān 됭 책임을 지다, 엄격히 심사하다　　满足 mǎnzú 됭 만족시키다　　个人 gèrén 몡 각자, 개인　　需求 xūqiú 몡 요구, 수요
辽阔 liáokuò 셩 광활하다, 아득히 넓다　　高耸 gāosǒng 됭 높이 솟다　　壮丽 zhuànglì 셩 웅장하고 아름답다, 장려하다
风光 fēngguāng 몡 경치, 풍광　　除此之外 chú cǐ zhī wài 이 외에도, 이 밖에　　少数民族 shǎoshù mínzú 몡 소수 민족　　特色 tèsè 몡 특색, 특징
风土人情 fēngtǔ rénqíng 풍습과 인심, 지방의 특색과 풍습　　深刻 shēnkè 셩 (인상이) 깊다, (느낌이) 강렬하다　　主办 zhǔbàn 됭 주최하다
县城 xiànchéng 몡 현[중국 행정 구획 단위의 하나]　　赛事 sàishì 몡 경기, 대회　　当地 dāngdì 몡 현지　　居民 jūmín 몡 주민, 거주민
明显 míngxiǎn 셩 눈에 띄다, 뚜렷하다　　高涨 gāozhǎng 됭 (정서·물가 등이) 높아지다, 급증하다　　宣扬 xuānyáng 됭 알리다, 선양하다
区域 qūyù 몡 지역, 구역

26-30번 보기의 奖牌(메달), 训练(훈련하다), 赛场(경기장)을 통해 인터뷰 대상이 운동선수임을 예측할 수 있다. 따라서 운동선수 인터뷰가 나올 것을 대비해서 듣는다. 특히, 여자가 인터뷰 대상이므로 여자의 말을 주의 깊게 듣는다.

26
중

A 欣赏风景	A 풍경을 감상한다
B 感受文化	B 문화를 느낀다
C 挑战自我	C 자신에게 도전한다
D 拿到奖牌	D 메달을 획득한다
问 : 女的为什么要参加这次比赛?	질문 : 여자는 왜 이 경기에 참가하려 하는가?

해설　여자의 말에서 언급된 我一直想在不同的地理环境中体验马拉松, 挑战一下自己的极限。을 듣고, 보기 C 挑战自我에 체크해 둔다. 질문이 여자가 이 경기에 참가하려 하는 이유를 물었으므로, 보기 C가 정답이다.

어휘　欣赏 xīnshǎng 됭 감상하다, 마음에 들다　　风景 fēngjǐng 몡 풍경, 경치　　感受 gǎnshòu 됭 (영향을) 느끼다, 받다
挑战 tiǎozhàn 됭 도전하다　　奖牌 jiǎngpái 몡 메달

27
중상

A 抗冻抗寒的训练	A 추위에 맞서는 훈련
B 针对高海拔的训练	B 고지대에 대비한 훈련
C 增强爆发力的训练	C 순발력을 강화하는 훈련
D 攀登高原雪山的训练	D 고원 설산을 등반하는 훈련
问 : 女的进行了什么样的训练?	질문 : 여자는 어떤 훈련을 했는가?

해설　남자의 말에서 언급된 您做了什么样的训练?과 여자의 말에서 언급된 进行了一系列针对性训练。大家都知道, 在高海拔地区, 连喘气都很困难, 所以更需要专业的训练。을 듣고, 보기 B 针对高海拔的训练에 체크해 둔다. 질문이 여자는 어떤 훈련을 했는지를 물었으므로, 보기 B가 정답이다.

어휘　抗冻抗寒 kàng dòng kàng hán 추위에 맞서다　　训练 xùnliàn 됭 훈련하다　　针对 zhēnduì 됭 대비하다, 겨누다
高海拔 gāo hǎibá 고지대　　爆发力 bàofālì 몡 순발력　　攀登 pāndēng 됭 등반하다, 타고 오르다　　高原 gāoyuán 몡 고원
雪山 xuěshān 몡 설산

28
중

A 赛中供氧服务	A 경기 중 산소 공급 서비스
B 赛道引导服务	B 코스 안내 서비스
C 高原反应检测	C 고산병 검사
D 心肺功能检测	D 심폐 기능 검사
问 : 下列哪项是最让女的满意的后勤服务?	질문 : 다음 중 여자를 가장 만족시킨 지원 서비스는 무엇인가?

해설　남자의 말에서 언급된 赛事组委会提供的后勤服务中, 最贴心的是什么?와 여자의 말에서 언급된 我认为是心肺功能检验测量。을 듣고, 보기 D 心肺功能检测에 체크해 둔다. 질문이 여자를 가장 만족시킨 지원 서비스는 무엇인지 물었으므로, 보기 D가 정답이다.

어휘 供氧 gōngyǎng 산소를 공급하다　**赛道** sàidào 圆 코스, 서킷　**引导** yǐndǎo 圆 안내하다, 이끌다
高原反应 gāoyuán fǎnyìng 고산병　**检测** jiǎncè 圆 검사하다　**心肺** xīnfèi 심폐[심장과 폐]　**功能** gōngnéng 圆 기능
后勤 hòuqín 圆 지원, 후방 근무

29 하	A 风土人情	A 풍습과 인심
	B 传统小吃	B 전통 간식
	C 赛场设施	C 경기장 시설
	D 特殊地形	D 특수한 지형
	问：是什么给女的留下了深刻的印象？	질문 : 무엇이 여자에게 깊은 인상을 남겼는가?

해설 여사의 밀에서 언급된 这里少数民族特别多，极具特色的风土人情给我留下了深刻的印象을 듣고, 보기 A 风土人情에 체크해 둔다.
질문이 무엇이 여자에게 깊은 인상을 남겼는지를 물었으므로, 보기 A가 정답이다.

어휘 风土人情 fēngtǔ rénqíng 풍습과 인심　**传统** chuántǒng 圆 전통　**赛场** sàichǎng 圆 경기장　**设施** shèshī 圆 시설
特殊 tèshū 圈 특수하다, 특별하다　**地形** dìxíng 圆 지형, 땅의 형세　**深刻** shēnkè 圈 (인상이) 깊다, (느낌이) 강렬하다

30 중상	A 带动了经济发展	A 경제 발전을 이끌었다
	B 宣传了当地文化	B 현지 문화를 홍보했다
	C 吸引了大量游客	C 많은 관광객을 끌어들였다
	D 改善了生活条件	D 생활 여건을 개선했다
	问：马拉松比赛会给当地带来什么好处？	질문 : 마라톤 경기는 현지에 어떤 이점을 가져올 수 있는가?

해설 여자의 말에서 언급된 这样的赛事应该还会对宣扬区域文化起很大的作用。을 듣고, 보기 B 宣传了当地文化에 체크해 둔다. 질문이
마라톤 경기는 현지에 어떤 이점을 가져왔는지를 물었으므로, 보기 B가 정답이다.

어휘 带动 dàidòng 圆 이끌다, 선도하다　**宣传** xuānchuán 圆 홍보하다, 광고하다　**当地** dāngdì 圆 현지, 현장　**大量** dàliàng 圈 많은, 대량의
游客 yóukè 圆 관광객, 여행객　**改善** gǎishàn 圆 개선하다　**马拉松** mǎlāsōng 圆 마라톤　**好处** hǎochù 圆 이점, 장점

31-33

第31到33题是根据下面一段话：

　　³¹十多年前崔佳从动物医学专业毕业后，就决定进入宠物市场开创自己的一番事业。由于他对宠物食品和用品较为感兴趣，于是对这方面做了认真又详细的调查。通过调查，他发现了两个问题，一是现有的宠物食品和用品的市场产能过剩。二是新增的养狗人不断抱怨没有合适的宠物食品和用品。

　　在此情形下，崔佳决定创立"疯狂小狗"品牌，将养宠新手作为目标客户，根据这些客户多元化和个性化的需求来配备产品线。所以他打造出来的³²"疯狂小狗"产品具有几个特点：一是不分成犬幼犬，可以降低用户的时间成本；二是，小包装小规格，可以降低用户的尝试成本；最后，³²把狗粮的平均价格控制在十到十五元每公斤。

　　今年是"疯狂小狗"成立五周年。在这一重要时期，³³崔佳宣布集团已获得了三亿元的战略投资。同时他还表示，要将公司打造为集宠物食品用品研发与制造于一体的综合性宠物产业集团。目前，集团旗下已有四个宠物产品品牌，覆盖了高、中、低三个价格带。

31-33번 문제는 다음 내용에 근거한다.

³¹10여 년 전 추이자는 수의학 전공을 졸업한 뒤, 반려동물 시장에 진출하여 자신의 사업을 시작하기로 결정했다. 그는 반려동물 식품과 용품에 비교적 관심이 있었기 때문에, 그래서 이 방면에 대해 진지하고 상세한 조사를 했다. 조사를 통해, 그는 두 가지 문제점을 발견했는데, 첫 번째는 기존의 반려동물 식품과 용품의 시장 생산 능력이 과잉이라는 것이었다. 두 번째는 새롭게 증가하는 개를 키우는 사람들이 마땅한 반려동물 식품과 용품이 없다고 끊임없이 불평한다는 것이었다.

이러한 상황에서, 추이자는 '크레이지 독'이라는 브랜드를 창립하기로 결심하고, 반려동물을 키우는 초보자를 타깃 고객으로 삼아, 이러한 고객들의 다원화와 개성화된 수요에 따라 제품 라인을 배치했다. 그래서 그가 만들어낸 ³²'크레이지 독' 제품은 몇 가지 특징을 가지고 있다. 첫 번째는 성견과 강아지를 나누지 않아서 사용자의 시간 비용을 낮춰 줄 수 있다는 것이다. 두 번째는 소포장 소규격으로 사용자의 테스트 비용을 낮춰 줄 수 있다는 것이다. 마지막은 ³²개 사료의 평균 가격을 kg당 10~15위안으로 조절했다는 것이다.

올해는 '크레이지 독' 설립 5주년이다. 이와 같은 중요한 시기에 ³³추이자는 그룹이 이미 3억 위안의 전략적 투자를 받았다고 발표했다. 동시에 그는 회사를 반려동물 식품 및 용품의 연구 개발과 제조가 융합된 종합적인 반려동물 산업 그룹으로 만들 것이라고 밝혔다. 현재 그룹은 산하에 이미 반려동물 제품 브랜드 4개를 보유하고 있으며, 고가, 중가, 저가 3개의 가격대를 커버하고 있다.

어휘 动物医学 dòngwù yīxué 수의학, 동물의학 宠物 chǒngwù 圐 반려동물 市场 shìchǎng 圐 시장 开创 kāichuàng 圐 시작하다, 창립하다
事业 shìyè 圐 사업 食品 shípǐn 圐 식품 用品 yòngpǐn 圐 용품 现有 xiànyǒu 기존의 产能 chǎnnéng 생산 능력
过剩 guòshèng 圐 (공급이 수요를) 과잉하다 不断 búduàn 圄 끊임없이, 부단히 抱怨 bàoyuàn 圐 불평하다, 투덜거리다
情形 qíngxing 圐 상황, 형편 创立 chuànglì 창립하다, 창설하다 疯狂 fēngkuáng 미치다 品牌 pǐnpái 圐 브랜드, 상표
新手 xīnshǒu 圐 초보자, 신참 作为 zuòwéi 圐 ~으로 삼다, ~으로 여기다 目标 mùbiāo 圐 타깃, 목표 客户 kèhù 圐 고객, 거래처
多元化 duōyuánhuà 圐 다원화하다 个性 gèxìng 圐 개성 需求 xūqiú 圐 수요, 필요 配备 pèibèi 圐 배치하다, 배분하다
产品线 chǎnpǐnxiàn 제품 라인 打造 dǎzào 圐 만들다, 조성하다 犬 quǎn 圐 개 用户 yònghù 圐 사용자, 가입자
成本 chéngběn 圐 비용, 원가 包装 bāozhuāng 圐 포장 规格 guīgé 圐 규격, 표준 尝试 chángshì 圐 테스트해 보다, 시도해 보다
狗粮 gǒuliáng 개 사료 平均 píngjūn 圐 평균의, 균등한 控制 kòngzhì 圐 조절하다, 통제하다
成立 chénglì 圐 (조직·기구를) 설립하다, 결성하다 周年 zhōunián 圐 주년 时期 shíqī 圐 (특정한) 시기
宣布 xuānbù 圐 발표하다, 선포하다 集团 jítuán 圐 그룹, 단체 亿 yì 圐 억 战略 zhànlüè 圐 전략 投资 tóuzī 圐 투자
研发 yánfā 圐 연구 개발하다 制造 zhìzào 圐 제조하다, 만들다 综合 zōnghé 圐 종합하다 产业 chǎnyè 圐 산업
目前 mùqián 圐 현재, 지금 旗下 qíxià 산하, 아래 覆盖 fùgài 圐 커버하다, 덮다 价格带 jiàgédài 가격대

---

31 하	A 企业管理	A 기업 관리
	B 动物医学	B 수의학
	C 金融投资	C 금융 투자
	D 食品工业	D 식품 공업
	问 : 崔佳学的专业是什么?	질문 : 추이쟈가 배운 전공은 무엇인가?

해설 음성에서 언급된 十多年前崔佳从动物医学专业毕业后를 듣고, 보기 B 动物医学에 체크해 둔다. 질문이 추이쟈가 배운 전공은 무엇인지를 물었으므로, 보기 B가 정답이다.

어휘 企业 qǐyè 圐 기업 动物医学 dòngwù yīxué 수의학, 동물의학 金融 jīnróng 圐 금융 投资 tóuzī 圐 투자 食品 shípǐn 圐 식품
工业 gōngyè 圐 공업

---

32 중상	A 口味好	A 맛이 좋다
	B 包装精美	B 포장이 정교하다
	C 价格平稳	C 가격이 안정되다
	D 生产周期长	D 생산 주기가 길다
	问 : 下列哪项属于 "疯狂小狗" 的产品特点?	질문 : 다음 중 '크레이지 독' 제품의 특징에 속하는 것은?

해설 음성에서 언급된 "疯狂小狗"产品具有几个特点……把狗粮的平均价格控制在十到十五元每公斤을 듣고, 보기 C 价格平稳에 체크해 둔다. 질문이 '크레이지 독' 제품의 특징에 속하는 것을 물었으므로, 보기 C가 정답이다.

어휘 口味 kǒuwèi 圐 맛, 풍미 包装 bāozhuāng 圐 포장 精美 jīngměi 圐 정교하다 平稳 píngwěn 圐 안정되다, 평온하다
生产 shēngchǎn 圐 생산하다 周期 zhōuqīxìng 圐 주기 疯狂 fēngkuáng 圐 미치다

---

33 중상	A 增加了研究人员	A 연구원을 늘렸다
	B 制定了五年规划	B 5년 계획을 세웠다
	C 投放了大量的广告	C 대량의 광고를 내놓았다
	D 拿到了可观的投资	D 상당한 투자를 받았다
	问 : 关于 "疯狂小狗" 集团, 可以知道什么?	질문 : '크레이지 독' 그룹에 관하여, 무엇을 알 수 있는가?

해설 음성에서 언급된 崔佳宣布集团已获得了三亿元的战略投资를 듣고, 보기 D 拿到了可观的投资에 체크해 둔다. 질문이 '크레이지 독' 그룹에 관하여 알 수 있는 것을 물었으므로, 보기 D가 정답이다.

어휘 研究人员 yánjiū rényuán 연구원 制定 zhìdìng 圐 세우다, 제정하다 规划 guīhuà 圐 계획 投放 tóufàng 圐 내놓다, 투입하다
可观 kěguān 圐 상당하다, 볼만하다 投资 tóuzī 圐 투자 集团 jítuán 圐 그룹, 단체 疯狂 fēngkuáng 圐 미치다

第34到36题是根据下面一段话：

中国结是一种中国特有的民间手工编结艺术，它外观对称精致，可以代表中国悠久的历史，也符合中国传统装饰的习俗和审美观念，所以被命名为中国结。中国结从周朝开始流行，周朝人随身佩戴的玉常以中国结为装饰，但延续至清朝，中国结才真正成为了盛传于民间的艺术。

34中国结的材料是红线，线的种类很多，包括丝、棉、麻、尼龙等等。线的硬度要适中，如果太硬，不但在编结时操作不便，结形也不易把握；如果太软，编出的结形不挺拔，轮廓不显著。

中国结从头到尾都是用一根丝线编结而成。各色各类的线能够编出许多形态与韵致各异的结。把不同的结式互相结合在一起，或35用其它具有吉祥图案的饰物搭配组合，就成了造型独特、绚丽多彩、寓意深刻、内涵丰富的中国传统吉祥装饰物品。如"吉庆有余"、"福寿双全"、"双喜临门"、"吉祥如意"、"一路顺风"36与中国结组合起来，都表示热烈浓郁的美好祝福，是传达衷心至诚的祈求和心愿的佳作。现在，中国结不光被用来装饰室内，36还成了馈赠亲友的最佳选择，深受人们的喜爱。

34-36번 문제는 다음 내용에 근거한다.

중국 매듭은 중국 고유의 민간 수공 손뜨개질 예술로, 그것의 겉모양은 대칭적이고 정교한데, 중국의 오래된 역사를 대표할 수 있고, 중국 전통 장식의 풍속과 미적 관념에도 부합하여 중국 매듭이라는 이름이 붙여졌다. 중국 매듭은 주나라 왕조 때부터 유행하기 시작했는데, 주나라 왕조 사람들은 휴대하며 몸에 달고 다니던 옥을 중국 매듭으로 자주 장식했으나, 청나라 왕조까지 이어져서야 중국 매듭은 비로소 진정으로 민간에 널리 알려진 예술이 되었다.

34중국 매듭의 재료는 붉은 실이며, 선의 종류는 매우 많은데, 실크, 면, 마, 나일론 등을 포함한다. 선의 강도는 적당해야 하는데, 만약 너무 딱딱하면, 매듭을 짤 때 다루는 것이 불편할 뿐만 아니라 매듭 모양도 쉽게 잡히지 않고, 너무 부드러우면, 짜는 매듭의 모양이 오똑하지 않고 윤곽이 뚜렷하지 않다.

중국 매듭은 처음부터 끝까지 모두 실 한 올로 엮어서 만들어진다. 각양각색의 선은 형태와 느낌이 다른 많은 매듭으로 짜여질 수 있다. 서로 다른 매듭 스타일을 하나로 묶거나, 35다른 길상무늬의 장식품들을 결합하고 조합하면, 스타일이 독특하고, 현란하고 다채로우며, 의미가 깊고, 내용이 풍부한 중국 전통의 길한 장식품이 된다. 예를 들어 '길하고 경사스러운 일이 충만하다', '행복하고 장수하다', '겹경사가 나다', '좋은 일이 뜻대로 이뤄지다', '하는 일이 모두 순조롭다'는 36중국 매듭과 조합되어 열렬하고 짙은 아름다운 축복을 나타내며, 진심 어린 기도와 염원을 전하는 뛰어난 작품이다. 현재, 중국 매듭은 실내 장식에 사용될 뿐만 아니라, 36친척과 친구에게 선물하는 데에 있어서도 가장 좋은 선택이 되어 사람들의 사랑을 듬뿍 받고 있다.

어휘 **中国结** zhōngguójié 圐 중국 매듭[하나의 긴 실을 여러 가지 방식으로 교차하여 만든 중국 전통 민간 공예품의 일종]

特有 tèyǒu 통 고유하다, 특유하다　**民间** mínjiān 圐 민간　**手工** shǒugōng 圐 수공[손 기술로 하는 공예]

编结 biānjié 통 손뜨개질 짜다, 뜨다　**外观** wàiguān 圐 겉모양, 외관　**对称** duìchèn 휑 (도형이나 물체가) 대칭이다

精致 jīngzhì 휑 정교하다, 섬세하다　**代表** dàibiǎo 통 대표하다　**悠久** yōujiǔ 휑 오래되다, 유구하다　**传统** chuántǒng 圐 전통

装饰 zhuāngshì 圐 장식　**习俗** xísú 圐 풍속, 습속　**审美** shěnměi 圐 미적, 심미적　**观念** guānniàn 圐 관념, 생각

命名 mìngmíng 통 이름을 붙이다, 명명하다　**周朝** Zhōucháo 고유 주나라 왕조　**随身** suíshēn 통 휴대하다, 곁에 따라다니다

佩戴 pèidài 통 몸에 달다, 패용하다　**玉** yù 圐 옥　**延续** yánxù 통 이어지다, 지속하다　**清朝** Qīngcháo 고유 청나라 왕조

盛传 shèngchuán 통 (어떤 일이나 사실 등이) 널리 알려지다, 널리 퍼지다　**红线** hóngxiàn 圐 붉은 실　**种类** zhǒnglèi 圐 종류

包括 bāokuò 통 포함하다, 포괄하다　**丝** sī 圐 실크, 비단　**棉** mián 圐 면　**麻** má 圐 마　**尼龙** nílóng 圐 나일론　**硬度** yìngdù 圐 강도

适中 shìzhōng 휑 적당하다　**操作** cāozuò 통 다루다, 조작하다　**便** biàn 휑 편리하다, 편하다　**结形** jiéxíng 圐 매듭 모양

把握 bǎwò 통 잡다, 쥐다　**软** ruǎn 휑 부드럽다　**挺拔** tǐngbá 휑 오똑하다, 곧추 솟다　**轮廓** lúnkuò 圐 윤곽, 테두리

显著 xiǎnzhù 휑 뚜렷하다, 현저하다　**形态** xíngtài 圐 형태　**韵致** yùnzhì 圐 느낌　**结式** jiéshì 圐 매듭 스타일　**结合** jiéhé 통 묶다

吉祥图案 jíxiáng tú'àn 길상무늬[행운을 가져다 주는 그림]　**吉祥** jíxiáng 휑 길하다　**饰物** shìwù 圐 장식품　**搭配** dāpèi 통 결합하다

组合 zǔhé 통 조합하다　**造型** zàoxíng 圐 스타일, 조형　**独特** dútè 휑 독특하다

绚丽多彩 xuànlìduōcǎi 圀 현란하고 다채롭다, 색채가 화려하다　**寓意** yùyì 圐 의미　**深刻** shēnkè 휑 (인상이) 깊다

内涵 nèihán 圐 (언어에 담겨있는) 내용　**吉庆有余** jíqìng yǒuyú 길하고 경사로운 일이 충만하다

福寿双全 fúshòu shuāngquán 행복하고 장수하다　**双喜临门** shuāngxǐ línmén 圀 겹경사가 나다

吉祥如意 jíxiáng rúyì 좋은 일이 뜻대로 이뤄지다　**一路顺风** yílù shùnfēng 圀 하는 일이 모두 순조롭다　**热烈** rèliè 휑 열렬하다, 뜨겁다

浓郁 nóngyù 휑 짙다, 그윽하다　**美好** měihǎo 휑 아름답다, 행복하다　**祝福** zhùfú 통 축복하다　**传达** chuándá 통 전하다

衷心 zhōngxīn 휑 진심의, 충심의　**祈求** qíqiú 통 기도하다　**心愿** xīnyuàn 圐 염원, 원망　**馈赠** kuìzèng 통 선물하다, 증정하다

34 중	A 中国结只有一种结式	A 중국 매듭은 하나의 매듭 스타일만 있다
	B 中国结从唐朝开始流行	B 중국 매듭은 당나라 왕조 때부터 유행하기 시작했다
	C 中国结主要使用红色的线	C 중국 매듭은 주로 붉은 실을 사용한다
	D 中国结属于宫廷绘画艺术	D 중국 매듭은 궁중 회화 예술에 속한다
	问：关于中国结，可以知道什么？	질문 : 중국 매듭에 관하여, 무엇을 알 수 있는가?

해설 음성에서 언급된 中国结的材料是红线을 듣고, 보기 C 中国结主要使用红色的线에 체크해 둔다. 질문이 중국 매듭에 관하여 알 수 있

는 것을 물었으므로, 보기 C가 정답이다.

어휘　**中国结** zhōngguójié 몡 중국 매듭[하나의 긴 실을 여러 가지 방식으로 교차하여 만든 중국 전통 민간 공예품의 일종. 주로 장식품으로 사용함]
　　　唐朝 Tángcháo 고유 당나라 왕조　**宫廷** gōngtíng 몡 궁중, 궁전　**绘画** huìhuà 몡 회화

제1회

제2회

제3회
듣기

제4회

제5회

제6회

해커스 해설이 상세한 HSK 6급 실전모의고사

35 중상	A 造型朴素	A 스타일이 소박하다
	B 绚丽多彩	B 현란하고 다채롭다
	C 寓意深刻	C 의미가 깊다
	D 内涵丰富	D 내용이 풍부하다
	问 : 下列哪项**不是**吉祥装饰物品的特点?	질문 : 다음 중 길한 장식품의 특징이 **아닌** 것은?

해설　음성에서 언급된 用其它具有吉祥图案的饰物搭配组合，就成了造型独特、绚丽多彩、寓意深刻、内涵丰富的中国传统吉祥装饰物品을 듣고, 보기 B 绚丽多彩, C 寓意深刻, D 内涵丰富에 체크해 둔다. 질문이 길한 장식품의 특징이 아닌 것을 물었으므로, 지문에서 언급되지 않은 보기 A 造型朴素가 정답이다.

어휘　**造型** zàoxíng 몡 스타일, 조형　**朴素** pǔsù 혱 소박하다, 화려하지 않다　**绚丽多彩** xuànlìduōcǎi 셍 현란하고 다채롭다, 색채가 화려하다
　　　寓意 yùyì 몡 의미　**深刻** shēnkè 혱 (인상이) 깊다　**内涵** nèihán 몡 (언어에 담겨 있는) 내용　**吉祥** jíxiáng 혱 길하다, 행운이다
　　　装饰 zhuāngshì 몡 장식 동 장식하다

36 중상	A 价格较为昂贵	A 가격이 비교적 비싸다
	B 可以消灾避邪	B 재앙을 없애고 액땜을 할 수 있다
	C 显示身份和地位	C 신분과 지위를 드러내 보인다
	D 带有祝福的寓意	D 축복의 의미를 지니고 있다
	问 : 中国结受人们喜爱的理由是什么?	질문 : 중국 매듭이 사람들의 사랑을 받는 이유는 무엇인가?

해설　음성에서 언급된 与中国结组合起来，都表示热烈浓郁的美好祝福……还成了馈赠亲友的最佳选择，深受人们的喜爱를 듣고, 보기 D 带有祝福的寓意에 체크해 둔다. 질문이 중국 매듭이 사람들의 사랑을 받는 이유가 무엇인지를 물었으므로, 보기 D가 정답이다.

어휘　**昂贵** ángguì 혱 비싸다　**消灾** xiāozāi 동 재앙을 없애다　**避邪** bìxié 동 액땜을 하다　**显示** xiǎnshì 동 드러내 보이다
　　　身份 shēnfèn 몡 신분　**祝福** zhùfú 동 축복하다　**寓意** yùyì 몡 의미　**喜爱** xǐài 동 사랑하다, 흥미를 갖다　**理由** lǐyóu 몡 이유

37-39

第37到39题是根据下面一段话:

　　最近，价格便宜且性能强的无人机逐渐占领了天空。这从商业角度来看是一件好事，从空中交通来看却是个极大的隐患。37这种隐患就像是随时可能会被引爆的炸弹一样，威胁着各种规格的飞机。形势变得越来越紧迫，37却至今未引起政府的关注和重视。

　　因为体积小，无人机带来的威胁常常被人忽略。但其实38无人机可以严重破坏一架体积巨大的飞机，它能穿透各种飞机或者直升机的玻璃，所以即便是加固过的飞机窗户，也无法承受来自一台重量较大的无人机的冲击，哪怕这架无人机是以极低的速度飞行的。38这是因为无人机的配备材料非常坚固，其冲击力是一只同样重量的鸟的五倍。

　　为此，航空安全专家达成了一致，他们认为政府应尽快出台相关的法律法规，消除这种新的空中风险。不过，39制定无人机的飞行规则时需要适度，不能过于限制无人机技术的发展。

37-39번 문제는 다음 내용에 근거한다.

　　최근, 가격이 저렴하면서 게다가 성능도 좋은 드론이 점차 하늘을 점령하고 있다. 이는 상업적인 관점에서 보면 좋은 일이지만 항공 교통에서 보자면 오히려 커다란 잠재 위험이다. 37이러한 잠재 위험은 마치 언제든지 폭발할 수 있는 폭탄처럼 각종 규격의 비행기를 위협하고 있다. 상황은 갈수록 긴박하게 변하고 있지만, 37지금까지는 정부의 관심과 중시를 끌지 못하고 있다.

　　부피가 작기 때문에 드론이 가져다주는 위협은 종종 사람들에게 등한시된다. 그러나 사실 38드론은 체적이 거대한 비행기 한 대를 심각하게 파괴할 수 있고, 각종 비행기나 헬기의 유리를 뚫고 지나갈 수 있으며, 설령 단단하게 만든 비행기의 창문일지라도 중량이 비교적 큰 드론으로부터 오는 충격을 감당할 수 없는데, 설사 이 드론이 아주 낮은 속도로 비행한다고 해도 그러하다. 38이는 드론의 장비 소재가 매우 견고하기 때문으로, 그 충격은 같은 무게를 가진 새의 다섯 배이다.

　　그런 까닭에 항공 안전 전문가들은 합의에 도달했는데, 그들은 정부가 되도록 빨리 관련된 법률 법규를 공포하여, 이런 새로운 항공 위험을 없애야 한다고 생각한다. 그러나 39드론의 비행 규칙을 제정할 때는 적절해야 하고, 드론 기술의 발전을 지나치게 제한해서는 안 된다.

어휘 性能 xìngnéng 圐 성능　无人机 wúrénjī 드론, 무인기　逐渐 zhújiàn 囝 점차, 점점　占领 zhànlǐng 통 (토지나 진지를) 점령하다, 점유하다
　　天空 tiānkōng 圐 하늘　商业 shāngyè 圐 상업　角度 jiǎodù 圐 관점, 각도　隐患 yǐnhuàn 圐 잠재적인 위험, 잠복해 있는 병
　　随时 suíshí 囝 언제나, 수시로　引爆 yǐnbào 통 폭발을 일으키다　炸弹 zhàdàn 圐 폭탄　威胁 wēixié 통 위협하다　规格 guīgé 圐 규격, 표준
　　形势 xíngshì 圐 상황, 형세　紧迫 jǐnpò 혱 긴박하다, 급박하다　至今 zhìjīn 지금까지, 여태껏　政府 zhèngfǔ 圐 정부
　　关注 guānzhù 통 관심을 가지다　体积 tǐjī 圐 부피, 체적　忽略 hūlüè 통 등한시하다, 소홀히 하다　破坏 pòhuài 통 파괴하다, 손상시키다
　　巨大 jùdà 혱 거대하다, 막대하다　穿透 chuāntòu 통 뚫고 지나가다, 관통하다　直升机 zhíshēngjī 圐 헬기, 헬리콥터
　　即便 jíbiàn 졥 설령 ~하더라도　加固 jiāgù 통 단단하게 하다　承受 chéngshòu 통 감당하다, 받아들이다　重量 zhòngliàng 圐 중량, 무게
　　冲击 chōngjī 통 (비유) 충격을 입게 하다, (물이나 파도 등에) 부딪치다　哪怕 nǎpà 졥 설사, 가령　飞行 fēixíng 통 비행하다
　　配备 pèibèi 통 장비, 설비　坚固 jiāngù 혱 견고하다, 튼튼하다　冲击力 chōngjīlì 충격　为此 wèicǐ 졥 그런 까닭에
　　航空 hángkōng 통 항공하다　专家 zhuānjiā 圐 전문가　达成一致 dáchéng yízhì 합의에 도달하다　尽快 jǐnkuài 囝 되도록 빨리
　　出台 chūtái 통 (정책 등을) 공포하다　相关 xiāngguān 통 (서로) 관련되다　法律 fǎlǜ 圐 법률　法规 fǎguī 圐 법규
　　消除 xiāochú 통 없애다, 해소하다　风险 fēngxiǎn 圐 위험, 모험　制定 zhìdìng 통 제정하다, 세우다　规则 guīzé 圐 규칙
　　适度 shìdù 혱 (정도가) 적절하다, 적당하다　过于 guòyú 囝 지나치게　限制 xiànzhì 통 제한하다, 규제하다

37
상

A 掉以轻心	A 대수롭지 않게 여긴다
B 十分紧张	B 매우 긴장한다
C 郑重对待	C 정중하게 대한다
D 无法理解	D 이해할 수 없다
问 : 政府对无人机带来的隐患持什么态度?	질문 : 드론이 가져온 잠재적인 위험에 대해 정부는 어떤 태도를 취하고 있는가?

해설　음성에서 언급된 这种隐患……却至今未引起政府的关注和重视을 듣고, 보기 A 掉以轻心에 체크해 둔다. 질문이 드론이 가져온 잠재적인 위험에 대해 정부는 어떤 태도를 취하고 있는지를 물었으므로, 보기 A가 정답이다.

어휘　掉以轻心 diàoyǐqīngxīn 혱 대수롭시 낳시 어기디　郑重 zhèngzhòng 혱 정중하다　对待 duìdài 통 대하다, 임하다
　　无人机 wúrénjī 드론, 무인기　隐患 yǐnhuàn 圐 잠재적인 위험, 잠복해 있는 병

38
중상

A 重量异常大	A 중량이 대단히 크다
B 材料很坚固	B 재료가 견고하다
C 形状十分奇特	C 형상이 매우 독특하다
D 飞行速度很快	D 비행 속도가 빠르다
问 : 无人机为什么能穿透直升机的玻璃?	질문 : 드론은 왜 헬기의 유리를 뚫고 지나갈 수 있는가?

해설　음성에서 언급된 无人机可以严重破坏一架体积巨大的飞机, 它能穿透各种飞机或者直升机的玻璃……这是因为无人机的配备材料非常坚固을 듣고, 보기 B 材料很坚固에 체크해 둔다. 질문이 드론이 헬기의 유리를 뚫고 지나갈 수 있는 이유를 물었으므로, 보기 B가 정답이다.

어휘　异常 yìcháng 囝 대단히, 특히　坚固 jiāngù 혱 견고하다, 튼튼하다　形状 xíngzhuàng 圐 형상　奇特 qítè 혱 독특하다
　　飞行 fēixíng 통 비행하다　无人机 wúrénjī 드론, 무인기　穿透 chuāntòu 통 뚫고 지나가다, 관통하다
　　直升机 zhíshēngjī 圐 헬기, 헬리콥터

39
중상

A 鼓励企业使用无人机	A 기업이 드론을 사용하도록 장려한다
B 严格限制无人机的速度	B 드론의 속도를 엄격하게 제한한다
C 要对无人机进行质量检测	C 드론에 대해 품질 검사를 진행해야 한다
D 不能阻碍无人机技术的发展	D 드론 기술의 발전을 가로막으면 안 된다
问 : 制定无人机飞行规则时, 要注意什么?	질문 : 드론의 비행 규칙을 제정할 때, 무엇을 주의해야 하는가?

해설　음성에서 언급된 制定无人机的飞行规则时需要适度, 不能过于限制无人机技术的发展을 듣고, 보기 D 不能阻碍无人机技术的发展에 체크해 둔다. 질문이 드론의 비행 규칙을 제정할 때 무엇을 주의해야 하는지를 물었으므로, 보기 D가 정답이다.

어휘　企业 qǐyè 圐 기업　无人机 wúrénjī 드론, 무인기　限制 xiànzhì 통 제한하다, 규제하다　检测 jiǎncè 통 검사하다, 검측하다
　　阻碍 zǔ'ài 통 (진행하지 못하도록) 가로막다 圐 장애물　制定 zhìdìng 통 제정하다, 세우다　规则 guīzé 圐 규칙

第40到43题是根据下面一段话：

目前，越来越多的公司开始在人事管理业务上投入人工智能技术。⁴⁰一些公司会通过相关软件分析招聘网站上的资料，筛选出合适的人才，然后安排面试。另外一些公司则会雇佣人工智能机器人，让它寻找公司内部存在的人事隐患。

此外，⁴¹人工智能也可以进行性格测试。据统计，使用人工智能语音分析软件，就能在十五分钟内得到更加全面且有效的信息，这大大提高了各大公司的面试效率。面试时，⁴²该软件能够从应聘者的口音、语调、语气及所使用的词汇，总结分析出应聘者的特征，然后通过大数据进行分析，选出最适合公司的优秀人才。

不少公司的管理者表示，⁴³人工智能技术可以帮助他们管理人事，减少在相关领域投入的金钱以及精力。对此，有关专家表示，人工智能技术的发展越来越快，应用范围也越来越广。这会促使公司和整个社会加速运转，创造巨大的经济效益。

40-43번 문제는 다음 내용에 근거한다.

현재, 점점 더 많은 회사들이 인사 관리 업무에 인공 지능 기술을 투입하기 시작했다. ⁴⁰일부 회사는 관련 소프트웨어를 통해 채용 사이트의 자료를 분석하여 적합한 인재를 선별한 후, 면접을 준비한다. 다른 회사들은 인공 지능 로봇을 고용하는데, 그것으로 하여금 회사 내부에 존재하는 인사 위험을 찾게 한다.

이 밖에, ⁴¹인공 지능은 성격 테스트도 진행할 수 있다. 통계에 따르면, 인공 지능 음성 분석 소프트웨어를 사용하면, 15분 이내에 더욱더 전면적이고 유효한 정보를 얻을 수 있는데, 이는 각 대기업의 면접 효율을 크게 높였다. 면접 때, ⁴²이 소프트웨어는 지원자의 어투, 억양, 말투 그리고 사용한 어휘에서 지원자의 특징을 종합적으로 분석하고, 그런 후에 빅 데이터를 통해 분석을 진행하여 회사에 가장 적합한 우수한 인재를 선정⁴²할 수 있다.

많은 회사의 관리자들은, ⁴³인공 지능 기술이 그들의 인사 관리를 도와, 관련 분야에 투입하는 금액 및 에너지를 줄여 줄 수 있다고 밝혔다. 이에 대해서, 관련 전문가들은 인공 지능 기술의 발전이 점점 더 빨라지고, 응용 범위도 점점 넓어지고 있다고 밝혔다. 이는 회사와 사회 전반을 빠르게 돌아가게 하여, 막대한 경제적 효익을 창출하도록 할 것이다.

어휘 目前 mùqián 圆 현재, 지금　人事 rénshì 圆 인사　业务 yèwù 圆 업무　投入 tóurù 圄 투입하다, 뛰어들다
人工智能 réngōng zhìnéng 인공 지능　相关 xiāngguān 圄 (서로) 관련되다　软件 ruǎnjiàn 圆 소프트웨어, 애플리케이션
分析 fēnxī 圄 분석하다　招聘网站 zhāopìn wǎngzhàn 채용 사이트　资料 zīliào 圆 자료　筛选 shāixuǎn 圄 선별하다, 걸러 내다
人才 réncái 圆 인재　则 zé [대비를 나타냄]　雇佣 gùyōng 圄 고용하다　机器人 jīqìrén 圆 로봇　寻找 xúnzhǎo 圄 찾다, 구하다
内部 nèibù 圆 내부　存在 cúnzài 圄 존재하다　隐患 yǐnhuàn (잠재적인) 위험　此外 cǐwài 圆 이 밖에, 이 외에
统计 tǒngjì 圄 통계하다, 합산하다　语音 yǔyīn 圆 음성, 말소리　分析 fēnxī 圄 분석하다　全面 quánmiàn 圐 전면적이다, 전반적이다
有效 yǒuxiào 圐 유효하다, 효력이 있다　效率 xiàolù 圆 효율, 능률　口音 kǒuyīn 圆 어투　语调 yǔdiào 圆 억양　语气 yǔqì 圆 말투
词汇 cíhuì 圆 어휘, 단어　特征 tèzhēng 圆 특징　大数据 dàshùjù 빅 데이터　领域 lǐngyù 圆 분야, 영역　以及 yǐjí 圄 및, 그리고
精力 jīnglì 圆 에너지, 힘　专家 zhuānjiā 圆 전문가　应用 yìngyòng 圄 응용하다　范围 fànwéi 圆 범위　促使 cùshǐ 圄 ~하도록 하다
整个 zhěnggè 圐 전반의, 전부의　加速 jiāsù 圄 빠르다, 가속하다　运转 yùnzhuǎn 圄 (기구·조직 등이) 돌아가다, 운영하다
创造 chuàngzào 圄 창조하다, 발명하다　巨大 jùdà 圐 막대하다, 거대하다　效益 xiàoyì 圆 효익[효과와 이익]

40
중

A 根据收到的求职信	A 수령한 구직서에 근거하여
B 通过和应聘者聊天	B 지원자와의 대화를 통해서
C 依靠网站上的信息	C 사이트의 정보에 의존해서
D 通过倾听员工心声	D 직원들의 마음의 소리에 귀를 기울이는 것을 통해서
问：人工智能如何筛选合适的人才？	질문：인공 지능은 어떻게 적합한 인재를 선별하는가？

해설 음성에서 언급된 一些公司会通过相关软件分析招聘网站上的资料，筛选出合适的人才를 듣고, 보기 C 依靠网站上的信息에 체크해둔다. 질문이 인공 지능은 어떻게 적합한 인재를 선별하는지를 물었으므로, 보기 C가 정답이다.

어휘 求职信 qiúzhí xìn 구직서　依靠 yīkào 圄 의존하다, 기대다　倾听 qīngtīng 圄 귀를 기울이다, 경청하다　心声 xīnshēng 圆 마음의 소리
人工智能 réngōng zhìnéng 인공 지능　筛选 shāixuǎn 圄 선별하다, 걸러 내다

41
하

A 性格测试	B 智商测试	A 성격 테스트	B IQ 테스트
C 能力测试	D 财务测试	C 능력 테스트	D 재무 테스트
问：人工智能语音分析软件可以进行哪项测试？		질문：인공 지능 음성 분석 소프트웨어는 어떤 테스트를 진행할 수 있는가？	

해설 음성에서 언급된 人工智能也可以进行性格测试를 듣고, 보기 A 性格测试에 체크해 둔다. 질문이 인공 지능 음성 분석 소프트웨어는 어떤 테스트를 진행할 수 있는지를 물었으므로, 보기 A가 정답이다.

어휘 智商 zhìshāng 몡 IQ, 지능 지수　财务 cáiwù 몡 재무　人工智能 réngōng zhìnéng 인공 지능　语音 yǔyīn 몡 음성, 말소리
分析 fēnxī 동 분석하다　软件 ruǎnjiàn 몡 소프트웨어, 애플리케이션　测试 cèshì 동 테스트하다, 측정하다

42 중상	A 口音	B 语调	A 어투	B 억양
	C 用词	D 音量	C 단어 사용	D 음량
	问 : 下列哪项**不属于**语音分析软件的分析依据?		질문 : 다음 중 음성 분석 소프트웨어의 분석 근거에 **속하지 않는** 것은?	

해설 음성에서 언급된 该软件能够从应聘者的口音、语调、语气及所使用的词汇를 듣고, 보기 A 口音, B 语调, C 用词에 체크해 둔다. 질문이 음성 분석 테스트의 분석 근거에 속하지 않는 것을 물었으므로, 지문에서 언급하지 않는 보기 D 音量이 정답이다.

어휘 口音 kǒuyīn 몡 어투　语调 yǔdiào 몡 억양　用词 yòngcí 단어를 사용하다　音量 yīnliàng 몡 음량　语音 yǔyīn 몡 음성, 말소리
分析 fēnxī 동 분석하다　软件 ruǎnjiàn 몡 소프트웨어, 애플리케이션　依据 yījù 몡 근거

43 상	A 扩大公司规模	A 회사의 규모를 확장한다
	B 降低投入成本	B 투자 원가를 낮춘다
	C 提高公司信誉	C 회사의 신용과 명예를 높인다
	D 丰富面试内容	D 면접 내용을 풍부하게 한다
	问 : 人工智能技术的发展会带来什么好处?	질문 : 인공 지능 기술의 발전은 어떤 장점을 가져다주는가?

해설 음성에서 언급된 人工智能技术可以帮助他们管理人事, 减少在相关领域投入的金钱以及精力를 듣고, 보기 B 降低投入成本에 체크해 둔다. 질문이 인공 지능 기술의 발전은 어떤 장점을 가져오는지를 물었으므로, 보기 B가 정답이다.

어휘 扩大 kuòdà 동 확장하다　规模 guīmó 몡 규모　投入成本 tóurù chéngběn 투자 원가　信誉 xìnyù 몡 신용과 명예
人工智能 réngōng zhìnéng 인공 지능

44-47

第44到47题是根据下面一段话:

　　过去, 在大众眼里, 攀岩是一项非常激进的小众运动。但随着社会和经济的发展, 44攀岩这项运动从边缘渐渐走向中心, 冲破了横在小众运动和普通群众之间的隔阂, 44成为了一项时尚又健康的运动。

　　在中国, 攀岩这项运动也渐渐兴起。自从攀岩和奥运会产生了联系之后, 越来越多的中国人开始参与这项运动。45中国各地的攀岩馆像雨后春笋般急剧增加。从早期零星可数的社区中心到随处可见的商业攀岩馆, 从寥寥无几的成员到成群结队的爱好者, 攀岩在中国可以说是越来越受欢迎了。

　　近日, 在国际社会上, 攀岩又进入了一个新的发展历程。46奥委会投票决定, 将攀岩这项运动列入巴黎奥运会的正式比赛项目。这也是攀岩继东京奥运会之后, 第二次成为奥运会的正式比赛项目。对此, 47国际奥委会主席解释道:"攀岩运动完全符合奥林匹克精神, 因为它能激励人们拼搏。而且它还具有现代的都市气息, 能让中老年人与年轻一代进行更加顺畅的交流。"

44-47번 문제는 다음 내용에 근거한다.

　　과거에 대중들의 눈에, 암벽 등반은 마니아들의 매우 과격한 운동이었다. 하지만 사회와 경제가 발전함에 따라, 44암벽 등반이라는 이 운동은 비주류에서 점점 중심이 되면서, 마니아들의 운동과 일반 대중들 사이에 가로막힌 장벽을 돌파했고, 44트렌디하고 건강한 운동이 되었다.

　　중국에서도 암벽 등반 운동은 점점 흥하기 시작했다. 암벽 등반이 올림픽과 관련이 생긴 후로, 점점 더 많은 중국인들이 이 운동에 참여하기 시작했다. 45중국 각지의 암벽 등반 체육관은 우후죽순처럼 급격하게 증가했다. 초기에는 드물어서 수를 셀 수 있었던 지역 사회 센터에서부터 어디서나 볼 수 있는 상업 암벽 등반 체육관까지, 몇 명 안 되는 멤버에서 무리를 이루는 애호가들까지, 암벽 등반은 중국에서 갈수록 인기를 얻고 있다고 말할 수 있다.

　　최근, 국제 사회에서 암벽 등반은 또 새로운 발전 과정에 들어섰다. 46올림픽 위원회는 투표로, 암벽 등반이라는 이 운동을 파리 올림픽의 정식 경기 종목으로 편성하는 것을 결정했다. 이는 암벽 등반이 도쿄 올림픽에 이어서, 두 번째로 올림픽 정식 경기 종목이 된 것이기도 하다. 이에 대해서, 47국제 올림픽 위원회 의장은 "암벽 등반 운동은 올림픽 정신에 완전히 부합하는데 그것은 사람들이 전력을 다해 분투하도록 격려합니다. 또한 그것은 현대의 도시적인 정취를 지니고 있어, 중노년층과 젊은 세대들이 더욱 원활한 교류를 하게 해 줍니다."라고 설명했다.

어휘 大众 dàzhòng 몡 대중　攀岩 pānyán 몡 암벽 등반　激进 jījìn 몡 과격하다, 급진적이다　小众 xiǎozhòng 몡 마니아, 소수의 사람들
边缘 biānyuán 몡 비주류, 주변, 모서리　中心 zhōngxīn 몡 중심, 센터　冲破 chōngpò 동 돌파하다　横 héng 동 가로놓다
群众 qúnzhòng 몡 대중, 군중　隔阂 géhé 몡 (생각·감정의) 장벽, 간격, 틈　时尚 shíshàng 동 트렌디하다, 유행에 맞다

渐渐 jiànjiàn 图 점점, 점차　兴起 xīngqǐ 图 흥하다, 왕성하게 생겨나다　自从 zìcóng 게 ~한 후, ~부터　奥运会 Àoyùnhuì 교유 올림픽
产生 chǎnshēng 图 생기다　参与 cānyù 图 참여하다, 참가하다　雨后春笋 yǔhòuchūnsǔn 図 우후죽순[새로운 사물이 한때 많이 생겨나다]
急剧 jíjù 图 급격하다, 빠르다　零星 língxīng 图 드물다, 소량이다　社区中心 shèqū zhōngxīn 지역 사회 센터
随处 suíchù 图 어디서나, 도처에　商业 shāngyè 図 상업　寥寥无几 liáoliáowújǐ 몇 개 되지 않다, 매우 드물다
成员 chéngyuán 図 멤버, 구성원　成群结队 chéngqúnjiéduì 図 무리를 이루다　历程 lìchéng 図 과정, 지나온 경로
奥委会 Àowěihuì 교유 올림픽 위원회　投票 tóupiào 图 투표하다　列入 lièrù 图 편성하다, 끼워 넣다　巴黎 Bālí 교유 파리
项目 xiàngmù 図 종목, 프로젝트　东京 Dōngjīng 교유 도쿄　主席 zhǔxí 図 의장, 주석　奥林匹克 Àolínpǐkè 교유 올림픽
精神 jīngshén 図 정신　激励 jīlì 图 격려하다, 북돋워 주다　拼搏 pīnbó 图 전력을 다해 분투하다, 끝까지 싸우다　现代 xiàndài 図 현대
都市 dūshì 図 도시, 대도시　气息 qìxī 図 정취　中老年人 zhōnglǎoniánrén 중년층　一代 yídài 図 한 세대
顺畅 shùnchàng 图 원활하다, 순조롭다

44	A 危险与边缘	A 위험하고 비주류이다
중상	B 潮流与时尚	B 대세이며 트렌디하다
	C 安全且无害	C 안전하고 무해하다
	D 健康且实惠	D 건강하고 실속이 있다
	问 : 现在的攀岩有什么特点?	질문 : 지금의 암벽 등반은 어떤 특징이 있는가?

해설　음성에서 언급된 攀岩这项运动……成为了一项时尚又健康的运动을 듣고, 보기 B 潮流与时尚에 체크해 둔다. 질문이 지금의 암벽 등반은 어떤 특징이 있는지를 물었으므로, 보기 B가 정답이다.

어휘　边缘 biānyuán 図 비주류, 주변, 모서리　潮流 cháoliú 図 (사회적) 대세, 추세, 풍조　时尚 shíshàng 图 트렌디하다, 유행에 맞다
实惠 shíhuì 图 실속이 있다, 실용적이다　攀岩 pānyán 図 암벽 등반

45	A 专业人士越来越多	A 전문가가 점점 더 많아진다
중	B 民间比赛层出不穷	B 민간 경기가 계속 생긴다
	C 有不少攀岩爱好者社区	C 많은 암벽 등반 동호회가 있다
	D 攀岩馆的数量增幅较大	D 암벽 등반 체육관 수량의 증가폭이 비교적 크다
	问 : 关于攀岩, 可以知道什么?	질문 : 암벽 등반에 관하여, 무엇을 알 수 있는가?

해설　음성에서 언급된 中国各地的攀岩馆像雨后春笋般急剧增加。를 듣고, 보기 D 攀岩馆的数量增幅较大에 체크해 둔다. 질문이 암벽 등반에 관하여 알 수 있는 것을 물었으므로, 보기 D가 정답이다.

어휘　民间 mínjiān 図 민간　层出不穷 céngchūbùqióng 図 계속 생기다　攀岩 pānyán 図 암벽 등반
爱好者社区 àihàozhě shèqū 동호회　增幅 zēngfú 図 증가폭

46	A 把攀岩列入团体项目	A 암벽 등반을 단체 종목으로 편성한다
중	B 取消攀岩的奥运项目资格	B 암벽 등반의 올림픽 종목 자격을 취소한다
	C 减少攀岩项目的奖牌数量	C 암벽 등반 종목의 메달 수량을 줄인다
	D 把攀岩列入巴黎奥运会项目	D 암벽 등반을 파리 올림픽 종목에 편성한다
	问 : 下列哪项属于国际奥委会的决定?	질문 : 다음 중 국제 올림픽 위원회의 결정에 속하는 것은?

해설　음성에서 언급된 奥委会投票决定, 将攀岩这项运动列入巴黎奥运会的正式比赛项目。를 듣고, 보기 D 把攀岩列入巴黎奥运会项目에 체크해 둔다. 질문이 국제 올림픽 위원회의 결정에 속하는 것을 물었으므로, 보기 D가 정답이다.

어휘　攀岩 pānyán 図 암벽 등반　列入 lièrù 图 편성하다, 끼워 넣다　团体 tuántǐ 図 단체, 집단　项目 xiàngmù 図 종목, 프로젝트
资格 zīgé 図 자격　奖牌 jiǎngpái 図 메달　巴黎 Bālí 교유 파리　奥运会 Àoyùnhuì 교유 올림픽　奥委会 Àowěihuì 교유 올림픽 위원회

47 중상	A 具有悠久的历史	A 유구한 역사를 가지고 있다
	B 容易让人感到疲倦	B 쉽게 피로감을 느끼게 한다
	C 只在年轻人中流行	C 젊은이들 사이에서만 유행한다
	D 与奥林匹克精神契合	D 올림픽 정신과 부합한다
	问：国际奥委会主席对攀岩有什么评价？	질문 : 국제 올림픽 위원회 의장은 암벽 등반에 대해 어떤 평가를 했는가?

해설 음성에서 언급된 国际奥委会主席解释道："攀岩运动完全符合奥林匹克精神을 듣고, 보기 D 与奥林匹克精神契合에 체크해 둔다.
질문이 국제 올림픽 위원회 의장은 암벽 등반에 어떤 평가를 했는지를 물었으므로, 보기 D가 정답이다.

어휘 悠久 yōujiǔ 유구하다, 오래되다　疲倦 píjuàn 쥉 피곤하다, 지치다　奥林匹克 Àolínpǐkè 고유 올림픽　契合 qìhé 쥉 부합하다
奥委会 Àowěihuì 올림픽 위원회　主席 zhǔxí 쥉 의장, 주석

48-50

第48到50题是根据下面一段话:

近日发布的一项研究显示，48在人类活动频繁的南亚地区，濒临灭绝的野生幼年亚洲象形成了全雄性象群。研究人员推测，这可能是象群的一种适应行为。

研究人员发现，当幼象生活在被人类改造过的地区，如耕地较多的地区时，就会形成大规模的全雄性象群。这些象群的栖息地独特，既适合生存，也很容易获得农作物，因此，49象群中的个体比独居的成年象更加健康和强壮。

研究人员进一步指出，在耕地较多的地区寻觅食物的大型全雄性50象群，一般会选择集体生活方式。研究人员认为，50这种持续了几十年的行为，可能是为了应对人类对象群居住地所造成的威胁，可以将其看作是一种风险管理策略。

通过集体生活的方式，象群可以适应人口密度较大但资源丰富的地区，同时也可以提高自身的繁殖能力。人类如果能够理解大象的这种进化行为，就能够减少人象冲突，防止这些濒危动物走向灭绝。

48-50번 문제는 다음 내용에 근거한다.

최근 발표된 연구에 따르면, 48인류 활동이 빈번한 남아시아 지역에서, 멸종 위기에 처한 야생 새끼 아시아 코끼리가 전부 수컷으로 이루어진 코끼리 무리를 형성했다. 연구원들이 추측컨데, 이것은 코끼리 무리의 일종의 적응 행위이다.

연구원들은 새끼 코끼리가 인류에 의해 개조된 적이 있는 지역, 예를 들어 농경지가 비교적 많은 지역에서 생활할 때, 수컷으로 이루어진 대규모의 코끼리 무리를 형성하는 것을 발견했다. 이러한 코끼리 무리의 서식지는 독특한데, 생존하기에도 적합하고, 농작물을 얻는 것도 쉽다. 따라서, 49코끼리 무리 속의 개체는 혼자 사는 성인 코끼리보다 더 건강하고 건장하다.

연구원들은 한 걸음 더 나아가 녹경지가 비교적 많은 지역에서 먹이를 찾는 수컷으로 이루어진 대형 50코끼리 무리는 일반적으로 집단생활 방식을 선택한다는 점을 지적했다. 연구원들은 50수 십 년 동안 지속된 이러한 행위는, 아마도 인류가 코끼리 무리의 주거지에 가한 위협에 대처하기 위한 것으로, 이를 일종의 위험 관리 전략으로 볼 수 있다고 생각했다.

집단생활 방식을 통해서, 코끼리 무리는 인구 밀도가 비교적 높지만 자원이 풍부한 지역에서 적응할 수 있고, 동시에 자신의 번식 능력을 높일 수 있다. 인류가 만약에 코끼리의 이러한 진화 행위를 이해할 수 있다면, 인류와 코끼리의 충돌을 줄여서, 이러한 멸종 위기에 처한 동물이 멸종되는 것을 방지할 수 있다.

어휘 发布 fābù 동 (명령·지시·뉴스 등을) 발표하다　人类 rénlèi 명 인류　频繁 pínfán 형 빈번하다, 잦다　南亚 Nán Yà 고유 남아시아
地区 dìqū 명 지역　濒临 bīnlín 동 ~에 처하다, 근접하다　灭绝 mièjué 동 멸종하다　野生 yěshēng 형 야생의
幼年 yòunián 명 새끼, 어린 시절　亚洲象 yàzhōuxiàng 아시아 코끼리　雄性 xióngxìng 명 수컷　象群 xiàng qún 코끼리 무리
推测 tuīcè 동 추측하다, 헤아리다　行为 xíngwéi 명 행위, 행동　幼象 yòuxiàng 새끼 코끼리　改造 gǎizào 동 개조하다
耕地 gēngdì 명 농경지, 전지　形成 xíngchéng 동 형성하다, 이루다　规模 guīmó 명 규모　栖息地 qīxīdì 명 서식지　独特 dútè 형 독특하다
生存 shēngcún 동 생존하다　农作物 nóngzuòwù 명 농작물　个体 gètǐ 명 개체　独居 dújū 동 혼자 살다, 독거하다
强壮 qiángzhuàng 형 건장하다　寻觅 xúnmì 동 찾다　食物 shíwù 명 먹이, 음식　大型 dàxíng 형 대형의
集体生活 jítǐ shēnghuó 집단생활　方式 fāngshì 명 방식, 방법　持续 chíxù 동 지속하다　应对 yìngduì 동 대처하다, 대응하다
居住地 jūzhùdì 명 주거지　造成 zàochéng 동 가하다, 야기하다　威胁 wēixié 동 위협하다, 협박하다　风险 fēngxiǎn 명 위험
策略 cèlüè 명 전략, 방책　人口 rénkǒu 명 인구　密度 mìdù 명 밀도, 비중　资源 zīyuán 명 자원　繁殖 fánzhí 동 번식하다, 증가하다
大象 dàxiàng 명 코끼리　进化 jìnhuà 동 진화하다, 발전하다　冲突 chōngtū 동 충돌하다, 모순되다　防止 fángzhǐ 동 방지하다
濒危动物 bīnwēi dòngwù 멸종 위기에 처한 동물

제1회

제2회

제3회
듣기

제4회

제5회

제6회

해커스 해설이 상세한 HSK 6급 실전모의고사

48 하	A 形成了幼年雄性象群	A 수컷 새끼 코끼리 무리를 형성했다
	B 形成了幼年雌性象群	B 암컷 새끼 코끼리 무리를 형성했다
	C 形成了雌雄混合象群	C 암컷과 수컷이 혼합된 코끼리 무리를 형성했다
	D 形成了成年雄性象群	D 성인 암컷 코끼리 무리를 형성했다
	问 : 关于南亚的大象, 下列哪项正确?	질문 : 남아시아 코끼리에 관하여, 다음 중 옳은 것은?

해설 음성에서 언급된 在人类活动频繁的南亚地区, 濒临灭绝的野生幼年亚洲象形成了全雄性象群을 듣고, 보기 A 形成了幼年雄性象群에 체크해 둔다. 질문이 남아시아 코끼리에 관하여 옳은 것을 물었으므로, 보기 A가 정답이다.

어휘 幼年 yòunián 圀 새끼, 어린 시절 雄性 xióngxìng 圀 수컷 象群 xiàngqún 코끼리 무리 雌性 cíxìng 圀 암컷
雌雄 cíxióng 圀 암컷과 수컷 混合 hùnhé 圄 혼합하다, 섞다 成年 chéngnián 圄 성인이 되다 南亚 Nán Yà 교유 남아시아
大象 dàxiàng 圀 코끼리

49 중상	A 象群的规模很小	A 코끼리 무리의 규모가 작다
	B 幼象的四肢更粗	B 새끼 코끼리의 사지가 더 굵다
	C 象群里的个体更健壮	C 코끼리 무리 속의 개체는 더 건장하다
	D 幼象可以协助人类耕地	D 새끼 코끼리는 인간이 밭을 가는 것을 거들어 줄 수 있다
	问 : 根据这段话, 可以知道什么?	질문 : 이 글에 근거하여, 무엇을 알 수 있는가?

해설 음성에서 언급된 象群中的个体比独居的成年象更加健康和强壮을 듣고, 보기 C 象群里的个体更健壮에 체크해 둔다. 질문이 이 글에
근거하여 알 수 있는 것을 물었으므로, 보기 C가 정답이다.

어휘 象群 xiàngqún 코끼리 무리 规模 guīmó 圀 규모 幼象 yòuxiàng 새끼 코끼리 四肢 sìzhī 圀 사지, 팔다리 粗 cū 圄 굵다
个体 gètǐ 圀 개체 健壮 jiànzhuàng 圄 건장하다 协助 xiézhù 圄 거들어 주다, 협조하다 人类 rénlèi 圀 인간, 인류
耕地 gēngdì 圄 밭을 갈다

50 중	A 为了找到更多食物	A 더 많은 먹이를 찾기 위해서
	B 为了提高繁殖频率	B 번식 빈도를 늘리기 위해서
	C 为了方便互相交流	C 서로 교류하는 것을 편리하게 하기 위해서
	D 为了应对人类威胁	D 인류의 위협에 대응하기 위해서
	问 : 这里的象群为什么会聚集起来?	질문 : 이곳의 코끼리 무리는 왜 한데 모이는가?

해설 음성에서 언급된 象群, 一般会选择集体生活方式……这种持续了几十年的行为, 可能是为了应对人类对象群居住地所造成的威胁
를 듣고, 보기 D 为了应对人类威胁에 체크해 둔다. 질문이 이곳의 코끼리 무리가 한데 모이는 이유를 물었으므로, 보기 D가 정답이다.

어휘 食物 shíwù 圀 먹이, 음식 繁殖 fánzhí 圄 번식하다 频率 pínlǜ 圀 빈도 应对 yìngduì 圄 대응하다, 대처하다
人类 rénlèi 圀 인류, 인간 威胁 wēixié 圄 위협하다, 협박하다 聚集 jùjí 圄 한데 모이다, 집합하다

51
중

A 面对 / (吸引力极大的) 太空, // 人类 / (从未) 停 (下) (探索的) 脚步。

앞 절			뒤 절				
술어	관형어	목적어	주어	부사어	술어	보어	관형어	목적어
직면하다	(매력이 아주 큰)	우주에,	인류는	(지금껏 ~한 적이 없다)	멈추다	(마치다)	(탐사의)	발걸음을

해석 매력이 아주 큰 우주에 직면하여, 인류는 지금껏 탐사의 발걸음을 멈춘 적이 없었다.

해설 앞 절의 술어 面对, 목적어 太空이 문맥상 자연스럽게 어울리고, 뒤 절의 주어 人类, '술어+보어' 형태인 停下, 목적어 脚步도 문맥상 자연스럽게 어울린다. 앞 절의 수어가 人类라는 것을 문맥상 분명하게 알 수 있으므로, 앞 절의 주어는 생략되었다. 따라서 틀린 부분이 없다.

어휘 太空 tàikōng 몡 우주, 높고 드넓은 하늘   吸引力 xīyǐnlì 몡 매력, 흡인력   人类 rénlèi 몡 인류
从未 cóngwèi 튄 지금까지 ~한 적이 없다   探索 tànsuǒ 통 탐색하다, 찾다   脚步 jiǎobù 몡 발걸음

B (10月18日晚), // 第七届世界军人运动会 (在湖北武汉) (隆重) 开幕。

부사어	주어	부사어	부사어	술어
(10월 18일 밤),	제7회 세계 군인 운동회가	(후베이성 우한시에서)	(성대하게)	막을 올리다

해석 10월 18일 밤에 제7회 세계 군인 운동회가 후베이성 우한시에서 성대하게 막을 올린다.

해설 주어 第七届世界军人运动会와 술어 开幕가 문맥상 자연스럽게 어울린다. 시기를 나타내는 명사구 10月18日晚이 문장 앞 부사어로 적절하게 쓰였고, 장소를 나타내는 개사구 在湖北武汉, 술어와 의미적으로 밀접한 부사 隆重 또한 술어 开幕 앞 부사어로 문맥상 적절하게 쓰였다. 따라서 틀린 부분이 없다. 참고로, 부사어의 어순은 기본적으로 부사→조동사→개사구이지만, 범위/장소를 나타내는 개사구는 예외적으로 부사 앞에 위치할 수 있다는 점은 알아 두다

어휘 届 jiè 喀 회, 차[정기 회의·졸업 연차 등은 세는 데 쓰임]   湖北 Húběi 교유 후베이성[중국의 지명]
武汉 Wǔhàn 교유 우한시[후베이성의 성도]   隆重 lóngzhòng 쪵 성대하다, 장중하다   开幕 kāimù 통 막을 올리다, 개막하다

C 专家 / 指出, // 过度紧张、疲劳或焦虑 / (难免) (不) 引发 /

주어	술어	주어	부사어	부사어	술어
전문가들은	지적한다,	지나친 긴장, 피로 혹은 초조함은	(피하기 어렵다)	(~가 아니다)	일으키다

神经性皮炎的症状。

목적어
목적어(주술목구)
신경성 피부염 증상을

해석 전문가들은 지나친 긴장, 피로 혹은 초조함은 신경성 피부염 증상을 일으키지 않는 것을 피하기 어렵다고 지적한다.

해설 **부정부사 不가 문맥에 맞지 않게 사용되어 틀린 경우**

부정부사 不가 사용되어 '일으키지 않는 것을 피하기 어렵다'라는 어색한 문맥이 되었으므로 틀린 문장이다. 문맥상 뒤 절에는 '일으키는 것을 피하기 어려울 수 있다'라는 의미를 나타낼 수 있는 표현이 들어가야 하므로, 不 대신 숲가 들어가야 옳은 문장이 된다.

★ **옳은 문장 :** 专家指出, 过度紧张、疲劳或焦虑难免会引发神经性皮炎的症状。
전문가들은 지나친 긴장, 피로 혹은 초조함은 신경성 피부염 증상을 일으키는 것을 피하기 어려울 수 있다고 지적한다.

어휘 专家 zhuānjiā 몡 전문가   过度 guòdù 쪵 지나치다, 과도하다   疲劳 píláo 쪵 피로하다, 피곤하다
焦虑 jiāolǜ 쪵 초조하다, 애태우다   难免 nánmiǎn 쪵 피하기 어렵다, 벗어나기 어렵다
引发 yǐnfā 통 (병·감정·현상·폭발 등을) 일으키다, 야기하다   神经性 shénjīngxìng 신경성   皮炎 píyán 몡 피부염
症状 zhèngzhuàng 몡 증상, 증후

D 这款载人潜水器 / 具有 / 能近距离观察, 近距离采样, 精确操作等优点。

주어	술어	목적어
이 유인 잠수함은	가지고 있다	근거리 관찰, 근거리 샘플 채취, 정확한 조작 등을 할 수 있다는 장점을

해석 이 유인 잠수함은 근거리 관찰, 근거리 샘플 채취, 정확한 조작 등을 할 수 있다는 장점을 가지고 있다.

해설 주어 这款载人潜水器, 술어 具有, 목적어 能近距离观察, 近距离采样, 精确操作等优点이 문맥상 자연스럽게 어울린다. 따라서 틀린 부분이 없다.

어휘 载人潜水器 zàirén qiánshuǐqì 유인 잠수함 具有 jùyǒu [동] 가지다 近距离 jìnjùlí [명] 근거리 观察 guānchá [동] 관찰하다
采样 cǎiyàng [동] 샘플을 채취하다, 견본을 채집하다 精确 jīngquè [형] 정확하다, 정밀하고 확실하다 操作 cāozuò [동] 조작하다, 다루다

52 중

A

这行缺的	/	(不)	是	/	工人,	//	(而)	是	/	(懂得创新和管理的)	优秀人才。
주어		부사어	술어1		목적어		부사어	술어2		관형어	목적어
이 분야에서 부족한 것은	/	(아니다)	~이다	/	노동자,	//	(~가 아니라)	~이다	/	(혁신과 관리를 아는)	우수한 인재

해석 이 분야에서 부족한 것은 노동자가 아니라, 혁신과 관리를 아는 우수한 인재이다.

해설 술어1 是과 연결되는 주어 这行缺的, 목적어 工人이 동격이고, 술어2 是과 연결되는 목적어 优秀人才도 주어 这行缺的와 동격이다. 따라서 틀린 부분이 없다.

어휘 工人 gōngrén [명] (육체) 노동자 创新 chuàngxīn [동] 혁신하다 人才 réncái [명] 인재

B (앞 절 / 뒤 절)

[如果]	你	/	胃酸	/	过多,	//	(那么)	(日常)	饮用	/	一些淡柠檬水	/	有利于	/	胃黏膜的修复。
접속사	주어		주어		술어		부사어	부사어	술어		목적어		술어		목적어
			술어(주술구)					주어(술목구)							
[만약 ~하다]	당신이	/	위산이	/	너무 많다,	//	(그렇다면)	(평소에)	마시다	/	연한 레몬수를	/	~에 도움이 되다	/	위 점막의 재생에

해석 만약 당신이 위산이 너무 많다면, 그렇다면 평소에 연한 레몬수를 마시는 것이 위 점막 재생에 도움이 될 것이다.

해설 앞 절의 주어 你, 주술구 형태의 술어 胃酸过多가 문맥상 자연스럽게 어울리고, 뒤 절의 술목구 형태의 주어 日常饮用一些淡柠檬水, 술어 有利于, 목적어 胃黏膜的修复도 문맥상 자연스럽게 어울린다. 또한 가정을 나타내는 접속사 如果도 문맥상 적절히 쓰였다. 따라서 틀린 부분이 없다.

어휘 胃酸 wèisuān [명] 위산 日常 rìcháng [형] 평소의, 일상의 饮用 yǐnyòng [동] 마시다, 음용하다 淡 dàn [형] 연하다, 싱겁다
柠檬 níngméng [명] 레몬 有利 yǒulì [형] 도움이 되다 胃 wèi [명] 위 黏膜 niánmó [명] 점막 修复 xiūfù [동] 재생하다, 원상 복구하다

C

(这种"魔镜"的)	制作原理	/	相近	/	(与《梦溪笔谈》里所写的"透光鉴")。
관형어	주어		술어		부사어
(이러한 '매직 미러'의)	제작 원리는	/	비슷하다	/	(《몽계필담》속에 쓰여진 '투광 거울'과)

해석 이러한 '매직 미러'의 제작 원리는 비슷하다 《몽계필담》속에 쓰여진 '투광 거울'과.

해설 **부사어의 위치가 잘못되어 틀린 경우**

술어 相近 앞 부사어 자리에 위치해야 하는 개사구 与《梦溪笔谈》里所写的"透光鉴"이 술어 뒤 쪽에 위치하였으므로 틀린 문장이다. 与《梦溪笔谈》里所写的"透光鉴"이 술어 相近 앞에 위치해야 옳은 문장이 된다.

★ 옳은 문장 : 这种"魔镜"的制作原理与《梦溪笔谈》里所写的"透光鉴"相近。
이러한 '매직 미러'의 제작 원리는 《몽계필담》속에 쓰여진 '투광 거울'과 비슷하다.

어휘 魔镜 mójìng 매직 미러, 정전자 복사 단층 스캐너[심장 검사에 사용되는 장비] 制作 zhìzuò [동] 제작하다 原理 yuánlǐ [명] 원리
相近 xiāngjìn [형] 비슷하다 梦溪笔谈 Mèngxībǐtán [고유] 몽계필담[북송시기 심괄(沈括)이 쓴 과학서] 透光 tòuguāng [동] 투광하다
鉴 jiàn [명] 거울

D (앞 절 / 뒤 절)

"煎熬"原本指的	/	是	/	(制作中药的)	方法,	//	(现在)	[则]	(被)	用	(来)	/	形容	/	(人们的)	心理状态。
주어		술어		관형어	목적어		부사어	접속사	부사어(被)	술어	보어		술어		관형어	목적어
													목적어(술목구)			
'煎熬'가 원래 가리키던 것은	/	~이다	/	(한약을 만드는)	방법,	//	(지금)	[오히려]	(~되다)	사용하다	(되어지다)	/	묘사하다	/	(사람들의)	심리 상태를

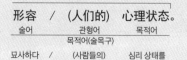

해석 '煎熬'가 원래 가리킨 것은 한약을 만드는 방법이었지만, 지금은 오히려 사람들의 심리 상태를 묘사하는 데에 사용된다.

해설 앞 절의 술어 是과 연결되는 주어 "煎熬"原本指的, 목적어 方法가 동격이다. 뒤 절은 개사 被가 쓰인 被자문으로, 개사 被, '술어+보어' 형태의 用来, 술목구 형태의 목적어 形容人们的心理状态가 문맥상 자연스럽게 어울린다. 뒤 절의 주어가 "煎熬"라는 것을 문맥상 분명하게 알 수 있으므로, 뒤 절의 주어는 생략되었다. 또한 대비/역접을 나타내는 접속사 则도 문맥상 적절하게 쓰였다. 따라서 틀린 부분이 없다.

어휘 **煎熬** jiānáo [동] 탕제를 끓이다, (육체적·정신적으로) 고통을 받다 **原本** yuánběn [부] 원래, 본래 **制作** zhìzuò [동] 만들다
中药 zhōngyào [명] (중국 의학에서의) 한약, 중약 **形容** xíngróng [동] 묘사하다 **心理** xīnlǐ [명] 심리 **状态** zhuàngtài [명] 상태

53
중

앞 절 / 뒤 절

A 小王 / (在十多年前) / 开了 / (一家) 工厂, // 它 / [虽然] 规模 / (不) 大, //
주어 부사어 술어 관형어 목적어 주어 접속사 주어 부사어 술어
술어1(주술구)
샤오왕은 / (십 몇 년 전에) / 열었다 / (한) 공장을, // 그것은 / [비록] 규모가 / (아니다) 크다, //

[但] 效益 / 不错。
접속사 주어 술어
술어2(주술구)
[그러나] 성과가 / 괜찮다

해석 샤오왕은 십 몇 년 전에 공장 하나를 열었는데, 그것은 비록 규모가 크지는 않지만, 성과가 괜찮다.

해설 앞 절의 주어 小王, 술어 开了, 목적어 工厂이 문맥상 자연스럽게 어울리고, 뒤 절의 주어 它, 주술구 형태의 술어1 规模不大, 술어2 效益不错도 문맥상 자연스럽게 어울린다. 또한 자주 짝을 이루어 쓰이는 표현 '虽然 A,但 B'도 문맥상 적절하게 쓰였다. 따라서 틀린 부분이 없다.

어휘 **工厂** gōngchǎng [명] 공장 **规模** guīmó [명] 규모 **效益** xiàoyì [명] 성과[효과와 이익]

앞 절

B 公司 / (能够) (迅速) 占领 / 国内市场, //
주어 부사어 부사어 술어 목적어
회사는 / (~할 수 있다) (빠르게) 점유하다 / 국내 시장을, //

뒤 절

靠的 / (就) 是 / (对每副鞋的质量) (都) 精益求精。
주어 부사어 술어 부사어 부사어 술어
목적어(술어구)
믿은 것은 / (바로) ~이다 / (매 벌의 신발 하나하나의 품질에 대해) (모두) 매우 공을 들인 것

해석 회사는 국내 시장을 빠르게 점유할 수 있었는데, 믿은 것은 바로 매 벌의 신발 하나하나의 품질에 대해 매우 공을 들인 것이다.

해설 **양사가 문맥에 맞지 않게 사용되어 틀린 경우**

명사 鞋의 양사로 副가 잘못 사용되어 어울리지 않으므로 틀린 문장이다. 鞋를 세는 양사인 双 또는 只이 와야 옳은 문장이 된다.

★ 옳은 문장 : 公司能够迅速占领国内市场，靠的就是对每双鞋的质量都精益求精。
회사는 국내 시장을 빠르게 점유할 수 있었는데, 믿은 것은 바로 매 켤레의 신발 하나하나의 품질에 대해 모두 매우 공을 들인 것이다.

어휘 **迅速** xùnsù [형] 빠르다, 신속하다 **占领** zhànlǐng [동] 점유하다, 점령하다 **市场** shìchǎng [명] 시장
副 fù [양] 벌, 쌍[안경·대련·라켓 따위의 세트나 쌍으로 된 물건을 셀 때 쓰임]
精益求精 jīngyìqiújīng [성] 매우 공을 들이다, 훌륭하지만 더욱더 완벽을 추구하다

C (这回) 投资失败, // (归根结底) (还) 是 / [因为] 你 / (太) 心急了, //
관형어 주어 부사어 부사어 술어 접속사 주어 부사어 술어1
(이번) 투자 실패는, // (결국) (역시) ~이다 / [왜냐하면] 당신이 / (너무) 조급했다, //

(没有) 看 (明白) / 市场行情。
부사어 술어2 보어 목적어
목적어(주술목구)
(못했다) 보다 (제대로) / 시장의 시세를

해석 이번 투자 실패는 결국 당신이 너무 조급해서 시장의 시세를 제대로 보지 못했기 때문이에요.

해설 술어 是과 연결되는 주어 投资失败, 주술목구 형태의 목적어 因为你太心急了, 没有看明白市场行情이 동격이다. 또한 원인을 나타내는 접속사 因为도 문맥상 적절히 쓰였다. 따라서 틀린 부분이 없다.

어휘 投资 tóuzī 몡 투자, 투자금 동 투자하다　归根结底 guīgēnjiédǐ 셍 결국, 근본으로 돌아가면　心急 xīnjí 조급하다, 초조하다
市场 shìchǎng 몡 시장　行情 hángqíng 몡 시세, 시장 가격

D (医院这次推出的) 网络挂号系统, // (成功) 解决了 / (患者们一直以来的) "挂号难"问题。
　　관형어　　　　　　 주어　　　　　부사어　 술어　　　　관형어　　　　　　목적어
　(병원이 이번에 내놓은) 온라인 접수 시스템은, // (성공적으로) 해결했다 / (그동안 환자들의) '접수난' 문제를

해석 병원이 이번에 내놓은 온라인 접수 시스템은 그동안 환자들의 '접수난' 문제를 성공적으로 해결했다.

해설 주어 网络挂号系统, 술어 解决了, 목적어 "挂号难"问题가 문맥상 자연스럽게 어울린다. 따라서 틀린 부분이 없다.

어휘 推出 tuīchū 동 내놓다, 선보이다　网络 wǎngluò 몡 온라인, 네트워크　挂号 guàhào 통 접수하다, 등록하다
系统 xìtǒng 몡 시스템, 체계　患者 huànzhě 몡 환자　一直以来 yìzhí yǐlái 그동안, 지금껏

54 하

A (坐落在一条普通胡同里的) 万圣书园, // 人烟稀少, // (很是) (非常) 僻静。
　　관형어　　　　　　　　 주어　　　　 술어1　　　 부사어　부사어　 술어2
　(한 평범한 골목에 자리잡은) 완성서원은, // 인적이 드물고, // (매우) (대단히) 외지다

해석 한 평범한 골목에 자리잡은 완성서원은 인적이 드물고, 매우 대단히 외지다.

해설 **정도부사 2개가 함께 사용되어 틀린 경우**
술어2 僻静 앞의 부사어로 정도부사 很是과 非常이 함께 사용되었으므로 틀린 문장이다. 정도부사는 하나의 술어 앞에 2개 이상 위치할 수 없다. 很是과 非常 중 1개를 제외해야 옳은 문장이 된다.

★ 옳은 문장 : 坐落在一条普通胡同里的万圣书园, 人烟稀少, 很是僻静。
한 평범한 골목에 자리잡은 완성서원은, 인적이 드물고, 매우 외지다.

어휘 坐落 zuòluò 동 자리잡다　胡同 hútòng 몡 골목　万圣书园 Wànshèng Shūyuán 고유 완성서원[베이징의 서점]
人烟稀少 rényān xīshǎo 인적이 드물다　僻静 pìjìng 혱 (지역이) 외지다, 으슥하다

B (在"新经济"论坛上), // (各抒己见的) 青年学者 / 使 / 现场气氛 / 变 (得格外热烈)。
　　부사어　　　　　　 관형어　　 주어1　 술어1　목적어1　 술어2　 보어
　　　　　　　　　　　　　　　　　　　　　　　　주어2
　('신경제' 포럼에서), // (각자 자기의 의견을 말하는) 젊은 학자들은 / ~하게 하다 / 현장 분위기를 / ~이 되다 (아주 뜨겁게)

해석 '신경제' 포럼에서 각자 자기의 의견을 말하는 젊은 학자들은 현장 분위기가 아주 뜨겁게 되도록 했다.

해설 사역동사 使이 사용된 겸어문으로, 주어1 青年学者, 술어1 使, 목적어1 겸 주어2인 现场气氛, '술어2+보어' 형태의 变得格外热烈가 문맥상 모두 자연스럽게 어울린다. 또한 개사 在가 이끄는 在"新经济"论坛上도 문장 맨 앞의 부사어로 적절히 쓰였다. 따라서 틀린 부분이 없다.

어휘 论坛 lùntán 몡 포럼, 논단　各抒己见 gèshūjǐjiàn 셍 각자 자기의 의견을 말하다　现场 xiànchǎng 몡 현장　气氛 qìfēn 몡 분위기
格外 géwài 뿐 아주, 각별히　热烈 rèliè 혱 뜨겁다, 열렬하다

C (中国工程院院士兼植物学家) 朱有勇 / 表示, //
　　관형어　　　　　　　　　　 주어　 술어
　(중국 공정원 원사 겸 식물학자) 주여우융은 / 말했다, //

自己 / (最) 喜欢 / (被别人) 称 (为) / "农民教授"。
주어　부사어 술어　부사어(被+행위의 대상) 술어 보어　 목적어
　　　　　　　　　　　　　　　　목적어(술목구)
자신이 / (가장) 좋아하다 / (다른 사람에게 ~하다) 부르다 (~라고) / '농민 교수'

해석 중국 공정원 원사 겸 식물학자 주여우융은 자신이 다른 사람에게 '농민 교수'로 불리는 것을 가장 좋아한다고 말했다.

해설 개사 被가 쓰인 被자문으로, 주어 朱有勇, 술어 表示, 목적어 自己最喜欢被别人称为"农民教授"가 문맥상 자연스럽게 어울린다. 따라서 틀린 부분이 없다. 참고로, 목적어는 주어 自己, 술어 喜欢, 술목구 형태의 목적어 被别人称为"农民教授"로 구성된 주술목구 형태이다. 이와 같이 술어가 表示일 경우, 목적어는 구나 절이 올 수 있다는 점을 알아 둔다.

어휘 中国工程院 Zhōngguó Gōngchéngyuàn 고유 중국 공정원[중국 공학 기술계의 학술 기구]　院士 yuànshì 몡 원사[중국 과학원 등의 회원]
兼 jiān 동 겸하다　称 chēng 동 부르다　农民 nóngmín 몡 농민

D 道德准则 /	(并)	(不)	[是]	用	(来) /	教育 /	别人、//	强迫 /	别人	[的], //
주어	부사어	부사어	是	술어1	보어	술어	목적어	술어	목적어	的
							목적어1(술목구)			
도덕 준칙은 /	(결코)	(아니다)		사용되다 (오다) /		교육하다 /	다른 사람을, //	강요하다 /	다른 사람을,	//

(而)	[是]	用	(来) /	约束 /	自己、//	要求 /	自己	[的]。
부사어	是	술어2	보어	술어	목적어	술어	목적어	的
					목적어2(술목구)			
(오히려)		사용되다 (오다) /		구속하다 /	자신을, //	요구하다 /	자신에게	

해석 도덕 준칙은 결코 다른 사람을 교육하고 다른 사람에게 강요하는 데에 사용되는 것이 아니라, 자신을 구속하고 자신에게 요구하는 데에 사용되는 것이다.

해설 주어 道德准则와 '술어1+보어' 형태의 用来, 술목구 형태의 목적어1 教育别人、强迫别人, '술어2+보어' 형태의 用来, 술목구 형태의 목적어2 约束自己、要求自己가 문맥상 자연스럽게 어울린다. 또한 부정부사 不, 부사 而이 是……的 강조구문이 틀림 앞에 알맞게 배치되었다. 따라서 틀린 부분이 없다.

어휘 道德 dàodé 명 도덕, 윤리 准则 zhǔnzé 명 준칙 强迫 qiǎngpò 통 강요하다, 강제로 시키다
约束 yuēshù 통 구속하다, 제약하다

55
하

A 培养想象力 /	固然	重要, //	但	浪费 /	时间 /	(在一些莫名其妙的点子上)
주어	접속사	술어1	접속사	술어2	목적어	부사어
상상력을 기르는 것이 /	물론 ~하지만	중요하다, //	그러나	낭비하다 /	시간을 /	(영문을 알 수 없는 아이디어에)

(也)	(不能)。
부사어	부사어
(그래도)	(할 수 없다)

해석 상상력을 기르는 것이 물론 중요하지만, 시간을 낭비하고 영문을 알 수 없는 아이디어에 그래도 할 수 없다

해설 **부사어의 어순이 잘못되어 틀린 경우**

개사구 在一些莫名其妙的点子上, 부사 也, 조동사 不能이 목적어 时间 뒤에 위치하였으므로 틀린 문장이다. 부사어의 기본적인 어순에 맞게 부사→조동사→개사구 순으로 술어 앞에 위치해야 옳은 문장이 된다.

★ 옳은 문장 : 培养想象力固然重要, 但也不能在一些莫名其妙的点子上浪费时间。
상상력을 기르는 것이 물론 중요하지만, 그래도 영문을 알 수 없는 아이디어에 시간을 낭비할 수는 없다.

어휘 培养 péiyǎng 통 기르다, 키우다 想象力 xiǎngxiànglì 명 상상력 固然 gùrán 접 물론 ~하지만, 물론 ~이거니와
莫名其妙 mòmíngqímiào 성 영문을 알 수 없다, 어리둥절하게 하다 点子 diǎnzi 명 아이디어, 방법

B 诚实守信 /	不但	是 /	(每个人应有的)	道德品质, //
주어	접속사	술어1	관형어	목적어
성실하고 신용을 지키는 것은 /	~일 뿐만 아니라	~이다 /	(모든 사람이 마땅히 있어야 하는)	도덕적 자질, //

而且	是 /	(社会生活中不可缺少的)	优秀品质。
접속사	술어2	관형어	목적어
또한	~이다 /	(사회생활에서 없어서는 안 될)	우수한 자질

해석 성실하고 신용을 지키는 것은 모든 사람이 마땅히 있어야 하는 도덕적 자질일 뿐만 아니라, 또한 사회생활에서 없어서는 안 될 우수한 자질이다.

해설 술어1 是과 연결되는 주어 诚实守信, 목적어 道德品质이 동격이고, 술어2 是과 연결되는 목적어 优秀品质도 주어 诚实守信과 동격이다. 또한 자주 짝을 이루어 쓰이는 표현 '不但 A, 而且 B'도 문맥상 적절하게 쓰였다. 따라서 틀린 부분이 없다.

어휘 守信 shǒuxìn 통 신용을 지키다 道德 dàodé 명 도덕 品质 pǐnzhì 명 자질, 품질

C (所谓的)	作品风格, //
관형어	주어
(소위 말하는)	작품 스타일은, //

(就)	是 /	(艺术作品本身所显现出来的, 一种可以被显著辨识的)	总体特征。
부사어	술어	관형어	목적어
(바로)	~이다 /	(예술 작품 그 자체가 보여주고 뚜렷하게 식별될 수 있는 일종의)	전체적인 특징

해석 소위 말하는 작품 스타일이란, 바로 예술 작품 그 자체가 보여주고 뚜렷하게 식별될 수 있는 일종의 전체적인 특징이다.

해설 술어 是과 연결되는 주어 作品风格, 목적어 总体特征이 동격이다. 따라서 틀린 부분이 없다.

어휘 所谓 suǒwèi [형] 소위 말하는 作品 zuòpǐn [명] 작품 风格 fēnggé [명] 스타일, 풍격 本身 běnshēn [대] 그 자체, 자체
显现 xiǎnxiàn [동] 보이다, 나타나다 显著 xiǎnzhù [형] 뚜렷하다, 현저하다 辨识 biànshí [동] 식별하다 总体 zǒngtǐ [명] 전체, 총체
特征 tèzhēng [명] 특징

D (在十几个学生的协助下), // 这位老师 / (终于) 论证了 / (自己的) 猜想, //
부사어 / 주어 / 부사어 / 술어1 / 관형어 / 목적어
(10여 명의 학생들의 협조로), // 이 선생님은 / (마침내) 논증했다 / (자신의) 추측을, //

(同时) (还) 开辟了 / 新的研究思路和方向。
부사어 / 부사어 / 술어2 / 목적어
(동시에) (도) 개척했다 / 새로운 연구 아이디어와 방향을

해석 10여 명의 학생들의 협조로 이 선생님은 마침내 자신의 추측을 논증했고, 동시에 새로운 연구 아이디어와 방향도 개척했다.

해설 주어 这位老师, 술어1 论证了, 목적어 猜想이 문맥상 자연스럽게 어울리고, 술어2 开辟了, 목적어 新的研究思路和方向도 주어와 문맥상 자연스럽게 어울린다. 개사 在가 이끄는 在十几个学生的协助下도 문장 맨 앞의 부사어로 적절하게 쓰였다. 따라서 틀린 부분이 없다.

어휘 协助 xiézhù [동] 협조하다 论证 lùnzhèng [동] 논증하다 [명] 논거 猜想 cāixiǎng [동] 추측하다, 미루어 짐작하다
开辟 kāipì [동] (길을) 개척하다, 열다 思路 sīlù [명] 아이디어, 사고의 방향

56
중상

A (在中国), // 心理咨询行业 / (仍) 处于 / 起步阶段, // [不仅] 缺乏 /
부사어 / 주어 / 부사어 / 술어1 / 목적어 / 접속사 / 술어2
(중국에서), // 심리 상담 업계는 / (여전히) ~에 처하다 / 출발 단계, // [~할 뿐만 아니라] 부족하다 /

(完善的) 培训流程, // (更) 缺少 / (有经验的) 从业者。
관형어 / 목적어 / 부사어 / 술어3 / 관형어 / 목적어
(완벽한) 훈련 과정이, // (~도) 부족하다 / (경험이 있는) 종사자가

해석 중국에서 심리 상담 업계는 여전히 출발 단계에 처해 있어 완벽한 훈련 과정이 부족할 뿐만 아니라, 경험이 있는 종사자도 부족하다.

해설 주어 心理咨询行业, 술어1 处于, 목적어 起步阶段이 문맥상 자연스럽게 어울리고, 술어2 缺乏, 목적어 培训流程, 술어3 缺少, 목적어 从业者도 주어와 문맥상 자연스럽게 어울린다. 개사 在가 이끄는 在中国가 문장 맨 앞의 부사어로 적절히 쓰였고, 자주 짝을 이루어 쓰이는 표현 '不仅 A, 更 B'도 문맥상 적절하게 쓰였다. 따라서 틀린 부분이 없다.

어휘 心理咨询 xīnlǐ zīxún [명] 심리 상담 行业 hángyè [명] 업계, 직업 阶段 jiēduàn [명] 단계, 계단 缺乏 quēfá [동] 부족하다, 모자라다
完善 wánshàn [형] 완벽하다 培训 péixùn [동] 훈련하다, 양성하다 流程 liúchéng [명] (작업) 과정, 공정

B 公司 / (要想) (以招聘的方式) 选 (出) / (对公司有帮助的) 人才, //
주어 / 부사어 / 부사어 / 술어1 / 보어 / 관형어 / 목적어
회사가 / (~하고 싶어하다) (채용 방식으로) 선발하다 (~내다) / (회사에 도움이 되는) 인재를, //

(就) (要) (对每个环节) 举行 / (科学的、精细化的) 数据分析。
부사어 / 부사어 / 부사어 / 술어2 / 관형어 / 목적어
(바로) (~해야 한다) (모든 부분에 대해) 개최하다 / (과학적이고 정교화된) 데이터 분석을

해석 회사가 채용 방식으로 회사에 도움이 되는 인재를 선발하고 싶다면, 모든 부분에 대해 과학적이고 정교화된 데이터 분석을 개최해야 한다.

해설 **술어, 목적어가 문맥상 서로 어울리지 않아 틀린 경우**

술어2 举行과 목적어 数据分析가 문맥상 서로 어울리지 않으므로 틀린 문장이다. 举行은 주로 会议(회의), 演唱(콘서트), 奥运会(올림픽) 등의 어휘를 목적어로 가지기 때문에, 数据分析를 목적어로 가질 수 있는 동사인 进行을 써야 한다. 참고로, 进行은 分析(분석), 调查(조사), 研究(연구)처럼 지속적이면서 정식적인 행위를 나타내는 어휘와 자주 호응한다.

★ 옳은 문장 : 公司要想以招聘的方式选出对公司有帮助的人才, 就要对每个环节进行科学的、精细化的数据分析。
회사가 채용 방식으로 회사에 도움이 되는 인재를 선발하고 싶다면, 모든 부분에 대해 과학적이고 정교화된 데이터 분석을 진행해야 한다.

어휘 方式 fāngshì [명] 방식, 방법 人才 réncái [명] 인재 环节 huánjié [명] 부분, 일환 精细化 jīngxìhuà 정교화
数据 shùjù [명] 데이터, 수치 分析 fēnxī [동] 분석하다

앞 절

C 运输 / 是 / (该国经济的) 重要动脉, //

주어 / 술어 / 관형어 / 목적어

운송은 / ~이다 / (이 국가 경제의) 중요한 동맥, //

뒤 절

[所以] 承担运输的高速公路和负责运输货物的卡车司机 / 发挥着 / (重要的) 作用。

접속사 / 주어 / 술어 / 관형어 / 목적어

[그래서] 운송을 담당하는 고속도로와 화물 운송을 책임지는 트럭 기사는 / 발휘하고 있다 / (중요한) 역할을

해석 운송은 이 국가 경제의 중요한 동맥이어서, 운송을 담당하는 고속도로와 화물 운송을 책임지는 트럭 기사는 중요한 역할을 발휘하고 있다.

해설 앞 절의 술어 是과 연결되는 주어 运输, 목적어 重要动脉가 동격이고, 뒤 절의 주어 承担运输的高速公路和负责运输货物的卡车司机, 술어 发挥着, 목적어 作用도 문맥상 자연스럽게 어울린다. 또한 인과를 나타내는 접속사 所以도 문맥상 적절히 쓰였다. 따라서 틀린 부분이 없다.

어휘 运输 yùnshū [동] 운송하다 动脉 dòngmài [명] 동맥 承担 chéngdān [동] 담당하다, 맡다 货物 huòwù [명] 화물, 물품
卡车 kǎchē [명] 트럭 发挥 fāhuī [동] 발휘하다

첫 번째 절 / 두 번째 절

D 大家 / 需要 / 知道 / 一个常识, // (即) 产前检查 / [是] 有 / 局限性 [的], //

주어 / 술어 / 술어 목적어 (목적어(술목구)) / 부사어 / 주어 / 是 / 술어 / 목적어 / 的

모두들 / ~해야 한다 / 알다 / 한 가지 상식을, // (바로) 출산 전 검사는 / 있다 / 한계성이,

세 번째 절

很多隐藏的疾患和发育异常的情况 / (很难) (被医生) 发现。

주어 / 부사어 / 부사어(被+행위의 주체) / 술어

숨겨져 있는 질병과 발육 이상의 많은 상황을 / (~하기 어렵다) (의사에 의해) 발견하다

해석 모두들 한 가지 상식을 알아야 하는데, 바로 출산 전 검사는 한계성이 있어 숨겨져 있는 질병과 발육 이상의 많은 상황을 의사에 의해 발견하기 어렵다는 것이다.

해설 첫 번째 절의 주어 大家, 술어 需要, 술목구 형태의 목적어 知道一个常识이 문맥상 자연스럽게 어울린다. 두 번째 절의 주어 产前检查, 술어 有, 목적어 局限性도 문맥상 자연스럽게 어울리고, 是……的 강조구문이 사용되어 是과 的 사이에 있는 술어 有를 강조하였다. 세 번째 절은 개사 被가 쓰인 被자문으로, 주어 很多隐藏的疾患和发育异常的情况, '被+행위의 주체' 형태의 개사구 被医生, 술어 发现이 문맥상 자연스럽게 어울린다. 따라서 틀린 부분이 없다.

어휘 常识 chángshí [명] 상식 产前检查 chǎn qián jiǎnchá 출산 전 검사 局限性 júxiànxìng [명] 한계성, 국한성
隐藏 yǐncáng [동] 숨기다, 감추다 疾患 jíhuàn [명] 질병 发育异常 fāyù yìcháng 발육 이상, 형성 장애

57
중상

앞 절 / 뒤 절

A 骆驼 / (被) 称作 / "沙漠之舟", // [因为] 它 / (非常) 耐旱。 //

주어 / 부사어(被) / 술어 / 목적어 / 접속사 / 주어 / 부사어 / 술어

낙타는 / (~에 의해) ~라고 부르다 / '사막의 배', // [왜냐하면] 그것은 / (매우) 더위에 강하다 //

(喝一次水之后), // 它 / (可以) (在沙漠里) (连续) 走 (很多天)。

부사어 / 주어 / 부사어 / 부사어 / 부사어 / 술어 / 보어

(물을 한 번 마시고 난 후), // 그것은 / (~할 수 있다) (사막에서) (계속) 걷다 (며칠 동안)

해석 낙타는 '사막의 배'라고 불리는데, 그것은 더위에 매우 강하기 때문이다. 물을 한 번 마시고 난 후, 그것은 사막에서 며칠 동안 계속 걸을 수 있다.

해설 첫 번째 문장은 개사 被가 쓰인 被자문으로, 앞 절의 주어 骆驼, 개사 被, 술어 称作, 목적어 "沙漠之舟"가 문맥상 자연스럽게 어울리고, 뒤 절의 주어 它, 술어 耐旱 또한 문맥상 자연스럽게 어울린다. 또한 인과를 나타내는 접속사 因为도 문맥상 적절히 쓰였다. 그리고 두 번째 문장의 주어 它, 술어 走도 문맥상 자연스럽게 어울린다. 시기를 나타내는 부사어 喝一次水之后가 두 번째 문장 맨 앞의 부사어로 적절히 쓰였고, 조동사 可以, 개사구 在沙漠里, 술어와 의미적으로 밀접한 부사 连续가 두 번째 문장의 술어 走 앞 부사어로 문맥상 적절하게 쓰였다. 따라서 틀린 부분이 없다. 참고로, 부사어의 어순은 기본적으로 부사→조동사→개사구이지만, 술어와 의미적으로 밀접한 부사는 술어 바로 앞에 위치할 수 있다는 점을 알아 둔다.

어휘 骆驼 luòtuo [명] 낙타 称作 chēngzuò [동] ~라고 부르다 沙漠 shāmò [명] 사막 舟 zhōu [명] 배
耐旱 nàihàn [형] 더위에 강하다, 가뭄에 잘 견디다 连续 liánxù [동] 계속하다, 연속하다

B

앞 절				
(近日), //	多个深圳公司 /	(给即将毕业的大学生)	开放了 /	实习岗位, //
부사어	주어	부사어	술어	목적어
(최근), //	선전의 여러 회사들이 /	(곧 졸업하는 대학생들을 위해)	열었다 /	인턴십을, //

뒤 절				
学生们 /	(可以)	(根据自己的需求)	进行 /	申请。
주어	부사어	부사어	술어	목적어
학생들은 /	(~할 수 있다)	(자신의 필요에 따라)	진행하다 /	신청을

해석 최근 선전의 여러 회사들이 곧 졸업하는 대학생들을 위해 인턴십을 열었는데, 학생들은 자신의 필요에 따라 신청을 진행할 수 있다.

해설 앞 절의 주어 多个深圳公司, 술어 开放了, 목적어 实习岗位가 문맥상 자연스럽게 어울리고, 뒤 절의 주어 学生们, 술어 进行, 목적어 申请도 문맥상 자연스럽게 어울린다. 또한 시간사 近日가 문장 맨 앞의 부사어로 적절하게 쓰였고, 조동사 可以, 개사구 根据自己的需求가 뒤 절의 술어 进行 앞에서 조동사→개사구 순으로 알맞게 배치되었다. 따라서 틀린 부분이 없다.

어휘 深圳 Shēnzhèn 고유 선전[중국 광둥성에 위치한 도시]　即将 jíjiāng 분 곧, 머지않아　开放 kāifàng 동 열다, 개방하다
实习岗位 shíxí gǎngwèi 인턴십　需求 xūqiú 명 필요, 요구

C

앞 절				뒤 절		
大多数空气过滤器里使用的 /	(都)	是 /	微粒系统, //	这种系统	效率	极高, //
주어	부사어	술어	목적어	주어	주어	술어
					술어1(주술구)	
대부분의 공기 필터에서 사용하는 것은 /	(모두)	~이다 /	미립자 시스템, //	이러한 시스템은	효율이	매우 높다, //

(能)	(在短时间内)	完成 /	(所有的)	过滤工作。
부사어	부사어	술어2	관형어	목적어
(~할 수 있다)	(짧은 시간 내에)	끝내다 /	(모든)	필터링 작업을

해석 대부분의 공기 필터에서 사용하는 것은 미립자 시스템인데, 이러한 시스템은 효율이 매우 높아서 짧은 시간 내에 모든 필터링 작업을 끝낼 수 있다.

해설 앞 절의 술어 是과 연결되는 주어 大多数空气过滤器里使用的, 목적어 微粒系统이 동격이다. 뒤 절의 주어 这种系统, 주술구 형태의 술어1 效率极高가 문맥상 자연스럽게 어울리고, 술어2 完成, 목적어 过滤工作도 주어와 문맥상 자연스럽게 어울린다. 또한 조동사 能, 개사구 在短时间内도 뒤 절의 술어2 完成 앞에서 조동사→개사구 순으로 알맞게 배치되었다. 따라서 틀린 부분이 없다.

어휘 大多数 dàduōshù 대다수　过滤器 guòlǜqì 명 필터, 여과기　微粒 wēilì 명 미립자　系统 xìtǒng 명 시스템, 체계
效率 xiàolǜ 효율　过滤 guòlǜ 동 필터링하다, 여과하다

D

艺术体操 /	是 /	(一种难度极高，观赏性极强的)	运动。 //
주어	술어	관형어	목적어
리듬 체조는 /	~이다 /	(난이도가 매우 높고, 관람적 성격이 아주 강한)	운동 //

它	(凭走、跑、跳跃、旋转、平衡、波浪等徒手动作)	组成。
주어	부사어	술어
그것은	(걷기, 달리기, 점프, 회전, 균형 잡기, 웨이브 등의 맨손 동작을 근거로 해서)	구성된다

해석 리듬 체조는 난이도가 매우 높고 관람적 성격이 아주 강한 운동이다. 그것은 걷기, 달리기, 점프, 회전, 균형 잡기, 웨이브 등의 맨손 동작을 근거로 해서 구성된다.

해설 **부사어 자리의 개사가 문맥상 어울리지 않아 틀린 경우**

두 번째 문장의 술어 组成 앞 부사어에 사용된 개사 凭이 문맥상 어울리지 않으므로 틀린 문장이다. 개사 凭은 어떤 수단이나 근거에 따라서 행동한다는 의미이므로, 组成과 의미상으로 호응하지 않는다. 凭 대신 组成과 함께 자주 사용되는 개사 由를 사용해야 옳은 문장이 된다.

★ 옳은 문장 : 艺术体操是一种难度极高，观赏性极强的运动。它由走、跑、跳跃、旋转、平衡、波浪等徒手动作组成。
리듬 체조는 난이도가 매우 높고 관람적 성격이 아주 강한 운동이다. 그것은 걷기, 달리기, 점프, 회전, 균형 잡기, 웨이브 등의 맨손 동작으로 구성된다.

어휘 艺术体操 yìshù tǐcāo 명 리듬 체조　难度 nándù 명 난이도　观赏性 guānshǎngxìng 관람적 성격
跳跃 tiàoyuè 동 점프하다, 뛰어오르다　旋转 xuánzhuǎn 동 (빙빙) 회전하다, 돌다
平衡 pínghéng 동 균형 잡히게 하다, 평형되게 하다　波浪 bōlàng 명 웨이브, 파도　徒手 túshǒu 명 맨손, 빈손
组成 zǔchéng 동 구성하다

58
상

A

앞 절				
(在两千多万年至二三百万年前),	//	(中国和印度的)	一些地方,	//	生活着 /
부사어		관형어	주어		술어
(2천 여만 년에서 2~3백만 년 전),	//	(중국과 인도)	일부 지역에,	//	살았다 /

뒤 절					
(长颈鹿的)	祖先,	//	(它们的)	颈和腿 /	(比现在的长颈鹿)	(非常)	短。
관형어	목적어		관형어	주어	부사어(比+비교 대상)	부사어	술어
(기린의)	조상이,	//	(그것들의)	목과 다리는 /	(지금의 기린보다)	(매우)	짧다

해석 2천 여만 년에서 2~3백만 년 전, 중국과 인도 일부 지역에 기린의 조상이 살았는데, 그것들의 목과 다리는 지금의 기린보다 매우 짧았다.

해설 比자문의 부사어가 문맥에 맞지 않게 사용되어 틀린 경우

比자문의 부사어 자리에 비교의 의미가 없는 정도부사 非常이 사용되었으므로 틀린 문장이다. 非常 대신 비교의 의미가 있는 부사 更을 사용해야 옳은 문장이 된다.

★ 옳은 문장 : 在两千多万年至二三百万年前, 中国和印度的一些地方, 生活着长颈鹿的祖先, 它们的颈和腿比现在的长颈鹿更短。
2천 여만 년에서 2천 3백만 년 전, 중국과 인도 일부 지역에 기린의 조상이 살았는데, 그것들의 목과 다리는 지금의 기린보다 더 짧았다.

어휘 印度 Yìndù [고유] 인도 长颈鹿 chángjǐnglù [명] 기린 祖先 zǔxiān [명] 조상, 선조 颈 gěng [명] 목

B

石油 /	是 /	(大自然给予人类的)	宝贵财富,	//
주어	술어	관형어	목적어	
석유는 /	~이다 /	(대자연이 인류에게 준)	귀중한 자산,	//

뒤 절			
因为	它 /	(被)	(广泛)
접속사	주어	부사어(被)	부사어
왜냐하면	그것은 /	(~되다)	(광범위하게)

应用于 /	(人类生产生活的)	各个方面,	//	同时	(也)	(为交通运输)	提供了 /	巨大动力。
술어1	관형어	목적어		접속사	부사어	부사어	술어2	목적어
~에 응용하다 /	(인류의 생산 생활의)	모든 방면에서,	//	동시에	(·도)	(교통 운송에)	제공했다 /	거대한 동력을

해석 석유는 대자연이 인류에게 준 귀중한 자산인데, 왜냐하면 그것은 인류의 생산 생활의 모든 방면에서 광범위하게 응용되고 있고, 동시에 교통 운송에도 거대한 동력을 제공했기 때문이다.

해설 앞 절의 술어 是과 연결되는 주어 石油, 목적어 宝贵财富가 동격이다. 뒤 절은 개사 被가 쓰인 被자문으로, 주어 它, 개사 被, 술어1 应用于, 목적어 各个方面이 문맥상 자연스럽게 어울리고, 술어2 提供了, 목적어 巨大动力도 주어와 문맥상 자연스럽게 어울린다. 또한 부사 也, 개사구 为交通运输가 뒤 절의 술어2 提供了 앞에서 부사→개사구 순으로 알맞게 배치되었고, 접속사 因为와 同时도 문맥상 적절히 쓰였다. 따라서 틀린 부분이 없다.

어휘 石油 shíyóu [명] 석유 给予 jǐyǔ [동] 주다, 부여하다 宝贵 bǎoguì [형] 귀중한 财富 cáifù [명] 자산, 재산
广泛 guǎngfàn [형] 광범위하다, 폭넓다 应用 yìngyòng [동] 응용하다 生产 shēngchǎn [동] 생산하다, 만들다
运输 yùnshū [동] 운송하다 巨大 jùdà [형] 거대하다 动力 dònglì [명] 동력, 원동력

C

(经过多年的挖掘和骨骼重建工作),	//	科学家 /	(终于)	还原了 /	这具恐龙化石,
부사어		주어	부사어	술어1	목적어
(여러 해에 걸친 발굴과 뼈 재건 작업을 통해),	//	과학자들은 /	(마침내)	복원했다 /	이 공룡 화석을, //

并	确认	//	它 /	是 /	(迄今为止世界上发现的最大的)	霸王龙骨骼化石。
접속사	술어2		주어	술어	관형어	목적어
						목적어(주술목구)
또	확인했다		그것이 /	~이다 /	(현재까지 세계에서 발견한 가장 큰)	티라노사우루스 뼈 화석

해석 여러 해에 걸친 발굴과 뼈 재건 작업을 통해 과학자들은 마침내 이 공룡 화석을 복원했고, 또 그것이 현재까지 세계에서 발견한 가장 큰 티라노사우루스 뼈 화석이라는 것을 확인했다.

해설 주어 科学家, 술어1 还原了, 목적어 这具恐龙化石이 문맥상 자연스럽게 어울리고, 술어2 确认, 주술목구 형태의 목적어 它是迄今为止世界上发现的最大的霸王龙骨骼化石도 주어와 문맥상 자연스럽게 어울린다. 또한 수단/방식을 나타내는 부사어 经过多年的挖掘和骨骼重建工作도 문장 맨 앞의 부사어로 적절히 쓰였고, 점진적 관계를 나타내는 접속사 并도 문맥상 적절하게 쓰였다. 따라서 틀린 부분이 없다.

어휘 挖掘 wājué [동] 발굴하다, 파내다 骨骼 gǔgé [명] 뼈, 골격 重建 chóngjiàn [동] 재건하다
还原 huányuán [동] 복원하다, 원상 회복하다 恐龙 kǒnglóng [명] 공룡 化石 huàshí [명] 화석 确认 quèrèn [동] 확인하다
迄今为止 qìjīnwéizhǐ (이전 어느 시점부터) 현재까지, 지금에 이르기까지 霸王龙 bàwánglóng [명] 티라노사우루스

188 본 교재 동영상강의·무료 학습자료 제공 | china.Hackers.com

D (近年来), // 一些热门景区 / 尝试 / (通过各种限流举措来) (合理) 引导 / 客流, //

			앞 절			
부사어	주어	술어	부사어	부사어	술어	목적어
				목적어(술목구)		
(최근 몇 년 동안), //	일부 인기 있는 관광지에서 /	시도해 보다 /	(각종 유동량 제한 조치를 통해)	(합리적으로)	안내하다 /	관광객의 이동을, //

这些措施 / (在控制游客人数、保护景区环境等方面) (都) 取得了 / (良好的) 效果。

		뒤 절			
주어	부사어	부사어	술어	관형어	목적어
이러한 조치는 /	(관광객 수를 통제하고 관광지의 환경을 보호하는 등의 방면에서)	(모두)	거두었다 /	(좋은)	효과를

해석 최근 몇 년 동안 일부 인기 있는 관광 지구에서 각종 유동량 제한 조치를 통해 관광객의 이동을 합리적으로 안내하는 것을 시도해 보았는데, 이러한 조치는 관광객 수를 통제하고 관광 지구의 환경을 보호하는 등의 방면에서 좋은 효과를 거두었다.

해설 앞 절의 주어 一些热门景区, 술어 尝试, 술목구 형태의 목적어 通过各种限流举措来合理引导客流가 문맥상 자연스럽게 어울리고, 뒤 절의 주어 这些措施, 술어 取得了, 목적어 效果 또한 문맥상 자연스럽게 어울린다. 시기를 나타내는 명사구 近年来가 문장 맨 앞의 부사어로 적절히 쓰였고, 각 절의 술어 앞 부사어도 모두 문맥상 적절히 쓰였다. 따라서 틀린 부분이 없다. 참고로, 부사어의 어순은 기본적으로 부사→조동사→개사구이지만, 범위/장소를 나타내는 개사구는 예외적으로 부사 앞에 위치할 수 있다는 점을 알아 둔다.

어휘 热门 rèmén 펭 인기 있는 것, 유행하는 것　景区 jǐngqū 펭 관광지　尝试 chángshì 동 시도해 보다, 테스트해 보다
限流 xiànliú 동 유동량을 제한하다　举措 jǔcuò 펭 조치　合理 hélǐ 휑 합리적이다　引导 yǐndǎo 동 안내하다, 이끌다
客流 kèliú 관광객의 이동　措施 cuòshī 펭 조치, 대책　控制 kòngzhì 동 통제하다, 조절하다　良好 liánghǎo 휑 좋다, 양호하다

59
중상

A 面对 / (经济全球化带来的) 机遇和挑战, // (正确的) 选择 / 是, // (充分) 利用 /

	앞 절			뒤 절			
술어	관형어	목적어	관형어	주어	술어	부사어	술어1
직면하다 /	(경제의 글로벌화가 가지고 온)	기회와 도전에, //	(정확한)	선택은 /	~이다, //	(충분히)	이용하다 /

一切机遇, // (合作) 应对 / 一切挑战, // 引导 (好) 经济全球化走向。

목적어	부사어	술어2	목적어	술어3	보어	목적어
			목적어(술목구)			
모든 기회를, //	(협력하여)	응답하다 /	모든 도전에, //	인도하다	(잘) /	경제의 글로벌화 방향으로

해석 경제의 글로벌화가 가지고 온 기회와 도전에 직면하여, 정확한 선택은 모든 기회를 충분히 이용하고, 모든 도전에 협력하여 응답하며, 경제의 글로벌화 방향으로 잘 인도하는 것이다.

해설 앞 절의 술어 面对, 목적어 机遇和挑战이 문맥상 자연스럽게 어울리고, 뒤 절의 술어 是과 연결되는 주어 选择, 술목구 형태의 목적어 充分利用一切机遇, 合作应对一切挑战, 引导好经济全球化走向이 동격이다. 따라서 틀린 부분이 없다.

어휘 面对 miànduì 동 직면하다, 마주보다　全球化 quánqiúhuà 펭 글로벌화, 세계화　机遇 jīyù 펭 (좋은) 기회, 찬스
挑战 tiǎozhàn 동 도전하다　充分 chōngfèn 휑 충분히　利用 lìyòng 동 이용하다　合作 hézuò 동 협력하다
应对 yìngduì 동 응답하다　引导 yǐndǎo 동 인도하다, 이끌다, 인솔하다　走向 zǒuxiàng 펭 방향

B 无论 你 / 在 / 哪儿, // (都) (不能) 否认, //

접속사	주어	술어1	목적어	부사어	부사어	술어2
~하든지	당신이 /	~에 있다	어디, //	(모두)	(~할 수 없다)	부인하다, //

(中国人最喜欢的) 团圆方式 (就) 是 / 全家人 / 围坐 (在一起) 吃 /

관형어	주어	부사어	술어	주어	술어1	보어	술어2
(중국인이 가장 좋아하는)	모임 방식은	(바로)	~이다 /	온 가족이 /	둘러앉다	(함께) /	먹다

(一顿) 美食, // (再) 畅饮 / (一瓶精心选择的) 好酒。

관형어	목적어	부사어	술어3	관형어	목적어
			목적어(주술목구)		
			목적어(주술목구)		
(한 끼의)	맛있는 식사를, //	(또)	마음껏 마시다 /	(정성을 들여 고른 한 병의 좋은)	술을

해석 당신이 어디에 있든지 중국인이 가장 좋아하는 모임 방식은 바로 온 가족이 함께 둘러앉아 맛있는 식사 한 끼를 먹고, 또 정성을 들여 고른 좋은 술 한 병을 마음껏 마시는 것이라는 것을 부인할 수 없다.

해설 주어 你, 술어1 在, 목적어 哪儿이 문맥상 자연스럽게 어울리고, 술어2 否认과 주술목구로 이루어진 목적어 中国人最喜欢的团圆方式就是全家人围坐在一起吃一顿美食, 再畅饮一瓶精心选择的好酒도 주어와 문맥상 자연스럽게 어울린다. 또한 자주 짝을 이루어 쓰이는 표현 '无论 A, 都 B'도 문맥상 적절하게 쓰였다. 따라서 틀린 부분이 없다. 참고로 술어가 否认일 경우, 목적어는 구나 절이 올 수 있다는 점을 알아 둔다.

어휘 否认 fǒurèn [동] 부인하다, 부정하다　团圆 tuányuán [동] (가족이 흩어졌다가 다시) 모이다　方式 fāngshì [명] 방식, 방법
围坐 wéizuò [동] 둘러앉다　顿 dùn [양] 끼니, 차례[요리·식사·질책 등을 세는 단위]　畅饮 chàngyǐn [동] (술을) 마음껏 마시다
精心 jīngxīn [형] 정성을 들이다, 공들이다

해석 300만 년 전, 척추 동물은 한 차례 중요한 진화를 완성했는데, 그들은 물을 벗어나 강하고 큰 생명체로 다 진화했고, 그 이후에 육지에서 생활하기 시작했다.

해설 보어가 문맥상 어울리지 않아 틀린 경우

뒤 절의 술어2 进化의 보어로 完了가 사용되어 어색한 문맥이 되었으므로 틀린 문장이다. 完了는 어떤 일이 종결되었음을 의미하기 때문에 주로 문장 끝에 사용된다. 따라서 문장 중간에서 술어2 进化와 목적어 生物体를 연결시켜 줄 수 있는 보어 成了가 와야 옳은 문장이 된다.

★ 옳은 문장 : 300万年前, 脊椎动物完成了一次重要的演化, 它们脱离了水体, 进化成了一种强大的生物体, 从此之后就开始在陆地上生活了。
300만 년 전, 척추 동물은 중요한 진화를 완성했는데, 그들은 물을 벗어나 강하고 큰 생명체로 진화되었고, 그 이후에 완전히 육지에서 생활하기 시작했다.

어휘 脊椎 jǐzhuī [명] 척추　演化 yǎnhuà [동] 진화하다　脱离 tuōlí [동] 벗어나다　水体 shuǐtǐ [명] 물　进化 jìnhuà [동] 진화하다, 발전하다
生物体 shēngwùtǐ [명] 생명체, 생물체　陆地 lùdì [명] 육지, 땅

해석 이 종류의 꿩은 통속적으로 '아기 닭'이라고 부른다. 그것은 번식 전 새벽녘에 '앙앙'거리는 울음소리를 자주 내는데, 그것이 이렇게 하는 것은 첫째로는 영역을 지키기 위함이고, 둘째로는 적이 접근하지 못하도록 보장하기 위함이다.

해설 각 절의 주어, 술어, 목적어가 문맥상 자연스럽게 어울린다. 두 번째 절에서 시기를 나타내는 개사구 在繁殖前的清晨이 주어 它 뒤에서 부사어로 적절히 쓰였고, 부사 常과 조동사 会 또한 술어 发出 앞에서 부사→조동사 순으로 알맞게 배치되었다. 따라서 틀린 부분이 없다. 참고로, 개사 为了로 시작하는 개사구는 동사 是 뒤에서 목적어가 될 수 있다는 점을 알아 둔다.

어휘 野鸡 yějī 몡 꿩　俗称 súchēng 동 통속적으로 ~라고 부르다　娃娃 wáwa 몡 (갓난) 아기, 어린애　繁殖 fánzhí 동 번식하다
　　　清晨 qīngchén 몡 새벽녘, 이른 아침　哇 wā 의 앙, 왝[우는 소리를 나타냄]　保卫 bǎowèi 동 지키다, 보위하다
　　　领土 lǐngtǔ 몡 영역, 영토　确保 quèbǎo 동 보장하다, 확실하게 보증하다　敌人 dírén 몡 적　靠近 kàojìn 동 접근하다

60
중상

A (这座居住着近两百户藏民的)　老村寨，//　(正在)　迎接　/　(来自世界各地的)　游客，//
　　관형어　　　　　　　　　　　　주어　　　　부사어　술어1　　관형어　　　　　　목적어
　　(약 2백 여 가구의 티베트인이 거주하고 있는)　오래된 마을은，//　(~하고 있다)　맞이하다　/　(세계 각지에서 온)　여행객들을，//

(还)　(将自己独特、朴素、原始而神秘的风情)　/　呈现　(在众人眼前)。
부사어　　　부사어(将+행위의 대상)　　　　　　　술어2　　보어
(또)　(자신들의 독특하고, 소박하고, 원시적이면서도 신비한 풍토와 인정을)　/　드러내다　(많은 사람들의 눈 앞에)

해석 약 2백 여 가구의 티베트인이 거주하고 있는 오래된 마을은 세계 각지에서 온 여행객들을 맞이하고 있는데, 자신들의 독특하고 소박하고 원시적이면서도 신비한 풍토와 인정은 많은 사람들의 눈 앞에 드러날 것이다.

해설 주어 老村寨, 술어1 迎接, 목적어 游客가 문맥상 자연스럽게 어울리고, '将+행위의 대상' 형태의 将自己独特、朴素、原始而神秘的风情, 술어2 呈现도 문맥상 자연스럽게 어울린다. 따라서 틀린 부분이 없다.

어휘 居住 jūzhù 동 거주하다　藏民 zàngmín 몡 티베트인　村寨 cūnzhài 몡 마을, 촌락　迎接 yíngjiē 동 맞이하다, 영접하다
　　　独特 dútè 톙 독특하다　朴素 pǔsù 톙 소박하다　原始 yuánshǐ 톙 원시의　神秘 shénmì 톙 신비하다
　　　风情 fēngqíng 몡 풍토와 인정　呈现 chéngxiàn 동 드러나다, 나타나다　众人 zhòngrén 몡 많은 사람, 군중

　　　　　　　　　　　　　　　　　　　━━━━━━━━ 앞 절 ━━━━━━━━
B 与其　投入　/　巨额成本　建设　/　(大规模的)　垃圾处理厂，//　并　(长期)　背负　/
　接续사　술어1　　목적어　　술어2　　관형어　　　목적어　　　　接续사　부사어　술어3
　~하기 보다는　투입하다　거액의 자본금을　건설하다　(대규모의)　쓰레기 처리장을，//　또　(장기간)　짊어지다　/

　　　　　　　　　　　　　　　　　　　　　　　　　　　　　━━━━━ 뒤 절 ━━━━━
沉重的处理成本和运营负担，//　相应的　(要)　(从根源上)　控制　/　生活垃圾的泛滥。
　　목적어　　　　　　　　　　　주어　부사어　부사어　　술어　　　목적어
과중한 처리 원가와 운영 부담을，//　상응하는 것은　(~해야 한다)　(근본 원인에서부터)　통제하다　/　생활 쓰레기의 범람을

해석 거액의 자본금을 투입하여 대규모의 쓰레기 처리장을 건설하고, 또 과중한 처리 원가와 운영 부담을 장기간 짊어지기 보다는, 상응하는 것은 근본 원인에서부터 생활 쓰레기의 범람을 통제해야 한다.

해설 **주어와 부사어가 문맥상 어울리지 않아 틀린 경우**

앞 절의 접속사 与其와 호응하지 않는 '주어+부사어' 형태의 相应的要가 뒤 절에 사용되어 어색한 문맥이 되었으므로 틀린 문장이다. 문맥상 뒤 절에는 '오히려 ~하는 것이 낫다'라는 비교의 의미를 나타내는 倒不如와 같은 표현이 와야 한다. 참고로, 与其는 不如와 함께 '与其 A, 不如 B'라는 형태로 자주 사용된다는 점을 알아 둔다.

★ 옳은 문장 : 与其投入巨额成本建设大规模的垃圾处理厂，并长期背负沉重的处理成本和运营负担，倒不如从根源上控制生活垃圾的泛滥。
　　　　　　　거액의 자본금을 투입하여 대규모의 쓰레기 처리장을 건설하고, 또 과중한 처리 원가와 운영 부담을 장기간 짊어지기 보다는, 오히려 근본 원인에서부터 생활 쓰레기의 범람을 통제하는 것이 낫다.

어휘 与其 yǔqí 젭 ~하기 보다는　投入 tóurù 동 투입하다　巨额 jù'é 톙 거액의　成本 chéngběn 몡 자본금, 원가
　　　建设 jiànshè 동 건설하다　规模 guīmó 몡 규모　处理厂 chǔlǐchǎng 처리장　背负 bēifù 동 짊어지다, 부담하다
　　　沉重 chénzhòng 톙 (무게·기분·부담 등이) 과중하다, 몹시 무겁다　处理 chǔlǐ 동 처리하다, 해결하다　运营 yùnyíng 동 운영하다
　　　负担 fùdān 몡 부담, 책임　相应 xiāngyìng 동 상응하다, 서로 맞다　根源 gēnyuán 몡 근본 원인, 근원
　　　控制 kòngzhì 동 통제하다, 조절하다　泛滥 fànlàn 동 범람하다

C 物美价廉的番茄 ┌─── 앞 절 ───┐ / (一直) 深受 / 人们欢迎, // ┌─── 뒤 절 ───┐ (除了口味酸甜、颜色鲜艳之外), //
주어 　　　　　　부사어 　술어 　목적어 　　　　　　　　부사어

싸고 질 좋은 토마토는 / (늘) 받는다 / 사람들의 환영을, / (맛이 새콤달콤하고 색이 선명하고 예쁘다는 것 외에도), //

(它所含的) 抗氧化成分、维生素和矿物质 // (可以) 帮助 / 人们 / 抵抗 / 各种疾病。
관형어 　　주어1 　　　　　　부사어 술어1 목적어1 술어2 목적어2
　　　　　　　　　　　　　　　　　　　　　　　겸 주어2

(그것이 함유하고 있는) 항산화 성분, 비타민과 미네랄은 / (~할 수 있다) 돕다 / 사람들이 / 저항하다 / 각종 질병을

해석 싸고 질 좋은 토마토는 늘 사람들의 환영을 받는데, 맛이 새콤달콤하고 색이 선명하고 예쁘다는 것 외에도 그것이 함유하고 있는 항산화 성분, 비타민과 미네랄은 사람들이 각종 질병에 저항하는 것을 도와줄 수 있다.

해설 앞 절의 주어 物美价廉的番茄, 술어 深受, 목적어 人们欢迎이 문맥상 자연스럽게 이울리고, 뒤 절의 주어1 抗氧化成分、维生素和矿物质, 술어1 帮助, 목적어1 겸 주어2 人们, 술어2 抵抗, 목적어2 各种疾病도 문맥상 자연스럽게 어울린다. 개사 除了가 이끄는 除了口味酸甜、颜色鲜艳之外 또한 뒤 절 맨 앞의 부사어로 적절하게 쓰였다. 따라서 틀린 부분이 없다.

어휘 物美价廉 wùměijiàlián 쥉 싸고 질이 좋다, 상품의 질이 좋고 값도 저렴하다　番茄 fānqié 쥉 토마토　口味 kǒuwèi 쥉 맛, 입맛
酸甜 suāntián 쥉 새콤달콤하다　鲜艳 xiānyàn 쥉 (색이) 선명하고 예쁘다　抗氧化 kàngyǎnghuà 항산화
成分 chéngfèn 쥉 성분, 요인　维生素 wéishēngsù 쥉 비타민　矿物质 kuàngwùzhì 미네랄, 광물질
抵抗 dǐkàng 둉 저항하다, 대항하다　疾病 jíbìng 쥉 질병, 병

D 农作物的生产 ┌──── 첫 번째 절 ────┐ / 需要 / 消耗 / 大量的水和耕地, // ┌── 두 번째 절 ──┐ (生产过程中使用的) 农药 /
주어 　　　　　술어 　술어 　목적어 　　　　　　관형어 　　　　주어
　　　　　　　　　　　　　　목적어(술목구)

농작물의 생산은 / ~해야 한다 / 소모하다 / 대량의 물과 경작지를, // (생산 과정에서 사용하는) 농약은

(还) (会) 污染 / 土壤, 因此, // ┌── 세 번째 절 ──┐ 无论 / 人们 / 种 / 什么作物, //
부사어 부사어 술어 목적어 접속사 　섭속사 　주어 술어1 목적어

(~도) (~할 수 있다) 오염시키다 토양을, // 이 때문에, // ~하든지 / 사람들이 / 재배하다 / 어떤 작물을, //

(都) (会) (对环境) 产生 / (不小的) 负面影响。
부사어 부사어 부사어 술어2 　관형어 　목적어

(모두) (~할 수 있다) (환경에) 주다 / (적지 않은) 악영향을

해석 농작물의 생산은 대량의 물과 경작지를 소모해야 하고, 생산 과정에서 사용하는 농약은 토양을 오염시킬 수도 있어서, 이 때문에 사람들이 어떤 작물을 재배하든지 환경에 적지 않은 악영향을 줄 수 있다.

해설 첫 번째 절의 주어 农作物的生产, 술어 需要, 술목구 형태의 목적어 消耗大量的水和耕地가 문맥상 자연스럽게 어울리고, 두 번째 절의 주어 农药, 술어 污染, 목적어 土壤도 문맥상 자연스럽게 어울린다. 세 번째 절의 주어 人们, 술어1 种, 목적어 什么作物도 문맥상 자연스럽게 어울리고, 술어 2 产生, 목적어 负面影响도 주어와 문맥상 자연스럽게 어울린다. 또한 접속사 因此와 无论도 문맥상 적절히 쓰였다. 따라서 틀린 부분이 없다.

어휘 农作物 nóngzuòwù 쥉 농작물　生产 shēngchǎn 둉 생산하다, 만들다　消耗 xiāohào 둉 소모하다, 소모시키다
耕地 gēngdì 쥉 경작지, 전지　农药 nóngyào 쥉 농약　土壤 tǔrǎng 쥉 토양, 흙　产生 chǎnshēng 둉 주다, 생기다
负面影响 fùmiàn yǐngxiǎng 악영향, 부정적인 영향

제1회

제2회

제3회

독해

제4회

제5회

제6회

해커스 해설이 상세한 HSK 6급 실전모의고사

61
중상

早茶是一种社交饮食**习俗**，多见于中国南方地区。早茶不仅包括茶水，还包括许多**精致**的点心。在人们眼中，早茶不只是一种简单的早餐，更是愉快的消遣。一家人聚在一起喝喝茶，聊聊**家常**，可以说是一件幸福的事。

아침 차는 사교 음식 **풍습**의 일종으로, 중국 남방 지역에서 많이 보인다. 아침 차는 차를 포함할 뿐만 아니라, 수많은 **정교한** 간식도 포함한다. 사람들 눈에 아침 차는 간단한 아침 식사일 뿐만 아니라, 즐거운 소일거리이기도 하다. 온 가족이 모여서 함께 차를 마시며, **일상적인 일**을 이야기하는 것은 행복한 일이라고 말할 수 있다.

A 惯例	精心	平常
B 习俗 ✓	精致 ✓	家常 ✓
C 风俗 ✓	精美 ✓	往常
D 通俗	实惠 ✓	家务 ✓

A 관례	공들이다	평소
B 풍습	정교하다	일상적인 일
C 풍속	정교하고 아름답다	평상시
D 통속적이다	실속이 있다	집안일

어휘 지문 **早茶** zǎochá 阅 아침 차[아침 식사 때 먹는 가벼운 요리도 가리킴]   **社交** shèjiāo 阅 사교   **饮食** yǐnshí 阅 음식, 먹고 마시는 것
地区 dìqū 阅 지역   **包括** bāokuò 阅 포함하다, 포괄하다   **点心** diǎnxin 阅 간식, 딤섬
消遣 xiāoqiǎn 阅 소일하다, 심심풀이하다[자신이 즐겁다고 생각하는 일을 하며 시간을 보내는 것을 가리킴]   **一家人** yìjiārén 阅 가족

보기 **惯例** guànlì 阅 관례, 관행   **习俗** xísú 阅 풍습[풍속과 습관]   **风俗** fēngsú 阅 풍속   **通俗** tōngsú 阅 통속적이다, 대중적이다
精心 jīngxīn 阅 공들이다, 극진하다   **精致** jīngzhì 阅 정교하다, 섬세하다   **精美** jīngměi 阅 정교하고 아름답다
实惠 shíhuì 阅 실속이 있다, 실용적이다 阅 실리, 실익   **平常** píngcháng 阅 평소, 보통 때 阅 평범하다   **家常** jiācháng 阅 일상적인 일
往常 wǎngcháng 阅 평상시, 평소   **家务** jiāwù 阅 집안일, 가사

해설 첫째 보기 A는 '관례'라는 의미의 명사이고, B, C는 공통글자 俗를 포함하여 '풍습'과 관련된 명사 유의어이며, D는 '통속적이다'라는 의
빈칸 미의 형용사이다. '아침 차는 사교 음식 _____의 일종으로'라는 문맥에 적합하고, 빈칸 앞 饮食(음식)과 짝꿍으로 쓰이는 보기
B 习俗(풍습), C 风俗(풍속)를 정답의 후보로 체크해 둔다.

　　A 惯例(관례)는 옛날부터 굳어져 전해져 온 사례나 관습을 의미하며, 打破(타파하다), 国际(국제) 등의 어휘와 자주 호응한다.
　　D 通俗(통속적이다)는 일반인에게 널리 통하는 대중성과 보편성을 가진 것이라는 의미로, 문맥과 어울리지 않는다.

둘째 보기 A, B, C는 공통글자 精을 포함하여 '정교하다, 정성을 들이다'와 관련된 형용사 유의어이고, D는 '실속이 있다'라는 의미의 형
빈칸 용사이다. '아침 차는 차를 포함할 뿐만 아니라, 수많은 _____ 간식도 포함한다'라는 문맥에 적합하고, 빈칸 뒤 点心(간식)과 의
미상으로 호응하는 보기 B 精致(정교하다), C 精美(정교하고 아름답다), D 实惠(실속이 있다)를 정답의 후보로 체크해 둔다. 참고로,
精致과 精美는 간식이나 음식의 모양이 정성스럽게 빚어진 것을 묘사할 때 사용할 수 있다.

　　A 精心(공들이다)은 사람이 어떤 일을 이루기 위해 정성과 노력을 들이는 태도를 나타내는 어휘로, 点心(간식)과 의미상으로 호응
하지 않는다.

셋째 보기 A, C는 '평소'와 관련된 시간명사이고, B는 '일상적인 일'이라는 의미의 명사, D는 '집안일'이라는 의미의 명사이다. 빈칸은 목
빈칸 적어 자리로, 빈칸 앞 술어 聊聊(이야기하다)의 목적어가 될 수 있고 '온 가족이 모여서 함께 차를 마시며, _____을 이야기하는
것은'이라는 문맥에도 적합한 보기 B 家常(일상적인 일), D 家务(집안일)를 정답의 후보로 체크해 둔다.

　　A 平常(평소), C 往常(평상시)은 특별한 일이 없는 때라는 의미로, 문맥과 어울리지 않는다.

* 따라서 모든 빈칸에서 정답 후보를 포함하는 보기 B가 정답이다.

62
중

网络技术突破了教室围墙的局限，把交流和协作**延伸**到了互联网能触及到的每个角落。比如说，学生对某次北极科学**考察**感兴趣的话，可以通过上网阅读科学家的博客，或者发邮件向科学家提问等方式进行**跟踪**学习。

네트워크 기술은 교실 담장의 한계를 뚫었고, 인터넷이 영향을 줄 수 있는 구석구석까지 커뮤니케이션과 협업을 **확장했다**. 예를 들어, 학생들이 어떤 북극의 과학적 **고찰**에 대해 흥미가 있다면, 인터넷에서 과학자의 블로그를 읽어 보거나, 혹은 과학자에게 이메일을 보내 질문하는 등의 방식을 통해 **추적** 학습을 할 수 있다.

A 延伸 ✓	考察 ✓	跟踪 ✓
B 延期	观察	跟随
C 延续 ✓	视察	追究
D 延长	勘探	讲究

A 확장하다	고찰하다	추적하다
B 연기하다	관찰하다	뒤따르다
C 이어지다	시찰하다	추궁하다
D 연장하다	탐사하다	중시하다

어휘 지문 **网络** wǎngluò 阅 네트워크, 온라인   **突破** tūpò 阅 뚫다, 돌파하다   **围墙** wéiqiáng 阅 담장, 담
局限 júxiàn 阅 (어떤 범위 내에서) 한계를 짓다, 한정하다   **协作** xiézuò 阅 협업하다, 협력하다   **触及** chùjí 阅 영향을 주다, 닿다
角落 jiǎoluò 阅 구석, 모퉁이   **某次** mǒu cì 어떤   **北极** běijí 阅 북극   **博客** bókè 阅 블로그   **提问** tíwèn 阅 질문하다

보기 **延伸** yánshēn 阅 확장하다, 늘이다   **延期** yánqī 阅 (기간을) 연기하다, 늦추다   **延续** yánxù 阅 이어지다, 연장하다

延长 yáncháng 통 연장하다, 늘이다   考察 kǎochá 통 고찰하다, 정밀히 관찰하다   观察 guānchá 통 관찰하다
视察 shìchá 통 시찰하다, 관찰하다   勘探 kāntàn 통 탐사하다   跟踪 gēnzōng 통 추적하다, 미행하다
跟随 gēnsuí 통 뒤따르다, 따라가다   追究 zhuījiū 통 (원인·책임 등을) 추궁하다, 따지다
讲究 jiǎngjiu 통 중시하다, 주의하다 형 정교하다, 우아하다

해설
첫째
빈칸
보기가 모두 공통글자 延를 포함하여 '늘리다, 계속하다'와 관련된 동사 유의어이다. '네트워크 기술은 교실 담장의 한계를 뚫었고, 인터넷이 영향을 줄 수 있는 구석구석까지 커뮤니케이션과 협업을 _____.'라는 문맥에 적합한 보기 A 延伸(확장하다), C 延续 (이어지다)를 정답의 후보로 체크해 둔다.

B 延期(연기하다)는 정해 놓은 기간을 뒤로 물린다는 의미로, 会议(회의), 比赛(경기), 交货(납품) 등의 어휘와 자주 호응한다.
D 延长(연장하다)은 일정 기준보다 길이나 시간 등을 늘인다는 의미로, 生命(생명), 时间(시간), 路线(노선) 등의 어휘와 자주 호응한다.

둘째
빈칸
보기가 모두 '자세히 살피다, 연구·조사하다'와 관련된 동사 유의어이다. '학생들이 어떤 북극의 과학적 _____ 에 대해 흥미가 있다면, 인터넷에서 과학자의 블로그를 읽어 보거나'라는 문맥에 적합한 보기 A 考察(고찰하다)가 정답이다. 참고로, 考察는 어떤 것을 깊이 생각하고 연구한다는 의미이다.

B 观察(관찰하다)는 사물이나 현상을 주의하여 자세히 살펴본다는 의미로, 문맥과 어울리지 않는다.
C 视察(시찰하다)는 상황을 파악하기 위해 살펴보거나 상급자가 하급자의 업무 상황을 검사한다는 의미로, 문맥과 어울리지 않는다.
D 勘探(탐사하다)는 지하 자원과 관련된 정보를 살피고 알아본다는 의미로, 문맥과 어울리지 않는다.

* 둘째 빈칸에서는 A밖에 정답이 될 수 없기 때문에, 실제 시험에서는 보기 A를 정답으로 선택하고 바로 다음 문제로 넘어간다.

셋째
빈칸
보기 A, B는 공통글자 跟을 포함하여 '뒤따르다'와 관련된 동사 유의어이다. 그리고 C, D는 공통글자 究를 포함하여 형태는 비슷하지만 의미가 다른 어휘로, C는 동사이고 D는 동사/형용사이다. '과학자에게 이메일을 보내 질문하는 등의 방식을 통해 _____ 학습을 할 수 있다'라는 문맥에 적합하고, 빈칸 뒤 学习(학습)와 결합하여 '추적 학습'이라는 의미로 사용될 수 있는 보기 A 跟踪(추적하다)이 정답이다.

B 跟随(뒤따르다), C 追究(추궁하다), D 讲究(중시하다)는 문맥과 어울리지 않는다.

63 중상	这次的美术体验课非常有趣。首先，美术中心的负责人会提前在教室中间放几**串**颜色鲜艳的葡萄，然后老师会<u>引导</u>学生描述葡萄的形状和颜色，再要求他们在纸上作画。同时，老师会不断地提醒学生，画的时候不要把几个葡萄**重叠**在一起。	이번 미술 체험 수업은 매우 재미있다. 먼저, 미술 센터의 담당자가 미리 교실 가운데에 선명한 색깔의 포도 몇 **송이**를 놓아둔 뒤, 선생님은 학생들이 포도의 형태와 색깔을 묘사하도록 **이끌고**, 그들이 종이 위에 그림을 그리도록 요구할 것이다. 동시에, 선생님은 그림을 그릴 때 포도 몇 개를 한데 **겹치지** 말라고 학생들에게 계속해서 주의를 줄 것이다.
	A 串 ✓ 引导 ✓ 重叠 ✓ B 丛 主导 陈列 C 颗 ✓ 引用 并列 D 支 辅导 ✓ 堆积	A 송이 이끌다 겹치다 B 무더기 주도적인 진열하다 C 알 인용하다 병렬하다 D 자루 도우며 지도하다 쌓이다

어휘 지문 美术 měishù 미술   体验 tǐyàn 통 체험하다, 경험하다   鲜艳 xiānyàn 형 (색이) 선명하고 밝다, 산뜻하고 아름답다
描述 miáoshù 통 묘사하다   形状 xíngzhuàng 명 형태, 겉모양   不断 búduàn 부 계속해서, 끊임없이

보기 串 chuàn 양 송이, 꾸러미[꿴 물건을 셀 때 쓰임]   丛 cóng 양 무더기[한곳에 모여 자라는 초목을 셀 때 쓰임]
颗 kē 양 알[과립 모양의 물건을 셀 때 쓰임]   支 zhī 양 자루[막대기처럼 생긴 물건을 셀 때 쓰임]   引导 yǐndǎo 통 이끌다, 안내하다
主导 zhǔdǎo 주도적인   引用 yǐnyòng 통 인용하다, 임용하다   辅导 fǔdǎo 통 도우며 지도하다
重叠 chóngdié 통 겹치다, 중첩되다   陈列 chénliè 통 진열하다   并列 bìngliè 통 병렬하다, 나란히 늘어놓다
堆积 duījī 통 (사물이 무더기로) 쌓이다

해설
첫째
빈칸
보기가 모두 물건을 세는 양사이다. 빈칸 뒤 쪽에 葡萄(포도)가 있으므로, 葡萄의 양사가 될 수 있는 보기 A 串(송이), C 颗(알)를 정답의 후보로 체크해 둔다.

B 丛(무더기)은 한곳에 모여 자라는 초목을 셀 때 쓰이는 양사로, 草(풀), 花(꽃) 등의 어휘와 자주 호응한다.
D 支(자루)은 보통 막대기처럼 생긴 물건을 셀 때 쓰이는 양사로, 笔(연필), 针(바늘), 筷子(젓가락) 등의 어휘와 자주 호응한다.

둘째
빈칸
보기 A, B, D는 공통글자 류를 포함하여 형태는 비슷하지만 의미가 다른 어휘로, A, D는 동사이고, B는 형용사이다. 그리고 C는 '인용하다'라는 의미의 동사이다. '선생님은 학생들이 포도의 형태와 색깔을 묘사하도록 _____'라는 문맥에 적합한 보기 A 引导 (이끌다), D 辅导(도우며 지도하다)를 정답의 후보로 체크해 둔다.

B 主导(주도적인), C 引用(인용하다)은 문맥과 어울리지 않는다.

셋째 보기 A, D는 의미가 다른 동사이고, B, C는 공통글자 列를 포함하여 형태는 비슷하지만 의미가 다른 동사이다. '선생님은 그림을 그
빈칸   릴 때 포도 몇 개를 한데_____말라고 학생들에게 계속해서 주의를 줄 것이다'라는 문맥을 살펴보면, 빈칸에는 포도를 그리는
방법과 관련된 어휘가 들어가야 한다. 따라서 문맥에 적합한 보기 A 重叠(겹치다)가 정답이다.

B 陈列(진열하다), C 并列(병렬하다), D 堆积(쌓이다)는 그림을 그리는 방법과는 관련이 없는 어휘이다.

64
중상

扑克牌中的 "梅花" 符号其实并不是花, 而是一向被人们称为 "三叶草" 的车轴草。三叶草在一些文化中有着特殊的含义, 很多人认为为获得一株三叶草后, 自己的幸运值就会攀升。

포커에서 '클로버' 마크는 사실 꽃이 아니라, 줄곧 사람들에게 '세 잎 클로버'라고 불린 토끼풀이다. 세 잎 클로버는 일부 문화에서 특별한 함의를 가지고 있는데, 많은 사람들은 한 줄기 세 잎 클로버를 얻고 나면, 자신의 행운치가 오를 것이라고 여긴다.

A 图案 ✓	一致	独特 ✓	茎 ✓		A 도안	함께	독특하다	가닥
B 记号	一度 ✓	奇特	堆 ✓		B 기호	한때	기묘하다	더미
C 称号	一律	出色	艘		C 칭호	일률적으로	뛰어나다	척
D 符号 ✓	一向 ✓	特殊 ✓	株 ✓		D 마크	줄곧	특별하다	줄기

어휘 지문 扑克牌 pūkèpái 몡 포커, 카드   梅花 méihuā 몡 (포커 카드나 트럼프에서의) 클로버, 매화
三叶草 sānyècǎo 몡 세 잎 클로버, 토끼풀   车轴草 chēzhóucǎo 몡 토끼풀, 클로버   含义 hányì 몡 함의, 내포된 의미
幸运值 xìngyùnzhí 행운치   攀升 pānshēng 통 (수량 등이) 오르다, 상승하다

보기 图案 tú'àn 몡 도안   记号 jìhao 몡 기호   称号 chēnghào 몡 (주로 영광스런) 칭호, 호칭   符号 fúhào 몡 마크, 부호
一致 yízhì 몡 함께, 일제히 휑 일치하다   一度 yídù 휑 한때, 한동안   一律 yílǜ 휑 일률적으로, 예외 없이   一向 yíxiàng 휑 줄곧, 내내
独特 dútè 휑 독특하다   奇特 qítè 휑 기묘하다, 색다르다   出色 chūsè 휑 뛰어나다, 출중하다   特殊 tèshū 휑 특별하다, 특수하다
茎 jīng 양 가닥, 포기[길고 가는 것을 셀 때 쓰임]   堆 duī 양 더미, 무더기   艘 sōu 양 척[선박을 셀 때 쓰임]   株 zhū 양 줄기, 그루

해설 첫째 보기 A는 '도안'이라는 의미의 명사이고, B, C, D는 공통글자 号를 포함하여 형태는 비슷하지만 의미가 다른 명사이다. '포커에서
빈칸   '클로버'_____는'이라는 문맥을 살펴보면, 빈칸에는 클로버라는 '모양'과 관련된 어휘가 들어가야 한다. 따라서 문맥에 적합한
보기 A 图案(도안), D 符号(마크)를 정답의 후보로 체크해 둔다. 참고로, 符号는 어떠한 뜻을 나타내기 위해 쓰는 부호를 의미한다.

B 记号(기호)는 주의를 끌거나 기억·식별 등을 돕기 위해 손으로 표시한 것으로, 문맥과 어울리지 않는다.
C 称号(칭호)는 어떠한 뜻으로 일컫는 이름을 의미하므로, 문맥과 어울리지 않는다.

둘째 보기가 모두 공통글자 一를 포함하여 형태는 비슷하지만 의미가 다른 부사이다. "'클로버' …… 사실 꽃이 아니라,_____사람
빈칸   들에게 '세 잎 클로버'라고 불린 토끼풀이다'라는 문맥에 적합하고, 被……称为(~라고 불리다)와 의미상으로 호응하는 보기 B 一度
(한때), D 一向(줄곧)을 정답의 후보로 체크해 둔다.

A 一致(함께), C 一律(일률적으로)는 사람의 태도와 관련된 부사이기 때문에, 문맥상 어울리지 않는다.

셋째 보기 A, B, D는 공통글자 特를 포함하여 형태는 비슷하지만 의미가 다른 형용사이고, C는 '뛰어나다'라는 의미의 형용사이다. '세
빈칸   잎 클로버는 일부 문화에서_____함의를 가지고 있는데, …… 세 잎 클로버를 얻고 나면, 자신의 행운치가 오를 것이라고 여긴
다'라는 문맥에 적합하고, 빈칸 뒤 含义(함의)와 의미상으로 호응하는 보기 A 独特(독특하다), D 特殊(특별하다)를 정답의 후보로 체
크해 둔다.

B 奇特(기묘하다)는 이상하고 기괴하다는 의미이므로, 문맥과 어울리지 않는다.
C 出色(뛰어나다)는 실력이나 성적이 특별히 좋다는 의미이므로, 문맥과 어울리지 않는다.

넷째 보기가 모두 양사이다. 빈칸 뒤에 三叶草(세 잎 클로버)가 있으므로, 식물을 셀 때 쓰이는 양사 A 茎(가닥), B 堆(더미), D 株(줄기)를
빈칸   정답의 후보로 체크해 둔다.

C 艘(척)는 선박을 셀 때 쓰는 양사이다.

* 따라서 모든 빈칸에서 정답 후보를 포함하는 보기 D가 정답이다.

65
중상

出于环保考虑, 用纸质吸管代替塑料吸管已成为一种新的趋势。但有些人对纸质吸管比较反感, 主要是因为它带有纸张的气味, 也极易被损坏。不过纸质吸管的制造成本很低, 也便于运输和循环使用。

환경 보호를 생각하는 것에서 출발하여, 종이 빨대로 플라스틱 빨대를 대체하는 것은 이미 새로운 추세가 되었다. 그러나 일부 사람들은 종이 빨대에 대해 어느 정도 반감을 가지는데, 주로 그것이 종이 냄새가 나고, 또 매우 쉽게 파손되기 때문이다. 그러나 종이 빨대의 제조 원가는 낮고, 운송과 재활용하기도 쉽다.

A 趋向 ✓	亏损	底本	善于		A 경향	적자가 나다	초고	~을 잘하다
B 走向	破坏 ✓	资本	勇于		B 방향	훼손하다	자본	용감하게 ~하다
C 趋势 ✓	损坏 ✓	成本 ✓	便于 ✓		C 추세	파손하다	원가	~하기에 쉽다
D 走势	败坏	版本	属于		D 동향	손상시키다	판본	~에 속하다

어휘 지문 纸质 zhǐzhì 종이 吸管 xīguǎn 빨대 代替 dàitì 대체하다, 대신하다 塑料 sùliào 쮕 플라스틱
反感 fǎngǎn 반감을 가지다 纸张 zhǐzhāng 쮕 종이 气味 qìwèi 쮕 냄새 制造 zhìzào 제조하다, 만들다
运输 yùnshū 쮕 운송하다 循环使用 xúnhuán shǐyòng 재활용하다

보기 趋向 qūxiàng 쮕 경향, 추세 走向 zǒuxiàng 쮕 방향 趋势 qūshì 쮕 추세 走势 zǒushì 쮕 동향, 경향
亏损 kuīsǔn 쮕 적자가 나다, 손해를 보다 破坏 pòhuài 쮕 (사물·건축물 등을) 훼손하다, 파괴하다
损坏 sǔnhuài 쮕 (원래의 기능을) 파손하다, 훼손하다 败坏 bàihuài 쮕 (명예·풍속 등을) 손상시키다, 망치다 쮕 부패하다
底本 dǐběn 쮕 초고, 원본 资本 zīběn 쮕 자본, 밑천 成本 chéngběn 쮕 원가, 자본금 版本 bǎnběn 쮕 판본
善于 shànyú 쮕 ~을 잘하다, ~에 능숙하다 勇于 yǒngyú 쮕 용감하게 ~하다, 과감하게 ~하다
便于 biànyú 쮕 ~하기에 쉽다, 편리하다 属于 shǔyú 쮕 ~에 속하다

해설 첫째 보기 A, B는 공통글자 向을 포함하여 형태는 비슷하지만 의미가 다른 명사이고, C, D는 공통글자 势을 포함하여 '경향'과 관련된
빈칸　명사 유의어이다. '환경 보호를 생각하는 것에서 출발하여, 종이 빨대로 플라스틱 빨대를 대체하는 것은 이미 새로운 _____ 가
되었다.'라는 문맥에 적합한 보기 A 趋向(경향), C 趋势(추세)을 정답의 후보로 체크해 둔다. 참고로 趋势은 어떤 현상이 일정한 방
향으로 나아가는 경향이라는 의미이다.
　　B 走向(방향)은 바위층·산맥 등이 지리적으로 연장되는 방향을 의미하므로, 문맥과 어울리지 않는다.
　　D 走势(동향)은 사물이 발전하는 추세나 시장·가격의 흐름을 의미하며, 股票(주식), 汇率(환율) 등의 어휘와 자주 호응한다.

둘째 보기 A는 '적자가 나다'라는 의미의 동사이고, B, C, D는 공통글자 坏를 포함하여 '망가지다'와 관련된 동사 유의어이다. '일부 사람
빈칸　들은 종이 빨대에 대해 어느 정도 반감을 가지는데, 주로 …… 또 매우 쉽게 _____ 때문이다'라는 문맥에 적합하고, 빈칸 앞 쪽
의 纸质吸管(종이 빨대)과 의미상으로 호응하는 보기 D 破坏(훼손하다), C 损坏(파손하다)를 정답의 후보로 체크해 둔다.
　　A 亏损(적자가 나다)은 문맥과 어울리지 않는다.
　　D 败坏(손상시키다)는 명예·풍속 등을 망친다는 의미로, 声誉(명예), 风俗(풍속), 社会风气(사회 풍조) 등의 어휘와 자주 호응한다.

셋째 보기가 모두 공통글자 木을 포함하여 형태는 비슷하지만 의미가 다른 명사이다. '그러나 종이 빨대의 제조 _____ 는 낮고'라는
빈칸　문맥에 적합하고, 빈칸 앞의 制造(제조)와 결합하여 '제조 원가'라는 의미로 사용될 수 있으며, 빈칸 뒤 很低(낮다)와 의미상으로도
호응하는 보기 C 成本(원가)이 정답이다.
　　A 底本(초고), D 版本(판본)은 문맥과 어울리지 않는다.
　　B 资本(자본)은 장사나 사업에 필요한 돈을 의미하고, 높고 낮음의 개념이 없기 때문에 很低와 의미상으로 호응하지 않는다.

　　＊ 셋째 빈칸에서는 C밖에 정답이 될 수 없기 때문에, 실제 시험에서는 보기 C를 정답으로 선택하고 바로 다음 문제로 넘어간다.

넷째 보기가 모두 공통글자 于를 포함하여 형태는 비슷하지만 의미가 다른 동사이다. '그러나 종이 빨대 …… 운송과 재활용하기도
빈칸　_____.'라는 문맥에 적합한 보기 C 便于(~하기에 쉽다)가 정답이다.
　　A 善于(~을 잘하다), B 勇于(용감하게 ~하다), D 属于(~에 속하다)는 문맥과 어울리지 않는다.

66
중

今年, 西安石油大学给每个学生赠送了一枚印章
作为毕业纪念品。每份密封的纪念品里都有一滴
原油。这是因为学校希望毕业生们无论在哪里就
业, 都不要忘记母校赋予他们的独一无二的青
春。

올해, 시안 석유 대학교는 모든 학생에게 졸업 기념품으로 도장 한 개
를 **증정했다**. **밀봉된** 모든 기념품 속에는 원유 한 방울이 있다. 이것은
학교가 졸업생들이 어느 곳에 **취직하든지** 간에, 모교가 그들에게 준 **유
일무이한** 청춘을 잊지 않기를 바랐기 때문이다.

A 供给	封锁	就近	根深蒂固		A 공급하다	봉쇄하다	근방에서	기초가 튼튼하다
B 赠送 ✓	密封 ✓	就业 ✓	独一无二 ✓		B 증정하다	밀봉하다	취직하다	유일무이하다
C 馈赠 ✓	封闭	敬业	微不足道		C 선사하다	폐쇄하다	전력을 다하다	보잘것없다
D 捐赠	关闭	创业 ✓	循序渐进		D 기증하다	닫다	창업하다	점차적으로 발전시키다

어휘 지문 西安 Xī'ān 쮕 시안[중국의 지명] 石油 shíyóu 쮕 석유 枚 méi 쮕 개, 매[작은 조각으로 된 사물을 세는 단위]
印章 yìnzhāng 쮕 도장, 인장 作为 zuòwéi ~으로 삼다, ~으로 여기다 纪念品 jìniànpǐn 쮕 기념품 滴 dī 쮕 방울
原油 yuányóu 쮕 원유 赋予 fùyǔ 쮕 주다, 부여하다 青春 qīngchūn 쮕 청춘, 아름다운 시절

보기 供给 gōngjǐ 쮕 공급하다 赠送 zèngsòng 쮕 증정하다, 선사하다 馈赠 kuìzèng 쮕 (선물이나 예물을) 선사하다, 주다

捐赠 juānzèng 图 기증하다, 기부하다　封锁 fēngsuǒ 图 (강제적 수단으로) 봉쇄하다, 폐쇄하다
密封 mìfēng 图 밀봉하다, 밀폐하다　封闭 fēngbì 图 (통행하거나 마음대로 열지 못하게) 폐쇄하다, 봉쇄하다
关闭 guānbì 图 (문·창문 등을) 닫다, 운영을 중단하다　就近 jiùjìn 匣 근방에서, 부근에서　就业 jiùyè 图 취직하다, 취업하다
敬业 jìngyè 图 (학업이나 업무에) 전력을 다하다, 온 힘을 다하다　创业 chuàngyè 图 창업하다
根深蒂固 gēnshēndìgù 図 기초가 튼튼하다, 뿌리 박혀 있다　独一无二 dúyīwú'èr 図 유일무이하다
微不足道 wēibùzúdào 図 보잘것없다, 매우 작아서 말할 가치도 없다
循序渐进 xúnxùjiànjìn 図 (학습·일 등을) 점차적으로 발전시키다, 일정한 순서에 따라 향상시키다

해설　첫째 보기 A는 '공급하다'라는 의미의 동사이고, B, C, D는 공통글자 赠을 포함하여 '주다'와 관련된 동사 유의어이다. '시안 석유 대학교
빈칸　는 모든 학생에게 졸업 기념품으로 도장 한 개를 _____'라는 문맥에 적합하고, 빈칸 뒤 쪽의 목적어 纪念品(기념품)과 의미상으
로 호응하는 보기 B 赠送(증정하다), C 馈赠(선사하다)을 정답의 후보로 체크해 둔다.

A 供给(공급하다)는 문맥과 어울리지 않는다.
D 捐赠(기증하다)은 국가나 단체 등에게 기부한다는 의미이므로, 문맥과 어울리지 않는다.

둘째 보기가 모두 공통글자 封 또는 闭를 포함하여 '닫다, 봉하다'와 관련된 동사 유의어이다. '_____ 모든 기념품 속에는 원유 한 방
빈칸 울이 있다.'라는 문맥을 살펴보면, 빈칸에는 기념품이 포장된 형태를 나타내는 어휘가 들어가야 한다. 따라서 문맥에 적합한 보기
B 密封(밀봉하다)이 정답이다.

A 封锁(봉쇄하다)는 강제적인 힘을 써서 외부와의 관계를 단절한다는 의미이므로, 문맥과 어울리지 않는다.
C 封闭(폐쇄하다)는 통행하거나 마음대로 열지 못하게 막는다는 의미이므로, 문맥과 어울리지 않는다.
D 关闭(닫다)는 문이나 창문을 닫는다는 의미, 또는 기업이나 상점 등이 운영을 중단한다는 의미이므로, 문맥과 어울리지 않는다.

* 둘째 빈칸에서는 B밖에 정답이 될 수 없기 때문에, 실제 시험에서는 보기 B를 정답으로 선택하고 바로 다음 문제로 넘어간다.

셋째 보기 A는 '근방에서'라는 의미의 부사이고, B, C, D는 공통글자 业를 포함하여 형태는 비슷하지만 의미가 다른 동사이다. 빈칸은 술
빈칸 어 자리로, '졸업생들이 어느 곳에 _____ 간에'라는 문맥에 적합한 보기 B 就业(취직하다), D 创业(창업하다)를 정답의 후보로
체크해 둔다.

A 就近(근방에서), C 敬业(전력을 다하다)는 문맥과 어울리지 않는다.

넷째 보기가 모두 사자성어이다. '모교가 그들에게 준 _____ 청춘을 잊지 않기를 바랐기 때문이다'라는 문맥에 적합하고, 빈칸 뒤 青
빈칸 春(청춘)과 의미상으로 호응하는 보기 B 独一无二(유일무이하다)이 정답이다.

A 根深蒂固(기초가 튼튼하다), C 微不足道(보잘것없다), D 循序渐进(점차적으로 발전시키다)은 문맥과 어울리지 않는다.

67 중

陨石研究中心有一台设备，里面储存着四万块陨石残骸。这样做有两个目的，一是为了避免它们受到污染，影响将来的研究工作。二是想通过它们找到太阳系形成的根源，进而研究未来人类如何在太空中生存。

운석 연구 센터에는 설비 한 대가 있는데, 그 안에는 4만 개의 운석 잔해가 **저장되어 있다**. 이렇게 하는 것에는 두 가지 목적이 있는데, 첫 번째는 그것들이 오염되어서 장차 연구 업무에 영향을 주는 것을 **피하기** 위해서이다. 두 번째는 그것들을 통해 태양계 형성의 **근원**을 찾고, 더 나아가 미래에 인류가 어떻게 우주에서 **생존할** 수 있을지를 연구하기 위해서이다.

A 储蓄	防治	标记	生效
B 储存 ✓	避免 ✓	根源 ✓	生存 ✓
C 保存 ✓	截止	起点 ✓	生活 ✓
D 储备	制止	源泉	生长

A 지축히디	예방 치료하다	기호	효력이 발생하다
B 저장하다	피하다	근원	생존하다
C 보존하다	마감하다	기점	생활하다
D 비축하다	저지하다	원천	성장하다

어휘　지문　陨石 yǔnshí 図 운석　中心 zhōngxīn 図 센터, 중심　设备 shèbèi 図 설비, 시설　残骸 cánhái 図 잔해
将来 jiānglái 図 장차, 장래, 미래　太阳系 tàiyángxì 図 태양계　形成 xíngchéng 图 형성하다, 이루다
进而 jìn'ér 図 더 나아가, 진일보하여　未来 wèilái 図 미래　人类 rénlèi 図 인류　如何 rúhé 때 어떻다, 어떠하다
太空 tàikōng 図 우주, 높고 드넓은 하늘

보기　储蓄 chǔxù 图 저축하다, 비축하다 図 저금, 예금　储存 chǔcún 图 저장하다, 저축하다　保存 bǎocún 图 보존하다, 저장하다
储备 chǔbèi 图 비축하다 図 비축한 물건　防治 fángzhì 图 예방 치료하다, 예방 퇴치하다　避免 bìmiǎn 图 피하다, 모면하다
截止 jiézhǐ 图 마감하다, 일단락 짓다　制止 zhìzhǐ 图 저지하다, 제지하다　标记 biāojì 図 기호, 표기
根源 gēnyuán 図 근원, 원인　起点 qǐdiǎn 図 기점　源泉 yuánquán 図 원천[사물 발생의 본원]
生效 shēngxiào 图 효력이 발생하다　生存 shēngcún 图 생존하다　生长 shēngzhǎng 图 성장하다, 자라다

해설　첫째 보기가 모두 공통글자 储나 存을 포함하여 '저장하다'와 관련된 동사 유의어이다. '운석 연구 센터에는 설비 한 대가 있는데, 그 안
빈칸　에는 4만 개의 운석 잔해가 _____'라는 문맥에 적합한 보기 B 储存(저장하다), C 保存(보존하다)을 정답의 후보로 체크해 눈다.

A 储蓄(저축하다)는 주로 은행에 돈을 저금한다는 의미이므로, 문맥과 어울리지 않는다.

D 储备(비축하다)는 급할 때 쓰기 위해 물자를 미리 모아둔다는 의미이므로, 문맥과 어울리지 않는다.

둘째 보기 A, B는 의미가 다른 동사이고, C, D는 공통글자 止를 포함하여 형태는 비슷하지만 의미가 다른 동사이다. '그것들(운석 잔해)
빈칸 이 오염되어서 장차 연구 업무에 영향을 주는 것을 _____ 위해서이다'라는 문맥에 적합한 보기 B 避免(피하다)이 정답이다.

A 防治(예방 치료하다), C 截止(마감하다)은 문맥과 어울리지 않는다.
D 制止(제지하다)은 어떤 행동을 강제로 못하게 하는 것을 의미하므로, 문맥과 어울리지 않는다.

*둘째 빈칸에서는 B밖에 정답이 될 수 없기 때문에, 실제 시험에서는 보기 B를 정답으로 선택하고 바로 다음 문제로 넘어간다.

셋째 보기 A, C는 의미가 다른 명사이고, B, D는 공통글자 源을 포함하여 '근원'과 관련된 명사 유의어이다. '그것들(운석 잔해)을 통해 태
빈칸 양계 형성의 _____ 을 찾고'라는 문맥에 적합하고, 빈칸 앞 形成(형성하다)과 의미상으로 호응하는 보기 B 根源(근원), C 起点
(기점)을 정답의 후보로 체크해 둔다.

A 标记(기호)는 문맥과 어울리지 않는다.
D 源泉(원천)온 샘물이 솟아나는 근원 또는 힘·지식·감성 능이 생겨나는 원인이나 근원을 의미하므로, 문맥과 어울리지 않는다.

넷째 보기가 모두 공통글자 生을 포함하여 형태는 비슷하지만 의미가 다른 동사이다. '그것들(운석 잔해)을 통해 …… 미래에 인류가 어
빈칸 떻게 우주에서 _____ 수 있을지를 연구하기 위해서이다.'라는 문맥에 적합한 보기 B 生存(생존하다), C 生活(생활하다)를 정답
의 후보로 체크해 둔다.

A 生效(효력이 발생하다), D 生长(성장하다)은 문맥과 어울리지 않는다.

---

68 하

受到肌肉运动模式的启发, 研究者**合成**出了一种类似于生物肌肉的, 不断**收缩**与舒张的分子。在这种分子的基础上, 首个模拟人体肌肉的**操作**机械得以问世, 它的长度仅有11纳米, 能够实现对细微物体的**精确**调控。

근육 운동 패턴에 깨우침을 받은 연구자가 생물의 근육과 유사한, 끊임없이 **수축하고** 이완하는 분자를 **합성해** 냈다. 이 분자를 기초로 하여, 인체 근육을 모방한 **조작** 기계가 처음으로 등장할 수 있었는데, 그것의 길이는 11나노미터에 불과해서, 미세한 물체에 대한 **정확한** 조절과 통제를 실현할 수 있다.

A 合成 ✓	收缩 ✓	操作 ✓	精确 ✓
B 落成	压缩	操练	精简
C 合并	回收	操纵	精密 ✓
D 达成	压抑	操劳	精通

A 합성하다	수축하다	조작하다	정확하다
B 완공뇌나	압축하다	훈련하다	간소화하다
C 합병하다	회수하다	조종하다	정밀하다
D 달성하다	억압하다	애써 일하다	정통하다

어휘 지문 肌肉 jīròu 團 근육 模式 móshì 團 패턴, 모델 启发 qǐfā 團 깨우치다, 일깨우다 类似 lèisì 團 유사하다, 비슷하다
生物 shēngwù 團 생물, 생물학 不断 búduàn 끊임없이, 부단히
舒张 shūzhāng 團 (심장이나 혈관 등의 근육 조직이 긴장 상태에서) 이완되다 分子 fēnzǐ 團 분자 模拟 mónǐ 모방하다, 본뜨다
机械 jīxiè 團 기계, 기계 장치 得以 déyǐ ~할 수 있다 问世 wènshì 團 (저작물·발명품·신상품 등이) 등장하다, 출시되다
纳米 nàmǐ 團 나노미터 实现 shíxiàn 團 실현하다, 달성하다 细微 xìwēi 團 미세하다, 매우 작다
调控 tiáokòng 團 조절하고 통제하다

보기 合成 héchéng 團 합성하다 落成 luòchéng 團 (건축물이) 완공되다, 준공되다 合并 hébìng 團 합병하다, 합치다
达成 dáchéng 團 (어떤 결과에) 달성하다, 얻다 收缩 shōusuō 團 수축하다, 졸아들다 压缩 yāsuō 團 압축하다, 줄이다
回收 huíshōu 團 회수하다, 되찾다 压抑 yāyì 團 억압하다, 억제하다 操作 cāozuò 團 조작하다, 다루다
操练 cāoliàn 團 훈련하다, 조련하다 操纵 cāozòng 團 (기계·기기 등을) 조종하다 操劳 cāoláo 團 애써 일하다, 수고하다
精确 jīngquè 團 정확하다, 틀림없다 精简 jīngjiǎn 團 간소화하다, 정간하다 精密 jīngmì 團 정밀하다
精通 jīngtōng 團 정통하다, 통달하다

해설 첫째 보기 A, B, D는 공통글자 成을 포함하여 형태는 비슷하지만 의미가 다른 동사이고, C 는 '합병하다'라는 의미의 동사이다. '근육 운
빈칸 동 패턴에 깨우침을 받은 연구자가 …… 분자를 _____ 냈다'라는 문맥에 적합하고, 빈칸 뒤 쪽의 목적어 分子(분자)와 의미상으
로 호응하는 보기 A 合成(합성하다)이 정답이다.

B 落成(완공되다)은 건축물이나 시설이 다 만들어진 것을 의미하므로, 문맥과 어울리지 않는다.
C 合并(합병하다)은 둘 이상의 기구나 단체, 혹은 질병이 하나로 합쳐진다는 의미로, 公司(회사), 疾病(질병) 등의 어휘와 자주 호
응한다.
D 达成(달성하다)은 주로 논의를 통해 어떤 결과에 이르다는 의미로, 문맥과 어울리지 않는다.

*첫째 빈칸에서는 A밖에 정답이 될 수 없기 때문에, 실제 시험에서는 보기 A를 정답으로 선택하고 바로 다음 문제로 넘어간다.

둘째 보기 A, B는 공통글자 缩을 포함하여 '부피를 줄이다'와 관련된 동사 유의어이고, C, D는 의미가 다른 동사이다. '생물의 근육과 유
빈칸 사한, 끊임없이 _____ 이완하는 분자'라는 문맥에 적합하고, 빈칸 뒤 舒张(이완되다)과 의미상으로 호응하는 보기 A 收缩(수축
하다)가 정답이다. 참고로, 수축은 근육 따위가 오그라든다는 의미이다.

B 压缩(압축하다)는 물질 따위에 압력을 가하여 그 부피를 줄인다는 의미이므로, 문맥과 어울리지 않는다.

C 回收(회수하다)는 문맥과 어울리지 않는다.
D 压抑(억압하다)은 자기의 뜻대로 자유로이 행동하지 못하도록 억지로 누른다는 의미이므로, 문맥과 어울리지 않는다.

셋째 빈칸 보기가 모두 공통글자 操를 포함하여 형태가 비슷한 어휘로, A, C는 '다루다'와 관련된 동사 유의어이고, B는 '훈련하다', D는 '애써 일하다'라는 의미의 동사이다. '이 분자를 기초로 하여, 인체 근육을 모방한 _____ 기계가 처음으로 등장할 수 있었는데'라는 문맥에 적합하고, 빈칸 뒤 机械(기계)와 의미상으로 호응하는 보기 A 操作(조작하다), C 操纵(조종하다)을 정답의 후보로 체크해 둔다.

B 操练(훈련하다), D 操劳(애써 일하다)는 문맥과 어울리지 않는다.

넷째 빈칸 보기가 모두 공통글자 精을 포함하여 형태는 비슷하지만 의미가 다른 어휘로, A, C는 형용사이고, B, D는 동사이다. '그것(조작 기계)의 길이는 11나노미터에 불과해서, 미세한 물체에 대한 _____ 조절과 통제를 실현할 수 있다'라는 문맥에 적합하고, 빈칸 뒤 调控(조절과 통제)과 의미상으로 호응하는 보기 A 精确(정확하다), C 精密(정밀하다)를 정답의 후보로 체크해 둔다.

B 精简(간소화하다), D 精通(정통하다)은 문맥과 어울리지 않는다.

---

69 중상

《清明上河图》是中国十大传世名画之一，在人类绘画史上也具有**举足轻重**的地位。在这幅极其**宝贵**的画作中，画家**生动**地描绘了12世纪初北宋都城繁华而**喧闹**的生活场景，具有很高的历史价值和艺术价值。

<청명상하도>는 중국 후세에 전해져 오는 10대 명화 중 하나로, 인류 회화 역사에서도 **매우 중요한** 위치를 가지고 있다. 매우 **귀중한** 이 회화 작품에서, 화가는 12세기 초 북송 수도의 번화하고 **떠들썩한** 생활상을 **생동감 있게** 묘사하여, 높은 역사적 가치와 예술적 가치를 가지고 있다.

A	举世瞩目 ✓	名贵 ✓	灵活	沸腾
B	与日俱增	稀有 ✓	敏捷	喧哗 ✓
C	名副其实 ✓	昂贵 ✓	灵敏	热闹 ✓
D	举足轻重 ✓	宝贵 ✓	生动 ✓	喧闹 ✓

A	전 세계 사람들이 주목하다	유명하고 진귀하다	재빠르다	들끓다
B	날이 갈수록 많아지다	희소하다	민첩하다	떠들썩하다
C	명실상부하다	비싸다	반응이 빠르다	번화하다
D	매우 중요하다	귀중하다	생동감 있다	떠들썩하다

어휘 지문 传世 chuánshì 통 (주로 고대의 진귀한 보물 등이) 후세에 전하다, 후세에 물려주다　人类 rénlèi 명 인류
绘画 huìhuà 통 회화하다, 그림을 그리다　地位 dìwèi 명 위치, 지위　幅 fú 양 폭[그림·천을 세는 단위]　极其 jíqí 부 매우, 몹시
画作 huàzuò 명 회화 작품　描绘 miáohuì 통 묘사하다, 베끼다　北宋 Běisòng 고유 북송[중국의 왕조]
都城 dūchéng 명 수도, 도읍지　繁华 fánhuá 형 (도시·거리가) 번화하다　场景 chǎngjǐng 명 상황, 장면, 신(scene)
价值 jiàzhí 명 가치

보기 举世瞩目 jǔshìzhǔmù 성 전 세계 사람들이 주목하다　与日俱增 yǔrìjùzēng 성 날이 갈수록 많아지다
名副其实 míngfùqíshí 성 명실상부하다　举足轻重 jǔzúqīngzhòng 성 매우 중요하다　名贵 míngguì 형 유명하고 진귀하다
稀有 xīyǒu 형 희소하다, 드물다　昂贵 ángguì 형 비싸다　宝贵 bǎoguì 형 귀중하다　灵活 línghuó 형 재빠르다, 민첩하다
敏捷 mǐnjié 형 (생각·동작 등이) 민첩하다, 빠르다　灵敏 língmǐn 형 반응이 빠르다, 민감하다
生动 shēngdòng 형 생동감 있다, 생기발랄하다　沸腾 fèiténg 형 들끓다, 끓어오르다　喧哗 xuānhuá 형 떠들썩하다, 와자지껄하다
热闹 rènao 형 번화하다, 떠들썩하다　喧闹 xuānnào 형 떠들썩하다, 시끌벅적하다

해설 첫째 빈칸 보기가 모두 사자성어이다. '<청명상하도>는 중국 후세에 전해져 오는 10대 명화 중 하나로, 인류 회화 역사에서도 _____ 위치를 가지고 있다.'라는 문맥에 적합한 보기 A 举世瞩目(전 세계 사람들이 주목하다), C 名副其实(명실상부하다), D 举足轻重(매우 중요하다)을 정답의 후보로 체크해 둔다.

B 与日俱增(날이 갈수록 많아지다)은 문맥과 어울리지 않는다.

둘째 빈칸 보기 A, C, D는 공통글자 贵를 포함하여 '비싸다, 귀하다'와 관련된 형용사 유의어이고, B는 '희소하다'라는 의미의 형용사이다. '매우 _____ 이 회화 작품에서'라는 문맥에 적합한 A 名贵(유명하고 진귀하다), B 稀有(희소하다), C 昂贵(비싸다), D 宝贵(귀중하다)를 모두 정답의 후보로 체크해 둔다.

셋째 빈칸 보기 A, B는 '민첩하다'와 관련된 형용사 유의어이고, C, D는 의미가 다른 형용사이다. '회화 작품에서, 화가는 12세기 초 북송 수도의 번화하고 떠들썩한 생활상을 _____ 묘사하여'라는 문맥에 적합하고, 빈칸 뒤 描绘(묘사하다)와 의미상으로 호응하는 보기 D 生动(생동감 있다)이 정답이다.
A 灵活(재빠르다), B 敏捷(민첩하다), C 灵敏(반응이 빠르다)은 사람의 행동이나 동작과 관련된 어휘이므로, 画作中(작품에), 描绘(묘사하다)와 의미적으로 호응하지 않는다.

* 셋째 빈칸에서는 D밖에 정답이 될 수 없기 때문에, 실제 시험에서는 보기 D를 정답으로 선택하고 바로 다음 문제로 넘어간다.

넷째 빈칸 보기 A는 '들끓다'라는 의미의 동사이고, B, C, D는 '떠들썩하다'와 관련된 형용사 유의어이다. '12세기 초 북송 수도의 번화하고 _____ 생활상'이라는 문맥에 적합하고, 빈칸 뒤 生活场景(생활상)과 의미상으로 호응하는 B 喧哗(떠들썩하다), C 热闹(번화하다), D 喧闹(떠들썩하다)를 정답의 후보로 체크해 둔다.

A 沸腾(들끓다)은 액체나 분위기가 끓어오르는 것, 또는 분위기나 흐름이 요동친다는 것을 의미하므로, 문맥과 어울리지 않는다.

不少电影都改编自小说，但把原著小说成功拍成电影并不是一件容易的事。影像语言和文字语言是两个**体系**，所以不能完全**遵循**原著的情节和脉络来拍摄电影，因为照搬原著会使影片的逻辑显得十分**荒谬**。想要在两个小时内用影像表现**剧烈**的戏剧冲突，就必然要对原著做出**大幅度**的改编。

많은 영화는 소설을 각색했지만, 원작 소설을 성공적으로 영화로 만드는 것은 결코 간단한 일이 아니다. 영상 언어와 문자 언어는 두 개의 **체계**라서, 원작의 줄거리와 맥락을 완전히 **따르면서** 영화를 촬영할 수 없는데, 왜냐하면 원작을 그대로 모방하는 것은 영화의 논리를 매우 **터무니없는** 것처럼 보이게 하기 때문이다. 2시간 안에 영상으로 **격렬한** 극 속의 갈등을 보여주고자 한다면, 필연적으로 원작을 큰 **폭**으로 각색해야 한다.

A 体系 ✓	遵循 ✓	荒谬 ✓	剧烈 ✓	幅度 ✓
B 系统 ✓	追寻	愚昧	强烈 ✓	范畴
C 体裁	循环	沉闷	猛烈	频率
D 系列	依托 ✓	幼稚	热烈	密度

A 체계	따르다	터무니없다	격렬하다	폭
B 시스템	추적하다	어리석다	강렬하다	범주
C 장르	순환하다	답답하다	맹렬하다	빈도수
D 시리즈	의탁하다	유치하다	열렬하다	밀도

어휘 지문 改编 gǎibiān 图 각색하다   原著 yuánzhù 图 원작, 원저   拍 pāi 图 촬영하다   影像 yǐngxiàng 图 영상
文字 wénzì 图 문자, 글자   情节 qíngjié 图 줄거리, (일의) 경과   脉络 màiluò 图 맥락, 두서   拍摄 pāishè 图 촬영하다
照搬 zhàobān 图 (기존의 방법·경험 등을) 그대로 모방하다, 답습하다   影片 yǐngpiàn 图 영화   逻辑 luójí 图 논리
显得 xiǎnde 图 ~처럼 보이다, (상황이) 드러나다   表现 biǎoxiàn 图 보이다, 나타나다   戏剧冲突 xìjù chōngtū 극 속의 갈등
必然 bìrán 图 필연적이다

보기 体系 tǐxì 图 체계, 시스템   系统 xìtǒng 图 시스템, 체계   体裁 tǐcái 图 장르, 체재   系列 xìliè 图 시리즈, 계열
遵循 zūnxún 图 따르다   追寻 zhuīxún 图 추적하다   循环 xúnhuán 图 순환하다   依托 yītuō 图 의탁하다, 의지하다
荒谬 huāngmiù 图 터무니없다, 황당무계하다   愚昧 yúmèi 图 어리석다, 우매하다
沉闷 chénmèn 图 (마음이) 답답하다, (성격이) 내성적이다   幼稚 yòuzhì 图 유치하다, 수준이 낮다   剧烈 jùliè 图 격렬하다, 극렬하다
强烈 qiángliè 图 (힘이) 강렬하다, 세다   猛烈 měngliè 图 (기세나 태도가) 맹렬하다, 세차다   热烈 rèliè 图 열렬하다, 뜨겁다
幅度 fúdù 图 (사물의 변동) 폭   范畴 fànchóu 图 범주, 범위   频率 pínlǜ 图 빈도수, 주파수   密度 mìdù 图 밀도, 비중

해설 첫째
빈칸
보기가 모두 공통글자 体와 系를 포함하여 '체계, 계통'과 관련된 명사 유의어이다. '영상 언어와 문자 언어는 두 개의 _____라서'라는 문맥에 적합하고, 빈칸 앞 쪽의 语言(언어)과 짝꿍으로 쓰이는 보기 A 体系(체계), B 系统(시스템)을 정답의 후보로 체크해 둔다.

　C 体裁(장르)는 시·소설·산문과 같은 문학 작품의 표현 형식을 의미하므로, 문맥과 어울리지 않는다.
　D 系列(시리즈)는 텔레비전 드라마나 문학 전집과 같이 서로 관련이 있거나 공통점이 있어서 세트를 이룰 수 있는 사물이나 대상을 의미하므로, 문맥과 어울리지 않는다.

둘째
빈칸
보기 A, B는 '따르다'와 관련된 동사 유의어이고, C, D는 의미가 다른 동사이다. '원작의 줄거리와 맥락을 완전히 _____ 영화를 촬영할 수 없는데'라는 문맥에 적합한 보기 A 遵循(따르다), D 依托(의탁하다)를 정답의 후보로 체크해 둔다. 참고로, 遵循은 정해진 것을 따른다는 의미이고, 依托는 어떤 결과를 얻기 위해서 기존의 것을 참고로 빌려 쓴다는 의미이다.

　B 追寻(추적하다), C 循环(순환하다)은 문맥과 어울리지 않는다.

셋째
빈칸
보기가 모두 의미가 다른 형용사이다. '원작을 그대로 모방하는 것은 영화의 논리를 매우 _____ 것처럼 보이게 하기 때문이다'라는 문맥에 적합하고, 빈칸 앞 쪽의 使影片的逻辑(영화의 논리를)와 의미상으로 호응하는 보기 A 荒谬(터무니없다)가 정답이다.

　B 愚昧(어리석다), C 沉闷(답답하다), D 幼稚(유치하다)은 사람의 특성과 관련된 형용사이기 때문에, 影片的逻辑(영화의 논리)와 의미상으로 호응하지 않는다.

　* 셋째 빈칸에서는 A밖에 정답이 될 수 없기 때문에, 실제 시험에서는 보기 A를 정답으로 선택하고 바로 다음 문제로 넘어간다.

넷째
빈칸
보기가 모두 공통글자 烈를 포함하여 '격렬하다, 열렬하다'와 관련된 형용사 유의어이다. '2시간 안에 영상으로 _____ 극 속의 갈등을 보여주고자 한다면'이라는 문맥에 적합하고, 빈칸 뒤 戏剧冲突(극 속의 갈등)와 의미상으로 호응하는 보기 A 剧烈(격렬하다), B 强烈(강렬하다)를 정답의 후보로 체크해 둔다.

　C 猛烈(맹렬하다)는 기세나 힘이 몹시 사납고 세차다는 의미로, 进攻(진격과 공격), 火势(불기운) 등의 어휘와 자주 호응한다.
　D 热烈(열렬하다)는 분위기가 고조되고 몹시 흥분된다는 의미로, 气氛(분위기), 掌声(박수 소리) 등의 어휘와 자주 호응한다.

다섯째
빈칸
보기가 모두 '크기'와 관련된 개념을 나타내는 명사이다. '필연적으로 원작을 큰 _____으로 각색해야 한다'라는 문맥에 적합하고, 빈칸 앞 大(크다)와 짝꿍으로 쓰이는 보기 A 幅度(폭)가 정답이다.

　B 范畴(범주), C 频率(빈도수), D 密度(밀도)는 문맥과 어울리지 않는다.

⁷¹不少人都被机械表的高超工艺所吸引，迫切地⁷¹想要买一枚机械表好好把玩，**(71) E 但是机械表并不适合所有人**，因为使用机械表需要付出相当多的心力。

首先，⁷²机械表可能会 **(72) A 产生或多或少的误差**。比如，在正常情况下，普通机械表日误差一般在30秒以内，而高精准度机械表的日误差一般在10秒以内。石英表的走时比机械表更精准，日误差在0.5秒以内。⁷²因此，机械表经常需要调校时间，以免产生误差。

除此之外，**(73) C 当手表拥有日历功能时**，也需要手动调校才能保证其准确性，⁷³避免出现"当天是7月1日而手表却显示6月31日"的问题。⁷⁴调校时间时只需要拔出表冠，**(74) D 然后将其按顺时针或逆时针方向旋转**，⁷⁴达到标准时间刻度即可。每天晚上9点到凌晨3点之间为日期调校禁区，因为在这段时间内，手表中的各个零件齿轮正在缓慢咬合，一旦强行调校，很可能会造成机械损坏，因此调校时应避免在这一时段进行。

机械表属于精密仪器，每佩戴三年，**(75) B 就需要定期送到专业机构进行保养**。⁷⁵每次保养的费用少则几百，多则好几千，这也是一笔不小的开支。

A 产生或多或少的误差

B 就需要定期送到专业机构进行保养

C 当手表拥有日历功能时

D 然后将其按顺时针或逆时针方向旋转

E 但是机械表并不适合所有人

---

⁷¹많은 사람이 기계식 시계의 뛰어난 기술에 매료되어, 간절하게 ⁷¹기계식 시계를 하나를 사서 손에 들고 제대로 감상하고 싶어 하지만, **(76) E 그러나 기계식 시계는 모든 사람에게 적합한 것은 아닌데**, 기계식 시계를 사용하는 것은 꽤 많은 마음과 힘을 쏟아야 하기 때문이다.

우선, ⁷²기계식 시계에 **(72) A 많거나 적은 오차가 생길 수** 있다. 예를 들어, 정상적인 상황에서 보통 기계식 시계의 하루 오차는 일반적으로 30초 이내이고, 높은 정확도의 기계식 시계의 하루 오차는 일반적으로 10초 이내이다. 쿼츠 시계의 시계 바늘이 움직이는 시간은 기계식 시계보다 더욱 잘 맞아서 하루 오차는 0.5초 이내이다. ⁷²이 때문에 기계식 시계는 오차가 생기지 않도록 자주 시간을 조정해야 한다.

이 밖에도 **(73) C 손목시계가 달력 기능을 갖고 있을 때**, 수동으로 조정해야만 정확성을 확보할 수 있어 ⁷³'당일이 7월 1일인데 손목시계에는 6월 31일'로 나타나는 문제가 생기는 것을 피할 수 있다. ⁷⁴시간을 조정할 때에는 그저 크라운을 뽑고, **(74) D 그 다음에 그것을 시계 방향이나 반 시계 방향으로 돌려서**, ⁷⁴표준 시간의 눈금에 이르기만 하면 된다. 매일 저녁 9시에서 새벽 3시 사이는 날짜 조정 금지 구간대인데, 이 시간 동안에는 손목시계의 각 부속품의 톱니바퀴가 느리게 맞물리고 있어서, 일단 조정을 강행하면 기계의 손상을 야기할 수 있기 때문인데, 그러므로 조정할 때는 반드시 이 시간대에 진행하는 것을 피해야 한다.

기계식 시계는 정밀한 측정기에 속하여, 매 3년 정도 찰 때 마다 **(75) B 정기적으로 전문 업체에 보내서 정비를 해야 한다**. ⁷⁵매번 정비하는 비용은 적게는 몇 백, 많게는 몇 천인데, 이 또한 적지 않은 지출이다.

A 많거나 적은 오차가 생긴다

B 정기적으로 전문 업체에 보내서 정비를 해야 한다

C 손목시계가 달력 기능을 갖고 있을 때

D 그 다음에 그것을 시계 방향이나 반 시계 방향으로 돌린다

E 그러나 기계식 시계는 모든 사람에게 적합한 것은 아니다

어휘 지문 机械表 jīxièbiǎo 圆 기계식 시계[시계의 진동자를 기계적인 방식으로 작동시키는 시계]　高超 gāochāo 匓 뛰어나다, 출중하다
工艺 gōngyì 圆 기술, 공예　迫切 pòqiè 匓 간절하다, 절실하다　把玩 bǎwán 롱 손에 들고 감상하다
付出 fùchū 롱 (돈·대가 등을) 쏟다, 지불하다　误差 wùchā 圆 오차　精准度 jīngzhǔndù 정확도
石英表 shíyīngbiǎo 圆 쿼츠 시계[수정(석영)을 이용해서 전지로 작동하는 전자식 시계]　走时 zǒushí 롱 시계 바늘이 움직이다
精准 jīngzhǔn 匓 잘 맞다, 정확하다　调校 tiáojiào 롱 (기계의 눈금 등을) 조정하다　拥有 yōngyǒu 롱 가지다, 소유하다
日历 rìlì 圆 달력　功能 gōngnéng 圆 기능, 효능　拔出 bá chū 뽑다
表冠 biǎoguàn 圆 크라운, 용두[시계의 태엽을 감고, 시간이나 날짜를 조정하는 장치]　顺时针 shùnshízhēn 圆 시계 방향의
逆时针 nìshízhēn 圆 반 시계 방향의　旋转 xuánzhuǎn 롱 (빙빙) 돌다, 회전하다　达到 dádào 롱 이르다, 도달하다　刻度 kèdù 圆 눈금
即可 jíkě 圆 ~하면 된다　凌晨 língchén 圆 새벽녘, 이른 아침　禁区 jìnqū 圆 금지 구간대, 금지 구역　零件 língjiàn 圆 부속품
齿轮 chǐlún 圆 톱니바퀴　缓慢 huǎnmàn 匓 느리다, 완만하다　咬合 yǎohé 롱 맞물리다　强行 qiángxíng 圆 강행하다
造成 zàochéng 롱 야기하다, 조성하다　机械 jīxiè 圆 기계　损坏 sǔnhuài 롱 손상되다, 훼손하다　时段 shíduàn 圆 시간대
属于 shǔyú 롱 ~에 속하다　精密 jīngmì 匓 정밀하다　仪器 yíqì 圆 측정기, 계측기　佩戴 pèidài 롱 차다, 지니다
定期 dìngqī 匓 정기적인　机构 jīgòu 圆 업체, 기관　保养 bǎoyǎng 롱 정비하다, 보양하다　开支 kāizhī 圆 지출, 비용

보기 误差 wùchā 圆 오차　定期 dìngqī 匓 정기적인, 정기의　机构 jīgòu 圆 업체, 기구　保养 bǎoyǎng 롱 정비하다, 보양하다
拥有 yōngyǒu 롱 가지다, 소유하다　日历 rìlì 圆 달력　功能 gōngnéng 圆 기능, 효능　顺时针 shùnshízhēn 圆 시계 방향의
逆时针 nìshízhēn 圆 반 시계 방향의　旋转 xuánzhuǎn 롱 (빙빙) 돌다, 회전하다
机械表 jīxièbiǎo 圆 기계식 시계[시계의 진동자를 기계적인 방식으로 작동시키는 시계]

해설 (71) 빈칸 앞쪽에 不少人……想要买一枚机械表好好把玩이 있으므로, 但是로 시작해서 빈칸 앞 내용과 반대/전환이 되는 보기 E 但是机械表并不适合所有人이 정답이다.

(72) 빈칸 앞에 机械表可能会가 있고, 빈칸 뒤쪽에 因此, 机械表经常需要调校时间, 以免产生误差.가 있으므로, 误差를 기워드 단서로 체크해 둔다. 误差라는 표현이 그대로 들어가 있고, 빈칸 앞 내용과 연결이 되고 빈칸 뒤쪽 내용의 원인이 되는 보기 A 产生或多或少的误差가 정답이다.

(73) 빈칸 뒤쪽에 避免出现 "当天是7月1日而手表却显示6月31日" 的问题가 있으므로, 날짜와 관련된 어휘인 日历功能을 포함하고 빈칸 뒤쪽 내용과 연결이 되는 보기 C 当手表拥有日历功能时가 정답이다.

(74) 빈칸 앞에 调校时间时只需要拔出表冠이 있고 빈칸 뒤에 达到标准时间刻度即可가 있으므로, 빈칸 앞뒤의 내용과 순차적으로 연결이 되는 보기 D 然后将其按顺时针或逆时针方向旋转이 정답이다.

(75) 빈칸 뒤에 每次保养的费用이 있으므로, 保养을 키워드 단서로 체크해 둔다. 保养이라는 표현이 그대로 들어가 있고, 빈칸 뒤 내용과 연결이 되는 보기 B 就需要定期送到专业机构进行保养이 정답이다.

76 - 80 중상

　　猫咪是一种非常敏感的动物，它们能够准确判断外界的情况。当猫咪有安全感的时候，精神就会非常放松，但感觉到威胁时，猫咪就会收起慵懒可爱的姿态，立刻进入警戒模式。首先，**(76) C 它们会找一个隐蔽的地方**，76紧接着就会藏在那里，弓下身子，神色警惕地打量着周围。77猫咪这种姿态和猛兽捕猎前的状态一模一样，看起来凶猛又可怕。然而，**(77) E 猫咪在空中扭来扭去的长尾巴**，77很快就打破了这紧张的氛围，看起来可爱又可笑。

　　对此，动物学家解释道："78进入警惕状态后，**(78) A 猫咪就会时刻准备进攻**。这时它们会活动身体，做出各种各样的动作。其中最有代表性的就是扭动尾巴。这是因为扭动尾巴能帮助猫咪快速调动肌肉，以便顺利做出下一个动作。这种行为和猫咪的行动模式有很大的关系。猫咪在走路的时候，会以左右两条后腿前后交替的方式前进，79而跳跃时，它们则会用两条后腿同时发力，**(79) D 推动身体离开地面**。"

　　就算弹跳力极佳，自我保护意识很强的猫咪也不会在没有准备的情况下起跳。80通常，它们会摇摆后腿以测试地面的硬度，只有确定没有任何问题时才会起跳。因为在过软或过硬的地面上跳跃时，**(80) B 可能会有滑倒或受伤的危险**。

고양이는 매우 예민한 동물이라서 외부 상황을 정확하게 판단할 수 있다. 고양이가 안정감을 느끼면, 정신이 매우 이완되지만, 위협을 느낄 때는 고양이는 게으르고 귀여운 자세를 멈추고 즉시 경계 모드로 들어간다. 먼저 **(76) C 그것들은 은폐된 장소를 찾고**, 76이어서 그곳에 숨어 몸을 구부리고 경계하는 기색으로 주위를 살핀다. 77고양이의 이런 자세는 맹수가 사냥하기 전의 상태와 완전히 똑같은데, 사납고 무섭게 보인다. 하지만 **(77) E 고양이가 공중에서 이리저리 비비 꼬는 긴 꼬리는** 77이 긴장된 분위기를 금방 깨뜨려, 귀엽고 우습게 보인다.

이에 대해 동물학자는 "78경계 상태에 들어간 후, **(78) A 고양이는 항상 공격을 준비합니다**. 이때 그것들은 몸을 움직여서 다양한 동작을 합니다. 그중 가장 대표적인 것이 바로 꼬리를 흔드는 것입니다. 꼬리를 흔드는 것은 고양이가 다음 동작을 순조롭게 하기 위하여 근육을 빠르게 전환하는 데에 도움을 줄 수 있기 때문입니다. 이런 행동은 고양이의 행동 패턴과 큰 관련이 있습니다. 고양이는 걸을 때 좌우 뒷다리 두 개를 앞뒤로 법갈아 가는 방식으로 전진하는데, 79점프할 때에는 두 뒷다리에 동시에 힘을 주고, **(79) D 몸을 지면에서 벗어나게 밀어냅니다**."라고 설명한다.

설령 점프력이 뛰어나더라도, 자기 보호 의식이 강한 고양이는 준비가 되지 않은 상황에서 점프하지 않는다. 80일반적으로 그것들은 뒷다리를 흔들어서 지면의 강도를 테스트하고, 어떠한 문제가 없다는 것을 확인했을 때에야 비로소 뛰어오른다. 너무 부드럽거나 너무 딱딱한 지면에서 점프를 할 경우, **(80) B 미끄러져 넘어지거나 다칠 위험이 있을 수 있기** 때문이다.

A 猫咪就会时刻准备进攻	A 고양이는 항상 공격을 준비한다
B 可能会有滑倒或受伤的危险	B 미끄러져 넘어지거나 다칠 위험이 있을 수 있다
C 它们会找一个隐蔽的地方	C 그것들은 은폐된 장소를 찾는다
D 推动身体离开地面	D 몸을 지면에서 벗어나게 밀어낸다
E 猫咪在空中扭来扭去的长尾巴	E 고양이가 공중에서 이리저리 비비 꼬는 긴 꼬리

어휘 지문 猫咪 māomī 고양이　敏感 mǐngǎn 톙 예민하다, 민감하다　外界 wàijiè 톙 외부, 바깥 세계　精神 jīngshén 톙 정신
威胁 wēixié 통 위협하다　收起 shōuqǐ 통 멈추다, 그만두다　慵懒 yōnglǎn 톙 게으르다　姿态 zītài 톙 자세, 자태
立刻 lìkè 톕 즉시, 곧　警戒 jǐngjiè 통 경계하다　模式 móshì 톙 모드, 패턴　隐蔽 yǐnbì 톙 은폐된, 숨겨진　紧接着 jǐnjiēzhe 이어서
藏 cáng 통 숨다, 숨기다　弓 gōng 통 구부리다, 굽히다　神色 shénsè 톙 기색, 안색　警惕 jǐngtì 통 경계하다, 경계심을 갖다
打量 dǎliang 통 살펴보다, 관찰하다　猛兽 měngshòu 톙 맹수　捕猎 bǔliè 통 사냥하다　状态 zhuàngtài 톙 상태
一模一样 yìmúyíyàng 톙 (모양이나 생김새가) 완전히 똑같다　凶猛 xiōngměng 톙 (기세나 힘 등이) 사납다, 맹렬하다
可怕 kěpà 톙 무섭다, 두렵다　扭来扭去 niǔ lai niǔ qu 이리저리 비비 꼬다　尾巴 wěiba 톙 꼬리
打破 dǎpò 통 (구속·속박 등을) 깨뜨리다, 타파하다　氛围 fēnwéi 톙 분위기　状态 zhuàngtài 톙 상태　时刻 shíkè 톕 항상, 언제나
进攻 jìngōng 통 공격하다　代表性 dàibiǎoxìng 대표적이다　扭动 niǔdòng 통 (몸을 좌우로) 흔들거리다, 흔들다
调动 diàodòng 통 (위치·용도를) 전환하다, 바꾸다　肌肉 jīròu 톙 근육　以便 yǐbiàn 옙 ~하기 위하여, ~하기 쉽게
行为 xíngwéi 톙 행동, 행위　行动 xíngdòng 톙 행동 통 행동하다　则 zé 옙 [앞뒤 내용이 대비되는 것을 나타냄]
发力 fālì 통 힘을 주다, 힘을 쓰다　推动 tuīdòng 통 밀어내다, 밀고 나가다

就算 jiùsuàn 쩹 설령 ~하더라도   弹跳力 tántiàolì 몡 점프력, 도약력   意识 yìshí 몡 의식   起跳 qǐtiào 동 점프하다, 뛰어오르다
通常 tōngcháng 뫄 일반적으로, 보통   摇摆 yáobǎi 동 흔들다, 동요하다   测试 cèshì 동 테스트하다, 측정하다
硬度 yìngdù 몡 강도, 굳기   确定 quèdìng 동 확인하다, 확정하다   软 ruǎn 혱 부드럽다   硬 yìng 혱 딱딱하다, 단단하다
滑倒 huádǎo 동 미끄러져 넘어지다   受伤 shòushāng 동 다치다, 부상당하다

보기   猫咪 māomī 고양이   时刻 shíkè 뫄 항상, 언제나   进攻 jìngōng 공격하다   滑倒 huádǎo 동 미끄러져 넘어지다
受伤 shòushāng 동 다치다, 부상당하다   隐蔽 yǐnbì 숨겨진, 가려진   推动 tuīdòng 동 밀어내다, 밀고 나가다
扭来扭去 niǔláiniǔqù 이리저리 비비꼬다   尾巴 wěiba 꼬리

해설 (76)   빈칸 뒤에 紧接着就会藏在那里가 있으므로, 那里가 가리키는 장소를 포함하고 빈칸 뒤 내용과 연결이 되는 보기 C 它们会找一个隐蔽的地方이 정답이다.

(77)   빈칸 앞에 猫咪这种姿态和猛兽捕猎前的状态一模一样, 看起来凶猛又可怕。然而이 있고, 빈칸 뒤에 很快就打破了这紧张的氛围, 看起来可爱又可笑가 있으므로, 然而 앞 내용과 반대가 되고 빈칸 뒤 내용과 자연스럽게 연결되는 보기 E 猫咪在空中扭来扭去的长尾巴가 정답이다.

(78)   빈칸 앞에 부사어 进入警惕状态后가 있고 빈칸 뒤에 문장이 이어지지 않으므로, 빈칸에는 주어와 술어가 포함되어 있고 문맥에도 어울리는 문장이 들어가야 한다. 따라서 보기 A 猫咪就会时刻准备进攻이 정답이다.

(79)   빈칸 앞에 而跳跃时, 它们则会用两条后腿同时发力가 있으므로, 빈칸 앞 내용의 다음 동작으로 연결되는 보기 D 推动身体离开地面이 정답이다.

(80)   빈칸 앞쪽의 通常, 它们会摇摆后腿以测试地面的硬度, 只有确定没有任何问题时才会起跳。와 빈칸 사이에 원인을 나타내는 접속사 因为가 있으므로, 빈칸 앞쪽 내용의 원인이 되는 보기 B 可能会有滑倒或受伤的危险이 정답이다.

81-84

近日, 良渚古城遗址申遗成功, 中国的世界遗产总数量增至55处, 位居世界第一。[81]此次申遗成功最大的意义在于, 向世界证明了中华文明史的起点的确可以追溯到五千年前。

良渚古城遗址位于浙江省杭州市, 它既是长江下游地区首次发现的新石器时代古城遗址, 也是中华五千年文明史的有力证据。该遗址规模宏大, 遗存类型复杂, 内涵丰富。[82]其中包括城址, 外围水利系统, 不同等级的墓地和各种器物。因为良渚古城有着规模最大的城墙和水利系统, 所以在考古界享有 "中华第一城" 之美誉。

[83]从高级墓葬中出土的大量玉器象征着当时的宗教信仰和政治制度。而外围的水利系统, 是中国迄今为止最早的大型水利系统, 也是世界最早的拦洪大坝系统, 具有极其重要和独特的价值。这座巨大的堤坝是一万人修建数年的成果, 这充分证明了 "良渚王国" 强大的组织动员能力和后勤管理能力。从良渚古城遗址可以隐约看到当年宏伟的王宫和依水而居的生活方式。良渚人临水而居的生活方式与如今的江南文化有着千丝万缕的联系。良渚古城遗址的发现表明, 中华文明的起源不仅仅在黄河流域。

长期以来, 很多人有意无意地将研究古代文化史的目光紧盯在黄河流域和北方地区, 而忽略了 "中华文明未必只有一个起源", "中华文明不同起源间相互影响" 这些观点。这种 "为古人争正统" 的偏见, 在一定程度上干扰了对中华文明起源的研究和发掘。[84]因此良渚古城遗址申遗成功, 在很大程度上提醒人们应该正确、全面、深入地了解自己的历史和文化。

최근, 량주 고성 유적지가 세계 유산 등재에 성공하여 중국의 세계 유산은 총 55개까지 증가했으며, 세계 1위를 차지했다. [81]이번 세계 유산 등재 성공의 가장 큰 의미는, 중국 문명사의 시작점이 확실히 5000년 전으로 거슬러 올라갈 수 있다는 것을 세계에 증명했다는 데 있다.

량주 고성 유적지는 저장성 항저우시에 위치하며, 그것은 창강 하류 지역에서 처음 발견된 신석기 시대 고성 유적이자, 중국 5천 년 문명사의 강력한 증거이다. 이 유적은 규모가 크고, 유물 유형이 복잡하며, 내용이 풍부하다. [82]그 안에는 성터, 외곽 수리 공사 시스템, 등급이 다른 묘지와 각종 기물이 포함된다. 량주 고성은 규모가 가장 큰 성벽과 수리 공사 시스템을 가지고 있기 때문에, 고고학계에는 '중국 제일의 성'이라는 명성과 명예를 누리고 있다.

[83]고급 고분에서 출토된 대량의 옥그릇은 당시의 종교적 신앙과 정치적 제도를 상징하고 있다. 외곽의 수리 공사 시스템은 지금에 이르기까지 중국 최초의 대형 수리 공사 시스템이자, 세계 최초의 홍수를 막는 댐 시스템으로, 매우 중요하고 독특한 가치를 지니고 있다. 이 거대한 댐은 1만 명이 수년 동안 건설한 성과로, '량주 왕국'의 강력한 조직 동원력과 물자 조달 관리 능력을 충분히 증명했다. 량주 고성 유적지에서는 당시의 웅장한 왕궁과 물을 따라 사는 생활 방식을 어렴풋이 볼 수 있다. 물 가까이에 사는 량주 사람의 생활 방식은 오늘날의 장난 문화와도 밀접한 관계가 있다. 량주 고성 유적지의 발견은 중국 문명의 기원이 황하 유역에만 있는 것이 아님을 보여 준다.

오랫동안, 많은 사람들은 아무 생각 없이 고대 문화사 연구의 눈길을 황하 유역과 북방 지역에만 집중시켰고, '중국 문명이 반드시 하나의 기원만을 갖는 것은 아니다.' '중국 문명의 다른 기원에는 상호 작용이 존재한다'는 두 가지 관점을 등한시했다. 이러한 '옛 조상을 위해 지역 정통성을 쟁취하려는' 편견은, 중국 문명의 기원에 대한 연구와 발굴을 어느 정도 방해하고 있다. [84]이 때문에 량주 고성 유적지의 세계 유산 등재 성공은, 사람들이 자신의 역사와 문화를 정확하고, 포괄적이며, 깊이 있게 이해해야 한다는 점을 상당 부분 일깨워 준다.

어휘   **近日** jìnrì 閉 최근, 요즘   **良渚古城** Liángzhǔ Gǔchéng 고유 량주 고성[중국 신석기 후대 유적 중 하나]   **遗址** yízhǐ 閉 유적지
    申遗 shēnyí 图 세계 유산에 등재하다   **世界遗产** shìjiè yíchǎn (유네스코가 지정한) 세계 유산   **总数** zǒngshù 閉 총수, 총액
    增至 zēngzhì 图 ~까지 증가하다   **位居** wèijū 图 ~를 차지하다   **此次** cǐcì 閉 이번
    中华 Zhōnghuá 고유 중국[옛날에는 중국 고대 황해 유역 일대를 가리켰으며, 현재는 일반적으로 중국을 가리킴]   **文明史** wénmíngshǐ 閉 문명사
    起点 qǐdiǎn 閉 시작점   **追溯** zhuīsù 图 거슬러 올라가다, 뒤쫓다   **浙江省** Zhèjiāng Shěng 고유 저장성[중국의 지명]
    杭州市 Hángzhōu Shì 고유 항저우 시[중국의 지명]   **下游** xiàyóu 閉 하류   **地区** dìqū 閉 지역, 지구   **首次** shǒucì 閉 처음, 최초
    新石器时代 Xīnshíqì Shídài 신석기 시대   **古城** gǔchéng 閉 고성, 오래된 고시   **有力** yǒulì 톙 강력하다, 힘이 세다
    证据 zhèngjù 閉 증거   **规模** guīmó 閉 규모   **宏大** hóngdà 톙 크다, 웅대하다   **遗存** yícún 閉 유물   **类型** lèixíng 閉 유형
    内涵 nèihán 閉 내용, 의미   **包括** bāokuò 图 포함하다, 포괄하다   **城址** chéngzhǐ 閉 성터[도시가 소재한 위치]
    外围 wàiwéi 閉 외곽, 바깥 둘레   **水利** shuǐlì 閉 수리 공사   **系统** xìtǒng 閉 시스템, 체계   **等级** děngjí 閉 등급, 차별
    墓地 mùdì 閉 묘지, 무덤   **器物** qìwù 閉 기물   **墙** qiáng 閉 벽, 담장   **考古** kǎogǔ 閉 고고학   **享有** xiǎngyǒu 图 누리다, 향유하다
    美誉 měiyù 閉 명성과 명예, 좋은 평판   **高级** gāojí 톙 고급의   **墓葬** mùzàng 閉 고분   **出土** chūtǔ 图 출토되다   **玉器** yùqì 閉 옥그릇, 옥기
    象征 xiàngzhēng 图 상징하다   **宗教** zōngjiào 閉 종교   **信仰** xìnyǎng 閉 신앙, 신조   **政治** zhèngzhì 閉 정치   **制度** zhìdù 閉 제도
    迄今为止 qìjīnwéizhǐ (이전 어느 시점부터) 지금에 이르기까지   **大型** dàxíng 톙 대형의   **拦** lán 图 막다, 저지하다   **洪** hóng 閉 홍수
    大坝 dàbà 閉 댐   **具有** jùyǒu 图 지니다, 구비하다   **极其** jíqí 閉 매우, 몹시   **独特** dútè 톙 독특하다   **堤坝** dībà 閉 댐, 둑
    修建 xiūjiàn 图 건설하다, 건축하다   **成果** chéngguǒ 閉 성과   **强大** qiángdà 톙 강력하다, 강대하다   **组织** zǔzhī 閉 조직
    动员 dòngyuán 图 동원하다, 전시 체제화하다   **后勤** hòuqín 閉 물자 조달 업무, 후방 근무   **隐约** yǐnyuē 톙 어렴풋하다, 희미하다
    宏伟 hóngwěi 톙 (규모·기세 따위가) 웅장하다   **王宫** wánggōng 閉 왕궁   **千丝万缕** qiānsīwànlǚ 밀접한 관계가 있다
    起源 qǐyuán 閉 기원   **黄河流域** huánghé liúyù 황하 유역   **有意无意** yǒu yì wú yì 아무 생각 없이, 무심코   **古代** gǔdài 閉 고대
    盯 dīng 图 집중하다, 응시하다   **忽略** hūlüè 图 등한시하다, 소홀히 하다   **未必** wèibì 閉 반드시 ~한 것은 아니다
    相互影响 xiānghù yǐngxiǎng 閉 상호 작용   **观点** guāndiǎn 閉 관점   **正统** zhèngtǒng 閉 정통성, 정통   **偏见** piānjiàn 閉 편견, 선입견
    程度 chéngdù 閉 정도, 수준   **干扰** gānrǎo 图 방해하다, 지장을 주다   **发掘** fājué 图 발굴하다, 캐내다

81
중

良渚古城遗址申遗成功的意义在于: 량주 고성 유적지의 세계 유산 등재 성공의 의의는 어디에 있는가:

A 丰富了中华文明史的价值   A 중국 문명사의 가치를 풍부하게 했다

B 说明了世界遗产的重要性   B 세계 유산의 중요성을 설명했다

C 中华五千年文明史得到证实   C 중국 5천 년 문명사가 증명되었다

D 发现了殷商朝代的历史遗迹   D 은상 왕조의 역사 유적을 발견했다

해설   질문이 량주 고성 유적지의 세계 유산 등재 성공의 의의는 어디에 있는지를 물었으므로, 良渚古城遗址申遗成功的意义와 관련된 내용을 지문에서 재빨리 찾는다. 첫 번째 단락에서 此次申遗成功最大的意义在于, 向世界证明了中华文明史的起点的确可以追溯到五千年前。이라고 했으므로, 보기 C가 정답이다.

어휘   **良渚古城** Liángzhǔ Gǔchéng 고유 량주 고성[중국 신석기 후대 유적 중 하나]   **遗址** yízhǐ 閉 유적지   **申遗** shēnyí 图 세계 유산에 등재하다
    中华 Zhōnghuá 고유 중국   **文明史** wénmíngshǐ 閉 문명사   **世界遗产** shìjiè yíchǎn (유네스코가 지정한) 세계 유산
    证实 zhèngshí 图 사실을 증명하다   **殷商** Yīnshāng 고유 은상[중국 고대 왕조의 하나]   **朝代** cháodài 閉 왕조, (어떤) 시기
    遗迹 yíjì 閉 유적, 흔적

82
중

下列哪项**不是**在良渚古城遗址中发现的?   다음 중 량주 고성 유적지에서 발견된 것이 **아닌** 것은?

A 金属   B 墓地   A 금속   B 무덤

C 城墙   D 水利系统   C 성벽   D 수리 공사 시스템

해설   질문이 량주 고성 유적지에서 발견된 것이 아닌 것을 물었으므로, 在良渚古城遗址中发现的와 관련된 내용을 지문에서 재빨리 찾는다. 두 번째 단락에서 其中包括城址, 外围水利系统, 不同等级的墓地和各种器物。라고 했으므로, 지문에서 언급되지 않은 보기 A가 정답이다.

어휘   **良渚古城** Liángzhǔ Gǔchéng 고유 량주 고성[중국 신석기 후대 유적 중 하나]   **遗址** yízhǐ 閉 유적지   **金属** jīnshǔ 閉 금속
    墓地 mùdì 閉 무덤, 묘지   **墙** qiáng 閉 벽, 담장   **水利** shuǐlì 閉 수리 공사   **系统** xìtǒng 閉 시스템, 체계

83
중상

良渚古城遗址出土的玉器: 량주 고성 유적지에서 출토된 옥그릇은:

A 数量十分有限   A 수량이 매우 한정적이다

B 制作工艺复杂   B 제작 기술이 복잡하다

C 需要大量人力   C 많은 인력이 필요하다

D 象征政治权力   D 정치 권력을 상징한다

해설 질문이 량주 고성 유적지에서 출토된 옥그릇에 대해 물었으므로, 玉器와 관련된 내용을 지문에서 재빨리 찾는다. 세 번째 단락에서 从高级墓葬中出土的大量玉器象征着当时的宗教信仰和政治制度。라고 했으므로, 보기 D가 정답이다.

어휘 良渚古城 Liángzhǔ Gǔchéng [고유] 량주 고성[중국 신석기 후대 유적 중 하나] 遗址 yízhǐ [명] 유적지 出土 chūtǔ [동] 출토되다
玉器 yùqì [명] 옥그릇, 옥기 有限 yǒuxiàn [형] 한정적이다, 한계가 있다 制作 zhìzuò [동] 제작하다 工艺 gōngyì [명] 기술, 수공예
人力 rénlì [명] 인력 象征 xiàngzhēng [동] 상징하다 权力 quánlì [명] 권력, 권한

---

84 중상

上文主要想告诉我们:

A 史学界的视野过于狭隘
B 考古科研工作的重要性
C 应该正确地了解历史和文化
D 中华文明与其他文明的差异

위 글에서 우리에게 주로 알려 주고자 하는 것은:

A 역사학계 관점이 지나치게 편협하다
B 고고학 과학 연구 업무의 중요성
C 역사와 문화를 정확하게 이해해야 한다
D 중국 문명과 기타 문명의 차이

해설 질문이 위 글에서 우리에게 주로 알려 주고자 하는 것을 물었으므로, 지문 전체의 중심 내용을 재빨리 파악한다. 마지막 단락에서 因此良渚古城遗址申遗成功, 在很大程度上提醒人们应该正确、全面、深入地了解自己的历史和文化。라고 했으므로, 보기 C가 정답이다.

어휘 史学界 shǐxuéjiè [명] 역사학계 视野 shìyě [명] 관점, 시야 过于 guòyú [부] 지나치게, 너무 狭隘 xiá'ài [형] (마음·생각 등이) 편협하다, 좁다
考古 kǎogǔ [명] 고고학 科研 kēyán [명] 과학 연구 重要性 zhòngyàoxìng [명] 중요성 中华 Zhōnghuá [고유] 중국
文明 wénmíng [명] 문명 差异 chāyì [명] 차이

85-88

在所有的哺乳动物中, 人类最擅长使用嗓音。[85]人们想要说话或者唱歌的时候, 只要稍微升个音降个调就能做到。人们会以声调, 即声音的高低升降来表达兴奋、强调、惊讶、疑惑等多种多样的情绪。把人类看作是天生的歌唱家也不过分, 但科学家通过实验发现, 在旋律相同的情况下, 人们吹出来的调子比唱出来的好。

大多数情况下, 吹奏时不会跑调, 唱歌时却容易跑调。打个比方, 会吹口哨的人在吹奏时不会跑调, 所以他们发出的声音能完美对应音阶里的音符。相反, 即便是专业的歌剧演员, 也会出现演唱时跑调的现象。

这一现象和人体结构有着极大的关系。因为人是通过喉咙发出声音的, 喉咙在肺和嘴之间, 由软骨、肌肉和喉咙里的膜状声带等结构组成。[86]空气会使声带振动, 让人发出声音。虽然吹口哨和唱歌的发声原理类似, 但主要使用的部位有所不同。吹口哨时用到的部位不是喉咙, 而是嘴唇, 相对来说可以控制的范围更大更自由。但唱歌时主要用喉咙发声, 所以很难控制。因为喉咙是由一组结构复杂的肌肉构成的, 升降音调时, 需要所有肌肉的配合。此外, 肌肉毕竟不是机器, 使用过度会造成严重疲劳。而且, 喉咙的肌肉也会随着人体的生长而有所改变。

最后, 为了确认人类的发声技巧, 科学家对猩猩做出了对比研究。[87]研究表明, 猩猩也能用喉咙发声, 但这远远赶不上人类发声的技巧和多样性。由此证实, 人类的发声技巧并不是在猿类时期出现的, 而是彻底脱离猿类形态后才出现的。这一结论引发了 一 种猜想, 即人类[88]唱歌时跑调的原因是喉咙的演化时间较短, 发育还不够完善。

모든 포유동물 중에서 인간이 목소리를 사용하는 데 가장 뛰어나다. [85]사람들은 말을 하려고 하거나 혹은 노래를 부르려고 할 때, 톤을 조금 올리거나 내리기만 하면 된다. 사람들은 톤, 즉 소리의 높낮이와 올라가고 내려가는 것으로 흥분, 강조, 놀라움, 의혹 등 다양한 감정을 표현한다. 인간을 타고난 성악가로 보는 것도 무리는 아니지만, 과학자들은 실험을 통해, 멜로디가 같은 상태에는, 사람들이 연주하는 멜로디가 노래하는 것보다 낫다는 것을 발견했다.

대부분의 경우, 연주할 때는 음 이탈이 나지 않고, 노래할 때는 음 이탈이 나기 쉽다. 예를 들면, 휘파람을 불 줄 아는 사람이 연주할 때는 음 이탈이 나지 않기 때문에, 그들이 내는 소리는 음계에 있는 음표에 완벽하게 맞출 수 있다. 반면, 설령 전문적인 오페라 배우라고 해도, 노래할 때 음 이탈이 나는 현상이 발생할 수 있다.

이 현상은 인체 구조와 지대한 관계가 있다. 사람은 목구멍을 통해 소리를 내는데, 목구멍은 폐와 입 사이에 있으며, 연골, 근육과 목구멍 안의 막으로 된 형태의 성대 등으로 구성되어 있기 때문이다. [86]공기는 성대를 진동시키고, 사람이 소리를 내게 한다. 비록 휘파람을 부는 것과 노래 부르는 것의 발성 원리는 비슷하지만, 주로 사용하는 부위가 좀 다르다. 휘파람을 불 때 사용하는 부위는 목구멍이 아니고 입술인데, 상대적으로 통제할 수 있는 범위가 더 크고 더 자유롭다. 그러나 노래를 부를 때는 주로 목구멍으로 소리를 내기 때문에 통제가 어렵다. 목구멍은 구조가 복잡한 근육으로 이루어져 있기 때문에, 톤을 올리고 내릴 때는 모든 근육의 조화가 필요하다. 이 외에, 근육은 아무래도 기계가 아니므로, 무리하게 사용하면 피로가 심해진다. 게다가 목구멍 근육도 신체가 자라면서 다소 변할 수 있다.

마지막으로, 인간의 발성 테크닉을 확인하기 위해, 과학자들은 오랑우탄에 대해서 비교 연구를 했다. [87]연구에서 오랑우탄도 목구멍으로 소리를 낼 수 있지만, 이는 인간이 소리를 내는 테크닉이나 다양성에 크게 못 미친다는 것이 밝혀졌다. 이로써, 인간의 발성 테크닉은 유인원 시기에 생겨난 것이 아니라, 유인원 형태에서 완전히 벗어난 후에 비로소 생겨났다는 것이 증명되었다. 이와 같은 결론은 한 가지의 추측을 불러 일으켰는데, 즉, 인간이 [88]노래를 부를 때 음 이딜이 나는 원인은 목구멍이 진화 시간이 비교적 짧아서, 발육이 완전하지 못하기 때문이라는 것이다.

어휘 **所有** suǒyǒu 뒝 모든, 일체의　**哺乳动物** bǔrǔ dòngwù 포유동물　**人类** rénlèi 뎽 인간, 인류
　　擅长 shàncháng 동 (어떤 방면에) 뛰어나다, 잘하다　**使用** shǐyòng 동 사용하다　**嗓音** sǎngyīn 뎽 목소리
　　升 shēng 동 (등급 따위를) 높이다, 인상하다　**音调** yīndiào 뎽 톤, 음조[소리의 높낮이]　**声调** shēngdiào 뎽 톤, 성조　**高低** gāodī 뎽 높낮이
　　升降 shēngjiàng 동 올라가고 내려오다　**表达** biǎodá 동 (생각·감정을) 표현하다, 나타내다　**强调** qiángdiào 뎽 강조
　　惊讶 jīngyà 형 놀랍다, 의아스럽다　**疑惑** yíhuò 뎽 의혹, 의심　**多种多样** duōzhǒng duōyàng 다양한　**情绪** qíngxù 뎽 감정, 정서
　　看作 kànzuò 동 ~로 보다, 간주하다　**天生** tiānshēng 형 타고난, 선천적인　**歌唱家** gēchàngjiā 뎽 성악가, 가수
　　过分 guòfèn 형 무리하다, 지나치다　**实验** shíyàn 뎽 실험　**旋律** xuánlǜ 뎽 멜로디, 선율　**吹** chuī 동 (악기를) 연주하다, 불다
　　调子 diàozi 뎽 멜로디, 가락　**吹奏** chuīzòu 동 연주하다　**跑调** pǎodiào 동 음 이탈이 나다　**比方** bǐfang 동 예를 들다, 비유하다
　　吹口哨 chuī kǒushào 휘파람을 불다　**完美** wánměi 형 완벽하다, 매우 훌륭하다　**对应** duìyìng 동 대응하다　**音阶** yīnjiē 뎽 음계
　　音符 yīnfú 뎽 음표　**即便** jíbiàn 졥 설령 ~하더라도　**歌剧** gējù 뎽 오페라　**演唱** yǎnchàng 동 (무대에서) 노래하다
　　现象 xiànxiàng 뎽 현상　**人体** réntǐ 뎽 인체　**结构** jiégòu 뎽 구조, 조직　**极大** jídà 형 지대하다, 지극히 크다
　　喉咙 hóulóng 뎽 목구멍, 인후　**肺** fèi 뎽 폐, 허파　**软骨** ruǎngǔ 뎽 연골　**肌肉** jīròu 뎽 근육　**膜** mó 뎽 막[막과 같은 얇은 물질]
　　声带 shēngdài 뎽 성대, 목청　**组成** zǔchéng 동 구성하다　**振动** zhèndòng 동 진동하다　**原理** yuánlǐ 뎽 원리
　　类似 lèisì 동 비슷하다, 유사하다　**部位** bùwèi 뎽 부위[주로 인체에 사용함]　**有所** yǒusuǒ 동 좀, 다소　**不同** bùtóng 형 다르다
　　嘴唇 zuǐchún 뎽 입술　**相对** xiāngduì 형 상대적이다　**控制** kòngzhì 동 통제하다, 조절하다　**范围** fànwéi 뎽 범위
　　构成 gòuchéng 동 이루어지다, 형성하다　**配合** pèihé 동 조화를 이루다, 협력하다　**此外** cǐwài 졥 이 외에, 이 밖에
　　毕竟 bìjìng 冃 아무래도, 결국　**机器** jīqì 뎽 기계　**过度** guòdù 형 무리하다, 과도하다　**造成** zàochéng 동 야기하다, 조성하다
　　疲劳 píláo 형 피로하다, 지치다　**生长** shēngzhǎng 동 자라다, 성장하다　**确认** quèrèn 동 확인하다　**发声** fāshēng 동 발성하다, 소리를 내다
　　技巧 jìqiǎo 뎽 테크닉, 기교　**猩猩** xīngxing 뎽 오랑우탄　**对比** duìbǐ 동 비교하다, 대비하다　**表明** biǎomíng 동 (분명하게) 밝히다, 표명하다
　　远远 yuǎnyuǎn 형 크다, 멀다　**赶不上** gǎn bu shàng 크게 못 미치다, 따라가지 못하다　**多样性** duōyàngxìng 다양성
　　由此 yóucǐ 졥 이로써, 이리하여　**证实** zhèngshí 동 증명하다, 실증하다　**猿类** yuánlèi 뎽 유인원　**时期** shíqī 뎽 (특정한) 시기
　　彻底 chèdǐ 형 완전하다, 철저하다　**脱离** tuōlí 동 벗어나다, 단절하다　**形态** xíngtài 뎽 형태　**引发** yǐnfā 동 불러 일으키다, 자아내다
　　猜想 cāixiǎng 동 추측하다, 짐작하다　**导致** dǎozhì 동 초래하다, 야기하다　**演化** yǎnhuà 동 진화하다　**发育** fāyù 동 발육하다, 자라다
　　完善 wánshàn 형 완전하다, 보완하다

---

85 下列哪项不属于人类嗓音的特点? ┊ 다음 중 인간 목소리의 특징에 **속하지 않는** 것은:

성

A 可以升音降调　┊ A 톤을 높이거나 낮출 수 있다
B 表达不同情绪　┊ B 다른 감정을 표현한다
C 完美对应音符　┊ C 음표에 완벽하게 대응한다
D 声音里包含声调 ┊ D 소리에 톤을 포함한다

해설 질문이 인간 목소리의 특징에 속하지 않는 것을 물었으므로, 人类嗓音的特点과 관련된 내용을 지문에서 재빨리 찾는다. 첫 번째 단락에서 人们想要说话或者唱歌的时候, 只要稍微升个音降个调就能做到。人们会以声调, 即声音的高低升降来表达兴奋、强调、惊讶、疑惑等多种多样的情绪。라고 했으므로, 지문에서 언급되지 않은 보기 C가 정답이다.

어휘 **人类** rénlèi 뎽 인간　**嗓音** sǎngyīn 뎽 목소리　**升** shēng 동 (등급 따위를) 높이다, 인상하다　**音调** yīndiào 뎽 톤, 음조[소리의 높낮이]
　　表达 biǎodá 동 (생각·감정을) 표현하다, 나타내다　**情绪** qíngxù 뎽 감정, 기분　**完美** wánměi 형 완벽하다, 매우 훌륭하다
　　对应 duìyìng 동 대응하다　**音符** yīnfú 뎽 음표　**包含** bāohán 동 포함하다, 내포하다　**声调** shēngdiào 뎽 톤, 성조

---

86 人的喉咙靠什么发出声音? ┊ 사람들의 목구멍은 어디에 기대어 소리를 내는가?

중

A 声带的震动　┊ A 성대의 진동
B 肺部的活动　┊ B 폐의 움직임
C 嘴唇的厚度　┊ C 입술의 두께
D 口腔的粘液　┊ D 구강의 점액

해설 질문이 사람들의 목구멍은 어디에 기대어 소리 내는지를 물었으므로, 人的喉咙과 관련된 내용을 지문에서 재빨리 찾는다. 두 번째 단락에서 空气会使声带振动, 让人发出声音。이라고 했으므로, 보기 A가 정답이다.

어휘 **喉咙** hóulóng 뎽 목구멍, 인후　**靠** kào 동 기대다　**声带** shēngdài 뎽 성대, 목청　**震动** zhèndòng 동 진동하다　**肺** fèi 뎽 폐, 허파
　　嘴唇 zuǐchún 뎽 입술　**厚度** hòudù 뎽 두께　**口腔** kǒuqiāng 뎽 구강　**粘液** niányè 점액

87
중상

和人类相比，猩猩的喉咙：	인류와 비교했을 때, 오랑우탄의 목구멍은:
A 音色更加丰富	A 음색이 더욱 풍부하다
B 发声技巧不高	B 발성 테크닉이 높지 않다
C 演化时间更早	C 진화 시간이 더 이르다
D 唱歌音调更准	D 노래를 부를 때 톤이 더 정확하다

해설 질문이 인류와 비교했을 때, 오랑우탄의 목구멍은 어떤지를 물었으므로, 猩猩的喉咙과 관련된 내용을 지문에서 재빨리 찾는다. 세 번째 단락에서 研究表明, 猩猩也能用喉咙发声, 但这远远赶不上人类发声的技巧和多样性。이라고 했으므로, 보기 B가 정답이다.

어휘 人类 rénlèi 몡 인류　相比 xiāngbǐ 통 비교하다　猩猩 xīngxing 몡 오랑우탄　喉咙 hóulóng 몡 목구멍, 인후　音色 yīnsè 몡 음색
发声 fāshēng 통 발성하다, 소리를 내다　技巧 jìqiǎo 몡 테크닉, 기교　演化 yǎnhuà 통 진화하다
音调 yīndiào 몡 톤, 음조[소리의 높낮이]

88
중

根据第四段，人类唱歌时跑调的原因可能是：	네 번째 단락에 근거하여, 인간이 노래를 부를 때 음 이탈이 나는 이유는 아마도:
A 喉咙的结构更加复杂	A 목구멍의 구조가 더욱 복잡해서
B 锻炼嘴唇的机会更多	B 입술을 단련할 기회가 더 많아서
C 嘴唇的振动更容易控制	C 입술의 진동을 더 쉽게 통제해서
D 喉咙的演化时间不够长	D 목구멍의 진화 시간이 충분히 길지 않아서

해설 질문이 네 번째 단락에 근거하여, 인간이 노래를 부를 때 음 이탈이 나는 이유를 물었으므로, 跑调的原因과 관련된 내용을 지문에서 재빨리 찾는다. 마지막 단락에서 唱歌时跑调的原因是喉咙的演化时间较短, 发育还不够完善이라고 했으므로, 보기 D가 정답이다.

어휘 人类 rénlèi 몡 인간, 인류　跑调 pǎodiào 통 음 이탈이 나다　喉咙 hóulóng 몡 목구멍, 인후　结构 jiégòu 몡 구조, 조직
嘴唇 zuǐchún 몡 입술　振动 zhèndòng 통 진동　控制 kòngzhì 통 통제하다, 조절하다　演化 yǎnhuà 통 진화하다

89-92

近年来，消费者通过APP或者网站购买付费服务的现象越来越普遍，这原本是件好事，但一些APP或网站为了赚钱，设置了许多自动续费圈套。[89]这些圈套让消费者在不知情的情况下就被扣款，情况十分恶劣。

[90]开通付费服务时只需动动手指，但取消相关业务却让人大伤脑筋。在某搜索引擎上，如果以"会员自动续费"为关键词搜索，就可以找到约167万个相关结果。其中，多数内容为"如何取消自动续费"，许多还配有详细的操作图解。[90]从这些信息可以发现，申请取消自动续费服务的程序颇为繁琐。自动续费的陷阱既让消费者"欲罢不能"，又无形中严重损害了消费者的合法权益。

[91]相关法律法规对此类现象已有明确的规定：经营者搭售商品或者服务，应当以显著的方式引起消费者注意，不得将搭售商品或者服务作为默认选项。但在实际操作过程中，一些无良经营者却故意采取了最不显著的提醒方式，使不少消费者落入了自动续费的圈套之中。这既侵犯了消费者的知情权和公平交易权，又违反了市场交易中最基本、最重要的诚信原则，违背了商业道德和职业道德。

최근 몇 년, 소비자가 APP이나 웹 사이트를 통해 유료 서비스를 구입하는 현상이 점점 더 보편화 되었는데, 이는 원래 좋은 일이지만, 일부 APP이나 웹 사이트는 돈을 벌기 위해, 많은 자동 결제 함정들을 두었다. [89]이러한 함정들은 소비자들이 상황도 모르는 사이에 비용을 공제당하게 하여, 상황이 매우 나쁘다.

[90]유료 서비스들을 개통할 때는 손가락만 움직이면 되지만, 관련된 업무를 취소하는 것은 사람이 애를 먹게 한다. 어느 검색 엔진에서, 만약 '회원 자동 결제'를 키워드로 검색하면, 약 167만 개의 관련된 결과를 찾을 수 있다. 그중, 다수 내용은 '자동 결제를 어떻게 취소하는가'이며, 많은 경우 상세한 작업 도표가 포함되어 있다. [90]이러한 정보에서 자동 결제 서비스의 취소를 신청하는 절차는 꽤 번거롭다는 것을 발견할 수 있다. 자동 결제의 함정은 소비자로 하여금 '그만두려고 해도 그만둘 수 없게'하고, 또한 어느새 소비자의 합법적인 권익을 심각하게 손상시켰다.

[91]관련 법률과 법규는 이러한 현상에 대해 이미 명확한 규정이 있다. 운영자가 상품 또는 서비스를 끼워 팔 경우, 눈에 띄는 방식으로 소비자의 주의를 끌어야 하고, 끼워 파는 제품 또는 서비스를 디폴트 옵션으로 해서는 안 된다. 하지만 실제로 다루는 과정에서, 일부 양심 없는 운영자는 고의로 가장 눈에 띄지 않는 알림 방식을 써서, 많은 소비자들을 자동 결제의 함정에 빠지게 했다. 이는 소비자의 알 권리와 공정거래권을 침범했을 뿐만 아니라, 또 시장 거래에서 가장 기본적이고 가장 중요한 신의 성실의 원칙을 위반했으며, 상업 윤리와 직업 윤리를 위반했다.

要消灭自动续费的陷阱，就需要监管部门发挥作用。首先，监管要到位。相关部门要定期开展一些常规检查。其次，处罚要从严。对故意设置自动续费服务的不法行为，应予以严厉的打击，不能视而不见，听之任之。此外，要建立"黑名单"制度。[92]通过"黑名单"制裁机制，限制无良经营者的办事资格，使其"一时失信，处处受限"，为无良行为付出沉重的代价。

总之，监管发力，处罚力度加大，再加上消费者维权意识的积极跟进，相信自动续费圈套一定能得到有效遏制，消费者的合法权益和公平公正的市场秩序也可以得到维护。

자동 결제의 함정을 없애려면, 관리 감독 부서가 역할을 발휘해야 한다. 우선 관리 감독이 적합해야 한다. 관련 부서는 정기적으로 몇 가지 정규적인 검사를 진행해야 한다. 그 다음은 처벌을 엄중하게 처리해야 한다. 고의로 자동 결제 서비스를 설치하는 불법 행위에 대해서는 엄한 타격을 주어야 하며, 보고도 못 본 체하거나 방임해서도 안 된다. 이 밖에, '블랙리스트' 제도를 만들어야 한다. [92]'블랙리스트'를 통해서 메커니즘을 제재하고, 양심 없는 운영자의 업무 자격을 제한하고, '갑자기 신용을 잃어, 각 방면에 제한을 받게' 하여, 양심 없는 행위에 대해 무거운 대가를 치르게 한다.

요컨대, 관리 감독이 힘을 내어 처벌의 강도를 높이는 것에 더해 소비자 권익 유지 의식이 적극적으로 뒤따라간다면, 자동 결제의 함정은 반드시 효과적으로 억제될 것이며, 소비자의 합법적인 권익과 공평하고 공정한 시장 질서도 지킬 수 있게 될 것이라고 믿는다.

어휘 消费者 xiāofèizhě 명 소비자　付费服务 fùfèi fúwù 유료 서비스　现象 xiànxiàng 명 현상　原本 yuánběn 부 원래
设置 shèzhì 동 두다, 설치하다　自动续费 zìdòng xùfèi 자동 결제　圈套 quāntào 명 함정, 계략　不知情 bù zhīqíng 상황을 모르다
扣款 kòukuǎn 동 (비용을) 공제하다　恶劣 èliè 형 매우 나쁘다, 열악하다　开通 kāitōng 동 개통하다　手指 shǒuzhǐ 명 손가락
取消 qǔxiāo 동 취소하다　相关 xiāngguān 동 (서로) 관련되다　业务 yèwù 명 업무　伤脑筋 shāng nǎojīn 애를 먹다, 골치를 앓다
某 mǒu 대 어느, 아무　搜索引擎 sōusuǒ yǐnqíng 검색 엔진　会员 huìyuán 명 회원　关键词 guānjiàncí 키워드
搜索 sōusuǒ 동 (인터넷을) 검색하다, 수사하다　如何 rúhé 어떻다, 어떠하다　操作图解 cāozuò tújiě 작업 도표
程序 chéngxù 명 절차, 단계　颇 pō 부 꽤, 상당히　繁琐 fánsuǒ 형 번거롭다, 자질구레하다　陷阱 xiànjǐng 명 함정, 속임수
欲罢不能 yùbàbùnéng 성 그만두려 해도 그만둘 수 없다　无形 wúxíng 부 어느새, 모르는 사이에　损害 sǔnhài 동 손상시키다, 침해하다
合法 héfǎ 형 합법적이다　权益 quányì 명 권익　法规 fǎguī 명 법규　明确 míngquè 형 명확하다　经营者 jīngyíngzhě 운영자, 경영자
搭售 dāshòu 끼워 팔다　商品 shāngpǐn 명 상품, 제품　显著 xiǎnzhù 형 눈에 띄다, 현저하다　方式 fāngshì 명 방식, 방법
不得 bùdé ~해서는 안 된다　作为 zuòwéi 동 ~로 하다, ~으로 삼다
默认选项 mòrèn xuǎnxiàng 디폴트 옵션[지정하지 않았을 때 자동으로 선택되는 옵션]　操作 cāozuò 동 다루다
采取 cǎiqǔ 동 (어떤 조치·태도 등을) 취하다　侵犯 qīnfàn 동 (타국의 영역을) 침범하다　知情权 zhīqíngquán 명 알 권리
公平交易权 gōngpíng jiāoyì quán 공정거래권　违反 wéifǎn 동 (법률·규정 등을) 위반하다　市场 shìchǎng 명 시장
交易 jiāoyì 동 거래하다, 매매하다　基本 jīběn 형 기본적인　诚信原则 chéngxìn yuánzé 신의 성실의 원칙[인간이 법률생활을 함에 있어서 신의와 성실을 가지고 행동하여 상대방의 신뢰와 기대를 배반하여서는 안 된다는 근대 민법의 수정원리]　违背 wéibèi 동 위반하다, 어기다
商业 shāngyè 명 상업　道德 dàodé 명 윤리, 도덕　消灭 xiāomiè 동 (사람이나 사물 등을) 없애다, 사라지게 하다
监管 jiānguǎn 감독하고 관리하다　部门 bùmén 명 부서, 부문　发挥 fāhuī 동 발휘하다　到位 dàowèi 동 적합하다, 적절하다
定期 dìngqī 형 정기적이다　开展 kāizhǎn 동 (전람회·전시회 등을) 진행하다, 열리다, 전개되다　常规 chángguī 형 정규적인, 일반적인
处罚 chǔfá 동 처벌하다　从严 cóngyán 엄중하게 처리하다, 엄격하게 실행하다　设置 shèzhì 동 설치하다, 장치하다
不法 bùfǎ 형 불법의, 법률에 어긋나는　行为 xíngwéi 명 행위, 행동　予以 yǔyǐ 동 ~을(를) 주다　严厉 yánlì 형 엄하다, 매섭다
打击 dǎjī 동 타격을 주다, 공격하다　视而不见 shì'érbújiàn 성 보고도 못 본 체하다
听之任之 tīngzhīrènzhī 성 방임하다, 마음대로 하게 내버려두다　此外 cǐwài 접 이 밖에, 이 외에　建立 jiànlì 동 만들다, 형성하다
黑名单 hēimíngdān 블랙리스트　制度 zhìdù 명 제도　制裁 zhìcái 동 제재하다　机制 jīzhì 명 메커니즘
限制 xiànzhì 동 제한하다, 규제하다　办事 bànshì 동 업무를 하다, 일을 처리하다　资格 zīgé 명 자격　一时 yìshí 갑자기, 순간
处处 chùchù 각 방면에, 어디든지　沉重 chénzhòng 형 (무게·부담 등이) 무겁다　代价 dàijià 명 대가, 물건값
总之 zǒngzhī 요컨대, 한마디로 말하면　力度 lìdù 명 힘의 강도, 힘의 크기　维权 wéiquán 권익을 유지하다　跟进 gēnjìn 동 뒤를 따르다
遏制 èzhì 동 억제하다, 저지하다　公正 gōngzhèng 형 공정하다, 공명정대하다　维护 wéihù 동 지키다, 유지하고 보호하다

89	根据第一段，自动续费圈套：	첫 번째 단락에 근거하여, 자동 결제의 함정은:
중	A 简化所有的操作程序	A 모든 조작 절차를 간소화한다
	B 降低会员的消费欲望	B 회원의 소비 욕망을 줄인다
	C 增加对服务的监管力度	C 서비스에 대한 관리 감독 강도를 증가시킨다
	D 让消费者不知不觉被扣款	D 소비자가 자기도 모르는 사이에 비용을 공제당하게 한다

해설 질문이 첫 번째 단락에 근거하여 자동 결제의 함정에 대해 물었으므로, 自动续费圈套와 관련된 내용을 지문에서 재빨리 찾는다. 첫 번째 단락에서 这些圈套让消费者在不知情的情况下就被扣款이라고 했으므로, 보기 D가 정답이다.

어휘 自动续费 zìdòng xùfèi 자동 결제　圈套 quāntào 명 함정, 계략　简化 jiǎnhuà 동 간소화하다, 간략하게 하다
操作程序 cāozuò chéngxù 조작 절차　会员 huìyuán 명 회원　消费 xiāofèi 동 소비하다　欲望 yùwàng 명 욕망
监管 jiānguǎn 감독하고 관리하다　力度 lìdù 명 강도, 세기　不知不觉 bùzhībùjué 성 자기도 모르는 사이에
扣款 kòukuǎn 동 (비용을) 공제하다

제1회

제2회

제3회
독해

제4회

제5회

제6회

해커스 해설이 상세한 HSK 6급 실전모의고사

90

중

第二段中画线词语"欲罢不能"的意思是：

A 玩电脑游戏玩上瘾
B 消费者失去了购买欲望
C 不能停止使用智能手机
D 想取消服务却无法做到

두 번째 단락에서 밑줄 친 어휘 '欲罢不能'의 의미는：

A 컴퓨터 게임을 하다 중독되다
B 소비자가 구매 욕구를 잃었다
C 스마트폰 사용을 멈출 수 없다
D 서비스를 취소하고 싶지만 그럴 수 없다

해설 질문이 두 번째 단락에서 밑줄 친 어휘 "欲罢不能"의 의미를 물었으므로, "欲罢不能"이 나온 부분을 지문에서 재빨리 찾는다. 두 번째 단락에서 开通付费服务时只需动动手指, 但取消相关业务却让人大伤脑筋。……从这些信息可以发现, 申请取消自动续费服务的 程序颇为繁琐。自动续费的陷阱既让消费者"欲罢不能"이라고 했으므로, 보기 D가 정답이다.

어휘 欲罢不能 yùbàbùnéng 匈 그만두려 해도 그만둘 수 없다　上瘾 shàngyǐn 동 중독되다, 인이 박히다　消费者 xiāofèizhě 명 소비자
购买 gòumǎi 동 구매하다　欲望 yùwàng 명 욕구, 욕망　智能手机 zhìnéng shǒujī 명 스마트폰　取消 qǔxiāo 동 취소하다

91

상

下列哪项属于相关法律法规的规定？

A 禁止商品或服务的捆绑销售
B 传授取消续费服务的新方法
C 禁止银行提供自动扣款服务
D 适当控制互联网技术的传播

다음 중 관련 법률 법규 규정에 속하는 것은？

A 상품 또는 서비스를 끼워 파는 것을 금지한다
B 연장 서비스를 취소하는 새로운 방법을 전수한다
C 은행이 자동 공제 서비스를 제공하는 것을 금지한다
D 인터넷 기술의 전파를 적절하게 통제한다

해설 질문이 관련 법률 법규 규정에 속하는 것을 물었으므로, 相关法律法规的规定과 관련된 내용을 지문에서 재빨리 찾는다. 세 번째 단 락에서 相关法律法规对此类现象已有明确的规定：经营者搭售商品或者服务, 应当以显著的方式引起消费者注意, 不得将搭售商 品或者服务作为默认选项。이라고 했으므로, 보기 A가 정답이다.

어휘 法规 fǎguī 명 법규　规定 guīdìng 명 규정, 규칙　商品 shāngpǐn 명 상품, 제품　捆绑销售 kǔnbǎng xiāoshòu 끼워 팔다
传授 chuánshòu 동 (학문·기예 등을 다른 사람에게) 전수하다, 가르치다　取消 qǔxiāo 동 취소하다　续费服务 xù fèi fúwù 연장 서비스
自动扣款服务 zìdòng kòukuǎn fúwù 자동 공제 서비스　适当 shìdàng 형 적절하다, 알맞다　控制 kòngzhì 동 통제하다, 조절하다
传播 chuánbō 동 전파하다, 널리 퍼지게 하다

92

중상

无良经营者可能会遭受到什么处罚？

A 被警察关进监狱
B 办事资格受到限制
C 必须支付巨额罚款
D 不能享受医疗保险

양심 없는 운영자는 어떤 처벌을 받게 되는가？

A 경찰에 의해 감옥에 갇힌다
B 업무 자격을 제한한다
C 거액의 벌금을 반드시 지불한다
D 의료 보험을 누릴 수 없다

해설 질문이 양심 없는 운영자는 어떤 처벌을 받게 되는지를 물었으므로, 无良经营者와 관련된 내용을 지문에서 재빨리 찾는다. 네 번째 단 락에서 通过"黑名单"制裁机制, 限制无良经营者的办事资格라고 했으므로, 보기 B가 정답이다.

어휘 经营者 jīngyíngzhě 운영자, 경영자　遭受 zāoshòu 동 (불행 또는 손해에) 받다, 부닥치다　处罚 chǔfá 동 처벌하다
监狱 jiānyù 명 감옥, 교도소　限制 xiànzhì 동 제한, 규제　巨额 jù'é 형 거액의　罚款 fákuǎn 명 벌금, 과태료
享受 xiǎngshòu 동 누리나, 향유하다　医疗 yīliáo 명 의료　保险 bǎoxiǎn 명 보험

93-96

　　人们办事时, 常常会说"还是按老规矩办吧！"; 96人与人之间出现纠纷时, 有人就会说"你懂不懂规 矩？"; 家长送孩子去异国他乡时, 还会嘱咐说"在外面 要守规矩。"总而言之, "规矩"一词在古今都被广泛使 用。规矩表示大家应该遵守的一种规则或行为规范。那 么, 规矩一词的来历是什么呢？

　　사람들은 일을 처리할 때, 흔히 '그냥 관례대로 처리하세요!'라고 말하며, 96사람과 사람 사이에 다툼이 생기면, 어떤 사람은 '당신은 규칙을 모르십니 까?'라고 말하고, 학부모가 아이를 이국 타향으로 보낼 때, '밖에서 규칙을 지 켜야 한다'라고 당부한다. 요컨대, '규칙'이라는 단어는 예전과 지금 모두 광범 위하게 사용된다. 규칙은 모두가 준수해야 하는 일종의 규율 또는 행동 규범 을 가리킨다. 그렇다면, 규칙이라는 이 단어의 기원은 무엇인가?

原来，"规"和"矩"是古代工匠们常用的两种工具，"规"用来画圆，"矩"用来画方。在许多古代绘画、画像砖以及画像石文物中都能看到"规"和"矩"的样子。在新疆吐鲁番唐墓中出土的《伏羲女娲图》里画有神话传说中的人类始祖——[93]伏羲和女娲，他们手里拿着的就是一个微微撑开了两足的"规"和直角的"矩"。为什么伏羲和女娲要拿着"规"和"矩"呢？从神话故事中可以知道，伏羲和女娲开辟了天地，而中国古人一直有"天圆地方"这个认知。所以[93]这两位创造天地的神就各拿着用来测量天的"规"用来测量地的"矩"。

从考古资料上看，"规"和"矩"的使用要追溯到新石器时代。[94]考古学家在河姆渡遗址出土了许多圆球形的玉珠和圆环形的玉环，它们的圆形都很规整。从半坡遗址可以看出，当时的房屋有圆形和方形两种，形态也都很规整。类似的文物还有许多，[94]从这些遗址可以知道两点：一是当时的人们对圆形和方形已经有了很清晰的概念；[94]二是当时已经有了用来绘制、加工圆形和方形的器具。那些绘制、加工圆形和方形的器具，可以被看作是最原始的"规"和"矩"。

由于"规"和"矩"有确定形状的作用，中国人就用"规矩"一词来比喻一定的标准、法则或习惯，也表示一个人的行为端正老实。[95]而成语"规行矩步"就是从"规矩"这个词衍生出来的，主要形容一个人很谨慎，严格按照规矩办事。

원래, '컴퍼스'와 '곡척'은 고대 공예가들이 자주 사용하던 두 가지 도구로, '컴퍼스'로는 원을 그리고, '곡척'으로는 사각형을 그리는 데 사용했다. 많은 고대 회화, 화상전 및 화상석 문물에서 '컴퍼스'와 '곡척'의 모양을 볼 수 있다. 신장 위구르자치구 투루판의 당나라 묘지에서 출토된 <복희여와도>에는 신화 전설에 나오는 인류의 시조인 [93]복희와 여와가 그려져 있는데, 그들이 손에 들고 있는 것은 두 다리를 살짝 펼친 '컴퍼스'와 직각의 '곡척'이다. 복희와 여와는 왜 '컴퍼스'와 '곡척'을 들고 있어야 했을까? 신화 이야기에서 알 수 있듯이, 복희와 여와는 천지를 개벽했는데, 중국의 옛날 사람들은 줄곧 '하늘은 둥글고 땅은 네모나다'라는 인식이 있었다. 그래서 [93]천지를 창조한 이 두 명의 신은 각각 하늘을 측량하는 데 쓰이는 '컴퍼스'와 땅을 측량하는 데 쓰이는 '곡척'을 들고 있는 것이다.

고고학 자료에서 보면, '컴퍼스'와 '곡척'의 사용은 신석기 시대로 거슬러 올라간다. [94]고고학자는 하모도 유적에서 많은 원구형의 주옥과 둥근 고리형의 옥고리를 출토했는데, 그것들의 둥근 형태는 모두 반듯했다. 반파 유적에서 알 수 있는 것은, 당시 가옥은 원형과 사각형 두 종류가 있었는데, 형태가 모두 반듯했다는 것이다. 유사한 문물은 여전히 많으며, [94]이러한 유적들에서 두 가지를 알 수 있다. 첫 번째는 당시의 사람들은 원형과 사각형에 대해 이미 뚜렷한 개념을 가지고 있었다는 것이고, [94]두 번째는 당시에 원형과 사각형을 제작하고 가공하는 도구가 이미 있었다는 것이다. 그러한 원형과 사각형을 제작하고 가공하는 도구는 가장 원시적인 '컴퍼스'와 '곡척'으로 볼 수 있다.

'컴퍼스'와 '곡척'은 형태를 확정하는 역할을 하기 때문에, 중국인들은 '규칙'이라는 단어로 일정한 기준, 법칙 혹은 습관을 비유하고, 또 한 사람의 행위가 단정하고 정직하다는 것을 나타낸다. [95]성어 '규칙대로 행동한다'는 바로 '규칙'이라는 이 단어에서 파생된 것으로, 주로 어떤 사람이 신중하고, 엄격하게 규칙에 따라 일을 처리하는 것을 묘사한다.

어휘 **办事** bànshì 图 일을 처리하다, 일하다　**老规矩** lǎoguīju 圆 관례, 낡은 규칙　**纠纷** jiūfēn 圆 다툼, 분쟁　**规矩** guīju 圆 규칙, 법칙
异国他乡 yìguó tāxiāng 이국 타향　**嘱咐** zhǔfù 图 당부하다, 분부하다　**总而言之** zǒng'éryánzhī 요컨대, 결론적으로 말해
古今 gǔjīn 圆 예전과 지금, 고금　**广泛** guǎngfàn 웹 광범위하다, 폭넓다　**遵守** zūnshǒu 图 준수하다, 지키다　**规则** guīzé 圆 규율, 규칙
行为 xíngwéi 圆 행동, 행위　**规范** guīfàn 圆 규범, 표준　**来历** láilì 圆 기원, 배경　**规** guī 圆 컴퍼스　**矩** jǔ 圆 곡척[굽은 자]
古代 gǔdài 圆 고대　**工匠** gōngjiàng 圆 공예가　**工具** gōngjù 圆 도구, 수단　**圆** yuán 圆 원, 동그라미　**方** fāng 웹 사각형의
绘画 huìhuà 圆 회화　**画像砖** huàxiàngzhuān 화상전[사람의 초상이 그려진 벽돌]　**画像石** huàxiàngshí 화상석[석재에 사람의 모습을 조각한 것]
文物 wénwù 圆 문물　**新疆吐鲁番** Xīnjiāng Tǔlǔfān 교유 신장 위구르자치구 투루판　**唐墓** tángmù 당나라 시대의 묘지
出土 chūtǔ 图 출토하다　**伏羲女娲图** Fúxī Nǚwā Tú 교유 복희여와도[중국의 천지창조 신화에 등장하는 복희와 여와를 소재로 한 그림]
神话 shénhuà 圆 신화　**传说** chuánshuō 圆 전설　**人类** rénlèi 圆 인류　**始祖** shǐzǔ 圆 시조　**伏羲** Fúxī 교유 복희[중국 신화에 나오는 고대 제왕]
女娲 Nǚwā 교유 여와[중국 고대 신화 속의 여신]　**微微** wēiwēi 囝 살짝, 약간　**撑开** chēngkāi 图 펼치다, 억지로 열다　**直角** zhíjiǎo 圆 직각
开辟 kāipì 图 개벽하다, (길을) 개척하다　**天地** tiāndì 圆 천지　**天圆地方** tiān yuán dì fāng 하늘은 둥글고 땅은 네모나다
认知 rènzhī 图 인식하다, 이해하다　**创造** chuàngzào 图 창조하다, 발명하다　**测量** cèliáng 图 측량하다　**考古** kǎogǔ 圆 고고학
资料 zīliào 圆 자료　**追溯** zhuīsù 图 거슬러 올라가다　**新石器时代** Xīnshíqì Shídài 교유 신석기 시대　**考古学家** kǎogǔxuéjiā 고고학자
河姆渡遗址 Hémǔdù Yízhǐ 교유 하모도 유적[중국 신석기 시대 유적]　**玉珠** yùzhū 주옥, 옥구슬　**圆环形** yuánhuánxíng 둥근 고리형
玉环 yùhuán 옥고리　**规整** guīzhěng 웹 반듯하다, 가지런하다　**半坡遗址** Bànpō Yízhǐ 교유 반파 유적[신석기 시대의 원시 촌락 유적]
房屋 fángwū 圆 가옥　**形态** xíngtài 圆 형태　**类似** lèisì 图 유사하다, 비슷하다　**遗址** yízhǐ 圆 유적　**清晰** qīngxī 웹 뚜렷하다, 분명하다
概念 gàiniàn 圆 개념　**绘制** huìzhì 图 (도표 등을) 제작하다　**加工** jiāgōng 图 가공하다, 다듬다　**器具** qìjù 圆 도구, 기구
原始 yuánshǐ 웹 원시의, 최초의　**确定** quèdìng 图 확정하다　**形状** xíngzhuàng 圆 형태, 생김새　**法则** fǎzé 圆 법칙
端正 duānzhèng 웹 단정하다, 똑바르다　**老实** lǎoshi 웹 정직하다, 솔직하다　**规行矩步** guīxíngjǔbù 규칙대로 행동하다
衍生 yǎnshēng 图 파생하다　**谨慎** jǐnshèn 웹 신중하다, 조심스럽다

93	伏羲手里的"规"有什么作用？		복희 손안의 '컴퍼스'는 어떤 역할을 하는가?	
중	A 测量土地	B 测量天空	A 토지를 측량한다	B 하늘을 측량한다
	C 规范行为	D 开辟天地	C 행위를 규범화한다	D 천지를 개척한다

해설 질문이 복희 손안의 '컴퍼스'는 어떤 역할을 하는지를 물었으므로, 伏羲手里的"规"와 관련된 내용을 지문에서 재빨리 찾는다. 두 번째 단락에서 伏羲和女娲，他们手里拿着的就是一个微微撑开了两足的"规"和直角的"矩"……这两位创造天地的神就各拿着用来

测量天的“规”和用来测量地的“矩”라고 했으므로, 보기 B가 정답이다.

어휘 伏羲 Fúxī [고유] 복희[중국 신화에 나오는 고대 제왕] 规 guī 컴퍼스, 규칙 测量 cèliáng [동] 측량하다 土地 tǔdì [명] 토지
天空 tiānkōng [명] 하늘 规范 guīfàn [동] 규범화하다 行为 xíngwéi [명] 행위 开辟 kāipì [동] (길을) 개척하다 天地 tiāndì [명] 천지

94 상

河姆渡遗址出土的文物说明当时：	하모도 유적에서 출토된 문물은 당시의 무엇을 설명하는가:
A 不存在方圆的概念	A 사각형과 원형의 개념이 존재하지 않았다는 것
B 没有绘制方形的技术	B 사각형을 제작하는 기술이 없었다는 것
C 可以建造高大的房屋	C 높고 큰 가옥을 지을 수 있었다는 것
D 有可以加工圆形的器具	D 원형을 가공할 수 있는 도구가 있었다는 것

해설 질문이 하모도 유적에서 출토된 문물이 당시의 무엇을 설명하는지를 물었으므로, 河姆渡遗址出土的文物와 관련된 내용을 지문에서 재빨리 찾는다. 세 번째 단락에서 考古学家在河姆渡遗址出土了许多圆球形的玉珠和圆环形的玉环，它们的圆形都很规整。……从这些遗址可以知道两点……二是当时已经有了用来绘制、加工圆形和方形的器具라고 했으므로, 보기 D가 정답이다.

어휘 河姆渡遗址 Hémǔdù Yízhǐ [고유] 하모도 유적[중국 신석기 시대 유적] 出土 chūtǔ [동] 출토되다 文物 wénwù [명] 문물
说明 shuōmíng [동] 설명하다 方圆 fāngyuán [명] 사각형과 원형 概念 gàiniàn [명] 개념 绘制 huìzhì [동] (도표 등을) 제작하다
建造 jiànzào [동] (건물 등을) 짓다, 세우다 加工 jiāgōng [동] 가공하다, 다듬다 器具 qìjù [명] 도구, 기구

95 중상

成语“规行矩步”形容：	성어 '规行矩步'는 무엇을 묘사하는가:
A 走路要按照规矩	A 걷는 것은 규칙대로 해야 한다는 것
B 严格地遵守规矩	B 규칙을 엄격히 준수한다는 것
C 继承祖先的传统	C 선조들의 전통을 계승한다는 것
D 测量形状要精确	D 형태를 측량하는 것은 정확해야 한다는 것

해설 질문이 성어 “规行矩步”는 무엇을 묘사하는지를 물었으므로, “规行矩步”와 관련된 내용을 지문에서 재빨리 찾는다. 마지막 단락에서 而成语“规行矩步”就是从“规矩”这个词衍生出来的，主要形容一个人很谨慎，严格按照规矩办事。이라고 했으므로, 보기 B가 정답이다.

어휘 成语 chéngyǔ [명] 성어 规行矩步 guīxíngjǔbù [성] 규칙대로 행동하다 走路 zǒulù [동] 걷다, 길을 가다 规矩 guīju [명] 규칙, 법칙
遵守 zūnshǒu [동] 준수하다, 지키다 继承 jìchéng [동] 계승하다 祖先 zǔxiān [명] 선조, 조상
测量 cèliáng [동] 측량하다 形状 xíngzhuàng [명] 형태, 생김새 精确 jīngquè [형] 정확하다, 틀림없다

96 하

根据上文，出现纠纷时人们可能会说：	위 글에 근거하여, 다툼이 일어날 때 사람들은 아마도 어떻게 말할 수 있는가:
A 按老规矩办	A 관례대로 처리합시다
B 出门要守规矩	B 외출할 때는 규칙을 지켜야 합니다
C 你懂不懂规矩	C 당신은 규칙을 모르십니까
D 规矩是怎么来的	D 규칙은 어떻게 온 것입니까

해설 질문이 이 글에 근거하여 다툼이 일어날 때 사람들은 아마도 어떻게 말할 수 있는지를 물었으므로, 出现纠纷时可能会说와 관련된 내용을 지문에서 재빨리 찾는다. 첫 번째 단락에서 人与人之间出现纠纷时，有人就会说“你懂不懂规矩？”라고 했으므로, 보기 C가 정답이다.

어휘 纠纷 jiūfēn [명] 다툼, 분쟁 老规矩 lǎoguīju [명] 관례, 낡은 규칙 守 shǒu [동] 지키다, 수비하다 规矩 guīju [명] 규칙, 법칙

97-100

几个世纪以来，不含有任何治疗成分却可以改善病情的安慰剂，一直受到医学界的密切关注。[97]安慰剂生效的原因仍然是个不解之谜。一些专家认为它是人体在生理上对服药这一行为下意识反应的结果，类似于条件反射行为。其他专家则认为，这是人的心理作用使然。	몇 세기 이래, 어떠한 치료 성분도 들어 있지 않지만 병세를 개선할 수 있는 플라세보가 줄곧 의료계의 면밀한 관심을 받아왔다. [97]플라세보가 효과를 내는 요인은 여전히 풀기 어려운 수수께끼이다. 일부 전문가들은 그것을 인체가 생리적으로 복용이라는 이 행위에 대한 무의식적 반응의 결과라고 여기는데, 이는 조건 반사 행위와 비슷하다. 다른 전문가들은 이는 인간의 심리 작용으로 인해 그렇게 되었다고 여긴다.

现代医学对安慰剂的效果持肯定态度。一些医疗中心已经证实，[98]假的膝关节手术——就是把患者的膝盖切开再缝合，但不实施任何治疗的手段，[98]在改善关节炎患者的膝盖疼痛问题上，完全不逊于真正的膝关节手术。[98]在实施假手术的过程中，患者因为对治疗有信心，而安全感十足。很多研究人员也惊奇地发现，有时候仅仅使用安慰剂就能让患者的病情获得很大改善。美国科学家发表了关于安慰剂疗效的论文，文中分析了15种安慰剂的临床实验结果，从而得出了结论：在一般情况下，35%的患者在使用安慰剂后，病情能得到有效改善。

同时，研究人员也了解到，安慰剂本身也存在一些缺陷。如果患者被告知该药不易获得或价格昂贵，其效果往往会大大增加；反之，疗效则会大打折扣。有时，安慰剂的效果完全取决于病人的心理状态。[99]在容易神经过敏的患者那里，安慰剂的疗效最好。此外，还有很多因素会影响安慰剂的效果，这也导致有的患者使用安慰剂后认为它有效，而有人却表示安慰剂毫无效果。

虽然安慰剂的疗效尚无定论，但它对药物研发的贡献却不容置疑。理论上，任何药物都可产生安慰剂效应，因此，为了确定一个药物的治疗作用是否为安慰剂效应，研究人员就要使用安慰剂治疗作为对比参照。在一项实验中，一半受试者服用受试药物，一半服用安慰剂，此时医护人员和病人均不知受试药物和安慰剂的差别，这就是著名双盲法药物测试。例如，在研究一种新的抗心绞痛药物时，服用安慰剂的病人中，有50%的人症状得到了缓解，这就表明新药的疗效值得怀疑。可以说，[100]安慰剂在药物研发中的参照作用是它存在的最大意义。

현대 의학은 플라세보의 효과에 긍정적인 태도를 가지고 있다. 일부 의료 센터에서는 환자의 무릎을 절개하고 다시 봉합은 하지만, 어떠한 치료 수단을 실시하지 않고도 [98]관절염 환자의 무릎 통증을 개선하는 가짜 무릎 관절 수술 문제에 있어서는, 실제 무릎 관절 수술에 전혀 뒤지지 않는다는 것을 이미 증명했다. 가짜 수술을 실시하는 과정에서, 환자가 치료에 대한 확신이 있어서 충분히 안도감을 가졌기 때문이다. 많은 연구원들도 간혹 플라세보만 사용해도 환자의 병세가 크게 개선될 수 있다는 것을 놀라워하며 발견했다. 미국 과학자는 플라세보의 치료 효과에 관한 논문을 발표했는데, 글에서는 15종류의 플라세보에 대한 임상 실험 결과를 분석하였고, 이에 따른 결론을 내렸다. 일반적인 상황에서, 35%의 환자가 플라세보를 사용한 후, 병세가 효과적으로 개선될 수 있었다.

동시에, 연구원들은 플라세보 그 자체에 약간의 결함이 존재한다는 것을 알게 되었다. 만약 환자가 그 약이 구하기 쉽지 않거나 값이 비싸다는 것을 고지받으면 그 효과는 이따금 크게 증가하고, 이와 반대로, 치료 효과가 크게 떨어지는 것이다. 때때로, 플라세보의 효과는 전적으로 환자의 심리 상태에 달려있다. [99]신경이 쉽게 예민해지는 환자는 플라세보의 치료 효과가 가장 좋다. 이 밖에, 플라세보의 효과에 영향을 주는 요소들이 많이 있는데, 이 또한 어떤 환자들은 플라세보를 사용한 후 그것이 효과가 있다고 생각하는 반면, 어떤 사람들은 플라세보가 전혀 효과가 없다고 말하는 것을 야기시켰다.

비록 플라세보의 치료 효과는 아직 정론이 없지만, 약물 연구 개발에 대한 그것의 공헌은 의심할 여지가 없다. 이론상으로, 어떤 약물이든 플라세보 효과가 생길 수 있는데, 따라서 약물의 치료 효과를 플라세보 효과라고 할 수 있는지 없는지를 확정하기 위해서, 연구원들은 플라세보 치료를 비교해서 참조할 것으로 삼아야 한다. 어떤 실험에서, 절반의 피실험자는 실험 약물을 복용하고, 절반은 플라세보를 복용한다. 이때 의료진과 환자는 모두 실험 약물과 플라세보의 차이를 알지 못하는데, 이것이 바로 유명한 이중 은폐 약물 실험이다. 예를 들어 새로운 항협심증제 약물을 연구할 때, 플라세보를 복용한 환자 중 50% 사람들의 증상만 완화되었다면, 이는 신약의 치료 효과가 의심스럽다는 것을 나타낸다. [100]약물 연구 개발에서의 플라세보의 참조 역할은 그것이 존재하는 가장 큰 의미라고 할 수 있다.

어휘 世纪 shìjì 몡 세기 以来 yǐlái 몡 이래, 이후 治疗 zhìliáo 통 치료하다 成分 chéngfèn 몡 성분, 요인 改善 gǎishàn 통 개선하다
病情 bìngqíng 몡 병세 安慰剂 ānwèijì 플라세보[실제로는 생리 작용이 없는 물질로 만든 약] 医学界 yīxuéjiè 의학계
密切 mìqiè 톙 면밀하다, 긴밀하다 生效 shēngxiào 통 효과를 내다, 효력이 발생하다 不解 bùjiě 통 풀기 어렵다
谜 mí 몡 수수께끼, 미스터리 专家 zhuānjiā 몡 전문가 生理 shēnglǐ 몡 생리, 생리학 服药 fúyào 통 복용하다, 약을 먹다
行为 xíngwéi 몡 행위, 행동 意识 yìshí 몡 의식 反应 fǎnyìng 통 반응하다 类似 lèisì 통 비슷하다, 유사하다
条件反射 tiáojiàn fǎnshè 몡 조건 반사 使然 shǐrán 통 그렇게 되게 하다 现代 xiàndài 몡 현대 持 chí 통 (어떤 태도 등을) 가지다, 품다
医疗中心 yīliáo zhōngxīn 의료 센터 证实 zhèngshí 통 (확실함을) 증명하다, 실증하다 膝关节 xīguānjié 무릎 관절
患者 huànzhě 몡 환자 膝盖 xīgài 몡 무릎 切开 qiēkāi 통 절개하다, 베어내다 缝合 fénghé 통 봉합하다, 꿰매다
实施 shíshī 통 실시하다, 실행하다 治疗 zhìliáo 통 치료하다 手段 shǒuduàn 몡 수단, 방법 关节炎 guānjiéyán 몡 관절염
疼痛 téngtòng 몡 통증, 아픔 逊于 xùn yú ~에 뒤지다 安全感 ānquángǎn 안도감, 안전한 느낌 十足 shízú 톙 충분하다, 충족하다
惊奇 jīngqí 톙 놀라워하다, 경이롭게 생각하다 疗效 liáoxiào 몡 치료 효과, 약효 论文 lùnwén 몡 논문 分析 fēnxī 통 분석하다
临床实验 línchuáng shíyàn 임상 실험 从而 cóng'ér 젭 이로 인해, 따라서 结论 jiélùn 몡 결론 本身 běnshēn 몡 그 자체, 본인
存在 cúnzài 통 존재하다 缺陷 quēxiàn 몡 결함, 결점 告知 gàozhī 통 고지하다, 알리다 昂贵 ángguì 톙 비싸다
反之 fǎnzhī 젭 이와 반대로 大打折扣 dàdǎzhékòu (어떤 이유로 가격이나 효과 등의 정도가) 크게 떨어지다 取决 qǔjué 통 (~에) 달려 있다
心理 xīnlǐ 몡 심리 状态 zhuàngtài 몡 상태 神经 shénjīng 몡 신경 过敏 guòmǐn 톙 예민하다 此外 cǐwài 젭 이 밖에, 이 외에
因素 yīnsù 몡 요소, 원인 导致 dǎozhì 통 야기하다, 초래하다 毫无 háowú 전혀 ~이 없다, 조금도 ~이 없다
尚无 shàngwú 아직 ~이(가) 없다 定论 dìnglùn 몡 정론 药物 yàowù 몡 약물 研发 yánfā 통 연구 개발하다 贡献 gòngxiàn 몡 공헌
不容置疑 bùróngzhìyí 의심할 여지가 없다 理论 lǐlùn 몡 이론 产生 chǎnshēng 통 생기다, 나타나다 效应 xiàoyìng 몡 효과
确定 quèdìng 통 확정하다 作为 zuòwéi 통 ~로 하다, ~으로 여기다 对比 duìbǐ 통 (상대적으로) 비교하다, 대조하다
参照 cānzhào 통 (방법·경험 등을) 참조하다, 참고하다 受试者 shòushìzhě 피실험자 此时 cǐshí 이때
医护人员 yīhù rényuán 의료진[의료와 간호 업무에 종사하는 사람] 均 jūn 몬 모두 差别 chābié 몡 차이
双盲法药物测试 shuāngmángfǎ yàowù cèshì 이중 은폐 약물 실험[실험 진행자와 실험 참여자 모두에게 실험에 관한 정보를 제공하지 않는 것으로, 双盲实验, 二重盲检法, 双盲测试라고도 표현함] 心绞痛 xīnjiǎotòng 몡 협심증 症状 zhèngzhuàng 몡 증상, 증후

제1회

제2회

제3회
독해

제4회

제5회

제6회

해커스 해설이 상세한 HSK 6급 실전모의고사

97 根据第一段, 可以知道:

중상

A 安慰剂含有多种治疗成分

B 安慰剂不具有安慰的疗效

C 安慰剂并不能有效改善病情

D 安慰剂生效的原因尚未被发现

첫 번째 단락에 근거하여, 알 수 있는 것은:

A 플라세보에는 여러 가지 치료 성분이 들어 있다

B 플라세보는 위안하는 치료 효과를 가지고 있지 않다

C 플라세보는 병세를 결코 효과적으로 개선할 수 없다

D 플라세보가 효과가 나타나는 원인은 아직 발견되지 않았다

해설 질문이 첫 번째 단락에 근거하여 알 수 있는 것을 물었으므로, 첫 번째 단락의 세부 내용을 재빨리 파악한다. 첫 번째 단락에서 安慰剂生效的原因仍然是个不解之谜。라고 했으므로, 보기 D가 정답이다.

어휘 安慰剂 ānwèijì 플라세보[실제로는 생리 작용이 없는 물질로 만든 약] 治疗 zhìliáo 图 치료하다 成分 chéngfèn 图 성분, 요인 疗效 liáoxiào 图 치료 효과 改善 gǎishàn 图 개선하다 病情 bìngqíng 图 병세 生效 shēngxiào 图 효과가 나타나다, 효력이 발생하다 尚未 shàngwèi 아직 ~하지 않다

98 为什么假手术能使患者减轻疼痛?

중상

A 病人对治疗信心十足

B 手术的确治好了众多病人

C 手术使用了大量的麻醉药

D 手术能转移病人的注意力

가짜 수술은 왜 환자의 통증을 줄여줄 수 있는가?

A 환자는 치료에 확신이 넘치기 때문에

B 수술은 확실히 수많은 환자를 치료했기 때문에

C 수술은 대량의 마취제를 사용했기 때문에

D 수술은 환자의 주의력을 돌릴 수 있기 때문에

해설 질문이 가짜 수술이 환자의 통증을 줄여줄 수 있는 이유를 물었으므로, 假手术과 관련된 내용을 지문에서 재빨리 찾는다. 두 번째 단락에서 假的膝关节手术……在改善关节炎患者的膝盖疼痛问题上, 完全不逊于真正的膝关节手术。在实施假手术的过程中, 患者因为对治疗有信心, 而安全感十足。라고 했으므로, 보기 A가 정답이다.

어휘 假手术 jiǎ shǒushù 가짜 수술 疼痛 téngtòng 图 통증, 아픔 治疗 zhìliáo 图 치료하다 十足 shízú 图 넘쳐흐르다, 충분하다 手术 shǒushù 图 수술 的确 díquè 图 확실히, 분명히 大量 dàliàng 图 대량의, 많은 양의 麻醉药 mázuìyào 图 마취제 转移 zhuǎnyí 图 (위치를) 돌리다, 바꾸다

99 安慰剂对哪类人效果最好?

하

A 积极向上的   B 身体强壮的

C 神经易过敏的   D 思维能力强的

플라세보는 어떤 사람에게 효과가 가장 좋은가?

A 밝고 힘찬 사람   B 몸이 튼튼한 사람

C 신경이 예민해지기 쉬운 사람   D 사고 능력이 강한 사람

해설 질문이 플라세보는 어떤 사람에게 효과가 가장 좋은지를 물었으므로, 安慰剂의 효과와 관련된 내용을 지문에서 재빨리 찾는다. 세 번째 단락에서 在容易神经过敏的患者那里, 安慰剂的疗效最好。라고 했으므로, 보기 C가 정답이다.

어휘 安慰剂 ānwèijì 플라세보[실제로는 생리 작용이 없는 물질로 만든 약] 积极向上 jījí xiàngshàng 밝고 힘차다, 적극적이다 身体 shēntǐ 图 몸, 신체 强壮 qiángzhuàng 图 (몸이) 튼튼하다, 건장하다 神经 shénjīng 图 신경, 정신 이상 过敏 guòmǐn 图 예민하다 图 알레르기 반응을 보이다 思维能力 sīwéi nénglì 사고 능력

100 根据本文, 安慰剂最大的价值是:

중

A 创造新的治疗方法

B 降低社会医疗成本

C 在药物研发中提供对照

D 使病人不再依赖新药物

위 글에 근거하여, 플라세보의 가장 큰 가치는:

A 새로운 치료 방법을 만든다

B 사회적 의료 비용을 절감한다

C 약물 연구 개발에서 참조할 것을 제공한다

D 환자가 더이상 새로운 약물에 의존하지 않게 한다

해설 질문이 이 글에 근거하여 플라세보의 가장 큰 가치를 물었으므로, 安慰剂最大的价值와 관련된 내용을 지문에서 재빨리 찾는다. 마지막 단락에서 安慰剂在药物研发中的参照作用是它存在的最大意义라고 했으므로, 보기 C가 정답이다.

어휘 安慰剂 ānwèijì 플라세보[실제로는 생리 작용이 없는 물질로 만든 약] 创造 chuàngzào 图 만들다, 창조하다 治疗 zhìliáo 图 치료하다 医疗 yīliáo 图 의료 成本 chéngběn 图 비용, 원가 药物 yàowù 图 약물 研发 yánfā 图 연구 개발하다 对照 duìzhào 图 (서로) 참조하다, 대조하다 依赖 yīlài 图 의존하다, 의지하다

三、书写 쓰기

지문 해석

101
상

春秋时期，鲁国国君鲁哀公手下有个叫田饶的人。田饶跟随鲁哀公多年，却始终得不到重用。因为无法施展自己的本事，田饶感到极其烦闷，苦恼很久后，他最终决定离开鲁哀公，去别的国家。离开前，他对鲁哀公说道："感谢您的照顾，但我打算离开您了，就像鸿雁一样飞向遥远的地方了。"鲁哀公对田饶的决定感到无法理解，于是就问他："你在这里丰衣足食，过得也很轻松，为什么要离开呢？"

田饶苦笑道："大王，您经常见到雄鸡吧？雄鸡十分英勇，双脚长有锋利的爪子，头上戴着鲜红的鸡冠，走路的时候很有气势。它面对敌人时，从不畏惧，勇敢战斗；它看到食物时，绝不会独吞，而是招呼同伴们一起享用，善良且仁慈；它还忠于职守，每天都早早起来，按时打鸣叫人起床。雄鸡有这么多长处，我相信大王都清楚，但您最后还是会把它煮了吃掉。这又是为什么呢？我想理由很简单，就是因为雄鸡每天在您身边，它做的所有事情大王都能看到，功劳都变得理所当然。"

说完这些，田饶顿了顿，继续说道："而那鸿雁从千里之外飞来，糟蹋您的水池，破坏您的田园和庄稼。然而大王您不但没有驱逐鸿雁，反而更加器重它。很多人不明白您为什么会这样，但我已经看出了其中的原因。鸿雁从远方飞来，所以大王觉得它很神奇，它的缺点在大王眼里变得十分渺小，而优点变得格外突出。我在大王身边兢兢业业了这么多年，却落得和雄鸡差不多的处境，所以我要离开您了，像鸿雁一样飞向远方。"

田饶的一席话使鲁哀公非常后悔，鲁哀公哀求道："请你别走，你今天说的话我都会记录下来，今后不会再怠慢你了。"田饶摇摇头，说道："很多人说，吃别人的食物，决不能毁坏他人的容器；在树下乘凉，就不能折断树枝。不打算重用他人，即使在史书里记载一百遍他说的话，也没有任何用处。"说完这些，田饶头也不回地离开了鲁国奔向燕国。

燕王是个非常看重人才的人，所以他接纳了田饶，还让他担任重要的官职。三年后，在田饶有条不紊的治理下，燕国变得更加富足，百姓的生活稳定又幸福。燕王十分满意，因此更加器重田饶了。田饶在燕国施展了才能，而燕国因田饶变得更好，可谓是最好的结局了。

춘추 시대에, 노나라 국왕인 노애공의 수하에는 전요라는 사람이 있었다. 전요는 노애공을 여러 해 동안 뒤따랐지만, 끝내 중용되지는 못했다. 자신의 능력을 발휘할 방법이 없어서 전요는 매우 답답함을 느꼈는데, 오랫동안 괴로워한 후, 그는 결국 노애공을 떠나 다른 나라로 가기로 결심했다. 떠나기 전, 그는 노애공에게 말했다. "보살펴 주셔서 감사합니다. 허나 저는 당신을 떠나려고 하니, 기러기처럼 아득히 먼 곳으로 날아가겠습니다." 노애공은 전요의 결정을 이해할 수 없어서, 그에게 물었다. "자네는 이곳에서 생활이 윤택하고, 편안하게 지냈는데, 왜 떠나려고 하는가?"

전요는 쓴웃음을 지으며 말했다. "대왕님, 수탉 자주 보시지요? 수탉은 매우 용맹하고, 두 발에는 날카로운 발톱이 있으며, 머리에 선홍색 볏을 쓰고서, 걸을 때 매우 기세가 있습니다. 그것이 적을 상대할 때는, 여태껏 두려워하지 않고 용감하게 싸웠습니다. 그것이 먹이를 봤을 때는 결코 독식하지 않고, 동료들을 불러 함께 나누는데, 착하고 또 자애롭지요. 그것은 또 자신의 본분에 충실하여, 매일 일찌감치 익어ㅏ 시간에 맞추어 홀름 소리를 내어 사람들을 깨웠습니다. 수탉은 이렇게나 많은 장점을 가지고 있고, 저는 대왕님이 모두 다 알고 계신다고 믿지만, 그러나 당신은 마지막에 그것을 삶아서 먹어 치우실 겁니다. 이것은 또 왜 그럴까요? 제 생각에 이유는 간단한데, 바로 수탉이 매일 당신 곁에 있으니, 그것이 하는 모든 일을 대왕님께서 볼 수 있으셔서, 그 공이 당연한 것으로 되었기 때문입니다."라고 말했다.

이렇게 다 말하고 나서, 전요는 잠시 멈추더니, 계속 말을 이어갔다. "그러나 기러기는 천 리 밖에서 날아와, 당신의 연못을 망치고, 당신의 전원과 농작물을 파괴합니다. 하지만 대왕님은 기러기를 쫓아내지 않으셨을 뿐만 아니라, 오히려 그것을 더욱 소중히 여기셨습니다. 많은 사람들은 당신이 왜 이렇게 하는 지를 이해하지 못하지만, 저는 그 이유를 이미 알고 있습니다. 기러기가 먼 곳에서 날아왔기에 대왕님은 그것을 신기하게 여기셨는데, 그것의 단점은 대왕님 눈에는 아주 보잘것없게 보였고 장점들은 유난히 두드러졌습니다. 제가 대왕님 곁에서 몇 년 동안 부지런히 맡은 일을 열심히 했는데, 되려 수탉과 비슷한 처지가 되었으니, 그래서 저는 당신 곁을 떠나려고 합니다. 기러기처럼 멀리 날아가겠습니다."

전요의 말이 노애공을 매우 후회하게 만들어, 노애공은 애원하며 말했다. "가지 마시게, 자네가 오늘 한 말은 내 잘 기록해 두겠네. 앞으로 다시는 자네를 냉대하지 않을 것이네." 전요는 고개를 흔들며 말했다. "많은 사람들은 남의 음식을 먹을 때 절대로 다른 사람의 그릇을 훼손해서는 안 된다고 말합니다. 나무 아래에서 더위를 식힐 때 나뭇가지를 부러뜨려서는 안 된다고 말합니다. 다른 사람을 중용할 생각이 없으면, 설령 역사책에 그가 한 말을 백 번쯤 기록하여도 아무런 소용이 없습니다." 이 말들을 다하고, 전요는 뒤도 돌아보지 않고 노나라를 떠나 연나라를 향해 달려갔다.

연나라 왕은 인재를 매우 중요시하는 사람이어서, 전요를 받아들였고, 또 그에게 중요한 관직을 맡겼다. 3년 후, 전요의 질서정연한 통치 아래, 연나라는 더욱 풍족해졌고, 백성들의 생활은 안정되고 행복해졌다. 연나라 왕은 매우 만족스러워했고, 이 때문에 전요를 더욱 신임하였다. 전요는 연나라에서 재능을 발휘했고, 연나라는 전요로 인해 더 좋아졌으니, 최고의 결말이라고 말할 만하다.

제1회

제2회

제3회
쓰기

제4회

제5회

제6회

해커스 해설이 상세한 HSK 6급 실전모의고사

鲁哀公得知这些情况后，极其后悔。他叹息道："一国之君最重要的能力就是知人善任啊，我就是缺少这个能力，所以才失去了田饶这样的人才。真希望他能重新回来。但失去的人心哪有那么容易挽回啊。"

노애공은 이런 사실을 알고 몹시 후회했다. 그는 탄식하며 말했다. "한 나라 군주의 가장 중요한 능력이 바로 사람의 능력을 잘 파악하여 적재적소에 잘 배치하는 것인데, 내가 바로 이 능력이 부족해서 전요와 같은 인재를 잃어버렸구나. 그가 다시 돌아오기를 정말 바란다. 하지만 잃어버린 사람의 마음을 어디 그리 쉽게 돌이킬 수 있겠는가."

通过这个故事，我们可以知道，善于发现、重视人才是每个领导都应该具备的能力。舍近求远的行为是不科学的，也是不理智的。

이 이야기를 통해 우리는 인재를 잘 발견하고, 인재를 중요시하는 것이 모든 리더가 마땅히 갖추어야 할 능력임을 알 수 있다. 가까이 있는 것을 버리고, 멀리 있는 것을 찾는 행위는 비과학적이고, 또 비이성적이다.

어휘 春秋时期 chūnqiū shíqī ⟨명⟩ 춘추시대　鲁国 Lǔguó ⟨고유⟩ 노나라　国君 guójūn ⟨명⟩ 국왕

鲁哀公 Lǔāigōng ⟨고유⟩ 노애공[노나라의 제27대 군주]　手下 shǒuxià ⟨명⟩ 수하　田饶 Tiánráo ⟨고유⟩ 전요

跟随 gēnsuí ⟨동⟩ 뒤따르다, 따라가다　始终 shǐzhōng ⟨부⟩ 끝내　得不到 dé bu dào 얻지 못하다

重用 zhòngyòng ⟨동⟩ 중용하다, 중요한 자리에 임용하다　无法 wúfǎ ⟨동⟩ ~할 방법이 없다, ~할 수 없다

施展 shīzhǎn ⟨동⟩ (수완이나 재능을) 발휘하다, 펼치다　本事 běnshi ⟨명⟩ 능력, 기량　极其 jíqí ⟨부⟩ 매우, 몹시　烦闷 fánmèn ⟨형⟩ 답답하다

苦恼 kǔnǎo ⟨형⟩ 괴롭다　最终 zuìzhōng ⟨명⟩ 결국, 마지막　鸿雁 hóngyàn ⟨명⟩ 기러기　飞向 fēi xiàng ~로 날아가다

遥远 yáoyuǎn ⟨형⟩ (시간이나 거리가) 아득히 멀다　丰衣足食 fēngyīzúshí ⟨성⟩ 생활이 윤택하다, 먹고 입는 것이 다 풍족하다

苦笑 kǔxiào ⟨동⟩ 쓴웃음을 짓다　雄鸡 xióngjī ⟨명⟩ 수탉　英勇 yīngyǒng ⟨형⟩ 용맹하다　锋利 fēnglì ⟨형⟩ 날카롭다, 예리하다

爪子 zhuǎzi ⟨명⟩ (짐승의) 발톱　鲜红 xiānhóng ⟨형⟩ 선홍색　鸡冠 jīguān ⟨명⟩ (닭의) 볏　走路 zǒulù ⟨동⟩ 걷다, 길을 가다

气势 qìshì ⟨명⟩ (사람 또는 사물의) 기세, 형세　面对 miànduì ⟨동⟩ 상대하다, 직면하다　敌人 dírén ⟨명⟩ 적　从不 cóngbù ⟨부⟩ 여태껏 ~않다

畏惧 wèijù ⟨동⟩ 두려워하다, 무서워하다　战斗 zhàndòu ⟨동⟩ 싸우다, 전투하다　食物 shíwù ⟨명⟩ 먹이, 음식　绝不 juébù ⟨부⟩ 결코 ~하지 않다

独吞 dútūn ⟨동⟩ 독식하다, 독차지하다　招呼 zhāohu ⟨동⟩ 부르다, 인사하다　同伴 tóngbàn ⟨명⟩ 동료, 동반자

享用 xiǎngyòng ⟨동⟩ 나누다, 사용하다　善良 shànliáng ⟨형⟩ 착하다, 선량하다　仁慈 réncí ⟨형⟩ 자애롭다, 인자하다

忠于职守 zhōngyúzhíshǒu ⟨성⟩ 자신의 본분에 충실하다　打鸣 dǎmíng ⟨동⟩ 닭이 울어서 때를 알리다　长处 chángchu ⟨명⟩ 장점

煮 zhǔ ⟨동⟩ 삶다, 익히다　吃掉 chī diào 먹어 치우다　理由 lǐyóu ⟨명⟩ 이유　功劳 gōngláo ⟨명⟩ 공, 공로

理所当然 lǐsuǒdāngrán ⟨성⟩ 당연하다, 당연히 그렇다　顿 dùn ⟨동⟩ 잠시 멈추다　继续 jìxù ⟨동⟩ 계속하다　千里之外 qiānlǐ zhīwài 천리 밖

糟蹋 zāotà ⟨동⟩ 망치다, 낭비하다　水池 shuǐchí ⟨명⟩ 연못　破坏 pòhuài ⟨동⟩ 파괴하다, 손상시키다　田园 tiányuán ⟨명⟩ 전원

庄稼 zhuāngjia ⟨명⟩ 농작물[주로 식량 작물을 가리킴]　驱逐 qūzhú ⟨동⟩ 쫓아내다, 몰아내다　反而 fǎn'ér ⟨부⟩ 오히려, 도리어

器重 qìzhòng ⟨동⟩ 소중히 하다, 중시하다　远方 yuǎnfāng ⟨명⟩ 먼 곳　神奇 shénqí ⟨형⟩ 신기하다, 신비롭고 기이하다

渺小 miǎoxiǎo ⟨형⟩ 보잘것없다, 미미하다　格外 géwài ⟨부⟩ 유난히, 특히　突出 tūchū ⟨형⟩ 두드러지다, 뛰어나다

兢兢业业 jīngjīngyèyè ⟨성⟩ 부지런히 맡은 일을 열심히 하다　落得 luòdc ⟨동⟩ (나쁜 결과가) 되다

处境 chǔjìng ⟨명⟩ (주로 불리한 상황에서의) 처지, 상태　一席话 yìxíhuà ⟨명⟩ 말, 일장 연설　哀求 āiqiú ⟨동⟩ 애원하다, 애걸하다

记录 jìlù ⟨동⟩ 기록하다　怠慢 dàimàn ⟨동⟩ 냉대하다, 대접이 소홀하다　摇 yáo ⟨동⟩ 흔들다, 젓다　毁坏 huǐhuài ⟨동⟩ 훼손하다, 파괴하다

容器 róngqì ⟨명⟩ 그릇, 용기　乘凉 chéngliáng ⟨동⟩ 더위를 식히다　折断 zhéduàn ⟨동⟩ 부러뜨리다, 꺾다　枝 zhī ⟨명⟩ 가지

记载 jìzǎi ⟨동⟩ 기록하다, 기재하다　用处 yòngchu ⟨명⟩ 소용, 용도　奔向 bēn xiàng ~을 향해 달려가다　燕国 Yānguó ⟨고유⟩ 연나라

人才 réncái ⟨명⟩ 인재　接纳 jiēnà ⟨동⟩ 받아들이다　担任 dānrèn ⟨동⟩ 맡다, 담당하다　官职 guānzhí ⟨명⟩ 관직

有条不紊 yǒutiáobùwěn ⟨성⟩ (말·행동이) 질서정연하다　治理 zhìlǐ ⟨동⟩ 통치하다, 다스리다　富足 fùzú ⟨형⟩ 풍족하다

稳定 wěndìng ⟨동⟩ 안정되다　器重 qìzhòng ⟨동⟩ 신임하다　才能 cáinéng ⟨명⟩ 재능　可谓 kěwèi ⟨동⟩ ~라고 말할 만하다

结局 jiéjú ⟨명⟩ 결말　得知 dézhī ⟨동⟩ 알다, 알게 되다　叹息 tànxī ⟨동⟩ 탄식하다

知人善任 zhīrénshànrèn ⟨성⟩ 사람의 능력을 잘 파악하여 적재적소에 잘 배치하다　失去 shīqù ⟨동⟩ 잃어버리다, 잃다

挽回 wǎnhuí ⟨동⟩ 돌이키다, 만회하다　善于 shànyú ⟨동⟩ ~을 잘하다, ~에 능숙하다　领导 lǐngdǎo ⟨명⟩ 리더, 대표

具备 jùbèi ⟨동⟩ 갖추다, 구비하다　舍近求远 shějìnqiúyuǎn ⟨성⟩ 가까이 있는 것을 버리고, 멀리 있는 것을 찾다　行为 xíngwéi ⟨명⟩ 행위, 행동

理智 lǐzhì ⟨명⟩ 이성, 이지

지문		기억한 스토리
파란색 글자는 지문에서 반드시 외워야 할 핵심표현이에요.	제목	–
春秋时期, 鲁国国君鲁哀公手下有个叫田饶的人。田饶跟随鲁哀公多年, 却始终得不到重用。因为无法施展自己的本事, 田饶感到极其烦闷, 苦恼很久后, 他最终决定离开鲁哀公, 去别的国家。离开前, 他对鲁哀公说道: "感谢您的照顾, 但我打算离开您了, 就像鸿雁一样飞向遥远的地方了。" 鲁哀公对田饶的决定感到无法理解, 于是就问他: "你在这里丰衣足食, 过得也很轻松, 为什么要离开呢?"	① 이야기의 발단	옛날에, 鲁哀公에게는 田饶라는 신하가 있었음. 전요는 노애공을 여러 해 동안 跟随했지만, 줄곧 중시를 받지 못함. 자신의 능력을 발휘할 방법이 없어서, 전요는 노애공을 离开하기로 결정함. 노애공은 전요의 결정을 이해하지 못해서, 그에게 왜 떠나려고 하는지를 물었음.
田饶苦笑道: "大王, 您经常见到雄鸡吧? 雄鸡十分英勇, 双脚长有锋利的爪子, 头上戴着鲜红的鸡冠, 走路的时候很有气势。它面对敌人时, 从不畏惧, 勇敢战斗; 它看到食物时, 绝不会独吞, 而是招呼同伴一起享用, 善良且仁慈; 它还忠于职守, 每天都早早起来, 按时打鸣叫人起床。雄鸡有这么多长处, 我相信大王都清楚, 但您最后还是会把它煮了吃掉。这又是为什么呢? 我想理由很简单, 就是因为雄鸡每天在您身边, 它做的所有事情大王都能看到, 功劳都变得理所当然。"	② 이야기의 전개1	전요는 苦笑하면서, 雄鸡는 매우 용감하고, 有气势하며, 적과 싸우는 것을 두려워하지 않고, 먹이를 차지하지 않으며, 또한 책임감이 있지만, 노애공은 마지막 그것을 吃掉할 것인데, 이는 수탉이 每天 노애공 身边에 있어서, 그것의 功劳가 모두 理所当然하게 되었기 때문이라고 말함.
说完这些, 田饶顿了顿, 继续说道: "而那鸿雁从千里之外飞来, 糟蹋您的水池, 破坏您的田园和庄稼。然而大王您不但没有驱逐鸿雁, 反而更加器重它。很多人不明白您为什么会这样, 但我已经看出了其中的原因。鸿雁从远方飞来, 所以大王觉得它很神奇, 它的缺点在大王眼里变得十分渺小, 而优点变得格外突出。我在大王身边兢兢业业了这么多年, 却落得和雄鸡差不多的处境, 所以我要离开您了, 像鸿雁一样飞向远方。"	③ 이야기의 전개2	전요는 계속해서, 鸿雁은 먼 곳에서 날아와서 연못과 양식을 파괴하지만, 노애공은 오히려 그것을 더 중시하는데, 노애공은 觉得它很神奇했기 때문에, 그것의 단점을 간과하고, 장점을 극대화한 것이라고 말함. 전요는 자신의 처지가 수탉과 差不多하다고 생각하기 때문에 떠나고 싶어한 것임.
田饶的一席话使鲁哀公非常后悔, 鲁哀公哀求道: "请你别走, 你今天说的话我都会记录下来, 今后不会再怠慢你了。" 田饶摇摇头, 说道: "很多人说, 吃别人的食物, 决不能毁坏他人的容器; 在树下乘凉, 就不能折断树枝。不打算重用他人, 即使在史书里记载一百遍他说的话, 也没有任何用处。" 说完这些, 田饶头也不回地离开了鲁国奔向燕国。	④ 이야기의 절정	노애공은 非常后悔하며, 앞으로 전요를 다시는 소홀히 하지 않겠다고 말함. 그러나 전요는 만약 자신을 중용할 생각이 없다면, 어떻게 해도 소용이 없다고 말함. 이야기를 마치고, 전요는 燕国로 감.
燕王是个非常看重人才的人, 所以他接纳了田饶, 还让他担任重要的官职。三年后, 在田饶有条不紊的治理下, 燕国变得更加富足, 百姓的生活稳定又幸福。燕王十分满意, 因此更加器重田饶了。田饶在燕国施展了才能, 而燕国因田饶变得更好, 可谓是最好的结局了。 鲁哀公得知这些情况后, 极其后悔。他叹息道: "一国之君最重要的能力就是知人善任啊, 我就是缺少这个能力, 所以才失去了田饶这样的人才。真希望他能重新回来。但失去的人心哪有那么容易挽回啊。"	⑤ 이야기의 결말	연나라 왕은 전요를 매우 중시하여, 그가 重要的官职을 担任하게 함. 전요는 연나라를 점점 더 잘 다스렸는데, 이는 연나라 왕을 매우 만족시킴. 노애공은 这些情况을 알고 매우 후회했지만, 전요를 다시 자기 곁으로 돌아오게 하기는 어렵다는 것도 알고 있음.
通过这个故事, 我们可以知道, 善于发现、重视人才是每个领导都应该具备的能力。舍近求远的行为是不科学的, 也是不理智的。	⑥ 이야기의 교훈	이 이야기는 우리에게 인재를 善于发现、重视人才하는 것은 每个领导都应该具备的能力라는 것을 알려 줌.

제1회

제2회

제3회
쓰기

제4회

제5회

제6회

해커스 해설이 상세한 HSK 6급 실전모의고사

요약	요약 포인트
雄鸡与鸿雁	田饶가 鲁哀公에게 雄鸡와 鸿雁으로 비유를 들어 한 말에 대한 이야기이므로 雄鸡与鸿雁을 제목으로 쓴다.
从前, 鲁哀公有个叫田饶的下属。田饶跟随鲁哀公很多年，但一直没有得到重视。因为无法发挥自己的能力, 田饶决定离开鲁哀公。鲁哀公理解不了田饶的决定, 就问他为什么要离开自己。	• 지문의 '春秋时期'처럼 구체적인 시점을 나타내는 표현은 '从前'과 같은 포괄적인 시간 표현으로 쉽게 쓴다. • '자신의 능력을 발휘할 방법이 없음'으로 기억한 내용은 '无法发挥自己的能力'와 같은 표현을 사용한다.
田饶苦笑着说, 雄鸡十分勇敢, 有气势, 它不怕和敌人战斗, 不会占有食物, 还很有责任心, 但鲁哀公最后还是会把它吃掉, 这是因为雄鸡每天在鲁哀公身边, 所以它的功劳都变得理所当然。	• '~라고 말함'으로 기억한 내용은 '……说'와 같은 간접화법의 표현을 사용한다. • 지문의 '它面对敌人时, 从不畏惧, 勇敢战斗；它看到食物时, 绝不会独吞, 而是招呼同伴们一起享用, 善良且仁慈；它还忠于职守, 每天都早早起来, 按时打鸣叫人起床。'처럼 어떤 대상에 관하여 길게 묘사한 내용은 '它不怕和敌人战斗, 不会占有食物, 还很有责任心'과 같은 직설적인 표현으로 쉽게 기억해서 쓴다.
田饶继续说, 鸿雁从远方飞来, 破坏水池和粮食, 但鲁哀公反而更重视它, 由于鲁哀公觉得它很神奇, 所以忽略了它的缺点, 放大了它的优点, 田饶觉得自己的处境和雄鸡差不多, 因此他想离开。	• '~했기 때문에'처럼 인과 관계를 나타내는 내용을 요약할 때는 '由于'와 같은 연결어를 활용한다. • '단점을 간과하고, 장점을 극대화했다'로 기억한 내용은 '忽略了它的缺点, 放大了它的优点'과 같은 표현을 사용한다.
鲁哀公非常后悔, 说以后不会再忽视田饶。但田饶说如果不打算重用自己, 怎么做都没有用。说完, 田饶就去了燕国。	• 지문의 '怠慢'처럼 외우기 어려운 표현이나 구문은 비슷한 뜻을 가진 쉬운 표현인 '忽视'로 쉽게 기억해서 쓴다.
燕王十分重视田饶, 让他担任了重要的官职。田饶把燕国治理得越来越好, 这让燕王感到很满意。 鲁哀公知道这些情况后非常后悔, 但也知道很难再让田饶回到自己的身边了。	• 지문의 '在田饶有条不紊的治理下, 燕国变得更加富足, 百姓的生活稳定又幸福'처럼 길게 열거된 부분은 '田饶把燕国治理得越来越好'와 같은 포괄적인 표현으로 간단히 기억해서 쓴다. • '이는 연나라 왕을 ~하게 함'으로 기억한 내용은 '这让燕王……'과 같은 표현을 사용하여 쓴다. 어떤 일로 인해 연나라 왕에게 변화가 생겼다는 내용을 요약한 것이므로 사역동사 让을 활용한다.
这个故事告诉我们, 善于发现、重视人才是每个领导都应该具备的能力。	• '이 이야기는 ~을 알려 준다'로 기억한 내용은 '这个故事告诉我们……'과 같은 표현을 사용하여 쓴다.

모범 답안[80점]

雄鸡与鸿雁

　从前，鲁哀公有个叫田饶的下属。田饶跟随鲁哀公很多年，但一直没有得到重视。因为无法发挥自己的能力，田饶决定离开鲁哀公。鲁哀公理解不了田饶的决定，就问他为什么要离开自己。

　田饶苦笑着说，雄鸡十分勇敢，有气势，它不怕和敌人战斗，不会占有食物，还很有责任心，但鲁哀公最后还是会把它吃掉，这是因为雄鸡每天在鲁哀公身边，所以它的功劳都变得理所当然。

　田饶继续说，鸿雁从远方飞来，破坏水池和粮食，但鲁哀公反而更重视它，由于鲁哀公觉得它很神奇，所以忽略了它的缺点，放大了它的优点，田饶觉得自己的处境和雄鸡差不多，因此他想离开。

　鲁哀公非常后悔，说以后不会再忽视田饶，世田饶说如果不打算重用自己，怎么做都没有用。说完，田饶就去了燕国。

　燕王十分重视田饶，让他担任了重要的官职。田饶把燕国治理得越来越好，这让燕王感到很满意。

　鲁哀公知道这些情况后非常后悔，但也知道很难再让田饶回到自己的身边了。

　这个故事告诉我们，善于发现、重视人才是每个领导都应该具备的能力。

(글자 수 표시: 100, 200, 300, 400, 500)

수탉과 기러기

옛날에, 노애공에게는 전요라는 신하가 있었다. 전요는 노애공을 여러 해 동안 뒤따랐지만, 줄곧 중시를 받지 못했다. 자신의 능력을 발휘할 방법이 없어서, 전요는 노애공을 떠나기로 결심했다. 노애공은 전요의 결정을 이해하지 못해서, 그에게 왜 떠나려고 하는지를 물었다.

전요는 쓴웃음을 지으며, 수탉은 매우 용감하고 기세가 넘치며, 적과 싸우는 것을 두려워하지 않고, 먹이를 차지하지 않으며, 또한 책임감이 있지만, 노애공은 마지막에 그것을 먹어 치울 것인데, 이는 수탉이 매일 노애공의 곁에 있어서, 그것의 공이 모두 당연하게 되었기 때문이라고 말했다.

전요는 계속해서, 기러기는 먼 곳에서 날아와서 연못과 양식을 파괴하지만, 노애공은 오히려 그것을 더 중시하는데, 노애공은 그것을 신기하다고 생각했기 때문에 그것의 단점을 간과하고, 장점을 극대화한 것이라고 말했다. 전요는 자신의 처지가 수탉과 비슷하다고 생각하기 때문에, 떠나고 싶어한 것이다.

노애공은 매우 후회하며, 앞으로 전요를 다시는 소홀히 하지 않겠다고 말했다. 그러나 전요는 만약 자신을 중용할 생각이 없다면, 어떻게 해도 소용이 없다고 말했다. 이야기를 마치고 전요는 연나라로 갔다.

연나라 왕은 전요를 매우 중시하여, 그가 중요한 관직을 맡게 했다. 전요는 연나라를 점점 더 잘 다스렸는데, 이는 연나라 왕을 매우 만족시켰다.

노애공은 이런 상황을 알고 매우 후회했지만, 전요를 다시 자기 곁으로 돌아오게 하기는 어렵다는 것도 알고 있었다.

이 이야기는 우리에게 인재를 잘 발견하고, 중시하는 것은 모든 리더들이 마땅히 갖추어야 할 능력이라는 것을 알려 준다.

어휘
雄鸡 xióngjī 몡 수탉　鸿雁 hóngyàn 몡 기러기　从前 cóngqián 몡 옛날, 이전　鲁哀公 Lǔāigōng 고유 노애공[노나라의 제27대 군주]
田饶 Tiánráo 고유 전요　下属 xiàshǔ 몡 신하, 부하, 아랫사람　跟随 gēnsuí 통 뒤따르다, 따라가다　发挥 fāhuī 통 발휘하다, 충분히 나타내다
决定 juédìng 통 결심하다, 결정하다　苦笑 kǔxiào 통 쓴웃음을 짓다　气势 qìshì 몡 (사람 또는 사물의) 기세, 형세　敌人 dírén 몡 적
战斗 zhàndòu 통 싸우다, 전투하다　占有 zhànyǒu 통 차지하다, 장악하다　食物 shíwù 몡 먹이, 음식　吃掉 chīdiào 먹어 치우다
功劳 gōngláo 몡 공, 공로　理所当然 lǐsuǒdāngrán 셩 당연하다　远方 yuǎnfāng 몡 먼 곳　破坏 pòhuài 통 파괴하다, 손상시키다
水池 shuǐchí 몡 연못　粮食 liángshi 몡 양식, 식량　反而 fǎn'ér 오히려, 도리어　神奇 shénqí 톙 신기하다, 신비롭고 기이하다
忽略 hūlüè 통 간과하다, 소홀히 하다　放大 fàngdà 통 극대화하다, 크게 하다　处境 chǔjìng 몡 (주로 불리한 상황에서의) 처지, 상태
忽视 hūshì 통 소홀히 하다　重用 zhòngyòng 통 중용하다　燕国 Yānguó 고유 연나라　担任 dānrèn 통 맡다, 담당하다
官职 guānzhí 몡 관직　治理 zhìlǐ 통 다스리다, 통치하다　善于 shànyú 통 ~을 잘하다, ~에 능숙하다　人才 réncái 몡 인재
领导 lǐngdǎo 몡 리더, 지도자　具备 jùbèi 통 갖추다, 구비하다

모범 답안[60점]

						雄	鸡	与	鸿	雁									
	在	很	久	以	前	，	鲁	哀	公	手	下	有	个	叫	田	饶	的	人	。
田	饶	觉	得	自	己	一	直	没	有	被	重	视	，	所	以	决	定	离	开
鲁	哀	公	。	鲁	哀	公	问	田	饶	为	什	么	要	离	开	自	己	。	
	田	饶	说	，	雄	鸡	很	勇	敢	，	不	怕	和	敌	人	战	斗	，	_100_
还	会	与	同	伴	们	分	享	食	物	，	并	且	很	有	责	任	心	，	但
鲁	哀	公	最	后	还	是	会	吃	掉	它	，	这	是	因	为	他	觉	得	雄
鸡	做	的	事	情	都	是	应	该	的	。									
	田	饶	继	续	说	，	鸿	雁	从	远	处	飞	来	，	破	坏	了	周	
围	的	环	境	，	但	没	有	被	赶	走	，	反	而	得	到	了	重	视	_200_
那	是	因	为	鲁	哀	公	觉	得	它	很	神	奇	，	因	此	放	大	了	它
的	优	点	，	田	饶	觉	得	自	己	和	雄	鸡	差	不	多	，	所	以	想
离	开	。	鲁	哀	公	很	后	悔	，	说	自	己	不	会	再	忽	视	他	，
但	田	饶	还	是	去	了	燕	国	。										
	燕	王	很	重	视	田	饶	，	还	给	了	他	重	要	的	职	位	。	_300_
在	田	饶	的	管	理	下	，	燕	国	变	得	越	来	越	好	，	这	让	燕
王	感	到	很	满	意	。	鲁	哀	公	知	道	后	非	常	后	悔	。		
	这	个	故	事	告	诉	我	们	，	善	于	发	现	和	重	视	人	才	
是	每	个	领	导	都	应	该	具	备	的	能	力	。						

제1회
제2회
제3회 쓰기
제4회
제5회
제6회

해커스 해설이 상세한 HSK 6급 실전모의고사

수탉과 기러기

아주 먼 옛날에, 노애공의 수하에는 전요라는 사람이 있었다. 전요는 자신이 줄곧 중시를 받지 못했다고 생각해서, 노애공을 떠나기로 결심했다. 노애공은 전요에게 왜 자신을 떠나려고 하는지를 물었다.

전요는 수탉은 용감하고 적과 싸우는 것을 두려워하지 않으며, 또 동료들과 먹이를 함께 나눠 먹을 줄 알며, 게다가 책임감이 있지만, 노애공은 마지막에 그것을 먹어 치울 것인데, 이는 그가 수탉이 하는 일이 모두 당연하다고 생각하기 때문이라고 말했다.

전요는 계속해서, 기러기는 먼 곳에서 날아와, 주변의 환경을 파괴했지만, 쫓겨나지 않았고, 오히려 중시를 받았는데, 이는 노애공이 그것을 신기하게 생각했기 때문에 그것의 장점을 극대화한 것이라고 말했다. 전요는 자신이 수탉과 비슷하다고 생각하여, 떠나고 싶어한 것이다. 노애공은 후회하며, 자신이 그를 소홀히 하지 않겠지만, 전요는 그래도 연나라로 갔다.

연나라 왕은 전요를 매우 중시했는데, 그에게 중요한 직위도 주었다. 전요의 관리 하에, 연나라는 점점 좋아졌고, 이것은 연나라 왕을 만족시켰다. 노애공은 알고 나서 매우 후회했다.

이 이야기는 우리에게 인재를 잘 발견하고 중시하는 것은 모든 리더들이 갖추어야 할 능력이라는 것을 알려 준다.

어휘 雄鸡 xióngjī 몡 수탉　鸿雁 hóngyàn 몡 기러기　鲁哀公 Lǔāigōng 고유 노애공[노나라의 제27대 군주]　手下 shǒuxià 몡 수하
田饶 Tiánráo 고유 전요　敌人 dírén 몡 적　战斗 zhàndòu 통 싸우다, 전투하다　分享 fēnxiǎng 통 함께 나누다　食物 shíwù 몡 먹이, 음식
吃掉 chī diào 먹어 치우다　远处 yuǎnchù 몡 먼 곳　破坏 pòhuài 통 파괴하다, 손상시키다　赶走 gǎnzǒu 통 쫓아내다, 내쫓다
反而 fǎn'ér 囝 오히려, 도리어　神奇 shénqí 혱 신기하다, 신비롭고 기이하다　忽视 hūshì 통 소홀히 하다　燕国 Yānguó 고유 연나라
职位 zhíwèi 몡 직위　善于 shànyú 통 ~을 잘하다, ~에 능숙하다　人才 réncái 몡 인재　领导 lǐngdǎo 몡 리더, 지도자
具备 jùbèi 통 갖추다, 구비하다

시험에 나올 어휘를
효과적으로 공부하려면?

해커스중국어(china.Hackers.com)에서
<품사별로 암기하는 HSK 6급 필수어휘 2500 PDF> 무료 다운받기!

해커스 해설이 상세한 HSK 6급

실전모의고사

제4회

난이도: 중상

听力 듣기   어휘·해석·해설

阅读 독해   어휘·해석·해설

书写 쓰기   어휘·해석·해설

1
중

A 洗脸的次数越多越好	A 세수하는 횟수는 많을수록 좋다
B 洗脸时最好使用冷水	B 세수할 때 찬물로 하는 것이 가장 좋다
C 常洗脸会破坏油脂平衡	C 잦은 세수는 유분의 균형을 손상시킬 수 있다
D 频繁洗脸会使皮肤光滑	D 빈번한 세수는 피부를 반들반들하게 할 수 있다

有人以为常洗脸可以让皮肤保持清洁, 其实不然。频繁洗脸会使皮肤失去油脂, 变得干燥、敏感、脆弱。所以医生建议, 洗脸的时间间隔最好在六小时以上, 这样才能让面部皮肤有充足的时间进行自我修复。	어떤 이는 잦은 세수가 피부를 청결하게 유지할 수 있다고 생각하지만, 실제로는 그렇지 않다. 빈번한 세수는 피부가 유분을 잃어버리게 하여, 건조하고 민감하고 연약하게 만든다. 따라서 의사는 세수를 하는 시간 간격을 6시간 이상으로 하는 것이 좋다고 권장하는데, 이렇게 해야 얼굴 피부가 충분한 시간을 가지고 자가 재생을 할 수 있다.

해설 보기에 洗脸(세수하다)이 반복적으로 나오므로 洗脸과 관련된 설명문 단문이 나올 것을 예측한다. 음성에서 频繁洗脸会使皮肤失去油脂이라고 했다. 따라서 보기 C 常洗脸会破坏油脂平衡이 정답이다.

어휘 보기 次数 cìshù 명 횟수　破坏 pòhuài 통 손상시키다, 파괴하다　油脂 yóuzhī 명 유분　平衡 pínghéng 형 균형이 맞다
频繁 pínfán 형 빈번하다, 잦다　光滑 guānghuá 형 반들반들하다, 매끄럽다

단문 保持 bǎochí 통 유지하다, 지키다　清洁 qīngjié 형 청결하다, 깨끗하다　不然 bùrán 형 그렇지 않다　失去 shīqù 통 잃어버리다
干燥 gānzào 형 건조하다　敏感 mǐngǎn 형 민감하다, 예민하다　脆弱 cuìruò 형 연약하다, 취약하다
间隔 jiàngé 명 (시간·공간의) 간격, 사이　面部 miànbù 명 얼굴　充足 chōngzú 형 충분하다, 충족하다
修复 xiūfù 통 (조직을) 재생하다, (건축물을) 수리하여 복원하다

2
중상

A 饮酒过量影响健康	A 과음은 건강에 영향을 끼친다
B 尽量注意饮食卫生	B 되도록 음식 위생에 주의한다
C 痛风患者需及时就医	C 통풍 환자는 즉시 의사에게 진찰을 받아야 한다
D 痛风的疼痛感不明显	D 통풍의 통증은 분명하지 않다

平时多吃海鲜、啤酒等嘌呤含量高的食物, 有可能会引发痛风症状。痛风是一种常见的急性关节炎, 发病时, 患者的关节会剧烈疼痛。如果不及时治疗的话, 疼痛会加重, 还会引起关节红肿。这些病情会令骨组织变软, 最终导致关节损坏变形。	평소에 해산물, 맥주 등 푸린 함량이 높은 음식을 많이 먹는 것은 통풍 증상을 일으킬 수 있다. 통풍은 흔한 급성 관절염으로, 발병 시 환자의 관절이 심하게 아플 수 있다. 만약 즉시 치료하지 않으면 통증은 악화될 것이고, 게다가 관절이 빨갛게 붓는 것을 야기할 수 있다. 이러한 증세는 뼈조직을 약하게 만들고 결국 관절이 손상되어 변형되는 것을 초래할 수 있다.

해설 보기에 健康(건강), 痛风(통풍), 患者(환자)와 같이 비슷한 주제의 어휘가 나오므로 건강에 대한 정보 전달 단문이 나올 것을 예측한다. 음성에서 如果不及时治疗的话, 疼痛会加重, 还会引起关节红肿。이라고 했다. 따라서 보기 C 痛风患者需及时就医가 정답이다.

어휘 보기 饮酒过量 yǐnjiǔ guòliàng 과음하다　尽量 jǐnliàng 閉 되도록, 가능한 한　饮食 yǐnshí 명 음식, 먹고 마시는 것
痛风 tòngfēng 명 통풍　患者 huànzhě 명 환자　就医 jiùyī 통 의사에게 진찰을 받다　疼痛感 téngtònggǎn 통증
明显 míngxiǎn 형 분명하다, 뚜렷하다

단문 海鲜 hǎixiān 명 해산물　嘌呤 piàolìng 명 푸린　含量 hánliàng 명 함량　食物 shíwù 명 음식, 음식물
引发 yǐnfā 통 일으키다, 야기하다　症状 zhèngzhuàng 명 (병의) 증상, 증세　急性 jíxìng 형 급성의　关节炎 guānjiéyán 명 관절염
发病 fābìng 통 발병하다, 병이 나다　关节 guānjié 명 관절　剧烈 jùliè 형 심하게, 격렬하다　疼痛 téngtòng 형 아프다
治疗 zhìliáo 통 치료하다　加重 jiāzhòng 통 (병세가) 악화되다　红肿 hóngzhǒng 명 (종기 따위로) 피부가 빨갛게 붓는 현상
病情 bìngqíng 명 증세, 병세　骨组织 gǔzǔzhī 뼈조직　软 ruǎn 형 약하다, 부드럽다　导致 dǎozhì 통 초래하다, 야기하다
损坏 sǔnhuài 통 손상하다, 훼손하다　变形 biànxíng 통 변형하다, 모양이 변하다

3 중	A 朋友经常嘲笑老王	A 친구는 종종 라오왕을 비웃는다
	B 老王觉得自己很风趣	B 라오왕은 자신이 유머러스하다고 생각한다
	C 儿子喜欢老王的发言	C 아들은 라오왕의 발언을 좋아한다
	D 老王在公司人缘不好	D 라오왕은 회사에서 인간 관계가 좋지 않다

老王认为自己很幽默，所以经常讲一些笑话来逗乐大家。一次，老王带着七岁的儿子参加了朋友的婚礼。在婚宴上，老王有趣的发言把大家逗得哈哈大笑。回家的路上，老王得意地问儿子："爸爸的发言怎么样？"儿子却沮丧地说："不怎么样，大家都捂着肚子，没人看爸爸。"	라오왕은 자신이 유머러스하다고 생각하는데, 그래서 웃기는 이야기를 자주 해서 사람들을 웃긴다. 한번은 라오왕이 7살 아들을 데리고 친구의 결혼식에 참가했다. 결혼 피로연에서 라오왕의 재미있는 발언이 사람들을 하하거리며 크게 웃게 만들었다. 집으로 돌아가는 길에 라오왕은 만족스러워하며 아들에게 물었다. "아빠의 발언이 어땠니?" 아들은 오히려 풀이 죽어 말했다. "그저 그랬어요. 사람들 모두 배를 붙잡고 아무도 아버지를 보지 않았어요."

해설 보기에 朋友(친구), 老王(라오왕), 儿子(아들)가 나오므로 이야기 단문이 나올 것을 예측한다. 음성에서 老王认为自己很幽默라고 했다. 따라서 보기 B 老王觉得自己很风趣가 정답이다.

어휘 보기 嘲笑 cháoxiào 图 비웃다, 놀리다   风趣 fēngqù 图 유머러스하다, 재미있다   发言 fāyán 圆 발언   人缘 rényuán 圆 인간 관계, 인맥

단문 逗乐 dòulè 图 (우스갯소리 등으로) 웃기다   婚礼 hūnlǐ 圆 결혼식   婚宴 hūnyàn 圆 결혼 피로연   逗 dòu 图 웃기다, 놀리다
哈 hā 图 하하, 와   沮丧 jǔsàng 圐 풀이 죽다, 낙담하다   捂 wǔ 图 붙잡다, 가리다

4 중상	A 报雨花能预报天气	A 비가 오는 것을 알려 주는 꽃은 날씨를 예보할 수 있다
	B 报雨花遍布世界各地	B 비가 오는 것을 알려 주는 꽃은 세계 각지에 널리 분포해 있다
	C 报雨花喜爱潮湿的土壤	C 비가 오는 것을 알려 주는 꽃은 습한 토양을 좋아한다
	D 报雨花的花瓣在雨中开放	D 비가 오는 것을 알려 주는 꽃의 꽃잎은 빗속에서 핀다

在大洋洲生长着一种神奇的花，这种花的花瓣对湿度很敏感。当空气湿度增加到一定程度时，花瓣就会收缩，说明马上要下雨；而当空气湿度减少时，花瓣又会慢慢地展开，说明天即将晴朗。所以，这种花被当地人称为"报雨花"。	오세아니아에는 신기한 꽃이 자라고 있는데, 이런 꽃의 꽃잎은 습도에 민감하다. 공기의 습도가 일정한 정도까지 높아지면, 꽃잎은 수축되고 곧 비가 내릴 것을 말해 준다. 그리고 공기의 습도가 낮아지면, 꽃잎은 다시 천천히 펼쳐지고 하늘이 곧 쾌청해질 것임을 말해 준다. 그래서 이런 꽃은 현지인들에게 '비가 오는 것을 알려 주는 꽃'이라고 불린다.

해설 보기에 报雨花(비가 오는 것을 알려 주는 꽃)가 반복적으로 나오므로 报雨花에 대한 설명문 단문이 나올 것을 예측한다. 음성에서 当空气湿度增加到一定程度时, 花瓣就会收缩, 说明马上要下雨……所以, 这种花被当地人称为"报雨花"라고 했다. 따라서 보기 A 报雨花能预报天气가 정답이다.

어휘 보기 预报 yùbào 图 예보하다   遍布 biànbù 图 널리 분포하다   潮湿 cháoshī 圐 습하다, 축축하다   土壤 tǔrǎng 圆 토양, 흙
花瓣 huābàn 圆 꽃잎   开放 kāifàng 图 (꽃이) 피다, 개방하다

단문 大洋洲 Dàyángzhōu 고유 오세아니아   生长 shēngzhǎng 图 자라다   神奇 shénqí 圐 신기하다   湿度 shīdù 圆 습도
敏感 mǐngǎn 圐 민감하다, 예민하다   程度 chéngdù 圆 정도   收缩 shōusuō 图 수축하다   展开 zhǎnkāi 图 펼치다, 전개하다
即将 jíjiāng 囝 곧   晴朗 qínglǎng 圐 쾌청하다   当地人 dāngdìrén 현지인

5 중상	A 家长要陪孩子玩玩具	A 학부모는 아이와 함께 장난감을 가지고 놀아야 한다
	B "唐块"的设计很简单	B '탕콰이'의 디자인은 간단하다
	C 玩具应该具有教育意义	C 장난감은 교육적 의미를 지녀야 한다
	D "唐块"能培养创新思维	D '탕콰이'는 창조적 사고를 기를 수 있다

许晋平认为很多玩具限制了孩子的想象力，所以他设计出了一款叫做"唐块"的积木玩具。一块积木的六个方向都能跟别的积木牢固拼合，可以拼合出玩具、教具、家具，甚至是建筑模型。这种积木玩具不但充满乐趣，还能激发孩子的创新精神。	쉬진핑은 많은 장난감들이 아이들의 상상력을 제한한다고 생각해서, 그는 '탕콰이'라고 하는 블록 장난감을 디자인했다. 한 블록의 6개 방향은 모두 다른 블록과 견고하게 조립될 수 있고, 장난감, 교구, 가구, 심지어 건물 모형까지 조립할 수 있다. 이런 블록 장난감은 재미가 가득할 뿐만 아니라, 아이들의 창의력도 불러일으킬 수 있다.

해설 보기에 "唐块"(탕콰이)가 반복적으로 나오므로 "唐块"에 대한 설명문 단문이 나올 것을 예측한다. 음성에서 这种积木玩具不但充满乐趣，还能激发孩子的创新精神。이라고 했다. 따라서 보기 D "唐块"能培养创新思维가 정답이다.

어휘 보기 玩具 wánjù 몡 장난감, 완구　设计 shèjì 몡 디자인, 설계　意义 yìyì 몡 의미, 뜻　创新 chuàngxīn 몡 창조성, 창의
　　　思维 sīwéi 몡 사고, 사유

　　단문 限制 xiànzhì 통 제한하다, 한정하다　积木 jīmù 몡 (장난감) 블록　牢固 láogù 톙 견고하다, 든든하다　拼合 pīnhé 통 조립하다
　　　教具 jiàojù 교구, 교육용 기재　建筑 jiànzhù 몡 건물　模型 móxíng 몡 모형, 모델　充满 chōngmǎn 통 가득하다, 충만하다
　　　乐趣 lèqù 재미, 즐거움　激发 jīfā 통 (감정을) 불러일으키다, 끓어오르게 하다　创新精神 chuàngxīn jīngshén 창의력

6 중상	A 中间座位将被调整	A 중간 좌석은 조정될 것이다
	B 飞机的过道较为狭窄	B 비행기 통로는 비교적 협소하다
	C 乘客可自由选择座位	C 승객은 자유롭게 좌석을 선택할 수 있다
	D 经济舱的座位减少了	D 이코노미석 좌석은 줄어들었다
	飞机经济舱的座位比较狭窄，尤其是中间座位，空间更加狭小。目前一家美国公司设计出了全新的经济舱座位布局。中间座位不再跟两侧的座位并列，而是更靠后，同时也变得更宽敞。据悉，这一设计方案即将投入生产。	비행기 이코노미석 좌석은 비교적 협소한데, 특히 중간 좌석은 공간이 더욱더 비좁다. 현재 한 미국 회사는 완전히 새로운 이코노미석 좌석 배치를 설계했다. 중간 좌석은 더이상 양측의 좌석과 병렬하지 않고 뒤쪽에 더 가까워졌으며, 동시에 더욱 넓어졌다. 알려진 바에 의하면, 이 설계 방안이 곧 생산에 들어갈 것이라고 한다.

해설 보기에 座位(좌석)가 반복적으로 나오므로 座位와 관련된 설명문 단문이 나올 것을 예측한다. 음성에서 中间座位不再跟两侧的座位并列，而是更靠后，同时也变得更宽敞。据悉，这一设计方案即将投入生产。이라고 했다. 따라서 보기 A 中间座位将被调整이 정답이다.

어휘 보기 调整 tiáozhěng 통 조정하다　过道 guòdào 몡 통로, 복도　狭窄 xiázhǎi 톙 협소하다, 비좁다
　　　经济舱 jīngjìcāng 몡 (비행기·선박 등의) 이코노미석, 일반석

　　단문 空间 kōngjiān 몡 공간　狭小 xiáxiǎo 톙 비좁다, 협소하다　目前 mùqián 몡 현재, 지금　设计 shèjì 통 설계하다, 디자인하다
　　　布局 bùjú 몡 배치, 구도　并列 bìngliè 통 병렬하다　靠 kào 통 가깝게 하다, 기대다　宽敞 kuānchang 톙 넓다, 드넓다
　　　据悉 jùxī 통 알려진 바에 의하면 ~라고 한다　方案 fāng'àn 몡 방안　即将 jíjiāng 뷔 곧, 머지않아
　　　投入 tóurù 통 들어가다, 투입하다　生产 shēngchǎn 통 생산하다, 만들다

7 중상	A 工作忙碌的人喜欢网购	A 업무가 바쁜 사람은 온라인 쇼핑을 좋아한다
	B 快递公司不应透露隐私	B 택배 회사는 프라이버시를 누설해서는 안 된다
	C 目前已有代寄包裹服务	C 현재 소포를 대신 보내는 서비스가 이미 있다
	D 商品应满足消费者需求	D 상품은 소비자의 수요를 만족시켜야 한다
	工作忙碌没时间寄快递？注重隐私不希望快递员上门取件？京东快递为了给消费者提供便利，近期推出了门店代寄服务。消费者有寄件需求时，可以将包裹送至就近的代寄点。目前这项服务已在北京等近百个城市推行。	업무가 바빠서 택배를 보낼 시간이 없는가? 프라이버시를 중시해서 택배원이 방문하여 물건을 가지고 가는 것을 바라지 않는가? 징둥 택배는 소비자들에게 편리를 제공하기 위해, 최근 매장에서 대신 물건을 보내는 서비스를 선보였다. 소비자가 물건을 부치는 것이 필요할 때, 소포를 가까운 곳의 대리 발송 지점으로 보낼 수 있다. 현재 이 서비스는 베이징을 비롯하여 100개 가까이 되는 도시에서 널리 시행되고 있다.

해설 보기에 快递(택배), 包裹(소포)와 같이 비슷한 주제의 어휘가 나오므로 택배(소포)에 대한 정보 전달 단문이 나올 것을 예측한다. 음성에서 消费者有寄件需求时，可以将包裹送至就近的代寄点。目前这项服务已在北京等近百个城市推行。이라고 했다. 따라서 보기 C 目前已有代寄包裹服务가 정답이다.

어휘 보기 忙碌 mánglù 톙 (정신없이) 바쁘다, 눈코 뜰 새 없다　快递 kuàidì 몡 택배　透露 tòulù 통 누설하다
　　　隐私 yǐnsī 몡 프라이버시　目前 mùqián 몡 현재, 지금　代寄 dàijì 대신 물건을 보내다　包裹 bāoguǒ 몡 소포
　　　商品 shāngpǐn 몡 상품, 제품　满足 mǎnzú 통 만족시키다, 만족하다　消费者 xiāofèizhě 몡 소비자　需求 xūqiú 몡 수요, 필요

　　단문 注重 zhùzhòng 통 중시하다　快递员 kuàidìyuán 택배원　上门 shàngmén 통 방문하다
　　　京东 Jīngdōng 고유 징둥[중국의 전자 상거래 업체]　便利 biànlì 톙 편리하다　推出 tuīchū 통 선보이다, 내놓다
　　　门店 méndiàn 몡 매장, 상점　寄件 jìjiàn 물건을 부치다　就近 jiùjìn 뷔 가까운 곳에, 근방에　代寄点 dàijìdiǎn 대리 발송 지점
　　　推行 tuīxíng 통 널리 시행하다, 보급하다

제1회

제2회

제3회

제4회
듣기

제5회

제6회

해커스 해설이 상세한 HSK 6급 실전모의고사

8 중	A 父母在教育孩子时要有技巧 B 学校教育是孩子教育的起点 C 老师应承担孩子的全部教育 D 社会教育是家庭教育的基础	A 부모는 아이를 교육할 때 테크닉이 있어야 한다 B 학교 교육은 아이 교육의 출발점이다 C 선생님은 아이의 모든 교육을 담당해야 한다 D 사회 교육은 가정 교육의 기초이다
	著名心理学家郝滨认为, 家庭教育既是孩子人生的重要起点, 也是学校教育和社会教育不可或缺的基础。父母在家庭教育中起着重要作用, 可以说是孩子的第一任老师。因此, 父母不仅要掌握一定的教育技巧, 还要努力成为孩子的榜样。	저명한 심리학자 하오빈은, 가정 교육은 아이 인생의 중요한 출발점이면서, 또 학교 교육과 사회 교육에서 없어서는 안 될 기초라고 여긴다. 부모는 가정 교육에서 중요한 역할을 하므로, 아이의 첫 번째 선생님이라고 할 수 있다. 그러므로 부모는 일정한 교육 테크닉을 습득해야 할 뿐만 아니라, 아이의 모범이 되려고 노력해야 한다.

해설 보기에 要(~해야 한다), 应(~해야 한다)과 같은 어휘가 나오므로 의견 주장 단문이 나올 것을 예측한다. 음성에서 父母在家庭教育中起着重要作用, 可以说是孩子的第一任老师。因此, 父母不仅要掌握一定的教育技巧라고 했다. 따라서 보기 A 父母在教育孩子时要有技巧가 정답이다.

어휘 보기 技巧 jìqiǎo 몡 테크닉, 기교 起点 qǐdiǎn 몡 출발점, 기점 承担 chéngdān 통 담당하다, 맡다 家庭 jiātíng 몡 가정

　　　단문 心理学家 xīnlǐxuéjiā 심리학자 郝滨 Hǎo Bīn 고유 하오빈[중국의 유명한 심리 전문가] 不可或缺 bùkěhuòquē 셩 없어서는 안되다 掌握 zhǎngwò 통 습득하다, 파악하다 榜样 bǎngyàng 몡 모범, 본보기

9 중	A 闻香师人才缺口大 B 闻香师的嗅觉敏锐 C 香水的种类越来越多 D 香水中添加了化学成分	A 향 감별사 인재가 많이 부족하다 B 향 감별사의 후각은 예민하다 C 향수의 종류는 점점 많아진다 D 향수에 화학 성분을 첨가했다
	专业闻香师的鼻子异常灵敏, 他们能够在不使用任何仪器的情况下, 识别出上千种香水的味道。想要成为一名专业闻香师, 必须要经过很多年的严格训练。除此之外, 为了保持嗅觉敏锐, 他们还必须戒酒戒烟。	전문적인 향 감별사의 코는 특히 민감한데, 그들은 어떠한 측정기를 사용하지 않는 상황에서도 수천 가지 향수의 냄새를 식별할 수 있다. 전문적인 향 감별사가 되려면 여러 해의 엄격한 훈련을 거쳐야 한다. 이 밖에도, 후각을 예민하게 유지하기 위해서 그들은 필히 술과 담배를 끊어야 한다.

해설 보기에 闻香师(향 감별사), 香水(향수)가 반복적으로 나오므로 闻香师, 香水와 관련된 설명문 단문이 나올 것을 예측한다. 음성에서 专业闻香师的鼻子异常灵敏이라고 했다. 따라서 보기 B 闻香师的嗅觉敏锐가 정답이다.

어휘 보기 闻香师 wénxiāngshī 향 감별사[향기를 맡는 일을 하는 사람] 人才 réncái 몡 인재 缺口 quēkǒu 몡 부족한 부분, 결점 嗅觉 xiùjué 몡 후각 敏锐 mǐnruì 휑 (감각이) 예민하다, 날카롭다 香水 xiāngshuǐ 몡 향수 添加 tiānjiā 통 첨가하다, 보태다 化学 huàxué 몡 화학 成分 chéngfèn 몡 성분

　　　단문 异常 yìcháng 틧 특히, 대단히 灵敏 língmǐn 휑 민감하다, 반응이 빠르다 仪器 yíqì 몡 측정기, 계측기 识别 shíbié 통 식별하다, 변별하다 训练 xùnliàn 통 훈련하다 保持 bǎochí 통 유지하다, 지키다 戒 jiè 통 끊다

10 중상	A 人们能亲自饲养熊猫 B 熊猫直播受到观众欢迎 C 熊猫直播时间为八小时 D 人们可以拍摄熊猫的视频	A 사람들은 직접 판다를 사육할 수 있다 B 판다 생방송은 시청자들의 환영을 받는다 C 판다 생방송 시간은 8시간이다 D 사람들은 판다 동영상을 촬영할 수 있다
	莫斯科动物园在熊猫馆设置了八个昼夜运行的摄像头, 并通过互联网专门直播了大熊猫 "如意" 和 "丁丁" 的日常。观众可以在相关频道看到饲养、训练熊猫的场景。据统计, 目前熊猫直播的日观看人数已经突破了五万。	모스크바 동물원은 판다관에 밤낮으로 운영되는 8개의 CCTV를 설치하고, 인터넷을 통해 특별히 자이언트 판다 '루이'와 '딩딩'의 일상을 생중계했다. 시청자들은 관련 채널에서 판다를 사육하고 훈련하는 장면을 볼 수 있다. 통계에 따르면, 현재 판다 생방송의 하루 시청자 수는 이미 5만 명을 돌파했다.

해설 보기에 熊猫直播(판다 생방송), 熊猫的视频(판다 동영상)과 같이 비슷한 주제의 어휘가 나오므로 판다 생방송과 관련된 정보 전달 단문이 나올 것을 예측한다. 음성에서 目前熊猫直播的日观看人数已经突破了五万이라고 했다. 따라서 보기 B 熊猫直播受到观众欢迎이 정답이다.

어휘 보기 **亲自** qīnzì [부] 직접 **饲养** sìyǎng [동] 사육하다 **直播** zhíbō [동] 생방송하다 **拍摄** pāishè [동] 촬영하다 **视频** shìpín [명] 동영상

단문 **莫斯科** Mòsīkē [고유] 모스크바[러시아의 수도] **设置** shèzhì [동] 설치하다 **昼夜** zhòuyè [명] 밤낮
运行 yùnxíng [동] 운영하다, 운행하다 **摄像头** shèxiàngtóu [명] CCTV, 웹캠 **日常** rìcháng [형] 일상의, 일상적인
相关 xiāngguān [동] 관련되다, 연관되다 **频道** píndào [명] 채널 **训练** xùnliàn [동] 훈련하다 **场景** chǎngjǐng [명] 장면, 신
统计 tǒngjì [명] 통계 **目前** mùqián [명] 현재, 지금 **突破** tūpò [동] 돌파하다, 타파하다

11 중상

A 喷瓜的果实口感香甜 B 喷瓜是新的植物品种 C 喷瓜最长可以长到十几米 D 喷瓜以爆炸的方式传播种子	A 스쿼팅 오이의 열매는 맛이 달콤하다 B 스쿼팅 오이는 새로운 식물 품종이다 C 스쿼팅 오이는 최장 십여 미터까지 자랄 수 있다 D 스쿼팅 오이는 폭발하는 방식으로 씨앗을 퍼뜨린다
有一种神奇的植物叫做喷瓜，其传播种子的方式很特别。当果实成熟后，含有种子的组织就会变成液体，挤满果实的内部。如果人或者动物一不小心触碰到它，果实就会爆炸，把种子喷到十几米远的地方。	스쿼팅오이라고 불리는 신기한 식물이 있는데, 그것이 씨앗을 퍼뜨리는 방식은 특별하다. 열매가 익은 후, 씨앗을 함유한 조직은 액체로 변하여 열매의 내부를 가득 채운다. 만약 사람이나 동물이 실수로 그것에 접촉한다면, 열매는 폭발하여 씨앗을 십여 미터 떨어진 곳으로 내뿜게 된다.

해설 보기에 喷瓜(스쿼팅 오이)가 반복적으로 나오므로 喷瓜와 관련된 설명문 단문이 나올 것을 예측한다. 음성에서 果实就会爆炸，把种子喷到十几米远的地方이라고 했다. 따라서 보기 D 喷瓜以爆炸的方式传播种子가 정답이다.

어휘 보기 **喷瓜** pēnguā [명] 스쿼팅 오이 **果实** guǒshí [명] 열매, 과실 **品种** pǐnzhǒng [명] 품종, 제품의 종류 **爆炸** bàozhà [동] 폭발하다
方式 fāngshì [명] 방식, 방법 **传播** chuánbō [동] 퍼뜨리다, 전파하다 **种子** zhǒngzi [명] 씨앗

단문 **神奇** shénqí [형] 신기하다, 기묘하다 **成熟** chéngshú [동] (과일·곡식·열매 등이) 익다 **组织** zǔzhī [명] 조직 **液体** yètǐ [명] 액체
挤满 jǐmǎn [동] 가득 차다 **内部** nèibù [명] 내부 **触碰** chùpèng [동] 접촉하다, 닿다 **喷** pēn [동] 내뿜다, 분출하다

12 중상

A 供电设备正在维修中 B 地铁九号线即将通车 C 部分列车出现了故障 D 列车预计十点恢复运行	A 전력 공급 설비는 수리 중이다 B 지하철 9호선은 곧 개통된다 C 일부 열차에 고장이 발생했다 D 열차는 10시에 운행을 재개할 것으로 예상된다
上午十点，上海地铁发布消息：九号线因供电设备故障，松江体育中心站至佘山站区段列车限速运行，发车间隔延长，预计晚点十分钟以上，其他区段列车也有所延误。目前供电设备正在加紧检修，望广大乘客谅解。	오전 10시, 상하이 지하철은 9호선이 전력 공급 설비의 고장으로 인해 쑹장 체육 센터역에서 서산역 구간의 열차가 제한 속도로 운행되며, 출발 간격이 연장되어 10분 이상 연착될 것으로 예상되고, 다른 구간의 열차도 다소 지연될 것이라는 소식을 발표했다. 현재 전력 공급 설비를 서둘러 점검 수리하는 중이며, 많은 승객들의 양해를 바란다고 했다.

해설 보기에 地铁(지하철), 列车(열차)와 같이 비슷한 주제의 어휘가 나오므로 교통수단에 대한 정보 전달 단문이 나올 것을 예측한다. 음성에서 目前设备正在加紧检修라고 했다. 따라서 보기 A 供电设备正在维修中이 정답이다.

어휘 보기 **供电** gōngdiàn [동] 전력을 공급하다 **设备** shèbèi [명] 설비, 시설 **维修** wéixiū [동] 수리하다, 수선하다
即将 jíjiāng [부] 곧, 머지않아 **通车** tōngchē [동] 개통하다 **列车** lièchē [명] 열차 **故障** gùzhàng [명] (기계 따위의) 고장, 결함
预计 yùjì [동] 예상하다, 예측하다 **恢复** huīfù [동] 재개하다, 회복하다 **运行** yùnxíng [동] (차·열차·배·별 등이) 운행하다

단문 **发布** fābù [동] (명령·지시·뉴스 등을) 발표하다, 선포하다 **中心** zhōngxīn [명] 센터, 중심 **区段** qūduàn [명] 구간
限速 xiànsù 제한 속도, 주행 속도를 제한하다 **发车** fāchē [동] 출발하다 **间隔** jiàngé [명] 간격, 사이
延长 yáncháng [동] 연장하다 **晚点** wǎndiǎn [동] 연착하다 **有所** yǒusuǒ [동] 다소 ~하다
延误 yánwù [동] (시간·시기 등을) 지연하다, 끌다 **目前** mùqián [명] 현재, 지금 **加紧** jiājǐn [동] 서두르다, 박차를 가하다
检修 jiǎnxiū [동] 점검하고 수리하다 **广大** guǎngdà [형] (사람 수가) 많다, (공간이) 넓다 **谅解** liàngjiě [동] 양해하다, 이해하여 주다

13 중	A 车内的温度不宜过高	A 차량 내부의 온도가 너무 높아서는 안 된다
	B 要及时清洁汽车玻璃	B 자동차 유리를 제때에 청소해야 한다
	C 开车前要确保车况良好	C 운전하기 전 차량 상태가 양호함을 확보해야 한다
	D 遮阳板会遮挡司机的视野	D 햇빛 가리개는 운전자의 시야를 차단할 수 있다

进入夏季后，阳光变得毒辣而刺眼，因此司机们纷纷使用起了遮阳板，但这样做容易挡住司机的视线。交警提醒广大司机，驾车上路时一定要保证车辆前后及两侧车窗没有遮挡物，不要制造观察盲区，确保自己及他人的出行安全。	여름에 들어선 후, 햇빛은 매섭고 눈이 부시기 때문에 운전자들은 잇달아 햇빛 가리개를 사용하기 시작했지만, 이렇게 하면 운전자들의 시선을 가리기 쉽다. 교통 경찰은 많은 운전자들에게 차를 운전해서 출발할 때 반드시 차량 앞뒤 및 양측 차창에 장애물이 없는 것을 확보해야 하고, 관측 사각지대를 만들지 말아야 하며, 자신과 타인의 외출 시 안전을 확보해야 한다고 주의를 주었다.

해설 보기에 车内(차량 내부), 车况(차량 상태)과 같이 비슷한 주제의 어휘가 나오므로 자동차에 대한 정보 전달 단문이 나올 것을 예측한다. 음성에서 司机们纷纷使用起了遮阳板, 但这样做容易挡住司机的视线이라고 했다. 따라서 보기 D 遮阳板会遮挡司机的视野가 정답이다.

어휘 보기 不宜 bùyí 图 ~해서는 안 된다, ~하는 것은 좋지 않다　清洁 qīngjié 图 깨끗하다, 청결하다　玻璃 bōlí 图 유리
确保 quèbǎo 图 확보하다, 확실히 보장하다　车况 chēkuàng 图 차량의 상태　良好 liánghǎo 图 양호하다, 좋다
遮阳板 zhēyángbǎn 图 햇빛 가리개, 차광막　遮挡 zhēdǎng 图 차단하다, 막다　视野 shìyě 图 시야

단문 夏季 xiàjì 图 여름, 하계　毒辣 dúlà 图 매섭다, 악랄하다　刺眼 cìyǎn 图 눈이 부시다, 눈이 따갑다
纷纷 fēnfēn 图 잇달아, 끊임없이　挡住 dǎngzhù 图 가리다, 가로막다, 저지하다　视线 shìxiàn 图 시선, 눈길
交警 jiāojǐng 교통 경찰[交通警察의 줄임말]　广大 guǎngdà 图 (사람 수가) 많다, (범위가 규모가) 크다
驾车 jiàchē 차를 운전하다　上路 shànglù 图 출발하다, 길에 오르다　保证 bǎozhèng 图 확보하다, 보증하다
遮挡物 zhēdǎngwù 장애물　制造 zhìzào 图 만들다, 조성하다　观察 guānchá 图 관측하다, 관찰하다
盲区 mángqū 图 사각지대　确保 quèbǎo 图 확보하다, 확실히 보장하다　出行 chūxíng 图 외출하다, 다른 지역으로 가다

14 중상	A 吃盐能缓解炎症	A 소금을 먹는 것은 염증을 완화시킬 수 있다
	B 慢性病不易治疗	B 만성 질병은 치료가 쉽지 않다
	C 营养不良很常见	C 영양실조는 흔하다
	D 挑食行为会遗传	D 음식을 가려서 먹는 행위는 유전될 수 있다

研究发现，挑食或偏食的人膳食纤维、蛋白质和不饱和脂肪酸摄入量不足，饱和脂肪和盐的摄入量却较大。这会加重人体的炎症反应，进而增加患慢性病的风险。遗传性较高的挑食、偏食行为多发于儿童时期。	연구에서 음식을 가려 먹거나 좋아하는 것만 먹는 사람은 식이섬유, 단백질과 불포화 지방산의 섭취량이 부족하고, 포화 지방과 소금의 섭취량이 오히려 비교적 많다는 것을 발견했다. 이는 인체의 염증 반응을 악화시키고, 더 나아가 만성 질병에 걸릴 위험을 증가시킨다. 유선성이 비교적 높은 음식을 가려 먹거나 편식하는 행위는 아동기에 많이 발생한다.

해설 보기에 炎症(염증), 慢性病(만성 질병), 营养不良(영양실조), 挑食(음식을 가려서 먹다)과 같이 비슷한 주제의 어휘가 나오므로 건강에 대한 정보 전달 단문이 나올 것을 예측한다. 음성에서 遗传性较高的挑食、偏食行为多发于儿童时期。라고 했다. 따라서 보기 D 挑食行为会遗传이 정답이다.

어휘 보기 缓解 huǎnjiě 图 완화시키다, 완화되다　炎症 yánzhèng 图 염증　慢性病 mànxìngbìng 만성 질병　治疗 zhìliáo 图 치료하다
营养不良 yíngyǎng bùliáng 영양실조　挑食 tiāoshí 图 음식을 가려서 먹다　行为 xíngwéi 图 행위, 행동
遗传 yíchuán 图 유전하다

단문 偏食 piānshí 图 좋아하는 것만 먹다, 편식하다　膳食纤维 shànshíxiānwéi 식이섬유　蛋白质 dànbáizhì 图 단백질
不饱和脂肪酸 bù bǎohé zhīfángsuān 불포화 지방산　摄入量 shèrùliàng 섭취량　不足 bùzú 图 부족하다
饱和脂肪 bǎohé zhīfáng 포화 지방　加重 jiāzhòng 图 (병세가) 악화되다, (무게가) 늘어나다　反应 fǎnyìng 图 반응
进而 jìn'ér 图 더 나아가, 진일보하여　风险 fēngxiǎn 图 위험

15 上	A 餐厅数量有助于城市研究 B 发展城市须提前做好规划 C 大城市应有效控制人口数量 D 社区要为居民提供生活服务

A 餐厅数量有助于城市研究 B 发展城市须提前做好规划 C 大城市应有效控制人口数量 D 社区要为居民提供生活服务	A 식당 수량은 도시 연구에 도움이 된다 B 도시 개발은 사전에 계획을 잘 세워야 한다 C 대도시는 인구 수를 효과적으로 통제해야 한다 D 지역사회는 거주민들에게 생활 서비스를 제공해야 한다
某位著名的城市研究专家表示，餐饮业与人口、财富、消费等本地社会经济属性高度相关。餐厅的数量能够帮助相关人员较为准确地预测社区人口、公司数量和消费情况，也可以为城市规划及政策制定提供依据。	한 저명한 도시 연구 전문가는 요식업이 인구, 재산, 소비 등 그곳의 사회적 경제적 성격과 매우 관련되어 있다고 말했다. 식당 수량은 관계자가 지역사회의 인구, 회사 수와 소비 상황을 비교적 정확하게 예측할 수 있게 도와주며, 도시 계획 및 정책 제정을 위한 근거도 제공해 줄 수 있다.

해설 보기에 须(~해야 한다), 应(~해야 한다)과 같은 어휘가 나오므로 의견 주장 단문이 나올 것을 예측한다. 음성에서 餐厅的数量……也可以为城市规划及政策制定提供依据라고 했다. 따라서 보기 A 餐厅数量有助于城市研究가 정답이다.

어휘 보기 规划 guīhuà 명 계획, 기획　控制 kòngzhì 동 통제하다, 조절하다　人口 rénkǒu 명 인구
社区 shèqū 명 지역사회, (아파트 등의) 단지　居民 jūmín 명 거주민, 주민

단문 专家 zhuānjiā 명 전문가　餐饮业 cānyǐnyè 명 요식업, 외식 산업　财富 cáifù 명 재산, 자산　消费 xiāofèi 동 소비하다
本地 běndì 명 그곳, 본고장　属性 shǔxìng 명 성격, 속성　高度 gāodù 형 정도가 매우 높다, 고도의
相关 xiāngguān 동 관련되다, 상관되다　预测 yùcè 동 예측하다　政策 zhèngcè 명 정책　制定 zhìdìng 동 제정하다
依据 yījù 명 근거

16-20

第16到20题是根据下面一段采访：

女：[20]今天来到广播间的是曾经担任腾讯公司副总裁的吴军，他既是科技行业的领军人物，也是著名的风险投资人。下面请吴军先生评价一下中国的科技企业。

男：在中国，规模较大的传统科技企业和同等级的国外企业差距不大，成长路线也很相似。在发展初期，它们通常会选择风险较小的方式稳妥前行。相反，[16]近些年崛起的新生代企业为了迅速壮大规模，都选择了风险较大的融资方式及管理模式。

女：一些经济学家认为，中国的科技企业将会迎来分化阶段。应该如何理解这一说法？您能和我们简单讲讲吗？

男：[17]首先，中国的科技企业应该会在资本泡沫结束后迎来分化。资本泡沫时期，为了迅速获得收益，很多投资人都会选择对热门行业进行大手笔的投资。所以不少科技企业都能轻而易举地拿到融资。[17]但这个时期结束后，市场一定会出现翻天覆地的变化。[17]投资人会撤出或减少投资，而自身发展能力弱的企业就会被淘汰。然而，从长远角度来看，这个现象对整个行业的发展来说不是坏事。效益和技术更好的企业，反而能够通过这样的变动获得有限的市场份额和资源。

女：在这样的时代背景下，[18]中国科技企业主要面临的困难有哪些？

男：以前科技企业比较容易获取用户，但[18]因为激烈的竞争，现在获取用户的难度大大增加了。因此企业只有提供给用户他们真正需要的商品或服务，才能走得更远。

16-20번 문제는 다음 인터뷰에 근거한다.

여：[20]오늘 라디오 스튜디오에 와주신 분은 이전에 텐센트 회사 부사장을 맡았던 우쥔 씨로, 그는 과학 기술 업계의 리더이자 유명한 벤처 투자가입니다. 다음은 우쥔 선생님에게 중국 과학 기술 기업을 평가해 달라고 부탁해 보겠습니다.

남：중국에서, 규모가 비교적 큰 전통 과학 기술 기업과 동급의 외국 기업은 격차가 크지 않고 성장 노선도 비슷합니다. 성장 초기에 그들은 보통 위험이 비교적 적은 방식을 선택하여 확실하게 앞으로 나아갑니다. 반면, [16]최근 몇 년 사이에 부상한 신생 기업은 규모를 빠르게 키우기 위해 위험이 비교적 큰 융자 방식 및 관리 모델을 선택했습니다.

여：일부 경제학자들은 중국의 과학 기술 기업이 분화 단계를 맞이할 것이라고 생각합니다. 이 의견을 어떻게 이해해야 할까요? 선생님께서 저희에게 간단히 설명해 주실 수 있을까요?

남：[17]먼저 중국의 과학 기술 기업은 자본 거품이 끝난 후에 분화를 맞이하게 될 것입니다. 자본 거품 시기에 신속하게 수익을 얻기 위해 많은 투자자들은 모두 인기 업종에 대규모로 투자하는 것을 선택합니다. 그래서 많은 과학 기술 기업이 모두 쉽게 융자를 받을 수 있게 되죠. [17]그러나 이 시기가 끝난 후, 시장에는 반드시 천지가 개벽할 정도의 변화가 나타날 것입니다. [17]투자자는 철수하거나 투자를 줄이게 될 것이고, 자체 성장 능력이 약한 기업은 도태될 것입니다. 그러나 장기적인 관점에서 보면 이러한 현상은 전체 업계의 성장에 있어서는 나쁜 일은 아닙니다. 수익성과 기술이 더욱 좋은 기업은 오히려 이러한 변동을 통해서 어느 정도의 시장의 점유율과 자원을 얻을 수 있습니다.

여：이러한 시대 배경 아래, [18]중국 과학 기술 기업이 주로 직면한 어려움은 어떤 것들이 있을까요?

남：예전에는 과학 기술 기업이 비교적 쉽게 사용자를 얻었지만, 그러나 [18]현재는 치열한 경쟁 때문에 고객을 얻는 어려움이 크게 증가했습니다. 때문에 기업은 사용자들이 진정 필요로 하는 상품이나 서비스를 제공해야만 비로소 더 멀리 나아갈 수 있습니다.

女: 您认为科技企业未来的发展方向是什么?

男: [19]我认为科技企业应该着眼于海外市场, 而不是局限于国内市场。不管是腾讯、阿里巴巴这种第一代科技企业, 还是小米、抖音这种新生代企业, 都不约而同地将进军海外市场作为重要的战略布局。由于他们有着不错的国际化视野, 所以取得了傲人的成绩。这是中国企业未来必经的发展之路, 单靠国内市场, 很难再培养出巨头企业。

여: 선생님은 과학 기술 기업 미래의 발전 방향은 무엇이라고 생각하시나요?

남: [19]저는 과학 기술 기업이 해외 시장에 초점을 맞춰야지, 국내 시장에 국한되어서는 안 된다고 생각합니다. 텐센트, 알리바바 같은 이러한 1세대 과학 기술 기업이든 아니면 샤오미, 틱톡 같은 이러한 신생 기업이든, 모두 약속이나 한 듯 해외 진출을 중요한 전략적 포석으로 삼고 있습니다. 그들은 좋은 글로벌 시야를 갖고 있기 때문에 자랑할 만한 성적을 거두고 있습니다. 이것은 중국 기업이 앞으로 반드시 거쳐야 할 성장의 길로, 단지 국내 시장에 기대는 것만으로는 더 이상 거대 기업을 키워 내기가 어렵습니다.

어휘 广播间 guǎngbōjiān 라디오 스튜디오 曾经 céngjīng 凰 이전에, 일찍이 担任 dānrèn 용 맡다, 담당하다
腾讯 Téngxùn 교유 텐센트[QQ, 중국에서 가장 인기 있는 무료 메신저] 副总裁 fù zǒngcái 부사장 科技行业 kējì hángyè 과학 기술 업계
领军人物 lǐngjūn rénwù 리더 风险投资人 fēngxiǎn tóuzīrén 벤처 투자가 评价 píngjià 용 평가하다 企业 qǐyè 영 기업
规模 guīmó 영 규모 传统 chuántǒng 영 전통 等级 děngjí 영 등급, 계급 差距 chājù 영 격차, 차이
成长 chéngzhǎng 용 성장하다, 자라다 路线 lùxiàn 영 노선, 여정 相似 xiāngsì 영 비슷하다, 닮다 初期 chūqī 영 초기
通常 tōngcháng 凰 보통, 일반적으로 风险 fēngxiǎn 영 위험 方式 fāngshì 영 방식, 방법 稳妥 wěntuǒ 영 확실하다, 타당하다
前行 qiánxíng 앞으로 나아가다 崛起 juéqǐ 영 부상하다, 우뚝 솟다 新生代 xīnshēngdài 영 신생, 신세대
迅速 xùnsù 영 빠르다, 신속하다 壮大 zhuàngdà 용 키우다, 강대하다 融资 róngzī 융자 模式 móshì 영 모델, (표준) 양식
迎来 yínglái 맞이하다, 맞다 分化 fēnhuà 영 분화, 분열 阶段 jiēduàn 영 단계, 계단 如何 rúhé 어떻다, 어떠하다
说法 shuōfǎ 영 의견, 견해 资本 zīběn 영 자본, 자금 泡沫 pàomò 영 거품 时期 shíqī 영 (특정한) 시기 收益 shōuyì 영 수익, 이득
热门 rèmén 영 인기 있는 것, 유행하는 것 大手笔 dàshǒubǐ 대규모 투자, 큰 손 轻而易举 qīng'éryìjǔ 쉽다, 매우 수월하다
翻天覆地 fāntiānfùdì 영 천지가 개벽하다, 커다란 변화가 일어나다 撤出 chèchū 철수하다 弱 ruò 영 약하다, 허약하다
淘汰 táotài 용 도태하다, 탈락되다 长远 chángyuǎn 영 장기적이다, 오래다 角度 jiǎodù 영 관점, 각도 现象 xiànxiàng 영 현상
整个 zhěnggè 영 전체의, 전부의 效益 xiàoyì 영 수익성, 효익 反而 fǎn'ér 凰 오히려, 반대로 有限 yǒuxiàn 영 제한되다, 한계가 있다
市场 shìchǎng 영 시장 份额 fèn'é 영 (시장) 점유율, 배당 资源 zīyuán 영 자원 时代 shídài 영 시대, 시절 背景 bèijǐng 영 배경
面临 miànlín 용 직면하다, 당면하다 获取 huòqǔ 용 얻다, 획득하다 用户 yònghù 영 사용자, 가입자 激烈 jīliè 영 치열하다, 격렬하다
竞争 jìngzhēng 영 경쟁 용 경쟁하다 难度 nándù 영 어려움, 난이도 商品 shāngpǐn 영 상품, 제품 未来 wèilái 영 미래
着眼 zhuóyǎn 영 초점을 맞추다, 착안하다 局限 júxiàn 국한하다, 한정하다 阿里巴巴 Ālǐbābā 교유 알리바바[중국 최대의 전자 상거래 회사]
小米 Xiǎomǐ 교유 샤오미[중국의 통신 기기 및 소프트웨어 업체] 抖音 Dǒuyīn 교유 틱톡[중국 바이트댄스사가 서비스하는 SNS 앱]
不约而同 bùyuē'értóng 영 약속이나 한 듯이 행동 의견이 일치하다 进军 jìnjūn 용 진출하다, 진군하다
作为 zuòwéi 용 ~으로 삼다, ~으로 여기다 战略 zhànlüè 영 전략 布局 bùjú 영 포석, 구도 视野 shìyě 영 시야
傲人 àorén 자랑할 만하다 靠 kào 용 기대다 培养 péiyǎng 용 키워내다, 양성하다 巨头 jùtóu 영 거대, 우두머리

16-20번 보기의 科技企业(과학 기술 기업), 技术更新(기술 혁신)을 통해 인터뷰 대상은 과학 기술과 관련된 사업가임을 예측할 수 있다. 따라서 사업가 인터뷰가 나올 것을 대비해서 듣는다. 특히, 남자가 인터뷰 대상이므로 남자의 말을 주의 깊게 듣는다.

16 중상	A 拥有较为先进的技术	A 비교적 선진 기술을 보유하고 있다
	B 销售利润率普遍较高	B 판매 수익률이 전반적으로 높다
	C 采用风险较大的融资方式	C 위험이 비교적 큰 융자 방식을 채택한다
	D 与传统科技企业差别不大	D 전통 과학 기술 기업과 차이가 크지 않다
	问 : 关于新生代企业, 可以知道什么?	질문 : 신생 과학 기술 기업에 관하여, 무엇을 알 수 있는가?

해설 남자의 말에서 언급된 近些年崛起的新生代企业为了迅速壮大规模, 都选择了风险较大的融资方式及管理模式를 듣고, 보기 C 采用风险较大的融资方式에 체크해 둔다. 질문이 신생 과학 기술 기업에 관하여 알 수 있는 것을 물었으므로, 보기 C가 정답이다.

어휘 拥有 yōngyǒu 용 보유하다, 지니다 先进 xiānjìn 영 선진의, 남보다 앞선 销售 xiāoshòu 용 판매하다 利润率 lìrùnlǜ 수익률, 이익률
采用 cǎiyòng 용 채택하다 风险 fēngxiǎn 영 위험, 모험 融资 róngzī 융자 方式 fāngshì 영 방식, 방법 科技 kējì 영 과학 기술
企业 qǐyè 영 기업 新生代 xīnshēngdài 영 신생, 신세대

<table>
<tr><td>

17
상

A 有利于提高效益

B 有助于优胜劣汰

C 能扩大企业规模

D 能促进技术更新

问 : 男的认为企业分化有什么好处?
</td><td>

A 수익성을 높이는 데에 유리하다

B 나은 자는 이기고 못한 자는 패하는 것에 도움이 된다

C 기업 규모를 확대할 수 있다

D 기술 혁신을 촉진할 수 있다

질문 : 남자는 기업의 분화가 어떤 장점이 있다고 생각하는가?
</td></tr>
</table>

해설 남자의 말에서 언급된 首先, 中国的科技企业应该会在资本泡沫结束后迎来分化。……但这个时期结束后……投资人会撤出或减少投资, 而自身发展能力弱的企业就会被淘汰。然而, 从长远角度来看, 这个现象对整个行业的发展来说不是坏事。을 듣고, 보기 B 有助于优胜劣汰에 체크해 둔다. 질문이 남자가 생각하는 기업의 분화의 장점을 물었으므로, 보기 B가 정답이다.

어휘 效益 xiàoyì 圈 수익성, 효익   优胜劣汰 yōushèngliètài 성 나은 자는 이기고 못한 자는 패하다, 우승열패하다
扩大 kuòdà 圐 확대하다, 넓히다   企业 qǐyè 圈 기업   规模 guīmó 圈 규모   促进 cùjìn 圐 촉진하다, 추진하다
更新 gēngxīn 圐 혁신하다, 새롭게 바뀌다   分化 fēnhuà 圈 분화, 분열

<table>
<tr><td>

18
중

A 难以长期留住人才

B 管理层的经验不足

C 难以吸引更多客户

D 私人投资正持续减少

问 : 目前科技企业面临着什么困难?
</td><td>

A 인재를 오랜 기간 붙잡아 두기 어렵다

B 경영진의 경험이 부족하다

C 더 많은 고객을 끌어들이기 어렵다

D 개인 투자가 지속적으로 감소하고 있다

질문 : 현재 과학 기술 기업은 어떤 문제에 직면하고 있는가?
</td></tr>
</table>

해설 여자의 말에서 언급된 中国科技企业主要面临的困难有哪些?와 남자의 말에서 언급된 因为激烈的竞争, 现在获取用户的难度大大增加了를 듣고, 보기 C 难以吸引更多客户에 체크해 둔다. 질문이 현재 과학 기술 기업이 직면하고 있는 문제를 물었으므로, 보기 C가 정답이다.

어휘 难以 nányǐ 圐 ~하기 어렵다   留住 liúzhù 圐 붙잡아 두다, 만류하다   人才 réncái 圈 인재   管理层 guǎnlǐcéng 圈 경영진, 관리계층
不足 bùzú 圐 부족하다, 모자라다   客户 kèhù 圈 고객   私人 sīrén 圈 개인, 민간   投资 tóuzī 圈 투자
持续 chíxù 圐 지속되다, 계속 유지하다   科技 kējì 圈 과학 기술   企业 qǐyè 圈 기업   面临 miànlín 圐 직면하다, 당면하다

<table>
<tr><td>

19
중상

A 进军海外

B 降低成本

C 吸引用户

D 扩大合作

问 : 男的认为科技企业应该如何发展?
</td><td>

A 해외로 진출한다

B 자본금을 낮춘다

C 사용자를 끌어들인다

D 협력을 확대한다

질문 : 남자는 과학 기술 기업이 어떻게 발전해야 한다고 생각하는가?
</td></tr>
</table>

해설 남자의 말에서 언급된 我认为科技企业应该着眼于海外市场, 而不是局限于国内市场。을 듣고, 보기 A 进军海外에 체크해 둔다. 질문이 남자가 생각하는 과학 기술 기업의 발전 방법을 물었으므로, 보기 A가 정답이다.

어휘 进军 jìnjūn 圐 진출하다, 진군하다   成本 chéngběn 圈 자본금, 원가   用户 yònghù 圈 사용자, 가입자
扩大 kuòdà 圐 확대하다, 넓히다   合作 hézuò 圐 협력하다   科技 kējì 圈 과학 기술   企业 qǐyè 圈 기업
如何 rúhé 団 어떻다, 어떠하다

<table>
<tr><td>

20
상

A 最近写的书十分畅销

B 认为目前投资风险大

C 曾经担任腾讯公司的高管

D 对科技企业的前景很悲观

问 : 关于男的, 下列哪项正确?
</td><td>

A 최근에 쓴 책이 매우 잘 팔린다

B 현재 투자 위험이 크다고 생각한다

C 이전에 텐센트 회사의 고위 임원을 맡았다

D 과학 기술 기업의 전망에 대해 비관적이다

질문 : 남자에 관하여, 다음 중 옳은 것은?
</td></tr>
</table>

해설 여자의 말에서 언급된 今天来到广播间的是曾经担任腾讯公司副总裁的吴军을 듣고, 보기 C 曾经担任腾讯公司的高管에 체크해 둔다. 질문이 남자에 관하여 옳은 것을 물었으므로, 보기 C가 정답이다. 참고로, 맨 마지막 문제의 단서는 인터뷰 초중반에 언급되기도 한다.

어휘 畅销 chàngxiāo 휑 잘 팔리다, 판로가 넓다　**目前** mùqián 휑 현재, 지금　**投资** tóuzī 휑 투자　**风险** fēngxiǎn 휑 위험, 모험
科技 kējì 휑 과학 기술　**企业** qǐyè 휑 기업　**曾经** céngjīng 휑 이전에　**担任** dānrèn 휑 맡다, 담당하다　**腾讯** Téngxùn 고유 텐센트
高管 gāoguǎn 휑 (기업의) 고위 임원　**前景** qiánjǐng 휑 전망, 전경　**悲观** bēiguān 휑 비관적이다, 비관하다

21-25

第21到25题是根据下面一段采访:

男:四年一度的世界女排锦标赛即将开赛, 为了深入了解比赛及中国女子排球队的情况, 我们请来到了国家队队长朱婷。朱婷你好, 距离你上次打世锦赛已经有四年了, 当时的心态怎么样?

女:²¹那时候年纪还小, 没什么思想负担, 只想把自己的实力充分展现出来。

男:那次世锦赛的经历让你印象深刻吗?

女:挺深刻的, 特别是进入六强的时候, 几乎场场都是生死战, 打得格外艰难。我们身心俱疲, 甚至一度丧失信心。²²不过和多米尼加队的那场比赛改变了我们的状态。我到现在为止都无法忘记那场比赛。²²因为赢了多米尼加队后, 我们的自信心增强了, 后面的比赛也就越来越顺利了。

男:上次对阵意大利队时, 她们对你的防守可以说是非常严密了。针对这种情况, ²³这次你会做出哪些调整?

女:她们队员比较高大, 对我扣球的拦防比较有效。所以²³我觉得自己的打法, 包括队伍的战术可能都需要做一些改变, 进行一些新的尝试。

男:在本次世锦赛上, 国家队有什么目标?

女:今年有很多新人进入了国家队的大家庭, 给我们带来了新的力量。世锦赛的周期很长, 但是²⁴我们不会掉以轻心, 同时还会竭尽全力争取每一场比赛的胜利。

男:你的排球生涯已经取得了很多成绩和荣誉, 也激励了很多人, 你有哪些感想可以与大家分享?

女:我觉得一个人只要有梦想, 有目标, 并且愿意为此付诸努力的话, 就一定会取得成功。

男:我相信你应该听过很多赞美之辞, 对此感觉如何?

女:²⁵成功的时候总会听到很多赞美, 但我一直提醒自己要保持清醒。每次中国女排拿到冠军时, 郎平教练都会说:"走下领奖台, 一切从零开始"。她是我的人生导师, 也是我的榜样。在她的言传身教下, 我学会了盛名之下不忘初心。

21-25번 문제는 다음 인터뷰에 근거한다.

남: 4년에 한 번 열리는 세계 여자 배구 선수권 대회가 곧 시작되는데요, 경기 및 중국 여자 배구팀의 상황을 깊이 있게 알아보기 위해 국가 대표팀 주장 주팅을 모셨습니다. 주팅 씨 안녕하세요. 지난 세계 선수권 대회를 치른 지 벌써 4년이 지났네요, 그때의 심리 상태는 어땠나요?

여:²¹그땐 나이가 아직 어려서 마음의 부담은 없었고, 그저 저의 실력을 충분히 발휘하고 싶다고 생각했었습니다.

남: 그때의 세계 선수권 대회 경험은 당신에게 인상이 깊었나요?

여: 엄청 깊었어요. 특히 6강에 올랐을 때 거의 매 경기를 목숨을 걸고 해서, 유달리 힘들게 경기했었어요. 저희는 심신이 모두 지쳐서, 심지어 한때는 자신감도 잃었었죠. ²²하지만 도미니카 공화국 팀과의 경기는 저희의 상황을 바꿔 놓았습니다. 저는 지금까지도 그때의 경기를 잊을 수 없어요. ²²도미니카 공화국 팀을 이긴 후 우리의 자신감이 높아졌고, 이후의 경기도 점점 순조로워졌기 때문입니다.

남: 지난 번 이탈리아 팀과 맞붙었을 때, 당신에 대한 그녀들의 수비는 꽤 치밀했다고 말할 수 있습니다. 이런 상황에 대해, ²³이번에 당신은 어떤 조정을 하실 건가요?

여: 그 선수들은 비교적 키가 큰 편이라, 제 스매시에 대한 블로킹이 비교적 효과가 있어요. 그래서²³제 생각에는 저의 타법, 이 팀의 전술을 포함해서 몇몇 변화가 필요하고, 새로운 시도도 해야 할 것 같습니다.

남: 이번 세계 선수권 대회에서 국가 대표팀의 목표는 무엇인가요?

여: 올해는 많은 신인들이 국가 대표팀 대가족에 들어와 우리에게 새로운 힘을 주었습니다. 세계 선수권 대회의 주기는 길지만, ²⁴우리는 방심하지 않고, 동시에 매 경기마다 승리를 쟁취하도록 최선을 다할 것입니다.

남: 당신의 배구 인생은 이미 많은 성적과 영예를 얻었고, 또 많은 사람들을 격려했는데요, 어떤 소감을 대중들과 함께 나눌 수 있을까요?

여: 저는 사람이 꿈과 목표가 있고 그것을 위해 기꺼이 노력을 기울인다면 반드시 성공할 수 있다고 생각합니다.

남: 저는 당신이 많은 칭찬을 들어 봤을 거라 믿는데, 여기에 대한 생각은 어떤가요?

여:²⁵성공했을 때 항상 칭찬을 많이 듣지만, 저는 스스로에게 계속 정신이 깨어 있는 것을 유지해야 한다고 상기시켜요. 중국 여자 배구가 우승을 거머질 때마다 랑핑 감독님은 "시상대에서 내려오면, 모든 게 0부터 시작된다."고 말씀하셨어요. 그녀는 제 인생의 멘토이자 저의 롤모델이십니다. 말과 행동으로 모범을 보이시는 그녀의 가르침 아래, 저는 높은 명성 아래 초심을 잊지 않아야 한다는 것을 배웠습니다.

어휘 一度 yídù 휑 한 번, 한 차례 휑 한때　**锦标赛** jǐnbiāosài 휑 선수권 대회　**即将** jíjiāng 휑 곧, 머지않아　**开赛** kāisài 휑 (경기·게임 등을) 시작하다
深入 shēnrù 휑 깊이 있다, 심화시키다　**队** duì 휑 팀, 무리　**队长** duìzhǎng 휑 주장, 대장　**朱婷** Zhū Tíng 고유 주팅[중국의 여자 배구 선수]
世锦赛 shìjǐnsài 세계 선수권 대회　**心态** xīntài 휑 심리 상태　**年纪** niánjì 휑 나이, 연령　**思想** sīxiǎng 휑 마음, 사상
负担 fùdān 휑 부담, 책임　**实力** shílì 휑 (정치·경제적인) 실력, 힘　**充分** chōngfèn 휑 충분히　**展现** zhǎnxiàn 휑 발휘하다, 드러내다
深刻 shēnkè 휑 (인상이) 깊다　**格外** géwài 휑 유달리, 아주　**艰难** jiānnán 휑 힘들다, 어렵다　**身心俱疲** shēn xīn jù pí 심신이 모두 지치다
丧失 sàngshī 휑 잃다, 상실하다　**多米尼加** Duōmǐníjiā 고유 도미니카 공화국　**状态** zhuàngtài 휑 상황, 상태
增强 zēngqiáng 휑 높아지다, 강화하다　**对阵** duìzhèn 휑 (경기에서) 맞붙다, 싸우다　**意大利** Yìdàlì 고유 이탈리아
防守 fángshǒu 휑 수비하다　**严密** yánmì 휑 치밀하다, 빈틈없다　**针对** zhēnduì 휑 대하다, 겨누다

调整 tiáozhěng [동] 조정하다, 조절하다 扣球 kòuqiú [동] 스매시하다 拦防 lánfáng 블로킹하다
有效 yǒuxiào [형] 효과가 있다, 유효하다 打法 dǎfǎ 타법 包括 bāokuò [동] 포함하다, 포괄하다 队伍 duìwu [명] 팀, 부대
战术 zhànshù [명] 전술 尝试 chángshì [동] 시도하다, 시험해 보다 目标 mùbiāo [명] 목표 家庭 jiātíng [명] 가족, 가정
力量 lìliàng [명] 힘, 역량 周期 zhōuqī [명] 주기 掉以轻心 diàoyǐqīngxīn [성] 방심하다, 대수롭지 않게 여기다
竭尽全力 jiéjìnquánlì [성] 최선을 다하다, 모든 힘을 다 기울이다 争取 zhēngqǔ [동] 쟁취하다, 얻다 胜利 shènglì [동] 승리하다
生涯 shēngyá [명] 인생, 생애 荣誉 róngyù [명] 영예, 명예 激励 jīlì [동] 격려하다, 북돋워 주다 感想 gǎnxiǎng [명] 소감, 느낌
分享 fēnxiǎng [동] 함께 나누다, 함께 누리다 梦想 mèngxiǎng [명] 꿈, 몽상 付诸 fùzhū [동] (~에) 기울이다, 부치다, 옮기다
赞美之辞 zànměi zhī cí 칭찬, 찬사 如何 rúhé [대] 어떻다, 어떠하다 赞美 zànměi [동] 칭찬하다, 찬미하다 保持 bǎochí [동] 유지하다, 지키다
清醒 qīngxǐng [형] (정신이) 깨어 있다, 맑다 冠军 guànjūn [명] 우승, 챔피언 郎平 Láng Píng [고유] 랑핑[중국의 옛 여자 배구 국가 대표]
教练 jiàoliàn [명] 감독 领奖台 lǐngjiǎngtái 시상대 榜样 bǎngyàng [명] 롤모델, 본보기
言传身教 yánchuánshēnjiào [성] 말과 행동으로 모범을 보이다 盛名 shèngmíng [명] 높은 명성, 훌륭한 명성 初心 chūxīn [명] 초심

21-25번 보기의 **决赛**(결승), **队伍**(팀), **扣球**(스매시하다)를 통해 인터뷰 대상은 공으로 하는 스포츠와 관련된 운동선수임을 예측할 수 있다. 따라서 운동선수 인터뷰가 나올 것을 대비해서 듣는다. 특히, 여자가 인터뷰 대상이므로 여자의 말을 주의 깊게 듣는다.

21 중

A 思想负担较小	A 마음 부담이 비교적 적다
B 情绪起伏过大	B 감정 기복이 너무 크다
C 紧张得不得了	C 심하게 긴장했다
D 有必胜的信念	D 반드시 이길 것이라는 신념이 있다
问：上一次世锦赛，女的状态如何？	질문: 지난 번 세계 선수권 대회에서, 여자의 상태는 어떠했는가?

해설 여자의 말에서 언급된 那时候年纪还小，没什么思想负担을 듣고, 보기 A 思想负担较小에 체크해 둔다. 질문이 지난 번 세계 선수권 대회에서 여자의 상태는 어떠했는지를 물었으므로, 보기 A가 정답이다.

어휘 思想 sīxiǎng [명] 마음, 사상 负担 fùdān [명] 부담, 책임 情绪 qíngxù [명] 감정, 기분 起伏 qǐfú [동] 기복이 있다, 변하하다
不得了 bùdeliǎo (정도가) 심하다 信念 xìnniàn [명] 신념, 믿음 世锦赛 shìjǐnsài 세계 선수권 대회
状态 zhuàngtài [명] 상태, 상황 如何 rúhé [대] 어떻다, 어떠하다

22 중

A 进入了决赛	A 결승에 진출했다
B 变得更为自信	B 더욱 자신 있게 되었다
C 其他队伍不堪一击	C 다른 팀이 한 번의 공격도 버티지 못한다
D 发挥出了最大潜力	D 최대한의 잠재력을 발휘해 냈다
问：女的为什么说赢了多米尼加队是一个转折点？	질문: 여자는 왜 도미니카 공화국 팀을 이긴 것이 하나의 전환점이 되었다고 말했는가?

해설 여자의 말에서 언급된 不过和多米尼加队的那场比赛改变了我们的状态。……因为赢了多米尼加队后，我们的自信心增强了，后面的比赛也就越来越顺利了。를 듣고, 보기 B 变得更为自信에 체크해 둔다. 질문이 여자가 도미니카 공화국 팀을 이긴 것이 하나의 전환점이 되었다고 말한 이유를 물었으므로, 보기 B가 정답이다.

어휘 决赛 juésài [명] 결승 队伍 duìwu [명] 팀, 부대 不堪一击 bùkānyìjī [성] 한 번의 공격도 버티지 못하다, 일격에 무너지다
发挥 fāhuī [동] 발휘하다 潜力 qiánlì [명] 잠재력, 저력 多米尼加 Duōmǐníjiā [고유] 도미니카 공화국 转折点 zhuǎnzhédiǎn [명] 전환점

23 중상

A 拼命扣球	A 필사적으로 스매시를 한다
B 注重防御	B 방어에 신경을 쓴다
C 更加沉着	C 더욱 침착해진다
D 尝试新战术	D 새로운 전술을 시도한다
问：这次世锦赛，女的会做出哪些调整？	질문: 이번 세계 선수권 대회에서, 여자는 어떤 조정을 할 것인가?

해설 남자의 말에서 언급된 这次你会做出哪些调整?과 여자의 말에서 언급된 我觉得自己的打法，包括队伍的战术可能都需要做一些改变，进行一些新的尝试을 듣고, 보기 D 尝试新战术에 체크해 둔다. 질문이 이번 세계 선수권 대회에서 여자는 어떤 조정을 할 것인지를 물었으므로, 보기 D가 정답이다.

어휘 拼命 pīnmìng 🖲 필사적으로, 적극적으로 扣球 kòuqiú 🖲 스매시하다 注重 zhùzhòng 🖲 신경을 쓰다, 중시하다
防御 fángyù 🖲 방어하다 沉着 chénzhuó 🖲 침착하다, 차분하다 尝试 chángshì 🖲 시도하다, 시험해 보다 战术 zhànshù 전술
世锦赛 shìjǐnsài 세계 선수권 대회 调整 tiáozhěng 🖲 조정하다, 조절하다

24 중	A 获得奖金	A 상금을 얻는다
	B 结交朋友	B 친구를 사귄다
	C 多展示自己	C 자신을 많이 드러낸다
	D 全力以赴取胜	D 승리하기 위해 모든 힘을 쏟는다
	问 : 对这次世锦赛, 女的有什么目标?	질문 : 이번 세계 선수권 대회에 대해서, 여자는 어떤 목표가 있는가?

해설 여자의 말에서 언급된 我们不会掉以轻心, 同时还会竭尽全力争取每一场比赛的胜利를 듣고, 보기 D 全力以赴取胜에 체크해 둔다. 질문이 이번 세계 선수권 대회에 대해서 여자는 어떤 목표가 있는지를 물었으므로, 보기 D가 정답이다.

어휘 展示 zhǎnshì 🖲 드러내다, 나타내다 全力以赴 quánlìyìfù 🖲 모든 힘을 쏟다, 온 힘을 다 기울이다
取胜 qǔshèng 🖲 승리하다, 승리를 얻다 世锦赛 shìjǐnsài 세계 선수권 대회 目标 mùbiāo 🖲 목표

25 중	A 充满感激	A 감사로 가득찼다
	B 保持清醒	B 정신이 깨어 있는 것을 유지한다
	C 半信半疑	C 반신반의한다
	D 受到激励	D 격려를 받았다
	问 : 对别人的赞美, 女的有什么看法?	질문 : 다른 사람의 칭찬에 대해 여자는 어떤 생각을 가지고 있는가?

해설 여자의 말에서 언급된 成功的时候总会听到很多赞美, 但我一直提醒自己要保持清醒。을 듣고, 보기 B 保持清醒에 체크해 둔다. 질문이 다른 사람의 칭찬에 대해 여자는 어떤 생각을 가지고 있는지를 물었으므로, 보기 B가 정답이다.

어휘 充满 chōngmǎn 🖲 가득 차다, 충만하다 感激 gǎnjī 🖲 감사를 느끼다, 감격하다 保持 bǎochí 🖲 유지하다, 지키다
清醒 qīngxǐng 🖲 (정신이) 깨어 있다, 맑다 半信半疑 bànxìnbànyí 🖲 반신반의하다 激励 jīlì 🖲 격려하다, 북돋워 주다
赞美 zànměi 🖲 칭찬하다, 찬미하다

26-30

第26到30题是根据下面一段采访:

女: 本期嘉宾是专门研究养老问题的陆杰华教授。陆教授您好, 随着社会的发展, 关于老年的标准越来越模糊。作为相关行业的专家, 您认为应该如何划分老年的标准?

男: 在医疗技术还未成熟的时期, 我们对老年的定义过于主观。通常一个人超过六十岁就成为大众眼中的老年人了。但是随着人类平均预期寿命的延长, 这一准则已经渐渐过时。26现在, 完全可以把老年的标准放到七十岁之后。按照目前的标准, 人到60岁的时候, 仍算是中年。因此没有必要过早地让自己进入老年状态, 花太长的时间与休闲养生斗争。

女: 接下来, 27请您简单介绍一下目前中国老年人的生存状况。

男: 中国老年人口已达到2.5亿, 从历史发展的角度来看, 27这些老年人享受到了改革开放的成果, 应该比以往更幸福。

26-30번 문제는 다음 인터뷰에 근거한다.

여: 이번 게스트는 노인 부양 문제를 전문으로 연구하는 루제화 교수입니다. 루 교수님 안녕하세요, 사회가 발전함에 따라 노년에 대한 기준이 점점 모호해지고 있습니다. 관련 업계 전문가로서, 선생님은 노년의 기준을 어떻게 나눠야 한다고 생각하십니까?

남: 의료 기술이 아직 성숙되지 않은 시기에, 노년에 대한 우리의 정의는 너무 주관적이었습니다. 보통 한 사람이 60세를 넘기면 대중들이 보는 노인이 됩니다. 그러나 인류의 평균 기대 수명이 길어지면서, 이 규범은 이미 점차 시대에 뒤떨어지게 되었습니다. 26이제는 노년의 기준을 완전히 70세 이후로 둘 수 있습니다. 현재의 기준에 따르면, 사람은 60세가 되어도 여전히 중년이라 할 수 있습니다. 그러니 너무 일찍 스스로를 노년 상태로 접어들게 하여 긴 시간을 여가와 건강 관리를 위해 노력할 필요는 없습니다.

여: 이어서 27현재 중국 노인들의 생활 상황에 대해 간단히 소개해 주시기 바랍니다.

남: 중국 노인 인구는 이미 2억 5천만 명에 달하는데, 역사 발전의 관점으로 보면 27이 노인들은 개혁 개방의 성과를 누렸기 때문에 과거보다 더 행복할 것입니다.

女: 但社会上依然有不少批评当前养老服务体系的声音，在您看来，出现这种情况的原因是什么？	여: 하지만 사회에서는 여전히 현재의 노인 부양 서비스 체계를 비판하는 목소리가 적지 않은데, 선생님이 보시기에 이런 일이 나타나는 원인은 무엇입니까?
男: 虽然我们做了很多养老服务体系的建设，但都是从供给方的角度出发的，并没有考虑到老年人的实际需求。²⁸我们的社会服务体系一直在不断地进步，却很难跟上老人对生活辅助和临终关怀的需求。	남: 비록 저희가 많은 노인 부양 서비스 체계를 건설했지만, 모두 공급하는 쪽의 관점에서 출발하여 노인의 실제 수요는 고려하지 못했습니다. ²⁸우리의 사회 서비스 체계는 계속 끊임없이 진보하고 있으나, 생활 보조와 호스피스에 대한 노인들의 수요를 따라가기는 어렵습니다.
女: 关于这个问题，您可以详细说明一下吗？	여: 이 문제에 대해 좀 자세히 설명해 주실 수 있을까요?
男: 目前养老服务体系在硬件方面的建设较为完善。无论是已建成的养老院，还是正在建的社区日间照料中心，都属于硬件方面的建设。但软件方面的缺口很大。²⁹我们现在没有很好的护理人员，大学学护理专业的毕业生不愿意护理老人。不仅如此，²⁹愿意做护工的人也越来越少。护工和保姆差不多，专业度不够，还比较贵。²⁹这是相关部门目前急需解决的问题。	남: 현재 노인 부양 서비스 체계의 하드웨어 측면의 건설은 비교적 완벽합니다. 이미 지어진 양로원이나 지금 짓고 있는 동네 낮 시간의 돌봄 센터는 모두 하드웨어 측면의 건설에 속합니다. 그러나 소프트웨어 측면의 허점은 매우 큽니다. ²⁹우리는 지금 제대로 된 간호 인력이 없으며, 대학에서 간호학과를 공부한 졸업생들은 노인을 돌보는 것을 꺼립니다. 이뿐만이 아니라, ²⁹간병인이 되는 것을 원하는 사람도 점점 줄어들고 있습니다. 간병인과 보모의 차이는 크지 않지만, 전문성이 부족하고 비싼 편입니다. ²⁹이것은 관련 부처가 현재 시급히 해결해야 할 문제입니다.
女: 您认为将来的养老模式会是什么样的？	여: 선생님은 앞으로의 노인 부양 모델이 어떻게 될 거라고 생각하세요?
男: 我认为，³⁰未来的养老模式应该是以社会化养老为主，家庭养老为辅的混合模式。	남: 저는 ³⁰미래의 노인 부양 모델은 사회적 노인 부양이 주가 되고, 가정 노인 부양이 보조가 되는 혼합 모델이 될 것이라고 생각합니다.

어휘 嘉宾 jiābīn 몡 게스트, 손님 养老问题 yǎnglǎo wèntí 노인 부양 문제 陆杰华 Lù Jiéhuá [고유] 루제화[베이징대 사회학과 인구학 교수]
模糊 móhu 혱 모호하다, 분명하지 않다 行业 hángyè 몡 업계 如何 rúhé 떼 어떻다, 어떠하다 划分 huàfēn 통 나누다, 구분하다
医疗技术 yīliáo jìshù 의료 기술 未 wèi 팀 아직 ~하지 않다, ~이 아니다 成熟 chéngshú 혱 성숙하다, 숙달되다 定义 dìngyì 몡 정의
过于 guòyú 팀 너무, 지나치게 主观 zhǔguān 혱 주관적이다 通常 tōngcháng 몡 보통, 일반 平均 píngjūn 몡 평균, 평등
预期寿命 yùqī shòumìng 기대 수명 延长 yáncháng 통 길어지다, 연장하다 准则 zhǔnzé 몡 규범, 준칙 渐渐 jiànjiàn 팀 점차, 점점
过时 guòshí 혱 시대에 뒤떨어지다, 유행이 지나다 日前 mùqián 몡 현재, 지금 状态 zhuàngtài 몡 상태
休闲 xiūxián 통 여가를 보내다, 한가롭게 보내다 养生 yǎngshēng 통 건강 관리를 하다, 양생하다 斗争 dòuzhēng 통 노력하다, 열심히 싸우다
生存 shēngcún 통 생활하다, 생존하다 状况 zhuàngkuàng 몡 상황 亿 yì 주 억 角度 jiǎodù 몡 관점
享受 xiǎngshòu 통 누리다, 향유하다 改革 gǎigé 통 개혁하다 开放 kāifàng 통 개방하다 成果 chéngguǒ 몡 성과
以往 yǐwǎng 몡 과거, 이전 依然 yīrán 팀 여전히, 변함없이 当前 dāngqián 몡 현재, 지금 养老 yǎnglǎo 통 노인을 부양하다, 받들어 모시다
体系 tǐxì 몡 체계, 시스템 建设 jiànshè 통 건설하다 供给 gōngjǐ 통 공급하다, 대다 需求 xūqiú 몡 수요, 필요
不断 búduàn 팀 끊임없이, 부단히 进步 jìnbù 통 진보하다 辅助 fǔzhù 통 보조하다, 거들어 주다 临终关怀 línzhōng guānhuái 호스피스
硬件 yìngjiàn 몡 하드웨어 完善 wánshàn 혱 완벽하다, 완전하다 养老院 yǎnglǎoyuàn 몡 양로원 社区 shèqū 몡 동네, (아파트 등의) 단지
照料 zhàoliào 통 돌보다, 보살피다 中心 zhōngxīn 몡 센터, 중심 属于 shǔyú 통 ~에 속하다 软件 ruǎnjiàn 몡 소프트웨어
缺口 quēkǒu 몡 허점, 빈틈 护理 hùlǐ 통 간호하다, 돌보다 人员 rényuán 몡 인력, 인원 不仅如此 bùjǐn rúcǐ 이뿐만이 아니다
护工 hùgōng 몡 간병인 保姆 bǎomǔ 몡 보모, 가정부 模式 móshì 몡 모델, 패턴 未来 wèilái 혱 미래의 家庭 jiātíng 몡 가정
混合 hùnhé 통 혼합하다, 함께 섞다

26-30번 보기의 老人(노인), 养老院(양로원), 养老(노인 부양)를 통해 인터뷰 대상은 노인 부양과 관련된 전문가임을 예측할 수 있다. 따라서 전문가 인터뷰가 나올 것을 대비해서 듣는다. 특히, 남자가 인터뷰 대상이므로 남자의 말을 주의 깊게 듣는다.

26 중	A 六十岁以后	A 60세 이후
	B 七十岁以后	B 70세 이후
	C 感觉衰老时	C 노쇠하다고 느낄 때
	D 行动不便时	D 거동이 불편할 때
	问 : 在男的看来，老年的标准是什么？	질문 : 남자가 보기에 노인의 기준은 무엇인가?

해설 남자의 말에서 언급된 现在, 完全可以把老年的标准放到七十岁之后。를 듣고, 보기 B 七十岁以后에 체크해 둔다. 질문이 남자가 보는 노인의 기준이 무엇인지를 물었으므로, 보기 B가 정답이다.

어휘 衰老 shuāilǎo 혱 노쇠하다, 늙어 쇠약해지다 行动 xíngdòng 몡 거동, 행동 不便 búbiàn 혱 불편하다

27 중

A 孤独感降低了	A 고독감이 낮아졌다
B 幸福感增强了	B 행복감이 높아졌다
C 压力逐年增加	C 스트레스가 해마다 증가한다
D 精神比较空虚	D 정신이 비교적 공허하다
问 : 男的认为目前老人的生存状况如何?	질문 : 남자는 현재 노인이 살아가는 상황이 어떻다고 생각하는가?

해설 여자의 말에서 언급된 请您简单介绍一下目前中国老年人的生存状况과 남자의 말에서 언급된 这些老年人享受到了改革开放的成果, 应该比以往更幸福를 듣고, 보기 B 幸福感增强了에 체크해 둔다. 질문이 남자는 현재 노인이 살아가는 상황을 어떻게 생각하는지를 물었으므로, 보기 B가 정답이다.

어휘 孤独感 gūdúgǎn 고독감   逐年 zhúnián 휙 해마다   精神 jīngshén 몡 정신   空虚 kōngxū 휑 공허하다
目前 mùqián 몡 현재, 지금   生存 shēngcún 툉 살아가다, 생존하다   状况 zhuàngkuàng 몡 상황   如何 rúhé 떼 어떻다, 어떠하다

28 중상

A 家人不太理解老人的心理	A 가족이 노인의 심리를 별로 이해하지 못한다
B 无法满足老人的实际需求	B 노인의 실제적인 수요를 만족시킬 수 없다
C 公共设施不方便老人使用	C 공공시설이 노인이 사용하기에 편리하지 않다
D 老人的医疗保障仍有不足	D 노인의 의료 보장은 여전히 부족함이 있다
问 : 关于养老, 男的认为哪些方面仍需改进?	질문 : 노인 부양에 관하여, 남자는 어느 방면에 여전히 개선이 필요하다고 생각하는가?

해설 남자의 말에서 언급된 我们的社会服务体系一直在不断地进步, 却很难跟上老人对生活辅助和临终关怀的需求。를 듣고, 보기 B 无法满足老人的实际需求에 체크해 둔다. 질문이 노인 부양에 관하여 남자가 생각하기에 여전히 개선이 필요한 방면이 무엇인지를 물었으므로, 보기 B가 정답이다.

어휘 心理 xīnlǐ 몡 심리, 기분   满足 mǎnzú 툉 만족시키다, 만족하다   需求 xūqiú 몡 수요, 필요   设施 shèshī 몡 시설   医疗 yīliáo 몡 의료
保障 bǎozhàng 몡 보장, 보증   不足 bùzú 휑 부족하다, 모자라다   养老 yǎnglǎo 툉 노인을 부양하다, 받들어 모시다
改进 gǎijìn 툉 개선하다, 개량하다

29 중상

A 公立养老院泛滥	A 공립 양로원이 난무한다
B 硬件方面缺口很大	B 하드웨어 측면의 허점이 크다
C 护理专业的学生较少	C 간호학과 학생이 비교적 적다
D 缺乏专业的护理人员	D 전문 간호 인력이 부족하다
问 : 目前急需解决的问题是什么?	질문 : 현재 시급히 해결해야 할 문제는 무엇인가?

해설 남자의 말에서 언급된 我们现在没有很好的护理人员……愿意做护工的人也越来越少……这是相关部门目前急需解决的问题。를 듣고, 보기 D 缺乏专业的护理人员에 체크해 둔다. 질문이 현재 시급히 해결해야 할 문제는 무엇인지를 물었으므로, 보기 D가 정답이다.

어휘 养老院 yǎnglǎoyuàn 몡 양로원   泛滥 fànlàn 툉 난무하다   硬件 yìngjiàn 몡 하드웨어   缺口 quēkǒu 몡 허점, 빈틈
护理 hùlǐ 툉 간호하다, 돌보다   缺乏 quēfá 툉 부족하다   人员 rényuán 몡 인력, 인원   目前 mùqián 몡 현재, 지금

30 상

A 大量建设养老院	A 양로원을 대량으로 건설한다
B 社区设立服务站	B 동네에 서비스 센터를 설립한다
C 社会和家庭共同承担	C 사회와 가정에서 공동으로 부담한다
D 由政府提供养老资金	D 정부가 노인 부양 자금을 제공한다
问 : 下列哪项最有可能符合未来的养老模式?	질문 : 다음 중 미래의 노인 부양 모델에 부합할 가능성이 가장 높은 것은?

해설 남자의 말에서 언급된 未来的养老模式应该是以社会化养老为主, 家庭养老为辅的混合模式를 듣고, 보기 C 社会和家庭共同承担에 체크해 둔다. 질문이 미래의 노인 부양 모델에 부합할 가능성이 가장 높은 것을 물었으므로, 보기 C가 정답이다.

어휘 建设 jiànshè 통 건설하다 养老院 yǎnglǎoyuàn 명 양로원 社区 shèqū 명 동네, (아파트 등의) 단지
设立 shèlì 통 (기구·조직 등을) 설립하다, 건립하다 家庭 jiātíng 명 가정 承担 chéngdān 통 부담하다, 맡다 政府 zhèngfǔ 명 정부
养老 yǎnglǎo 통 노인을 부양하다, 받들어 모시다 资金 zījīn 명 자금 未来 wèilái 형 미래의, 앞으로의 명 미래
模式 móshì 명 모델, 패턴

31-33

第31到33题是根据下面一段话:

众所周知, 蜜蜂可以帮助植物授粉。然而很少人知道, 地球上超过75%的农作物都依靠授粉来提高产量。[31]蜜蜂是授粉大军的重要成员, 倘若它消失了, 会给人类生活带来无法挽回的损失。其中, [31]损失最严重的将会是食品行业, 像可可、苹果、番茄等农产品将几乎绝收。此外, 蜜蜂的生存还关系到数百万人的工作。

然而, 急剧变化的气候, 单一的农业种植模式, 被污染的环境, 还有农药的使用都不利于蜜蜂的生存。单一的农业种植模式会导致蜜蜂的食物减少; [32]农药的过度使用会破坏蜜蜂的神经系统, 导致它们迷失方向。

如今, 我们很难在野外看到大片的蜂群。更严重的问题是蜜蜂的品种正在逐渐减少。根据德国养蜂业协会的统计, 德国五百六十种蜜蜂品种中, 超过三百种面临着灭绝的风险。

[33]那么人类应采取何种措施去保护蜜蜂呢? 一方面, 可以改变单一的种植方式, 为蜜蜂提供更为丰富的食物。另外, [33]减少杀虫剂等农药的使用, 改善蜜蜂的生存环境。

31-33번 문제는 다음 내용에 근거한다.

모든 사람이 다 알고 있듯이 꿀벌은 식물이 수분하는 것을 도울 수 있다. 그러나 지구상에 75%가 넘는 농작물이 모두 수분에 의존해서 생산량을 높인다는 것을 알고 있는 사람은 적다. [31]꿀벌은 수분 대군의 중요한 구성원으로, 만일 그것이 사라진다면 인류 생활에 돌이킬 수 없는 손해를 가져다 줄 수 있다. 그중에서 [31]손해가 가장 심각한 것은 식품업계가 될 것인데, 코코아, 사과, 토마토 등의 농산물을 자칫하면 전혀 수확할 수 없게 된다. 이 밖에 꿀벌의 생존은 수백만 명의 직업과도 관계된다.

그러나 급격하게 변하는 기후, 단일한 농업 재배 모델, 오염된 환경, 그리고 농약의 사용은 모두 꿀벌의 생존에 이롭지 않다. 단일한 농업 재배 모델은 꿀벌의 먹이가 감소하는 것을 초래하고, [32]농약의 과도한 사용은 꿀벌의 신경 계통을 손상시켜 그들이 방향을 잃는 것을 야기한다.

오늘날, 우리는 야외에서 대량의 벌떼를 보기 힘들다. 더 심각한 문제는 꿀벌의 품종이 점점 줄어들고 있다는 것이다. 독일 양봉업 협회의 통계에 따르면, 독일의 560종의 꿀벌 품종 중 300종 이상이 멸종 위험에 직면해 있다.

[33]그렇다면 인류는 어떤 조치를 취해서 꿀벌을 보호해야 할까? 한편으로는 단일한 재배 방식을 변화시켜 꿀벌에게 더욱 풍부한 먹이를 제공할 수 있다. 그 밖에 [33]살충제 등의 농약의 사용을 줄여 꿀벌의 생존 환경을 개선하는 것이다.

어휘 众所周知 zhòngsuǒzhōuzhī 성 모든 사람이 다 알다 蜜蜂 mìfēng 명 꿀벌 授粉 shòufěn 통 수분하다, 꽃가루받이하다
农作物 nóngzuòwù 명 농작물 依靠 yīkào 통 의존하다, 의지하다 产量 chǎnliàng 명 생산량 大军 dàjūn 명 대군
成员 chéngyuán 명 구성원 倘若 tǎngruò 접 만일 ~한다면 消失 xiāoshī 통 사라지다, 모습을 감추다 挽回 wǎnhuí 통 돌이키다, 만회하다
损失 sǔnshī 통 손해보다, 손실하다 食品 shípǐn 명 식품 行业 hángyè 명 업계 可可 kěkě 명 코코아 番茄 fānqié 명 토마토
农产品 nóngchǎnpǐn 명 농산물 绝收 juéshōu 통 (농작물의) 수확이 전혀 없다 此外 cǐwài 이 밖에, 이 외에
生存 shēngcún 통 생존하다 急剧 jíjù 형 급격하다, 빠르다 单一 dānyī 형 단일하다 农业 nóngyè 명 농업
种植 zhòngzhí 통 재배하다, 종식하다 模式 móshì 명 모델, 패턴 农药 nóngyào 명 농약 导致 dǎozhì 통 초래하다, 야기하다
食物 shíwù 명 먹이, 음식물 过度 guòdù 형 과도하다, 지나치다 破坏 pòhuài 통 손상시키다, 파괴하다 神经 shénjīng 명 신경, 정신 이상
系统 xìtǒng 명 계통, 시스템 迷失 míshī 통 (방향이나 길을) 잃다 如今 rújīn 명 오늘날, 이제 野外 yěwài 명 야외 蜂群 fēngqún 명 벌떼
品种 pǐnzhǒng 명 품종, 제품의 종류 逐渐 zhújiàn 부 점점, 점차 德国 Déguó 고유 독일 养蜂业 yǎngfēngyè 명 양봉업
协会 xiéhuì 명 협회 统计 tǒngjì 명 통계 面临 miànlín 통 직면하다, 당면하다 灭绝 mièjué 통 멸종하다, 소멸하다
风险 fēngxiǎn 명 위험 采取 cǎiqǔ 통 (방침·수단·태도 따위를) 취하다, 채택하다 措施 cuòshī 명 조치, 대책 方式 fāngshì 명 방식, 방법
杀虫剂 shāchóngjì 살충제 改善 gǎishàn 통 개선하다

31	A 食品业	B 手工业	A 식품업	B 수공업
하	C 旅游业	D 医药业	C 여행업	D 의약업

问: 如果蜜蜂消失, 哪个行业的损失最严重?	질문: 만약 꿀벌이 사라진다면, 어떤 업계의 손해가 가장 심각한가?

해설 음성에서 언급된 蜜蜂是授粉大军的重要成员, 倘若它消失了……损失最严重的将会是食品行业를 듣고, 보기 A 食品业에 체크해 둔다. 질문이 만약 꿀벌이 사라진다면 어떤 업계의 손해가 가장 심각한지를 물었으므로, 보기 A가 정답이다.

어휘 食品 shípǐn 명 식품 手工 shǒugōng 명 수공[손 기술로 하는 공예] 医药 yīyào 명 의약 蜜蜂 mìfēng 명 꿀벌
消失 xiāoshī 통 사라지다, 모습을 감추다 行业 hángyè 명 업계, 업무 분야 损失 sǔnshī 통 손해보다, 손실되다

제1회

제2회

제3회

제4회
듣기

제5회

제6회

해커스 해설이 상세한 HSK 6급 실전모의고사

32 하	A 嗅觉	B 视觉	A 후각	B 시각
	C 繁殖能力	D 神经系统	C 번식 능력	D 신경 계통
	问 : 农药对蜜蜂的哪个方面产生影响?		질문 : 농약은 꿀벌의 어느 방면에 영향을 끼치는가?	

해설 음성에서 언급된 农药的过度使用会破坏蜜蜂的神经系统을 듣고, 보기 D 神经系统에 체크해 둔다. 질문이 농약은 꿀벌의 어느 방면에 영향을 끼치는지를 물었으므로, 보기 D가 정답이다.

어휘 嗅觉 xiùjué 몡 후각　视觉 shìjué 몡 시각　繁殖 fánzhí 통 번식하다　神经 shénjīng 몡 신경, 정신 이상
　　 系统 xìtǒng 몡 계통, 시스템　农药 nóngyào 몡 농약　蜜蜂 mìfēng 몡 꿀벌

33 중	A 尽量防止气候变暖	A 기후가 따뜻하게 변하는 것을 가능한 한 방지한다
	B 降低杀虫剂的使用量	B 살충제의 사용량을 줄인다
	C 减少蜂蜜的购买频率	C 벌꿀의 구매 빈도를 줄인다
	D 采取单一的种植方式	D 단일한 재배 방식을 채택한다
	问 : 下列哪项属于保护蜜蜂的举措?	질문 : 다음 중 꿀벌을 보호할 수 있는 조치에 속하는 것은?

해설 음성에서 언급된 那么人类应采取何种措施去保护蜜蜂呢?……减少杀虫剂等农药的使用, 改善蜜蜂的生存环境을 듣고, 보기 B 降低杀虫剂的使用量에 체크해 둔다. 질문이 꿀벌을 보호할 수 있는 조치에 속하는 것을 물었으므로, 보기 B가 정답이다.

어휘 尽量 jǐnliàng 뷔 가능한 한, 되도록　防止 fángzhǐ 통 방지하다　杀虫剂 shāchóngjì 몡 살충제　蜂蜜 fēngmì 몡 벌꿀
　　 购买 gòumǎi 통 구매하다　频率 pínlǜ 몡 빈도수　采取 cǎiqǔ 통 채택하다, 취하다　单一 dānyī 혱 단일하다
　　 种植 zhòngzhí 통 재배하다, 종식하다　方式 fāngshì 몡 방식　蜜蜂 mìfēng 몡 꿀벌　举措 jǔcuò 몡 조치, 대책

34-36

第34到36题是根据下面一段话:

二〇一六年十一月, 联合国教科文组织通过审议, ³⁴将中国申报的 "二十四节气" 列入人类非物质文化遗产名录。"二十四节气" 是中国人智慧的结晶, 包括立春、雨水、惊蛰等二十四项, 它们将一年划分为不同的时期。按照各个节气所反映的不同现象, 可将它们分为三类: 天文类、气候特征类和物候现象类。

第一类是反映天文现象的, 比如春分、夏至、秋分、冬至与地球绕太阳公转有关, 立春、立夏、立秋和立冬表示每个季节的开始;³⁵第二类是反映气候特征的, 比如小暑、大暑反映了气温的变化情况,³⁵谷雨、大雪反映了降水现象。第三类是反映物候现象的, 其中, 小满、芒种反映了作物的成熟和收成情况, 惊蛰反映的则是自然物候现象, 人们可以根据物候现象从事相应的农业活动。

"二十四节气" 是中国古代农业文明的具体表现, 具有很高的农业历史文化的研究价值, 因而成为了中国和世界一项重要的非物质文化遗产。³⁶在国际气象界, "二十四节气" 被誉为中国的 "第五大发明"。

34-36번 문제는 다음 내용에 근거한다.

2016년 11월, 유네스코는 심의를 통해 ³⁴중국이 신청한 '24절기'를 인류 무형 문화유산 목록에 등재했다. '24절기'는 중국인들의 지혜의 결정체로, 입춘, 우수, 경칩 등 24개를 포함하며, 그것으로 1년을 시기 별로 구분한 것이다. 각 절기가 반영하는 다른 현상에 따라, 그것들을 천문류, 기후 특징류와 물후 현상류의 세 가지 유형으로 나눌 수 있다.

첫 번째 유형은 천문 현상을 반영한 것으로, 춘분, 하지, 추분, 동지는 지구가 태양 주위를 맴돌며 공전하는 것과 관련이 있고, 입춘, 입하, 입추와 입동은 각 계절의 시작을 나타낸 것이 그 예이다. ³⁵두 번째 유형은 기후 특징을 반영한 것으로, 소서, 대서는 기온이 변화하는 상황을 반영했고, ³⁵곡우, 대설은 강수 현상을 반영한 것이 그 예이다. 세 번째 유형은 물후 현상을 반영한 것으로, 그중에서 소만, 망종은 농작물이 익는 것과 수확하는 상황을 반영했고, 경칩이 반영한 것은 자연 물후 현상이며, 사람들은 물후 현상에 따라 그에 맞는 농업 활동에 종사할 수 있다.

'24절기'는 중국 고대 농업 문명이 구체적으로 드러난 것으로, 농업 역사 문화의 높은 연구 가치를 가지고 있는 까닭에 중국과 세계의 중요한 무형 문화유산이 되었다. ³⁶국제 기상계에서 '24절기'는 중국의 '제5대 발명'이라고 불린다.

어휘 联合国教科文组织 Liánhéguó Jiào Kē Wén Zǔzhī 고유 유네스코　审议 shěnyì 통 심의하다
　　 申报 shēnbào 통 (상급·관련 기관에) 신청하다, 서면으로 보고하다　二十四节气 èrshísì jiéqì 24절기　列入 lièrù 등재하다, 끼워 넣다
　　 人类非物质文化遗产名录 rénlèi fēi wùzhì wénhuà yíchǎn mínglù 인류 무형 문화유산 목록　智慧 zhìhuì 몡 지혜
　　 结晶 jiéjīng 결정체, 소중한 성과　包括 bāokuò 통 포함하다, 포괄하다　立春 lìchūn 입춘[양력 2월 4일경]
　　 雨水 yǔshuǐ 몡 우수[양력 2월 19일경]　惊蛰 jīngzhé 몡 경칩[양력 3월 5일경]　划分 huàfēn 통 구분하다, 나누다　时期 shíqī 몡 (특정한) 시기

反映 fǎnyìng [동] 반영하다, 반영시키다 现象 xiànxiàng [명] 현상 天文 tiānwén [명] 천문 特征 tèzhēng [명] 특징
物候 wùhòu [명] 물후[철이나 기후에 따라 변화하는 만물의 상태] 春分 chūnfēn [명] 춘분[양력 3월 21일경] 夏至 xiàzhì [명] 하지[양력 6월 21일경]
秋分 qiūfēn [명] 추분[양력 9월 23일경] 冬至 dōngzhì [명] 동지[양력 12월 22일경] 绕 rào [동] 맴돌다 公转 gōngzhuàn [동] 공전하다
立夏 lìxià [명] 입하[양력 5월 5일경] 立秋 lìqiū [명] 입추[양력 8월 8일경] 立冬 lìdōng [명] 입동[양력 11월 8일경]
小暑 xiǎoshǔ [명] 소서[양력 7월 7일경] 大暑 dàshǔ [명] 대서[양력 7월 24일경] 气温 qìwēn [명] 기온 谷雨 gǔyǔ [명] 곡우[양력 4월 20일경]
大雪 dàxuě [명] 대설[양력 12월 8일경] 降水 jiàngshuǐ [명] 강수 小满 xiǎomǎn [명] 소만[양력 5월 21일경]
芒种 mángzhòng [명] 망종[양력 6월 6일경] 作物 zuòwù [명] 농작물 成熟 chéngshú [동] 익다, 성숙하다
收成 shōucheng [명] (농작물 등의) 수확 从事 cóngshì [동] 종사하다, 일을 하다 相应 xiāngyìng [동] (서로) 맞다, 상응하다
农业 nóngyè [명] 농업 古代 gǔdài [명] 고대 具体 jùtǐ [형] 구체적이다 表现 biǎoxiàn [동] 드러나다 [명] 표현, 행동
具有 jùyǒu [동] 가지다, 구비하다 价值 jiàzhí [명] 가치 因而 yīn'ér [접] 그런 까닭에, 따라서 誉为 yùwéi [동] ~라고 불리다
发明 fāmíng [명] 발명

34 하

A 中国传统民间艺术	A 중국 전통 민간 예술
B 中国5A级旅游景区	B 중국 5A급 여행 관광지
C 人类非物质文化遗产	C 인류 무형 문화유산
D 世界文化与自然遗产	D 세계 문화와 자연 유산
问："二十四节气"被列入了什么名录？	질문: '24절기'는 어떤 목록에 등재되었는가?

해설 음성에서 언급된 将中国申报的"二十四节气"列入人类非物质文化遗产名录를 듣고, 보기 C 人类非物质文化遗产에 체크해 둔다. 질문이 '24절기'는 어떤 목록에 등재되었는지를 물었으므로, 보기 C가 정답이다.

어휘 传统 chuántǒng [명] 전통 民间 mínjiān [명] 민간 景区 jǐngqū [명] 관광지
人类非物质文化遗产 rénlèi fēi wùzhì wénhuà yíchǎn 인류 무형 문화유산 遗产 yíchǎn [명] 유산 二十四节气 èrshísì jiéqì 24절기
列入 lièrù [동] 등재하다, 끼워 넣다 名录 mínglù [명] 목록, 명단

35 중상

A 天文现象类	A 천문 현상류
B 气候特征类	B 기후 특징류
C 物候现象类	C 물후 현상류
D 地理环境类	D 지리 환경류
问：根据"二十四节气"的分类法，"谷雨"属于哪一类？	질문: '24절기'의 분류법에 근거하여, '곡우'는 어느 종류에 속하는가?

해설 음성에서 언급된 第二类是反映气候特征的……谷雨、大雪反映了降水现象을 듣고, 보기 B 气候特征类에 체크해 둔다. 질문이 '24절기'의 분류법에 근거하여 '곡우'는 어느 종류에 속하는지를 물었으므로, 보기 B가 정답이다.

어휘 天文 tiānwén [명] 천문 现象 xiànxiàng [명] 현상 特征 tèzhēng [명] 특징 物候 wùhòu [명] 물후[철이나 기후에 따라 변화하는 만물의 상태]
地理 dìlǐ [명] 지리 二十四节气 èrshísì jiéqì 24절기 分类法 fēnlèifǎ 분류법 谷雨 gǔyǔ [명] 곡우[양력 4월 20일경]

36 하

A 中国第五大发明	A 중국의 제5대 발명
B 中国农业里程碑	B 중국 농업의 기념비적 사건
C 古代科学的大发现	C 고대 과학의 대발견
D 劳动人民的指南针	D 노동자의 나침반
问："二十四节气"也被称为什么？	질문: '24절기'는 또 무엇이라고 불리는가?

해설 음성에서 언급된 在国际气象界，"二十四节气"被誉为中国的"第五大发明"。을 듣고, 보기 A 中国第五大发明에 체크해 둔다. 질문이 '24절기'는 또 무엇이라고 불리는지를 물었으므로, 보기 A가 정답이다.

어휘 发明 fāmíng [명] 발명 农业 nóngyè [명] 농업 里程碑 lǐchéngbēi [명] 기념비적 사건, 이정표 古代 gǔdài [명] 고대
劳动人民 láodòng rénmín 노동자 指南针 zhǐnánzhēn [명] 나침반 二十四节气 èrshísì jiéqì 24절기
称为 chēngwéi [동] ~라고 부르다

37-39

第37到39题是根据下面一段话：

司马光是北宋时期著名的政治家、史学家、文学家。[37]他从小就因为机智和果断被人们称赞。有一天，他和小伙伴们在院子里玩游戏，一个小伙伴不小心掉进了装满水的水缸里。有的孩子被吓得不知所措，有的孩子则手忙脚乱地想把这个小伙伴捞出来，但没有一个人成功。这时，司马光镇定地搬起一旁的石头砸碎了水缸，顺利救出了奄奄一息的小伙伴。[38]司马光的这个行为表面上看起来只是砸碎了一口水缸，但实际上是打破了一种固有的思维模式。

通过这个故事，我们可以知道：只要勇于打破固有的思维模式，再难的问题都能迎刃而解。如今，在高速发展的互联网时代，我们想要像司马光一样“砸碎水缸”，就必须不断更新知识，才能实现新的突破。[39]每个人在重新建立思维模式的同时，要有意识地去尝试新鲜的事物。比如说，在阿里巴巴老年人产品体验员的招聘中，通过激烈竞争胜出的老人们都具有挑战新鲜事物的精神。他们操作手机和电脑的熟练程度不输给年轻人，因为他们在退休后也依然有着不断学习新知识，接触新事物的习惯。

37-39번 문제는 다음 내용에 근거한다.

사마광은 북송 시기의 유명한 정치가이자 사학가, 문학가이다. [37]그는 어려서부터 기지와 결단력으로 사람들에게 칭찬을 받았다. 어느 날 그가 친구들과 마당에서 놀이를 했는데, 한 친구가 조심하지 않아 물이 가득 찬 물독에 빠졌다. 어떤 아이는 놀라서 어쩔 줄 몰라 했고 어떤 아이는 허둥지둥하며 이 친구를 끌어올리려고 했지만, 아무도 성공하지 못했다. 이때, 사마광은 침착하게 한쪽의 돌을 옮겨 물독을 깨뜨렸고, 생명이 위독한 친구를 순조롭게 구했다. [38]사마광의 이 행동은 겉으로는 그저 물독만 깨뜨린 것처럼 보이지만, 실제로는 고유한 사고 방식을 깨뜨린 것이다.

이 이야기를 통해, 우리는 용감하게 고유의 사고 방식을 깨기만 한다면, 아무리 어려운 문제라도 순리적으로 해결될 수 있다는 것을 알 수 있다. 오늘날 빠른 속도로 발전하는 인터넷 시대에, 우리가 사마광처럼 '물독을 깨뜨리'려면 반드시 지식을 끊임없이 업데이트해야만 비로소 새로운 돌파를 실현할 수 있다. [39]개개인은 사고 방식을 다시 세우는 동시에, 의식적으로 새로운 것을 시도해야 한다. 알리바바의 노인 제품 체험원 모집에서, 치열한 경쟁을 통해 승리한 노인들은 모두 새로운 것에 도전하는 정신을 갖고 있는 것이 그 예다. 그들은 휴대폰과 컴퓨터를 다루는 숙련도가 젊은이들에게 뒤지지 않는데, 그들은 퇴직 후에도 여전히 끊임없이 새로운 지식을 배우고 새로운 것을 접하는 습관을 지니고 있기 때문이다.

어휘 **司马光** Sīmǎ Guāng [고유] 사마광[중국 북송의 정치가이자 사학가] **北宋** Běisòng [고유] 북송 **时期** shíqī [명] 시기 **政治家** zhèngzhìjiā [명] 정치가 **史学家** shǐxuéjiā [명] 사학가 **文学家** wénxuéjiā [명] 문학가 **机智** jīzhì [형] 기지가 있다 **果断** guǒduàn [형] 결단력이 있다 **称赞** chēngzàn [동] 칭찬하다 **伙伴** huǒbàn [명] 친구, 동료 **院子** yuànzi [명] 마당, 정원 **装满** zhuāngmǎn [동] 가득하다 **水缸** shuǐgāng [명] 물독, 물 항아리 **不知所措** bùzhīsuǒcuò [성] 어쩔 줄을 모르다 **手忙脚乱** shǒumángjiǎoluàn [성] 허둥지둥하다 **捞** lāo [동] 끌어올리다, 건지다 **镇定** zhèndìng [형] 침착하다, 차분하다 **石头** shítou [명] 돌 **砸碎** zásuì [동] 깨뜨리다, 산산조각을 내다 **救** jiù [동] 구하다, 구조하다 **奄奄一息** yǎnyǎnyìxī [성] 생명이 위독하다 **行为** xíngwéi [명] 행동 **表面** biǎomiàn [명] 겉, 표면 **打破** dǎpò [동] 깨뜨리다, 타파하다 **固有** gùyǒu [형] 고유의 **思维** sīwéi [명] 사고, 사유 **模式** móshì [명] 방식, 모델 **勇于** yǒngyú 용감하게, 과감하게 **迎刃而解** yíngrèn'érjiě [성] 순리적으로 문제가 해결되다 **如今** rújīn [명] 오늘날, 지금 **高速** gāosù [형] 빠른 속도의, 고속의 **时代** shídài [명] 시대 **不断** búduàn [부] 끊임없이, 부단히 **更新** gēngxīn [동] 업데이트하다, 갱신하다 **实现** shíxiàn [동] 실현하다, 달성하다 **突破** tūpò [동] 돌파하다, 타파하다 **建立** jiànlì [동] 세우다, 건립하다 **意识** yìshí [동] 의식하다, 깨닫다 **尝试** chángshì [동] 시도하다 **事物** shìwù [명] 것, 사물 **阿里巴巴** Ālǐbābā [고유] 알리바바 **产品** chǎnpǐn [명] 제품, 생산품 **体验员** tǐyànyuán 체험원 **激烈** jīliè [형] 치열하다, 격렬하다 **胜出** shèngchū [동] (어떤 경기나 경쟁에서 상대를) 승리하다 **具有** jùyǒu [동] 가지다, 구비하다 **挑战** tiǎozhàn [동] 도전하다 **精神** jīngshén [명] 정신 **操作** cāozuò [동] 다루다, 조작하다 **熟练** shúliàn [형] 숙련되어 있다, 능숙하다 **程度** chéngdù [명] 정도, 수준 **退休** tuìxiū [동] 퇴직하다 **依然** yīrán [부] 여전히 **接触** jiēchù [동] 접하다, 접촉하다

37 하

A 机智	B 勤劳
C 节约	D 坚强

问：人们对司马光有什么评价？

A 기지가 있다	B 부지런하다
C 절약하다	D 강인하다

질문：사람들은 사마광에 대해 어떤 평가를 하는가?

해설 음성에서 언급된 他从小就因为机智和果断被人们称赞。을 듣고, 보기 A 机智에 체크해 둔다. 질문이 사람들은 사마광에 대해 어떤 평가를 하는지를 물었으므로, 보기 A가 정답이다.

어휘 **机智** jīzhì [형] 기지가 있다 **勤劳** qínláo [형] 부지런하다, 근면하다 **坚强** jiānqiáng [형] 강인하다, 굳세다 **司马光** Sīmǎ Guāng [고유] 사마광[중국 북송의 정치가이자 사학가] **评价** píngjià [명] 평가

38 중상	A 准确抓住核心问题	A 핵심 문제를 정확히 파악한다
	B 将挑战转化为机遇	B 도전을 기회로 바꾼다
	C 不盲目听从他人建议	C 다른 사람의 의견을 맹목적으로 따르지 않는다
	D 跳出固有的思维模式	D 고유한 사고 방식에서 벗어난다
问：司马光砸缸的行为意味着什么？		질문 : 사마광이 항아리를 깨뜨린 행위는 무엇을 의미하는가？

해설 음성에서 언급된 司马光的这个行为表面上看起来只是砸碎了一口水缸，但实际上是打破了一种固有的思维模式。을 듣고, 보기 D
跳出固有的思维模式에 체크해 둔다. 질문이 사마광이 항아리를 깨뜨린 행위는 무엇을 의미하고 있는지를 물었으므로, 보기 D가 정답이다.

어휘 抓住 zhuāzhu 图 파악하다, 붙잡다　核心 héxīn 圆 핵심　挑战 tiǎozhàn 图 도전하다　转化 zhuǎnhuà 图 바꾸다, 바뀌다
机遇 jīyù 圆 (좋은) 기회, 찬스　盲目 mángmù 圆 맹목적인　听从 tīngcóng 图 (남의 말이나 의사를) 따르다, 듣다
他人 tārén 圆 다른 사람, 타인　固有 gùyǒu 圆 고유의　思维 sīwéi 圆 사고, 사유　模式 móshì 圆 방식, 모델
司马光 Sīmǎ Guāng [교유] 사마광[중국 북송의 정치가이자 사학가]　砸 zá 图 (무거운 것으로) 깨뜨리다　缸 gāng 圆 항아리, 단지
行为 xíngwéi 圆 행위

39 중	A 尽量不要折腾	A 되도록 고민하지 말아라
	B 应该以不变应万变	B 현상을 유지하면서 닥쳐올 변화에 적절히 대처해야 한다
	C 可以依赖以往的经验	C 이전 경험에 의존해도 된다
	D 要不断尝试新鲜事物	D 끊임없이 새로운 것을 시도해야 한다
问：下列哪项属于说话人的观点？		질문 : 다음 중 화자의 관점에 속하는 것은？

해설 음성에서 언급된 每个人在重新建立思维模式的同时，要有意识地去尝试新鲜的事物。를 듣고, 보기 D 要不断尝试新鲜事物에 체크
해 둔다. 질문이 화자의 관점에 속하는 것을 물었으므로, 보기 D가 정답이다.

어휘 尽量 jǐnliàng 图 뇌노록, 가능한 한　折腾 zhēteng 图 (육세석·성신석으로) 고민하나, 고생하나
以不变应万变 yǐ bú biàn yìng wànbiàn 현상을 유지하면서 닥쳐올 변화에 적절히 대처하다　依赖 yīlài 图 의존하다, 의지하다
以往 yǐwǎng 圆 이전　不断 búduàn 图 끊임없이, 부단히　尝试 chángshì 图 시도하다　事物 shìwù 圆 것, 사물

40-43

第40到43题是根据下面一段话：
　　[40]为了解决宇航员探测火星时出现的营养缺失问题，美国宇航局正努力尝试在太空种植各种植物。如果进展顺利，辣椒将成为第一个在国际空间站结出果实的植物。
　　参与这项火星任务的科学家托雷斯透露，按照从地球到火星的路程计算，[41]到达火星至少需要两年时间。虽然太空食物可以填饱宇航员的肚子，让他们不至于感到饥饿，[41]却无法给他们提供足够的维生素及其他营养素。为了均衡宇航员的饮食，在前往火星之前，科学家必须找到可以在太空种植新鲜蔬果的方法。但是，挑选合适的太空植物并非易事，因为[42]太空作物必须满足两个条件，一是易于繁殖，二是能在高浓度二氧化碳中生存，而辣椒刚好拥有这些特性。
　　科学家们原先计划种植新墨西哥州的哈奇辣椒，但托雷斯上任后建议改种埃斯帕诺拉辣椒。因为哈奇辣椒生长在沙漠，而埃斯帕诺拉辣椒生长在海拔较高的地区，生长期较短，更适合在太空种植。托雷斯表示，[43]种植埃斯帕诺拉辣椒的实验结果非常理想，超乎预期，预计会在明年年初把这种辣椒送往国际空间站试种。

40-43번 문제는 다음 내용에 근거한다.
　　[40]우주 비행사들이 화성을 탐측할 때 나타나는 영양 결핍 문제를 해결하기 위해, 미국 항공 우주국은 우주에서 다양한 식물을 재배하는 것을 테스트하고 있다. 만약 진전이 순조롭다면, 고추는 국제 우주 정거장에서 열매가 맺어진 첫 번째 식물이 될 것이다.
　　이 화성 임무에 참여한 과학자 토레스는, 지구에서 화성까지의 거리를 계산한 것에 따르면 [41]화성에 도착하기까지 적어도 2년의 시간이 필요하다고 밝혔다. 비록 우주 식량이 우주 비행사들의 배는 채울 수 있어 그들이 배고픔을 느끼는 정도에 이르지 않게 하지만, [41]그들에게 충분한 비타민과 기타 영양소를 제공할 방법이 없다. 우주 비행사들의 음식 균형을 맞추기 위해, 화성으로 가기 전 과학자들은 반드시 우주에서 신선한 야채와 과일을 재배하는 방법을 찾아야 한다. 그러나 적합한 우주 식물을 고르는 것은 결코 쉬운 일이 아닌데, [42]우주 농작물은 첫 번째는 번식하기 쉽고 두 번째는 고농도 이산화탄소에서 생존할 수 있는 두 가지 조건을 반드시 만족시켜야 하기 때문이며, 마침 고추가 이러한 특성을 가지고 있다.
　　과학자들은 당초 뉴멕시코주의 하치 고추를 재배할 계획이었으나, 토레스가 부임한 후 에스파뇰라 고추로 바꾸어 심을 것을 제안했다. 하치 고추는 사막에서 자라고, 에스파뇰라 고추는 해발이 비교적 높은 지역에서 자라기 때문에 성장 기간이 비교적 짧고, 우주에서 재배하기 더 적합하기 때문이다. 토레스는 [43]에스파뇰라 고추를 재배한 실험 결과가 매우 이상적이고 기대를 뛰어넘었으며, 내년 초 이 고추를 국제 우주 정거장에 보내 시험 재배할 전망이라고 밝혔다.

어휘 宇航员 yǔhángyuán 圆 우주 비행사　探测 tàncè 图 탐측하다, 탐지하다　火星 Huǒxīng 고유 화성　营养 yíngyǎng 圆 영양
　　　 缺失 quēshī 圆 결핍, 결함　美国宇航局 Měiguó Yǔhángjú 고유 미국 항공 우주국, NASA　尝试 chángshì 图 테스트하다
　　　 太空 tàikōng 圆 우주, 높고 드넓은 하늘　种植 zhòngzhí 图 재배하다, 종식하다　进展 jìnzhǎn 图 진전하다, 진행하다　辣椒 làjiāo 圆 고추
　　　 国际空间站 guójì kōngjiānzhàn 국제 우주 정거장　果实 guǒshí 圆 열매, 과실　参与 cānyù 图 참여하다, 참가하다
　　　 透露 tòulù 图 밝히다, 누설하다　路程 lùchéng 圆 거리, 길, 노정　到达 dàodá 图 도착하다, 도달하다　食物 shíwù 圆 식량, 음식
　　　 填饱 tiánbǎo 图 배를 채우다　至于 zhìyú 图 ~의 정도에 이르다　饥饿 jī'è 圆 배고프다, 굶주리다　维生素 wéishēngsù 圆 비타민
　　　 营养素 yíngyǎngsù 圆 영양소　均衡 jūnhéng 圆 균형을 맞추다　饮食 yǐnshí 圆 음식, 먹고 마시는 것
　　　 前往 qiánwǎng 图 ~로 가다, ~로 향해가다　挑选 tiāoxuǎn 图 고르다, 선택하다　作物 zuòwù 圆 농작물
　　　 满足 mǎnzú 图 만족시키다　繁殖 fánzhí 图 번식하다, 증가하다　浓度 nóngdù 圆 농도　二氧化碳 èryǎnghuàtàn 圆 이산화탄소[CO_2]
　　　 生存 shēngcún 图 생존하다　拥有 yōngyǒu 图 가지다, 보유하다　特性 tèxìng 圆 특성　原先 yuánxiān 圆 당초, 본래
　　　 新墨西哥州 Xīnmòxīgē Zhōu 고유 뉴멕시코주　哈奇 hāqí 하치[고추의 종류 중 하나]　上任 shàngrèn 图 부임하다, 취임하다
　　　 埃斯帕诺拉 āisīpànuòlā 에스파뇰라　生长 shēngzhǎng 图 자라다, 성장하다　沙漠 shāmò 圆 사막　海拔 hǎibá 圆 해발
　　　 地区 dìqū 圆 지역　实验 shíyàn 圆 실험　超乎 chāohū 图 ~을 뛰어넘다, ~을 벗어나다　预期 yùqī 图 (미리) 기대하다, 예기하다
　　　 预计 yùjì 图 전망하다, 예상하다　试种 shìzhòng 图 시험 재배하다

40
중상

A 消除宇航员的寂寞	A 우주 비행사의 외로움을 해소한다
B 给宇航员补充营养	B 우주 비행사에게 영양을 보충해 준다
C 监测太空生态环境	C 우주 생태 환경을 모니터링한다
D 降低环境污染指标	D 환경 오염 지표를 낮춘다
问 : 为什么美国宇航局想在太空种植物?	질문 : 왜 미국 항공 우주국은 우주에 식물을 심으려고 하는가?

해설 음성에서 언급된 为了解决宇航员探测火星时出现的营养缺失问题, 美国宇航局正努力尝试在太空种植各种植物。를 듣고, 보기 B
　　 给宇航员补充营养에 체크해 둔다. 질문이 미국 항공 우주국이 우주에 식물을 심으려고 하는 이유를 물었으므로, 보기 B가 정답이다.

어휘 消除 xiāochú 图 해소하다, 없애다　宇航员 yǔhángyuán 圆 우주 비행사　寂寞 jìmò 圆 외롭다, 쓸쓸하다
　　 补充 bǔchōng 图 보충하다, 추가하다　营养 yíngyǎng 圆 영양　监测 jiāncè 图 모니터링하다, 감시하고 검측하다
　　 太空 tàikōng 圆 우주, 높고 드넓은 하늘　生态 shēngtài 圆 생태　指标 zhǐbiāo 圆 지표, 수치
　　 美国宇航局 Měiguó Yǔhángjú 고유 미국 항공 우주국, NASA

41
중상

A 饿肚子	A 배가 고프다
B 受辐射	B 방사선에 노출되다
C 精神崩溃	C 정신이 붕괴되다
D 营养不足	D 영양이 부족하다
问 : 宇航员在飞往火星的途中可能会遇到什么问题?	질문 : 우주 비행사가 화성으로 가는 도중에 어떤 문제를 만날 가능성이 있는가?

해설 음성에서 언급된 到达火星至少需要两年时间……却无法给他们提供足够的维生素及其他营养素를 듣고, 보기 D 营养不足에 체크
　　 해 둔다. 질문이 우주 비행사가 화성으로 가는 도중에 어떤 문제를 만날 가능성이 있는지를 물었으므로, 보기 D가 정답이다.

어휘 受辐射 shòu fúshè 방사선에 노출되다　精神 jīngshén 圆 정신　崩溃 bēngkuì 图 붕괴하다, 무너지다　营养 yíngyǎng 圆 영양
　　 不足 bùzú 圆 부족하다, 모자라다　宇航员 yǔhángyuán 圆 우주 비행사　飞往 fēiwǎng 图 (비행기를 타고) ~로 가다
　　 火星 Huǒxīng 고유 화성

42
중

A 能有效抵抗害虫	A 해충에 효과적으로 저항할 수 있다
B 能改善空气质量	B 공기의 질을 개선할 수 있다
C 能在缺水的地方生长	C 물이 부족한 지역에서 자랄 수 있다
D 能在二氧化碳中生存	D 이산화탄소 속에서 생존할 수 있다
问 : 太空作物应满足什么条件?	질문 : 우주 농작물은 반드시 어떤 조건을 만족시켜야 하는가?

해설 음성에서 언급된 太空作物必须满足两个条件, 一是易于繁殖, 二是能在高浓度二氧化碳中生存를 듣고, 보기 D 能在二氧化碳中生
　　 存에 체크해 둔다. 질문이 우주 농작물은 반드시 어떤 조건을 만족시켜야 하는지를 물었으므로, 보기 D가 정답이다.

어휘 抵抗 dǐkàng 图 저항하다　害虫 hàichóng 圆 해충　改善 gǎishàn 图 개선하다　生长 shēngzhǎng 图 자라다, 성장하다

二氧化碳 èryǎnghuàtàn 閱 이산화탄소[CO$_2$]　　生存 shēngcún 图 생존하다　　太空 tàikōng 閱 우주, 높고 드넓은 하늘

作物 zuòwù 농작물　　满足 mǎnzú 图 만족시키다, 만족하다

43 中	A 遇到难题	A 난제에 부딪혔다
	B 令人满意	B 만족스럽다
	C 需要资金投入	C 자금 투입이 필요하다
	D 引起很多争议	D 많은 논쟁을 불러일으킨다
	问：目前种植辣椒的实验进展如何？	질문 : 현재 고추를 재배하는 실험은 진전이 어떠한가?

해설　음성에서 언급된 种植埃斯帕诺拉辣椒的试验结果非常理想을 듣고, 보기 B 令人满意에 체크해 둔다. 질문이 현재 고추를 재배하는
　　실험은 진전이 어떠한지를 물었으므로, 보기 B가 정답이다.

어휘　资金 zījīn 閱 자금　　投入 tóurù 图 투입하다, 넣다　　争议 zhēngyì 图 논쟁하다　　目前 mùqián 閱 현재, 지금
　　种植 zhòngzhí 图 재배하다, 종식하다　　辣椒 làjiāo 閱 고추　　进展 jìnzhǎn 图 진전하다, 진행하다　　如何 rúhé 때 어떻다, 어떠하다

44 - 47

第44到47题是根据下面一段话：
　　在毛乌素沙漠的西南边缘，人们铸造了一道东西长四十七公里、南北宽三十八公里的绿色屏障，阻挡了沙漠向西行进的脚步。44这道绿色屏障不断扩大，将沙漠逼退了二十多公里。如今，"沙进人退"的困境已经转变为"人进沙退"的大好形势。
　　这个奇迹跟一个人密不可分，他就是王有德，宁夏灵武白芨滩国家级自然保护区管理局的局长。当年，三十出头的王有德被任命为防沙林场副场长，之后45他摸索出了一套治理沙漠的方法：先在外围种植树木，将其作为第一道屏障，然后围绕内部的干渠、公路、果园等逐步建设防护林，形成第二道屏障。在两道屏障的保障下，他积极发展了林苗产业和养殖业。46靠谋划全局、精打细算，王有德让原来死水一般的林场焕发出了生机。47王有德表示，自己对林业的爱好、对林业的执着，47对林业发展的盼望是一辈子的事儿，只要多一棵树，多一片绿色，幸福感就会油然而生。

44-47번 문제는 다음 내용에 근거한다.
　　모우스 사막의 서남쪽 끝자락에 사람들은 동서로 길이가 47km, 남북으로 폭이 38km인 녹색 장벽을 만들었고, 사막이 서쪽을 향해 나아가는 발걸음을 저지했다. 44이 녹색 장벽은 끊임없이 확대되었고 사막을 20여 km 압박하여 물러서게 했다. 현재 '사막이 전진하고 사람이 물러서는' 곤경은 이미 '사람이 전진하고 사막이 물러서는' 아주 좋은 형세로 바뀌었다.
　　이 기적은 한 사람과 아주 밀접한데, 그가 바로 왕요우더로, 닝샤 후이족 자치구의 링우 바이지탄 국가급 자연 보호구 관리국의 국장이다. 당시 서른 살 남짓 된 왕요우더는 방사림 농장의 부 농장장으로 임명되었고, 그 후 45그는 사막을 관리할 방법을 모색해 냈다. 먼저 주위에 나무를 심고 이것을 첫 번째 장벽으로 삼은 후에, 내부를 둘러싸는 간선 수로, 도로, 과수원 등에 단계적으로 방호림을 만들어서 두 번째 장벽을 형성하는 것이다. 이 두 장벽의 보호 아래, 그는 적극적으로 나무 묘목 산업과 양식업을 발전시켰다. 46전체 국면을 계획하고 면밀하게 계산하여 왕요우더는 원래 고인 물과 같았던 삼림 농장을 생기가 뿜어 나도록 만들었다. 47왕요우더는 자신의 임업에 대한 애호, 임업에 대한 집착, 47임업 발전에 대한 간절한 바람은 한평생의 일이며, 나무가 한 그루 더 많아지고 녹색이 한 조각 더 많아지기만 한다면 행복감이 저절로 생겨날 것이라고 밝혔다.

어휘　毛乌素沙漠 Máowūsù Shāmò 교유 모우스 사막[중국 내몽고 자치구에 위치한 중국 4대 사막 중 하나]　　边缘 biānyuán 閱 끝자락, 가장자리 부분
　　铸造 zhùzào 图 만들다, 주조하다　　宽 kuān 閱 폭, 너비　　屏障 píngzhàng 閱 장벽, 보호벽　　阻挡 zǔdǎng 图 저지하다, 가로막다
　　脚步 jiǎobù 閱 발걸음, 보폭　　不断 búduàn 图 끊임없이, 부단히　　逼 bī 图 압박하다, 조이다　　退 tuì 图 (뒤로) 물러서다
　　如今 rújīn 閱 현재, 지금　　困境 kùnjìng 閱 곤경, 궁지　　转变 zhuǎnbiàn 图 바뀌다, 바꾸다　　形势 xíngshì 閱 형세, 형편　　奇迹 qíjì 閱 기적
　　密不可分 mì bù kě fēn 아주 밀접하다　　宁夏 Níngxià 교유 닝샤 후이족 자치구[중국의 지명]
　　灵武 Língwǔ 교유 링우[닝샤후이족 자치구 북쪽에 위치한 도시]　　白芨滩 Báijī Tān 교유 바이지탄[중국의 지명]　　局长 júzhǎng 閱 국장
　　出头 chūtóu 图 ~남짓 되다　　任命 rènmìng 图 임명하다　　防沙林场 fángshā línchǎng 방사림 농장[방사림을 관리하는 기관]
　　副 fù 閱 부, 보조의　　场长 chǎngzhǎng 閱 (국영) 농장장　　摸索 mōsuǒ 图 (방법·경험 따위를) 모색하다, 찾다　　治理 zhìlǐ 图 관리하다, 통치하다
　　外围 wàiwéi 閱 주위, 둘레　　种植 zhòngzhí 图 심다, 재배하다　　围绕 wéirào 图 둘러싸다
　　干渠 gànqú 閱 간선 수로[강물이나 저수지 등과 같은 수원지와 직접 이어진 물길]　　公路 gōnglù 閱 도로　　果园 guǒyuán 閱 과수원
　　逐步 zhúbù 图 단계적으로, 점점　　建设 jiànshè 图 만들다, 건설하다　　防护林 fánghùlín 閱 방호림, 보호림
　　形成 xíngchéng 图 형성하다, 이루다　　保障 bǎozhàng 图 (생명·재산·권리 등을) 보호하다, 보장하다　　林苗 línmiáo 閱 나무 묘목
　　产业 chǎnyè 閱 산업, 공업　　养殖业 yǎngzhíyè 閱 양식업　　谋划 móuhuà 图 계획하다, 짜다　　全局 quánjú 閱 전체 국면, 전체적인 판국
　　精打细算 jīngdǎxìsuàn 图 면밀하게 계산하다, 세밀하게 계산하다　　死水 sǐshuǐ 閱 고인 물　　林场 línchǎng 閱 삼림 농장
　　焕发 huànfā 图 뿜어내다, 진작하다　　生机 shēngjī 閱 생기, 활력　　林业 línyè 閱 임업　　执着 zhízhuó 图 집착하다
　　盼望 pànwàng 图 간절히 바라다, 희망하다　　一辈子 yíbèizi 閱 한평생, 일생　　油然而生 yóurán ér shēng 저절로 생기다

제1회

제2회

제3회

제4회 듣기

제5회

제6회

해커스 해설이 상세한 HSK 6급 실전모의고사

44 상	A 沙漠面积减少	A 사막 면적이 감소한다
	B 沙漠生态恶化	B 사막의 생태가 악화된다
	C 进入沙漠生活	C 사막 생활에 들어간다
	D 了解沙漠特征	D 사막의 특징을 이해한다
	问 : 关于"人进沙退", 下列哪项正确?	질문 : '사람이 전진하고 사막이 물러선다'에 관하여, 다음 중 옳은 것은?

해설 음성에서 언급된 这道绿色屏障不断扩大, 将沙漠逼退了二十多公里。如今, "沙进人退"的困境已经转变为"人进沙退"的大好形势。을 듣고, 보기 A 沙漠面积减少에 체크해 둔다. 질문이 '사람이 전진하고 사막이 물러선다'에 관하여 옳은 것을 물었으므로, 보기 A가 정답이다.

어휘 沙漠 shāmò 몡 사막　面积 miànjī 몡 면적　生态 shēngtài 몡 생태　恶化 èhuà 통 악화되다, 악화시키다　特征 tèzhēng 몡 특징　退 tuì 통 (뒤로) 물러서다

45 상	A 种大量树木	A 대량의 나무를 심는다
	B 挖掘地下水	B 지하수를 파낸다
	C 发展畜牧业	C 목축업을 발전시킨다
	D 建立防波堤	D 방파제를 세운다
	问 : 王有德治理沙漠的方法是什么?	질문 : 왕요우더가 사막을 관리하는 방법은 무엇인가?

해설 음성에서 언급된 他摸索出了一套治理沙漠的方法: 先在外围种植树木, 将其作为第一道屏障, 然后围绕内部的干渠、公路、果园等逐步建设防护林, 形成第二道屏障。을 듣고, 보기 A 种大量树木에 체크해 둔다. 질문이 왕요우더가 사막을 관리하는 방법은 무엇인지를 물었으므로, 보기 A가 정답이다.

어휘 挖掘 wājué 통 파내다, 발굴하다　畜牧业 xùmùyè 몡 목축업　建立 jiànlì 통 세우다, 형성하다　防波堤 fángbōdī 몡 방파제　治理 zhìlǐ 통 관리하다, 통치하다　沙漠 shāmò 몡 사막

46 상	A 小心翼翼	A 매우 조심스럽다
	B 知足常乐	B 만족함을 알아 항상 즐겁다
	C 细致周到	C 주도면밀하다
	D 一丝不苟	D 조금도 소홀히 하지 않는다
	问 : 下列哪项属于王有德的特点?	질문 : 다음 중 왕요우더의 특징에 속하는 것은?

해설 음성에서 언급된 靠谋划全局、精打细算, 王有德让原来死水一般的林场焕发出了生机。를 듣고, 보기 C 细致周到에 체크해 둔다. 질문이 왕요우더의 특징에 속하는 것을 물었으므로, 보기 C가 정답이다.

어휘 小心翼翼 xiǎoxīnyìyì 젱 매우 조심스럽다, 엄숙하고 경건하다　知足常乐 zhīzúchánglè 젱 만족함을 알아 항상 즐겁다　细致 xìzhì 톙 꼼꼼하다, 면밀하다　周到 zhōudào 톙 주도면밀하다, 빈틈없다　一丝不苟 yìsībùgǒu 젱 조금도 소홀히 하지 않다, 조금도 빈틈이 없다

47 중상	A 收入的提高	A 수입의 증가
	B 林业的兴旺	B 임업의 번창
	C 家人的支持	C 가족의 지지
	D 官方的肯定	D 정부 당국의 인정
	问 : 王有德的幸福感来自于哪里?	질문 : 왕요우더의 행복감은 무엇에서 오는가?

해설 음성에서 언급된 王有德表示……对林业发展的盼望是一辈子的事儿, 只要多一棵树, 多一片绿色, 幸福感就会油然而生을 듣고, 보기 B 林业的兴旺에 체크해 둔다. 질문이 왕요우더의 행복감은 무엇에서 오는지를 물었으므로, 보기 B가 정답이다.

어휘 林业 línyè 몡 임업　兴旺 xīngwàng 톙 번창하다, 융성하다　官方 guānfāng 몡 정부 당국, 정부 측

48-50

第48到50题是根据下面一段话:

城市是文化的容器。在城市发展史上，不同时代的胡同、牌坊、院落、民居、街道构成了城市的基本形态，这些宝贵的文化遗产就是传统的象征。然而，⁴⁸在现代化进程中，城市经历着新的考验：人们一方面为了经济发展，不断拆除或随意改造那些历史建筑和遗迹；另一方面又不得不承受传统文化的消失所带来的遗憾。

近些年，在改造城市的过程中，⁴⁹不少具有地方特色的老街老巷摇身一变，变成光鲜亮丽的商业街。这虽然在短期内刺激了当地的经济发展，可由于缺乏对历史和传统的尊重，没有对传统文化资源进行深度挖掘，⁴⁹导致许多历史街区景观雷同、业态混乱。

为了改善这样的局面，⁵⁰今天很多城市的改造越来越倾向于采用"微更新"的方式，即在保持城市独特性的基础上，对老建筑进行小范围、小规模的局部改造，从而实现灵活使用空间，振兴地方经济的目的。比如，经过精心设计和改造后，老建筑被改建为美术馆、展览馆、艺术家工作坊、书店等等。由于融入了各种文化、艺术元素，空间的品质得以提升，城市得以美化，市民的文化生活得以丰富。

48-50번 문제는 다음 내용에 근거한다.

도시는 문화의 그릇이다. 도시 발전사에서, 서로 다른 시대의 골목, 패방, 정원, 민가, 거리는 도시의 기본 형태를 구성하는데, 이러한 귀중한 문화유산은 바로 전통의 상징이다. 그러나 ⁴⁸현대화 진행 과정에서 도시는 사람들이 경제 발전을 위해 역사 건축물과 유적을 끊임없이 철거하거나 마음대로 개조하지만, 또 다른 한편으로는 전통문화의 소멸이 가져온 아쉬움을 어쩔 수 없이 감수해야 하는 새로운 시련을 겪고 있다.

최근 몇 년간 도시를 개조하는 과정에서, ⁴⁹지역 특색을 가진 많은 오래된 거리와 골목이 탈바꿈하여 말끔하고 아름다운 상업 거리로 변했다. 이것은 비록 단기간에 현지의 경제 발전을 활성화했지만, 그러나 역사와 전통에 대한 존중이 부족하고 전통문화 자원에 대한 심도 있는 발굴을 하지 못한 것으로 인해, ⁴⁹수많은 역사적 구역의 풍경이 비슷해지고 경영 방식이 혼란스러워지는 것을 야기했다.

이러한 국면을 개선하기 위해, ⁵⁰오늘날 많은 도시의 개조는 점점 '마이크로 리뉴얼' 방식을 채택하는 쪽으로 쏠리고 있는데, 바로 도시의 개성을 유지하는 기초에서, 오래된 건축물에 대해 작은 범위, 소규모의 부분 개조를 진행하여, 탄력적으로 공간을 사용하고 지역 경제를 진흥시키는 목적을 실현하는 것이다. 세심한 설계와 개조를 거친 후, 오래된 건축물은 미술관, 전시관, 예술가 작업실, 서점 등으로 재건되는 것이 그 예다. 각종 문화, 예술 요소가 녹아든 것으로 인해서 공간의 품질을 끌어올릴 수 있고, 도시가 아름다워 질 수 있고, 시민의 문화생활이 풍부해질 수 있다.

어휘 容器 róngqì 몡 그릇, 용기　时代 shídài 몡 시대　胡同 hútòng 몡 골목　牌坊 páifāng 몡 패방[위에 만대가 있고 문짝이 없는 아치형으로 생긴 건축물]
院落 yuànluò 몡 정원, 뜰　民居 mínjū 몡 민가, 개인 주택　构成 gòuchéng 동 구성하다, 형성하다　形态 xíngtài 몡 형태
宝贵 bǎoguì 형 귀중하다, 진귀하다　遗产 yíchǎn 몡 유산　传统 chuántǒng 몡 전통　象征 xiàngzhēng 몡 상징
现代化 xiàndàihuà 몡 현대화　进程 jìnchéng 몡 (사물의) 진행 과정, 발전 과정　考验 kǎoyàn 동 시련을 주다, 시험하다
不断 búduàn 뛰 끊임없이, 부단히　拆除 chāichú 동 (건축물 등을) 철거하다, 허물다　随意 suíyì 뛰 마음대로, 뜻대로
改造 gǎizào 동 개조하다, 변모시키다　建筑 jiànzhù 몡 건축물　遗迹 yíjì 몡 유적　承受 chéngshòu 동 감수하다, 감당하다, 견디다
遗憾 yíhàn 몡 아쉬움, 유감　巷 xiàng 몡 골목, 좁은 길　摇身一变 yáoshēnyíbiàn 셩 탈바꿈하다, 갑자기 변하다
光鲜 guāngxiān 형 말끔하다, 밝고 선명하다　亮丽 liànglì 형 아름답다, 훌륭하다　商业 shāngyè 몡 상업　刺激 cìjī 동 활성화시키다, 자극하다
当地 dāngdì 몡 현지　缺乏 quēfá 동 부족하다, 모자라다　资源 zīyuán 몡 자원　深度 shēndù 형 심도 있는
挖掘 wājué 동 발굴하다, 파내다　导致 dǎozhì 동 야기하다, 초래하다　街区 jiēqū 몡 (도시에서의 어느 한) 구역, 블록
景观 jǐngguān 몡 풍경, 경관　雷同 léitóng 형 비슷하다, 유사하다　业态 yètài 몡 (업무의) 경영 방식　混乱 hùnluàn 형 혼란하다, 어지럽다
改善 gǎishàn 동 개선하다　局面 júmiàn 몡 국면　倾向 qīngxiàng 동 (한쪽으로) 쏠리다, 기울다　采用 cǎiyòng 동 채택하다, 채용하다
微更新 wēi gēngxīn 마이크로 리뉴얼　方式 fāngshì 몡 방식, 방법　保持 bǎochí 동 유지하다, 지키다　独特性 dútèxìng 개성, 독특성
范围 fànwéi 몡 범위　规模 guīmó 몡 규모　局部 júbù 몡 부분, 국부　实现 shíxiàn 동 실현하다, 달성하다　灵活 línghuó 형 탄력적이다
空间 kōngjiān 몡 공간　振兴 zhènxīng 동 진흥시키다　精心 jīngxīn 형 세심하다, 정성을 들이다　设计 shèjì 몡 설계, 디자인
改建 gǎijiàn 동 재건하다, 개축하다　工作坊 gōngzuòfáng 작업실, 작업장　融入 róng rù 녹아들다, 스며들다
元素 yuánsù 몡 요소, 화학 원소　品质 pǐnzhì 몡 품질, 질　得以 déyǐ 동 ~할 수 있다, ~(하게) 되다　提升 tíshēng 동 끌어올리다, 진급시키다
美化 měihuà 동 아름답게 하다, 미화하다

48
상

A 城市人口大幅度增长	A 도시 인구가 큰 폭으로 증가한다
B 大城市的房价不断上涨	B 대도시의 집값이 끊임없이 오른다
C 理想和现实之间存在冲突	C 이상과 현실 사이에 충돌이 존재한다
D 发展经济和保护历史有矛盾	D 경제를 발전시키는 것과 역사를 보호하는 것에 모순이 있다
问：城市发展经历着什么考验？	질문: 도시의 발전은 어떤 시련을 겪고 있는가?

해설 음성에서 언급된 在现代化进程中，城市经历着新的考验：人们一方面为了经济发展，不断拆除或随意改造那些历史建筑和遗迹；另一方面又不得不承受传统文化的消失所带来的遗憾을 듣고, 보기 D 发展经济和保护历史有矛盾에 체크해 둔다. 질문이 도시의 발전은 어떤 시련을 겪고 있는지를 물었으므로, 보기 D가 정답이다.

어휘 人口 rénkǒu 몡 인구   幅度 fúdù 몡 (사물이 변동하는) 폭   不断 búduàn 틘 끊임없이, 부단히
　　 上涨 shàngzhǎng 튐 (수위나 물가가) 오르다   现实 xiànshí 몡 현실   存在 cúnzài 튐 존재하다   冲突 chōngtū 몡 충돌, 모순
　　 矛盾 máodùn 몡 모순, 갈등   考验 kǎoyàn 튐 시련을 주다, 시험하다

49	A 经营方式落后	A 경영 방식이 뒤떨어진다
상	B 业态杂乱无章	B 경영 방식이 무질서하다
	C 环境污染加重	C 환경 오염이 심해진다
	D 游客逐年减少	D 여행객이 해마다 줄어든다
	问 : 老街变为商业街后, 存在什么问题?	질문 : 오래된 거리가 상업 거리로 바뀐 후, 어떤 문제가 존재하는가?

해설 음성에서 언급된 不少具有地方特色的老街老巷摇身一变, 变成光鲜亮丽的商业街。这……导致许多历史街区景观雷同、业态混乱
　　 을 듣고, 보기 B 业态杂乱无章에 체크해 둔다. 질문이 오래된 거리가 상업 거리로 바뀐 후, 어떤 문제가 존재하는지를 물었으므로, 보
　　 기 B가 정답이다.

어휘 经营 jīngyíng 튐 경영하다   落后 luòhòu 톕 뒤떨어지다   业态 yètài 몡 (업무의) 경영 방식
　　 杂乱无章 záluànwúzhāng 졩 무질서하다, 난잡하여 조리가 없다   加重 jiāzhòng 튐 심해지다   逐年 zhúnián 틘 해마다, 매년

50	A 举办艺术活动	A 예술 행사를 개최한다
중상	B 用少量经费更新	B 소액의 경비로 리뉴얼한다
	C 在较小范围内改造	C 비교적 작은 범위 내에서 개조한다
	D 美化建筑物的外部	D 건축물의 외부를 아름답게 한다
	问 : 什么是"微更新"?	질문 : 무엇이 '마이크로 리뉴얼'인가?

해설 음성에서 언급된 今天很多城市的改造越来越倾向于采用"微更新"的方式, 即在保持城市独特性的基础上, 对老建筑进行小范围、
　　 小规模的局部改造를 듣고, 보기 C 在较小范围内改造에 체크해 둔다. 질문이 무엇이 '마이크로 리뉴얼'인지를 물었으므로, 보기 C가
　　 정답이다.

어휘 经费 jīngfèi 몡 (사업·지출상의) 경비, 비용   更新 gēngxīn 튐 리뉴얼하다, 갱신하다   范围 fànwéi 몡 범위
　　 改造 gǎizào 튐 개조하다, 변모시키다   美化 měihuà 튐 아름답게 하다, 미화하다   建筑物 jiànzhùwù 몡 건축물
　　 微更新 wēi gēngxīn 마이크로 리뉴얼

제1회

제2회

제3회

제4회
듣기

제5회

제6회

해커스 해설이 상세한 HSK 6급 실전모의고사

二、阅读 독해

51
하

A (中国航天事业的)	辉煌成就	/	离不开	/	(科研人员的)	艰苦奋斗。
관형어	주어		술어		관형어	목적어
(중국 우주 비행 사업의)	눈부신 성과는	/	떨어질 수 없다	/	(과학 연구원의)	간고분투

해석 중국 우주 비행 사업의 눈부신 성과는 과학 연구원의 간고분투와 떨어질 수 없다.

해설 주어 辉煌成就, 술어 离不开, 목적어 艰苦奋斗가 문맥상 자연스럽게 어울린다. 따라서 틀린 부분이 없다.

어휘 航天 hángtiān [동] 우주를 비행하다 事业 shìyè [명] 사업 辉煌 huīhuáng [형] (성취·성과가) 눈부시다, (빛이) 휘황찬란하다
成就 chéngjiù [명] 성과, 성취 艰苦奋斗 jiānkǔfèndòu [성] 간고분투[어려움과 고통을 두려워하지 않고 계속 용감하게 투쟁해 나가다]

B 文文	/	(对哥哥刚买的那本小说)	爱不释手,	//
주어		부사어	술어1	
원원은	/	(오빠가 조금 전에 산 그 소설을)	너무나 좋아하여 차마 손에서 떼어 놓지 못하다,	//

(被它)	翻	(得破烂不堪)。
부사어(被+행위의 주체)	술어2	보어
(그것에 의해 ~되다)	들추다	(몹시 너덜너덜해질 정도로)

해석 원원은 오빠가 조금 전에 산 그 소설을 너무나 좋아하여 차마 손에서 떼어 놓지 못했고, 그것에 의해 몹시 너덜너덜해질 정도로 들춰졌다.

해설 **被가 문맥에 맞지 않게 사용되어 틀린 경우**
개사 被가 사용되어 它가 술어2 翻의 행위의 주체가 되었으므로 틀린 문장이다. 被 대신 개사 把를 사용하여 它가 翻의 행위의 대상이 되도록 해야 한다.
★ 옳은 문장 : 文文对哥哥刚买的那本小说爱不释手, 把它翻得破烂不堪。
원원은 오빠가 조금 전에 산 그 소설을 너무나 좋아하여 차마 손에서 떼어 놓지 못했고, 그것을 몹시 너덜너덜해질 정도로 들췄다.

어휘 爱不释手 àibúshìshǒu [성] 너무나 좋아하여 차마 손에서 떼어 놓지 못하다 翻 fān [동] 들추다, 뒤집다
破烂 pòlàn [형] 너덜너덜하다, 낡아 빠지다 不堪 bùkān [형] (부정적인 의미로) 몹시 심하다

C 石窟造像群	/	气势宏伟大气,	//	(不愧)	是	/	(名声远扬的)	石刻艺术之冠。
주어		술어1		부사어	술어2		관형어	목적어
석굴 조각상의 군집은	/	기세가 웅장해서,	//	(~답다)	~이다	/	(명성이 널리 알려진)	석각 예술의 으뜸

해석 석굴 조각상의 군집은 기세가 웅장해서, 명성이 널리 알려진 석각 예술의 으뜸답다.

해설 주어 石窟造像群, 술어1 气势宏伟大气가 문맥상 자연스럽게 어울리고, 술어2 是과 연결되는 주어 石窟造像群과 목적어 石刻艺术之冠이 동격이다. 따라서 틀린 부분이 없다.

어휘 石窟 shíkū [명] 석굴 造像 zàoxiàng [명] 조각상 群 qún [명] 군집, 무리 气势 qìshì [명] (사람 또는 사물의) 기세, 형세
宏伟 hóngwěi [형] (규모·기세 따위가) 웅장하다 不愧 búkuì [부] ~답다, ~에 부끄럽지 않다
远扬 yuǎnyáng [동] (명성 등이) 널리 알려지다 石刻 shíkè [명] 석각 冠 guàn 으뜸

앞 절 / 뒤 절

D (王师傅的两个年轻)	徒弟	/	(又)	聪明	(又)	勤奋,	//	而且	(他们的)	烹饪手艺	/
관형어	주어		부사어	술어1	부사어	술어2		접속사	관형어	주어	
(왕 사부의 젊은 두)	제자는	/	(~뿐만 아니라)	똑똑하다	(또한)	부지런하다,	//	게다가	(그들의)	요리 솜씨는	/

(也)	不相上下。
부사어	술어
(~도)	막상막하이다

제1회

제2회

제3회

제4회

독해

제5회

제6회

해커스 해설이 상세한 HSK 6급 실전모의고사

해석 왕 사부님의 젊은 두 제자는 똑똑할 뿐만 아니라 또한 부지런하며, 게다가 그들의 요리 솜씨도 막상막하이다.

해설 앞 절의 주어 徒弟, 술어1 聪明, 술어2 勤奋이 문맥상 자연스럽게 어울리고, 뒤 절의 주어 烹饪手艺, 술어 不相上下도 문맥상 자연스럽게 어울린다. 또한 자주 짝을 이루어 쓰이는 표현 '又 A 又 B'가 문맥상 적절하게 쓰였고, 점층을 나타내는 접속사 而且도 문맥상 적절하게 쓰였다. 따라서 틀린 부분이 없다.

어휘 徒弟 túdì 囤 제자　勤奋 qínfèn 園 부지런하다, 열심히 하다　烹饪 pēngrèn 튕 요리하다, 조리하다
手艺 shǒuyì 圑 솜씨, 수공 기술　不相上下 bùxiāngshàngxià 園 막상막하, 우열을 가릴 수 없다

52
중

	앞 절				뒤 절				
A 面对 /	(层出不穷的)	信息诈骗手法,	//	我们 /	(一定)	(要)	擦亮眼睛,	//	
술어	관형어	목적어		주어	부사어	부사어	술어1		
~에 직면하다 /	(끊임없이 나타나는)	정보 사기 수법,	//	우리는 /	(반드시)	(~해야 한다)	경각심을 높이다	//	

谨防 /	上当。
술어2	목적어
주의하여 경계하다 /	사기 당하는 것을

해석 끊임없이 나타나는 정보 사기 수법에 직면하여, 우리는 반드시 경각심을 높여서 사기 당하는 것을 주의하여 경계해야 한다.

해설 앞 절의 술어 面对, 목적어 信息诈骗手法가 문맥상 자연스럽게 어울리고, 뒤 절의 주어 我们, 술어1 擦亮眼睛, 술어2 谨防, 목적어 上当도 문맥상 자연스럽게 어울린다. 앞 절의 주어가 我们이라는 것을 문맥상 분명하게 알 수 있으므로, 앞 절의 주어는 생략되었다. 또한 부사 一定, 조동사 要가 뒤 절의 술어1 擦亮眼睛 앞에서 부사→조동사 순으로 알맞게 배치되었다. 따라서 틀린 부분이 없다.

어휘 层出不穷 céngchūbùqióng 園 끊임없이 나타나다　诈骗 zhàpiàn 튕 사기 치다, 속이다　手法 shǒufǎ 囤 수법
擦亮眼睛 cāliàng yǎnjīng 경각심을 높이다　谨防 jǐnfáng 튕 주의하여 경계하다　上当 shàngdàng 튕 사기를 당하다, 속다

	앞 절				뒤 절				
B 学习与思考 /	是 /	(相辅相成的)	关系,	//	(其中)	学 /	是 /	(思的)	基础,	//
주어	술어	관형어	목적어		부사어	주어	술어	관형어	목적어	
배움과 사고는 /	~이다 /	(서로 협력하고 보완하는)	관계,	//	(그중)	배움은 /	~이다 /	(사고의)	기초,	//

思 /	是 /	(学的)	深化。
주어	술어	관형어	목적어
사고는 /	~이다 /	(배움의)	심화

해석 배움과 사고는 서로 협력하고 보완하는 관계로, 그중 배움은 사고의 기초이고 사고는 배움의 심화이다.

해설 각 절의 술어 是과 연결되는 주어와 목적어가 모두 동격이다. 따라서 틀린 부분이 없다.

어휘 思考 sīkǎo 튕 사고하다, 깊이 생각하다　相辅相成 xiāngfǔxiāngchéng 園 서로 협력하고 보완하다

C (这两年)	他	(几乎)	变成了 /	(其他)	一个人，	//	(从 "坏孩子")	变成 /
부사어	주어	부사어	술어1	관형어	목적어		부사어	술어2
(이 2년 사이에)	그는	(거의)	변했다 /	(기타)	한 사람으로,	//	('나쁜 아이'에서)	변하다 /

(一个脚踏实地的)	好学生。
관형어	목적어
(착실하고 성실한)	착한 학생으로

해석 이 2년 사이에 그는 거의 기타 한 사람으로 변했는데, '나쁜 아이'에서 착실하고 성실한 학생으로 변했다.

해설 **목적어와 관형어가 문맥상 어울리지 않아 틀린 경우**

목적어 一个人 앞에 복수를 표시하는 수량사와 함께 쓰이는 其他가 위치하였으므로 틀린 문장이다. 其他 대신 단수나 복수를 표시하는 수량사와 모두 결합할 수 있는 另外가 와야 옳은 문장이 된다.

★ 옳은 문장 : 这两年他几乎变成了另外一个人，从"坏孩子"变成一个脚踏实地的好学生。
이 2년 사이에 그는 거의 다른 사람으로 변했는데, '나쁜 아이'에서 착실하고 성실한 학생으로 변했다.

어휘 脚踏实地 jiǎotàshídì 園 착실하고 성실하다, 성실하고 진지하다

D

经过	(他的)	巧手, //	古老的陶瓷艺术与传统的中国文化	/	(完美)	融合, //
술어	관형어	목적어 //	주어		부사어	술어1 //
거치다	(그의)	훌륭한 솜씨, //	오래된 도자기 예술과 전통 중국 문화는	/	(완벽하게)	융합하다, //

┌─── 앞 절 ───┐   ┌─── 뒤 절 ───┐

绽放	(出了)	/	绚丽色彩。
술어2	보어		목적어
피다	(~내다)	/	눈부시게 아름다운 색채를

해석 그의 훌륭한 솜씨를 거쳐, 오래된 도자기 예술과 전통 중국 문화는 완벽하게 융합하여 눈부시게 아름다운 색채를 피어 냈다.

해설 앞 절의 술어 经过, 목적어 巧手가 문맥상 자연스럽게 어울리고, 뒤 절의 주어 古老的陶瓷艺术与传统的中国文化, 술어1 融合, '술어2+보어' 형태의 绽放出了, 복어어 绚丽色彩도 문맥상 자연스럽게 어울린다. 따라서 틀린 부분이 없다.

어휘 巧手 qiǎoshǒu 圆 훌륭한 솜씨 陶瓷 táocí 圆 도자기 传统 chuántǒng 圆 전통 完美 wánměi 圆 완벽하다, 매우 훌륭하다
　　　融合 rónghé 圆 융합하다 绽放 zhànfàng 圆 (꽃이) 피다 绚丽 xuànlì 圆 눈부시게 아름답다

53
중

A

北京市政府	/	出台了	/	(多项保护传统文化遗产的)	法律措施。
주어		술어		관형어	목적어
베이징 시 정부는	/	공포했다	/	(전통 문화 유산을 보호할 많은 조항의)	법률 조치를

해석 베이징 시 정부는 전통 문화 유산을 보호할 많은 조항의 법률 조치를 공포했다.

해설 주어 北京市政府, 술어 出台了, 목적어 法律措施이 문맥상 자연스럽게 어울린다. 또한 '수량 형용사+양사' 형태의 多项, '술목구+的' 형태의 保护传统文化遗产的가 목적어 法律措施 앞에 알맞게 배치되었다. 따라서 틀린 부분이 없다.

어휘 市政府 shìzhèngfǔ 圆 시 정부 出台 chūtái 圆 공포하다, 실시하기로 하다 项 xiàng 圆 조항, 조목 传统 chuántǒng 圆 전통
　　　遗产 yíchǎn 圆 유산 措施 cuòshī 圆 조치, 대책

B

┌─── 앞 절 ───┐   ┌─── 뒤 절 ───┐

《埃达》	/	是	/	(北欧最古老的)	文学经典, //	它	/	包括	/	诗歌体和散文体两种体裁。
주어		술어		관형어	목적어 //	주어		술어		목적어
《에다》는	/	~이다	/	(북유럽의 가장 오래된)	문학 고전, //	그것은	/	포함한다	/	시가체와 산문체 두 가지 장르를

해석 《에다》는 북유럽의 가장 오래된 문학 고전으로, 그것은 시가체와 산문체 두 가지 장르를 포함한다.

해설 앞 절의 술어 是과 연결되는 주어 《埃达》, 목적어 文学经典이 동격이고, 뒤 절의 주어 它, 술어 包括, 목적어 诗歌体和散文体两种体裁도 문맥상 자연스럽게 어울린다. 따라서 틀린 부분이 없다.

어휘 埃达 Āidá [고유] 에다[고대 북유럽의 시학서 및 서사시집] 文学 wénxué 圆 문학 经典 jīngdiǎn 圆 고전, 경전
　　　包括 bāokuò 圆 포함하다, 포괄하다 诗歌体 shīgētǐ 시가체 散文体 sǎnwéntǐ 산문체 体裁 tǐcái 圆 장르, 체재

C

(这家)	公司	/	发展前景	很好, //	所以	即便	待遇	/	一般, //
관형어	주어1		주어 · 술어	술어 //	접속사	접속사	주어		술어 //
			술어1(주술구)				술어2(주술구)		
(이)	회사는	/	발전 전망이	좋다, //	그래서	설령 ~하더라도	대우가	/	일반적이다, //

(也)	有	/	(很多)	同学	投了	/	简历。
부사어	술어3		관형어	목적어 · 주어2	술어4		목적어
(여전히)	있다	/	(많은)	학우가	보냈다	/	이력서를

해석 이 회사는 발전 전망이 좋아서, 설령 대우가 일반적이더라도 여전히 많은 학우가 이력서를 보냈다.

해설 주어1 公司, 주술구 형태의 술어1 发展前景很好, 술어2 待遇一般이 문맥상 자연스럽게 어울리고, 술어3 有, 목적어 겸 주어2인 同学, 술어4 投了, 목적어 简历도 주어1과 문맥상 자연스럽게 어울린다. 또한 자주 짝을 이루어 쓰이는 표현 '即便 A, 也 B'도 문맥상 적절하게 쓰였고, 인과를 나타내는 접속사 所以도 문맥상 적절하게 쓰였다. 따라서 틀린 부분이 없다.

어휘 前景 qiánjǐng 圆 전망, 전경 待遇 dàiyù 圆 대우하다, 대하다 投 tóu 圆 보내다 简历 jiǎnlì 圆 이력서

D (当前的) 中小学教育 / (已经) 取得了 / (长足) 进步, // 但 (在实践过程中), //
　　부사어　　　 주어　　　　부사어　 술어1　　 관형어　 목적어　 접속사　　부사어
　　(현재의)　 초중등 교육은 /　(이미)　 이루었다 / (장족의)　발전을, //　그러나　 (실행 과정에서), //

(依然) 面临了 / (多重) 挑战。
부사어　술어2+了　관형어　 목적어
(여전히)　직면했다　(여러 가지)　도전에

해석 현재의 초중등 교육은 이미 장족의 발전을 이루었지만, 실행 과정에서 여전히 여러 가지 도전을 직면했다.

해설 **조사 了가 문맥에 맞지 않게 사용되어 틀린 경우**

완료의 의미를 나타내는 조사 了가 동작이 진행되고 있거나 상태가 지속되고 있음을 나타내는 부사어 依然과 문맥상 함께 사용될
수 없으므로 틀린 문장이다. 了 대신 着를 사용해야 옳은 문장이 된다.

★ 옳은 문장 : 当前的中小学教育已经取得了长足进步, 但在实践过程中, 依然面临着多重挑战。
　　　　　　 현재의 초중등 교육은 이미 장족의 발전을 이루었지만, 실행 과정에서 여전히 여러 가지 도전에 직면하고 있다.

어휘 当前 dāngqián 몡 현재, 눈앞　长足 chángzú 혱 장족의, 진전이 빠른　进步 jìnbù 동 발전하다, 진보하다
实践 shíjiàn 몡 실행, 실천　依然 yīrán 뷔 여전히, 변함없이　面临 miànlín 동 직면하다

54
중상

A (从视觉到味觉), // (从历史文化到风土人情), // (处处) 贵州 / (都) 令 / 人 /
　　　부사어　　　　　　　　　　　부사어　　　　　　　　　 부사어　주어1　부사어 술어1 목적어
　　 주어2
(시각에서 미각까지), // (역사 문화에서 풍토와 인심까지), // (도처에) 구이저우는 / (모두) ~하게 하다 / 사람이 /

向往 (不已)。
술어2　 보어
동경하다 (~해 마지 않다)

해석 시각에서 미각까지, 역사 문화에서 풍토와 인심까지, 도처에 구이저우는 사람이 동경해 마지 않게 한다.

해설 **부사어의 위치가 잘못되어 틀린 경우**

부사어 处处가 주어1 贵州 앞에 위치하여 어색한 문맥이 되었으므로 틀린 문장이다. 处处를 주어1 贵州 뒤에 배치해야 옳은 문장
이 된다. 참고로, 부사 处处는 범위부사 都와 함께 '处处都'라는 형태로 자주 쓰인다는 점을 알아 둔다.

★ 옳은 문장 : 从视觉到味觉, 从历史文化到风土人情, 贵州处处都令人向往不已。
　　　　　　 시각에서 미각까지, 역사 문화에서 풍토와 인심까지, 구이저우는 도처마다 사람이 동경해 마지 않게 한다.

어휘 视觉 shìjué 몡 시각　味觉 wèijué 몡 미각　风土人情 fēngtǔ rénqíng 풍토와 인심, 지방의 특색과 풍습　处处 chùchù 뷔 도처에
贵州 Guìzhōu 고유 구이저우[중국 서남부에 위치한 성]　向往 xiàngwǎng 동 동경하다, 열망하다

B (五代十国期间), // (由于各国政局混乱), // (传统的) 中国文化 / 遭受了 /
　　　부사어　　　　　　　　　부사어　　　　　　　 관형어　　 주어　　　 술어
　　(오대십국 기간에), // (각 나라의 정세가 혼란스러웠기 때문에) // (전통적인)　중국 문화는 /　입었다 /

(非常严重的) 破坏。
　　관형어　　 목적어
　(매우 심각한)　손상을

해석 오대십국 기간에 각 나라의 정세가 혼란스러웠기 때문에, 전통적인 중국 문화는 매우 심각한 손상을 입었다.

해설 주어 中国文化, 술어 遭受了, 목적어 破坏가 문맥상 자연스럽게 어울린다. 또한 시기를 나타내는 부사어 五代十国期间이 문장 맨
앞의 부사어로 적절히 쓰였고, 개사 由于가 이끄는 由于各国政局混乱도 주어 中国文化 앞 부사어로 적절히 쓰였다. 따라서 틀린
부분이 없다. 참고로, 개사 由于가 이끄는 개사구는 주어의 앞뒤에 모두 위치할 수 있다는 점을 알아 둔다.

어휘 期间 qījiān 몡 기간, 시간　政局 zhèngjú 몡 정세, 정국　混乱 hùnluàn 혱 혼란스럽다　传统 chuántǒng 혱 전통적인, 보수적인
遭受 zāoshòu 동 (불행 또는 손해를) 입다, 만나다　破坏 pòhuài 동 손상시키다, 파괴하다

C 科学家 / 发现, // 捉迷藏这类益智游戏, / (可以) 调动 / (儿童的) 思维, //

주어	술어	주어	부사어	술어1	관형어	목적어
과학자는	발견했다,	숨바꼭질이라는 이 지능 계발 놀이가,	(~할 수 있다)	움직이다	(어린이의)	사고를,

锻炼 / (儿童的) 逻辑能力。

술어2	관형어	목적어
	목적어(주술목구)	
단련시키다	(어린이의)	논리력을

해석 과학자는 숨바꼭질이라는 이 지능 계발 놀이가 어린이의 사고를 움직일 수 있고, 어린이의 논리력을 단련시킬 수 있다는 것을 발견했다.

해설 주어 科学家, 술어 发现, 목적어 捉迷藏这类益智游戏, 可以调动儿童的思维, 锻炼儿童的逻辑能力가 문맥상 자연스럽게 어울린다. 따라서 틀린 부분이 없다. 참고로, 목적어는 술어와 목적어가 2개인 주술목구 형태이다. 이와 같이 술어가 发现일 경우, 목적어는 구나 절이 올 수 있다는 점을 알아 둔다.

어휘 捉迷藏 zhuōmícáng 숨바꼭질하다 益智 yìzhì 圖 지능을 계발하다 调动 diàodòng 圖 움직이다, 동원하다
思维 sīwéi 圆 사고, 사유 逻辑 luójí 圆 논리

D (鸢尾的) 花朵 / (像) 是 / (在茂盛的丛林间翩翩飞舞的) 蓝色蝴蝶, //

				앞 절	
관형어	주어	부사어	술어	관형어	목적어
(아이리스의)	꽃은	(마치)	~이다	(우거진 무성한 수풀 사이에서 춤추듯 훨훨 나는)	파란색 나비,

因此 鸢尾 / (又) (被) 称 (为) / "蓝蝴蝶"。

			뒤 절		
접속사	주어	부사어	부사어(被)	술어	보어	목적어
이 때문에	이이리스는 //	(또한)	(~되다)	불리다	(~로)	'푸른 나비'

해석 아이리스의 꽃은 마치 우거진 무성한 수풀 사이에서 춤추듯 훨훨 나는 파란색 나비 같아서, 이 때문에 아이리스는 또한 '푸른 나비'로도 불린다.

해설 앞 절의 술어 是과 연결되는 수어 花朵, 목적어 蓝色蝴蝶가 동격이다. 뒤 절은 개사 被가 쓰인 被자문으로, 주어 鸢尾, 개사 被, '술어+보어' 형태의 称为, 목적어 "蓝蝴蝶"가 문맥상 자연스럽게 어울린다. 또한 인과를 나타내는 접속사 因此도 문맥상 적절하게 쓰였다. 따라서 틀린 부분이 없다.

어휘 鸢尾 yuānwěi 圆 아이리스 茂盛 màoshèng 圈 (식물이) 우거지다, 무성하다 丛林 cónglín 무성한 수풀
翩翩 piānpiān 圈 훨훨 나는 모양 飞舞 fēiwǔ 圖 춤추듯 날다 蝴蝶 húdié 圆 나비

55
중

A 篮球这项运动, // (既) 需要 / (坚持不懈的) 训练, // (也) 需要 / (正确的)

주어	부사어	술어1	관형어	목적어	부사어	술어2	관형어
농구라는 이 스포츠는, //	(~하고)	필요하다	(느슨해지지 않고 끝까지)	훈련을 하는 것이, //	(~도)	필요하다	(정확한)

方法和窍门。

목적어
방법과 요령이

해석 농구라는 이 스포츠는 느슨해지지 않고 끝까지 훈련을 하는 것이 필요하고, 정확한 방법과 요령도 필요하다.

해설 주어 篮球这项运动과 술어1 需要, 목적어 训练이 문맥상 자연스럽게 어울리고, 술어2 需要, 목적어 方法和窍门도 주어와 문맥상 자연스럽게 어울린다. 또한 자주 짝을 이루어 쓰이는 표현 '既 A, 也 B'도 문맥상 적절하게 쓰였다. 따라서 틀린 부분이 없다.

어휘 项 xiàng 圆 조항, 조목 坚持不懈 jiānchíbúxiè 圈 느슨해지지 않고 끝까지 해 나가다 训练 xùnliàn 圖 훈련하다
窍门 qiàomén 圆 요령, 방법

B (河北的) 塞罕坝 / (昔日) 飞鸟 / 不栖, // 黄沙 / 遮面, //

관형어	주어	부사어	주어	술어	주어	술어
				술어1(주술구)		
(허베이 성의)	싸이한댐은	(옛날에)	새가	서식하지 않았고, //	황사가	얼굴을 가렸다, //

(如今) (却) 树木 / 茂盛, // 天 / 净 / 水 / 清。

부사어	부사어	주어	술어	주어	술어	주어	술어
					술어2(주술구)		
(현재)	(오히려)	수목이	우거지고, //	하늘은	맑고	물은	깨끗하다

해석 허베이 성의 싸이한댐은 옛날에 새가 서식하지 않았고 황사가 얼굴을 가렸지만, 현재는 오히려 수목이 우거지고, 하늘은 맑고 물은 깨끗해졌다.

해설 주어 塞罕坝, 주술구 형태의 술어1 昔日飞鸟不栖, 黄沙遮面, 술어2 树木茂盛, 天净水清이 문맥상 자연스럽게 어울린다. 시간사 昔日가 주술구 형태의 술어1의 맨 앞의 부사어로 적절히 쓰였고, 시간사 如今, 부사 却 또한 술어2 树木茂盛, 天净水清 앞 부사어로 문맥상 적절하게 쓰였다. 따라서 틀린 부분이 없다. 참고로, 시간사는 일반적으로 다른 부사들보다 앞에 위치하거나, 문장 맨 앞에 위치할 수 있다는 점을 알아 둔다.

어휘 河北 Héběi [고유] 허베이 성 　塞罕坝 Sàihǎn Bà [고유] 싸이한댐[허베이성에 있는 AAAA급 중국 국가공인 관광지]
昔日 xīrì [명] 옛날, 이전 　栖 qī [동] 서식하다 　黄沙 huángshā [명] 황사 　遮 zhē [동] 가리다 　如今 rújīn [명] 현재, 오늘날
茂盛 màoshèng [형] (식물이) 우거지다, 번창하다

앞 절					뒤 절			
C 如果	没有	(民间对科学技术的)	热爱,	//	(就)	(不可能)	有	(好莱坞科幻电影的)
접속사	술어	관형어	목적어	//	부사어	부사어	술어	관형어
(만약)	없다	(과학 기술에 대한 민간의)	사랑이,	//	(~면)	(~할 수 없다)	있다	(할리우드 SF 영화의)

群众基础。
목적어
대중적 기초는

해석 만약 과학 기술에 대한 민간의 사랑이 없었다면, 할리우드 SF 영화의 대중적 기초는 있을 수 없었을 것이다.

해설 앞 절의 술어 没有, 목적어 热爱가 문맥상 자연스럽게 어울리고, 뒤 절의 술어 有, 목적어 群众基础도 문맥상 자연스럽게 어울린다. 또한 가정을 나타내는 접속사 如果도 문맥상 적절하게 쓰였다. 따라서 틀린 부분이 없다. 참고로, 위 문장처럼 주어가 불특정 다수일 경우에는 주어가 생략될 수 있다는 점을 알아 둔다.

어휘 民间 mínjiān [명] 민간 　热爱 rè'ài [동] 사랑하다, 열렬히 좋아하다 　好莱坞 Hǎoláiwū [고유] 할리우드 　科幻 kēhuàn [명] SF, 공상과학
群众 qúnzhòng [명] 대중, 군중

D (近来),	//	不断涌现的补习班和花样繁多的家庭作业,	//	是	使	孩子们
부사어		주어		술어	술어1	목적어1 / 주어2
(최근),	//	끊임없이 나타나는 과외 학원과 다양한 숙제는,	//	~이다	~로 하여금 ~하게 하다	아이들

感到 / 压力和焦虑。
술어2 / 목적어2
느끼게 하다 / 스트레스와 초조함을

해석 최근, 끊임없이 나타나는 과외 학원과 다양한 숙제는 아이들로 하여금 스트레스와 초조함을 느끼게 한다이다.

해설 **불필요한 술어가 1개 더 있어 틀린 경우**

주어 不断涌现的补习班和花样繁多的家庭作业와 어울리는 술어는 술어1 使, 술어2 感到인데, 술어가 될 수 있는 是이 불필요하게 1개 더 있으므로 틀린 문장이다. 是을 제외한 겸어문 형태가 되어야 옳은 문장이 된다.

★ 옳은 문장 : 近来, 不断涌现的补习班和花样繁多的家庭作业, 使孩子们感到压力和焦虑。
최근, 끊임없이 나타나는 과외 학원과 다양한 숙제는 아이들로 하여금 스트레스와 초조함을 느끼게 한다.

어휘 近来 jìnlái [명] 최근, 요즘 　不断 búduàn [부] 끊임없이, 부단히 　涌现 yǒngxiàn [동] (대량으로) 나타나다
花样繁多 huāyàng fánduō 다양하다 　焦虑 jiāolǜ [형] 초조하다, 마음을 졸이다

56
중상

앞 절					뒤 절						
A 如果	你	(多)	(为他人)	着想,	//	你	(务必)	(也)	(会)	(从他人那里)	得到
접속사	주어	부사어	부사어	술어	//	주어	부사어	부사어	부사어	부사어	술어
(만약)	당신이	(많이)	(타인을 위해)	생각하다,	//	당신은	(반드시 ~해야 한다)	(역시)	(~할 수 있다)	(타인으로부터)	얻다 /

(更多的) 关心和帮助。
관형어 목적어
(더 많은) 관심과 도움을

해석 만약 당신이 타인을 위해 많이 생각한다면, 당신도 반드시 타인으로부터 더 많은 관심과 도움을 얻어야 한다.

해설 **부사어가 문맥상 어울리지 않아 틀린 경우**

일이나 이치상의 당위성, 또는 명령의 뉘앙스를 가진 부사 务必가 사용되어 어색한 문맥이 되었으므로 틀린 문장이다. 앞 절에 가정을 나타내는 접속사 如果가 사용되었으므로, 뒤 절에는 가정이나 추론의 뉘앙스를 가진 肯定이 와야 문맥상 자연스럽다.

★ 옳은 문장 : 如果你多为他人着想，你肯定也会从他人那里得到更多的关心和帮助。
만약 당신이 타인을 위해 많이 생각한다면, 당신도 분명 타인으로부터 더 많은 관심과 도움을 얻을 수 있을 것이다.

어휘 **着想** zhuóxiǎng [동] (어떤 사람·어떤 일을) 생각하다, 고려하다 **务必** wùbì [부] 분명, 반드시, 꼭

B 猫 / [不仅] (能够) 分辨 (出) / (自己主人的) 声音, // (还) (能)
주어 / 접속사 / 부사어 / 술어1 / 보어 / 관형어 / 목적어 / 부사어 / 부사어
고양이는 / [~할 뿐만 아니라] (~할 수 있나) 분별하다 (~해 내다) / (자기 주인의) 목소리를, // (게다가) (~할 수 있다)

(对主人的举动与话语) 做 (出) / 反应。
부사어 / 술어2 / 보어 / 목적어
(주인의 행동과 말에 대해) 하다 (~내다) / 반응을

해석 고양이는 자기 주인의 목소리를 분별해 낼 수 있을 뿐만 아니라, 게다가 주인의 행동과 말에 대해 반응을 할 수 있다.

해설 주어 猫, '술어1+보어' 형태의 分辨出, 목적어 声音이 문맥상 자연스럽게 어울리고, '술어2+보어' 형태의 做出, 목적어 反应도 주어와 문맥상 자연스럽게 어울린다. 부사 还, 조동사 能, 개사구 对主人的举动与话语가 술어2 做 앞에서 부사→조동사→개사구 순으로 알맞게 배치되었고, 자주 짝을 이루어 쓰이는 표현 '不仅 A, 还 B'도 문맥상 적절하게 쓰였다. 따라서 틀린 부분이 없다.

어휘 **分辨** fēnbiàn [동] 분별하다, 구분하다 **主人** zhǔrén [명] 주인 **举动** jǔdòng [명] 행동, 동작 **反应** fǎnyìng [명] 반응

C (为了迎接全国运动会), // 市容管理委员会 / 集中 / 力量 / 打造了 /
부사어 / 주어 / 술어1 / 목적어 / 술어2
(전국 체전을 맞이하기 위하여), // 도시 미관 관리 위원회는 / 모으다 / 힘을 / 조성했다 /

(整洁有序的) 城市形象。
관형어 / 목적어
(말끔하고 질서 있는) 도시 이미지를

해석 전국 체전을 맞이하기 위하여, 도시 미관 관리 위원회는 힘을 모아 말끔하고 질서 있는 도시 이미지를 조성했다.

해설 주어 市容管理委员会, 술어1 集中, 목적어 力量이 문맥상 자연스럽게 어울리고, 술어2 打造了, 목적어 城市形象도 주어와 문맥상 자연스럽게 어울린다. 개사 为了가 이끄는 为了迎接全国运动会 또한 문장 맨 앞의 부사어로 적절하게 쓰였다. 따라서 틀린 부분이 없다.

어휘 **迎接** yíngjiē [동] 맞이하다, 영접하다 **市容管理** shìróng guǎnlǐ 도시 미관 관리 **委员会** wěiyuánhuì [명] 위원회
集中 jízhōng [동] 모으다, 집중하다 **力量** lìliàng [명] 힘, 역량 **整洁** zhěngjié [형] 말끔하다 **形象** xíngxiàng [명] 이미지, 형상

앞 절
D (演讲结束时), // (整个) 会议中心 / 鸦雀无声, // 安静 (得可怕), //
부사어 / 관형어 / 주어 / 술어1 / 술어2 / 보어
(강연이 끝났을 때), // (온) 컨벤션 센터가 / 매우 고요하다, // 조용하다 (무서울 정도로), //

뒤 절
空气 / (像凝固了一般), // 令 / 人 / 窒息。
주어1 / 부사어 / 술어1 / 목적어 주어2 / 술어2
공기는 / (굳어버린 것처럼), // ~하게 하다 / 사람이 / 숨이 막히다

해석 강연이 끝났을 때, 온 컨벤션 센터가 매우 고요하고 무서울 정도로 조용하였으며, 공기는 굳어버린 것처럼 사람을 숨막히게 하였다.

해설 앞 절의 주어 会议中心, 술어1 鸦雀无声, '술어2+보어' 형태의 安静得可怕가 문맥상 자연스럽게 어울리고, 뒤 절의 주어1 空气, 술어1 令, 목적어 겸 주어2인 人, 술어2 窒息도 문맥상 자연스럽게 어울린다. 시기를 나타내는 부사어 演讲结束时이 문장 맨 앞의 부사어로 적절히 쓰였고, 자주 짝을 이루어 쓰이는 표현 '像 A 一般'도 문맥상 적절하게 쓰였다. 따라서 틀린 부분이 없다.

어휘 **演讲** yǎnjiǎng [동] 강연하다, 연설하다 **整个** zhěnggè [형] 온, 전체의, 전부의 **中心** zhōngxīn [명] 센터, 중심
鸦雀无声 yāquèwúshēng [성] 매우 고요하다, 까마귀와 참새 소리마저도 없다 **可怕** kěpà [형] 무섭다, 두렵다
凝固 nínggù [동] 굳어지다, 응고하다 **窒息** zhìxī [동] 숨이 막히다, 질식하다

A 制造业 / 是 / (一个国家发展的) 基石, // (其中), // 机械加工行业 /
주어 　　술어 　　관형어 　　목적어 　　부사어 　　주어
제조업은 / ~이다 / (나라가 발전하는) 초석, // (그중), // 기계 가공 업계는 /

(更) 是 / (国家经济发展的) 重要保障。
부사어 술어 　　관형어 　　　　목적어
(더더욱) ~이다 / (국가 경제 발전의) 중요한 보증 수표

해석 제조업은 나라가 발전하는 초석이며, 그중 기계 가공 업계는 더더욱 국가 경제 발전의 중요한 보증 수표이다.

해설 앞 절의 술어 是과 연결되는 주어 制造业, 목적어 基石이 동격이고, 뒤 절의 술어 是과 연결되는 주어 机械加工行业, 목적어 重要保障도 동격이다. 따라서 틀린 부분이 없다.

어휘 制造业 zhìzàoyè 몡 제조업　基石 jīshí 몡 초석　机械 jīxiè 몡 기계　加工 jiāgōng 통 가공하다, 다듬다
行业 hángyè 몡 업계, 업무 분야　保障 bǎozhàng 몡 보증 수표, 보장

B (大脑后半部分的) 顶下叶区域, // (一个人的) 数学思维、想象能力以及他对视觉空间的认识 /
관형어 　　　　　주어 　　　관형어 　　　　　　　목적어
(대뇌 후반부의) 하두정소엽 영역은, // (사람의) 수학적 사고, 상상 능력 및 시각 공간에 대한 인식은 /

(直接) 影响了。
부사어 술어
(직접적으로) 영향을 끼쳤다

해석 대뇌 후반부의 하두정소엽 영역은 사람의 수학적 사고, 상상 능력 및 시각 공간에 대한 인식은 직접적으로 영향을 끼쳤다.

해설 **부사어와 술어의 위치가 잘못되어 틀린 경우**
부사어 直接와 술어 影响了가 잘못된 자리에 위치하였으므로 틀린 문장이다. 부사어 直接와 술어 影响了가 문장 끝에 있을 경우 주어 顶下叶区域에는 술어가 없어 불완전한 문장이 된다. 따라서 부사어 直接와 술어 影响了를 주어 顶下叶区域 뒤에 배치하고, 数学思维、想象能力以及他对视觉空间的认识을 목적어 자리에 두어야 옳은 문장이 된다.

★ 옳은 문장 : 大脑后半部分的顶下叶区域, 直接影响了一个人的数学思维、想象能力以及他对视觉空间的认识。
대뇌 후반부의 하두정소엽 영역은 사람의 수학적 사고, 상상 능력 및 시각 공간에 대한 인식에 직접적으로 영향을 끼쳤다.

어휘 顶下叶 dǐngxiàyè 하두정소엽　区域 qūyù 몡 영역, 구역　思维 sīwéi 몡 사고, 사유　想象 xiǎngxiàng 통 상상하다
以及 yǐjí 접 및, 그리고　空间 kōngjiān 몡 공간

C (在为梦想奋斗的路上), // (锲而不舍的) 精神 (固然) 可贵, //
부사어 　　　　관형어 　　주어 부사어 술어
(꿈을 위해 분투하는 과정에서), // (인내심을 갖고 계속하는) 정신은 / (물론 ~하지만) 소중하다, //

但 学会及时放弃 (也) 是 / (一种智慧和勇气的) 体现。
접속사 주어 부사어 술어 　　관형어 　　목적어
하지만 때에 맞게 포기하는 것을 배우는 것은 / (~도) ~이다 / (지혜와 용기의) 구현

해석 꿈을 위해 분투하는 과정에서 인내심을 갖고 계속하는 정신은 물론 소중하지만, 때에 맞게 포기하는 것을 배우는 것도 지혜와 용기의 구현이다.

해설 앞 절의 주어 精神, 술어 可贵가 문맥상 자연스럽게 어울리고, 뒤 절의 술어 是과 연결되는 주어 学会及时放弃, 목적어 体现도 동격이다. 개사 在가 이끄는 在为梦想奋斗的路上이 문장 맨 앞의 부사어로 적절히 쓰였고, 자주 짝을 이루어 쓰이는 표현 '固然 A , 但 B'도 문맥상 적절하게 쓰였다. 따라서 틀린 부분이 없다.

어휘 奋斗 fèndòu 통 분투하다, 노력하다　锲而不舍 qiè'érbùshě 솅 인내심을 갖고 계속하다　精神 jīngshén 몡 정신
固然 gùrán 접 물론 ~하지만, 물론 ~이거니와　智慧 zhìhuì 몡 지혜　勇气 yǒngqì 몡 용기　体现 tǐxiàn 통 구현하다, 체현하다

D 如果 你 / 爱 吃鱼, // 但 (又) 讨厌 / (鱼的) 腥味, // (不妨) (将鱼)
접속사 주어 술어1 목적어 접속사 부사어 술어2 관형어 목적어 부사어 (将+행위의 대상)
만약 당신이 / 좋아하다 / 생선을 먹는 것을, // 하지만 (한편으로) 싫어하다 / (생선의) 비린내를, // (~하는 것도 괜찮다) (생선을)

浸泡 (在小苏打水里), // 并 (在冰箱里) 放 (上) (一小时), // 然后 (再) 烹饪
술어3 보어 접속사 부사어 술어4 보어 보어 접속사 부사어 술어5
담그다 (베이킹 소다수에), // 그리고 (냉장고에) 놓다 (두다) (1시간 동안), // 그 후 (다시) 요리하다

제1회
제2회
제3회
제4회
독해
제5회
제6회

해커스 해설이 상세한 HSK 5급 실전모의고사

해석 만약 당신이 생선을 먹는 것을 좋아하지만 한편으로 생선의 비린내를 싫어한다면, 생선을 베이킹 소다수에 담그고 냉장고에 1시간 동안 놓아 둔 후 다시 요리하는 것도 괜찮다.

해설 주어 你와 각각의 술어, 목적어가 문맥상 자연스럽게 어울린다. 또한 부사 又, 부사 不妨, 개사구 在冰箱里, 부사 再가 각각의 술어 앞 부사어로 적절히 쓰였고, 접속사 如果, 但, 并, 然后도 문맥상 적절하게 쓰였다. 따라서 틀린 부분이 없다.

어휘 **腥** xīng [형] 비린내가 나다 **不妨** bùfáng [부] (~하는 것도) 괜찮다, 무방하다 **浸泡** jìnpào [동] (오랜 시간 물에) 담그다, 잠그다
小苏打 xiǎosūdá [명] 베이킹 소다 **烹饪** pēngrèn [동] 요리하다, 조리하다

58 상

A (刻意向欧美企业制度看齐), // 这 / (未必) 是 / 好事, //
(앞 절)
관형어 / 주어 / 부사어 / 술어 / 목적어
(일부러 유럽과 미국 기업 제도를 본받는 것), // 이것이 / (반드시 ~라고는 할 수 없다) ~이다 / 좋은 일, //

(뒤 절)
选择 / (最适合自己生存与发展条件的) 制度 / (才) 是 / (最) 重要。
술어 / 관형어 / 목적어 / 부사어 / 술어 / 부사어 / 술어
주어(술목구)
선택하다 / (자신의 생존과 발전 조건에 가장 어울리는) 제도를 / (비로소) ~이다 / (가장) 중요하다

해석 일부러 유럽과 미국 기업 제도를 본받는 것, 이것이 반드시 좋은 일이라고는 할 수 없으며, 자신의 생존과 발전 조건에 가장 어울리는 제도를 선택하는 것이 비로소 가장 중요하다이다.

해설 **是……的 강조구문이 불완전한 형태여서 틀린 경우**

뒤 절의 是이 문맥과 어울리지 않게 사용되었으므로 틀린 문장이다. 是이 술어가 되기 위해서는 뒤 절의 주어 选择最适合自己生存与发展条件的制度와 동격이 되는 표현이 있어야 하는데, 위 문장에는 是과 동격이 되는 표현이 없다. 따라서 뒤 절의 '부사어+술어' 형태인 最重要 뒤에 的를 추가하여 最重要를 강조하는 是……的 강조구문이 되어야 옳은 문장이 된다.

★ 옳은 문장 : 刻意向欧美企业制度看齐, 这未必是好事, 选择最适合自己生存与发展条件的制度才是最重要的。
일부러 유럽과 미국 기업 제도를 본받는 것, 이것이 반드시 좋은 일이라고는 할 수 없으며, 자신의 생존과 발전 조건에 가장 어울리는 제도를 선택하는 것이 비로소 가장 중요한 것이다.

어휘 **刻意** kèyì [부] 일부러 **企业** qǐyè [명] 기업 **制度** zhìdù [명] 제도 **看齐** kànqí [동] 본받다, 귀감으로 하다
未必 wèibì [부] 반드시 ~라고는 할 수 없다 **生存** shēngcún [동] 생존하다

B (通过对比), // 人们 / (可以) (很直观地) 认识 (到) / (这个世界的许多) 事物。 //
부사어 / 주어 / 부사어 / 부사어 / 술어 / 보어 / 관형어 / 목적어
(대비를 통해), // 사람들은 / (~할 수 있다) (직관적으로) 알다 (~게 되다) / (이 세계의 많은) 사물들을 //

(任何) 事物 / [只要] 放 (在一起) / 对照, // 好坏 / (便) 一目了然。
관형어 / 주어 / 접속사 / 술어1 / 보어 / 술어2 / 주어 / 부사어 / 술어
술어3(주술구)
(어떠한) 사물이든 / [~하기만 하면] 놓다 (함께) / 대조하다, // 좋고 나쁨은 / (바로) 일목요연하다

해석 대비를 통해 사람들은 이 세계의 많은 사물들을 직관적으로 알 수 있게 된다. 어떠한 사물이든 함께 놓아 대조하기만 하면, 좋고 나쁨은 바로 일목요연해진다.

해설 앞 문장의 주어 人们, '술어+보어' 형태의 认识到, 목적어 事物가 문맥상 자연스럽게 어울린다. 뒷 문장의 주어 事物, '술어1+보어' 형태의 放在一起, 술어2 对照가 문맥상 자연스럽게 어울리고, 주술구 형태의 술어3 好坏便一目了然도 주어와 문맥상 자연스럽게 어울린다. 개사 通过가 이끄는 通过对比 또한 문장 맨 앞의 부사어로 적절하게 쓰였고, 조동사 可以, '형용사+地' 형태의 很直观地도 앞 문장의 술어 认识 앞 부사어로 적절히 쓰였다. 또한 조건을 나타내는 접속사 只要도 문맥상 적절하게 쓰였다. 따라서 틀린 부분이 없다. 참고로, 부사어의 어순은 기본적으로 부사→조동사이지만, 술어와 의미상으로 밀접한 부사어는 술어 앞에 위치한다는 점을 알아 둔다.

어휘 **对比** duìbǐ [동] 대비하다, 대조하다 **直观** zhíguān [형] 직관적이다 **对照** duìzhào [동] 대조하다, 대비하다
便 biàn [부] 바로, 곧 [형] 편리하다, 편하다 **一目了然** yímùliǎorán [성] 일목요연하다, 한눈에 환히 알다

C

앞 절
(自20世纪80年代以来), //	(中国的)	城乡面貌	发生了	(日新月异的)	变化, //
부사어	관형어	주어	술어	관형어	목적어
(1980년대 이래로), //	(중국의)	도시와 농촌의 면모는	발생했다	(나날이 새로워지는)	변화가, //

뒤 절
尤其是	(群众的)	居住条件	得到了	(很大的)	改善。
접속사	관형어	주어	술어	관형어	목적어
특히 ~이다	(대중의)	거주 조건은	얻었다	(큰)	개선을

해석 1980년대 이래로 중국의 도시와 농촌의 면모는 나날이 새로워지는 변화가 발생했는데, 특히 대중의 거주 조건은 큰 개선을 얻었다.

해설 앞 절의 주어 城乡面貌, 술어 发生了, 목적어 变化가 문맥상 자연스럽게 어울리고, 뒤 절의 주어 居住条件, 술어 得到了, 목적어 改善도 문맥상 자연스럽게 어울린다. 시기를 나타내는 부사어 自20世纪80年代以来가 문장 맨 앞의 부사어로 적절히 쓰였고, 강조를 나타내는 접속사 尤其是도 문맥상 적절하게 쓰였다. 따라서 틀린 부분이 없다.

어휘 以来 yǐlái 몡 이래, 이후　面貌 miànmào 몡 면모, 용모　日新月异 rìxīnyuèyì 셍 나날이 새로워지다, 변화와 발전이 빠르다
群众 qúnzhòng 몡 대중, 군중　居住 jūzhù 동 거주하다　改善 gǎishàn 동 개선하다

D

(春天的)	公园	有	(宜人的)	风景	和	(令人陶醉的)	暖风。//
관형어	주어	술어	관형어	목적어	접속사	관형어	목적어
(봄에)	공원에는	있다	(기분을 좋게 하는)	풍경	~와/과	(사람을 도취시키는)	따뜻한 바람이 //

(为了观看盛开的百花), //	学校	打算	组织	全校师生	(一同)	去	公园春游。
부사어	주어	술어	술어1	목적어	부사어	술어2	목적어
				목적어(술목구)			
(만개한 꽃들을 보기 위해), //	학교에서는	~할 계획이다	꾸리다	전교의 선생님과 학생들을	(함께)	가다	공원에 봄나들이를

해석 봄에 공원에는 기분을 좋게 하는 풍경과 사람을 도취시키는 따뜻한 바람이 있다. 만개한 꽃들을 보기 위해, 학교에서는 전교의 선생님과 학생들을 꾸려 함께 공원에 봄나들이를 갈 계획이다.

해설 앞 문장의 주어 公园, 술어 有, 목적어 风景, 暖风이 문맥상 자연스럽게 어울리고, 뒷 문장의 주어 学校, 술어 打算, 술목구 형태의 목적어 组织全校师生一同去公园春游도 문맥상 자연스럽게 어울린다. 또한 개사 为了가 이끄는 为了观看盛开的百花도 뒷 문장 맨 앞의 부사어로 적절히 쓰였다. 따라서 틀린 부분이 없다.

어휘 宜人 yírén 휑 기분을 좋게 하다, 마음에 들다　风景 fēngjǐng 몡 풍경, 경치　陶醉 táozuì 동 도취하다, 빠지다
盛开 shèngkāi 동 만개하다, 활짝 피다　组织 zǔzhī 동 꾸리다, 조직하다 몡 조직

59
중상

A

(语言考试的)	写作部分, //	(不是)	检验	(考生的)	文章	有多华丽, //
관형어	주어	부사어	술어1	관형어	주어	술어
					목적어(주술구)	
(언어 시험의)	작문 부분은, //	(~이 아니다)	검사하다	(수험생들의)	글이	얼마나 화려한지, //

(而是)	测试	(他们的)	语言表达能力和逻辑思维能力。
부사어	술어2	관형어	목적어
(~이다)	테스트하다	(그들의)	언어 표현 능력과 논리적 사고 능력을

해석 언어 시험의 작문 부분은 수험생들의 글이 얼마나 화려한지를 검사하는 것이 아니라, 그들의 언어 표현 능력과 논리적 사고 능력을 테스트하는 것이다.

해설 주어 写作部分, 술어1 检验, 주술구 형태의 목적어 考生的文章有多华丽가 문맥상 자연스럽게 어울리고, 술어2 测试, 목적어 语言表达能力和逻辑思维能力도 주어와 문맥상 자연스럽게 어울린다. 따라서 틀린 부분이 없다. 참고로, 不是과 而是은 '不是 A, 而是 B'라는 형태로 자주 사용된다는 점을 알아 둔다.

어휘 写作 xiězuò 동 작문하다, 글을 짓다　检验 jiǎnyàn 동 검사하다, 검증하다　华丽 huálì 휑 화려하다, 아름답다
测试 cèshì 동 테스트하다　表达 biǎodá 동 (생각·감정을) 표현하다, 나타내다　逻辑 luójí 몡 논리
思维 sīwéi 몡 사고, 사유

B (去满族人的家里做客时), // 客人 / 禁忌 / 不许 / 随便坐西炕, //

— 첫 번째 절 —

| 부사어 | 주어 | 술어 | 술어 | 목적어 |

(만주족 사람의 집에 손님으로 갔을 때), // 손님은 / 금기하다 / 허락되지 않다 / 마음대로 서쪽 방구들에 앉는 것이, //

— 두 번째 절 —　　　　　　　　　　　— 세 번째 절 —

因为 / 西炕上方 / 是 / (供奉祖先的) 地方, // (不应) (随便) 触碰。

| 접속사 | 주어 | 술어 | 관형어 | 목적어 | 부사어 | 부사어 | 술어 |

왜냐하면 서쪽 방구들의 위쪽은 / ~이다 / (조상을 모시는) 곳, // (~해서는 안 된다)(마음대로) 접촉하다

해석 만주족 사람의 집에 손님으로 갔을 때, 손님이 마음대로 서쪽 방구들에 앉는 것이 금기하고 허락되지 않는데, 왜냐하면 서쪽 방구들의 위쪽은 조상을 모시는 곳이어서 마음대로 접촉해서는 안 되기 때문이다.

해설 인접한 두 어휘의 의미가 유사하여 의미 중복으로 틀린 경우

첫 번째 절에 '금기하다'라는 의미의 禁忌와 '허락되지 않다'라는 의미의 不许가 함께 사용되어 유사한 의미가 중복되므로 틀린 문장이다. 禁忌와 不许 중 1개를 제외해야 옳은 문장이 된다.

★ 옳은 문장 : 去满族人的家里做客时, 客人不许随便坐西炕, 因为西炕上方是供奉祖先的地方, 不应随便触碰。
　　　　　　만주족 사람의 집에 손님으로 갔을 때, 손님은 마음대로 서쪽 방구들에 앉는 것이 허락되지 않는데, 왜냐하면 서쪽 방구들의 위쪽은 조상을 모시는 곳이어서 마음대로 접촉해서는 안 되기 때문이다.

어휘 满族 Mǎnzú 고유 만주족　做客 zuòkè 통 손님이 되다　禁忌 jìnjì 통 금기하다　炕 kàng 명 방구들　供奉 gòngfèng 통 모시다
祖先 zǔxiān 명 조상, 선조　触碰 chùpèng 통 접촉하다, 닿다

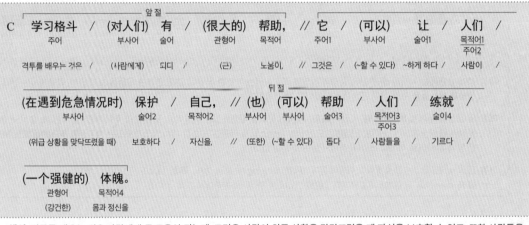

C 学习格斗 / (对人们) 有 / (很大的) 帮助, // 它 / (可以) / 让 / 人们 /

— 앞 절 —

| 주어 | 부사어 | 술어 | 관형어 | 목적어 | 주어1 | 부사어 | 술어1 | 목적어1 / 주어2 |

격투를 배우는 것은 / (사람에게) / 되다 / (큰) / 도움이, // 그것은 / (~할 수 있다) / ~하게 하다 / 사람이 /

— 뒤 절 —

(在遇到危急情况时) 保护 / 自己, // (也) (可以) 帮助 / 人们 / 练就 /

| 부사어 | 술어2 | 목적어2 | 부사어 | 부사어 | 술어3 | 목적어3 / 주어3 | 술어4 |

(위급 상황을 맞닥뜨렸을 때) 보호하다 / 자신을, // (또한) (~할 수 있다) 돕다 / 사람들을 / 기르다 /

(一个强健的) 体魄。

| 관형어 | 목적어4 |

(강건한) 몸과 정신을

해석 격투를 배우는 것은 사람에게 큰 도움이 되는데, 그것은 사람이 위급 상황을 맞닥뜨렸을 때 자신을 보호할 수 있고, 또한 사람들을 도와 강건한 몸과 정신을 기를 수 있도록 할 수 있다.

해설 앞 절의 주어 学习格斗, 술어 有, 목적어 帮助가 문맥상 자연스럽게 어울린다. 뒤 절의 주어1 它, 술어1 让, 목적어1 겸 주어2 人们, 술어2 保护, 목적어2 自己도 문맥상 자연스럽게 어울리며, 술어3 帮助, 목적어3 겸 주어3 人们, 술어4 练就, 목적어4 体魄도 주어1과 문맥상 자연스럽게 어울린다. 또한 각 술어 앞 부사어도 문맥상 알맞게 배치되었다. 따라서 틀린 부분이 없다.

어휘 格斗 gédòu 통 격투하다　危急 wēijí 형 위급하다　练就 liànjiù 통 기르다, 몸에 익히다
强健 qiángjiàn 형 (몸이) 강건하다, 건장하다　体魄 tǐpò 명 몸과 정신

D 努力和懒惰 / (会) 带 (来) / (不一样的) 结果, // 辛勤劳动 / (会) / 让 /

— 첫 번째 절 —　　　　　　　　　　　— 두 번째 절 —

| 주어 | 부사어 | 술어 | 보어 | 관형어 | 목적어 | 주어1 | 부사어 | 술어1 |

노력과 나태함은 / (~할 수 있다) 가지다 (오다) / (다른) / 결과를, // 부지런하게 일하는 것은 / (~할 수 있다) / ~하게 하다 /

荒土 / 变 (成) / (造福千万家的) 良田, // 反之, // (肥沃的) 田地 /

— 세 번째 절 —

| 목적어1 / 주어2 | 술어2 | 보어 | 관형어 | 목적어2 | 접속사 | 관형어 | 주어 |

황무지를 / 변하다 (~으로) / (많은 집에 행복을 가져다 주는) 비옥한 밭, // 이와 반대로, // (비옥한) 논밭은 /

(也) (会) 长 (满) / 荒草, // 从而 变 (得一文不值)。

| 부사어 | 부사어 | 술어 | 보어 | 목적어 | 접속사 | 술어2 | 보어 |

(~도) (~할 수 있다) 자라다 (가득) / 잡초가, // 따라서 변하다 (조금의 가치도 없게)

해석 노력과 나태함은 다른 결과를 가지고 올 수 있는데, 부지런하게 일하는 것은 황무지를 많은 집에 행복을 가져다 주는 비옥한 밭으로 변하게 할 수 있지만, 이와 반대로 비옥한 논밭도 잡초가 가득 자라서 조금의 가치도 없게 변할 수 있다.

해설 각 절의 주어, 술어, 목적어가 모두 문맥상 자연스럽게 어울린다. 또한 각 술어 앞 부사어도 문맥상 알맞게 배치되었고, 전환/반대를 나타내는 접속사 反之와 인과를 나타내는 접속사 从而도 문맥상 적절하게 쓰였다. 따라서 틀린 부분이 없다. 참고로, 부사어는 일반적으로 부사→조동사 순서로 술어 앞에 위치한다는 점을 알아 둔다.

어휘 懒惰 lǎnduò 휑 나태하다　辛勤 xīnqín 휑 부지런하다, 근면하다　劳动 láodòng 됭 일하다, 노동하다　荒土 huāngtǔ 휑 황무지
造福 zàofú 됭 행복을 가져다주다　良田 liángtián 휑 비옥한 논밭　反之 fǎnzhī 젭 이와 반대로　肥沃 féiwò 휑 비옥하다, 기름지다
荒草 huāngcǎo 휑 잡초, 들풀　从而 cóng'ér 젭 따라서, 그리하여　一文不值 yīwénbùzhí 쳉 조금의 가치도 없다

60
중상

A (在中心医院担任后勤负责人的)　李明章,　//　(工作期间)　(多次)　(被单位及上级部门)

관형어　　　　　　　　　주어　　　//　부사어　　부사어　부사어(被+행위의 주체)

(중심 병원에서 지원 업무 책임자를 맡은)　리밍장은,　//　(업무 기간에)　(수차례)　(기관 및 상급 부서에 의해)

评　　(为)　/　先进人物以及后勤保障模范单位。

술어　보어　/　　　　　　목적어

평가되다　(~으로)　/　선진적인 인물 및 후방 지원 보호 모범 기관

해석 중심 병원에서 지원 업무 책임자를 맡은 리밍장은 업무 기간에 기관 및 상급 부서에 의해 선진적인 인물 및 후방 지원 보호 모범 기관으로 수차례 평가되었다.

해설 **주어, 술어, 목적어가 문맥상 서로 어울리지 않아 틀린 경우**

주어 李明章, '술어+보어' 형태의 评为, 목적어 先进人物以及后勤保障模范单位가 문맥상 서로 어울리지 않아 틀린 문장이다. 后勤保障模范单位는 사람이 아닌 기관이므로, 李明章과 의미가 호응하지 않는다. 따라서 以及后勤保障模范单位를 제거해야 옳은 문장이 된다.

★옳은 문장 : 在中心医院担任后勤负责人的李明章, 工作期间多次被单位及上级部门评为先进人物。
　　　　　　　중심 병원에서 지원 업무 책임자를 맡은 리밍장은 업무 기간에 기관 및 상급 부서에 의해 선진적인 인물로 수차례 평가되었다.

어휘 担任 dānrèn 됭 맡다　后勤 hòuqín 휑 지원 업무, 후방 지원　期间 qījiān 휑 기간　单位 dānwèi 휑 기관, 단체
先进 xiānjìn 휑 선진적이다, 뛰어나다　保障 bǎozhàng 됭 보호하다　模范 mófàn 휑 모범적인, 모범이 되는

　　　　　　　　　　　　　　　　　앞 절
B 电动自行车　(在充电时)　着火　的话,　//　(会)　触发　/　报警设备,　//

주어　　　부사어　　술어1　조사　//　부사어　술어2　　목적어

전동 자전거가　(충전될 때)　불이 나면　~한다면,　//　(~할 수 있다)　촉발하다　/　경보 장치를,　//

　　　　　　　　　　　　　　　　　뒤 절
智能充电器　/　(就)　(能)　切断　/　电源,　//　开启　/　喷淋系统,　//

주어　　　부사어　부사어　술어1　　목적어　//　술어2　　목적어

스마트 충전기는　/　(바로)　(~할 수 있다)　끊다　/　전원을,　//　개방하다　/　살수 펌프 시스템을,　//

(及时)　熄灭　/　火苗,　//　控制　/　火势。

부사어　술어3　　목적어　//　술어4　목적어

(신속히)　끄다　/　불꽃을,　//　통제하다　/　불길을

해석 전동 자전거가 충전될 때 불이 난다면 경보 장치를 촉발할 수 있는데, 스마트 충전기는 전원을 바로 끊고 살수 펌프 시스템을 개방하여 불꽃을 신속히 끄고 불길을 통제할 수 있다.

해설 각 절의 주어, 술어, 목적어가 모두 문맥상 자연스럽게 어울리고, 각 술어 앞 부사어도 문맥상 알맞게 배치되었다. 또한 앞 절의 술어1 着火 뒤에 위치한 가정을 나타내는 조사 的话도 문맥상 자연스럽게 어울린다. 따라서 틀린 부분이 없다. 참고로, 부사어는 일반적으로 부사→조동사 순서로 술어 앞에 위치한다는 점을 알아 둔다.

어휘 充电 chōngdiàn 됭 충전하다　着火 zháohuǒ 됭 불이 나다, 불붙다　触发 chùfā 됭 촉발하다
报警 bàojǐng 됭 경보를 보내다, 경찰에 신고하다　设备 shèbèi 휑 장치, 설비　智能 zhìnéng 휑 스마트한, 지능이 있는
充电器 chōngdiànqì 휑 충전기　切断 qiēduàn 됭 끊다, 절단하다　电源 diànyuán 휑 전원　开启 kāiqǐ 됭 개방하다, 풀다
喷淋 pēnlín 살수 펌프　系统 xìtǒng 휑 시스템, 체계　熄灭 xīmiè 됭 (등이나 불을) 끄다, 꺼지다　火苗 huǒmiáo 휑 불꽃, 화염
控制 kòngzhì 됭 통제하다, 억제하다　火势 huǒshì 휑 불길

C

앞 절							
(大部分)	中国科学家 /	(在研究药物时), //	(都)	(会)	参考 /	(各个方面的)	资料, //
관형어	주어	부사어	부사어	부사어	술어	관형어	목적어
(대부분의)	중국 과학자는 /	(약물을 연구할 때), //	(항상)	(~한다)	참고하다 /	(각 방면의)	자료를, //

뒤 절			
所以	(从中国古代医书中获得启发, 攻克医学难题的)	案例 /	屡见不鲜。
접속사	관형어	주어	술어
그래서	(중국 고대 의학 서적으로부터 영감을 받아 의학 난제를 돌파한)	사례는 /	자주 볼 수 있어 신기하지 않다

해석 대부분의 중국 과학자는 약물을 연구할 때 각 방면의 자료를 항상 참고하는데, 그래서 중국 고대 의학 서적으로부터 영감을 받아 의학 난제를 돌파한 사례는 자주 볼 수 있어 신기하지 않다.

해설 앞 절의 주어 中国科学家, 술어 参考, 목적어 资料가 문맥상 자연스럽게 어울리고, 뒤 절의 주어 案例, 술어 屡见不鲜도 문맥싱 자연스럽게 어울린다. 시기를 나타내는 개사구 在研究药物时, 부사 都, 조동사 会가 앞 절의 술어 参考 앞 부사어로 문맥상 알맞게 배치되었고, 인과를 나타내는 접속사 所以도 문맥상 적절하게 쓰였다. 따라서 틀린 부분이 없다. 참고로, 부사어의 어순은 기본적으로 부사→조동사→개사구이지만, 시기를 나타내는 개사구는 예외적으로 부사어 중 가장 앞에 위치할 수 있다는 점을 알아 둔다.

어휘 参考 cānkǎo 图 참고하다, 참조하다 资料 zīliào 명 자료 古代 gǔdài 명 고대 启发 qǐfā 图 영감을 주다, 일깨우다 攻克 gōngkè 图 난제를 돌파하다, 극복하다 案例 ànlì 명 사례 屡见不鲜 lǚjiànbùxiān 셍 자주 볼 수 있어서 신기하지 않다

D

첫 번째 절								
不管	在 /	街上	还是	在 /	公交车上, //	或者	在 /	网络上, //
접속사	술어1	목적어	접속사	술어2	목적어	접속사	술어3	목적어
~와 관계 없이	~에 있다 /	길에	혹은	~에 있다 /	버스에, //	혹은	~에 있다 /	인터넷에, //

두 번째 절						
我们 /	(都)	(可以)	看	(到) /	(各种各样的)	广告, //
주어	부사어	부사어	술어	보어	관형어	목적어
우리는 /	(항상)	(~할 수 있다)	보다	(~게 되다) /	(각종)	광고를, //

세 번째 절					
(这些铺天盖地的)	广告 /	(已经)	(潜移默化地)	影响了 /	(大众的)	消费观。
관형어	주어	부사어	부사어	술어	관형어	목적어
(천지를 뒤덮은 이러한)	광고는 /	(이미)	(은연중에 감화되듯)	영향을 미쳤다 /	(대중의)	소비관에

해석 길에서든 버스에서든 혹은 인터넷에서든 관계 없이 우리는 항상 각종 광고를 볼 수 있는데, 천지를 뒤덮은 이러한 광고는 이미 대중의 소비관에 은연중에 감화되듯 영향을 미쳤다.

해설 첫 번째 절의 술어와 목적어가 문맥상 자연스럽게 어울리고, 두 번째 절과 세 번째 절의 주어, 술어, 목적어도 모두 문맥상 자연스럽게 어울린다. 첫 번째 절의 주어가 我们이라는 것을 문맥상 분명하게 알 수 있으므로, 첫 번째 절의 주어는 생략되었다. 그리고 두 번째 절의 부사 都와 조동사 可以가 술어 看 앞에서 부사→조동사 순으로 알맞게 배치되었고, 세 번째 절의 부사 已经, 부사어 潜移默化地도 술어 影响了 앞 부사어로 문맥상 알맞게 배치되었다. 또한 자주 짝을 이루어 쓰이는 표현 '不管 A, 还是 B'가 문맥상 적절하게 쓰였고, 선택을 나타내는 접속사 或者도 문맥상 적절하게 쓰였다. 따라서 틀린 부분이 없다.

어휘 网络 wǎngluò 명 인터넷, 네트워크 铺天盖地 pūtiāngàidì 셍 천지를 뒤덮다, 기세가 대단히 맹렬하다 潜移默化 qiányímòhuà 셍 은연중에 감화되다, 무의식 중에 감화되다 消费观 xiāofèiguān 소비관

---

61 중

"雪龙二号"即将由上海出发, 前往南极执行**调查**任务。届时它将在南极与"雪龙一号"会合, 共同**开展**作业。此次任务预示着中国南极科考**事业**出现了新的**格局**。

'설룡 2호'는 조만간 상하이를 출발해서, 남극으로 이동해 **조사** 임무를 수행할 것이다. 그때가 되면 그것은 남극에서 '설룡 1호'와 합류하여, 공동으로 작업을 **전개할** 것이다. 이번 임무는 중국의 남극 과학 조사 사업에 새로운 **판도**가 나타났음을 예고하고 있다.

A 验收	发表	局面 ✓		A 검수하다	발표하다	국면
B 调查 ✓	开展 ✓	格局 ✓		B 조사하다	전개하다	판도
C 搜索 ✓	召开	姿势		C 수색하다	개최하다	자세
D 调研 ✓	敞开	款式		D 조사 연구하다	활짝 열다	스타일

어휘 지문 雪龙 Xuělóng 고유 설룡[중국의 극지 과학 고찰 쇄빙선] 即将 jíjiāng 閈 조만간, 곧 前往 qiánwǎng 图 이동하다, 나아가다

南极 Nánjí [고유] 남극　执行 zhíxíng [동] (정책·법률·명령·계획 등을) 수행하다, 집행하다　届时 jièshí [부] 그때가 되면, 그때가 돼서
会合 huìhé [동] 합류하다, 한곳에 모이다　预示 yùshì [동] 예고하다, 미리 보이다　科考 kēkǎo [동] 과학적으로 조사하다
事业 shìyè [명] 사업

보기　验收 yànshōu [동] 검수하다　搜索 sōusuǒ [동] (숨겨 둔 사람이나 물건을) 수색하다, (인터넷에) 검색하다
调研 diàoyán [동] 조사 연구하다　发表 fābiǎo [동] 발표하다　开展 kāizhǎn [동] 전개하다, (전람회·전시회 등이) 열리다
召开 zhàokāi [동] (사람들을 소집하여 회의 등을) 개최하다, 열다　敞开 chǎngkāi [동] 활짝 열다, 풀다　局面 júmiàn [명] 국면, 양상
格局 géjú [명] 판도, 짜임새　姿势 zīshì [명] 자세, 포즈　款式 kuǎnshì [명] 스타일, 타입

해설 첫째 보기 A는 '검수하다'라는 의미의 동사이고, B, C, D는 '조사하다'와 관련된 동사 유의어이다. "설룡 2호'는 …… 남극으로 이동해
빈칸　　　 임무를 수행할 것이다'라는 문맥에 적합한 보기 B 调查(조사하다), C 搜索(수색하다), D 调研(조사 연구하다)을 정답의
후보로 체크해 둔다.

A 验收(검수하다)는 검사하고 점검한다는 의미로, 货物(화물), 工程(공사) 등의 어휘와 자주 호응한다.

둘째 보기 A는 '발표하다'라는 의미의 동사이고, B, C, D는 공통글자 开를 포함하여 형태는 비슷하지만 의미가 다른 동사이다. '그것(설
빈칸 룡 2호)은 남극에서 '설룡 1호'와 합류하여, 공동으로 작업을　　　 것이다'라는 문맥에 적합하고, 빈칸 뒤 作业(작업)와 의미상
으로 호응하는 보기 B 开展(전개하다)이 정답이다.

A 发表(발표하다), C 召开(개최하다), D 敞开(활짝 열다)는 문맥과 어울리지 않는다.

* 둘째 빈칸에서는 B밖에 정답이 될 수 없기 때문에, 실제 시험에서는 보기 B를 정답으로 선택하고 바로 다음 문제로 넘어간다.

셋째 보기 A, B는 공통글자 局를 포함하여 '국면, 양상'과 관련된 명사 유의어이고, C, D는 의미가 다른 명사이다. '이번 임무는 중국의
빈칸 남극 과학 조사 사업에 새로운　　　가 나타났음을 예고하고 있다.'라는 문맥에 적합하고, 빈칸 앞 쪽의 事业(사업)와 의미상으
로 호응하는 보기 A 局面(국면), B 格局(판도)를 정답의 후보로 체크해 둔다.

C 姿势(자세), D 款式(스타일)은 문맥과 어울리지 않는다.

62 중상	随园校区第一片金黄色银杏叶的掉落, **意味**着秋天的到来。不到一个星期, 校园里到处**弥漫**着桂花的香气, 伴随着耳边的上课铃声, 古色古香的校园让人的内心变得无比**舒适**。	수이위안 캠퍼스의 첫 번째 황금색 은행잎이 떨어지는 것은, 가을이 왔다는 것을 **의미한다**. 일주일도 채 되지 않아 캠퍼스 곳곳에는 금목서의 향기가 **가득하고**, 귓가를 따라오는 수업 시작 종소리, 옛 모습을 그대로 간직하고 있는 캠퍼스는 사람의 마음을 더할 나위 없이 **편하게** 해 준다.
	A 宣誓　　分散　　稳定	A 선서하다　　분산시키다　　안정되다
	B 标志 ✓　散布　　舒服 ✓	B 나타내다　흩어지다　　편안하다
	C 表现　　散发 ✓　爽快	C 드러나다　내뿜다　　상쾌하다
	D 意味 ✓　弥漫 ✓　舒适 ✓	D 의미　　가득하다　　편하다

어휘 지문 随园校区 Suíyuán Xiàoqū [고유] 수이위안 캠퍼스[중국 난징사범대학교(南京师范大学)의 캠퍼스 중 하나]
片 piàn [양] 편[조각·면적 등을 세는 단위]　银杏叶 yínxìngyè 은행잎　掉落 diàoluò [동] 떨어지다　桂花 guìhuā [명] 금목서, 계화
伴随 bànsuí [동] 따라가다, 동행하다　铃声 língshēng [명] 종소리, 벨소리
古色古香 gǔsègǔxiāng [성] (색채나 분위기가) 옛 모습을 그대로 간직하고 있다　无比 wúbǐ [형] 더할 나위가 없다, 아주 뛰어나다

보기 宣誓 xuānshì [동] 선서하다　标志 biāozhì [동] 나타내다, 보여주다 [명] 표지　表现 biǎoxiàn [동] 드러나다, 나타나다
意味 yìwèi [명] 의미　分散 fēnsàn [동] 분산시키다　散布 sànbù [동] 흩어지다, 퍼지다　散发 sànfā [동] 내뿜다, 발산하다
弥漫 mímàn [동] (연기·먼지·냄새 등이) 가득하다, 자욱하다　稳定 wěndìng [형] 안정되다
爽快 shuǎngkuai [형] 상쾌하다, (태도나 성격이) 호쾌하다　舒适 shūshì [형] 편하다, 쾌적하다

해설 첫째 보기 A는 '선서하다'라는 의미의 동사이고, B, C는 '나타나다'와 관련된 동사 유의어이다. 그리고 D는 '의미'라는 의미의 명사이다.
빈칸 빈칸은 술어 자리로, '수이위안 캠퍼스의 첫 번째 황금색 은행잎이 떨어지는 것은, 가을이 왔다는 것을　　　.'라는 문맥에 적
합하고, 빈칸 뒤의 조사 着과 함께 쓸 수 있는 보기 B 标志(나타내다), D 意味(의미)를 정답의 후보로 체크해 둔다. 참고로, 意味는
명사이지만 意味着라는 형태가 되면 '의미하다'라는 뜻의 동사로 사용된다.

A 宣誓(선서하다)은 여러 사람 앞에서 맹세하는 것을 의미하므로, 문맥과 어울리지 않는다.
C 表现(드러나다)은 생활·업무·학습 등에서 어떤 행동을 드러내는 것, 또는 태도·성격·감정 등을 드러냄을 의미하므로, 문맥과 어
울리지 않는다.

둘째 보기 A, B, C는 공통글자 散을 포함하여 '흩어지다'와 관련된 동사 유의어이고, D는 '가득하다'라는 의미의 동사이다. '캠퍼스 곳곳
빈칸 에는 금목서의 향기가　　　'라는 문맥에 적합하고, 빈긴 뒤 쪽의 목적어 香气(향기)와 익미상으로 호응하는 보기 C 散发(내뿜
다), D 弥漫(가득하다)을 정답의 후보로 체크해 둔다.

A 分散(분산시키다)은 어떤 것을 한 곳에 집중시키지 않고 흩뜨리게 한다는 의미로, 注意力(주의력), 精力(에너지) 등의 어휘와 자주 호응한다.

B 散布(흩어지다)는 여러 곳으로 퍼진다는 의미로, 病菌(세균), 谣言(유언비어), 消息(소식) 등의 어휘와 자주 호응한다.

셋째 보기가 모두 사람의 기분이나 상태와 관련된 형용사이다. '귓가를 따라오는 수업 시작 종소리, 옛 모습을 그대로 간직하고 있는 캠
빈칸 퍼스는 사람의 마음을 더할 나위 없이 _____ 해 준다'라는 문맥에 적합하고, 빈칸 앞 쪽의 让人的内心(사람의 마음을)과 의미
상으로 호응하는 보기 B 舒服(편안하다), D 舒适(편하다)을 정답의 후보로 체크해 둔다.

A 稳定(안정되다)은 안정적이고 변동이 없음을 나타내며, 局势(정세), 物价(물가), 情绪(정서) 등의 어휘와 자주 호응한다.

C 爽快(상쾌하다)는 신체나 속마음이 후련하고 개운하다는 의미로, 문맥과 어울리지 않는다.

* 따라서 모든 빈칸에서 정답 후보를 포함하는 보기 D가 정답이다.

63 중	商家为了拉动消费, **特意**创设了购物节。购物节期间, 优惠力度大的商品触动了消费者的购**物欲望**。"618购物节"、"双十一"等各大电商平台主办的购物节**层出不穷**, 既让消费者买到了心仪的物品, 又让各个商家赚得盆满钵满。	상인들은 소비를 촉진시키기 위하여, **특별히** 쇼핑 페스티벌을 창설했다. 쇼핑 페스티벌 기간에, 혜택의 크기가 큰 상품들은 소비자의 쇼핑 **욕망**을 건드렸다. '618 쇼핑 페스티벌', '쌍11절' 등 각종 전자 상거래 플랫폼이 주최하는 쇼핑 페스티벌은 **끊임없이 나타나서**, 소비자들로 하여금 마음에 드는 물건을 사게 하고, 또 각종 상인들로 하여금 엄청나게 많은 돈을 벌게 한다.

A	统统	需求 ✓	礼尚往来	A 모두	수요	예의상 오가는 것을 중시하다
B	接连 ✓	心理 ✓	空前绝后	B 연달아	심리	전무후무하다
C	特意 ✓	欲望 ✓	层出不穷 ✓	C 특별히	욕망	끊임없이 나타나다
D	专程	指望	得天独厚	D 특별히	희망하다	천부적인 조건을 갖추다

어휘 지문 **商家** shāngjiā 상인, 사업가 **拉动** lādòng 동 촉진시키다, 성장시키다 **消费** xiāofèi 동 소비하다 **创设** chuàngshè 동 창설하다
购物节 gòuwùjié 쇼핑 페스티벌 **期间** qījiān 명 기간, 시간 **优惠** yōuhuì 형 혜택의, 우대의 **力度** lìdù 명 (힘의) 크기, 강도
商品 shāngpǐn 명 상품, 제품 **触动** chùdòng 동 건드리다, 부딪치다 **消费者** xiāofèizhě 명 소비자
双十一 Shuāngshíyī 고유 쌍11절[매년 11월 11일에 열리는 중국판 블랙 프라이데이로, 광군제(光棍节)라고도 불림]
电商 diànshāng 전자 상거래 **平台** píngtái 명 플랫폼 **主办** zhǔbàn 동 주최하다 **心仪** xīnyí 동 마음에 들다, 흠모하다
物品 wùpǐn 명 물건, 물품 **盆满钵满** pén mǎn bō mǎn 엄청나게 돈이 많다

보기 **统统** tǒngtǒng 부 모두, 전부 **接连** jiēlián 부 연달아, 연이어 **特意** tèyì 부 특별히, 일부러 **专程** zhuānchéng 부 특별히
需求 xūqiú 명 수요, 요구 **心理** xīnlǐ 명 심리 **欲望** yùwàng 명 욕망 **指望** zhǐwàng 동 희망하다, 기대하다
礼尚往来 lǐshàngwǎnglái 성 예의상 오가는 것을 중시하다, 오는 정이 있으면 가는 정이 있다
空前绝后 kōngqiánjuéhòu 성 전무후무하다, 이전에도 없었고 앞으로도 없다
层出不穷 céngchūbùqióng 성 끊임없이 나타나다, 꼬리를 물고 나타나다
得天独厚 détiāndúhòu 성 천부적인 조건을 갖추다, 처한 환경이 남달리 좋다

해설 첫째 보기 A, B는 의미가 다른 부사이고, C, D는 '특별히'와 관련된 부사 유의어이다. '상인들은 소비를 촉진시키기 위하여, _____ 쇼
빈칸 핑 페스티벌을 창설했다.'라는 문맥에 적합한 보기 B 接连(연달아), C 特意(특별히)를 정답의 후보로 체크해 둔다.

A 统统(모두)은 철저히 하나도 남지 않은 것을 의미하며, 주로 把자문에서 사용되므로 문맥과 어울리지 않는다.
D 专程(특별히)은 특별한 일 때문에 어떤 곳으로 가는 상황에서 쓰이므로, 문맥과 어울리지 않는다.

둘째 보기 A, B는 의미가 다른 명사이고, C, D는 공통글자 望을 포함하여 '바라다'와 관련된 어휘로, C는 명사이고, D는 동사이다. '혜택
빈칸 의 크기가 큰 상품들은 소비자의 쇼핑 _____ 을 건드렸다'라는 문맥에 적합하고, 빈칸 앞 购物(쇼핑)와 결합하여 한 단어로 사
용될 수 있는 보기 A 需求(수요), B 心理(심리), C 欲望(욕망)을 정답의 후보로 체크해 둔다.

D 指望(희망하다)은 문맥과 어울리지 않는다.

셋째 보기가 모두 사자성어이다. ''618 쇼핑 페스티벌', '쌍11절''등 각종 전자 상거래 플랫폼이 주최하는 쇼핑 페스티벌은 _____ '라
빈칸 는 문맥에 적합한 보기 C 层出不穷(끊임없이 나타나다)이 정답이다.

A 礼尚往来(예의상 오가는 것을 중시하다), B 空前绝后(전무후무하다), D 得天独厚(천부적인 조건을 갖추다)는 문맥상 어울리지 않
는다.

64 하

大多数孩子都会经历喜爱毛绒玩具的情感<u>过渡</u>期。这些柔软的物品能带给孩子舒适、温暖的感受，所以有一些孩子会把对父母的依赖**转移**到毛绒玩具等物品上。然而**伴随**着心智的成熟，大部分孩子最终都会**摆脱**这样的"软物依恋"。

대부분의 아이들은 봉제 장난감을 좋아하는 감정의 **과도**기를 겪는다. 이런 부드러운 물건들은 아이들에게 편안하고 포근한 느낌을 가져다 줄 수 있기 때문에, 어떤 아이들은 부모에 대한 의존을 봉제 장난감 등의 물건으로 **옮겨 가기도** 한다. 하지만 사고 능력의 성숙에 **따라**, 대부분의 아이들은 결국 이러한 '부드러운 물건에 연연하는 것'에서 **벗어나게** 된다.

A 过滤	移动	跟随	脱离 ✓
B 过分	转变	随即	妥协
C 过渡 ✓	转移 ✓	伴随 ✓	摆脱 ✓
D 过敏	扭转	随身	消除

A 여과하다	이동하다	뒤따르다	벗어나다
B 지나치다	바뀌다	즉각	타협하다
C 과도하다	옮겨 가다	따르다	벗어나다
D 민감하다	돌리다	휴대하는	해소하다

어휘 지문 **喜爱** xǐ'ài 통 (사람이나 물건에 대해) 좋아하다, 호감을 느끼다   **毛绒玩具** máoróng wánjù 봉제 장난감
情感 qínggǎn 명 감정, 기분   **柔软** róuruǎn 형 부드럽다, 유연하다   **物品** wùpǐn 명 물건, 물품
舒适 shūshì 형 편안하다, 쾌적하다   **温暖** wēnnuǎn 형 포근하다, 따뜻하다   **感受** gǎnshòu 명 느낌, 체험
依赖 yīlài 통 의존하다, 기대다   **心智** xīnzhì 명 사고 능력, 지혜   **成熟** chéngshú 형 (정도 등이) 성숙하다 통 (과실, 곡식 등이) 익다
依恋 yīliàn 통 연연하다, 그리워하다

보기 **过滤** guòlǜ 통 여과하다, 거르다   **过分** guòfèn 형 (말이나 행동이) 지나치다, 분에 넘치다   **过渡** guòdù 통 과도하다, 넘다
过敏 guòmǐn 통 민감하다, 예민하다   **移动** yídòng 통 이동하다, 옮기다
转变 zhuǎnbiàn 통 (어떤 상황에서 다른 상황으로) 바뀌다, 바꾸다   **转移** zhuǎnyí 통 (위치를) 옮겨 가다, 바꾸다
扭转 niǔzhuǎn 통 (방향을) 돌리다   **跟随** gēnsuí 통 뒤따르다, 따르다   **随即** suíjí 부 즉각, 곧   **伴随** bànsuí 통 따르다, 동행하다
随身 suíshēn 통 휴대하는, 몸에 지니는   **脱离** tuōlí 통 (어떤 환경이나 상황 등에서) 벗어나다, 이탈하다   **妥协** tuǒxié 통 타협하다
摆脱 bǎituō 통 (속박·규제·생활상의 어려움 등에서) 벗어나다, 빠져 나오다   **消除** xiāochú 통 (불리한 것을) 해소하다, 없애다

해설 첫째 보기가 모두 공통글자 过를 포함하여 형태는 비슷하지만 의미가 다른 어휘로 A, C는 동사, B, D는 형용사이다. '대부분의 아이들은
빈칸 ...... 감정의 _____기를 겪는다'라는 문맥에 적합하면서, 빈칸 뒤 期(시기)와 결합하여 '과도기'라는 의미로 사용될 수 있는 보기 C 过渡(과도하다)가 정답이다.

A 过滤(여과하다), B 过分(지나치다), D 过敏(민감하다)은 문맥과 어울리지 않는다.

* 첫째 빈칸에서는 C밖에 정답이 될 수 없기 때문에, 실제 시험에서는 보기 C를 정답으로 선택하고 바로 다음 문제로 넘어간다.

둘째 보기 A, C는 '옮기다, 이동하다'와 관련된 동사 유의어이고, B, D는 의미가 다른 동사이다. '어떤 아이들은 부모에 대한 의존을 봉제
빈칸 장난감 등의 물건으로 _____ 한다'라는 문맥을 살펴보면, 빈칸에는 부모에 대한 아이들의 의존이 장난감 등의 물건으로 옮겨 갈 수 있다는 의미를 나타낼 수 있는 어휘가 들어가야 한다. 따라서 문맥에 적합한 보기 C 转移(옮겨 가다)가 정답이다.

A 移动(이동하다)은 어떤 대상의 원래 위치를 바꾼다는 의미로, 문맥과 어울리지 않는다.
B 转变(바뀌다)은 어떤 상황에서 다른 상황으로 변화한다는 의미로, 思想(사상), 立场(입장), 态度(태도) 등의 어휘와 자주 호응한다.
D 扭转(돌리다)은 몸을 돌려 방향을 바꾼다는 의미로, 문맥과 어울리지 않는다.

셋째 보기가 모두 공통글자 随를 포함하여 형태가 비슷한 어휘로 A, C는 '따르다'와 관련된 동사 유의어이고, B는 부사, D는 형용사이
빈칸 다. 빈칸은 술어 자리로, '하지만 사고 능력의 성숙에 _____'라는 문맥에 적합하고, 빈칸 뒤 목적어 心智的成熟(사고 능력의 성숙)와 의미상으로 호응하는 보기 C 伴随(따르다)가 정답이다. 참고로, 伴随는 어떤 일과 더불어 생긴다는 의미이다.

A 跟随(뒤따르다)는 주로 사람의 뒤에 바짝 붙어 같은 방향을 향해 행동한다는 의미로, 문맥과 어울리지 않는다.
B 随即(즉각)는 부사이므로, 술어가 될 수 없다.
D 随身(휴대하는)은 문맥과 어울리지 않는다.

넷째 보기 A, C는 공통글자 脱를 포함하여 '벗어나다'와 관련된 동사 유의어이고, B, D는 의미가 다른 동사이다. '아이들은 결국 이러한
빈칸 '부드러운 물건에 연연하는 것'에서 _____ 된다'라는 문맥에 적합한 보기 A 脱离(벗어나다), C 摆脱(벗어나다)를 정답의 후보로 체크해 둔다.

B 妥协(타협하다), D 消除(해소하다)는 문맥과 어울리지 않는다.

65 中상

电子书可以把一整座图书馆的书都浓缩在一个小小的**屏幕**里，让人们不用再扛着一箱子书四处**奔波**。人们在飞机上，在地铁上，在世界上任何一个**角落**，都随时可以进行阅读。阅读从此变得**无比**轻便，世界仿佛就在我们的指尖。

전자책은 한 도서관 전체의 책들을 하나의 작은 **화면** 속에 집약할 수 있어서, 사람들이 더는 한 상자의 책을 어깨에 메고 사방으로 **분주히 뛰어다닐** 필요가 없게 만들었다. 사람들은 비행기에서, 지하철에서, 세상의 어떠한 **외딴 곳**에서도 아무 때나 독서를 할 수 있다. 독서는 이로부터 **비할 바 없이** 편리해졌고, 세상은 마치 우리의 손가락 끝에 있는 것 같다.

A 平面 ✓	寻觅	位置	永恒	
B 框架	启程	边缘	日益 ✓	
C 屏幕 ✓	奔波 ✓	角落 ✓	无比 ✓	
D 附件	徘徊 ✓	区域 ✓	无穷	

A 평면	찾다	위치	영원하다	
B 골격	출발하다	가장자리	나날이	
C 화면	분주히 뛰어다니다	외딴 곳	비할 바 없다	
D 부품	배회하다	구역	무한하다	

어휘 지문 电子书 diànzǐshū 圓 전자책 浓缩 nóngsuō 圄 집약하다, 농축하다 扛 káng 圄 (어깨에) 메다 四处 sìchù 圆 사방, 여러 곳
随时 suíshí 凰 아무 때나, 언제나 从此 cóngcǐ 圆 이로부터, 이때부터 轻便 qīngbiàn 圈 편리하다, 간편하다
仿佛 fǎngfú 凰 마치, 같이 指尖 zhǐjiān 圓 손가락 끝

보기 平面 píngmiàn 圓 평면 框架 kuàngjià 圓 골격, 프레임 屏幕 píngmù 圓 화면, 스크린(screen) 附件 fùjiàn 圓 부품, 부속품
寻觅 xúnmì 圄 찾다 启程 qǐchéng 圄 출발하다, 길을 나서다 奔波 bēnbō 圄 분주히 뛰어다니다
徘徊 páihuái 圄 배회하다, 주저하다 位置 wèizhi 圓 위치 边缘 biānyuán 圓 가장자리, 모서리
角落 jiǎoluò 圓 외딴 곳, 모퉁이 区域 qūyù 圓 구역, 지역 永恒 yǒnghéng 圈 영원하다, 영원히 변하지 않다
日益 rìyì 凰 나날이, 날이 갈수록 无比 wúbǐ 圄 (다른 것과) 비할 바가 없다 无穷 wúqióng 圈 무한하다, 끝이 없다

해설 첫째 보기가 모두 의미가 다른 명사이다. '전자책은 한 도서관 전체의 책들을 하나의 작은 _____ 속에 집약할 수 있어서'라는 문맥에
빈칸 적합한 보기 A 平面(평면), C 屏幕(화면)를 정답의 후보로 체크해 둔다
　　　 B 框架(골격), D 附件(부품)은 문맥과 어울리지 않는다.

들째 **보기가 모두 의미가 다른 동사이다.** '전자책은 …… 사람들이 더는 한 상자의 책을 어깨에 메고 사방으로 _____ 필요가 없게 만
빈칸 들었다'라는 문맥에 적합한 보기 C 奔波(분주히 뛰어다니다), D 徘徊(배회하다)를 정답의 후보로 체크해 둔다.
　　　 A 寻觅(찾나), B 启程(출발하다)은 문맥과 어울리지 않는다.

셋째 보기가 모두 위치를 나타내는 명사이다. '사람들은 비행기에서, 지하철에서, 세상의 어떠한 _____에서도'라는 문맥을 살펴보
빈칸 면, 빈칸에는 '지하철에서, 비행기에서'와 같이 장소를 나타내는 어휘가 들어가야 한다. 따라서 문맥에 적합하고, 장소를 나타내는
　　　 어휘인 보기 C 角落(외딴 곳), D 区域(구역)를 정답의 후보로 체크해 둔다.
　　　 A 位置(위치)은 어떤 사물이나 대상이 차지하는 특정한 자리나 지점을 의미하므로, 문맥과 어울리지 않는다.
　　　 B 边缘(가장자리)은 어떤 사물이나 지역의 경계선을 의미하므로, 문맥과 어울리지 않는다.

넷째 보기 A, D는 '영원하다'와 관련된 형용사 유의어이고, B는 '나날이'라는 의미의 부사, C는 '비할 바 없다'라는 의미의 동사이다. 빈
빈칸 칸은 부사어 자리로, '독서는 이로부터 _____ 편리해졌고'라는 문맥에 적합한 보기 B 日益(나날이), C 无比(비할 바 없다)를 정답
　　　 의 후보로 체크해 둔다. 참고로, 无比는 동사이지만 정도를 나타내는 부사어로 사용될 수 있다.
　　　 A 永恒(영원하다), D 无穷(무한하다)은 부사어로 사용될 수 없고, 문맥과도 어울리지 않는다.

　　　 *따라서 모든 빈칸에서 정답 후보를 포함하는 보기 C가 정답이다.

---

66 中

冬眠的**意义**在于尽量减少身体内外的生命活动，将能量消耗降到最低，**以便**熬过那段最严寒的时期。有的动物冬眠时，心脏跳动的速度极其缓慢，这令人**惊讶**。这是因为这些动物在冬眠时，身体会自动**调节**到最安全的状态。

겨울잠을 자는 것의 **의미**는 가능한 한 몸 안팎의 생명 활동을 줄이고, 에너지 소모를 최저로 낮추어, 가장 추위가 심한 시기를 견디어 내**도록** 하는 데에 있다. 어떤 동물은 겨울잠을 잘 때 심장이 뛰는 속도가 몹시 느린데, 이는 사람을 **놀라게 한다**. 이것은 동물들이 겨울잠을 잘 때, 몸이 자동적으로 가장 안전한 상태로 **조절되기** 때문이다.

A 意向	不惜	惊喜	调动
B 意图	姑且	赞叹	调整 ✓
C 作用 ✓	便于	惊奇 ✓	调解
D 意义 ✓	以便 ✓	惊讶 ✓	调节 ✓

A 의향	아끼지 않다	놀랍고 기쁘다	바꾸다
B 의도	잠시	찬탄하다	조정하다
C 작용	편리하다	의아해 하다	중재하다
D 의미	~하도록	놀라다	조절하다

어휘 지문 冬眠 dōngmián 圄 겨울잠을 자다, 동면하다 在于 zàiyú 圄 ~에 있다 尽量 jǐnliàng 凰 가능한 한, 되도록
能量 néngliàng 圓 에너지 消耗 xiāohào 圄 소모하다, 소모시키다 熬过 áoguò 圄 견디어 내다, 참아 내다

严寒 yánhán 🔺 추위가 심하다, 아주 춥다   **时期** shíqī 🔺 (특정한) 시기   **心脏** xīnzàng 🔺 심장
跳动 tiàodòng 🔺 (심장이) 뛰다, 고동치다   **极其** jíqí 🔺 몹시, 극히   **缓慢** huǎnmàn 🔺 느리다, 완만하다
自动 zìdòng 🔺 자동이다   **状态** zhuàngtài 🔺 상태

보기   **意向** yìxiàng 🔺 의향, 의도   **意图** yìtú 🔺 의도   **意义** yìyì 🔺 의미, 의의   **不惜** bùxī 🔺 아끼지 않다   **姑且** gūqiě 🔺 잠시, 잠깐
便于 biànyú 🔺 (~하기에) 편리하다, 쉽다   **以便** yǐbiàn 🔺 (~하기에 편리) 하도록   **惊喜** jīngxǐ 🔺 놀랍고 기쁘다
赞叹 zàntàn 🔺 찬탄하다, 칭찬하다   **惊奇** jīngqí 🔺 의아해하다, 이상하게 여기다   **惊讶** jīngyà 🔺 놀라다, 의아스럽다
调动 diàodòng 🔺 (위치·용도를) 바꾸다, 변동하다   **调整** tiáozhěng 🔺 조정하다, 조절하다   **调解** tiáojiě 🔺 중재하다, 화해시키다
调节 tiáojié 🔺 조절하다, 조정하다

해설   첫째 빈칸 보기 A, B, D는 모두 공통글자 意를 포함하여 형태가 비슷한 어휘로, A, B는 '의도'와 관련된 명사 유의어이고, D는 '의미'라는 의미의 명사이다. 그리고 C는 '작용, 작용하다'라는 의미의 명사/동사이다. '겨울잠을 자는 것의 _____는 가능한 한 몸 안팎의 생명 활동을 줄이고, …… 하는 데에 있다.'라는 문맥에 적합한 보기 C 作用(작용), D 意义(의미)를 정답의 후보로 체크해 둔다.

A 意向(의향), B 意图(의도)는 어떤 목적을 이루고자 하는 생각이나 계획을 의미하므로, 문맥과 어울리지 않는다.

둘째 빈칸 보기 A, C는 의미가 다른 동사이고, B는 '잠시'라는 의미의 부사, D는 '~하도록'이라는 의미의 접속사이다. 빈칸은 접속사 자리로, 보기 중 접속사이면서 '가능한 한 몸 안팎의 생명 활동을 줄이고, 에너지 소모를 최저로 낮추어, 가장 추위가 심한 시기를 견디어 내 _____ 하는 데에 있다'라는 문맥에도 적합한 보기 D 以便(~하도록)이 정답이다.

A 不惜(아끼지 않다), B 姑且(잠시), C 便于(편리하다)는 접속사로 사용되지 않는다.

＊둘째 빈칸에서는 D밖에 정답이 될 수 없기 때문에, 실제 시험에서는 보기 D를 정답으로 선택하고 바로 다음 문제로 넘어간다.

셋째 빈칸 보기가 모두 '놀라다'와 관련된 형용사 유의어이다. '어떤 동물은 겨울잠을 잘 때 심장이 뛰는 속도가 몹시 느린데, 이는 사람을 _____.'라는 문맥을 살펴보면, 빈칸에는 뜻밖의 일로 사람을 놀라게 만든다는 의미를 나타낼 수 있는 어휘가 들어가야 한다. 따라서 문맥에 적합한 보기 C 惊奇(의아해 하다), D 惊讶(놀라다)를 정답의 후보로 체크해 둔다.

A 惊喜(놀랍고 기쁘다), B 赞叹(찬탄하다)은 '기쁘다, 감탄하다'라는 뉘앙스가 있으므로, 문맥과 어울리지 않는다.

넷째 빈칸 보기가 모두 공통글자 调를 포함하여 '조절하다'와 관련된 동사 유의어이다. '이것(어떤 동물은 겨울잠을 잘 때 심장이 뛰는 속도가 몹시 느린 것)은 동물들이 겨울잠을 잘 때, 몸이 자동적으로 가장 안전한 상태로 _____ 때문이다.'라는 문맥에 적합하고, 빈칸 뒤 最安全的状态(가장 안전한 상태)와 의미상으로 호응하는 보기 B 调整(조정하다), D 调节(조절하다)를 정답의 후보로 체크해 둔다.

A 调动(바꾸다)는 위치나 용도를 변동시킨다는 의미로, 工作(업무), 环境(환경) 등의 어휘와 자주 호응한다.
C 调解(중재하다)는 분쟁이나 갈등에 끼어들어 쌍방을 화해시킨다는 의미로, 纠纷(분규), 冲突(충돌), 关系(관계) 등의 어휘와 자주 호응한다.

---

67 상

缂丝十分精美，但为什么名声远不如刺绣**响亮**呢？专家解释道：刺绣时出错的话，可以用新线**覆盖**旧线的方式来修改；但缂丝采用的是由线到面的**纺织**方法，即使出错了也无法修改。缂丝在制作方面需要顶尖的**技巧**，自然就会在传承手艺时困难重重。

객사는 매우 정교하고 아름다운데, 어째서 명성이 자수보다 **자자하지** 못할까? 전문가는 '자수를 놓을 때 실수를 한다면 새 실로 이전의 실을 **덮는** 방식으로 수정할 수 있지만, 객사가 사용하는 것은 선에서 면으로 가는 **방직** 방법이어서 실수를 했더라도 수정할 방법이 없다'고 설명했다. 객사는 제작 방면에서 최고 수준의 **기교**를 필요로 하기 때문에, 수공 기술을 전승힐 때 자언스레 어려움이 많다.

	A响亮 ✓	覆盖 ✓	纺织 ✓	技巧 ✓	A 자자하다	덮다	방직	기교
	B显赫 ✓	代替 ✓	缝制	智力	B 대단하다	대체하다	봉제하다	지능
	C遥远	安置	编织	层次	C 아득히 멀다	배치하다	뜨다	단계
	D猛烈	布置	剪裁	标准	D 맹렬하다	안배하다	재단하다	표준

어휘 지문   **缂丝** kèsī 🔺 객사[중국의 전통 비단 공예 중 하나]   **精美** jīngměi 🔺 정교하고 아름답다   **名声** míngshēng 🔺 명성
不如 bùrú 🔺 ~보다 못하다   **刺绣** cìxiù 🔺 자수, 수를 놓다   **专家** zhuānjiā 🔺 전문가   **方式** fāngshì 🔺 방식, 방법
修改 xiūgǎi 🔺 수정하다, 고치다   **采用** cǎiyòng 🔺 사용하다, 채택하다, 채용하다   **制作** zhìzuò 🔺 제작하다
顶尖 dǐngjiān 🔺 최고 수준의, 정점의   **传承** chuánchéng 🔺 전승하다   **手艺** shǒuyì 🔺 수공 기술, 솜씨

보기   **响亮** xiǎngliàng 🔺 (소리가) 자자하다, 우렁차다   **显赫** xiǎnhè 🔺 (권세·명성 등이) 대단하다
遥远 yáoyuǎn 🔺 (시간이나 거리가) 아득히 멀다   **猛烈** měngliè 🔺 맹렬하다, 세차다   **覆盖** fùgài 🔺 덮다, 점유하다
代替 dàitì 🔺 대체하다, 대신하다   **安置** ānzhì 🔺 (사람이나 물건을) 배치하다, 두다   **布置** bùzhì 🔺 안배하다, 진열하다
纺织 fǎngzhī 🔺 방직 🔺 짜다   **缝制** féngzhì 🔺 (옷·이불 등을) 봉제하다, 만들다   **编织** biānzhī 🔺 뜨다, 엮다
剪裁 jiǎncái 🔺 (옷감을) 재난하다, 마름질히디   **技巧** jìqiǎo 🔺 기교, 테크닉   **智力** zhìlì 🔺 지능, 지력   **层次** céngcì 🔺 단계, 차원

해설 첫째 보기가 모두 의미가 다른 형용사이다. '객사는 매우 정교하고 아름다운데, 어째서 명성이 자수보다 _____ 못할까?'라는 문맥에
빈칸 적합하고, 빈칸 앞쪽의 주어 名声(명성)과 의미상으로 호응하는 보기 A 响亮(자자하다), B 显赫(대단하다)를 정답의 후보로 체크해
둔다.

C 遥远(아득히 멀다), D 猛烈(맹렬하다)는 문맥과 어울리지 않는다.

둘째 보기 A, B는 의미가 다른 동사이고, C, D는 공통글자 置을 포함하여 '배치하다'와 관련된 동사 유의어이다. '자수를 놓을 때 실수를
빈칸 한다면 새 실로 이전의 실을 _____ 방식으로 수정할 수 있지만'이라는 문맥을 살펴보면, 빈칸에는 새 실을 이용하여 실수한 곳
을 수정하는 방식과 관련된 어휘가 들어가야 한다. 따라서 문맥에 적합한 보기 A 覆盖(덮다), B 代替(대체하다)를 정답의 후보로 체
크해 둔다.

C 安置(배치하다), D 布置(안배하다)은 문맥과 어울리지 않는다.

셋째 보기 A, C는 공통글자 织을 포함하여 '짜다, 엮다'와 관련된 어휘로, A는 명사/동사이고, C는 동사이다. 그리고 B, D는 의미가 다른
빈칸 동사이다. '객사가 사용하는 것은 신에서 면으로 가는 _____ 방법이어서'라는 문맥을 살펴보면, 빈칸에는 실을 사용해서 제작
하는 방식과 관련된 어휘가 들어가야 한다. 따라서 문맥에 적합하고, 빈칸 뒤 方法(방법)과 의미상으로 호응하는 보기 A 纺织(방직),
B 缝制(봉제하다)을 정답의 후보로 체크해 둔다. 참고로, 缝制은 옷이나 이불 등을 만들 때 사용하는 어휘이다.

C 编织(뜨다)은 뜨개질을 하거나 재료를 엮는다는 의미이므로, 문맥과 어울리지 않는다.
D 剪裁(재단하다)는 옷감이나 나무 따위를 치수에 맞도록 재거나 자른다는 의미이므로, 문맥과 어울리지 않는다.

넷째 보기가 모두 의미가 다른 명사이다. '객사는 제작 방면에서 최고 수준의 _____ 를 필요로 하기 때문에'라는 문맥에 적합한 보기
빈칸 A 技巧(기교)가 정답이다.

B 智力(지능), C 层次(단계), D 标准(표준)은 문맥과 어울리지 않는다.

68
상

很多人发现鸟类中的雄性比雌性更漂亮, 这是为
什么呢? 其实这个问题可以用选择理论来<u>阐述</u>:
雄性之间会为争夺<u>配偶</u>而战斗, <u>残酷</u>的竞争会使
它们变得强壮有力。此外, 雄性还要通过<u>炫耀</u>羽
毛的方式来吸引雌性。长此以往, 雄性就进化出
了美丽的外表。

많은 사람들이 조류 중 수컷이 암컷보다 더 예쁘다는 것을 발견했는데,
이는 왜 그럴까? 사실 이 문제는 선택 이론을 이용하여 **설명**할 수 있다.
수컷들 간에는 **배우자**를 쟁탈하기 위해 싸우는데, **잔혹한** 경쟁은 그들
을 건장하고 강하게 변화시킨다. 이외에, 수컷은 깃털을 **자랑하는** 방식
을 통해 암컷을 매료시켜야 한다. 이런 식으로 나아가면서 수컷들은 아
름다운 외모로 진화했다.

A 辩解	助手	残忍 ✓	照耀	
B 描述 ✓	下属	冷酷	发布	
C 叙述 ✓	伴侣 ✓	剧烈 ✓	吹捧	
D 阐述 ✓	配偶 ✓	残酷 ✓	炫耀 ✓	

A 변명하다	조수	잔인하다	비추다
B 기술하다	부하	냉혹하다	발표하다
C 서술하다	반려자	극렬하다	치켜세우다
D 설명하다	배우자	잔혹하다	자랑하다

어휘 지문 **鸟类** niǎolèi 몡 조류 **雄性** xióngxìng 몡 수컷 **雌性** cíxìng 몡 암컷 **理论** lǐlùn 몡 이론 **争夺** zhēngduó 동 쟁탈하다, 다투다
战斗 zhàndòu 동 싸우다, 전투하다 몡 전투 **强壮** qiángzhuàng 혱 (몸이) 건장하다, 튼튼하다 **有力** yǒulì 혱 강하다, 힘이 세다
此外 cǐwài 이외에, 이 밖에 **羽毛** yǔmáo 몡 깃털 **方式** fāngshì 몡 방식, 방법
长此以往 chángcǐyǐwǎng 졩 이런 식으로 나아가다, 이대로 계속 가다 **进化** jìnhuà 동 진화하다 **外表** wàibiǎo 몡 외모, 겉면, 외관

보기 **辩解** biànjiě 동 변명하다, 해명하다 **描述** miáoshù 동 기술하다, 서술하다 **叙述** xùshù 동 서술하다, 설명하다
阐述 chǎnshù 동 설명하다, 상세히 논술하다 **助手** zhùshǒu 몡 조수 **下属** xiàshǔ 몡 부하, 하급 직원
伴侣 bànlǚ 몡 반려자, 동반자 **配偶** pèi'ǒu 몡 배우자, 배필 **残忍** cánrěn 혱 잔인하다
冷酷 lěngkù 혱 (사람을 대하는 것이) 냉혹하다, 잔인하다 **剧烈** jùliè 혱 극렬하다, 격렬하다 **残酷** cánkù 혱 잔혹하다, 냉혹하다
照耀 zhàoyào 동 (강렬한 광선이 어떤 대상을) 비추다 **发布** fābù 동 (명령·지시·뉴스 등을) 발표하다, 선포하다
吹捧 chuīpěng 동 (지나치게) 치켜세우다 **炫耀** xuànyào 동 (능력·공로·지위 등을) 자랑하다, 뽐내다

해설 첫째 보기 A는 '변명하다'라는 의미의 동사이고, B, C, D는 공통글자 述을 포함하여 '설명하다'와 관련된 동사 유의어이다. '사실 이 문제
빈칸 는 선택 이론을 이용하여 _____ 수 있다'라는 문맥에 적합한 보기 B 描述(기술하다), C 叙述(서술하다), D 阐述(설명하다)를 정
답의 후보로 체크해 둔다.

A 辩解(변명하다)는 문맥과 어울리지 않는다.

둘째 보기 A, B는 '조수, 부하'와 관련된 명사 유의어이고, C, D는 '배우자'와 관련된 명사 유의어이다. '수컷들 간에는 _____ 를 쟁탈
빈칸 하기 위해 싸우는데 …… 수컷은 …… 암컷을 매료시켜야 한다'라는 문맥을 살펴보면, 빈칸에는 암컷과 관련된 어휘가 들어가야
한다. 따라서 문맥에 적합한 보기 C 伴侣(반려자), D 配偶(배우자)를 정답의 후보로 체크해 둔다.

A 助手(조수), B 下属(부하)은 문맥과 어울리지 않는다.

셋째 보기 A, B, D는 '잔인하다'와 관련된 형용사 유의어이고, C는 '극렬하다'라는 의미의 형용사이다. '_____ 경쟁은 그들을 건장하
빈칸 고 강하게 변화시킨다'라는 문맥에 적합하고, 빈칸 뒤 竞争(경쟁)과 의미상으로 호응하는 보기 A 残忍(잔인하다), C 剧烈(극렬하다),

D 残酷(잔혹하다)를 정답의 후보로 체크해 둔다.

B 冷酷(냉혹하다)는 사람의 태도와 관련된 어휘이므로, 竞争(경쟁)의 관형어가 될 수 없다.

넷째
빈칸
보기가 모두 의미가 다른 동사이다. '수컷은 깃털을 _____ 방식을 통해 암컷을 매료시켜야 한다'라는 문맥에 적합한 보기 D 炫耀(자랑하다)가 정답이다.

A 照耀(비추다)는 강렬한 광선이 어떤 대상을 비춘다는 의미로, 문맥과 어울리지 않는다.
B 发布(발표하다)는 문맥과 어울리지 않는다.
C 吹捧(치켜세우다)는 정도 이상으로 크게 칭찬한다는 의미로, 문맥과 어울리지 않는다.

제1회

제2회

제3회

제4회
독해

제5회

제6회

해커스 해설이 상세한 HSK 6급 실전모의고사

69
중

服装不仅仅为穿，还是一个身份、一种生活态度、一个展示**个人魅力**的表现。对现在的**年轻人**来说，服装已经超出了**功能**的**范畴**，更多地被赋予了个性、社交等心理层面的**内涵**。网络的发展让不同的服装潮流能够影响到世界的角角落落，不同国家年轻人之间的时尚**隔阂**也正在逐渐变小。	패션은 입는 것뿐만 아니라 신분, 생활 태도, 개인의 **매력**을 드러내는 한 가지 표현이다. 요즘 젊은이들에게 있어 패션은 이미 기능의 **범주**를 뛰어넘었고, 개성, 사교 등 심리적 방면의 **의미**를 더욱 부여받았다. 온라인의 발전은 서로 다른 패션 트렌드가 세계의 구석구석에까지 영향을 끼치도록 했는데, 서로 다른 국가의 젊은이들 사이에서의 유행 **간격**도 점점 줄어들고 있다.

A 地位 ✓	范围 ✓	内在	间隙	A 지위	범위	내재하는	틈
B 魅力 ✓	范畴 ✓	内涵 ✓	隔阂 ✓	B 매력	범주	의미	간격
C 吃力	界限	焦点	间隔	C 힘들다	경계	초점	사이
D 动力	地域	惯例	等级	D 동력	지역	관례	등급

어휘 지문 服装 fúzhuāng 몡 패션, 옷차림　身份 shēnfen 몡 신분, 지위　展示 zhǎnshì 동 드러내다, 펼쳐 보이다　个人 gèrén 몡 개인
表现 biǎoxiàn 몡 표현, 행위　超出 chāochū 동 (어떤 수량이나 범위를) 뛰어넘다, 넘다　功能 gōngnéng 몡 기능, 작용
赋予 fùyǔ 동 (중대한 임무나 사명 등을) 부여하다, 주다　个性 gèxìng 몡 개성　社交 shèjiāo 몡 사교　心理 xīnlǐ 몡 심리, 기분
层面 céngmiàn 몡 방면, 범위　网络 wǎngluò 몡 온라인, 네트워크　潮流 cháoliú 몡 (사회적) 트렌드, 추세
角角落落 jiǎojiǎoluòluò 구석구석　时尚 shíshàng 몡 유행 톙 유행에 맞다　逐渐 zhújiàn 튀 점점, 점차

보기 地位 dìwèi 몡 지위, 위치　魅力 mèilì 몡 매력　吃力 chīlì 톙 힘들다, 고생스럽다　动力 dònglì 몡 동력, 원동력
范围 fànwéi 몡 범위　范畴 fànchóu 몡 범주, 유형　界限 jièxiàn 몡 경계, 한계　地域 dìyù 몡 지역　内在 nèizài 톙 내재하는
内涵 nèihán 몡 의미, 내포　焦点 jiāodiǎn 몡 초점　惯例 guànlì 몡 관례　间隙 jiànxì 몡 틈, 간격
隔阂 géhé 몡 (생각·감정의) 간격, 틈　间隔 jiàngé 몡 (공간이나 시간의) 사이, 간격
等级 děngjí 몡 등급[중량·정도·지위 등의 차이에 따라 지은 구별]

해설 첫째
빈칸
보기 A는 '지위'라는 의미의 명사이다. 그리고 B, C, D는 공통글자 力를 포함하여 형태는 비슷하지만 의미가 다른 어휘로, B, D는 명사이고, C는 형용사이다. '패션은 입는 것뿐만 아니라 신분, 생활 태도, 개인의 _____ 을 드러내는 한 가지 표현이다'라는 문맥에 적합하고, 빈칸 앞 个人(개인)과 의미상으로 호응하는 보기 A 地位(지위), B 魅力(매력)를 정답의 후보로 선택한다.

C 吃力(힘들다), D 动力(동력)는 문맥과 어울리지 않는다.

둘째
빈칸
보기 A, B는 공통글자 范을 포함하여 '범위'와 관련된 명사 유의어이고, C, D는 의미가 다른 명사이다. '요즘 젊은이들에게 있어 패션은 이미 기능의 _____ 를 뛰어넘었고'라는 문맥에 적합하고, 빈칸 앞 功能(기능)과 의미상으로 호응하는 보기 A 范围(범위), B 范畴(범주)를 정답의 후보로 선택한다.

C 界限(경계), D 地域(지역)는 문맥과 어울리지 않는다.

셋째
빈칸
보기 A, B는 공통글자 内를 포함하여 형태는 비슷하지만 의미가 다른 어휘로, A는 형용사이고, B는 명사이다. 그리고 C, D는 의미가 다른 명사이다. '개성, 사교 등 심리적 방면의 _____ 를 더욱 부여받았다'라는 문맥에 적합한 보기 B 内涵(의미)이 정답이다.

A 内在(내재하는), C 焦点(초점), D 惯例(관례)는 문맥과 어울리지 않는다.

*셋째 빈칸에서는 B밖에 정답이 될 수 없기 때문에, 실제 시험에서는 보기 B를 정답으로 선택하고 바로 다음 문제로 넘어간다.

넷째
빈칸
보기 A, B, C는 '간격'과 관련된 명사 유의어이고, D는 '등급'이라는 의미의 명사이다. '서로 다른 국가의 젊은이들 사이에서의 유행 _____ 도 점점 줄어들고 있다'라는 문맥에 적합하고, 빈칸 앞 时尚(유행)과 의미상으로 호응하는 보기 B 隔阂(간격)가 정답이다. 참고로, 隔阂는 사상이나 감정 상의 틈, 간격을 의미한다.

A 间隙(틈), C 间隔(사이)는 시간이나 공간 사이의 간격을 의미하므로, 时尚(유행)과 의미상으로 호응하지 않는다.
D 等级(등급)는 문맥상 어울리지 않는다

在没有任何外界刺激的情况下，耳内产生的**异常**声音就是耳鸣。睡眠不足时短暂出现的耳鸣，一般对人体没有**实质**影响。但在睡眠**充足**的状态下，如果出现**持久**的耳鸣症状，一定要尽快就医，因为这可能**预示**着听力受到了损害。人们不重视这种现象的话，就会有丧失听觉的风险。

어떠한 외부 자극도 없는 상황에서, 귀 안에 생기는 **이상한** 소리는 바로 이명이다. 수면이 부족할 때 잠깐 나오는 이명은, 일반적으로 인체에 **실질적인** 영향이 없다. 그러나 수면이 **충분한** 상태에서도 만약 **오래 지속되는** 이명 증상이 나타난다면, 반드시 최대한 빨리 의사에게 진료를 받아야 하는데, 이것은 아마도 청력이 손상되었다는 것을 **미리 알려주는 것**일 수 있기 때문이다. 사람들이 이러한 현상을 중시하지 않는다면 청각을 상실할 위험이 있다.

A 恐怖 ✓	持续 ✓	足够 ✓	缓慢	预算
B 古怪 ✓	定期	十足	悠久	预期
C 奇妙	本质	充沛	迟缓	预言
D 异常 ✓	实质 ✓	充足 ✓	持久 ✓	预示 ✓

A 무섭다	지속하다	충분하다	느리다	예산하다
B 괴상하다	정기적인	넘쳐흐르다	유구하다	미리 기대하다
C 신기하다	본질	왕성하다	굼뜨다	예언하다
D 이상하다	실질	충분하다	오래 지속되다	미리 알리다

어휘 지문 外界 wàijiè 명 외부, 바깥 세계 刺激 cìjī 명 자극 产生 chǎnshēng 통 생기다 耳鸣 ěrmíng 명 이명 睡眠 shuìmián 명 수면 不足 bùzú 형 부족하다 短暂 duǎnzàn 형 (시간이) 잠깐이다 人体 réntǐ 명 인체 状态 zhuàngtài 명 상태 症状 zhèngzhuàng 명 증상, 증세 尽快 jìnkuài 뷔 최대한 빨리 就医 jiùyī 통 의사에게 진료를 받다 损害 sǔnhài 통 손상시키다, 손해를 주다 现象 xiànxiàng 명 현상 丧失 sàngshī 통 상실하다, 잃다 风险 fēngxiǎn 명 위험

보기 恐怖 kǒngbù 형 무섭다, 두렵다 古怪 gǔguài 형 괴상하다, 괴이하다 奇妙 qímiào 형 신기하다, 기묘하다 异常 yìcháng 형 이상하다, 예사롭지 않다 持续 chíxù 통 지속하다 定期 dìngqī 형 정기적인, 정기의 本质 běnzhì 명 본질, 본성 实质 shízhì 명 실질, 본질 足够 zúgòu 형 (수요·정도 등이) 충분하다, 족하다 十足 shízú 형 넘쳐흐르다, 함유율이 높다 充沛 chōngpèi 형 왕성하다, 넘쳐흐르다 充足 chōngzú 형 충분하다, 충족하다 缓慢 huǎnmàn 형 느리다, 더디다 悠久 yōujiǔ 형 유구하다, 오래되다 迟缓 chíhuǎn 형 굼뜨다, 재빠르지 않다 持久 chíjiǔ 형 오래 지속되다, 영구적이다 预算 yùsuàn 통 예산하다 명 예산 预期 yùqī 통 미리 기대하다, 예기하다 预言 yùyán 통 예언하다 명 예언 预示 yùshì 통 미리 알리다, 예시하다

해설 첫째 빈칸 보기 A, C는 의미가 다른 형용사이고, B, D는 '이상하다'와 관련된 형용사 유의어이다. '어떠한 외부 자극도 없는 상황에서, 귀 안에 생기는 _____ 소리는 바로 이명이다.'라는 문맥에 적합하고, 빈칸 뒤 声音(소리)과 의미상으로 호응하는 보기 A 恐怖(무섭다), B 古怪(괴상하다), D 异常(이상하다)을 정답의 후보로 선택한다.

C 奇妙(신기하다)는 '신선하다, 특수하다, 기이하다'라는 의미를 담고 있으며, 사람의 긍정적인 흥미를 끄는 사물을 수식할 때 자주 쓰인다.

둘째 빈칸 보기 A는 '지속하다'라는 의미의 동사, B는 '정기적인'이라는 의미의 형용사이고, C, D는 공통글자 质을 포함하여 '성질'과 관련된 명사 유의어이다. 빈칸은 관형어 자리로, 구조조사 的 없이 관형어로 사용될 수 있고 '수면이 부족할 때 잠깐 나오는 이명은, 일반적으로 인체에 _____ 영향이 없다.'라는 문맥에도 적합한 보기 A 持续(지속하다), D 实质(실질)을 정답의 후보로 선택한다.

B 定期(정기적인)는 속성을 나타내는 형용사여서 구조조사 的 없이 관형어로 사용할 수 있지만, 影响(영향)과 의미상으로 호응하지 않는다.
C 本质(본질)은 사물 자체가 본래 가지고 있는 근본적인 속성을 가리키는 어휘로, 문맥과 어울리지 않는다.

셋째 빈칸 보기 A, D는 공통글자 足를 포함하여 '충분하다'와 관련된 형용사 유의어이고, B, C는 '넘쳐흐르다'와 관련된 형용사 유의어이다. '수면이 부족할 때 잠깐 나오는 이명은, 일반적으로 인체에 실질적인 영향이 없다. 그러나 수면이 _____ 상태에서도 만약 …… 이명 증상이 자주 나타난다면'이라는 문맥을 살펴보면, 빈칸에는 不足(부족하다)와 의미가 반대되는 어휘가 들어가야 한다. 따라서 문맥에 적합한 보기 A 足够(충분하다), D 充足(충분하다)를 정답의 후보로 선택한다.

B 十足(넘쳐흐르다)는 기세가 충만하다, 이유가 충분하다, 또는 황금 따위의 성분의 함유율이 높다는 의미이므로, 문맥과 어울리지 않는다.
C 充沛(왕성하다)는 기력이나 힘이 충분해서 넘친다는 의미이므로, 문맥과 어울리지 않는다.

넷째 빈칸 보기 A, C는 공통글자 缓을 포함하여 '느리다'와 관련된 형용사 유의어이고, B, D는 공통글자 久를 포함하여 '오래되다'와 관련된 형용사 유의어이다. '만약 _____ 이명 증상이 나타난다면, 반드시 최대한 빨리 의사에게 진료를 받아야 하는데'라는 문맥에 적합한 보기 D 持久(오래 지속되다)가 정답이다.

A 缓慢(느리다), C 迟缓(굼뜨다)은 문맥과 어울리지 않는다.
B 悠久(유구하다)는 역사가 오래되었다는 의미로, 历史(역사), 传统(전통) 등의 어휘와 자주 호응한다.

＊ 넷째 빈칸에서는 D밖에 정답이 될 수 없기 때문에, 실제 시험에서는 보기 D를 정답으로 선택하고 바로 다음 문제로 넘어간다.

다섯째 빈칸 보기가 모두 공통글자 预를 포함하여 '미리, 사전에'와 관련된 동사이다. '이것(오래 지속되는 이명 증상이 자주 나타나는 것)은 아마도 청력이 손상되었다는 것을 _____ 일 수 있기 때문이다'라는 문맥에 적합한 보기 D 预示(미리 알리다)이 정답이다.

A 预算(예산하다), B 预期(미리 기대하다), C 预言(예언하다)은 문맥과 어울리지 않는다.

张大千是中国最著名的画家之一。上个世纪五十年代，⁷¹他曾经在很多国家游历、作画，**(71) D 因此享有巨大的国际声誉**，⁷¹还被艺坛称为"东方之笔"。但是张大千最为得意的身份不是画家，而是美食家。

⁷²张大千对饮食的研究和领悟可以说是无人能及，**(72) B 说他是名副其实的美食家也不过分**。不光如此，张大千还有个不为人知的技能，就是烹饪。他的好友谢稚柳回忆道："大千精于烹饪，招待客人时也很热情。他经常亲自下厨，做一大堆好吃的菜给大家品尝。"⁷³不管是在海外还是在中国，张大千都会定期设宴款待亲朋好友，**(73) E 这是他一贯的潇洒作风**。

张大千认为，**(74) A 优秀的厨师跟艺术家没什么差别**。⁷⁴就像艺术家用想象力和精巧的手艺创作出绝佳的作品⁷⁴一样，优秀的厨师也会用娴熟精湛的厨艺，将食材打造成色香味俱全的一盘盘料理。张大千曾经教导弟子：懂得欣赏美食的人，自然会领悟艺术的美妙，因为这两者有很多相似之处。所以，张大千常以画论吃，以吃论画。

有一次，张大千回到了故乡四川。谈到四川小吃时，他说："做好这些小吃，既需要技术，也需要天赋。这就像作画一样，⁷⁵天赋不同的人就算使用一模一样的纸笔，**(75) C 也会创造出风格大相径庭的作品。**"

A 优秀的厨师跟艺术家没什么差别
B 说他是名副其实的美食家也不过分
C 也会创造出风格大相径庭的作品
D 因此享有巨大的国际声誉
E 这是他一贯的潇洒作风

장다첸은 중국에서 가장 유명한 화가 중 한 명이다. 1950년대에 ⁷¹그는 일찍이 여러 나라에서 유람하고 그림을 그렸는데, **(71) D 이 때문에 엄청난 국제적 명성을 누렸고**, ⁷¹예술계로부터 '동방의 붓'이라고 불리기도 했다. 그러나 장다첸이 가장 마음에 들어한 신분은 화가가 아니라 미식가였다.

⁷²장다첸의 음식에 대한 연구와 이해는 따라잡을 수 있는 사람이 없다고 말할 수 있고, **(72) B 그를 명실상부한 미식가라고 해도 과언이 아니다.** 이뿐만 아니라, 장다첸에게는 아직 알려지지 않은 기량이 있는데, 바로 요리이다. 그의 친구인 시에즈류는 "다첸은 요리에 능했고, 손님을 접대할 때에도 열정적이었습니다. 그는 자주 직접 요리해서 맛있는 음식을 잔뜩 만들어 모두에게 맛보도록 했습니다."라고 회상했다. ⁷³해외에 있든 중국에 있든, 장다첸은 정기적으로 연회를 베풀어 친지와 친구들을 정성껏 대접했는데, **(73) E 이는 그의 한결같은 시원스러운 태도였다.**

장다첸은 **(74) A 뛰어난 요리사는 예술가와 별 차이가 없다**고 생각했다. ⁷⁴예술가가 상상력과 정교한 솜씨로 대단히 훌륭한 작품을 창작해 내는 ⁷⁴것처럼, 훌륭한 요리사도 능숙하고 뛰어난 요리 기술을 사용하여 식재료를 색, 향, 맛이 모두 갖춰진 여러 접시의 요리로 만⁷⁴들 수 있다. 장다첸은 일찍이 제자들에게 '맛있는 음식을 음미할 줄 아는 사람은 자연스럽게 예술의 아름다움을 이해할 수 있는데, 이 두 가지는 비슷한 점이 많이 있기 때문이다.'라고 가르쳤다. 그래서 장다첸은 자주 그림으로 먹는 것을 논했고, 먹는 것으로 그림을 논했다.

한번은 장다첸이 고향인 쓰촨으로 돌아갔다. 쓰촨의 먹거리에 대해 이야기할 때, 그는 "이 먹거리를 잘 만들려면 기술이 필요할 뿐만 아니라, 타고난 자질도 있어야 합니다. 이것은 마치 그림을 그릴 때처럼 ⁷⁵타고난 자질이 다른 사람이 완전히 똑같은 종이와 붓을 사용했더라도 **(75) C 스타일의 차이가 매우 큰 작품을 창조해 내는 것**⁷⁵과 같습니다."라고 말했다.

A 뛰어난 요리사는 예술가와 별 차이가 없다
B 그를 명실상부한 미식가라고 해도 과언이 아니다
C 스타일의 차이가 매우 큰 작품을 창조해 낸다
D 이 때문에 엄청난 국제적 명성을 누린다
E 이는 그의 한결같은 시원스러운 태도이다

어휘 지문 张大千 Zhāng Dàqiān [고유] 장다첸[중국 현대 화가] **年代** niándài 몡 연대, 시대 **曾经** céngjīng 뎸 일찍이, 이전에
游历 yóulì 동 유람하다 **作画** zuòhuà 동 그림을 그리다 **巨大** jùdà 톙 엄청나다, 거대하다 **声誉** shēngyù 몡 명성, 명예
艺坛 yìtán 몡 예술계 **称** chēng 동 부르다, 칭하다 **身份** shēnfèn 몡 신분 **饮食** yǐnshí 몡 음식, 먹고 마시는 것
领悟 lǐngwù 동 이해하다, 깨닫다 **无人能及** wú rén néng jí 따라잡을 수 있는 사람이 없다, 아무도 이를 수 없다
名副其实 míngfùqíshí 톙 명실상부하다 **过分** guòfèn 톙 과하다, 지나치다 **不光** bùguāng 쩝 ~뿐 아니라
不为人知 bù wéi rén zhī 알려지지 않다, 아무도 모르다 **技能** jìnéng 몡 기량, 기능 **烹饪** pēngrèn 동 요리하다, 조리하다
精于 jīngyú 동 (~에) 능하다, 정통하다 **招待** zhāodài 동 접대하다 **亲自** qīnzì 뎸 직접, 손수
下厨 xiàchú 동 (주방에 가서) 요리하다, 음식을 만들다 **堆** duī 몡 무더기, 더미 **品尝** pǐncháng 동 맛보다, 시식하다
定期 dìngqī 톙 정기적인, 정기의 **设宴** shèyàn 동 연회를 베풀다 **款待** kuǎndài 동 정성껏 대접하다, 후하게 접대하다
亲朋好友 qīnpéng hǎo yǒu 친지와 친구 **一贯** yíguàn 톙 (사상·성격·태도·정책 등이) 한결같다, 일관되다
潇洒 xiāosǎ 톙 (얼굴빛·행동 등이) 시원스럽다, 소탈하다 **作风** zuòfēng 몡 태도, 작품 **差别** chābié 몡 차이, 차별
想象力 xiǎngxiànglì 몡 상상력 **精巧** jīngqiǎo 톙 정교하다, 정밀하다 **手艺** shǒuyì 몡 솜씨, 수공 기술
创作 chuàngzuò 동 (문예 작품을) 창작하다 **绝佳** juéjiā 톙 대단히 훌륭하다, 더할 수 없이 좋다 **作品** zuòpǐn 몡 작품
娴熟 xiánshú 톙 능숙하다, 숙련되다 **精湛** jīngzhàn 톙 뛰어나다, 정밀하고 심오하다 **厨艺** chúyì 몡 요리 기술, 조리 기술
打造 dǎzào 동 만들다, 제조하다 **俱全** jùquán 톙 모두 갖추다, 완비하다 **料理** liàolǐ 몡 요리
教导 jiàodǎo 동 가르치다 **弟子** dìzǐ 몡 제자 **欣赏** xīnshǎng 동 음미하다, 감상하다 **美妙** měimiào 톙 아름답다, 훌륭하다
相似 xiāngsì 톙 비슷하다, 닮다 **故乡** gùxiāng 몡 고향 **四川** Sìchuān [고유] 쓰촨[중국의 지명, 사천]
天赋 tiānfù 몡 타고난 자질, 천부적인 소질 **一模一样** yìmúyíyàng 톙 (모양이나 생김새가) 완전히 똑같다
创造 chuàngzào 동 창조하다, 발명하다 **风格** fēnggé 몡 스타일, 풍격 **大相径庭** dàxiāngjìngtíng 톙 (의견·견해 등의) 차이가 매우 크다

보기 差别 chābié 몡 차이, 차별　名副其实 míngfùqíshí 졩 명실상부하다　过分 guòfèn 휑 과하다, 지나치다
创造 chuàngzào 됭 창조하다, 새롭게 만들다　风格 fēnggé 몡 스타일, 풍격
大相径庭 dàxiāngjìngtíng 졩 (의견·견해 등의) 차이가 매우 크다　作品 zuòpǐn 몡 작품
享有 xiǎngyǒu 됭 (권리·명성·명예 등을) 누리다, 향유하다　巨大 jùdà 휑 엄청나다, 거대하다　声誉 shēngyù 몡 명성, 명예
一贯 yíguàn 휑 (사상·성격·태도·정책 등이) 한결같다, 일관되다　潇洒 xiāosǎ 휑 (얼굴빛·행동·풍모 등이) 시원스럽다, 소탈하다
作风 zuòfēng 몡 태도, 작품

해설 (71) 빈칸 앞에 他曾经在很多国家游历、办画展이 있고, 빈칸 뒤에 还被艺坛称为 "东方之笔"가 있으므로, 因此로 시작해서 빈칸 앞 내용의 결과가 되고 빈칸 뒤 내용과 연결이 되는 보기 D 因此享有巨大的国际声誉가 정답이다.

(72) 빈칸 앞에 张大千对饮食的研究和领悟可以说是无人能及가 있으므로, 빈칸 앞 내용의 결과가 되는 보기 B 说他是名副其实的美食家也不过分이 정답이다.

(73) 빈칸 앞에 不管是在海外还是在中国, 张大千都会定期设宴款待亲朋好友가 있으므로, 이는 他로 시작하여 빈칸 앞 내용을 보충 설명해주는 보기 E 这是他一贯的潇洒作风이 정답이다.

(74) 빈칸 뒤에 就像艺术家……一样, 优秀的厨师也会가 있으므로, 艺术家와 厨师를 키워드 단서로 체크해 둔다. 艺术家와 厨师라는 표현이 그대로 들어가 있고, 빈칸 뒤 내용과 연결이 되는 보기 A 优秀的厨师跟艺术家没什么差别이 정답이다.

(75) 빈칸 앞에 天赋不同的人就算使用一模一样的纸笔가 있으므로, 문맥에 어울리는 보기 C 也会创造出风格大相径庭的作品이 정답이다.

76-80 중

[76]珊瑚色彩艳丽, 不逊色于陆地上的各种花。[76]这种美是亿万年时间, (76) B 不断沉淀、堆积、演化的结果。[76]许许多多的造礁生物和钙化生物相互挤压, 慢慢形成了珊瑚礁。同时, 珊瑚礁的周围聚集了大量的鱼虾贝藻和其他生物, 生物种类之丰富令人惊讶。因此珊瑚被人们誉为 "海底热带雨林"。

珊瑚不仅绚丽多彩, 而且是衡量海洋生态的重要指标。珊瑚覆盖率决定了海洋生态的好坏, 而[77]珊瑚的覆盖率指的是, (77) D 活珊瑚的覆盖面积在海底所占的比例。然而, 近十年的统计数据表明, 珊瑚的覆盖率从百分之五六十下降到了百分之十五至二十, 近五分之一的珊瑚礁已经消失。

导致珊瑚覆盖率下降的原因有好几个, 其中最重要的是全球性的气候变化。比如[78]发生严重的厄尔尼诺现象的时候, 海洋表面的温度会受到巨大影响, (78) C 这对珊瑚礁来说是一个灾难性的破坏。

此外, [79]人类对珊瑚的破坏也不可忽略。(79) A 除了大量排放的生活和工业污水外, [79]过度捕捞, 含量超标的二氧化碳, 无节制的商业开采都是威胁珊瑚礁的因素。例如[80]对大法螺进行过度捕捞, (80) E 会直接导致长棘海星大量繁殖。[80]以珊瑚为主要食物的长棘海星, 大量繁殖后会像蝗虫一样食用大面积的珊瑚, 造成毁灭性的破坏。

[76]산호는 색채가 곱고 아름다운데, 육지의 다양한 꽃에 뒤떨어지지 않는다. [76]이러한 아름다움은 억만 년의 시간 동안 (76) B 끊임없이 침전, 퇴적, 진화한 설과이다. [76]수많은 조초 생물과 석회화 생물이 서로 압착되어 천천히 산호초가 형성되었다. 동시에 산호초 주위에는 대량의 물고기, 새우, 소개, 수초와 다른 생물들이 밀집되어 있는데, 생물 종류의 풍부함은 사람들을 놀라게 만든다. 그래서 산호는 사람들에게 '해저 열대 우림'이라고 불린다.

산호는 화려하고 다채로울 뿐만 아니라 해양 생태를 가늠하는 중요한 지표이다. 산호 점유율은 해양 생태의 좋고 나쁨을 결정하는데, [77]산호의 점유율이 가리키는 것은 (77) D 살아 있는 산호의 점유 면적이 해저에서 차지하는 비율[77]이다. 그러나 최근 10년의 통계 데이터는 산호의 점유율이 50%~60%에서 15%~20%로 낮아졌고, 거의 5분의 1에 가까운 산호초가 이미 사라졌다는 것을 분명하게 보여 준다.

산호 점유율의 하락을 초래하는 원인은 몇 개가 있는데, 그중 가장 중요한 것은 전 세계적인 기후 변화이다. [78]심각한 엘니뇨 현상이 발생할 때, 해양 표면의 온도는 거대한 영향을 받게 되는 것이 그 예인데, (78) C 이는 산호초에게 있어서 재앙적인 파괴이다.

이 밖에, [79]산호에 대한 인류의 파괴도 간과할 수 없다. (79) A 대량으로 배출된 생활과 공업 폐수 외에도, [79]과도한 어획, 함량이 기준치를 초과한 이산화탄소, 무절제한 상업적 채굴은 모두 산호초를 위협하는 요소이다. 예를 들어 [80]큰 소라고둥을 과도하게 어획한다면, (80) E 직접적으로 악마불가사리의 대량 번식을 초래하게 된다. [80]산호를 주요 먹이로 삼는 악마불가사리는 대량으로 번식한 후 메뚜기처럼 넓은 면적의 산호초를 먹어서, 치명적인 파괴를 야기시킨다.

A 除了大量排放的生活和工业污水外	A 대량으로 배출된 생활과 공업 폐수 외에도
B 不断沉淀、堆积、演化的结果	B 끊임없이 침전, 퇴적, 진화한 결과이다
C 这对珊瑚礁来说是一个灾难性的破坏	C 이는 산호초에게 있어서 재양적인 파괴이다
D 活珊瑚的覆盖面积在海底所占的比例	D 살아 있는 산호의 점유 면적이 해저에서 차지하는 비율
E 会直接导致长棘海星大量繁殖	E 직접적으로 악마불가사리의 대량 번식을 초래하게 된다

어휘 지문　珊瑚 shānhú 📙 산호　色彩 sècǎi 📙 색채　艳丽 yànlì 📘 곱고 아름답다　逊色 xùnsè 📘 뒤떨어지다　陆地 lùdì 📙 육지, 뭍

　　　亿 yì 📗 억　不断 búduàn 📘 끊임없이, 부단히　沉淀 chéndiàn 📘 침전하다, 쌓이다　堆积 duījī 📘 (사물이) 퇴적되다, 쌓이다

　　　演化 yǎnhuà 📘 진화하다, 변천하다　造礁 zàojiāo 조초[산호초를 만들다]　生物 shēngwù 📙 생물, 생물학

　　　钙化 gàihuà 📘 석회화하다, 칼슘화하다　挤压 jǐyā 📘 압착하다, 내리누르다　形成 xíngchéng 📘 형성하다, 이루다

　　　珊瑚礁 shānhújiāo 📙 산호초　聚集 jùjí 📘 밀집하다, 모으다, 집합하다　鱼 yú 📙 물고기　虾 xiā 📙 새우　贝 bèi 📙 조개

　　　藻 zǎo 📙 수초　种类 zhǒnglèi 📙 종류　惊讶 jīngyà 📘 놀랍다, 의아하다　誉为 yùwéi 📘 ~이라고 불리다　海底 hǎidǐ 📙 해저

　　　热带雨林 rèdài yǔlín 📙 열대 우림　绚丽多彩 xuànlì duōcǎi 화려하고 다채롭다　衡量 héngliang 📘 가늠하다, 비교하다

　　　生态 shēngtài 📙 생태　指标 zhǐbiāo 📙 지표, 수치　覆盖率 fùgàilǜ 점유율　覆盖 fùgài 📘 점유하다, 뒤덮다　面积 miànjī 📙 면적

　　　比例 bǐlì 📙 비율, 비례　统计 tǒngjì 📙 통계　数据 shùjù 📙 데이터, 수치　表明 biǎomíng 📘 분명하게 보여주다

　　　下降 xiàjiàng 📘 (등급·수량·정도 등이) 낮아지다, 하락하다　导致 dǎozhì 📘 초래하다, 야기하다　厄尔尼诺 è'ěrnínuò 엘니뇨

　　　现象 xiànxiàng 📙 현상　表面 biǎomiàn 📙 표면, 겉　巨大 jùdà 📘 거대하다, 막대하다　灾难性 zāinànxìng 재앙적인

　　　破坏 pòhuài 📘 파괴하다, 손상시키다　此外 cǐwài 📗 이 밖에, 이 외에　人类 rénlèi 📙 인류　忽略 hūlüè 📘 간과하다, 무시하다

　　　排放 páifàng 📘 (폐기·폐수 등을) 배출하다, 방류하다　工业 gōngyè 📙 공업　过度 guòdù 📘 과도하다, 지나치다

　　　捕捞 bǔlāo 📘 어획하다, 잡다　含量 hánliàng 📙 함량　超标 chāobiāo 📘 기준치를 초과하다

　　　二氧化碳 èryǎnghuàtàn 📙 이산화탄소(CO_2)　无节制 wú jiézhì 무절제하다　商业 shāngyè 📙 상업

　　　开采 kāicǎi 📘 (지하 자원을) 채굴하다, 발굴하다　威胁 wēixié 📘 위협하다　因素 yīnsù 📙 요소, 원인　大法螺 dàfǎluó 큰 소라고둥

　　　长棘海星 chángjí hǎixīng 악마불가사리[붉은빛을 띠며 가시가 많은 극피동물]　繁殖 fánzhí 📘 번식하다　食物 shíwù 📙 먹이, 음식

　　　蝗虫 huángchóng 📙 메뚜기　食用 shíyòng 📘 먹다, 식용하다　造成 zàochéng 📘 야기하다, 조성하다　毁灭性 huǐmièxìng 치명적인

　　　破坏 pòhuài 📘 파괴하다, 손상하다

　보기　排放 páifàng 📘 (폐기·폐수 등을) 배출하다, 방류하다　工业 gōngyè 📙 공업　不断 búduàn 📗 끊임없이, 부단히

　　　沉淀 chéndiàn 📘 침전하다, 쌓이다　堆积 duījī 📘 (사물이) 퇴적되다, 쌓이다　演化 yǎnhuà 📘 진화하다, 변천하다

　　　珊瑚礁 shānhújiāo 📙 산호초　灾难性 zāinànxìng 재앙적인　破坏 pòhuài 📘 파괴하다, 손상시키다　珊瑚 shānhú 📙 산호

　　　覆盖 fùgài 📘 점유하다, 뒤덮다　面积 miànjī 📙 면적　海底 hǎidǐ 📙 해저　比例 bǐlì 📙 비율, 비례　导致 dǎozhì 📘 초래하다, 야기하다

　　　长棘海星 chángjí hǎixīng 악마불가사리[붉은빛을 띠며 가시가 많은 극피동물]　繁殖 fánzhí 📘 번식하다

해설 (76) 빈칸 앞쪽에 珊瑚色彩艳丽……这种美是亿万年时间이 있고, 빈칸 뒤에 许许多多的造礁生物和钙化生物相互挤压, 慢慢形成了珊瑚礁。가 있으므로, 빈칸 앞뒤의 내용과 연결이 되는 보기 B 不断沉淀、堆积、演化의 결과가 정답이다.

(77) 빈칸 앞에 珊瑚的覆盖率指的是이 있으므로, 覆盖率를 키워드 단서로 체크해 둔다. 覆盖, 比例라는 표현이 들어가 있고, 빈칸 앞의 指的是이 가리키는 내용이 되는 보기 D 活珊瑚的覆盖面积在海底所占的比例가 정답이다.

(78) 빈칸 앞에 发生严重的厄尔尼诺现象的时候, 海洋表面的温度会受到巨大影响이 있으므로, 빈칸 앞 내용의 결론이 되는 보기 C 这对珊瑚礁来说是一个灾难性的破坏가 정답이다.

(79) 빈칸 앞에 人类对珊瑚的破坏也不可忽略이 있고, 빈칸 뒤에 过度捕捞, 含量超标的二氧化碳, 无节制的商业开采都是威胁珊瑚礁的因素이 있으므로, 빈칸 앞 내용의 예시가 되고, 빈칸 뒤 내용과 연결이 되는 보기 A 除了大量排放的生活和工业污水外가 정답이다.

(80) 빈칸 앞에 对大法螺进行过度捕捞이 있고, 빈칸 뒤에 以珊瑚为主要食物的长棘海星이 있으므로, 长棘海星를 키워드 단서로 체크해 둔다. 长棘海星이라는 표현이 그대로 들어가 있고, 빈칸 앞 내용의 결과가 되는 보기 E 会直接导致长棘海星大量繁殖이 정답이다.

81-84

如果你是位电脑控或手机控, 是否发现自己在接受大量信息时, 经常出现注意力涣散的现象? 如果有, 你可能得了一种大脑认知上的"流行病"——大脑肥胖症。

[81]大脑肥胖症有几个典型的症状: 面对工作时, 会出现莫名的茫然无措感; 不适应与人面对面谈话; 遗忘的速度加快; 注意力难以集中等。调查显示, 现代人多少都患有一定程度的大脑肥胖症, 特别是年轻人。

其实, 大脑肥胖症不是身体上的疾病。这种病是由网络带来的过多信息引起的。便捷的网络使人们获取信息的速度更快, 范围更广。但糟糕的是, 纷至沓来的信息也使人们逐渐丧失注意力。[82]大脑肥胖症会制约人们的思考和想象力, [82]严重时还会引发自闭等问题。

만약 당신이 컴퓨터 마니아이거나 휴대폰 마니아라면, 자신이 다량의 정보를 받아들일 때, 주의력이 산만해지는 현상이 자주 나타난다는 것을 발견한 적이 있는가? 만약에 있다면, 당신은 아마 대뇌 인지상의 일종의 '유행병'인 대뇌 비만증에 걸렸을 수도 있다.

[81]대뇌 비만증은 몇 가지 전형적인 증상이 있다. 업무에 직면했을 때 말로 표현할 수 없는 막연하고 어찌할 바 모르는 감정이 나타나고, 사람과 얼굴을 맞대고 대화하는 것에 적응하지 못하며, 망각하는 속도가 빨라지고, 주의를 집중하기 어렵다는 것 등이다. 조사 결과, 현대인들은 어느 정도의 대뇌 비만증을 앓고 있고, 특히 젊은 사람들이 그러하다는 점이 드러났다.

사실 대뇌 비만증은 신체적인 질병은 아니다. 이러한 병은 인터넷이 가져온 지나치게 많은 정보로 인해 발생한 것이다. 편리한 인터넷은 사람들이 정보를 얻는 속도가 더 빠르고, 범위가 더 넓어지게 만들었다. 그러나 좋지 않은 섬은 끊임없이 연속으로 밀려오는 정부는 사람들이 주의력을 점점 잃어버리게도 만든다는 것이다. [82]대뇌 비만증은 사람들의 사고와 상상력을 제약하고, [82]심한 경우 자폐 등의 문제를 유발할 수 있다.

제1회

제2회

제3회

제4회 독해

제5회

제6회

해커스 해설이 상세한 HSK 6급 실전모의고사

因此，对于沉迷电脑或者手机的人来说，及时预防大脑肥胖症，适当地给大脑"减肥"迫在眉睫。那么，[84]该怎么给大脑"减肥"呢？第一，适度减少上网时间。[83]大脑肥胖的根本原因是，我们无节制地向大脑传输大量的信息，使它超负荷运转，得不到充分的休息。所以应管理好上网的时间，制定严格的管理制度。[84]第二，做适量的运动。长期伏案工作的[84]白领可以在工作一小时后，起身走两圈，稍微运动一下，顺便呼吸新鲜的空气。第三，每天给自己的大脑一定的休息时间。这是因为大脑很难忽略周围的声音，所以不管去哪里，带一个耳塞或者耳机都是个不错的选择。身处吵闹的地铁时，戴上耳机就能建造一个属于自己的"庇护所"。此外，可以每天在固定时间练习冥想。已有研究证明，冥想有助于修复大脑，增强注意力。

그러므로 컴퓨터나 휴대폰에 깊이 빠져 있는 사람들에게 있어서 제때에 대뇌 비만증을 예방하고, 적절하게 대뇌에 '다이어트'를 해 주는 것이 매우 시급하다. 그렇다면 [84]어떻게 대뇌에 '다이어트'를 해 줄까? 첫 번째, 인터넷 접속 시간을 적당하게 줄인다. [83]대뇌 비만의 근본적인 원인은 우리가 대뇌에게 대량의 정보를 무절제하게 전송하여, 그것이 과부하 작동하게 해서 충분한 휴식을 얻을 수 없게 하는 것이다. 따라서 인터넷 접속 시간을 잘 관리하고, 엄격한 관리 제도를 만들어야 한다. [84]두 번째, 적당량의 운동을 한다. 오랜 시간 책상 앞에 앉아 업무를 하는 [84]사무직 근로자는 한 시간 근무 후, 몸을 일으켜 몇 바퀴 걷고 약간의 운동을 좀 하면서 겸사겸사 신선한 공기를 마시는 것도 좋다. 세 번째, 매일 자신의 대뇌에 일정한 휴식 시간을 준다. 이는 대뇌가 주변의 소리를 무시하기 어렵기 때문인데, 그래서 어디를 가든 귀마개나 이어폰을 가지고 다니는 것은 괜찮은 선택이다. 시끄러운 지하철에 있을 때, 이어폰을 끼면 자신만의 '보호소'를 만들 수 있다. 이 밖에 매일 고정된 시간에 명상을 연습하는 것도 좋다. 명상이 대뇌를 원상 복구하고, 주의력을 강화하는 데 도움이 된다는 연구 결과가 이미 있다.

어휘　电脑控 diànnǎokòng 컴퓨터 마니아　手机控 shǒujīkòng 휴대폰 마니아　大量 dàliàng 🖉 다량의, 대량의
涣散 huànsàn 🖉 산만하다, 해이하다　现象 xiànxiàng 🖉 현상　认知 rènzhī 인지하다　流行病 liúxíngbìng 🖉 유행병
大脑肥胖症 dànǎo féipàngzhèng 대뇌 비만증[업무 중 과도한 컴퓨터 사용으로 뇌가 게을러져, 주의력이 산만해지고 할일을 계속 뒤로 미루는 현상]
典型 diǎnxíng 🖉 전형적인　症状 zhèngzhuàng 🖉 증상, 증후　面对 miànduì 🖉 직면하다, 마주하다　莫名 mòmíng 🖉 말로 설명할 수 없다
茫然无措 mángrán wú cuò 막연하고 어찌할 바 모르다　谈话 tánhuà 🖉 대화하다　遗忘 yíwàng 🖉 망각하다, 잊어버리다
集中 jízhōng 🖉 집중하다, 모으다　显示 xiǎnshì 🖉 드러내다, 나타내 보이다　现代人 xiàndàirén 현대인　多少 duōshǎo 🖉 어느 정도, 다소
患 huàn 🖉 앓다, 걸리다　程度 chéngdù 🖉 정도, 수준　疾病 jíbìng 🖉 질병, 고질병　网络 wǎngluò 🖉 인터넷, 온라인
便捷 biànjié 🖉 편리하다, 간편하다　范围 fànwéi 🖉 범위　糟糕 zāogāo 🖉 좋지 않다, 엉망이다
纷至沓来 fēnzhìtàlái 끊임없이 연속으로 밀려오다　逐渐 zhújiàn 🖉 점점, 점차　丧失 sàngshī 🖉 잃어버리다, 상실하다
制约 zhìyuē 🖉 제약하다　引发 yǐnfā 🖉 (병·감정·현상·폭발 등을) 유발하다, 야기하다　自闭 zìbì 🖉 자폐
沉迷 chénmí 🖉 깊이 빠지다, 심취하다　预防 yùfáng 🖉 예방하다　适当 shìdàng 🖉 직질하다, 석낭하다
迫在眉睫 pòzàiméijié 🖉 매우 시급하다, 매우 긴박하다　适度 shìdù 🖉 (정도가) 적당하다, 적절하다　根本 gēnběn 🖉 근본
无节制 wújiézhì 무절제하다　传输 chuánshū 🖉 전송하다, 보내다　超负荷 chāofùhè 🖉 과부하　运转 yùnzhuǎn 🖉 작동하다, 운행하다
充分 chōngfèn 🖉 충분하다　制定 zhìdìng 🖉 만들다, 제정하다　制度 zhìdù 🖉 제도　适量 shìliàng 🖉 적당량이다, 양이 적당하다
伏案 fú'àn 🖉 책상 앞에 앉다　白领 báilǐng 🖉 사무직 근로자, 화이트칼라 계층　顺便 shùnbiàn 🖉 겸사겸사, ~하는 김에
呼吸 hūxī 🖉 마시다, 호흡하다　忽略 hūlüè 🖉 무시하다, 소홀히 하다　耳塞 ěrsāi 🖉 귀마개　吵闹 chǎonào 🖉 시끄럽다, 소란하다
建造 jiànzào 🖉 만들다, 세우다　庇护所 bìhùsuǒ 🖉 보호소[사람이나 동물 등이 해를 입지 않도록 보호하는 장소]
此外 cǐwài 🖉 이 밖에, 이 외에　固定 gùdìng 🖉 고정되다, 불변하다　冥想 míngxiǎng 🖉 명상하다
修复 xiūfù 🖉 원상 복구하다, 수리하여 복원하다

81	关于大脑肥胖症的症状，下列哪项正确？	대뇌 비만증의 증상에 관하여, 다음 중 옳은 것은?
하	A 容易使人发胖	A 사람이 쉽게 살찌게 한다
	B 遗忘速度减缓	B 망각 속도가 느려진다
	C 注意力高度集中	C 주의력이 고도로 집중된다
	D 产生茫然无措感	D 막연하고 어찌할 바 모르는 감정이 생긴다

해설　질문이 대뇌 비만증의 증상에 관하여 옳은 것을 물었으므로, 大脑肥胖症的症状과 관련된 내용을 지문에서 재빨리 찾는다. 두 번째 단락에서 大脑肥胖症有几个典型的症状: 面对工作时, 会出现莫名的茫然无措感이라고 했으므로, 보기 D가 정답이다.

어휘　大脑肥胖症 dànǎo féipàngzhèng 대뇌 비만증[업무 중 과도한 컴퓨터 사용으로 뇌가 게을러져, 주의력이 산만해지고 할일을 계속 뒤로 미루는 현상]
症状 zhèngzhuàng 🖉 증상, 증후　遗忘 yíwàng 🖉 망각하다, 잊어버리다　减缓 jiǎnhuǎn 🖉 (속도가) 느려지다, (속도를) 늦추다
高度 gāodù 🖉 고도의　集中 jízhōng 🖉 집중하다, 모으다　茫然无措 mángrán wú cuò 막연하고 어찌할 바 모르다

제1회

제2회

제3회

제4회
독해

제5회

제6회

해커스 해설이 상세한 HSK 6급 실전모의고사

82 하

根据第三段，可以知道：	세 번째 단락에 근거하여, 알 수 있는 것은:
A 大脑肥胖症不会影响想象力	A 대뇌 비만증은 상상력에 영향을 주지 않는다
B 大脑肥胖症是身体上的疾病	B 대뇌 비만증은 신체상의 질병이다
C 大脑肥胖症使人们获取更多信息	C 대뇌 비만증은 사람으로 하여금 더 많은 정보를 얻게 한다
D 大脑肥胖症可能会引发自闭问题	D 대뇌 비만증은 자폐 문제를 유발할 수도 있다

해설 질문이 세 번째 단락에 근거하여 알 수 있는 것을 물었으므로, 세 번째 단락의 세부 내용을 재빨리 파악한다. 세 번째 단락에서 大脑肥胖症……严重时还会引发自闭等问题라고 했으므로, 보기 D가 정답이다.

어휘 大脑肥胖症 dànǎo féipàngzhèng 대뇌 비만증[업무 중 과도한 컴퓨터 사용으로 뇌가 게을러져, 주의력이 산만해지고 할일을 계속 뒤로 미루는 현상]
疾病 jíbìng 圆 질병, 고질병　获取 huòqǔ 圆 얻다　引发 yǐnfā 圆 (병·감정·현상·폭발 등을) 유발하다, 야기하다　自闭 zìbì 圆 자폐

83 하

大脑肥胖的根本原因是：	대뇌 비만증의 근본 원인은:
A 想象力过于丰富	A 상상력이 지나치게 풍부한 것
B 大脑会忽略噪音	B 대뇌가 소음을 무시할 수 있는 것
C 大脑超负荷运转	C 대뇌가 과부하 작동하는 것
D 无法呼吸新鲜空气	D 신선한 공기를 마실 수 없는 것

해설 질문이 대뇌 비만증의 근본 원인을 물었으므로, 根本原因과 관련된 내용을 지문에서 재빨리 찾는다. 마지막 단락에서 大脑肥胖的根本原因是, 我们无节制地向大脑传输大量的信息, 使它超负荷运转, 得不到充分的休息。라고 했으므로, 보기 C가 정답이다.

어휘 大脑肥胖症 dànǎo féipàngzhèng 대뇌 비만증[업무 중 과도한 컴퓨터 사용으로 뇌가 게을러져, 주의력이 산만해지고 할 일을 계속 뒤로 미루는 현상]
根本 gēnběn 圆 근본　忽略 hūlüè 圆 무시하다, 소홀히 하다　噪音 zàoyīn 圆 소음　超负荷 chāofùhè 圆 과부하
运转 yùnzhuǎn 圆 작동하다, 운행하다　呼吸 hūxī 圆 마시다, 호흡하다

84 하

白领该如何给大脑减轻负担？	사무직 근로자는 어떻게 대뇌에 부담을 줄일 수 있는가?
A 随时补充营养	A 수시로 영양을 보충한다
B 做适量的运动	B 적당량의 운동을 한다
C 经常阅读书籍	C 자주 서적을 읽는다
D 增加上网时间	D 인터넷 접속 시간을 늘린다

해설 질문이 사무직 근로자는 어떻게 대뇌에 부담을 줄일 수 있는지를 물었으므로, 白领과 관련된 내용을 지문에서 재빨리 찾는다. 마지막 단락에서 该怎么给大脑"减肥"呢?……第二, 做适量的运动。……白领可以在工作一小时后, 起身走两圈, 稍微运动一下, 顺便呼吸新鲜的空气라고 했으므로, 보기 B가 정답이다.

어휘 白领 báilǐng 圆 사무직 근로자, 화이트칼라 계층　如何 rúhé 때 어떻다, 어떠하다　减轻 jiǎnqīng 圆 줄이다, 덜다　负担 fùdān 圆 부담
随时 suíshí 囝 수시로　补充 bǔchōng 圆 보충하다　营养 yíngyǎng 圆 영양　适量 shìliàng 웹 적당량이다, 양이 적당하다
书籍 shūjí 圆 서적

85-88

　　[85]中国制造的海底潜水器——"海底飞船"属于载人潜水器。它有望在下半年下水试验。届时, 它将成为世界上下潜最深的载人潜水器, [85]可以到达全世界99.8%的海洋底部。
　　[86]"海底飞船"长8米, 宽3米, 高3.4米, [86]由特殊的钛合金材料制成。该潜水器呈椭圆形, 外观酷似一头小鲸鱼。[86]能容纳一名操作员和两名科学家。潜水器的前端安装着一个密封的玻璃舷窗, 科学家可以透过它看到海底的神秘世界。

　　[85]중국이 제조한 해저 잠수정인 '해저 비행선'은 유인 잠수정에 속한다. 그것은 하반기에 물속으로 내려가 테스트할 가능성이 있다. 그때가 되면 그것은 세계에서 가장 깊게 잠항하는 유인 잠수정이 될 것이며, [85]전 세계 99.8%의 해양 저층부에 도달할 수 있을 것이다.
　　[86]'해저 비행선'은 길이가 8m, 너비가 3m, 높이가 3.4m로, [86]특수한 티타늄 합금 재료로 만들어졌다. 이 잠수정은 타원형을 띠고, 외관은 한 마리 작은 고래와 매우 비슷하며, [86]한 명의 운전수와 두 명의 과학자를 수용할 수 있다. 잠수정의 앞부분에는 밀폐된 유리 현창이 설치되어 있어, 과학자들은 그것을 통해 해저의 신비한 세계를 볼 수 있다.

실전모의고사 제4회 | 독해 제4부분　271

86/87"海底飞船"有两个配重块和一个压水舱，它们在不同的情况下发挥着不同的作用。需要下潜时，只要在压水舱内注满水即可。当需要在水中悬停时，就要抛出配重块。如果此时启动动力装置，"海底飞船"就可以工作了；它的两只机械手可以抓取75公斤的矿物。当需要上浮时，要在压水舱内加入空气，排出海水。86/87这种设计是为了尽量节省蓄电池的能量，86使它在水下连续工作7个小时。

像"海底飞船"这类载人潜水器在深海资源勘探，海底测绘和采样，热液硫化物考察，深海生物基因采样，深海地质调查等领域发挥重要的作用。88在过去的二十多年里，载人潜水器已经取得了众多的科研成果。1991年俄、美两国科学家两次乘坐"和平号"，在大西洋发现了迄今为止最大的热液矿体。1994年俄国科学家在大西洋水域热液场探测时，发现了多种热液生物，其中具有代表性的有虾类、贻贝类、鳗类等生物群。在深海地质研究方面，日本科学家在日本海沟6200米深的斜坡上发现了裂缝，同时还发现了一条地震断层悬崖。

此外，在军事上，载人潜水器可以直接为海底军事基地的建设提供服务，还可以直接参与水雷战，完成潜艇救生和水下捞救等任务。

86/87'해저 비행선'은 두 개의 카운터 웨이트와 하나의 밸러스트가 있는데, 그것들은 다른 상황에서 서로 다른 역할을 발휘한다. 잠항해야 할 때는 밸러스트 안에 물만 가득 채우면 된다. 물 속에서 멈춰야 할 때는 카운터 웨이트를 던지면 된다. 만약 이때 동력 장치를 작동하면, '해저 비행선'은 작업을 할 수 있게 된다. 그것의 두 개의 머니퓰레이터는 75kg의 광물을 잡을 수 있다. 수면 위로 떠올라야 할 때는 밸러스트 안에 공기를 주입하고 바닷물을 빼내야 한다. 86/87이러한 설계는 축전지의 에너지를 가능한 한 절약하고, 86그것이 물속에서 7시간 동안 연속해서 일할 수 있도록 하기 위한 것이다.

'해저 비행선'과 같은 이러한 유인 잠수정은 심해에서 자원 탐사, 해저 측량과 샘플 채집, 열수 황화물 관찰, 심해 생물 유전자 샘플 채집, 심해 지질 조사 등의 영역에서 중요한 역할을 발휘한다. 88지난 20여 년 동안, 유인 잠수정은 이미 많은 과학적 연구 성과를 거두었다. 1991년 러시아, 미국 두 나라의 과학자들이 두 차례 '평화호'를 타고 현재까지 가장 큰 열수광체를 대서양에서 발견했다. 1994년 러시아 과학자는 대서양 수역의 열수구에서 탐측할 때 다양한 종류의 열수 생물을 발견했는데, 그중 대표적인 것은 새우류, 홍합류, 뱀장어류 등의 생물군이다. 심해 지질 연구 방면에서는 일본의 과학자가 일본 해구의 6200m 깊이의 비탈에서 틈을 발견했고, 동시에 지진 단층 벼랑도 발견했다.

이 밖에, 군사적으로 유인 잠수정은 해저 군사 기지 건설을 위해 직접적인 서비스를 제공할 수 있으며, 또 직접 기뢰전에 참여하여 잠수정의 인명 구조와 수중 구조 등의 임무를 완수할 수 있다.

어휘 海底 hǎidǐ 명 해저 潜水器 qiánshuǐqì 명 잠수정 飞船 fēichuán 명 비행선 载人 zàirén 명 유인, 사람을 태우다
有望 yǒuwàng 동 가능성이 있다, 희망적이다 试验 shìyàn 명 테스트하다, 시험하다 届时 jièshí 동 그때가 되다, 정한 기일이 되다
下潜 xiàqián 잠항하다[물속에서 숨어서 항행하다] 宽 kuān 명 (폭이) 넓다 特殊 tèshū 명 특수하다, 특별하다
钛合金 tàihéjīn 명 티타늄 합금[부식에 강한 특성을 지니고 있어 주로 우주 비행 항공 조선 등의 공업에 쓰임] 呈 chéng 동 (어떤 빛깔·상태·형식 등을) 띠다
椭圆形 tuǒyuánxíng 명 타원형 外观 wàiguān 명 외관, 겉모양 酷似 kùsì 동 매우 비슷하다, 몹시 닮다 鲸鱼 jīngyú 명 고래
容纳 róngnà 동 수용하다, 받아들이다 操作员 cāozuòyuán 운전수, 조작하는 사람 前端 qiánduān 명 앞부분, 전단부
安装 ānzhuāng 동 설치하다, 고정하다 密封 mìfēng 동 밀폐하다, 밀봉하다 玻璃 bōli 명 유리
舷窗 xiánchuāng 명 현창[채광·통풍을 목적으로 뱃전에 낸 창문] 透过 tòuguo 동 통하다, 투과하다 神秘 shénmì 명 신비하다
配重块 pèizhòngkuài 카운터 웨이트[배의 균형을 유지하기 위해 사용되는 무거운 물건]
压水舱 yāshuǐcāng 밸러스트[배의 바닥에 균형을 잡기 위해 바닥에 놓는 중량물] 发挥 fāhuī 발휘하다 即可 jíkě 부 ~하면 된다
悬停 xuántíng 동 (공중의 어느 위치에) 멈추다 抛出 pāochū 동 던지다 启动 qǐdòng 동 (기계·기기 설비 등을) 작동하다, 시동하다
动力 dònglì 명 동력, 원동력 装置 zhuāngzhì 명 장치, 설비
机械手 jīxièshǒu 명 머니퓰레이터[강한 방사능을 가진 물질을 방사선 장애가 없는 안전한 장소에서 원격 조작하는 장치] 抓取 zhuāqǔ 동 잡다, 걷어쥐다
矿物 kuàngwù 명 광물 上浮 shàngfú 동 수면으로 떠오르다 设计 shèjì 명 설계, 디자인하다 尽量 jǐnliàng 부 가능한 한, 되도록
节省 jiéshěng 동 절약하다, 아끼다 蓄电池 xùdiànchí 축전지[전기 에너지를 화학 에너지로 바꾸어 모아 두었다가 필요한 때에 전기로 재생하는 장치]
能量 néngliàng 명 에너지 连续 liánxù 동 연속하다, 계속하다 深海 shēnhǎi 명 심해 资源 zīyuán 명 자원
勘探 kāntàn 동 탐사하다, 조사하다 测绘 cèhuì 동 측량하다 采样 cǎiyàng 동 샘플을 채집하다
热液硫化物 rèyè liúhuàwù 열수 황화물[구리·아연·납·금·은 등의 다양한 원소를 함유하고 있는 광산 자원] 考察 kǎochá 동 관찰하다, 답사하다
生物 shēngwù 명 생물, 생물학 基因 jīyīn 명 유전자 地质 dìzhì 명 지질, 지질학 领域 lǐngyù 명 영역, 분야
科研 kēyán 명 과학적 연구['科学研究'의 준말] 成果 chéngguǒ 명 성과 和平 hépíng 명 평화 大西洋 Dàxīyáng 고유 대서양
迄今为止 qìjīnwéizhǐ 성 (이전 어느 시점부터) 현재까지, 지금까지
热液矿体 rèyè kuàngtǐ 열수광체[수심 2000m 정도의 바다 밑바닥에 서 있는 굴뚝같은 금속 기둥] 水域 shuǐyù 명 수역
热液场 rèyèchǎng (심해의) 열수구[마그마로 데워진 뜨거운 바닷물이 심해 밑바닥에서 솟구치는 곳] 探测 tàncè 동 탐측하다, 관측하다
热液生物 rèyè shēngwù 열수 생물[바다 밑에서 뿜어져 나오는 더운물에 포함된 물질에 의존하여 생활하는 생물] 虾 xiā 명 새우 贻贝 yíbèi 명 홍합
鳗 mán 명 뱀장어 生物群 shēngwùqún 명 생물군 海沟 hǎigōu 명 해구 斜坡 xiépō 명 비탈 裂缝 lièfèng 명 틈, 균열
地震 dìzhèn 명 지진 断层 duàncéng 명 단층 悬崖 xuányá 명 벼랑, 낭떠러지 军事 jūnshì 명 군사 基地 jīdì 명 기지, 근거지
参与 cānyù 동 참여하다, 참가하다 水雷战 shuǐléizhàn 기뢰전[적의 함선을 파괴하기 위해 물속이나 물 위에 설치한 폭탄인 기뢰를 이용한 전투]
救生 jiùshēng 동 생명을 구하다 捞救 lāojiù 동 구조하다, 건져 내다

85

중

根据第一段，可以知道：	첫 번째 단락에 근거하여, 알 수 있는 것은:
A "海底飞船" 是载人宇宙飞船	A '해저 비행선'은 유인 우주 비행선이다
B "海底飞船" 不需要下水试验	B '해저 비행선'은 물에 들어가 테스트할 필요가 없다
C "海底飞船" 将到达大部分海底	C '해저 비행선'은 대부분의 해저에 도달할 것이다
D "海底飞船" 已成为下潜最深的潜水器	D '해저 비행선'은 이미 가장 깊게 잠항하는 잠수정이 되었다

해설 질문이 첫 번째 단락에 근거하여 알 수 있는 것을 물었으므로, 첫 번째 단락의 세부 내용을 재빨리 파악한다. 첫 번째 단락에서 中国制造的海底潜水器——"海底飞船"……可以到达全世界99.8%的海洋底部라고 했으므로, 보기 C가 정답이다. 참고로, 它将成为世界上下潜最深的载人潜水器라고 했으므로, 보기 D는 오답이다.

어휘 海底 hǎidǐ 몡 해저　飞船 fēichuán 몡 비행선　载人 zàirén 몡 유인　宇宙 yǔzhòu 몡 우주　试验 shìyàn 통 테스트하다
下潜 xiàqián 통 잠항하다　潜水器 qiánshuǐqì 몡 잠수정

86

상

下列哪项<u>不属于</u> "海底飞船" 的特点？	다음 중 '해저 비행선'의 특징에 **속하지 않는** 것은?
A 总共能容纳三个人	A 총 세 명을 수용할 수 있다
B 船身呈长方体形状	B 선체가 직육면체 형태를 띤다
C 可以持续工作7个小时	C 지속적으로 7시간 일할 수 있다
D 用特殊钛合金材料制成	D 특수한 티타늄 합금 재료를 사용하여 만들어졌다

해설 질문이 '해저 비행선'의 특징에 속하지 않는 것을 물었으므로, "海底飞船"的特点과 관련된 내용을 지문에서 재빨리 찾는다. 두 번째 단락에서 "海底飞船"……由特殊的钛合金材料制成。该潜水器呈椭圆形……能容纳一名操作员和两名科学家라고 했고, 세 번째 단락에서 "海底飞船"有两个配重块和一个压水舱……这种设计是为了尽量节省蓄电池的能量，使它在水下连续工作7个小时이라고 했으므로, 지문에서 언급되지 않은 보기 B가 정답이다.

어휘 海底 hǎidǐ 몡 해저　飞船 fēichuán 몡 비행선　总共 zǒnggòng 뷔 총, 모두, 전부　容纳 róngnà 통 수용하다, 받아들이다
船身 chuánshēn 몡 선체　呈 chéng 통 띠다, 나타내다　长方体 chángfāngtǐ 몡 직육면체　形状 xíngzhuàng 몡 형태
特殊 tèshū 톙 특수하다　钛合金 tàihéjīn 몡 티타늄 합금[부식에 강한 특성을 지니고 있어 주로 우주 비행 항공 조선 등의 공업에 쓰임]

87

중

配重块和压水舱的设计是为了：	카운터 웨이트와 밸러스트의 설계는 무엇을 위해서인가:
A 节省蓄电池的能量	A 축전지의 에너지를 절약하기 위해서
B 节约潜水艇的空间	B 잠수정의 공간을 절약하기 위해서
C 减轻机械手的重量	C 머니퓰레이터의 중량을 줄이기 위해서
D 让潜水器上浮更快	D 잠수정을 더 빨리 수면으로 떠오르게 하기 위해서

해설 질문이 카운터 웨이트와 밸러스트의 설계는 무엇을 위해서인지를 물었으므로, 配重块和压水舱的设计와 관련된 내용을 지문에서 재빨리 찾는다. 세 번째 단락에서 "海底飞船"有两个配重块和一个压水舱……这种设计是为了尽量节省蓄电池的能量이라고 했으므로, 보기 A가 정답이다.

어휘 配重块 pèizhòngkuài 카운터 웨이트[배의 균형을 유지하기 위해 사용되는 무거운 물건]
压水舱 yāshuǐcāng 밸러스트[배의 바닥에 균형을 잡기 위해 바닥에 놓는 중량물]　设计 shèjì 설계, 디자인
蓄电池 xùdiànchí 몡 축전지[전기 에너지를 화학 에너지로 바꾸어 모아 두었다가 필요한 때에 전기로 재생하는 장치]　能量 néngliàng 몡 에너지
潜水艇 qiánshuǐtǐng 몡 잠수정　空间 kōngjiān 몡 공간　减轻 jiǎnqīng 통 줄이다, 덜다
机械手 jīxièshǒu 몡 머니퓰레이터[강한 방사능을 가진 물질을 방사선 장애가 없는 안전한 장소에서 원격 조작하는 장치]
重量 zhòngliàng 몡 중량　潜水器 qiánshuǐqì 몡 잠수정　上浮 shàngfú 통 수면으로 떠오르다

第四段主要介绍的是：	네 번째 단락에서 주로 소개하는 것은：
A 载人潜水器的工作原理	A 유인 잠수정의 작업 원리
B 载人潜水器的科研成果	B 유인 잠수정의 과학적 연구 성과
C 载人潜水器的种类以及特点	C 유인 잠수정의 종류 및 특징
D 载人潜水器在经济上的应用	D 유인 잠수정의 경제적 응용

해설 질문이 네 번째 단락에서 주로 소개하는 것을 물었으므로, 네 번째 단락의 중심 내용을 재빨리 파악한다. 네 번째 단락에서 在过去的 二十多年里，载人潜水器已经取得了众多的科研成果。라고 했고, 단락 전체에 걸쳐 유인 잠수정이 이루어 낸 과학적 연구 성과에 대한 예시를 언급하고 있으므로, 보기 B가 정답이다.

어휘 载人 zàirén 휑 유인　潜水器 qiánshuǐqì 휑 잠수정　原理 yuánlǐ 휑 원리　科研 kēyán 휑 과학적 연구['科学研究'의 준말]
成果 chéngguǒ 휑 성과　种类 zhǒnglèi 휑 종류　以及 yǐjí 쮜 및, 그리고　应用 yìngyòng 힌 응용하다

89-92

⁸⁹仿生学是一种模仿和再造动植物的特性和功能的学科。⁸⁹它可以提高人类对大自然的适应和改造能力，也能为社会创造巨大的经济效益。现代仿生学已延伸到很多领域，其应用领域之一是建材仿生学，而功能仿生建材又是建材仿生学的突出代表。

研究表明，动物或人的皮肤是典型的功能仿生建材之一，具有可弯曲，可变形，可调节温度，防水，阻止细菌进入，以及自我修复等特点。人们从这里受到启发，在一些高层建筑上使用了功能仿生建材。这些材料将风、光等对建筑产生负面影响的因素，转化为高层建筑环境所需的一部分能量，可以说是变废为宝了。曾经有一位比利时建筑师，⁹⁰根据蜥蜴的皮肤能对环境做出反应这一特点，在大厦的外墙装置了一层百叶窗，这层百叶窗成了大厦的"第二层皮"。这个"第二层皮"夏天能遮挡阳光，冬天能采集日光。它既起到了装饰的作用，又达到了节能的目的。

除了动物之外，植物的特性也在该领域得到了广泛的应用。荷叶出淤泥而不染，历来为世人所赞。所以⁹¹人们利用这种"荷叶效应"，研制出自清洁材料，或利用自清洁技术生产出涂层，将其涂抹在水龙头或门窗上，这样做就不会沾上污渍。

功能仿生建材还具有自我调节和修复的高级功能。其中，自我调节是指能根据外部需求，对自身承载能力、变形性能等进行自我调整。⁹²自我修复是指利用与自然生物相似的生长及新陈代谢功能，对遭受破坏的部位进行自我修复。如果将这样的材料应用在建筑物上的话，可以大大延长建筑物的使用期限。

相信随着材料科学、电子技术以及自动控制手段的不断进步，在不久的将来，对功能仿生建材的探索研究必将取得巨大的进展。

⁸⁹생체 모방 공학은 일종의 동식물의 특성과 기능을 모방하고 재현하는 학문이다. ⁸⁹그것은 대자연에 대한 인간의 적응과 개조 능력을 향상시킬 수 있고, 또한 사회를 위해 막대한 경제적 효과와 이익을 창출할 수 있다. 현시대의 생체 모방 공학은 이미 많은 영역으로 확장되었는데, 그 응용 영역 중의 하나가 건축 자재 생체 모방 공학이고, 기능성 생체 모방 건축 자재는 건축 자재 생체 모방 공학의 두드러진 상징이기도 하다.

연구에서, 농불 혹은 사람의 피부는 전형적인 기능성 생체 모방 건축 자재 중 하나로, 휘어질 수 있고 변형할 수 있고 온도를 조절할 수 있으며, 방수, 세균 유입 저지 및 자가 재생 등의 특징을 가지고 있다는 점이 드러났다. 사람들은 여기에서 영감을 받아, 일부 고층 건축물에 기능성 생체 모방 건축 자재를 사용했다. 이런 재료는 바람, 빛 등 건축물에 부정적인 영향을 주는 요소를 고층 건축물 환경에 필요한 일부 에너지로 바꾸었는데, 이는 쓸모없는 것을 유용한 것으로 재활용했다고 말할 수 있다. 일찍이 벨기에의 한 건축가가 ⁹⁰도마뱀의 피부가 환경에 반응할 수 있다는 이 특징에 근거하여 빌딩 외벽에 블라인드를 설치했는데, 이 블라인드는 빌딩의 '두 번째 피부'가 되었다. 이 '두 번째 피부'는 여름에 햇빛을 차단할 수 있고, 겨울에는 햇빛을 모을 수 있다. 그것은 장식의 역할과 또 에너지 절약의 목적을 달성했다.

동물 외에도 식물의 특성 또한 이 영역에서 광범위하게 응용되었다. 연잎은 진흙에서 나와도 더럽혀지지 않아, 예로부터 사람들에게 칭송을 받아 왔다. 그래서 ⁹¹사람들은 이런 '연잎 효과'를 이용하여 셀프 세정 재료를 연구 제작하거나, 혹은 셀프 세정 기술을 이용해서 도료를 생산해 내어 그것을 수도꼭지나 문과 창문에 칠하는데, 이렇게 하면 기름때가 묻지 않게 된다.

기능성 생체 모방 건축 자재는 셀프 조절과 복원이라는 고급 기능도 가지고 있다. 그중 셀프 조절은 외부의 필요에 근거하여 자신의 적재 능력과 변형 성능 등에 대해 스스로 조절하는 것을 가리킨다. ⁹²셀프 복원은 자연 생물과 비슷한 성장 및 신진대사 기능을 이용하여 훼손당한 부위에 대해 스스로 복원하는 ⁹²것을 가리킨다. 만약 이러한 재료를 건축물에 응용한다면, 건축물의 사용 기한을 크게 연장할 수 있다.

재료 과학, 전자 기술 및 자동 제어 수단의 끊임없는 발전에 따라, 머지않은 미래에 기능성 생체 모방 건축 자재에 대한 탐색과 연구는 반드시 거대한 진전을 얻게 될 것이라고 믿는다.

어휘 仿生学 fǎngshēngxué 휑 생체 모방 공학[생물이 가진 기능을 인공적으로 실현하여 활용하는 것을 연구하는 학문]
模仿 mófǎng 힌 모방하다, 흉내내다　再造 zàizào 힌 재현하다, 새로 만들다　特性 tèxìng 휑 특성　功能 gōngnéng 휑 기능, 효능
学科 xuékē 휑 학문 분야　改造 gǎizào 힌 개조하다, 개혁하다　创造 chuàngzào 힌 창출하다, 창조하다　巨大 jùdà 혱 막대하다, 거대하다

效益 xiàoyì 몡 효과와 이익　現代 xiàndài 몡 현시대, 현대　延伸 yánshēn 됭 확장하다, 뻗다　领域 lǐngyù 몡 영역, 분야
应用 yìngyòng 됭 응용하다　建材 jiàncái 몡 건축 자재　突出 tūchū 됭 두드러지다, 뛰어나다　代表 dàibiǎo 몡 상징, 대표
表明 biǎomíng 됭 (분명하게) 드러내다, 표명하다　典型 diǎnxíng 몡 전형적인　弯曲 wānqū 됭 휘다, 구불구불하다
变形 biànxíng 됭 변형하다, 변신하다　调节 tiáojié 됭 조절하다, 조정하다　防水 fángshuǐ 됭 방수하다, 홍수를 막다
阻止 zǔzhǐ 됭 저지하다, 막다　细菌 xìjūn 몡 세균　以及 yǐjí 젭 및, 또　修复 xiūfù 됭 재생하다, 복원하다　启发 qǐfā 됭 영감을 주다, 일깨우다
高层 gāocéng 몡 고층의　建筑 jiànzhù 몡 건축물　负面 fùmiàn 몡 부정적인 면, 나쁜 면　因素 yīnsù 몡 요소, 원인
转化 zhuǎnhuà 됭 바꾸다, 변하다　一部分 yíbùfen 몡 일부분　能量 néngliàng 몡 에너지
变废为宝 biàn fèi wéi bǎo 쓸모없는 것을 유용한 것으로 재활용하다　曾经 céngjīng 뷔 일찍이, 이전에　比利时 Bǐlìshí 고유 벨기에
建筑师 jiànzhùshī 건축가　蜥蜴 xīyì 몡 도마뱀　反应 fǎnyìng 됭 반응하다 몡 반응　大厦 dàshà 몡 빌딩, (고층·대형) 건물
外墙 wài qiáng 외벽　装置 zhuāngzhì 됭 설치하다, 조립하다　百叶窗 bǎiyèchuāng 몡 블라인드, 차양
遮挡 zhēdǎng 됭 차단하다, 막다　采集 cǎijí 됭 모으다, 채집하다　装饰 zhuāngshì 몡 장식 됭 장식하다　达到 dádào 됭 달성하다, 이르다
节能 jiénéng 됭 에너지를 절약하다　广泛 guǎngfàn 몡 광범위하다, 범위가 넓다　应用 yìngyòng 됭 응용하다, 사용하다　荷叶 héyè 몡 연잎
淤泥 yūní 몡 진흙　染 rǎn 됭 더럽히다, 물들이다　历来 lìlái 뷔 예로부터, 줄곧　利用 lìyòng 됭 이용하다　效应 xiàoyìng 몡 효과
研制 yánzhì 됭 연구 제작하다　清洁 qīngjié 됭 세정하다, 깨끗하다　生产 shēngchǎn 됭 생산하다, 만들다　涂层 túcéng 몡 도료, 코팅
涂抹 túmǒ 됭 칠하다, 바르다　水龙头 shuǐlóngtóu 몡 수도꼭지　门窗 ménchuāng 몡 문과 창문　沾 zhān 됭 묻다, 젖다
污渍 wūzì 몡 (물체에 묻은) 기름때　调节 tiáojié 됭 조절하다　高级 gāojí 몡 고급의　需求 xūqiú 몡 필요, 수요
承载 chéngzài 됭 적재하다, 적재 중량을 견디다　生物 shēngwù 몡 생물, 생물학　相似 xiāngsì 몡 비슷하다, 서로 닮다
生长 shēngzhǎng 됭 성장하다, 자라다　新陈代谢 xīnchéndàixiè 몡 신진대사　遭受 zāoshòu 됭 (불행 또는 손해를) 당하다, 입다
破坏 pòhuài 됭 훼손하다, 손상시키다　部位 bùwèi 몡 부위[주로 인체에 사용함]　延长 yáncháng 됭 연장하다　期限 qīxiàn 몡 기한
自动控制 zìdòng kòngzhì 자동 제어　手段 shǒuduàn 몡 수단　不断 búduàn 뷔 끊임없이, 부단히　进步 jìnbù 됭 발전하다, 진보하다
探索 tànsuǒ 됭 탐색하다, 찾다　进展 jìnzhǎn 됭 진전하다, 진행하다

89
중상

第一段主要介绍的是:

A 仿生学的诞生
B 仿生学的作用
C 生物的特性和功能
D 自然界的演化过程

첫 번째 단락에서 주로 소개하는 것은:

A 생체 모방 공학의 탄생
B 생체 모방 공학의 역할
C 생물의 특성과 기능
D 자연계의 변화 과정

해설　질문이 첫 번째 단락에서 주로 소개하는 것을 물었으므로, 첫 번째 단락의 중심 내용을 재빨리 파악한다. 첫 번째 단락에서 仿生学……
　　　它可以提高人类对大自然的适应和改造能力, 也能为社会创造巨大的经济效益。现代仿生学已延伸到很多领域, 其应用领域之
　　　一是建材仿生学라며, 단락 전체에 걸쳐 생체 모방 공학의 작용에 대해 소개하고 있으므로, 보기 B가 정답이다.

어휘　仿生学 fǎngshēngxué 몡 생체 모방 공학[생물이 가진 기능을 인공적으로 실현하여 활용하는 것을 연구하는 학문]
　　　诞生 dànshēng 됭 탄생하다, 태어나다　生物 shēngwù 몡 생물, 생물학　特性 tèxìng 몡 특성　功能 gōngnéng 몡 기능, 효능
　　　自然界 zìránjiè 몡 자연계　演化 yǎnhuà 됭 변화하다, 진화하다

90
중상

大厦的"第二层皮"是根据什么制作出米的?

A 鲨鱼的表皮特征
B 鸟类的翅膀特性
C 蜥蜴的皮肤特点
D 蜻蜓的复眼性能

빌딩의 '두 번째 피부'는 무엇에 근거하여 제작해 낸 것인가?

A 상어의 표피 특징
B 조류의 날개 특성
C 도마뱀의 피부 특징
D 잠자리의 복안 성능

해설　질문이 빌딩의 '두 번째 피부'는 무엇에 근거하여 제작해 낸 것인지를 물었으므로, 大厦的"第二层皮"와 관련된 내용을 지문에서 재빨
　　　리 찾는다. 두 번째 단락에서 根据蜥蜴的皮肤能对环境做出反应这一特点, 在大厦的外墙装置了一层百叶窗, 这层百叶窗成了大厦
　　　的"第二层皮"。라고 했으므로, 보기 C가 정답이다.

어휘　制作 zhìzuò 됭 제작하다, 만들다　鲨鱼 shāyú 몡 상어　表皮 biǎopí 몡 표피　特征 tèzhēng 몡 특징　鸟类 niǎolèi 몡 조류
　　　翅膀 chìbǎng 몡 날개　特性 tèxìng 몡 특성　蜥蜴 xīyì 몡 도마뱀　蜻蜓 qīngtíng 몡 잠자리　复眼 fùyǎn 몡 복안, 겹눈
　　　性能 xìngnéng 몡 성능

91	人们利用"荷叶效应"研制出了:	사람들은 '연잎 효과'를 이용하여 어떤 것을 연구 제작했는가?
하	A 遮阳百叶窗 B 无公害油漆 C 日光采集器 D 自清洁材料	A 차양 블라인드 B 무공해 페인트 C 햇빛 채집기 D 셀프 세정 재료

해설 질문이 사람들은 '연잎 효과'를 이용하여 어떤 것을 연구 제작했는지를 물었으므로, 利用"荷叶效应"研制과 관련된 내용을 지문에서 재빨리 찾는다. 세 번째 단락에서 人们利用这种"荷叶效应", 研制出自清洁材料라고 했으므로, 보기 D가 정답이다.

어휘 利用 lìyòng [동] 이용하다 荷叶 héyè [명] 연잎 研制 yánzhì [동] 연구 제작하다 遮阳 zhēyáng [명] 차양 [동] 햇빛을 가리다
百叶窗 bǎiyèchuāng [명] 블라인드, 사양 无公害 wú gōnghài 무공해 油漆 yóuqī [명] 페인트 采集器 cǎijíqì 채집기, 수집기
清洁 qīngjié [형] 세정하다, 깨끗하다

92	仿生建材的"自我修复"利用了生物的哪项功能?	생체 모방 건축 자재의 '셀프 복원'은 생물의 어떤 기능을 이용했는가?
하	A 新陈代谢 B 趋光生长 C 消毒灭菌 D 调节温度	A 신진대사 B 햇빛을 향해 자라는 것 C 소독하고 멸균하는 것 D 온도를 조절하는 것

해설 질문이 생체 모방 건축 자재의 '셀프 복원'은 생물의 어떤 기능을 이용했는지를 물었으므로, "自我修复"와 관련된 내용을 지문에서 재빨리 찾는다. 네 번째 단락에서 自我修复是指利用与自然生物相似的生长及新陈代谢功能이라고 했으므로, 보기 A가 정답이다.

어휘 仿生 fǎngshēng [동] 생체 모방하다 建材 jiàncái [명] 건축 자재 修复 xiūfù [동] 복원하다, 재생하다 利用 lìyòng [동] 이용하다
生物 shēngwù [명] 생물, 생물학 功能 gōngnéng [명] 기능, 효능 新陈代谢 xīnchéndàixiè [명] 신진대사
趋光 qūguāng [동] 빛을 향해 가다 生长 shēngzhǎng [동] 자라다, 성장하다 消毒 xiāodú [동] 소독하다
灭菌 mièjūn [동] 멸균하다, 완전히 살균하다 调节 tiáojié [동] 조절하다, 조정하다

93-96

北京一处距今六七千年前的新石器时代文化遗址中，曾出土了一件小石猴雕塑，经考证，这件雕塑为人类早期的辟邪饰物。据史料记载，殷商后期的王室中就存在养猴、戏猴的习俗。同时，猴在中国传统的十二生肖中也有一席之地，排名第九，被称为"申猴"。由此可见，中国人很早之前就喜欢猴了。

那么，[93]猴为什么会受到中国人的喜爱呢？主要有两个原因，一是猴有"封侯"的意思。"猴"与"侯"音同，"封侯"就是成为地位很高的官员，这是古代读书人的奋斗目标和最大愿望。在民间吉祥图案上，这样的期盼随处可见：一只猴在挂有一枚封印的枫树上的图案，表达了"封侯挂印"的寄托；两只猴坐在一棵松树上，或一只大猴背着一只小猴的图案，有"辈辈封侯"的寓意。[94]二是猴能发现马的疾病，猴子"避马瘟"的别名由此而来。[94]直到今天，高原上的马帮长途贩运货物时，也常常携带一只猴。

베이징 어느 곳의 지금으로부터 6~7천 년 전의 신석기 시대 문화 유적에서, 일찍이 작은 석재 원숭이 조소품이 한 점 출토되었는데, 고증을 통해 이 조소품은 인류 초기의 악귀를 물리치는 장신구였다는 것이 밝혀졌다. 사료에 기록된 바에 따르면, 은상 후기의 왕실에서는 원숭이를 기르고 원숭이를 시켜 재주부리게 하는 풍속이 있었다고 한다. 동시에 원숭이는 중국 전통의 십이지 속에서도 한자리를 차지하고, 9번째로 이름을 올리고 있으며, '신후'라고 불린다. 이로써 중국인은 아주 예전부터 원숭이를 좋아했다는 것을 알 수 있다.

그러면 [93]원숭이는 왜 중국인의 사랑을 받을까? 주된 이유는 두 가지인데, 첫 번째는 원숭이가 '제후로 봉하다'는 의미를 가지고 있기 때문이다. '원숭이(hóu)'와 '제후(hóu)'는 음이 같은데, '제후로 봉하다'라는 것은 지위가 높은 관리가 되는 것으로, 이것은 고대 지식인들이 분투하는 목표이자 가장 큰 소망이었다. 민간의 길상 도안에서는 이러한 기대를 어디서나 볼 수 있다. 한 마리의 원숭이가 봉인이 걸린 단풍나무 위에 있는 도안은 '봉후괘인'을 품고 있음을 표현했고, 두 마리의 원숭이가 한 그루의 소나무 위에 앉아 있거나 큰 원숭이 한 마리가 작은 원숭이 한 마리를 업고 있는 도안은 '배배봉후'의 함축된 의미를 가진다. [94]두 번째는 원숭이가 말의 질병을 발견할 수 있기 때문인데, 원숭이의 '피마온'이라는 별명은 여기에서 온 것이다. [94]오늘날까지도 고원에서 말에 짐을 싣고 다니며 장사하는 사람들이 장거리로 물품을 구매 운송할 때, 종종 원숭이 한 마리를 데리고 다닌다.

　　带着这样的喜爱之情，中国人用多种多样的艺术手法表达了对猴的喜爱。古往今来，各种艺术作品里都能找到猴子的身影。文学中有猴，影视中有猴，民间杂耍中有猴，工艺作品中也有猴：⁹⁵吴承恩笔下的美猴王——孙悟空，成了正义的化身。《西游记》被拍成电视剧后，成了中国重播率最高的影视作品之一。民间盛行的猴戏是汉族最古老的表演艺术之一，其中的猴翻筋斗、猴担水、猴走索、猴爬竿、猴戴面具等节目，深得男女老少的喜爱。在各类工艺品中，工匠们利用猴的天然属性，结合人们对猴的认知，创造了许许多多极具个性的猴的形象，比如西北的"护娃猴"，南阳的"猴加官"，北京的"毛猴"等等。

　　⁹⁶由此可见，在中国人的眼里，猴不是一种普通的动物，而是一个文化符号，是民间文化中不可或缺的存在。

이런 애정을 가지고서 중국인은 다양한 예술 기법으로 원숭이에 대한 사랑을 표현했다. 예나 지금이나 각종 예술 작품 속에서도 원숭이의 모습을 찾아 볼 수 있다. 문학 속에 원숭이가 있고, 영화와 텔레비전 속에 원숭이가 있고, 민간 서커스 속에 원숭이가 있으며, 수공예 작품 속에도 원숭이가 있다. ⁹⁵오승은이 집필한 미후왕—손오공은 정의의 화신이 되었다. 《서유기》는 드라마로 촬영된 후, 중국에서 재방송률이 가장 높은 영화 드라마 작품 중 하나가 되었다. 민간에서 널리 유행하는 원숭이 서커스는 한족의 가장 오래된 공연 예술 중 하나로, 그 속의 원숭이 공중제비, 원숭이 물 긷기, 원숭이 줄타기, 원숭이 장대타기, 원숭이 가면 쓰기 등의 프로그램은 남녀노소의 사랑을 깊게 받고 있다. 각종 수공예품에서는 공예가들이 원숭이의 천성적인 속성을 이용해서 원숭이에 대한 사람들의 인식을 결합하고, 매우 많은 개성을 가진 원숭이의 이미지를 창조했는데, 예를 들면 시베이의 '후와후우', 난양의 '호우쟈관', 베이징의 '마오호우' 등등이 있다.

⁹⁶이로써 중국인들의 눈에 원숭이는 한 마리의 평범한 동물이 아닌 하나의 문화적 상징으로서, 민간 문화에서 없어서는 안 될 존재임을 알 수 있다.

어휘　一处 yíchù 圆 어느 곳　距今 jùjīn 통 지금으로부터 (얼마간) 떨어져 있다　新石器时代 Xīnshíqì Shídài 고유 신석기 시대　遗址 yízhǐ 圆 유적
出土 chūtǔ 통 출토되다, 발굴되어 나오다　猴 hóu 圆 원숭이　雕塑 diāosù 圆 조소품　考证 kǎozhèng 통 고증
辟邪 bìxié 통 악귀를 물리치다　饰物 shìwù 圆 장신구, 장식품　史料 shǐliào 圆 사료, 역사 연구 자료　记载 jìzǎi 통 기록하다, 기재하다
殷商 Yīnshāng 고유 은상[중국 고대 왕조의 하나]　后期 hòuqī 圆 후기　王室 wángshì 圆 왕실　戏 xì 통 재주부리게 하다, 희롱하다
习俗 xísú 圆 풍속, 습속　传统 chuántǒng 圆 전통 圐 전통이다　十二生肖 shí'èr shēngxiào 십이지[사람의 띠를 나타내는 12가지 동물]
一席之地 yìxízhīdì 圐 한 자리를 차지하다　排名 páimíng 통 (순서에 따라) 이름을 올리다, 순위를 매기다　申 shēn 圆 신[십이지의 아홉 번째]
由此可见 yóucǐ kějiàn 이로써 ~을 알 수 있다　喜爱 xǐ'ài 통 사랑하다, 호감을 가지다　封侯 fēnghóu 통 제후로 봉하다 圆 제후
侯 hóu 圆 제후, 고관대작　地位 dìwèi 圆 지위, 위치　官员 guānyuán 圆 관리, 관원
古代 gǔdài 圆 고대　读书人 dúshūrén 圆 지식인, 학자　奋斗 fèndòu 통 (어떤 목적에 도달하기 위해) 분투하다　目标 mùbiāo 圆 목표
愿望 yuànwàng 圆 소망, 소원　民间 mínjiān 圆 민간, 사적　吉祥图案 jíxiáng tú'àn 길상 도안[행운을 불러오는 그림]
期盼 qīpàn 통 기대하다, 바라다　随处 suíchù 圐 어디서나, 도처에　挂有 guàyǒu 圐 걸려 있다
枚 méi 圐 개, 매[작은 조각으로 된 사물을 세는 단위]　封印 fēngyìn 통 봉인하다　枫树 fēngshù 圆 단풍나무
表达 biǎodá 통 (생각·감정을) 표현하다, 나타내다　封侯挂印 fēnghóu guàyìn 봉후괘인[명예와 실권이 겸비된 최고의 지위에 오르기를 축원하는 도안]
寄托 jìtuō 통 (희망·기대·감정 등을) 품다, 걸다　松树 sōngshù 圆 소나무　背 bēi 통 업다
辈辈封侯 bèibèifēnghóu 圐 배배봉후[대를 이어 고위직에 머물기를 희망하는 것]
寓意 yùyì 圆 함축된 의미[추상적인 관념을 직접 표현하지 않고, 다른 구체적인 대상을 이용하여 표현하는 문학 형식]　疾病 jíbìng 圆 질병, 고질병
避马瘟 bì mǎ wēn 피마온[고대 중국에서 원숭이가 말의 역병을 물리친다고 하여 피마온이라고 부르기도 했음]　别名 biémíng 圆 별명
由此 yóucǐ 여기에서, 이로부터　高原 gāoyuán 圆 고원　马帮 mǎbāng 圆 말에 짐을 싣고 다니며 장사하는 사람들
长途 chángtú 圐 장거리의　贩运 fànyùn 통 구매하여 운송하다　货物 huòwù 圆 물품, 상품　携带 xiédài 통 데리고 다니다, 휴대하다
手法 shǒufǎ 圆 기법, 기교　古往今来 gǔwǎng jīnlái 圐 예나 지금이나, 옛날부터 지금까지　作品 zuòpǐn 圆 작품
身影 shēnyǐng 圆 모습, 형체　文学 wénxué 圆 문학　影视 yǐngshì 圆 영화와 텔레비전　杂耍 záshuǎ 圆 서커스, 놀이
工艺 gōngyì 圆 수공예　吴承恩 Wú Chéng'ēn 고유 오승은[중국 명나라의 소설가]　笔下 bǐxià 집필하다, 그리다
美猴王 Měi Hóuwáng 고유 미후왕[서유기 속의 가상 인물]　孙悟空 Sūn Wùkōng 고유 손오공[소설 서유기에 나오는 현장(玄奘) 제자 중 하나]
正义 zhèngyì 圆 정의 圐 정의로운　化身 huàshēn 圆 화신
西游记 Xīyóujì 고유 서유기[명대의 오승은(吴承恩)이 지은 장편 소설로 중국 4대 기서 중 하나]　拍 pāi 통 (사진이나 영상을) 촬영하다, 찍다
重播率 chóngbōlǜ 재방송률　盛行 shèngxíng 통 널리 유행하다, 성행하다
猴戏 hóuxì 圆 원숭이 서커스[원숭이가 옷을 입고, 가면을 쓴 채 사람의 동작을 흉내내는 따위의 재주]　汉族 Hànzú 고유 한족[중국의 민족]
古老 gǔlǎo 圐 오래되다, 낡다　翻筋斗 fān jīndǒu 공중제비하다　担水 dānshuǐ 물을 긷다, 물을 져 나르다　走索 zǒusuǒ 줄타기
爬竿 págān 통 장대타기를 하다　面具 miànjù 圆 가면, 탈　男女老少 nánnǚ lǎoshào 圆 남녀노소　工艺品 gōngyìpǐn 圆 수공예품, 공예품
认知 rènzhī 圆 인식, 인지　创造 chuàngzào 통 창조하다, 발명하다　个性 gèxìng 圆 개성　形象 xíngxiàng 圆 이미지, 형상
西北 Xīběi 고유 시베이[중국의 서북 지역]　南阳 Nányáng 고유 난양[중국의 지명]　普通 pǔtōng 圐 평범하다, 보통이다
文化符号 wénhuà fúhào 문화적 상징　不可或缺 bùkěhuòquē 圐 없어서는 안 되다　存在 cúnzài 통 존재하다 圆 존재

93	第二段的例子说明:	두 번째 단락의 예시가 설명하는 것은:

중

A 古人为何热衷于耍猴　　　　　A 옛 사람들이 왜 원숭이를 시켜 재주 부리게 하는 것에 열중했는지

B 关于十二生肖的传说　　　　　B 십이지에 관한 전설

C 中国人喜爱猴的理由　　　　　C 중국인이 원숭이를 사랑하는 이유

D 古代王室辟邪的方法　　　　　D 고대 왕실에서 악귀를 물리친 방법

해설 질문이 두 번째 단락의 예시가 설명하는 것을 물었으므로, 두 번째 단락의 예시와 관련된 내용을 재빨리 파악한다. 두 번째 단락에서 猴为什么会受到中国人的喜爱呢? 主要有两个因素, 一是猴有"封侯"的意思。……二是猴能发现马的疾病이라고 했으므로, 보기 C가 정답이다.

어휘 例子 lìzi 圆 예시, 보기　古人 gǔrén 圆 옛 사람　热衷 rèzhōng 圄 열중하다　耍猴 shuǎhóu 원숭이를 시켜 재주부리게 하다
十二生肖 shí'èr shēngxiào 圆 십이지[사람의 띠를 나타내는 12가지 동물]　传说 chuánshuō 圆 전설　猴 hóu 圆 원숭이
古代 gǔdài 圆 고대　王室 wángshì 圆 왕실　辟邪 bìxié 圄 악귀를 물리치다, 사악한 것을 없애다

94	马帮长途贩运货物时, 为什么会与猴同行?	말에 짐을 싣고 다니며 장사하는 사람들이 장거리로 물품을 구매 운송을 할 때, 왜 원숭이와 동행하는가?

하

A 猴能为人解除寂寞　　　　　A 원숭이는 사람을 위해 외로움을 없애줄 수 있어서

B 猴能保障旅途平安　　　　　B 원숭이는 여정의 평안함을 보장할 수 있어서

C 猴能帮忙寻找水源　　　　　C 원숭이는 수원을 찾는 것을 도와줄 수 있어서

D 猴能发现马的疾病　　　　　D 원숭이는 말의 질병을 발견할 수 있어서

해설 질문이 말에 짐을 싣고 다니며 장사하는 사람들이 장거리로 물품을 구매 운송을 할 때 원숭이와 동행하는 이유를 물었으므로, 马帮长途贩运货物时과 관련된 내용을 지문에서 재빨리 찾는다. 두 번째 단락에서 一是猴能发现马的疾病……直到今天, 高原上的马帮长途贩运货物时, 也常常携带一只猴。라고 했으므로, 보기 D가 정답이다.

어휘 马帮 mǎbāng 말에 짐을 싣고 다니며 장사하는 사람들　长途 chángtú 圆 장거리의　贩运 fànyùn 圄 구매하여 운송하다
货物 huòwù 圆 물품, 상품　猴 hóu 圆 원숭이　同行 tóngxíng 圄 동행하다, 함께 가다　解除 jiěchú 圄 없애다, 해제하다
寂寞 jìmò 圆 외롭다, 쓸쓸하다　保障 bǎozhàng 圄 (생명·재산·권리 등을) 보장하다, 보증하다　旅途 lǚtú 圆 여정
平安 píng'ān 圆 평안하다, 무사하다　寻找 xúnzhǎo 圄 찾다, 구하다　水源 shuǐyuán 圆 수원　疾病 jíbìng 圆 질병

95	关于孙悟空, 下列哪项正确?	손오공에 관하여, 다음 중 옳은 것은?

중

A 是正义的象征　　　　　A 정의의 상징이다

B 是真实的人物　　　　　B 진실한 인물이다

C 一直颇有争议　　　　　C 줄곧 꽤 논쟁이 있다

D 擅长杂技表演　　　　　D 서커스 공연에 뛰어나다

해설 질문이 손오공에 관하여 옳은 것을 물었으므로, 孙悟空과 관련된 내용을 지문에서 재빨리 찾는다. 세 번째 단락에서 吴承恩笔下的美猴王——孙悟空, 成了正义的化身이라고 했으므로, 보기 A가 정답이다.

어휘 孙悟空 Sūn Wùkōng 고유 손오공[소설 서유기에 나오는 현장(玄奘) 제자 중 하나]　正义 zhèngyì 圆 정의　象征 xiàngzhēng 圆 상징
真实 zhēnshí 圄 진실하다, 참되다　人物 rénwù 圆 인물　颇 pō 圄 꽤, 제법　争议 zhēngyì 圄 논쟁하다, 쟁의하다
擅长 shàncháng 圄 (어떤 방면에) 뛰어나다, 잘하다　杂技 zájì 圆 서커스, 곡예

96	最适合做上文标题的是:	위 글의 제목으로 가장 적절한 것은:

중상

A 美猴王孙悟空　　　　　A 미후왕 손오공

B 古代养猴的习俗　　　　　B 고대에 원숭이를 기르던 풍속

C "猴"文物的介绍　　　　　C '원숭이' 문물의 소개

D 中国文化里的"猴"　　　　　D 중국 문화 속의 '원숭이'

해설 질문이 위 글의 제목으로 가장 적절한 것을 물었으므로, 지문 전체의 중심 내용을 재빨리 파악한다. 마지막 단락에서 由此可见, 在中国人的眼里, 猴不是一种普通的动物, 而是一个文化符号, 是民间文化中不可或缺的存在。라고 했고, 지문 전체에 걸쳐 원숭이가 중국

문화 속에서 어떤 의미가 있고 어떤 형태로 나타났는지를 설명하고 있으므로, 보기 D가 정답이다.

어휘 标题 biāotí 圆 제목　美猴王 Měi Hóuwáng 교유 미후왕[서유기 속의 가상 인물]
孙悟空 Sūn Wùkōng 교유 손오공[소설 서유기에 나오는 현장(玄裝) 제자 중 하나]　养 yǎng 튕 기르다, 양육하다　猴 hóu 圆 원숭이
习俗 xísú 圆 풍속, 습속　文物 wénwù 圆 문물

97-100

　　知名电脑商城 "百脑汇" 近日停业, 带走了不少市民的回忆, 也真实反映出了[97]传统零售商场的 "尴尬" 现状。传统零售商场的困境, 和两种新型零售方式有着密不可分的联系。

　　第一种是日常生活中随处可见的[98]电子商务。它们具有物美价廉, 交易便利, 品种丰富等优势, 对传统零售商场产生了很大的冲击。靠销售电子产品和家电崛起的京东、苏宁易购等电商平台都采用这种零售方式。这些电商平台会提供更丰富的产品和服务, 满足消费者的需求。在这样的竞争中, 传统零售商场完全处于下风, 既不能在服务方面有所创新, 也不能满足人们对于个性化、多元化的需求。

　　第二种则是新型购物中心。传统零售商场不景气, 并不代表消费者不去实体店购物。只是随着经济的发展, 消费者对购物场所的要求越来越高。比如说在北京, 大部分年轻人都会选择去大悦城、世贸天阶这类集娱乐和购物为一体的综合商业中心。而像长安商场、燕莎商场这种传统的零售商场, 几乎无人问津。不少消费者表示, 装修陈旧, 功能单一的传统零售商场, 很难让人产生购物欲。

　　综上所述, [99]在新型零售方式的冲击下, 传统零售商场如果不及时转变思维和经营模式, 就只会走下坡路了。然而, 在这之中还是有一些异军突起的传统商场。同样在北京, 同样是传统零售商场, 但SKP就一直保持着全国第一的业绩。每次举办大型活动时, 该商场内外都人满为患。专家指出, 这种反差说明, 传统零售商场只有深度了解目标消费群体, 挖掘潜在需求, 才能跟得上消费升级的步伐, 从单纯地售卖商品转为引领大众生活方式。

　　专家分析, 未来零售业的发展模式主要为线上线下相融合。那么, 传统零售商场就要在产品创新、业态创新和服务创新方面, 为消费者提供更优质的商品和更便捷的购买渠道。[100]为消费者服务, 是零售业的本质。只有聚焦本质, 才会有更光明的发展前景。

유명한 컴퓨터 쇼핑센터 '바이나우'의 최근 영업 중단은, 많은 시민의 추억을 가져갔으며, [97]전통 소매 상가의 '곤란한' 현재 상태를 진실되게 반영해 내기도 했다. 전통 소매 상가의 어려움과 새로운 형태의 두 가지 소매 방식은 밀접한 관계가 있다.

첫 번째는 일상생활에서 흔히 볼 수 있는 [98]전자 상거래이다. 전자 상거래는 상품의 질이 좋고 값도 저렴하며, 거래가 편리하고, 제품의 종류가 풍부하다는 장점을 가지고 있어, 전통 소매 상가에 큰 타격을 주었다. 전자제품과 가전제품의 판매에 기대어 부상한 징둥, 쑤닝닷컴 등의 전자 상거래 플랫폼은 모두 이러한 판매 방식을 채택했다. 이러한 전자 상거래 플랫폼은 더 풍부한 상품과 서비스를 제공하여 소비자의 요구를 만족시킨다. 이러한 경쟁 속에서 전통 소매 상가는 완전히 불리한 위치에 처하게 되었는데, 서비스 방면에서의 혁신이 없을 뿐만 아니라 사람들의 개성화, 다원화에 대한 요구도 만족시킬 수 없다.

두 번째는 바로 신형 쇼핑 센터이다. 전통 소매 상가의 불경기는 결코 소비자가 오프라인 매장에 가지 않는다는 것을 의미하지는 않는다. 다만 경제가 발전함에 따라, 소비자의 쇼핑 장소에 대한 요구는 날이 갈수록 높아지고 있다. 베이징에서 대부분의 젊은이는 모두 따위에청, 스마오 톈졔 등의 오락과 쇼핑을 한데 모은 종합 상업 센터를 선택하는 것이 그 예다. 그래서 창안 쇼핑 센터, 옌샤 쇼핑 센터와 같은 이러한 전통적인 소매 상가는 관심을 가지는 사람이 거의 없다. 많은 소비자들은 인테리어가 낡고 기능이 단일한 전통 소매 상가가 사람들에게 구매욕이 생기도록 하는 것이 힘들다고 밝혔다.

앞서 말한 내용을 종합하면, [99]신형 소매 방식의 타격 아래 전통 소매 상가가 만약 제때에 사고와 경영 모델을 바꾸지 않으면, 내리막길을 걷게 될 수밖에 없을 것이다. 그러나 그중에는 새롭게 두각을 나타내는 전통 상가도 있다. 똑같이 베이징에 있고, 똑같은 전통 소매 상가이지만, SKP는 줄곧 전국 1위의 실적을 유지하고 있다. 매번 대형 행사를 개최할 때, 이 상점의 안팎은 모두 사람들로 꽉 찬다. 전문가들은 이러한 차이는 전통 소매 상가가 타겟 소비 사승을 깊게 이해하고 잠재 수요를 찾아내야만 소비가 확대되는 발걸음을 따라 잡을 수 있고, 단순히 물건을 판매하는 것에서 대중의 생활 방식을 이끄는 쪽으로 전환할 수 있다는 것을 설명한다고 지적했다.

전문가들은 미래 소매업의 발전 모델은 주로 온·오프라인이 서로 융합되는 것이라고 분석한다. 그렇다면 전통 소매 상가는 제품 혁신, 경영 방식 혁신과 서비스 혁신 방면에서 소비자에게 더욱 우수한 품질의 상품과 더욱 편리한 구매 경로를 제공해야 한다. [100]소비자를 위한 서비스는 소매업의 본질이다. 본질에 초점을 맞추어야만 더 밝은 발전 전망이 있을 것이다.

어휘 知名 zhīmíng 튕 유명하다, 저명하다　商城 shāngchéng 圆 쇼핑센터, 백화점
百脑汇 Bǎinǎohuì 교유 바이나우[Buynow, 중국의 대표적인 전자 상가]　近日 jìnrì 圆 최근, 근래　市民 shìmín 圆 시민
真实 zhēnshí 튕 진실하다, 참되다　反映 fǎnyìng 튕 반영하다, 되비치다　传统 chuántǒng 圆 전통　零售 língshòu 圆 소매
商场 shāngchǎng 圆 상가, 시장　尴尬 gāngà 튕 (입장이) 곤란하다, 난처하다　现状 xiànzhuàng 圆 현재 상태, 현상
困境 kùnjìng 圆 어려움, 궁지　新型 xīnxíng 圆 새로운 형태의　方式 fāngshì 圆 방식, 방법　密不可分 mì bù kě fēn 밀접하다, 서로 뗄 수 없다
日常 rìcháng 圆 일상의　随处 suíchù 튕 흔히, 어디서나　电子商务 diànzǐ shāngwù 圆 전자 상거래
物美价廉 wùměijiàlián 젱 상품의 질이 좋고 값도 저렴하다　交易 jiāoyì 圆 거래, 장사　便利 biànlì 튕 편리하다

品种 pǐnzhǒng 圆 제품의 종류, 품종　优势 yōushì 圆 장점, 우위　产生 chǎnshēng 图 주다, 생기다
冲击 chōngjī 图 타격을 입히다, 충격을 주다　靠 kào 图 기대다　销售 xiāoshòu 图 판매하다, 팔다　产品 chǎnpǐn 圆 제품, 생산품
家电 jiādiàn 圆 가전제품　崛起 juéqǐ 图 부상하다, 굴기하다　京东 Jīngdōng 고유 징둥[중국의 대표적 전자 상거래 업체]
苏宁易购 Sūníng Yìgòu 고유 쑤닝닷컴[중국의 대표적 전자 상거래 업체]　电商 diànshāng 전자 상거래[电子商务의 줄임말]
平台 píngtái 圆 플랫폼　采用 cǎiyòng 图 채택하다, 채용하다　满足 mǎnzú 图 만족시키다, 만족하다　消费者 xiāofèizhě 圆 소비자
需求 xūqiú 圆 요구, 필요　竞争 jìngzhēng 图 경쟁하다　处于 chǔyú 图 어떤 지위나 상태에 처하다　下风 xiàfēng 圆 불리한 위치, 열세
创新 chuàngxīn 图 혁신하다　个性化 gèxìnghuà 图 개성화하다, 개별화하다　多元化 duōyuánhuà 图 다원화하다
不景气 bùjǐngqì 图 불경기이다, 경기가 나쁘다　实体店 shítǐdiàn 오프라인 매장　场所 chǎngsuǒ 圆 장소
大悦城 Dàyuèchéng 고유 따위에청[중국 대형 쇼핑몰 중 하나]　世茂天阶 Shìmào Tiānjiē 스마오 톈제[중국 대형 쇼핑몰 중 하나]
综合 zōnghé 图 종합하다　商业 shāngyè 圆 상업　长安商场 Cháng'ān Shāngchǎng 고유 창안 쇼핑 센터[베이징의 쇼핑 센터 중 하나]
燕莎商场 Yànshā Shāngchǎng 고유 옌샤 쇼핑 센터[베이징의 쇼핑 센터 중 하나]　无人问津 wúrénwènjīn 圆 관심을 가지는 사람이 없다
装修 zhuāngxiū 图 (가옥을) 인테리어 하다　陈旧 chénjiù 圆 낡다, 오래되다　功能 gōngnéng 圆 기능　单一 dānyī 圆 단일하다
购物欲 gòuwùyù 구매욕　综上所述 zōng shàng suǒ shù 앞서 말한 내용을 종합하다　转变 zhuǎnbiàn 图 바꾸다, 바뀌다
思维 sīwéi 圆 사고, 사유　经营 jīngyíng 图 경영하다, 운영하다　模式 móshì 圆 모델, 패턴　下坡路 xiàpōlù 圆 내리막길
异军突起 yìjūntūqǐ 圆 새롭게 두각을 나타내다　保持 bǎochí 图 유지하다　业绩 yèjì 圆 실적, 업적　大型 dàxíng 圆 대형의
人满为患 rénmǎnwéihuàn 圆 사람으로 꽉 차다　专家 zhuānjiā 圆 전문가　反差 fǎnchā 圆 차이, 대비　深度 shēndù 圆 깊이, 정도
目标 mùbiāo 圆 타겟, 목표　群体 qúntǐ 圆 층, 무리　挖掘 wājué 图 찾아내다, 발굴하다, 파내다　潜在 qiánzài 圆 잠재하다
跟得上 gēn de shàng 따라 잡을 수 있다, 견줄 만하다　升级 shēngjí 图 확대되다, 업그레이드하다　步伐 bùfá 圆 (일이 진행되는) 발걸음, 속도
单纯 dānchún 圆 단순하다　售卖 shòumài 图 판매하다　转为 zhuǎnwéi 전환하다　引领 yǐnlǐng 图 이끌다, 인도하다
大众 dàzhòng 圆 대중　生活 shēnghuó 圆 생활　方式 fāngshì 圆 방식, 방법　分析 fēnxī 图 분석하다　未来 wèilái 圆 미래
零售业 língshòuyè 소매업　线上 xiàn shàng 온라인　线下 xiàn xià 오프라인　融合 rónghé 图 융합하다
业态 yètài 圆 (업무의) 경영 방식　便捷 biànjié 圆 편리하다　购买 gòumǎi 图 구매, 구입　渠道 qúdào 圆 경로, 방법
本质 běnzhì 圆 본질, 본성　聚焦 jùjiāo 图 초점을 맞추다, 집중하다　光明 guāngmíng 圆 밝다, 빛나다　前景 qiánjǐng 圆 전망, 전경

97
중

传统零售业的现状.	전통 소매업의 현재 상태는:
A 让人泄气	A 낙담하게 한다
B 令人愤怒	B 분노하게 한다
C 十分尴尬	C 매우 곤란하다
D 混乱不堪	D 몹시 혼란스럽다

해설 질문이 전통 소매업의 현재 상태를 물었으므로, 传统零售业的现状과 관련된 내용을 지문에서 재빨리 찾는다. 첫 번째 단락에서 传统零售商场의 "尴尬" 현상이라고 했으므로, 보기 C가 정답이다.

어휘 传统 chuántǒng 圆 전통　零售业 língshòuyè 소매업　现状 xiànzhuàng 圆 현재 상태　泄气 xièqì 图 낙담하다, 기가 죽다
愤怒 fènnù 图 분노하다　尴尬 gāngà 圆 (입장이) 곤란하다, 난처하다　混乱 hùnluàn 圆 혼란하다, 문란하다
不堪 bùkān 圆 (부정적인 의미로) 몹시 심하다

98
상

根据第二段, 下列哪项<u>不属于电商平台的优势</u>?	두 번째 단락에 근거하여, 다음 중 전자 상거래 플랫폼의 장점에 **속하지 않는** 것은?
A 价格便宜	A 가격이 저렴하다
B 交易方便	B 거래가 편리하다
C 商品多样	C 상품이 다양하다
D 发货及时	D 물건을 제때 발송한다

해설 질문이 두 번째 단락에 근거하여 전자 상거래 플랫폼의 장점에 속하지 않는 것을 물었으므로, 지문에서 电商平台的优势과 관련된 내용을 재빨리 찾는다. 두 번째 단락에서 电子商务。它们具有物美价廉, 交易便利, 品种丰富等优势이라고 했으므로, 지문에서 언급되지 않은 보기 D가 정답이다.

어휘 电商 diànshāng 전자 상거래[电子商务의 줄임말]　平台 píngtái 圆 플랫폼　优势 yōushì 圆 장점, 우위　交易 jiāoyì 圆 거래, 장사
商品 shāngpǐn 圆 상품　多样 duōyàng 圆 다양하다　发货 fāhuò 图 물건을 발송하다, 출하하다

99 상	第四段中画线词语 "下坡路" 的意思是:	네 번째 단락에서 밑줄 친 단어 '下坡路'의 의미는:
	A 发展趋势越来越糟糕	A 발전 추세가 점점 좋지 않아 진다
	B 市场竞争越来越激烈	B 시장 경쟁이 점점 치열해진다
	C 人际关系越来越复杂	C 인간관계가 점점 복잡해진다
	D 经济压力越来越沉重	D 경제적 압력이 점점 심해진다

해설 질문이 네 번째 단락에서 밑줄 친 단어 "下坡路"의 의미를 물었으므로, "下坡路"가 나온 부분을 지문에서 재빨리 찾는다. 네 번째 단락에서 在新型零售方式的冲击下, 传统零售商场如果不及时转变思维和经营模式, 就只会走**下坡路**了라고 했으므로, 보기 A가 정답이다.

어휘 下坡路 xiàpōlù 몡 내리막길　趋势 qūshì 몡 추세, 경향　竞争 jìngzhēng 몡 경쟁　激烈 jīliè 톙 치열하다, 격렬하다
경济压力 jīngjì yālì 경제적 압력　沉重 chénzhòng 톙 (정도가) 심하다, 우울하다

100 하	根据上文, 零售业的本质是什么?	위 글에 근거하여, 소매업의 본질은 무엇인가?
	A 开拓新的业务	A 새로운 업무를 개척하는 것
	B 为消费者服务	B 소비자를 위해 서비스하는 것
	C 获取更高的效益	C 더 높은 효과와 이익을 얻는 것
	D 适应时代的变化	D 시대의 변화에 적응하는 것

해설 질문이 위 글에 근거하여 소매업의 본질은 무엇인지를 물었으므로, 零售业的本质과 관련된 내용을 지문에서 재빨리 찾는다. 마지막 단락에서 为消费者服务, 是零售业的本质。이라고 했으므로, 보기 B가 정답이다.

어휘 零售业 língshòuyè 소매업　本质 běnzhì 몡 본질, 본성　开拓 kāituò 통 개척하다, 넓다　业务 yèwù 몡 업무
消费者 xiāofèizhě 몡 소비자　获取 huòqǔ 통 얻다, 획득하다　效益 xiàoyì 몡 효과와 이익　时代 shídài 몡 시대

지문 해석

101
중상

漫画家夏达出生于湖南省的一个小城市。她的父亲是一位常年在外奔波的古建筑修复师，她的母亲则是一位经常在办公室研究古玩字画的人，所以夏达的童年非常寂寞。在一个偶然的机会，夏达迷上了绘画。十几岁的时候，她瞒着父母参加了本地书店组织的漫画社，开始进行了漫画创作。

만화가 샤다는 후난성의 한 작은 도시에서 태어났다. 그녀의 아버지는 일 년 내내 밖에서 분주히 뛰어다니는 고대 건축물 복원사였고, 그녀의 어머니는 늘 사무실에서 골동품 서화를 연구하는 사람이어서, 샤다의 어린 시절은 매우 외로웠다. 한 우연한 기회로 샤다는 그림 그리는 것에 빠져들었다. 열 몇 살 때, 그녀는 부모님께 숨기고 지역 서점에서 세운 만화사에 참여하여 만화 창작을 시작했다.

大学毕业后，夏达做了很多份工作，但她都不怎么满意。后来，她来到了北京，决心重拾绘画。她在地下室里废寝忘食地画画儿，每天伏案工作十个小时以上，一动笔就停不下来。她辛勤耕耘，发表的作品却少得可怜。别说实现梦想了，她那时连温饱都无法保证。

대학 졸업 후, 샤다는 많은 일을 했지만 그녀는 모두 그다지 만족하지 않았다. 나중에 그녀는 베이징에 와서 다시 그림을 그리기로 결심했다. 그녀는 지하실에서 먹고 자는 것을 잊은 채 매일 책상 앞에 10시간 이상 앉아 일을 했고, 연필을 움직이면 멈추질 못했다. 그녀는 부지런히 정신을 집중하고 노력을 기울였지만, 발표한 작품은 턱없이 적었다. 꿈을 실현하는 것은 말할 것도 없고, 그녀는 그때 먹고 사는 것조차 보장할 수 없었다.

后来，漫画行业逐渐变得不景气，但夏达的梦想依然没有动摇，在不断的坚持下，她创作出了《雪落无声》、《冬日童话》、《魔法》等精彩的漫画故事。没过多久，杭州著名漫画家的工作室向她发出了邀请，夏达决定去杭州开始新的奋斗征程。

훗날 만화 업계가 점차 불경기를 겪었지만 샤다가 꾼 어전히 흔들리지 않았고, 부단히 노력하여 그녀는 《소리 없이 내리는 눈》,《겨울 동화》,《마법》등의 뛰어난 만화 스토리를 창작했다. 얼마 지나나 않아 항저우의 유명한 만화가의 작업실에서 그녀를 초청했고, 샤다는 항저우로 가서 새로운 분투 여정을 시작하기로 결정했다.

在杭州，夏达经过一年的拼搏，终于发行了自己的单行本漫画。作品一经发行就大获好评。与此同时，坊间开始出现了各种各样的谣言。有人造谣说，夏达所谓的创作只是勾勒线条而已，上色等复杂的工序其实都是由她的助理完成的。夏达努力画画儿这么多年，到头来却被人污蔑，她又悲伤又愤怒，于是一遍一遍地和别人说明真相。

항저우에서 샤다는 1년 동안의 전력을 다한 분투를 통해, 드디어 자신의 만화 단행본을 발행했다. 작품은 발행되자마자 큰 호평을 얻었다. 이와 동시에 항간에서는 각종 루머가 나타나기 시작했다. 어떤 사람은 샤다의 이른바 창작이라는 것은 단지 윤곽을 선으로 그리는 것에 불과하고, 색을 칠하는 등의 복잡한 제조 공정은 사실 모두 그녀의 조수가 완성했을 것이라는 헛소문을 냈다. 샤다는 몇 년 동안 열심히 그림을 그렸지만 결과적으로 되려 사람들에게 모욕을 당해서, 그녀는 슬퍼하면서 분노했고, 이에 여러 차례 다른 사람들에게 진상을 설명했다.

然而铺天盖地的舆论盖过了她的声音，她只能在沉默中拼命地工作。没日没夜的工作摧垮了她的身体，她病倒了。好在工作室的同事们始终没有离开夏达，他们一直陪伴在夏达身边，鼓励她、支持她、关心她。在同事们的陪伴下，夏达从这段倒霉的日子里走了出来。

그러나 온 천지를 뒤덮는 여론은 그녀의 목소리를 압도하였고, 그녀는 오직 침묵 속에서 죽을 힘을 다해 일해야만 했다. 밤낮이 없는 작업으로 그녀의 몸은 망가져서, 그녀는 몸져눕고 말았다. 다행히 작업실의 동료들은 늘 샤다를 떠나지 않았으며, 항상 샤다 옆에 함께 있어주면서 그녀를 격려하고 지지하며 관심을 가져주었다. 동료들이 함께하면서 샤다는 이 불운한 날에서 벗어났다.

阳光总在风雨后，夏达的好运终于来了，她的作品在中国乃至国际漫画大赛中频频获奖，也被更多的人所熟知。

햇빛은 항상 비바람 뒤에 있듯 샤다의 행운도 드디어 찾아왔는데, 그녀의 작품은 중국, 더 나아가 국제 만화 대회에서 빈번히 상을 받으면서 더 많은 사람들에게 알려졌다.

2009年，在日本资深漫画家的引荐下，夏达成为第一位进入日本漫画界的中国大陆漫画家。她的作品《子不语》在日本顶级漫画杂志上连载后，引起了极大的轰动。这部作品被上百个网站争先恐后地转载，得到了不少读者的称赞。

2009년 일본 베테랑 만화가의 추천으로, 샤다는 일본 만화계에 진출한 최초의 중국 대륙 만화가가 되었다. 그녀의 작품 《아무도 모르는》은 일본 최고의 만화 잡지에서 연재된 후, 큰 센세이션을 불러일으켰다. 이 작품은 백여 개의 사이트에 앞다투어 옮겨 실렸고, 많은 독자들의 칭찬을 받았다.

随着知名度的提升，签售会、采访等活动接连而来，但夏达并不习惯这种热闹的场合。她说："对于喜欢、支持我的人，最好的回报就是努力奉献出更好的作品。只有面对画纸时，我才会感到自在，因为漫画就是我的全部生活。"外界的喧嚣丝毫没有影响夏达的内心，成名之后，她依旧把自己的时间几乎全部投入到了创作当中。也正是这样锲而不舍的努力，才造就了她如今辉煌的成绩。

인지도가 높아짐에 따라 저자 사인회, 인터뷰 등의 행사가 잇달아 들어왔지만, 샤다는 이런 떠들썩한 장소에 전혀 익숙하지 않았다. 그녀는 "저를 좋아해주시고 지지해 주시는 분들에게 가장 좋은 보답은 노력하여 더 좋은 작품을 바치는 것입니다. 도화지를 대할 때만 저는 비로소 편안함을 느끼는데, 만화는 제 삶의 전부이기 때문입니다."라고 말했다. 외부의 소란스러움은 샤다의 마음에 조금도 영향을 주지 않았고, 유명해진 후에도 그녀는 여전히 자신의 시간을 창작하는 데에 거의 전부 쏟았다. 바로 이러한 인내심을 가지고 일을 계속한 노력이 비로소 오늘날 그녀의 눈부신 성과를 만들어 냈다.

어휘 漫画家 mànhuàjiā 몡 만화가　夏达 Xià Dá 고유 샤다[중국의 만화가]　出生于 chūshēng yú ~에서 태어났다

湖南省 Húnán Shěng 고유 후난성　常年 chángnián 몡 일 년 내내 튀 장기간　奔波 bēnbō 툉 분주히 뛰어다니다, 바쁘다

建筑 jiànzhù 몡 건축물　修复师 xiūfùshī 복원사　古玩 gǔwán 몡 골동품　字画 zìhuà 몡 서화[글씨와 그림]

寂寞 jìmò 쥉 외롭다, 고요하다　迷 mí 툉 빠지다, 심취하다　绘画 huìhuà 툉 그림을 그리다　瞒 mán 툉 숨기다, 속이다

组织 zǔzhī 툉 세우다, 조직하다 몡 조직　漫画社 mànhuàshè 만화사　创作 chuàngzuò 툉 창작하다

重拾 chóng shí 다시 하다, 다시 회복하다　地下室 dìxiàshì 몡 지하실　废寝忘食 fèiqǐnwàngshí 솅 먹고 자는 것을 잊다

伏案 fú'àn 툉 책상 앞에 앉다, 책상에 엎드리다　辛勤 xīnqín 쥉 부지런하다, 근면하다　耕耘 gēngyún 툉 정신을 집중하고 노력을 기울이다

发表 fābiǎo 툉 발표하다　作品 zuòpǐn 몡 작품　实现 shíxiàn 툉 실현하다, 달성하다　梦想 mèngxiǎng 몡 꿈, 몽상

温饱 wēnbǎo 몡 (풍족하게) 먹고 사는 것, 의식이 풍족한 생활　保证 bǎozhèng 툉 보장하다, 보증하다　行业 hángyè 몡 업계, 업무 분야

逐渐 zhújiàn 튀 점차, 점점　不景气 bùjǐngqì 불경기이다　动摇 dòngyáo 툉 흔들리다, 동요하다　魔法 mófǎ 몡 마법

杭州 Hángzhōu 고유 항저우[중국의 지명]　奋斗 fèndòu 툉 분투하다　征程 zhēngchéng 몡 여정

拼搏 pīnbó 툉 전력을 다해 분투하다, 끝까지 싸우다　发行 fāxíng 툉 발행하다　单行本 dānxíngběn 몡 단행본

一经 yìjīng 튀 ~하자마자　好评 hǎopíng 몡 호평, 좋은 평가　坊间 fāngjiān 몡 항간, 거리　谣言 yáoyán 몡 루머, 유언비어

造谣 zàoyáo 헛소문을 내다, 유언비어를 퍼뜨리다　所谓 suǒwèi 이른바, 소위　勾勒 gōulè 툉 윤곽을 그리다, 간결한 필치로 그리다

线条 xiàntiáo 몡 선, 라인　上色 shàngsè 색을 칠하다　工序 gōngxù 몡 제조 공정　助理 zhùlǐ 몡 조수, 보조

到头来 dàotóulái 튀 결과적으로, 결국에는　污蔑 wūmiè 툉 모욕하다, 모독하다　悲伤 bēishāng 쥉 슬프다, 서럽다

愤怒 fènnù 쥉 분노하다　真相 zhēnxiàng 몡 진상, 실상　铺天盖地 pūtiāngàidì 온 천지를 뒤덮다　舆论 yúlùn 몡 여론

盖过 gàiguò 압도하다　沉默 chénmò 툉 침묵하다　拼命 pīnmìng 튀 죽을 힘을 다하여, 필사적으로

摧垮 cuīkuǎ 툉 망가지다, 무너뜨리다　病倒 bìngdǎo 몸져눕다, 앓아눕다　好在 hǎozài 튀 다행히, 운 좋게

始终 shǐzhōng 튀 늘, 언제나　陪伴 péibàn 툉 함께 있다, 같이 있다　倒霉 dǎoméi 쥉 불운하다, 운이 없다　日子 rìzi 몡 날, 날짜

好运 hǎoyùn 몡 행운, 좋은 기회　乃至 nǎizhì 젭 더 나아가서　频频 pínpín 튀 빈번히, 자주　获奖 huòjiǎng 툉 상을 받다

熟知 shúzhī 툉 알려지다, 익히 알다　资深 zīshēn 쥉 베테랑의, 경력이 오랜　引荐 yǐnjiàn 툉 수천하다　大陆 dàlù 몡 대륙, 중국 내륙

顶级 dǐngjí 쥉 최고의, 정상급인　连载 liánzǎi 툉 연재하다 몡 연재　引起……轰动 yǐnqǐ……hōngdòng 센세이션을 불러일으키다

争先恐后 zhēngxiānkǒnghòu 솅 (뒤질세라) 앞을 다투다　转载 zhuǎnzǎi (출판물에 글이나 그림을) 옮겨 싣다, 전재하다

称赞 chēngzàn 툉 칭찬하다, 찬양하다　知名度 zhīmíngdù 몡 인지도, 지명도　提升 tíshēng 툉 높아지다

签售会 qiānshòuhuì 저자 사인회　采访 cǎifǎng 툉 인터뷰하다, 취재하다　接连 jiēlián 잇달아　场合 chǎnghé 몡 (어떤) 장소, 시간

回报 huíbào 툉 보답하다, 보복하다　奉献 fèngxiàn 툉 바치다, 공헌하다　面对 miànduì 툉 대하다, 마주보다　画纸 huàzhǐ 몡 도화지

自在 zìzài 쥉 편안하다, 안락하다　外界 wàijiè 몡 외부　喧嚣 xuānxiāo 쥉 소란스럽다, 시끄럽다　丝毫 sīháo 튀 조금도, 추호도

内心 nèixīn 몡 마음, 내심　成名 chéngmíng 툉 유명해지다, 이름을 날리다　依旧 yījiù 튀 여전히　投入 tóurù 툉 쏟다, 투입하다

锲而不舍 qiè'érbùshě 솅 인내심을 갖고 일을 계속하다　造就 zàojiù 툉 만들어 내다, 양성하다　如今 rújīn 몡 오늘날, 지금

辉煌 huīhuáng 쥉 (성취·성과가) 눈부시다

지문 요약

지문		기억한 스토리
파란색 글자는 지문에서 반드시 외워야 할 핵심표현이에요.	제목	–
漫画家夏达出生于湖南省的一个小城市。她的父亲是一位常年在外奔波的古建筑修复师，她的母亲则是一位经常在办公室研究古玩字画的人，所以夏达的童年非常寂寞。在一个偶然的机会，夏达迷上了绘画。十几岁的时候，她瞒着父母参加了本地书店组织的漫画社，开始进行了漫画创作。	① 주인공의 어린 시절	夏达는 한 작은 도시에서 태어남. 어릴 적 그녀의 부모님은 일이 바빠서, 그녀의 어린 시절은 寂寞함. 그때 샤다는 迷上了绘画했는데, 열 몇 살 때 만화사에 참여하여 漫画를 创作하기 시작함.
大学毕业后，夏达做了很多份工作，但她都不怎么满意。后来，她来到北京，决心重拾绘画。她在地下室里废寝忘食地画画儿，每天伏案工作十个小时以上，一动笔就停不下来。她辛勤耕耘，发表的作品却少得可怜。别说实现梦想了，她那时连温饱都无法保证。	② 첫 번째 시련	대학 졸업 후 샤다는 만족스러운 직장을 찾지 못해서, 다시 그림을 그리는 것을 시작하기로 결심함. 그녀는 매일 지하실에서 废寝忘食한 채 창작했지만, 发表的作品은 턱없이 적어 기본적인 생활조차도 유지할 방법이 없었음.
后来，漫画行业逐渐变得不景气，但夏达的梦想依然没有动摇，在不断的坚持下，她创作出了《雪落无声》、《冬日童话》、《魔法》等精彩的漫画故事。没过多久，杭州著名漫画家的工作室向她发出了邀请，夏达决定去杭州开始新的奋斗征程。 　　在杭州，夏达经过一年的拼搏，终于发行了自己的单行本漫画。作品一经发行就大获好评。与此同时，坊间开始出现了各种各样的谣言。有人造谣说，夏达所谓的创作只是勾勒线条而已，上色等复杂的工序其实都是由她的助理完成的。夏达努力画画儿这么多年，到头来却被人污蔑，她又悲伤又愤怒，于是一遍一遍地和别人说明真相。	③ 두 번째 시련	그 후 만화 업계의 상황이 안 좋아졌지만, 샤다는 포기하지 않고 결국 여러 편의 精彩的漫画故事를 창작해 냄. 얼마 지나지 않아 그녀는 한 만화가 工作室로부터 邀请를 받았음. 일 년 후, 샤다는 드디어 자신의 만화책을 发行함. 하지만 만화가 好评을 받은 동시에 각종 谣言이 나타남. 어떤 사람은 그녀의 작품 대부분이 助理에 의해 完成된 것이라고 말함. 이는 그녀를 화나게 만들었는데, 이에 그녀는 쉬지 않고 和别人说明真相함.
然而铺天盖地的舆论盖过了她的声音，她只能在沉默中拼命地工作。没日没夜的工作摧垮了她的身体，她病倒了。好在工作室的同事们始终没有离开夏达，他们一直陪伴在夏达身边，鼓励她、支持她、关心她。在同事们的陪伴下，夏达从这段倒霉的日子里走了出来。	④ 시련 극복 과정	그러나 그녀의 설명은 효과를 발휘하지 못했고, 그녀는 拼命地工作 할 수 밖에 없었지만 오히려 病倒함. 다행히 同事们이 항상 그녀의 곁에서 함께 있어 줌.
阳光总在风雨后，夏达的好运终于来了，她的作品在中国乃至国际漫画大赛中频频获奖，也被更多的人所熟知。 　　2009年，在日本资深漫画家的引荐下，夏达成为第一位进入日本漫画界的中国大陆漫画家。她的作品《子不语》在日本顶级漫画杂志上连载后，引起了极大的轰动。这部作品被上百个网站争先恐后地转载，得到了不少读者的称赞。	⑤ 성공의 결실	몇 번의 좌절을 겪고난 후, 그녀의 작품은 각종 만화 대회에서 获奖했으며, 그녀는 또한 성공적으로 日本漫画界에 진출함. 그녀의 만화는 일본에서 引起轰动했으며, 많은 사이트에 争先恐后地转载됨.
随着知名度的提升，签售会、采访等活动接连而来，但夏达并不习惯这种热闹的场合。她说："对于喜欢、支持我的人，最好的回报就是努力奉献出更好的作品。只有面对画纸时，我才会感到自在，因为漫画就是我的全部生活。"外界的喧嚣丝毫没有影响夏达的内心，成名之后，她依旧把自己的时间几乎全部投入到了创作当中。也正是这样锲而不舍的努力，才造就了她如今辉煌的成绩。	⑥ 성공 요인	샤다가 유명해진 후, 많은 행사가 그녀를 초청했지만, 热闹的场合은 그녀를 不习惯하게 함. 그녀는 여전히 예전과 같이 更好的作品을 창작하기 위해 노력함. 바로 이러한 锲而不舍的努力가 그녀의 辉煌的成绩를 만들어 낸 것임.

요약	요약 포인트
夏达的成功故事	샤다의 성공 일화에 대한 지문 내용이므로 '夏达的成功故事(샤다의 성공 이야기)'을 제목으로 쓴다.
夏达出生在一个小城市。小时候她的父母忙于工作，所以她的童年很寂寞。那时夏达迷上了绘画，十几岁时，她参加了漫画社，开始了漫画创作。	• '그녀의 부모님은 일이 바빠서'로 기억한 내용은 '她的父母忙于工作'와 같은 표현을 사용한다. • 지문의 '在一个偶然的机会'처럼 새로운 시점의 사건으로 전환되는 내용은 '那时'과 같은 포괄적인 시간 표현으로 쉽게 쓴다.
大学毕业后，夏达没找到满意的工作，于是决心重新开始画画儿。她每天在地下室里废寝忘食地创作，但发表的作品却很少，连基本生活都无法维持。	• '그녀는 ~했지만, ~했다'처럼 반대/전환되는 내용을 요약할 때는 '但'과 같은 연결어를 활용한다. • 지문의 '温饱'처럼 외우기 어려운 한자는 비슷한 뜻을 가진 쉬운 표현인 '基本生活'로 쉽게 기억해서 쓴다.
后来，漫画行业的情况变差了，但夏达没有放弃，最后创作出了好几部精彩的漫画故事。没过多久，她收到了一个漫画家工作室的邀请。一年后，夏达终于发行了自己的漫画书。但是漫画获得好评的同时，各种谣言出现了。有人说她的作品大部分都是靠助理完成的。这让她很生气，于是她不停地和别人说明真相。	• 지문의 '《雪落无声》、《冬日童话》、《魔法》'처럼 길게 열거된 내용은 '好几部'와 같은 포괄적인 표현으로 간단히 기억해서 쓴다. • '~했지만, 하지만~'처럼 반대/전환되는 내용을 요약할 때는 '但是'과 같은 연결어를 활용한다. • 지문의 '夏达努力画画儿这么多年，到头来却被人污蔑，她又悲伤又愤怒'처럼 인물의 감정이나 상황을 길게 묘사한 내용은 '这让她很生气'와 같은 직설적인 표현으로 쉽게 기억해서 쓴다.
然而，她的解释没有起到作用，她只能拼命地工作，却又病倒了。幸好同事们一直在身边陪着她。	• '그녀의 설명은 효과를 발휘하지 못했음'으로 기억한 내용은 '她的解释没有起到作用'과 같은 표현을 사용한다.
经历几次挫折后，她的作品在各种漫画大赛中获奖，她还成功进入了日本漫画界。她的漫画在日本引起了很大的轰动，被很多网站争先恐后地转载。	• '몇 번의 좌절을 겪은 후'로 기억한 내용은 '经历几次挫折后'와 같은 표현을 사용한다.
夏达出名后，很多活动邀请了她，但热闹的场合让她很不习惯。她还是像从前一样努力创作更好的作品。正是这种锲而不舍的努力成就了她辉煌的成绩。	• '샤다가 유명해진 후'로 기억한 내용은 '夏达出名后'와 같은 표현을 사용한다. • 지문의 '签售会、采访等活动'처럼 길게 열거된 내용은 '很多活动'과 같은 포괄적인 표현으로 간단히 기억해서 쓴다.

모범 답안[80점]

→ 파란색 글자는 지문에서 외운 표현을 그대로 쓴 것이에요.

								夏	达	的	成	功	故	事		
		夏	达	出	生	在	一	个	小	城	市	。	小	时	候	她	的	父	母
忙	于	工	作	,	所	以	她	的	童	年	很	寂	寞	。	那	时	夏	达	迷
上	了	绘	画	,	十	几	岁	时	,	她	参	加	了	漫	画	社	,	开	始
了	漫	画	创	作	。														100
		大	学	毕	业	后	,	夏	达	没	找	到	满	意	的	工	作	,	于
是	决	心	重	新	开	始	画	画	儿	。	她	每	天	在	地	下	室	里	废
寝	忘	食	地	创	作	,	但	发	表	的	作	品	却	很	少	,	连	基	本
生	活	都	无	法	维	持	。												
		后	来	,	漫	画	行	业	的	情	况	变	差	了	,	但	夏	达	没	200
有	放	弃	,	最	后	创	作	出	了	好	几	部	精	彩	的	漫	画	故	事
没	过	多	久	,	她	收	到	了	一	个	漫	画	家	工	作	室	的	邀	请
一	年	后	,	夏	达	终	于	发	行	了	自	己	的	漫	画	书	。	但	是
漫	画	获	得	好	评	的	同	时	,	各	种	谣	言	出	现	了	。	有	人
说	她	的	作	品	大	部	分	都	是	靠	助	理	完	成	的	。	这	让	她	300
很	生	气	,	于	是	她	不	停	地	和	别	人	说	明	真	相	。		
		然	而	,	她	的	解	释	没	有	起	到	作	用	,	她	只	能	拼
命	地	工	作	,	却	又	病	倒	了	。	幸	好	同	事	们	一	直	在	身
边	陪	着	她	。															
		经	历	几	次	挫	折	后	,	她	的	作	品	在	各	种	漫	画	大	400
赛	中	获	奖	,	她	还	成	功	进	入	了	日	本	漫	画	界	。	她	的
漫	画	在	日	本	引	起	了	很	大	的	轰	动	,	被	很	多	网	站	争
先	恐	后	地	转	载	。													
		夏	达	出	名	后	,	很	多	活	动	邀	请	了	她	,	但	热	闹
的	场	合	让	她	很	不	习	惯	。	她	还	是	像	从	前	一	样	努	力	500
创	作	更	好	的	作	品	。	正	是	这	种	锲	而	不	舍	的	努	力	成
就	了	她	辉	煌	的	成	绩	。											

샤다의 성공 스토리

샤다는 한 작은 도시에서 태어났다. 어릴 적 그녀의 부모님은 일이 바빠서, 그녀의 어린 시절은 외로웠다. 그때 샤다는 그림 그리는 것에 빠졌는데, 열 몇 살 때 만화사에 참여하여 만화를 창작하기 시작했다.

대학 졸업 후 샤다는 만족스러운 직장을 찾지 못해서, 다시 그림을 그리는 것을 시작하기로 결심했다. 그녀는 매일 지하실에서 먹고 자는 것을 잊은 채 창작했지만, 발표된 작품은 턱없이 적어 기본적인 생활조차도 유지할 방법이 없었다.

그 후 만화 업계의 상황이 안 좋아졌지만, 샤다는 포기하지 않고 결국 여러 편의 뛰어난 만화 이야기를 창작해 냈다. 얼마 지나지 않아 그녀는 한 만화가 작업실로부터 초청을 받았다. 일 년 후, 샤다는 드디어 자신의 만화책을 발행했다. 하지만 만화가 호평을 받은 동시에 각종 루머가 나타났다. 어떤 사람은 그녀의 작품 대부분이 조수에 의해 완성된 것이라고 말했다. 이는 그녀를 화나게 만들었는데, 이에 그녀는 쉬지 않고 다른 사람에게 진상을 설명했다.

그러나 그녀의 설명은 효과를 발휘하지 못했고, 그녀는 죽을 힘을 다해 일할 수 밖에 없었지만, 오히려 몸져누워 버렸다. 다행히 동료들이 항상 그녀의 곁에서 함께 있어 주었다.

몇 번의 좌절을 겪고 난 후, 그녀의 작품은 각종 만화 대회에서 수상했으며, 그녀는 또한 성공적으로 일본 만화계에 진출했다. 그녀의 만화는 일본에서 큰 센세이션을 불러일으켰으며, 많은 사이트에 앞다투어 옮겨 실렸다.

샤다가 유명해진 후, 많은 행사가 그녀를 초청했지만, 떠들썩한 장소는 그녀를 익숙하지 않게 했다. 그녀는 여전히 예전과 같이 더 좋은 작품을 창작하기 위해 노력했다. 바로 이러한 인내심을 가지고 일을 계속한 노력이 그녀의 눈부신 성과를 만들어 냈다.

어휘 夏达 Xià Dá [고유] 샤다[중국의 만화가]　寂寞 jìmò [형] 외롭다, 쓸쓸하다　迷 mí [동] 빠지다, 심취하다　绘画 huìhuà [동] 그림을 그리다
漫画社 mànhuàshè 만화사　漫画 mànhuà [명] 만화　创作 chuàngzuò [동] 창작하다　决心 juéxīn [동] 결심하다
地下室 dìxiàshì [명] 지하실　废寝忘食 fèiqǐnwàngshí [성] 먹고 자는 것을 잊다　发表 fābiǎo [동] 발표하다　作品 zuòpǐn [명] 작품
维持 wéichí [동] 유지하다　行业 hángyè [명] 업계, 업무 분야　发行 fāxíng [동] 발행하다　好评 hǎopíng [명] 호평, 좋은 평가
谣言 yáoyán [명] 루머, 유언비어　助理 zhùlǐ [명] 조수, 보조　真相 zhēnxiàng [명] 진상　拼命 pīnmìng [부] 죽을 힘을 다하여, 필사적으로
病倒 bìngdǎo [동] 몸져눕다, 앓아눕다　幸好 xìnghǎo [부] 다행히　挫折 cuòzhé [명] 좌절, 실패　获奖 huòjiǎng [동] 수상하다
引起……轰动 yǐnqǐ……hōngdòng 센세이션을 불러일으키다　争先恐后 zhēngxiānkǒnghòu [성] (뒤질세라) 앞을 다투다
转载 zhuǎnzài [동] (출판물에 글이나 그림을) 옮겨 싣다, 전재하다　场合 chǎnghé [명] (어떤) 장소, 시간
锲而不舍 qiè'érbùshě [성] 인내심을 갖고 일을 계속하다　辉煌 huīhuáng [형] (성취·성과가) 눈부시다

모범 답안[60점]

					夏	达	的	成	功	故	事								
		夏	达	出	生	在	一	个	小	城	市	。	小	时	候	夏	达	喜	欢
上	了	画	画	儿	，	十	几	岁	时	，	她	进	入	了	漫	画	社	，	开
始	了	漫	画	创	作	。													
		毕	业	后	，	夏	达	对	自	己	的	工	作	不	太	满	意	，	所
以	决	定	重	新	开	始	画	画	儿	。	那	时	她	每	天	工	作	很	长
时	间	，	但	发	表	的	作	品	很	少	，	生	活	过	得	很	不	容	易 。
		夏	达	在	漫	画	行	业	变	得	不	好	时	也	坚	持	画	画	儿，
最	后	画	出	了	好	几	部	漫	画	故	事	。	不	久	之	后	，	一	个
漫	画	家	工	作	室	就	邀	请	了	她	。	一	年	后	，	夏	达	终	于
发	行	了	自	己	的	漫	画	书	。	她	的	漫	画	受	到	了	好	评	，
但	各	种	谣	言	也	出	现	了	。	有	人	说	她	的	作	品	主	要	是
靠	助	理	完	成	的	，	这	让	她	很	生	气	。						
		她	不	停	地	向	人	们	解	释	，	但	都	没	什	么	作	用	。
她	只	好	更	加	努	力	地	工	作	，	却	又	病	倒	了	。	还	好	同
事	们	一	直	陪	着	她	。												
		后	来	，	夏	达	的	作	品	在	各	种	大	赛	中	获	奖	，	她
还	进	入	了	日	本	漫	画	界	，	受	到	了	很	多	读	者	的	喜	爱。
		夏	达	变	得	有	名	后	，	仍	然	努	力	创	作	更	好	的	作
品	。	这	样	的	努	力	正	是	她	成	功	的	原	因	。				

샤다의 성공 스토리

샤다는 한 작은 도시에서 태어났다. 어릴 적 샤다는 그림 그리는 것을 좋아했는데, 열 몇 살 때 그녀는 만화사에 들어가서 만화 창작을 시작했다.

졸업 후 샤다는 자신의 일에 크게 만족하지 못해서, 다시 그림을 그리는 것을 시작하기로 결정했다. 그때 그녀는 매일 오랫동안 일했지만 발표한 작품은 적어, 생활하기 쉽지 않았다.

샤다는 만화 업계가 안 좋아질 때도 계속 그림을 그려, 결국 몇 편의 만화 이야기를 그려 냈다. 얼마 지나지 않아 한 만화가 작업실에서 그녀를 초청했다. 일 년 후 샤다는 드디어 자신의 만화책을 발행했다. 그녀의 만화는 호평을 받았지만, 각종 루머도 나타났다. 어떤 사람은 그녀의 작품이 주로 조수에 의해 완성되었다고 말했는데, 이는 그녀를 화나게 했다.

그녀는 쉬지 않고 사람들에게 설명했지만, 아무런 효과가 없었다. 그녀는 그저 더욱 열심히 일할 수 밖에 없었지만, 오히려 몸져누워 버렸다. 다행히 동료들이 계속 그녀와 함께 있어 주었다.

훗날 샤다의 작품은 각종 대회에서 수상했고, 그녀는 일본 만화계에도 진출하여 많은 독자들의 사랑을 받았다.

샤다는 유명해진 후에도 여전히 더 좋은 작품들을 창작하기 위해 노력했다. 이러한 노력이 바로 그녀가 성공한 이유이다.

어휘 **夏达** Xià Dá [고유] 샤다[중국의 만화가] **漫画社** mànhuàshè 만화사 **漫画** mànhuà [명] 만화 **创作** chuàngzuò [동] 창작하다
发表 fābiǎo [동] 발표하다 **作品** zuòpǐn [명] 작품 **行业** hángyè [명] 업계, 업무 분야 **发行** fāxíng [동] 발행하다
好评 hǎopíng [명] 호평, 좋은 평가 **谣言** yáoyán [명] 루머, 유언비어 **助理** zhùlǐ [명] 조수, 보조 **病倒** bìngdǎo [동] 몸져눕다, 앓아눕다
获奖 huòjiǎng [동] 수상하다 **读者** dúzhě [명] 독자

제1회
제2회
제3회
제4회 쓰기
제5회
제6회

해커스 핵심이 상세한 HSK 6급 실전모의고사

고사장 소음까지 대비하고
듣기 점수 올리려면?

해커스중국어(china.Hackers.com)에서
고사장 소음 버전 MP3 무료 다운받기!

해커스 해설이 상세한 HSK 6급
실전모의고사
제5회

난이도: 상

听力 듣기　어휘·해석·해설

阅读 독해　어휘·해석·해설

书写 쓰기　어휘·해석·해설

문제별 분할파일
mp3 바로듣기

1
중

A 褐黑素是一种激素

B 褐黑素源自细胞分裂

C 褐黑素能够调节日光

D 医生不建议服用褐黑素

A 멜라토닌은 일종의 호르몬이다

B 멜라토닌은 세포 분열에서 비롯된다

C 멜라토닌은 햇빛을 조절할 수 있다

D 의사는 멜라토닌 복용을 권장하지 않는다

褐黑素是脑松果体分泌的激素之一。褐黑素的分泌具有明显的昼夜节律，白天分泌受抑制，而晚上分泌活跃。褐黑素的主要功能是改善睡眠，它不仅能缩短睡前清醒时间和入睡所需时间，而且还能延长深度睡眠阶段，改善睡眠质量。此外，褐黑素还有较强的调整时差功能。

멜라토닌은 뇌 송과선이 분비하는 호르몬 중 하나이다. 멜라토닌의 분비는 뚜렷한 낮과 밤의 리듬이 있어, 낮에는 분비가 억제를 받고 밤에는 분비가 활발하다. 멜라토닌의 주요 기능은 수면을 개선하는 것인데, 이것은 자기 전에 깨어 있는 시간과 잠드는 데에 필요한 시간을 단축할 수 있고, 게다가 깊은 수면 단계를 연장하여, 수면의 질을 개선할 수 있다. 이 외에도, 멜라토닌은 비교적 강한 시차 조절 효과도 있다.

해설 보기에 褐黑素(멜라토닌)가 반복적으로 나오므로 褐黑素와 관련된 설명문 단문이 나올 것을 예측한다. 음성에서 褐黑素是脑松果体分泌的激素之一。라고 했다. 따라서 보기 A 褐黑素是一种激素가 정답이다.

어휘 보기 褐黑素 tuìhēisù 몡 멜라토닌 激素 jīsù 몡 호르몬 源自 yuánzì 몡 ~에서 비롯되다, 유래하다 细胞 xìbāo 몡 세포
分裂 fēnliè 동 분열하다 调节 tiáojié 동 조절하다, 조정하다 日光 rìguāng 몡 햇빛 服用 fúyòng 동 복용하다

단문 松果体 sōngguǒtǐ 몡 송과선[척추동물의 간뇌 등면에 돌출해 있는 내분비선] 分泌 fēnmì 동 분비하다
明显 míngxiǎn 톙 뚜렷하다, 분명하다 昼夜 zhòuyè 몡 낮과 밤 节律 jiélǜ 몡 리듬[물체 운동의 리듬과 법칙] 白天 báitiān 몡 낮
抑制 yìzhì 동 억제하다 活跃 huóyuè 톙 (행동이) 활발하다 功能 gōngnéng 몡 기능, 효능 改善 gǎishàn 동 개선하다
睡眠 shuìmián 몡 수면, 잠 缩短 suōduǎn 동 단축하다 清醒 qīngxǐng 톙 (의식이나 정신 등이) 깨어나다, 차리다
入睡 rùshuì 동 잠들다 延长 yáncháng 동 연장하다, 늘이다 阶段 jiēduàn 몡 단계 此外 cǐwài 젭 이 외에, 이 밖에
调整 tiáozhěng 동 조절하다, 조정하다 时差 shíchā 몡 시차

2
중

A 现代人对古琴没兴趣

B 古琴是一种打击乐器

C 古琴成为了文化遗产

D 古琴的普及范围很广

A 현대인은 고금에 흥미가 없다

B 고금은 일종의 타악기이다

C 고금은 문화유산이 되었다

D 고금의 보급 범위는 넓다

古琴是世界上最古老的弹拨乐器之一，也是中国古代地位最高的乐器。二〇〇三年，古琴被联合国教文组织选为世界第二批 "人类口头和非物质遗产代表作" 之一，就这样，古琴以非物质文化遗产的方式得到了世界的认可。

고금은 세계에서 가장 오래된 현악기 중 하나이며, 중국 고대에 지위가 가장 높았던 악기이다. 2003년, 고금은 유네스코로부터 세계 제2차 '인류 구전과 무형 문화유산 대표작' 중 하나로 뽑혔는데, 이렇게 고금은 무형 문화유산의 방식으로 세계의 인정을 받았다.

해설 보기에 古琴(고금)이 반복적으로 나오므로 古琴과 관련된 설명문 단문이 나올 것을 예측한다. 음성에서 古琴被联合国教科文组织选为世界第二批 "人类口头和非物质遗产代表作" 之一라고 했다. 따라서 보기 C 古琴成为了文化遗产이 정답이다.

어휘 보기 古琴 gǔqín 몡 고금, 칠현금 打击乐器 dǎjī yuèqì 몡 타악기 遗产 yíchǎn 몡 유산 普及 pǔjí 동 보급되다, 확산되다
范围 fànwéi 몡 범위

단문 古老 gǔlǎo 톙 오래되다 弹拨乐器 tánbō yuèqì 몡 현악기 地位 dìwèi 몡 지위, 위치 乐器 yuèqì 몡 악기
联合国教科文组织 Liánhéguó Jiào Kē Wén Zǔzhī 고유 유네스코 选为 xuǎn wéi ~으로 뽑히다
口头 kǒutóu 톙 구전의, 말로 하는 非物质遗产 Fēiwùzhì Yíchǎn 고유 무형 문화유산 代表作 dàibiǎozuò 몡 대표작
方式 fāngshì 몡 방식 认可 rènkě 동 인정하다, 승낙하다

해커스 해설이 상세한 HSK 6급 실전모의고사

3 중상	A 该项目的成效一般 B 该项目的成本很高 C 改良植物是近期目标 D 用户为环保做出了贡献
	A 이 프로젝트의 성과는 보통이다 B 이 프로젝트의 원가는 높다 C 식물을 개량하는 것이 가까운 시일의 목표이다 D 사용자가 환경 보호를 위해 공헌을 했다

支付宝的"蚂蚁森林"项目获得了联合国最高环保荣誉。该项目利用先进的技术，激发了全球用户对环保事业的关注，并将五亿人充满善意的环保举措成功地转化为荒漠地区的一株株植物，**这些植物的总价值已超过了一个亿**。	알리페이의 '개미숲' 프로젝트가 유엔 최고의 환경 보호 영예를 안았다. 이 프로젝트는 진보된 기술을 이용하여 환경 보호 사업에 대한 전 세계 사용자들의 관심을 불러일으켰고, 5억 명의 선의로 가득찬 환경 보호 조치를 황량한 사막 지역의 여러 그루의 식물로 성공적으로 전환시켰는데, 이러한 식물의 총 가치는 이미 1억 위안을 넘었다.

해설 보기에 该项目(이 프로젝트)가 반복적으로 나오므로 특정 프로젝트와 관련된 설명문 단문이 나올 것을 예측한다. 음성에서 该项目……激发了全球用户对环保事业的关注，并将五亿人充满善意的环保举措成功地转化为荒漠地区的一株株植物라고 했다. 따라서 보기 D 用户为环保做出了贡献이 정답이다.

어휘 보기 项目 xiàngmù 몡 프로젝트, 항목   成效 chéngxiào 몡 성과, 효과   成本 chéngběn 몡 원가, 자본금
　　　改良 gǎiliáng 통 개량하다, 개선하다   近期 jìnqī 몡 가까운 시일   目标 mùbiāo 몡 목표   用户 yònghù 몡 사용자, 가입자
　　　贡献 gòngxiàn 통 공헌하다

　　단문 支付宝 Zhīfùbǎo 고유 알리페이[알리바바 그룹이 개발한 전자화폐 시스템이자 온라인 결제 서비스]
　　　蚂蚁森林 mǎyǐ sēnlín 개미숲[알리페이의 공익활동 플랫폼]   联合国 Liánhéguó 고유 유엔[UN, 국제 연합]
　　　荣誉 róngyù 몡 영예, 명예   利用 lìyòng 통 이용하다   先进 xiānjìn 톙 진보의, 선진의   激发 jīfā 통 (감정을) 불러일으키다
　　　全球 quánqiú 몡 전 세계, 전 지구   关注 guānzhù 통 관심을 가지다   亿 yì 준 억   充满 chōngmǎn 통 가득차다, 충만하다
　　　善意 shànyì 몡 선의, 호의   举措 jǔcuò 몡 조치, 행동거지   转化 zhuǎnhuà 통 전환하다, 변하다
　　　荒漠 huāngmò 몡 황량한 사막, 황무지 톙 황량하다   地区 dìqū 몡 지역   株 zhū 얭 그루   价值 jiàzhí 몡 가치

4 중	A 烟瘾能够在短期内形成 B 长期抽烟会让人变得急躁 C 情绪波动会导致戒烟失败 D 香烟中只包含有害的尼古丁
	A 담배 중독은 단기간 내에 형성될 수 있다 B 장기간 흡연은 사람을 조급하게 만들 수 있다 C 감정 기복은 금연 실패를 초래할 수 있다 D 담배 속에는 유해한 니코틴만 포함되어 있다

沉迷吸烟是一个长期的过程。尼古丁等有害物质会损害人类的健康，但也会促使大脑分泌能够给人带来快感的多巴胺。多巴胺消失的话，人们就会出现情绪烦躁和精神萎靡的症状。很多烟民就是因为受不了这种情绪波动而戒烟失败。	흡연에 깊이 빠지는 것은 장기적인 과정이다. 니코틴 등 유해 물질은 인간의 건강을 해칠 수 있지만, 대뇌가 인간에게 쾌감을 가져다주는 도파민을 분비하도록 촉진시킬 수 있다. 도파민이 사라진다면, 사람들은 기분이 초조하고 정신적으로 활기가 없는 증상이 나타날 수 있다. 많은 흡연자는 이러한 종류의 감정 기복을 견디지 못하기 때문에 금연에 실패한다

해설 보기의 抽烟(흡연), 戒烟(금연), 香烟(담배)과 같이 비슷한 주제의 어휘가 나오므로 담배에 대한 정보 전달 단문이 나올 것을 예측한다. 음성에서 很多烟民就是因为受不了这种情绪波动而戒烟失败。라고 했다. 따라서 보기 C 情绪波动会导致戒烟失败가 정답이다.

어휘 보기 烟瘾 yānyǐn 몡 담배 중독   形成 xíngchéng 통 형성하다, 이루다   急躁 jízào 톙 (성격이) 조급하다, 급하다
　　　情绪 qíngxù 몡 감정, 기분   波动 bōdòng 몡 기복   导致 dǎozhì 통 초래하다, 야기하다   戒烟 jièyān 통 금연하다
　　　香烟 xiāngyān 몡 담배   包含 bāohán 통 포함하다   有害 yǒuhài 통 유해하다, 해롭다   尼古丁 nígǔdīng 몡 니코틴

　　단문 沉迷 chénmí 통 깊이 빠지다, 깊이 매혹되다   吸烟 xīyān 통 흡연하다, 담배를 피우다
　　　物质 wùzhì 몡 물질   损害 sǔnhài 통 해치다, 손상시키다   促使 cùshǐ 통 ~하도록 촉진시키다   大脑 dànǎo 몡 대뇌
　　　分泌 fēnmì 통 분비하다   快感 kuàigǎn 몡 쾌감   多巴胺 duōbā'àn 몡 도파민   消失 xiāoshī 통 사라지다
　　　烦躁 fánzào 톙 초조하다   精神 jīngshén 몡 정신   萎靡 wěimǐ 톙 활기가 없다, 생기가 없다   症状 zhèngzhuàng 몡 증상, 증후
　　　烟民 yānmín 몡 흡연자

5

중

A 大瓦山海拔低于三千米	A 다와산은 해발 3,000m를 밑돈다
B 大瓦山是世界最高的山	B 다와산은 세계에서 가장 높은 산이다
C 大瓦山像个等腰三角形	C 다와산은 이등변 삼각형처럼 생겼다
D 大瓦山的主体是花岗岩	D 다와산의 몸체는 화강암이다

| 大瓦山屹立于大渡河金口大峡谷北岸，海拔三千二百三十六米，山体由二叠纪时火山喷发形成的玄武岩构成。它的山顶高出东面的顺水河谷一千八百六十米，高出南面的大渡河水面两千六百四十六米。从远处看，它的形状近似于一个等腰三角形。 | 다와산은 대도하 금구대협곡의 북쪽 기슭에 우뚝 솟아 있는데, 해발은 3,236m이고 산의 형체는 이첩기 때 화산 분출로 형성된 현무암으로 이루어져 있다. 그것의 산꼭대기는 동쪽의 물을 따라 이어진 하곡보다 1,860m 높고, 남쪽의 대도하 수면보다 2,646m 높다. 멀리서 보면 그것의 형태는 이등변 삼각형과 비슷하다. |

해설 보기에 大瓦山(다와산)이 반복적으로 나오므로 大瓦山과 관련된 설명문 단문이 나올 것을 예측한다. 음성에서 从远处看, 它的形状近似于一个等腰三角形。이라고 했다. 따라서 보기 C 大瓦山像个等腰三角形이 정답이다.

어휘 보기 大瓦山 Dàwǎ Shān 고유 다와산[중국의 10대 협곡 중 하나]　海拔 hǎibá 몡 해발
等腰三角形 děngyāo sānjiǎoxíng 몡 이등변 삼각형　主体 zhǔtǐ 몡 몸체, 주체, 주요 부분　花岗岩 huāgāngyán 몡 화강암

단문 屹立于 yìlì yú ~에 우뚝 솟아 있다　大渡河金口大峡谷 Dàdùhé Jīnkǒu Dàxiágǔ 고유 대도하 금구대협곡[중국 쓰촨성에 위치한 협곡]
岸 àn 몡 기슭, 해안, 언덕　山体 shāntǐ 몡 산의 형체　二叠纪 Èrdiéjì 고유 이첩기[고생대 6기 중 마지막기]　火山 huǒshān 몡 화산
喷发 pēnfā 동 분출하다　形成 xíngchéng 동 형성하다, 이루다　玄武岩 xuánwǔyán 몡 현무암
构成 gòuchéng 동 이루어지다, 구성하다　山顶 shāndǐng 몡 산꼭대기　高出 gāochū 높다, 빼어나다
水面 shuǐmiàn 몡 수면　形状 xíngzhuàng 몡 형태, 생김새　近似于 jìnsì yú ~과 비슷하다

6

중상

A 锂离子电池相对来说比较安全	A 리튬 이온 배터리는 상대적으로 비교적 안전하다고 말할 수 있다
B 锂离子电池的使用寿命是无限的	B 리튬 이온 배터리의 사용 수명은 무한하다
C 锂离子电池的性能很快就会减弱	C 리튬 이온 배터리의 성능은 빠르게 약화될 수 있다
D 锂离子电池中含有有害化学物质	D 리튬 이온 배터리에는 유해한 화학 물질이 함유되어 있다

| 锂离子电池依靠锂离子在电极之间来回流动产生能源，所以不会发生任何有害的化学反应，安全性得到了有效保障。手机电池一般为锂离子电池，其优势是使用寿命长，可以充电数百次。随着科学技术的发展，锂电池已经成为了主流。 | 리튬 이온 배터리는 리튬 이온이 전극 사이를 왔다 갔다 하며 흐르는 것에 의존하여 에너지를 발생시키는데, 그래서 어떠한 유해한 화학 반응도 일어나지 않고 안전성도 효과적인 보장을 받았다. 휴대전화 배터리는 일반적으로 리튬 이온 배터리인데, 그 장점은 사용 수명이 길고, 수백 번 충전할 수 있다는 것이다. 과학 기술의 발전에 따라 리튬 배터리는 이미 주류가 되었다. |

해설 보기에 锂离子电池(리튬 이온 배터리)이 반복적으로 나오므로 锂离子电池과 관련된 설명문 단문이 나올 것을 예측한다. 음성에서 锂离子电池……不会发生任何有害的化学反应, 安全性得到了有效保障이라고 했다. 따라서 보기 A 锂离子电池相对来说比较安全이 정답이다.

어휘 보기 锂离子 lǐlízǐ 리튬 이온　电池 diànchí 몡 배터리　相对 xiāngduì 혱 상대적이다　使用 shǐyòng 동 사용하다
寿命 shòumìng 몡 수명, 목숨　无限 wúxiàn 혱 무한하다, 끝없다　性能 xìngnéng 몡 성능　减弱 jiǎnruò 동 약화되다, 약해지다
含有 hányǒu 동 함유하다, 포함하고 있다　有害 yǒuhài 혱 유해하다, 해롭다　化学 huàxué 몡 화학　物质 wùzhì 몡 물질

단문 依靠 yīkào 동 의존하다, 의지하다　电极 diànjí 몡 전극　流动 liúdòng 동 흐르다, 옮겨다니다
产生 chǎnshēng 동 발생하다, 나타나다　能源 néngyuán 몡 에너지, 에너지원　反应 fǎnyìng 몡 반응 동 반응하다
安全性 ānquánxìng 몡 안전성　有效 yǒuxiào 혱 효과적이다, 유효하다　保障 bǎozhàng 동 보장, 보증
优势 yōushì 몡 장점, 우위　充电 chōngdiàn 동 충전하다　锂电池 lǐdiànchí 리튬 배터리　主流 zhǔliú 몡 주류, 주된 추세

7 중

A 人脸识别系统能节省时间	A 안면 인식 시스템은 시간을 절약할 수 있다
B 高校开发出了人脸识别系统	B 대학교에서 안면 인식 시스템을 개발해 냈다
C 人脸识别系统的应用比较繁琐	C 안면 인식 시스템의 응용은 비교적 번거롭다
D 这种新技术仍然存在很大争议	D 이 신기술에는 여전히 큰 논쟁이 존재하고 있다
许多高校都陆续引进了人脸识别系统，这使得原本繁琐的登记流程变得简单而方便，节省了大量时间成本。该系统的应用范围不仅仅局限于此，部分学校还采用了该系统独有的姿态评估、表情识别等技术，对学生上课的情况进行监视和判断。	많은 대학교가 잇달아 안면 인식 시스템을 도입했는데, 이것은 원래 번거롭던 등록 과정을 간단하고 편리하게 만들어서 많은 시간 비용을 절감했다. 이 시스템의 응용 범위는 이에 국한되지 않을 뿐만 아니라, 일부 학교에서는 이 시스템의 독자적인 자세 평가, 표정 인식 등의 기술을 채택하여 학생들이 수업을 받는 상황에 대해 감시와 판단을 진행한다.

해설 보기에 人脸识别系统(안면 인식 시스템)이 반복적으로 나오므로 人脸识别系统과 관련된 설명문 단문이 나올 것을 예측한다. 음성에서 许多高校都陆续引进了人脸识别系统，这使得原本繁琐的登记流程变得简单而方便，节省了大量时间成本。이라고 했다. 따라서 보기 A 人脸识别系统能节省时间이 정답이다.

어휘 보기 人脸识别 rénliǎn shíbié 안면 인식　系统 xìtǒng 圆 시스템, 체계　节省 jiéshěng 圄 절약하다, 아끼다　高校 gāoxiào 圆 대학교
开发 kāifā 개발하다, 개척하다　应用 yìngyòng 圄 응용하다　繁琐 fánsuǒ 번거롭다　存在 cúnzài 圄 존재하다
争议 zhēngyì 圄 논쟁하다

단문 陆续 lùxù 凰 잇달아, 계속해서　引进 yǐnjìn 圄 도입하다　原本 yuánběn 凰 원래, 본래
登记 dēngjì 圄 등록하다, 체크인(check-in)하다　流程 liúchéng 圆 과정, 공정　成本 chéngběn 圆 비용, 원가
范围 fànwéi 圆 범위　局限 júxiàn 圄 국한하다, 한정하다　采用 cǎiyòng 채택하다, 채용하다
独有 dúyǒu 圄 독자적으로 가지고 있다　姿态 zītài 圄 자세, 자태　评估 pínggū 圄 (질·수준·성적 등을) 평가하다
表情 biǎoqíng 圄 표정　识别 shíbié 圄 인식, 식별　监视 jiānshì 圄 감시하다, 감시 관리하다

8 상

A 快乐教育必然是利大于弊的	A 즐거운 교육은 필연적으로 장점이 단점보다 많다
B 极端教育会对孩子造成伤害	B 극단적인 교육은 아이에게 해를 입힐 수 있다
C 家长应让孩子的潜力发挥到极限	C 학부모는 아이들이 잠재력을 극한까지 발휘하게 해야 한다
D 家长们一般都能理智地看待教育	D 학부모들은 보통 교육을 이성적으로 바라볼 수 있다
部分家长对教育的态度有些极端。有些人认为不能对孩子的快乐教育进行限制，有些人则认为严格的精英教育远比快乐教育重要。但其实，放任型或是压制型的极端教育对孩子都没有什么好处，还会让他们产生难以消除的阴影。	일부 학부모의 교육에 대한 태도는 조금 극단적이다. 어떤 사람은 아이의 즐거운 교육에 대해 압박을 가해서는 안 된다고 생각하고, 어떤 사람은 오히려 엄격한 엘리트 교육이 즐거운 교육보다 훨씬 중요하다고 생각한다. 하지만 사실 방임형이나 압박형의 극단적인 교육은 아이들에게 모두 좋을 게 없고, 그들에게 지우기 힘든 그늘이 생기게 할 수 있다.

해설 보기에 应(~해야 한다)과 같은 어휘가 나오므로 의견 주장 단문이 나올 것을 예측한다. 음성에서 放任型或是压制型的极端教育对孩子都没有什么好处，还会让他们产生难以消除的阴影이라고 했다. 따라서 보기 B 极端教育会对孩子造成伤害가 정답이다.

어휘 보기 快乐教育 kuàilè jiàoyù 즐거운 교육[영국 사회학자 허버트 스펜서가 주장한 교육 철학으로, 강압적인 교육보다는 아이가 행복질 수 있는 교육이 중요하다는 내용임]　必然 bìrán 圈 필연적이다　利大于弊 lì dà yú bì 장점이 단점보다 많다　极端 jíduān 圈 극단적인
造成 zàochéng 圄 입히다, 조성하다　伤害 shānghài 圄 해치다, 손상시키다　潜力 qiánlì 圆 잠재력　发挥 fāhuī 圄 발휘하다
极限 jíxiàn 圆 극한, 최대한도　理智 lǐzhì 圈 이성적이다, 이지적이다　看待 kàndài 圄 ~을 바라보다, 다루다

단문 限制 xiànzhì 圄 압박하다, 제한하다　则 zé 圙 오히려, 그러나[대비를 나타냄]　精英教育 jīngyīng jiàoyù 엘리트 교육
放任型 fàngrènxíng 방임형　压制型 yāzhìxíng 압박형　产生 chǎnshēng 圄 생기다, 나타나다　难以 nányǐ 圈 ~하기 힘들다
消除 xiāochú 圄 지우다, 없애다　阴影 yīnyǐng 圆 그늘, 그림자

9 상	A 疾病能够影响皮肤的弹性 B 该男子的皮肤天生很特别 C 人的皮肤弹性是没有限制的 D 拉伸皮肤可以使其更有弹性	A 질병은 피부 탄력에 영향을 줄 수 있다 B 이 남자의 피부는 천성적으로 특별하다 C 사람의 피부 탄력은 제한이 없다 D 피부를 잡아당기는 것은 피부를 더 탄력 있게 할 수 있다
	一般来说，人的皮肤能够拉伸的范围是有限的，但英国有一位男子却能将皮肤拉伸到十六厘米。据说该男子之所以能做到这一点，和他身上的皮肤疾病有关。研究表明，这种罕见的疾病会使患者的皮肤比一般人更有弹性。	일반적으로 사람의 피부가 잡아당겨질 수 있는 범위는 한계가 있지만, 영국의 한 남자는 피부를 16cm까지 잡아당길 수 있다. 듣자 하니 이 남자가 이렇게 할 수 있는 것은 그의 몸에 있는 피부 질환과 관련이 있다고 한다. 연구에 따르면 이 희귀한 질병은 환자의 피부를 보통 사람들보다 더 탄력 있게 만들 수 있는 것으로 나타났다.

해설 보기에 皮肤(피부), 弹性(탄력)과 같이 비슷한 주제의 어휘가 나오므로 피부에 대한 정보 전달 단문이 나올 것을 예측한다. 음성에서 研究表明，这种罕见的疾病会使患者的皮肤比一般人更有弹性。이라고 했다. 따라서 보기 A 疾病能够影响皮肤的弹性이 정답이다.

어휘 보기 疾病 jíbìng 圈 질병, 질환　弹性 tánxìng 圈 탄력성, 탄성　天生 tiānshēng 圈 천성적인, 선천적인　限制 xiànzhì 圈 제한, 제약
　　　 拉伸 lāshēn 图 잡아당기다, 잡아끌다

단문 一般来说 yìbān láishuō 일반적으로　范围 fànwéi 圈 범위　有限 yǒuxiàn 圈 한계가 있는　厘米 límǐ 圈 센티미터(cm)
　　　 据说 jùshuō 듣자 하니 ~이라 한다　身上 shēnshang 圈 몸　有关 yǒuguān 圈 관련이 있다
　　　 表明 biǎomíng 图 (분명하게) 나타내다, 표명하다　罕见 hǎnjiàn 圈 희귀하다, 보기 드물다　患者 huànzhě 圈 환자

10 상	A 科学家们合作发明了人造器官 B 所有动物的器官普遍可以再生 C 动物器官的再生能力与基因有关 D 人们早就发现了器官再生的原因	A 과학자들이 협력하여 인공 기관을 발명했다 B 모든 동물의 기관은 보편적으로 재생할 수 있다 C 동물 기관의 재생 능력은 유전자와 관련이 있다 D 사람늘은 일찌감치 기관 재생의 원인을 발견했다
	有一些动物的尾巴和四肢都具备再生能力，其中最为典型的就是蝌蚪，蝌蚪的这些部位被切掉后，依然可以再生。在一项最新的研究中，生物学家发现，通过实验改变蝌蚪体内的某一特定基因后，它的再生能力就立刻消失了。	어떤 동물들의 꼬리아 팜다리는 모두 재생 능력을 가지고 있는데, 그중 가장 전형적인 것은 바로 올챙이로, 올챙이의 이런 부위들은 살러 나간 후에도 어진히 재생할 수 있다. 한 최신 연구에서 생물학자는 실험을 통해 올챙이 체내의 어떤 특정 유전자를 변화시켰더니, 그것의 재생 능력이 즉시 사라진 것을 발견했다.

해설 보기에 器官(기관), 再生(재생하다)과 같이 비슷한 주제의 어휘가 나오므로 어떤 신체의 기관과 재생에 대한 정보 전달 단문이 나올 것을 예측한다. 음성에서 在一项最新的研究中，生物学家发现，通过实验改变蝌蚪体内的某一特定基因后，它的再生能力就立刻消失了。라고 했다. 따라서 보기 C 动物器官的再生能力与基因有关이 정답이다.

어휘 보기 科学家 kēxuéjiā 圈 과학자　合作 hézuò 图 협력하다　发明 fāmíng 图 발명하다　人造 rénzào 圈 인공의
　　　 器官 qìguān 圈 (생물체의) 기관　再生 zàishēng 图 재생하다, 소생하다　基因 jīyīn 圈 유전자　有关 yǒuguān 圈 관련이 있다
　　　 早就 zǎojiù 圈 일찌감치, 진작에

단문 尾巴 wěiba 圈 꼬리　四肢 sìzhī 圈 팔다리, 사지　具备 jùbèi 图 가지다, 구비하다　典型 diǎnxíng 圈 전형적인
　　　 蝌蚪 kēdǒu 圈 올챙이　部位 bùwèi 圈 부위[주로 인체에 사용함]　切 qiē 图 (칼로) 자르다, 썰다　依然 yīrán 圈 여전히
　　　 实验 shíyàn 圈 실험　体内 tǐnèi 圈 체내　特定 tèdìng 圈 특정한　立刻 lìkè 圈 즉시　消失 xiāoshī 图 사라지다, 없어지다

11 중상	A《姜子牙》是四年前的电影 B《姜子牙》的情节已被曝光 C 观众对《姜子牙》兴趣不大 D《姜子牙》改编自中国神话	A <강태공>은 4년 전 영화이다 B <강태공>의 줄거리는 이미 노출되었다 C 관객은 <강태공>에 대해 흥미가 크지 않다 D <강태공>은 중국 신화에서 각색되었다
	筹备了四年的动画电影《姜子牙》即将上映。电影对中国神话故事中的姜子牙形象进行了大胆的改编。尽管目前曝光的信息有限，但不少观众已表现出对该电影的浓厚兴趣，纷纷在网上猜测电影里可能会出现的情节。	4년간 준비한 애니메이션 영화 <강태공>이 곧 상영한다. 영화는 중국 신화 이야기 속의 강태공 이미지에 대해 과감한 각색을 했다. 비록 현재 드러난 정보에 한계가 있음에도 불구하고 많은 관객들은 이미 이 영화에 대해 깊은 관심을 표현했고, 인터넷 상에서 영화에 나올 것 같은 줄거리를 계속해서 추측하고 있다.

해설 보기에 《姜子牙》(<강태공>)가 반복적으로 나오므로 《姜子牙》와 관련된 설명문 단문이 나올 것을 예측한다. 음성에서 《姜子牙》即将上映。电影对中国神话故事中的姜子牙形象进行了大胆的改编。이라고 했다. 따라서 보기 D 《姜子牙》改编自中国神话가 정답이다.

어휘 보기 姜子牙 Jiāngzǐyá [고유] 강태공, 강자아[중국 신화 속 인물]　情节 qíngjié [명] 줄거리　曝光 bàoguāng [동] 노출하다, 드러나다
改编 gǎibiān [동] 각색하다, 개편하다　神话 shénhuà [명] 신화

단문 筹备 chóubèi [동] 준비하다, 사전에 기획하고 준비하다　动画电影 dònghuà diànyǐng [명] 애니메이션 영화
即将 jíjiāng [부] 곧, 머지않아　上映 shàngyìng [동] 상영하다　形象 xíngxiàng [명] 이미지, 형상　大胆 dàdǎn [형] 과감하다, 용기 있다
目前 mùqián [명] 현재, 지금　有限 yǒuxiàn [형] 한계가 있다　表现 biǎoxiàn [동] 표현하다, 나타나다
浓厚 nónghòu [형] 깊다, 농후하다　纷纷 fēnfēn [부] 계속해서, 잇달아　猜测 cāicè [동] 추측하다

---

12 중		
A 现场创作的艺术品价值不高		A 현장에서 창작한 예술품의 가치는 높지 않다
B 展示艺术品时需要详细解释		B 예술품을 전시할 때 상세한 해석이 필요하다
C 观众对艺术品的审美差别很大		C 예술품에 대한 관객의 이해 차이는 크다
D 艺术品会与观众相互产生影响		D 예술품은 관객과 서로 영향을 미친다
尽管艺术品被创作出来的时候都带有既定的逻辑，但每一次的公开展示都是重新被审美与被定义的过程。一件好的艺术品会与观众相互影响，艺术品会引起他们的思考，同时观众的思考也会令作品的含义更加丰富。		비록 예술품이 창작되어 나올 때 정해진 논리를 지니고 있지만, 매회 공개 전시는 새롭게 이해되고 정의를 내리는 과정이다. 좋은 예술품은 관객과 서로 영향을 미치는데, 예술품은 그들의 사고를 불러일으키며, 동시에 관객의 사고는 작품의 뜻을 더욱 풍부하게 만든다.

해설 보기에 需要(필요하다)와 같은 어휘가 나오므로 의견 주장 단문이 나올 것을 예측한다. 음성에서 一件好的艺术品会与观众相互影响이라고 했다. 따라서 보기 D 艺术品会与观众相互产生影响이 정답이다.

어휘 보기 现场 xiànchǎng [명] 현장　创作 chuàngzuò [동] 창작하다　艺术品 yìshùpǐn [명] 예술품　价值 jiàzhí [명] 가치
展示 zhǎnshì [동] 전시하다, 드러내다　审美 shěnměi [동] (사물이나 예술품의 아름다움을) 이해하다, 심미하다
差别 chābié [명] 차이, 차별　相互 xiānghù [부] 서로, 상호　产生 chǎnshēng [동] 미치다, 생기다

단문 既定 jìdìng [동] 이미 정하다　逻辑 luójí [명] 논리　公开 gōngkāi [형] 공개적이다　定义 dìngyì [동] 정의를 내리다
思考 sīkǎo [동] 사고하다, 깊이 생각하다　含义 hányì [명] 뜻, 함의

---

13 중	
A 时尚和环保很难兼顾	A 유행과 환경 보호는 양립하기 어렵다
B 回收的原料能再次利用	B 회수된 원료는 다시 이용할 수 있다
C 达到环保标准的衣服很美观	C 환경 보호 기준에 이른 의류는 아주 예쁘다
D 新型衣服的材料来自于大自然	D 신형 의류의 재료는 대자연에서 나온다
近来，很多人在追求时尚的同时，开始注重起了环保。有人用可再生原料设计产品，有人则会把回收来的衣物再次利用。最近某企业推出了一款集防雨、防风、防晒于一体的新型衣服，其面料是来源于再生聚酯纤维，这些聚酯纤维是用回收来的塑料瓶合成的。	요즘 많은 사람들은 유행을 추구하는 동시에, 환경 보호에 신경 쓰기 시작했다. 재생 가능한 원료로 제품을 디자인하는 사람도 있고, 회수해 온 의류를 다시 이용하는 사람도 있다. 최근 어느 기업이 방수, 방풍, 자외선 차단이 한 번에 되는 신형 의류를 출시했는데, 그 섬유는 재생 폴리에스테르 섬유로부터 온 것으로, 이 폴리에스테르 섬유는 회수해 온 플라스틱 병으로 합성된 것이다.

해설 보기에 环保(환경 보호), 回收(회수하다), 原料(원료), 衣服(의류)와 같이 비슷한 주제의 어휘가 나오므로 친환경 의류에 대한 정보 전달 단문이 나올 것을 예측한다. 음성에서 有人用可再生原料设计产品，有人则会把回收来的衣物再次利用。이라고 했다. 따라서 보기 B 回收的原料能再次利用이 정답이다.

어휘 보기 时尚 shíshàng [명] (당시의) 유행　兼顾 jiāngù [동] 양립하다, 동시에 돌보다　回收 huíshōu [동] 회수하다　原料 yuánliào [명] 원료
再次 zàicì [부] 다시, 재차　利用 lìyòng [동] 이용하다　达到 dádào [동] 이르다, 도달하다
美观 měiguān [형] (형식·구성 등이) 예쁘다, 보기 좋다　新型 xīnxíng [형] 신형의, 신식의　大自然 dàzìrán [명] 대자연

단문 近来 jìnlái [명] 요즘, 최근　追求 zhuīqiú [동] 추구하다　注重 zhùzhòng [동] 신경을 쓰다, 중시하다
可再生 kězàishēng 재생이 가능한　设计 shèjì [동] 디자인하다, 설계하다　产品 chǎnpǐn [명] 제품, 생산품　则 zé [접] [대비를 나타냄]
衣物 yīwù [명] 의류　某 mǒu [대] 어느, 아무, 어떤 사람　企业 qǐyè [명] 기업　推出 tuīchū [동] 출시하다, 선보이다
防雨 fángyǔ 방수되다　防风 fáng fēng 방풍, 바람을 막다　防晒 fángshài 자외선을 사단하다　面料 miànliào [명] 섬유
来源 láiyuán [동] 오다, 기원하다　聚酯纤维 jùzhǐxiānwéi [명] 폴리에스테르 섬유　塑料瓶 sùliàopíng [명] 플라스틱 병
合成 héchéng [동] 합성하다

14 중	A 栗子壳的味道较为苦涩	A 밤 껍질의 맛은 비교적 씁쓸하고 떫다
	B 品质高的栗子外壳发亮	B 품질이 높은 밤 껍질은 윤기가 난다
	C 在高温下糖会散发出香味	C 고온에서 설탕은 향기를 내뿜는다
	D 加糖是为了让栗子肉更甜	D 설탕을 더하는 것은 밤 과육을 더욱 달게 하기 위해서이다

在冬季，糖炒栗子格外有人气，那么，炒栗子时为什么要放糖呢? 因为在高温翻炒下，糖会逐渐变稠，粘走栗子上的绒毛和其他杂质，同时也让栗子的外壳显得更亮，而且糖在高温下还会产生一股让人垂涎欲滴的诱人香味。	겨울철에는 설탕으로 볶은 밤이 특히 인기가 있는데, 그렇다면 밤을 볶을 때는 왜 설탕을 넣어야 할까? 고온에서 볶는 경우, 설탕이 점점 걸쭉해져서 밤의 솜털과 다른 불순물을 들러 붙게 하고, 동시에 밤의 껍질이 더욱 윤기가 나 보이게 하며, 게다가 설탕은 고온에서 군침이 돌게 하는 매력적인 향기를 만들어 낼 수 있기 때문이다.

해설 보기에 栗子(밤)가 반복적으로 나오므로 栗子와 관련된 설명문 단문이 나올 것을 예측한다. 음성에서 糖在高温下还会产生一股让人垂涎欲滴的诱人香味라고 했다. 따라서 보기 C 在高温下糖会散发出香味가 정답이다.

어휘 보기 栗子 lìzi 몡 밤　壳 ké 몡 껍질　苦涩 kǔsè 혱 씁쓸하고 떫다　品质 pǐnzhì 몡 품질　亮 liàng 혱 윤기 나다, 빛나다
散发 sànfā 동 내뿜다, 발산하다　香味 xiāngwèi 몡 향기　肉 ròu 몡 과육

단문 冬季 dōngjì 몡 겨울철　炒 chǎo 동 볶다　格外 géwài 붜 특히, 아주　翻炒 fānchǎo 동 (뒤적거리며) 볶다
逐渐 zhújiàn 붜 점점, 점차　稠 chóu 혱 걸쭉하다　粘 zhān 동 들러 붙다, 붙이다　绒毛 róngmáo 몡 솜털
杂质 zázhì 몡 불순물　显得 xiǎnde 동 ~처럼 보이다, (상황이) 드러나다　产生 chǎnshēng 동 만들다, 생기다
垂涎欲滴 chuíxiányùdī 셩 군침이 돌다　诱人 yòurén 혱 매력적이다

15 중상	A 应重视微生物带来的影响	A 미생물이 가져오는 영향을 중시해야 한다
	B 保持环境的清洁尤为重要	B 환경을 청결하게 유지하는 것이 특히 중요하다
	C 微生物的含量因环境而异	C 미생물의 함량은 환경에 따라 차이가 있다
	D 干燥的环境有利于保存食物	D 건조한 환경은 음식물 보존에 유리하다

掉在地上的饼干是否可以继续食用? 食用的话，是否会给人体带来病毒和细菌? 对此，科学家解释道: 在不同的环境中，微生物的含量也不尽相同，比如室内干燥的地板上，就没有太多的微生物，因此饼干掉在这样的地方，也可以捡起来放心食用。	바닥에 떨어진 과자는 계속 먹어도 될까? 먹는다면 인체에 바이러스와 세균을 가져올까? 이에 대해 과학자들은 서로 다른 환경에서는 미생물의 함량도 다 다른데, 실내의 건조한 바닥에는 미생물이 별로 없는 것이 그 예이고, 이 때문에 과자를 이런 곳에 떨어뜨리면 안심하고 주워서 먹어도 된다고 설명했다.

해설 보기에 微生物(미생물), 环境(환경), 清洁(청결하다), 干燥(건조하다)와 같이 비슷한 주제의 어휘가 나오므로 미생물 환경에 대한 정보 전달 단문이 나올 것을 예측한다. 음성에서 在不同的环境中, 微生物的含量也不尽相同이라고 했다. 따라서 보기 C 微生物的的含量因环境而异가 정답이다.

어휘 보기 微生物 wēishēngwù 몡 미생물　保持 bǎochí 동 유지하다　清洁 qīngjié 혱 청결하다, 깨끗하다　尤为 yóuwéi 붜 특히, 각별히
含量 hánliàng 몡 함량　干燥 gānzào 혱 건조하다　保存 bǎocún 동 보존하다　食物 shíwù 몡 음식물, 음식

단문 食用 shíyòng 동 먹다　人体 réntǐ 몡 인체　病毒 bìngdú 몡 바이러스　细菌 xìjūn 몡 세균
不尽相同 bújìn xiāngtóng 다 다르다, 완전히 똑같지는 않다　室内 shìnèi 몡 실내　地板 dìbǎn 몡 바닥　捡 jiǎn 동 줍다

第16到20题是根据下面一段采访:

女: 今天来到现场的是音乐剧演员郑云龙。您最近参加过国内最火爆的声乐演唱节目，听说当初有不少人劝您上节目，是什么原因让您做出那个决定的？

男: 当时我考虑了好久，¹⁶起初我是有点害怕的，我没录过综艺节目，对摄影机和镜头有恐惧感。后来我答应了，我也没提什么过分的要求，就是当我说"我是一名音乐剧演员"的时候，不给我剪掉，我就满足了。

女: 现在您主演的音乐剧门票经常被抢购一空，大家都认为您是音乐剧场的票房保障，您是怎么看待这个观点的？

男: 一部戏的好与坏，票房的高与低，绝对不是由某一个因素决定的。¹⁷我觉得音乐剧门票卖得好是所有演员齐心协力的结果，而不是我一个人的功劳。这是一个整体，我希望大家能看到台前幕后所有人的努力。

女: 节目播出后，音乐剧开始变得热门起来，这是不是意味着音乐剧的春天到来了？

男: 春天还谈不上，只是有一定的热度罢了。其实音乐剧在日本和韩国已经很普遍了。而中国是一个非常大的市场，¹⁸想要把音乐剧的理念扩散出去，还是需要有质量上乘的作品。音乐剧在中国发展得很迅速，但想要赶上其他国家，还有很长的路要走。

女: 日本的音乐剧有一个"座长"的说法，²⁰就是说演员可以从头到尾独立策划一部属于自己的音乐剧。您有这样的梦想吗？

男: ²⁰是的，我会把更多时间放在创作上，今后也一直都会这样。我在剧团的时候，所有主创人员都生活在一起，每天排练之前，¹⁹我们都要在一起聊剧本。如果缺少这个重要的过程，演员再出彩，音乐再动听，也不一定出现打动人心的好故事。

16-20번 문제는 다음 인터뷰에 근거한다.

여: 오늘 현장에 오신 분은 뮤지컬 배우 정윈룽 씨입니다. 당신은 최근에 국내에서 가장 핫한 성악 음악 프로그램에 참가했는데요, 당초 당신에게 프로그램에 출연하라고 권한 사람들이 적지 않았다고 들었습니다만, 어떤 이유로 그 결정을 내리게 되었나요?

남: 당시 저는 오랫동안 생각했는데 ¹⁶처음에 전 좀 두려웠습니다. 저는 예능 프로그램을 녹화한 적이 없었고, 카메라와 렌즈에 대한 공포감이 있었습니다. 저는 나중에 승낙했는데, 저도 지나친 요구는 하지 않았고, 그냥 제가 '저는 뮤지컬 배우입니다'라고 말할 때 편집만 하지 않으면, 만족했습니다.

여: 지금 당신이 주연인 뮤지컬 입장권이 자주 매진되고 있고, 모두들 당신이 뮤지컬 극장의 흥행 보증 수표라고 생각하고 있는데, 당신은 이 관점에 대해 어떻게 보시나요?

남: 극의 좋고 나쁨, 흥행 수입의 많고 적음은 결코 어느 한 요인으로 결정되는 것이 아닙니다. ¹⁷저는 뮤지컬 입장권이 잘 팔리는 것은 모든 배우가 한마음 한뜻으로 함께 노력한 결과라고 생각하지, 저 한 사람만의 공로는 아니라고 생각합니다. 이것은 하나의 완전체이기에, 저는 여러분들이 무대 앞뒤의 모든 사람들의 노력을 볼 수 있기를 바랍니다.

여: 프로그램이 방영된 후, 뮤지컬이 인기를 끌기 시작했는데, 이는 뮤지컬의 봄이 왔다는 것을 의미하지 않나요?

남: 봄이라고까지는 말할 수 없고, 단지 어느 정도의 열기가 생겼을 뿐입니다. 사실 뮤지컬은 일본과 한국에서 이미 보편화되었습니다. 중국은 매우 큰 시장이지만, ¹⁸뮤지컬의 이념을 확산시켜 나가려면, 여전히 수준 높은 작품이 필요합니다. 뮤지컬은 중국에서 매우 빠르게 발전했지만, 다른 나라를 따라잡으려면, 아직 가야 할 길이 멉니다.

여: 일본 뮤지컬에는 '좌장'이라는 말이 있는데, ²⁰이는 바로 배우가 처음부터 끝까지 독자적으로 자신만의 뮤지컬을 한 편 기획할 수 있는 것을 말합니다. 당신은 이런 꿈이 있나요?

남: ²⁰네, 저는 더 많은 시간을 창작에 쓸 것이며, 앞으로도 계속 그럴 것입니다. 제가 극단에 있을 때, 모든 주요 창작 멤버들이 함께 생활했는데, 매일 리허설을 하기 전, ¹⁹저희는 함께 대본에 관한 이야기를 했습니다. 만약 이 중요한 과정이 빠지면, 배우가 아무리 멋진 활약을 하고, 음악이 아무리 감동적이더라도, 사람의 마음을 울리는 좋은 이야기가 꼭 나온다고 보기는 어렵습니다.

어휘 现场 xiànchǎng 몡 (사건이나 사고의) 현장　音乐剧 yīnyuèjù 뮤지컬　火爆 huǒbào 핫하다, 한창이다　声乐 shēngyuè 몡 성악
当初 dāngchū 몡 당초, 당시　劝 quàn 통 권하다, 타이르다　起初 qǐchū 몡 처음, 최초　综艺节目 zōngyì jiémù 예능 프로그램
摄影机 shèyǐngjī 몡 카메라　镜头 jìngtóu 몡 (사진기의) 렌즈　恐惧感 kǒngjùgǎn 공포감　答应 dāying 통 승낙하다, 동의하다
过分 guòfèn 통 지나치다, 과분하다　满足 mǎnzú 통 만족하다, 만족시키다　主演 zhǔyǎn 통 주연　门票 ménpiào 몡 입장권
抢购一空 qiǎnggòu yìkōng 매진되다, 품절되다　剧场 jùchǎng 몡 극장　票房保障 piàofáng bǎozhàng 흥행 보증 수표
看待 kàndài 통 ~에 대하여 보다　观点 guāndiǎn 몡 관점　绝对 juéduì 분 결코, 절대로　某 mǒu 대 어느, 아무
因素 yīnsù 몡 요인, 원인　齐心协力 qíxīnxiélì 셩 한마음 한뜻으로 함께 노력하다　功劳 gōngláo 몡 공로　整体 zhěngtǐ 몡 완전체, 전부
台前幕后 tái qián mù hòu 무대 앞과 뒤　热门 rèmén 몡 인기 있는 것, 유행하는 것　意味着 yìwèizhe 통 의미하다, 뜻하다
谈不上 tán bu shàng (~라고까지) 말할 수 없다　热度 rèdù 몡 열기, 열정　市场 shìchǎng 몡 시장　理念 lǐniàn 몡 이념, 사상
扩散 kuòsàn 통 확산하다, 퍼지다　上乘 shàngchéng 몡 수준이 높다, 품질이 좋다　作品 zuòpǐn 몡 작품　迅速 xùnsù 쉥 빠르다, 신속하다
独立 dúlì 통 독자적으로 하다, 독립하다　策划 cèhuà 통 기획하다, 계획하다　梦想 mèngxiǎng 몡 꿈, 몽상
创作 chuàngzuò 통 (문예 작품을) 창작하다　剧团 jùtuán 몡 극단　主创人员 zhǔchuàng rényuán 주요 창작 멤버
排练 páiliàn 통 리허설을 하다, 무대 연습을 하다　剧本 jùběn 몡 대본, 극본　出彩 chūcǎi 통 멋진 활약을 하다, 연기가 매우 뛰어나다
动听 dòngtīng 쉥 감동적이다　打动 dǎdòng 통 마음을 울리다, 감동시키다

16-20번 보기의 剧场(극장), 演员(배우), 剧本(대본)을 통해 인터뷰 대상이 연기와 관련된 예술가임을 예측할 수 있다. 따라서 예술가 인터뷰가 나올 것을 대비해서 듣는다. 특히, 남자가 인터뷰 대상이므로 남자의 말을 주의 깊게 듣는다.

16 중상	A 十分兴奋		A 매우 흥분하다
	B 特别谦逊		B 아주 겸손하다
	C 有点恐惧		C 조금 두려워하다
	D 衷心喜欢		D 진심으로 좋아하다
	问 : 男的起初对参加这个节目的态度如何?		질문 : 처음에 이 프로그램에 참여하는 것에 대한 남자의 태도는 어떠했는가?

해설 남자의 말에서 언급된 起初我是有点害怕的를 듣고, 보기 C 有点恐惧에 체크해 둔다. 질문이 처음에 이 프로그램에 참여하는 것에 대한 남자의 태도는 어떠했는지를 물었으므로, 보기 C가 정답이다.

어휘 谦逊 qiānxùn 웹 겸손하다, 겸허하다   恐惧 kǒngjù 웹 두려워하다, 공포감을 느끼다   衷心 zhōngxīn 웹 진심의, 충심의
　　 起初 qǐchū 웹 처음, 최초

17 중	A 是集体的功劳		A 단체의 공로이다
	B 是个人的荣誉		B 개인의 명예이다
	C 是对努力的回报		C 노력에 대한 보답이다
	D 有得天独厚的条件		D 특별히 뛰어난 조건을 갖추고 있다
	问 : 男的对票房高持有什么观点?		질문 : 남자는 흥행 수입이 높은 것에 대해 어떤 관점을 가지고 있는가?

해설 남자의 말에서 언급된 我觉得音乐剧票卖得好是所有演员齐心协力的结果, 而不是我一个人的功劳。를 듣고, 보기 A 是集体的功劳에 체크해 둔다. 질문이 남자는 흥행 수입이 높은 것에 대해 어떤 관점을 가지고 있는지를 물었으므로, 보기 A가 정답이다.

어휘 集体 jítǐ 웹 단체   功劳 gōngláo 웹 공로   荣誉 róngyù 웹 명예   回报 huíbào 웹 보답하다, 보복하다
　　 得天独厚 détiāndúhòu 솅 특별히 뛰어난 조건을 갖추다   票房 piàofáng 웹 흥행 수입, 매표소   持有 chíyǒu 웹 가지고 있다, 소지하다
　　 观点 guāndiǎn 웹 관점

18 중상	A 尽量降低成本		A 자본금을 최대한 낮춘다
	B 朝多元化发展		B 다원화를 향해 발전한다
	C 模仿其他国家		C 다른 나라를 모방한다
	D 重视作品质量		D 작품 품질을 중시한다
	问 : 怎样才能扩散音乐剧的理念?		질문 : 어떻게 하면 뮤지컬 이념을 확산시킬 수 있는가?

해설 남자의 말에서 언급된 想要把音乐剧的理念扩散出去, 还是需要有质量上乘的作品을 듣고, 보기 D 重视作品质量에 체크해 둔다. 질문이 어떻게 하면 뮤지컬 이념을 확산시킬 수 있는지를 물었으므로, 보기 D가 정답이다.

어휘 成本 chéngběn 웹 자본금, 원가   多元化 duōyuánhuà 웹 다원화하다   模仿 mófǎng 웹 모방하다, 흉내 내다
　　 重视 zhòngshì 웹 중시하다   扩散 kuòsàn 웹 확산하다, 퍼지다   音乐剧 yīnyuèjù 뮤지컬   理念 lǐniàn 웹 이념, 사상

19 중상	A 剧场高档豪华		A 극장이 고급스럽고 호화롭다
	B 音乐精益求精		B 음악에 공을 들인다
	C 演员演技出色		C 배우의 연기가 뛰어나다
	D 剧本打动人心		D 대본이 사람의 마음을 울린다
	问 : 男的认为对音乐剧创作来说, 重要的是什么?		질문 : 남자가 생각하기에 뮤지컬 창작에 있어서, 중요한 것은 무엇인가?

해설 남자의 말에서 언급된 我们都要在一起聊剧本。如果缺少这个重要的过程, 演员再出彩, 音乐再动听, 也不一定出现打动人心的好故事를 듣고, 보기 D 剧本打动人心에 체크해 둔다. 질문이 남자가 생각하기에 뮤지컬 창작에 있어서 중요한 것은 무엇인지를 물었으므로, 보기 D가 정답이다.

어휘 剧场 jùchǎng 웹 극장   高档 gāodàng 웹 고급스러운, 고급의   豪华 háohuá 웹 호화롭다   精益求精 jīngyìqiújīng 솅 공을 들이다

演技 yǎnjì 圈 연기　出色 chūsè 圈 뛰어나다, 특별히 좋다　剧本 jùběn 圈 대본, 극본　打动 dǎdòng 圈 마음을 울리다, 감동시키다
音乐剧 yīnyuèjù 뮤지컬　创作 chuàngzuò 圈 (문예 작품을) 창작하다

20
상

A 现在能够独立编剧	A 현재 독자적으로 대본을 쓸 수 있다
B 是世界著名的导演	B 세계에서 유명한 감독이다
C 热衷于录制综艺节目	C 예능 프로그램 녹화에 열중한다
D 想要参与音乐剧的创作	D 뮤지컬 창작에 참여하고 싶어한다
问：关于男的，可以知道什么？	질문 : 남자에 관하여, 무엇을 알 수 있는가?

해설 여자의 말에서 언급된 就是说演员可以从头到尾独立策划一部属于自己的音乐剧。您有这样的梦想吗?와 남자의 말에서 언급된 是
的，我会把更多时间放在创作上，今后也一直都会这样。을 듣고, 보기 D 想要参与音乐剧的创作에 체크해 둔다. 질문이 남자에 관하
여 알 수 있는 것을 물었으므로, 보기 D가 정답이다.

어휘 独立 dúlì 圈 독자적으로 하다, 독립하다　编剧 biānjù 圈 대본을 쓰다, 각본을 쓰다　热衷 rèzhōng 圈 열중하다, 몰두하다
录制 lùzhì 圈 녹화하다　综艺节目 zōngyì jiémù 예능 프로그램　参与 cānyù 圈 참여하다, 참가하다　音乐剧 yīnyuèjù 뮤지컬
创作 chuàngzuò 圈 (문예 작품을) 창작하다

21-25

第21到25题是根据下面一段采访：

男：罗女士，您是一名书籍史专家，曾经还担任过哈佛大
学图书馆馆长，您对书是否怀有特殊的情感？

女：是的，一直以来，我的研究和日常生活都是围绕书
的，所以书对我来说有着特殊的意义。25我的藏书很
多，大概有满满一屋子吧。闲下来的时候，我会经常
去书店，翻新书的同时，感受光滑的质感和香气四溢
的油墨味儿。

男：您刚才说您特别爱收藏和翻阅纸质的书本，那么您
又是怎么看待书籍数字化这个现象的？

女：21总的来说，我很看好书籍数字化这一现象。因为这
是一种让知识走进大众的方式。我认为知识面前人
人平等。世界上的每个人，无论是贫困还是富裕，都
应该有权利去丰富自己的思想，享受阅读带来的乐
趣。22在十八世纪的欧洲，大多数群众没有足够的钱
来买书，没有阅读的机会，这才引发了欧洲的启蒙
运动。不过当时印刷技术和宗教的限制，使普及阅
读有难度。而今天大不相同，我们有了互联网这种
有效的辅助手段，每个人可以做到随时随地阅读书
籍。

男：23您认为在书籍数字化的普及过程中存在哪些困难
呢？

女：在普及的过程中存在不少困难，其中，最大的阻碍
是商业化。现在保护数字化书籍的商业利益依然是
一个无法解决的难题。因此，有关机构和公司还是
不愿意进一步开发数字化书籍。23其次是版权问题。
相关版权法规定，版权保护期不但要包含作者的一
生，还要额外再加七十年。我认为这项法律是不太
合理的，这其实意味着大多数书籍的版权保护期大
约超过了一个世纪。

21-25번 문제는 다음 인터뷰에 근거한다.

남 : 뤄 여사님, 당신은 서적사 전문가로, 이전에는 하버드 대학교 도서관 관장
을 맡은 적이 있으신데, 당신은 책에 대해 특별한 감정을 품고 계시나요?

여 : 네, 그동안 저의 연구와 일상 생활은 모두 책에 둘러싸여 있어서, 책은 저에
게 있어 특별한 의미가 있습니다. 25저는 소장 도서가 많은데, 아마 방 하나
를 꽉 채울 겁니다. 한가할 때, 저는 자주 서점에 가서 새 책을 펼쳐 보는 동
시에, 매끄러운 질감과 사방에 퍼지는 잉크 냄새를 느낍니다.

남 : 당신은 방금 종이 재질의 책을 소장하고 훑어보는 것을 특히 좋아한다
고 말씀하셨는데, 그렇다면 당신은 책의 디지털화라는 이 현상을 어떻게
보시나요?

여 : 21전반적으로 말하면, 저는 책의 디지털화 현상을 좋게 봅니다. 이것은 지
식이 대중 속으로 들어오게 하는 방식이기 때문입니다. 저는 지식 앞에서
누구나 평등하다고 생각합니다. 세계의 모든 사람들은, 빈곤하든 부유하
든, 모두 자기 생각을 풍요롭게 하고, 독서가 가져오는 즐거움을 누릴 권리
가 있습니다. 2218세기의 유럽에서는 대다수의 대중이 책을 살 충분한 돈
이 없었고, 책을 읽을 기회가 없었는데, 이것이 유럽의 계몽 운동을 촉발시
켰습니다. 다만 당시 인쇄 기술과 종교의 제한은 독서 보급을 어렵게 했죠.
그러나 오늘날은 크게 달라졌는데, 우리는 인터넷이라는 이러한 효과적
인 보조 수단이 있어, 모든 사람들이 언제 어디서나 책을 읽을 수 있어요.

남 : 23당신은 책을 디지털화하는 보급 과정에 어떤 어려움이 있다고 생각하
시나요?

여 : 보급하는 과정에는 많은 어려움이 있는데, 그중 가장 큰 장애물은 상업
화입니다. 현재 디지털화된 책의 상업적 이익을 보호하는 것은 여전히 해
결할 수 없는 난제입니다. 그러므로, 관련 기관과 회사는 아직도 디지털화
된 책을 개발하기를 원하지 않습니다. 23그 다음은 저작권 문제입니다. 관
련 저작권법에서 규정하기를, 저작권 보호 기한은 작가의 일생을 포함해
야 할 뿐만 아니라, 그 외에 70년을 더 추가해야 합니다. 저는 이 법률 항목
이 합리적이지 않다고 생각하는데, 이는 사실상 대다수 서적의 저작권 보
호 기한이 대략 한 세기를 넘는다는 것을 의미합니다.

男: 那么您目前有怎样的设想?	남: 그렇다면 당신은 현재 어떤 구상을 갖고 계십니까?
女: ²⁴我目前的设想是创立一个数字公共图书馆, 用一个开发好的系统, 把所有研究型图书馆的电子图书连接起来, 再对所有人免费开放。	여:²⁴저의 현재 구상은 디지털 공공 도서관을 설립하고, 잘 개발된 시스템으로 모든 연구형 도서관의 전자책을 연결하여, 모든 이들에게 무료로 개방하는 것입니다.

어휘 女士 nǚshì 몡 여사, 부인　书籍 shūjí 몡 서적, 책　专家 zhuānjiā 몡 전문가　曾经 céngjīng 뮈 이전에, 일찍이
担任 dānrèn 동 맡다, 담당하다　哈佛大学 Hāfó Dàxué 고유 하버드 대학교　怀有 huáiyǒu 동 (마음속에) 품고 있다, 지니고 있다
特殊 tèshū 톙 특별하다, 특수하다　情感 qínggǎn 몡 감정, 느낌　日常 rìcháng 톙 일상의, 일상적인　围绕 wéirào 동 둘러싸다
意义 yìyì 몡 의미, 의의　藏书 cángshū 몡 소장 도서　屋子 wūzi 몡 방　闲 xián 톙 한가하다　翻 fān 동 펼치다, 뒤집다
感受 gǎnshòu 동 느끼다, 받다　光滑 guānghuá 톙 (물체의 표면이) 매끄럽다, 반들반들하다　质感 zhìgǎn 몡 질감
香气四溢 xiāngqì sìyì 향기가 사방에 퍼지다　油墨 yóumò 몡 (인쇄용) 잉크　收藏 shōucáng 동 소장하다, 보관하다
翻阅 fānyuè 동 훑어보다, 뒤져보다　纸质 zhǐzhì 몡 종이 재질　看待 kàndài 동 ~에 대하여 보다, 대우하다　数字化 shùzìhuà 동 디지털화하다
现象 xiànxiàng 몡 현상　大众 dàzhòng 몡 대중　方式 fāngshì 몡 방식, 방법　平等 píngděng 톙 평등하다
贫困 pínkùn 톙 빈곤하다, 곤궁하다　富裕 fùyù 톙 부유하다　权利 quánlì 몡 권리　思想 sīxiǎng 몡 생각, 사상
享受 xiǎngshòu 동 누리다, 즐기다　乐趣 lèqù 몡 즐거움, 기쁨　欧洲 Ōuzhōu 고유 유럽　群众 qúnzhòng 몡 대중, 군중
引发 yǐnfā 동 촉발하다, 일으키다　启蒙 qǐméng 동 계몽하다, 기초 지식을 전수하다　印刷 yìnshuā 동 인쇄하다　宗教 zōngjiào 몡 종교
限制 xiànzhì 동 제한　普及 pǔjí 동 보급되다, 확산되다　辅助 fǔzhù 톙 보조적인, 부차적인　手段 shǒuduàn 몡 수단, 방법
存在 cúnzài 동 있다, 존재하다　阻碍 zǔ'ài 몡 장애물　商业化 shāngyèhuà 상업화　利益 lìyì 몡 이익, 이득　依然 yīrán 뮈 여전히
机构 jīgòu 몡 기관　开发 kāifā 동 개발하다, 개척하다　版权 bǎnquán 몡 저작권　相关 xiāngguān 동 (서로) 관련되다
包含 bāohán 동 포함하다, 내포하다　额外 éwài 톙 그 외의, 정액 외의　合理 hélǐ 톙 합리적이다　意味着 yìwèizhe 동 의미하다, 뜻하다
目前 mùqián 몡 현재, 지금　设想 shèxiǎng 동 구상하다, 고려하다　创立 chuànglì 동 설립하다, 창립하다　公共 gōnggòng 톙 공공의
系统 xìtǒng 몡 시스템, 체계　连接 liánjiē 동 연결하다, 잇다　开放 kāifàng 동 개방하다

21-25번 보기의 **阅读**(읽다), **书籍**(책), **图书馆**(도서관)을 통해 인터뷰 대상이 책과 관련된 전문가임을 예측할 수 있다. 따라서 특정 분야 전문가 인터뷰가 나올 것을 대비해서 듣는다. 특히, 여자가 인터뷰 대상이므로 여자의 말을 주의 깊게 듣는다.

21
중

A 会引领启蒙运动的潮流	A 계몽 운동의 흐름을 이끌 수 있다
B 可加强民主的自由观念	B 민주적인 자유 관념을 강화할 수 있다
C 可以使知识文化大众化	C 지식 문화를 대중화시킬 수 있다
D 能增加普及阅读的难度	D 읽기 보급의 난이도를 증가할 수 있다
问 : 女的是怎样看待书籍数字化的?	질문 : 여자는 책의 디지털화를 어떻게 보는가?

해설 여자의 말에서 언급된 总的来说, 我很看好书籍数字化这一现象。因为这是一种让知识走进大众的方式。을 듣고, 보기 C 可以使知识文化大众化에 체크해 둔다. 질문이 여자는 책의 디지털화를 어떻게 보는지를 물었으므로, 보기 C가 정답이다.

어휘 引领 yǐnlǐng 동 이끌다, 인도하다　启蒙 qǐméng 동 계몽하다　潮流 cháoliú 몡 흐름, 추세, 경향　民主 mínzhǔ 톙 민주적이다
观念 guānniàn 몡 관념, 사상　普及 pǔjí 동 보급되다, 확산되다　难度 nándù 몡 난이도　书籍 shūjí 몡 책, 서적
数字化 shùzìhuà 동 디지털화하다

22
중

A 宗教制度压迫人民	A 종교 제도가 국민을 억압한다
B 科学技术比较落后	B 과학 기술이 비교적 낙후하다
C 大家对阅读有偏见	C 사람들은 읽는 것에 대해 편견이 있다
D 群众缺乏阅读机会	D 대중은 읽을 기회가 부족하다
问 : 女的认为是什么引发了欧洲启蒙运动?	질문 : 여자는 무엇이 유럽 계몽 운동을 촉발시켰다고 생각하는가?

해설 여자의 말에서 언급된 在十八世纪的欧洲, 大多数群众没有足够的钱来买书, 没有阅读的机会, 这才引发了欧洲的启蒙运动。을 듣고, 보기 D 群众缺乏阅读机会에 체크해 둔다. 질문이 여자가 생각하는 유럽의 계몽 운동을 촉발시킨 원인을 물었으므로, 보기 D가 정답이다.

어휘 宗教 zōngjiào 몡 종교　制度 zhìdù 몡 제도　压迫 yāpò 동 억압하다　落后 luòhòu 동 낙후되다, 뒤떨어지다　偏见 piānjiàn 몡 편견
群众 qúnzhòng 몡 대중, 군중　引发 yǐnfā 동 촉발하다, 일으키다　欧洲 Ōuzhōu 고유 유럽　启蒙 qǐméng 동 계몽하다

제1회

제2회

제3회

제4회

제5회
듣기

제6회

해커스 해설이 상세한 HSK 6급 실전모의고사

23
중상

A 资金投入还不充足
B 版权的保护期过长
C 读者不能适应数字化
D 电子书籍的购买途径少

问：下列哪项属于书籍数字化的困难？

A 자금의 투입이 여전히 충분하지 않다
B 저작권 보호 기간이 너무 길다
C 독자는 디지털화에 적응하지 못한다
D 전자 서적 구매 경로가 적다

질문：다음 중 책의 디지털화의 어려움에 속하는 것은?

해설 남자의 말에서 언급된 您认为在书籍数字化的普及过程中存在哪些困难呢?와 여자의 말에서 언급된 其次是版权问题。相关版权法
规定, 版权保护期不但要包含作者的一生, 还要额外再加七十年。을 듣고, 보기 B 版权的保护期过长에 체크해 둔다. 질문이 책의 디
지털화의 어려움에 속하는 것을 물었으므로, 보기 B가 정답이다.

어휘 资金 zījīn 몡 자금　投入 tóurù 동 투입하다, 넣다　版权 bǎnquán 몡 저작권　数字化 shùzìhuà 동 디지털화하다
书籍 shūjí 몡 서적, 책　途径 tújìng 몡 경로, 수단

24
중

A 修改相关的版权法
B 推出更多的收费书籍
C 创立数字公共图书馆
D 建立更多的私人图书馆

问：女的对书籍数字化有怎样的设想？

A 관련된 저작권법을 수정한다
B 더 많은 유료 서적을 출시한다
C 디지털 공공 도서관을 설립한다
D 더 많은 개인 도서관을 설립한다

질문：책의 디지털화에 대해 여자는 어떤 구상이 있는가?

해설 여자의 말에서 언급된 我目前的设想是创立一个数字公共图书馆을 듣고, 보기 C 创立数字公共图书馆에 체크해 둔다. 질문이 책의 디
지털화에 대해 여자는 어떤 구상이 있는지를 물었으므로, 보기 C가 정답이다.

어휘 修改 xiūgǎi 동 수정하다, 고치다　版权法 bǎnquánfǎ 몡 저작권법　推出 tuīchū 동 출시하다, 내놓다
收费书籍 shōufèi shūjí 유료 서적　创立 chuànglì 동 설립하다, 창립하다　公共 gōnggòng 몡 공공의　建立 jiànlì 동 설립하다, 세우다
私人 sīrén 몡 개인, 민간　书籍 shūjí 몡 책, 서적　设想 shèxiǎng 동 구상하다, 고려하다

25
상

A 专门研究出版法
B 家里收藏了很多书
C 是知名的历史学家
D 创立了一个图书馆

问：关于女的, 下列哪项正确？

A 출판법을 전문적으로 연구한다
B 집에 많은 책을 소장하고 있다
C 저명한 역사학자이다
D 도서관을 하나 설립했다

질문：여자에 관하여, 다음 중 옳은 것은?

해설 여자의 말에서 언급된 我的藏书很多, 大概有满满一屋子吧。를 듣고, 보기 B 家里收藏了很多书에 체크해 둔다. 질문이 여자에 관하
여 옳은 것을 물었으므로, 보기 B가 정답이다. 참고로, 맨 마지막 문제의 단서는 인터뷰 초중반에 언급되기도 한다.

어휘 出版 chūbǎn 동 출판하다　收藏 shōucáng 동 소장하다, 보관하다　知名 zhīmíng 톙 저명한, 잘 알려진
创立 chuànglì 동 설립하다, 창립하다

26-30

第26到30题是根据下面一段采访:
女：大家都知道, 26在 "五一四紧急降落事件" 中, 川航机
长刘传建用果断的操作使飞机安全降落, 26整个飞机没
有一例人员伤亡。今天, 这位英雄机长来到了我们的节
目现场, 下面就请他为我们讲讲事故当时的情况吧！
男：五月十四日, 飞机正以每小时八百公里的速度, 在近
万米的高空飞行的时候, 27挡风玻璃突然破裂, 驾驶
舱随即释放压力, 副驾驶员半个身子被吸出了窗外。
整架飞机都在猛烈地抖动, 27同时大部分仪表不能
显示了。

26-30번 문제는 다음 인터뷰에 근거한다.
여: 모두들 아시다시피 26'5·14 비상 착륙 사건'에서, 쓰촨 항공 기장 류촨젠 씨
는 결단력 있는 조종으로 비행기를 안전하게 착륙시켰는데, 26비행기 전체
에서 한 명의 사상자도 없었습니다. 오늘 이 영웅 기장님이 저희 프로그
램 촬영장에 왔는데, 이어서 사고 당시 상황을 청해 듣도록 하겠습니다!
남: 5월 14일, 비행기가 시속 800킬로미터 속도로, 거의 만 미터 고공에서 비
행하고 있을 때, 27바람막이용 유리가 갑자기 파열되서, 조종석에서 즉각
압력을 내보냈고, 부조종사 몸의 절반이 창문 밖으로 빨려 나갔습니다.
비행기 전체가 세차게 흔들렸고, 27동시에 대부분의 계기판이 나오지 않
았습니다.

女: 在这千钧一发的时刻，您做出了怎样的判断？

男: 冷静后，我发现虽然仪表不能显示，但操纵杆还能用。当时飞机正处在青藏高原的边界，27只有飞出这个低温低压的区间，我们才能下降高度。所以，我选择了手动操作的方式。

女: 听说，您完整而准确地进行了每一个操作步骤，那么，28是什么让您保持了清醒的头脑的？

男: 我想，28应该是我在当兵时练就的顽强意志吧。那时，我每天都要穿着单衣，在零下二三十度的早晨跑一万米。在精疲力尽的时候，我总会暗示自己再坚持一下。

女: 然而我听说，比起极端艰险的驾驶舱环境，更严峻的考验是没有飞行参照物。

男: 是的，在大部分仪表出故障后，我们失去了飞行参照物。29那时我就明白，唯一的出路就是依靠经验和平时的基本功。当副驾驶员告诉我，客舱里的旅客全员安全时，我就放心了，同时决定一定要把他们安全送回家。所以我在操作前，把每个细节都在脑海里演练了一遍，确保做到万无一失。

女: 最后想问问您，30"五一四事件"对您有什么样的意义？

男: 对我来说，这既是一场生死搏斗，也是一次意义深远的考验。每次回想起当天的情形，我都心有余悸。但30这次极端的考验让我明白，自己是发自内心热爱飞行员这个职业的，所以我会一直飞到退休为止。

여: 이 위기일발의 순간에, 당신은 어떤 판단을 했나요?

남: 진정한 후, 저는 비록 계기판이 나오지 않는다는 것을 발견했지만, 조종간은 쓸 수 있었죠. 당시 비행기는 칭짱 고원 경계선에 있어서, 27이 저온 저압 구간을 벗어나야만, 고도를 낮출 수 있었습니다. 그래서 저는 수동 조작 방식을 선택했습니다.

여: 듣자 하니 당신은 완전하고 정확하게 각 조작 단계를 진행했는데요, 그렇다면, 28무엇이 당신으로 하여금 뚜렷한 사고력을 유지하게 했나요?

남: 제 생각에는, 28제가 군대에 있을 때 연마하여 몸에 익힌 강인한 의지가 아닐까 싶습니다. 그 당시, 저는 매일 홑옷을 입은채 영하 20~30도의 아침에 10,000m를 달려야 했습니다. 체력이 고갈될 때, 저는 매번 스스에게 좀 더 버텨보자고 암시했습니다.

여: 그러나 지는 극도로 험난한 조종석 환경보다 더 가혹한 시련은 비행 참조물이 없는 것이라고 들었습니다.

남: 네, 대부분의 계기판이 고장이 난 후, 저희는 비행 참조물을 잃었습니다. 29그때 저는 유일한 탈출구는 바로 경험과 평소의 기본기에 의지해야 한다는 것을 알았죠. 부기장이 저에게 객실 내 여행객들 전원이 안전하다고 알려줬을 때, 저는 마음을 놓았고, 동시에 그들을 반드시 안전하게 집으로 돌려보내겠다고 결심했습니다. 그래서 저는 조종하기 전, 각 세부 사항을 머릿속에서 한 번 연습하여, 한 치의 착오도 없이 수행할 것을 확실하게 했습니다.

여: 마지막으로 묻고 싶습니다, 30"5·14사건"은 당신에게 어떤 의미가 있나요?

남: 저에게 있어서, 이것은 삶과 죽음의 투쟁이자, 의미가 깊은 시련입니다. 매번 그날의 상황을 회상할 때마다, 저는 생각만 해도 무섭습니다. 하지만 30이번의 극단적인 시련은, 제 자신이 이 조종사라는 직업을 마음속으로부터 사랑한다는 것을 발견하게 해 주어서, 그래서 저는 은퇴할 때까지 계속 비행할 것입니다.

어휘 紧急 jǐnjí 휑 비상이다, 긴급하다　事件 shìjiàn 휑 사건　川航 Chuān Háng 교유 쓰촨 항공[四川航空公司의 줄임말]　机长 jīzhǎng 휑 기장
果断 guǒduàn 휑 결단력이 있다, 과단성이 있다　操作 cāozuò 휑 조종하다, 조작하다, 다루다　整个 zhěnggè 휑 전체의, 전부의
人员 rényuán 휑 인원, 요원　伤亡 shāngwáng 휑 사상자　英雄 yīngxióng 휑 영웅　现场 xiànchǎng 휑 촬영장, 현장　事故 shìgù 휑 사고
挡风玻璃 dǎngfēng bōlí 바람막이용 유리　破裂 pòliè 휑 파열되다, 터지다　驾驶舱 jiàshǐcāng 휑 조종석, 조타실
随即 suíjí 휑 즉각, 바로　释放 shìfàng 휑 내보내다, 방출하다　副驾驶员 fù jiàshǐyuán 부조종사　猛烈 měngliè 휑 세차다, 맹렬하다
抖动 dǒudòng 휑 흔들다, 떨다　仪表 yíbiǎo 휑 계기판, 측정 기계　显示 xiǎnshì 휑 나오다, 드러내다
千钧一发 qiānjūnyífà 위기일발, 매우 위험하다　时刻 shíkè 휑 순간, 때　操纵杆 cāozònggǎn 휑 조종간[비행기 등을 조작하는 막대 모양의 장치]
青藏高原 Qīngzàng Gāoyuán 교유 칭짱 고원[중국 남서부에 있는 고원]　边界 biānjiè 휑 (지역과 지역 사이의) 경계선　区间 qūjiān 휑 구간
方式 fāngshì 휑 방식, 방법　完整 wánzhěng 휑 완전하다, 온전하다　步骤 bùzhòu 휑 (일이 진행되는) 단계, 절차
保持 bǎochí 휑 유지하다, 지키다　清醒 qīngxǐng 휑 (정신이) 뚜렷하다　头脑 tóunǎo 휑 사고력, 두뇌　当兵 dāngbīng 군대에 가다
练就 liànjiù 휑 연마하여 몸에 익히다　顽强 wánqiáng 휑 강인하다, 완강하다　意志 yìzhì 휑 의지, 의기　单衣 dānyī 휑 홑옷
零下 língxià 휑 (섭씨) 영도 이하　早晨 zǎochen 휑 아침　精疲力尽 jīngpílìjìn 휑 체력이 고갈되다, 몸과 마음이 지치다
暗示 ànshì 휑 암시하다　极端 jíduān 휑 극도로, 몹시　艰险 jiānxiǎn 휑 험난하다　严峻 yánjùn 휑 가혹하다, 심각하다
考验 kǎoyàn 휑 시련을 주다, 시험하다　参照物 cānzhàowù 참조물　故障 gùzhàng 휑 (기계 따위의) 고장, 결함　失去 shīqù 휑 잃다
唯一 wéiyī 휑 유일한　出路 chūlù 휑 탈출구　依靠 yīkào 휑 의존하다, 의지하다　基本功 jīběngōng 휑 기본기　客舱 kècāng 휑 객실, 선실
全员 quányuán 휑 전원, 모든 사람　细节 xìjié 휑 세부 사항, 자세한 부분　脑海 nǎohǎi 휑 머릿속　演练 yǎnliàn 휑 연습하다, 훈련하다
确保 quèbǎo 휑 확실하게 하다, 확보하다　万无一失 wànwúyìshī 한치의 착오도 없다　意义 yìyì 휑 의미, 의의
搏斗 bódòu 휑 투쟁하다　情形 qíngxing 휑 상황, 형편　心有余悸 xīnyǒuyújì 휑 (이미 지나간 위험한 일이지만) 생각만 해도 무섭다
发自 fāzì ~로부터 나오다　热爱 rè'ài 휑 사랑하다, 열렬히 좋아하다　飞行员 fēixíngyuán 휑 조종사, 비행사
退休 tuìxiū 휑 은퇴하다, 퇴직하다

26-30번 보기의 飞机(비행기), 飞行(비행하다), 飞行员(조종사)을 통해 인터뷰 대상이 비행기와 관련된 전문가임을 예측할 수 있다. 따라서 특정 분야 전문가 인터뷰가 나올 것을 대비해서 듣는다. 특히, 남자가 인터뷰 대상이므로 남자의 말을 주의 깊게 듣는다.

26

중

A 设备运行正常	A 설비 운행이 정상적이다
B 没有人员伤亡	B 사상자가 없다
C 飞机的机翼断了	C 비행기의 날개가 끊어졌다
D 爆炸前有种种预兆	D 폭발하기 전에 각종 전조가 있다
问 : 关于那起事故, 下列哪项正确?	질문 : 그 사고에 관하여, 다음 중 옳은 것은?

해설 여자의 말에서 언급된 在"五一四紧急降落事件"中……整个飞机没有一例人员伤亡을 듣고, 보기 B 没有人员伤亡에 체크해 둔다. 질문이 그 사고에 관하여 옳은 것을 물었으므로, 보기 B가 정답이다.

어휘 设备 shèbèi 圆 설비, 시설   运行 yùnxíng 图 운행하다   伤亡 shāngwáng 圆 사상자   机翼 jīyì 圆 비행기의 날개
爆炸 bàozhà 图 폭발하다   预兆 yùzhào 圆 전조, 조짐   事故 shìgù 圆 사고

27

상

A 低温低压	A 저온 저압
B 噪音过大	B 소음이 지나치게 크다
C 仪器损坏	C 계기판이 손상되다
D 挡风玻璃破裂	D 바람막이용 유리가 파열되다
问 : 下列哪项不属于机长遇到的困难?	질문 : 다음 중 기장이 마주친 어려움에 속하지 않는 것은?

해설 남자의 말에서 언급된 挡风玻璃突然破裂……同时大部分仪表不能显示了……只有飞出这个低温低压的区间을 듣고, 보기 A 低温低压, C 仪器损坏, D 挡风玻璃破裂에 체크해 둔다. 질문이 기장이 마주친 어려움에 속하지 않는 것을 물었으므로, 인터뷰에서 언급되지 않은 보기 B 噪音过大가 정답이다.

어휘 噪音 zàoyīn 圆 소음   仪器 yíqì 圆 계기판   损坏 sǔnhuài 图 손상하다, 파손하다   挡风玻璃 dǎngfēng bōli 바람막이용 유리
破裂 pòliè 图 파열되다, 터지다   机长 jīzhǎng 圆 기장

28

중

A 顽强的意志	A 강인한 의지
B 飞行参照物	B 비행 참조물
C 剧烈抖动的飞机	C 격렬하게 흔들리는 비행기
D 飞机飞行的速度	D 비행기가 비행하는 속도
问 : 是什么让男的保持了清醒的头脑?	질문 : 무엇이 남자로 하여금 뚜렷한 사고력을 유지하게 했는가?

해설 여자의 말에서 언급된 是什么让您保持了清醒的头脑?와 남자의 말에서 언급된 应该是我在当兵时练就的顽强意志吧를 듣고, 보기 A 顽强的意志에 체크해 둔다. 질문이 남자로 하여금 뚜렷한 사고력을 유지하게 한 것은 무엇인지를 물었으므로, 보기 A가 정답이다.

어휘 顽强 wánqiáng 图 강인하다, 강경하다   意志 yìzhì 圆 의지, 의기   飞行 fēixíng 图 비행하다   参照物 cānzhàowù 참조물
剧烈 jùliè 圏 격렬하다   抖动 dǒudòng 图 흔들다, 떨다   保持 bǎochí 图 유지하다, 지키다
清醒 qīngxǐng 圏 (정신이) 뚜렷하다, 분명하다   头脑 tóunǎo 圆 사고력, 두뇌

29

중

A 凭借个人经验	A 개인의 경험에 기댄다
B 更新设备数据	B 설비 데이터를 업데이트한다
C 听从领导指挥	C 지도자의 지휘에 따른다
D 靠同事的协助	D 동료의 협조에 기댄다
问 : 事故发生后, 男的是如何做到安全飞行的?	질문 : 사고가 발생한 후, 남자는 어떻게 안전 비행을 했는가?

해설 남자의 말에서 언급된 那时我就明白, 唯一的出路就是依靠经验和平时的基本功。을 듣고, 보기 A 凭借个人经验에 체크해 둔다. 질문이 사고가 발생한 후, 남자는 어떻게 안전 비행을 했는지를 물었으므로, 보기 A가 정답이다.

어휘 凭借 píngjiè ~에 기대다, ~에 의지하다   更新 gēngxīn 업데이트하다, 갱신하다   设备 shèbèi 圆 설비, 시설   数据 shùjù 圆 데이터
听从 tīngcóng 图 따르다   指挥 zhǐhuī 图 지휘하다   协助 xiézhù 图 협조하다   事故 shìgù 圆 사고

A 从此变得镇静果断	A 이때부터 침착하고 결단력이 있게 되었다
B 摆脱了对飞行的恐惧	B 비행에 대한 두려움에서 벗어났다
C 改掉了迟疑不决的性格	C 머뭇거리며 결정하지 못하는 성격을 고쳤다
D 发现自己热爱飞行员职业	D 자신이 조종사 직업을 사랑한다는 것을 발견했다
问：该事件对男的有什么意义？	질문 : 이번 사건은 남자에게 어떤 의미가 있는가?

해설 여자의 말에 언급된 "五一四事件"对您有什么样的意义？와 남자의 말에서 언급된 这次极端的考验让我明白，自己是发自内心热爱飞行员这个职业의를 듣고, 보기 D 发现自己热爱飞行员职业에 체크해 둔다. 질문이 이번 사건은 남자에게 어떤 의미가 있는지를 물었으므로, 보기 D가 정답이다.

어휘 从此 cóngcǐ ⨖ 이때부터, 이후로　镇静 zhènjìng ⓗ (마음·기분이) 침착하다, 냉정하다　果断 guǒduàn ⓗ 결단력이 있다, 과단성이 있다
摆脱 bǎituō ⓗ (속박·규제 등에서) 벗어나다, 빠져나오다　飞行 fēixíng ⓗ 비행하다　恐惧 kǒngjù ⓗ 두렵다, 무섭다
迟疑不决 chíyí bù jué 머뭇거리며 결정하지 못하다　热爱 rè'ài ⓗ 사랑하다, 열렬히 좋아하다　飞行员 fēixíngyuán ⓖ 조종사, 비행사
意义 yìyì ⓖ 의미, 의의

31-33

第31到33题是根据下面一段话：

　　每当人们看到鲸鱼在岸边搁浅的新闻，不禁会对鲸鱼搁浅这一现象产生疑惑。世界上第一个记录鲸鱼搁浅现象的人是希腊哲学家亚里士多德，他直率地告诉人们："鲸鱼究竟为什么会搁浅？我无法回答这一难题。"而古代某个著名学者却把鲸鱼搁浅现象解释为"集体自杀"，这显然是不科学的，因为鲸鱼不可能具有人类那样丰富的感情，再说鲸鱼一旦搁浅后，往往格外惊恐，甚至发出悲惨的求救声。

　　在几千年的时间里，人类对于鲸鱼搁浅的原因做了很多研究。³¹有动物学家指出，大多数鲸鱼搁浅与其体内的回声定位系统有关。因为鲸鱼并不依靠眼睛，而是用一种高灵敏度的回声定位系统来导航和捕食。³¹寄生虫或者疾病等原因，都可能使回声定位系统出现故障，导致鲸鱼迷失方向，四处乱窜。³¹船只的声响也会使鲸鱼的回声定位系统发生紊乱。此外，环保主义者指出，³¹环境污染也可能是影响鲸鱼回声定位系统的原因。他们认为那些污染海水的化学物质可能会扰乱鲸鱼的感觉。

　　³²如果鲸鱼搁浅，就会在短时间内窒息而死亡。因此，³³目前很多环保人士都守候在鲸鱼经常搁浅的地方，一旦发现有鲸鱼搁浅，他们会努力让这些鲸鱼重返大海。但遗憾的是，这种方法的结局都不是太好，因为那些鲸鱼的大脑已经严重损伤了。

31-33번 문제는 다음 내용에 근거한다.

　　매번 사람들은 고래가 해안가에 고립되었다는 뉴스를 볼 때마다, 고래가 고립된 이 현상에 대해 의문이 절로 생긴다. 세계에서 처음으로 고래가 고립된 현상을 기록한 사람은 그리스 철학자 아리스토텔레스인데, 그는 사람들에게 "고래는 도대체 왜 고립될까요? 저는 이 난제에 대답할 수 없습니다."라고 솔직하게 말했다. 그런데 고대의 어느 유명한 학자는 고래가 고립되는 현상을 '집단 자살'로 설명했다. 이는 명백히 비과학적인데, 고래는 인간처럼 그렇게 풍부한 감정을 가질 수 없기 때문이나. 게나가 고래는 고립된 후, 종종 유달리 놀라 두려워하고, 심지어 구해 달라는 슬픈 소리도 냈다.

　　몇 천 년의 시간 동안, 인류는 고래가 고립되는 원인에 대한 낳은 연구를 했다. ³¹일부 동물학자는, 대다수의 고래가 고립되는 것은 체내의 반향정위 시스템과 관련이 있다고 지적한다. 고래는 눈에 의지하지 않고, 고도로 민감한 반향 정위 시스템으로 길을 찾거나 먹이를 잡기 때문이다. ³¹기생충 혹은 질병 등의 원인은 모두 반향정위 시스템에 결함을 일으켜, 고래가 방향을 잃거나, 사방으로 마구 날뛰는 것을 초래한다. ³¹선박의 수중 음파 탐지기도 고래의 반향정위 시스템에 혼란이 발생하게 한다. 이 밖에, 환경 보호주의자들은 ³¹환경 오염 또한 고래의 반향정위 시스템에 영향을 끼치는 원인이라고 지적한다. 그들은 바닷물을 오염시키는 화학 물질이 고래의 감각을 어지럽힌다고 생각한다.

　　³²만약 고래가 고립되면, 짧은 시간 안에 질식하여 사망하게 된다. 이 때문에, ³³현재 많은 환경 보호가들은 고래가 자주 고립되는 곳에서 기다리고 있는데, 일단 고래가 고립되는 것을 발견하면, 그들은 이 고래들을 바다로 다시 돌려보내기 위해 노력할 것이다. 하지만 유감스럽게도, 이러한 방법의 결말은 그리 좋지 않은데, 그 고래들의 뇌는 이미 심각하게 손상되었기 때문이다.

어휘 鲸鱼 jīngyú ⓖ 고래　岸边 ànbiān ⓖ 해안가　搁浅 gēqiǎn ⓗ 고립되다, (배가) 좌초하다　不禁 bùjīn ⨖ 절로, 자기도 모르게
疑惑 yíhuò ⓖ 의문, 의심　记录 jìlù ⓗ 기록하다　希腊 Xīlà ⓖⓖ 그리스　哲学家 zhéxuéjiā ⓖ 철학자
亚里士多德 Yàlìshìduōdé ⓖⓖ 아리스토텔레스　直率 zhíshuài ⓗ 솔직하다, 거리낌없다　古代 gǔdài ⓖ 고대　集体 jítǐ ⓖ 집단
自杀 zìshā ⓗ 자살하다　显然 xiǎnrán ⓗ 명백하다, 분명하다　人类 rénlèi ⓖ 인간, 인류　惊恐 jīngkǒng ⓗ 놀라서 두려워하다, 질겁하다
悲惨 bēicǎn ⓗ 슬프다, 비참하다　回声定位系统 huíshēng dìngwèi xìtǒng 반향정위 시스템[동물이 스스로 소리를 내어서 그것이 물체에 부딪쳐
되돌아오는 음파를 받아 정위하는 일]　依靠 yīkào ⓗ 의지하다, 의존하다　灵敏度 língmǐndù ⓖ 민감도　导航 dǎoháng ⓗ (길을) 찾다, 인도하다
捕食 bǔshí ⓗ 먹이를 잡다　寄生虫 jìshēngchóng ⓖ 기생충　疾病 jíbìng ⓖ 질병　故障 gùzhàng ⓖ 결함, 고장
迷失 míshī ⓗ (방향·길 등을) 잃다　四处 sìchù ⓖ 사방, 도처　乱窜 luàncuàn ⓗ 마구 날뛰다　船只 chuánzhī ⓖ 선박, 배
声呐 shēngnà ⓖ 수중 음파 탐지기　紊乱 wěnluàn ⓗ 혼란하다, 어지럽다　化学 huàxué ⓖ 화학　物质 wùzhì ⓖ 물질

扰乱 rǎoluàn 圖 어지럽히다, 혼란시키다　窒息 zhìxī 圖 질식하다　死亡 sǐwáng 圖 사망, 멸망　守候 shǒuhòu 圖 기다리다
遗憾 yíhàn 圖 유감스럽다, 섭섭하다　结局 jiéjú 圖 결말　损伤 sǔnshāng 圖 손상되다

31 상	A 鲸鱼分辨方向时只能靠眼睛	A 고래가 방향을 구분할 때는 오직 눈에 의지할 수 밖에 없다
	B 环境污染会扰乱鲸鱼的定位系统	B 환경 오염은 고래의 반향정위 시스템을 어지럽힌다
	C 疾病会使鲸鱼的定位系统出现故障	C 질병은 고래의 반향정위 시스템을 고장나게 할 수 있다
	D 船只的声呐会影响鲸鱼的定位系统	D 선박의 수중 음파 탐지기는 고래의 반향정위 시스템에 영향을 끼친다
	问 : 下列哪项<u>不属于</u>鲸鱼搁浅的科学依据?	질문 : 다음 중 고래가 고립되는 과학적 근거에 **속하지 않는** 것은?

해설 음성에서 언급된 有动物学家指出, 大多数鲸鱼搁浅与其体内的回声定位系统有关。……寄生虫或者疾病等原因, 都可能使回声定位系统出现故障……船只的声呐也会使鲸鱼的回声定位系统发生紊乱。……环境污染也可能是影响鲸鱼回声定位系统的原因을 듣고, 보기 B 环境污染会扰乱鲸鱼的定位系统, C 疾病会使鲸鱼的定位系统出现故障, D 船只的声纳会影响鲸鱼的定位系统에 체크해 둔다. 질문이 고래가 고립되는 과학적 근거에 속하지 않는 것을 물었으므로, 음성에서 언급되지 않은 보기 A 鲸鱼分辨方向时只能靠眼睛이 정답이다.

어휘 鲸鱼 jīngyú 圖 고래　分辨 fēnbiàn 圖 구분하다　扰乱 rǎoluàn 圖 어지럽히다, 혼란시키다
定位系统 dìngwèi xìtǒng 반향정위 시스템[동물이 스스로 소리를 내어서 그것이 물체에 부딪쳐 되돌아오는 음파를 받아 정위하는 일]
疾病 jíbìng 圖 질병　故障 gùzhàng 圖 고장, 결함　船只 chuánzhī 圖 선박, 배　声呐 shēngnà 圖 수중 음파 탐지기
搁浅 gēqiǎn 圖 고립되다, 좌초하다　依据 yījù 圖 근거

32 상	A 大脑恢复正常	A 대뇌가 정상으로 회복한다
	B 鲸鱼窒息死亡	B 고래가 질식하며 사망한다
	C 鲸鱼被送到动物园	C 고래는 동물원에 보내진다
	D 鲸鱼自己重返大海	D 고래는 스스로 바다로 다시 돌아간다
	问 : 如果鲸鱼搁浅, 会出现什么现象?	질문 : 만약 고래가 고립된다면, 어떤 현상이 나타날 수 있는가?

해설 음성에서 언급된 如果鲸鱼搁浅, 就会在短时间内窒息而死亡。을 듣고, 보기 B 鲸鱼窒息死亡에 체크해 둔다. 질문이 만약 고래가 고립된다면 어떤 현상이 나타날 수 있는지를 물었으므로, 보기 B가 정답이다.

어휘 鲸鱼 jīngyú 圖 고래　窒息 zhìxī 圖 질식하다　死亡 sǐwáng 圖 사망, 멸망　重返 chóngfǎn 圖 다시 돌아가다
搁浅 gēqiǎn 圖 고립되다, 좌초하다

33 상	A 一种疾病	A 일종의 질병이다
	B 捕食行为	B 먹이를 잡는 행위이다
	C 被困在岸边	C 해안가에 갇힌다
	D 在浅水区游泳	D 얕은 구역에서 수영한다
	问 : 这段话中"搁浅"指的是什么?	질문 : 이 글에서 언급된 '고립되다'는 무엇을 가리키는가?

해설 음성에서 언급된 目前很多环保人士都守候在鲸鱼经常搁浅的地方, 一旦发现有鲸鱼搁浅, 他们会努力让这些鲸鱼重返大海를 듣고, 보기 C 被困在岸边에 체크해 둔다. 질문이 이 글에서 언급된 '고립되다'는 무엇을 가리키는지를 물었으므로, 보기 C가 정답이다.

어휘 疾病 jíbìng 圖 질병　捕食 bǔshí 圖 먹이를 잡다　岸边 ànbiān 圖 해안가　浅水区 qiǎnshuǐqū 얕은 구역
搁浅 gēqiǎn 圖 고립되다, 좌초하다

第34到36题是根据下面一段话：

　　近日，世界自然基金会与可口可乐公司携手合作，在首尔开设了一家"垃圾超市"。这家超市不仅有先进的垃圾回收系统，还有丰富多样的商品供市民购买。³⁴/³⁵进入"垃圾超市"后，市民可以把已用完的易拉罐或塑料瓶投进回收机器人里，³⁴机器人则会通过摄像头识别垃圾种类，并对它们进行分类。之后市民在回收机器人上输入手机号码，就可以按照投入的易拉罐和塑料瓶的数量，在手机账户上获得相应的积分。³⁵积分可以当作现金使用，只要在结算的时候报出手机号，就可以直接购买超市内的所有商品。而机器人所回收的易拉罐和塑料瓶将被运走并循环利用。

　　此外，可口可乐公司还在超市内配备了可以用易拉罐和瓶盖制作手表和汽车模型的体验中心，许多大人会带着孩子来参与体验。这种寓教于乐，又能宣传环保意识的做法获得了大众的一致好评。

　　世界自然基金会的工作人员表示，³⁶如果能够妥善回收大量的塑料瓶和易拉罐，并利用新技术加以循环使用，将会为城市创造出可观的财富。

34-36번 문제는 다음 내용에 근거한다.

　　최근, 세계 자연 기금과 코카콜라는 서로 손을 잡고 협력하여, 서울에 '쓰레기 마트'를 개점했다. 이 마트는 선진적인 쓰레기 회수 시스템이 있을 뿐만 아니라, 풍부하고 다양한 상품들도 시민들이 구매하도록 제공한다. ³⁴/³⁵'쓰레기 마트'에 들어서면 시민들은 다 쓴 캔이나 페트병을 회수 로봇 안에 넣을 수 있는데, ³⁴로봇은 카메라를 통해 쓰레기 종류를 식별하여, 그것들에 대한 분류를 진행한다. 그 다음에 시민들이 회수 로봇에 휴대 전화 번호를 입력하면, 투입한 캔과 페트병의 수량에 따라 휴대 전화 계좌에 상응하는 포인트를 획득할 수 있다. ³⁵포인트는 현금처럼 사용할 수 있어서, 계산할 때 휴대 전화 번호를 말하기만 하면, 마트 내 모든 상품을 바로 구입할 수 있다. 그리고 로봇이 회수한 캔과 페트병은 운반되어 재활용된다.

　　이 밖에, 코카콜라 회사는 마트 내에 캔과 병뚜껑으로 시계와 자동차 모형을 만들어 볼 수 있는 체험 센터도 설치했는데, 많은 어른들은 아이들을 데리고 와서 체험에 참여할 수 있다. 이러한 즐거운 방식으로 가르치고, 또 환경 보호 의식을 홍보할 수 있는 방법은 대중들의 한결같은 호평을 받았다.

　　세계 자연 기금의 관계자는, ³⁶만약 대량의 페트병과 캔을 적절히 회수하고, 신기술을 이용해 재활용할 수 있다면, 도시를 위한 굉장한 부를 창조할 수 있을 것이라고 말했다.

어휘　世界自然基金会 Shìjiè Zìrán Jījīnhuì 고유 세계 자연 기금[WWF]　携手 xiéshǒu 통 서로 손을 잡다　合作 hézuò 통 협력하다
　　开设 kāishè 통 개최하다, 개설하다　先进 xiānjìn 휑 선진적이다, 앞서다　回收 huíshōu 통 회수하다　系统 xìtǒng 명 시스템
　　商品 shāngpǐn 명 상품, 제품　供 gōng 통 제공하다, 공급하다　市民 shìmín 명 시민　易拉罐 yìlāguàn 명 (음료수나 캔 식품 등의) 캔
　　塑料瓶 sùliàopíng 페트병　机器人 jīqìrén 명 로봇　摄像头 shèxiàngtóu 명 카메라, 웹 캠　识别 shíbié 통 식별하다, 변별하다
　　种类 zhǒnglèi 명 종류　分类 fēnlèi 통 분류하나　输入 shūrù 통 입력하다　投入 tóurù 통 투입하다, 뛰어들다　账户 zhànghù 명 계좌
　　相应 xiāngyìng 통 상응하다, 서로 맞다　积分 jīfēn 명 포인트, 누계 점수　结算 jiésuàn 통 계산하다, 결산하다　运走 yùnzǒu 운반하다
　　循环利用 xúnhuán lìyòng 재활용, 순환 이용　此外 cǐwài 졥 이 밖에, 이 외에　配备 pèibèi 통 설치하다, 배치하다　瓶盖 pínggài 병뚜껑
　　制作 zhìzuò 통 만들다, 제작하다　模型 móxíng 명 모형, 모본　体验 tǐyàn 통 체험하다　中心 zhōngxīn 명 센터, 중심
　　参与 cānyù 통 참여하다, 참가하다　寓教于乐 yù jiào yú lè 즐거운 방식으로 가르치다　宣传 xuānchuán 통 홍보하다, 광고하다
　　意识 yìshí 명 의식　一致好评 yízhì hǎopíng 한결같은 호평　妥善 tuǒshàn 혱 적절하다, 알맞다　创造 chuàngzào 통 창조하다, 발명하다
　　可观 kěguān 혱 굉장하다, 가관이다　财富 cáifù 명 부, 자산

34	A 维持超市治安	A 마트의 치안을 유지한다
중	B 结算进口商品	B 수입 상품을 계산한다
	C 识别垃圾种类	C 쓰레기 종류를 식별한다
	D 修复废旧物品	D 낡은 물품을 원상 복구한다
	问：超市内的机器人可以做什么？	질문 : 마트 안의 로봇은 무엇을 할 수 있는가?

해설　음성에서 언급된 进入"垃圾超市"后……机器人则会通过摄像头识别垃圾种类，并对它们进行分类를 듣고, 보기 C 识别垃圾种类에 체크해 둔다. 질문이 마트 안의 로봇은 무엇을 할 수 있는지를 물었으므로, 보기 C가 정답이다.

어휘　维持 wéichí 통 유지하다　治安 zhì'ān 명 치안　结算 jiésuàn 통 계산하다, 결산하다　进口 jìnkǒu 통 수입하다
　　商品 shāngpǐn 명 상품, 제품　识别 shíbié 통 식별하다, 변별하다　种类 zhǒnglèi 명 종류
　　修复 xiūfù 통 원상 복구하다, 수리하여 복원하다　废旧 fèijiù 혱 낡은, 오래된　物品 wùpǐn 명 물품　机器人 jīqìrén 명 로봇

제1회
제2회
제3회
제4회
제5회
듣기
제6회

해커스 해설이 상세한 HSK 6급 실전모의고사

35 中상	A 使用积分购物 B 欣赏建筑模型 C 贩卖二手产品 D 学习垃圾分类方式	A 포인트를 사용하여 쇼핑한다 B 건축물 모형을 감상한다 C 중고품을 판매한다 D 쓰레기 분류 방식을 배운다
	问 : 市民能在 "垃圾超市" 做什么?	질문 : 시민들은 '쓰레기 마트'에서 무엇을 할 수 있는가?

해설 음성에서 언급된 进入"垃圾超市"后……积分可以当作现金使用, 只要在结算的时候报出手机号, 就可以直接购买超市内的所有商品。을 듣고, 보기 A 使用积分购物에 체크해 둔다. 질문이 시민들은 '쓰레기 마트'에서 무엇을 할 수 있는지를 물었으므로, 보기 A가정답이다.

어휘 积分 jīfēn 圓 포인트, 누계 점수   欣赏 xīnshǎng 圄 감상하다   建筑 jiànzhù 圓 건축물   模型 móxíng 圓 모형
贩卖 fànmài 圄 판매하다, 팔다   二手产品 èrshǒu chǎnpǐn 중고품   分类 fēnlèi 圄 분류하다

36 中	A 会耗费大量人力 B 能创造更多财富 C 可维持现在的规模 D 将继续开发先进技术	A 대량의 인력을 소모한다 B 더 많은 부를 창조할 수 있다 C 현재의 규모를 유지할 수 있다 D 선진적인 기술을 계속 개발할 것이다
	问 : "垃圾超市" 的发展前景如何?	질문 : '쓰레기 마트'의 발전 전망은 어떠한가?

해설 음성에서 언급된 如果能够妥善回收大量的塑料瓶和易拉罐, 并利用新技术加以循环使用, 将会为城市创造出可观的财富를 듣고, 보기 B 能创造更多财富에 체크해 둔다. 질문이 '쓰레기 마트'의 발전 전망은 어떠한지를 물었으므로, 보기 B가 정답이다.

어휘 耗费 hàofèi 圄 소모하다, 소비하다   创造 chuàngzào 圄 창조하다, 발명하다   财富 cáifù 圓 부, 자산   维持 wéichí 圄 유지하다
规模 guīmó 圓 규모   开发 kāifā 圄 개발하다   先进 xiānjìn 圄 선진적이다, 앞서다

37-39

第37到39题是根据下面一段话:

　　二〇一八年, 美国 "洞察" 号无人探测器在火星成功着陆, 首次执行了人类探究火星的任务。研究团队日前表示, [37]该无人探测器因火星测温设备发生故障而暂停工作一段时间后, 近日又恢复了运行, 将继续观测火星的 "体温"。

　　据悉, 这套测温设备由德国航空航天中心提供, 主要用于测量火星温度及内部的热流动。该设备有一个长约40厘米的钉子, 能从火星表面往下延伸五米, 这对探测工作十分有利。但在今年二月, 开始执行任务后不久, 该设备受到阻碍而 "停工" 了, 可延伸范围也从五米变成了三十厘米。

　　研究团队认为, "洞察" 号的工作离不开摩擦力。在进行挖掘工作时, 需要靠周围的土壤增加摩擦力。[38]此次故障的原因可能是测温设备周围的土壤没能提供足够的摩擦力, 也可能是在地下碰到了体积较大的岩石。

　　研究团队尝试了各种方法, [39]比如调整该设备的机械臂, 让其提供更大的支撑力, 这可以为继续下探增加摩擦力。但目前还不能确定这一方法是否有效, 所以为了让该设备正常工作, 他们将继续找寻最佳方案。

37-39번 문제는 다음 내용에 근거한다.

　　2018년, 미국 '인사이트호' 무인 탐사선이 화성에 성공적으로 착륙하여, 인류가 화성을 탐구하는 임무를 처음으로 수행했다. 연구팀은 며칠 전[37]이 무인 탐사선에 화성 온도 측정 설비의 결함이 발생한 것 때문에 한동안 작업을 중단한 뒤, 최근에 다시 운행을 회복했고, 화성의 '체온'을 계속해서 관측할 것이라고 밝혔다.

　　소식에 따르면, 이 온도 측정 설비는 독일 항공 우주 센디에서 세상한 것으로, 주로 화성 온도 및 내부의 열 흐름을 측량하는 데 사용된다. 이 설비에는 길이가 약 40cm인 못이 있는데, 화성 표면으로부터 5m 아래로 뻗어 나갈 수 있어서, 탐측 작업에 매우 유리하다. 하지만 올해 2월, 임무를 수행하기 시작한 지 얼마 지나지 않아, 이 설비는 장애물을 만나 '가동 중지'되었으며, 확장 가능한 범위도 5m에서 30cm로 변했다.

　　연구팀은, '인사이트호'의 작업은 마찰력과 떨어질 수 없다고 생각한다. 발굴 작업을 할 때, 주변의 토양에 의지해 마찰력을 증가시키는 것이 필요하다. [38]이번 결함의 원인도 아마 온도 측정 설비 주변의 토양이 충분한 마찰력을 제공하지 못하였거나, 땅속에서 부피가 비교적 큰 암석에 부딪혔을 수도 있다.

　　연구팀은 다양한 방법을 시도했는데, [39]예를 들어 이 설비의 로봇 팔을 조절함으로써 더 큰 지지력을 제공하게 만든 것인데, 이것은 계속 내려가서 탐측하기 위한 마찰력을 증가시킬 수 있다. 하지만 현재 이 방법이 효과가 있는지는 아직 확실하지 않기 때문에, 이 설비가 정상적으로 작업할 수 있게 하기 위해서 그들은 최선의 방안을 계속 모색할 것이다.

어휘 洞察号 Dòngcháhào [고유] 인사이트호[미국 항공 우주국(NASA)의 화성 탐사선]　探测器 tàncèqì 탐사선　火星 Huǒxīng [고유] 화성
着陆 zhuólù [동] 착륙하다　执行 zhíxíng [동] 수행하다, 집행하다　人类 rénlèi [명] 인류　探究 tànjiū [동] 탐구하다　日前 rìqián [명] 며칠 전
测温 cè wēn 온도를 측정하다　设备 shèbèi [명] 설비, 시설　故障 gùzhàng [명] (기계 따위의) 결함, 고장　恢复 huīfù [동] 회복하다
运行 yùnxíng [동] (차·열차·배·별 등이) 운행하다　观测 guāncè [동] 관측하다, 살피다　体温 tǐwēn [명] 체온　据悉 jùxī [동] 소식에 따르다
德国 Déguó [고유] 독일　航空 hángkōng [동] 항공하다, 비행하다　航天 hángtiān [동] 우주 비행하다　中心 zhōngxīn [명] 센터, 중심
测量 cèliáng [동] 측량하다　内部 nèibù [명] 내부　热流动 rèliúdòng 열 흐름　厘米 límǐ [양] 센티미터(cm)　钉子 dīngzi [명] 못
表面 biǎomiàn [명] 표면, 겉　延伸 yánshēn [동] 뻗다, 확장하다　探测 tàncè [동] 탐측하다, 탐지하다　有利 yǒulì [형] 유리하다, 이롭다
阻碍 zǔ'ài [명] 장애물, 장애　摩擦力 mócālì [명] 마찰력　挖掘 wājué [동] 발굴하다　靠 kào [동] 의지하다, 기대다　土壤 tǔrǎng [명] 토양, 흙
足够 zúgòu [형] 충분하다　碰 pèng [동] (우연히) 부딪치다, 만나다　体积 tǐjī [명] 부피, 체적　岩石 yánshí [명] 암석, 바위
尝试 chángshì [동] 시도해 보다, 테스트해 보다　调整 tiáozhěng [동] 조절하다, 조정하다　机械臂 jīxièbì 로봇 팔　支撑力 zhīchēnglì 지지력
下探 xiàtàn [동] 내려가서 탐측하다　目前 mùqián [명] 현재, 지금　确定 quèdìng [형] 확실하다, 분명하다　找寻 zhǎoxún [동] 모색하다, 찾다
方案 fāng'àn [명] 방안

37 하	A 控制装置	A 조종 장치
	B 能源系统	B 에너지 시스템
	C 机械手臂	C 로봇 팔
	D 测温设备	D 온도 측정 설비
	问：该探测器的哪个部分发生了故障?	질문 : 이 탐사선의 어떤 부분에 결함이 생겼는가?

해설 음성에서 언급된 该无人探测器因火星测温设备发生故障而暂停工作一段时间后를 듣고, 보기 D 测温设备에 체크해 둔다. 질문이 이 탐사선의 어떤 부분에 결함이 생겼는지를 물었으므로, 보기 D가 정답이다.

어휘 控制装置 kòngzhì zhuāngzhì 조종 장치　能源系统 néngyuán xìtǒng 에너지 시스템　机械手臂 jīxiè shǒubì 로봇 팔
测温 cè wēn 온도를 측정하다　设备 shèbèi [명] 설비, 시설　探测器 tàncèqì 탐사선, 탐측기　故障 gùzhàng [명] (기계 따위의) 결함, 고장

38 중	A 无法深入固定	A 깊게 고정할 수 없다
	B 设备电力不足	B 설비 전력이 부족하디
	C 周围摩擦力不够	C 주변의 마찰력이 부족하다
	D 火星土壤温度太高	D 화성 토양 온도가 너무 높다
	问：下列哪项可能是该探测器产生故障的原因?	질문 : 다음 중 이 탐사선에 결함이 발생한 원인은 아마도 무엇인가?

해설 음성에서 언급된 此次故障的原因可能是测温设备周围的土壤没能提供足够的摩擦力를 듣고, 보기 C 周围摩擦力不够에 체크해 둔다. 질문이 탐사선에 결함이 발생한 원인은 아마도 무엇인지를 물었으므로, 보기 C가 정답이다.

어휘 深入 shēnrù [동] 깊이 들어가다　固定 gùdìng [동] 고정하다　设备 shèbèi [명] 설비, 시설　电力 diànlì [명] 전력
摩擦力 mócālì [명] 마찰력　火星 Huǒxīng [고유] 화성　土壤 tǔrǎng [명] 토양, 흙　探测器 tàncèqì 탐사선, 탐측기
故障 gùzhàng [명] 결함, 고장

39 중상	A 机械故障已被修复	A 기계 결함은 이미 원상 복구되었다
	B 其测温设备来自英国	B 온도 측정 설비는 영국에서 온 것이다
	C 或许机械臂能解决故障	C 어쩌면 로봇 팔이 결함을 해결할 수 있다
	D 可能受到了地下水的阻碍	D 지하수의 방해를 받았을 것이다
	问：关于该探测器, 可以知道什么?	질문 : 이 탐사선에 관하여, 무엇을 알 수 있는가?

해설 음성에서 언급된 比如调整该设备的机械臂, 让其提供更大的支撑力, 这可以为继续下探增加摩擦力를 듣고, 보기 C 或许机械臂能解决故障에 체크해 둔다. 질문이 이 탐사선에 관하여 알 수 있는 것을 물었으므로, 보기 C가 정답이다.

어휘 机械 jīxiè [명] 기계　故障 gùzhàng [명] 결함, 고장　修复 xiūfù [동] 원상 복구하다, 수리하여 복원하다　测温 cè wēn 온도를 측정하다
设备 shèbèi [명] 설비, 시설　或许 huòxǔ [부] 어쩌면, 아마　机械臂 jīxièbì 로봇 팔　阻碍 zǔ'ài [명] 방해, 장애
探测器 tàncèqì 탐사선, 탐측기

第40到43题是根据下面一段话：

旧石器时代人类进行的远距离迁徙，奠定了现代人类及其文化分布的基本格局。⁴⁰新石器时代依然存在大范围的人类迁徙和文化交流，其中，以彩陶为代表的早期农业文化——⁴⁰/⁴³"彩陶文化"成为了中西方文化交流最重要的内容之一。

中国西部甘肃、青海、四川、新疆以及西藏地区的"彩陶文化"，都以黄河中游一个名为仰韶的地方文化为基础，"彩陶文化"盛行的时间长达一千五百年之久。此外，⁴¹"彩陶文化"向西传播的通道也被称为"彩陶之路"。近些年"彩陶之路"一词的意义已经演变为早期中国文化向西拓展的道路。早期中国农业文化持续向西传播的现象，⁴¹农民们不断向西行进，寻找新家园的举动，⁴¹都是通过"彩陶之路"完成的。与此同时，西方的小麦、羊、马、车以及青铜器和铁器冶炼技术等也顺着这条通道逐渐传到了中国。

⁴²"彩陶之路"就是早期中西文化交流的主要通道。它是"彩陶文化"中必不可少的存在，对中西方文明的形成和发展都产生了重要影响。

40-43번 문제는 다음 내용에 근거한다.

구석기 시대 인류가 진행한 장거리 이주는 현대 인류 분포와 인류 문화 분포의 기본적인 구조를 다졌다. ⁴⁰신석기 시대는 여전히 넓은 범위의 인류 이주와 문화 교류가 존재했지만, 그중, 채도를 대표로 하는 초기 농업 문화인 ⁴⁰/⁴³'채도 문화'는 중국과 서양 문화 교류의 가장 중요한 내용 중 하나가 되었다.

중국 서부 간쑤성, 칭하이성, 쓰촨성, 신장 위구르 자치구 및 시짱 자치구 지역의 '채도 문화'는 모두 황하 중류의 양사오라고 하는 지역의 문화를 기초로 하였는데, '채도 문화'가 성행한 기간은 1500년에 달한다. 이 밖에, ⁴¹'채도 문화'가 서쪽으로 전파된 경로는 '채도의 길'이라고도 불린다. 최근 몇 년 동안 '채도의 길'이라는 단어의 의미는 초기 중국 문화가 서쪽으로 확장하던 길로 이미 변천했다. 초기 중국 농업 문화가 지속적으로 서쪽으로 전파된 현상과, ⁴¹농민들이 끊임없이 서쪽으로 전진하고 새로운 집을 찾는 행동 모두 ⁴¹'채도의 길'을 통해서 완성된 것이다. 이와 동시에, 서방의 밀, 양, 말, 수레 그리고 청동기와 철기 제련 기술 등도 이 경로를 따라서 점차 중국에 전해졌다.

⁴²'채도의 길'은 바로 초기 중국과 서양 문화 교류의 중요한 경로이다. 그것은 '채도 문화'에 있어서 없어서는 안 되는 존재이고, 중국과 서양 문명의 형성과 발전에 모두 중요한 영향을 끼쳤다.

어휘 旧石器时代 [고유] Jiùshíqì Shídài 구석기 시대　人类 rénlèi [명] 인류　迁徙 qiānxǐ [동] 이주하다, 옮겨 가다　奠定 diàndìng [동] 다지다
现代 xiàndài [명] 현대　分布 fēnbù [동] 분포하다, 널려 있다　基本 jīběn [형] 기본적인　格局 géjú [명] 구조, 짜임새
新石器时代 [고유] Xīnshíqì Shídài 신석기 시대　依然 yīrán [부] 여전히　存在 cúnzài [동] 존재하다　范围 fànwéi [명] 범위
彩陶 cǎitáo [명] 채도[중국 신석기 시대의 채문 토기]　代表 dàibiǎo [동] 대표하다　早期 zǎoqī [명] 초기　农业 nóngyè [명] 농업
彩陶文化 Cǎitáo Wénhuà [고유] 채도 문화[양사오 문화(仰韶文化)라고도 하며, 중국 황하(黄河) 유역의 신석기 시대 문화이다]
甘肃 Gānsù [고유] 간쑤성[중국의 지명]　青海 Qīnghǎi [고유] 칭하이성[중국의 지명]　四川 Sìchuān [고유] 쓰촨성[중국의 지명]
新疆 Xīnjiāng [고유] 신장 위구르 자치구[중국의 지명]　以及 yǐjí [접] 및, 그리고　西藏 Xīzàng [고유] 시짱 자치구[티베트, 중국의 지명]
地区 dìqū [명] 지역　中游 zhōngyóu [명] (강의) 중류　仰韶 Yǎngsháo [고유] 양사오[허난성에 위치한 도시]
盛行 shèngxíng [동] 성행하다, 널리 유행하다　此外 cǐwài [접] 이 밖에, 이 외에　传播 chuánbō [동] 전파하다, 널리 퍼뜨리다
通道 tōngdào [명] 경로, 통로　意义 yìyì [명] 의미, 뜻　演变 yǎnbiàn [동] 변천하다, 변화 발전하다　拓展 tuòzhǎn [동] 확장하다, 넓히다
持续 chíxù [동] 지속하다　行进 xíngjìn [동] 전진하다, 앞으로 나아가다　寻找 xúnzhǎo [동] 찾다, 구하다　家园 jiāyuán [명] 집, 집의 정원
举动 jǔdòng [명] 행동, 동작　与此同时 yǔcǐ tóngshí 이와 동시에　小麦 xiǎomài [명] 밀　青铜器 qīngtóngqì [명] 청동기　铁器 tiěqì [명] 철기
冶炼技术 yěliàn jìshù 제련 기술　逐渐 zhújiàn [부] 점차, 점점　必不可少 bìbùkěshǎo [성] 없어서는 안 되다　文明 wénmíng [명] 문명
形成 xíngchéng [동] 형성하다, 이루다　产生 chǎnshēng [동] 끼치다, 나타나다

40	A 青铜时代	A 청동기 시대
中	B 铁器时代	B 철기 시대
	C 旧石器时代	C 구석기 시대
	D 新石器时代	D 신석기 시대
	问："彩陶文化"出现在哪个时期？	질문 : '채도 문화'는 어느 시기에 출현했는가?

해설 음성에서 언급된 新石器时代依然存在大范围的人类迁徙和文化交流，其中，以彩陶为代表的早期农业文化——"彩陶文化"를 듣고, 보기 D 新石器时代에 체크해 둔다. 질문이 '채도 문화'가 출현한 시기를 물었으므로, 보기 D가 정답이다.

어휘 青铜时代 [고유] Qīngtóng Shídài 청동기 시대　铁器时代 [고유] Tiěqì Shídài 철기 시대
旧石器时代 [고유] Jiùshíqì Shídài 구석기 시대　新石器时代 [고유] Xīnshíqì Shídài 신석기 시대
彩陶文化 Cǎitáo Wénhuà [고유] 채도 문화[양사오 문화(仰韶文化)라고도 하며, 중국 황하(黄河) 유역의 신석기 시대 문화이다]　时期 shíqī [명] 시기

41	A 小麦等作物进入中国	A 밀 등의 농작물이 중국에 들어온다
상	B 四大发明被西方接受	B 4대 발명이 서양에서 받아들여진다
	C 农民向西行进寻觅家园	C 농민이 서쪽으로 전진하여 집을 찾는다
	D 青铜冶炼技术传入西方	D 청동 제련 기술이 서양에 전해진다
	问 : "彩陶文化"向西传播体现在哪个方面?	질문 : '채도 문화'가 서쪽으로 전파된 것은 어떤 방면에서 나타났는가?

해설 음성에서 언급된 "彩陶文化"向西传播的通道……农民们不断向西行进……都是通过"彩陶之路"完成的를 듣고, 보기 C 农民向西行进寻觅家园에 체크해 둔다. 질문이 '채도 문화'가 서쪽으로 전파된 것은 어떤 방면에서 나타났는지를 물었으므로, 보기 C가 정답이다.

어휘 小麦 xiǎomài 圈 밀 作物 zuòwù 농작물 四大发明 sìdà fāmíng 4대 발명 行进 xíngjìn 圄 전진하다 寻觅 xúnmì 찾다
家园 jiāyuán 집, 집의 정원 青铜 qīngtóng 청동 冶炼技术 yěliàn jìshù 제련 기술
彩陶文化 Cǎitáo Wénhuà 卫冊 채도 문화[양사오 문화(仰韶文化)라고도 하며, 중국 황하(黄河) 유역의 신석기 시대 문화이다]
传播 chuánbō 圄 전파하다, 널리 퍼뜨리다 体现 tǐxiàn 圄 나타내다, 구현하다

42	A 交流通道	B 科研项目	A 소통 통로	B 과학 연구 항목
상	C 商业合作	D 工业成果	C 비즈니스 협력	D 공업 성과
	问 : 根据这段话，"彩陶之路"指的是什么?		질문 : 이 글에 근거하여, '채도의 길'이 가리키는 것은 무엇인가?	

해설 음성에서 언급된 "彩陶之路"就是早期中西文化交流的主要通道。를 듣고, 보기 A 交流通道에 체크해 둔다. 질문이 이 글에 근거하여, '채도의 길'이 가리키는 것은 무엇인지를 물었으므로, 보기 A가 정답이다.

어휘 通道 tōngdào 圈 통로, 경로 科研 kēyán 과학 연구[科学研究의 줄임말] 项目 xiàngmù 圈 항목 商业 shāngyè 圈 비즈니스, 상업
合作 hézuò 圄 협력하다 工业 gōngyè 圈 공업 成果 chéngguǒ 圈 성과

43	A 以军事发展为主导	A 군사 발전을 주도로 한다
중상	B 是人口增加的根源	B 인구 증가의 근원이다
	C 只影响了中国西部地区	C 중국 서부 지역에만 영향을 끼쳤다
	D 促进了中西方文化交流	D 중국과 서양의 문화 교류를 촉진시켰다
	问 : 关于"彩陶文化"，下列哪项正确?	질문 : '채도 문화'에 관하여, 다음 중 옳은 것은?

해설 음성에서 언급된 "彩陶文化"成为了中西方文化交流最重要的内容之一를 듣고, 보기 D 促进了中西方文化交流에 체크해 둔다. 질문이 '채도 문화'에 관하여 옳은 것을 물었으므로, 보기 D가 정답이다.

어휘 军事 jūnshì 圈 군사 主导 zhǔdǎo 圈 주도 圄 주도하다 人口 rénkǒu 圈 인구 根源 gēnyuán 圈 근원
促进 cùjìn 圄 촉진시키다, 촉진하다 彩陶文化 Cǎitáo Wénhuà 卫冊 채도 문화[양사오 문화(仰韶文化)라고도 하며, 중국 황하(黄河) 유역의 신석기 시대 문화이다]

44-47

第44到47题是根据下面一段话:

　　⁴⁴人们使用的煤、石油和天然气都是千百万年前埋在地下的动植物，经过漫长的地质年代演变而形成的，⁴⁴它们被称为化石能源。到目前为止，化石能源仍是全球最主要的能源。然而随着人类的过度开采，⁴⁵化石能源的枯竭不可避免，预计大部分化石能源会在本世纪内被开采完。从环保层面来说，使用化石能源会增加大量的温室气体和其他有污染的烟气，这会严重破坏地球环境，威胁全球气候。因而，⁴⁶开发出更清洁的可再生能源是未来能源的发展方向。

44-47번 문제는 다음 내용에 근거한다.

　　⁴⁴사람들이 사용하는 석탄, 석유와 천연가스는 모두 천백만 년 전 지하에 묻혀 있던 동식물이 긴 지질 시대를 거쳐 변화 발전하며 생긴 것으로, ⁴⁴그것들은 화석 에너지라고 불린다. 현재까지 화석 에너지는 여전히 전 세계에서 가장 중요한 에너지이다. 하지만 인류가 과도하게 채굴함에 따라, ⁴⁵화석 에너지의 고갈은 피할 수 없게 되었고, 대부분의 화석 에너지는 금세기 중에 다 채굴될 것으로 예측된다. 환경 보호 방면에서 말하자면, 화석 에너지를 사용하면 대량의 온실가스와 기타 오염된 연기를 증가시킬 수 있으며, 이는 지구 환경을 심각하게 파괴하고, 전 세계 기후를 위협할 수 있다. 따라서, ⁴⁶보다 깨끗한 재생 에너지를 개발하는 것이 미래 에너지의 발전 방향이다.

众多研究结果表明，生物燃料和化石能源功能相同，但又具有可再生的特点。目前已有科学家致力于研究怎样把木材废料、农业废弃物以及草本植物转化为种类繁多的生物燃料。⁴⁷这些草本植物种植成本低，且产量大。用这种方法制作的生物燃料被称为"草油"，它因环保性好，技术可行性强，所以被认为是最有可能替代传统化石能源的燃料之一。人类历史上的能源新纪元——"草油"时代也许很快就要到来了。

수많은 연구 결과에서, 생물 연료는 화석 에너지와 기능은 같지만, 재생이 가능하다는 특징도 갖고 있는 것으로 나타났다. 현재 이미 과학자들이 어떻게 하면 목재 폐기물, 농업 폐기물 그리고 초본 식물을 다양한 생물 연료로 바꿀 수 있는지를 연구하는 데에 힘쓰고 있다. ⁴⁷이러한 초본 식물들은 재배 원가가 낮고, 생산량이 많다. 이런 방법으로 만든 생물 연료는 '초유'라고 불리는데, 그것은 환경 보호에 좋고 기술의 실행 가능성도 크기 때문에, 전통적인 화석 에너지를 대체할 수 있는 가장 유망한 연료 중 하나로 여겨진다. 인류 역사상의 에너지 신기원, '초유'의 시대가 아마도 곧 도래할 것이다.

어휘 煤 méi 몡 석탄　石油 shíyóu 몡 석유　天然气 tiānránqì 몡 천연가스　埋 mái 통 묻다, 매장하다
漫长 màncháng 톙 (시간·공간이) 길다, 멀다　地质 dìzhì 몡 지질, 지질학　年代 niándài 몡 시대, 연대
演变 yǎnbiàn 통 변화 발전하다, 변천하다　称 chēng 통 부르다, 칭하다　化石 huàshí 몡 화석　能源 néngyuán 몡 에너지
目前 mùqián 몡 현재, 지금　为止 wéizhǐ 통 ~까지 이르다　人类 rénlèi 몡 인류　过度 guòdù 톙 과도하다, 지나치다
开采 kāicǎi 통 (지하 자원을) 채굴하다, 발굴하다　枯竭 kūjié 통 고갈되다, 다 쓰다　避免 bìmiǎn 통 피하다, 모면하다　预计 yùjì 통 예측하다
层面 céngmiàn 몡 방면, 분야　温室气体 wēnshì qìtǐ 온실가스　烟气 yānqì 몡 연기　破坏 pòhuài 통 파괴하다, 손상시키다
威胁 wēixié 통 위협하다　因而 yīn'ér 젭 따라서, 그래서　开发 kāifā 통 개발하다, 개척하다　清洁 qīngjié 톙 깨끗하다, 청결하다
可再生能源 kězàishēng néngyuán 몡 재생 에너지　未来 wèilái 톙 미래의, 앞으로의　表明 biǎomíng 통 (분명하게) 나타내다, 표명하다
生物燃料 shēngwù ránliào 생물 연료[비오염원 액체 연료]　功能 gōngnéng 몡 기능, 효능
致力于 zhìlì yú (어떤 일을 하거나 이루기 위해) 힘쓰다, 애쓰다　木材废料 mùcái fèiliào 목재 폐기물
农业废弃物 nóngyè fèiqìwù 농업 폐기물　草本植物 cǎoběn zhíwù 초본 식물[지상부가 연하고 물기가 많은 식물]
种类繁多 zhǒnglèi fánduō 다양하다　种植 zhòngzhí 통 재배하다, 종식하다　成本 chéngběn 몡 원가　产量 chǎnliàng 몡 생산량
制作 zhìzuò 통 만들다, 제작하다　可行性 kěxíngxìng 몡 실행 가능성　替代 tìdài 통 대체하다, 대신하다　传统 chuántǒng 톙 전통적이다
燃料 ránliào 몡 연료　新纪元 xīnjìyuán 몡 신기원[시대의 획을 긋는 사업의 시작]　时代 shídài 몡 시대, 시절

44 하	A 粮食　　　　　　B 金属	A 식량　　　　　　B 금속
	C 矿产　　　　　　D 天然气	C 광산　　　　　　D 천연가스
	问 : 下列哪项属于化石能源?	질문 : 다음 중 화석 에너지에 속하는 것은?

해설 음성에서 언급된 人们使用的煤、石油和天然气都是千百万年前埋在地下的动植物……它们被称为化石能源을 듣고, 보기 D 天然气에 체크해 둔다. 질문이 화석 에너지에 속하는 것을 물었으므로, 보기 D가 정답이다.

어휘 粮食 liángshi 몡 식량　金属 jīnshǔ 몡 금속　矿产 kuàngchǎn 몡 광산　天然气 tiānránqì 몡 천연가스　化石 huàshí 몡 화석
能源 néngyuán 몡 에너지

45 중상	A 形成时间短	A 형성되는 시간이 짧다
	B 迟早会用完	B 머지않아 바닥나게 될 것이다
	C 不影响环境	C 환경에 영향을 미치지 않는다
	D 已代替新能源	D 이미 신에너지를 대체했다
	问 : 化石能源的特点是什么?	질문 : 화석 에너지의 특징은 무엇인가?

해설 음성에서 언급된 化石能源的枯竭不可避免, 预计大部分化石能源会在本世纪内被开采完을 듣고, 보기 B 迟早会用完에 체크해 둔다. 질문이 화석 에너지의 특징을 물었으므로, 보기 B가 정답이다.

어휘 形成 xíngchéng 통 형성하다, 이루다　迟早 chízǎo 뷔 머지않아, 조만간　新能源 xīnnéngyuán 신에너지
代替 dàitì 통 대신하다, 대체하다　化石 huàshí 몡 화석　能源 néngyuán 몡 에너지

46 중	A 降低开采费用	A 채굴 비용을 낮춘다
	B 缩短制造周期	B 제조 주기를 줄인다
	C 利用宇宙资源	C 우주 자원을 이용한다
	D 开发可再生能源	D 재생 에너지를 개발한다
	问 : 未来能源的发展方向是什么?	질문 : 미래 에너지의 발전 방향은 무엇인가?

해커스 해설이 상세한 HSK 6급 실전모의고사

해설 음성에서 언급된 开发出更清洁的可再生能源是未来能源的发展方向을 듣고, 보기 D 开发可再生能源에 체크해 둔다. 질문이 미래 에너지의 발전 방향은 무엇인지를 물었으므로, 보기 D가 정답이다.

어휘 开采 kāicǎi 图 (지하 자원을)채굴하다 费用 fèiyòng 图 비용 缩短 suōduǎn 图 줄이다 制造 zhìzào 图 제조하다
　　 周期 zhōuqī 图 주기 宇宙 yǔzhòu 图 우주 资源 zīyuán 图 자원 开发 kāifā 图 개발하다
　　 可再生能源 kězàishēng néngyuán 图 재생 에너지

47 중상	A 无法实现再生	A 재생을 실현할 수 없다
	B 来源于草本植物	B 초본 식물에서 기원한다
	C 含有多种动物脂肪	C 다양한 동물 지방을 함유한다
	D 是可以燃烧的固体	D 연소할 수 있는 고체이다
	问 : 这段话中提到的 "草油" 具有什么特点?	질문 : 이 글에서 언급된 '초유'는 어떤 특징을 갖고 있는가?

해설 음성에서 언급된 这些草本植物种植成本低, 且产量大。用这种方法制作的生物燃料被称为"草油"를 듣고, 보기 B 来源于草本植物에 체크해 둔다. 질문이 이 글에서 언급된 '초유'는 어떤 특징을 갖고 있는지를 물었으므로, 보기 B가 정답이다.

어휘 再生 zàishēng 图 재생하다 来源于 láiyuán yú ~에서 기원하다 草本植物 cǎoběnzhíwù 图 초본 식물 脂肪 zhīfáng 图 지방
　　 燃烧 ránshāo 图 연소하다 固体 gùtǐ 图 고체

48-50

第48到50题是根据下面一段话:
　　在生物世界, 不仅动物长着眼睛, 植物其实也有"眼睛", [48]植物的眼睛就是植株细胞上的一种光感受器。[50]依靠这种"眼睛", 植物不仅能够"看见"光, 还能识别光波的长度以及光照的时间和强度。植物之所以能把握住生根、换叶和开花的时机, 正是因为有了这双"眼睛"。所有植物的"眼睛"都喜欢阳光, 不过在感受阳光的过程中, 不同植物的"眼睛"对光照的需求量是各不相同的。[49]有的植物只有光照时间超过十二个小时才会开花, 例如稻谷、小麦等。但也有光照时间不足十二个小时也能开花的植物, 例如大豆、豌豆等。还有一些植物并不需要多少阳光, 只要有一点儿阳光就能长得很好。
　　植物学家们目前能从植物细胞中提炼出感光视觉色素, 它既是一种携带着染色体的蛋白质, 也是植物的"眼睛", 这种"眼睛"能使每一个细胞都成为一个光感受器。在不同的时间段内, 光照的强弱也不尽相同, 这会使感光视觉色素随光照的变化而有所变化。植物会通过此类变化识别时间, 有效地促进植物的生长。

48-50번 문제는 다음 내용에 근거한다.
　　생물 세계에서, 동물만 눈을 가지고 있을 뿐만 아니라, 식물도 사실 '눈'이 있는데, [48]식물의 눈은 바로 식물체 세포에 있는 일종의 광수용기이다. [50]이러한 '눈'에 의존하여, 식물은 빛을 '볼' 수 있을 뿐만 아니라, 광파의 길이 및 일조의 시간과 강도도 식별할 수 있다. 식물이 뿌리를 내리고, 잎을 갈고 개화하는 시기를 파악할 수 있는 것은, 바로 이 '눈'이 있기 때문이다. 모든 식물의 '눈'은 햇빛을 좋아하지만, 햇빛을 느끼는 과정 속에서, 서로 다른 식물의 '눈'들이 일조에 대해 요구하는 양은 제각기 다르다. [49]어떤 식물은 일조 시간이 12시간을 초과해야만 개화할 수 있는데, 예를 들어 벼, 밀 등이다. 그러나 일조 시간이 12시간이 채 안 돼도 개화할 수 있는 식물이 있는데, 예를 들어 대두, 완두콩 등이다. 또 어떤 식물들은 그리 많은 햇빛이 필요하지 않고, 약간의 햇빛만 있으면 잘 자랄 수 있다.
　　식물학자들은 현재 식물 세포 속에서 감광 시각 색소를 추출해 낼 수 있는데, 그것은 염색체를 지니고 있는 단백질일 뿐만 아니라 또한 식물의 '눈'이며, 이러한 '눈'은 각 세포를 광수용기가 될 수 있게 한다. 서로 다른 시간대에는 일조의 세기 또한 완전히 같지 않아서, 이는 감광 시각 색소가 일조의 변화에 따라 다소 달라지게 한다. 식물은 이러한 변화를 통해 시간을 식별하여, 효과적으로 식물의 성장을 촉진시킨다.

어휘 生物 shēngwù 图 생물, 생물학 植株 zhízhū 图 식물체 细胞 xìbāo 图 세포
　　 光感受器 guānggǎnshòuqì 图 광수용기[생물체가 광자극을 수용하는 기관] 依靠 yīkào 图 의존하다, 의지하다 识别 shíbié 图 식별하다, 변별하다
　　 光波 guāngbō 图 광파 长度 chángdù 图 길이 光照 guāngzhào 图 일조, 빛을 비추다 把握 bǎwò 图 파악하다, 잡다
　　 生根 shēnggēn 图 뿌리를 내리다 换叶 huànyè 图 잎을 갈다 开花 kāihuā 图 개화하다 时机 shíjī 图 시기
　　 感受 gǎnshòu 图 (영향을) 느끼다, 받다 各不相同 gè bù xiāngtóng 제각기 다르다, 서로 다르다 稻谷 dàogǔ 图 벼 小麦 xiǎomài 图 밀
　　 不足 bùzú 图 (어떤 수에) 채 안되다, 모자라다 植物学家 zhíwùxuéjiā 식물학자 目前 mùqián 图 현재, 지금
　　 提炼 tíliàn 图 추출하다, 정련하다 感光 gǎnguāng 图 감광하다[빛에 강응하여 화학적 변화가 일어나다] 携带 xiédài 图 지니다, 휴대하다
　　 染色体 rǎnsètǐ 图 염색체 蛋白质 dànbáizhì 图 단백질 强弱 qiángruò 图 세기, 강약 不尽相同 bújìn xiāngtóng 완전히 똑같지 않다
　　 视觉 shìjué 图 시각 色素 sèsù 图 색소 促进 cùjìn 图 촉진하다, 촉진시키다 生长 shēngzhǎng 图 성장하다, 자라다

제1회
제2회
제3회
제4회
제5회
듣기
제6회

48	A 豆科植物的根部	A 콩과 식물의 뿌리 부분
하	B 植物周围的土壤	B 식물 주변의 토양
	C 细胞上的光感受器	C 세포의 광수용기
	D 叶片上覆盖的物质	D 잎 위에 덮인 물질
	问 : 植物的 "眼睛" 指的是什么?	질문 : 식물의 '눈'은 무엇을 가리키는가?

해설 음성에서 언급된 植物的眼睛就是植株细胞上的一种光感受器를 듣고, 보기 C 细胞上的光感受器에 체크해 둔다. 질문이 식물의 '눈'이 가리키는 것은 무엇인지를 물었으므로, 보기 C가 정답이다.

어휘 豆科植物 dòukē zhíwù 阌 콩과 식물 根部 gēnbù 阌 뿌리 부분 土壤 tǔrǎng 阌 토양 细胞 xìbāo 阌 세포
光感受器 guānggǎnshòuqì 광수용기[생물체가 광자극을 수용하는 기관] 覆盖 fùgài 阍 덮다 物质 wùzhì 阌 물질

49	A 十几分钟	A 십몇 분
하	B 五六个小时	B 5~6시간
	C 超过十二个小时	C 12시간을 초과하다
	D 没有特定的时间	D 특정한 시간이 없다
	问 : 稻谷需要多长的光照时间?	질문 : 벼는 얼마나 긴 일조 시간을 필요로 하는가?

해설 음성에서 언급된 有的植物只有光照时间超过十二个小时才会开花, 例如稻谷、小麦等。을 듣고, 보기 C 超过十二个小时에 체크해 둔다. 질문이 벼는 얼마나 긴 일조 시간을 필요로 하는지를 물었으므로, 보기 C가 정답이다.

어휘 特定 tèdìng 阍 특정하다 稻谷 dàogǔ 阌 벼 光照 guāngzhào 阌 일조

50	A 传达信息	A 정보를 전달한다
중	B 吸收蛋白质	B 단백질을 흡수한다
	C 分泌遗传物质	C 유전 물질을 분비한다
	D 识别光照强度	D 일조의 세기를 식별한다
	问 : 植物的 "眼睛" 有什么功能?	질문 : 식물의 '눈'은 어떤 기능이 있는가?

해설 음성에서 언급된 依靠这种 "眼睛", 植物不仅能够 "看见" 光, 还能识别光波的长度以及光照的时间和强度를 듣고, 보기 D 识别光照强度에 체크해 둔다. 질문이 식물의 '눈'은 어떤 기능이 있는지를 물었으므로, 보기 D가 정답이다.

어휘 传达 chuándá 阍 전달하다, 전하다 吸收 xīshōu 阍 흡수하다 蛋白质 dànbáizhì 阌 단백질 分泌 fēnmì 阍 분비하다
遗传 yíchuán 阍 유전하다 物质 wùzhì 阌 물질 识别 shíbié 阍 식별하다, 변별하다 光照 guāngzhào 阌 일조 阍 빛을 비추다
功能 gōngnéng 阌 기능, 효능

二、阅读 독해

51 중

A 选手们	/	(从学校)	出发,	//	(到人民公园),	//	跑了	/	超过	(二十多公里)。
주어		부사어	술어1		부사어		술어2		술어	(보어)
선수들은	/	(학교에서)	출발하다,	//	(인민공원까지),	//	달렸다	/	초과하다	(20여 킬로미터를)

해석 선수들은 학교에서 출발하여 인민공원까지 20여 킬로미터를 달렸다 초과한다.

해설 **수의 표현 부분에 불필요한 어휘 중복으로 틀린 경우**

수량과 관련된 표현인 超过와 多가 중복 사용되어 틀린 문장이다. 超过 뒤에는 주로 구체적인 숫자가 오며 '대략적인 수'를 나타내는 多와 함께 쓰이지 않는다. 또한 문장 뒤 부분 술어 跑了와 보어 二十多公里가 문맥상 자연스럽게 어울리므로, 술어가 될 수 있는 超过가 불필요하다. 따라서 超过를 생략해야 옳은 문장이 된다.

★ 옳은 문장 : 选手们从学校出发，到人民公园，跑了二十多公里。
선수들은 학교에서 출발하여 인민공원까지 20여 킬로미터를 달렸다.

어휘 选手 xuǎnshǒu [명] 선수

B (最近),	//	南京、济南等地网友	/	(纷纷)	表示	/	哈啰单车	/	出现了	/	系统异常。
부사어		주어		부사어	술어		주어		술어		목적어
									목적어(주술목구)		
(최근),	//	난징, 지난 등지의 네티즌들은	/	(계속해서)	말한다	/	헬로바이크에	/	생겼다	/	시스템 이상이

해석 최근 난징, 지난 등지의 네티즌들은 헬로바이크에 시스템 이상이 생겼다고 계속해서 말했다.

해설 주어 南京、济南等地网友, 술어 表示, 목적어 哈啰单车出现了系统异常이 문맥상 자연스럽게 어울린다. 시간사 最近 또한 문장 앞 부사어로 적절하게 쓰였다. 따라서 틀린 부분이 없다. 참고로, 목적어는 주어 哈啰单车, 술어 出现了, 목적어 系统异常으로 구성된 주술목구 형태이다. 이와 같이 술어가 表示일 경우, 목적어는 구나 절이 올 수 있다는 점을 알아 둔다.

어휘 南京 Nánjīng [고유] 난징[중국의 지명] 济南 Jǐnán [고유] 지난[중국의 지명] 网友 wǎngyǒu [명] 네티즌
纷纷 fēnfēn [부] 계속해서, 잇달아 哈啰单车 Hāluō Dānchē [고유] 헬로바이크[중국의 공유자전거 업체] 系统 xìtǒng [명] 시스템, 체계
异常 yìcháng [형] 이상하다

C 老人们	/	渴望	/	儿孙	/	抽	/	时间	/	(陪他们)	聊聊	/	家常,	//
주어		술어		주어		술어1		목적어		부사어	술어2		목적어	
노인들은	/	갈망한다	/	자식들이	/	~을 내다	/	시간을	/	(그들과)	이야기하다	/	일상생활을,	//

帮	/	他们	/	冲淡	/	(生活的)	孤寂。
술어3		목적어		술어4		관형어	목적어
				목적어(주술목구)			
~을 돕다	/	그들을	/	가라앉히다	/	(생활의)	적적함을

해석 노인들은 자식들이 시간을 내서 그들과 일상생활을 이야기하고, 그들을 도와 생활의 적적함을 가라앉혀 주기를 갈망한다.

해설 주어 老人们, 술어 渴望, 주술목구 형태의 목적어 儿孙抽时间陪他们聊聊家常, 帮他们冲淡生活的孤寂가 문맥상 자연스럽게 어울린다. 따라서 틀린 부분이 없다.

어휘 渴望 kěwàng [동] 갈망하다 抽 chōu [동] ~을 내다, 뽑아내다 家常 jiācháng [명] 일상생활, 취미
冲淡 chōngdàn [동] 가라앉히다, 희석하다 孤寂 gūjì [형] 적적하다, 외롭고 쓸쓸하다

D 我们	/	(历来)	尊重	/	(世界文明的)	多样性,	//	倡导	/	(不同文明之间的)	交流与合作。
주어		부사어	술어1		관형어	목적어		술어2		관형어	목적어
우리는	/	(줄곧)	존중하다	/	(세계 문명의)	다양성을,	//	제창하다	/	(다른 문명 간의)	교류와 협력을

해석 우리는 줄곧 세계 문명의 다양성을 존중해 왔으며, 다른 문명 간의 교류와 협력을 제창해 왔다.

해설 주어 我们, 술어1 尊重, 목적어 多样性이 문맥상 자연스럽게 어울리고, 술어2 倡导, 목적어 交流与合作도 주어와 문맥상 자연스럽게 어울린다. 따라서 틀린 부분이 없다.

어휘 历来 lìlái [부] 줄곧, 항상 尊重 zūnzhòng [동] 존중하다 文明 wénmíng [명] 문명 倡导 chàngdǎo [동] 제창하다

52
중

A (这幅) 画 / (生动地) 描绘了 / (海洋深处的) 光景, //
관형어 　 주어 　 부사어 　 술어1 　 관형어 　 목적어
(이) 　 그림은 　 (생동감 있게) 　 묘사했다 / (바다 깊숙한 곳의) 　 풍경을, //

体现了 / (人类对海洋的) 向往。
술어2 / 관형어 　 목적어
구현했다 / (바다에 대한 인류의) 　 동경을

해석 이 그림은 바다 깊숙한 곳의 풍경을 생동감 있게 묘사했고, 바다에 대한 인류의 동경을 구현했다.

해설 주어 画, 술어1 描绘了, 목적어 光景이 문맥상 자연스럽게 어울리고, 술어2 体现了, 목적어 向往도 주어와 문맥상 자연스럽게 어울린다. 따라서 틀린 부분이 없다.

어휘 幅 fú 영 폭[그림·천을 세는 단위] 生动 shēngdòng 형 생동감 있다, 생기발랄하다 描绘 miáohuì 동 묘사하다, 그리다
深处 shēnchù 깊숙한 곳, 심층 光景 guāngjǐng 풍경, 경치 体现 tǐxiàn 동 구현하다, 구체적으로 드러내다
人类 rénlèi 명 인류 向往 xiàngwǎng 동 동경하다, 열망하다

　　　　　　앞 절　　　　　　　　　　　　　　　　　뒤 절
B 即便 获得了 / 世界冠军, // 他 / (还是) 坚持 / 每天训练五个小时, //
접속사 　 술어 　 목적어 　 주어 　 부사어 　 술어1 　 목적어
설령 ~하더라도 　 되었다 / 세계 챔피언을, // 그는 / (여전히) 　 지속한다 / 매일 5시간 동안 훈련하는 것을, //

(毫不) 松懈。
부사어 　 술어2
(조금도 ~않는다) 해이하다

해석 설령 세계 챔피언이 되었더라도, 그는 여전히 매일 5시간 동안 훈련하는 것을 지속하고 조금도 해이해지지 않는다.

해설 앞 절의 술어 获得了, 목적어 世界冠军이 문맥상 자연스럽게 어울리고, 뒤 절의 주어 他, 술어1 坚持, 목적어 每天训练五个小时, 술어2 松懈도 문맥상 자연스럽게 어울린다. 앞 절의 주어가 他라는 것을 문맥상 분명하게 알 수 있으므로, 앞 절의 주어는 생략되었다. 또한 가정을 나타내는 접속사 即便도 문맥상 적절히 쓰였다. 따라서 틀린 부분이 없다.

어휘 即便 jíbiàn 접 설령 ~하더라도 冠军 guànjūn 명 챔피언, 우승 训练 xùnliàn 동 훈련하다 松懈 sōngxiè 해이하다, 느슨하다

C (这种) 敏感 / [是] 修建 / (在尊重的基础上) [的], //
관형어 　 주어 　 是 　 술어1 　 보어 　 的
(이러한) 　 민감함은 　 건설하다 / (존중이라는 기초 위에서), //

需要 / (以尊重对方的思维方式) 为 / 前提。
술어2 / 부사어 　 술어 　 목적어
　 　 목적어(술목구)
요구되다 / (상대방의 사유 방식을 존중하는 것을) ~으로 삼다 / 전제 조건

해석 이러한 민감함은 존중이라는 기초 위에서 건설되고, 상대방의 사유 방식을 존중하는 것을 전제 조건으로 삼는 것이 요구된다.

해설 **술어가 전체 문맥에 어울리지 않아 틀린 경우**

술어1이 修建이 문맥상 어울리지 않으므로 틀린 문장이다. 참고로, 修建은 일반적으로 토목 공사와 관련된 문맥에서 사용된다.

★ 옳은 문장 : 这种敏感是建立在尊重的基础上的, 需要以尊重对方的思维方式为前提。
이러한 민감함은 존중이라는 기초 위에서 확립되고, 상대방의 사유 방식을 존중하는 것을 전제 조건으로 삼는 것이 요구된다.

어휘 敏感 mǐngǎn 형 민감하다, 예민하다 修建 xiūjiàn 동 건설하다 对方 duìfāng 명 상대방 思维 sīwéi 명 사유
方式 fāngshì 명 방식, 방법 前提 qiántí 명 전제 조건

D 我们 / (应当) (理智地) 看待 / 政府机构的制度, 办事人员的行为以及相关各种制度。
주어 　 부사어 　 부사어 　 술어 　 목적어
우리는 / (반드시 ~해야 한다) (이성적으로) 　 대하다 / 정부 기관의 제도와 사무원의 행동 및 관련된 각종 제도에 대해

해석 우리는 정부 기관의 제도와 사무원의 행동 및 관련된 각종 제도에 대해 반드시 이성적으로 대해야 한다.

해설 주어 我们, 술어 看待, 목적어 政府机构的制度, 办事人员的行为以及相关各种制度가 문맥상 자연스럽게 어울린다. 또한 조동사 应当, '형용사+地' 형태의 理智地도 술어 看待 앞 부사어로 문맥상 적절히 쓰였다. 따라서 틀린 부분이 없다.

어휘 应当 yīngdāng 조동 반드시 ~해야 한다 理智 lǐzhì 형 이성적이다, 이지적이다 看待 kàndài 동 대하다, 취급하나
政府 zhèngfǔ 명 정부 机构 jīgòu 명 기관, 기기[기관·단체 세 능의 업무 단위] 办事人员 bànshì rényuán 사무원
行为 xíngwéi 명 행동, 행위 以及 yǐjí 접 및, 그리고 相关 xiāngguān 동 (서로) 관련되다

A | (现在的) | 李安 | (仍然) | 在 | (孜孜不倦地) | 学习着 | / | (和电影有关的) | 新技术。

(现在的)	李安	(仍然)	在	(孜孜不倦地)	学习着	(和电影有关的)	新技术。
관형어	주어	부사어	부사어	부사어	술어	관형어	목적어
(요즘의)	리안은	(여전히)	~하고 있다	(지칠 줄 모르고 꾸준히)	공부하고 있다	(영화와 관련된)	새로운 기술을

해석 요즘의 리안은 여전히 영화와 관련된 새로운 기술을 지칠 줄 모르고 꾸준히 공부하고 있다.

해설 주어 李安, 술어 学习着, 목적어 新技术가 문맥상 자연스럽게 어울린다. 또한 부사 仍然, 在, 조사 地를 포함한 孜孜不倦地도 술어 学习着 앞 부사어로 알맞게 배치되었다. 따라서 틀린 부분이 없다.

어휘 李安 Lǐ Ān 고유 리안[중국의 유명한 영화 감독] 孜孜不倦 zīzībújuàn 성 지칠 줄 모르고 꾸준히 하다

B

앞 절				뒤 절				
只要	家里人	(能够)	平平安安的,	我	(工作的时候)	(也)	(就)	没有
접속사	주어	부사어	술어+的	주어	부사어	부사어	부사어	술어
~해야만	식구들이	(~할 수 있다)	평안하다,	내가	(일할 때에)	(~도)	(~이다)	없다

后顾之忧	/	了。
목적어		了
뒷걱정이		了

해석 식구들이 평안할 수 있어야만, 내가 일할 때에도 뒷걱정이 없다.

해설 앞 절의 주어 家里人, 술어 平平安安的가 문맥상 자연스럽게 어울리고, 뒤 절의 주어 我, 술어 没有, 목적어 后顾之忧도 문맥상 자연스럽게 어울린다. 시간/시기를 나타내는 부사어 工作的时候, 부사 也와 就가 뒤 절의 술어 没有 앞 부사어로 적절히 쓰였고, 가정을 나타내는 접속사 只要도 문맥상 적절히 쓰였다. 따라서 틀린 부분이 없다. 참고로, 부사어의 어순은 기본적으로 부사→조동사→개사(구)이지만, 시간/시기를 나타내는 부사어는 부사어들 중 가장 앞에 위치할 수 있다는 점을 알아 둔다.

어휘 平安 píng'ān 형 평안하다, 무사하다 后顾之忧 hòugùzhīyōu 성 뒷걱정

C | (网络文学与纯文学的) | 边界 | (日益) | 模糊, | (只) | 剩下了 | 传播媒介不同这一区别。

(网络文学与纯文学的)	边界	(日益)	模糊,	(只)	剩下了	传播媒介不同这一区别。
관형어	주어	부사어	술어1	(부사어)	술어2	목적어
(인터넷 문학과 순수 문학의)	경계가	(날로)	모호해지나,	(·만)	남았다	전파 매체가 다르다는 차이

해석 인터넷 문학과 순수 분학의 경계가 날로 모호해져서, 전파 매체가 다르다는 차이만이 남았다.

해설 주어 边界, 술어1 模糊가 문맥상 자연스럽게 어울리고, 술어2 剩下了, 목적어 传播媒介不同这一区别도 주어와 문맥상 자연스럽게 어울린다. 따라서 틀린 부분이 없다.

어휘 网络 wǎngluò 명 인터넷, 네트워크 文学 wénxué 명 문학 纯文学 chúnwénxué 명 순수 문학 边界 biānjiè 명 경계, 국경선 日益 rìyì 부 날로, 나날이 더욱 模糊 móhu 형 모호하다, 뚜렷하지 않다 传播 chuánbō 동 전파하다, 널리 퍼뜨리다 媒介 méijiè 명 매체, 매개체

D

有了	/	这种传承方式,	中华传统文化	(能)	(一定)	(在青少年心中)
술어		목적어	주어	부사어	부사어	부사어
있다		이런 전승 방식,	중국의 전통 문화는	(~할 수 있다)	(반드시)	(청소년들의 마음속에서)

生根、开花、结果。
술어
뿌리를 내리고, 꽃을 피우고, 열매를 맺다

해석 이런 전승 방식이 있기에, 중국의 전통 문화는 청소년들 마음속에서 뿌리를 내리고, 꽃을 피우고, 열매를 맺을 수 있을 것이다 반드시.

해설 **부사어의 어순이 잘못되어 틀린 경우**

조동사 能이 부사 一定 앞에 위치하여 틀린 문장이다. 부사어의 기본 어순은 부사→조동사→개사구이므로, 부사 一定이 조동사 能 앞에 와야 한다.

★ **옳은 문장:** 有了这种传承方式, 中华传统文化一定能在青少年心中生根、开花、结果。
　　　　　　　이런 전승 방식이 있기에, 중국의 전통 문화는 반드시 청소년들의 마음속에서 뿌리를 내리고, 꽃을 피우고, 열매를 맺을 수 있을 것이다.

어휘 传承 chuánchéng 동 전승하다 方式 fāngshì 명 방식, 방법 青少年 qīngshàonián 명 청소년 生根 shēnggēn 동 뿌리를 내리다 开花 kāihuā 동 꽃을 피우다

54
중

A (发现青蒿素的) 药学家屠呦呦, // (在国内外学术界) (均) 享有 / (极高的) 声誉。

(发现青蒿素的)	药学家屠呦呦,	//	(在国内外学术界)	(均)	享有	/	(极高的)	声誉。
관형어	주어		부사어	부사어	술어		관형어	목적어
(아르테미시닌을 발견한)	약리학자 투요요는,	//	(국내외 학술계에서)	(모두)	누리다	/	(매우 높은)	명성을

해석 아르테미시닌을 발견한 약리학자 투요요는 국내외 학술계에서 매우 높은 명성을 모두 누리고 있다.

해설 주어 药学家屠呦呦, 술어 享有, 목적어 声誉가 문맥상 자연스럽게 어울린다. 또한 개사구 在国内外学术界, 부사 均이 술어 享有 앞 부사어로 문맥상 적절하게 쓰였다. 따라서 틀린 부분이 없다. 참고로, 부사어의 어순은 기본적으로 부사→조동사→개사구이지만, 범위/장소를 나타내는 개사구는 예외적으로 부사 앞에 위치할 수 있다는 점을 알아 둔다.

어휘 青蒿素 qīnghāosù 아르테미시닌[말라리아의 치료 성분] 屠呦呦 Tú Yōuyōu [고유] 투요요[노벨 생리의학상을 수상한 중국의 약리학자]
享有 xiǎngyǒu [동] 누리다 声誉 shēngyù [명] 명성, 명예

B 媒体宣传和社会各界的积极行动 / 是 / (解决当前缺乏父母庇护的农村留守儿童问题)。

媒体宣传和社会各界的积极行动	/	是	/	(解决当前缺乏父母庇护的农村留守儿童问题)。
주어		술어		관형어
대중 매체 홍보와 사회 각계의 적극적인 행동은	/	~이다	/	(현재 부모의 보호가 부족한 농촌의 유수 아동 문제를 해결하다)

해석 대중 매체 홍보와 사회 각계의 적극적인 행동은 현재 부모의 보호가 부족한 농촌의 유수 아동 문제를 해결하다이다.

해설 **목적어가 없어 틀린 경우**

술어 是과 연결되는 주어 媒体宣传和社会各界的积极行动과 동격인 목적어가 없어 틀린 문장이다. 관형어 解决当前缺乏父母庇护的农村留守儿童问题 뒤에 주어와 동격이 될 수 있는 목적어를 추가해 주어야 옳은 문장이 된다.

★ 옳은 문장 : 媒体宣传和社会各界的积极行动是解决当前缺乏父母庇护的农村留守儿童问题的措施。
대중 매체 홍보와 사회 각계의 적극적인 행동은 현재 부모의 보호가 부족한 농촌의 유수 아동 문제를 해결하는 조치이다.

어휘 媒体 méitǐ [명] 대중 매체 宣传 xuānchuán [동] 홍보하다 行动 xíngdòng [명] 행동 当前 dāngqián [명] 현재, 현 단계
缺乏 quēfá [동] 부족하다 庇护 bìhù [동] 보호하다, 감싸주다 农村 nóngcūn [명] 농촌
留守儿童 liúshǒu értóng 유수 아동[부모가 돈을 벌러 도시로 떠나고 농촌에 홀로 남아 있는 아동]

C (侵犯专利权的) 赔偿数额, // (应) (按权利人被侵权时遭受的损失和侵权人获得的利益来) 确定。

(侵犯专利权的)	赔偿数额,	//
관형어	주어	
(특허권 침해의)	배상 액수는,	//

(应)	(按权利人被侵权时遭受的损失和侵权人获得的利益来)	确定。
부사어	부사어	술어
(마땅히 ~해야 한다)	(권리자가 권리를 침해받았을 때 입은 손실과 권리를 침해한 사람이 얻은 이익에 따라)	확정되다

해석 특허권 침해의 배상 액수는 마땅히 권리자가 권리를 침해받았을 때 입은 손실과 권리를 침해한 사람이 얻은 이익에 따라 확정되어야 한다.

해설 주어 赔偿数额, 술어 确定이 문맥상 자연스럽게 어울린다. 또한 조동사 应과 개사구 按权利人被侵权时遭受的损失和侵权人获得的利益来가 술어 确定 앞에서 조동사→개사구 순으로 알맞게 배치되었다. 따라서 틀린 부분이 없다.

어휘 侵犯 qīnfàn [동] 침해하다 专利权 zhuānlìquán [명] 특허권 赔偿 péicháng [동] 배상하다 数额 shù'é [명] 액수
权利人 quánlìrén 권리자 侵权 qīnquán [동] 권리를 침해하다 遭受 zāoshòu [동] (불행 또는 손해를) 입다, 당하다
损失 sǔnshī [동] 손실되다, 손해보다 利益 lìyì [명] 이익, 이득 确定 quèdìng [동] 확정하다

D (截至20日16时), // 初步统计 / 显示, // 本次地震 / 造成 / 9人死亡, //

(截至20日16时),	//	初步统计	/	显示,	//	本次地震	/	造成	/	9人死亡,	//
부사어		주어		술어		주어		술어		목적어	
(20일 16시에 이르러),	//	1차 통계는	/	보여주었다,	//	이번 지진이	/	야기하다	/	9명의 사망을,	//

(同时) 4.6万间房屋 / 受到 / (不同程度的) 损坏。

(同时)	4.6万间房屋	/	受到	/	(不同程度的)	损坏。
부사어	주어		술어		관형어	목적어
						목적어(주술목구)
(동시에)	4.6만 채의 집이	/	~을 입다	/	(저마다 다른 정도의)	훼손을

해석 20일 16시에 이르러, 1차 통계는 이번 지진이 9명의 사망을 야기했고, 동시에 4.6만 채의 집이 저마다 다른 정도의 훼손을 입었다는 것을 보여주었다.

해설 주어 初步统计, 술어 显示, 목적어 本次地震造成9人死亡, 同时4.6万间房屋受到不同程度的损坏가 문맥상 자연스럽게 어울린다. 참고로, 목적어는 2개의 주술목구가 결합된 형태이다. 이와 같이 술어가 显示일 경우, 목적어는 구나 절이 올 수 있다는 점을 알아 둔다.

어휘 截至 jiézhì [동] (시간적으로) ~에 이르다, ~까지 마감이다 初步 chūbù [형] 1차의, 처음 단계의 统计 tǒngjì [명] 통계
显示 xiǎnshì [동] (나타내) 보이다, 드러내다 地震 dìzhèn [명] 지진 造成 zàochéng [동] 야기하다, 초래하다
损坏 sǔnhuài [동] 훼손시키다, 손상시키다

55 상

A (村民们的) 年收入 / 达到了 (八万多元), // (比五年前的四万元) 增加了 (两倍左右)。
관형어 주어 술어1 보어 부사어(比+비교대상) 술어2 보어
(마을 주민들의) 연간 수입은 / 이르렀다 (8만여 위안), // (5년 전의 4만 위안보다) 증가했다 (2배 정도)

해석 마을 주민들의 연간 수입은 8만여 위안에 이르렀는데, 5년 전의 4만 위안보다 2배 정도가 증가했다.

해설 **보어가 문맥상 어울리지 않아 틀린 경우**

술어2 增加了의 보어 자리에 两倍가 위치하여 틀린 문장이다. 八万多元은 四万元보다 약 1배 더 증가한 수치이기 때문에, 一倍라고 해야 옳은 문장이다.

★ 옳은 문장 : 村民们的年收入达到了八万多元, 比五年前的四万元增加了一倍左右。
마을 주민들의 연간 수입은 8만여 위안에 이르렀는데, 5년 전의 4만 위안보다 1배 정도가 증가했다.

어휘 村民 cūnmín [명] 마을 주민 达到 dádào [동] 이르다, 도달하다

B (把几个故事里的情节组合成一部电影剧本的) 创作方式, // [是] 存在 /
관형어 주어 是 술어
(몇 가지 이야기 속의 줄거리를 조합해서 한 편의 영화 대본으로 합치는) 창작 방식은, // 있다 /

(一定) 难度 [的]。
(관형어) 목적어 的
(꽤) 난이도가

해석 몇 가지 이야기 속의 줄거리를 조합해서 한 편의 영화 대본으로 합치는 창작 방식은 꽤 난이도가 있다.

해설 개사 把가 쓰인 把자문으로, 주어 创作方式, 술어 存在, 목적어 难度가 문맥상 자연스럽게 어울리고, 是……的 강조구문이 사용되어 是과 的 사이에 있는 存在一定难度를 강조하였다. 또한 개사 把가 이끄는 把几个故事里的情节组合成一部电影剧本的도 주어 앞 관형어로 적절히 쓰였다. 따라서 틀린 부분이 없다.

어휘 情节 qíngjié [명] 줄거리, (일의) 경과, 경위 组合 zǔhé [동] 조합하다 [명] 조합 剧本 jùběn [명] 대본, 극본
创作 chuàngzuò [동] (문예 작품을) 창작하다 方式 fāngshì [명] 방식, 방법 存在 cúnzài [동] 있다, 존재하다 难度 nándù [명] 난이도

C 앞 절: [尽管] 比赛 / 输了, // 뒤 절: 球迷们 / (依然) 支持 / 这些球员, // 希望 /
접속사 주어 술어 주어 부사어 술어1 목적어 술어2
[비록 ~이지만] 경기에서 / 졌다, // 축구 팬들은 / (여전히) 지지한다 / 이 축구 선수들을, // 바란다 /

他们 / (能够) 吸取 / 教训, // 从头再来。
주어 부사어 술어1 목적어 술어2
목적어(주술목구)
그들이 / (~수 있다) 얻다 / 교훈을, // 처음부터 다시 시작한다

해석 비록 경기에서 졌지만, 축구 팬들은 여전히 이 축구 선수들을 지지하면서도, 그들이 교훈을 얻고 처음부터 다시 시작하기를 바란다.

해설 앞 절의 주어 比赛, 술어 输了가 문맥상 자연스럽게 어울린다. 그리고 뒤 절의 주어 球迷们, 술어1 支持, 목적어 这些球员도 문맥상 자연스럽게 어울리고, 술어2 希望, 주술목구 형태의 목적어 他们能够吸取教训, 从头再来도 주어와 문맥상 자연스럽게 어울린다. 또한 조건을 나타내는 접속사 尽管도 문맥상 적절히 쓰였다. 따라서 틀린 부분이 없다.

어휘 球迷 qiúmí [명] 축구 팬 依然 yīrán [부] 여전히 吸取 xīqǔ [동] 얻다, 흡수하다 教训 jiàoxùn [명] 교훈
从头再来 cóngtóu zàilái 처음부터 다시 시작하다

D

今天	/	是	/	(爸妈的)	结婚纪念日,	//	(刚好)	(又)	是	/	周末,	//
주어		술어1		관형어	목적어		부사어	부사어	술어2		목적어	
오늘은		~이다		(아빠 엄마의)	결혼 기념일,		(때마침)	(또)	~이다		주말,	

— 앞 절 —

所以	我们	/	决定	/	出去	吃	(一顿)	庆祝	(一下)	。
접속사	주어		술어		술어1	술어2	보어	술어3	보어	
그래서	우리는		결정했다		밖에 나가	먹다	(한 끼를)	축하하다	(좀 ~해 보다)	

목적어(술보구)

— 뒤 절 —

해석 오늘은 아빠 엄마의 결혼 기념일이고 때마침 또 주말이어서, 그래서 우리는 밖에 나가 한 끼를 먹고 축하하기로 결정했다.

해설 앞 절의 술어1 是과 연결되는 주어 今天, 목적어 结婚纪念日이 동격이고, 술어2 是과 연결되는 목적어 周末도 주어와 동격이다. 뒤 절의 주어 我们, 술어 决定, 술보구 형태의 목적어 出去吃一顿庆祝一下도 문맥상 자연스럽게 어울린다. 또한 인과를 나타내는 접속사 所以도 문맥상 적절히 쓰였다. 따라서 틀린 부분이 없다.

어휘 纪念日 jìniànrì 기념일 顿 dùn ⟦양⟧ 끼니, 차례[요리·식사·질책 등을 세는 단위] 庆祝 qìngzhù ⟦동⟧ 축하하다, 경축하다

---

56 중상

A

(从职业发展角度来看),	//	一些 "冷门" 行业	虽然	要求	/	较高,	//
부사어		주어	접속사	주어		술어	
(직업 발전의 측면에서 보자면),		일부 '비인기' 업종은	비록	요구는		비교적 높다,	

술어1(주술구)

但	前景	/	较好,	//	算是	/	(不错的)	选择。
접속사	주어		술어		술어3		관형어	목적어
그러나	전망은		비교적 좋다,		~라고 할 만하다		(나쁘지 않은)	선택

술어2(주술구)

해석 직업 발전의 측면에서 보자면, 일부 '비인기' 업종은 비록 요구는 비교적 높지만 전망은 비교적 좋아서 나쁘지 않은 선택이라고 할 만하다.

해설 주어 一些"冷门"行业, 주술구 형태의 술어1 要求较高, 술어2 前景较好가 문맥상 자연스럽게 어울리고, 술어3 算是, 목적어 选择도 주어와 문맥상 자연스럽게 어울린다. 또한 개사 从이 이끄는 从职业发展角度来看도 문장 맨 앞의 부사어로 적절하게 쓰였고, 자주 짝을 이루어 쓰이는 표현 '虽然 A, 但 B'도 문맥상 적절하게 쓰였다. 따라서 틀린 부분이 없다.

어휘 冷门 lěngmén ⟦명⟧ 비인기 종목, 비인기 직업 行业 hángyè ⟦명⟧ 업종, 업계 前景 qiánjǐng ⟦명⟧ 전망, 전경 算是 suànshì ⟦동⟧ ~라고 할 만하다

B

(这项工程的)	勘测、设计和试验工作	/	(已)	进行了	(近十年),	//	基础资料	/	丰富,	//
관형어	주어		부사어	술어	보어		주어		술어	
(이 공사의)	측량, 설계와 시험 작업은		(이미)	진행되었다	(근 10년 동안),		기초 자료가		풍부하다,	

— 첫 번째 절 —   — 두 번째 절 —

前期工作	(比较)	做	(得)	(充分)。
주어	부사어	술어	得	보어
초기 작업이	(비교적)	이루어졌다	(~하게)	(충분히)

— 세 번째 절 —

해석 이 공사의 측량, 설계와 시험 작업은 이미 근 10년 동안 진행되었기에, 기초 자료가 풍부하고 초기 작업이 비교적 이루어졌다 충분하게.

해설 **부사어의 위치가 잘못되어 틀린 경우**

정도보어 得를 포함한 세 번째 절의 부사어 比较가 술어 做 앞에 위치하였으므로 틀린 문장이다. 정도보어 得를 포함한 문장은 '술어+得+부사+형용사'의 어순이 되어야 하므로, 부사 比较가 형용사 充分 앞에 위치해야 옳은 문장이 된다.

★ 옳은 문장 : 这项工程的勘测、设计和试验工作已进行了近十年, 基础资料丰富, 前期工作做得比较充分。
　　　　　　　 이 공사의 측량, 설계와 시험 작업은 이미 근 10년 동안 진행되었기에, 기초 자료가 풍부하고 초기 작업이 비교적 충분하게 이루어졌다.

어휘 工程 gōngchéng ⟦명⟧ 공사 勘测 kāncè ⟦동⟧ 측량하다 设计 shèjì ⟦동⟧ 설계하다, 디자인하다 试验 shìyàn ⟦명⟧ 시험, 테스트 前期 qiánqī ⟦명⟧ 초기, 전기

C

有关报告	/	指出，	//	(数字技术与传统产业的)	深度结合	(将)	(会)	释放
주어		술어		관형어	주어	부사어	부사어	술어1
관련 보고서에서는		밝혔다,		(디지털 기술과 전통 산업의)	심도 있는 결합은	/ ~할 것이다)	(~할 수 있다)	방출하다

(出)	(巨大的)	能量，	//	成为	/	(经济发展的)	动力。
보어	관형어	목적어		술어2		관형어	목적어
		목적어(주술목구)					
(~해내다)	(거대한)	에너지를,	//	~이 되다		(경제 발전의)	원동력

해석 관련 보고서에서는, 디지털 기술과 전통 산업의 심도 있는 결합은 거대한 에너지를 방출하여 경제 발전의 원동력이 될 수 있을 것이라고 밝혔다.

해설 주어 有关报告, 술어 指出, 주술목구 형태의 목적어 数字技术与传统产业的深度结合将会释放出巨大的能量, 成为经济发展的动力가 문맥상 자연스럽게 어울린다. 따라서 틀린 부분이 없다. 참고로, 목적어는 주어 深度结合, '술어1+보어' 형태의 释放出, 목적어 能量으로 구성된 주술목구와 술어2 成为, 목적어 动力로 구성된 술목구가 연결된 형태이다. 이와 같이 술어가 指出일 경우, 목적어는 구나 절이 올 수 있다는 점을 알아 둔다.

어휘 有关 yǒuguān 〔동〕 관련이 있다, 관계하다 数字技术 shùzìjìshù 〔명〕 디지털 기술 传统 chuántǒng 〔명〕 전통
产业 chǎnyè 〔명〕 산업 结合 jiéhé 〔동〕 결합하다 释放 shìfàng 〔동〕 방출하다, 내보내다 能量 néngliàng 〔명〕 에너지
动力 dònglì 〔명〕 (일·사업 등을 추진시키는) 원동력, 동력

D

上级	/	(在制定退休方案时)	(要)	(谨慎)	行事，	//	不仅	(要)	考虑	/	(多种)
주어		부사어	부사어	부사어	술어1		접속사	부사어	술어2		관형어
상급자는	/	(퇴직 방안을 제정할 때)	(~해야 한다)	(신중하게)	처리하다,	//	~할 뿐만 아니라	(~해야 한다)	고려하다	/	(다양한)

因素，	//	做到	(统筹兼顾)，	//	(还)	(要)	处理	(好)	/
목적어		술어3	보어		부사어	부사어	술어4	보어	
요소를,	//	하다	(여러 방면의 일을 통일적으로 계획하고 두루 돌보다),	//	(게다가)	(~해야 한다)	처리하다	(잘)	

(各种)	关系。
관형어	목적어
(각종)	관계를

해석 상급자는 퇴직 방안을 제정할 때 신중하게 처리해야 하는데, 다양한 요소를 고려해야 할 뿐만 아니라, 여러 방면의 일을 통일적으로 계획하고 두루 돌보아야 하며, 게다가 각종 관계를 잘 처리해야 한다.

해설 주어 上级, 술어1 行事이 문맥상 자연스럽게 어울리고, 술어2 考虑, 목적어 因素, '술어3+보어' 형태의 做到统筹兼顾, '술어4+보어' 형태의 处理好, 목적어 关系도 주어와 문맥상 자연스럽게 어울린다. 시기를 나타내는 개사구 在制定退休方案时, 조동사 要, 형용사 谨慎이 술어1 行事 앞 부사어로 적절히 쓰였고, 자주 짝을 이루어 쓰이는 표현 '不仅 A, 还 B'도 문맥상 적절히 쓰였다. 따라서 틀린 부분이 없다. 참고로, 부사어의 어순은 기본적으로 부사→조동사→개사(구)이지만, 시간/시기를 나타내는 부사어는 부사어들 중 가장 앞에 위치할 수 있다는 점을 알아 둔다.

어휘 制定 zhìdìng 〔동〕 제정하다, 세우다 退休 tuìxiū 〔동〕 퇴직하다, 은퇴하다 方案 fāng'àn 〔명〕 방안 谨慎 jǐnshèn 〔형〕 신중하다
行事 xíngshì 〔동〕 처리하다, 일을 보다 因素 yīnsù 〔명〕 요소, 원인
统筹兼顾 tǒngchóujiāngù 〔성〕 여러 방면의 일을 통일적으로 계획하고 두루 돌보다 处理 chǔlǐ 〔동〕 처리하다

57
상

A

(在技艺精湛的雕刻家手中)，	//	(这块拥有天然纹理的)	石头	/	变成了	/
부사어		관형어	주어		술어	
(기예가 매우 깊은 조각가의 손에서),	//	(자연적인 무늬를 가진 이)	돌은	/	~이 되다	/

(一个栩栩如生的)	孔雀雕塑。
관형어	목적어
(진짜처럼 생동감 있는)	공작 조각상으로

해석 기예가 매우 깊은 조각가의 손에서, 자연적인 무늬를 가진 이 돌은 진짜처럼 생동감 있는 공작 조각상이 되었다.

해설 주어 石头, 술어 变成了, 목적어 孔雀雕塑가 문맥상 자연스럽게 어울린다. 개사 在가 이끄는 在技艺精湛的雕刻家手中이 문장 앞 부사어로 적절히 쓰였고, 주어와 목적어 앞에 위치한 관형어도 문맥상 적절히 쓰였다. 따라서 틀린 부분이 없다.

어휘 技艺 jìyì 圏 기예　精湛 jīngzhàn 圏 (학문 또는 이론 등이) 매우 깊다　雕刻家 diāokèjiā 圏 조각가

拥有 yōngyǒu 圏 가지다, 보유하다　纹理 wénlǐ 圏 무늬, 결　石头 shítou 圏 돌

栩栩如生 xǔxǔrúshēng 圏 진짜처럼 생동감 있다　孔雀 kǒngquè 圏 공작　雕塑 diāosù 圏 조각상, 조소품

앞 절

B (整个济南城), // (只有) 老郑家 算得上是 / (名副其实的) "馒头大王", //

| 부사어 | 부사어 | 주어 | 술어 | 관형어 | 목적어 | |
(지난 전체에서), // (오직 ~만이) 정 씨네 가게가 ~라고 할 수 있다 (명실상부한) '만터우 대왕', //

뒤 절

(他家做出的) 馒头 / (每天) (都) 供不应求。

| 관형어 | 주어 | 부사어 | 부사어 | 술어 |
(그의 가게에서 만들어 내는) 만터우는 / (매일) (늘) 공급이 수요를 따르지 못한다

해석 지난 전체에서 오직 정 씨네 가게만이 명실상부한 '만터우 대왕'이라고 할 수 있는데, 그의 가게에서 만들어 내는 만터우는 매일 공급이 수요를 늘 따르지 못한다.

해설 앞 절의 주어 老郑家, 술어 算得上是, 목적어 "馒头大王"이 문맥상 자연스럽게 어울리고, 뒤 절의 주어 馒头, 술어 供不应求도 문맥상 자연스럽게 어울린다. 장소를 나타내는 부사어 整个济南城이 문장 맨 앞의 부사어로 적절히 쓰였고, 시간사 每天, 범위부사 都 또한 뒤 절의 술어 供不应求 앞 부사어로 적절하게 쓰였다. 따라서 틀린 부분이 없다. 참고로, 算得上是는 가능보어 得上이 동사 算是의 算 뒤에 붙은 형태라는 점을 알아 둔다.

어휘 整个 zhěnggè 圏 전체의, 전부의　济南 Jǐnán 고유 지난[중국의 지명]　名副其实 míngfùqíshí 圏 명실상부하다

馒头 mántou 圏 만터우, 찐빵　供不应求 gōngbúyìngqiú 圏 공급이 수요를 따르지 못하다

C (一个热爱读书的) 人, // 既然 (不能) 拥有 / (合适的) 书房, //

| 관형어 | 주어 | 접속사 | 부사어 | 술어1 | 관형어 | 목적어 | |
(독서를 사랑하는) 사람은, // 기왕 그렇게 된 이상 (~할 수 없다) 가지다 / (적합한) 서재를, //

(也) (会) (始终) 保持着 / (一份纯洁无瑕的) 阅读情感和思绪。

| 부사어 | 부사어 | 부사어 | 술어2 | 관형어 | 목적어 |
(또) (~할 것이다) (언제나) 유지하고 있다 / (티 없이 순수한) 독서 감정과 마음을

해석 독서를 사랑하는 사람은 기왕 적합한 서재를 가질 수 없게 된 이상 언제나 티 없이 순수한 독서 감정과 마음을 유지하고 있을 것이다.

해설 접속사가 문맥에 맞지 않게 사용되어 틀린 경우

접속사 既然이 사용되어 '기왕 적합한 서재를 가지지 못한 이상'이라는 하나의 조건을 나타냈는데, 뒤에는 '언제나 티 없이 순수한 독서 감정과 마음을 유지하고 있을 것이다'라는 문장이 와서 어색한 문맥이 되었으므로 틀린 문장이다. 既然 대신 即使이 와야 옳은 문장이 된다. 참고로, 既然은 앞 문장에서 이미 실현되었거나 실현될 전제 조건을 제시한 후, 뒤 문장에서 그에 따른 추론이나 결론을 내린다는 것을 알아 둔다.

★ 옳은 문장 : 一个热爱读书的人, 即使不能拥有合适的书房, 也会始终保持着一份纯洁无瑕的阅读情感和思绪。
　　　　　독서를 사랑하는 사람은 비록 적합한 서재를 가질 수 없더라도 언제나 티 없이 순수한 독서 감정과 마음을 유지하고 있을 것이다.

어휘 热爱 rè'ài 圏 사랑하다, 열렬히 좋아하나　拥有 yōngyǒu 圏 가지다, 보유하다　始终 shǐzhōng 튄 언제나, 한결같이

保持 bǎochí 圏 유지하다　纯洁 chúnjié 圏 순수하다, 순결하다　无瑕 wúxiá 圏 티가 없다, 틈이 없다

情感 qínggǎn 圏 감정, 느낌　思绪 sīxù 圏 마음, 생각

앞 절　　　　　　　　　　　　　　　　　　　　뒤 절

D (长大后) 我 / 明白了 (一件) 事, // 那 (就) 是 (成年人的) 世界 /

| 부사어 | 주어 | 술어 | 관형어 | 목적어 | 주어 | 부사어 | 술어 | 관형어 | 주어 |
(성장한 후) 나는 / 이해했다 / (한 가지) 사실을, 그것은 (바로) ~이다 / (어른의) 세계에는 /

(从来) 没有 / "容易" 二字, // (也) 没有 / 谁的生活 (总) [是] 称心如意 [的]。

| 부사어 | 술어1 | 목적어 | 부사어 | 술어2 | 주어 | 부사어 | 是 | 술어 | 的 |
| | | | | | | 목적어(주술구) | | | |
(여태껏) 없었다 / '쉽다'라는 두 글자가, // (도) 없다 / 누구의 생활도 (항상) 마음에 꼭 들다

목적어(주술목구)

해석 성장한 후 나는 한 가지 사실을 이해했는데, 그것은 바로 어른의 세계에는 여태껏 '쉽다'라는 두 글자가 없었으며, 누구의 생활도 항상 마음에 꼭 드는 것이 없다는 것이다.

해설 앞 절의 주어 我, 술어 明白了, 목적어 事이 문맥상 자연스럽게 어울리고, 뒤 절의 술어 是과 연결되는 주어 那, 주술목구 형태의 목적어 成年人的世界从来没有 "容易" 二字, 也没有谁的生活总是称心如意的도 동격이다. 또한 뒤 절에는 是……的 강조구문이 사용되어 是과의 사이에 있는 술어 称心如意를 강조했다. 따라서 틀린 부분이 없다.

어휘 成年人 chéngniánrén 뗑 어른, 성인   称心如意 chènxīnrúyì 쳉 마음에 꼭 들다, 자기 마음에 완전히 부합되다

---

58 중

A | 消费者行为学专家 | / | 认为， | // | (球鞋、皮包等商品的) | 市场价格 | / | (一般) | (都) | 是 | /
주어 | | 술어 | | 관형어 | 주어 | | 부사어 | 부사어 | 술어 |

소비자 행동학 전문가는   / ~라고 여기다， // (운동화와 가죽 가방 등의 상품의)   시장 가격은   (일반적으로) (모두) ~이다

由交易者的心理预期决定的。
목적어
목적어(주술목구)
거래자의 심리적 기대에 의해 결정되는 것

해석 소비자 행동학 전문가는 운동화와 가죽 가방 등의 상품의 시장 가격은 일반적으로 모두 거래자의 심리적 기대에 의해 결정되는 것이라고 여긴다.

해설 주어 消费者行为学专家, 술어 认为, 목적어 球鞋、皮包等商品的市场价格一般都是由交易者的心理预期决定的가 문맥상 자연스럽게 어울린다. 따라서 틀린 부분이 없다. 참고로, 목적어는 술어 是과 연결되는 주어 市场价格, 목적어 由交易者的心理预期决定的가 동격인 주술목구 형태이다. 이와 같이 술어가 认为일 경우, 뒤에 목적어는 구나 절이 올 수 있다는 점을 알아 둔다.

어휘 消费者 xiāofèizhě 뗑 소비자   行为 xíngwéi 뗑 행동, 행위   专家 zhuānjiā 뗑 전문가   球鞋 qiúxié 뗑 (스포츠) 운동화
皮包 píbāo 뗑 가죽 가방, 손가방   商品 shāngpǐn 뗑 상품, 물품   市场 shìchǎng 뗑 시장   交易者 jiāoyìzhě 거래자
心理 xīnlǐ 뗑 심리, 기분   预期 yùqī 동 (미리) 기대하다, 예기하다

앞 절 ──────── 뒤 절 ────────

B | (近日)， | // | 西汉美酒 | / | (在西安一古墓中) | (被) | 明白， | // | (这些) | 美酒 | / | 是 | /
부사어 | | 주어 | | 부사어 | 부사어(被) | 술어 | | 관형어 | 주어 | | 술어 |

(최근)， // 서한의 미주가 / (시안의 한 오래된 무덤 속에서) (~당하다) 알았다， // (이) 미주는 / ~이다

(目前为止保存最好，存量最多的)   古代美酒。
관형어   목적어
(현재까지 가장 잘 보존되고 보존량이 가장 많은)   고대의 미주

해석 최근, 서한의 미주가 시안의 한 오래된 무덤 속에서 알아 차려졌는데, 이 미주는 현재까지 가장 잘 보존되고 보존량이 가장 많은 고대의 미주이다.

해설 **주어와 술어가 문맥상 서로 어울리지 않아 틀린 경우**
앞 절의 술어 明白가 주어 西汉美酒와 문맥상 어울리지 않으므로 틀린 문장이다. 위 문장에서는 被의 행위의 주체인 人이 생략되었는데, 문맥상 明白 대신 发现이 와야 옳은 문장이 된다.

★옳은 문장 : 近日，西汉美酒在西安一古墓中被发现，这些美酒是目前为止保存最好，存量最多的古代美酒。
최근, 서한의 미주가 시안의 한 오래된 무덤 속에서 발견되었는데, 이 미주는 현재까지 가장 잘 보존되고 보존량이 가장 많은 고대의 미주이다.

어휘 西汉 Xī Hàn 고유 서한[중국의 옛 왕조 중 하나]   美酒 měijiǔ 뗑 미주, 맛있는 술   西安 Xī'ān 고유 시안, 서안[중국의 지명]
古墓 gǔmù 뗑 오래된 무덤   目前 mùqián 뗑 현재, 지금   保存 bǎocún 동 보존하다, 저장하다   存量 cúnliàng 뗑 보존량, 저장량
古代 gǔdài 뗑 고대

C | 郑和 | / | 率领 | / | 船队 | / | 下 | / | 西洋， | // | (在外交过程中) | 展现 | (出了) | /
주어 | | 술어1 | | 목적어 | | 술어2 | | 목적어 | | 부사어 | 술어3 | 보어 |

정화는   / 이끌다   / 함대를   / 도착하다   / 서양에， // (외교 과정 중에) 펼쳐 보이다 (~냈다)

杰出的才能和优秀的精神品质，   // | 赢得了 | / | (世人的) | 尊重。
목적어   술어4   관형어   목적어

걸출한 재능과 우수한 정신적 자질을，   //   얻었다   (세상 사람의)   존중을

해석 정화는 함대를 이끌고 서양에 도착했는데, 외교 과정 중에 걸출한 재능과 우수한 정신적 자질을 펼쳐 보였고, 세상 사람의 존중을 얻었다.

해설 주어 郑和, 술어1 率领, 목적어 船队, 술어2 下, 목적어 西洋이 문맥상 자연스럽게 어울리고, '술어3+보어' 형태의 展现出了, 목적어 杰出的才能和优秀的精神品质, 술어4 赢得了, 목적어 尊重도 주어와 문맥상 자연스럽게 어울린다. 따라서 틀린 부분이 없다.

어휘 郑和 Zhèng Hé 고유 정화[명나라 시기의 대항해가]   率领 shuàilǐng 동 (무리나 단체를) 이끌다, 거느리다   外交 wàijiāo 몡 외교   展现 zhǎnxiàn 동 펼쳐 보이다, 나타내다   杰出 jiéchū 휑 걸출한, 빼어난   才能 cáinéng 몡 재능   精神 jīngshén 몡 정신   品质 pǐnzhì 몡 자질, 품질   赢得 yíngdé 동 얻다, 취득하다   世人 shìrén 몡 세상 사람   尊重 zūnzhòng 동 존중하다

D (最近颁布的) 法规 / 不仅 解决了 / (市民停车难的) 问题, // (还) 改善了 /
　　(최근 공포한)　법규는 /　~뿐만 아니라　해결했다 /　(시민들의 주차난)　문제를, //　(~까지)　개선했다 /

(混乱的) 城市面貌, // (可以) 说 / 是一举两得 / 了。
(혼잡한)　도시의 면모를, //　(~할 수 있다)　말하다 /　일석이조이다 /　了

해석 최근 공포한 법규는 시민들의 주차난 문제를 해결했을 뿐만 아니라 혼잡한 도시의 면모까지 개선하여서, 일석이조라고 말할 수 있다.

해설 주어 法规, 술어1 解决了, 목적어 问题가 문맥상 자연스럽게 어울리고, 술어2 改善了, 목적어 城市面貌도 주어와 문맥상 자연스럽게 어울린다. 그리고 술어 3 说와 연결되는 주어 法规, 목적어 是一举两得도 동격이다. 또한, 자주 짝을 이루어 쓰이는 표현 '不仅 A, 还 B'도 문맥상 적절하게 쓰였다. 따라서 틀린 부분이 없다.

어휘 颁布 bānbù 동 공포하다, 반포하다   法规 fǎguī 몡 법규   市民 shìmín 몡 시민   停车难 tíngchē nán 주차난   改善 gǎishàn 동 개선하다   混乱 hùnluàn 휑 혼잡하다, 어지럽다   面貌 miànmào 몡 면모, 용모   一举两得 yìjǔliǎngdé 셍 일석이조, 일거양득

59
중상

A "夏虫不可语于冰" / 出自 (于《庄子》), // (这句话的) 意思 / 是 /
　주어　술어　보어　관형어　주어　술어
'여름 벌레는 얼음에 대해 말할 수 없다'는 /　나왔다　《장자》에서), //　(이 말의)　의미는 /　~이다 /

(对于夏天的虫子), // 无论 你 / (怎样与它) 讨论 / (冬天的) 冰雪, //
부사어　접속사　주어　부사어　술어　관형어　목적어
(여름 벌레에게), //　~하더라도　당신이 /　(아무리 그것과)　이야기하다 /　(겨울의)　얼음과 눈을, //

它 / (都) (不会) 理解。
주어　부사어　부사어　술어
목적어(주술목구)
그것은 /　(모두)　(~할 수 없다)　이해하다

해석 '여름 벌레는 얼음에 대해 말할 수 없다'는 《장자》에서 나왔는데, 이 말의 의미는 여름 벌레에게 당신이 아무리 겨울의 얼음과 눈을 이야기하더라도 그것은 이해할 수 없다는 것이다.

해설 앞 절의 주어 "夏虫不可语于冰", '술어+보어' 형태인 出自于《庄子》가 문맥상 자연스럽게 어울리고, 뒤 절의 술어 是과 연결되는 주어 意思, 주술목구 형태로 이루어진 목적어 对于夏天的虫子, 无论你怎样与它讨论冬天的冰雪, 它都不会理解도 동격이다. 또한 자주 짝을 이루어 쓰이는 표현 '无论 A, 都 B'도 문맥상 적절하게 쓰였다. 따라서 틀린 부분이 없다.

어휘 虫 chóng 몡 벌레, 곤충   庄子 Zhuāngzǐ 고유 장자[중국 춘추 전국시대의 사상가인 장자가 지은 책]   冰雪 bīngxuě 몡 얼음과 눈

B 每一种婴儿座椅 / (都) 有着 / (独特且严格的) 使用规范, // 所以 家长 / (在安装之前)
주어　부사어　술어　관형어　목적어　접속사　주어　부사어
모든 종류의 아기 의자는 /　(모두)　있다 /　(독특하고 엄격한)　사용 규범이, //　그래서　보호자는 /　(설치하기 전에)

需要 / (仔细、认真地) 阅读 / 说明书, // (不能) 进行 / 想当然的操作。
술어1　부사어　술어　목적어　부사어　술어2　목적어
목적어(술목구)
반드시 ~해야 한다 /　(꼼꼼하고 성실하게)　읽다　설명서를, //　(~는 안 된다)　진행하다 /　당연하다고 생각하는 조작을

해석 모든 종류의 아기 의자는 독특하고 엄격한 사용 규범이 있어서, 보호자는 설치하기 전에 반드시 설명서를 꼼꼼하고 성실하게 읽어야 하고, 당연하다고 생각하는 조작을 진행해서는 안 된다.

해설 앞 절의 주어 每一种婴儿座椅, 술어 有着, 목적어 使用规范이 문맥상 자연스럽게 어울린다. 그리고 뒤 절의 주어 家长, 술어1 需要, 술목구 형태의 목적어 阅读说明书도 문맥상 자연스럽게 어울리고, 술어2 进行, 목적어2 想当然的操作도 주어와 문맥상 자연스럽게 어울린다. 또한 인과를 나타내는 접속사 所以도 문맥상 적절히 쓰였다. 따라서 틀린 부분이 없다.

어휘 婴儿 yīng'ér 몡 아기, 영아   座椅 zuòyǐ 몡 (등받이가 있는) 의자   独特 dútè 톙 독특하다   规范 guīfàn 몡 규범
安装 ānzhuāng 동 설치하다, 고정하다   说明书 shuōmíngshū 몡 설명서
想当然 xiǎngdāngrán 동 (주관적으로) 당연하다고 생각하다, 그럴 것이라고 생각하다   操作 cāozuò 동 조작하다, 다루다

C 临床诊断 / 发现, // (大部分口腔健康的) 人 / (都) 喜欢 / (口感温和的) 食物, //
　주어　　　 술어　　　　 관형어　　　　　 주어　 부사어 술어　　 관형어　　　 목적어
　　　　　　　　　　　　　　　　　　　　　　목적어(주술목구)

임상 진단에서 / 발견했다, // (구강이 건강한 대부분의) 사람들은 / (모두) 좋아한다 / (식감이 부드러운) 음식을, //

相反, // (各种各样的) 口腔问题 / (总是) 伴随着 / (喜爱热、辣、坚硬食物的) 人。
접속사　　 관형어　　 주어　 부사어　 술어　　 관형어　　　　　　 목적어

반대로, // (다양한) 구강 문제는 / (늘) 따라다닌다 / (뜨겁고, 맵고, 딱딱한 음식을 좋아하는) 사람을

해석 임상 진단에서 구강이 건강한 대부분의 사람들은 모두 식감이 부드러운 음식을 좋아하지만, 반대로 다양한 구강 문제는 늘 뜨겁고, 맵고, 딱딱한 음식을 좋아하는 사람을 따라다닌다는 것을 발견했다.

해설 주어 临床诊断, 술어 发现, 목적어 大部分口腔健康的人都喜欢口感温和的食物, 相反, 各种各样的口腔问题总是伴随着喜爱热、辣、坚硬食物的人이 문맥상 자연스럽게 어울린다. 따라서 틀린 부분이 없다. 참고로, 목적어는 주어 人, 술어 喜爱, 목적어 食物로 이루어진 주술구와 주어 口腔问题, 술어 伴随着, 목적어 人으로 이루어진 주술구가 접속사 相反을 통해 역접 관계로 연결된 형태이다. 이와 같이 술어가 发现일 경우, 목적어는 구나 절이 올 수 있다는 점을 알아 둔다.

어휘 临床 línchuáng 동 임상하다, 치료하다   诊断 zhěnduàn 동 진단하다   口腔 kǒuqiāng 몡 구강   口感 kǒugǎn 몡 식감, 입맛
温和 wēnhé 톙 부드럽다, 온화하다   食物 shíwù 몡 음식, 음식물   伴随 bànsuí 동 따라다니다, 동행하다
坚硬 jiānyìng 톙 딱딱하다, 단단하다

　　　　　　　　　　　　　　　　　　　　　　 앞 절
D (随着社会的发展), // (人们的) 生活 / (在短短几十年内) 发生了 / (力所能及的) 变化, //
　　 부사어　　　　　 관형어　 주어　　　 부사어　　　　 술어　　 관형어　　 목적어

(사회의 발전에 따라), // (사람들의) 생활은 / (불과 몇십 년 사이에) 발생했다 / (자신의 능력으로 해낼 수 있는) 변화가, //

　　　　　　　　　　　　　　　　　　　　　　 뒤 절
而 (那些代表着民族文化的) 经典 / (却) (在历史的长河中) 闪耀着 / 光辉。
접속사　　 관형어　　　　 주어　 부사어　 부사어　　　 술어　　 목적어

그러나 (민족 문화를 대표하고 있는) 고전들은 / (오히려) (역사의 긴 강물 속에서) 반짝반짝 빛내고 있다 / 찬란한 빛을

해석 사회의 발전에 따라 사람들의 생활은 불과 몇십 년 사이에 자신의 능력으로 해낼 수 있는 변화가 생겼지만, 민족 문화를 대표하고 있는 고전들은 오히려 역사의 긴 강물 속에서 찬란한 빛을 반짝반짝 빛내고 있다.

해설 **목적어와 관형어가 문맥상 어울리지 않아 틀린 경우**

앞 절의 술어 뒤 관형어 力所能及的와 목적어 变化가 문맥상 어울리지 않으므로 틀린 문장이다. 力所能及的는 사람이 할 수 있는 능력치를 묘사하는 사자성어이므로, 문맥상 변화가 끊임없이 발생했다는 의미를 나타낼 수 있는 표현이 들어가야 옳은 문장이 된다.

　★옳은 문장 : 随着社会的发展, 人们的生活在短短几十年内发生了日新月异的变化, 而那些代表着民族文化的经典却在历史的长河中闪耀着光辉。
　　　　　 사회의 발전에 따라 사람들의 생활은 불과 몇십 년 사이에 날마다 새로운 변화가 생겼지만, 민족 문화를 대표하고 있는 고전들은 오히려 역사의 긴 강물 속에서 찬란한 빛을 반짝반짝 빛내고 있다.

어휘 力所能及 lìsuǒnéngjí 젱 자신의 능력으로 해낼 수 있다   代表 dàibiǎo 동 대표하다   经典 jīngdiǎn 몡 고전, 경전
闪耀 shǎnyào 동 반짝반짝 빛나다   光辉 guānghuī 몡 찬란한 빛, 눈부신 빛

A

在淡季出行 /	有 /	(很多意想不到的)	好处。 //
주어	술어	관형어	목적어
비수기에 여행을 떠나는 것은 /	있다	(생각하지 못한 많은)	장점이 //

这样做 /	(既)	(可以)	避开 /	旅游高峰期, //	(又)	(可以)	用 /
주어	부사어	부사어	술어1	목적어	부사어	부사어	술어2
이렇게 하면 /	(~하고 ~하다)	(~할 수 있다)	피하다	여행 피크를 //	(또)	(~할 수 있다)	이용하다 /

(极低的)	价格 /	度过 /	(一个轻松美好的)	假期。
관형어	목적어	술어3	관형어	목적어
(매우 낮은)	가격을 /	보내다 /	(홀가분하고 아름다운)	휴가를

해석 비수기에 여행을 떠나는 것은 생각하지 못한 많은 장점이 있다. 이렇게 하면 여행 피크를 피할 수 있고, 또 매우 낮은 가격으로 홀가분하고 아름다운 휴가를 보낼 수 있다.

해설 앞 문장의 주어 在淡季出行, 술어 有, 목적어 好处가 문맥상 자연스럽게 어울리고, 뒤 문장의 주어 这样做와 각각의 술어, 목적어도 문맥상 자연스럽게 어울린다. 또한 자주 짝을 이루어 쓰이는 표현 '既 A, 又 B'도 문맥상 적절하게 쓰였다. 따라서 틀린 부분이 없다.

어휘 淡季 dànjì 몡 비수기   避开 bìkāi 통 피하다, 비키다   高峰期 gāofēngqī 몡 피크, 절정기   极低 jídī 톈 매우 낮다, 지극히 낮다   度过 dùguò 통 (시간을) 보내다, 지내다   美好 měihǎo 톈 아름답다, 훌륭하다   假期 jiàqī 몡 휴가

B

(一个智慧又善良的)	人 /	懂得 /	审时度势, 缓解尴尬, 与人方便。 //
관형어	주어	술어	목적어
(지혜롭고 착한)	사람은 /	안다 /	시기와 형세를 잘 파악하고, 곤란함을 해소하고, 사람들에게 편리함을 주는 것을 //

他们 /	(总是)	(恰到好处地)	协调 /	气氛, //	(平和适度地)	温暖着 /
주어	부사어	부사어	술어1	목적어	부사어	술어2
그들은 /	(늘)	(아주 적절하게)	조화롭게 하다 /	분위기를, //	(부드럽고 적절하게)	따뜻하게 하다 /

(他人的)	心田。
관형어	목적어
(타인의)	마음을

해석 지혜롭고 착한 사람은 시기와 형세를 잘 파악하고, 곤란함을 해소하고, 사람들에게 편리함을 주는 것을 안다. 그들은 늘 아주 적절하게 분위기를 조화롭게 하고, 부드럽고 적절하게 타인의 마음을 따뜻하게 한다.

해설 앞 문장의 주어 人, 술어 懂得, 목적어 审时度势, 缓解尴尬, 与人方便이 문맥상 자연스럽게 어울린다. 그리고 뒤 문장의 주어 他们, 술어1 协调, 목적어 气氛도 문맥상 자연스럽게 어울리고, 술어2 温暖着, 목적어 心田도 주어와 문맥상 자연스럽게 어울린다. 따라서 틀린 부분이 없다.

어휘 智慧 zhìhuì 몡 지혜   善良 shànliáng 톈 착하다, 선량하다   审时度势 shěnshíduóshì 졩 시기와 형세를 잘 파악하다
缓解 huǎnjiě 통 해소하다, 완화시키다   尴尬 gāngà 톈 (입장이) 곤란하다, 난처하다
恰到好处 qiàdàohǎochù 졩 (말·행동 등이) 아주 적절하다, 꼭 들어맞다   协调 xiétiáo 통 조화롭게 하다, 어울리게 하다
气氛 qìfēn 몡 분위기   平和 pínghé 톈 (성격이나 언행 등이) 부드럽다, 온화하다   适度 shìdù 톈 (정도가) 적절하다, 적당하다
温暖 wēnnuǎn 통 따뜻하게 하다, 온화하게 하다   心田 xīntián 몡 마음, 내심

C

앞 절					
(80年代至今数十年间), //	我 /	(把创作的重点)	与嵩岳太行	(一直)	联系着, //
부사어	주어	부사어(把+행위의 대상)	부사어	부사어	술어
(80년대에서 지금까지 수십 년 간), //	나는 /	(창작의 중점을)	(숭산과 타이항산과)	(줄곧)	연결시키고 있는데, //

뒤 절						
我 /	(似乎)	感到 /	(具有北方山水典型风貌的)	嵩岳太行 /	是 /	我的归宿。
주어	부사어	술어	관형어	주어	술어	목적어
			목적어(주술목구)			
나는 /	(마치 ~인 것 같다) 느낀다 /		(북방 산수의 전형적인 풍모를 가진)	숭산과 타이항산이 /	~이다 /	나의 귀결점

제1회
제2회
제3회
제4회
제5회
독해
제6회

해커스 해설이 상세한 HSK 6급 실전모의고사

해석 80년대에서 지금까지 수십 년 간, 나는 창작의 중점을 숭산과 타이항산과 줄곧 연결시키고 있는데, 나는 북방 산수의 전형적인 풍모를 가진 숭산과 타이항산이 마치 나의 귀결점인 것처럼 느낀다.

해설 **부사어의 어순이 잘못되어 틀린 경우**

앞 절은 把자문으로, 시간부사인 一直이 개사구 与嵩岳太行 뒤에 위치하였으므로 틀린 문장이다. 시간부사는 개사 把 앞에 위치해야 한다.

★ 옳은 문장 : 80年代至今数十年间, 我一直把创作的重点与嵩岳太行联系着, 我似乎感到具有北方山水典型风貌的嵩岳太行是我的归宿。

80년대에서 지금까지 수십 년 간, 나는 줄곧 창작의 중점을 숭산과 타이항산과 연결시키고 있는데, 나는 북방 산수의 전형적인 풍모를 가진 숭산과 타이항산이 마치 나의 귀결점인 것처럼 느낀다.

어휘 至今 zhìjīn 지금까지, 현재까지　创作 chuàngzuò 창작하다　嵩岳 Sōng Yuè 고유 숭산[중국 허난성에 위치한 산]
太行 Tàiháng 고유 타이항산[태항산, 중국 허난성에 위치한 산]　似乎 sìhū 마치 ~인 것 같다　具有 jùyǒu 가지다, 구비하다
典型 diǎnxíng 전형적인, 대표적인　风貌 fēngmào 풍모, 풍격과 면모　归宿 guīsù (사람이나 사물의) 귀결점, 귀착점

앞 절

D	建构主义 /	(对每一个热爱学习的人)	(都)	有着 /	(举足轻重的)	作用, //
	주어	부사어	부사어	술어	관형어	목적어
	구성주의는 /	(배움을 사랑하는 모든 사람에게)	(모두)	있다 /	중요한	영향이, //

뒤 절

这 /	是 /	因为	学习者	只有	(通过自己的经历), //	(对知识)	进行 /
주어	술어	접속사	주어	접속사	부사어	부사어	술어1
이것은 /	~이다 /	~때문이다	학습자가	오직 ~해야만	(자신의 경험을 통하여), //	(지식에 대해)	진행하다 /

自主建构, //	(才)	(能)	(完全)	吸收 /	知识。
목적어	부사어	부사어	부사어	술어2	목적어
목적어(주술목구)					
자주적으로 건립하고 구성하는 것을, //	(비로소)	(~할 수 있다)	(완전히)	흡수하다	지식을

해석 구성주의는 배움을 사랑하는 모두 사람에게 중요한 영향이 있는데, 이는 학습자가 오직 자신의 경험을 통하여 지식에 대해 자주적으로 건립하고 구성하는 것을 진행해야만, 비로소 지식을 완전히 흡수살 수 있기 때문이다.

해설 앞 절의 주어 建构主义, 술어 有着, 목적어 作用이 문맥상 자연스럽게 어울리고, 뒤 절의 술어 是과 연결되는 주어 这, 주술목구 형태의 목적어 因为学习者只有通过自己的经历, 对知识进行自主建构, 才能完全吸收知识이 동격이다. 또한 인과를 나타내는 접속사 因为와 조건을 나타내는 접속사 只有도 문맥상 적절히 쓰였다. 따라서 틀린 부분이 없다.

어휘 建构主义 jiàngòu zhǔyì 구성주의[의식을 쪼개서 분석하는 방법]　热爱 rè'ài 열렬히 사랑하다
举足轻重 jǔzúqīngzhòng 중요하다, 중대하다　自主 zìzhǔ 자주적으로 한다, 자신의 뜻대로 처리하다
建构 jiàngòu 건립하고 구성하다　吸收 xīshōu 흡수하다

---

61 중

刻瓷, 顾名思义就是用特制刀具在瓷器上进行雕刻的**技艺**。瓷器上那些深、浅、浓、淡的刀痕, 以动感的线条**展现**出书法的韵味与绘画的境界, **可谓**是"瓷赖画而显, 画依瓷而传"。

각자는 글자 그대로 특수 제작한 칼로 도자기 위에 조각하는 **기예**이다. 도자기 위의 깊고, 얕고, 진하고, 연한 칼자국은 생동감 있는 선으로 서예의 정취와 회화의 경계를 **보여줘서**, '도자기는 그림에 기대어 표현되고, 그림은 도자기에 기대어 전해진다'라고 **할 수 있는** 것이다.

A 杂技	浮现	可行	
B 工艺 ✓	呈现 ✓	可恶	
C 技艺 ✓	展现 ✓	可谓 ✓	
D 手艺	兑现	可靠	

A 곡예	떠오르다	가능하다	
B 공예	나타나다	얄밉다	
C 기예	보이다	~라고 할 수 있다	
D 솜씨	현금으로 바꾸다	믿을 만하다	

어휘 지문 刻瓷 kè cí 각자[완성된 도자기에 산수, 인물 등을 조각하는 것]　顾名思义 gùmíngsīyì 글자 그대로
特制 tèzhì 특수 제작하다, 특별히 만들다　刀具 dāojù (공구용) 칼　瓷器 cíqì 도자기, 자기
雕刻 diāokè (금속·상아·뼈 등에) 조각하다　浅 qiǎn (거리나 간격이) 얕다, 좁다　浓 nóng 진하다, 짙다
淡 dàn (색깔이) 연하다　刀痕 dāohén 칼자국　动感 dònggǎn 생동감　线条 xiàntiáo 선, 라인
书法 shūfǎ 서예, 서법　韵味 yùnwèi 정취　绘画 huìhuà 회화하다, 그림을 그리다　境界 jìngjiè 경계
赖 lài 기대다, 의지하다

보기 **杂技** zájì 몡 곡예, 서커스　**工艺** gōngyì 몡 공예, 수공예　**技艺** jìyì 몡 기예　**手艺** shǒuyì 몡 솜씨, 손재간
浮现 fúxiàn 동 (과거에 경험했던 일이) 떠오르다, 생각나다　**呈现** chéngxiàn 동 나타나다, 드러나다
展现 zhǎnxiàn 동 (눈앞에) 보이다, 나타내다　**兑现** duìxiàn 동 (수표·어음 등을) 현금으로 바꾸다, 약속을 지키다
可行 kěxíng 혱 가능하다, 실행할 수 있다　**可恶** kěwù 혱 얄밉다, 가증스럽다　**可谓** kěwèi 동 ~라고 할 수 있다, ~라고 말할 만하다
可靠 kěkào 혱 믿을 만하다, 믿음직하다

해설 첫째 보기 A는 '곡예'라는 의미의 명사이다. 그리고 B, C, D는 공통글자 艺를 포함하여 형태가 비슷한 명사로, B, C는 '예술'과 관련된 명
빈칸 사 유의어이고, D는 '솜씨'라는 의미의 명사이다. '각자는 글자 그대로 특수 제작한 칼로 도자기 위에 조각하는 _____이다'라는
문맥을 살펴보면, 빈칸에는 도자기를 조각하는 기술 또는 예술과 관련된 어휘가 들어가야 한다. 따라서 문맥에 적합한 보기 B 工
艺(공예), C 技艺(기예)를 정답의 후보로 체크해 둔다.

A 杂技(곡예), D 手艺(솜씨)는 문맥과 어울리지 않는다.

둘째 보기가 모두 공통글자 现을 포함하여 형태가 비슷한 동사로, A, B, C는 '나타나다'와 관련된 동사 유의어이고, D는 '현금으로 바꾸
빈칸 다'라는 의미의 동사이다. '도자기 위의 …… 칼자국은 생동감 있는 선으로 서예의 정취와 회화의 경계를 _____'라는 문맥에 적
합한 보기 B 呈现(나타나다), C 展现(보이다)을 정답의 후보로 체크해 둔다.

A 浮现(떠오르다)는 과거에 경험했던 일이 생각난다는 의미이므로, 문맥과 어울리지 않는다.
D 兑现(현금으로 바꾸다)은 문맥과 어울리지 않는다.

셋째 보기가 모두 공통글자 可를 포함하여 형태는 비슷하지만 의미가 다른 어휘로, A, B, D는 형용사이고, C는 동사이다. 빈칸은 부사어
빈칸 자리로, 빈칸 뒤 술어 是의 부사어가 될 수 있고 "도자기는 그림에 기대어 표현되고, 그림은 도자기에 기대어 전해진다'_____것
이다'라는 문맥에도 적합한 보기 C 可谓(~라고 할 수 있다)가 정답이다.

A 可行(가능하다), B 可恶(얄밉다), D 可靠(믿을 만하다)는 是 앞에서 부사어가 될 수 없고, 문맥과도 어울리지 않는다.

62
중상

古代丝绸之路上，驴在运输中起着**不可或缺**的作用。曾经有学者对当时在**边境出土**的进出关记录做过调查，发现驴是一种重要的**牲畜**，驴在很多商队中的数目甚至超过了牛和马。	고대 실크로드에서, 당나귀는 운송에 있어서 **없어서는 안 될** 역할을 했다. 일찍이 어떤 학자가 당시 **국경 지대**에서 출토된 출입 관문 관련 기록에 대해 조사한 적이 있는데, 당나귀는 중요한 **가축**이며, 많은 캐러밴들 속에서의 당나귀 수가 심지어 소와 말을 넘어서기도 했다는 것을 발견했다.
A 自力更生　　边界　　家伙	A 자력갱생하다　　경계　　녀석
B 不可或缺 ✓　　边境 ✓　　牲畜 ✓	B 없어서는 안 된다　　국경 지대　　가축
C 必不可少 ✓　　周边　　搭档	C 반드시 있어야 한다　　주변　　파트너
D 兢兢业业　　边疆 ✓　　牲口 ✓	D 부지런하고 성실하다　　변방　　가축

어휘 지문 **古代** gǔdài 몡 고대　**丝绸之路** Sīchóu Zhī Lù 고유 실크로드　**驴** lǘ 몡 당나귀, 나귀　**运输** yùnshū 동 운송하다
曾经 céngjīng 면 일찍이, 이전에　**出土** chūtǔ 동 출토하다, 발굴하다　**记录** jìlù 몡 기록
商队 shāngduì 몡 캐러밴[사막이나 초원 등지에서 낙타나 말에 상품을 싣고 떼를 지어 먼 곳으로 다니면서 장사하는 상인 또는 그 무리]
数目 shùmù 몡 수, 숫자, 수량

보기 **自力更生** zìlìgēngshēng 정 자력갱생하다　**不可或缺** bù kě huò quē 없어서는 안 되다, 필수불가결하다
必不可少 bìbùkěshǎo 정 반드시 있어야 한다, 반드시 없어서는 안 되다　**兢兢业业** jīngjīngyèyè 정 부지런하고 성실하다
边界 biānjiè 몡 (지역 간의) 경계, 국경선　**边境** biānjìng 몡 국경 지대, 변방　**周边** zhōubiān 몡 주변　**边疆** biānjiāng 몡 변방
家伙 jiāhuo 몡 녀석, 놈　**牲畜** shēngchù 몡 가축[집에서 기르는 짐승]　**搭档** dādàng 몡 파트너, 협력자
牲口 shēngkou 몡 (소·말·당나귀 등 사람을 도와 일을 하는) 가축

해설 첫째 보기가 모두 사자성어이다. '고대 실크로드에서, 당나귀는 운송에 있어서 _____역할을 했다.'라는 문맥에 적합하고, 빈칸 뒤 作
빈칸 用(역할)과 의미상으로 호응하는 보기 B 不可或缺(없어서는 안 된다), C 必不可少(반드시 있어야 한다)를 정답의 후보로 체크해 둔
다.

A 自力更生(자력갱생하다), D 兢兢业业(부지런하고 성실하다)은 문맥과 어울리지 않는다.

둘째 보기가 모두 공통글자 边을 포함하여 '주변, 국경'과 관련된 명사 유의어이다. '당시 _____에서 출토된 출입 관련 기록'이라는
빈칸 문맥에는 특정한 장소를 지칭하는 어휘가 들어가야 한다. 따라서 문맥에 적합한 보기 B 边境(국경 지대), D 边疆(변방)을 정답의 후
보로 체크해 둔다.

A 边界(경계)는 지역과 지역 사이의 경계선을 의미하므로, 문맥과 어울리지 않는다. 참고로, 边界를 사용하여 국경선 주변 지역을
가리키고 싶다면, 边界附近(국경선 부근), 边界地带(국경선 지대) 등과 같이 표현해야 한다.
C 周边(주변)은 기점이 되는 장소 또는 사물의 주위를 의미하며, 주로 구체적이 기준점을 나타내는 어휘와 함께 '명사+周边'의 형
태로 자주 사용된다.

셋째 보기 B, D는 '가축'이라는 의미의 명사 유의어이고, A는 '녀석', C는 '파트너'라는 의미의 명사이다. '당나귀는 중요한 _____ 으
빈칸 로'라는 문맥에 적합하고, 빈칸 앞 쪽의 驴(당나귀)와 의미상으로 호응하는 보기 B 牲畜(가축), D 牲口(가축)를 정답의 후보로 체크
해 둔다.

A 家伙(녀석)는 가축을 낮잡아 가리키는 말이라는 의미이므로, 문맥과 어울리지 않는다.
C 搭档(파트너)은 주로 사람을 나타내는 어휘이다.

* 따라서 모든 빈칸에서 정답 후보를 포함하는 보기 B가 정답이다.

---

63 중상	"港珠澳大桥" 开通一周年了, 据大桥边检站**统计**, 截止到今日, 已有1400多万人通过大桥往返于陆港澳三地。它不仅让两岸三地人民的出行变得**更加便利**, 还加快了珠三角地区一体化的进程, 繁荣了经济, **凝聚**了人心。	'강주아오 대교'가 개통한지 1주년이 되었는데, 대교의 국경 검문소의 **통계**에 따르면, 오늘까지 이미 1400여만 명의 사람들이 대교를 통해 중국 대륙과 홍콩, 마카오 세 곳을 왕복하고 있다. 그것은 양안 세 지역 사람들의 이동을 더욱 **편리하게** 만들었을 뿐만 아니라, 또 주강 삼각주 평원 지역의 일원화 진행 과정을 가속화시켰고, 경제를 번영시켰으며, 민심을 **모았다**.
A 计算　　轻便　　凝固	A 계산하다　　쉽다　　응고하다
B 公布 ✓　　轻易　　融洽	B 공포하다　　수월하다　　사이가 좋다
C 统计 ✓　　便利 ✓　　凝聚 ✓	C 통계하다　　**편리하다**　　모으다
D 计较　　便捷 ✓　　团结 ✓	D 따지다　　간편하다　　단결하다

어휘 지문 港珠澳大桥 Gǎng Zhū Ào Dàqiáo 강주아오 대교[홍콩-주하이-마카오를 잇는 대교]　开通 kāitōng 圄 개통하다, 열다
周年 zhōunián 圄 주년　边检站 biānjiǎnzhàn 국경 검문소　截止 jiézhǐ 圄 ~까지 이다, 마감하다　往返 wǎngfǎn 圄 왕복하다
港澳 Gǎng Ào 홍콩과 마카오　两岸三地 liǎng'àn sāndì 양안 세 지역[중국의 대륙과 홍콩, 마카오]　人民 rénmín 圄 사람, 인민
出行 chūxíng 圄 (다른 지역으로) 이동하다, 출행하다　加快 jiākuài 圄 가속화하다, 속도를 내다
珠三角 Zhūsānjiǎo 고유 주강 삼각주 평원[중국에서 경제가 신속히 발전하고 있는 지역 중 하나]　地区 dìqū 圄 지역
一体化 yìtǐhuà 일원화하다, 일체화하다　进程 jìnchéng 圄 진행 과정, 발전 과정　繁荣 fánróng 圄 번영시키다
보기 计算 jìsuàn 圄 계산하다, 고려하다　公布 gōngbù 圄 공포하다, 공표하나　统计 tǒngjì 圄 통계하다, 합산하다
计较 jìjiào 圄 따지다, 논쟁하다　轻便 qīngbiàn 圄 (무게가 비교적 가벼워 제작이나 사용이) 쉽다, 간편하다
轻易 qīngyì 圄 수월하다, 손쉽다 囝 쉽사리, 함부로　便利 biànlì 圄 편리하다　便捷 biànjié 圄 간편하다, 편리하다
凝固 nínggù 圄 응고하다, 굳어지다　融洽 róngqià 圄 사이가 좋다, 조화롭다　凝聚 níngjù 圄 모으다, 응집하다
团结 tuánjié 圄 단결하다, 뭉치다

해설 첫째 보기 A, C, D는 공통글자 计를 포함하여 형태는 비슷하지만 의미가 다른 동사이고, B는 '공포하다'라는 의미의 동사이다. '대교의
빈칸 변경 검문소의 _____ 에 따르면, 오늘까지 이미 1400여만 명의 사람들이 대교를 통해 중국 대륙과 홍콩, 마카오 세 곳을 왕복하고 있다'라는 문맥에 적합한 보기 B 公布(공포하다), C 统计(통계하다)를 정답의 후보로 체크해 둔다.

A 计算(계산하다)은 숫자를 사칙 연산한다는 의미로, 문맥과 어울리지 않는다.
D 计较(따지다)는 계산하여 비교한다는 의미로, 문맥과 어울리지 않는다.

둘째 보기 A, B는 공통글자 轻을 포함하여 '쉽다'와 관련된 형용사 유의어이고, C, D는 공통글자 便을 포함하여 '편리하다'와 관련된 형
빈칸 용사 유의어이다. 빈칸은 보어 자리로, '그것(강주아오 대교)은 양안 세 지역 사람들의 이동을 더욱 _____ 만들었고'라는 문맥에 적합하고, 빈칸 앞의 술어 变得(~하게 만들다)의 보어가 될 수 있는 보기 C 便利(편리하다), D 便捷(간편하다)를 정답의 후보로 체크해 둔다.

A 轻便(쉽다)은 무게가 비교적 가벼워 제작이나 사용이 간편하다는 의미이므로, 문맥과 어울리지 않는다.
B 轻易(수월하다)는 주로 부사어로 사용되며, 보어로는 잘 사용되지 않는다.

셋째 보기 A, C는 공통글자 凝을 포함하여 형태는 비슷하지만 의미가 다른 동사이고, B는 '사이가 좋다'라는 의미의 형용사, D는
빈칸 '단결하다'라는 의미의 동사이다. 빈칸은 술어 자리로, 빈칸 뒤의 목적어 人心(민심)과 의미상으로 호응하는 보기 C 凝聚(모으다), D 团结(단결하다)를 정답의 후보로 체크해 둔다.

A 凝固(응고하다), B 融洽(사이가 좋다)는 문맥과 어울리지 않는다.

* 따라서 모든 빈칸에서 정답 후보를 포함하는 보기 C가 정답이다.

64 중상

这次展览必将对中国当代工艺美术事业的发展**产生**积极的影响，也必将为弘扬中华民族**优秀**的文化传统，**满足**广大人民群众日益增长的物质和精神需要，推动社会主义文化事业的大发展大**繁荣**发挥积极的作用。

이번 전시는 틀림없이 중국 당대 공예 미술 사업의 발전에 긍정적인 영향을 **끼칠 것**이고, 중국 민족의 **우수한** 문화 전통을 드높이고, 많은 인민 대중의 날로 증가하는 물질과 정신의 수요를 **만족시키며**, 사회주의 문화 사업의 큰 발전과 큰 **번영**이 적극적인 작용을 발휘하도록 촉진시킬 것이다.

A 盛产	一流	知足	兴旺 ✓
B 产生 ✓	优秀 ✓	满足 ✓	繁荣 ✓
C 发挥 ✓	卓越 ✓	无知	兴盛 ✓
D 达成	优良 ✓	圆满	繁华

A 대량 생산하다	일류의	만족하다	번창하다
B 끼치다	우수하다	만족시키다	번영하다
C 발휘하다	탁월하다	무지하다	흥성하다
D 달성하다	훌륭하다	원만하다	번화하다

어휘 지문 **展览** zhǎnlǎn [명] 전시, 전람 [동] 전시하다, 전람하다 **当代** dāngdài [명] 당대, 그 시대 **工艺** gōngyì [명] 공예, 수공예 **美术** měishù [명] 미술 **事业** shìyè [명] 사업 **弘扬** hóngyáng [동] (사업·문화·전통 등을 더욱) 드높이다 **传统** chuántǒng [명] 전통 **广大** guǎngdà [형] (사람 수가) 많다, (범위나 공간이) 넓다 **群众** qúnzhòng [명] 대중, 군중 **日益** rìyì [부] 날로, 나날이 더욱 **物质** wùzhì [명] 물질 **精神** jīngshén [명] 정신 **推动** tuīdòng [동] 촉진하다, 밀고 나가다 **主义** zhǔyì [명] 주의 **发挥** fāhuī [동] 발휘하다

보기 **盛产** shèngchǎn [동] 대량 생산하다, 많이 만들다 **产生** chǎnshēng [동] 끼치다, 발생하다 **发挥** fāhuī [동] 발휘하다 **达成** dáchéng [동] 달성하다, 얻다 **一流** yīliú [형] 일류의 **优秀** yōuxiù [형] 우수하다, 뛰어나다 **卓越** zhuóyuè [형] 탁월하다, 출중하다 **优良** yōuliáng [형] (품종·품질·성적 등이) 훌륭하다, 뛰어나다 **知足** zhīzú [동] 만족하다 **满足** mǎnzú [동] 만족시키다, 만족하다 **无知** wúzhī [형] 무지하다, 아는 것이 없다 **圆满** yuánmǎn [형] 원만하다, 완벽하다 **兴旺** xīngwàng [형] 번창하다, 흥성하다 **繁荣** fánróng [형] 번영하다 **兴盛** xīngshèng [형] 흥성하다, 번창하다 **繁华** fánhuá [형] (도시·거리가) 번화하다

해설 첫째 빈칸 보기 A, B는 공통글자 产을 포함하여 '만들다'와 관련된 동사 유의어이고, C, D는 의미가 다른 동사이다. '이번 전시는 틀림없이 중국 당대 공예 미술 사업의 발전에 긍정적인 영향을 ________이고'라는 문맥에 적합하고, 빈칸 뒤쪽의 목적어 影响(영향)과 의미상으로 호응하는 보기 B 产生(끼치다), C 发挥(발휘하다)를 정답의 후보로 체크해 둔다.

A 盛产(대량 생산하다)는 어떤 물건이나 제품을 많이 만든다는 의미로, 产品(제품), 水果(과일), 石油(석유) 등의 어휘와 자주 호응한다.

D 达成(달성하다)은 주로 논의를 통해 어떤 결과에 이른다는 의미로, 交易(거래), 协议(협의), 目标(목표) 등의 어휘와 자주 호응한다.

둘째 빈칸 보기가 모두 '훌륭하다, 뛰어나다'와 관련된 형용사 유의어이다. '중국 민족의 ________ 문화 전통을 드높이고'라는 문맥에 적합하고, 빈칸 뒤 文化传统(문화 전통)과 의미상으로 호응하는 보기 B 优秀(우수하다), C 卓越(탁월하다), D 优良(훌륭하다)을 정답의 후보로 체크해 둔다.

A 一流(일류의)는 일등·최고라는 의미로, 文化传统(문화 전통)과 의미상으로 호응하지 않는다.

셋째 빈칸 보기 A, B는 공통글자 足를 포함하여 '만족하다'와 관련된 동사 유의어이고, C, D는 의미가 다른 형용사이다. 빈칸은 목적어 앞 술어 자리로 '많은 인민 대중의 날로 증가하는 물질과 정신의 수요를 ________'라는 문맥에 적합하고, 빈칸 뒤 쪽의 목적어 需要(수요)와 의미상으로 호응하는 보기 B 满足(만족시키다)가 정답이다.

A 知足(만족하다)는 만족할 줄 안다는 뜻으로, 목적어를 가지지 않는 동사이다.
C 无知(무지하다), D 圆满(원만하다)은 형용사이므로 목적어를 가지지 않는다.

* 셋째 빈칸에서는 B밖에 정답이 될 수 없기 때문에, 실제 시험에서는 보기 B를 정답으로 선택하고 바로 다음 문제로 넘어간다.

넷째 빈칸 보기 A, C는 공통글자 兴을 포함하여 '흥성하다'와 관련된 형용사 유의어이고, B, D는 공통글자 繁을 포함하여 형태는 비슷하지만 의미가 다른 형용사이다. '사회주의 문화 사업의 큰 발전과 큰 ________이 적극적인 작용을 발휘하도록 촉진시킬 것이다'라는 문맥에 적합하고, 빈칸 앞 쪽의 事业(사업)와 의미상으로 호응하는 보기 A 兴旺(번창하다), B 繁荣(번영하다), C 兴盛(흥성하다)을 정답의 후보로 체크해 둔다.

D 繁华(번화하다)는 도시나 거리가 번화하다는 의미로, 문맥과 어울리지 않는다.

65 중상

通过实验，科学家**确信**，植物细胞内含有保护植物的抗病蛋白，但现在尚未确定这类蛋白能否**消灭**细菌，形成抗病机制。只有进一步研究其结构和**原理**，才能为抗病蛋白的广泛应用**奠定**理论基础。

실험을 통해, 과학자들은 식물 세포 내에 식물을 보호하는 항병원성 단백질이 함유되어 있다는 것을 **확신하지만**, 그러나 현재 이러한 단백질이 박테리아를 **소멸시킬** 수 있는지, 항병원성 메커니즘을 형성할 수 있는지는 아직 확정되지 않았다. 그 구조와 **원리**를 한층 더 연구해야만, 항병원성 단백질의 광범위한 응용을 위한 이론적 토대를 **다질** 수 있다.

				A초안을 잡다	제거하다	원시의	견고하게 하다
A 拟定	消除 ✓	原始	巩固 ✓	B단정하다	소모하다	원료	지정하다
B 断定 ✓	消耗	原料	指定	C확립하다	소독하다	원칙	견고하다
C 确立	消毒	原则	坚固	D확신하다	소멸시키다	원리	다지다
D 确信 ✓	消灭 ✓	原理 ✓	奠定 ✓				

어휘 지문 细胞 xìbāo 圐 세포　含有 hányǒu 圐 함유하다, 가지다　抗病 kàngbìng 항병원성　蛋白 dànbái 圐 단백질
尚未 shàngwèi 아직 ~하지 않았다　确定 quèdìng 圐 확정하다　细菌 xìjūn 圐 박테리아, 세균　机制 jīzhì 圐 메커니즘
结构 jiégòu 圐 구조　广泛 guǎngfàn 圐 광범위하다, 보편적이다　应用 yìngyòng 圐 응용하다　理论 lǐlùn 圐 이론

보기 拟定 nǐdìng 圐 초안을 잡다, 기초하다　断定 duàndìng 圐 단정하다　确立 quèlì 圐 확립하다, 수립하다
确信 quèxìn 圐 확신하다, 조금도 의심하지 않다　消除 xiāochú 圐 제거하다, 없애다
消耗 xiāohào 圐 (에너지·힘·시간 등을) 소모하다　消毒 xiāodú 圐 소독하다　消灭 xiāomiè 圐 소멸시키다, 박멸하다
原始 yuánshǐ 圐 원시의, 최초의　原料 yuánliào 圐 원료　原则 yuánzé 圐 원칙　原理 yuánlǐ 圐 원리
巩固 gǒnggù 圐 견고하게 하다, 다지다 圐 공고하다, 견고하다　指定 zhǐdìng 圐 (사전에 사람·시간·장소 등을) 지정하다, 확정하다
坚固 jiāngù 圐 견고하다, 튼튼하다　奠定 diàndìng 圐 다지다, 닦다

해설 첫째 보기 A, B는 공통글자 定을 포함하여 형태는 비슷하지만 의미가 다른 동사이고, C, D는 공통글자 确를 포함하여 형태는 비슷하
빈칸 지만 의미가 다른 동사이다. '실험을 통해, 과학자들은 식물 세포 내에 식물을 보호하는 항병원성 단백질이 함유되어 있다는 것
을 _____, 그러나 현재 …… 아직 확정되지 않았다.'라는 문맥에 적합한 보기 B 断定(단정하다), D 确信(확신하다)을 정답의 후
보로 체크해 둔다.
　A 拟定(초안을 잡다), C 确立(확립하다)는 문맥과 어울리지 않는다.

둘째 보기가 모두 공통글자 消를 포함하여 형태는 비슷하지만 의미가 다른 동사이다. '이러한 단백질이 박테리아를 _____ 수 있는
빈칸 지, 항병원성 메커니즘을 형성할 수 있는지는'이라는 문맥에 적합하고, 빈칸 뒤 목적어 细菌(박테리아)과 의미상으로 호응하는 보
기 A 消除(제거하다), D 消灭(소멸시키다)를 정답의 후보로 체크해 둔다.
　B 消耗(소모하다), C 消毒(소독하다)는 문맥과 어울리지 않는다.

셋째 보기가 모두 공통글자 原을 포함하여 형태는 비슷하지만 의미가 다른 어휘로, A는 형용사이고 B, C, D는 명사이다. 보기는 목적어
빈칸 자리로, '그 구조와 _____를 한층 더 연구해야만'이라는 문맥에 적합한 보기 D 原理(원리)가 정답이다.
　A 原始(원시의), B 原料(원료), C 原则(원칙)는 문맥과 어울리지 않는다.

*셋째 빈칸에서는 D밖에 정답이 될 수 없기 때문에, 실제 시험에서는 보기 D를 정답으로 선택하고 바로 다음 문제로 넘어간다.

넷째 보기 A, C는 공통글자 固를 포함하여 '견고하다'와 관련된 어휘로, A는 동사/형용사이고 C는 형용사이다. 그리고 B, D는 공통글자
빈칸 定을 포함하여 형태는 비슷하지만 의미가 다른 동사이다. 빈칸은 목적어를 가지는 술어 자리로, '이론적 토대를 _____ 수 있다'
라는 문맥에 적합하고, 빈칸 뒤 목적어 基础(토대)와 의미상으로 호응하는 보기 A 巩固(견고하게 하다), D 奠定(다지다)을 정답의 후
보로 체크해 둔다.
　B 指定(지정하다)은 문맥과 어울리지 않는다.
　C 坚固(견고하다)는 형용사이기 때문에 목적어를 가지지 않는다.

66
중상

如果飞机遭遇紧急情况, 有时需要临时降落。降
落前, 为了减轻机身重量, 飞行员会操纵飞机, 使
其在空中释放燃油。高空的低气压将燃油雾化
成气体, 随风飘散。倘若不采取这样的措施, 起
落架就很有可能在着陆时折断。

만약 비행기가 긴급 상황을 **만난다면**, 때로는 임시 착륙이 필요하다. 착
륙 전에 기체의 중량을 가볍게 하기 위하여, 조종사는 비행기가 공중에
서 연료용 기름을 **방출하도록** 비행기를 조종한다. 고공의 저기압은 연
료용 기름을 안개 모양으로 분무하여 기체가 되게 하고, 바람에 따라
공중에 흩어지게 만든다. **만일** 이러한 조치를 취하지 않는 **다면**, 랜딩 기
어는 착륙할 때 **부러져** 끊길 가능성이 있다.

				A 당하다	배출하다	예를 들다	잡아당기다
A 遭受	排放 ✓	譬如	拽	B 만나다	방출하다	만일 ~한다면	부러지다
B 遭遇 ✓	释放 ✓	倘若 ✓	折 ✓	C 직면하다	분해하다	만약 ~한다면	쪼개다
C 面临 ✓	分解	假如 ✓	劈	D 대면하다	격리하다	가정하다	나누다
D 面对	隔离	假设	掰				

어휘 지문 紧急 jǐnjí 긴급하다, 절박하다　临时 línshí 圐 임시로　降落 jiàngluò 圐 착륙하다, 하강하다
减轻 jiǎnqīng 圐 (세금·부담·고통 등을) 가볍게 하다, 덜다　机身 jīshēn 圐 (비행기의) 기체　重量 zhòngliàng 圐 중량, 무게
飞行员 fēixíngyuán 圐 (비행기 등의) 조종사, 파일럿　操纵 cāozòng 圐 (기계·기구 등을) 조종하다, 제어하다　气压 qìyā 圐 기압
燃油 rányóu 圐 연료용 기름　雾化 wùhuà 圐 (액체를) 안개 모양으로 분무하다　气体 qìtǐ 圐 기체

飘散 piāosàn 图 공중에 흩어지다　采取 cǎiqǔ 图 (방법·조치·수단 등을) 취하다, 채택하다　措施 cuòshī 图 조치, 대책
起落架 qǐluòjià 图 (비행기의) 랜딩 기어, 이착륙 장치　着陆 zhuólù 图 착륙하다

보기　遭受 zāoshòu 图 (불행 또는 손해를) 당하다, 입다　遭遇 zāoyù 图 (적 또는 불행·불리한 일 등을 우연히) 만나다, 부닥치다
面临 miànlín 图 직면하다, 당면하다　面对 miànduì 图 대면하다, 직면하다
排放 páifàng 图 (폐기·폐수·폐기물 등을) 배출하다, 내보내다　释放 shìfàng 图 방출하다, 석방하다　分解 fēnjiě 图 분해하다
隔离 gélí 图 격리하다, 떼어 놓다　譬如 pìrú 图 예를 들다　倘若 tǎngruò 젭 만일 ~한다면　假如 jiǎrú 젭 만약 ~한다면, 가령
假设 jiǎshè 图 가정하다　拽 zhuài 图 잡아당기다, 당기다　折 zhé 图 부러지다, 꺾다　劈 pī 图 (도끼 등으로) 쪼개다, 갈라지다
掰 bāi 图 (손으로 물건을) 나누다, 가르다

해설　첫째 보기 A, B는 공통글자 遭를 포함하여 '마주하다'와 관련된 동사이고, C, D는 공통글자 面을 포함하여 '대하다'와 관련된 동사 유의
빈칸　어이다. '만약 비행기가 긴급 상황을 _____'이라는 문맥을 살펴보면, 긴급한 상황은 아직 일어나지는 않았고, 상황에 따라 일어
날 수도 있는 일이라는 것을 알 수 있다. 따라서 문맥에 적합하고, 빈칸 뒤 목적어 紧急情况(긴급 상황)과 의미상으로 호응하는 보
기 B 遭遇(만나다), C 面临(직면하다)을 정답의 후보로 체크해 둔다. 참고로, 面临(직면하다)은 곧 보게 되거나 마주칠 수도 있는 대
상을 목적어로 가진다.

A 遭受(당하다)는 불행한 일이나 손해를 입는다는 의미로, 紧急情况(긴급 상황)과 의미상으로 호응하지 않는다.
D 面对(대면하다)는 현재 눈앞에 있는 것이나 과거에 이미 마주친 대상을 목적어로 가지므로, 문맥과 어울리지 않는다.

둘째　보기 A, B는 '내보내다'와 관련된 동사 유의어이고, C, D는 의미가 다른 동사이다. '조종사는 비행기가 공중에서 연료용 기름을
빈칸　_____ 비행기를 조종한다'라는 문맥에 적합하고, 빈칸 뒤 목적어 燃油(연료용 기름)와 의미상으로 호응하는 보기 A 排放(배출
하다), B 释放(방출하다)을 정답의 후보로 체크해 둔다.

C 分解(분해하다), D 隔离(격리하다)는 문맥과 어울리지 않는다.

셋째　보기 A, D는 의미가 다른 동사이고, B, C는 '만약 ~한다면'이라는 의미의 접속사 유의어이다. 빈칸은 접속사 자리로, '_____ 이러
빈칸　한 조치를 취하지 않는다면'이라는 문맥에 적합한 보기 B 倘若(만일 ~한다면), C 假如(만약 ~한다면)를 정답의 후보로 체크해 둔다.

A 譬如(예를 들다), D 假设(가정하다)는 문맥과 어울리지 않는다.

넷째　보기 A는 '잡아당기다'라는 의미의 동사이고, B, C, D는 부러뜨리거나 쪼개는 동작과 관련된 동사이다. '랜딩 기어는 착륙할 때
빈칸　_____ 끊길 가능성이 있다'라는 문맥에 적합하고, 빈칸 뒤 断(끊다)과 결합하여 '절단하다, 끊다'라는 의미로 사용될 수 있는
보기 B 折(부러지다)가 정답이다.

A 拽(잡아당기다)는 문맥과 어울리지 않는다.
C 劈(쪼개다)는 도끼 등으로 찍어서 가른다는 의미로, 문맥과 어울리지 않는다.
D 掰(나누다)는 손으로 물건을 나누어 쪼갠다는 의미로, 문맥과 어울리지 않는다.

67
중상

乌镇是一个**典型**的江南水乡, 生活节奏缓慢。在这里, 你不仅可以乘船体验当地的风土人情, 参观展览感受艺术沉淀, 还可以踏入**田野**寻找童趣。当你厌倦都市生活时, **不妨**去乌镇过几天水乡人家的日子, 相信你一定能获得属于自己的**欢乐**。

우전은 **전형적인** 쟝난의 물의 고장으로, 생활 리듬이 느리다. 이곳에서 당신은 배를 타고 현지의 특색과 풍습을 체험할 수 있고, 전시를 관람하며 예술의 응집을 느낄 수 있으며, **들판**에 발을 들여 동심을 찾을 수도 있다. 당신이 도시 생활에 싫증이 날 때, 우전에 가서 며칠 동안 물의 고장 사람들의 일상을 보내는 것도 **괜찮은데**, 당신이 반드시 자신만의 **즐거움**에 속하는 것을 얻을 수 있으리라 믿는다.

A 独特 ✓	园林 ✓	不免	舒畅		A 독특하다	정원	피할 수 없다	상쾌하다
B 典型 ✓	田野 ✓	不妨 ✓	欢乐 ✓		B 전형적이다	들판	괜찮다	즐겁다
C 大型	耕地	不顾	喜悦 ✓		C 대형이다	농경지	고려하지 않다	기쁘다
D 可观	阵地	不禁	满足		D 굉장하다	진지	자기도 모르게	만족하다

어휘　지문　乌镇 Wūzhèn 고유 우전[중국 도시 중 하나]　水乡 shuǐxiāng 图 물의 고장[강·호수 따위가 많은 지역]　节奏 jiézòu 图 리듬, 박자
缓慢 huǎnmàn 图 느리다, 완만하다　乘 chéng 图 타다, 오르다　体验 tǐyàn 图 체험하다, 경험하다　当地 dāngdì 图 현지
风土人情 fēngtǔ rénqíng 지방의 특색과 풍습, 풍토와 인심　展览 zhǎnlǎn 图 전시, 전람　感受 gǎnshòu 图 (영향을) 느끼다, 받다
沉淀 chéndiàn 图 응집, 침전물　踏入 tàrù 발을 들이다　寻找 xúnzhǎo 图 찾다, 구하다
童趣 tóngqù 图 동심, 유아적 취향, 어린이의 정취　厌倦 yànjuàn 图 싫증나다, 진저리가 나다　人家 rénjiā 때 사람, 남

보기　独特 dútè 图 독특하다　典型 diǎnxíng 图 전형적이다　大型 dàxíng 图 대형이다　可观 kěguān 图 굉장하다, 대단하다
园林 yuánlín 图 정원, 원림　田野 tiányě 图 들판, 들　耕地 gēngdì 图 농경지, 경작지
阵地 zhèndì 图 진지, 전장[적과 싸울 수 있도록 설비 및 부대를 배치하여 둔 곳]　不免 bùmiǎn 图 피할 수 없다, 면할 수 없다
不妨 bùfáng 图 (~하는 것도) 괜찮다, 무방하다　不顾 búgù 图 고려하지 않다, 아랑곳하지 않다　不禁 bùjīn 图 자기노 노르게, 절로
舒畅 shūchàng 图 (기분이) 삭개하다, 유쾌하디　欢乐 huānlè 图 즐겁다, 흥겹다　喜悦 xǐyuè 图 기쁘다, 유쾌하다
满足 mǎnzú 图 만족하다, 만족시키다

해설 첫째 보기가 모두 의미가 다른 형용사이다. '우전은 _____ 장난의 물의 고장으로, 생활 리듬이 느리다.'라는 문맥에 적합하고, 빈칸
빈칸 뒤 쪽의 水乡(물의 고장)과 의미상으로 호응하는 보기 A 独特(독특하다), B 典型(전형적이다)을 정답의 후보로 체크해 둔다.

C 大型(대형이다)은 문맥과 어울리지 않는다.
D 可观(광장하다)은 풍경 등이 볼 만하다거나, 또는 도달한 수준이나 정도가 비교적 높은 것을 의미하며, 岩石(암석), 景色(경치),
利润(이윤) 등의 어휘와 자주 호응한다.

둘째 보기가 모두 특정한 용도를 가진 땅을 가리키는 명사이다. '이곳(우전)에서 당신은 배를 타고 현지의 특색과 풍습을 체험할 수 있고,
빈칸 ...... _____에 발을 들여 동심을 찾을 수도 있다'라는 문맥을 살펴보면, 빈칸에는 어린이처럼 즐기면서 놀 수 있는 장소를 가리
키는 어휘가 들어가야 한다. 따라서 문맥에 적합한 보기 A 园林(정원), B 田野(들판)를 정답의 후보로 체크해 둔다.

C 耕地(농경지), D 阵地(진지)는 문맥과 어울리지 않는다.

셋째 보기가 모두 공통글자 不를 포함하여 형태는 비슷하지만 의미가 다른 어휘로, A, B, D는 부사이고, C는 동사이다. '당신이 도시 생
빈칸 활에 싫증이 날 때, 우전에 가서 며칠 동안 물의 고장 사람들의 일상을 보내는 것도 _____'라는 문맥에 적합한 보기 B 不妨(괜
찮다)이 정답이다.

A 不免(피할 수 없다), C 不顾(고려하지 않다), D 不禁(자기도 모르게)은 문맥과 어울리지 않는다.

* 셋째 빈칸에서는 B밖에 정답이 될 수 없기 때문에, 실제 시험에서는 보기 B를 정답으로 선택하고 바로 다음 문제로 넘어간다.

넷째 보기 A, B, C는 사람의 기분을 나타내는 형용사이고, D는 '만족하다'라는 의미의 동사이다. '당신이 반드시 자신의 _____에 속
빈칸 하는 것을 얻을 수 있으리라 믿는다'라는 문맥에 적합한 보기 B 欢乐(즐겁다), C 喜悦(기쁘다)를 정답의 후보로 체크해 둔다.

A 舒畅(상쾌하다), D 满足(만족하다)는 문맥과 어울리지 않는다.

---

68 중상

关于防晒霜, 一项最新的研究结果令很多人感到震惊。研究指出, 人们涂抹的防晒霜在海水里溶解的话, 会对珊瑚礁造成无法挽回的破坏。这是因为防晒霜中含有的氧苯酮成分危害很大, 哪怕只有一点, 也足以伤害到珊瑚, 使其失去繁殖能力, 最终死亡。

자외선 차단제에 대한 최근의 연구 결과는 많은 사람들로 하여금 **놀라움**을 느끼게 했다. 연구는 사람들이 바르는 자외선 차단제가 바닷물 속에서 용해된다면, 산호초에 **돌이킬** 방법이 없는 손상을 일으킬 수 있다고 지적했다. 이는 자외선 차단제에 함유된 옥시벤존 성분이 아주 해로워서, 설령 조금밖에 없더라도 **충분히** 산호초를 손상시키고, **번식** 능력을 잃어버리게 하여, 죽게 만들 **수 있기** 때문이다.

A 震撼 ✓	挽救	致使	修复
B 震惊 ✓	挽回 ✓	足以 ✓	繁殖 ✓
C 好奇	补救	以致	生存 ✓
D 惊奇 ✓	回避	导致	复活

A 뒤흔들다	구제하다	~을 야기하다	수리하여 복원하디
B 놀라나	돌이키다	충분히~할 수 있다	번식하다
C 호기심을 갖다	바로잡다	~을 발생시키다	생존하다
D 놀라며 의아해하다	회피하다	초래하다	부활하다

어휘 지문 防晒霜 fángshàishuāng 명 자외선 차단제 涂抹 túmǒ 통 바르다, 칠하다 溶解 róngjiě 통 용해되다, 녹다
珊瑚礁 shānhújiāo 명 산호초 造成 zàochéng 통 일으키다, 발생시키다 破坏 pòhuài 통 손상시키다, 파괴하다
含有 hányǒu 통 함유하다, 가지다 氧苯酮 yǎngběntóng 옥시벤존[자외선 차단제나 화장품의 성분으로 쓰이는 유기 화합물]
成分 chéngfèn 명 성분, 요인 危害 wēihài 통 해를 끼치다, 손상시키다 哪怕 nǎpà 접 설령, 비록
伤害 shānghài 통 손상시키다, 해치다 失去 shīqù 통 잃어버리다 死亡 sǐwáng 통 죽다, 사망하다

보기 震撼 zhènhàn 통 뒤흔들다, 진동하다 震惊 zhènjīng 통 놀라다, 놀라게 하다 好奇 hàoqí 통 호기심을 갖다
惊奇 jīngqí 통 놀라며 의아해 하다, 이상하게 여기다 挽救 wǎnjiù 통 (위험에서) 구제하다, 구해내다
挽回 wǎnhuí 통 (자기에게 불리한 상황을) 돌이키다, 만회하다 补救 bǔjiù 통 (조치를 취하여 착오나 실수를) 바로잡다, 교정하다
回避 huíbì 통 회피하다, 피하다 致使 zhìshǐ 통 ~을 야기하다, ~을 가져오다 足以 zúyǐ 충분히 ~할 수 있다, ~하기에 족하다
以致 yǐzhì 접 ~을 발생시키다, ~을 초래하다 导致 dǎozhì 통 초래하다, 야기하다 修复 xiūfù 통 수리하여 복원하다, 원상 복구하다
繁殖 fánzhí 통 번식하다, 증가하다 生存 shēngcún 통 생존하다 复活 fùhuó 통 부활하다, 부활시키다

해설 첫째 보기 A, B는 공통글자 震을 포함하여 형태는 비슷하지만 의미가 다른 동사이고, C, D는 공통글자 奇를 포함하여 '이상하게 여기다'
빈칸 와 관련된 형용사 유의어이다. '자외선 차단제에 대한 최근의 연구 결과는 많은 사람들로 하여금 _____을 느끼게 했다.'라는 문
맥에 적합한 A 震撼(뒤흔들다), B 震惊(놀라다), C 好奇(호기심을 갖다), D 惊奇(놀라며 의아해하다)를 모두 정답의 후보로 체크해 둔다.

둘째 보기 A, C는 공통글자 救를 포함하여 형태는 비슷하지만 의미가 다른 동사이고, B, D도 공통글자 回를 포함하여 형태는 비슷하지
빈칸 만 의미가 다른 동사이다. '자외선 차단제가 바닷물 속에서 용해된다면, 산호초에 _____ 방법이 없는 손상을 일으킬 수 있다'라
는 문맥에 적합하고, 빈칸 뒤 破坏(손상)와 의미상으로 호응하는 보기 B 挽回(돌이키다), C 补救(바로잡다)를 정답의 후보로 체크해
둔다. 참고로, 挽回는 이미 형성된 불리한 상황을 다시 되돌린다는 의미이고, 补救는 행동이나 조치를 취하여 착오나 실수를 고쳐
더 이상 나쁜 결과가 발생하지 않도록 한다는 의미이다.

A 挽救(구제하다)는 사람이나 생명을 가진 대상을 불리한 형세나 위험에서 구해낸다는 의미로, 命运(운명), 生命(생명), 病人(환자)
등의 어휘와 자주 호응한다.
D 回避(회피하다)는 문맥과 어울리지 않는다.

셋째
빈칸
보기 A, C, D는 공통글자 致을 포함하여 '초래하다'와 관련된 어휘로, A, D는 동사, C는 접속사이다. 그리고 B는 '충분히 ~할 수 있다'라는 의미의 부사이다. 빈칸은 부사어 자리로, '설령 조금밖에 없더라도 ＿＿＿＿＿＿ 산호초를 손상시키고'라는 문맥에 적합한 B 足以(충분히 ~할 수 있다)가 정답이다.

A 致使(~을 야기하다), C 以致(~을 발생시키다), D 导致(초래하다)은 이 문맥에서 부사어가 되지 않는다.

*셋째 빈칸에서는 B밖에 정답이 될 수 없기 때문에, 실제 시험에서는 보기 B를 정답으로 선택하고 바로 다음 문제로 넘어간다.

넷째
빈칸
보기가 모두 의미가 다른 동사이다. '＿＿＿＿＿＿ 능력을 잃어버리게 하여, 죽게 만들 수 있기 때문이다.'라는 문맥을 살펴보면, 빈칸에는 산호초가 살아남는 것과 관련된 능력을 나타낼 수 있는 어휘가 들어가야 한다. 따라서 문맥에 적합한 보기 B 繁殖(번식하다), C 生存(생존)을 정답의 후보로 체크해 둔다.

A 修复(수리하여 복원하다), D 复活(부활하다)는 문맥과 어울리지 않는다.

69
중

不管在哪里，一旦手机铃声响起，很多人**条件反射**似地，迅速拿出口袋里的手机确认。就算没有铃声响起，不少人也会**频繁**地掏出手机按几下，唯恐错过朋友或家人的信息。这些现象虽然看似**不可思议**，但其实并不难理解。有心理学家表示，过分**依赖**手机是这种强迫症出现的根本原因。

어디에 있건, 일단 핸드폰 벨소리가 울리면, 많은 사람들은 조건 **반사**하듯이 주머니 속의 핸드폰을 재빨리 꺼내 확인한다. 설령 벨소리가 울리지 않더라도, 많은 사람들이 친구나 가족의 소식을 놓칠까 봐 걱정하여, **빈번하게** 핸드폰을 꺼내 누른다. 이런 현상들은 비록 보기에는 **불가사의하지만**, 그러나 실제로는 결코 이해하기 어렵지 않다. 어떤 심리학자는 지나치게 핸드폰에 **의존하는** 것은 이러한 강박증이 나타나는 근본적인 원인이라고 밝혔다.

A 发射	不时 ✓	喜闻乐见	依托
B 反抗	时而	家喻户晓	依靠
C 反射 ✓	频繁 ✓	不可思议 ✓	依赖 ✓
D 反应 ✓	暂且	司空见惯	寄托

A 발사하다	자주	매우 환영을 받다	의탁하다
B 반항하다	이따금	누구나 다 안다	의지하다
C 반사하다	빈번하다	불가사의하다	의존하다
D 반응하다	잠깐	흔히 있는 일이다	위탁하다

어휘 지문 **一旦** yídàn 囲 일단　**铃声** língshēng 圆 벨소리　**迅速** xùnsù 재빠르다, 신속하다　**口袋** kǒudài 圆 주머니
确认 quèrèn 통 확인하다　**就算** jiùsuàn 설령 ~하더라도　**掏出** tāochū (손이나 공구로) 꺼내다, 끄집어내다
唯恐 wéikǒng 통 ~할까 봐 걱정하다, ~할까 봐 두려워하다　**信息** xìnxī 圆 소식, 뉴스　**现象** xiànxiàng 圆 현상
心理学家 xīnlǐxuéjiā 심리학자　**过分** guòfèn 통 (일정한 정도나 한도를) 지나치다, 넘어서다　**强迫症** qiǎngpòzhèng 圆 강박증
根本 gēnběn 園 근본적인

보기 **发射** fāshè 통 (총알·미사일·전파 등을) 발사하다　**反抗** fǎnkàng 통 반항하다, 저항하다　**反射** fǎnshè 통 반사하다
反应 fǎnyìng 통 반응하다　**不时** bùshí 囲 자주, 종종　**时而** shí'ér 囲 이따금, 때로는　**频繁** pínfán 國 빈번하다, 잦다
暂且 zànqiě 囲 잠깐, 잠시　**喜闻乐见** xǐwénlèjiàn 國 매우 환영을 받다, 즐겨 듣고 즐겨 보다
家喻户晓 jiāyùhùxiǎo 國 누구나 다 알다, 집집마다 다 알고 있다　**不可思议** bùkěsīyì 國 불가사의하다, 상상할 수 없다
司空见惯 sīkōngjiànguàn 國 흔히 있는 일이다, 자주 보아서 익숙하다　**依托** yītuō 통 의탁하다, 기대다
依靠 yīkào 통 (사람에게) 의지하다, 기대다　**依赖** yīlài 통 (사람이나 사물에) 의존하다, 기대다　**寄托** jìtuō 통 위탁하다, 의뢰하다

해설 첫째
빈칸
보기 A는 '발사하다'라는 의미의 동사이고, B, C, D는 공통글자 反을 포함하여 형태는 비슷하지만 의미가 다른 동사이다. '일단 핸드폰 벨소리가 울리면, 많은 사람들은 조건 ＿＿＿＿＿＿ 하듯이 주머니 속의 핸드폰을 재빨리 꺼내 확인한다.'라는 문맥에 적합하고, 빈칸 앞 条件(조건)과 짝꿍으로 쓰이는 보기 C 反射(반사하다), D 反应(반응하다)을 정답의 후보로 체크해 둔다.

A 发射(발사하다), B 反抗(반항하다)은 문맥과 어울리지 않는다.

둘째
빈칸
보기 A, B, D는 의미가 다른 부사이고, C는 '빈번하다'라는 의미의 형용사이다. 빈칸은 부사어 자리로, 구조조사 地와 함께 부사어로 사용될 수 있고 '설령 벨소리가 울리지 않더라도, …… ＿＿＿＿＿＿ 핸드폰을 꺼내 누른다'라는 문맥에도 적합한 보기 A 不时(자주), C 频繁(빈번하다)을 정답의 후보로 체크해 둔다.

B 时而(이따금), D 暂且(잠깐)는 부사로, 부사어로 사용될 때 구조조사 地를 동반하지 않는다.

셋째
빈칸
보기가 모두 사자성어이다. '이런(설령 벨소리가 울리지 않더라도 빈번하게 핸드폰을 꺼내 누르는) 현상들은 비록 보기에는 ＿＿＿＿＿＿, 그러나 실제로는 결코 이해하기 어렵지 않다'라는 문맥을 살펴보면, 설령 벨소리가 울리지 않더라도 빈번하게 핸드폰을 꺼내 누르는 현상이 보기에는 일반적이지는 않을 수 있다는 것을 알 수 있다. 그러므로 빈칸에는 '일반적이지 않다'라는 의미를 나타낼 수 있는 어휘가 와야 한다. 따라서 보기 C 不可思议(불가사의하다)가 정답이다.

A 喜闻乐见(매우 환영을 받다), B 家喻户晓(누구나 다 안다), D 司空见惯(흔히 있는 일이다)은 문맥과 어울리지 않는다.

*셋째 빈칸에서는 C밖에 정답이 될 수 없기 때문에, 실제 시험에서는 보기 C를 정답으로 선택하고 바로 다음 문제로 넘어간다.

넷째
빈칸
보기 A, B, C는 모두 공통글자 依를 포함하여 '의지하다'와 관련된 동사 유의어이고, D는 '위탁하다'라는 의미이 동사이다. '지나치게 핸드폰에 ＿＿＿＿＿＿ 것은 이러한 강박증이 나타나는 근본적인 원인'이라는 문맥에 적합하고, 빈칸 앞 过分(지나치게)과 의미상으로 호응하는 보기 C 依赖(의존하다)가 정답이다. 참고로, 依赖는 주로 부정적인 뉘앙스로 사용된다.

A 依托(의탁하다), B 依靠(의지하다)는 어떤 목적을 달성하기 위해 사람이나 사물의 힘에 기댄다는 의미이며, 주로 긍정적인 뉘앙스로 사용된다. 따라서 문맥과 어울리지 않는다.

D 寄托(위탁하다)는 부탁하거나 맡긴다는 의미로, 문맥과 어울리지 않는다.

70
상

最近，网络上出现了一种奇怪的现象。那就是很多网友对还在调查中的，尚未有定论的案件进行某种程度的**审判**，还会对相关人员或机构进行言语上的攻击，这种行为着实让人有些**诧异**和不理解。我们需要对这样的情况提高警惕，因为语言可以**传达**很多讯息和情绪，**尖锐**的语言会给人带来严重的伤害，同时，也会传播不良的情绪和充满偏见的**价值观**。	최근 온라인 상에서 한 가지 기이한 현상이 나타났다. 그것은 바로 많은 네티즌들이 여전히 조사 중이고 아직 정론이 없는 사안에 대해서 어느 정도 **심판**을 진행하고, 또한 관련된 사람들이나 관련 기구에 대해 언어적 공격을 가한다는 것인데, 이러한 행동은 확실히 좀 **의아하고** 이해가 되지 않는다. 우리는 이러한 상황에 대해 경각심을 높여야 하는데, 말은 많은 정보와 감정을 **전달할** 수 있고, **날카로운** 말은 사람에게 심각한 상처를 주는 동시에 나쁜 감정과 **편견**으로 가득찬 가치관을 전피할 수 있기 때문이다.

A 审讯	惊动	抵达	利害	误解	
B 批判 ✓	惊讶 ✓	转达 ✓	敏锐	偏差	
C 审判 ✓	诧异 ✓	传达 ✓	尖锐 ✓	偏见 ✓	
D 判决	恐惧	表达	犀利 ✓	误差	

A 취조하다	놀라게 하다	도착하다	이익과 손해	오해	
B 비판하다	놀랍고의아하다	전달하다	예민하다	편차	
C 심판하다	의아하다	전달하다	날카롭다	편견	
D 판결하다	무섭다	표현하다	날카롭다	오차	

어휘 지문 **网络** wǎngluò 명 온라인, 네트워크 **现象** xiànxiàng 명 현상 **定论** dìnglùn 명 정론, 정설 **案件** ànjiàn 명 (법률상의) 사안, 사건
程度 chéngdù 명 정도, 수준 **相关** xiāngguān 동 (서로) 관련되다 **人员** rényuán 명 사람, 인원
机构 jīgòu 명 기구[기관·단체 등의 업무 단위] **言语** yányǔ 명 언어, 말 **攻击** gōngjī 동 공격하다, 비난하다
行为 xíngwéi 명 행동, 행위 **着实** zhuóshí 부 확실히, 참으로 **警惕** jǐngtì 동 경각심을 가지다, 경계하다 **讯息** xùnxī 명 정보, 소식
情绪 qíngxù 명 감정, 기분 **伤害** shānghài 동 상처를 주다, 손상시키다 **传播** chuánbō 동 전파하다, 널리 퍼뜨리다
充满 chōngmǎn 동 가득차다, 충만하다 **价值观** jiàzhíguān 명 가치관

보기 **审讯** shěnxùn 동 취조하다, 심문하다 **批判** pīpàn 동 비판하다, 질책하다 **审判** shěnpàn 동 (안건을) 심판하다, 재판하다
判决 pànjué 동 판결하다 **惊动** jīngdòng 동 놀라게 히다, 시끄럽게 하다 **惊讶** jīngyà 형 놀랍고 의아하다
诧异 chàyì 형 의아하다, 이상하다 **恐惧** kǒngjù 형 무섭다, 겁내다 **抵达** dǐdá 동 (어떤 장소에) 도착하나, 이르다
转达 zhuǎndá 동 전달하다, 전하나 **传达** chuándá 동 전달하다, 표현하다 **表达** biǎodá 동 (생각·감정을) 표현하다, 나타내다
利害 lìhài 명 이익과 손해 **敏锐** mǐnruì 형 (감각이) 예민하다, 날카롭다 **尖锐** jiānruì 형 날카롭다, 예리히다
犀利 xīlì 형 (무기·언어 등이) 날카롭다, 예리하다 **误解** wùjiě 명 오해 **偏差** piānchā 명 편차, 오차 **偏见** piānjiàn 명 편견, 선입견
误差 wùchā 명 오차

해설 첫째 보기 A는 '취조하다'라는 의미의 동사이다. 그리고 B, C, D는 공통글자 判을 포함하여 형태가 비슷한 동사로, B는 '비판하다'라는
빈칸 의미이고, C, D는 '재판하다'와 관련된 동사 유의어이다. '많은 네티즌들이 여전히 조사 중이고 아직 정론이 없는 사안에 대해서 어
느 정도 _____을 진행하고, 또한 관련된 사람들이나 관련 기구에 대해 언어적 공격을 가하는 것'이라는 문맥을 살펴보면, 많은
네티즌들이 아직 결론이 나지 않은 사안에 대해 의견을 내놓거나 잘잘못을 결정 내린다는 것을 유추할 수 있다. 따라서 문맥에 적
합하고, 빈칸 앞 쪽의 **案件**(사안), **某种程度**(어느 정도)와 의미상으로 호응하는 보기 B **批判**(비판하다), C **审判**(심판하다)을 정답의
후보로 체크해 둔다.

A **审讯**(취조하다)는 사람을 심문한다는 의미이므로, **案件**(사안)과 의미상으로 호응하지 않는다.
D **判决**(판결하다)는 어느 사안에 대해 결정을 내린다는 의미로, **某种程度**(어느 정도)와 의미상으로 호응하지 않는다.

둘째 보기 A, B는 공통글자 惊을 포함하여 '놀라다'와 관련된 어휘로, A는 동사이고, B는 형용사이다. 그리고 C, D는 의미가 다른 형용
빈칸 사이다. '이러한 행동은 확실히 좀 _____ 이해가 되지 않는다'라는 문맥에 적합하고, 빈칸 뒤 **不理解**(이해가 되지 않는다)와 의
미상으로 호응하는 보기 B **惊讶**(놀랍고 의아하다), C **诧异**(의아하다)를 정답의 후보로 체크해 둔다.

A **惊动**(놀라게 하다)은 어떤 소리로 인해 놀라게 된다는 의미이므로, 문맥과 어울리지 않는다.
D **恐惧**(무섭다)는 겁을 먹고 두려워한다는 의미이므로, 문맥과 어울리지 않는다.

셋째 보기가 모두 공통글자 达를 포함하여 형태가 비슷한 어휘로, A, D는 의미가 다른 동사이고, B, C는 '전달하다'와 관련된 동사 유의
빈칸 어이다. '말은 많은 정보와 감정을 _____ 수 있고'라는 문맥에 적합하고, 빈칸 뒤 목적어 **讯息和情绪**(정보와 감정)와 의미상으
로 호응하는 보기 B **转达**(전달하다), C **传达**(전달하다)를 정답의 후보로 체크해 둔다.

A **抵达**(도착하다), D **表达**(표현하다)는 문맥과 어울리지 않는다.

넷째 보기 A는 '이익과 손해'라는 의미의 명사이고, B, C, D는 '날카롭다'와 관련된 형용사 유의어이다. '우리는 이러한 상황에 대해 경각
빈칸 심을 높여야 하는데, ……, _____ 말은 사람에게 심각한 상처를 주는 동시에'라는 문맥에 적합하고, 빈칸 뒤 **语言**(말)과 의미상
으로 호응하는 보기 C **尖锐**(날카롭다), D **犀利**(날카롭다)를 정답의 후보로 체크해 둔다.

A **利害**(이익과 손해)는 문맥과 어울리지 않는다.

B 敏锐(날카롭다)는 감각이 예민하거나 눈빛이 날카롭다는 의미이므로, 语言(말)과 의미상으로 호응하지 않는다.

다섯째 빈칸 보기가 모두 공통글자 误 또는 偏을 포함하여 형태는 비슷하지만 의미가 다른 명사이다. '날카로운 말은 사람에게 심각한 상처를 주는 동시에, 나쁜 감정과 _____ 으로 가득 찬 가치관을 전파할 수 있기 때문이다'라는 문맥에 적합하고, 빈칸 뒤 价值观(가치관)과 의미상으로 호응하는 보기 C 偏见(편견)이 정답이다.

A 误解(오해)는 상대방의 뜻을 오해한다는 의미이므로, 문맥과 어울리지 않는다.
B 偏差(편차), D 误差(오차)는 문맥과 어울리지 않는다.

71-75 중

在中国, 高铁的发展超过了人们的想象。[71]十年前中国的高铁还未出现, 而今高铁的运营里程已达到2万多公里, **(71) B 超过其他国家高铁里程的总和**。中国计划到2025年把高铁的运营里程再增加1.5万公里。[72]这些高铁网络, **(72) E 能把沿线城市密切联系起来**, [72]从而促进经济发展。

在中国三大人口中心——北京、上海和广州, 人们的工作和生活与高铁紧密连接。[73]此前, **(73) C 火车车次没有现在频繁**, [73]车速很慢, 而且非常拥挤, 给日常通勤带来很大的不便。现在, 这三座超级城市正在借助高铁打造通勤走廊, 让高铁变得像公交车一样便捷。

毫无疑问, 高铁帮助卫星城镇获得了更多的资金和人才。因为卫星城镇的房价要比大城市便宜很多, 而且和大城市的距离又很近, 人们可以乘坐高铁上下班。比如, [74]昆山的房价比上海便宜七成, 但是高铁在这两座城市之间的行驶时间仅为19分钟, 票价也只有25元, [74]那些试图逃离上海高房价压力的人们, **(74) A 自然会到这里创业、工作和生活**。

世界银行在此前发布的一份报告中指出, **(75) D 高铁的效益非常可观**, [75]中国建立的"高铁经济"能够大大提高中国沿海地区企业的生产力。

A 自然会到这里创业、工作和生活
B 超过其他国家高铁里程的总和
C 火车车次没有现在频繁
D 高铁的效益非常可观
E 能把沿线城市密切联系起来

중국에서의 고속철도의 발전은 사람들의 상상을 초월했다. [71]10년 전만 해도 중국의 고속철도는 아직 출현하지 않았지만, 그러나 현재 고속철도가 운행하는 노정은 이미 2만 여 km에 달하여, **(71) B 다른 나라 고속철도 노정의 총계를 초과한다**. 중국은 2025년까지 고속철도의 운영 노정을 1.5만km 더 늘릴 계획이다. [72]이러한 고속철도 네트워크는 **(72) E 선로를 따라 있는 도시를 밀접하게 연결시킬 수 있고**, [72]그리하여 경제 발전을 촉진시킬 수 있다.

중국의 3대 인구 중심지인 베이징, 상하이 그리고 광저우에서는 사람들의 일과 생활이 고속철도와 긴밀하게 연결되어 있다. [73]이전에는 **(73) C 기차의 운행 횟수가 지금처럼 빈번하지 않았고**, [73]기차 속도도 느린데다가 매우 혼잡해서 평소 출퇴근에 큰 불편함을 가져왔다. 지금은 이 세 개의 메가 시티가 고속철도의 힘을 빌려 출퇴근 지대를 만들고 있으며, 고속철도를 버스처럼 편리하게 변화시키고 있다.

의심할 여지 없이, 고속철도는 위성 도시가 더 많은 자금과 인재를 얻도록 도왔다. 위성 도시의 집값은 대도시보다 훨씬 싸고, 게다가 대도시와의 거리도 가까워서, 사람들이 고속철도를 타고 출퇴근 할 수 있기 때문이다. 예를 들어, [74]쿤산의 집값은 상하이보다 70% 싸지만, 고속철도가 이 두 도시 사이에서 주행하는 시간은 19분에 불과하고, 티켓 가격도 겨우 25위안이어서, [74]상하이의 높은 집값 스트레스에서 벗어나려고 시도하는 사람들은 **(74) A 자연스럽게 이곳에 와서 창업하고, 일하고 생활할 것이다**.

세계 은행은 이전에 발표한 보고서에서, **(75) D 고속철도의 성과는 매우 뛰어나서**, [75]중국이 만드는 '고속철도 경제'가 중국 연해 지역 기업들의 생산력을 크게 높일 수 있다고 지적했다.

A 자연스럽게 이곳에 와서 창업하고, 일하고 생활할 것이다
B 다른 나라 고속철도 노정의 총계를 초과한다
C 기차의 운행 횟수가 지금처럼 빈번하지 않았다
D 고속철도의 성과는 매우 뛰어나다
E 선로를 따라 있는 도시를 밀접하게 연결시킬 수 있다

어휘 지문 高铁 gāotiě 몡 고속철도　想象 xiǎngxiàng 동 상상하다　运营 yùnyíng 동 (차량·선박 등을) 운행하다, 운영하다
里程 lǐchéng 몡 노정, 이정　达到 dádào 동 달하다, 이르다　总和 zǒnghé 몡 총계, 총수
网络 wǎngluò 몡 네트워크, 온라인　从而 cóng'ér 젭 그리하여, 따라서　促进 cùjìn 동 촉진시키다, 촉진하다　人口 rénkǒu 몡 인구
中心 zhōngxīn 몡 중심지, 센터　广州 Guǎngzhōu 고유 광저우[중국의 지명]　紧密 jǐnmì 톙 긴밀하다, 밀접하다
连接 liánjiē 동 연결되다, 연결하다　此前 cǐqián 몡 이전　拥挤 yōngjǐ 동 혼잡하다, 붐비다　日常 rìcháng 톙 평소의, 일상적인
通勤 tōngqín 동 출퇴근하다, 통근하다　超级 chāojí 톙 메가의, 최고의　借助 jièzhù 동 (다른 사람 또는 사물의) 힘을 빌리다
打造 dǎzào 동 만들다, 제조하다　走廊 zǒuláng 몡 (두 지역을 연결하는 좁고 긴) 지대, 복도　便捷 biànjié 톙 편리하다, 간편하다
毫无 háowú 동 ~할 여지가 없다, 전혀 ~이 없다　疑问 yíwèn 몡 의심, 의문　卫星城镇 wèixīng chéngzhèn 위성 도시[대도시 근교 도시]
资金 zījīn 몡 자금　人才 réncái 몡 인재　昆山 Kūnshān 고유 쿤산[중국의 지명]　行驶 xíngshǐ 동 (차나 배 등이) 주행하다, 운항하다
试图 shìtú 동 시도하다, 시험하다　逃离 táolí 동 (~에서) 벗어나다, 달아나다　发布 fābù 동 (명령·지시·뉴스 등을) 발표하다, 선포하다
报告 bàogào 몡 보고서　建立 jiànlì 동 만들다, 형성하다　沿海 yánhǎi 몡 연해, 바닷가 근처 지방　地区 dìqū 몡 지역
企业 qǐyè 몡 기업　生产 shēngchǎn 동 생산하다, 만들다

보기 创业 chuàngyè 동 창업하다　高铁 gāotiě 몡 고속철도　里程 lǐchéng 몡 노정, 이정　总和 zǒnghé 몡 합친 수, 총계

车次 chēcì 몡 (열차나 버스의) 운행 횟수, 발차 횟수　频繁 pínfán 閺 빈번하다, 잦다　效益 xiàoyì 몡 성과[효과와 이익]
可观 kěguān 閺 뛰어나다, 대단하다　沿线 yánxiàn 몡 선로를 따라 있는 땅, 연선　密切 mìqiè 閺 밀접하다, 긴밀하다

해설 (71) 빈칸 앞에 十年前中国的高铁还未出现, 而今高铁的运营里程已达到2万多公里가 있으므로, 빈칸 앞 내용의 결과가 되는 보기 B 超过其他国家高铁里程的总和가 정답이다.

(72) 빈칸 앞에 这些高铁网络가 있고, 빈칸 뒤에 从而促进经济发展이 있으므로, 这些高铁网络의 술어를 포함하면서 빈칸 뒤 내용의 원인이 되는 보기 E 能把沿线城市密切联系起来가 정답이다.

(73) 빈칸 앞에 此前이 있고, 빈칸 뒤에 车速很慢, 而且非常拥挤, 给日常通勤带来很大的不便이 있으므로, 빈칸 앞뒤 내용과 연결이 되는 보기 C 火车车次没有现在频繁이 정답이다.

(74) 빈칸 앞쪽에 昆山的房价比上海便宜七成⋯⋯那些试图逃离上海高房价压力的人们이 있으므로, 빈칸 앞 내용의 결과가 되는 보기 A 自然会到这里创业、工作和生活가 정답이다.

(75) 빈칸 뒤에 中国建立的"高铁经济"能够大大提高中国沿海地区企业的生产力가 있으므로, 빈칸 뒤 내용이 원인이 되는 보기 D 高铁的效益非常可观이 정답이다.

76-80 중상

[76]每个小学生都知道人类一共有206块骨骼，然而当前的教科书可能需要重新改写，因为曾经被科学家认为在进化中消失的[76]一块骨骼——豆骨，**(76) B 现已奇迹般地复原了。**

[77]豆骨是位于膝盖后方肌腱中的一块小骨骼，**(77) A 其直径不足1.3厘米，**常常被发现于我们灵长类祖先的身体中。它被称为"骨骼阑尾"，因为它的存在和阑尾一样毫无意义。

科学家称，当远古灵长目动物进化成猿类和人类后，我们似乎已不再需要豆骨，现在它只会给我们带来麻烦。但有趣的是，近年来人体出现豆骨的概率骤增。科学家回顾了过去150多年进行的2.1万多项科学研究，发现[78]1918年全球仅11.2%的居民体内存在豆骨，**(78) D 但在截至今年的新数据中，**[78]长有豆骨的全球居民比例增加到了39%。

豆骨的存在备受争议，科学家认为它的存在是微不足道的。然而，豆骨被认为在人类进化历程中具有重要角色，它可能对人类祖先起到了膝盖骨的作用。**(79) C 现代饮食让人类变得更高、更重，**[79]这种变化随着胫骨变长和小腿肌肉变大而出现，因此膝盖会承受更大压力。而豆骨的再次出现缓解了这种压力，但这也将带来一个问题：**(80) E 膝骨骼会因摩擦而损伤重要的软骨组织，**[80]从而导致关节发炎。

[76]초등학생들은 인류에게 모두 206개의 뼈가 있다고 알고 있지만, 현재의 교과서는 아마도 새롭게 다시 써야 할 수도 있는데, 일찍이 과학자들로부터 진화 중 사라진 것으로 여겨진 [76]장딴지 근머리 종자뼈라는 뼈가 **(76) B 현재 이미 기적같이 복원되었기** [76]때문이다.

[77]장딴지 근머리 종자뼈는 무릎 뒤쪽의 힘줄에 있는 작은 뼈인데, **(77) A 그 지름은 1.3cm 미만으로,** 우리 영장류 조상의 몸 속에서 종종 발견된다. 그것은 '뼈의 맹장'이라고 불리는데, 그것의 존재는 맹장처럼 아무런 의미가 없기 때문이다.

과학자에 의하면 먼 옛날의 영장목 동물이 유인원류와 인류로 신화하고 나서 우리는 이미 장딴지 근머리 종자뼈가 더이상 필요하지 않은 것 같고, 현재 그것은 우리에게 그저 번거로움을 줄 뿐이라고 여겼다. 그러나 재미있는 것은 최근 몇 년 동안 인체에 장딴지 근머리 종자뼈가 나타날 확률이 급증했다는 점이다. 과학자들은 과거 150여 년간 진행된 2만 천 여 건의 과학 연구를 돌이켜보며, [78]1918년에는 전 지구에서 오직 11.2%의 거주민의 체내에 장딴지 근머리 종자뼈가 존재했다는 것을 발견했는데, **(78) D 그러나 올해까지의 새로운 데이터에서는** [78]장딴지 근머리 종자뼈를 가진 전 지구의 거주민 비율이 39%로 늘어났다.

장딴지 근머리 종자뼈의 존재는 논란의 여지가 매우 많은데, 과학자들은 그것의 존재는 보잘 것 없다고 여긴다. 그러나 장딴지 근머리 종자뼈는 인류의 진화 과정 중에서 중요한 역할을 지니고 있는 것으로 여겨지는데, 그것은 아마도 인류의 조상에게 무릎뼈 역할을 했을 것이다. **(79) C 현대 음식은 인류를 더 크고, 더 무겁게 변화시켰는데,** [79]이러한 변화는 정강이뼈가 길어지고 종아리 근육이 커지는 것에 따라 나타나기 때문에 무릎은 더 큰 압력을 견뎌야 한다. 그래서 장딴지 근머리 종자뼈가 다시 출현한 것은 이러한 압력을 완화시켰지만, 이것 또한 **(80) E 무릎뼈 마찰로 인해 중요한 연골 조직이 손상될 수 있고,** [80]그리하여 관절에 염증이 생기는 것을 일으키는 문제를 가져올 수 있다.

A 其直径不足1.3厘米	A 그 지름은 1.3cm 미만이다
B 现已奇迹般地复原了	B 현재 이미 기적같이 복원되었다
C 现代饮食让人类变得更高、更重	C 현대 음식은 인류를 더 크고, 더 무겁게 변화시켰다
D 但在截至今年的新数据中	D 그러나 올해까지의 새로운 데이터에서는
E 膝骨骼会因摩擦而损伤重要的软骨组织	E 무릎뼈 마찰로 인해 중요한 연골 조직이 손상될 수 있다

어휘 지문 人类 rénlèi 몡 인류　骨骼 gǔgé 몡 뼈, 골격　当前 dāngqián 몡 현재　教科书 jiàokēshū 몡 교과서　曾经 céngjīng 閺 일찍이

进化 jìnhuà 圄 진화하다　消失 xiāoshī 圄 사라지다, 없어지다

豆骨 dòugǔ 圄 장딴지 근머리 종자뼈[파벨라, 장딴지근 가쪽 갈래의 힘줄 속에 생긴 종자뼈]　位于 wèiyú 圄 ~에 있다, ~에 위치하다

膝盖 xīgài 圄 무릎　肌腱 jījiàn 圄 힘줄　灵长类 língzhǎnglèi 영장류　祖先 zǔxiān 圄 조상, 선조　称为 chēngwéi 圄 ~라고 부르다

阑尾 lánwěi 圄 맹장, 충수　存在 cúnzài 圄 존재, 존재하다　毫无 háowú 圄 아무런 ~이 없다, 전혀 ~이 없다　意义 yìyì 圄 의미, 의의

远古 yuǎngǔ 圄 먼 옛날, 상고　灵长目 língzhǎngmù 圄 영장목　猿类 yuánlèi 圄 유인원류　似乎 sìhū 圄 (마치) ~인 것 같다

概率 gàilǜ 圄 확률　骤增 zhòuzēng 圄 급증하다, 격증하다　回顾 huígù 圄 돌이켜보다, 회고하다　居民 jūmín 圄 거주민, 주민

比例 bǐlì 圄 비율, 비례　备受争议 bèishòu zhēngyì 논란의 여지가 매우 많다

微不足道 wēibùzúdào 圄 보잘것없다, 하찮아서 말할 가치도 없다　历程 lìchéng 圄 과정, 노정　角色 juésè 圄 역할, 배역

膝盖骨 xīgàigǔ 圄 무릎뼈　胫骨 jìnggǔ 圄 정강이뼈, 경골　小腿 xiǎotuǐ 圄 종아리, 아랫다리　膝盖 xīgài 圄 무릎

承受 chéngshòu 圄 견디다, 참다　缓解 huǎnjiě 圄 완화시키다, 해소하다　从而 cóng'ér 圄 그리하여, 따라서

导致 dǎozhì 圄 일으키다, 초래하다　关节 guānjié 圄 관절　发炎 fāyán 圄 염증이 생기다, 염증을 일으키다

보기　直径 zhíjìng 圄 지름, 직경　不足 bùzú 圄 (어떤 수에) 미만이다, 모자라다　厘米 límǐ 圄 센티미터(cm)　奇迹 qíjì 圄 기적

复原 fùyuán 圄 복원하다, 회복하다　现代 xiàndài 圄 현대　饮食 yǐnshí 圄 음식, 먹고 마시는 것　人类 rénlèi 圄 인류

截至 jiézhì 圄 (시간적으로) ~까지이다, ~에 이르다　数据 shùjù 圄 데이터, 수치　膝 xī 圄 무릎　骨骼 gǔgé 圄 뼈, 골격

摩擦 mócā 圄 마찰하다, 비비다　损伤 sǔnshāng 圄 손상되다　软骨 ruǎngǔ 圄 연골　组织 zǔzhī 圄 조직, 체계 圄 조직하다

해설　(76) 빈칸 앞쪽에 每个小学生都知道人类一共有206块骨骼, 然而当前的教科书可能需要重新改写, 因为……一块骨骼——豆骨라고 했으므로, 빈칸 앞 내용의 원인이 되는 보기 B 现已奇迹般地复原了가 정답이다.

(77) 빈칸 앞에 豆骨是位于膝盖后方肌腱中的一块小骨骼가 있으므로, 豆骨를 가리키는 지시대명사 其를 포함하고, 빈칸 앞 내용을 보충해 주는 보기 A 其直径不足1.3厘米가 정답이다.

(78) 빈칸 앞에 1918年全球仅11.2%的居民体内存在豆骨가 있고, 빈칸 뒤에 长有豆骨的全球居民比例增加到了39%가 있으므로, 但으로 시작하여 앞의 내용과 반대/전환이 되고, 빈칸 뒤 내용과 연결되는 보기 D 但在截至今年的新数据中이 정답이다.

(79) 빈칸 뒤에 这种变化随着胫骨变长和小腿肌肉变大而出现, 因此膝盖会承受更大压力가 있으므로, 这种变化가 무엇인지를 구체적으로 설명해 주는 보기 C 现代饮食让人类变得更高、更重이 정답이다.

(80) 빈칸 뒤에 从而导致关节发炎이 있으므로, 빈칸 뒤 내용의 원인이 되는 보기 E 膝骨骼会因摩擦而损伤重要的软骨组织이 정답이다.

81-84

[81]近日，有不少家长在微博上吐槽"安徒生童话是毒草，对孩子的成长毫无益处"，他们的意见在网络上引起了巨大的争议。由于教育背景、生活经历、文化格调以及审美品位不同，人们通常对同一事物表现出不同的态度和立场。那种认为"安徒生童话是毒草"的观念，看似有理有据、言之凿凿，实际上却让人误入歧途，用成人的思维解读了童话这一特殊的文学作品。

其实人性充满善恶美丑，现实往往比童话更难让人琢磨。面对那些社会化不足，认知能力和接受水平有限的孩子们，童话只能删繁就简，以文学的方式来呈现人类命运和精神的碎片，引导孩子具备简单而基本的是非判断能力。对于成年人来说，童话背后的"精神之美"或许存在漏洞，但[82]对于孩子们来说，童话教育却是他们走向成熟的必经道路。

而那种认为"安徒生童话是毒草"的说法，"问题意识"有余，却少了"过程意识"。[83]一些家长之所以对安徒生童话保持警惕，是因为他们担心孩子沉迷于童话建构的虚幻的、完美的"想象世界"，失去自力更生、自强自立的精神。这些被焦虑裹挟的家长，每时每刻都在鞭策孩子。当童话无法起到鞭策作用时，他们自然会对童话提出质疑与批评。

[81]최근, 많은 학부모가 웨이보에서 '안데르센 동화는 독초여서 아이의 성장에 조금도 이로운 점이 없다'고 불만을 토로했는데, 그들의 의견이 인터넷에서 큰 논쟁을 불러일으켰다. 교육 배경, 생활 경험, 문화적 격조 그리고 심미적 품격이 다르기 때문에, 사람들은 보통 동일한 사물에 대해 다른 태도와 입장을 나타낸다. '안데르센 동화는 독초다'라는 관념은, 이치에 맞고 근거가 있으며, 믿을 만하게 보이지만, 사실상 사람들을 잘못된 길로 들어서게 하여, 성인의 사고로 동화라는 이 특수한 문학 작품을 이해하게 만든다.

사실 인간의 본성은 선악미추로 가득하지만, 현실은 동화보다 종종 더 이해하기 어렵다. 사회화가 부족하고, 인지 능력과 수용 수준에 한계가 있는 아이들을 대하기 위해, 동화는 번잡한 부분을 간결하게 고칠 수 밖에 없지만, 문학의 방식으로 인류의 운명과 정신의 조각을 드러내어, 아이들이 간단하고 기본적인 시시비비를 가리는 능력을 가지도록 이끈다. 성인들에게 있어서는 동화의 이면에 있는 '정신적인 아름다움'에 아마 허점이 존재하겠지만, [82]아이들에게 있어서, 동화 교육은 오히려 그들이 성숙함을 향해 나아가는 데 있어 반드시 거쳐야 할 길이다.

그러나 '안데르센 동화는 독초이다'라는 의견은, '문제 의식'은 남았지만, '과정 의식'은 오히려 부족했다. [83]일부 학부모들이 안데르센 동화에 대해 경계를 늦추지 않은 것은, 아이들이 동화가 만든 비현실적이고 완벽한 '상상의 세계'에 빠져들어, 자력갱생과 자신을 향상시키고 자립하는 정신을 잃어버릴 것을 걱정하기 때문이다. 이러한 초초한 마음에 휩쓸린 학부모들은, 늘 아이들을 채찍질한다. 동화가 더이상 채찍질 역할을 하지 못할 때, 그들은 자연스럽게 동화에 의문과 비판을 제기하게 된다.

随着孩子们一天天长大，社会化历程不断丰富，他们的认知能力和接受复杂现实的水平也会逐渐提高。[84]"童话教育"中的短板，完全可以通过后期的学校教育和家庭教育来弥补。那种用成人思维对"童话教育"全盘否定的做法，显然是经不起推敲的。

아이들이 날로 자라면서, 사회화 과정이 끊임없이 풍부해지고 그들의 인지 능력과 복잡한 현실을 수용하는 수준도 점점 높아지게 된다.[84] '동화 교육'에서의 부족한 점은 이후의 학교 교육과 가정 교육으로 충분히 보완할 수 있다. 성인의 사고로 '동화 교육'을 전부 부정하는 방법은, 분명 오래가지 못할 것이라고 생각된다.

어휘 微博 Wēibó [고유] 웨이보[중국판 트위터] 吐槽 tǔcáo 불만을 토로하다 安徒生童话 Āntúshēng Tónghuà [고유] 안데르센 동화
毒草 dúcǎo [명] 독초 成长 chéngzhǎng [동] 성장하다, 자라다 毫无 háowú 조금도 ~이 없다, 아무런 ~이 없다
益处 yìchu [명] 이로운 점 网络 wǎngluò [명] 인터넷, 온라인 巨大 jùdà [형] 크다, 거대하다 争议 zhēngyì [동] 논쟁하다, 쟁의하다
背景 bèijǐng [명] 배경 格调 gédiào [명] 격조, 풍격 以及 yǐjí [접] 그리고, 및 审美 shěnměi [동] 심미하다, 이해하다, 깨닫다
品位 pǐnwèi [명] 품격, 품위 事物 shìwù [명] 사물 表现 biǎoxiàn [동] 나타내다 立场 lìchǎng [명] 입장 观念 guānniàn [명] 관념, 생각
有理有据 yǒu lǐ yǒu jù 이치에 맞고 근거가 있다 言之凿凿 yánzhīzáozáo [성] 믿을 만하다 误入歧途 wùrùqítú [성] 잘못된 길로 들어서다
成人 chéngrén [명] 성인, 어른 思维 sīwéi [명] 사고, 사유 解读 jiědú [동] 이해하다, 체득하다 特殊 tèshū [형] 특수하다, 특별하다
文学 wénxué [명] 문학 作品 zuòpǐn [명] 작품 人性 rénxìng [명] (인간의) 본성, 인성 充满 chōngmǎn [동] 가득하다, 충만하다
善恶美丑 shàn è měi chǒu 선악미추[착함과 악함, 아름다움과 추함] 现实 xiànshí [명] 현실 琢磨 zuómo [동] 이해하다, 다듬다
不足 bùzú [명] 부족하다, 모자라다 认知 rènzhī [동] 인지하다 有限 yǒuxiàn [형] 한계가 있다, 한정적이다
删繁就简 shānfánjiùjiǎn 번잡한 부분을 간결하게 고치다 方式 fāngshì [명] 방식, 방법 呈现 chéngxiàn [동] 드러나다, 나타나다
人类 rénlèi [명] 인류 命运 mìngyùn [명] 운명 精神 jīngshén [명] 정신 碎片 suìpiàn [명] 조각, 부스러기 引导 yǐndǎo [동] 이끌다, 인도하다
具备 jùbèi [동] 가지다, 구비하다 基本 jīběn [형] 기본적인 是非 shìfēi [명] 시시비비, 옳고 그름 背后 bèihòu [명] 이면, 배후
或许 huòxǔ [부] 아마, 어쩌면 存在 cúnzài [동] 존재하다 漏洞 lòudòng [명] 허점, 빈틈 成熟 chéngshú [동] (정도 등이) 성숙하다
必经道路 bì jīng dàolù 반드시 거쳐야 하는 길 意识 yìshí [명] 의식 有余 yǒuyú [동] 남다, 여유가 있다 保持 bǎochí [동] 늦추지 않다, 유지하다
警惕 jǐngtì [동] 경계를 하다, 경각심을 가지다 沉迷 chénmí [동] 빠져들다 建构 jiàngòu [동] 만들다, 형성하다
虚幻 xūhuàn [형] 비현실적이다, 허황하다 完美 wánměi [형] 완벽하다, 매우 훌륭하다 想象 xiǎngxiàng [동] 상상하다
失去 shīqù [동] 잃어버리다, 잃다 自力更生 zìlìgēngshēng [성] 자력갱생하다 自强 zìqiáng [동] 자신을 향상시키다, 자강하다
自立 zìlì [동] 자립하다 裹挟 guǒxié [동] 휩쓸다 每时每刻 měi shí měi kè 늘, 언제나 鞭策 biāncè [동] (말을) 채찍질하다, 독려하고 재촉하다
质疑 zhìyí [동] 의문을 제기하다, 질의하다 历程 lìchéng [명] 과정, 역정 不断 búduàn [부] 끊임없이, 부단히 逐渐 zhújiàn [부] 점점, 점차
短板 duǎnbǎn 부족한 점 家庭 jiātíng [명] 가정 弥补 míbǔ [동] (결손·결손 따위를) 보완하다, 메우다 全盘 quánpán [형] 전부의, 전면적인
否定 fǒudìng [동] 부정하다 显然 xiǎnrán [형] 분명하다, 명백하다 经不起 jīng bu qǐ 오래가지 못하다, 참을 수 없다
推敲 tuīqiāo [동] (곰곰이) 생각하다, 헤아리다

---

81 第一段主要介绍的是：

첫 번째 단락에서 주로 소개하는 것은：

중상

A 孩子缺少拼搏精神

A 아이는 끝까지 투쟁하는 정신이 부족하다

B 一种有毒的草本植物

B 독이 있는 초본 식물

C 培养孩子的正确方法

C 아이를 키우는 올바른 방법

D 对童话持有的否定态度

D 동화에 대해 가지고 있는 부정적인 태도

해설 질문이 첫 번째 단락에서 소개하는 내용을 물었으므로, 첫 번째 단락의 중심 내용을 재빨리 파악한다. 첫 번째 단락에서 近日, 有不少家长在微博上吐槽"安徒生童话是毒草, 对孩子的成长毫无益处", 他们的意见在网络上引起了巨大的争议。라고 했고, 단락 전체에 걸쳐 일부 사람들이 동화에 부정적인 태도를 취한다는 것에 대해 논하고 있으므로, 보기 D가 정답이다.

어휘 拼搏 pīnbó 끝까지 투쟁하다, 필사적으로 쟁취하다 草本 cǎoběn [명] 초본[땅 위로 나온 부분이 연하고 물기가 많은 식물]
培养 péiyǎng [동] 키우다, 배양하다 持有 chíyǒu [동] 가지고 있다, 소지하다

---

82 童话对孩子的特殊意义在于：

동화가 아이에게 가지는 특별한 의미는 어디에 있는가：

중상

A 了解现实的复杂性

A 현실의 복잡성을 이해할 수 있는 것

B 激发孩子的想象力

B 아이의 상상력을 불러일으킬 수 있는 것

C 能使孩子变得成熟

C 아이가 성숙하도록 할 수 있다

D 促进孩子的智力发展

D 아이의 지능 발달을 촉진시킬 수 있는 것

해설 질문이 동화가 아이에게 가지는 특별한 의미는 어디에 있는지를 물었으므로, 童话对孩子的特殊意义와 관련된 내용을 지문에서 재빨리 찾는다. 두 번째 단락에서 对于孩子们来说, 童话教育却是他们走向成熟的必经道路라고 했으므로, 보기 C가 정답이다.

어휘 特殊 tèshū [형] 특별하다, 특수하다 意义 yìyì [명] 의미, 가치 现实 xiànshí [명] 현실 激发 jīfā [동] 불러일으키다
成熟 chéngshú [형] (정도·조건 등이) 성숙하다 促进 cùjìn [동] 촉진시키다, 촉진하다

83 一些质疑童话的家长认为，童话：	동화에 의문을 제기하는 일부 학부모들이 생각하기에 동화는:
A 缺少了激励作用	A 동기 부여 작용이 부족하다
B 脱离孩子的需要	B 아이의 요구에서 벗어난다
C 内容简单且幼稚	C 내용이 간단하고 유치하다
D 审美品位不太高	D 심미적 품격이 그다지 높지 않다

중상

해설 질문이 동화에 의문을 제기하는 일부 학부모들은 동화를 어떻게 생각하는지를 물었으므로, 质疑童话的家长과 관련된 내용을 지문에서 재빨리 찾는다. 세 번째 단락에서 一些家长之所以对安徒生童话保持警惕，是因为他们担心孩子沉迷于童话建构的虚幻的、完美的"想象世界"，失去自力更生、自强自立的精神。이라고 했으므로, 이를 통해 일부 학부모들은 동화가 아이들의 성장에 도움이 되지 못할 거라고 생각한다는 것을 알 수 있다. 따라서 보기 A가 정답이다.

어휘 质疑 zhìyí [동] 의문을 제기하다, 질의하다 激励 jīlì [동] 동기 부여하다, 격려하다 脱离 tuōlí [동] 벗어나다, 이탈하다 幼稚 yòuzhì [형] 유치하다 审美 shěnměi [동] 심미하다, 이해하다 品位 pǐnwèi [명] 품격, 품위

84 上文主要想告诉我们：	위 글에서 우리에게 주로 알려 주고자 하는 것은:
A 成人的思维与孩子相同	A 성인의 사고는 아이와 같다
B 应培养孩子的逻辑思维	B 아이의 논리적 사고를 키워야 한다
C "童话教育"不存在短板	C '동화 교육'은 부족한 점이 존재하지 않는다
D 不应完全否定"童话教育"	D '동화 교육'을 완전히 부정해서는 안 된다

상

해설 질문이 위 글에서 우리에게 주로 알려 주고자 하는 것을 물었으므로, 지문 전체의 중심 내용을 재빨리 파악한다. 마지막 단락에서 "童话教育"中的短板，完全可以通过后期的学校教育和家庭教育来弥补。那种用成人思维对"童话教育"全盘否定的做法，显然是经不起推敲的。라고 했으므로, 보기 D가 정답이다.

어휘 成人 chéngrén [명] 성인, 어른 思维 sīwéi [명] 사고, 사유 培养 péiyǎng [동] 키우다, 배양하다 逻辑 luójí [명] 논리 短板 duǎnbǎn 부족한 점 否定 fǒudìng [동] 부정하다

85-88

[85]美国的一位社会学家对近300名技术人员和管理人员做了调查，结果发现，很多条件好的工作并不是通过正式的招聘渠道获得的，而是靠"熟人"帮忙。但这里所说的"熟人"不是家人、朋友这些关系密切的人，而是那些偶然在某处碰到的某个人。有时候，只有一面之缘的人却发挥了关键作用，这就是所谓的"弱关系"。

在现代社会，人们在职业生涯中普遍有一个经历，那就是家庭背景、教育程度、个人综合素质等因素，固然会对一个人的职业发展和收入水平产生重要影响，但很多时候，人们会因为一些偶然的机遇而得到很好的工作机会，比如一个认识的人随口告诉你一个工作信息等等。不得不承认，在找工作这件事上，结果好不好有很大的运气成分。

那么这个所谓的"运气"到底是怎么回事？该社会学家敏锐地注意到了一点，他认为，[87]这个运气其实就是"弱关系"的力量。[86]这种"弱关系"并不是一个人主动选择或者长期维持的关系，而是在不经意间建立的。[87]但就是这些关系，在恰当的时间，恰当的地点，恰好帮上了忙。

[85]미국의 한 사회학자가 약 300명의 기술자와 관리자를 대상으로 조사를 진행했는데, 그 결과 많은 조건이 좋은 일자리는 결코 정식 채용 절차를 통해 얻어진 것이 아니고, '지인'의 도움을 받은 것으로 나타났다. 하지만 여기서 말하는 '지인'은 가족과 친구같이 관계가 가까운 사람이 아니라, 우연히 어딘가에서 마주쳤던 어떤 사람이다. 간혹 겨우 한 번 만나본 인연일 뿐인 사람이 오히려 결정적인 역할을 발휘하는데, 이것이 바로 '느슨한 연대'라는 것이다.

현대 사회에서, 사람들은 직장 생활 중 보편적으로 한 가지 경험이 있는데, 그것은 바로 가정 배경, 교육 수준, 개인 종합 소양 등의 요인이 물론 한 사람의 경력 개발과 소득 수준에 중요한 영향을 끼치지만, 많은 경우, 사람들은 우연한 기회로 인해, 더 좋은 일자리 기회를 얻을 수 있는데, 아는 사람이 무심결에 일자리 정보를 알려주는 것 등이 그 예다. 어쩔 수 없이 인정해야 하는 것은, 일자리를 찾는 이 일에 있어서 결과가 좋고 나쁨은 운적인 요인이 크게 있다는 것이다.

그렇다면 소위 '운'이라는 것은 도대체 어떻게 된 일일까? 이 사회학자는 이 점을 예리하게 주목했는데, 그는 [87]이 운이 사실 '느슨한 연대'의 힘이라고 생각했다. [86]이 '느슨한 연대'는 결코 한 사람이 자발적으로 선택하거나 장기간 유지한 관계가 아니라, 신경쓰지 않는 사이에 형성된 것이다. [87]그러나 바로 이러한 관계들이 적절한 시간, 적절한 장소에서 때마침 도움이 되는 것이다.

这位社会学家认为"弱关系"在信息传播中有很明显的优势，它能够帮助人们接触新事物，找到合适的工作。亲戚朋友这些"强关系"中，很多信息都是雷同和冗余的。但"弱关系"就不一样了，它具有很大的差异性，经常能跨越阶层和团体传递信息。此外，"强关系"一般是比较稳定和固化的，而[88]"弱关系"所带来的信息具有更高的流动性，往往会将获得信息的人带进不一样的"圈子"。"弱关系"本身不仅是一种资源，还能够形成跨越社会距离的管道，让整个关系网都变得活跃起来。

이 사회학자는 '느슨한 연대'는 정보를 전파하는 데 있어 분명한 장점을 가지고 있어서, 사람들이 새로운 사물을 접하고, 적합한 일자리를 찾는 것을 도울 수 있다고 생각한다. 친척과 친구들의 '끈끈한 연대'에서는 많은 정보가 모두 유사하고 쓸데없다. 하지만 '느슨한 연대'는 다르다. 그것은 아주 큰 차이성을 가지고 있고, 종종 계층과 단체를 초월하여 정보를 전달할 수 있다. 이 밖에도 '끈끈한 연대'는 일반적으로 꽤 안정되고 공고하지만, [88]'느슨한 연대'가 가져온 정보는 더 높은 유동성을 가지고 있어서, 종종 정보를 얻은 사람을 다른 '집단'으로 끌어들인다. '느슨한 연대' 그 자체는 하나의 자원일 뿐만 아니라 사회적 거리를 뛰어넘는 경로를 형성하여, 전체 관계망을 활기차게 만들 수 있다.

어휘 技术人员 jìshù rényuán 몡 기술자　渠道 qúdào 몡 설치, 경로　靠 kào 통 받다, 기대다　熟人 shúrén 몡 지인
密切 mìqiè 톙 (관계가) 가깝다, 긴밀하다　偶然 ǒurán 뮈 우연히　某 mǒu 때 어느, 어떤 사람　碰 pèng 통 (우연히) 마주치다, 만나다
一面之缘 yímiàn zhīyuán 겨우 한 번 만나본 인연　发挥 fāhuī 통 발휘하다　所谓 suǒwèi 톙 ~라는 것, 소위　弱关系 ruò guānxi 느슨한 연대
现代 xiàndài 몡 현대　职业生涯 zhíyè shēngyá 직장 생활, 직업 경력　家庭 jiātíng 몡 가정　背景 bèijǐng 몡 배경
程度 chéngdù 몡 수준, 정도　综合 zōnghé 통 종합하다　素质 sùzhì 몡 소양, 자질　因素 yīnsù 몡 요인, 원인
固然 gùrán 졥 물론 ~하지만, 물론 ~이거니와　机遇 jīyù 몡 (좋은) 기회, 찬스　随口 suíkǒu 뮈 무심결에 입에 나오는 대로
承认 chéngrèn 통 인정하다, 승인하다　运气 yùnqi 몡 운, 운수　成分 chéngfèn 몡 요인, 성분　敏锐 mǐnruì 톙 (감각이) 예리하다, 날카롭다
力量 lìliàng 몡 힘, 역량　主动 zhǔdòng 톙 자발적이다, 능동적이다　维持 wéichí 통 유지하다, 지키다
不经意 bùjīngyì 신경쓰지 않다, 주의하지 않다　建立 jiànlì 통 형성하다, 세우다　恰当 qiàdàng 톙 적절하다, 알맞다
恰好 qiàhǎo 뮈 때마침　传播 chuánbō 통 전파하다, 널리 퍼뜨리다　明显 míngxiǎn 톙 분명하다, 뚜렷하다　优势 yōushì 몡 장점, 우세
接触 jiēchù 통 접하다, 만나다　事物 shìwù 몡 사물　强关系 qiáng guānxi 끈끈한 연대　雷同 léitóng 톙 유사하다, 비슷하다
冗余 rǒngyú 톙 쓸데없는, 여분의　差异性 chāyìxìng 차이성　跨越 kuàyuè 통 초월하다, 뛰어넘다　阶层 jiēcéng 몡 (사회문화의) 계층, 단계
团体 tuántǐ 몡 단체, 집단　稳定 wěndìng 톙 안정되다, 변동이 없다　固化 gùhuà 톙 (관계 등 추상적인 것을) 공고히 하다, 고정시키다
流动性 liúdòngxìng 몡 유동성　圈子 quānzi 몡 집단, 범위, 테두리　本身 běnshēn 몡 그 자체, 본인　资源 zīyuán 몡 자원
形成 xíngchéng 통 형성하다, 이루다　管道 guǎndào 몡 경로, 파이프　整个 zhěnggè 톙 전체의, 전부의
关系网 guānxiwǎng 몡 관계망, 조직망　活跃 huóyuè 통 활기차게 하다

85
중상

根据第一段，社会学家调查了人们：	첫 번째 단락에서 사회학자는 사람들의 무엇을 조사했는가:
A 参加招聘的理由	A 채용에 참가한 이유
B 获得好工作的途径	B 좋은 일자리를 얻는 방법
C 对人际关系的态度	C 인간관계에 대한 태도
D 对身边熟人的看法	D 주변 지인에 대한 생각

해설 질문이 첫 번째 단락에서 사회학자는 사람들의 무엇을 조사했는지 물었으므로, 社会学家의 调查와 관련된 내용을 지문에서 재빨리 찾는다. 첫 번째 단락에서 美国的一位社会学家对近300名技术人员和管理人员做了调查，结果发现，很多条件好的工作并不是通过正式的招聘渠道获得的，而是靠"熟人"帮忙。이라고 했으므로, 보기 B가 정답이다.

어휘 人际关系 rénjì guānxì 인간관계　途径 tújìng 방법, 수단　熟人 shúrén 지인

86
중상

下列哪项属于"弱关系"的特点：	다음 중 '느슨한 연대'의 특징에 속하는 것은:
A 具有偶然性	A 우연성을 가진다
B 需长期维持	B 장기간 유지해야 한다
C 是需要回报的	C 보답이 필요한 것이다
D 目的性十分明确	D 목적성이 매우 명확하다

해설 질문이 '느슨한 연대'의 특징에 속하는 것을 물었으므로, "弱关系"의 特点과 관련된 내용을 지문에서 재빨리 찾는다. 세 번째 단락에서 这种"弱关系"并不是一个人主动选择或者长期维持的关系，而是在不经意间建立的。라고 했으므로, 보기 A가 정답이다.

어휘 弱关系 ruò guānxi 느슨한 연대　偶然性 ǒuránxìng 몡 우연성　维持 wéichí 통 유지하다, 지키다　回报 huíbào 통 보답하다
目的性 mùdìxìng 몡 목적성　明确 míngquè 톙 명확하다

87 중상

第三段主要介绍的是:	세 번째 단락에서 주로 소개하는 것은:
A 传递信息的方式	A 정보를 전달하는 방식
B 不同阶层的差异	B 다른 계층의 차이
C “弱关系”的优势	C ‘느슨한 연대’의 장점
D 如何加强“弱关系”	D 어떻게 ‘느슨한 연대’를 강화하는지

해설 질문이 세 번째 단락에서 주로 소개하는 것을 물었으므로, 세 번째 단락의 중심 내용을 재빨리 파악한다. 세 번째 단락에서 这个运气其实就是“弱关系”的力量。…… 但就是这些关系，在恰当的时间，恰当的地点，恰好帮上了忙。이라고 했고, 단락 전체에 걸쳐 ‘느슨한 연대’의 장점을 소개하고 있으므로, 보기 C가 정답이다.

어휘 传递 chuándì [동] 전달하다 阶层 jiēcéng [명] (사회 문화의) 계층, 단계 差异 chāyì [명] 차이, 다른 점 弱关系 ruò guānxi 느슨한 연대 优势 yōushì [명] 장점, 우위 如何 rúhé [대] 어떻게 加强 jiāqiáng [동] 강화하다, 보강하다

88 중

“弱关系”传播的信息:	‘느슨한 연대’가 전파하는 정보는:
A 重复率高	A 중복률이 높다
B 真假难辨	B 진위를 가리기 어렵다
C 流动性好	C 유동성이 좋다
D 内容全面	D 내용이 전면적이다

해설 질문이 ‘느슨한 연대’가 전파하는 정보에 대해 물었으므로, “弱关系”传播的信息와 관련된 내용을 지문에서 재빨리 찾는다. 마지막 단락에서 “弱关系”所带来的信息具有更高的流动性이라고 했으므로, 보기 C가 정답이다.

어휘 弱关系 ruò guānxi 느슨한 연대 传播 chuánbō [동] 전파하다, 널리 퍼뜨리다 重复率 chóngfùlǜ 중복률 真假 zhēnjiǎ [명] 진위[진짜와 가짜] 流动性 liúdòngxìng [명] 유동성 全面 quánmiàn [형] 전면적이다, 전체적이다

89-92

随着生活水平的提高，[89]衣服渐渐从“不够穿”变成了“穿不完”。每到换季时，很多人都能整理出一批废旧衣物。[89]丢弃这些“鸡肋”会带来不少隐患。一般来说，废旧衣物中化纤类原料的比例高达60%到70%，[90]这些衣服被填埋后仍难以降解，将其烧毁也会产生很多问题。[90]如果把废旧衣物当燃料使用，就会产生有害气体，污染空气。[90]有些携带细菌、病毒或寄生虫的废旧衣物还可能会流入二手市场，直接或间接危害人体健康。

如何回收和处理这些废旧衣物就成为了一个亟待解决的问题。在回收废旧衣物方面，通常的做法比较单一，就是在居民小区里放置回收箱。固定的回收箱的确便民，但管理上存在着许多弊端。[91]虽然回收箱的数量增加了，服务质量却没能跟得上，这需要安排专人收集和运输，无形中增加了成本。对此，上海做出了良好的示范，由政府主导，回收公司统一回收。除设置回收箱外，还通过电话预约上门，自付运费寄送，募集活动等多种途径进行回收。这些做法，都取得了不错的效果。

생활 수준이 향상됨에 따라, [89]옷은 점점 ‘입을 것이 모자란’ 것에서 ‘다 입지 못하는’ 것으로 바뀌었다. 매번 환절기가 되면, 많은 사람들은 한 무더기의 헌 옷을 정리할 수 있다. [89]이런 ‘계륵’을 버리는 것은 많은 복병을 가져올 수 있다. 일반적으로, 헌 옷 중 화학 섬유류의 원료 비율은 60~70%에 달하는데, [90]이러한 옷은 매립된 후에도 여전히 분해되는 것이 쉽지 않고, 그것을 소각하더라도 많은 문제가 생길 수 있다. [90]만약 헌 옷을 연료로 사용한다면, 유해 가스와 공기 오염을 발생시킬 수 있다. [90]세균, 바이러스 또는 기생충이 남아 있는 일부 헌 옷은 중고 시장에 유입되어, 직접 혹은 간접적으로 인체 건강을 위협할 수도 있다.

이런 헌 옷들을 어떻게 회수하고 처리하는가는 시급하게 해결해야 할 문제가 되었다. 헌 옷을 회수하는 방면에서, 일반적인 방법은 비교적 단일한데, 바로 주택가에 수거함을 두는 것이다. 고정된 수거함은 확실히 사람들을 편리하게 하지만, 관리하는 데에는 많은 폐해가 존재한다. [91]비록 수거함의 수는 증가했지만, 서비스 품질은 오히려 그것을 따라가지 못했는데, 이는 수거와 운송을 하는 전담자를 배치하는 것을 필요로 하여서, 어느새 원가를 증가시켰다. 여기에 대해 상하이시는 좋은 모범을 보였는데, 정부가 주도하여 수거 회사가 일괄적으로 회수한다. 수거함 설치 외에도, 전화를 통한 예약 방문, 배송 비용 부담, 모집 활동 등의 다양한 경로로 회수한다. 이러한 방법은 모두 괜찮은 효과를 거두었다.

那么，回收来的废旧衣物，该怎样规范处置，才能物尽其用呢？首先，废旧衣物要经历一次严格的"面试"。[92]那些成色较新、没有破损的衣物会被送往水洗区清洗，然后接受高温高压消毒，最后进行烘干、包装，再无偿捐给慈善机构或贫困地区。而"面试"后"落选"的那些衣物，会根据棉、毛、化纤等面料再次分类，然后发送到有资质的加工企业进行处理，制成可再利用的工业原料，比如说，白色棉织物和有色织物，处理后可以变为棉纱和无纺布；涤纶织物经过化学分解后，就会变为涤纶原料。经过这样的处理，废旧衣物就可以实现循环再利用了。

그렇다면, 회수된 헌 옷은 어떤 규범으로 처리해야만 조금의 낭비도 없이 충분히 이용할 수 있을까? 우선, 헌 옷은 엄격한 '면접'을 거쳐야 한다. [92]품질이 비교적 새 것이고 파손되지 않은 옷들은 빨래 구역으로 보내져 깨끗하게 씻겨진 후, 고온 고압 소독을 받은 다음, 마지막에는 건조, 포장이 되어 자선단체나 빈곤 지역에 무상으로 기부된다. '면접' 후 '탈락'된 옷들은 면, 모직, 화학 섬유 등의 옷감으로 다시 분류된 다음, 자격을 갖춘 가공업체에 보내 처리하고, 재활용 가능한 공업용 원료로 만드는데, 예를 들면 흰색 면직물과 유색 직물은 처리 후 무명실과 부직포가 될 수 있고, 폴리에스테르 직물이 화학 분해되고 나면, 폴리에스테르의 원료로 변하게 되는 것이다. 이러한 처리를 거쳐, 헌 옷은 재활용을 실현하게 된다.

어휘 | 渐渐 jiànjiàn 🖲 점점, 점차 　换季 huànjì 🖲 환절기 　批 pī 🖲 무더기, 묶음[대량의 물건이나 다수의 사람을 세는 단위] 　废旧 fèijiù 🖲 헐다, 낡다
衣物 yīwù 🖲 옷, 의류 　丢弃 diūqì 🖲 버리다, 포기하다 　鸡肋 jīlèi 🖲 계륵[가치는 그다지 없으나 버리기는 아까운 것을 비유하는 말]
隐患 yǐnhuàn 🖲 복병, 잠복해 있는 병 　化纤 huàxiān 🖲 화학 섬유[化学纤维의 약칭] 　原料 yuánliào 🖲 원료 　比例 bǐlì 🖲 비율, 비례
高达 gāodá 🖲 ~에 달하다 　填埋 tiánmái 매립하다 　难以 nányǐ ~하기 어렵다 　降解 jiàngjiě 🖲 분해하다
烧毁 shāohuǐ 🖲 소각하다, 불태워 없애다 　产生 chǎnshēng 🖲 생기다, 발생하다 　燃料 ránliào 🖲 연료 　使用 shǐyòng 🖲 사용하다
有害气体 yǒuhài qìtǐ 유해 가스 　携带 xiédài 🖲 남다, 휴대하다 　细菌 xìjūn 🖲 세균 　病毒 bìngdú 🖲 바이러스
寄生虫 jìshēngchóng 🖲 기생충 　流入 liúrù 🖲 유입하다, 흘러 들어가다 　二手市场 èrshǒu shìchǎng 🖲 중고 시장 　间接 jiànjiē 🖲 간접적인
危害 wēihài 🖲 위협하다 　如何 rúhé 🖲 어떻다, 어떠하다 　回收 huíshōu 🖲 회수하다, 되찾다 　处理 chǔlǐ 🖲 처리하다, 해결하다
亟待 jídài 🖲 시급하게 ~을 기다리다 　通常 tōngcháng 🖲 일반적으로, 보통 　做法 zuòfǎ 🖲 방법 　单一 dānyī 🖲 단일하다
居民小区 jūmín xiǎoqū 🖲 주택가 　放置 fàngzhì 🖲 두다, 방치하다 　回收箱 huíshōuxiāng 🖲 수거함 　固定 gùdìng 🖲 고정되다, 불변하다
的确 díquè 🖲 확실히, 분명히 　便民 biànmín 🖲 사람들을 편리하게 하다 　存在 cúnzài 🖲 존재하다 　弊端 bìduān 🖲 폐해, 폐단
服务质量 fúwù zhìliàng 서비스 품질 　跟得上 gēn de shàng 따라갈 수 있다 　专人 zhuānrén 🖲 전담자 　收集 shōují 🖲 수거하다, 수집하다
运输 yùnshū 🖲 운송하다 　无形中 wúxíngzhōng 🖲 어느새, 모르는 사이에 　成本 chéngběn 🖲 원가, 자본금
良好 liánghǎo 🖲 좋다, 양호하다 　示范 shìfàn 🖲 모범을 보이다, 시범하다 　政府 zhèngfǔ 🖲 정부 　主导 zhǔdǎo 🖲 주도하다
统一 tǒngyī 🖲 일괄적인, 통일된 　设置 shèzhì 🖲 설치하다, 설립하다 　预约 yùyuē 🖲 예약하다 　上门 shàngmén 🖲 방문하다, 찾아 뵙다
自付 zìfù (자기) 부담 　运费 yùnfèi 🖲 배송비, 운임 　寄送 jìsòng 🖲 발송하다 　募集 mùjí 🖲 모집하다 　途径 tújìng 🖲 경로, 방법
取得 qǔdé 🖲 거두다, 얻다 　效果 xiàoguǒ 🖲 효과 　规范 guīfàn 🖲 규범, 규정 　处置 chǔzhì 🖲 처리하다, 처분하다
物尽其用 wùjìnqíyòng 🖲 조금의 낭비 없이 충분히 이용하다 　面试 miànshì 🖲 면접 　成色 chéngsè 🖲 품질, 품위
破损 pòsǔn 🖲 파손하다 　清洗 qīngxǐ 🖲 깨끗하게 씻다 　高温高压 gāowēn gāoyā 고온 고압 　消毒 xiāodú 🖲 소독하다
烘干 hōnggān 🖲 (불에) 건조하다, 쪼이다 　包装 bāozhuāng 🖲 포장 　无偿 wúcháng 🖲 무상의, 보수가 없는 　捐 juān 🖲 기부하다, 바치다
慈善 císhàn 🖲 자선을 베풀다, 동정심이 많다 　机构 jīgòu 🖲 단체, 기구 　贫困 pínkùn 🖲 빈곤하다, 곤궁하다 　地区 dìqū 🖲 지역
落选 luòxuǎn 🖲 탈락하다 　棉 mián 🖲 면 　毛 máo 🖲 모직, 모 　面料 miànliào 🖲 옷감[화학 섬유를 모두 말함] 　再次 zàicì 🖲 다시, 거듭
分类 fēnlèi 🖲 분류하다 　发送 fāsòng 🖲 보내다, 발송하다 　资质 zīzhì 🖲 자격, 자질 　加工 jiāgōng 🖲 가공하다, 다듬다
企业 qǐyè 🖲 업체, 기업 　可再利用 kě zài lìyòng 재활용할 수 있다 　工业 gōngyè 🖲 공업 　棉织物 miánzhīwù 🖲 면직물
有色 yǒusè 🖲 유색의 　织物 zhīwù 🖲 직물 　棉纱 miánshā 🖲 무명실, 면사 　无纺布 wúfǎngbù 🖲 부직포 　涤纶 dílún 🖲 폴리에스테르
化学 huàxué 🖲 화학 　分解 fēnjiě 🖲 분해하다 　变为 biànwéi 🖲 ~으로 변하다 　实现 shíxiàn 🖲 실현하다, 달성하다
循环再利用 xúnhuán zài lìyòng 재활용하다

89

중상

第一段中画线词语"鸡肋"指的是：

첫 번째 단락에서 밑줄 친 단어 '鸡肋'이 가리키는 것은：

A 二手市场 　　　　B 废旧衣服
C 有害气体 　　　　D 生活垃圾

A 중고 시장 　　　　B 헌 옷
C 유해 가스 　　　　D 생활 쓰레기

해설 질문이 첫 번째 단락에서 밑줄 친 단어 "鸡肋"의 의미를 물었으므로, "鸡肋"가 나온 부분을 지문에서 재빨리 찾는다. 첫 번째 단락에서 衣服渐渐从"不够穿"变成了"穿不完"……丢弃这些"鸡肋"会带来不少隐患。이라고 했으므로, 보기 B가 정답이다.

어휘 鸡肋 jīlèi 🖲 계륵[가치는 그다지 없으나 버리기는 아까운 것을 비유하는 말] 　二手市场 èrshǒu shìchǎng 🖲 중고 시장
废旧 fèijiù 🖲 헐다, 낡다 　衣物 yīwù 🖲 옷 　有害气体 yǒuhài qìtǐ 유해 가스 　生活垃圾 shēnghuó lājī 생활 쓰레기

90 상

下列哪项**不属于处理废旧衣物的方式**?	다음 중 헌 옷을 처리하는 방식에 **속하지 않는** 것은?
A 在土壤中填埋	A 토양에 매립한다
B 当作燃料烧毁	B 연료로 삼아 소각한다
C 送入二手市场	C 중고 시장에 보낸다
D 送进仓库消毒	D 창고에 보내 소독한다

해설 질문이 헌 옷을 처리하는 방식에 속하지 않는 것을 물었으므로, 处理废旧衣物的方式과 관련된 내용을 지문에서 재빨리 찾는다. 첫 번째 단락에서 这些衣服被填埋后仍难以降解……如果把废旧衣物当燃料使用……有些携带细菌、病毒或寄生虫的废旧衣物还可能会流入二手市场이라고 했으므로, 지문에서 언급되지 않은 보기 D가 정답이다.

어휘 处理 chǔlǐ 图 처리하다　废旧 fèijiù 图 헐다, 낡다　衣物 yīwù 图 옷　方式 fāngshì 图 방식, 방법　土壤 tǔrǎng 图 토양
填埋 tiánmái 매립하다　当作 dàngzuò 图 ~으로 삼다　燃料 ránliào 图 연료　烧毁 shāohuǐ 图 소각하다, 불태워 없애다
二手市场 èrshǒu shìchǎng 图 중고 시장　仓库 cāngkù 图 창고　消毒 xiāodú 图 소독하다

91 중

关于衣物回收箱, 可以知道:	의류 수거함에 관하여, 알 수 있는 것은:
A 便于政府管理	A 정부가 관리하기에 편리하다
B 可以降低风险	B 위험을 낮출 수 있다
C 增加服务成本	C 서비스 원가가 증가한다
D 数量逐渐减少	D 수량이 점점 감소한다

해설 질문이 의류 수거함에 관하여 알 수 있는 것을 물었으므로, 衣物回收箱과 관련된 내용을 지문에서 재빨리 찾는다. 두 번째 단락에서 虽然回收箱的数量增加了, 服务质量却没能跟得上, 这需要安排专人收集和运输, 无形中增加了成本。이라고 했으므로, 보기 C가 정답이다.

어휘 衣物 yīwù 图 의류, 옷　回收箱 huíshōuxiāng 图 수거함　便于 biànyú 图 (~하기에) 편리하다, 쉽다　政府 zhèngfǔ 图 정부
风险 fēngxiǎn 图 위험, 모험　服务 fúwù 图 서비스하다, 근무하다　成本 chéngběn 图 원가, 자본금　逐渐 zhújiàn 图 점점, 점차

92 중

对成色较新的废旧衣服, 应如何处理?	품질이 새 것과 같은 헌 옷에 대해서는, 어떻게 처리해야 하는가?
A 分类　　　　B 水洗	A 분류한다　　　　B 세척한다
C 分解　　　　D 漂白	C 분해한다　　　　D 표백한다

해설 질문이 품질이 새 것과 같은 헌 옷은 어떻게 처리해야 하는지를 물었으므로, 成色较新的废旧衣服와 관련된 내용을 지문에서 재빨리 찾는다. 마지막 단락에서 那些成色较新、没有破损的衣物会被送往水洗区清洗라고 했으므로, 보기 B가 정답이다.

어휘 成色 chéngsè 图 품질, 품위　废旧 fèijiù 图 헐다, 낡다　如何 rúhé 데 어떻다, 어떠하다　处理 chǔlǐ 图 처리하다
分类 fēnlèi 图 분류하다　水洗 shuǐxǐ 图 세척하다　分解 fēnjiě 图 분해하다　漂白 piǎobái 图 표백하다

93-96

你所知道的自行车是什么样子的? 我们生活中出现过80年代以前的横杠28自行车、山地车、公主车或者小轮折叠车, 它们都具有结构稳定的手拨铃、车链子、弹簧车座、充气轮胎、挡泥板和车锁。⁹⁶但是一开始, 共享单车就颠覆了以上自行车的形象, 闯入了我们的生活。

⁹³与普通自行车不同, 一辆共享单车可以说集成了许多用户在骑行时感受不到的"黑科技", 从而改变了城市人的生活方式, 甚至是整个自行车行业的发展方向。

당신이 알고 있는 자전거는 어떤 모습인가? 우리의 생활에서 80년대 이전의 28인치 자전거, 산악 자전거, 미니벨로 또는 접이식 미니벨로 자전거가 나타났었는데, 그것들은 모두 구조가 안정적인 자전거 벨, 자전거 체인, 스프링 안장, 뉴매틱 타이어, 자전거 흙받이, 그리고 자전거 자물쇠를 가지고 있었다. ⁹⁶하지만 처음부터 공유 자전거가 위에서 언급한 자전거의 이미지를 뒤집고, 우리의 생활에 뛰어 들어왔다.

⁹³일반 자전거와 달리, 한 공유 자전거는 많은 사용자들이 자전거를 탈 때 느끼지 못했던 '블랙테크'를 집약했다고 말할 수 있는데, 그리하여 도시인의 생활 방식을 바꾸었고, 심지어는 모든 자전거 업계의 발전 방향도 바꾸어 놓았다.

到目前为止，"摩拜"是公认的共享单车行业的重要企业，它主要设计、生产和制造科技感较强的自行车，[94]这让设计者操碎了心。设计者们首先煞费苦心地把发电机"藏"进了车子的后轮里。这个发电机是用来为"摩拜"单车的智能锁随时供电的。[95]智能锁能实现位置上报、引导找车、智能开锁、挂锁自动结束等一系列功能，保证共享单车"无桩"存放。[95]这是共享单车最核心的部件，[96]也是区别于以往城市公共自行车的最大特点。当人往前蹬车时，驱使车子前进的能量转化为电能，源源不断地为蓄电池充电。

此外，为了降低车的维修成本，"摩拜"选择使用一种新的传动结构，也就是现在我们看到的无链条轴传动。从外观来看，这是个完全封闭的系统，这能保证齿轮10年都不会生锈。同时，"摩拜"的车轮使用汽车车轮的结构，拆轮子就跟汽车换胎一样，简单快速。

在车胎的选择上，"摩拜"研发者选用了免维修的实心胎，而不是常见的充气车胎。因为后者虽然舒适性强，滚动阻力小，但是更容易被扎或变形。此外，不一样的还有车铃，普通自行车用的是手拨铃，而"摩拜"的共享单车用的几乎都是旋转车铃。"摩拜"这样设计的原因有二，一是旋转车铃不容易损坏，二是减少突出物，以免在发生事故时，伤害到人。

현재까지 '모바이크'는 공인된 공유 자전거 업계의 중요한 기업으로, 주로 과학 기술 감각이 비교적 강한 자전거를 설계, 생산 그리고 제조하는데,[94]이 설계사들을 애타게 했다. 설계사들은 우선 **대단히 고심하여** 발전기를 자전거의 뒷바퀴에 '숨겨' 넣었다. 이 발전기는 '모바이크' 자전거의 스마트 자물쇠에 수시로 전기를 공급하기 위해 사용된다.[95]스마트 자물쇠는 위치 보고, 자전거 인도, 스마트 자물쇠 열기, 자물쇠 잠금 자동 종료 등 일련의 기능을 실현할 수 있어, 공유 자전거의 '거치대 없는' 보관을 보장한다.[95]이는 공유 자전거의 가장 핵심적인 구성이며,[96]이전의 도시 공공 자전거와 차별화되는 가장 큰 특징이다. 사람이 앞쪽으로 자전거의 페달을 밟을 때, 자전거가 앞으로 나가도록 부추기는 에너지는 전기 에너지로 변환되어 축전지를 끊임없이 계속 충전한다.

이 외에, 자전거의 수리 원가를 낮추기 위해, '모바이크'는 새로운 전동 구조, 즉 지금 우리가 볼 수 있는 무체인 축 전동을 사용하기로 선택했다. 겉에서 보면 이것은 완전히 폐쇄된 시스템이지만, 이것은 기어가 10년 동안 녹슬지 않도록 보장할 수 있다. 동시에, '모바이크'의 바퀴는 자동차 바퀴의 구조를 사용하여, 바퀴를 제거하는 것이 자동차의 타이어를 교체하는 것 만큼이나 간단하고 빠르다.

타이어를 선택하는 데 있어, '모바이크'의 개발자는 수리를 피할 수 있는 솔리드 타이어를 선택했는데 이것은 흔히 볼 수 있는 공기 충전 타이어가 아니다. 후자의 경우 편안함이 뛰어나고 롤링 저항이 적지만, 쉽게 찔리거나 변형되기 때문이다. 이 밖에 또 다른 점은 자전거 벨인데, 일반 자전거의 경우 손으로 울려야 하지만, '모바이크'의 공유 자전거가 사용하는 것은 거의 회전벨이다. '모바이크'의 이러한 설계의 원인은 2가지가 있는데, 하나는 회전벨이 쉽게 손상되지 않는다는 것이고, 다른 하나는 돌출부를 줄여, 사고가 발생했을 때 사람이 다치지 않도록 하는 것이다.

어휘 **年代** niándài 몡 년대, 시대　**横杠28自行车** hénggàng èr bā zìxíngchē 28인치 자전거[바퀴 폭이 28인치인 대형 자전거]
山地车 shāndìchē 몡 산악 자전거　**公主车** gōngzhǔchē 미니벨로[바퀴가 작은 자전거]
小轮折叠车 xiǎolún zhédiéchē 접이식 미니벨로 자전거　**具有** jùyǒu 동 가지다, 구비하다　**结构** jiégòu 몡 구조, 조직
稳定 wěndìng 동 안정되다　**手拨铃** shǒubōlíng 자전거 벨　**链子** liànzi 몡 체인　**弹簧** tánhuáng 몡 스프링, 용수철
车座 chēzuò 몡 안장, 카시트　**充气轮胎** chōngqì lúntāi 뉴매틱 타이어[자동차·자전거 등에 사용되는 공기 타이어]
挡泥板 dǎngníbǎn 몡 자전거 흙받이　**车锁** chēsuǒ 몡 자전거 자물쇠　**共享单车** gòngxiǎng dānchē 공유 자전거
颠覆 diānfù 동 뒤집다, 전복하다　**形象** xíngxiàng 몡 이미지, 형상　**闯入** chuǎngrù 동 뛰어들다, 들이닥치다
普通 pǔtōng 혱 일반적이다, 보통이다　**集成** jíchéng 동 집약하다　**用户** yònghù 몡 사용자, 이용자　**骑行** qíxíng 동 (말이나 자전거를) 타다
感受 gǎnshòu 동 (영향을) 느끼다, 받다　**黑科技** hēikējì 블랙테크[아직 널리 알려지지 않은 첨단 기술]　**从而** cóng'ér 젭 그리하여, 따라서
方式 fāngshì 몡 방식, 방법　**整个** zhěnggè 혱 모든, 전부의　**行业** hángyè 몡 업계, 업무 분야　**目前** mùqián 몡 현재, 지금
为止 wéizhǐ 동 ~까지　**摩拜** Móbài 고유 모바이크[중국 자전거 공유 플랫폼]　**公认** gōngrèn 동 공인하다, 모두가 인정하다　**企业** qǐyè 몡 기업
设计 shèjì 동 설계하다, 디자인하다　**生产** shēngchǎn 동 생산하다, 만들다　**制造** zhìzào 동 제조하다, 만들다　**科技感** kējìgǎn 과학 기술 감각
设计者 shèjìzhě 몡 설계사, 디자이너　**操碎了心** cāo suì le xīn 애를 먹다　**煞费苦心** shàfèikǔxīn 젱 대단히 고심하다, 몹시 애를 쓰다
发电机 fādiànjī 몡 발전기　**藏** cáng 동 숨기다, 간직하다　**后轮** hòulún 몡 뒷바퀴　**单车** dānchē 몡 자전거
智能 zhìnéng 혱 스마트의, 지능이 있는　**锁** suǒ 몡 자물쇠　**随时** suíshí 분 수시로, 언제나　**供电** gōngdiàn 동 전기를 공급하다
实现 shíxiàn 동 실현하다, 달성하다　**位置** wèizhi 몡 위치　**上报** shàngbào 동 보고하다　**引导** yǐndǎo 동 인도하다, 이끌다
开锁 kāisuǒ 동 (자물쇠를) 열다　**挂锁** guà suǒ 자물쇠를 잠그다　**自动** zìdòng 혱 자동이다　**结束** jiéshù 동 종료하다
一系列 yíxìliè 일련의　**功能** gōngnéng 몡 기능　**桩** zhuāng 몡 거치대　**存放** cúnfàng 동 보관하다, 놓아두다　**核心** héxīn 몡 핵심
部件 bùjiàn 몡 구성품, 부품　**区别** qūbié 동 차별하다, 구별하다　**以往** yǐwǎng 몡 이전, 과거　**蹬** dēng 동 (발에 힘을 주어) 밟다, 딛다
驱使 qūshǐ 동 부추기다　**能量** néngliàng 몡 에너지, 역량　**转化** zhuǎnhuà 동 변환하다, 전화하다　**电能** diànnéng 몡 전기 에너지
源源不断 yuányuánbúduàn 끊임없이 계속되다　**蓄电池** xùdiànchí 몡 축전지　**充电** chōngdiàn 동 충전하다
此外 cǐwài 이 외에, 이 밖에　**维修** wéixiū 동 수리하다, 수선하다　**成本** chéngběn 몡 원가, 자본금　**传动** chuándòng 동 전동하다
结构 jiégòu 몡 구조　**链条** liàntiáo 몡 체인　**轴** zhóu 몡 축　**封闭** fēngbì 동 폐쇄하다, 봉쇄하다　**系统** xìtǒng 몡 시스템, 체계
齿轮 chǐlún 몡 기어　**生锈** shēngxiù 동 녹이 슬다　**车轮** chēlún 몡 바퀴　**拆** chāi 동 (붙어 있는 것을) 제거하다, 뜯다
换胎 huàn tāi 타이어를 교체하다　**车胎** chētāi 몡 타이어　**维修** wéixiū 동 수리하다, 보수하다
实心胎 shíxīntāi 솔리드 타이어[고무만으로 만들어진 타이어]　**常见** chángjiàn 동 흔히 보다　**舒适性** shūshìxìng 편안함
滚动 gǔndòng 동 롤링, 회전　**阻力** zǔlì 몡 저항, 방해　**扎** zhā 동 (뾰족한 물건으로) 찌르다, 뛰어 들다
变形 biànxíng 동 변형되다, 모양이 바뀌다　**旋转** xuánzhuǎn 동 (빙빙) 회전하다, 돌다　**损坏** sǔnhuài 동 손상시키다, 파손시키다
突出物 tūchūwù 돌출부　**以免** yǐmiǎn 젭 ~하지 않도록, ~않기 위해서　**事故** shìgù 몡 사고　**伤害** shānghài 동 다치다, 손상시키다

제1회

제2회

제3회

제4회

제5회
독해

제6회

해커스 해설이 상세한 HSK 6급 실전모의고사

93
중상

共享单车如何改变了城市人的生活方式？	공유 자전거는 어떻게 도시인의 생활 방식을 바꿨는가?
A 加大生产量　　B 靠美观的外形 C 通过市场调查　　D 利用"黑科技"	A 생산량을 늘려서　　B 예쁜 외형에 기대어서 C 시장 조사를 통해서　　D '블랙테크'를 이용해서

해설 질문이 공유 자전거는 어떻게 도시인의 생활 방식을 바꿨는지를 물었으므로, 共享单车와 관련된 내용을 지문에서 재빨리 찾는다. 두 번째 단락에서 与普通自行车不同, 一辆共享单车可以说集成了许多用户在骑行时感受不到的"黑科技", 从而改变了城市人的生活方式이라고 했으므로, 보기 D가 정답이다.

어휘 共享单车 gòngxiǎng dānchē 공유 자전거　如何 rúhé 때 어떻다, 어떠하다　方式 fāngshì 뗑 방식, 방법　加大 jiādà 통 늘리다, 확대하다
生产 shēngchǎn 통 생산하다, 만들다　靠 kào 통 기대다　美观 měiguān 톙 (형식·구성 등이) 예쁘다, 보기 좋다
市场 shìchǎng 뗑 시장　利用 lìyòng 통 이용하다　黑科技 hēikējì 뗑 블랙테크[아직 널리 알려지지 않은 첨단 기술]

94
상

第三段中画线词语"煞费苦心"的意思是：	세 번째 단락에서 밑줄 친 단어 '煞费苦心'의 의미는:
A 经历了挫折　　B 心里很痛苦 C 丧失了机会　　D 花了很多心思	A 좌절을 겪났다　　B 마음이 괴롭다 C 기회를 잃었다　　D 신경을 많이 썼다

해설 질문이 세 번째 단락에서 밑줄 친 단어 "煞费苦心"의 의미를 물었으므로, "煞费苦心"이 나온 부분을 지문에서 재빨리 찾는다. 세 번째 단락에서 这让设计者操碎了心。设计者们首先煞费苦心이라고 했으므로, 보기 D가 정답이다.

어휘 煞费苦心 shàfèikǔxīn 젱 대단히 고심하다, 몹시 애를 쓰다　挫折 cuòzhé 통 좌절시키다, 실패하다　痛苦 tòngkǔ 톙 괴롭다, 고통스럽다
丧失 sàngshī 통 잃어버리다, 상실하다　心思 xīnsi 뗑 신경, 생각

95
중

共享单车最核心的部件是：	공유 자전거의 가장 핵심 부품은:
A 车胎　　B 智能锁 C 导航系统　　D 齿轮和链条	A 타이어　　B 스마트 자물쇠 C 네비게이션 시스템　　D 기어와 체인

해설 질문이 공유 자전거의 가장 핵심 부품이 무엇인지를 물었으므로 共享单车, 最核心的部件과 관련된 내용을 지문에서 재빨리 찾는다. 세 번째 단락에서 智能锁……这是共享单车最核心的部件이라고 했으므로, 보기 B가 정답이다.

어휘 共享单车 gòngxiǎng dānchē 공유 자전거　核心 héxīn 뗑 핵심　部件 bùjiàn 뗑 부품　车胎 chētāi 뗑 타이어
智能 zhìnéng 톙 스마트한, 지능이 있는　锁 suǒ 뗑 자물쇠　导航 dǎoháng 네비게이션　系统 xìtǒng 뗑 시스템, 체계
齿轮 chǐlún 뗑 기어　链条 liàntiáo 뗑 체인

96
상

上文主要讲的是：	위 글에서 주로 말하는 것은:
A 共享单车的发展历史 B 共享单车的不足之处 C 共享单车的具体特点 D 共享单车的未来前景	A 공유 자전거의 발전 역사 B 공유 자전거의 부족한 점 C 공유 자전거의 구체적인 특징 D 공유 자전거의 미래 전망

해설 질문이 위 글에서 주로 말하는 것을 물었으므로, 지문 전체의 중심 내용을 재빨리 파악한다. 첫 번째 단락에서 但是一开始, 共享单车就颠覆了以上自行车的形象, 闯入了我们的生活。라고 언급한 후, 지문 전체에 걸쳐 공유 자전거의 특징에 대해 자세히 설명하였다. 따라서 보기 C가 정답이다.

어휘 共享单车 gòngxiǎng dānchē 공유 자전거　不足 bùzú 톙 부족하다, 모자라다　具体 jùtǐ 톙 구체적이다
未来 wèilái 뗑 미래의, 앞으로의　前景 qiánjǐng 뗑 전망

97-100

| 性情凶猛, 体型庞大的鲨鱼号称"海中狼", 可是最近它却被贴上了"整容师"和"清道夫"的标签。你是否对此感到十分惊讶呢？ | 성질이 사납고, 몸집이 거대한 상어는 '바다의 늑대'라고 불리지만, 최근에는 오히려 '성형외과 의사'와 '청소부'라는 꼬리표가 붙었다. 당신은 이에 대해 매우 놀라움을 느끼지 않았는가! |

原来，在海洋系统中，许多小鱼都有着较大的眼睛和有力的尾鳍，能帮助它们及时发现并快速躲避鲨鱼的攻击，尤其在鲨鱼常出没的低光环境下更是如此。[97]较大的尾鳍可以保证鱼类瞬间加速，以此来逃离鲨鱼的追捕。研究人员发现，近年来由于人类对鲨鱼的大量猎杀，导致多种鲨鱼濒临灭绝。鲨鱼数量的减少，使得其他鱼类的生存得到了暂时的保障，导致它们的形态也发生明显的改变，如眼睛变小，尾鳍变小等。因此，鲨鱼就成了海洋系统里的"整容师"。

研究人员专门对两个珊瑚礁中7种不同的鱼类进行了对比分析。[98]这两个珊瑚礁有着相似的自然环境，但不同的是，罗利沙洲禁止捕鱼，鲨鱼数量比较稳定，而斯科特礁允许对鲨鱼进行商业捕捞，且已经持续了一百多年。分析结果显示，与罗利沙洲的鱼类相比，斯科特礁同种鱼类的眼睛尺寸小46%，尾鳍尺寸小40%。

[99]研究人员解释说，人类捕捞鲨鱼使其数量减少，这一情况会造成一系列生态后果。除了鱼的眼睛及尾鳍尺寸会发生变化之外，[99]其他的海洋生物及海洋生态系统也会受到极大的影响。

首先，如果鲨鱼数量大幅度减少，那些体弱多病或畸形的鱼就不会及时被淘汰，进化过程中的优胜劣汰也不能更好地延续下去。没有被吃掉的弱鱼、病鱼就会一直繁殖下去，这不利于种群的健康发展，对整个海洋生物的优化将是一个致命打击。

其次，鲨鱼数量的大幅度减少，将会使海洋生态系统无法正常运转，水质环境会进一步恶化。[100]因为鲨鱼是海洋系统名副其实的"清道夫"。它可以通过清理腐烂的大型海洋动物尸体，来净化海洋生态环境。

综上所述，鲨鱼在保持海洋生态环境一事上，起着至关重要的作用，可以说是名副其实的海洋"整容师"和"清道夫"了。

원래의 해양 생태계에서, 수많은 작은 물고기는 모두 비교적 큰 눈과 힘있는 꼬리 지느러미를 가지고 있는 덕택에 상어의 공격을 적시에 발견하고 빠르게 피할 수 있었는데, 특히 상어가 자주 출몰하는 저광 환경 아래에서 더욱 그러했다. [97]비교적 큰 꼬리 지느러미는 어류가 순식간에 속력을 빨리 낼 수 있도록 보장할 수 있는데, 이런 점을 통해 상어의 추적을 피할 수 있다. 연구원들은, 최근 몇 년간 상어에 대한 인간의 대량 포획 때문에, 여러 종류의 상어가 멸종 위기에 처해졌다는 것을 발견했다. 상어 수의 감소는 다른 어류의 생존이 일시적인 보장을 얻게 했지만, 그들의 형태에도 눈이 작아지고, 꼬리 지느러미가 작아지는 등의 뚜렷한 변화가 생기게 했다. 이로 인해, 상어는 해양 생태계의 '성형외과 의사'가 되었다.

연구원들은 두 개의 산호초 안의 7종의 다른 어류에 대해 전문적으로 비교 분석했다.[98]이 두 산호초는 비슷한 자연 환경을 가지고 있지만, 롤리 쇼얼스에서는 어획이 금지되어서 상어의 수량이 비교적 안정적인 반면, 스콧 산호초에서는 상어에 대한 상업적인 어획을 허가했고, 이미 백 년 넘게 지속했다는 것이 다른 점이다. 분석 결과에 따르면 롤리 쇼얼스의 어류에 비해, 스콧 산호초의 동종 어류의 눈 크기는 46% 작고, 꼬리 지느러미는 40% 작은 것으로 나타났다.

[99]연구원들은 인간이 상어를 잡아서 그 수를 줄이는 상황이 일련의 생태적인 나쁜 결과를 초래할 수 있다고 설명했다. 물고기의 눈과 꼬리 지느러미 크기에 변화가 나타날 수 있는 것 외에, [99]다른 해양 생물 및 해양 생태계도 큰 영향을 받을 수 있다.

우선, 만약 상어의 수가 대폭 감소하면, 몸이 허약하고 병이 많거나 기형적인 물고기들이 제때 도태되지 못하여, 진화 과정 속의 우승열패도 더욱 잘 지속될 수 없다. 잡아 먹히지 않은 약한 물고기, 병든 물고기가 계속 번식해 나가면, 개체군의 건강한 발전에 이로울 것이 없으며, 모든 해양 생물의 최적화에도 치명적이 될 것이다.

다음으로, 상어 수의 대폭적인 감소는 해양 생태계를 제대로 작동하지 못하게 해서, 수질 환경은 더 악화될 것이다. [100]상어는 해양 생태계의 명실상부한 '청소부'이기 때문이다. 그것은 부패한 대형 해양 동물의 시체를 깨끗이 처리하여, 해양 생태계 환경을 정화할 수 있다.

앞서 말한 내용을 종합하면, 상어는 해양 생태계 환경을 유지하는 일에서 가장 중요한 역할을 하는, 명실상부한 바다의 '성형외과 의사'와 '청소부'라고 말할 수 있다.

어휘 性情 xìngqíng 몡 성질, 성격　凶猛 xiōngměng 톙 사납다, 흉맹하다　体型 tǐxíng 몡 몸집, 체형　庞大 pángdà 톙 거대하다, 매우 크다
鲨鱼 shāyú 몡 상어　号称 hàochēng 툉 ~라고 불리다, 칭하다　狼 láng 몡 늑대, 이리　贴 tiē 툉 붙이다
整容师 zhěngróngshī 성형외과 의사　清道夫 qīngdàofū 청소부, 해결사　标签 biāoqiān 꼬리표, 상표
惊讶 jīngyà 톙 놀랍다, 의아스럽다　尾鳍 wěiqí 꼬리 지느러미　及时 jíshí 톙 적시에, 제때에　躲避 duǒbì 툉 피하다, 물러서다
攻击 gōngjī 툉 공격하다, 진공하다　出没 chūmò 툉 출몰하다　低光环境 dīguāng huánjìng 저광 환경
保证 bǎozhèng 툉 보장하다, 담보하다　瞬间 shùnjiān 몡 순식간, 눈 깜짝하는 사이　加速 jiāsù 툉 속력을 빨리 내다, 가속하다
逃离 táolí 툉 피하다, 달아나다　追捕 zhuībǔ 툉 추적하다, 추포하다　猎杀 lièshā 툉 포획하다, 사냥하다　濒临灭绝 bīnlín mièjué 멸종 위기
保障 bǎozhàng 툉 (생명·재산·권리 등을) 보장하다, 보증하다　形态 xíngtài 몡 형태, 모습　珊瑚礁 shānhújiāo 몡 산호초
对比 duìbǐ 툉 비교하다, 대조하다　分析 fēnxī 툉 분석하다　罗利沙洲 Luólì Shāzhōu 고유 롤리 쇼얼스[호주 서쪽에 위치한 산호초 지대]
捕鱼 bǔyú 툉 어획하다　稳定 wěndìng 톙 안정되다　斯科特礁 Sīkētè Jiāo 고유 스콧 산호초[호주 서쪽에 위치한 산호초 지대]
商业 shāngyè 몡 상업　捕捞 bǔlāo 툉 어획하다, 물고기를 잡다　持续 chíxù 툉 지속하다　显示 xiǎnshì 툉 나타내다
尺寸 chǐcùn 몡 크기, 치수　造成 zàochéng 툉 초래하다, 야기하다　一系列 yíxìliè 톙 일련의　生态 shēngtài 몡 생태
后果 hòuguǒ 몡 (주로 안 좋은) 결과, 뒷일　幅度 fúdù 몡 (사물의 변동) 폭　体弱 tǐruò 톙 허약하다　多病 duōbìng 톙 병이 많다
畸形 jīxíng 톙 기형적인, 비정상적인　淘汰 táotài 툉 도태하다, 추려 내다　进化 jìnhuà 툉 진화하다, 발전하다
优胜劣汰 yōushèngliètài 셩 우승열패하다[나은 자는 이기고 못한 자는 패하다]　延续 yánxù 툉 지속하다, 계속하다
繁殖 fánzhí 툉 번식하다, 증가하다　种群 zhǒngqún 몡 개체군, 종군　整个 zhěnggè 톙 모든, 전체의
优化 yōuhuà 툉 최적화하다, 가장 우수한 것을 선택하다　致命 zhìmìng 툉 치명적이다, 죽을 정도에 이르다　打击 dǎjī 툉 타격을 주다, 때리다
无法 wúfǎ 툉 ~하지 못하게 하다, ~할 방법이 없다　运转 yùnzhuǎn 툉 작동하다, 운행하다　水质环境 shuǐzhì huánjìng 수질 환경
恶化 èhuà 툉 악화시키다, 악화되다　名副其实 míngfùqíshí 셩 명실상부하다　清理 qīnglǐ 툉 깨끗이 처리하다

腐烂 fǔlàn 图 부패하다, 부식하다　大型 dàxíng 图 대형의　尸体 shītǐ 图 (사람이나 동물의) 시체　净化 jìnghuà 图 정화하다, 맑게 하다
综上所述 zōng shàng suǒ shù 앞서 말한 내용을 종합하다　保持 bǎochí 图 유지하다, 지키다
至关重要 zhìguān zhòngyào 가장 중요하다, 지극히 중요하다

97
중상

海洋鱼类的尾鳍较大是因为:	해양 어류의 꼬리 지느러미가 비교적 큰 이유는:
A 可以保持平衡	A 균형을 유지할 수 있기 때문에
B 能够快速逃跑	B 빨리 도망갈 수 있기 때문에
C 让身体显得美观	C 몸을 아름답게 보일 수 있기 때문에
D 避免被鲨鱼发现	D 상어에게 발견되는 것을 피할 수 있기 때문에

해설 질문이 해양 어류의 꼬리 지느러미가 비교적 큰 이유를 물었으므로, 鱼类的尾鳍와 관련된 내용을 지문에서 재빨리 찾는다. 두 번째 단락에서 较大的尾鳍可以保证鱼类瞬间加速，以此来逃离鲨鱼的追捕。라고 했으므로, 보기 B가 정답이다.

어휘 尾鳍 wěiqí 图 꼬리 지느러미　平衡 pínghéng 图 균형이 맞다　逃跑 táopǎo 图 도망가다, 달아나다
美观 měiguān 图 (형식·구성 등이) 아름답다, 예쁘다　鲨鱼 shāyú 图 상어

98
중

第三段中提到的两个珊瑚礁在哪方面不同?	세 번째 단락에서 언급된 두 개의 산호초는 어느 점에서 다른가?
A 自然环境　　　B 地理位置	A 자연 환경　　　B 지리적 위치
C 鲨鱼的数量　　D 海水清洁度	C 상어의 수　　　D 바닷물의 청정도

해설 질문이 세 번째 단락에서 언급된 두 개의 산호초의 다른 점을 물었으므로, 两个珊瑚礁와 관련된 내용을 지문에서 재빨리 찾는다. 세 번째 단락에서 这两个珊瑚礁有着相似的自然环境，但不同的是，罗利沙洲禁止捕鱼，鲨鱼数量比较稳定，而斯科特礁允许对鲨鱼进行商业捕捞，且已经持续了一百多年。이라고 했으므로, 보기 C가 정답이다.

어휘 提到 tídào 图 언급하다, 소환하다　珊瑚礁 shānhújiāo 图 산호초　地理 dìlǐ 图 지리　位置 wèizhi 图 위치　鲨鱼 shāyú 图 상어
清洁度 qīngjiédù 청정도, 깨끗한 정도

99
중상

人类捕捞鲨鱼会带来什么后果?	인간의 상어 어획은 어떤 결과를 가져올 수 있는가?
A 使鲨鱼无法进化	A 상어가 진화할 수 없게 한다
B 提升海水的温度	B 바닷물의 온도를 높인다
C 破坏海洋生态系统	C 해양 생태계를 파괴한다
D 降低小鱼的生存能力	D 작은 물고기의 생존 능력을 저하시킨다

해설 질문이 인간의 상어 어획은 어떤 결과를 가져올 수 있는지를 물었으므로, 捕捞鲨鱼的后果와 관련된 내용을 지문에서 재빨리 찾는다. 네 번째 단락에서 研究人员解释说，人类捕捞鲨鱼使其数量减少，这一情况会造成一系列生态后果。……其他的海洋生物及海洋生态系统也会受到极大的影响이라고 했으므로, 보기 C가 정답이다.

어휘 捕捞 bǔlāo 图 어획하다, 물고기를 잡다　鲨鱼 shāyú 图 상어　进化 jìnhuà 图 진화하다, 발전하다　提升 tíshēng 图 높이다, 등용하다
破坏 pòhuài 图 파괴하다　生态系统 shēngtài xìtǒng 생태계　生存 shēngcún 图 생존하다

100
중

鲨鱼被称为"清道夫"的原因是:	상어가 '청소부'라고 불리는 이유는:
A 能清理动物的尸体	A 동물의 시체를 깨끗이 처리할 수 있기 때문에
B 能帮助珊瑚礁生长	B 산호초의 성장을 도울 수 있기 때문에
C 能改变鱼类的体型	C 어류의 몸집을 변화시킬 수 있기 때문에
D 能消灭畸形的鱼类	D 기형적인 어류를 소멸시킬 수 있기 때문에

해설 질문이 상어가 '해결사'라고 불리는 이유를 물었으므로, "清道夫"와 관련된 내용을 지문에서 재빨리 찾는다. 마지막 단락에서 因为鲨鱼是海洋系统名副其实的"清道夫"。它可以通过清理腐烂的大型海洋动物尸体，来净化海洋生态环境。이라고 했으므로, 보기 A가 정답이다.

어휘 鲨鱼 shāyú 图 상어　清道夫 qīngdàofū 图 청소부, 해결사　清理 qīnglǐ 图 깨끗이 처리하다　尸体 shītǐ 图 (사람이나 동물의) 시체
珊瑚礁 shānhújiāo 图 산호초　体型 tǐxíng 图 몸집, 체형　消灭 xiāomiè 图 소멸하다　畸形 jīxíng 图 기형적인

三、书写 쓰기

지문 해석

101
중상

从前，在一个安静的村落里，住着一个想要成为艺术家的年轻人。他渴望学习真正的艺术创作，却不知道从哪里着手，该去哪里求教，这让他感到茫然和困惑。不过这样的情况没有持续太久，有人告诉他某个遥远的小镇里有不少杰出的艺术家，于是年轻人控制不住激动的心情，立刻收拾好行李出发了。

옛날 어느 한 조용한 촌락에, 예술가가 되고 싶은 한 젊은이가 살고 있었다. 그는 진정한 예술 창작을 배우기를 갈망하면서도, 어디서부터 시작해야 할지, 어디로 가서 가르침을 구해야 할지 몰랐는데, 이것이 그를 막막하고, 당혹스럽게 느끼게 했다. 하지만 이런 상황은 오래 지속되지 않았는데, 누군가가 그에게 어느 먼 작은 마을에는 뛰어난 많은 예술가들이 있다고 알려 주어서, 젊은이는 설레는 마음을 참지 못하고, 바로 짐을 싸서 출발했다.

到达镇上的小旅馆后，年轻人放好行李就准备出门了。出门前，旅馆老板告诉他，小镇里有一个专门供艺术家展示自己作品的露天集市，非常繁华。他怀着满心的期待赶往集市，但结果令他非常失望。那里陈列出来的艺术品看起来非常普通，没有什么特别之处。

마을의 작은 여관에 도착한 후, 젊은이는 짐을 풀고 바로 나갈 준비를 했다. 문을 나서기 전, 여관 주인은 그에게 작은 마을에는 예술가들이 자신의 작품을 전시할 수 있도록 특별히 제공된 노천 장터가 있는데, 몹시 번화하다고 알려 주었다. 그는 마음 가득히 기대를 품은 채 장터로 달려갔지만, 결과는 그를 매우 실망시켰다. 그곳에 진열된 예술품들은 아주 평범해 보였고, 특별한 점이 없었다.

年轻人闷闷不乐地走出集市，在街头四处徘徊。这时，他身后突然传来了一阵轻轻的敲击声，清脆又悦耳。被这声音吸引的年轻人找了很久，终于找到了声音的源头——一个敞开门的院子。他走到大门前，偷偷地向里面望去，只见那里有一位年轻女子，她身旁摆放着各种各样的动物雕塑，精致又美丽。

젊은이는 시무룩하게 장터를 나와, 길거리의 곳곳을 배회했다. 이때, 그의 뒤에서 갑자기 가볍게 두드리는 소리가 들려왔는데, 맑고 또 듣기 좋았다. 이 소리에 매료된 젊은이는 오랫동안 찾아다녔는데, 마침내 소리의 근원인 문이 활짝 열려 있는 마당 하나를 찾았다. 그가 대문 앞으로 걸어가서, 슬그머니 안을 들여다보니, 그곳에는 젊은 여자 한 명이 있었고, 그녀의 주변에는 각양각색의 동물 조각이 놓여져 있었는데, 정교하고 아름다웠다.

过了一会儿，女子走到院子的中央，用小锤子敲了敲面前的大石头。年轻人心想，这肯定是个新手，才下手下得如此之轻。然而，接下来的一幕却让年轻人怀疑自己的眼睛。院中的大石头一下子裂开了，里面露出了像大理石一样光滑漂亮的雕塑，虽然还称不上精致，但已经能看得出来优美修长的天鹅颈模样。

잠시 후, 여자는 마당 중앙으로 걸어가, 작은 망치로 앞에 있는 큰 돌을 두드렸다. 젊은이는 속으로 이 사람은 틀림없이 초보여서, 이렇게 가볍게 내려치는 것이라고 생각했다. 그러나, 이어지는 다음 장면에서 젊은이는 자신의 눈을 의심했다. 마당 안의 큰 바위가 단숨에 갈라졌고, 안에서 대리석처럼 매끈하고 아름다운 조각이 드러났는데, 비록 정교하다고 할 수 없지만, 아름답고 가늘고 긴 백조 목의 모양을 알아볼 수 있었다.

年轻人惊呆了，他确定这个女子是个了不起的艺术家。为了弄清楚其中的奥秘，他走进院子，恭恭敬敬地给女子鞠了一躬，然后小心翼翼地问道："女士，我能请教一下吗？您是怎么用小锤子一下就敲出了这么厉害的雕塑的？实在是太了不起了！"

젊은이는 놀라서 멍해졌고, 이 여자는 대단한 예술가일 것이라고 확신했다. 그 속의 비밀을 확실히 알아내기 위해, 그는 마당으로 들어가 여자에게 공손히 절을 한 뒤, 조심스럽게 물었다. "여사님, 제가 가르침을 청해도 될까요? 당신은 어떻게 작은 망치로 이렇게 대단한 조각을 두드려 냈습니까? 정말 너무 대단하십니다!"

女子微笑着对年轻人说："你可能以为我工作的时间不超过十分钟，所以才会感到神奇。其实，我已经做了很久的准备工作了。在敲击之前，我曾经仔细地研究了这块石头的质地和结构，然后以此为根据，设计出了雕塑方案。由于这无法在短时间内一气呵成，我只能用同样的力气在这块石头上不断地敲击。敲了几百次，持续了很多天后，才出现了你刚才看到的情景。"

여자는 미소를 지으며 젊은이에게 말했다. "당신은 아마 제가 작업하는 시간이 10분을 넘기지 않을 것이라고 생각해서, 신기하다고 느꼈을 겁니다. 사실, 저는 이미 오랫동안 준비 작업을 하고 있었어요. 두드리기 전에 저는 이미 이 돌의 질감과 구조를 면밀히 연구한 후, 그 다음 이것을 근거로 해서 조각의 방안을 설계해 냈어요. 이것은 짧은 시간 안에 단숨에 해치울 수 없기 때문에, 저는 단지 동일한 힘으로 이 돌 위를 끊임없이 두드릴 수밖에 없어요. 수 백 번을 두드리고, 여러 날을 계속한 후에야, 비로소 당신이 방금 본 장면이 나타납니다."

제1회

제2회

제3회

제4회

제5회
쓰기

제6회

해커스 해설이 상세한 HSK 6급 실전모의고사

女子的一番话让年轻人恍然大悟，他终于明白了，所有出色的作品都不是轻而易举完成的。人生也是如此，如果不努力研究的话，就算跟随名师学习也没有任何效果。想要做出伟大的事业，就要静下心来不断学习，不懈努力。也许短期内很难看到成果，但长年累月积累的变化最终会带来意想不到的收获。

여자의 말 한 마디는 젊은이를 문득 크게 깨닫게 했다. 그는 마침내 모든 뛰어난 작품들은 다 쉽게 완성되는 것이 아니라는 것을 깨달았다. 인생도 이러한데, 만약 열심히 연구하지 않는다면, 설령 유명한 스승을 따라 배운들 어떠한 효과도 없을 것이다. 위대한 업적을 이뤄내고 싶으면, 마음을 가라앉히고 끊임없이 공부하고, 꾸준히 노력해야 한다. 아마도 단기적으로 성과를 보기는 어렵겠지만, 오랜 세월 쌓아온 변화는 결국에는 예상치 못한 뜻밖의 수확을 가져올 수 있을 것이다.

어휘 从前 cóngqián 몡 옛날   村落 cūnluò 몡 촌락, 시골 마을   渴望 kěwàng 통 갈망하다, 간절히 바라다
创作 chuàngzuò 통 (문예 작품을) 창작하다   着手 zhuóshǒu 통 시작하다, 손을 대다   求教 qiújiào 통 가르침을 구하다
茫然 mángrán 톙 막막하다, 막연하다   困惑 kùnhuò 톙 당혹스럽다   持续 chíxù 통 지속하다   某 mǒu 떼 어느, 아무
遥远 yáoyuǎn 톙 (시간이나 거리가) 멀다   小镇 xiǎozhèn 작은 마을   杰出 jiéchū 톙 뛰어난, 빼어난   控制 kòngzhì 통 참다, 통제하다
立刻 lìkè 뛰 바로, 즉시   行李 xíngli 몡 짐   到达 dàodá 통 도착하다, 도달하다   旅馆 lǚguǎn 몡 여관
出门 chūmén 통 나서다, 외출하다   老板 lǎobǎn 몡 주인, 사장   供 gōng 통 제공하다   展示 zhǎnshì 통 전시하다, 드러내다
作品 zuòpǐn 몡 작품   露天 lùtiān 몡 노천, 야외   集市 jíshì 몡 장터, 시장   繁华 fánhuá 톙 (도시·거리가) 번화하다
怀 huái 통 품다   满心 mǎn xīn 마음 가득   期待 qīdài 통 기대하다, 바라다   赶往 gǎnwǎng 통 달려가다, 급히 가다
陈列 chénliè 통 진열하다   闷闷不乐 mènmènbúlè 톙 시무룩하다, 마음이 답답하고 울적하다   街头 jiētóu 몡 길거리
四处 sìchù 몡 곳곳, 여러 곳   徘徊 páihuái 통 배회하다   阵 zhèn 昣 차례, 바탕[잠시 지속되는 동작을 세는 단위]
敲击 qiāojī 통 두드리다   清脆 qīngcuì 톙 맑다, 낭랑하다   悦耳 yuè'ěr 톙 듣기 좋다   源头 yuántóu 몡 근원, 원천
敞开 chǎngkāi 통 (활짝) 열다, 풀다   院子 yuànzi 몡 마당, 정원   大门 dàmén 몡 대문, 정문   偷偷 tōutōu 뛰 슬그머니, 몰래
摆放 bǎifàng 통 놓다, 두다   各种各样 gèzhǒng gèyàng 셩 각양각색, 온갖   雕塑 diāosù 몡 조각, 조각품
精致 jīngzhì 톙 정교하다, 섬세하다   中央 zhōngyāng 몡 중앙   锤子 chuízi 몡 망치, 해머   石头 shítou 몡 돌
新手 xīnshǒu 몡 초보, 풋내기   如此 rúcǐ 톙 이러하다   一幕 yímù 몡 한 장면   一下子 yíxiàzi 昣 단숨에, 단번에
裂开 lièkāi 통 갈라지다, 찢어지다   露出 lùchū 통 드러나다, 노출시키다   大理石 dàlǐshí 몡 대리석
光滑 guānghuá 톙 (물체의 표면이) 매끈하다, 반들반들하다   优美 yōuměi 톙 아름답다   修长 xiūcháng 톙 가늘고 길다
天鹅 tiān'é 몡 백조   颈 jǐng 몡 목   模样 múyàng 몡 모양, 모습   惊呆 jīngdāi 통 놀라서 멍해지다   确定 quèdìng 통 확신하다
了不起 liǎobuqǐ 톙 대단하다, 뛰어나다   奥秘 àomì 몡 비밀, 신비   恭敬 gōngjìng 톙 공손하다, 예의가 바르다
鞠躬 jūgōng 통 (허리를 굽혀) 절을 하다   小心翼翼 xiǎoxīnyìyì 톙 조심스럽다, 엄숙하고 경건하다   女士 nǚshì 몡 여사, 부인
请教 qǐngjiào 통 가르침을 청하다   微笑 wēixiào 통 미소를 짓다   神奇 shénqí 톙 신기하다, 기묘하다   曾经 céngjīng 뛰 이미, 일찍이
质地 zhìdì 몡 질감   结构 jiégòu 몡 구조, 조직   设计 shèjì 통 설계하다, 디자인하다   方案 fāng'àn 몡 방안
一气呵成 yíqìhēchéng 셩 단숨에 일을 해치우다   不断 búduàn 뛰 끊임없이, 부단히   情景 qíngjǐng 몡 장면, 광경
恍然大悟 huǎngrándàwù 셩 문득 크게 깨닫다   出色 chūsè 톙 뛰어나다, 출중하다   轻而易举 qīng'éryìjǔ 셩 매우 쉽다, 수월하다
人生 rénshēng 몡 인생   就算 jiùsuàn 졥 설령 ~하더라도   跟随 gēnsuí 통 따라가다, 뒤따르다   名师 míngshī 유명한 스승
伟大 wěidà 톙 위대하다   事业 shìyè 몡 업적, 사업   静心 jìngxīn 통 마음을 가라앉히다   不懈 búxiè 톙 꾸준하다, 해이하지 않다
成果 chéngguǒ 몡 성과   长年累月 chángniánlěiyuè 셩 오랜 세월을 겪다   意想不到 yìxiǎng búdào 예상치 못한, 뜻밖의
收获 shōuhuò 몡 수확, 소득

지문 요약

지문	기억한 스토리
파란색 글자는 지문에서 반드시 외워야 할 핵심표현이에요.	**제목** —
从前，在一个安静的村落里，住着一个想要成为艺术家的**年轻人**。他渴望学习真正的艺术创作，却不知道从哪里着手，该去哪里求教，这让他感到茫然和困惑。不过这样的情况没有持续太久，有人告诉他某个遥远的**小镇**里有不少杰出的艺术家，于是年轻人控制不住激动的心情，立刻收拾好行李**出发**了。	**① 이야기의 발단** 옛날에, 한 **年轻人**은 艺术家가 되고 싶었지만 어떻게 해야 할지 몰랐음. 어떤 사람이 그에게 어느 **小镇**에 뛰어난 예술가들이 많이 있다고 알려 주어서, 그는 설레는 마음을 안고 **出发**함.
到达镇上的小旅馆后，年轻人放好行李就准备出门了。出门前，旅馆老板告诉他，小镇里有一个专门供艺术家**展示**自己作品的露天**集市**，非常繁华。他怀着满心的期待赶往集市，但结果令他非常**失望**。那里陈列出来的艺术品看起来非常普通，没有什么特别之处。	**② 이야기의 전개1** 작은 마을에 도착한 후, 젊은이는 예술가들의 作品을 특별히 **展示**하는 集市이 있다는 것을 들음. 그러나 그 곳에 도착한 후, 그는 非常**失望**했는데, 그 예술품들은 普通해 보였기 때문임.
年轻人闷闷不乐地走出集市，在街头四处**徘徊**。这时，他身后突然传来了一阵轻轻的**敲击声**，清脆又悦耳。被这声音吸引的年轻人找了很久，终于找到了声音的源头——一个敞开门的**院子**。他走到大门前，偷偷地向里面望去，只见那里有一位**年轻女子**，她身旁摆放着各种各样的动物**雕塑**，精致又美丽。	**③ 이야기의 전개2** 젊은이는 장터에서 나와 이리저리 **徘徊**함. 이때, 그는 **院子** 안에서부터 전해 오는 **敲击声**을 들음. 그는 대문 앞으로 걸어가서, 안을 들여다보았는데, 그곳에 **年轻女子**와 정교하고 아름다운 **雕塑**들이 많이 있는 것을 발견함.
过了一会儿，女子走到院子的中央，用**小锤子**敲了敲面前的大石头。年轻人心想，这肯定是个新手，才下手得如此之轻。然而，接下来的一幕却让年轻人怀疑自己的眼睛。院中的大石头**一下子裂开**了，里面露出了像大理石一样光滑漂亮的雕塑，虽然还称不上精致，但已经能看得出来优美修长的**天鹅颈模样**。 　年轻人惊呆了，他**确定**这个女子是个了不起的艺术家。为了弄清楚其中的奥秘，他走进院子，恭恭敬敬地给女子鞠了一躬，然后小心翼翼地问道："女士，我能请教一下吗？您是怎么用小锤子一下就敲出了这么厉害的雕塑的？实在是太了不起了！"	**④ 이야기의 절정** 여자는 마당 중앙으로 걸어 나와서, **小锤子**로 앞에 있는 큰 돌을 두드렸는데, 뜻밖에도 돌이 **一下子裂开**하면서, 아름다운 조각이 드러남. 비록 그것은 정교하다고는 할 수 없지만, 그러나 아름다운 **天鹅颈模样**은 알아 볼 수 있었음. 젊은이는 매우 놀라워했고, 그녀가 **了不起**한 예술가라는 것을 **确定**해서, 그녀가 어떻게 작은 망치로 조각을 두드려 냈는지를 물음.
女子微笑着对年轻人说："你可能以为我工作的时间不超过十分钟，所以才会感到神奇。其实，我已经做了很久的准备工作。在敲击之前，我曾经仔细地研究了这块石头的质地和结构，然后以此为根据，设计出了雕塑方案。由于这无法在短时间内一气呵成，我只能用同样的力气在这块石头上不断地敲击。**敲了几百次**，持续了很多天后，才出现了你刚才看到的情景。"	**⑤ 이야기의 결말** 여자는 웃으며 젊은이에게, 사실 돌을 두드리기 전 그녀는 긴 준비 작업을 했는데, 그 돌을 仔细研究한 후, 끊임없이 **敲了几百次**하고서야, 비로소 눈앞의 그 조각을 만들어 냈다고 말함.
女子的一番话让年轻人恍然大悟，他终于明白了，所有**出色的作品**都不是轻而易举完成的。人生也是如此，如果不努力研究的话，就算跟随名师学习也没有任何效果。**想要做出伟大的事业**，就要静下心来**不断学习**，不懈努力。也许短期内很难看到成果，但长年累月积累的变化**最终**会带来意想不到的**收获**。	**⑥ 이야기의 교훈** 여자의 말을 다 듣고 나서야, 젊은이는 **出色的作品**은 모두 쉽게 완성되는 것이 아니라는 것을 깨달음. **想要做出伟大的事业**, **不断学习**하고 努力해야 함. 긴 시간의 노력이 **最终** 뜻밖의 **收获**를 가져올 것임.

요약	요약 포인트
成功的秘诀	어느 젊은이가 예술가의 성공을 보고 느낀 것에 대한 지문 내용이므로 '成功的秘诀(성공의 비결)'를 제목으로 쓴다.
从前，有个年轻人想成为艺术家，却不知道该怎么做。有人告诉他某个小镇里有很多出色的艺术家，于是他抱着激动的心情出发了。	• '설레는 마음을 안고'로 기억한 내용은 '抱着激动的心情'과 같은 표현을 사용한다.
到达小镇后，年轻人听说有个集市专门展示艺术家的作品。然而到那里之后，他非常失望，因为那些艺术品看起来很普通。	• '그러나'처럼 반대/전환을 나타내는 내용을 요약할 때는 '然而'과 같은 연결어를 활용한다.
年轻人走出集市，到处徘徊。这时，他听到了从院子里传来的敲击声。他走到大门前，向里面望去，发现那里有一位年轻女子和很多精致美丽的雕塑。	• '~에서 전해지는 ~를 들었음'으로 기억한 내용은 '听到了从……传来的……'과 같은 표현을 사용한다.
女子走到院子中间，用小锤子敲了敲面前的大石头，没想到石头一下子裂开了，露出了漂亮的雕塑。虽然它不算精致，但能看得出优美的天鹅颈模样。 年轻人感到非常惊讶，他确定她是了不起的艺术家，于是问她是怎么用小锤子敲出雕塑的。	• '뜻밖에도~'로 기억한 내용은 '没想到……'와 같은 표현을 사용한다. • '~라고는 할 수 없지만'으로 기억한 내용은 '不算……'과 같은 표현을 사용한다. • '그래서'처럼 앞뒤가 이어지는 내용을 요약할 때에는 '于是'와 같은 연결어를 활용한다.
女子笑着跟年轻人说，其实敲石头之前，她做了很久的准备工作，仔细研究了那块石头后，不断敲了几百次，才做出了眼前的那个雕塑。	• '웃으며 젊은이에게 ~라고 말함'으로 기억한 내용은 '笑着跟年轻人说……'와 같은 간접화법의 표현을 사용한다.
听完女子的话，年轻人才明白了出色的作品都不是轻易就能完成的。想要做出伟大的事业，就要不断地学习和努力。长时间的努力最终会带来出乎意料的收获。	• '여자의 말을 다 듣고 나서야'로 기억한 내용은 '听完女子的话'와 같은 표현을 사용한다. • 지문의 '长年累月积累的变化'처럼 외우기 어려운 표현이나 구문은 비슷한 뜻을 가진 쉬운 표현인 '长时间的努力'로 쉽게 기억해서 쓴다.

모범 답안[80점]

→ 파란색 글자는 지문에서 외운 표현을 그대로 쓴 것이에요.

成功的秘诀

　　从前，有个年轻人想成为艺术家，却不知道该怎么做。有人告诉他某个小镇里有很多出色的艺术家，于是他抱着激动的心情出发了。

　　到达小镇后，年轻人听说有个集市专门展示艺术家的作品。然而到那里之后，他非常失望，因为那些艺术品看起来很普通。

　　年轻人走出集市，到处徘徊。这时，他听到了从院子里传来的敲击声。他走到大门前，向里面望去，发现那里有一位年轻女子和很多精致美丽的雕塑。

　　女子走到院子中间，用小锤子敲了敲面前的大石头，没想到石头一下子裂开了，露出了漂亮的雕塑。虽然它不算精致，但能看得出优美的天鹅颈模样。

　　年轻人感到非常惊讶，他确定她是了不起的艺术家，于是问她是怎么用小锤子敲出雕塑的。

　　女子笑着跟年轻人说，其实在敲石头之前，她做了很久的准备工作，仔细研究了那块石头后，不断敲了几百次，才做出了眼前的那个雕塑。

　　听完女子的话，年轻人才明白了出色的作品都不是轻易就能完成的。想要做出伟大的事业，就要不断地学习和努力。长时间的努力最终会带来出乎意料的收获。

100 / 200 / 300 / 400 / 500

성공의 비결

　옛날에, 한 젊은이는 예술가가 되고 싶었지만 어떻게 해야 할지 몰랐다. 어떤 사람이 그에게 어느 작은 마을에 뛰어난 예술가들이 많이 있다고 알려 주어서, 그는 설레는 마음을 안고 출발했다.

　작은 마을에 도착한 후, 젊은이는 예술가들의 작품을 특별히 전시하는 장터가 있다는 것을 들었다. 그러나 그곳에 도착한 후, 그는 매우 실망했는데, 그 예술품들이 평범해 보였기 때문이었다.

　젊은이는 장터에서 나와 이리저리 거닐었다. 이때, 그는 마당 안에서부터 전해 오는 두드리는 소리를 들었다. 그는 대문 앞으로 걸어가서, 안을 들여다보았는데, 그곳에 한 젊은 여자와 정교하고 아름다운 조각들이 많이 있는 것을 발견했다.

　여자는 마당 중앙으로 걸어 나와서, 작은 망치로 앞에 있는 큰 돌을 두드렸는데, 뜻밖에도 돌이 단숨에 갈라지면서, 아름다운 조각이 드러났다. 비록 그것이 정교하다고는 할 수 없지만, 그러나 아름다운 백조의 목 모양은 알아볼 수 있었다.

　젊은이는 매우 놀라워했고, 그녀가 대단한 예술가라는 것을 확신해서, 그녀가 어떻게 작은 망치로 조각을 두드려 냈는지를 물었다.

　여자는 웃으며 젊은이에게, 사실 돌을 두드리기 전 그녀는 긴 준비 작업을 했는데, 그 돌을 자세하게 연구한 후, 수백 번을 끊임없이 두드리고서야, 비로소 눈앞의 그 조각을 만들어 냈다고 말했다.

　여자의 말을 다 듣고 나서야, 젊은이는 뛰어난 작품은 모두 쉽게 완성되는 것이 아니라는 것을 깨달았다. 위대한 업적을 이뤄내고 싶으면, 끊임없이 공부하고 노력해야 한다. 긴 시간의 노력이 결국 뜻밖의 수확을 가져올 것이다

어휘 秘诀 mìjué 몡 비결　从前 cóngqián 몡 옛날, 이전　年轻人 niánqīngrén 몡 젊은이　某 mǒu 때 어느, 어떤
小镇 xiǎozhèn 작은 마을　出色 chūsè 톙 뛰어나다, 출중하다　到达 dàodá 통 도착하다, 도달하다　集市 jíshì 몡 장터, 시장
展示 zhǎnshì 통 전시하다, 드러내다　作品 zuòpǐn 몡 작품　徘徊 páihuái 통 이리저리 거닐다, 배회하다　院子 yuànzi 몡 마당, 정원
敲击 qiāojī 통 두드리다　大门 dàmén 몡 대문, 정문　精致 jīngzhì 톙 정교하다, 섬세하다　雕塑 diāosù 몡 조각, 조각품
锤子 chuízi 몡 망치, 해머　石头 shítou 몡 돌　一下子 yíxiàzi 뿐 단숨에, 단번에　裂开 lièkāi 통 갈라지다, 찢어지다
露出 lùchū 통 드러나다, 노출시키다　天鹅 tiān'é 몡 백조　颈 jǐng 몡 목　模样 múyàng 몡 모양, 모습　惊讶 jīngyà 톙 놀랍다, 의아스럽다
确定 quèdìng 통 확신하다, 확실하게 정하다　了不起 liǎobuqǐ 톙 대단하다, 뛰어나다　不断 búduàn 뿐 끊임없이, 계속해서
轻易 qīngyì 톙 쉽다, 간단하다　伟大 wěidà 톙 위대하다　事业 shìyè 몡 업적, 사업　出乎意料 chūhūyìliào 셍 뜻밖이다, 예상을 벗어나다
收获 shōuhuò 몡 수확, 소득

모범 답안[60점]

									成	功	的	秘	诀						
	在	一	个	小	村	里	,	有	个	年	轻	人	想	成	为	艺	术	家	,
但	不	知	道	该	怎	么	做	。	有	人	告	诉	他	某	个	小	镇	里	有
很	多	优	秀	的	艺	术	家	,	于	是	他	立	刻	出	发	了	。		
	到	小	镇	后	,	年	轻	人	听	说	艺	术	家	们	在	一	个	集	
市	展	示	自	己	的	艺	术	品	。	但	到	那	里	后	他	非	常	失	望,
因	为	那	些	艺	术	品	看	起	来	很	普	通	。						
	年	轻	人	走	出	集	市	,	到	处	走	着	,	这	时	他	听	到	
了	从	院	子	里	传	来	的	敲	打	声	。	他	向	里	面	望	去	,	发
现	那	里	有	个	女	子	和	很	多	雕	塑	。							
	女	子	走	到	院	子	中	间	,	用	小	锤	子	敲	了	一	块	大	
石	头	,	石	头	一	下	子	裂	开	了	,	露	出	了	漂	亮	的	雕	塑,
虽	然	它	还	不	精	致	,	但	能	看	得	出	是	什	么	样	子	。	
	年	轻	人	感	到	非	常	吃	惊	。	那	个	女	子	笑	着	说	,	
她	做	了	很	久	的	准	备	工	作	,	仔	细	研	究	了	那	块	石	头
	后	,	敲	了	几	百	次	才	做	出	了	那	个	雕	塑	。			
	年	轻	人	这	才	明	白	,	优	秀	的	作	品	不	是	简	单	就	
能	完	成	的	。	想	要	做	出	伟	大	的	事	业	,	就	要	不	断	学
习	和	努	力	。	长	时	间	的	努	力	最	后	会	带	来	想	不	到	的
收	获	。																	

성공의 비결

어느 작은 마을에, 한 젊은이는 예술가가 되고 싶었지만, 어떻게 해야 할지 몰랐다. 어떤 사람이 그에게 어느 작은 마을에 뛰어난 예술가가 많이 있다고 알려 주어서, 그는 바로 출발했다.

작은 마을에 도착한 후, 젊은이는 예술가들이 한 야외 장터에서 자신의 예술품을 전시한다는 것을 들었다. 그러나 그곳에 도착한 후, 그는 매우 실망했는데, 그곳의 예술품들은 평범해 보였기 때문이다.

젊은이는 장터에서 나와, 여기저기 돌아다녔는데, 이때 그는 마당에서 전해 오는 두드리는 소리를 들었다. 그는 안을 들여다보고서, 그곳에 한 젊은 여자와 많은 조각들이 있는 것을 발견했다.

여자는 마당 중앙으로 걸어 나와, 작은 망치를 사용하여 큰 돌을 두드렸는데, 돌이 단숨에 갈라지면서, 아름다운 조각이 드러났다. 비록 그것은 아직 정교하지는 않았지만, 어떤 모양인지는 알아볼 수 있었다.

젊은이는 깜짝 놀랐다. 그 여자는 웃으면서, 그녀는 오랫동안 준비 작업을 했는데, 그 돌을 자세하게 연구한 후, 수백 번을 두드리고 나서야 비로소 그 조각을 만들어 냈다고 말했다.

젊은이는 그제서야 뛰어난 작품은 간단히 완성되는 것이 아니라는 것을 깨달았다. 위대한 업적을 이뤄내고 싶으면, 끊임없이 배우고 노력해야 한다. 긴 시간의 노력은 결국 생각지도 못한 수확을 가져올 것이다.

어휘 秘诀 mìjué 몡 비결 小村 xiǎocūn 작은 마을 年轻人 niánqīngrén 몡 젊은이 某 mǒu 때 어느, 어떤 小镇 xiǎozhèn 작은 마을
立刻 lìkè 뷔 바로, 곧 集市 jíshì 몡 장터, 시장 展示 zhǎnshì 동 전시하다, 드러내다 艺术品 yìshùpǐn 몡 예술품
院子 yuànzi 몡 마당, 정원 敲打 qiāodǎ 동 두드리다 雕塑 diāosù 몡 조각, 조각품 锤子 chuízi 몡 망치, 해머 石头 shítou 몡 돌
一下子 yíxiàzi 뷔 단숨에, 단번에 裂开 lièkāi 갈라지다, 찢어지다 露出 lùchū 동 드러나다, 노출시키다
精致 jīngzhì 혱 정교하다, 섬세하다 伟大 wěidà 혱 위대하다 事业 shìyè 몡 업적, 사업 不断 búduàn 뷔 끊임없이, 부단히
收获 shōuhuò 몡 수확, 소득

쓰기 연습을 더 해보고 싶다면?

해커스중국어(china.Hackers.com)에서
<HSK 6급 쓰기 원고지 PDF> 무료 다운받기!

해커스 해설이 상세한 HSK 6급

실전모의고사

제6회

난이도: 중

听力 듣기　어휘·해석·해설

阅读 독해　어휘·해석·해설

书写 쓰기　어휘·해석·해설

一、听力 듣기

문제별 분할파일
mp3 바로듣기

1 중

A 降血压药应在午睡前服用 B 午睡能够显著地降低血压 C 高血压患者常出现失眠症状 D 患者的午睡时间应严格控制	A 혈압을 낮추는 약은 낮잠 전에 복용해야 한다 B 낮잠은 혈압을 현저히 낮출 수 있다 C 고혈압 환자는 불면증 증상이 자주 나타난다 D 환자의 낮잠 시간은 엄격하게 통제되어야 한다
午睡不仅能恢复精力、改善情绪，还有其他功效。专家近日指出，坚持午睡的高血压患者的血压明显降低了。相关研究表明，午睡降低血压的平均幅度约为五毫米汞柱，这与服用药物等降压干预措施的预期效果几乎相同。	낮잠은 에너지를 회복하고, 기분을 개선할 수 있을 뿐만 아니라 또 다른 효과도 있다. 전문가는 최근 낮잠을 지속한 고혈압 환자의 혈압이 현저히 낮아졌다고 밝혔다. 해당 연구는 낮잠이 혈압을 낮추는 평균 폭이 약 5mmHg 정도이며, 이것은 약물 복용 등 혈압을 낮추는 개입 조치의 예상 효과와 거의 같다고 밝혔다.

해설 보기에 降血压药(혈압을 낮추는 약), 高血压患者(고혈압 환자)와 같이 비슷한 주제의 어휘가 나오므로 건강에 대한 정보 전달 단문이 나올 것을 예측한다. 음성에서 专家近日指出，坚持午睡的高血压患者的血压明显降低了。라고 했다. 따라서 보기 B 午睡能够显著地降低血压가 정답이다.

어휘 보기 **血压** xuèyā [명] 혈압　**服用** fúyòng [동] 복용하다　**显著** xiǎnzhù [형] 현저하다, 분명하다　**患者** huànzhě [명] 환자
失眠 shīmián [명] 불면증 [동] 잠을 이루지 못하다　**症状** zhèngzhuàng [명] 증상, 증후　**控制** kòngzhì [동] 통제하다, 조절하다

단문 **恢复** huīfù [동] 회복하다, 회복되다　**精力** jīnglì [명] 에너지, 힘　**改善** gǎishàn [동] 개선하다　**情绪** qíngxù [명] 기분, 정서
功效 gōngxiào [명] 효과, 효능　**专家** zhuānjiā [명] 전문가　**近日** jìnrì [명] 최근, 요즘　**指出** zhǐchū [동] 밝히다, 지적하다
明显 míngxiǎn [형] 현저하다, 분명하다　**表明** biǎomíng [동] (분명하게) 밝히다　**平均** píngjūn [형] 평균의, 균등한
幅度 fúdù [명] (사물의 변동) 폭　**毫米汞柱** háomǐgǒngzhù [양] 수은주밀리미터(mmHg, 압력의 단위)
降压 jiàngyā [동] 혈압을 낮추다　**干预** gānyù [동] 개입하다, 관여하다　**措施** cuòshī [명] 조치, 대책
预期 yùqī [동] 예상하다, 예기하다　**效果** xiàoguǒ [명] 효과　**相同** xiāngtóng [형] (서로) 같다

2 중

A 这套童话书即将问世 B 作家号召大家多阅读 C “围裙妈妈”是平凡人 D 两位插画家完成了作品	A 이 동화책은 곧 출판될 것이다 B 작가는 사람들이 책을 많이 읽어줄 것을 호소한다 C ‘앞치마 엄마’는 평범한 사람이다 D 두 삽화가가 이 작품을 완성했다
“围裙妈妈”郑春华是儿童文学领域中极具号召力的作家。今年四月，她的新书《郑春华奇妙绘本•了不起的职业系列》即将出版。这套童话书由郑春华与插画家沈苑苑共同完成，讲述了一个个平凡却又不寻常的职业故事。	‘앞치마 엄마’ 정춘화는 아동 문학 분야에서 매우 호소력 있는 작가이다. 올해 4월, 그녀의 신간 《정춘화의 기묘한 그림책·대단한 직업 시리즈》가 곧 출판될 예정이다. 이 동화책은 정춘화와 삽화가 선위안위안이 함께 완성한 것으로, 평범하지만 또 예사롭지 않은 직업 이야기를 서술했다.

해설 보기에 童话书(동화책), 作家(작가), 作品(작품)과 같이 비슷한 주제의 어휘가 나오므로 책에 대한 정보 전달 단문이 나올 것을 예측한다. 음성에서 她的新书《郑春华奇妙绘本•了不起的职业系列》即将出版이라고 했다. 따라서 보기 A 这套童话书即将问世이 정답이다.

어휘 보기 **套** tào [양] 세트　**童话** tónghuà [명] 동화　**即将** jíjiāng [부] 곧, 머지않아　**问世** wènshì [동] 출판되다, 발표되다
号召 hàozhào [동] 호소하다　**围裙妈妈** wéiqún māma 앞치마 엄마[중국의 애니메이션 작품]　**平凡** píngfán [형] 평범하다
插画家 chāhuàjiā 삽화가　**作品** zuòpǐn [명] 작품

단문 **郑春华** Zhèng Chūnhuá [고유] 정춘화[중국의 애니메이션 작가]　**文学** wénxué [명] 문학　**领域** lǐngyù [명] 분야, 영역
号召力 hàozhàolì 호소력　**奇妙** qímiào [형] 기묘하다, 신기하다　**了不起** liǎobuqǐ [형] 대단하다, 뛰어나다
系列 xìliè [명] 시리즈, 계열　**出版** chūbǎn [동] 출판하다　**沈苑苑** Shěn Yuànyuàn [고유] 선위안위안[중국의 삽화가]
讲述 jiǎngshù [동] 서술하다, 진술하다　**寻常** xúncháng [형] 예사롭다, 평범하다

3 중상

A 茶叶的制作要求高	A 찻잎을 만드는 데에는 요구가 높다
B 新茶的味道异常苦涩	B 햇차의 맛은 대단히 쓰고 떫다
C 泡绿茶时不宜用开水	C 녹차를 우릴 때 끓인 물을 사용해서는 안 된다
D 喝绿茶时要过滤沉淀物	D 녹차를 마실 때 침전물을 걸러내야 한다

| 刚炒制好的绿茶起码要放上一周左右，才能让茶香沉淀。绿茶茶叶比较细嫩，冲泡时不能用沸水，一般八十度左右的水温最为适宜。这样泡出的茶才称得上滋味鲜爽、香气浓厚，而且茶叶中的营养成分也不易被破坏。 | 갓 볶아 만든 녹차는 최소한 일주일 정도는 두어야 비로소 차 향이 쌓일 수 있다. 녹차 찻잎은 비교적 부드러워서, 물에 우릴 때 끓는 물을 사용해서는 안되고, 일반적으로 80도 정도의 수온이 가장 알맞다. 이렇게 우려낸 차여야만 비로소 맛이 향긋하고 향이 진하다고 불릴 수 있으며, 또한 찻잎의 영양 성분도 쉽게 파괴되지 않는다. |

해설 보기에 茶(차)가 반복적으로 나오므로 茶와 관련된 설명문 단문이 나올 것을 예측한다. 음성에서 绿茶茶叶比较细嫩，冲泡时不能用沸水，一般八十度左右的水温最为适宜라고 했다. 따라서 보기 C 泡绿茶时不宜用开水가 정답이다.

어휘 보기 茶叶 cháyè 몡 찻잎 制作 zhìzuò 동 만들다, 제작하다 异常 yìcháng 튀 대단히 苦涩 kǔsè 톙 쓰고 떫다
不宜 bùyí 동 ~하여서는 안 된다 开水 kāishuǐ 끓인 물 过滤 guòlǜ 동 거르다, 여과하다 沉淀物 chéndiànwù 침전물

단문 炒 chǎo 동 볶다 起码 qǐmǎ 톙 최소한의 沉淀 chéndiàn 동 쌓이다, 침전하다 细嫩 xìnèn 톙 (피부, 근육 등이) 부드럽다
冲泡 chōngpào 동 물에 우리다 沸水 fèishuǐ 끓는 물 适宜 shìyí 톙 알맞다 称 chēng 동 부르다, 칭하다
滋味 zīwèi 몡 맛, 기분, 심정 鲜爽 xiānshuǎng 향긋하다 浓厚 nónghòu 톙 진하다 营养 yíngyǎng 몡 영양
成分 chéngfèn 몡 성분 破坏 pòhuài 동 파괴하다

4 중상

A 人们喜爱这款鞋的颜色	A 사람들은 이 신발의 색깔을 좋아한다
B 这款鞋子的制作成本高	B 이 신발의 제작 원가는 높다
C 这款鞋子使用了环保材料	C 이 신발은 친환경 소재를 사용했다
D 这款鞋子用稻草编织而成	D 이 신발은 볏짚으로 짜서 만들었다

| 某公司推出了一款用可回收的塑料瓶制作的平底鞋。其制作流程是，技术人员先将塑料瓶切割成小塑料片，再加工成小塑料球，然后再制成柔软的纺织纱线，用无污染的染料将纱线染成各种颜色，最后编织成鞋面。 | 한 회사가 재활용된 페트병으로 제작한 단화를 출시했다. 그 제작 과정은 기술자가 먼저 페트병을 작은 플라스틱 조각으로 잘라, 다시 작은 플라스틱 공으로 가공한 다음, 다시 부드러운 방직용 실로 만들어서, 친환경 염료를 사용하여 실을 여러 가지 색으로 염색하고 마지막에 구두코로 엮는 것이다. |

해설 보기에 鞋子(신발)가 반복적으로 나오므로 鞋子와 관련된 설명문 단문이 나올 것을 예측한다. 음성에서 某公司推出了一款用可回收的塑料瓶制作的平底鞋……用无污染的染料将纱线染成各种颜色라고 했다. 따라서 보기 C 这款鞋子使用了环保材料가 정답이다.

어휘 보기 成本 chéngběn 몡 원가, 자본금 制作 zhìzuò 동 제작하다 环保材料 huánbǎo cáiliào 친환경 소재 稻草 dàocǎo 몡 볏짚
编织 biānzhī 동 짜다, 엮다

단문 推出 tuīchū 동 출시하다, 내놓다 可回收 kěhuíshōu 재활용이 가능한 塑料瓶 sùliàopíng 페트병 平底鞋 píngdǐxié 단화
流程 liúchéng 몡 과정 切割 qiēgē 동 (칼로) 자르다, 썰다 加工 jiāgōng 동 가공하다, 다듬다 柔软 róuruǎn 톙 부드럽다
纺织 fǎngzhī 동 방직하다 纱线 shāxiàn 몡 실 染料 rǎnliào 몡 염료 染 rǎn 동 염색하다 鞋面 xiémiàn 몡 구두코

5 중

A 玉门关附近盛产玉石	A 위먼관 근처에는 옥석이 많이 난다
B 玉门关具体地点不明	B 위먼관의 구체적인 위치는 분명하지 않다
C 玉门关拥有辉煌的历史	C 위먼관은 눈부신 역사를 가지고 있다
D 玉门关如今依旧十分雄伟	D 위먼관은 지금도 여전히 매우 웅장하다

| 汉朝在开通西域通道时设置了玉门关。从西域运输玉石时要经过这个关口，所以这个关口被称为玉门关。如今的玉门关已经不复当年的宏伟，但站在城门上，依然能看到一望无际的戈壁风光。这样的情形不禁让人想起那段辉煌的历史。 | 한나라 왕조는 서역으로 통하는 길을 뚫을 때 위먼관을 설치했다. 서역에서 옥석을 운반할 때는 이 관문을 통과해야 했고, 그래서 이 관문을 위먼관이라고 불렀다. 지금의 위먼관은 이미 더 이상 그때처럼 웅장하지 않지만, 성문 위에 서면 여전히 끝없이 넓은 사막의 풍경을 볼 수 있다. 이런 광경은 절로 그 눈부셨던 역사를 생각나게 한다. |

제1회
제2회
제3회
제4회
제5회
제6회
듣기
해커스 해설이 상세한 HSK 6급 실전모의고사

해설 보기에 玉门关(위먼관)이 반복적으로 나오므로 玉门关과 관련된 설명문 단문이 나올 것을 예측한다. 음성에서 这样的情形不禁让人想起那段辉煌的历史。이라고 했다. 따라서 보기 C 玉门关拥有辉煌的历史가 정답이다.

어휘 보기 玉门关 Yùménguān [고유] 위먼관[간쑤성 둔황현 부근에 있던 관문]　盛产 shèngchǎn [통] 많이 나다, 많이 생산하다
　　　具体 jùtǐ [형] 구체적이다, 특정의　不明 bùmíng [형] 분명하지 않다, 확실하지 않다　拥有 yōngyǒu [통] 가지다, 지니다
　　　辉煌 huīhuáng [형] 눈부시다, (빛이) 휘황찬란하다　如今 rújīn [명] 지금, 오늘날　依旧 yījiù [부] 여전히　雄伟 xióngwěi [형] 웅장하다

단문 汉朝 Hàncháo [고유] 한나라 왕조　开通 kāitōng [통] 뚫다, 개통하다
　　　西域 xīyù [명] 서역[위먼관 서쪽의 신장 지역과 중앙아시아 등지를 가리키던 말]　通道 tōngdào [명] 통하는 길, 통로
　　　设置 shèzhì [통] 설치하다, 설립하다　运输 yùnshū [통] 운반하다, 운송하다　关口 guānkǒu [명] 관문, (중요한) 길목
　　　不复 bùfù [통] 더는 ~하지 않는다, 다시는 ~않다　宏伟 hóngwěi [형] 웅장하다, 웅대하다　依然 yīrán [형] 여전하다, 의연하다
　　　一望无际 yíwàngwújì [성] 끝없이 넓다　戈壁 gēbì [명] 사막[굵은 모래와 자갈로 덮여 있는 황량한 지역을 가리킴]
　　　风光 fēngguāng [명] 풍경, 경치　情形 qíngxing [명] 광경, 상황, 형편　不禁 bùjīn [부] 절로

6 中上	A 该线路穿越了整个山脉 B 该线路有助于区域发展 C 沿途的景区名气非常大 D 购买高铁车票并不容易	A 이 노선은 전체 산맥을 가로지른다 B 이 노선은 지역 발전에 도움이 된다 C 길을 따라 있는 관광지의 명성은 매우 크다 D 고속 철도 승차권을 구매하는 것은 결코 쉽지 않다
	连接"人间天堂"杭州和"人间仙境"黄山的杭黄高铁正式通车, 这条线路为观光的旅客带来了便利, 也把许多昔日"藏在深山人不知"的美景呈现给了人们。杭黄高铁线不仅是名副其实的旅游线, 更是促进区域协调发展的黄金线。	'지상의 천국' 항저우와 '인간 선경' 황산을 연결하는 항황 고속 철도가 정식으로 개통했다. 이 노선은 관광하는 여행객에게 편리함을 가져다주었고, 지난날 '깊은 산속에 숨어 있어 사람들은 잘 몰랐던' 많은 아름다운 풍경도 사람들에게 보여주었다. 항황 고속 철도 노선은 명실상부한 여행 노선일 뿐만 아니라, 더욱이 지역을 조화롭게 발전하도록 촉진하는 황금 노선이다.

해설 보기에 线路(노선)가 반복적으로 나오므로 线路와 관련된 설명문이 나올 것을 예측한다. 음성에서 杭黄高铁线……更是促进区域协调发展的黄金线이라고 했다. 따라서 보기 B 该线路有助于区域发展이 정답이다.

어휘 보기 线路 xiànlù [명] 노선, 신로　穿越 chuānyuè [통] (산·들 등을) 가로지르다, 통과하다　山脉 shānmài [명] 산맥
　　　区域 qūyù [명] 지역, 구역　沿途 yántú [부] 길을 따라　景区 jǐngqū [명] 관광지　名气 míngqi [명] 명성, 평판
　　　购买 gòumǎi [통] 구입하다　高铁 gāotiě [명] 고속 철도

단문 连接 liánjiē [통] 연결하다, 연접하다　人间天堂 rénjiān tiāntáng 지상의 천국　仙境 xiānjìng [명] 선경[신선이 사는 곳]
　　　通车 tōngchē [통] 개통하다, 차가 다니다　观光 guānguāng [통] 관광하다, 참관하다　旅客 lǚkè [명] 여행객
　　　便利 biànlì [형] 편리하다 [통] 편리하게 하다　昔日 xīrì [명] 지난날, 과거　藏 cáng [통] 숨다, 저장하다　深山 shēnshān [명] 깊은 산속
　　　美景 měijǐng [명] 아름다운 풍경　呈现 chéngxiàn [통] 보이다, 드러나다
　　　名副其实 míngfùqíshí [성] 명실상부하다, 명성과 실상이 서로 부합되다　促进 cùjìn [통] 촉진시키다, 촉진하다
　　　协调 xiétiáo [형] 조화롭다, 어울리다　黄金 huángjīn [명] 황금 [형] 황금의

7 중	A 这家食品店拖欠了货款 B 该公司发起了专利诉讼 C 顾客投诉了产品的质量 D 应该重视食品安全问题	A 이 음식점은 대금을 질질 끌었다 B 이 회사는 특허 소송을 제기했다 C 고객은 제품의 품질을 고발했다 D 식품 안전 문제를 마땅히 중시해야 한다
	因北京某食品商店使用的商标与自己的商标十分接近, "周黑鸭"有限公司向法院提起了诉讼。"周黑鸭"有限公司认为, 该食品商店的做法侵害了"周黑鸭"的专利权, 容易使消费者对商品的来源产生混淆和误认。目前, 此案正在进一步审理中。	베이징의 어느 음식점이 사용한 상표가 자신의 상표와 매우 비슷하다고 하여 '저우헤이야' 유한 회사는 법원에 소송을 제기했다. '저우헤이야' 유한 회사는 이 음식점의 행위가 '저우헤이야'의 특허권을 침해했고, 소비자가 상품의 출처에 대해 혼동하고 오인하기 쉽게 만들었다고 여겼다. 현재 이 사건은 추가로 심리 중이다.

해설 보기에 诉讼(소송하다), 投诉(고발하다)와 같이 비슷한 주제의 어휘가 나오므로 재판에 대한 정보 전달 단문이 나올 것을 예측한다. 음성에서 "周黑鸭"有限公司向法院提起了诉讼이라고 했다. 따라서 보기 B 该公司发起了专利诉讼이 정답이다.

어휘 보기 拖欠 tuōqiàn [통] (빚을) 질질 끌다　货款 huòkuǎn [명] 대금, 물건 값　发起 fāqǐ [통] 제기하다　专利 zhuānlì [명] 특허, 특허권
　　　诉讼 sùsòng [통] 소송하다, 고소하다　投诉 tóusù [통] (기관·관계자에게) 고발하다, 호소하다　产品 chǎnpǐn [명] 제품, 생산품

단문 **某** mǒu 団 어느, 아무　**商标** shāngbiāo 몡 상표　**接近** jiējìn 휑 비슷하다, 가깝다 图 가까이하다, 접근하다
周黑鸭 Zhōuhēiyā 고유 저우헤이야[오리·거위 등의 가공 식품을 파는 브랜드]　**侵害** qīnhài 图 침해하다
专利权 zhuānlìquán 몡 특허권　**来源** láiyuán 몡 출처, 근원 图 기원하다, 유래하다　**产生** chǎnshēng 图 생기다, 나타나다
混淆 hùnxiáo 图 혼동하다, 헷갈리다　**误认** wùrèn 图 오인하다, 잘못 보다　**目前** mùqián 몡 현재, 지금
进一步 jìn yí bù 빈 추가로, 한 걸음 나아가　**审理** shěnlǐ 图 심리하다, 심사하여 처리하다

---

8 중

A 要详细说明身体的状态	A 몸의 상태를 상세하게 설명해야 한다
B 要把病历写得简单清晰	B 병력을 간단하고 분명하게 써야 한다
C 应增加医生与患者的沟通	C 의사와 환자의 소통을 늘려야 한다
D 应避免用具体数字描述病情	D 구체적인 숫자로 병세를 묘사하는 것을 피해야 한다

| 患者在和医生陈述病情时，需要遵循以下三个原则：第一，学会区分陈述事实和自我判断；第二，详细准确地描述身体不舒服的感受和症状发生的时间；第三，尽量使用具体数字描述病情。如果患者能做到这三点，就可以大大提高和医生的沟通效率。 | 환자가 의사에게 병세를 설명할 때, 아래 3가지 원칙을 따라야 한다. 첫 번째, 사실과 스스로의 판단을 구분하여 설명하는 것을 배워야 한다. 두 번째, 상세하고 정확하게 몸이 불편한 느낌과 증상이 발생한 시간을 묘사해야 한다. 세 번째, 가급적 구체적인 숫자로 병세를 묘사해야 한다. 만약 환자가 이 세 가지를 할 수 있다면, 의사와의 소통 효율을 크게 높일 수 있을 것이다. |

해설 보기에 要(~해야 한다), 应(~해야 한다)과 같은 어휘가 나오므로 의견 주장 단문이 나올 것을 예측한다. 음성에서 详细准确地描述身体不舒服的感受和症状发生的时间이라고 했다. 따라서 보기 A 要详细说明身体的状态가 정답이다. 음성에서 如果患者能做到这三点, 就可以大大提高和医生的沟通效率。를 듣고 보기 C 应增加医生与患者的沟通을 정답으로 선택하지 않도록 주의한다.

어휘 보기 **状态** zhuàngtài 몡 상태　**病历** bìnglì 몡 병력　**清晰** qīngxī 휑 분명하다, 뚜렷하다　**患者** huànzhě 몡 환자
沟通 gōutōng 图 소통하다, 교류하다　**避免** bìmiǎn 图 피하다, 모면하다　**具体** jùtǐ 휑 구체적이다　**描述** miáoshù 图 묘사하다
病情 bìngqíng 몡 병세

단문 **陈述** chénshù 图 설명하다, 진술하다　**遵循** zūnxún 图 따르다　**区分** qūfēn 图 구분하다, 구별하다　**事实** shìshí 몡 사실
症状 zhèngzhuàng 몡 증상　**尽量** jǐnliàng 빈 가급적, 되도록　**效率** xiàolǜ 몡 효율, 능률

---

9 하

A 奉节脐橙需求量不大	A 펑제 오렌지의 수요량은 많지 않다
B 奉节脐橙的营养价值高	B 펑제 오렌지의 영양 가치는 높다
C 奉节脐橙有几百年的历史	C 펑제 오렌지는 몇 백년의 역사가 있다
D 奉节脐橙将实现无人化种植	D 펑제 오렌지는 무인화 재배를 실현할 것이다

| 拥有千年历史的奉节脐橙即将全面实现无人化种植。果农利用纯天然的标准化种植方式，再加以人工干预，将脐橙的大小、甜度都控制在一定范围内。这样做不但可以将果农的效益最大化，还可以满足消费者和市场的深度需求。 | 천 년의 역사를 가진 펑제 오렌지가 머지않아 무인화 재배를 전면적으로 실현할 것이다. 과수 농가는 유기농의 표준화 재배 방식을 이용하고 인위적인 개입을 더하여 펑제 오렌지의 크기, 당도를 모두 일정한 범위 내에서 통제한다. 이렇게 하면 과수 농가의 효익을 최대화할 수 있을 뿐만 아니라, 게다가 소비자와 시장의 높은 수요를 만족시킬 수 있다. |

해설 보기에 奉节脐橙(펑제 오렌지)이 반복적으로 나오므로 奉节脐橙과 관련된 설명문 단문이 나올 것을 예측한다. 음성에서 奉节脐橙即将全面实现无人化种植이라고 했다. 따라서 보기 D 奉节脐橙将实现无人化种植이 정답이다.

어휘 보기 **奉节脐橙** 고유 Fèngjié Qíchéng 펑제 오렌지[충칭 펑제 현에서 생산되는 오렌지]　**需求** xūqiú 몡 수요, 필요　**营养** yíngyǎng 몡 영양
价值 jiàzhí 몡 가치　**实现** shíxiàn 图 실현하다, 달성하다　**无人化** wúrénhuà 무인화　**种植** zhòngzhí 图 재배하다, 종식하다

단문 **拥有** yōngyǒu 图 가지다, 보유하다　**即将** jíjiāng 빈 머지않아, 곧　**全面** quánmiàn 휑 전면적이다, 전반적이다 몡 전체
果农 guǒnóng 몡 과수 농가　**利用** lìyòng 图 이용하다　**纯天然** chúntiānrán 유기농의, 천연의
标准化 biāozhǔnhuà 图 표준화　**人工** réngōng 휑 인위적인, 인공의　**干预** gānyù 图 개입하다, 간섭하다　**甜度** tiándù 당도
控制 kòngzhì 图 통제하다, 조절하다　**范围** fànwéi 몡 범위　**效益** xiàoyì 효익[효과와 이익]
深度 shēndù 휑 (정도가) 높은, 많은 몡 심도

10 中	A 马可以协助警察工作 B 骑马是非常好的运动 C 这匹马已适应嘈杂环境 D 游客可在景区乘坐马车

A 马可以协助警察工作	A 말은 경찰 업무에 협조할 수 있다
B 骑马是非常好的运动	B 말을 타는 것은 매우 좋은 운동이다
C 这匹马已适应嘈杂环境	C 이 말은 이미 시끌벅적한 환경에 적응했다
D 游客可在景区乘坐马车	D 여행객은 관광지에서 마차를 탈 수 있다
英国首匹导盲马日前跟随工作人员进入地铁, 为正式上岗做实地操练。在先前的训练中, 这匹导盲马到过餐馆、车站、商店等处, 已逐渐适应了嘈杂的环境。此外, 它还学会了等红灯及按人行横道指示灯的按钮等等。	영국 최초의 맹인 안내마가 며칠 전 직원을 따라 지하철로 들어가서 정식으로 업무를 맡기 위한 실전 훈련을 했다. 앞선 훈련에서 이 맹인 안내마는 식당, 역, 상점 등을 지나며 이미 시끌벅적한 환경에 점차 적응했다. 이 외에도 말은 빨간 불 기다리기 및 횡단보도 지시등의 버튼 누르기 등도 배웠다.

해설 보기에 马(말), 这匹马(이 말)와 같이 비슷한 어휘가 나오므로 특정 마에 대한 정보 전달 단문이 나올 것을 예측한다. 음성에서 在先前的训练中, 这匹导盲马……已逐渐适应了嘈杂的环境이라고 했다. 따라서 보기 C 这匹马已适应嘈杂环境이 정답이다.

어휘 보기 协助 xiézhù 图 협조하다, 거들어 주다, 보조하다　匹 pǐ 图 필[말·비단 등을 세는 단위]　嘈杂 cáozá 图 시끌벅적하다, 떠들썩하다
景区 jǐngqū 图 관광지　乘 chéng 图 (교통 수단·가축 등에) 타다, 오르다

단문 导盲马 dǎomángmǎ 맹인 안내마　日前 rìqián 图 며칠 전, 일전　跟随 gēnsuí 图 따라가다, 뒤따르다
工作人员 gōngzuò rényuán 图 직원, 업무자　上岗 shànggǎng 图 업무를 맡다　操练 cāoliàn 图 훈련하다, 갈고 닦다
先前 xiānqián 图 앞선, 이전　训练 xùnliàn 图 훈련하다　逐渐 zhújiàn 图 점차, 점점　此外 cǐwài 图 이 외에, 이 밖에
学会 xuéhuì 图 배우다, 습득하다　人行横道 rénxíng héngdào 图 횡단보도　指示灯 zhǐshìdēng 图 (교통) 지시등, 조명등
按钮 ànniǔ 图 버튼, 스위치

11 中	A 汽车租赁很受欢迎 B 汽车的维修费用过高 C 共享汽车加大了交通压力 D 共享汽车的管理存在漏洞

A 汽车租赁很受欢迎	A 자동차 렌트는 매우 인기있다
B 汽车的维修费用过高	B 자동차의 수리 비용은 지나치게 높다
C 共享汽车加大了交通压力	C 공유 자동차는 교통 체증을 증가시켰다
D 共享汽车的管理存在漏洞	D 공유 자동차의 관리에는 취약점이 존재한다
共享汽车为居民出行提供了便利, 然而最近部分城市在共享汽车的管理上出现了不少问题: 车辆顶部落满了树叶和灰尘, 有的车四个轮胎都没气了, 有的车门居然能轻易打开, 这些现象存在很大的安全隐患。	공유 자동차는 외출하여 멀리 가는 거주민을 위해 편리함을 제공했지만, 최근 어떤 도시에서는 공유 자동차 관리에 적지 않은 문제가 나타났다. 차 상단에 나뭇잎과 먼지가 가득 떨어져 있고, 어떤 사동차의 타이어 4개는 모두 펑크가 났으며, 어떤 자동차의 문은 뜻밖에도 마음대로 열 수 있는 등의 이러한 현상은 큰 안전 취약점이 존재한다.

해설 보기에 汽车(자동차), 共享汽车(공유 자동차)가 반복적으로 나오므로 汽车와 관련된 설명문 단문이 나올 것을 예측한다. 음성에서 在共享汽车的管理上出现了不少问题……这些现象存在很大的安全隐患이라고 했다. 따라서 보기 D 共享汽车的管理存在漏洞이 정답이다.

어휘 보기 租赁 zūlìn 图 렌트하다, 빌리다　维修 wéixiū 图 수리하다, 수선하다　费用 fèiyòng 图 비용
共享汽车 gòngxiǎng qìchē 공유 자동차　加大 jiādà 图 증가하다, 확대하다　存在 cúnzài 图 존재하다 图 존재
漏洞 lòudòng 图 취약점, 빈틈

단문 居民 jūmín 图 거주민, 주민　出行 chūxíng 图 외출하여 멀리 가다　便利 biànlì 图 편리하다 图 편리하게 하다
顶部 dǐngbù 图 상단, 윗부분　落 luò 图 떨어지다, 하락하다　灰尘 huīchén 图 먼지　轮胎 lúntāi 图 타이어
居然 jūrán 图 뜻밖에, 의외로　轻易 qīngyì 图 마음대로, 함부로　隐患 yǐnhuàn 图 취약점, 잠복해 있는 병

12 中	A 红色让人变得冲动 B 红色可以治疗忧郁 C 红色标记更为明显 D 红色区域禁止停车

A 红色让人变得冲动	A 빨간색은 사람을 충동적으로 변하게 한다
B 红色可以治疗忧郁	B 빨간색은 우울함을 치료할 수 있다
C 红色标记更为明显	C 빨간색으로 표기하는 것이 더욱 뚜렷하다
D 红色区域禁止停车	D 빨간색 구역은 주차를 금지한다

心理学研究发现，当人身处红色区域的时候会感到兴奋，同时血压升高，脉搏加快，这时人们容易产生冲动，做出一些违反规则的举动。因此，有些城市把马路中间的行人等候区涂成鲜红色的做法并不明智。

심리학 연구는 사람이 빨간색 구역에 있을 때 흥분을 느끼는 동시에 혈압이 높아지고, 맥박이 빨라지는데, 이때 사람들은 쉽게 충동을 느껴서 규칙을 어기는 행동을 한다는 것을 발견했다. 따라서 어떤 도시들이 도로 중간의 행인 대기 구역을 선명한 빨간색으로 칠하는 것은 결코 현명하지 못하다.

해설 보기에 红色(빨간색)가 반복적으로 나오고, 冲动(충동), 忧郁(우울하다)와 같이 비슷한 주제의 어휘가 나오므로 红色에 대한 정보 전달 단문이 나올 것을 예측한다. 음성에서 当人身处红色区域的时候……这时人们容易产生冲动이라고 했다. 따라서 보기 A 红色让人变得冲动이 정답이다.

어휘 보기 冲动 chōngdòng 톙 충동 톙 충동적이다　治疗 zhìliáo 동 치료하다　忧郁 yōuyù 톙 우울하다　标记 biāojì 동 표기하다 톙 표기
明显 míngxiǎn 톙 뚜렷하다, 분명하다　区域 qūyù 톙 구역, 지역

단문 心理学 xīnlǐxué 톙 심리학　血压 xuèyā 톙 혈압　升 shēng 동 (등급 따위를) 높이다, 인상하다　脉搏 màibó 톙 맥박
加快 jiākuài 동 빨라지다, 가속하다　产生 chǎnshēng 동 생기다, 나타나다　违反 wéifǎn 동 어기다, 위반하다
规则 guīzé 톙 규칙, 규율　举动 jǔdòng 톙 행동, 동작　马路 mǎlù 톙 도로, 큰길　等候 děnghòu 동 대기하다, 기다리다
明智 míngzhì 톙 현명하다, 총명하다

13
중상

A 小盗龙属于鸟类	A 미크로랍토르는 조류에 속한다
B 小盗龙飞得很远	B 미크로랍토르는 멀리 날아갈 수 있다
C 小盗龙有两双翅膀	C 미크로랍토르는 날개 두 쌍이 있다
D 小盗龙身长至少一米	D 미크로랍토르의 몸 길이는 최소 1미터이다

目前中国已经挖掘出了三种小盗龙的化石。小盗龙生活在一亿多年前，体长不足一米，是世界上最小的非鸟恐龙之一。小盗龙的四肢都有与鸟类一样的片状羽毛。当两对翅膀同时展开时，它们便能够在短距离内进行滑翔式飞行。

현재 중국에서 이미 세 종류의 미크로랍토르 화석이 발굴되었다. 미크로랍토르는 1억여 년 전에 살았으며, 신장이 1미터도 안 되는 세계에서 가장 작은 비조류 공룡 중 하나이다. 미크로랍토르의 사지는 모두 조류와 같은 조각형 깃털을 가지고 있다. 날개 두 쌍을 동시에 펼쳤을 때, 그들은 바로 단거리 내에서 활공하는 방식의 비행을 할 수 있다.

해설 보기에 小盗龙(미크로랍토르)이 반복적으로 나오므로 小盗龙과 관련된 설명문 단문이 나올 것을 예측한다. 음성에서 小盗龙的四肢都有与鸟类一样的片状羽毛。当两对翅膀同时展开时이라고 했다. 따라서 보기 C 小盗龙有两双翅膀이 정답이다.

어휘 보기 小盗龙 Xiǎodàolóng 고유 미크로랍토르[중생대 백악기 전기에 중국에서 서식한 공룡]　属于 shǔyú 동 ~에 속하다
翅膀 chìbǎng 톙 날개

단문 目前 mùqián 톙 현재, 지금　挖掘 wājué 동 발굴하다, 파내다　化石 huàshí 톙 화석　亿 yì 쥐 억　体长 tǐcháng 톙 신장
不足 bùzú 동 (어떤 수에) 안 되다, 모자라다　非 fēi 동 ~(이)가 아니다 甼 반드시　四肢 sìzhī 톙 사지, 팔다리
片状 piànzhuàng 톙 조각형　羽毛 yǔmáo 톙 깃털　展开 zhǎnkāi 동 펼치다, 전개하다　滑翔 huáxiáng 동 활공하다

14
중상

A 景区检查了高空设备	A 관광지는 고공 설비를 검사했다
B 游客数量应合理控制	B 여행객 수는 합리적으로 통제해야 한다
C 弹性票价越来越流行	C 탄력 요금은 점점 유행할 것이다
D 节后景区将全面封闭	D 연휴 후 관광지는 전면적으로 폐쇄될 것이다

"五一"小长假临近，为迎接旅游高峰，湖南省张家界景区对高空索道、观光电梯等设备进行了全面的安全检查和维护。景区的负责人表示，他们将进一步强化各类应急保障措施，确保旅游接待工作安全、有秩序地进行。

'노동절' 짧은 휴일이 다가오자, 여행 피크를 맞이하기 위해 후난성 장자제 관광지는 고공 삭도, 관광 엘리베이터 등 설비에 대해 전면적인 안전 검사와 유지 보수를 진행했다. 관광지의 책임자는 한 걸음 더 나아가 각 유형별 응급 보장 조치를 강화하여 여행 응대 업무의 안전과 질서 있는 진행을 확보할 것이라고 밝혔다.

해설 보기에 景区(관광지), 游客(여행객)와 같이 비슷한 주제의 어휘가 나오므로 관광지에 대한 정보 전달 단문이 나올 것을 예측한다. 음성에서 湖南省张家界景区对高空索道、观光电梯等设备进行了全面的安全检查和维护라고 했다. 따라서 보기 A 景区检查了高空设备가 정답이다.

어휘 보기 景区 jǐngqū 톙 관광지　高空 gāokōng 톙 고공　设备 shèbèi 톙 설비, 시설　游客 yóukè 톙 여행객　合理 hélǐ 톙 합리적이다
控制 kòngzhì 동 통제하다, 조절하다　弹性 tánxìng 톙 탄력성, 유연성　封闭 fēngbì 동 폐쇄하다, 밀봉하다

단문 五一 wǔyī 몡 노동절[5.1 국제노동절의 줄임말]   小长假 xiǎochángjià 몡 짧은 휴일[이틀 연휴와 이어진 3일짜리 법정 휴일]
临近 línjìn 툉 다가가다, 근접하다   迎接 yíngjiē 툉 맞이하다, 영접하다   高峰 gāofēng 몡 피크, 절정
湖南省 Húnán Shěng 고유 후난성[중국의 지명]   张家界 Zhāngjiājiè 고유 장자제, 장가계[중국 후난성 사북부에 위치한 관광지]
索道 suǒdào 몡 삭도[공중에 로프를 가설하고 여기에 운반 기구(차량)를 걸어 동력 또는 운반 기구의 자체 무게를 이용하여 운전하는 것]
观光 guānguāng 툉 관광하다, 참관하다   全面 quánmiàn 휑 전면적이다, 전반적이다 몡 전체
安全检查 ānquán jiǎnchá 안전 검사   维护 wéihù 툉 유지 보수하다, 지키다   负责人 fùzérén 몡 책임자
进一步 jìn yí bù 한 걸음 더 나아가   强化 qiánghuà 툉 강화하다   应急 yìngjí 응급 조처하다, 임시 변통하다
保障 bǎozhàng 툉 (생명·재산·권리 등을) 보장하다, 보증하다 몡 보장, 보증   措施 cuòshī 몡 조치, 대책
确保 quèbǎo 툉 확보하다, 확실히 보장하다   接待 jiēdài 툉 응대하다, 접대하다   秩序 zhìxù 몡 질서

15 중상	A 太空飞行让人感到很兴奋 B 大多数宇航员情绪变化大 C 宇航员的免疫力比一般人强 D 宇航员回地球后会有不适症状	A 우주 비행은 사람을 흥분하게 한다 B 대다수의 우주 비행사들은 감정 변화가 크다 C 우주 비행사의 면역력은 일반 사람보다 강하다 D 우주 비행사는 지구에 돌아온 이후 불편한 증상이 있을 수 있다
	大多数宇航员从太空回到地球之后, 身体会出现各种异常现象, 比如过敏、头晕、恶心、易感到疲惫等等。这是因为他们的身体免疫力下降了, 所以重新回到地球后, 在重力环境下产生了各种不良的生理及情绪反应。	대다수의 우주 비행사는 우주에서 지구로 돌아온 후 몸에 각종 이상 현상이 나타나는데, 예를 들어 알레르기 반응, 어지러움, 구역질, 쉽게 피로를 느끼는 것 등이다. 이것은 그들의 신체 면역력이 떨어졌기 때문에 다시 지구로 돌아온 후 중력 환경에서 각종 나쁜 생리적 및 정서적 반응이 생긴 것이다.

해설 보기에 宇航员(우주 비행사)이 반복적으로 나오므로 宇航员과 관련된 설명문이 나올 것을 예측한다. 음성에서 大多数宇航员从太空回到地球之后, 身体会出现各种异常现象, 比如过敏、头晕、恶心、易感到疲惫等等。이라고 했다. 따라서 보기 D 宇航员回地球后会有不适症状이 정답이다.

어휘 보기 太空 tàikōng 몡 우주   飞行 fēixíng 툉 비행   宇航员 yǔhángyuán 몡 우주 비행사   情绪 qíngxù 몡 감정
免疫力 miǎnyìlì 몡 면역력   不适 búshì 휑 (몸이) 불편하다   症状 zhèngzhuàng 몡 증상

단문 大多数 dàduōshù 몡 대다수   异常 yìcháng 휑 이상하다   过敏 guòmǐn 툉 알레르기 반응을 보이다   头晕 tóuyūn 몡 어지러움
恶心 ěxin 툉 구역질 나다, 속이 메스껍다   疲惫 píbèi 휑 (대단히) 피곤하다   下降 xiàjiàng 툉 떨어지나, 낮아지다
重力 zhònglì 몡 중력   产生 chǎnshēng 툉 생기다, 나타나다   生理 shēnglǐ 몡 생리, 생리학   反应 fǎnyìng 몡 반응

16-20

第16到20题是根据下面一段采访:
女: 今天的嘉宾是自如的CEO熊林, 欢迎您!
男: 大家好! 很荣幸有这个机会跟大家交流。
女: 当初您在链家集团已经做到副总经理了, 为什么会放弃熟悉的环境去创建自如?
男: 在物质生活日益丰富的情况下, 人们追求的是有品质的生活, 而生活品质的好坏与"住"息息相关, 每个人的日常都离不开"住"。16通过数据库, 我们清晰地看到了当时庞大的租房需求。为了给大家提供一种更好的居住服务, 我们成立了自如。
女: 17创业之初, 自如面临的最大挑战是什么?
男: 核心挑战有以下几点: 首先, 我们创造的是全世界独一无二的商业模式, 所以17找不到可以作为参照的例子, 只能自力更生, 不断摸索。其次, 这种模式给我们的管理和服务带来了巨大的压力。
女: 自如跟一般的房屋租赁公司有什么区别?
男: 18和一般的房屋租赁公司不同的是, 自如提供的不仅是租赁业务, 18还包括一些附加服务。比如说, 我们会装修房子, 还会搭配家具和电器。因此, 相对于单

16-20번 문제는 다음 인터뷰에 근거한다.

여: 오늘의 손님은 쯔루의 CEO 슝린입니다, 환영합니다!

남: 안녕하세요! 이렇게 여러분과 교류하는 기회를 얻게 되어 영광입니다.

여: 당시에 당신은 롄쟈 그룹에서 이미 부사장을 하고 있었는데, 왜 익숙한 환경을 포기하고 쯔루를 창립하게 되었나요?

남: 물질 생활이 날로 풍족해지는 상황에서 사람들이 추구하는 것은 품질 있는 생활인데요, 게다가 생활 품질의 좋고 나쁨은 '주'와 밀접하게 관련되어 있어서, 모든 사람의 일상은 '주'로부터 벗어날 수 없습니다. 16데이터 베이스를 통해 우리는 당시의 매우 큰 임대 수요를 분명하게 보았습니다. 여러분께 더욱 좋은 주거 서비스를 제공하기 위해 저희는 쯔루를 설립하였습니다.

여: 17창업 초기 쯔루가 직면한 가장 큰 도전은 무엇이었습니까?

남: 핵심 도전은 다음의 몇 가지였습니다. 먼저 우리가 창조한 것은 전 세계에서 유일무이한 상업 모델이어서 17참고로 삼을 수 있는 사례를 찾을 수 없었기에, 어쩔 수 없이 자력갱생하고 끊임없이 모색했습니다. 그 다음으로 이러한 모델은 우리의 관리와 서비스에 막대한 부담을 안겨 주었습니다.

여: 쯔루는 일반적인 부동산 임대 회사와 어떤 차이가 있습니까?

남: 18일반 부동산 임대 회사와 다른 점은, 쯔루는 임대 업무를 제공할 뿐만 아니라 18몇몇 부가 서비스도 포함하고 있다는 것입니다. 우리는

纯的房屋租赁业务，我们这种模式的投资周期是比较长的。

女: 自如未来的发展方向是什么？您可以透露一下吗？

男: ¹⁹未来，自如会赋予每一套房子"生命"，率先让中国人拥有配备智能操作系统的家，比如门锁、窗户、空调都可以通过APP控制。还有一个家务机器人为你服务，为住户规划生活，甚至给孩子讲故事。

女: 您对这个行业的发展有什么期待？

男: ²⁰我希望这个行业能够提升服务水平的同时，有效解决管理系统出现的问题，而自如作为行业的领头企业，更是要起到表率作用，带领全行业健康、有序地向前发展。

집을 인테리어할 수 있고, 가구와 가전제품도 맞출 수 있는 것이 그 예입니다. 그러므로 상대적으로 단순한 부동산 임대 업무에 비하면 우리의 이러한 모델의 투자 주기는 비교적 긴 편입니다.

여: 쯔루의 미래 발전 방향은 무엇입니까? 귀띔 좀 해주실 수 있나요?

남: ¹⁹앞으로 쯔루는 각 집에 '생명'을 부여하여, 앞장서서 중국인들이 스마트 운영 체제를 제공하는 집을 갖게 할 것인데, 예를 들면 도어락, 창문, 에어컨은 모두 APP을 통해서 제어할 수 있을 것입니다. 또 가사 도우미 로봇이 당신을 위해 서비스를 하고, 거주자를 위해 생활을 계획하며, 심지어 아이에게 이야기를 들려줄 것입니다.

여: 당신은 이 업계의 발전에 어떤 기대를 하고 있습니까?

남: ²⁰저는 이 업계가 서비스 수준을 끌어올릴 수 있는 동시에 관리 시스템에서 나타난 문제를 효과적으로 해결할 수 있기를 바라는데요, 쯔루는 업계의 선두 기업으로서 더욱 모범적인 역할을 하여, 전 업계를 건강하고 질서 있게 앞을 향해 발전하도록 이끌 것입니다.

어휘 嘉宾 jiābīn 몡 손님, 귀빈 自如 Zìrú 교유 쯔루[중국 셰어 하우스 브랜드] 熊林 Xióng Lín 교유 슝린[중국 셰어 하우스 브랜드 '쯔루'의 대표]
荣幸 róngxìng 톙 영광스럽다 当初 dāngchū 몡 당시, 당초 链家集团 Liànjiā Jítuán 교유 롄쟈 그룹[중국 부동산 그룹]
副 fù 몡 부, 보조의 总经理 zǒngjīnglǐ 몡 사장 创建 chuàngjiàn 됭 창립하다 物质 wùzhì 몡 물질 日益 rìyì 児 날로, 나날이 더욱
追求 zhuīqiú 됭 추구하다 品质 pǐnzhì 몡 품질, 인품 息息相关 xīxīxiāngguān 졍 밀접하게 관련되어 있다
数据库 shùjùkù 몡 데이터베이스 清晰 qīngxī 톙 분명하다, 뚜렷하다 庞大 pángdà 톙 매우 크다, 방대하다
租房 zūfáng 됭 임대하다, 집을 세내다 需求 xūqiú 몡 수요, 필요 居住 jūzhù 됭 주거하다, 거주하다
成立 chénglì 됭 (조직·기구를) 설립하다, 결성하다 创业 chuàngyè 됭 창업하다 面临 miànlín 됭 직면하다, 당면하다
挑战 tiǎozhàn 됭 도전하다 核心 héxīn 몡 핵심 创造 chuàngzào 됭 창조하다, 발명하다 独一无二 dúyīwú'èr 졍 유일무이하다
商业 shāngyè 몡 상업 模式 móshì 몡 모델, (표준) 양식 作为 zuòwéi 됭 ~으로 삼다, ~으로 여기다
参照 cānzhào 됭 (방법·경험 등을) 참고하다, 참조하다 例子 lìzi 몡 사례, 예 自力更生 zìlìgēngshēng 졍 자력갱생하다
不断 búduàn 児 끊임없이, 부단히 児 끊임없다 摸索 mōsuǒ 됭 (방법·경험 따위를) 모색하다, 찾다 巨大 jùdà 톙 막대하다, 거대하다
租赁 zūlìn 됭 임대하다, 임차하다 业务 yèwù 몡 업무 附加 fùjiā 됭 부가하다 装修 zhuāngxiū 됭 (가옥을) 인테리어 하다, 장식하고 꾸미다
搭配 dāpèi 됭 맞추다, 조합하다 电器 diànqì 몡 가전제품 相对 xiāngduì 톙 비교적이다, 상대적이다 됭 (서로) 반대되다, 대립되다
单纯 dānchún 톙 단순하다 投资 tóuzī 됭 투자하다 周期 zhōuqī 몡 주기 未来 wèilái 몡 미래의, 앞으로의 몡 미래
透露 tòulù 됭 귀띔하다, 밝히다 赋予 fùyǔ 됭 (중대한 임무나 사명 등을) 부여하다, 주다 套 tào 얭 채, 세트
率先 shuàixiān 児 앞장서서, 먼저 拥有 yōngyǒu 됭 가지다, 지니다 配备 pèibèi 됭 제공하다, 배치하다
智能 zhìnéng 톙 스마트한, 지능이 있는 操作系统 cāozuò xìtǒng 몡 운영 체제, 운영 시스템 门锁 ménsuǒ 도어락
控制 kòngzhì 됭 제어하다, 통제하다 家务机器人 jiāwù jīqìrén 가사 도우미 로봇 住户 zhùhù 몡 거주자 规划 guīhuà 됭 계획하다
行业 hángyè 몡 업계, 업무 분야 期待 qīdài 됭 기대하다 提升 tíshēng 됭 (등급 따위를) 끌어올리다, 향상시키다
领头 lǐngtóu 됭 선두에 서다, 앞장서다 表率 biǎoshuài 몡 모범, 본보기 带领 dàilǐng 됭 이끌다, 인솔하다

16-20번 보기의 租房(임대하다), 租赁服务(임대 서비스), 居住产品(거주 상품), 房屋装修(집 인테리어), 行业(업계)를 통해 인터뷰 대상이 부동산과 관련된 사업가임을 예측할 수 있다. 따라서 사업가 인터뷰가 나올 것을 대비해서 듣는다. 특히, 남자가 인터뷰 대상이므로 남자의 말을 주의 깊게 듣는다.

16
중상

A 对原来的岗位感到厌倦	A 원래 직무에 싫증이 난다
B 希望能拓展自己的视野	B 자신의 시야를 확장할 수 있기를 원한다
C 了解到租房的市场需求	C 임대의 시장 수요를 알게 되다
D 一直对建筑非常感兴趣	D 줄곧 건축물에 관심이 아주 많다
问 : 男的为什么会创建新企业？	질문 : 남자는 왜 새로운 기업을 창립했는가？

해설 남자의 말에서 언급된 通过数据库，我们清晰地看到了当时庞大的租房需求。为了给大家提供一种更好的居住服务，我们成立了自如。를 듣고, 보기 C 了解到租房的市场需求에 체크해 둔다. 질문이 남자는 왜 새로운 기업을 창립했는지를 물었으므로, 보기 C가 정답이다.

어휘 岗位 gǎngwèi 몡 직무, 직위 厌倦 yànjuàn 됭 싫증나다, 물리다 拓展 tuòzhǎn 됭 확장하다 视野 shìyě 몡 시야
租房 zūfáng 됭 임대하다 市场 shìchǎng 몡 시장 需求 xūqiú 몡 수요, 필요 建筑 jiànzhù 몡 건축물
创建 chuàngjiàn 됭 창립하다 企业 qǐyè 몡 기업

17			
중	A 资金缺口大	A 자금 부족분이 크다	
	B 缺乏参照物	B 참고 대상이 부족하다	
	C 客户数量很少	C 고객 수가 적다	
	D 找不到发展方向	D 발전 방향을 찾을 수 없다	
	问 : 刚开始创业时, 自如面临的最大挑战是什么?	질문 : 처음 창업했을 때, 쯔루가 직면한 가장 큰 도전은 무엇인가?	

해설 여자의 말에서 언급된 创业之初, 自如面临的最大挑战是什么?와 남자의 말에서 언급된 找不到可以作为参照的例子, 只能自力更生, 不断摸索를 듣고, 보기 B 缺乏参照物에 체크해 둔다. 질문이 처음 창업했을 때 쯔루가 직면한 가장 큰 도전은 무엇인지를 물었으므로, 보기 B가 정답이다.

어휘 资金 zījīn 몡 자금　缺口 quēkǒu 몡 (경비나 물자 등의) 부족분　缺乏 quēfá 통 부족하다　参照物 cānzhàowù 몡 참고 대상, 참조물
客户 kèhù 몡 고객, 거래처　创业 chuàngyè 통 창업하다　自如 고유 Zìrú 쯔루[중국 셰어 하우스 브랜드]　挑战 tiǎozhàn 통 도전하다

18			
중	A 提供租赁服务	A 임대 서비스를 제공한다	
	B 提供居住产品	B 거주 상품을 제공한다	
	C 进行风险投资	C 벤처 투자를 진행한다	
	D 进行房屋装修	D 집 인테리어를 진행한다	
	问 : 男的认为, 自如的不同之处在哪儿?	질문 : 남자는 쯔루의 다른 점은 어디에 있다고 생각하는가?	

해설 남자의 말에서 언급된 和一般的房屋租赁公司不同的是, 自如……还包括一些附加服务。比如说, 我们会装修房子, 还会搭配家具和电器。를 듣고, 보기 D 进行房屋装修에 체크해 둔다. 질문이 남자는 쯔루의 다른 점은 어디에 있다고 생각하는지를 물었으므로, 보기 D가 정답이다. 참고로, 남자의 말에서 언급된 自如提供的不仅是租赁业务를 듣고 보기 A를 정답으로 선택하지 않도록 주의한다.

어휘 租赁 zūlìn 통 임대하다, 임차하다　居住 jūzhù 통 거주하다　产品 chǎnpǐn 몡 상품, 제품　风险投资 fēngxiǎn tóuzī 벤처 투자
装修 zhuāngxiū 통 (가옥을) 인테리어 하다, 장식하고 꾸미다　自如 Zìrú 고유 쯔루[중국 셰어 하우스 브랜드]

19			
하	A 智能操作系统	A 스마트 운영 체제	
	B 社区配套设施	B 단지 부대시설	
	C 一流的用户服务	C 일류의 사용자 서비스	
	D 独特的个性色彩	D 독특한 개성 분위기	
	问 : 根据对话, 男的所说的房子的 "生命" 指的是什么?	질문 : 대화에 근거하여, 남자가 말하는 집의 '생명'은 무엇을 가리키는가?	

해설 남자의 말에서 언급된 未来, 自如会赋予每一套房子 "生命", 率先让中国人拥有配备智能操作系统的家를 듣고, 보기 A 智能操作系统에 체크해 둔다. 질문이 대화에 근거하여 남자가 말하는 집의 '생명'은 무엇을 가리키는지를 물었으므로, 보기 A가 정답이다.

어휘 智能 zhìnéng 톙 스마트한, 지능이 있는　操作系统 cāozuò xìtǒng 몡 운영 체제, 운영 시스템
社区 shèqū 몡 (아파트 등의) 단지, 지역 사회　配套设施 pèitào shèshī 부대시설　一流 yīliú 톙 일류의, 일등의
用户 yònghù 몡 사용자, 가입자　独特 dútè 톙 독특하다　个性 gèxìng 몡 개성　色彩 sècǎi 몡 (사물의) 분위기, 색채

20			
중상	A 加快发展步伐	A 발전 속도를 올린다	
	B 制定行业规范	B 업계 규범을 세운다	
	C 变竞争为合作	C 경쟁을 협력으로 바꾼다	
	D 完善管理系统	D 관리 시스템을 완벽하게 한다	
	问 : 男的对行业发展有什么期待?	질문 : 남자는 업계의 발전에 어떤 기대가 있는가?	

해설 남자의 말에서 언급된 我希望这个行业能够提升服务水平的同时, 有效解决管理系统出现的问题를 듣고, 보기 D 完善管理系统에 체크해 둔다. 질문이 남자는 업계의 발전에 어떤 기대가 있는지를 물었으므로, 보기 D가 정답이다.

어휘 加快 jiākuài 통 (속도를) 올리다　步伐 bùfá 몡 (일이 진행되는) 속도, 발걸음　制定 zhìdìng 통 세우다, 제정하다
行业 hángyè 몡 업계, 업무 분야　规范 guīfàn 몡 규범, 표준　合作 hézuò 통 협력하다　完善 wánshàn 통 완벽하게 하다
期待 qīdài 통 기대하다, 바라다

第21到25题是根据下面一段采访：

男：画家九儿最近推出了两部新的绘本作品，欢迎她来到我们的节目中。九儿，你之前一直在做雕塑设计，是什么样的机遇使你投身到绘本创作中来的？

女：改行画绘本是因为我的妈妈。我出生在东北一个贫困地区，小时候家境不富裕，日子过得比较艰苦，但我的妈妈是一个非常坚强的人，她并没有因为条件不好而放弃了对子女的教育。在她的支持下，我们兄妹几人都有了不错的发展。经济状况好转后，全家人一起搬到了城市。第一次离开农村，²¹妈妈很不适应，总是怀念在农村的时光。为了让妈妈过得舒心，我想了很多办法，最后用兔子的形象画了很多农村生活的场景给她看。这一招果然奏效了。后来出版社无意中看到这些绘本，就建议我来画绘本，这就成为了我改行的重要契机。

男：²⁵你独立完成过一整部绘本作品，²²这次的两本新书为什么会选择跟作家合作呢？

女：我认为画家能做到的事情是有限的，不是所有的画家都能写出新奇的，令人震撼的故事。和他们相比，作家擅长用文字表达思想，而且具备更优秀的创作能力。²²作家可以用有力量、有深度的故事激发画家的创作灵感。

男：这种合作方式会让画家感觉到受局限吗？

女：能创作出两个人都满意的作品需要默契，而这种默契通常来自思维方式和审美水平的一致。如果不存在较大的意见分歧，作家和画家就不会经历太多争论，创作时自然不会受到局限。²³如果分歧过于严重，就一定会因为缺乏默契而受到局限。

男：这两本新书都有鲜明的少数民族特色，你有没有专门去采风？有没有印象比较深的事可以跟读者分享？

女：因为是少数民族题材，所以画面和内容都要遵循当地的文化传统和生活细节。²⁴我在动笔之前进行了各种准备工作，包括采风和阅读各种书籍。印象最深的就是在北方森林中与鄂温克人同吃同住的日子，这段经历让我深刻地理解了他们为什么会对大自然有真挚的情感。

21-25번 문제는 다음 인터뷰에 근거한다.

남：화가 지우얼은 최근 두 편의 새로운 그림책 작품을 선보였는데요, 우리의 프로그램에 오신 것을 환영합니다. 지우얼, 당신은 이전에 계속 조소 디자인을 했었는데, 어떤 기회가 당신을 그림책 창작에 입문하게 했나요？

여：그림책을 그리는 것으로 전업하게 된 것은 저의 어머니 때문입니다. 저는 둥베이의 한 빈곤한 지역에서 태어났는데요, 어릴 적 집안 형편이 넉넉하지 못해 비교적 고달픈 날들을 보냈지만, 저의 어머니는 매우 강인하신 분으로, 그녀는 여건이 안 좋다고 해서 자녀들의 교육을 포기하지 않으셨어요. 그녀의 지원으로 우리 남매는 모두 괜찮은 발전을 이루었습니다. 경제 상황이 좋아지고 나서 온 가족이 함께 도시로 이사했지요. 처음으로 농촌을 떠나니 ²¹어머니는 적응하지 못하시고 항상 농촌에서의 생활을 그리워하셨죠. 어머니가 편안히 지내실 수 있도록 저는 다양한 방법을 생각해 보았고, 결국 토끼의 이미지를 사용해서 많은 농촌 생활의 장면을 그려 어머니께 보여 드렸습니다. 이 방법은 과연 효과가 있었어요. 나중에 출판사가 우연히 이 그림책들을 보고 저에게 그림책을 그려 달라고 제안했고, 이것이 바로 제가 전업하게 된 중요한 계기가 되었습니다.

남：²⁵당신은 전체 그림책을 독자적으로 완성한 적이 있는데, ²²이번 신간 두 권은 어째서 작가와 협업하는 것을 선택했나요？

여：저는 화가가 할 수 있는 일은 한계가 있고, 모든 화가가 신기하고 사람을 흥분시키는 이야기를 쓸 수 있는 것은 아니라고 생각합니다. 그들과 비교했을 때, 작가는 글로 생각을 표현하는 데 뛰어나고, 또 우수한 창작 능력을 갖추고 있죠. ²²작가는 힘이 있고 매우 깊이 있는 이야기로 화가의 창작 영감을 불러일으킬 수 있습니다.

남：이러한 협업 방식은 화가에게 제약을 받는다고 느끼게 하나요？

여：두 명이 모두 만족할 만한 작품을 창작할 수 있으려면 호흡이 잘 맞는 것이 필요한데, 이런 잘 맞는 호흡은 보통 사고 방식과 심미 수준이 일치하는 것에서 옵니다. 만약 비교적 큰 의견 불일치가 존재하지 않는다면, 작가와 화가는 많은 논쟁을 겪지 않게 되어서 창작할 때 자연스럽게 제약을 받지 않게 됩니다. ²³만약 불일치가 너무 심하다면, 반드시 호흡이 잘 맞는 것이 부족한 것으로 인해 제약을 받게 됩니다.

남：이 신간 두 권은 모두 뚜렷한 소수 민족 특색이 있는데, 당신은 특별히 민요를 수집하러 갔었나요？ 독자들과 함께 나눌 수 있는 비교적 인상 깊은 일이 있나요？

여：소수 민족 소재이기 때문에 그림 부분과 내용 모두 현지의 문화 전통과 생활의 세부적인 사항을 따라야 합니다. ²⁴저는 그림을 그리기 전에 민요 수집과 다양한 책 읽기를 포함한 각종 준비 작업을 했어요. 가장 인상 깊었던 것은 북방의 산림에서 어원커인들과 같이 먹고 같이 살았던 날인데, 이 경험은 그들이 왜 대자연에 진실한 감정이 있는지를 깊이 이해하게 해 주었어요.

어휘　**九儿** Jiǔ'ér 고유 지우얼[중국의 화가]　**推出** tuīchū 동 선보이다, 내놓다　**绘本** huìběn 명 그림책　**作品** zuòpǐn 명 작품
雕塑 diāosù 명 조소, 조각과 소조 동 조소(彫塑)하다　**设计** shèjì 명 디자인, 설계 동 설계하다, 디자인하다　**机遇** jīyù 명 (좋은) 기회, 찬스
投身 tóushēn 동 입문하다, 몸을 담다, 헌신하다　**创作** chuàngzuò 동 (문예 작품을) 창작하다 명 창작물, 문예 작품
改行 gǎiháng 동 전업하다, 원래의 직업을 바꾸다　**贫困** pínkùn 형 빈곤하다, 곤궁하다　**家境** jiājìng 명 집안 형편
富裕 fùyù 형 넉넉하다, 부유하다 동 넉넉하게 하다, 부유롭게 하다　**日子** rìzi 명 날, 날짜　**艰苦** jiānkǔ 형 고달프다, 고생스럽다
好转 hǎozhuǎn 동 좋아지다, 호전되다　**怀念** huáiniàn 동 그리워하다, 회상하다　**农村** nóngcūn 명 농촌　**时光** shíguāng 명 생활, 세월
兔子 tùzi 명 토끼　**形象** xíngxiàng 명 이미지, 형상　**场景** chǎngjǐng 명 장면　**一招** yìzhāo 명 방법
奏效 zòuxiào 동 효과가 있다, 효과가 나타나다　**出版社** chūbǎnshè 명 출판사　**契机** qìjī 명 계기　**独立** dúlì 동 독자적으로 하다, 독립하다
合作 hézuò 동 협업하다, 합작하다　**有限** yǒuxiàn 형 한계가 있는, 유한한　**新奇** xīnqí 형 신기하다　**震撼** zhènhàn 동 흥분시키다, 뒤흔들다
擅长 shàncháng 동 뛰어나다, 정통하다　**具备** jùbèi 동 갖추다　**力量** lìliàng 명 힘, 역량
深度 shēndù 형 (정도가) 매우 깊은, 내부 심한 명 심도, 깊이　**激发** jīfā 동 (감정을) 불러일으키다　**灵感** línggǎn 명 영감

局限 júxiàn [동] 제약하다, 국한하다 默契 mòqì [형] 호흡이 잘 맞다, 암묵적으로 뜻이 서로 맞다 [명] 묵약, 묵계
思维 sīwéi [명] 사고 [동] 사고하다, 숙고하다 审美 shěnměi [명] 심미 [동] (사물이나 예술품의 아름다움을) 이해하다
一致 yízhì [형] 일치하다 [부] 일제히, 함께 分歧 fēnqí [명] 불일치 [형] 불일치하다 争论 zhēnglùn [동] 논쟁하다
鲜明 xiānmíng [형] 뚜렷하다, 분명하다 少数民族 shǎoshù mínzú [명] 소수 민족 特色 tèsè [명] 특색, 특징 [형] 특별한
采风 cǎifēng [동] 민요를 수집하다 分享 fēnxiǎng [동] 함께 나누다, 함께 누리다 题材 tícái [명] (문학이나 예술 작품의) 소재
画面 huàmiàn [명] 그림 부분, 화면 遵循 zūnxún [동] 따르다 当地 dāngdì [명] 현지, 현장 传统 chuántǒng [명] 전통 [형] 전통적이다
细节 xìjié [명] 세부적인 사항, 자세한 부분 动笔 dòngbǐ [동] 그림을 그리다 包括 bāokuò [동] 포함하다, 포괄하다 书籍 shūjí [명] 책, 서적
鄂温克人 Èwēnkèrén [고유] 어원커인[내몽고 원시밀림 속에 사는 소수민족] 真挚 zhēnzhì [형] 진실하다, 성실하다

21-25번 보기의 创作(창작하다), 作品(작품), 作家(작가)를 통해 인터뷰 대상이 책과 관련된 예술가임을 예측할 수 있다. 따라서 예술가 인터뷰가 나올 것을 대비해서 듣는다. 특히, 여자가 인터뷰 대상이므로 여자의 말에 주의 깊게 듣는다.

21 중상

A 她觉得农民十分勤劳	A 그녀는 농민이 매우 부지런하다고 생각한다
B 她小时候在农村度过	B 그녀는 어릴 때 농촌에서 지낸 적이 있다
C 她妈妈怀念农村生活	C 그녀의 어머니는 농촌 생활을 그리워한다
D 她很向往农村的生活	D 그녀는 농촌 생활을 무척 동경한다
问：女的为什么要画农村生活场景?	질문: 여자는 왜 농촌 생활 장면을 그리려고 하는가?

해설 여자의 말에서 언급된 妈妈很不适应，总是怀念在农村的时光。为了让妈妈过得舒心，我想了很多办法，最后用兔子的形象画了很多农村生活的场景给她看。을 듣고, 보기 C 她妈妈怀念农村生活에 체크해 둔다. 질문이 여자는 왜 농촌 생활 장면을 그리려고 하는지를 물었으므로, 보기 C가 정답이다.

어휘 农民 nóngmín [명] 농민, 농부 勤劳 qínláo [동] 부지런하다, 근면하다 农村 nóngcūn [명] 농촌 度过 dùguò [동] (시간을) 지내다, 보내다
怀念 huáiniàn [동] 그리워하다, 회상하다 向往 xiàngwǎng [동] 동경하다, 갈망하다 场景 chǎngjǐng [명] 장면

22 중

A 能激发自己的创作灵感	A 자신의 창작 영감을 불러일으킬 수 있다
B 能提升自己的审美水平	B 자신의 심미 수준을 끌어올릴 수 있다
C 能让自己获得更多机遇	C 자신이 더 많은 기회를 얻게 할 수 있다
D 能让自己接触更多同行	D 자신이 더 많은 같은 업종의 사람을 만나게 할 수 있다
问：女的为什么选择跟他人共同创作新的作品?	질문: 여자는 왜 다른 사람과 함께 새로운 작품을 창작하는 것을 선택했는가?

해설 남자의 말에서 언급된 这次的两本新书为什么会选择跟作家合作呢?와 여자의 말에서 언급된 作家可以用有力量、有深度的故事激发画家的创作灵感。을 듣고, 보기 A 能激发自己的创作灵感에 체크해 둔다. 질문이 여자는 왜 다른 사람과 함께 새로운 작품을 창작하는 것을 선택했는지를 물었으므로, 보기 A가 정답이다.

어휘 激发 jīfā [동] (감정을) 불러일으키다 灵感 línggǎn [명] 영감 提升 tíshēng [동] 끌어올리다, 진급시키다
审美 shěnměi [명] 심미 [동] (사물이나 예술품의 아름다움을) 이해하다 机遇 jīyù [명] (좋은) 기회, 찬스
接触 jiēchù [동] 만나다, 접촉하다, 닿다 同行 tóngháng [동] 업종이 같다, 직업이 같다
创作 chuàngzuò [동] (문예 작품을) 창작하다 [명] 창작물, 문예 작품 作品 zuòpǐn [명] 작품

23 중상

A 创作遇到困难时	A 창작에서 어려움을 겪을 때
B 作品受到批评时	B 작품이 비판 받을 때
C 与作家的默契不足时	C 작가와 호흡이 잘 맞는 것이 부족할 때
D 与出版社意见不一致时	D 출판사와 의견이 일치하지 않을 때
问：女的什么时候会感觉到受局限?	질문: 여자는 언제 제약을 받는다고 느끼는가?

해설 여자의 말에서 언급된 如果分歧过于严重，就一定会因为缺乏默契而受到局限。을 듣고, 보기 C 与作家的默契不足时에 체크해 둔다. 질문이 여자는 언제 제약을 받는다고 느끼는지를 물었으므로, 보기 C가 정답이다.

어휘 创作 chuàngzuò [동] (문예 작품을) 창작하다 [명] 창작물, 문예 작품 默契 mòqì [형] 호흡이 잘 맞다, 암묵적으로 뜻이 서로 맞다 [명] 묵약, 묵계
出版社 chūbǎnshè [명] 출판사 一致 yízhì [형] 일치하다 [부] 일제히, 함께 局限 júxiàn [동] 제약하다, 국한하다, 한정하다

24 중

A 向专家咨询	A 전문가에게 자문을 구한다
B 阅读相关书籍	B 관련 서적을 읽어본다
C 购买摄影装备	C 촬영 장비를 구매한다
D 和当地人交朋友	D 현지인과 친구가 된다
问：下列哪项属于女的在创作前的准备工作？	질문：다음 중 여자가 창작 전에 하는 준비 작업에 속하는 것은?

해설 여자의 말에서 언급된 我在动笔之前进行了各种准备工作, 包括采风和阅读各种书籍。를 듣고, 보기 B 阅读相关书籍에 체크해 둔다. 질문이 여자가 창작 전에 하는 준비 작업에 속하는 것을 물었으므로, 보기 B가 정답이다.

어휘 专家 zhuānjiā 몡 전문가　咨询 zīxún 동 자문을 구하다, 물어보다　相关 xiāngguān 동 (서로) 관련되다　书籍 shūjí 몡 서적, 책
摄影 shèyǐng 동 촬영하다　装备 zhuāngbèi 몡 장비　创作 chuàngzuò 동 (문예 작품을) 창작하다 몡 창작물, 문예 작품

25 상

A 她想成为雕塑家	A 그녀는 조각가가 되고 싶어한다
B 她家一直很贫困	B 그녀의 집은 줄곧 빈곤하다
C 她独立创作过绘本	C 그녀는 독자적으로 그림책을 창작한 적이 있다
D 她精通少数民族文化	D 그녀는 소수 민족 문화에 정통하다
问：关于女的，下列哪项正确？	질문：여자에 관하여, 다음 중 옳은 것은?

해설 남자의 말에서 언급된 你独立完成过一整部绘本作品을 듣고, 보기 C 她独立创作过绘本에 체크해 둔다. 질문이 여자에 관하여 옳은 것을 물었으므로, 보기 C가 정답이다. 참고로, 맨 마지막 문제의 단서는 인터뷰 초중반에 언급되기도 한다.

어휘 雕塑家 diāosùjiā 조각가　贫困 pínkùn 혱 빈곤하다, 곤궁하다　独立 dúlì 동 독자적으로 하다, 독립하다
创作 chuàngzuò 동 (문예 작품을) 창작하다 몡 창작물, 문예 작품　精通 jīngtōng 동 정통하다　少数民族 shǎoshù mínzú 몡 소수 민족

26-30

第26到30题是根据下面一段采访：

女：优秀的文学作品与作者的生长环境、个人背景息息相关。今天，为了探讨它们之间的联系，我们请来了著名的作家莫言。莫言老师您好，欢迎来到我们会客室做客。您可以透露一下最近在创作的作品吗？

男：不久之前，²⁶我刚完成了文学剧本《高粱酒》的创作。³⁰这个剧本是根据我的小说《红高粱家族》的前两章改编而成的。虽然现在有很多以红高粱为主题的剧本，但我觉得不够完美，索性自己动手改了一稿。

女：您在很多作品中都提到了自己的故乡——山东高密，故乡对您来说意味着什么？

男：²⁷故乡对我来说，有着与众不同的意义，因此我对它的感受格外矛盾。一方面我觉得它束缚着我，让我无法施展才华，也没能给我更多的发展机会。另一方面，我又能感受到它确实与我血脉相连，无法分离。因此就算离开了故乡，我依然能感受到它强大的力量。不管我在哪里，它都用这股强大的力量吸引着我，召唤着我。

女：那么²⁸您对故乡的未来有什么期望？

26-30번 문제는 다음 인터뷰에 근거한다.

여: 우수한 문학 작품은 작가의 성장 환경, 개인적 배경과 밀접한 관계가 있습니다. 오늘 그것들 사이의 관계를 탐구하기 위해 저희는 유명한 작가 모옌을 모셨습니다. 모옌 선생님 안녕하세요, 저희 응접실에 방문하신 것을 환영합니다. 최근 창작한 작품에 대해 말씀해 주실 수 있을까요?

남: 얼마 전에 ²⁶저는 문학 극본인《고량주》의 창작을 막 끝냈어요. ³⁰이 극본은 저의 소설《붉은 수수밭 가족》의 앞의 두 장에 근거하여 각색해서 만든 것입니다. 비록 지금은 붉은 수수밭을 주제로 한 극본이 많이 있지만, 저는 완벽하지 못하다고 생각해서 아예 제가 손을 대서 원고를 고쳤습니다.

여: 당신은 여러 작품에서 본인의 고향인 산둥성 가오미를 언급하셨는데, 고향은 당신에게 있어 무엇을 의미하나요?

남: ²⁷고향은 저에게 있어 보통 사람과는 다른 의미를 지니는데, 그래서 그것에 대한 저의 느낌은 아주 모순됩니다. 한편으로는 저는 그것이 저를 속박하고 있고 제가 재능을 발휘하지 못하게 하며, 또 제가 더 많은 발전 기회를 가지지 못하게 하는 것 같습니다. 다른 한편으로는 저는 그것이 확실히 저와 긴밀하게 이어져 있고 분리할 수 없다는 것을 느낍니다. 그래서 고향을 떠나더라도 저는 여전히 그것의 강인한 힘을 느낄 수 있습니다. 제가 어디 있는지 간에 그것은 강인한 힘을 이용해 저를 끌어당기고, 부르고 있습니다.

여: 그렇다면 ²⁸당신은 고향의 미래에 대해 어떤 기대가 있으신가요?

男：我爱我的故乡，我希望我的故乡能持续发展下去。所以我认为在那里生活的人们，不光要考虑现在，还要考虑未来，要努力让子子孙孙在干净美丽的环境下生活。²⁸还有一点就是注重对传统文化的保护。以前我们对传统文化不屑一顾，一心向往崭新的事物。但现实告诉我们，传统的文化艺术和古老的街道建筑，不仅历史悠久，还具有宝贵的人文价值。

女：最后，想和您讨论一下关于现代人的阅读方式。如今科技发达，年轻人普遍面临时间碎片化、精力分散等问题。在这样的时代，您觉得人们应该如何阅读？

男：有人说手捧书本才算阅读，我认为这样的想法太保守了。无论用什么工具，只要读的是文学经典，效果都是一样的。因为²⁹文学经典经过了时间的检验，对提升一个人的美学观念和审美高度来说都是有帮助的。

남：저는 저의 고향을 사랑하고 제 고향이 지속해서 발전해 나갈 수 있기를 바랍니다. 그래서 저는 그곳에 생활하는 사람들은 현재를 생각해야 할 뿐만 아니라 미래도 생각해야 하고, 대대손손 깨끗하고 아름다운 환경에서 살도록 노력해야 한다고 생각합니다. ²⁸그리고 또 한 가지는 바로 전통 문화에 대한 보호를 중시하는 것입니다. 예전에 우리는 전통 문화를 하찮게 여기고, 한마음으로 새로운 것을 지향했습니다. 그러나 현실은 우리에게 전통적인 문화 예술과 오래된 거리의 건물이 역사적으로 유구할 뿐만 아니라 값진 인류 문화적 가치를 지닌다는 것을 알려 주었습니다.

여：마지막으로 당신과 현대인의 독서 방식에 관하여 토론하고 싶습니다. 오늘날 과학 기술이 발달하여 젊은 사람들은 보편적으로 시간의 파편화, 에너지 분산 등의 문제에 직면하고 있습니다. 이런 시대에 당신은 사람들이 어떻게 독서해야 한다고 생각하시나요?

남：어떤 사람들은 손으로 책을 들고 있어야 비로소 독서라고 말하는데, 저는 이러한 생각이 너무 보수적이라고 생각합니다. 어떤 도구를 사용하든 문학 고전을 읽기만 한다면 효과는 모두 같습니다. ²⁹문학 고전은 시간의 검증을 거쳤고, 한 사람의 미학적 관념과 심미적 고도를 높이는 데 모두 도움이 되기 때문입니다.

어휘 **文学** wénxué 몡 문학   **作品** zuòpǐn 몡 작품   **背景** bèijǐng 몡 배경   **息息相关** xīxīxiāngguān 솅 관계가 밀접하다
探讨 tàntǎo 동 탐구하다, 토론하다   **莫言** Mò Yán 고유 모옌[2012년 노벨 문학상을 수상한 중국의 저명한 작가]   **会客室** huìkèshì 몡 응접실, 회견장
透露 tòulù 동 말하다, 폭로하다   **创作** chuàngzuò 동 (문예 작품을) 창작하다 몡 창작물, 문예 작품   **剧本** jùběn 몡 극본, 대본
高粱酒 gāoliángjiǔ 몡 고량주   **红高粱** Hónggāoliáng 고유 붉은 수수밭[모옌의 소설 작품]   **改编** gǎibiān 동 각색하다, 개작하다
索性 suǒxìng 뷔 아예, 차라리   **动手** dòngshǒu 동 손을 대다, 시작하다   **稿** gǎo 몡 원고, 초고   **故乡** gùxiāng 몡 고향
高密 Gāomì 고유 가오미[중국 산둥성에 위치한 지명]   **意味着** yìwèizhe 동 의미하다, 뜻하다
与众不同 yǔzhòngbùtóng 솅 보통 사람과는 다르다, 남보다 뛰어나다   **感受** gǎnshòu 몡 느낌, 체험 동 (영향을) 느끼다, 받다
格外 géwài 뷔 아주, 특별히, 유달리   **矛盾** máodùn 동 모순되다 몡 모순   **束缚** shùfù 동 속박하다
施展 shīzhǎn 동 (수완이나 재능을) 발휘하다   **才华** cáihuá 몡 재능
血脉相连 xuèmài xiānglián 혈맥이 서로 이어지다[관계가 밀접하게 이어져 있음을 나타냄]   **分离** fēnlí 동 분리하다, 헤어지다
强大 qiángdà 혱 강인하다   **力量** lìliàng 몡 힘   **股** gǔ 먕 줄기, 가닥   **召唤** zhàohuàn 동 부르다   **未来** wèilái 몡 미래 혱 앞으로의, 미래의
期望 qīwàng 동 기대하다, 바라다   **持续** chíxù 동 지속하다, 계속 유지하다   **不光** bùguāng 젭 ~뿐만 아니라
子子孙孙 zǐzǐsūnsūn 몡 대대손손, 자자손손   **注重** zhùzhòng 동 중시하다   **传统** chuántǒng 몡 전통 혱 전통적이다
不屑一顾 búxièyígù 하찮게 여기다, 거들떠 보지도 않다   **一心** yìxīn 몡 한마음, 한뜻   **向往** xiàngwǎng 동 지향하다, 그리워하다
崭新 zhǎnxīn 혱 새롭다, 참신하다   **现实** xiànshí 몡 현실 혱 현실적이다   **建筑** jiànzhù 몡 건물 동 건설하다, 건축하다
悠久 yōujiǔ 혱 유구하다   **宝贵** bǎoguì 혱 값지다, 귀중하다 동 소중히 하다   **人文** rénwén 몡 인류 문화, 인문   **价值** jiàzhí 몡 가치
如今 rújīn 몡 오늘날, 지금   **发达** fādá 동 발달하다, 향상하다   **面临** miànlín 동 (문제나 상황 등에) 직면하다   **碎片化** suìpiànhuà 파편화
精力 jīnglì 몡 에너지, 힘   **分散** fēnsàn 동 분산시키다 동 흩어지다, 분산하다   **时代** shídài 몡 시대, 시절   **如何** rúhé 뗴 어떻다, 어떠하다
捧 pěng 동 (두 손으로) 들다, 받쳐들다   **保守** bǎoshǒu 혱 보수적이다 동 고수하다, 지키다   **工具** gōngjù 몡 도구, 수단
经典 jīngdiǎn 몡 고전, 경전 혱 권위 있는   **检验** jiǎnyàn 동 검증하다   **提升** tíshēng 동 높이다, 진급시키다   **观念** guānniàn 몡 관념, 생각
审美 shěnměi 동 (사물이나 예술품의 아름다움을) 심미하다, 이해하다   **高度** gāodù 몡 고도, 높이

26-30번 보기의 **小说**(소설), **文学**(문학), **剧本**(극본), **传记**(전기), **作品**(작품)을 통해 인터뷰 대상은 문학 작품과 관련 있는 예술가임을 예측할 수 있다. 따라서 예술가 인터뷰가 나올 것을 대비해서 듣는다. 특히, 남자가 인터뷰 대상이므로 남자의 말을 주의 깊게 듣는다.

26 중	A 属于爱情小说	A 연애 소설에 속한다
	B 属于文学剧本	B 문학 극본에 속한다
	C 是男的的传记	C 남자의 전기이다
	D 讲述酒的发展	D 술의 발전을 이야기했다
	问：关于《高粱酒》，可以知道什么？	질문：《고량주》에 관하여, 무엇을 알 수 있는가?

해설 남자의 말에서 언급된 我刚完成了文学剧本《高粱酒》的创作를 듣고, 보기 B 属于文学剧本에 체크해 둔다. 질문이 《고량주》에 관하여 알 수 있는 것을 물었으므로, 보기 B가 정답이다.

어휘 **文学** wénxué 몡 문학   **剧本** jùběn 몡 극본, 각본   **传记** zhuànjì 몡 전기[한 사람의 일생 동안의 행적을 적은 기록]

讲述 jiǎngshù [동] 이야기하다, 진술하다 高粱酒 gāoliángjiǔ [명] 고량주

27 중

A 矛盾	B 疏远	A 모순적이다	B 소원하다
C 忠诚	D 厌恶	C 충실하다	D 싫어하다
问：男的对故乡的情感如何？		질문 : 고향에 대한 남자의 감정은 어떠한가?	

해설 남자의 말에서 언급된 故乡对我来说，有着与众不同的意义，因此我对它的感受格外矛盾。을 듣고, 보기 A 矛盾에 체크해 둔다. 질문이 고향에 대한 남자의 감정은 어떠한지를 물었으므로, 보기 A가 정답이다.

어휘 矛盾 máodùn [형] 모순적이다 [명] 갈등, 모순 疏远 shūyuǎn [형] (관계나 감정적으로) 소원하다, 멀다 [동] 멀리하다 忠诚 zhōngchéng [형] 충실하다, 충성하다 厌恶 yànwù [동] 싫어하다, 혐오하다 故乡 gùxiāng [명] 고향 情感 qínggǎn [명] 감정, 느낌 如何 rúhé [대] 어떠하다, 어떻다

28 중상

A 持续发展经济	A 경제를 지속적으로 발전시킨다
B 提高教育层次	B 교육 차원을 높인다
C 加快城市建设	C 도시 건설에 속도를 낸다
D 保护文化遗产	D 문화유산을 잘 보호한다
问：男的对故乡有什么期待？	질문 : 남자는 고향에 대해 어떠한 기대를 하는가?

해설 여자의 말에서 언급된 您对故乡的未来有什么期望？과 남자의 말에서 언급된 还有一点就是注重对传统文化的保护。를 듣고, 보기 D 保护文化遗产에 체크해 둔다. 질문이 남자는 고향에 대해 어떠한 기대를 하는지를 물었으므로, 보기 D가 정답이다.

어휘 持续 chíxù [동] 지속하다 层次 céngcì [명] 차원, (서로 관련된) 각급 기구 加快 jiākuài [동] 속도를 내다 建设 jiànshè [동] 건설하다 遗产 yíchǎn [명] 유산 故乡 gùxiāng [명] 고향 期待 qīdài [동] 기대하다

29 중상

A 比别的作品更具趣味性	A 다른 작품보다 더 재미가 있다
B 让人们更好地了解历史	B 사람들이 역사를 더 잘 이해할 수 있게 한다
C 能提高人们的审美水平	C 사람들의 심미적 수준을 높일 수 있다
D 能调整人们的知识结构	D 사람들의 지식 구조를 조절할 수 있다
问：关于文学经典，下列哪项属于男的的观点？	질문 : 문학 고전에 관하여, 다음 중 남자의 관점에 속하는 것은?

해설 남자의 말에서 언급된 文学经典经过了时间的检验，对提升一个人的美学观念和审美高度来说都是有帮助的를 듣고, 보기 C 能提高人们的审美水平에 체크해 둔다. 질문이 문학 고전에 관한 남자의 관점을 물었으므로, 보기 C가 정답이다.

어휘 作品 zuòpǐn [명] 작품 趣味性 qùwèixìng 재미, 흥미성 审美 shěnměi [동] (사물이나 예술품의 아름다움을) 심미하다, 이해하다 调整 tiáozhěng [동] 조절하다, 조정하다 结构 jiégòu [명] 구조, 구성 [동] 구성하다 文学 wénxué [명] 문학 经典 jīngdiǎn [명] 고전, 경전 [형] 권위 있는 观点 guāndiǎn [명] 관점, 견해

30 상

A 他目前居住在山东老家	A 그는 현재 산둥의 옛 집에서 거주하고 있다
B 他的思想比较陈旧保守	B 그의 사상은 비교적 진부하고 보수적이다
C 对别人的改编不太满意	C 다른 사람의 각색에 별로 만족하지 않는다
D 计划投身于文化保护工作	D 문화 보호 사업에 헌신할 계획이다
问：关于男的，可以知道什么？	질문 : 남자에 관하여, 무엇을 알 수 있는가?

해설 남자의 말에서 언급된 这个剧本是根据我的小说《红高粱家族》的前两章改编而成的。虽然现在有很多以红高粱为主题的剧本，但我觉得不够完美，索性自己动手改了一稿。를 듣고, 보기 C 对别人的改编不太满意에 체크해 둔다. 질문이 남자에 관하여 알 수 있는 것을 물었으므로, 보기 C가 정답이다. 참고로, 맨 마지막 문제의 단서는 인터뷰 초중반에 언급되기도 한다.

어휘 目前 mùqián [명] 현재, 지금 居住 jūzhù [동] 거주하다 故乡 gùxiāng [명] 고향 思想 sīxiǎng [명] 사상, 생각 陈旧 chénjiù [형] 진부하다 保守 bǎoshǒu [형] 보수적이다 改编 gǎibiān [동] 각색하다 投身 tóushēn [동] 헌신하다, 투신하다

第31到33题是根据下面一段话：

马奶奶因慢性病在医院住了一段时间，病情稳定后，医生嘱咐她回家好好休息，注意饮食。一听要出院，马奶奶立刻出现了头晕、胸口闷、恶心等不适症状，于是她要求继续住院治疗。³¹/³²像马奶奶这种患有慢性病的患者，病情好转后却不愿出院的现象被称为"住院依赖"。

这种"住院依赖"现象在老年人群中尤为突出。其原因有以下几点：第一，³³一些如心绞痛、急性心肌梗塞等疾病在老年人群中发病率高，同时³³伴随着剧烈的疼痛。这些疾病引发的疼痛会使老年人产生恐惧心理。所以，对老年人来说，医院就像是一个"庇护所"。不管遇到什么情况，老年人都可以得到及时有效的治疗。第二，这种现象还与老年人在家无法得到全方位的照顾有关。与儿女同住的老年人因为家里人口多，环境比较喧闹，所以得不到充分的休息，相比而言，病房更安静、更舒适；而独居老人会在生活不能自理，需要他人照顾时，却无法找到具备专业能力的保姆。这也会让老年人感到不安。

31-33번 문제는 다음 내용에 근거한다.

마 할머니는 만성병으로 인해 한동안 병원에서 지냈는데, 병세가 안정되자 의사는 그녀에게 집으로 돌아가서 푹 쉬고, 음식에 주의하라고 당부했다. 퇴원해야 한다는 소리를 듣자마자, 마 할머니는 곧바로 머리가 어지럽고 가슴이 답답하고 속이 메스꺼운 것 등의 불편한 증상이 나타나서, 그녀는 계속 입원해서 치료받는 것을 요구했다. ³¹/³²마 할머니처럼 만성병을 앓고 있는 환자가 병세가 호전된 후에도 퇴원을 원하지 않는 현상은 '입원 의존'이라고 불린다.

이러한 '입원 의존' 현상은 노년층에서 특히 두드러진다. 그 원인에는 다음과 같은 것들이 있다. 첫 번째, ³³예를 들어 협심증, 급성 심근 경색 등의 일부 질병은 노년층에서 발병률이 높고, 동시에 ³³심한 통증이 따른다. 이러한 질병이 야기한 통증은 노인에게 두려운 기분이 생기게 한다. 따라서 노인들에게 있어 병원은 '피난처'와 같다. 어떤 상황을 만나더라도 노인들은 신속하고 효과적인 치료를 받을 수 있다. 두 번째, 이러한 현상은 노인들이 집에서는 전방위적인 보살핌을 받을 수 없다는 것과도 관련이 있다. 자녀들과 함께 사는 노인들은 집에 사람이 많기 때문에 환경이 비교적 시끌벅적하여 충분한 휴식을 취할 수 없는데, 이에 비해 병실은 더 조용하고, 더 쾌적하다. 독거 노인은 생활을 스스로 해결할 수 없어 타인의 돌봄이 필요할 때, 전문적인 능력을 갖춘 가정부를 찾을 수 없기도 하다. 이 또한 노인들을 불안하게 만들 수 있다.

어휘 慢性病 mànxìngbìng 뗑 만성병 一段 yíduàn 뗑 한동안, 한 기간 病情 bìngqíng 뗑 병세, 병상 稳定 wěndìng 톙 안정되다
嘱咐 zhǔfù 통 당부하다, 분부하다 饮食 yǐnshí 뗑 음식 出院 chūyuàn 통 퇴원하다 立刻 lìkè 뿐 곧바로, 즉시
头晕 tóuyūn 통 어지럽다, 머리가 아찔하다 胸口 xiōngkǒu 뗑 가슴 闷 mèn 톙 납납하나 恶心 ěxīn 톙 속이 메스껍다
症状 zhèngzhuàng 뗑 증상, 증후 继续 jìxù 통 계속하다 治疗 zhìliáo 통 치료하다 患者 huànzhě 뗑 환자 病情 bìngqíng 뗑 병세
好转 hǎozhuǎn 통 호전되다, 좋아지다 现象 xiànxiàng 뗑 현상 称为 chēngwéi 통 ~라고 부르다 依赖 yīlài 통 의존하다, 의지하다
老年人群 lǎonián rénqún 노년층 尤为 yóuwéi 뿐 특히, 더욱이 突出 tūchū 통 두드러지다, 뛰어나다 心绞痛 xīnjiǎotòng 협심증
急性心肌梗塞 jíxìng xīnjī gěngsè 급성 심근 경색 疾病 jíbìng 뗑 질병 发病率 fābìnglǜ 뗑 발병률 伴随 bànsuí 통 따르다
剧烈 jùliè 톙 심하다, 극렬하다 疼痛 téngtòng 뗑 통증, 아픔 톙 아프다 产生 chǎnshēng 통 생기다, 나타나다
恐惧 kǒngjù 톙 두렵다, 겁내다 心理 xīnlǐ 뗑 기분, 심리 庇护所 bìhùsuǒ 뗑 피난처, 은신처 及时 jíshí 뿐 신속히, 즉시
无法 wúfǎ 통 ~할 수 없다, ~할 방법이 없다 全方位 quánfāngwèi 뗑 전방위, 다각도 喧闹 xuānnào 톙 시끌벅적하다, 떠들썩하다
充分 chōngfèn 톙 충분하다 뿐 충분히 病房 bìngfáng 뗑 병실 舒适 shūshì 톙 쾌적하다, 편하다 独居 dújū 통 독거하다, 혼자 살다
自理 zìlǐ 통 스스로 해결하다, 스스로 부담하다 具备 jùbèi 통 갖추다 保姆 bǎomǔ 뗑 가정부, 보모 不安 bù'ān 톙 불안하다

31 중상	A 她喜欢医院的饭菜	A 그녀는 병원 밥을 좋아한다
	B 她与家人感情不融洽	B 그녀는 가족들과 감정이 좋지 않다
	C 她对医院产生了依赖心理	C 그녀는 병원에 의존 심리가 생겼다
	D 她的身上出现了过敏现象	D 그녀의 몸에 알레르기 반응 현상이 나타났다
	问：马奶奶为什么不愿意出院？	질문：마 할머니는 왜 퇴원을 원하지 않는가?

해설 음성에서 언급된 像马奶奶这种患有慢性病的患者，病情好转后却不愿出院的现象被称为"住院依赖"。를 듣고, 보기 C 她对医院产生了依赖心理에 체크해 둔다. 질문이 마 할머니는 왜 퇴원을 원하지 않는지를 물었으므로, 보기 C가 정답이다.

어휘 融洽 róngqià 톙 (사이가) 좋다, 조화롭다 产生 chǎnshēng 통 생기다, 나타나다 依赖 yīlài 통 의존하다, 의지하다
过敏 guòmǐn 통 알레르기 반응을 보이다 톙 과민하다, 민감하다 出院 chūyuàn 통 퇴원하다

32 하	A 胆小的	B 多疑的	A 겁 많은	B 의심이 많은
	C 有慢性病的	D 大病初愈的	C 만성병이 있는	D 큰 병이 막 나은
	问：什么样的人有可能会产生"住院依赖"？		질문：어떠한 사람에게 '입원 의존'이 생길 가능성이 있는가?	

해설 음성에서 언급된 像马奶奶这种患有慢性病的患者, 病情好转后却不愿出院的现象被称为"住院依赖"。를 듣고, 보기 C 有慢性病의 에 체크해 둔다. 질문이 어떠한 사람에게 '입원 의존'이 생길 가능성이 있는지를 물었으므로, 보기 C가 정답이다.

어휘 胆小 dǎnxiǎo 웹 겁 많다, 소심하다 多疑 duō yí 의심이 많다 慢性病 mànxìngbìng 웹 만성병 初 chū 图 막, 방금 愈 yù 웹 (병이) 낫다 产生 chǎnshēng 图 생기다, 나타나다 住院 zhùyuàn 图 입원하다 依赖 yīlài 图 의존하다, 의지하다

33	A 剧烈的疼痛	A 격렬한 통증
하	B 药物的副作用	B 약물의 부작용
	C 疾病的后遗症	C 질병의 후유증
	D 较差的治疗条件	D 상대적으로 떨어지는 치료 조건
	问：根据这段话, 是什么让老年人感到恐惧?	질문: 이 글에 근거하여, 무엇이 노인으로 하여금 두려움을 느끼게 하는가?

해설 음성에서 언급된 一些如心绞痛、急性心肌梗塞等疾病……伴随着剧烈的疼痛。这些疾病引发的疼痛会使老年人产生恐惧心理。를 듣고, 보기 A 剧烈的疼痛에 체크해 둔다. 질문이 글에 근거하여 노인으로 하여금 두려움을 느끼게 하는 것은 무엇인지를 물었으므로, 보기 A가 정답이다.

어휘 剧烈 jùliè 웹 격렬하다, 극렬하다 疼痛 téngtòng 웹 통증, 아픔 아프다 药物 yàowù 웹 약물 副作用 fùzuòyòng 웹 부작용 疾病 jíbìng 웹 질병, 고질병 后遗症 hòuyízhèng 웹 후유증 治疗 zhìliáo 图 치료하다 恐惧 kǒngjù 웹 두렵다, 무섭다, 겁내다

34-36

第34到36题是根据下面一段话:

杭州西湖景区一直是中国最热门的景区之一, 截至二〇一八年底, 西湖景区接待的游客近三千万人次。所以 34有效管理景区, 让游客在汹涌的人潮中尽兴游览成为一个难题。为了解决这些问题, 西湖景区管理委员会近日与高德地图达成合作, 推出了"西湖一键智慧游"。据悉, 高德地图将基于其数字化能力, 助力西湖景区在管理上进行数字化升级, 为国内外游客提供全方位的人性化服务。

现在游客只要在高德地图上搜索"西湖", 便可进入"西湖一键智慧游"页面。35在这个页面上, 游客不仅可以查看景区动态和相关信息, 还可以获得景区导航、玩法推荐、语音导览等多种服务。与此同时, 西湖景区可以通过"智慧景区管家"监测路况, 评估设施, 接收预警信息。

高德地图高层领导表示, "西湖一键智慧游"上线只是合作第一步, 未来还将按照打造数字化、人性化、国际化景区的要求, 让西湖景区的管理变得越来越智能, 服务变得越来越健全。此外, 36他们会以西湖景区为范例, 陆续上线一百个智慧景区。

34-36번 문제는 다음 내용에 근거한다.

항저우 시후 관광지는 줄곧 중국에서 가장 인기 있는 관광지 중 하나로, 2018년 연말에 이르기까지 시후 관광지는 약 3천만 명의 여행객을 응대했다. 따라서 34효과적으로 관광지를 관리하여 여행객들이 세찬 인파 속에 마음껏 유람하게 하는 것이 하나의 난제가 되었다. 이러한 문제들을 해결하기 위해, 시후 관광지 관리 위원회는 최근 까오더 지도와 협력을 맺어서, '시후 원스톱 스마트 여행'을 선보였다. 알려진 바로는, 까오더 지도는 그들의 디지털화 능력에 근거하여 시후 관광지가 관리면에서 디지털화 업그레이드 하는 데에 힘을 보태서, 국내외 여행객들에게 전방위적인 유저 친화적 서비스를 제공할 것이라고 한다.

현재 여행객은 까오더 지도에서 '시후'를 검색하기만 하면, 바로 '시후 원스톱 스마트 여행' 웹 페이지에 접속할 수 있다. 35이 웹 페이지에서 여행객은 관광지 동향과 관련된 정보를 찾아볼 수 있을 뿐만 아니라 관광지 내비게이션, 놀이 방법 추천, 음성 안내 등의 다양한 서비스를 받을 수 있다. 이와 동시에, 시후 관광지는 '스마트 관광지 관리자'를 통해 도로 상황을 모니터링하고, 시설을 평가하며, 조기 경보를 받을 수 있다.

까오더 지도의 임원은 '시후 원스톱 스마트 여행'의 오픈은 협력의 첫걸음이며, 앞으로 디지털화, 유저 친화적, 국제화 관광지를 창조하려는 요구에 따라 시후 관광지의 관리를 더욱더 스마트하게 만들고, 서비스를 점점 더 완벽하게 하겠다고 밝혔다. 이 밖에도, 36그들은 시후 관광지를 범례로 삼아 계속해서 백 개의 스마트 관광지를 오픈할 것이다.

어휘 杭州 Hángzhōu 고유 항저우 西湖 Xīhú 고유 시후[항저우에 있는 호수] 景区 jǐngqū 웹 관광지
截至 jiézhì 图 (시간적으로) ~에 이르다, ~까지 마감이다 接待 jiēdài 图 응대하다, 접대하다
汹涌 xiōngyǒng 웹 물이 세차게 일어나다, 물이 용솟음치다 人潮 réncháo 웹 인파 尽兴 jìnxìng 图 마음껏 즐기다
游览 yóulǎn 图 유람하다 难题 nántí 웹 난제 委员会 wěiyuánhuì 웹 위원회
高德地图 Gāodé Dìtú 고유 까오더 지도[중국의 지도 모바일 APP] 达成 dáchéng 图 맺다, 얻다, 달성하다 推出 tuīchū 图 선보이다, 내놓다
据悉 jùxī 图 알려진 바로는 数字化 shùzìhuà 图 디지털화하다 助力 zhùlì 图 힘을 보태다, 돕다 升级 shēngjí 图 업그레이드하다
全方位 quánfāngwèi 웹 전방위, 다각도, 모든 방면 人性化 rénxìnghuà 图 유저 친화적이다, 사람 중심으로 하나
搜索 sōusuǒ 图 (인터넷에) 검색하다, 수색하다 页面 yèmiàn 웹 웹 페이지 动态 dòngtài 웹 동향, 동태[변화의 추이]

导航 dǎoháng 圐 내비게이션　**玩法** wánfǎ 圐 놀이 방법　**推荐** tuījiàn 圄 추천하다　**语音导览** yǔyīn dǎolǎn 음성 안내
服务 fúwù 圄 서비스하다, 근무하다, 봉사하다　**智慧景区** zhìhuì jǐngqū 스마트 관광지　**监测** jiāncè 圄 모니터링
路况 lùkuàng 圐 도로 상황　**评估** pínggū 圄 평가하다　**设施** shèshī 圐 시설　**接收** jiēshōu 圄 받다, 수신하다　**合作** hézuò 圄 협력하다
预警 yùjǐng 圄 조기 경보하다　**高层领导** gāocéng lǐngdǎo 圐 임원, 고위층 지도자　**上线** shàngxiàn 圄 (서비스를) 오픈하다, 접속하다
打造 dǎzào 圄 창조하다, 육성하다　**数字化** shùzìhuà 圄 디지털화하다　**智能** zhìnéng 圐 스마트한, 지능이 있는
健全 jiànquán 圐 완벽하다, 완전하다　**范例** fànlì 圐 범례　**陆续** lùxù 凰 계속하여, 잇따라

---

34 중	A 提升景区知名度	A 관광지 인지도를 높인다
	B 有效地管理景区	B 관광지를 효과적으로 관리한다
	C 降低运营的成本	C 운영 원가를 낮춘다
	D 宣传新旅游项目	D 새로운 여행 프로젝트를 선전한다
	问 : 西湖景区与高德地图合作的目的是什么?	질문 : 시후 관광지와 까오더 지도가 협력한 목적은 무엇인가?

해설 음성에서 언급된 **有效管理景区, 让游客在汹涌的人潮中尽兴游览成为一个难题。为了解决这些问题, 西湖景区管理委员会近日与高德地图达成合作**를 듣고, 보기 B 有效地管理景区에 체크해 둔다. 질문이 시후 관광지와 까오더 지도가 협력한 목적이 무엇인지를 물었으므로, 보기 B가 정답이다.

어휘 提升 tíshēng 圄 높이다, 진급시키다　景区 jǐngqū 圐 관광지　知名度 zhīmíngdù 圐 인지도　成本 chéngběn 圐 원가, 자본금
宣传 xuānchuán 圄 선전하다 圐 선전　项目 xiàngmù 圐 프로젝트, 항목, 사항　西湖 Xīhú 고유 시후[항저우에 있는 호수]
高德地图 Gāodé Dìtú 고유 까오더 지도[중국의 지도 모바일 APP]

---

35 하	A 景区导航	A 관광지 내비게이션
	B 监测路况	B 도로 상황을 모니터링한다
	C 分享游记	C 여행기를 공유하다
	D 医疗救助	D 의료 구조
	问 : 通过"西湖一键智慧游", 游客可以获得什么服务?	질문 : '시후 원스톱 스마트 여행'을 통해, 여행객은 어떤 서비스를 받을 수 있는가?

해설 음성에서 언급된 **在这个页面上, 游客不仅可以查看景区动态和相关信息, 还可以获得景区导航、玩法推荐、语音导览等多种服务。**를 듣고, 보기 A 景区导航에 체크해 둔다. 질문이 '시후 원스톱 스마트 여행'을 통해 여행객은 어떤 서비스를 받을 수 있는지를 물었으므로, 보기 A가 정답이다.

어휘 景区 jǐngqū 圐 관광지　导航 dǎoháng 圐 내비게이션　监测 jiāncè 圐 모니터링　路况 lùkuàng 圐 도로 상황
分享 fēnxiǎng 圄 공유하다, 함께 누리다　游记 yóujì 圐 여행기, 기행문　医疗 yīliáo 圐 의료, 치료　救助 jiùzhù 圄 구조하다
西湖 Xīhú 고유 시후[항저우에 있는 호수]　服务 fúwù 圄 서비스하다, 근무하다, 봉사하다

---

36 상	A 调整发展思路	A 발전 사고를 조정한다
	B 招聘专业人才	B 전문 인재를 고용한다
	C 扩大服务范围	C 서비스 범위를 확대한다
	D 进行技术更新	D 기술 혁신을 진행한다
	问 : 对于智慧景区项目, 高德地图有什么计划?	질문 : 스마트 관광지 프로젝트에 대해, 까오더 지도는 어떤 계획이 있는가?

해설 음성에서 언급된 **他们会以西湖景区为范例, 陆续上线一百个智慧景区**를 듣고, 보기 C 扩大服务范围에 체크해 둔다. 질문이 스마트 관광지 프로젝트에 대해 까오더 지도는 어떤 계획이 있는지를 물었으므로, 보기 C가 정답이다.

어휘 调整 tiáozhěng 圄 조정하다, 조절하다　思路 sīlù 圐 사고, 생각의 갈피　更新 gēngxīn 圄 혁신하다, 새롭게 바뀌다, 경신하다
智慧景区 zhìhuì jǐngqū 스마트 관광지　项目 xiàngmù 圐 프로젝트, 항목, 사항
高德地图 Gāodé Dìtú 고유 까오더 지도[중국의 지도 모바일 APP]

第37到39题是根据下面一段话：

³⁷说起广场舞，大家多半会联想到那节奏感强烈的音乐声。但在重庆观音桥社区的一个角落里，广场舞却是"悄无声息"的。原来，大妈们跳舞时都戴着耳机，身上还挂着一个接收仪器，所以音乐直接传到耳朵里，不会形成任何噪音。三年来，大妈们一直采取这种方式跳广场舞，在观音桥商圈形成了一道特殊而亮丽的风景线。

看着这群大妈在寂静中跳着广场舞，旁观者不免觉得有点儿可笑。然而，大妈们却神态自若，沉浸在舞蹈和音乐旋律中。³⁸接受采访的一位大妈说，"戴着耳机跳广场舞，大家的注意力反而更能集中一些。"

观音桥商圈是重庆的核心商业区之一，周边社区设施众多，行人川流不息。如果在这里播放高分贝音乐的话，不仅会引来围观人群，还会影响周围的环境和秩序。所以，³⁹这种戴着耳机跳广场舞的方式既满足了大妈们开展娱乐活动的需求，³⁹又最大限度地避免了干扰他人，难怪年轻人都竖起大拇指叫好。

37-39번 문제는 다음 내용에 근거한다.

³⁷광장무를 말하자면, 사람들은 대개 리듬감이 강렬한 음악 소리를 연상할 것이다. 그러나 충칭 관음교 단지의 한 구석에서의 광장무는 오히려 '고요하다'. 알고 보니 아주머니들이 춤출 때 모두 이어폰을 끼고 있고, 몸에는 수신 기기를 걸고 있어서, 음악이 귀로 바로 전달되어 어떠한 소음도 형성되지 않았던 것이다. 3년 동안 아주머니들은 줄곧 이런 방식을 취하여 광장무를 췄고, 관음교 상권에 특수하고 아름다운 볼거리를 하나 형성했다.

아주머니들이 적막 속에서 광장무를 추고 있는 것을 보고 있다 보면, 구경꾼들은 조금 우습게 느껴지는 것을 피할 수 없다. 그러나 아주머니들은 오히려 표정과 태도가 태연하며, 춤과 음악의 선율 속에 빠져 있다. ³⁸인터뷰에 응한 한 아주머니는 "이어폰을 끼고 광장무를 추면, 모두의 주의력이 오히려 좀 더 집중되는 것 같아요."라고 말했다.

관음교 상권은 충칭의 핵심 상업 구역 중 하나로, 주변에 커뮤니티 시설이 많아 행인이 끊임없이 오간다. 만약 이곳에서 높은 데시벨의 음악을 튼다면 둘러서서 구경하는 사람들을 끌어들일 뿐만 아니라 주변 환경과 질서에 영향을 끼칠 것이다. 그러므로 ³⁹이러한 이어폰을 끼고 광장무를 추는 방식은 아주머니들이 여가 활동을 펼치고자 하는 수요를 만족시켰을 뿐만 아니라 ³⁹다른 이들을 방해하는 것도 최대한 피했으니, 젊은이들이 모두 엄지 손가락을 세워 갈채를 보낸 것은 이상할 것이 없다.

어휘 **广场舞** guǎngchǎngwǔ 몡 광장무[넓은 옥외에서 단체로 춤추면서 신체를 단련하는 행위] **多半** duōbàn 팀 대개, 아마 몡 대부분, 대다수 **联想** liánxiǎng 통 연상하다 **节奏感** jiézòugǎn 몡 리듬감 **强烈** qiángliè 혱 강렬하다 **重庆** Chóngqìng 고유 충칭[쓰촨성 남부에 있는 도시] **观音桥** Guānyīnqiáo 고유 관음교[쓰촨성에 위치함] **社区** shèqū 몡 (아파트 등의) 단지, 커뮤니티 **角落** jiǎoluò 몡 구석, 모퉁이 **悄无声息** qiǎowúshēngxī 젱 고요하다, 잠잠하다 **大妈** dàmā 몡 아주머니 **耳机** ěrjī 몡 이어폰 **接收仪器** jiēshōu yíqì 수신 기기 **形成** xíngchéng 통 형성하다, 이루다 **采取** cǎiqǔ 통 취하다, 채택하다 **商圈** shāngquān 몡 상권 **亮丽** liànglì 혱 아름답다, 환하고 예쁘다 **风景线** fēngjǐngxiàn 몡 볼거리, 풍경 **群** qún 몡 무리, 떼 **寂静** jìjìng 혱 적막하다, 조용하다, 고요하다 **旁观者** pángguānzhě 구경꾼 **不免** bùmiǎn 팀 피할 수 없다, 피하지 못하다 **可笑** kěxiào 혱 우습다, 가소롭다 **神态** shéntài 몡 표정과 태도 **自若** zìruò 혱 태연하다 **沉浸** chénjìn 통 빠지다, 몰두하다, 잠기다 **舞蹈** wǔdǎo 몡 춤, 무용 통 춤추다, 무용하다 **旋律** xuánlǜ 몡 선율, 멜로디 **采访** cǎifǎng 통 인터뷰하다, 취재하다 **反而** fǎn'ér 팀 오히려, 반대로 **集中** jízhōng 통 집중하다, 모으다 혱 일치하다 **核心** héxīn 몡 핵심, 중심 **周边** zhōubiān 몡 주변 **设施** shèshī 몡 시설 **川流不息** chuānliúbùxī 젱 (행인·차량 등이 냇물처럼) 끊임없이 오가다 **播放** bōfàng 통 틀다, 방송하다 **分贝** fēnbèi 몡 데시벨[소리의 세기를 나타내는 단위] **围观** wéiguān 통 둘러서서 구경하다 **秩序** zhìxù 몡 질서 **开展** kāizhǎn 통 펼치다, 확대되다 **娱乐活动** yúlè huódòng 여가 활동 **需求** xūqiú 몡 수요, 필요 **最大限度** zuì dà xiàndù 최대한 **干扰** gānrǎo 통 방해하다, 지장을 주다 **难怪** nánguài 팀 ~한 것은 이상할 것이 없다, 어쩐지 **竖起** shùqǐ 통 세우다 **大拇指** dàmǔzhǐ 몡 엄지 손가락 **叫好** jiàohǎo 통 갈채를 보내다

37

하

A 优美的舞姿	A 아름다운 춤사위
B 高超的技巧	B 출중한 기교
C 节奏感强的音乐	C 리듬감이 강한 음악
D 传统服装的色彩	D 전통 복장의 색채
问：说起广场舞，大家印象最深的是什么？	질문 : 광장무에 대해 이야기 할 때, 사람들의 인상에 가장 깊이 남는 것은 무엇인가?

해설 음성에서 언급된 说起广场舞，大家多半会联想到那节奏感强烈的音乐声。을 듣고, 보기 C 节奏感强的音乐에 체크해 둔다. 질문이 광장무에 대해 이야기 할 때 사람들의 인상에 가장 깊이 남는 것은 무엇인지를 물었으므로, 보기 C가 정답이다.

어휘 **优美** yōuměi 혱 아름답다 **舞姿** wǔzī 몡 춤사위 **高超** gāochāo 혱 출중하다, 특출나다, 뛰어나다 **技巧** jìqiǎo 몡 기교, 테크닉 **节奏感** jiézòugǎn 몡 리듬감 **传统** chuántǒng 혱 전통적이다 몡 전통 **服装** fúzhuāng 몡 복장, 의류 **色彩** sècǎi 몡 색채, 색깔 **广场舞** guǎngchǎngwǔ 몡 광장무[넓은 옥외에서 단체로 춤추면서 신체를 단련하는 행위]

제1회 제2회 제3회 제4회 제5회 제6회 듣기 해커스 해설이 상세한 HSK 6급 실전모의고사

38 하			
A 难以适应		A 적응하기 어렵다	
B 有点儿可笑		B 조금 우습다	
C 注意力更集中了		C 주의력이 더 집중되었다	
D 舞蹈水平提高了		D 춤 수준이 높아졌다	

问 : 对于这种戴耳机跳广场舞的方式，大妈们有什么看法？	질문 : 이어폰을 끼고 광장무를 추는 방식에 대해, 아주머니들은 어떤 견해가 있는가?

해설 음성에서 언급된 接受采访的一位大妈说, "戴着耳机跳广场舞, 大家的注意力反而更能集中一些。"를 듣고, 보기 C 注意力更集中了에 체크해 둔다. 질문이 이어폰을 끼고 광장무를 추는 방식에 대해 아주머니들은 어떤 견해가 있는지를 물었으므로, 보기 C가 정답이다.

어휘 难以 nányǐ 圈 ~하기 어렵다　可笑 kěxiào 圈 우습다, 가소롭다　集中 jízhōng 圈 집중하다, 모으다
舞蹈 wǔdǎo 圈 춤, 무용 圈 춤추다, 무용하다　耳机 ěrjī 圈 이어폰
广场舞 guǎngchǎngwǔ 圈 광장무[넓은 옥외에서 단체로 춤추면서 신체를 단련하는 행위]

39 중			
A 占用空间小		A 차지하여 사용하는 공간이 작다	
B 方便交朋友		B 친구 사귀기가 편하다	
C 能够节省时间		C 시간을 절약할 수 있다	
D 不会妨碍他人		D 타인을 방해하지 않는다	

问 : 关于"观音桥社区"的广场舞，下列哪项正确？	질문 : '관음교 단지'이 광장무에 관하여, 다음 중 옳은 것은?

해설 음성에서 언급된 这种戴着耳机跳广场舞的方式……又最大限度地避免了干扰他人을 듣고, 보기 D 不会妨碍他人에 체크해 둔다. 질문이 '관음교 단지'이 광장무에 관하여 옳은 것을 물었으므로, 보기 D가 정답이다.

어휘 占用 zhànyòng 圈 차지하여 사용하다, 점용하다　妨碍 fáng'ài 圈 방해하다
广场舞 guǎngchǎngwǔ 圈 광장무[넓은 옥외에서 단체로 춤추면서 신체를 단련하는 행위]

40-43

第40到43题是根据下面一段话：

著名的老字号企业——⁴⁰全聚德最近遇到了各种各样的经营问题，几名高管陆续辞职，一时间将这家百年老店推上了风口浪尖。

通过不懈努力，⁴¹全聚德在今年扭转了营业收入持续下降的局面。以客流量计算，北京的前门、王府井、和平门这三家店面的营业额占到全聚德总收入的七成左右。全聚德的主流消费人群还是来北京旅游的游客，核心产品也仅限于烤鸭，这些特点都使全聚德难以开拓外地市场。

为了走出这样的困境，⁴²全聚德开始注重消费者的反馈，利用便捷的互联网服务，举办各式各样倾听消费者心声的创意活动。不得不承认，对于一个有足够历史与名气的老字号来说，这是一件需要勇气的事情。而这份勇气也助力全聚德打开了"新的大门"。⁴³全聚德要想赢得下一个30年、50年、100年，必须传承先辈的创新之魂，在质量至上、诚信为本的基础上，⁴³主动进入市场，进一步擦亮"金字招牌"，打造高知名度的，独一无二的"城市品牌"。

40-43번 문제는 다음 내용에 근거한다.

유명한 전통 있는 기업인 ⁴⁰취엔쥐더는 최근 각종 경영 문제에 봉착했는데, 몇 명의 고위층 경영진이 잇달아 그만두면서 순식간에 백 년 된 이 노포를 어려운 상황으로 밀어넣었다.

꾸준한 노력을 통해 ⁴¹취엔쥐더는 올해 영업 매출이 지속해서 하락하는 국면을 바로잡았다. 고객 유동량을 가지고 계산했을 때, 베이징의 첸먼, 왕푸징, 허핑먼 이 3개 지점의 영업액이 취엔쥐더 총수입의 70% 정도를 차지한다. 취엔쥐더의 주 소비층은 여전히 베이징에 여행 온 관광객이며, 핵심 상품도 오리구이에 한정되어 있는데, 이러한 특징들은 모두 취엔쥐더가 외지 시장을 개척하기 어렵게 만들었다.

이러한 곤경에서 벗어나기 위해 ⁴²취엔쥐더는 소비자의 피드백을 중시하기 시작하고, 편리한 인터넷 서비스를 이용해서 소비자 목소리를 경청하는 여러 가지 독창적인 이벤트를 개최했다. 충분한 역사와 명성을 가진 전통이 있는 가게에게 있어 이는 용기가 필요한 일이라는 것을 인정하지 않을 수 없다. 이 용기는 또한 취엔쥐더가 '새로운 대문'을 열게 하는 데 힘을 보탰다. ⁴³취엔쥐더가 다음 30년, 50년, 100년을 얻으려면 선대의 혁신 정신을 전승하고, 품질 제일, 성실 기본을 토대로 ⁴³적극적으로 시장에 진입하여 '금박 글자로 새긴 간판'을 한층 더 윤이 나게 닦아, 높은 인지도와 유일무이한 '도시 브랜드'를 만들어야 한다.

어휘 老字号 lǎozìhào 명 전통이 있는 가게, 연대가 오래된 가게　全聚德 Quánjùdé 고유 취엔쥐더, 전취덕[베이징에 있는 유명 오리 전문 식당]

경영하다　高管 gāoguǎn 명 고위층 경영진, 고위 임원　陆续 lùxù 부 잇달아
辞职 cízhí 동 (회사나 직무를) 그만두다, 사직하다　一时间 yì shíjiān 순식간, 일순간　老店 lǎodiàn 명 노포[대대로 물려 내려오는 점포]
风口浪尖 fēngkǒulàngjiān 성 어려운 상황, 치열하고 복잡한 곳　不懈 búxiè 동 꾸준하다, 느슨하지 않다
扭转 niǔzhuǎn 동 바로잡다, (발전 방향이나 눈앞의 상황을)전환하다　营业收入 yíngyè shōurù 영업 매출　持续 chíxù 동 지속하다, 이어지다
下降 xiàjiàng 동 하락하다, 낮아지다　局面 júmiàn 명 국면, 형세　客流量 kèliúliàng 명 고객 유동량　计算 jìsuàn 동 계산하다 명 계산
前门 Qiánmén 고유 첸먼[자금성의 정문]　王府井 Wángfǔjǐng 고유 왕푸징[베이징에서 가장 번화한 거리]　和平门 Hépíngmén 고유 허핑먼
店面 diànmiàn 명 지점, 매장　营业额 yíngyè'é 명 영업액　主流 zhǔliú 명 주, 주류　消费人群 xiāofèi rénqún 소비층
核心 héxīn 명 핵심　开拓 kāituò 동 개척하다　市场 shìchǎng 명 시장　困境 kùnjìng 명 곤경　注重 zhùzhòng 동 중시하다
消费者 xiāofèizhě 명 소비자　反馈 fǎnkuì 동 피드백하다　便捷 biànjié 형 편리하다, 간편하다　倾听 qīngtīng 동 경청하다
创意 chuàngyì 명 독창적　承认 chéngrèn 동 인정하다, 동의하다　足够 zúgòu 형 충분하다　名气 míngqì 명 명성
助力 zhùlì 동 힘을 보태다, 돕다　传承 chuánchéng 동 전승하다　先辈 xiānbèi 명 선대, 연장자　创新 chuàngxīn 명 혁신
魂 hún 명 정신, 혼　至上 zhìshàng 형 제일이다, 최고이다　诚信 chéngxìn 명 성실함, 신용을 지키다
擦亮 cāliàng 동 윤이 나게 닦다, 깨끗이 닦다　打造 dǎzào 동 만들다　知名度 zhīmíngdù 명 인지도, 지명도
独一无二 dúyīwú'èr 성 유일무이하다, 하나밖에 없다

40
중상

A 关闭店面	A 지점 문을 닫는다
B 高管离职	B 고위층 경영진이 사직한다
C 出售资产	C 자산을 판다
D 价格上涨	D 가격이 오른다
问 : 最近全聚德遇到了什么样的经营问题?	질문 : 최근 취엔쥐더는 어떠한 경영 문제에 봉착했는가?

해설 음성에서 언급된 全聚德最近遇到了各种各样的经营问题, 几名高管陆续辞职을 듣고, 보기 B 高管辞职에 체크해 둔다. 질문이 최근 취엔쥐더는 어떠한 경영 문제에 봉착했는지를 물었으므로, 보기 B가 정답이다.

어휘 关闭 guānbì 동 문을 닫다, 운영을 중단하다　店面 diànmiàn 명 지점, 매장　高管 gāoguǎn 명 고위층 경영진, 고위 임원
离职 lízhí 동 사직하다　出售 chūshòu 동 팔다, 판매하다　资产 zīchǎn 명 자산, 재산　上涨 shàngzhǎng 동 오르다
全聚德 Quánjùdé 고유 취엔쥐더, 전취덕[베이징에 있는 유명 오리 전문 식당]　经营 jīngyíng 동 경영하다

41
중상

A 外地分店的盈利有所提升	A 외지 분점의 이익이 다소 올랐다
B 营业额下降趋势受到遏制	B 영업액이 하락하는 추세가 제지를 받았다
C 在国外开设了多家连锁店	C 해외에 많은 체인점을 차렸다
D 得到全国各地顾客的认可	D 전국 각지 고객의 인정을 받았다
问 : 关于全聚德今年的经营情况, 可以知道什么?	질문 : 취엔쥐더의 올해 경영 상황에 관하여, 무엇을 알 수 있는가?

해설 음성에서 언급된 全聚德在今年扭转了营业收入持续下降的局面을 듣고, 보기 B 营业额下降趋势受到遏制에 체크해 둔다. 질문이 취엔쥐더의 올해 경영 상황에 관하여 알 수 있는 것을 물었으므로, 보기 B가 정답이다.

어휘 外地 wàidì 명 외지, 타지　分店 fēndiàn 명 분점　盈利 yínglì 명 이익, 이윤　有所 yǒusuǒ 동 다소 ~하다, 어느 정도 ~하다
营业额 yíngyè'é 명 영업액　下降 xiàjiàng 동 하락하다, 낮아지다　趋势 qūshì 명 추세, 경향　遏制 èzhì 동 제지하다, 저지하다
开设 kāishè 동 차리다, 개설하다　连锁店 liánsuǒdiàn 명 체인점　认可 rènkě 동 인정하다, 허락하다
全聚德 Quánjùdé 고유 취엔쥐더, 전취덕[베이징에 있는 유명 오리 전문 식당]　经营 jīngyíng 동 경영하다

42
중상

A 推出外卖平台	A 배달 플랫폼을 선보인다
B 进军休闲餐饮业	B 레저 요식업에 진출한다
C 开发烤鸭的新品种	C 오리구이의 새로운 종류를 개발한다
D 进行互联网创意营销	D 독창적인 인터넷 마케팅을 진행한다
问 : 下列哪项属于全聚德做出的尝试?	질문 : 다음 중 취엔쥐더가 시도해 본 것에 속하는 것은?

해설 음성에서 언급된 全聚德开始注重消费者的反馈, 利用便捷的互联网服务, 举办各式各样倾听消费者心声的创意活动을 듣고, 보기 D 进行互联网创意营销에 체크해 둔다. 질문이 취엔쥐더가 시도해 본 것에 속하는 것을 물었으므로, 보기 D가 정답이다.

어휘 推出 tuīchū 동 선보이다, 내놓다　外卖 wàimài 명 배달 동 포장하여 판매하다　平台 píngtái 명 플랫폼

进军 jìnjūn [동] 진출하다, 나아가다　餐饮业 cānyǐnyè [명] 요식업　开发 kāifā [동] (자연 자원을) 개발하다, 개척하다, (비용을) 지불하다
烤鸭 kǎoyā [명] 오리구이　品种 pǐnzhǒng [명] (제품의) 종류, 품종　创意营销 chuàngyì yíngxiāo 독창적인 마케팅
全聚德 Quánjùdé [고유] 취엔쥐더, 전취덕[베이징에 있는 유명 오리 전문 식당]　尝试 chángshì [동] 시도해 보다, 테스트해 보다, 경험해 보다

43	A 减少门店数量	A 상점 수를 줄인다
중	B 积极进入市场	B 적극적으로 시장에 진입한다
	C 进行广告宣传	C 광고 홍보를 한다
	D 拓展销售渠道	D 판매 경로를 확장한다
	问：全聚德如何才能成为独一无二的"城市品牌"？	질문 : 취엔쥐더는 어떻게 하면 유일무이한 '도시 브랜드'가 될 수 있는가?

해설 음성에서 언급된 全聚德……主动进入市场, 进一步擦亮"金字招牌", 打造高知名度的, 独一无二的"城市品牌"를 듣고, 보기 B 积极进入市场에 체크해 둔다. 질문이 취엔쥐더는 어떻게 하면 유일무이한 '도시 브랜드'가 될 수 있는지를 물었으므로, 보기 B가 정답이다.

어휘 门店 méndiàn [명] 상점　市场 shìchǎng [명] 시장　宣传 xuānchuán [동] 홍보하다, 선전하다　拓展 tuòzhǎn [동] 확장하다, 확대하다
销售 xiāoshòu [동] 판매하다, 팔다　渠道 qúdào [명] 경로　全聚德 Quánjùdé [고유] 취엔쥐더, 전취덕[베이징에 있는 유명 오리 전문 식당]
独一无二 dúyīwú'èr [성] 유일무이하다　品牌 pǐnpái [명] 브랜드

44-47

第44到47题是根据下面一段话：

随着经济的发展，⁴⁷越来越多的农村年轻人不断地向城市转移，导致乡村人口日益减少。同时，⁴⁴乡村很多的古老建筑既无人居住，也无人维护。⁴⁴有的因年久失修破烂不堪，有的则被随意拆除。这对乡村文化遗产来说是巨大的损失，也是毁灭性的破坏。所以，⁴⁵如何在乡村建设过程中不以破坏和牺牲传统的文化资源为代价，平衡乡村建设与文化遗产保护的关系，值得我们深思。

专家指出，我们首先要正确对待"发展"与"保护"的关系，将乡村建设与古建筑的保护有机地结合起来；其次，⁴⁶古建筑的保护，要从依靠政府统筹主导，资金支持等外力，转变为依靠乡村自身的历史底蕴、人文魅力和文化内涵，这样才能不断提高乡村自主发展能力和自我更新能力。此外，还应建立和健全历史文化遗产保护的相关法律法规，在法律层面确立乡村古建筑的地位，加大对乡村文化遗产保护的宣传力度，提高村民对于古建筑和历史遗迹的保护意识。

44-47번 문제는 다음 내용에 근거한다.

경제가 발전함에 따라 ⁴⁷점점 더 많은 농촌 젊은이들이 도시로 끊임없이 옮겨 가면서, 농촌 인구가 나날이 감소하는 것을 초래했다. 동시에 ⁴⁴농촌의 많은 오래된 건축물은 거주하는 사람도 없고, 유지하고 보호하는 사람도 없다. ⁴⁴어떤 것은 오랫동안 방치하여 노후가 심하고, 어떤 것은 마음대로 철거되었다. 이는 농촌 문화유산에 있어 막대한 손실이며 치명적인 파괴이다. 따라서 ⁴⁵농촌 건설 과정에서 어떻게 하면 전통문화 자원을 파괴하고 희생하는 것을 대가로 하지 않고 농촌 건설과 문화유산 보호의 관계를 균형 잡히게 할 수 있을지는 우리가 깊이 생각해 볼 만하다.

전문가는 우리가 우선 '발전'과 '보호'의 관계를 올바르게 대하여 농촌 건설과 오래된 건축물 보호를 유기적으로 결합하고, 그 다음으로 ⁴⁶오래된 건축물의 보호를 정부가 총괄하여 주도하고 자금을 지원하는 것 등의 외부의 힘에 의지하는 것에서 농촌 자체의 역사적 내포, 인문학적 매력과 문화적 의미에 의지하는 것으로 바꿔야만 농촌의 자주적 발전 능력과 자아 갱신 능력을 끊임없이 높일 수 있다고 지적했다. 이 밖에, 역사적 문화유산 보호와 관련된 법률 법규를 세우고 완비하여 법률적인 방면에서 농촌의 오래된 건축물의 지위를 확립하고, 농촌 문화유산 보호의 홍보 강도를 강화하며, 마을 주민들의 오래된 건축물과 역사적 유물에 대한 보호 의식을 제고해야 한다.

어휘 农村 nóngcūn [명] 농촌　转移 zhuǎnyí [동] 옮기다, 바꾸다　乡村 xiāngcūn [명] 농촌, 시골　人口 rénkǒu [명] 인구　日益 rìyì [부] 나날이, 날로
古老 gǔlǎo [형] 오래되다　建筑 jiànzhù [명] 건축물　无人 wúrén [형] 사람이 없는, 인재가 없는　居住 jūzhù [동] 거주하다
维护 wéihù [동] 유지하고 보호하다, 지키다, 옹호하다　年久失修 nián jiǔ shī xiū 오랫동안 방치하다　破烂 pòlàn [형] 노후하다, 낡아 빠지다
不堪 bùkān [형] 심하다[부정적인 단어 뒤에 쓰여 정도가 심함을 나타냄]　随意 suíyì [부] 마음대로　拆除 chāichú [동] 철거하다
文化遗产 wénhuà yíchǎn [명] 문화유산　巨大 jùdà [형] 막대하다, 거대하다　损失 sǔnshī [동] 손실되다, 손해보다
毁灭性 huǐmièxìng [형] 치명적인, 결정적인　破坏 pòhuài [동] 파괴하다, 손상시키다　如何 rúhé [대] 어떻게, 어떠하다
建设 jiànshè [동] 건설하다　牺牲 xīshēng [동] 희생하다, 대가를 치르다　传统 chuántǒng [명] 전통 [형] 전통적이다　资源 zīyuán [명] 자원
代价 dàijià [명] 대가, 가격　平衡 pínghéng [동] 균형 잡히게 하다, 평형되게 하다　深思 shēnsī [동] 깊이 생각하다, 골똘히 생각하다
专家 zhuānjiā [명] 전문가　对待 duìdài [동] 대하다　有机 yǒujī [형] 유기적인　结合 jiéhé [동] 결합하다　依靠 yīkào [동] 의지하다, 의존하다
政府 zhèngfǔ [명] 정부　统筹 tǒngchóu [동] 총괄하다, 전면적인 계획을 세우다　主导 zhǔdǎo [동] 주도하다　资金 zījīn [명] 자금
外力 wàilì [명] 외부의 힘　转变 zhuǎnbiàn [동] 바뀌다, 바꾸다　自身 zìshēn [명] 자체, 자기　底蕴 dǐyùn [명] 내포, 상세한 내용
魅力 mèilì [명] 매력　内涵 nèihán [명] 의미, 내포, (언어에 담겨있는) 내용　不断 búduàn [부] 끊임없이, 부단히

自主 zìzhǔ 통 자주적으로 한다, 자신의 뜻대로 처리하다　更新 gēngxīn 통 갱신하다, 새롭게 바뀌다　此外 cǐwài 접 이 밖에, 이 외에
建立 jiànlì 통 세우다, 형성하다　健全 jiànquán 통 완비하다　相关 xiāngguān 통 (서로) 관련되다　层面 céngmiàn 명 방면
确立 quèlì 통 확립하다, 확고하게 세우다, 수립하다　地位 dìwèi 명 지위, 위치　宣传 xuānchuán 통 홍보하다, 선전하다
力度 lìdù 명 (힘의) 강도, 세기　意识 yìshí 명 의식

44
중상

A 损坏严重	A 손상이 심각하다
B 修复缓慢	B 수리 복원이 느리다
C 宣传力度不够	C 홍보 역량이 부족하다
D 缺乏法律保护	D 법률적 보호가 부족하다
问：下列哪项属于乡村古建筑存在的问题？	질문 : 다음 중 농촌의 오래된 건축물이 가지고 있는 문제에 속하는 것은?

해설　음성에서 언급된 乡村很多的古老建筑……有的因年久失修破烂不堪을 듣고, 보기 A 损坏严重에 체크해 둔다. 질문이 농촌의 오래된 건축물이 가지고 있는 문제에 속하는 것을 물었으므로, 보기 A가 정답이다.

어휘　损坏 sǔnhuài 통 손상하다, 파손하다　修复 xiūfù 통 수리하여 복원하다　宣传 xuānchuán 통 홍보하다, 선전하다
力度 lìdù 명 역량, 힘의 세기　缺乏 quēfá 통 부족하다　古建筑 gǔjiànzhù 명 오래된 건축물

45
중상

A 毁损文化资源	A 문화 자원을 훼손한다
B 轻视传统风俗	B 전통 풍속을 무시한다
C 盲目追求利益	C 맹목적으로 이익을 추구한다
D 失去地方特色	D 지역의 특색을 잃어버린다
问：乡村在发展中应避免什么？	질문 : 농촌은 발전하는 중에 어떤 것을 피해야 하는가?

해설　음성에 언급된 如何在乡村建设过程中不以破坏和牺牲传统的文化资源为代价, 平衡乡村建设与文化遗产保护的关系, 值得我们深思。를 듣고, 보기 A 毁损文化资源에 체크해 둔다. 질문이 농촌은 발전하는 중 어떤 것을 피해야 하는지를 물었으므로, 보기 A가 정답이다.

어휘　毁损 huǐsǔn 통 훼손하다, 파괴하다　资源 zīyuán 명 자원　轻视 qīngshì 통 무시하다, 경시하다　风俗 fēngsú 명 풍속
盲目 mángmù 형 맹목적인, 무작정, 눈먼　利益 lìyì 명 이익, 이득　失去 shīqù 통 잃어버리다, 잃다　地方 dìfang 명 지역, 곳
特色 tèsè 명 특색, 특징　避免 bìmiǎn 통 피하다, 모면하다

46
상

A 国家政策	A 국가 정책
B 商业投资	B 상업 투자
C 乡村的文化内涵	C 농촌의 문화적 의미
D 公众的舆论支持	D 대중의 여론 지지
问：古建筑保护应该依靠哪个方面？	질문 : 오래된 건축물 보호는 어떤 방면에 의지해야 하는가?

해설　음성에서 언급된 古建筑的保护, 要从依靠政府统筹主导, 资金支持等外力, 转变为依靠乡村自身的历史底蕴、人文魅力和文化内涵을 듣고, 보기 C 乡村的文化内涵에 체크해 둔다. 질문이 오래된 건축물 보호는 어떤 방면에 의지해야 하는지를 물었으므로, 보기 C가 정답이다.

어휘　政策 zhèngcè 명 정책　商业 shāngyè 명 상업　投资 tóuzī 명 투자 통 투자하다　内涵 nèihán 명 의미, 내포
公众 gōngzhòng 명 대중　舆论 yúlùn 명 여론　古建筑 gǔjiànzhù 명 오래된 건축물　依靠 yīkào 통 의지하다, 의존하다

47
중상

A 乡村生活条件提高了	A 농촌 생활 조건이 향상되었다
B 乡村人口在逐渐减少	B 농촌 인구가 점차 감소하고 있다
C 相关法律已较为完善	C 관련 법률이 이미 비교적 완벽하다
D 人们普遍喜爱古建筑	D 사람들은 보편적으로 오래된 건축물을 좋아한다
问：根据这段话，下列哪项正确？	질문 : 이 글에 근거하여, 다음 중 옳은 것은?

제2회　제3회　제4회　제5회　제6회
듣기
해커스 해설이 상세한 HSK 6급 실전모의고사

실전모의고사 제6회 | 듣기 제3부분　**377**

해설 음성에서 언급된 越来越多的农村年轻人不断地向城市转移, 导致乡村人口日益减少를 듣고, 보기 B 乡村人口在逐渐减少에 체크해 둔다. 질문이 이 글에 근거하여 옳은 것을 물었으므로, 보기 B가 정답이다.

어휘 乡村 xiāngcūn 몡 농촌, 시골 人口 rénkǒu 몡 인구 逐渐 zhújiàn 뮈 점차, 점점 相关 xiāngguān 동 (서로) 관련되다
完善 wánshàn 혱 완벽하다, 나무랄 데가 없다 喜爱 xǐ'ài 동 좋아하다, 흥미를 갖다 古建筑 gǔjiànzhù 오래된 건축물

48-50

第48到50题是根据下面一段话:
⁴⁸网络游戏自诞生之日起, 就一直处于社会舆论风暴的中心, 其中青少年沉迷游戏的问题持续引发关注, 给中国游戏产业带来了无法忽略的负面影响。

在解决青少年沉迷网络游戏的问题上, 腾讯集团表现出了积极的态度。本周, ⁴⁹腾讯刚刚宣布了一项新举措: 在一款即将推出的新游戏上进行 "16+" 试点。这是迄今为止, 中国控制未成年人使用网络游戏的最为严格的措施。具体而言, 腾讯游戏健康系统将与公安系统联网进行实名检验, ⁴⁹如果信息显示用户未满十六周岁, 他的账号将无法登录这款新游戏。

通过身份识别来控制青少年玩游戏, 是政府和企业都认可的应对策略。虽然该系统因为涉及隐私等各方面问题, 还没有全面推广, 但⁵⁰像腾讯一样拥有强大的研发能力和庞大的用户群体的企业, 通过这样的方式, 在追求经济效益的同时, ⁵⁰也完全可以承担起相应的社会责任。

48-50번 문제는 다음 내용에 근거한다.
⁴⁸온라인 게임은 탄생한 날부터 줄곧 사회 여론 폭풍의 중심에 놓여 있는데, 그중 청소년이 게임에 빠지는 문제는 지속해서 관심을 일으키고 있으며, 중국 게임 산업에 무시할 수 없는 부정적인 영향을 가져다 주었다.

청소년이 인터넷 게임에 빠지는 문제를 해결하는 데 있어, 텐센트 그룹은 적극적인 태도를 보였다. 이번 주 ⁴⁹텐센트는 새로운 조치를 막 발표했는데, 곧 선보이는 새로운 게임에 '16+'를 시험삼아 진행한다는 것이다. 이는 지금까지 중국이 미성년자의 인터넷 게임 사용을 통제하는 데에 있어 가장 엄격한 조치이다. 구체적으로 말해서 텐센트 게임의 건강 시스템은 공안 시스템과 네트워킹하여 실명 검사를 진행하고, ⁴⁹만약 정보에서 사용자가 만 16세 미만으로 나타나면, 그의 계정은 이 새로운 게임에 로그인할 수 없다.

신분 식별을 통해 청소년이 게임 하는 것을 통제하는 것은 정부와 기업이 모두 승인한 대응 전략이다. 비록 이 시스템은 프라이버시 등 여러 방면의 문제와 관련되어 있어 아직 전면적으로 널리 보급되지 않았지만, ⁵⁰텐센트처럼 막강한 연구 개발 능력과 방대한 이용자를 가진 기업은 이런 방식을 통해서 경제적 효익을 추구하는 동시에 ⁵⁰상응하는 사회적 책임을 충분히 부담할 수 있다.

어휘 网络游戏 wǎngluò yóuxì 몡 온라인 게임 诞生 dànshēng 동 탄생하다, 생기다 处于 chǔyú 동 (어떤 지위나 상태에) 놓여 있다, 처하다
舆论 yúlùn 몡 여론 风暴 fēngbào 몡 폭풍 沉迷 chénmí 동 (어떤 것에 깊이) 빠지다, 심취하다 持续 chíxù 지속하다, 이어지다
引发 yǐnfā 일으키다 关注 guānzhù 관심을 가지다 产业 chǎnyè 몡 산업, 공업 带来 dàilái 가져다 주다, 가져오다
无法 wúfǎ ~할 수 없다, ~할 방법이 없다 忽略 hūlüè 무시하다, 등한히 하다 负面 fùmiàn 부정적인 면, 나쁜 면
腾讯集团 Téngxùn Jítuán 고유 텐센트 그룹[중국의 IT기업] 宣布 xuānbù 발표하다, 선포하다 举措 jǔcuò 몡 조치
即将 jíjiāng 뮈 곧, 머지않아 推出 tuīchū 동 선보이다, 내놓다 试点 shìdiǎn 몡 시험 삼아 해 보다
迄今为止 qìjīnwéizhǐ 혱 (이전 어느 시점부터) 지금까지 控制 kòngzhì 동 통제하다 未成年人 wèichéngniánrén 몡 미성년자
措施 cuòshī 몡 조치 具体 jùtǐ 혱 구체적이다, 특정의 联网 liánwǎng 동 네트워킹하다 实名 shímíng 실명
检验 jiǎnyàn 검사하다, 검증하다 信息 xìnxī 몡 정보, 소식 显示 xiǎnshì 나타내 보이다, 드러내다 用户 yònghù 몡 사용자, 가입자
账号 zhànghào 몡 계정, 계좌 번호 登录 dēnglù 로그인하다, 등록하다 身份 shēnfèn 몡 신분 识别 shíbié 동 식별하다, 변별하다
政府 zhèngfǔ 몡 정부 企业 qǐyè 몡 기업 认可 rènkě 동 승인하다, 허락하다 应对 yìngduì 동 대응하다, 대답하다
策略 cèlüè 몡 전략, 책략 涉及 shèjí 동 관련되다, 미치다 隐私 yǐnsī 몡 프라이버시, 사적인 비밀 全面 quánmiàn 혱 전면적이다
推广 tuīguǎng 동 널리 보급하다 研发 yánfā 연구하여 개발하다 庞大 pángdà 혱 방대하다, 거대하다 用户群体 yònghù qúntǐ 이용자
追求 zhuīqiú 동 추구하다 效益 xiàoyì 몡 효익[효과와 이익] 承担 chéngdān 동 부담하다, 맡다 相应 xiāngyìng 동 상응하다, 서로 맞다

48
하

A 利润非常高	A 이윤이 매우 높다
B 技术进步快	B 기술 진보가 빠르다
C 青少年沉迷游戏	C 청소년이 게임에 빠진다
D 新游戏层出不穷	D 새로운 게임이 끊임없이 나타난다
问 : 网络游戏为什么受到舆论关注?	질문 : 온라인 게임은 왜 여론의 관심을 받는가?

해설 음성에서 언급된 网络游戏自诞生之日起, 就一直处于社会舆论风暴的中心, 其中青少年沉迷游戏的问题持续引发关注를 듣고, 보기 C 青少年沉迷游戏에 체크해 둔다. 질문이 온라인 게임이 여론의 관심을 받는 원인을 물었으므로, 보기 C가 정답이다.

어휘 利润 lìrùn 몡 이윤 进步 jìnbù 동 진보하다 青少年 qīngshàonián 몡 청소년 沉迷 chénmí 동 (어떤 것에 깊이) 빠지다, 심취하다
层出不穷 céngchūbùqióng 혱 끊임없이 나타나다, 꼬리를 물고 나타나다 网络游戏 wǎngluò yóuxì 몡 온라인 게임
舆论 yúlùn 몡 여론 关注 guānzhù 동 관심을 가지다

49 중상

A 积极删除暴力画面	A 폭력적인 화면을 적극적으로 삭제한다
B 要求用户实名购买	B 사용자가 실명으로 구매하는 것을 요구한다
C 控制青少年玩的时间	C 청소년이 노는 시간을 통제한다
D 禁止十六岁以下的人玩	D 16세 이하의 사람이 게임하는 것을 금지한다
问：关于腾讯实行的新措施，可以知道什么？	질문: 텐센트가 실행한 새로운 조치에 관하여, 무엇을 알 수 있는가?

해설 음성에서 언급된 腾讯刚刚宣布了一项新举措：在一款即将推出的新游戏上进行"16+"试点……如果信息显示用户未满十六周岁，他的账号将无法登录这款新游戏를 듣고, 보기 D 禁止十六岁以下的人玩에 체크해 둔다. 질문이 텐센트가 시행한 새로운 조치에 관하여 알 수 있는 것을 물었으므로, 보기 D가 정답이다.

어휘 删除 shānchú [동] 삭제하다, 지우다　暴力 bàolì [명] 폭력, 공권력　用户 yònghù [명] 사용자, 가입자　实名 shímíng [명] 실명
控制 kòngzhì [동] 통제하다, 조절하다　青少年 qīngshàonián [명] 청소년
腾讯 Téngxùn [고유] 텐센트[중국의 IT기업으로 포털 사이트, 메신저, 게임 등을 서비스함]　实行 shíxíng [동] 실행하다
措施 cuòshī [명] 조치, 대책

50 중

A 企业能保护用户隐私	A 기업은 사용자의 프라이버시를 보호할 수 있다
B 企业能研究顾客心理	B 기업은 고객의 심리를 연구할 수 있다
C 企业能承担社会责任	C 기업은 사회적 책임을 부담할 수 있다
D 企业能重视知识产权	D 기업은 지적 재산권을 중시할 수 있다
问：下列哪项属于说话人的观点？	질문: 다음 중 화자의 관점에 속하는 것은?

해설 음성에서 언급된 像腾讯一样拥有强大的研发能力和庞大的用户群体的企业……也完全可以承担起相应的社会责任을 듣고, 보기 C 企业能承担社会责任에 체크해 둔다. 질문이 화자의 관점에 속하는 것을 물었으므로, 보기 C가 정답이다.

어휘 企业 qǐyè [명] 기업　用户 yònghù [명] 사용자, 가입자　隐私 yǐnsī [명] 프라이버시, 사적인 비밀　心理 xīnlǐ [명] 심리, 기분
承担 chéngdān [동] 부담하다, 지다, 맡다　重视 zhòngshì [동] 중시하다　知识产权 zhīshi chǎnquán [명] 지적 재산권
观点 guāndiǎn [명] 관점

二、阅读 독해

51
중

A (在甲板上观看火箭发射的) 人群 / 发出了 / (一阵阵) 欢呼声。
　　관형어　　　　　　　주어　　술어　　　관형어　　목적어

(갑판 위에서 로켓 발사를 지켜보던) 사람들이 / 질렀다 / (여러 차례) 환호성을

해석 갑판 위에서 로켓 발사를 지켜보던 사람들이 여러 차례 환호성을 질렀다.

해설 주어 人群, 술어 发出了, 목적어 欢呼声이 문맥상 자연스럽게 어울린다. 따라서 틀린 부분이 없다.

어휘 甲板 jiǎbǎn 몡 갑판　火箭 huǒjiàn 몡 로켓　发射 fāshè 동 (총알·미사일·전파 등을) 발사하다　人群 rénqún 몡 사람들, 무리
阵 zhèn 양 차례, 바탕[잠시 지속되는 동작을 세는 단위]　欢呼声 huānhūshēng 환호성

　　　　┌──── 첫 번째 절 ────┐　　　　　┌──── 두 번째 절 ────┐
B (各地的) 可可豆 / 风味不同, // 有的 / 带着 / 果香, //
　　관형어　　주어　　　술어　　　　주어　　술어　　목적어
(각지의) 코코아는 / 풍미가 다르다, // 어떤 것은 / 가지고 있다 / 과일향을, //

　　┌──── 세 번째 절 ────┐
有的 / 带着 / 烟熏味。
주어　　술어　　목적어
어떤 것은 / 가지고 있다 / 연기에 그을린 듯한 향을

해석 각지의 코코아는 풍미가 다른데, 어떤 것은 과일향을 가지고 있고, 어떤 것은 연기에 그을린 듯한 향을 가지고 있다.

해설 각 절의 주어, 술어, 목적어가 모두 문맥상 자연스럽게 어울린다. 따라서 틀린 부분이 없다

어휘 可可豆 kěkědòu 코코아　风味 fēngwèi 몡 쑹미　烟熏味 yānxūnwèi 연기에 그을린 듯한 향

C (家庭对孩子的) 影响 / [是] 潜移默化 [的], // (反而) (能) 让 / 孩子 /
　　관형어　　　　주어1　　 是　　술어1　　 的　　부사어　부사어　술어2　목적어2
　　　　　　　　　　　　　　　　　　　　　　　　　　　　　　　　　　　주어2
(아이에 대한 가정의) 영향은 / 은연중에 감화되는 것이다, // (오히려) (~할 수 있다) ~하게 하다 / 아이가 /

(自然地) 接受 / 教育。
부사어　　술어3　목적어
(자연스럽게) 받아들이다 / 교육을

해석 아이에 대한 가정의 영향은 은연중에 감화되는 것이어서, 오히려 아이가 교육을 자연스럽게 받아들이게 할 수 있다.

해설 부사어가 문맥상 어울리지 않아 틀린 경우
내용의 전환을 나타내는 부사 反而이 문맥에 맞지 않게 사용되었으므로 틀린 문장이다. 反而은 앞 문장의 내용과 반대되거나 예상치 못한 바를 나타낼 때 사용하므로, 위 문장에서는 反而 대신 인과를 나타내는 접속사 因而이 들어가야 옳은 문장이 된다.

★ 옳은 문장: 家庭对孩子的影响是潜移默化的, 因而能让孩子自然地接受教育。
아이에 대한 가정의 영향은 은연중에 감화되는 것이어서, 그렇기 때문에 아이가 교육을 자연스럽게 받아들이게 할 수 있다.

어휘 家庭 jiātíng 몡 가정　潜移默化 qiányímòhuà 성 은연중에 감화되다, 무의식 중에 감화되다　反而 fǎn'ér 囝 오히려, 도리어, 반대로

D (有声电影出现之后), // (音画的) 配合 / 使得 / 电影 / (正式) 脱离了 /
　　부사어　　　　　　　관형어　　주어1　　술어1　목적어1　부사어　술어2
　　　　　　　　　　　　　　　　　　　　　　　　주어2
(유성 영화가 출연한 이후), // (음악과 화면의) 조화는 / ~하게 하다 / 영화가 / (정식으로) 벗어나다 /

(舞台剧的) 框架。
관형어　　목적어2
(무대극의) 프레임에서

해석 유성 영화가 출현한 이후, 음악과 화면의 조화는 영화가 무대극의 프레임에서 정식으로 벗어나게 했다.

해설 사역동사 使得가 사용된 겸어문으로, 주어1 配合, 술어1 使得, 목적어1 겸 주어2인 电影, 술어2 脱离了, 목적어2 框架가 모두 문맥상 자연스럽게 어울린다. 시기를 나타내는 부사어 有声电影出现之后 또한 문장 맨 앞의 부사어로 적절히 쓰였다. 따라서 틀린 부분이 없다.

어휘 **音画** yīnhuà [명] 음악과 화면 **配合** pèihé [동] 조화를 이루다, 협력하다 **脱离** tuōlí [동] 벗어나다
舞台剧 wǔtáijù 무대극[무대 위에서 하는 연극] **框架** kuàngjià [명] 프레임(frame), 골조

52
중

A (这个新款)	阅读器 /	设计	(得很小巧), //	(可以)	放	(进) /	(一个很小的)	包里。
관형어	주어	술어1	보어	부사어	술어2	보어	관형어	목적어
(이 새)	리더기는 /	설계되다	(매우 작고 정교하게), //	(~할 수 있다)	넣다	(들어가다) /	(작은)	주머니에

해석 이 새 리더기는 매우 작고 정교하게 설계되어서, 작은 주머니에 넣을 수 있다.

해설 주어 阅读器, '술어1+보어' 형태의 设计得很小巧가 문맥상 자연스럽게 어울리고, '술어2+보어' 형태의 放进, 목적어 包里도 주어와 문맥상 자연스럽게 어울린다. 따라서 틀린 부분이 없다.

어휘 **阅读器** yuèdúqì [명] 리더기 **设计** shèjì [동] 설계하다, 디자인하다 [명] 설계, 디자인 **小巧** xiǎoqiǎo [형] 작고 정교하다

B (自从他被提拔为省长后), //	(上门求见的)	人 /	(可以说是)	滔滔不绝 /	了。
부사어	관형어	주어	부사어	술어	了
(그가 성장으로 발탁된 후), //	(방문하여 회견을 요청하는)	사람이 /	(~라고 말할 수 있다)	쉴 새 없이 말하다	

해석 그가 성장으로 발탁된 후, 방문하여 회견을 요청하는 사람이 쉴 새 없이 말한다라고 말할 수 있다.

해설 **주어와 술어가 문맥상 서로 어울리지 않아 틀린 경우**
주어 人과 술어 滔滔不绝가 문맥상 서로 어울리지 않아 틀린 문장이다. 滔滔不绝는 '말'이 흐르는 물처럼 끊이지 않는다는 의미로, 人이 주어가 될 수 없다. 滔滔不绝 대신 人이 주어가 될 수 있는 络绎不绝가 들어가야 옳은 문장이 된다.
★ 옳은 문장: 自从他被提拔为省长后, 上门求见的人可以说是络绎不绝了。
그가 성장으로 발탁된 후, 방문하여 회견을 요청하는 사람이 끊이지 않는다라고 말할 수 있다.

어휘 **提拔** tíbá [동] 발탁하다, 등용하다 **省长** shěngzhǎng [명] 성장[중국의 행정 단위인 성(省)의 장] **上门** shàngmén [동] 방문하다
滔滔不绝 tāotāobùjué [성] 쉴 새 없이 말하다, 말이 흐르는 물처럼 끊이지 않다
络绎不绝 luòyìbùjué [성] 사람이 끊이지 않는다, 왕래가 빈번하다

C (在一夜暴富之后), //	(有些)	人 /	(就)	开始 /	盲目投资, //	
부사어	관형어	주어	부사어	술어1	목적어	
(하루 아침에 벼락부자가 된 후), //	(몇몇)	사람은 /	(바로)	시작하다 /	맹목적으로 투자하는 것을, //	

(从)	(不)	分析 /	市场前景。
부사어	부사어	술어2	목적어
(지금까지)	(~하지 않다)	분석하다 /	시장 전망을

해석 하루 아침에 벼락부자가 된 후, 몇몇 사람은 맹목적으로 투자하는 것을 바로 시작했고, 지금까지 시장 전망을 분석하지 않았다.

해설 주어 人, 술어1 开始, 목적어 盲目投资가 문맥상 자연스럽게 어울리고, 술어2 分析, 목적어 市场前景도 주어와 문맥상 자연스럽게 어울린다. 시기를 나타내는 부사어 在一夜暴富之后가 문장 맨 앞의 부사어로 적절히 쓰였고, 부정사 앞에 쓰이는 부사 从, 부정부사 不 또한 술어2 分析 앞에서 부사어로 문맥상 적절하게 쓰였다. 따라서 틀린 부분이 없다. 참고로, 부사 从과 부정부사 不는 '从不'라는 형태로 자주 사용된다는 점을 알아 둔다.

어휘 **暴富** bàofù [동] 벼락부자가 되다 **盲目** mángmù [형] 맹목적인 **分析** fēnxī [동] 분석하다 **市场** shìchǎng [명] 시장
前景 qiánjǐng [명] 전망, 전경

앞 절

D 他 /	创立了 /	(世界上第一个心理学)	实验室, //
주어	술어	관형어	목적어
그는 /	창립했다 /	(세계 최초의 심리학)	실험실을, //

뒤 절

这 /	标志着 /	(现代心理学的)	诞生。
주어	술어	관형어	목적어
이는 /	상징하고 있다 /	(현대 심리학의)	탄생을

해석 그는 세계 최초의 심리학 실험실을 창립했는데, 이는 현대 심리학의 탄생을 상징하고 있다.

해설 앞 절의 주어 他, 술어 创立了, 목적어 实验室이 문맥상 자연스럽게 어울리고, 뒤 절의 주어 这, 술어 标志着, 목적어 诞生도 문맥상 자연스럽게 어울린다. 따라서 틀린 부분이 없다.

어휘 创立 chuànglì 图 창립하다, 창설하다   心理学 xīnlǐxué 图 심리학   实验室 shíyànshì 图 실험실   标志 biāozhì 图 상징하다
　　现代 xiàndài 图 현대   诞生 dànshēng 图 탄생하다

53
중

A (一个优秀的) 运动员 / (通常) (会) 具备 / (高超的) 技巧 和 (勤学苦练的) 精神。
　　 관형어　　　　 주어　　　 부사어 부사어 술어　　 관형어　　 목적어 접속사　 관형어　　　　　 목적어
　　 (우수한)　 운동선수는 / (일반적으로) (~한다) 갖추다 / (출중한)　 기교　 ~와/과 (부지런히 배우고 열심히 연마하는) 정신을

해석 우수한 운동선수는 일반적으로 출중한 기교와 부지런히 배우고 열심히 연마하는 정신을 갖춘다.

해설 주어 运动员, 술어 具备, 목적어 技巧, 精神이 문맥상 자연스럽게 어울린다. 또한 부사 通常과 조동사 会도 술어 具备 앞에서 부사 →조동사 순으로 알맞게 배치되었다. 따라서 틀린 부분이 없다.

어휘 具备 jùbèi 图 갖추다, 구비하다   高超 gāochāo 图 출중하다, 특출나다   技巧 jìqiǎo 图 기교, 테크닉
　　勤学苦练 qínxué kǔliàn 부지런히 배우고 열심히 연마하다   精神 jīngshén 图 정신

B (除了以辛勤工作换取回报之外), // 人们 / (还) (可以) (通过投资) 使 / 资产 /
　　　 부사어　　　　　　　　　　 주어1　 부사어　 부사어　　 부사어　　 술어1　 목적어
　　　　　　　　　　　　　　　　　　　　　　　　　　　　　　　　　　　　　주어2
　　 (부지런하게 일하여 대가를 얻는 것 외에), // 사람들은 / (또한) (~할 수 있다) (투자를 통하여) ~하게 하다 / 자산이 /

增值。
술어2
가치가 올라가다

해석 부지런하게 일하여 대가를 얻는 것 외에, 사람들은 또한 투자를 통해 자산이 가치가 올라가도록 할 수 있다.

해설 사역동사 使이 사용된 겸어문으로, 주어1 人们, 술어1 使, 목적어 겸 주어2인 资产, 술어2 增值이 문맥상 자연스럽게 어울린다. 개사 除了가 이끄는 除了以辛勤工作换取回报之外가 문장 맨 앞의 부사어로 적절히 쓰였고, 부사 还, 조동사 可以, 개사구 通过投资 또한 술어 1 使 앞에서 부사→조동사→개사구 순으로 알맞게 배치되었다. 따라서 틀린 부분이 없다. 참고로, 除了와 还는 '除了 A, 还 B'라는 형태로 자주 사용된다는 점을 알아 둔다.

어휘 辛勤 xīnqín 图 부지런하다   回报 huíbào 图 대가를 얻다, 보답하다   投资 tóuzī 图 투자 图 투자하다   资产 zīchǎn 图 자산, 재산
　　增值 zēngzhí 图 (자산이나 상품의) 가치가 올라가다

C 恒创集团 / (已经) 成为了 / 拥有 / (5个) 子公司, / (2个) 研究基地, //
　　　 주어　　 부사어　 술어　　 술어　 관형어　 목적어　 관형어　 목적어
　　 헝창 그룹은 / (이미)　 되었다 / 보유하다 / (5개의) 자회사, // (2개의) 연구 기지, //

(9千万元) 资产。
　 관형어　 목적어
　　　　　 목적어
(9천만 위안) 자산을

해석 헝창 그룹은 이미 5개의 자회사, 2개의 연구 기지, 9천만 위안의 자산을 보유하다 되었다.

해설 주어, 술어, 목적어가 문맥상 서로 어울리지 않아 틀린 경우

주어 恒创集团, 술어 成为了, 목적어 拥有5个子公司, 2个研究基地, 9千万元资产이 문맥상 서로 어울리지 않아 틀린 문장이다. 목적어 拥有5个子公司, 2个研究基地, 9千万元资产 뒤에 주어 恒创集团과 의미상으로 호응하는 어휘를 추가해야 문맥상 옳은 문장이 된다.

★ 옳은 문장 : 恒创集团已经成为了拥有5个子公司, 2个研究基地, 9千万元资产的大公司。
　　　　　　헝창 그룹은 이미 5개의 자회사, 2개의 연구 기지, 9천만 위안의 자산을 보유한 큰 회사가 되었다.

어휘 恒创集团 Héngchuàng Jítuán 교유 헝창 그룹[중국 선전에 위치한 기업]   拥有 yōngyǒu 图 보유하다, 가지다
　　基地 jīdì 图 기지, 근거지   资产 zīchǎn 图 자산, 재산

제1회
제2회
제3회
제4회
제5회
제6회
독해
해커스 해설이 상세한 HSK 6급 실전모의고사

D 老人 / 站 (在街口) / 东张西望, // 然后 (来来回回地) 走了 (好几趟), //

주어	술어1	보어	술어2	접속사	부사어	술어3	보어

노인은 / 서다 (골목 어귀에서) / 여기저기 두리번거리다, // 그 후 (왔다 갔다 하며) 걸어 다녔다 (몇 번을), //

看样子 / 可能是迷路了。

술어4	목적어

보아하니 / 아마도 길을 잃은 것 같다

해석 노인은 골목 어귀에 서서 여기저기 두리번거리고, 그 후 왔다 갔다 하며 몇 번을 걸어 다녔는데, 보아하니 아마도 길을 잃은 것 같다.

해설 주어 老人, '술어1+보어' 형태의 站在街口, 술어2 东张西望이 문맥상 자연스럽게 어울리고, '술어3+보어' 형태의 走了好几趟, 술어4 看样子, 목적어 可能是迷路了도 주어와 문맥상 자연스럽게 어울린다. 또한 순접 관계를 나타내는 접속사 然后도 문맥상 적절하게 쓰였다. 따라서 틀린 부분이 없다.

어휘 东张西望 dōngzhāngxīwàng 셍 여기저기 두리번거리다, 이쪽 저쪽을 연달아 돌아보다   迷路 mílù 통 길을 잃다

54
하

A 他 / (31岁时) 厌倦了 (朝九晚五的) 工作, // 所以 (毅然) 辞职, //

주어	부사어	술어1	관형어	목적어	접속사	부사어	술어2

그는 / (31세 때) 질렸다 / (정시 출퇴근하는) 일에, // 그래서 (의연히) 직장을 그만두다, //

开始了 / 环球旅行。

술어3	목적어

시작했다 / 세계일주를

해석 그는 31세 때 정시 출퇴근하는 일에 질려서, 의연히 직장을 그만두고 세계일주를 시작했다.

해설 주어 他, 술어1 厌倦了, 목적어 工作가 문맥상 자연스럽게 어울리고, 술어2 辞职, 술어3 开始了, 목적어 环球旅行도 주어와 문맥상 자연스럽게 어울린다. 또한 인과를 나타내는 접속사 所以도 문맥상 적절하게 쓰였다. 따라서 틀린 부분이 없다.

어휘 厌倦 yànjuàn 통 질리다, 싫증 나다   朝九晚五 zhāo jiǔ wǎn wǔ 정시 출퇴근하다   毅然 yìrán 튀 의연히, 결연히
辞职 cízhí 통 직장을 그만두다   环球旅行 huánqiú lǚxíng 세계일주

B   老板迫不得已选择转让这家饭店, // 是 / 因为他有一大笔急需偿还的欠款。

주어	술어	목적어

사장이 절박하여 어쩔 수 없이 이 음식점을 양도하기로 선택한 것은, // ~이다 / 그가 급히 상환해야 하는 많은 빚이 있기 때문이다

해석 사장이 절박하여 어쩔 수 없이 이 음식점을 양도하기로 선택한 것은 그가 급히 상환해야 하는 많은 빚이 있기 때문이다.

해설 술어 是과 연결되는 주어 老板迫不得已选择转让这家饭店, 목적어 因为他有一大笔急需偿还的欠款이 동격이다. 따라서 틀린 부분이 없다.

어휘 老板 lǎobǎn 몡 사장, 주인   迫不得已 pòbùdéyǐ 셍 절박하여 어쩔 수 없다   转让 zhuǎnràng 통 양도하다, 넘겨주다
偿还 chánghuán 통 (진 빛을) 상환하다, 갚다   欠债 qiànzhài 몡 빛 통 빛을 지다

C 短期记忆 / 是 / (从感觉记忆到长期记忆的) 中间阶段, //

주어	술어1	관형어	목적어

단기 기억은 / ~이다 / (감각 기억에서부터 장기 기억까지의) 중간 단계, //

保持时间 / (约) 为 / 一分钟。

주어	부사어	술어	목적어
	술어2(주술목구)		

유지 시간은 / (약) ~이다 / 1분

해석 단기 기억은 감각 기억에서부터 장기 기억까지의 중간 단계이며, 유지 시간은 약 1분이다.

해설 술어1 是과 연결되는 주어 短期记忆, 목적어 中间阶段이 동격이고, 주술목구 형태인 술어2 保持时间约为一分钟도 주어와 문맥상 자연스럽게 어울린다. 따라서 틀린 부분이 없다.

어휘 记忆 jìyì 몡 기억   阶段 jiēduàn 몡 단계, 계단   保持 bǎochí 통 유지하다, 지키다

D (为了培养女儿对艺术的审美能力), // 我 / (每天) (都) (把她) 看 /
　　부사어　　　　　　　　　　　　　주어　　부사어　부사어　부사어(把+행위의 대상)　술어
　(예술에 대한 딸의 심미 능력을 길러 주기 위해), // 나는 / (매일) (~마다) (그녀를) 보다 /

(不同风格的) 美术作品。
　관형어　　　목적어
(다른 스타일의) 미술 작품을

해석 예술에 대한 딸의 심미 능력을 길러 주기 위해, 나는 매일마다 그녀를 다른 스타일의 미술 작품을 보여 준다.

해설 把가 문맥에 맞지 않게 사용되어 틀린 경우

개사 把가 사용되어 她가 술어 看의 행위의 대상이 되었다. 그로 인해 '나는 매일 항상 그녀를 다른 스타일의 미술 작품을 보여 순다'라는 어색한 문맥이 되었으므로 틀린 문장이다. 她가 看이라는 동작의 수용 대상이 될 수 있도록 把 대신 개사 给를 사용해야 옳은 문장이 된다.

★ 옳은 문장: 为了培养女儿对艺术的审美能力, 我每天都给她看不同风格的美术作品。
　　　　　　예술에 대한 딸의 심미 능력을 길러 주기 위해, 나는 매일마다 그녀에게 다른 스타일의 미술 작품을 보여 준다.

어휘 培养 péiyǎng 图 기르다, 양성하다　审美 shěnměi 图 심미, 심미적　风格 fēnggé 图 스타일, 풍격　美术 měishù 图 미술
作品 zuòpǐn 图 작품

55
하

A 知识 / (不一定) (能) 转化 (为物质力量), // 但 (可以) 帮助 / 人们 /
　주어　　부사어　부사어　술어1　　보어　　접속사　부사어　술어2　　목적어
　지식은 / (반드시 ~한 것은 아니다) (~할 수 있다) 변하다 (물질적인 힘으로), // 그러나 (~할 수 있다) 돕다 / 사람들이 /

丰富 / (自己的) 精神生活。
술어3　　관형어　　목적어
풍부하게 하다 / (자신의) 정신 생활을

해석 지식은 반드시 물질적인 힘으로 변할 수 있는 것은 아니지만, 사람들이 자신의 정신 생활을 풍부하게 하도록 도울 수 있다.

해설 주어 知识, '술어1+보어' 형태이 转化为物质力量이 분맥상 자연스럽게 어울리고, 술어2 帮助, 목적어 人们, 술어3 丰富, 목적어 精神生活도 주어와 문맥상 자연스럽게 어울린다. 또한 부사 不一定과 조동사 能도 술어1 转化 앞에서 부사→조동사 순으로 알맞게 배치되었고, 반대/전환의 의미를 나타내는 접속사 但도 문맥상 적절히 쓰였다. 따라서 틀린 부분이 없다.

어휘 转化 zhuǎnhuà 图 변하다, 바꾸다　物质 wùzhì 图 물질　力量 lìliàng 图 힘, 역량, 능력　精神 jīngshén 图 정신

　　　　　┌─── 앞 절 ───┐　　　　　　　　　　　　　　┌─── 뒤 절 ───┐
B 这儿 / 聚集了 / (大量热爱科学的) 人, // 他们 / 组成了 / (各种各样的)
　주어　　술어　　　관형어　　　목적어　　　주어　　술어　　　관형어
이곳에 / 집합했다 / (과학을 열렬히 좋아하는 많은) 사람이, // 그들은 / 구성했다 / (각종)

兴趣小组和协会。
목적어
취미 동아리와 협회를

해석 이곳에 과학을 열렬히 좋아하는 많은 사람이 집합했는데, 그들은 각종 취미 동아리와 협회를 구성했다.

해설 앞 절의 주어 这儿, 술어 聚集了, 목적어 人이 문맥상 자연스럽게 어울리고, 뒤 절의 주어 他们, 술어 组成了, 목적어 兴趣小组和协会도 주어와 문맥상 자연스럽게 어울린다. 따라서 틀린 부분이 없다.

어휘 聚集 jùjí 图 집합하다　热爱 rè'ài 图 열렬히 좋아하다, 사랑하다　组成 zǔchéng 图 구성하다　协会 xiéhuì 图 협회

　　　　　　　　　　　　　┌─── 앞 절 ───┐
C (在校长的倡导下), // 学生们 / 阅读了 / (大量的) 课外书籍, //
　　부사어　　　　　　주어　　술어　　관형어　　목적어
(교장의 선도 하에), // 학생들은 / 읽었다 / (많은) 교과 외 서적을, //

┌─── 뒤 절 ───┐
知识水平 / 得到了 / 丰富。
　주어　　　술어　　　목적어
지식 수준이 / 얻었다 / 풍부함을

해석 교장의 선도 하에 학생들은 많은 교과 외 서적을 읽었고, 지식 수준이 풍부함을 얻었다.

해설 **목적어가 문맥상 어울리지 않아 틀린 경우**

뒤 절의 주어 知识水平과 목적어 丰富가 문맥상 서로 어울리지 않으므로 틀린 문장이다. 水平은 주로 提高(향상시키다)와 호응하여 쓰인다.

★ 옳은 문장: 在校长的倡导下, 学生们阅读了大量的课外书籍, 知识水平得到了提高。
교장의 선도 하에 학생들은 많은 교과 외 서적을 읽었고, 지식 수준이 향상됨을 얻었다.

어휘 倡导 chàngdǎo 图 선도하다, 앞장서서 제창하다 书籍 shūjí 圆 서적, 책

D	技术人员 /	(对受到山体滑坡影响的水库)	进行了	全面排查, //
	주어	부사어	술어1	목적어
	엔지니어는 /	(산사태 영향을 받은 댐에 대해)	진행했다	전면적인 검사를, //

结果	(没有)	发现 /	(任何)	险情。
접속사	부사어	술어2	관형어	목적어
결국	(~ 하지 못했다)	발견하다 /	(어떠한)	위험한 상황을

해석 엔지니어는 산사태 영향을 받은 댐에 대해 전면적인 검사를 진행하였는데, 결국 어떠한 위험한 상황도 발견하지 못했다.

해설 주어 技术人员, 술어1 进行了, 목적어 全面排查가 문맥상 자연스럽게 어울리고, 술어2 发现, 목적어 险情도 주어와 문맥상 자연스럽게 어울린다. 또한 개사 对가 이끄는 对受到山体滑坡影响的水库가 술어1 进行了 앞 부사어로 문맥상 적절하게 쓰였고, 어떤 조건이나 상황에서 발생한 결말을 나타내는 접속사 结果도 문맥상 적절하게 쓰였다. 따라서 틀린 부분이 없다.

어휘 技术人员 jìshù rényuán 엔지니어, 기술자 人员 rényuán 圆 요원, 인원 山体 shāntǐ 圆 산, 산의 형태
滑坡 huápō 图 산사태가 나다 水库 shuǐkù 圆 댐, 저수지 全面 quánmiàn 圆 전면적이다 排查 páichá 图 (일일이) 검사하다
险情 xiǎnqíng 圆 위험한 상황

56
중상

A	《生存》这本书 /	(上海文艺出版社)	出版, //	(其)	作者 /	是	(旅居海外二十多年的)
	주어	부사어	술어	관형어	주어	술어	관형어
	《생존》이 책은 /	(상하이 문예 출판사)	출판하다, //	(그)	작가는 /	~이다	(해외에 20여 년 동안 머문)

加拿大籍华裔 。
목적어
캐나다 국적의 화교

해석 《생존》이 책은 상하이 문예 출판사 출판했는데, 그 작가는 해외에 20여 년 동안 머문 캐나다 국적의 화교이다.

해설 **부사어 자리의 개사구에 개사가 빠져 틀린 경우**

앞 절의 부사어 上海文艺出版社에 개사가 빠져 있으므로 틀린 문장이다. 개사 由를 추가하여 '상하이 문예 출판사에서 출판했다'라는 의미가 되어야 옳은 문장이다.

★ 옳은 문장 : 《生存》这本书由上海文艺出版社出版, 其作者是旅居海外二十多年的加拿大籍华裔。
《생존》이 책은 상하이 문예 출판사에서 출판했는데, 그 작가는 해외에 20여 년 동안 머문 캐나다 국적의 화교이다.

어휘 文艺 wényì 圆 문예, 문학 出版社 chūbǎnshè 圆 출판사 出版 chūbǎn 图 출판하다 旅居 lǚjū 图 해외에 머물다, 객지에 머물다
加拿大籍 Jiānádàjí 캐나다 국적 华裔 huáyì 圆 화교

B	他	(住在北京城的时候), //	因为	租	(不起) /	(城内昂贵的)	房子, //
	주어	부사어	접속사	술어1	보어	관형어	목적어
	그가	(베이징 시내에서 살 때), //	~때문에	빌리다	(~할 수 없다) /	(도시 내에서 비싼)	집을, //

(只)	(得)	(在郊区)	租 /	(几间破旧不堪的)	平房。
부사어	부사어	부사어	술어2	관형어	목적어
(그저)	(~해야 한다)	(교외에서)	빌리다 /	(몹시 심하게 오래되어 허름한 몇 칸의)	단층집을

해석 그가 베이징 시내에서 살 때, 도시 내에서 비싼 집을 빌릴 수 없었기 때문에, 그저 교외에서 몹시 심하게 오래되어 허름한 몇 칸의 단층집을 빌려야 했다.

해설 주어 他, '술어1+보어' 형태의 租不起, 목적어 房子가 문맥상 자연스럽게 어울리고, 술어2 租, 목적어 平房도 주어와 문맥상 자연스럽게 어울린다. 시기를 나타내는 부사어 住在北京城的时候가 주어 他 뒤에서 부사어로 적절하게 쓰였고, 부사 只, 조동사 得, 개사구 在郊区 또한 술어2 租 앞에서 부사→조동사→개사구 순으로 알맞게 배치되었다. 또한 인과를 나타내는 접속사 因为도 문맥상 적절하게 쓰였다. 따라서 틀린 부분이 없다. 참고로, 시기/시간을 나타내는 부사어는 주어 뒤에 위치할 수 있다는 점을 알아 둔다.

어휘 昂贵 ángguì 휑 비싸다   破旧 pòjiù 휑 오래되어 허름하다
   不堪 bùkān 휑 (부정적인 의미로) 몹시 심하다 ~할 수 없다, 감당할 수 없다   平房 píngfáng 똉 단층집

C (当自己的合法权益被侵犯时), //		公民 /	(应当)	拿 (起) /	法律武器, //
부사어		주어	부사어	술어1 보어	목적어
(자신의 합법적인 권익이 침범 받을 때), //		국민은 /	(마땅히 ~해야 한다)	가지다 (~하고서) /	법률 무기를, //

(通过打官司的方式)	保障 /	(自身)	权益。
부사어	술어2	관형어	목적어
(소송하는 방식을 통해)	보장하다 /	(자신의)	권익을

해석 자신의 합법적인 권익이 침범 받을 때, 국민은 마땅히 법률 무기를 가지고서 소송하는 방식을 통해 자신의 권익을 보장해야 한다.

해설 주어 公民, '술어1+보어' 형태의 拿起, 목적어 法律武器가 문맥상 자연스럽게 어울리고, 술어2 保障, 목적어 权益도 주어와 문맥상 자연스럽게 어울린다. 시기를 나타내는 부사어 当自己的合法权益被侵犯时 또한 문장 맨 앞의 부사어로 적절하게 쓰였다. 따라서 틀린 부분이 없다.

어휘 合法 héfǎ 휑 합법적이다   权益 quányì 똉 권익   侵犯 qīnfàn 통 (타국의 영역을) 침범하다   公民 gōngmín 똉 국민, 공민
   应当 yīngdāng 조통 마땅히 ~해야 한다   武器 wǔqì 똉 무기   打官司 dǎ guānsi 소송하다, 고소하다   方式 fāngshì 똉 방식, 방법
   保障 bǎozhàng 통 보장하다, 보호하다

D (敏感的)	皮肤 /	(给身为皮肤病患者的小张)	带 (来了) /	(巨大的)	痛苦, //
관형어	주어	부사어	술어1 보어	관형어	목적어
(민감한)	피부는 /	(피부병 환자인 샤오장에게)	가지다 (~왔다) /	(거대한)	고통을, //

(也)	(给他的日常生活)	造成了 /	(不少)	困扰。
부사어	부사어	술어2	관형어	목적어
(또한)	(그의 일상 생활에)	야기했다 /	(많은)	귀찮음을

해석 민감한 피부는 피부병 환자인 샤오장에게 거대한 고통을 가져 왔고, 또한 그의 일상 생활에 많은 귀찮음을 야기했다.

해설 주어 皮肤, '술어1+보어' 형태의 带来了, 목적어 痛苦가 문맥상 자연스럽게 어울리고, 술어2 造成了, 목적어 困扰도 주어와 문맥상 자연스럽게 어울린다. 개사 给가 이끄는 给身为皮肤病患者的小张이 술어1 带 앞 부사어로 문맥상 적절하게 쓰였고, 부사 也, 개사구 给他的日常生活 또한 술어2 造成了 앞에서 부사→개사구 순으로 알맞게 배치되었다. 따라서 틀린 부분이 없다.

어휘 敏感 mǐngǎn 휑 민감하다, 예민하다   患者 huànzhě 똉 환자   巨大 jùdà 휑 거대하다   痛苦 tòngkǔ 휑 고통스럽다
   造成 zàochéng 통 야기하다, 초래하다   困扰 kùnrǎo 통 귀찮게 굴다

57
상

A (辞去总裁一职后), //	他 /	成为了 /	(慈善组织的)	负责人, //
부사어	주어	술어1	관형어	목적어
(총재라는 직위에서 물러난 후), //	그는 /	되었다 /	(자선 단체의)	책임자가, //

(在很多山区)	(为孩子们)	修建了 /	(标准化的)	操场。
부사어	부사어	술어2	관형어	목적어
(많은 산간 지역에)	(아이들을 위해)	짓다 /	(표준화된)	운동장을

제1회

제2회

제3회

제4회

제5회

제6회

독해

해커스 해설이 상세한 HSK 6급 실전모의고사

해석 총재라는 직위에서 물러난 후 그는 자선 단체의 책임자가 되었고, 많은 산간 지역에 아이들을 위해 표준화된 운동장을 지었다.

해설 주어 他, 술어1 成为了, 목적어 负责人이 문맥상 자연스럽게 어울리고, 술어2 修建了, 목적어 操场도 주어와 문맥상 자연스럽게 어울린다. 시기를 나타내는 부사어 辞去总裁一职后가 문장 맨 앞의 부사어로 적절히 쓰였고, 장소를 나타내는 개사구 在很多山区, 대상을 나타내는 개사구 为孩子们 또한 술어2 修建了 앞 부사어로 문맥상 적절하게 쓰였다. 따라서 틀린 부분이 없다. 참고로, 여러 개의 개사구가 부사어로 사용될 경우, 장소를 나타내는 개사구 → 대상을 나타내는 개사구 순서로 술어 앞에 위치한다는 점을 알아 둔다.

어휘 辞去 cíqù 图 물러나다, 사직하다　总裁 zǒngcái 图 총재, 총수　慈善 císhàn 图 자선을 베풀다, 동정심이 많다
组织 zǔzhī 图 단체, 조직 图 조직하다　修建 xiūjiàn 图 짓다, 건설하다

해석 '베이징 역'이라는 세 개의 큰 글자를 보고, 나는 감격스러운 마음을 억제하지 못하고 크게 한번 소리쳤다. "베이징, 내가 드디어 너의 품에 왔다!"

해설 앞 절의 술어 看到, 목적어 "北京站"三个大字가 문맥상 자연스럽게 어울린다. 그리고 뒤 절의 주어 我, 술어1 抑制, 목적어 心情도 문맥상 자연스럽게 어울리고, 술어2 喊了, 주술목구 형태의 목적어 "北京, 我终于来到了你的怀抱!" 또한 주어와 자연스럽게 어울린다. 앞 절의 주어가 我라는 것을 문맥상 분명하게 알 수 있으므로, 앞 절의 주어는 생략되었다. 따라서 틀린 부분이 없다. 참고로, 뒤 절의 北京은 특정 대상을 부르는 감탄사이다. 이와 같이 감탄사는 문장 성분으로는 구분되지 않지만, 문장에서 단독으로 사용될 수 있다는 점을 알아 둔다.

어휘 抑制 yìzhì 图 억제하다, 억압하다　喊 hǎn 图 소리치다, 고함치다　怀抱 huáibào 图 품 图 품에 안다

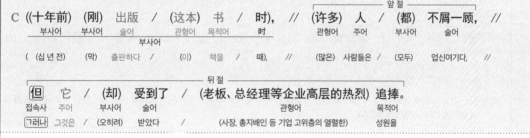

해석 십 년 전 막 이 책을 출판할 때 많은 사람은 모두 업신여겼으나, 그것은 오히려 사장, 총지배인 등 기업 고위층의 열렬한 성원을 받았다.

해설 **주어가 서로 동격이 아니어서 틀린 경우**

문장 맨 앞의 부사어는 주어(사람)가 생략된 술목구 형태의 문장인데, 부사어의 주어(사람)와 뒤 절의 주어 它가 서로 동격이 아니므로 틀린 문장이다. '관형어+목적어' 형태의 这本书가 부사어 내의 주어 자리에 배치되어야 옳은 문장이 된다.

★옳은 문장: 十年前这本书刚出版时, 许多人都不屑一顾, 但它却受到了老板、总经理等企业高层的热烈追捧。
십 년 전 이 책이 막 출판되었을 때, 많은 사람들은 모두 업신여겼으나, 그것은 오히려 사장, 총지배인 등 기업 고위층의 열렬한 성원을 받았다.

어휘 出版 chūbǎn 图 출판하다, 발행하다　不屑一顾 búxièyígù 图 업신여기다, 거들떠볼 가치도 없다　老板 lǎobǎn 图 사장, 주인
企业 qǐyè 图 기업　热烈 rèliè 图 열렬하다, 뜨겁다　追捧 zhuīpěng 图 성원하다, 추종하다

D 社交能力　/　是　/
　주어　　　　　술어
　사교 능력은　　~이다　/

指人与人之间运用语言和符号交流思想、表达感情、了解需要、实现沟通的一种能力。
　　　　　　　　　　　　　　　목적어
사람과 사람 사이에 언어와 부호를 활용하여 생각을 교류하고, 감정을 표현하고, 필요한 것을 이해하며, 소통을 실현하는 일종의 능력을 가리키는 것

해석 사교 능력은 사람과 사람 사이에 언어와 부호를 활용하여 생각을 교류하고, 감정을 표현하고, 필요한 것을 이해하며, 소통을 실현하는 일종의 능력을 가리키는 것이다.

해설 술어 是과 연결된 주어 社交能力, 목적어 指与人之间运用语言和符号交流思想、表达感情、了解需要、实现沟通的一种能力가 동격이다. 따라서 틀린 부분이 없다.

어휘 社交 shèjiāo 몡 사교 运用 yùnyòng 동 활용하다, 운용하다 符号 fúhào 몡 부호, 기호 思想 sīxiǎng 몡 생각, 사상
表达 biǎodá 동 (생각·감정을) 표현하다, 나타내다 实现 shíxiàn 동 실현하다, 달성하다 沟通 gōutōng 동 소통하다

58
중상

A 戏剧剧本 / (由许多复杂的段落) 组成, // 所以 / 需要 /
　주어　　　　부사어　　　　　술어1　　접속사　술어2
희극 극본은 / (많은 복잡한 단락으로) 구성되나, // 그래서 / ~이 필요하다 /

(在不同的段落之间) 插入 / (鲜明的) 区分标志。
　　부사어　　　　　술어　　관형어　　목적어
　　　　　　　목적어(술목구)
(서로 다른 단락들 사이에) 끼워 넣다 / (뚜렷한) 구분 기호를

해석 희극 극본은 많은 복잡한 단락으로 구성되어서, 서로 다른 단락들 사이에 뚜렷한 구분 기호를 끼워 넣는 것이 필요하다.

해설 주어 戏剧剧本, 술어1 组成이 문맥상 자연스럽게 어울리고, 술어2 需要, 술목구 형태의 목적어 在不同的段落之间插入鲜明的区分标志도 주어와 문맥상 자연스럽게 어울린다. 또한 개사 由가 이끄는 由许多复杂的段落이 술어1 组成 앞 부사어로 문맥상 적절하게 쓰였고, 인과를 나타내는 접속사 所以도 문맥상 적절하게 쓰였다. 따라서 틀린 부분이 없다. 참고로, 组成은 由와 함께 '由 A 组成'이라는 형태로 자주 사용된다는 점을 알아 둔다.

어휘 戏剧 xìjù 몡 희극, 연극 剧本 jùběn 몡 극본, 대본 段落 duànluò 몡 단락 插入 chārù 동 끼워 넣다, 삽입하다
鲜明 xiānmíng 혱 뚜렷하다, 선명하다 区分 qūfēn 동 구분하다, 분별하다, 나누다 标志 biāozhì 몡 기호, 표지, 심벌

　　　　　　　　　　　　　　　　앞 절
B (制作家常菜时) (往往) (会) 选用 / (极其普通的) 材料, //
　　　부사어　　　　부사어　부사어　술어　　　관형어　　　목적어
(일상 가정 요리를 만들 때) (흔히) (~할 것이다) 선택해서 사용한다 / (몹시 평범한) 재료를, //

　　　　　　　　　　　　　　　　뒤 절
但 (要) 做 / 家常菜 (出色), // (也) [是] (非常) 考验 / 厨师功夫 [的]。
접속사 부사어 술어　목적어　보어　　부사어 是 부사어 술어　　목적어　　的
　　　　　　　　주어(술목구)
그러나 (~해야 한다) 만들다 / 일상 가정 요리를 / 뛰어나게, // (또한) (매우) 시험하다 / 요리사의 실력을

해석 일상 가정 요리를 만들 때 흔히 몹시 평범한 재료를 선택해서 사용하지만, 일상 가정 요리를 만들어야 한다 뛰어나게, 또한 요리사의 실력을 매우 시험하는 것이다.

해설 **술어와 보어의 어순이 잘못되어 틀린 경우**
　　뒤 절의 주어 要做家常菜出色가 술목구 형태인 문장인데, 이 중 보어 出色가 술어 做 뒤에 위치하지 않았으므로 틀린 문장이다. 出色 앞에 得를 추가한 뒤, '술어+보어' 형태가 되도록 술어 做 뒤에 배치해야 한다. 또한 '일상 가정 요리를 뛰어나게 만들다'라는 의미를 나타낼 수 있도록 개사 把를 목적어 家常菜 앞에 추가한 뒤, 술어 앞 부사어 자리에 배치해야 옳은 문장이 된다.

　　★ 옳은 문장: 制作家常菜时往往会选用极其普通的材料, 但要把家常菜做得出色, 也是非常考验厨师功夫的。
　　　　　　　　일상 가정 요리를 만들 때 흔히 몹시 평범한 재료를 선택해서 사용하지만, 일상 가정 요리를 뛰어나게 만들고자 하는 것은 또한 요리사의 실력을 매우 시험하는 것이다.

어휘 制作 zhìzuò 동 조리하다, 만들다 家常菜 jiāchángcài 몡 일상 가정 요리, 집밥 极其 jíqí 凲 몹시, 극히
出色 chūsè 혱 뛰어나다, 출중하다 考验 kǎoyàn 동 시험하다, 시련을 주다, 검증하다 厨师 chúshī 몡 요리사

　　　　　　　앞 절　　　　　　　　　　　　　　　　　　　　　　　　　뒤 절
C 工业革命 / 需要 / 被理智地看待, // 因为 它 (使社会生产力得到了飞速发展的同时), //
　주어　　　술어　　　목적어　　접속사 주어　　　　　　　부사어
공업 혁명은 / 필요하다 / 이성적으로 다뤄지는 것이, // 왜냐하면 그것은 (사회 생산력을 매우 빠르게 발전시키는 동시에), //

(也) 带 (来了) / (严峻的) 生态问题。
부사어 술어 보어　　관형어　　목적어
(또한) 가져오다 (왔다) / (심각한) 생태 문제를

해석 공업 혁명은 이성적으로 다뤄지는 것이 필요한데, 왜냐하면 그것은 사회 생산력을 매우 빠르게 발전시키는 동시에 심각한 생태 문제도 가져왔기 때문이다.

해설 앞 절의 주어 工业革命, 술어 需要, 목적어 被理智地看待가 문맥상 자연스럽게 어울리고, 뒤 절의 주어 它, '술어+보어' 형태의 带来了, 목적어 生态问题도 문맥상 자연스럽게 어울린다. 사역동사 使가 사용된 使社会生产力得到了飞速发展的同时, 부사 也가 뒤 절의 술어 带 앞 부사어로 문맥상 적절하게 쓰였고, 인과를 나타내는 접속사 因为도 문맥상 적절하게 쓰였다. 따라서 틀린 부분이 없다.

어휘 工业 gōngyè 몡 공업   革命 gémìng 통 혁명하다   理智 lǐzhì 톙 이성적이다, 이지적이다   看待 kàndài 통 다루다, 취급하다   生产力 shēngchǎnlì 생산력   严峻 yánjùn 심각하다   生态 shēngtài 몡 생태

D

앞 절						
白渡桥	是	(中国第一座全钢结构)	桥梁, //	(由当时的上海工部局)	主持	修建, //
주어	술어1	관형어	목적어	부사어	술어2	목적어
바이두 다리는	~이다	(중국의 첫 번째 전면 강철 구조)	다리, //	(당시의 상하이 행정국에서)	진행하다	건설을, //

뒤 절					
(所有) 建筑材料	/	(皆)	[是]	(从国外) 进口	/ [的]。
관형어 주어		부사어	是	부사어 술어	的
(모든) 건축 재료는	/	(전부)		(국외로부터) 수입되다	的

해석 바이두 다리는 중국의 첫 번째 전면 강철 구조 다리로 당시의 상하이 행정국에서 건설을 진행하였는데, 모든 건축 재료는 전부 국외로부터 수입된 것이다.

해설 앞 절의 술어1 是과 연결되는 주어 白渡桥, 목적어 桥梁이 동격이고, 술어2 主持, 목적어 修建도 주어와 문맥상 자연스럽게 어울린다. 또한 뒤 절의 주어 建筑材料, 술어 进口도 문맥상 자연스럽게 어울린다. 개사 由가 이끄는 由当时的上海工部局이 앞 절의 술어2 主持 앞 부사어로 문맥상 적절하게 쓰였고, 부사 皆와 개사구 从国外도 뒤 절의 술어 进口 앞에서 부사→개사구 순으로 알맞게 배치되었다. 따라서 틀린 부분이 없다. 참고로 뒤 절에는 是……的 강조구문이 사용되어 是과 的 사이에 있는 从国外进口를 강조하였음을 알아 둔다.

어휘 白渡桥 Báidù Qiáo 고유 바이두 다리[중국 상하이에 위치한 다리]   钢 gāng 몡 강철   结构 jiégòu 몡 구조, 구성   桥梁 qiáoliáng 몡 다리, 중개자   工部局 gōngbùjú 행정국[옛 상하이에 있던 행정 기구]   主持 zhǔchí 진행하다, 주최하다   修建 xiūjiàn 통 건설하다, 건축하다   建筑 jiànzhù 통 건축하다, 건설하다   皆 jiē 뷔 전부, 모두   进口 jìnkǒu 통 수입하다 몡 입구

59
중상

A

(在本场比赛中), //	(这支缺少中心球员的)	球队	(大致)	(没有放盐的料理)	一样, //
부사어	관형어	주어	부사어	부사어	술어1
(본 경기에서), //	(센터 선수가 부족한 이)	팀은	(대체로)	(소금을 넣지 않은 요리)	~와 같다, //

索然无味, 毫无生机。
술어2
무미건조하고, 선혀 생기가 없다

해석 본 경기에서, 센터 선수가 부족한 이 팀은 대체로 소금을 넣지 않은 요리와 같이 무미건조하고 전혀 생기가 없다.

해설 **부사어가 문맥상 어울리지 않아 틀린 경우**

부사어 大致이 문맥상 어울리지 않으므로 틀린 문장이다. 大致 대신 就像이 와야 옳은 문장이 된다. 참고로, 大致이 一样과 함께 사용되려면 일반적으로 大致과 一样 사이에 '和/跟/与/同+비교대상'과 같은 표현이 있어야 한다.

★ 옳은 문장: 在本场比赛中, 这支缺少中心球员的球队就像没有放盐的料理一样, 索然无味, 毫无生机。
본 경기에서, 센터 선수가 부족한 이 팀은 마치 소금을 넣지 않은 요리와 같이 무미건조하고 전혀 생기가 없다.

어휘 支 zhī 톙 [군대나 팀을 셀 때 쓰임]   中心 zhōngxīn 몡 센터, 중심   大致 dàzhì 뷔 대체로 톙 대체적인   料理 liàolǐ 몡 요리   索然无味 suǒránwúwèi 무미건조하다   毫无 háowú 통 전혀 ~이 없다, 조금도 ~이 없다   生机 shēngjī 몡 생기, 활력

B

첫 번째 절						두 번째 절			
小草	(给山坡)	披	(上了)	(漂亮的)	绿衣裳, //	小花	(给林间)	撒	(下了)
주어	부사어	술어	보어	관형어	목적어	주어	부사어	술어	보어
작은 풀은	(산비탈에)	걸치다	(~했다)	(아름다운)	녹색 의상을, //	작은 꽃은	(숲 속에)	뿌리다	(~했다)

		세 번째 절						
(鲜艳的)	色彩, //	它们	(一起)	(给我们)	传达了	(春天的)	信息。
관형어	목적어	주어	부사어	부사어	술어	관형어	목직어
(산뜻하고 아름다운)	색채를, //	그것들은	(함께)	(우리에게)	전달했다	(봄의)	소식을

해석 작은 풀은 아름다운 녹색 의상을 산비탈에 걸쳐 주었고, 작은 꽃은 산뜻하고 아름다운 색채를 숲 속에 뿌려주었는데, 그것들은 우리에게 봄의 소식을 함께 전달해 주었다.

해설 각 절의 주어, 술어, 목적어가 모두 문맥상 자연스럽게 어울린다. 첫 번째 절과 두 번째 절의 개사구 给山坡, 给林间이 각각 술어 앞 부사어로 문맥상 적절하게 쓰였고, 세 번째 절의 부사 一起, 개사구 给我们 또한 술어 传达了 앞에서 부사→개사구 순으로 알맞게 배치되었다. 따라서 틀린 부분이 없다.

어휘 山坡 shānpō 몡 산비탈 披 pī 통 걸치다, 덮다 衣裳 yīshang 몡 의상, 의복 撒 sǎ 통 뿌리다, 살포하다
鲜艳 xiānyàn 톙 산뜻하고 아름답다 传达 chuándá 통 전달하다, 전하다, 표현하다

앞 절						뒤 절				
C (所有的)	母亲	(都)	[是]	伟大	[的],	她们	不仅	赋予	我们	生命, //
관형어	주어	부사어	是	술어	的	주어	접속사	술어1	복석어	목적어
(모든)	어머니들은	(다)		위대하다, //		그녀들은	~할 뿐만 아니라	부여하다	우리에게	생명을, //

(更)	用 /	(一生的)	心血 /	培养	我们, /	给予 /	我们 /	(无微不至的)	关怀。
부사어	술어2	관형어	목적어	술어3	목적어	술어4	목적어	관형어	목적어
(또)	기울이다 /	(일생의)	심혈을 /	키우다	우리를, /	주다 /	우리에게 /	(매우 세심한)	관심과 보살핌을

해석 모든 어머니들은 다 위대한 분들로, 그녀들은 우리에게 생명을 부여했을 뿐만 아니라 또 일생의 심혈을 기울여 우리를 키우시고, 우리에게 매우 세심한 관심과 보살핌을 주셨다.

해설 앞 절의 주어 母亲, 술어 伟大가 문맥상 자연스럽게 어울리고, 뒤 절의 주어 她们과 각각의 술어, 목적어도 문맥상 자연스럽게 어울린다. 앞 절은 是……的 강조구문이 사용되어 是과 的 사이에 있는 술어 伟大를 강조하였고, 뒤 절에는 점층을 나타내는 접속사 不仅이 문맥상 적절하게 쓰였다. 따라서 틀린 부분이 없다. 참고로, 뒤 절의 술어1 赋予, 술어4 给予는 목적어를 2개 가질 수 있는 동사로, 주로 '赋予/给予+A(대상)+B(객체)'라는 형태로 쓰여 'A에게 B를 부여하다/주다'라는 의미를 나타낸다는 점을 알아 둔다.

어휘 伟大 wěidà 톙 위대하다 赋予 fùyǔ 통 (중대한 임무나 사명 등을) 부여하다, 주다 心血 xīnxuè 몡 심혈
培养 péiyǎng 통 키우다, 기르다 给予 jǐyǔ 통 주다, 부여하다 无微不至 wúwēibúzhì 졍 (배려와 보살핌이) 매우 세심하다
关怀 guānhuái 통 (주로 아랫사람에게) 관심을 가지고 보살피다, 배려하다

앞 절				뒤 절	
D (最近消费者对此类产品的)	需求量 /	(越来越)	大, //	(多家工厂的)	工人 /
관형어	주어	부사어	술어	관형어	주어
(최근 소비자의 이러한 제품에 대한)	수요량이 /	(점점 ~하다)	크다, //	(많은 공장의)	노동자들이 /

(加班加点)	生产, //	(也)	(无法)	改变 /	(市场上供不应求的)	局面。
부사어	술어	부사어	부사어	술어	관형어	목적어
주어(주술구)						
(연장 근무를 하다)	생산하다, //	(역시)	(~할 수 없다)	바꾸다 /	(시장에서 공급이 수요를 따르지 못하는)	상황을

해석 최근 소비자의 이러한 제품에 대한 수요량이 점점 커지고 있어 많은 공장의 노동자들이 연장 근무를 하며 생산하지만, 시장에서 공급이 수요를 따르지 못하는 상황을 역시 바꿀 수 없었다.

해설 앞 절의 주어 需求量, 술어 大가 문맥상 자연스럽게 어울리고, 뒤 절의 주술구 형태의 주어 多家工厂的工人加班加点生产, 술어 改变, 목적어 局面도 문맥상 자연스럽게 어울린다. 따라서 틀린 부분이 없다.

어휘 消费者 xiāofèizhě 몡 소비자 产品 chǎnpǐn 몡 제품, 생산품 需求量 xūqiúliàng 몡 수요량 工厂 gōngchǎng 몡 공장
加班加点 jiābān jiādiǎn 연장 근무 生产 shēngchǎn 통 생산하다, 만들다 市场 shìchǎng 몡 시장
供不应求 gōngbúyìngqiú 졍 공급이 수요를 따르지 못하다, 공급이 딸리다 局面 júmiàn 몡 상황, 국면

60
중상

앞 절				뒤 절	
A 缅甸 /	发现了 /	(世界上特大型唯一的)	红宝石, //	(这块)	红宝石 /
주어	술어	관형어	목적어	관형어	주어
미얀마에서 /	발견했다 /	(세계에서 특대형의 유일한)	루비를, //	(이)	루비는 /

重3450克拉, //	色彩鲜艳明亮, //	引发了 /	(众多宝石商的)	关注。
술어1	술어2	술어3	관형어	목적어
무게가 3450캐럿이다, //	색채가 선명하고 아름답고 반짝거리다, //	끌다 /	(많은 보석상들의)	주목을

해석 미얀마에서 세계에서 특대형의 유일한 루비를 발견했는데, 이 루비는 무게가 3450캐럿이고 색채가 선명하고 아름답고 반짝거려서 많은 보석상들의 주목을 끌었다.

해설 **관형어의 어순이 잘못되어 틀린 경우**

앞 절의 관형어 자리에 위치한 特大型唯一的의 어순이 잘못되었으므로 틀린 문장이다. 的를 동반한 唯一的가 特大型 앞에 놓여야 옳은 문장이 된다.

★ 옳은 문장: 缅甸发现了世界上唯一的特大型红宝石, 这块红宝石重3450克拉, 色彩鲜艳明亮, 引发了众多宝石商的关注。
　미얀마에서 세계에서 유일한 특대형의 루비를 발견했는데, 이 루비는 무게가 3450캐럿이고 색채가 선명하고 아름답고 반짝거려서 많은 보석상들의 주목을 끌었다.

어휘 缅甸 Miǎndiàn [고유] 미얀마　大型 dàxíng [형] 대형의　唯一 wéiyī [형] 유일한　红宝石 hóngbǎoshí [명] 루비
克拉 kèlā [양] 캐럿[보석의 질량과 중량을 재는 단위]　色彩 sècǎi [명] 색채, 색깔　鲜艳 xiānyàn [형] (색이) 선명하고 아름답다
明亮 míngliàng [형] 반짝거리다, 빛나다　引发 yǐnfā [동] 자아내다, 일으키다

B　专家们　/　表示,　//　(为了吃肉),　//　人们　/　(得)　(先)　用　/　一大片土地　/
　　주어　　　술어　　　　　　부사어　　　　　주어　　부사어　부사어　술어1　　목적어

　　전문가들은　/　밝혔다,　　(고기를 먹기 위해),　//　사람들은　/　(~해야 한다) (우선) 이용하다 /　큰 땅을　/

种植　/　(给动物吃的)　谷物,　//　而　(一块用来养活30个素食者的)　土地,　//
술어2　　　관형어　　　목적어　　접속사　　　　　　관형어　　　　　　　주어

재배하다　/　(동물에게 먹일)　곡물을,　//　그러나　(30명의 채식주의자를 부양하는 데에 쓰일 수 있는)　땅은,　//

(只)　(够)　养活　/　一名肉食者。
부사어　부사어　술어　　목적어
　　　　　　　　목적어(주술목구)

(겨우) (~할 수 있다) 부양하다　/　육식을 하는 사람 1명을

해석 전문가들은 고기를 먹기 위해 사람들은 우선 큰 땅을 이용해 동물에게 먹일 곡물을 재배해야 하는데, 30명의 채식주의자를 부양하는 데에 쓰일 수 있는 땅은 육식을 하는 사람 1명을 겨우 부양할 수 있다고 밝혔다.

해설 주어 专家们, 술어 表示, 목적어 为了吃肉, 人们得先用一大片土地种植给动物吃的谷物, 而一块用来养活30个素食者的土地, 只够养活一名肉食者가 문맥상 자연스럽게 어울린다. 따라서 틀린 부분이 없다. 참고로, 목적어는 2개의 주술목구가 결합된 형태이다. 이처럼 술어가 表示일 경우, 목적어는 구나 절이 올 수 있다는 것을 알아 둔다.

어휘 种植 zhòngzhí [동] 재배하다　谷物 gǔwù [명] 곡물　养活 yǎnghuo [동] 부양하다　素食 sùshí [명] 채식 [동] 채식하다

　　　　　　　　　　　　　　　　　┌──── 앞 절 ────┐
C　(在本年度的独立电影节上),　//　获奖作品　/　(都)　有　/　(一个无法忽视的)　共同点,　//
　　　　　부사어　　　　　　　　　　　주어　　부사어　술어　　　　관형어　　　　　목적어

　　(올해의 독립 영화제에서),　　//　수상한 작품은　/　(모두)　있다　/　(경시할 수 없는 한 가지)　공통점이,　//

　　　　　　　　　　　　　　　　　　　　　　　　　　　┌──── 뒤 절 ────┐
那　/　(就)　是　/　导演　/　(大胆)　丢弃了　/　(传统的)　拍摄方式,　//　(以全新的手法)
주어　　부사어　술어　　주어　　부사어　술어1　　　관형어　　목적어　　　　　　부사어

그것은　/　(바로)　~이다　/　감독이　/　(대담하게)　버리다　/　(기존의)　촬영 방식을,　//　(완전히 새로운 기법으로)

讲述了　/　(生动又有内涵的)　故事。
술어2　　　　관형어　　　　목적어
　　　　목적어(주술목구)

들려주었다　/　(생동감 있고 의미가 담겨 있는)　이야기를

해석 올해의 독립 영화제에서 수상한 작품은 모두 경시할 수 없는 한 가지 공통점이 있는데, 그것은 바로 감독이 대담하게 기존의 촬영 방식을 버리고 완전히 새로운 기법으로 생동감 있고 의미가 담겨 있는 이야기를 들려주었다는 것이다.

해설 앞 절의 주어 获奖作品, 술어 有, 목적어 共同点이 문맥상 자연스럽게 어울리고, 뒤 절의 술어 是과 연결되는 주어 那, 주술목구 형태의 목적어 导演大胆丢弃了传统的拍摄方式, 以全新的手法讲述了生动又有内涵的故事이 동격이다. 개사 在가 이끄는 在本年度的独立电影节上 또한 문장 맨 앞의 부사어로 적절하게 쓰였다. 따라서 틀린 부분이 없다.

어휘 年度 niándù 몡 연도 独立 dúlì 동 독립하다 获奖 huòjiǎng 동 수상하다 作品 zuòpǐn 몡 작품 忽视 hūshì 동 경시하다
导演 dǎoyǎn 몡 감독, 연출자 동 감독하다 大胆 dàdǎn 혱 대담하다 丢弃 diūqì 동 버리다, 내버리다
传统 chuántǒng 혱 기존의, 전통적이다 몡 전통 拍摄 pāishè 동 촬영하다 方式 fāngshì 몡 방식, 방법
手法 shǒufǎ 몡 (예술 작품의) 기법, 수단 讲述 jiǎngshù 동 들려주다, 이야기하다 生动 shēngdòng 혱 생동감 있다, 생기발랄하다
内涵 nèihán 몡 의미, 내포

첫 번째 절 / 두 번째 절

D (本次)	活动	/	有	/	(许多丰富有趣的)	环节,	最令人期待的	/	(就)	是
관형어	주어		술어		관형어	목적어	주어		부사어	술어
(이번)	행사에는		있다		(풍부하고 재미있는 많은)	코너가, //	가장 기대하게 하는 것은		(바로)	~이다

세 번째 절

(智能音箱的)	免费体验, //	为此	主办方	/	准备了	/	(20台)	智能音箱, //
관형어	목적어	접속사	주어1		술어1		관형어	목적어1
(인공 지능 스피커의)	무료 체험, //	이 때문에 주최 측에서는			준비했다		(20대의)	인공 지능 스피커를, //

(届时)	(会)	(以抽签的方式)	邀请	/	(20位)	用户	/	参与	/	体验。
부사어	부사어	부사어	술어2		관형어	목적어2 주어2		술어3		목적어3
(그때가 되면)	(~한다)	(추첨하는 방식으로)	초대하다		(20명의)	사용자를	/	참여하다	/	체험에

해석 이번 행사에는 풍부하고 재미있는 코너가 많이 있는데, 가장 기대하게 하는 것은 바로 인공 지능 스피커의 무료 체험으로, 이 때문에 주최 측에서는 20대의 인공 지능 스피커를 준비했고, 그때가 되면 추첨하는 방식으로 20명의 사용자를 체험에 참여하도록 초대할 것이다.

해설 각 절의 주어, 술어, 목적어가 모두 문맥상 자연스럽게 어울린다. 또한 시간부사 届时, 조동사 会, 개사구 以抽签的方式이 세 번째 절의 술어2 邀请 앞에서 부사→조동사→개사구 순으로 알맞게 배치되었고, 인과를 나타내는 접속사 为此도 문맥상 적절하게 쓰였다. 따라서 틀린 부분이 없다.

어휘 环节 huánjié 몡 코너, 부분, 일환 期待 qīdài 동 기대하다, 바라다 智能音箱 zhìnéng yīnxiāng 인공 지능(AI) 스피커
主办方 zhǔbànfāng 주최 측 抽签 chōuqiān 동 추첨하다, 제비뽑기를 하다 方式 fāngshì 몡 방식, 방법
用户 yònghù 몡 사용자, 가입자 参与 cānyù 동 참여하다 体验 tǐyàn 동 체험하다

61
중상

物理学家霍金的《时间简史》获得了巨大成功，这令他一举成为文化**偶像**。一时间，他和他的这部天文学**著作**成为了人们讨论的焦点。很多人为了显示自己学识渊博，总在不同的**场合**提起这本书。

물리학자 스티븐 호킹의 《시간의 역사》는 큰 성공을 얻었고, 이것은 그를 단번에 문화적 **우상**으로 만들었다. 순식간에 그와 그의 이 천문학 **저서**는 사람들의 토론의 쟁점이 되었다. 많은 사람은 자신의 학식이 해박한 것을 드러내 보이기 위해서, 항상 다른 **장소**에서 이 책을 언급한다.

A 偶像 ✓	著作 ✓	场合 ✓		A 우상	저서	장소
B 英雄 ✓	宗旨	场所 ✓		B 영웅	취지	장소
C 领袖 ✓	著述	现场		C 지도자	저술	현상
D 人士 ✓	评论	场面		D 인사	논평	장면

어휘 지문 物理学家 wùlǐxuéjiā 물리학자 霍金 Huòjīn 고유 스티븐 호킹[영국의 이론물리학자]
时间简史 Shíjiān Jiǎnshǐ 고유 시간의 역사[우주와 시간의 비밀에 관한 스티븐 호킹의 저서] 巨大 jùdà 혱 크다, 거대하다
一举 yìjǔ 동 단번에 天文学 tiānwénxué 천문학 焦点 jiāodiǎn 몡 쟁점, 초점 显示 xiǎnshì 동 드러내 보이다
渊博 yuānbó 혱 (학식이) 해박하다, 깊고 넓다 提起 tíqǐ 동 (~에 대해) 언급하다

보기 偶像 ǒuxiàng 몡 우상 英雄 yīngxióng 몡 영웅 领袖 lǐngxiù 몡 지도자 人士 rénshì 몡 인사
著作 zhùzuò 몡 저서, 저작 동 저서하다, 저작하다 宗旨 zōngzhǐ 몡 취지, 목적 著述 zhùshù 몡 저술 동 저술하다, 편집하다

评论 pínglùn 몡 논평, 평론 동 평론하다, 논의하다　场合 chǎnghé 몡 (어떤) 장소, 시간, 상황　场所 chǎngsuǒ 몡 장소

现场 xiànchǎng 몡 (사건이나 사고의) 현장　场面 chǎngmiàn 몡 장면, 신(scene)

해설

첫째 빈칸 보기가 모두 의미가 다른 명사이다. '스티븐 호킹의《시간의 역사》는 큰 성공을 얻었고, 이것은 그를 단번에 문화적 _____으로 만들었다'라는 문맥에 적합하고, 빈칸 앞 文化(문화적)와 의미상으로 호응하는 보기 A 偶像(우상), B 英雄(영웅), C 领袖(지도자), D 人士(인사)을 모두 정답의 후보로 체크해 둔다.

둘째 빈칸 보기 A, C는 공통글자 著를 포함하여 '저술'과 관련된 명사 유의어이고, B, D는 의미가 다른 명사이다. '그(스티븐 호킹)와 그의 이 천문학 _____는 사람들의 토론의 쟁점이 되었다'라는 문장의 앞 문맥을 살펴보면, 빈칸에는《시간의 역사》라는 책을 가리키는 어휘가 들어가야 한다. 따라서 문맥에 적합한 보기 A 著作(저서), C 著述(저술)를 정답의 후보로 체크해 둔다.

B 宗旨(취지), D 评论(논평)은 문맥과 어울리지 않는다.

셋째 빈칸 보기가 모두 공통글자 场을 포함한 어휘로, A, B, C는 '장소'와 관련된 명사 유의어이고, D는 '장면'이라는 의미의 명사이다. '항상 다른 _____에서 이 책을 언급한다'라는 문맥에 적합한 보기 A 场合(장소), B 场所(장소)를 정답의 후보로 체크해 둔다.

C 现场(현장)은 사건이나 사고가 발생한 구체적인 장소 또는 공연·경기·공사 등이 직접 진행되고 있는 장소를 의미하므로, 문맥과 어울리지 않는다.

D 场面(장면)은 연극·영화·드라마 등에서의 신(scene)을 의미하므로, 문맥과 어울리지 않는다.

* 따라서 모든 빈칸에서 정답 후보를 포함하는 보기 A가 정답이다.

62
중

荷兰人汉斯发明了望远镜, 但他只把望远镜当作玩具, 没有为它申请发明**专利**。后来, 意大利天文学家伽利略对**以往**的设计方案做了改进, 逐步增强了它的**放大**功能, 并将其应用于科学研究。

네덜란드인 한스는 망원경을 발명했지만, 그는 단지 망원경을 장난감으로만 여기고, 그것을 위해 발명 **특허**를 신청하지 않았다. 훗날 이탈리아 천문학자 갈릴레이는 **이전**의 설계 방안에 대해 개선을 했고, 그것의 **확대** 기능을 차츰차츰 강화하였으며, 게다가 그것을 과학 연구에 응용했다.

A 地位	从前 ✓	扩大	
B 认定	当前	扩充	
C 专利 ✓	以往 ✓	放大 ✓	
D 证书 ✓	往常	放射	

A 지위	예전	확대하다
B 인정하다	현재	확충하다
C 특허	이전	확대하다
D 증서	평소	방출하다

어휘 지문 荷兰 Hélán 고유 네덜란드　发明 fāmíng 동 발명하다 몡 발명　望远镜 wàngyuǎnjìng 몡 망원경　玩具 wánjù 몡 장난감, 완구

意大利 Yìdàlì 고유 이탈리아　天文学家 tiānwénxuéjiā 천문학자　伽利略 Jiālìlüè 고유 갈릴레이[이탈리아의 천문학자·물리학자]

设计 shèjì 몡 설계, 디자인 동 설계하다, 디자인하다　方案 fāng'àn 몡 방안　改进 gǎijìn 동 개선하다, 개량하다

逐步 zhúbù 몜 차츰차츰, 점차　增强 zēngqiáng 동 강화하다, 증강하다　功能 gōngnéng 몡 기능, 효능

应用 yìngyòng 동 응용하다

보기 地位 dìwèi 몡 지위, 위치　认定 rèndìng 동 인정하다, 확정하다　专利 zhuānlì 몡 특허, 특허권　证书 zhèngshū 몡 증서, 증명서

从前 cóngqián 몡 예전, 이전　当前 dāngqián 몡 현재, 현 단계　以往 yǐwǎng 몡 이전, 과거　往常 wǎngcháng 몡 평소, 평상시

扩大 kuòdà 동 확대하다, 넓히다　扩充 kuòchōng 동 확충하다, 늘리다　放大 fàngdà 동 (그림·소리·기능 등을)확대하다, 증폭시키다

放射 fàngshè 동 방출하다, 방사하다

해설

첫째 빈칸 보기 A, C, D는 의미가 다른 명사이고, B는 '인정하다'라는 의미의 동사이다. '한스는 망원경을 발명했지만, …… 그것을 위해 발명 _____를 신청하지 않았다'라는 문맥에 적합하고, 빈칸 앞 发明(발명)과 의미상으로 호응하는 보기 C 专利(특허), D 证书(증서)를 정답의 후보로 체크해 둔다.

A 地位(지위), B 认定(인정하다)은 문맥과 어울리지 않는다.

둘째 빈칸 보기 A, C는 '예전'과 관련된 명사이고, B는 '현재', D는 '평소'라는 의미의 명사이다. '훗날, 이탈리아 천문학자 갈릴레이는 _____의 설계 방안에 대해 개선을 했다'라는 문장의 앞뒤 문맥을 살펴보면, 한스가 발명했던 옛 망원경의 설계 방안을 갈릴레이가 개선했다는 것을 유추할 수 있다. 따라서 문맥에 적합한 보기 A 从前(예전), C 以往(이전)을 정답의 후보로 체크해 둔다.

B 当前(현재), D 往常(평소)은 문맥과 어울리지 않는다.

셋째 빈칸 보기 A, B, C는 '확대하다, 키우다'와 관련된 동사 유의어이고, D는 '방출하다'라는 의미의 동사이다. '그것(망원경)의 _____ 기능을 차츰차츰 강화하였으며'라는 문맥을 살펴보면, 빈칸에는 망원경의 기능과 관련된 어휘가 들어가야 한다. 따라서 망원경의 줌인(zoom-in) 기능을 가리킬 수 있고 문맥에도 적합한 보기 C 放大(확대하다)가 정답이다. 참고로, 放大는 작은 것을 크게 확대하거나 소리를 크게 증폭시킨다는 의미로, 图像(영상), 声音(소리), 装置(장치) 등의 어휘와 자주 호응한다.

A 扩大(확대하다)는 원래의 것보다 크게 만든다는 의미로, 规模(규모), 面积(면적), 影响(영향) 등의 어휘와 자주 호응한다.

B 扩充(확충하다)는 늘리고 넓혀서 보충한다는 의미로, 设备(설비), 人员(인원), 内容(내용) 등의 어휘와 자수 오웅힌디.

D 放射(방출하다)는 문맥과 어울리지 않는다.

63 중상

近年来，越来越多的男性开始请专业人士为自己**搭配**服装。他们这样做的目的都不太一样，有的人不想**辜负**伴侣对自己穿着的期待，有的人则希望自己随时随地都能以时尚**体面**的形象示人，还有的人希望自己的衣着符合自身身份。

최근 몇 년 동안, 점점 더 많은 남성이 전문가에게 자신을 위해 옷을 **코디해 달라고** 부탁하기 시작했다. 그들이 이렇게 하는 목적은 모두 다른데, 어떤 이들은 자신의 옷차림에 대한 반려자의 기대를 **저버리고** 싶어 하지 않고, 어떤 이들은 자신이 언제 어디서나 스타일리쉬하고 **당당하다는** 이미지를 보여주기를 원하고, 또 어떤 이들은 자신의 옷차림이 자신의 신분에 부합하기를 원한다.

A 设计 ✓	隐瞒	体贴	
B 设立	挥霍	富裕	
C 搭配 ✓	辜负 ✓	体面 ✓	
D 支配	亏负 ✓	光彩 ✓	

A 디자인하다	숨기다	자상하게 돌보다	
B 설립하다	돈을 마음대로 쓰다	풍요롭다	
C 코디하다	저버리다	당당히다	
D 배치하다	저버리다	명예롭다	

어휘 지문 专业人士 zhuānyè rénshì 전문가　服装 fúzhuāng 圐 옷, 복장　伴侣 bànlǚ 圐 반려자, 동반자
穿着 chuānzhuó 圐 옷차림, 복장　期待 qīdài 圐 기대하다, 바라다　随时随地 suí shí suí dì 언제 어디서나
时尚 shíshàng 圐 스타일리쉬하다, 유행에 맞다 圐 유행　形象 xíngxiàng 圐 이미지, 형상　示人 shìrén 圐 (남에게) 보이다
衣着 yīzhuó 圐 옷차림, 복장　身份 shēnfèn 圐 신분

보기 设计 shèjì 圐 디자인하다, 설계하다　设立 shèlì 圐 설립하다, 세우다　搭配 dāpèi 圐 코디하다, 조합하다
支配 zhīpèi 圐 배치하다, 지배하다　隐瞒 yǐnmán 圐 (진상을) 숨기다, 감추다　挥霍 huīhuò 圐 돈을 마음대로 쓰다, 돈을 헤프게 쓰다
辜负 gūfù 圐 (다른 사람의 기대·희망·도움 등을) 저버리다, 어기다　亏负 kuīfù 圐 (호의·은혜·기대 등을) 저버리다, 어기다
体贴 tǐtiē 圐 자상하게 돌보다　富裕 fùyù 圐 풍요롭다, 부유하다 圐 풍요롭게 하다, 부유하게 하다
体面 tǐmiàn 圐 당당하다, 떳떳하다 圐 체면, 체통　光彩 guāngcǎi 圐 명예롭다, 영광스럽다 圐 영예, 광채

해설 첫째 보기 A, B는 공통글자 设를 포함하여 형태는 비슷하지만 의미가 다른 동사이고, C, D는 공통글자 配를 포함하여 '배치하다'와 관
빈칸 련된 동사 유의어이다. '점점 더 많은 남성이 전문가에게 자신을 위해 옷을 _____ 부탁하기 시작했다'라는 문맥에 적합하고, 빈칸 뒤 목적어 服装(옷)과 의미상으로 호응하는 보기 A 设计(디자인하다), C 搭配(코디하다)를 정답의 후보로 체크해 둔다.
　　　　B 设立(설립하다)는 문맥과 어울리지 않는다.
　　　　D 支配(배치하다, 지배하다)는 일이나 시간·비용 등을 적절히 안배하거나 다른 사람이나 사물을 지배한다는 의미로 时间(시간), 经费(경비), 行动(행동) 등의 어휘와 자주 호응한다.

둘째 보기 A, B는 의미가 다른 동사이고, C, D는 공통글자 负를 포함하여 '저버리다'와 관련된 동사 유의어이다. '어떤 이들은 자신의 옷
빈칸 차림에 대한 반려자의 기대를 _____ 싶어하지 않고'라는 문맥에 적합하고, 빈칸 뒤 쪽의 목적어 期待(기대)와 의미상으로 호응하는 보기 C 辜负(저버리다), D 亏负(저버리다)를 정답의 후보로 체크해 둔다.
　　　　A 隐瞒(숨기다), B 挥霍(돈을 마음대로 쓰다)는 문맥과 어울리지 않는다.

셋째 보기가 모두 의미가 다른 어휘이다. '어떤 이들은 자신이 언제 어디서나 스타일리쉬하고 _____ 이미지를 보여주기를 원하고'라
빈칸 는 문맥에 적합한 보기 C 体面(당당하다), D 光彩(명예롭다)를 정답의 후보로 체크해 둔다.
　　　　A 体贴(자상하게 돌보다)는 옷차림과는 관련이 없는 어휘이므로 문맥과 어울리지 않는다.
　　　　B 富裕(풍요롭다)는 일반적으로 形象(이미지)과 호응하여 사용되지 않는다.

＊ 따라서 모든 빈칸에서 정답 후보를 포함하는 보기 C가 정답이다.

---

64 중상

经过不断的努力，小王终于摆脱了**贫困**，找到了一份不错的工作。再也不用在外**奔波**的他，终于有机会选择自己想要的居住环境。小王一直梦想着下班之后**构思**自己的小说，所以他选择了一个远离市中心的，非常**寂静**的小区。

끊임없는 노력 끝에 샤오왕은 마침내 **빈곤**에서 벗어나 괜찮은 직장을 하나 찾았다. 더 이상 밖에서 **바쁘게 뛰어다닐** 필요가 없어진 그는 마침내 자신이 원하던 거주 환경을 선택할 기회가 생겼다. 샤오왕은 줄곧 퇴근 후 자신의 소설을 **구상하는 것**을 꿈꾸고 있어서, 도심에서 멀리 떨어진 매우 **조용한** 동네를 선택했다.

A 贫乏	奔驰	构成	寂寞
B 贫困 ✓	奔波 ✓	构思	寂静 ✓
C 贫穷 ✓	流浪 ✓	反思	宁静 ✓
D 困境 ✓	立足	顾虑	镇静

A 부족하다	질주하다	구성하다	외롭다
B 빈곤하다	바쁘게 뛰어다니다	구상하다	조용하다
C 가난하다	떠돌다	반성하다	고요하다
D 곤경	발붙이다	걱정하다	차분하다

어휘 지문 摆脱 bǎituō 圐 벗어나다, 빠져나오다　居住 jūzhù 圐 거주하다　小区 xiǎoqū 圐 동네, 단지

보기 贫乏 pínfá 圐 부족하다, 결핍하다　贫困 pínkùn 圐 빈곤하다, 곤궁하다　贫穷 pínqióng 圐 가난하다, 빈궁하다

困境 kùnjìng 몡 곤경, 궁지   奔驰 bēnchí 통 (차나 말 등이) 질주하다, 폭주하다   奔波 bēnbō 통 (생활을 위해) 바쁘게 뛰어다니다
流浪 liúlàng 통 떠돌다, 유랑하다   立足 lìzú 통 발붙이다, (~에) 입각하다   构成 gòuchéng 통 구성하다, 형성하다 몡 구성
构思 gòusī 통 구상하다   反思 fǎnsī 통 (지난 일을) 반성하다, 돌아보다   顾虑 gùlǜ 통 걱정하다, 염려하다 몡 염려, 걱정
寂寞 jìmò 혱 외롭다, 쓸쓸하다   寂静 jìjìng 혱 조용하다, 고요하다   宁静 níngjìng 혱 (환경, 마음 등이) 고요하다, 평온하다
镇静 zhènjìng 혱 (마음이나 기분이) 차분하다, 평온하다 통 (마음이나 기분을) 진정시키다

해설 **첫째 빈칸** 보기 A, B, C는 공통글자 贫을 포함하여 '부족하다, 가난하다'와 관련된 형용사 유의어이고, D는 '곤경'이라는 의미의 명사이다. '끊임없는 노력 끝에 샤오왕은 마침내 _____에서 벗어나 괜찮은 직장을 하나 찾았다.'라는 문맥에 적합한 보기 B 贫困(빈곤하다), C 贫穷(가난하다), D 困境(곤경)을 정답의 후보로 체크해 둔다.

A 贫乏(부족하다)는 사상·물질 등이 부족하다는 의미로, 内容(내용), 知识(지식), 经验(경험) 등의 어휘와 자주 호응한다.

둘째 빈칸 보기 A, B는 공통글자 奔을 포함하여 '달리다'와 관련된 동사 유의어이고, C, D는 의미가 다른 동사이다. '더 이상 밖에서 _____ 필요가 없어진 그는 마침내 자신이 원하던 거주 환경을 선택할 기회가 생겼다.'라는 문맥에 적합한 보기 B 奔波(바쁘게 뛰어다니다), C 流浪(떠돌다)을 정답의 후보로 체크해 둔다. 참고로, 奔波는 주로 돈을 벌기 위해 이리저리 뛰어다니는 것을 의미한다.

A 奔驰(질주하다), D 立足(발붙이다)는 문맥과 어울리지 않는다.

셋째 빈칸 보기 A, B는 공통글자 构를 포함하여 형태는 비슷하지만 의미가 다른 동사이고, C, D는 의미가 다른 동사이다. '샤오왕은 줄곧 퇴근 후 자신의 소설을 _____을 꿈꾸고 있어서'라는 문맥에 적합하고, 빈칸 뒤 쪽의 목적어 小说(소설)와 의미상으로 호응하는 보기 B 构思(구상하다)가 정답이다.

A 构成(구성하다)은 어떤 형태나 상황을 형성한다는 의미로, 문맥과 어울리지 않는다.
C 反思(반성하다), D 顾虑(걱정하다)는 문맥과 어울리지 않는다.

* 셋째 빈칸에서는 B밖에 정답이 될 수 없기 때문에, 실제 시험에서는 보기 B를 정답으로 선택하고 바로 다음 문제로 넘어간다.

넷째 빈칸 보기 A는 '외롭다'라는 의미의 형용사이고, B, C, D는 공통글자 静을 포함하여 '조용하다, 평온하다'와 관련된 형용사 유의어이다. '샤오왕은 …… 도심에서 멀리 떨어진 매우 _____ 동네를 선택했다'라는 문맥에 적합하고, 빈칸 뒤 小区(동네)와 의미상으로 호응하는 보기 B 寂静(조용하다), C 宁静(고요하다)을 정답의 후보로 체크해 둔다.

A 寂寞(외롭다)는 적막하고 쓸쓸하다는 의미로, 문맥과 어울리지 않는다.
D 镇静(차분하다)은 마음이나 기분 등이 흥분되지 않고 안정적이라는 의미로, 小区(동네)와 의미상으로 호응하지 않는다.

65
상

| 声音博物馆创始人陈弘礼表示，他们非常**注重**传统文化和现代技术的结合。所以他们在万木草堂内**搭**了一个充满科技感的声音剧场。夜幕**降临**时，草堂会变得更加美丽，承载着传统文化的图画和声音也将会以**崭新**的模样和观众见面。 | 소리 박물관의 설립자 천훙리는 그들이 전통 문화와 현대 기술의 결합을 매우 **중시한다**고 말했다. 그래서 그들은 만목초당 안에 과학 기술 감각으로 가득 찬 소리 극장을 하나 **세웠다**. 땅거미가 **내려올** 때, 초당은 더욱 아름답게 변하고, 전통 문화를 담고 있는 그림과 소리는 **새로운** 모습으로 관객들과 만나게 될 것이다. |

A 注重 ✓	搭 ✓	降临 ✓	崭新 ✓	A 중시하다	세우다	내려오다	새롭다
B 珍惜	建 ✓	拜访	别致	B 아끼다	짓다	방문하다	특이하다
C 爱惜	铺	光临	陈旧	C 소중히 여기다	깔다	왕림하다	오래되다
D 重视 ✓	盖 ✓	来临 ✓	腐败 ✓	D 중시하다	짓다	도래하다	부패하다

어휘 **지문** 博物馆 bówùguǎn 몡 박물관   创始人 chuàngshǐrén 몡 설립자, 창시자   传统 chuántǒng 몡 전통 혱 전통적이다
现代 xiàndài 몡 현대   结合 jiéhé 통 결합하다   万木草堂 Wànmù Cǎotáng 고유 만목초당[중국 광저우에 위치한 글방]
充满 chōngmǎn 통 가득 차다, 충만하다   剧场 jùchǎng 몡 극장   夜幕 yèmù 몡 땅거미, 밤의 장막
承载 chéngzài 통 담다, 적재하다   模样 múyàng 몡 모습, 모양

보기 注重 zhùzhòng 통 중시하다, 신경을 쓰다   珍惜 zhēnxī 통 아끼다, 소중히 하다   爱惜 àixī 통 소중히 여기다, 아끼다
重视 zhòngshì 통 중시하다   搭 dā 통 (다리 등을) 세우다, 놓다, (막·울타리 등을) 치다   建 jiàn 통 (건물을) 짓다, 세우다
铺 pū 통 (물건을) 깔다, 펴다   盖 gài 통 (집을) 짓다, (위에서 아래로) 덮다, (도장을) 날인하다 몡 뚜껑, 덮개
降临 jiànglín 통 내려오다, 강림하다   拜访 bàifǎng 통 방문하다, 찾아 뵙다   光临 guānglín 통 왕림하다, 오다
来临 láilín 통 도래하다, 오다   崭新 zhǎnxīn 혱 (아주) 새롭다, 참신하다   别致 biézhì 혱 특이하다, 색다르다
陈旧 chénjiù 혱 오래되다, 낡다   腐败 fǔbài 혱 (행위·제도·조직 등이) 부패하다, 타락하다, (사상이) 진부하다 통 썩다, 부패하다

해설 **첫째 빈칸** 보기 A, D는 공통글자 重을 포함하여 '중시하다'와 관련된 동사 유의어이고, B, C는 공통글자 惜를 포함하여 '아끼다'와 관련된 동사 유의어이다. '그들(소리 박물관)이 전통 문화와 현대 기술의 결합을 매우 _____고 말했다'라는 문맥에 적합한 보기 A 注重(중시하다), D 重视(중시하다)을 정답의 후보로 체크해 둔다.

B 珍惜(아끼다), C 爱惜(소중히 여기다)는 함부로 대하여 망치거나 손상시키지 않는다는 의미가 내포되어 있으므로, 문맥과 어울리지 않는다.

제6회
독해
해커스 해설이 상세한 HSK 6급 실전모의고사

제1회 제2회 제3회 제4회 제5회

둘째 보기 A, B, D는 '짓다'와 관련된 동사 유의어이고, C는 '깔다'라는 의미의 동사이다. '그들은 만목초당 안에 과학 기술 감각으로 가
빈칸 득 찬 소리 극장을 하나 _____'라는 문맥에 적합하고, 빈칸 뒤 쪽의 목적어 声音剧场(소리 극장)과 의미상으로 호응하는 보기 A
搭(세우다), B 建(짓다), D 盖(짓다)를 정답의 후보로 체크해 둔다. 참고로, 盖는 '덮다'라는 의미로 자주 쓰이지만, 건축물을 짓는다
는 의미로도 사용된다.

D 铺(깔다)는 문맥과 어울리지 않는다.

셋째 보기 A, C, D는 공통글자 临을 포함하여 '오다, 이르다'와 관련된 동사 유의어이고, B는 '방문하다'라는 의미의 동사이다. '땅거미가
빈칸 _____ 때'라는 문맥에 적합하고, 빈칸 앞 夜幕(땅거미)와 짝꿍으로 쓰이는 보기 A 降临(내려오다), D 来临(도래하다)을 정답의
후보로 체크해 둔다.

B 拜访(방문하다)은 예를 갖추어 찾아 뵙는 것을 높여 이르는 말로, 夜幕(땅거미)와 의미상으로 호응하지 않는다.
C 光临(왕림하다)은 남이 찾아오는 것을 높여 이르는 말로, 夜幕(땅거미)와 의미상으로 호응하지 않는다.

넷째 보기가 모두 의미가 다른 형용사이다. '땅거미가 내려올 때, 초당은 더욱 아름답게 변하고, 전통 문화를 담고 있는 그림과 소리는
빈칸 _____ 모습으로 관객들과 만나게 될 것이다.'라는 문맥을 살펴보면, 만목초당과 그 안에 있는 그림과 소리는 밤이 되면 낮과는
다른 모습을 보여준다는 것을 알 수 있다. 그러므로 빈칸에는 '원래 모습과 다르다'라는 의미를 나타낼 수 있는 어휘가 들어가야 한
다. 따라서 보기 A 崭新(새롭다)이 정답이다.

B 别致(특이하다), C 陈旧(오래되다), D 腐败(부패하다)는 문맥과 어울리지 않는다.

66 중	在信息高度发达的现代社会，如果假新闻**泛滥**，真实的言论和思想就会被埋没在海量的网络信息之中。为了**杜绝**假新闻，新加坡最近制订了《防止网络假信息法案》。该法案含有针对**歪曲**事实、传播谣言、捏造**虚假**信息等的惩罚条例。	정보가 고도로 발달한 현대 사회에서, 만약 가짜 뉴스가 **범람한다면**, 진실된 말과 사상은 엄청난 양의 인터넷 정보 속에 묻혀 버릴 것이다. 가짜 뉴스를 **근절하기** 위하여, 싱가포르는 최근 <인터넷 거짓 정보 방지 법안>을 제정했다. 이 법안은 사실을 **왜곡하고**, 루머를 유포하고, **허위** 정보를 날조하는 것 등에 대한 처벌 규정을 포함한다.

A	遍布	防止 ✓	扭曲 ✓	扎实	A 분포하다	방지하다	왜곡하다	알차다
B	普及	预防	对抗	不实 ✓	B 보급되다	예방하다	대항하다	근거가 없다
C	广泛	断绝	否决	虚伪	C 광범위하다	단절하다	부결하다	위선적이다
D	泛滥 ✓	杜绝 ✓	歪曲 ✓	虚假 ✓	D 범람하다	근절하다	왜곡하다	허위적이다

어휘 지문 **信息** xìnxī 몡 정보   **现代** xiàndài 몡 현대   **真实** zhēnshí 혱 진실하다, 참되다   **言论** yánlùn 몡 말, 언론
思想 sīxiǎng 몡 사상, 생각   **埋没** máimò 통 묻히다, 매몰되다   **海量** hǎiliàng 몡 엄청난 양, 넓은 도량
网络 wǎngluò 몡 인터넷, 네트워크   **新加坡** Xīnjiāpō 고유 싱가포르   **制订** zhìdìng 통 제정하다, 만들다
防止 fángzhǐ 통 방지하다   **法案** fǎ'àn 몡 법안   **含有** hányǒu 통 포함하다, 함유하다   **针对** zhēnduì 통 대하다, 겨누다
事实 shìshí 몡 사실   **传播** chuánbō 통 유포하다, 널리 퍼뜨리다   **谣言** yáoyán 루머, 유언비어   **捏造** niēzào 통 날조하다
惩罚 chéngfá 통 처벌하다, 징벌하다   **条例** tiáolì 몡 규정, 조례

보기 **遍布** biànbù 통 (널리) 분포하다, 고루 퍼지다   **普及** pǔjí 통 보급되다, 확산되다   **广泛** guǎngfàn 혱 광범위하다, 폭넓다
泛滥 fànlàn 통 (나쁜 것이 아무런 제한없이) 범람하다, (물이) 넘치다   **防止** fángzhǐ 통 (나쁜 일을) 방지하다
预防 yùfáng 통 예방하다   **断绝** duànjué 통 (연락이나 왕래를) 단절하다   **杜绝** dùjué 통 근절하다, 두절하다
扭曲 niǔqū 통 왜곡하다, 꼬다   **对抗** duìkàng 통 대항하다, 맞서다   **否决** fǒujué 통 (안건·의견·생각 등을) 부결하다, 기각하다
歪曲 wāiqū 통 (사실이나 내용을 고의로) 왜곡하다   **扎实** zhāshi 혱 (일·학문 등이) 알차다, 견고하다
不实 bùshí 혱 근거가 없다, 실제에 맞지 않다   **虚伪** xūwěi 혱 위선적이다, 허위적이다   **虚假** xūjiǎ 혱 허위적이다, 실제에 부합하지 않다

해설 첫째 보기 A, B, D는 의미가 다른 동사이고, C는 '광범위하다'라는 의미의 형용사이다. 빈칸은 술어 자리로, '만약 가짜 뉴스가 _____,
빈칸 진실된 말과 사상은 엄청난 양의 인터넷 정보 속에 묻혀 버릴 것이다'라는 문맥에 적합하고, 빈칸 앞 假新闻(가짜 뉴스)과 의미상으
로 호응하는 보기 D 泛滥(범람하다)이 정답이다.

A 遍布(분포하다), 普及(보급되다)는 문맥과 어울리지 않는다.
C 广泛(광범위하다)은 문맥과 어울리지 않으며, 형용사이기 때문에 술어가 되기 위해서는 정도부사의 수식을 받아야 한다.

＊ 첫째 빈칸에서 D밖에 정답이 될 수 없기 때문에, 실제 시험에서는 보기 D를 정답으로 선택하고 바로 다음 문제로 넘어간다.

둘째 보기 A, B는 공통글자 防을 포함하여 '방지하다'와 관련된 동사 유의어이고, C, D는 공통글자 绝를 포함하여 '없애다, 끊다'와 관련
빈칸 된 동사 유의어이다. '가짜 뉴스를 _____ 위하여, 싱가포르는 최근 <인터넷 거짓 정보 방지 법안>을 제정했다.'라는 문맥에 적
합한 보기 A 防止(방지하다), D 杜绝(근절하다)를 정답의 후보로 체크해 둔다.

B 预防(예방하다)은 질병·재해·사고 등이 일어나기 전에 미리 대처하여 막는다는 의미로, 自然灾害(자연재해), 事故(사고), 疾病
(질병) 등의 어휘와 자주 호응한다.
C 断绝(단절하다)는 연락이나 왕래를 끊는다는 의미로, 关系(관계), 来往(왕래하다), 交通(교통) 등의 어휘와 자주 호응한다.

셋째 보기 A, D는 공통글자 曲를 포함하여 '왜곡하다'와 관련된 동사 유의어이고, B, C는 의미가 다른 동사이다. '이 법안은 사실을
빈칸 ＿＿＿＿＿, 루머를 유포하고'라는 문장에 적합하고, 빈칸 뒤 목적어 事实(사실)과 의미상으로 호응하는 보기 A 扭曲(왜곡하다), D
歪曲(왜곡하다)를 정답의 후보로 체크해 둔다.

　　　B 对抗(대항하다), C 否决(부결하다)는 문맥과 어울리지 않는다.

넷째 보기 A, B는 공통글자 实을 포함하여 형태는 비슷하지만 의미가 다른 형용사이고, C, D도 공통글자 虚를 포함하여 형태는 비슷하
빈칸 지만 의미가 다른 형용사이다. '루머를 유포하고, ＿＿＿＿＿ 정보를 날조하는 것 등에 대한 처벌 규정을 포함한다'라는 문장에 적합
하고, 빈칸 뒤 信息(정보)와 의미상으로 호응하는 보기 B 不实(근거가 없다), D 虚假(허위적이다)를 정답의 후보로 체크해 둔다.

　　　A 扎实(알차다)은 문맥과 어울리지 않는다.
　　　C 虚伪(위선적이다)는 주로 사람의 태도가 진실하지 않다는 의미이므로, 信息(정보)와 의미상으로 호응하지 않는다.

67
하

这位植物学家克服了大自然的艰险，在东南亚做了八年的**生物**多样性研究。为了获得第一手资料，他去过很多地方，其行程**涉及**到60多条线路，总长超过了14000英里。前往充满未知数的**茂密**丛林时，胆大心细的他通常只会带一两名**当地向导**。

이 식물학자는 대자연의 험난함을 극복하고, 동남아시아에서 8년간 **생물** 다양성을 연구했다. 직접 입수한 자료를 얻기 위해, 그는 여러 곳을 갔었는데, 그 여정은 60여 개의 노선을 **포함하며**, 총 길이가 14,000마일을 넘어섰다. 미지수로 가득 찬 **울창한** 정글로 향해 갈 때, 용감하면서도 세심한 그는 보통 한두 명의 현지 **가이드**만 데리고 간다.

A 生存	相差	神奇	司令	A 생존하다	서로 차이가 나다	신기하다	사령관
B 生物 ✓	涉及 ✓	茂密 ✓	向导 ✓	B 생물	포함하다	울창하다	가이드
C 形态	相等	神秘 ✓	同胞	C 형태	서로 비슷하다	신비하다	동포
D 形状	交涉	稠密	导游 ✓	D 형상	교섭하다	조밀하다	가이드

어휘 지문 克服 kèfú 통 극복하다　艰险 jiānxiǎn 형 험난하다, 곤란하고 위험하다　东南亚 Dōngnányà 고유 동남아시아, 동남아
行程 第一手资料 dìyīshǒu zīliào 직접 입수한 자료　行程 xíngchéng 명 여정, 노정　线路 xiànlù 명 노선, 선로
英里 yīnglǐ 양 마일(mile)　前往 qiánwǎng 통 ~로 향해 가다, ~로 나아가다　充满 chōngmǎn 통 가득 차다, 충만하다
未知数 wèizhīshù 명 미지수　丛林 cónglín 명 정글, 밀림
胆大心细 dǎndàxīnxì 성 용감하면서도 세심하다, 대담하면서도 주도면밀하다　当地 dāngdì 명 현지

보기 生存 shēngcún 통 생존하다　生物 shēngwù 명 생물　形态 xíngtài 명 형태　形状 xíngzhuàng 명 형상, 겉모양
相差 xiāngchà 통 서로 차이가 나다　涉及 shèjí 통 포함하다, 연관되다　相等 xiāngděng 형 서로 비슷하다, 대등하다
交涉 jiāoshè 통 교섭하다, 절충하다　神奇 shénqí 형 신기하다, 신비롭고 기이하다
茂密 màomì 형 (풀과 나무 등이) 울창하다, 무성하다　神秘 shénmì 형 신비하다　稠密 chóumì 형 조밀하다, 빼곡하다
司令 sīlìng 명 사령관　向导 xiàngdǎo 명 가이드, 안내자 통 안내하다, 인도하다　同胞 tóngbāo 명 동포, 친형제자매
导游 dǎoyóu 명 가이드, 관광 안내원 통 가이드하다

해설 첫째 보기 A, B는 공통글자 生을 포함하여 형태는 비슷하지만 의미가 다른 어휘로, A는 동사이고, B는 명사이다. 그리고 C, D는 공
빈칸 통글자 形을 포함하여 '형태'와 관련된 명사 유의어이다. '이 식물학자는 대자연의 험난함을 극복하고, 동남아시아에서 8년간
＿＿＿＿＿ 다양성을 연구했다.'라는 문장에 적합한 보기 B 生物(생물)가 정답이다.

　　　A 生存(생존하다), C 形态(형태), D 形状(형상)은 문맥과 어울리지 않는다.

* 첫째 빈칸에서는 B밖에 정답이 될 수 없기 때문에, 실제 시험에서는 보기 B를 정답으로 선택하고 바로 다음 문제로 넘어간다.

둘째 보기 A, C는 공통글자 相을 포함하여 형태는 비슷하지만 의미가 다른 동사이고, B, D는 공통글자 涉를 포함하였지만 의미가 다른
빈칸 동사이다. '그 여정은 60여 개의 노선을 ＿＿＿＿＿, 총 길이가 14,000마일을 넘어섰다'라는 문장에 적합한 보기 B 涉及(포함하다)
가 정답이다.

　　　A 相差(서로 차이가 나다), C 相等(서로 비슷하다), D 交涉(교섭하다)는 문맥과 어울리지 않는다.

셋째 보기 A, C는 공통글자 神을 포함하여 '신기하다'와 관련된 형용사 유의어이고, B, D는 공통글자 密를 포함하여 '빽빽하다'와 관련
빈칸 된 형용사 유의어이다. '미지수로 가득 찬 ＿＿＿＿＿ 정글로 향해 갈 때'라는 문장에 적합하고, 빈칸 뒤 丛林(정글)과 의미상으로 호
응하는 보기 B 茂密(울창하다), C 神秘(신비하다)를 정답의 후보로 체크해 둔다.

　　　A 神奇(신기하다)는 믿을 수 없을 정도로 색다르고 놀랍다는 의미로, 色彩(색채), 功效(효능), 东西(물건) 등의 어휘와 자주 호응한다.
　　　D 稠密(조밀하다)는 대상이 많고 밀도가 높다는 의미로, 人口(인구), 人烟(인가) 등의 어휘와 자주 호응한다.

넷째 보기가 모두 직업이나 신분과 관련된 명사이다. '정글로 향해 갈 때, …… 그는 보통 한두 명의 현지 ＿＿＿＿＿만 데리고 간다'라는
빈칸 문맥에 적합하고, 빈칸 앞 当地(현지)와 짝꿍으로 쓰이는 B 向导(가이드), D 导游(가이드)를 정답의 후보로 체크해 둔다.

　　　A 司令(사령관), C 同胞(동포)는 문맥과 어울리지 않는다.

68
중상

丽江古城从总体**布局**到建筑风格，融汇了各个民族的精华。在外部**造型**上，古城民居糅合了汉族、藏族和白族的建筑技艺，形成了**鲜明**的风格。在结构上，这些以土木为主的建筑，经受住了岁月的考验，**饱经沧桑**后依然保持着最佳的风貌。

리장 고성은 전체적인 **배치**에서부터 건축 양식에 이르기까지 각 민족의 정수를 융합했다. 외부 **조형** 면에 있어 고성의 민가는 한족, 티베트족, 백족의 건축 기예를 접목하여 **뚜렷한** 양식을 형성했다. 구조 면에 있어, 토목이 위주가 된 이런 건축물들은 세월의 시련을 견뎠고, **산전수전을 다 겪은** 후에도 여전히 최상의 풍격과 면모를 유지하고 있다.

A 布置	模型	鲜活	朝气蓬勃
B 构造 ✓	类型	鲜艳	一如既往
C 架构 ✓	构型 ✓	鲜嫩	众所周知
D 布局 ✓	造型 ✓	鲜明 ✓	饱经沧桑 ✓

A 배치하다	모형	싱싱하다	활력이 넘치다
B 구조	유형	산뜻하다	지난날과 다름없다
C 틀	모양	신선하고 연하다	모든 사람이 다 알고 있나
D 배치	조형	뚜렷하다	산전수전을 다 겪다

어휘 지문 丽江古城 Lìjiāng Gǔchéng [고유] 리장 고성[중국 윈난성에 있는 AAAAA급 관광지로, 옛 도시의 모습을 그대로 간직하고 있는 곳]
建筑 jiànzhù [명] 건축, 건축물 [동] 건축하다 风格 fēnggé [명] 양식, 풍격 融汇 rónghuì [동] 융합하다 精华 jīnghuá [명] 정수, 정화
民居 mínjū [명] 민가 糅合 róuhé [동] 접목하다, 혼합하다 藏族 Zàngzú [고유] 티베트족[중국의 소수 민족]
白族 Báizú [고유] 백족[중국의 소수 민족] 技艺 jìyì [명] 기예 形成 xíngchéng [동] 형성하다 结构 jiégòu [명] 구조, 구성
经受 jīngshòu [동] (시련이나 고난 등을) 견디다, 버티다 岁月 suìyuè [명] 세월 考验 kǎoyàn [명] 시련, 시험 [동] 시험하다, 검증하다
依然 yīrán [부] 여전히, 변함없이 [형] 여전하다 保持 bǎochí [동] 유지하다 风貌 fēngmào [명] 풍격과 면모, 모습

보기 布置 bùzhì [동] (물건 등을 적절하게) 배치하다, 배열하다 构造 gòuzào [명] 구조 架构 jiàgòu [명] 틀, 지지대 [동] 구축하다
布局 bùjú [명] 배치, 포석 [동] 포석하다, 배치하다 模型 móxíng [명] 모형, 견본 类型 lèixíng [명] 유형 构型 gòuxíng [명] 모양, 모습
造型 zàoxíng [명] 조형 [동] 조형하다 鲜活 xiānhuó [형] (해산물이) 싱싱하다, (표현이) 선명하다
鲜艳 xiānyàn [형] (색이) 산뜻하다, 선명하고 아름답다 鲜嫩 xiānnèn [형] 신선하고 연하다 鲜明 xiānmíng [형] 뚜렷하다, (색이) 선명하다
朝气蓬勃 zhāoqìpéngbó [성] 활력이 넘치다, 패기가 넘치다 一如既往 yìrújìwǎng [성] 지난날과 다름없다
众所周知 zhòngsuǒzhōuzhī [성] 모든 사람이 다 알고 있다 饱经沧桑 bǎojīngcāngsāng [성] 산전수전을 다 겪다, 온갖 풍파를 다 겪다

해설 첫째 보기 A, D는 공통글자 布를 포함하여 '배치하다'와 관련된 어휘로, A는 동사이고, D는 명사/동사이다. 그리고 B, C는 공통글자 构를
빈칸 포함하여 '구조'와 관련된 어휘로, B는 명사, C는 명사/동사이다. '리장 고성은 전체적인 _____에서부터 건축 양식에 이르기까지'라는 문맥에 적합하고, 빈칸 앞 쪽의 古城(고성, 오래된 도시)과 의미상으로 호응하는 보기 B 构造(구조), C 架构(틀), D 布局(배치)를 정답의 후보로 체크해 둔다.

A 布置(배치하다)은 물건 등을 적절하게 진열하거나 놓는다는 의미로, 古城(고성, 오래된 도시)과 의미상으로 호응하지 않는다.

둘째 보기가 모두 공통글자 型을 포함하여 형태는 비슷하지만 의미가 다른 명사이다. '외부 _____ 면에 있어 고성의 민가는 ……
빈칸 양식을 형성했다.'라는 문맥을 살펴보면, 빈칸에는 건축의 외부 양식과 관련된 어휘가 들어가야 한다. 따라서 문맥에 적합한 보기 C 构型(모양), D 造型(조형)을 정답의 후보로 체크해 둔다.

A 模型(모형), B 类型(유형)은 문맥과 어울리지 않는다.

셋째 보기가 모두 공통글자 鲜을 포함하여 '싱싱하다, 선명하다'와 관련된 형용사 유의어이다. '고성의 민가는 한족, 티베트족, 백족의 건
빈칸 축 기예를 접목하여 _____ 양식을 형성했다'라는 문맥에 적합하고, 빈칸 뒤 风格(양식)와 의미상으로 호응하는 보기 D 鲜明(뚜렷하다)이 정답이다. 참고로, 鲜明은 주로 색이 뚜렷하다는 의미로 사용되지만, 风格(양식), 主题(주제) 등이 모호하지 않고 명확하다는 의미로도 사용된다.

A 鲜活(싱싱하다, 선명하다)는 식료품 등이 신선하거나 표현이 선명하고 생동적이라는 의미로, 鱼(물고기), 形象(이미지), 语言(언어) 등의 어휘와 자주 호응한다.
B 鲜艳(산뜻하다)은 색이 선명하고 곱다는 의미로, 色彩(색채), 彩虹(무지개), 花朵(꽃봉오리) 등의 어휘와 자주 호응한다.
C 鲜嫩(신선하고 연하다)은 식재료 등이 신선하고 부드럽다는 의미로, 肉质(육질), 菜(요리), 竹笋(죽순) 등의 어휘와 자주 호응한다.

* 셋째 빈칸에서는 D밖에 정답이 될 수 없기 때문에, 실제 시험에서는 보기 D를 정답으로 선택하고 바로 다음 문제로 넘어간다.

넷째 보기가 모두 사자성어이다. '이런 건축물들은 세월의 시련을 견뎌냈고, _____ 후에도 여전히 최상의 풍격과 면모를 유지하고 있
빈칸 다'라는 문맥에 적합하고, 빈칸 앞 考验(시련)과 의미상으로 호응하는 D 饱经沧桑(산전수전을 다 겪다)이 정답이다.

A 朝气蓬勃(활력이 넘치다), B 一如既往(지난날과 다름없다), C 众所周知(모든 사람이 다 알고 있다)은 문맥과 어울리지 않는다.

69
중

近年来, 不少新兴游乐项目以**短视频**的方式在各大**直播平台**走红。这些游乐项目非常刺激, 但也存在很多安全**隐患**。因此, 在管理和经营游乐场时, 负责人需要具备极强的**防范意识**。在条件允许的情况下, 最好**配备**一些可以防止事故发生的设备。

최근 몇 년간, 많은 신흥 놀이 기구들이 짧은 **동영상** 방식으로 각 라이브 동영상 플랫폼에서 인기를 얻었다. 이러한 놀이 기구들은 매우 스릴이 넘치지만 안전상의 **폐해**도 많이 존재한다. 그러므로 놀이동산을 관리하고 운영할 때, 책임자는 매우 강한 방범 **의식**을 가져야 한다. 여건이 허락하는 한 사고 발생을 방지할 수 있는 장비를 **배치하는 것**이 가장 좋다.

A 采访	迫害	负担	安装 ✓
B 诉讼	灾害	责任	赋予
C 视频 ✓	隐患 ✓	意识 ✓	配备 ✓
D 通讯	事故 ✓	知识 ✓	给予

A 취재하다	박해	부담	설치하다
B 소송하다	재해	책임	부여하다
C 동영상	폐해	의식	배치하다
D 통신	사고	지식	주다

어휘 지문 新兴 xīnxīng 형 신흥의, 새로 일어난　游乐项目 yóulè xiàngmù 놀이 기구　方式 fāngshì 명 방식, 방법
直播平台 zhíbō píngtái 라이브 동영상 플랫폼　走红 zǒuhóng 동 인기를 얻다
刺激 cìjī 형 스릴이 넘치다, 자극적이다 동 자극하다, 자극시키다 명 자극　存在 cúnzài 동 존재하다 명 존재
经营 jīngyíng 동 운영하다, 경영하다　游乐场 yóulèchǎng 명 놀이동산, 유원지　具备 jùbèi 동 갖다, 구비하다
防范 fángfàn 동 방범하다, 대비하다　防止 fángzhǐ 동 방지하다　事故 shìgù 명 사고　设备 shèbèi 명 장비, 시설

보기 采访 cǎifǎng 동 취재하다, 인터뷰하다　诉讼 sùsòng 동 소송하다　视频 shìpín 명 동영상　通讯 tōngxùn 명 통신, 뉴스
迫害 pòhài 명 박해 동 박해하다, 학대하다　灾害 zāihài 명 재해　隐患 yǐnhuàn 명 폐해, (잠복해 있는) 병　事故 shìgù 명 사고
负担 fùdān 명 부담, 책임 동 부담하다, 책임지다　意识 yìshí 명 의식　知识 zhīshí 명 지식
安装 ānzhuāng 동 설치하다, 고정시키다　赋予 fùyǔ 동 (중대한 임무나 사명 등을) 부여하다, 주다
配备 pèibèi 동 배치하다, 두다 명 설비, 장비　给予 jǐyǔ 동 (상대방에게 어떤 물건이나 대우를) 주다, 베풀다

해설 첫째　보기 A, B는 의미가 다른 동사이고, C, D는 의미가 다른 명사이다. '최근 몇 년간, 많은 신흥 놀이 기구들이 짧은 _____ 방식으
빈칸　로 각 라이브 동영상 플랫폼에서 인기를 얻었다.'라는 문맥을 살펴보면, 빈칸에는 直播平台(라이브 동영상 플랫폼)와 관련된 방식을
나타낼 수 있는 어휘가 들어가야 한다. 따라서 보기 C 视频(동영상)이 정답이다. 참고로, 短视频은 '쇼트 클립'이라는 의미로, SNS
등에서 유행하는 5분 이내의 짧은 동영상을 가리킨다.

A 采访(취재하다), B 诉讼(소송하다), D 通讯(통신)은 문맥과 어울리지 않는다.

＊첫째 빈칸에서는 C밖에 정답이 될 수 없기 때문에, 실제 시험에서는 보기 C를 정답으로 선택하고 바로 다음 문제로 넘어간다.

둘째　보기 A, B는 공통글자 害를 포함하여 '해, 해로움'과 관련된 명사 유의어이고, C, D는 '사고, 문제'와 관련된 명사 유의어이다.
빈칸　'이러한 놀이 기구들은 매우 스릴이 넘치지만 안전상의 _____도 많이 존재한다.'라는 문맥에 적합하고, 빈칸 앞 安全(안전상의)
과 의미상으로 호응하는 보기 C 隐患(폐해), D 事故(사고)를 정답의 후보로 체크해 둔다.

A 迫害(박해)는 힘이나 권력 등으로 약한 사람이나 세력을 괴롭힌다는 의미로, 문맥과 어울리지 않는다.
B 灾害(재해)는 주로 자연이나 사람의 힘에 의해 일어나는 천재지변이나 인재를 가리키므로, 문맥과 어울리지 않는다.

셋째　보기가 모두 의미가 다른 명사이다. '놀이동산을 관리하고 운영할 때, 책임자는 매우 강한 방범 _____을 가져야 한다'라는 문맥
빈칸　에 적합하고, 빈칸 앞 防范(방범하다)과 결합하여 한 단어로 사용될 수 있는 보기 C 意识(의식), D 知识(지식)을 정답의 후보로 체크
해 둔다.

A 负担(부담), B 责任(책임)은 防范(방범하다)과 결합하여 한 단어로 사용되지 않으며, 의미상으로도 호응하지 않는다.

넷째　보기 A, C는 '설치하다'와 관련된 동사 유의어이고, B, D는 공통글자 予를 포함하여 '주다'와 관련된 동사 유의어이다. '사고 발생을
빈칸　방지할 수 있는 장비를 _____이 가장 좋다'라는 문맥에 적합한 보기 A 安装(설치하다), C 配备(배치하다)를 정답의 후보로 체크
해 둔다.

B 赋予(부여하다)는 중대한 임무나 사명 등을 준다는 의미이므로, 문맥과 어울리지 않는다.
D 给予(주다)는 상대방에게 어떤 물건이나 대우를 베푼다는 의미이므로, 문맥과 어울리지 않는다.

70
상

化石研究能够**激发**人们对古生物的**好奇心**, 也可以增强想象力, 培养探索精神, 因为了解化石的**演变**过程是解读生命必不可少的重要钥匙。将远古化石与现在的生命形态相**对照**的话, 就能够追溯到生命发展的**线索**, 还可以推测出**漫长**历史时期中地球生态环境的变化。

화석 연구는 고생물에 대한 사람들의 호기심을 **불러일으킬** 수 있으며, 상상력을 키우고 탐구 정신을 기를 수 있는데, 화석의 **변화** 과정을 이해하는 것은 생명을 연구하는 데에 없어서는 안 될 중요한 열쇠이기 때문이다. 아주 먼 옛날의 화석을 현재의 생명 형태와 서로 **대조해** 본다면, 생명 발전의 **단서**로 거슬러 올라갈 수 있고, **긴** 역사적 시기 속의 지구 생태 환경의 변화를 추측할 수 있다.

A	引导 ✓	变迁	对立	事迹	悠长 ✓
B	促进	进化	对应	象征	保持
C	激发 ✓	演变 ✓	对照 ✓	线索 ✓	漫长 ✓
D	激励	改进	对比 ✓	途径 ✓	持续

A	이끌다	변천하다	대립하다	사적	오래다
B	촉진하다	진화하다	대응하다	상징	유지하다
C	불러일으키다	변화하다	대조하다	단서	길다
D	격려하다	개선하다	대비하다	경로	지속하다

어휘 지문 化石 huàshí 몡 화석　古生物 gǔshēngwù 몡 고생물, 고대 생물　好奇心 hàoqíxīn 몡 호기심
增强 zēngqiáng 동 키우다, 강화하다　想象力 xiǎngxiànglì 몡 상상력　培养 péiyǎng 동 기르다, 양성하다
探索 tànsuǒ 동 탐구하다, 탐색하다　精神 jīngshén 몡 정신　解读 jiědú 동 연구하다, 해독하다　远古 yuǎngǔ 몡 아주 먼 옛날
形态 xíngtài 몡 형태　追溯 zhuīsù 동 거슬러 올라가다　推测 tuīcè 동 추측하다, 헤아리다　时期 shíqī 몡 시기, 특정한 때
生态 shēngtài 몡 생태

보기 引导 yǐndǎo 동 이끌다, 인도하다　促进 cùjìn 동 촉진하다, 촉진시키다　激发 jīfā 동 (감정을) 불러일으키다, 끓어오르게 하다
激励 jīlì 동 격려하다, 북돋워 주다　变迁 biànqiān 동 변천하다　进化 jìnhuà 동 진화하다, 발전하다　演变 yǎnbiàn 동 변화하다
改进 gǎijìn 동 개선하다　对立 duìlì 동 대립하다, 맞서다　对应 duìyìng 동 대응하다 형 대응하는, 상응하는
对照 duìzhào 동 대조하다　对比 duìbǐ 동 (두 가지의 사물을) 대비하다 몡 비율　事迹 shìjì 몡 사적
象征 xiàngzhēng 몡 상징 동 상징하다　线索 xiànsuǒ 몡 단서, 실마리　途径 tújìng 몡 경로, 방법
悠长 yōucháng 형 (시간이) 오래다, 길다　保持 bǎochí 동 (원래 상태를) 유지하다　漫长 màncháng 형 (시간·공간이) 길다, 멀다
持续 chíxù 동 지속하다

해설 첫째 보기 A, B는 '이끌다'와 관련된 동사 유의어이고, C, D는 공통글자 激发를 포함하여 형태는 비슷하지만 의미가 다른 동사이다. '화
빈칸 석 연구는 고생물에 대한 사람들의 호기심을 _____ 수 있고'라는 문맥에 적합하고, 빈칸 뒤 쪽의 목적어 好奇心(호기심)과 의미
상으로 호응하는 보기 A 引导(이끌다), C 激发(불러일으키다)를 정답의 후보로 체크해 둔다.

B 促进(촉진하다)은 무엇인가를 재촉하여 더 잘 진행되도록 한다는 의미이므로, 好奇心(호기심)과 의미상으로 호응하지 않는다.
D 激励(격려하다)는 문맥과 어울리지 않는다.

둘째 보기 A, C는 공통글자 变을 포함하여 '변화하다'와 관련된 동사 유의어이고, B, D는 공통글자 进을 포함하여 '나아지다'와 관련된
빈칸 동사 유의어이다. '화석의 _____ 과정을 이해하는 것은'이라는 문맥에 적합하고, 빈칸 앞의 化石(화석)과 의미상으로 호응하는
보기 C 演变(변화하다)이 정답이다.

A 变迁(변천하다)은 시간의 변화에 따라 상황이나 시대가 변화한다는 의미로, 时代(시대), 人事(인사), 城市(도시) 등의 어휘와 자
주 호응한다.
B 进化(진화하다)는 주로 생명체가 점점 발달해간다는 의미로, 생명을 가지지 않은 化石(화석)과 의미상으로 호응하지 않는다.
D 改进(개선하다)은 예전에 있던 상황을 변화시켜 전체적으로 더 나아지고 호전되게 한다는 의미로, 工作(업무), 技术(기술) 등의
어휘와 자주 호응한다.

＊둘째 빈칸에서는 C밖에 정답이 될 수 없기 때문에, 실제 시험에서는 보기 C를 정답으로 선택하고 바로 다음 문제로 넘어간다.

셋째 보기가 모두 공통글자 对를 포함하여 '대립하다, 대조하다'와 관련된 동사 유의어이다. '아주 먼 옛날의 화석을 현재의 생명 형태와
빈칸 서로 _____ 본다면'이라는 문맥에 적합한 보기 C 对照(대조하다), D 对比(대비하다)를 정답의 후보로 체크해 둔다.

A 对立(대립하다)는 두 가지 사물 또는 한 가지 사물 중의 두 부분이 서로 모순되어 충돌하는 것을 가리키므로, 문맥과 어울리지
않는다.
B 对应(대응하다)은 어떤 두 대상이 주어진 어떤 관계에 의하여 서로 짝이 되는 것을 가리키므로, 문맥과 어울리지 않는다.

넷째 보기가 모두 의미가 다른 명사이다. '생명 발전의 _____로 거슬러 올라갈 수 있고'라는 문맥을 살펴보면, 빈칸에는 화석이 생겼
빈칸 을 시기부터 현재까지 생명이 어떻게 발전해 왔는지를 확인할 수 있는 정보, 또는 과정과 관련된 어휘가 들어가야 한다. 따라서 문
맥에 적합한 보기 C 线索(단서), D 途径(경로)을 정답의 후보로 체크해 둔다.

A 事迹(사적)는 개인이나 단체가 했던 비교적 중요한 일을 의미하므로, 문맥과 어울리지 않는다.
B 象征(상징)은 문맥과 어울리지 않는다.

다섯째 보기 A, C는 공통글자 长을 포함하여 '길다'와 관련된 형용사 유의어이고, B, D는 공통글자 持를 포함하여 '지속하다'와 관련된 동
빈칸 사 유의어이다. 빈칸은 관형어 자리로, '_____ 역사적 시기 속의 지구 생태 환경의 변화를 추측할 수 있다'라는 문맥에 적합한
A 悠长(오래다), C 漫长(길다)을 정답의 후보로 체크해 둔다.

B 保持(유지하다), D 持续(지속하다)는 문맥과 어울리지 않는다.

瑞士的研究人员发现了一个奇怪的现象：⁷¹大象成年后的体重并不是持续上升的，**(71) C 而是呈现出了反反复复的周期性上下波动**。于是研究人员对瑞士动物园中的非洲象和亚洲象进行了数据分析。研究结果表明，造成这一体重波动的原因竟然是——换牙。

大多数哺乳动物，尤其是⁷²大象，在一生中会长出乳牙和恒牙两副牙齿。乳牙是出生不久后萌出的牙齿，在个体完全成熟前会全部脱落，**(72) E 然后长出更大的恒牙以适应身体的发育**。大象在旧牙没有掉而新牙已经长出的时间点里，体重会更重一些。⁷³这是因为，有两副牙口的大象，咀嚼的效率会更高。也就是说，这可以让大象吃更多的食物，**(73) D 也可以把食物咀嚼得更加精细**。在这一时期，摄入更多热量的大象，想不胖都难。

根据这项研究，饲养员可以改进投喂大象的方式。⁷⁴在大象"细嚼慢咽"的换牙期，饲养员可以控制大象饲料的热量，而过了换牙期，**(74) A 就可以多给大象喂一些食物了**。研究人员之所以能发现大象细微的体重变化，是因为动物园里提供的食物热量相对固定。⁷⁵但是在野外，换牙这个影响体重的重要因素可能不会被发现，**(75) B 这是因为大象摄入和消耗的热量波动很大**。

A 就可以多给大象喂一些食物了
B 这是因为大象摄入和消耗的热量波动很大
C 而是呈现出了反反复复的周期性上下波动
D 也可以把食物咀嚼得更加精细
E 然后长出更大的恒牙以适应身体的发育

스위스의 연구원들은 ⁷¹코끼리가 성년이 되고 난 후에는 체중이 지속적으로 증가하는 것이 아니라, **(71) C 반복적인 주기성 상하 변동이 나타나는** 이상한 현상 하나를 발견했다. 그래서 연구원들은 스위스 동물원의 아프리카 코끼리와 아시아 코끼리에 대해 데이터 분석을 진행했다. 연구 결과, 체중 변동을 야기하는 원인은 뜻밖에도 이갈이 때문이라는 것이 나타났다.

대다수의 포유동물, 특히 ⁷²코끼리는 일생 동안 젖니와 영구치 이빨 두 쌍이 자라난다. 젖니는 태어나서 얼마 지나지 않은 후에 나는 이빨로, 개체가 완전히 성숙해지기 전에 전부 빠지고, **(72) E 그런 다음 더 큰 영구치가 자라나 신체의 발육에 적응한다.** 코끼리는 오래된 이빨이 빠지지 않았는데 새로운 이빨은 이미 나오고 있는 시점에서 체중이 더욱 무거워진다. ⁷³이것은 치아 두 쌍을 가지고 있는 코끼리의 씹는 효율이 더 높아지기 때문이다. 다시 말하자면, 이것은 코끼리가 더 많은 먹이를 먹을 수 있게 하고, **(73) D 또 먹이를 더욱 꼼꼼하게 씹을 수 있게** 해 준다. 이 시기에 더 많은 열량을 섭취하는 코끼리가 살이 찌지 않는다는 것은 어려운 일이다.

이 연구에 따르면, 사육사는 코끼리에게 먹이를 던져 주는 방식을 개선할 수 있다. ⁷⁴코끼리가 '오래 씹고 천천히 삼키는' 이갈이 시기에, 사육사는 코끼리 사료의 열량을 조절할 수 있고, 이갈이 시기가 지나면, **(74) A 코끼리에게 더 많은 음식물을 먹일 수 있다.** 연구원들이 코끼리의 미세한 체중 변화를 발견할 수 있었던 것은 동물원에서 제공한 먹이의 열량이 비교적 고정적이었기 때문이다. ⁷⁵하지만 야외에서는 체중에 영향을 주는 중요한 요소인 이갈이가 아마도 발견되지 않을 수도 있는데, **(75) B 이것은 코끼리가 섭취하고 소모하는 열량의 변동이 크기 때문이다.**

A 코끼리에게 더 많은 음식물을 먹일 수 있다
B 이것은 코끼리가 섭취하고 소모하는 열량의 변동이 크기 때문이다
C 반복적인 주기성 상하 변동이 나타났다
D 또 먹이를 더욱 꼼꼼하게 씹을 수 있다
E 그런 다음 더 큰 영구치가 자라나 신체의 발육에 적응한다

어휘 지문 瑞士 Ruìshì [고유] 스위스 研究人员 yánjiū rényuán 연구원 现象 xiànxiàng 몡 현상 大象 dàxiàng 몡 코끼리
成年 chéngnián 통 성년이 되다, 성인이 되다 体重 tǐzhòng 몡 체중 持续 chíxù 통 지속하다 上升 shàngshēng 통 증가하다, 상승하다
非洲象 fēizhōuxiàng 아프리카 코끼리 亚洲象 yàzhōuxiàng 아시아 코끼리 数据 shùjù 몡 데이터, 수치 分析 fēnxī 통 분석하다
表明 biǎomíng 통 (분명하게) 나타내다, 표명하다 造成 zàochéng 통 야기하다, 조성하다 波动 bōdòng 통 변동하다, 오르내리다
换牙 huànyá 통 이갈이를 하다, 치아 교체를 하다 哺乳动物 bǔrǔ dòngwù 포유동물, 포유류 乳牙 rǔyá 몡 젖니
恒牙 héngyá 몡 영구치 副 fù 양 쌍, 조, 벌[쌍으로 된 물건을 셀 때 쓰임] 牙齿 yáchǐ 몡 이빨, 치아 萌出 méngchū 나다, 싹트다
个体 gètǐ 몡 개체, 개인, 인간 成熟 chéngshú 톙 (정도 등이) 성숙하다 脱落 tuōluò 통 빠지다, 떨어지다 牙口 yákǒu 치아, 치아 상태
咀嚼 jǔjué 통 (음식물을) 씹다, 되새기다 效率 xiàolǜ 몡 효율, 능률 食物 shíwù 몡 먹이, 음식물 时期 shíqī 몡 (특정한) 시기
摄入 shèrù 섭취하다 热量 rèliàng 몡 열량 饲养员 sìyǎngyuán 몡 사육사 改进 gǎijìn 통 개선하다, 개량하다
投喂 tóuwèi 통 (동물에게) 먹이를 던져 주다, 사료를 던져 주다 方式 fāngshì 몡 방식, 방법
细嚼慢咽 xìjiáomànyàn 오래 씹고 천천히 삼키다 控制 kòngzhì 통 조절하다, 통제하다 饲料 sìliào 몡 사료
喂 wèi 통 (음식이나 약을) 먹이다, 기르다 细微 xìwēi 톙 미세하다, 사소하다
相对 xiāngduì 톙 비교적인, 상대적인 통 (서로) 대립되다, 반대되다 固定 gùdìng 톙 고정적이다 野外 yěwài 몡 야외
因素 yīnsù 몡 요소, 원인

보기 大象 dàxiàng 몡 코끼리 喂 wèi 통 (음식이나 약을) 먹이다, 기르다 食物 shíwù 몡 음식물, 먹이, 음식 摄入 shèrù 섭취하다
消耗 xiāohào 통 소모하다, 소모시키다 热量 rèliàng 몡 열량 呈现 chéngxiàn 통 나타나다, 드러나다 反复 fǎnfù 튀 반복하여
周期性 zhōuqīxìng 몡 주기성 波动 bōdòng 통 변동하다, 오르내리다 咀嚼 jǔjué 통 (음식물을) 씹다, 되새기다
精细 jīngxì 톙 꼼꼼하다, 정교하다 恒牙 héngyá 몡 영구치 发育 fāyù 통 발육하다, 자라다

해설 (71) 빈칸 앞에 大象成年后的体重并不是持续上升的가 있으므로, 不是과 자주 짝을 이루어 사용되는 而是로 시작하여 빈칸 앞 내용과 반대/전환이 되는 보기 C 而是呈现出了反反复复的周期性上下波动가 정답이다.

(72) 빈칸 앞에 大象, 在一生中会长出乳牙和恒牙两副牙齿。乳牙是出生不久后萌出的牙齿, 在个体完全成熟前会全部脱落가 있으므로, 乳牙와 恒牙를 키워드 단서로 체크해 둔다. 恒牙라는 표현이 그대로 들어가 있고, 然后로 시작하여 빈칸 앞 내용과 연결이 되는 보기 E 然后长出更大的恒牙以适应身体的发育가 정답이다.

(73) 빈칸 앞에 这是因为, 有两副牙口的大象, 咀嚼的效率会更高。也就是说, 这可以让大象吃更多的食物가 있으므로, 咀嚼를 키워드 단서로 체크해 둔다. 咀嚼라는 표현이 들어가 있고, 빈칸 앞 내용을 보충해주는 보기 D 也可以把食物咀嚼得更加精细가 정답이다.

(74) 빈칸 앞에 在大象"细嚼慢咽"的换牙期, 饲养员可以控制大象饲料的热量, 而过了换牙期가 있으므로, 코끼리의 이갈이 시기에 사육사가 하는 행동과 내용이 반대되고, 빈칸 앞 过了换牙期와 내용이 연결되는 보기 A 就可以多给大象喂一些食物了가 정답이다.

(75) 빈칸 앞에 但是在野外, 换牙这个影响体重的重要因素可能不会被发现이 있으므로, 这是因为로 시작하여 빈칸 앞 내용의 원인이 되는 보기 B 这是因为大象摄入和消耗的热量波动很大가 정답이다.

76-80 중

[76]我们都知道梦想支撑着每一个人的内心世界。有了梦想, **(76) D 内心就会变得更加充实**, [76]生活就会变得更加精彩。梦想会促使我们向更远大的目标, 更美好的未来前行。但没有人能轻而易举地实现梦想。通向梦想的道路并不平坦, 甚至充满了荆棘。[78]那么, 究竟怎样才能克服困难, 实现属于自己的梦想呢?

第一, 实现梦想需要锲而不舍的精神。"杂交水稻之父"袁隆平为了实现水稻高产的梦想, 克服了许多困难。在最艰难的一段时期, **(77) B 用于试验的秧苗被人全部拔除时**, [77]他没有放弃; 在做杂交试验时, 稻谷没有明显的增产, 面对这样的困境, 他也没有退缩。最后, 他终于凭借坚韧不拔的毅力, 让中国的杂交水稻享誉世界。

[78]第二, **(78) E 实现梦想需要有排除外界干扰的意志**。贝利在很小的时候就渴望成为一名足球运动员, 但家境贫寒, 买不起足球。于是, 他在袜子里面塞满破布和旧报纸, 做成"布球"踢。虽然遭到他人无情的嘲笑, 但他并不在意。通过不断的练习, 他练就了精湛的球技, 最终成了一代球王。

最后, 实现梦想还需要认识自我, 挑战自我。[79]成为一名优秀的乒乓球运动员, 是邓亚萍儿时的梦想。她知道自己的身材矮小, **(79) A 与乒乓球运动员的标准相距甚远**, 但她也知道自己灵活性强, 爆发力好。于是, 她在赛场上发挥优势, 努力拼搏, 终于站在了世界冠军的领奖台上。[80]俗话说, 尺有所短, 寸有所长。**(80) C 每个人都有自己的优势和不足**, [80]只有认识自我, 挑战自我, 才能离自己的梦想越来越近。

A 与乒乓球运动员的标准相距甚远

B 用于试验的秧苗被人全部拔除时

C 每个人都有自己的优势和不足

D 内心就会变得更加充实

E 实现梦想需要有排除外界干扰的意志

[76]우리는 모두 꿈이 모든 사람의 내면 세계를 지탱하고 있다는 것을 알고 있다. 꿈이 있으면 **(76) D 내면은 더욱 충실해지고**, [76]삶은 더욱 근사해진다. 꿈은 우리가 더욱 원대한 목표, 더욱 아름다운 미래를 향해 나아가도록 재촉할 것이다. 그러나 누구도 쉽게 꿈을 실현할 수 없다. 꿈으로 향하는 길은 결코 평탄하지 않고, 심지어 가시덤불로 가득 차 있다. [78]그렇다면 도대체 어떻게 해야 어려움을 극복하고, 자신만의 꿈을 이룰 수 있을까?

첫 번째, 꿈을 이루기 위해서는 끝까지 끈기 있게 해내는 정신이 필요하다. '교잡벼의 아버지' 위안룽핑은 벼의 높은 생산량을 실현시키겠다는 꿈을 위하여 많은 어려움을 극복했다. 가장 힘든 시기에 **(77) B 테스트에 사용된 모종이 누군가에 의해 전부 뽑혀 버렸을 때**, [77]그는 포기하지 않았다. 교잡 테스트를 할 때는 벼의 생산량이 눈에 띄게 늘지 않았는데, 이러한 곤경에 직면하더라도 그는 위축되지 않았다. 결국, 그는 마침내 강하고 굳건한 의지에 기대어 중국의 교잡벼가 세계적으로 명성을 누리게 만들었다.

[78]두 번째, **(78) E 꿈을 실현하기 위해서는 외부 세계의 방해를 제거하려는 의지가 필요하다**. 펠레는 아주 어릴 때 축구 선수가 되는 것을 갈망했지만, 집안 형편이 가난하여 축구공을 살 여유가 없었다. 그래서 그는 양말 안에 낡은 천과 오래된 신문지를 가득 채워 '낡은 천으로 된 공'을 만들어 찼다. 비록 다른 사람들의 무자비한 비웃음을 들었지만, 그는 결코 마음에 두지 않았다. 끊임없는 연습을 통해 그는 능수능란한 공 다루는 기술을 몸에 익혔고, 마침내 한 시대의 MVP가 되었다.

마지막으로, 꿈을 실현하기 위해서는 자기를 인식하고 자기에게 도전해야 한다. [79]뛰어난 탁구 선수가 되는 것은 덩야핑의 어릴 적 꿈이었다. 그녀는 자신의 체격이 왜소하여 **(79) A 탁구 선수의 기준과는 거리가 매우 멀다는 것**을 알았지만, 그녀는 또한 자신이 유연성이 강하고 순발력이 좋다는 것을 알았다. 그래서 그녀는 경기장에서 강점을 발휘하며 열심히 끝까지 싸웠고, 마침내 세계 챔피언의 시상대 위에 섰다. [80]속담에 '척(尺)도 짧을 때가 있고, 촌(寸)도 길 때가 있다'라는 말이 있다. **(80) C 모든 사람마다 자신의 강점과 부족한 점이 있으므로**, [80]자신을 인식하고 자신에게 도전해야만 비로소 자신의 꿈에 점점 더 가까워질 수 있다.

A 탁구 선수의 기준과는 거리가 매우 멀다

B 테스트에 사용된 모종이 누군가에 의해 전부 뽑혀 버렸을 때

C 모든 사람마다 자신의 강점과 부족한 점이 있다

D 내면은 더욱 충실해진다

E 꿈을 실현하기 위해서는 외부 세계의 방해를 제거하려는 의지가 필요하다

어휘 지문 梦想 mèngxiǎng 몡 꿈, 몽상 支撑 zhīchēng 동 지탱하다, 버티다 内心 nèixīn 명 내면, 속마음 促使 cùshǐ 동 (~도록) 재촉하다, 추진하다 远大 yuǎndà 형 (꿈·희망·포부 등이) 원대하다 目标 mùbiāo 명 목표

未来 wèilái 몡 미래 톙 앞으로의, 미래의　轻而易举 qīng'éryìjǔ 젱 (어떤 일을 하기가) 쉽다, 수월하게 하다

实现 shíxiàn 통 실현하다, 이루다　平坦 píngtǎn 톙 (도로·지대 등이) 평탄하다, 평평하다　充满 chōngmǎn 통 가득 차다, 충만하다

荆棘 jīngjí 몡 가시덤불, 고난　克服 kèfú 통 극복하다, 이겨내다

锲而不舍 qiè'érbùshě 젱 끝까지 끈기 있게 해내다, 중간에 포기하지 않는다　精神 jīngshén 몡 정신

杂交 zájiāo 통 (종이 다른 것끼리) 교잡하다, 교배하다　水稻 shuǐdào 몡 벼　袁隆平 Yuán Lóngpíng 고유 위안룽핑[중국의 농업과학자]

高产 gāochǎn 통 높은 생산량 톙 생산량이 많은　艰难 jiānnán 톙 힘들다, 곤란하다, 어렵다　时期 shíqí 몡 (특정한) 시기

试验 shìyàn 통 테스트하다, 실험하다　稻谷 dàogǔ 몡 벼　明显 míngxiǎn 톙 눈에 띄다, 뚜렷하다, 분명하다

增产 zēngchǎn 통 생산량을 늘리다, 증산하다　面对 miànduì 통 직면하다, 마주 보다　困境 kùnjìng 몡 곤경

退缩 tuìsuō 통 위축되다, 움츠러들다　凭借 píngjiè 통 ~에 기대다

坚韧不拔 jiānrènbùbá 젱 의지가 강하고 굳건하다, 신념이 확고하고 의지가 완강하여 흔들림이 없다　毅力 yìlì 몡 굳건한 의지, 끈기

享誉 xiǎngyù 통 명성을 누리다, 명예를 누리다　贝利 Bèilì 고유 펠레[브라질의 유명 축구 선수]　渴望 kěwàng 통 갈망하다, 간절히 바라다

家境 jiājìng 몡 집안 형편, 가정 형편　贫寒 pínhán 톙 (생활이) 가난하다, 빈궁하다　塞满 sāimǎn 통 가득 채우다

破布 pòbù 몡 낡은 천, 누더기 조각　无情 wúqíng 톙 무자비하다, 무정하다　嘲笑 cháoxiào 통 비웃다, 놀리다

在意 zàiyì 통 마음에 두다　不断 búduàn 톙 끊임없이, 부단히　练就 liànjiù 통 (훈련이나 연습을 통하여) 몸에 익히다

精湛 jīngzhàn 톙 능수능란하다, 정밀하고 뛰어나다　一代 yídài 몡 한 시대, 한때　球王 qiúwáng 몡 (구기 종목에서) MVP, 최우수 선수

挑战 tiǎozhàn 통 도전하다　邓亚萍 Dèng Yàpíng 고유 덩야핑[중국의 여자 탁구 선수]　身材 shēncái 몡 체격, 몸매

矮小 ǎixiǎo 톙 왜소하다　灵活性 línghuóxìng 몡 유연성, 신축성　爆发力 bàofālì 몡 순발력, 폭발력　赛场 sàichǎng 몡 경기장

发挥 fāhuī 통 발휘하다　优势 yōushì 몡 강점, 우세　拼搏 pīnbó 통 끝까지 싸우다　冠军 guànjūn 몡 챔피언, 우승

领奖台 lǐngjiǎngtái 몡 시상대　俗话 súhuà 몡 속담, 옛말　尺有所短, 寸有所长 chǐyǒusuǒduǎn, cùnyǒusuǒcháng 젱 척(尺)도 짧을 때가 있고, 촌(寸)도 길 때가 있다[사람은 저마다 장단점을 가지고 있어 서로 취할 점이 있다는 말]

보기　相距 xiāngjù 통 (서로 간에) 멀어지다, 떨어져 있다　甚 shèn 톙 매우　试验 shìyàn 통 테스트하다, 실험하다

秧苗 yāngmiáo 몡 (농작물의) 모종, 새싹　拔除 báchú 통 뽑아 버리다, 제거하다　优势 yōushì 몡 강점, 우세

不足 bùzú 톙 부족하다, 모자라다　充实 chōngshí 톙 (내용·인원·재력 등이) 충실하다, 충분하다　实现 shíxiàn 통 실현하다, 달성하다

梦想 mèngxiǎng 몡 꿈, 몽상　排除 páichú 통 제거하다, 배제하다　外界 wàijiè 몡 외부 세계, 바깥 세계

干扰 gānrǎo 통 방해하다, 지장을 주다　意志 yìzhì 몡 의지, 의기

해설　(76) 빈칸 앞에 我们都知道梦想支撑着每一个人的内心世界。有了梦想이 있고, 빈칸 뒤에 生活就会变得更加精彩가 있으므로, 빈칸 앞 내용의 결과가 되고 빈칸 뒤 내용과 병렬 관계를 이루는 보기 D 内心就会变得更加充实이 정답이다.

(77) 빈칸 뒤에 他没有放弃；在做杂交试验时이 있으므로, 杂交试验을 키워드 단서로 체크해 둔다. 试验이라는 표현이 들어가 있고, 빈칸 뒤 他没有放弃와 내용이 연결되는 보기 B 用于试验的秧苗被人全部拔除时이 정답이다.

(78) 빈칸 앞에 第二이 있고, 빈칸이 있는 세 번째 단락은 빈칸에 들어갈 내용의 예시로 한 인물의 이야기가 서술되고 있다. 첫 번째 단락에서 那么，究竟怎样才能克服困难，实现属于自己的梦想呢?라고 했으므로, 빈칸 앞의 第二과 내용이 연결되며 어려움을 극복하고 자신만의 꿈을 이루기 위한 방법을 언급하고 있는 보기 E 实现梦想需要有排除外界干扰的意志이 정답이다.

(79) 빈칸 앞에 成为一名优秀的乒乓球运动员，是邓亚萍儿时的梦想。她知道自己的身材矮小이 있으므로, 乒乓球运动员을 키워드 단서로 체크해 둔다. 乒乓球运动员이라는 표현이 들어가 있고, 빈칸 앞 내용과 연결되는 보기 A 与乒乓球运动员的标准相距甚远이 정답이다.

(80) 빈칸 앞에 俗话说，尺有所短，寸有所长。이 있고, 빈칸 뒤에 只有认识自我，挑战自我，才能离自己的梦想越来越近。이 있으므로, 빈칸 앞 속담의 의미를 풀어서 보충 설명해 주고, 빈칸 뒤와 내용이 연결되는 보기 C 每个人都有自己的优势和不足가 정답이다.

81-84

长三角地区不仅地理位置优越，还有着十分舒适的气候环境，所以成为了大众青睐的亲子旅游胜地。然而，儿童免票规则在不同的景点差异较大。这让身为家长的消费者感到格外不便。为了解决这一问题，[81]长三角消费者联盟于近日提出了兼顾儿童"身高与年龄"的免票倡议，该倡议得到了200多家景区的积极响应。

倡议内容如下：今后儿童到长三角地区的景点游玩时，只要能出示有效证件，证明年龄不超过6周岁，就可享受免票待遇。新的倡议和旧的规则有明显的区别。[82]旧的规则从不考虑消费者的需求，既不人性化也不科学。相反，新的倡议与时俱进，既体现了景区具有人情味的一面，[82]又满足了消费者的需求。

창강 삼각주 지역은 지리적 위치가 우수할 뿐 아니라 매우 쾌적한 기후 환경을 가지고 있어서, 대중들이 주목하는 아이 동반 여행의 명승지가 되었다. 하지만 아동 무료 입장 규정은 명소마다 차이가 비교적 크다. 이는 부모인 소비자로 하여금 아주 불편하게 했다. 이 문제를 해결하기 위해, [81]창강 삼각주 소비자 연맹은 최근 아동의 '키와 나이'를 고루 살핀 무료 입장 제안을 제시했고, 이 제안은 200여 관광지의 긍정적인 호응을 얻었다.

제안 내용은 다음과 같다. 앞으로 아동들이 창강 삼각주 지역의 명소에서 관광할 때, 유효한 증명서를 제시하여 나이가 만 6세를 넘지 않는다는 것을 증명할 수 있다면 무료 입장 대우를 누릴 수 있다. 새로운 제안과 기존의 규정에는 뚜렷한 차이가 있다. [82]기존의 규정은 여태까지 소비자의 수요를 고려하지 않아, 인간 중심으로 하지 않았고 또 비과학적이었다. 반대로, 새로운 제안은 시대와 더불어 발전하여 관광지가 인간적인 면을 지니고 있다는 것을 드러내었고, [82]또한 소비자의 수요도 만족시켰다.

此前，景区给儿童免票的依据就是身高，并没有相应的年龄标准。但[83]只参考1.2米的免票身高，不考虑实际年龄的死板规定引发了很多争议，因为现在的生活条件越来越好，孩子们的生长发育状况与几十年前有了显著的差别。[83]有的孩子年龄很小，身高却早早地超过了1.2米。[84]现有的标准对他们来说实在是不公平，不管是外出乘车还是旅行，[84]他们都不能像其他孩子一样享受应有的福利。

众所周知，免票政策是为适龄儿童服务的。如果仍然以身高为是否免票的唯一标准，势必令一大批儿童无法享受"儿童免票"的权利。判断儿童是否需要购票时，[84]要参考身高、年龄及其他要素，以便给儿童和家长带来实实在在的好处。

그 전에 관광지가 아동에게 무료 입장을 해준 근거는 신장이었으며, 상응하는 연령 기준은 없었다. 하지만[83] 1m 20cm라는 무료 입장 키만 참고하고, 실제 연령을 고려하지 않은 융통성 없는 규정은 많은 논쟁을 자아냈는데, 이는 현재의 생활 조건이 점점 나아지면서, 아이들의 성장 발육 상황이 몇 십 년 전과는 현저한 차이가 있기 때문이다.[83]어떤 아이들은 나이가 어리지만 신장은 일찍이 1m 20cm를 넘었다.[84]기존의 기준은 그들에게 있어서 매우 불공평한 것이어서, 외출하여 차를 타든 아니면 여행을 가든[84]그들은 다른 아이들처럼 마땅히 누려야 하는 복지를 누릴 수 없다.

모든 사람이 다 알고 있듯, 무료 입장 정책은 적령 아동을 위해 서비스되는 것이다. 만약 여전히 신장을 무료 입장 여부의 유일한 기준으로 한다면, 반드시 많은 아동이 '아동 무료 입장'의 권리를 누릴 수 없게 될 것이다. 아동이 표를 구매할 필요가 있는지를 판단할 때[84]아이와 부모에게 실질적인 이익을 가져다 주기 위하여 신장, 연령 및 기타 요소를 참고해야 한다.

어휘 长三角 chángsānjiǎo 창강 삼각주[창강과 첸탕강이 만나는 곳] 地区 dìqū 図 지역 地理 dìlǐ 図 지리 位置 wèizhi 図 위치
优越 yōuyuè 图 우수하다, 우월하다 舒适 shūshì 图 쾌적하다, 편하다 青睐 qīnglài 図 주목하다, 흥미를 가지다 胜地 shèngdì 図 명승지
免票 miǎnpiào 图 (입장하거나 승차할 때) 무료 입장하다, 표를 면제 받다 规则 guīzé 図 규정, 규칙 景点 jǐngdiǎn 図 명소
差异 chāyì 図 차이 消费者 xiāofèizhě 図 소비자 格外 géwài 图 아주, 특히 联盟 liánméng 図 연맹
兼顾 jiāngù 图 (여러 방면을) 고루 살피다, 동시에 돌보다 倡议 chàngyì 图 제안, 제의 图 제의하다, 제안하다 景区 jǐngqū 図 관광지
响应 xiǎngyìng 图 호응하다, 동감하다 出示 chūshì 图 제시하다, 내보이다 证件 zhèngjiàn 図 증명서, 증거 서류 周岁 zhōusuì 図 만 ~세
享受 xiǎngshòu 图 누리다, 향유하다 待遇 dàiyù 図 대우, 대접 图 대우하다 明显 míngxiǎn 図 뚜렷하다, 분명하다
从不 cóngbù 图 여태까지 ~않다, 지금까지 ~하지 않다 需求 xūqiú 図 수요, 필요 人性化 rénxìnghuà 图 인간 중심으로 하다
与时俱进 yǔshíjùjìn 図 시대와 더불어 발전하다 体现 tǐxiàn 图 (구체적으로) 드러내다, 구현하다 人情味 rénqíngwèi 図 인간적, 인간미
满足 mǎnzú 图 만족시키다, 만족하다 依据 yījù 図 근거 图 의거하다, 근거하다 게 …에 의하면 相应 xiāngyìng 图 상응하다, 서로 맞다
死板 sǐbǎn 図 융통성이 없다 引发 yǐnfā 图 자아내다, 일으키다 争议 zhēngyì 图 논쟁하다, 쟁의하다
生长 shēngzhǎng 图 성장하다, 자라다 发育 fāyù 图 발육하다, 자라다 状况 zhuàngkuàng 図 상황 显著 xiǎnzhù 図 현저하다, 뚜렷하디
差别 chābié 図 차이, 차별 公平 gōngpíng 図 공평하다 乘 chéng 图 타다, 오르다 福利 fúlì 図 복지, 복리 图 복지를 증진시키다
众所周知 zhòngsuǒzhōuzhī 図 모든 사람이 다 알고 있다 政策 zhèngcè 図 정책 适龄 shìlíng 図 적령의 唯一 wéiyī 図 유일한
势必 shìbì 图 반드시, 필연코 一大批 yídàpī 많은, 대량의 权利 quánlì 図 권리 要素 yàosù 図 요소
以便 yǐbiàn 図 ~하기 위하여, ~(하기에 편리)하도록

81 新的倡议：	새로운 제안은:
하	
A 实施很有难度	A 실시하기에는 난이도가 있다
B 反对声音较大	B 반대 소리가 비교적 크다
C 得到了积极响应	C 적극적인 호응을 얻었다
D 不利于亲子出游	D 아이 동반 여행에 이롭지 않다

해설 질문이 새로운 제안에 대해 물었으므로, 新的倡议와 관련된 부분을 지문에서 재빨리 찾는다. 첫 번째 단락에서 长三角消费者联盟于
近日提出了兼顾儿童"身高与年龄"的免票倡议, 该倡议得到了200多家景区的积极响应이라고 했으므로, 보기 C가 정답이다.

어휘 倡议 chàngyì 図 제안, 제의 图 제의하다, 제안하다 实施 shíshī 图 실시하다 响应 xiǎngyìng 图 호응하다, 동감하다

82 第二段中的画线词语"人性化"的意思是：	두 번째 단락에서 밑줄 친 단어 '人性化'의 의미는:
중상	
A 具有地方特色	A 지역의 특색을 갖춘다
B 含有文化因素	B 문화 요소를 포함한다
C 满足消费者需求	C 소비자의 수요를 만족시킨다
D 改变人们消费习惯	D 사람들의 소비 습관을 바꾼다

해설 질문이 두 번째 단락에서 밑줄 친 단어 '人性化'의 의미를 물었으므로, 人性化가 나온 부분을 지문에서 재빨리 찾는다. 두 번째 단락에
서 旧的规则从不考虑消费者的需求, 既不人性化也不科学。相反, 新的倡议……又满足了消费者的需求라고 했으므로 보기 C가 정
답이다.

어휘 人性化 rénxìnghuà 图 인간 중심으로 하다   具有 jùyǒu 图 갖추다, 구비하다   特色 tèsè 图 특색, 특징 图 특별한
含有 hányǒu 图 포함하다, 함유하다   因素 yīnsù 图 요소, 원인   满足 mǎnzú 图 만족시키다, 만족하다   消费者 xiāofèizhě 图 소비자
需求 xūqiú 图 수요, 필요

---

83 为什么人们对1.2米免票身高有争议? | 사람들은 왜 1m 20cm의 무료 입장 키에 대해 논쟁하였는가?
중

A 歧视个子矮的人 | A 키가 작은 사람을 냉대해서
B 现在的孩子长得高 | B 현재의 아이들은 키가 커서
C 难以精确地测量身高 | C 정확하게 신장을 측정하기 어려워서
D 大人不能享受该福利 | D 성인은 해당 복지를 누릴 수 없어서

해설 질문이 사람들이 1m 20cm의 무료 입장 키에 대해 논쟁하는 이유를 물었으므로, 1.2米免票身高와 관련된 부분을 지문에서 재빨
리 찾는다. 세 번째 단락에서 只参考1.2米的免票身高, 不考虑实际年龄的死板规定引发了很多争议, 因为现在的生活条件越来越
好……有的孩子年龄很小, 身高却早早地超过了1.2米。라고 했으므로, 보기 B가 정답이다.

어휘 争议 zhēngyì 图 논쟁하다, 쟁의하다   歧视 qíshì 图 냉대하다   难以 nányǐ 图 ~하기 어렵다   精确 jīngquè 图 정확하다
测量 cèliáng 图 측정하다, 측량하다   享受 xiǎngshòu 图 누리다, 향유하다   福利 fúlì 图 복지, 복리 图 복지를 증진시키다

---

84 兼顾儿童 "身高与年龄" 的好处是: | 아동의 '키와 나이'를 고루 살핀 것의 장점은:
중상

A 增加景区客流量 | A 관광지 유동량을 증가시킨다
B 简化景区购票手续 | B 관광지 표 구매 절차를 간소화한다
C 让适龄儿童享受福利 | C 적령 아동이 복지를 누리게 한다
D 让家长重视儿童健康 | D 부모가 아동의 건강을 중시하게 한다

해설 질문이 아동의 '키와 나이'를 고루 살핀 것의 장점은 무엇인지를 물었으므로, "身高与年龄"兼顾와 관련된 부분을 지문에서 재빨리 찾
는다. 세 번째 단락에서 现有的标准对他们来说实实在是不公平……他们都不能像其他孩子一样享受应有的福利……要参考身高、
年龄及其他要素, 以便给儿童和家长带来实实在在的好处라고 했으므로, 보기 C가 정답이다.

어휘 兼顾 jiāngù 图 (여러 방면을) 고루 살피다, 동시에 돌보다   景区 jǐngqū 图 관광지   客流量 kèliúliàng 图 (승객의) 유동량
简化 jiǎnhuà 图 간소화하다   手续 shǒuxù 图 절차, 수속   适龄 shìlíng 图 적령의   享受 xiǎngshòu 图 누리다, 향유하다
福利 fúlì 图 복지, 복리 图 복지를 증진시키다

85-88

2019年春节, 故宫展示出了多个具有重要历史意义的展览品。其中, 以故宫博物院藏品研究成果为基础复制出的万寿灯最为特别。

根据研究成果, 我们可以知道, 万寿灯具有装饰功能, 其造型精美繁复。在此次复制万寿灯的过程中, 主要采用了⁸⁵锻铜工艺技术。这项工艺技术源自中国传统的铜浮雕, 即在设计好形式或图案后, 按照一定的工艺流程, 用特制的工具和特定的技法, 在金属板上加工出千变万化的图案。而万寿灯灯柱上的龙纹都是由工匠师傅们采用锻铜工艺, 用皮锤手工锻造的, 最大限度地再现了原版的细节。

高10.9米, 直径5米的⁸⁶万寿灯竖立在大殿前, 给故宫增添了浓浓的节日氛围, 还让数百万观众梦回明清, 感受了一下过去宫廷过年的盛大景象。但是, ⁸⁶这么高的装饰灯存在一定的安全隐患, 而且在展览结束之后, 它的归属也成了问题。

2019년 춘절, 고궁에서는 중요한 역사적 의의를 가진 많은 전시품을 전시했다. 그중, 고궁 박물관 수장품 연구 성과를 기초로 하여 복제해 낸 만수등이 가장 특별하다.

연구 성과에 따르면 우리는 만수등이 장식 기능을 가지고 있고, 그 조형이 정교하고 아름다우며 많이 복잡한 것을 알 수 있다. 이번에 만수등을 복제하는 과정에서 주로 ⁸⁵구리 단조 공예 기술을 채택했다. ⁸⁵이 공예 기술은 중국 전통의 구리 돋을새김에서 유래했는데, 즉 형식 혹은 도안을 설계한 후, 일정한 공예 공정에 따라 특별 제조한 도구와 특정한 기법을 사용하여 금속판 위에 변화무궁한 도안을 가공해 내는 것이다. 만수등 등주의 용 무늬는 모두 공예가 사부들이 구리 단조 공예를 채택하여 가죽 쇠망치로 수공으로 단조한 것으로, 원판의 세세한 부분들을 최대치로 재현했다.

높이 10.9m, 지름 5m의 ⁸⁶만수등은 대전 앞에 똑바로 세워져 있어 고궁에 짙은 명절 분위기를 더했고, 게다가 수백만 관중으로 하여금 명청 시대로 돌아간 듯 하게 하여 과거 궁전에서 새해를 맞이하는 성대한 광경을 느끼게 했다. 하지만 ⁸⁶이렇게나 높은 장식등에는 어느 정도의 안전상 드러나지 않은 폐해가 존재하며, 또한 전시가 끝난 후 그것의 귀속도 문제가 되었다.

对此, 博物院有关方面进行了多次讨论, 最后[87]决定对展出的万寿灯复制品进行公益拍卖。有关人员透露, 决定进行公益拍卖的主要原因是为了支持国家扶贫工作, 吸引社会各界关注, 并利用博物馆的创新能力和影响力来帮助贫困地区。近年来, 故宫博物院的文化遗产保护事业获得了多方面的关注和捐款, 为了延续这份暖意, 公益拍卖的所有收益将全部用于贫困地区的教育和文化事业。

另外, [88]出资支持万寿灯复制工作的是故宫博物院的下属企业——故宫文化传播有限公司。为了让本次公益活动顺利进行, 该公司将万寿灯展品捐赠给故宫基金会, 并由基金会完成对万寿灯的公益拍卖。

이에 대해 박물관의 관계 부서에서는 여러 차례의 토론을 했고, 결국 [87]전시한 만수등 복제품에 대한 공익 경매를 진행하기로 결정했다. 관계자는 공익 경매를 하기로 결정한 주요 원인은 국가의 빈곤 구제 사업을 지지하고, 사회 각계의 주목을 끌고, 또 박물관의 혁신적인 능력과 영향력을 빈곤한 지역을 돕는데 이용하기 위한 것이라고 밝혔다. 최근 들어 고궁 박물관의 문화 유산 보호 사업은 다방면의 관심과 기부금을 받았는데, 이러한 따뜻한 마음을 잇기 위해 공익 경매의 모든 수익은 전부 빈곤 지역의 교육과 문화 사업에 쓰일 것이다.

한편, [88]만수등 복제 사업에 출자하여 지원하는 곳은 고궁 박물관의 산하 기업인 고궁 문화 전파 유한 회사이다. 이번 공익 활동이 순조롭게 진행되도록, 이 회사는 만수등 전시품을 고궁 기금회에 기부할 것이고, 기금회에서 만수등에 대한 공익 경매를 완수할 것이다.

어휘 故宫 gùgōng 고궁[중국 베이징에 위치한 청나라 시대의 궁전, 자금성이라고도 함] **展示** zhǎnshì 전시하다 **意义** yìyì 의의, 의미
展览品 zhǎnlǎnpǐn 전시품 **博物院** bówùyuàn 박물관 **藏品** cángpǐn 수장품 **成果** chéngguǒ 성과
复制 fùzhì 복제하다 **万寿灯** wànshòudēng 만수등 **装饰** zhuāngshì 장식하다 **功能** gōngnéng 기능, 효능
造型 zàoxíng 조형, 이미지 **精美** jīngměi 정교하고 아름답다 **繁复** fánfù 많이 복잡하다, 번잡하다
采用 cǎiyòng 채택하다, 사용하다 **锻** duàn 단조하다, 만들다 **铜** tóng 구리 **工艺** gōngyì 공예 **项** xiàng 조항, 조목
传统 chuántǒng 전통 전통적이다 **浮雕** fúdiāo 돋을새김, 부조[조각에서 평평한 면에 글자나 그림 등을 도드라지게 새기는 것]
设计 shèjì 설계하다, 디자인하다 설계, 디자인 **形式** xíngshì 형식, 형태 **图案** tú'àn 도안 **流程** liúchéng 공정, 과정
工具 gōngjù 도구, 수단 **特定** tèdìng 특정한, 일정한 **技法** jìfǎ 기법 **金属板** jīnshǔbǎn 금속판
加工 jiāgōng 가공하다, 다듬다 **千变万化** qiānbiànwànhuà 변화무궁하다 **灯柱** dēngzhù 등주 **龙** lóng 용
纹 wén 무늬, 주름, 균열 **工匠** gōngjiàng 공예가 **锤** chuí 쇠망치, 해머 쇠망치로 치다, 단련하다
手工 shǒugōng 수공[손 기술로 하는 공예] **锻造** duànzào 단조하다 단조 **细节** xìjié 세세한 부분, 세부 사항
直径 zhíjìng 지름, 직경 **竖立** shùlì 똑바로 세우다, 곧추세우다 **大殿** dàdiàn 대전[중국 사원과 정전을 이르는 말]
增添 zēngtiān 더하다, 늘리다 **浓** nóng 짙다 **氛围** fēnwéi 분위기 **感受** gǎnshòu (영향을) 느끼다, 받다 느낌, 체험
宫廷 gōngtíng 궁전, 궁궐 **盛大** shèngdà 성대하다 **景象** jǐngxiàng 광경 **存在** cúnzài 존재하다 손재
隐患 yǐnhuàn 드러나지 않은 폐해 **展览** zhǎnlǎn 전시, 전람 전람하다 **归属** guīshǔ 귀속하다, ~에 속하다 **公益** gōngyì 공익
拍卖 pāimài 경매하다 **人员** rényuán 인원, 요원 **透露** tòulù 밝히다, 암시하다
扶贫 fúpín (가난한 가정이나 빈곤한 지역을) 구제하다, 돕다 **利用** lìyòng 이용하다 **创新** chuàngxīn 혁신하다 창의성, 창조성, 창의
贫困 pínkùn 빈곤하다, 곤궁하다 **地区** dìqū 지역 **遗产** yíchǎn 유산 **事业** shìyè 사업
捐款 juānkuǎn 기부금 기부하다 **延续** yánxù 잇다, 지속하다 **暖意** nuǎnyì 따뜻한 마음, 온화한 정취 **收益** shōuyì 수익, 이득
出资 chūzī 출자하다, 투자하다 **下属** xiàshǔ 산하, 하급 직원 **企业** qǐyè 기업 **传播** chuánbō 전파하다, 널리 퍼뜨리다
捐赠 juānzèng 기부하다 **基金会** jījīnhuì 기금회

85
중
关于锻铜工艺技术, 下列哪项正确?	구리 단조 공예 기술에 관하여, 다음 중 옳은 것은?
A 不太重视细节	A 세세한 부분을 별로 중시하지 않는다
B 在木板上进行加工	B 목판에 가공을 진행한다
C 一般不预先设计图案	C 일반적으로 먼저 도안을 설계하지 않는다
D 源自传统的金属浮雕	D 전통적인 금속 돋을새김에서 유래했다

해설 질문이 구리 단조 공예 기술에 관하여 옳은 것을 물었으므로, 锻铜工艺技术가 나온 부분을 지문에서 재빨리 찾는다. 두 번째 단락에서 锻铜工艺技术. 这项工艺技术源自中国传统的铜浮雕라고 했으므로, 보기 D가 정답이다.

어휘 锻 duàn 단조하다, 만들다 铜 tóng 구리 工艺 gōngyì 공예 细节 xìjié 세세한 부분, 세부 사항 木板 mùbǎn 목판
加工 jiāgōng 가공하다, 다듬다 设计 shèjì 설계하다, 디자인하다 설계, 디자인 图案 tú'àn 도안
传统 chuántǒng 전통적이다 전통 金属 jīnshǔ 금속
浮雕 fúdiāo 돋을새김, 부조[조각에서 평평한 면에 글자나 그림 등을 도드라지게 새기는 것]

86 중	根据第三段，可以知道：	세 번째 단락에 근거하여, 알 수 있는 것은:
	A 万寿灯的体积较小	A 만수등의 부피는 비교적 작다
	B 万寿灯不在故宫里	B 만수등은 고궁에 있지 않다
	C 万寿灯有安全隐患	C 만수등에는 안전상 드러나지 않은 폐해가 있다
	D 万寿灯将会被回收	D 만수등은 회수될 것이다

해설 질문이 세 번째 단락에 근거하여 알 수 있는 것을 물었으므로, 세 번째 단락의 세부 내용을 재빨리 파악한다. 세 번째 단락에서 万寿灯……这么高的装饰灯存在一定的安全隐患이라고 했으므로, 보기 C가 정답이다.

어휘 万寿灯 wànshòudēng 만수등　体积 tǐjī 図 부피　故宫 gùgōng 図 고궁[중국 베이징에 위치한 청나라 시대의 궁전, 자금성이라고도 함]
隐患 yǐnhuàn 図 드러나지 않은 폐해　回收 huíshōu 통 회수하다

87 상	下列哪项不属于拍卖万寿灯复制品的原因？	다음 중 만수등 복제품을 경매하는 원인에 **속하지 않는** 것은?
	A 帮助贫困地区	A 빈곤한 지역을 돕기 위해서
	B 为故宫创造收益	B 고궁을 위해 수익을 만들기 위해서
	C 吸引社会各界关注	C 사회 각계의 관심을 끌기 위해서
	D 支持国家扶贫工作	D 국가의 빈곤 구제 사업을 지지하기 위해서

해설 질문이 만수등 복제품을 경매하는 원인에 속하지 않는 것을 물었으므로, 拍卖万寿灯复制品이 나온 부분을 지문에서 재빨리 찾는다. 네 번째 단락에서 决定对展出的万寿灯复制品进行公益拍卖。有关人员透露，决定进行公益拍卖的主要原因是为了支持国家扶贫工作，吸引社会各界关注，并利用博物馆的创新能力和影响力来帮助贫困地区。라고 했으므로, 지문에서 언급되지 않은 보기 B가 정답이다.

어휘 拍卖 pāimài 통 경매하다　万寿灯 wànshòudēng 만수등　复制品 fùzhìpǐn 복제품　贫困 pínkùn 톙 빈곤하다, 곤궁하다
地区 dìqū 図 지역　故宫 gùgōng 図 고궁[중국 베이징에 위치한 청나라 시대의 궁전, 자금성이라고도 함]
创造 chuàngzào 통 만들다, 창조하다　收益 shōuyì 図 수익, 이득, 수입　扶贫 fúpín 통 (가난한 가정이나 빈곤한 지역을) 구제하다, 돕다

88 하	出资支持万寿灯复制工作的是哪个机构？	만수등 복제 사업에 출자하여 지원하는 곳은 어느 기구인가?
	A 故宫博物院	A 고궁 박물관
	B 故宫基金会	B 고궁 기금회
	C 故宫管理事务所	C 고궁 관리 사무소
	D 故宫文化传播有限公司	D 고궁 문화 전파 유한 회사

해설 질문이 어떤 기구가 만수등 복제 사업에 출자하여 지원하는지를 물었으므로, 出资가 나온 부분을 지문에서 재빨리 찾는다. 다섯 번째 단락에서 出资支持万寿灯复制工作的是故宫博物院的下属企业——故宫文化传播有限公司라고 했으므로, 보기 D가 정답이다.

어휘 出资 chūzī 통 출자하다, 투자하다　万寿灯 wànshòudēng 만수등　机构 jīgòu 図 기구[기관·단체 등의 사업 단위]
故宫 gùgōng 図 고궁[중국 베이징에 위치한 청나라 시대의 궁전, 자금성이라고도 함]　博物院 bówùyuàn 図 박물관
基金会 jījīnhuì 기금회　事务所 shìwùsuǒ 図 사무소　传播 chuánbō 통 전파하다, 널리 퍼뜨리다

89-92

很多人喜欢乘坐豪华游轮去世界各地游玩，因为在游轮上既可以享受温暖的阳光，也可以感受扑面而来的暖风，同时，还有机会品尝种类多样的各国美食。不过，[89]过去不少中国游客发现，豪华游轮提供的餐饮以西餐和日本料理为主，很少有中餐的踪影。	많은 사람들은 호화 크루즈를 타고 세계 각지에 가서 관광하는 것을 좋아하는데, 크루즈에서는 따뜻한 햇빛을 즐길 수 있을 뿐만 아니라, 확 스쳐오는 따뜻한 바람을 느낄 수 있고, 동시에 종류가 다양한 각국의 맛있는 음식을 맛볼 기회도 있기 때문이다. 그런데 [89]과거에 많은 중국 관광객들은 호화 크루즈에서 제공하는 음식이 양식과 일식 요리 위주이고, 중식의 자취는 매우 적다는 것을 발견했다.

실전모의고사 제6회 | 독해 제4부분 **407**

游轮上中餐之所以少于西餐，和厨师的水平没有太大的关系。其原因有以下几点，首先，这与文化及历史遗留问题有关。游轮旅行源于欧洲，因此在餐饮习惯、厨房配套和餐厅布置上自然会偏向于西方模式。而另一个重要原因是，[90]为了保证航行安全，游轮上禁止使用明火。中餐追求的是色香味俱全，且厨师需要用猛火来迅速翻炒食材。而游轮的厨房不能进行这样的"快炒"，也无法进行"颠锅"这一类操作，中式菜肴的品质和口感自然会受到影响。

但为了吸引更多的中国游客，满足他们对中餐的需求，游轮公司想出了各种各样的解决办法。[92]如今可以看到，在越来越多的游轮上出现了中餐厅。考虑到不能用明火大量炒菜的情况，很多豪华游轮上的中餐厅另辟蹊径，将目光投向了火锅和粤菜。火锅做法简单，只要把新鲜食材放入热锅烫熟就可以了。而粤菜则以蒸和煲为主，安全又简便。[91]成为船上人气佳肴的火锅和粤菜，既保证了口味和安全，又[91]符合了大部分中国游客的餐饮习惯。

美食是游轮旅行不可或缺的一个主题。随着游客需求的多元化，游轮公司需要不断开拓更多国家、更多地区的美食。旅行的方式越来越丰富，人们愈发喜欢在豪华游轮上享受悠闲假期。[92]相信逐渐完善的中餐厅会吸引更多的游客。

크루즈에서 중식이 양식보다 적은 까닭은 요리사의 수준과 그다지 큰 관계가 없다. 그 원인은 다음의 몇 가지인데, 우선 이는 문화와 역사가 남겨 놓은 문제와 관계가 있다. 크루즈 여행은 유럽에서 기원했기 때문에 음식 습관, 주방 조립과 레스토랑 배치가 자연스럽게 서양식 패턴에 편향되었다. 또 다른 중요한 원인은 [90]항해의 안전을 보장하기 위해, 크루즈에서는 불 사용을 금지한다는 것이다. 중식이 추구하는 것은 음식의 색·향·맛이 모두 완벽한 것이고, 게다가 요리사는 센 불로 신속하게 식재료를 뒤집고 볶아야 한다. 하지만 크루즈 주방에서는 이렇게 '빠르게 볶는 것'을 할 수 없고, 또한 '솥을 뒤집는 것'과 같은 조작을 할 수가 없어 중국식 요리의 질과 맛이 자연스럽게 영향을 받게 된다.

그러나 더 많은 중국 관광객을 끌어 들이고 그들의 중식에 대한 수요를 만족시키기 위해, 크루즈 회사에서는 각종 해결 방법을 생각해 냈다. [92]오늘날 점점 더 많은 크루즈에서 중식 레스토랑이 출현하는 것을 볼 수 있다. 불을 사용하여 대량으로 요리를 볶을 수 없는 상황을 고려하여 많은 호화 크루즈의 중식 레스토랑은 새로운 방법을 찾아냈고, 눈길을 훠궈와 광동 요리로 돌렸다. 훠궈를 만드는 방법은 간단한데, 신선한 식재료를 뜨거운 솥에 넣어 데우고 익히기만 하면 된다. 반면에 광동 요리는 찌고 삶는 것 위주여서, 안전하고 간편하다. [91]선상의 인기 있는 맛있는 요리가 된 훠궈와 광동 요리는 맛과 안전을 보장했을 뿐만 아니라, 또 [91]대부분의 중국 관광객의 음식 습관에도 부합했다.

맛있는 음식은 크루즈 여행에 빠질 수 없는 주제이다. 관광객 수요가 다원화됨에 따라, 크루즈 회사에서는 끊임없이 더 많은 국가, 더 많은 지역의 맛있는 음식을 개척하는 것이 필요하다. 여행의 방식이 점점 풍부해지면서, 사람들은 한층 더 호화 크루즈에서 여유로운 휴가 기간을 누리는 것을 좋아하게 되었다. [92]점차 보완된 중식 레스토랑은 더 많은 관광객을 매료시킬 것이라 믿는다.

어휘 豪华 háohuá 휑 (생활이) 호화롭다, 사치스럽다　游轮 yóulún 똉 크루즈, 유람선　享受 xiǎngshòu 통 즐기다, 누리다
温暖 wēnnuǎn 휑 따뜻하다, 포근하다　感受 gǎnshòu 통 (영향을) 느끼다, 받다　扑面而来 pū miàn ér lái 확 스쳐오다
品尝 pǐncháng 통 맛보다, 시식하다　品种 pǐnzhǒng 똉 (제품의) 종류, 품종　游客 yóukè 똉 관광객, 여행객　餐饮 cānyǐn 똉 음식
料理 liàolǐ 똉 요리　踪影 zōngyǐng 똉 자취, 종적　厨师 chúshī 똉 요리사　遗留 yíliú 통 남겨 놓다, 남기다　欧洲 Ōuzhōu 고유 유럽
配套 pèitào 통 조립하다, 맞추다　布置 bùzhì 통 배치하다, 안배하다　偏向 piānxiàng 통 편향하다, 편들다　模式 móshì 똉 패턴, 모델
保证 bǎozhèng 통 보장하다, 확보하다　航行 hángxíng 통 항해하다, 운항하다　明火 mínghuǒ 똉 불　追求 zhuīqiú 통 추구하다
色香味俱全 sè xiāng wèi jù quán 음식의 색·향·맛이 모두 완벽하다　猛火 měnghuǒ 똉 센 불, 세찬 불　迅速 xùnsù 휑 신속하다, 재빠르다
翻 fān 통 뒤집다, 들추다　炒 chǎo 통 볶다　颠 diān 통 뒤집다, 흔들리다　锅 guō 똉 솥, 가마　操作 cāozuò 통 조작하다, 다루다
菜肴 càiyáo 똉 요리, 반찬　品质 pǐnzhì 똉 질, 품질　口感 kǒugǎn 똉 맛　满足 mǎnzú 통 만족시키다, 만족하다　需求 xūqiú 똉 수요, 필요
如今 rújīn 똉 오늘날, 지금　另辟蹊径 lìngpìxījìng 껑 새로운 방법을 찾다, 작은 길을 따로 개척하다　目光 mùguāng 똉 눈길, 시선
投向 tóuxiàng (눈을) 돌리다, 투입하다　火锅 huǒguō 똉 훠궈[중국식 샤브샤브]　粤菜 yuècài 똉 광동 요리　烫 tàng 통 데우다
则 zé 젭 반면에[대비를 나타냄]　蒸 zhēng 통 찌다　煲 bāo 통 삶다, 끓이다　简便 jiǎnbiàn 휑 간편하다
佳肴 jiāyáo 똉 맛있는 요리, 좋은 안주　口味 kǒuwèi 똉 맛, 입맛　主题 zhǔtí 똉 주제　多元化 duōyuánhuà 통 다원화하다
不断 búduàn 🄿 끊임없이, 부단히　开拓 kāituò 통 개척하다, 개간하다　地区 dìqū 똉 지역　美食 měishí 똉 맛있는 음식
方式 fāngshì 똉 방식, 방법　愈发 yùfā 🄿 한층, 더욱　悠闲 yōuxián 휑 여유롭다, 한가하다　假期 jiàqī 똉 휴가 기간
逐渐 zhújiàn 🄿 점차, 점점　完善 wánshàn 통 보완하다, 완벽하게 하다

89	过去豪华游轮上的饮食以什么为主？	과거 호화 크루즈의 음식은 무엇 위주였는가?
하	A 西餐和中餐	A 양식과 중식
	B 日料和粤菜	B 일식 요리와 광동 요리
	C 粤菜和火锅	C 광동 요리와 훠궈
	D 日料和西餐	D 일식 요리와 양식

해설 질문이 과거 호화 크루즈의 음식은 무엇 위주였는지를 물었으므로, 过去豪华游轮上的饮食과 관련된 부분을 지문에서 재빨리 찾는다. 첫 번째 단락에서 过去不少中国游客发现, 豪华游轮提供的餐饮以西餐和日本料理为主라고 했으므로, 보기 D가 정답이다.

어휘 豪华 háohuá 휑 (생활이) 호화롭다　游轮 yóulún 똉 크루즈, 유람선　粤菜 yuècài 똉 광동 요리　火锅 huǒguō 똉 훠궈[중국식 샤브샤브]

90 根据第二段，可以知道什么？

두 번째 단락에 근거하여, 무엇을 알 수 있는가?

중

A 游轮上不能使用猛火

A 크루즈에서는 센 불을 사용할 수 없다

B 游轮上食材难以储存

B 크루즈에서 식재료는 저장하기 어렵다

C 游轮上的中餐种类繁多

C 크루즈의 중식 종류가 많다

D 游轮上的餐厅难以聘请厨师

D 크루즈의 레스토랑은 요리사를 초빙하기 어렵다

해설 질문이 두 번째 단락에 근거하여 알 수 있는 것을 물었으므로, 두 번째 단락의 세부 내용을 재빨리 파악한다. 두 번째 단락에서 为了保证航行安全, 游轮上禁止使用明火라고 했으므로, 보기 A가 정답이다.

어휘 游轮 yóulún 圆 크루즈, 유람선 猛火 měnghuǒ 圆 센 불, 세찬 불 食材 shícái 圆 식재료, 식자재 储存 chǔcún 圆 저장하다, 저축하다
种类 zhǒnglèi 圆 종류 繁多 fánduō 圆 (종류가) 많다 聘请 pìnqǐng 圆 초빙하다 厨师 chúshī 圆 요리사

91 根据上文，为什么火锅在游轮上大受欢迎？

위 글에 근거하여, 왜 훠궈는 크루즈에서 큰 인기를 얻고 있는가?

중상

A 火锅色香味俱全

A 훠궈가 색·향·맛이 모두 완벽해서

B 餐厅环境高端典雅

B 레스토랑의 분위기가 고급스럽고 우아해서

C 使用最新鲜的食材

C 가장 신선한 식재료를 사용해서

D 符合中国人的口味

D 중국인의 입맛에 부합해서

해설 질문이 위 글에 근거하여 훠궈가 크루즈에서 큰 인기를 얻는 이유를 물었으므로, 火锅가 나온 부분을 지문에서 재빨리 찾는다. 세 번째 단락에서 成为船上人气佳肴的火锅……符合了大部分中国游客的餐饮习惯이라고 했으므로, 보기 D가 정답이다.

어휘 火锅 huǒguō 圆 훠궈[중국식 샤브샤브] 游轮 yóulún 圆 크루즈, 유람선
色香味俱全 sè xiāng wèi jù quán 음식의 색·향·맛이 모두 완벽하다 高端 gāoduān 圆 고급의 典雅 diǎnyǎ 圆 우아하다
食材 shícái 圆 식재료, 식자재 口味 kǒuwèi 圆 입맛, 맛

92 最适合做上文标题的是：

위 글의 제목으로 가장 적절한 것은：

중상

A 豪华游轮行

A 호화 크루즈 여행

B 海上中餐厅

B 바다 위 중식 레스토랑

C 中餐烹饪技巧

C 중식 요리 기교

D 世界各国美食

D 세계 각국의 맛있는 음식

해설 질문이 위 글의 제목으로 가장 적절한 것은 무엇인지를 물었으므로, 지문 전체의 중심 내용을 재빨리 파악한다. 세 번째 단락에서 如今可以看到, 在越来越多的游轮上出现了中餐厅。이라고 했고, 네 번째 단락에서 相信逐渐完善的中餐厅会吸引更多的游客。라고 했으므로, 豪华轮船의 中餐厅이 중심 내용임을 알 수 있다. 따라서 보기 B가 정답이다.

어휘 标题 biāotí 圆 제목, 표제 豪华 háohuá 圆 (생활이) 호화롭다, 사치스럽다 游轮 yóulún 圆 크루즈, 유람선
烹饪 pēngrèn 圆 요리하다, 조리하다 技巧 jìqiǎo 圆 기교, 테크닉 美食 měishí 圆 맛있는 음식

93-96

⁹⁶斑马身上为什么长着条纹？这是一个令人费解的问题。在过去的150多年里，关于斑马条纹的假说将近有二十个。其中，⁹³流传最广的说法是，条纹能够帮助斑马在自然界中伪装自己，迷惑猎食者。除此之外，也有人认为条纹有助于在炎热的环境中降低斑马的体温，让其感到凉爽；有人认为这种独特的纹理带有社交功能，能让斑马在野外辨认出同伴；还有人认为斑马的条纹具有驱虫功能。

⁹⁶얼룩말의 몸에는 왜 줄무늬가 있을까? 이것은 사람들이 이해하기 힘든 문제이다. 지난 150여 년 동안 얼룩말의 줄무늬와 관련된 가설은 거의 20여 개에 달한다. 그중 ⁹³가장 널리 퍼진 의견은 줄무늬가 얼룩말이 자연에서 자신을 위장하는 것을 돕고, 사냥꾼들을 현혹시킬 수 있다는 것이다. 이 밖에도 어떤 사람은 줄무늬가 무더운 환경에서 얼룩말의 체온을 낮추어, 그것이 시원하게 느끼는 데 도움이 된다고 생각하고, 어떤 사람은 이러한 독특한 줄무늬가 사교 기능을 가지고 있어서 얼룩말이 야외에서 동족을 식별할 수 있도록 한다고 생각하며, 또 어떤 사람은 얼룩말의 줄무늬가 기생충을 없애는 기능을 가지고 있다고 여긴다.

但是，相关科学研究一一推翻了上述假设。条纹的伪装功能并不能有效地防御猎食者，因为狮子、猎豹等大型动物的视力并不好，它们主要靠听觉和嗅觉来发现猎物；关于降温作用，科学家依靠热成像技术，对斑马和其他野生动物进行对比后发现，斑马并不会比其他动物更容易感到"凉爽"。那么社交功能呢？⁹⁴事实上，斑马不是通过条纹，而是通过脸和声音来辨认同伴的。

最后，只剩下条纹驱虫一说了。为了证明这一假说，加州大学的生物学家近距离地观察了纯色马和斑马。两个研究人员站在距离斑马两米的位置，一个人用肉眼观察，另一个人用摄像机记录下了马和马蝇的所有举动。一帧一帧分析完录像后，他们发现纯色马和斑马吸引到的马蝇数量差不多，但停留在斑马身上的马蝇相对更少。研究人员推测，斑马身上的黑白条纹可以影响马蝇等昆虫对光的感受。但是他们还不敢随意下结论，因为还存在其他影响马蝇飞行轨迹的因素，比如说气味、温度、风速等。

为了控制这些变量，⁹⁵研究人员又设计了一项实验。他们⁹⁵给同一匹马分别穿上白色、黑色以及条纹三种不同的外套，并观察在同样的时长内哪一种外套的驱虫效果最好。⁹⁶实验表明，停留在条纹外套上的马蝇数量远远低于白色或黑色外套上的数量。条纹具有驱虫效果的假说最终得到了证实。

그러나 관련된 과학 연구는 앞에서 말한 가설들을 일일이 뒤집어 엎었다. 줄무늬의 위장 기능은 사냥꾼들을 결코 효과적으로 방어할 수 없는데, 사자, 치타 등의 대형 동물의 시력은 그리 좋지 않아서 주로 청각과 후각에 의지해 사냥감을 발견하기 때문이다. 온도를 내리는 작용에 관해서는 과학자들이 열화상 기술로 얼룩말과 다른 야생 동물에 대해 비교한 후, 얼룩말이 결코 다른 동물보다 더 쉽게 '시원함'을 느끼지 않는다는 것을 알아냈다. 그렇다면 사교 기능은 어떨까? ⁹⁴사실상 얼룩말은 줄무늬가 아닌 얼굴과 목소리를 통해서 동족을 식별한다.

마지막으로 줄무늬가 기생충을 없앤다는 설만 남았다. 이 가설을 증명하기 위하여, 캘리포니아 대학의 생물학자는 가까운 거리에서 순색의 말과 얼룩말을 관찰했다. 두 연구원은 밀에서 2m 떨어진 위치에 서서 한 사람은 육안으로 관찰하고, 또 다른 사람은 캠코더로 말과 말파리의 모든 행동을 기록했다. 한 프레임 한 프레임 녹화 영상을 분석한 후, 그들은 순색의 말과 얼룩말이 끌어들이는 말파리의 수는 비슷하지만, 얼룩말의 몸에 머무는 말파리는 상대적으로 훨씬 적다는 것을 발견했다. 연구원들이 추측하기로는, 얼룩말 몸의 흑백 줄무늬가 말파리 등의 곤충들의 빛에 대한 느낌에 영향을 줄 수 있다. 그러나 그들은 여전히 마음대로 결론을 내릴 수가 없는데, 가령 냄새, 온도, 풍속 등과 같이 말파리의 비행 궤적에 영향을 주는 기타 요소가 여전히 존재하기 때문이다.

이러한 변수를 통제하기 위하여 ⁹⁵연구원들은 하나의 실험을 또 설계했다. 그들은 ⁹⁵똑같은 말 한 마리에게 각각 흰색, 검은색 및 줄무늬 이 세 가지 다른 외투를 입히고, 같은 시간 내에 어떤 외투의 기생충을 없애는 효과가 가장 좋은지를 관찰했다. ⁹⁶실험은 줄무늬 외투 위에 머무는 말파리 수가 흰색 혹은 검은색 외투 위의 수보다 훨씬 적다는 것을 밝혀냈다. 줄무늬가 기생충을 없애는 효과가 있다는 가설은 마침내 증명을 얻었다.

어휘 斑马 bānmǎ 圀 얼룩말　条纹 tiáowén 圀 줄무늬　费解 fèijiě 圀 (문장의 단어와 구절 등이) 이해하기 힘들다　假说 jiǎshuō 圀 가설
将近 jiāngjìn 囵 거의 ·에 근접하다　流传 liúchuán 圀 (사적·작품 따위가) 퍼지다, 전하다　说法 shuōfa 圀 의견, 논조
伪装 wěizhuāng 圀 위장하다　迷惑 míhuò 圀 현혹시키다　猎食者 lièshízhě 사냥꾼　炎热 yánrè 圀 (날씨가) 무덥다, 찌는 듯하다
凉爽 liángshuǎng 圀 시원하다, 서늘하다　独特 dútè 圀 독특하다　社交功能 shèjiāo gōngnéng 사교 기능
辨认 biànrèn 圀 식별하다, 판별하다　同伴 tóngbàn 圀 동료　驱虫 qūchóng 圀 기생충을 없애다　功能 gōngnéng 圀 기능, 효능
相关 xiāngguān 圀 (서로) 관련되다　推翻 tuīfān 圀 뒤집어 엎다　上述 shàngshù 圀 (위나 앞에서) 말한　防御 fángyù 圀 방어하다
猎豹 lièbào 圀 치타　视力 shìlì 圀 시력　听觉 tīngjué 圀 청각　嗅觉 xiùjué 圀 후각　猎物 lièwù 圀 사냥감
降温 jiàngwēn 圀 온도를 내리다　依靠 yīkào 圀 기대다, 의지하다
热成像 rèchéngxiàng 열화상[물체의 열복사를 전자적으로 측정하여 기록함으로써 만들어지는 그림]　对比 duìbǐ 圀 (상대적으로) 비교하다, 대조하다
加州大学 Jiāzhōu Dàxué 교위 캘리포니아 대학　生物 shēngwù 圀 생물, 생물학　观察 guānchá 圀 관찰하다　纯色 chúnsè 圀 순색의
研究人员 yánjiū rényuán 연구원　肉眼 ròuyǎn 圀 육안　摄像机 shèxiàngjī 圀 캠코더　记录 jìlù 圀 기록하다 圀 기록
马蝇 mǎyíng 圀 말파리　举动 jǔdòng 圀 행동, 동작　帧 zhēn 圀 (영화나 동영상의) 프레임　分析 fēnxī 圀 분석하다
录像 lùxiàng 圀 녹화 영상 圀 녹화하다　停留 tíngliú 圀 (잠시) 머물다　相对 xiāngduì 圀 상대적인 圀 서로 대립되다
推测 tuīcè 圀 추측하다　昆虫 kūnchóng 圀 곤충　感受 gǎnshòu 圀 느낌, 인상　随意 suíyì 圀 마음대로 하다　结论 jiélùn 圀 결론
飞行 fēixíng 圀 비행하다　轨迹 guǐjì 圀 궤적　因素 yīnsù 圀 요소, 원인　气味 qìwèi 圀 냄새　风速 fēngsù 圀 풍속
控制 kòngzhì 圀 통제하다, 조절하다　变量 biànliàng 圀 변수　设计 shèjì 圀 설계하다, 디자인하다
实验 shíyàn 圀 실험, 테스트 圀 실험하다, 테스트하다, 시험하다　匹 pǐ 圀 마리, 필[말·비단 등을 세는 단위]　分别 fēnbié 圀 각각
以及 yǐjí 圀 및, 그리고　外套 wàitào 圀 외투　表明 biǎomíng 圀 밝히다, 드러내다　证实 zhèngshí 圀 (확실함을) 증명하다

93	根据流传最广的说法，斑马的条纹：	가장 널리 퍼진 의견에 따르면, 얼룩말의 줄무늬는:
중	A 能够降温	A 온도를 내릴 수 있다
	B 有助于社交	B 사교에 도움이 된다
	C 易于辨认同伴	C 동족을 식별하기 쉽다
	D 可以迷惑敌人	D 적을 현혹시킬 수 있다

해설 질문이 얼룩말의 줄무늬에 대해 가장 널리 퍼진 의견이 무엇인지를 물었으므로, 流传最广的说法와 斑马的条纹과 관련된 내용을 지문에서 재빨리 찾는다. 첫 번째 단락에서 流传最广的说法是, 条纹能够帮助斑马在自然界中伪装自己, 迷惑猎食者라고 했으므로, 보기 D가 정답이다.

어휘 流传 liúchuán 图 (사적·작품 따위가) 퍼지다, 전하다　**说法** shuōfa 图 의견, 논조　**斑马** bānmǎ 图 얼룩말　**条纹** tiáowén 图 줄무늬
降温 jiàngwēn 图 온도를 내리다　**社交** shèjiāo 图 사교　**辨认** biànrèn 图 식별하다, 판별하다　**同伴** tóngbàn 图 동족, 동료
迷惑 míhuò 图 현혹시키다 图 어리둥절하다, 정신을 차리지 못하다　**敌人** dírén 图 적

---

94 | 关于斑马, 下列哪项正确? | 얼룩말에 관하여, 다음 중 옳은 것은?
중 | A 容易吸引昆虫 | A 곤충을 쉽게 끌어들인다
| B 害怕炎热的天气 | B 무더운 날씨를 무서워한다
| C 通过声音来辨别同类 | C 목소리를 통해 동족을 판별한다
| D 排斥没有条纹的同类 | D 줄무늬가 없는 동족을 배척한다

해설 질문이 얼룩말에 관하여 옳은 것을 물었으므로, 斑马와 관련된 내용을 지문에서 재빨리 찾는다. 두 번째 단락에서 事实上, 斑马不是通过条纹, 而是通过脸和声音来辨认同伴的。라고 했으므로, 보기 C가 정답이다.

어휘 斑马 bānmǎ 图 얼룩말　**昆虫** kūnchóng 图 곤충　**炎热** yánrè 图 (날씨가) 무덥다, 찌는 듯하다　**辨别** biànbié 图 판별하다, 분별하다
同类 tónglèi 图 동족, 동종, 같은 무리　**排斥** páichì 图 배척하다　**条纹** tiáowén 图 줄무늬

---

95 | 研究人员为什么给马穿上不同的外套? | 연구원들은 왜 말에게 다른 외투를 입혔는가?
중상 | A 检验色彩的驱虫效果 | A 색채의 기생충을 없애는 효과를 검증하기 위하여
| B 防止马的皮肤被晒伤 | B 말의 피부가 햇볕에 타는 것을 방지하기 위하여
| C 研发可以防水的外套 | C 방수가 가능한 외투를 연구 개발하기 위하여
| D 开发动物的识别系统 | D 동물의 식별 시스템을 개발하기 위하여

해설 질문이 연구원이 말에게 다른 외투를 입힌 이유를 물었으므로, 给马穿上不同的外套와 관련된 내용을 지문에서 재빨리 찾는다. 마지막 단락에서 研究人员……给同一匹马分别穿上白色、黑色以及条纹三种不同的外套, 并观察在同样的时长内哪一种外套的驱虫效果最好라고 했으므로, 보기 A가 정답이다.

어휘 研究人员 yánjiū rényuán 연구원　**外套** wàitào 图 외투　**检验** jiǎnyàn 图 검증하다, 검사하다　**色彩** sècǎi 图 색채, 색깔
驱虫 qūchóng 图 기생충을 없애다, 구충하다　**防止** fángzhǐ 图 방지하다　**晒伤** shàishāng 햇볕에 타다　**研发** yánfā 연구 개발하다
防水 fángshuǐ 图 방수하다　**开发** kāifā 图 개발하다, 개척하다　**识别** shíbié 图 식별하다, 변별하다　**系统** xìtǒng 图 시스템, 체계

---

96 | 上文主要想告诉我们: | 위 글이 주로 우리에게 알려 주고자 하는 것은:
중상 | A 斑马的生长过程 | A 얼룩말의 성장 과정
| B 斑马的生活习惯 | B 얼룩말의 생활 습관
| C 斑马条纹的作用 | C 얼룩말 줄무늬의 작용
| D 斑马条纹的规律 | D 얼룩말 줄무늬의 규칙

해설 질문이 위 글이 주로 우리에게 알려 주고자 하는 것을 물었으므로, 지문 전체의 중심 내용을 재빨리 파악한다. 첫 번째 단락에서 斑马身上为什么长着条纹?이라고 했고, 마지막 단락에서 实验表明, 停留在条纹外套上的马蝇数量远远低于白色或黑色外套上的数量。条纹具有驱虫效果的假说最终得到了证实。이라며, 지문 전체에 걸쳐 얼룩말의 줄무늬가 어떤 작용을 하는지 알아내기 위한 여러 가지 과학 연구에 대해 소개를 했다. 따라서, 보기 C가 정답이다.

어휘 斑马 bānmǎ 图 얼룩말　**条纹** tiáowén 图 줄무늬　**规律** guīlǜ 图 규칙, 규율

97-100

100慕课是"互联网+教育"的产物, 简单来说, 就是"大规模的, 开放的在线课程"。它是一种新兴的课程教学模式, 充满了大胆而新颖的尝试, 吸引了各个领域学习者的目光。

100MOOC는 '인터넷+교육'의 산물로, 간단히 말해서 바로 '대규모의, 개방적인 온라인 커리큘럼'이다. 이것은 신흥 커리큘럼 교육 모델로, 대담하고 참신한 시도들로 가득차 있어 각 분야 학습자들의 시선을 끌었다.

浙江大学副教授翁恺和南京航空航天大学教授田威是慕课的创始人，他们从2013年开始做慕课。之后，慕课的发展非常迅速，目前上线的课程已达到6门，选课人数累计超过230万。

翁恺希望学生能够通过慕课学习到多种多样的知识，然后用这些知识探索更广阔的世界。他表示，自己会和团队一同建设在线课程，把丰富的学科知识，正确的价值观、世界观和人生观传递给更多的学生。在慕课教学过程中，翁恺遇到了一件感触极深的事。他说："有一次线上上课的时候，我给发帖前十名的学员发纪念品，⁹⁷结果其中有一位学员来自连快递都到不了的偏远山区。这一事例让我切实地感受到了网络和慕课的力量，它们可以将优质的教学资源以最快的速度，最低的成本传播到祖国的四面八方。"

近日，中国慕课大会在北京召开，慕课制作团队在大会上发布了《中国慕课行动宣言》。慕课的现状及其发展趋势一直是教育界乃至全社会讨论的焦点。因为高速发展的慕课是提高教育质量、推进教育公平的重要战略举措。⁹⁸不断取得新成果的慕课，已成为中国教育现代化的强大推动力。

⁹⁹在中国慕课大会现场，田威教授以三校异地同步直播的方式，⁹⁹展示了国产飞机大部件装配虚拟仿真实验。通过全息技术，身在外地的田威的影像呈现在会场前方的演讲台上，形象十分逼真。田威介绍说："依托数字仿真和虚拟现实技术，我能把飞机装配现场搬到课堂，还能通过5G技术，把各地学生带到实验室互动。"话音刚落，南京航空航天大学、西北工业大学、贵州理工学院三校学生的影像就呈现在屏幕上。他们戴上VR眼镜，进入为课程专门研发的虚拟仿真实验教学程序中，测量大型客机并为其安装机翼。

저장 대학교 웡카이 부교수와 난징 항공 항천 대학교 톈웨이 교수는 MOOC의 창시자로, 그들은 2013년부터 MOOC를 하기 시작했다. 그 후 MOOC의 발전은 매우 빨라서, 현재 온라인 커리큘럼은 이미 6개에 이르며 수강자 수는 누적 230만을 넘는다.

웡카이는 학생들이 MOOC를 통해 다양한 지식을 배우고, 그 다음 이러한 지식으로 더 넓은 세계를 탐색하기를 희망한다. 그는 자신이 단체와 함께 온라인 커리큘럼을 만들어 풍부한 학과 지식, 올바른 가치관, 세계관과 인생관을 더 많은 학생에게 전달할 것이라고 밝혔다. MOOC 교육 과정에서 웡카이는 한 가지 아주 감명 깊은 일을 마주쳤다. 그는 "한 번은 온라인에서 수업을 하고 있을 때, 저는 게시글을 올린 선착순 10명의 학생들에게 기념품을 보냈는데요, ⁹⁷결과적으로 그중 한 학생은 택배조차 도착하지 못하는 외진 산골 출신이었습니다. 이 사례는 저로 하여금 인터넷과 MOOC의 힘을 뚜렷이 느끼게 해 주었는데요, MOOC는 양질의 교육 자원을 가장 빠른 속도, 가장 낮은 자본금으로 조국의 방방곡곡에 널리 퍼뜨릴 수 있습니다."라고 말했다.

최근 베이징에서 중국 MOOC 회의가 열렸는데, MOOC 제작팀은 회의에서 《중국 MOOC 행동 선언》을 발표했다. MOOC의 현 상태 및 그 발전 추세는 줄곧 교육계 심지어는 전 사회적으로 토론하는 쟁점이었다. 왜냐하면 빠른 속도로 발전하는 MOOC는 교육의 질을 높이고 교육의 공평함을 추진하는 중요한 전략적 조치이기 때문입니다. ⁹⁸끊임없이 새로운 성과를 얻은 MOOC는 이미 중국 교육 현대화의 큰 추진력이 되었다.

⁹⁹중국 MOOC 회의 현장에서 톈웨이 교수는 각각 다른 곳에 위치한 3개의 학교가 함께 생중계 하는 방식으로 ⁹⁹국산 비행기의 대형 부품 조립 가상 시뮬레이션 실험을 보여 주었다. 홀로그래피 기술을 통해 외지에 있는 톈웨이의 영상이 회의장 앞의 강연대 위에 나타났는데, 이미지가 마치 진짜 같았다. 톈웨이는 "데이터 시뮬레이션과 가상 현실 기술에 의지하여 저는 비행기 조립 현장을 강의실로 옮겨올 수 있으며, 5G 기술을 통해 각 지역 학생들을 실험실로 데려와 상호 작용을 할 수 있습니다."라고 소개하며 말했다. 말이 떨어지자마자, 난징 항공 항천 대학교, 시베이 공업 대학교, 꾸이저우 이공 학원 이 세 학교의 학생들의 영상이 스크린에 나타났다. 그들은 VR 안경을 착용하고서 커리큘럼을 위해 전문적으로 연구개발된 가상 시뮬레이션 실험 수업 프로그램에 들어갔고, 대형 여객기를 측량하고 그것의 날개를 설치했다.

어휘 慕课 mùkè 몡 MOOC[온라인 공개 수업]　产物 chǎnwù 몡 산물　规模 guīmó 몡 규모　开放 kāifàng 톙 개방적이다 동 개방하다
在线 zàixiàn 온라인　课程 kèchéng 몡 커리큘럼　新兴 xīnxīng 톙 신흥의　模式 móshì 몡 모델, 모식
充满 chōngmǎn 동 가득 차다, 충만하다　大胆 dàdǎn 톙 대담하다　新颖 xīnyǐng 톙 참신하다, 새롭다　尝试 chángshì 동 시도해 보다
领域 lǐngyù 몡 분야, 영역　目光 mùguāng 몡 시선, 눈길　浙江 Zhèjiāng 고유 저장[중국의 지명]
航空 hángkōng 동 항공하다, (하늘을) 비행하다　航天 hángtiān 동 항천하다, 우주 비행하다　创始人 chuàngshǐrén 몡 창시자
迅速 xùnsù 톙 빠르다　目前 mùqián 몡 현재, 지금　上线 shàngxiàn 동 온라인　达到 dádào 동 이르다　累计 lěijì 동 누적하다, 합산하다
探索 tànsuǒ 동 탐색하다, 찾다　广阔 guǎngkuò 톙 넓다, 광활하다　建设 jiànshè 동 만들다　价值观 jiàzhíguān 몡 가치관
人生观 rénshēngguān 몡 인생관　传递 chuándì 동 전달하다　感触 gǎnchù 몡 감명　线上 xiànshàng 온라인
发帖 fātiě 동 게시글을 올리다　纪念品 jìniànpǐn 몡 기념품　快递 kuàidì 몡 택배　偏远山区 piānyuǎn shānqū 외진 산골
事例 shìlì 몡 사례　真切 zhēnqiè 톙 뚜렷하다　感受 gǎnshòu 동 (영향을) 느끼다, 받다　网络 wǎngluò 몡 인터넷, 온라인, 네트워크
力量 lìliàng 몡 힘, 역량　优质 yōuzhì 톙 양질의　资源 zīyuán 몡 자원　成本 chéngběn 몡 자본금
传播 chuánbō 동 널리 퍼뜨리다, 전파하다　祖国 zǔguó 몡 조국　四面八方 sìmiànbāfāng 몡 방방곡곡　大会 dàhuì 몡 회의, 총회
召开 zhàokāi 동 열다, 개최하다　制作团队 zhìzuò tuánduì 제작팀　发布 fābù 동 (명령·지시·뉴스 등을) 발표하다
行动 xíngdòng 몡 행동 동 행동하다　宣言 xuānyán 몡 선언 동 선언하다　现状 xiànzhuàng 몡 현 상태　趋势 qūshì 몡 추세
乃至 nǎizhì 톙 심지어　焦点 jiāodiǎn 몡 (문제나 관심사의) 쟁점, 초점　推进 tuījìn 동 추진하다　公平 gōngpíng 톙 공평하다
战略 zhànlüè 몡 전략　举措 jǔcuò 몡 조치　不断 búduàn 톙 끊임없이, 부단히　取得 qǔdé 동 얻다, 갖다　成果 chéngguǒ 몡 성과
现代化 xiàndàihuà 몡 현대화 동 현대화되다　推动力 tuīdònglì 몡 추진력　现场 xiànchǎng 몡 현장　直播 zhíbō 동 생중계하다
方式 fāngshì 몡 방식, 방법　展示 zhǎnshì 동 보이다, 드러내다　装配 zhuāngpèi 동 조립하다, 설치하다　虚拟 xūnǐ 톙 가상의
仿真 fǎngzhēn 몡 시뮬레이션　实验 shíyàn 몡 실험 동 실험하다　全息 quánxī 몡 홀로그래피[입체 사진술]　影像 yǐngxiàng 몡 영상, 형상
呈现 chéngxiàn 동 나타나다, 드러나다　演讲台 yǎnjiǎngtái 강연대　形象 xíngxiàng 몡 이미지, 형상　逼真 bīzhēn 톙 마치 진짜와 같다
依托 yītuō 동 의지하다, 기대다　现实 xiànshí 몡 현실 톙 현실적이다　互动 hùdòng 동 상호 작용하다　工业 gōngyè 몡 공업

屏幕 píngmù 몡 스크린(screen), 화면　戴 dài 동 착용하다　研发 yánfā 동 연구 개발하다　程序 chéngxù 몡 프로그램, 순서
测量 cèliáng 동 측량하다　大型 dàxíng 형 대형의　客机 kèjī 몡 여객기　安装 ānzhuāng 동 설치하다, 고정하다　翼 yì 몡 날개

---

97 根据第三段，可以知道什么？ | 세 번째 단락에 근거하여, 무엇을 알 수 있는가?

중상

A 网络慕课成本很低 | A 온라인 MOOC는 자본금이 낮다

B 有学员来自偏远地区 | B 어떤 학생은 외진 지역 출신이다

C 选课人数不到两百万 | C 수강생 수는 200만 명이 되지 않는다

D 学生的价值观呈多样化 | D 학생의 가치관은 다양성을 띤다

해설 질문이 세 번째 단락에 근거하여 알 수 있는 것을 물었으므로, 세 번째 단락의 세부 내용을 재빨리 파악한다. 세 번째 단락에서 结果其中有一位学员来自连快递都到不了的偏远山区라고 했으므로, 보기 B가 정답이다.

어휘 网络 wǎngluò 몡 온라인, 네트워크　慕课 mùkè 몡 MOOC[온라인 공개 수업]　成本 chéngběn 몡 자본금
偏远 piānyuǎn 형 외지다, 궁벽지다　地区 dìqū 몡 지역　价值观 jiàzhíguān 몡 가치관

---

98 慕课可以： | MOOC가 할 수 있는 것은:

중

A 增加教学收入 | A 교육 수입을 늘린다

B 减少教师人数 | B 교사 수를 줄인다

C 提高互联网技术 | C 인터넷 기술을 향상시킨다

D 促进教育现代化 | D 교육 현대화를 촉진시킨다

해설 질문이 MOOC가 할 수 있는 것은 무엇인지를 물었으므로, 慕课와 관련된 부분을 지문에서 재빨리 찾는다. 네 번째 단락에서 不断取得新成果的慕课, 已成为中国教育现代化的强大推动力。라고 했으므로, 보기 D가 정답이다.

어휘 慕课 mùkè 몡 MOOC[온라인 공개 수업]　促进 cùjìn 동 촉진시키다, 촉진하다　现代化 xiàndàihuà 몡 현대화 동 현대화되다

---

99 在慕课大会现场，田威教授： | MOOC 회의 현장에서, 톈웨이 교수는:

중

A 展示了虚拟实验 | A 가상의 실험을 보였다

B 亲自安装了机翼 | B 직접 비행기 날개를 설치했다

C 现场招聘实验人员 | C 현장에서 실험 요원을 채용했다

D 把真正的飞机搬进了课堂 | D 진짜 비행기를 교실로 옮겨 왔다

해설 질문이 MOOC 회의 현장에서 톈웨이 교수는 무엇을 했는지를 물었으므로, 慕课大会现场과 관련된 부분을 지문에서 재빨리 찾는다. 다섯 번째 단락에서 在中国慕课大会现场, 田威教授……展示了国产飞机大部件装配虚拟仿真实验이라고 했으므로, 보기 A가 정답이다.

어휘 慕课 mùkè 몡 MOOC[온라인 공개 수업]　大会 dàhuì 몡 회의, 총회　现场 xiànchǎng 몡 현장　展示 zhǎnshì 동 보이다, 드러내다
虚拟 xūnǐ 몡 가상의　实验 shíyàn 몡 실험 동 실험하다　安装 ānzhuāng 동 설치하다, 고정하다　翼 yì 몡 날개
人员 rényuán 몡 요원

---

100 上文可能来自于下列哪本杂志？ | 위 글은 다음 중 어떤 잡지에서 나올 가능성이 있는가?

중상

A 自然科学 | A 자연 과학

B 幻想天地 | B 공상 세계

C 小发明家 | C 작은 발명가

D 现代教育 | D 현대 교육

해설 질문이 위 글은 어떤 잡지에서 나올 가능성이 있는지를 물었으므로, 지문 전체의 중심 내용을 재빨리 파악한다. 첫 번째 단락에서 慕课是"互联网+教育"的产物, 简单来说, 就是"大规模的, 开放的在线课程"。它是一种新兴的课程教学模式, 充满了大胆而新颖的尝试, 吸引了各个领域学习者的目光。이라고 했고, 지문 전체에 걸쳐 인터넷과 교육을 결합한 현대 교육 모델인 MOOC에 대하여 설명하고 있다. 따라서 보기 D가 정답이다.

어휘 幻想 huànxiǎng 몡 공상, 환상　天地 tiāndì 몡 세계, 세상　发明家 fāmíngjiā 몡 발명가　现代 xiàndài 몡 현대

지문 해석

101
중상

商务服务公司——"小微帮忙"的创始人连建亚, 出生在一个商人家庭。他从小就对创业、经商充满了兴趣。所以他考入郑州某大学的物流专业后, 就正式开始了自己的创业之路。

비즈니스 서비스 회사—— '샤오웨이 어시스턴트'의 창립자 렌젠야는 상인 집안에서 태어났다. 그는 어려서부터 창업, 장사에 관심이 많았다. 그래서 그는 정저우 모 대학의 물류 전공에 시험쳐서 들어간 후, 본격적으로 자신의 창업의 길을 걷기 시작했다.

进入大学校园后, 连建亚没有过图书馆、宿舍、教室三点一线的生活, 而是在课余时间尝试了很多创业实践类活动。从刚开始摆地摊卖坐垫、袜子、英语词典、报纸, 到后来售卖英语听力设备和宿舍生活用品, 这些尝试使他的视野变得格外开阔。

대학 입학 후 렌젠야는 도서관, 기숙사, 교실이 반복되는 쳇바퀴 일상을 보내지 않았고, 방과 후 시간에 많은 창업 실천 활동을 시도했다. 막 시작했을 때 노점을 벌여서 방석, 양말, 영어 사전, 신문을 팔다가 나중에는 영어 듣기 장비와 기숙사 생활용품을 팔았는데, 이러한 시도는 그의 시야를 아주 넓혀 주었다.

后来, 校园里做零售生意的人开始互相竞争, 所以连建亚另找出路, 将生活用品以打包的形式卖给学生, 同时还提供送货上门的服务。就这样, 他的生意一下子火爆了起来, 最忙的时候甚至要请几十个同学帮忙配货、送货。

그 후, 캠퍼스 내에서 소매로 장사를 하는 사람들이 서로 경쟁하기 시작해서, 렌젠야는 다른 출로를 찾아 생활용품을 포장한 형태로 학생들에게 팔고, 동시에 방문 배달 서비스도 제공했다. 이렇게 그의 장사는 단번에 불티나기 시작했고, 가장 바쁠 때는 심지어 수십 명의 동창들에게 상품 출고와 배달을 도와달라고 부탁해야 했다.

大学毕业后, 连建亚并没有立刻开始创业, 而是去家人给他安排的国营企业做采购工作。这是因为家人希望他能过上有稳定收入的生活, 但三年平淡的生活不仅没有给他带来快乐, 反而让他倍感无趣。他发现自己仍然对创业充满了激情和渴望, 所以深思熟虑后辞了职, 回到郑州与同学合伙创立了"小微帮忙"商务服务有限公司。他们的公司主要为小型、微型企业提供专业的工商注册、代理记账和法务咨询等服务。

대학 졸업 후 렌젠야는 곧바로 창업을 시작하지 않고, 가족이 그에게 주선해 준 국영 기업에 가서 구매 업무를 했다. 이것은 가족들이 그가 안정적인 수입이 있는 삶을 살기를 바랐기 때문인데, 그러나 3년 동안의 무미건조한 생활은 그에게 즐거움을 가져다 주지 못했을 뿐만 아니라, 오히려 더욱더 재미가 없다고 느끼게 했다. 그는 자신이 여전히 창업에 대한 열정과 갈망이 가득하다는 것을 깨달았으며, 심사숙고 끝에 회사를 그만두고 정저우로 돌아와 동창과 함께 동업하여 '샤오웨이 어시스턴트' 비즈니스 서비스 유한회사를 창립했다. 그들의 회사는 주로 소형, 초소형 기업을 위해 전문적인 사업자 등록, 기장 대리와 법무 컨설팅 등의 서비스를 제공했다.

公司创立之初, 由于不熟悉市场, 不懂得营销, 连建亚一直没有找到合适的推广方式。他尝试了贴广告、打电话、登报纸等方式, 结果这些方式都不怎么见效。不光如此, 由于公司的启动资金只有二十万, 能做的单子十分有限, 业务自然增长缓慢, 就算拿到大的单子也只能交给其他的代理公司去做。在资金最困难的时期, 连建亚给员工发的工资都是和朋友借的。为了省钱, 连建亚经常带着员工去公司楼下的小饭店里吃最便宜的面, 一吃就是一整个夏天。

창업 초기에는 시장에 익숙하지 않고 마케팅을 잘 몰라서, 렌젠야는 줄곧 마땅한 홍보 방식을 찾지 못했다. 그는 광고를 붙이고, 전화를 하고, 신문에 게재하는 등의 방식을 시도했지만, 결국 이런 방식들은 별로 효과가 나타나지 않았다. 뿐만 아니라 회사의 가용 자금이 20만 위안에 불과하여 할 수 있는 거래가 매우 한정적이라서 업무는 자연스럽게 더디게 성장했고, 큰 거래를 따내도 다른 대행사에 맡길 수밖에 없었다. 자금이 가장 어려웠던 시절, 렌젠야가 직원들에게 준 월급은 모두 친구에게 빌린 것이었다. 돈을 아끼기 위해서, 렌젠야는 직원들을 회사 아래층의 작은 식당에 자주 데리고 가서 가장 싼 면을 먹였는데, 그것만 여름 내내 먹었다.

功夫不负有心人, 他终于等到了发展机会。由于国家政策变得宽松, "小微帮忙"有了更多的客户, 同时他们优质的服务也得到很多人的认可, 不到半年, 业务量整整涨了一倍。现在公司已有四百多个客户, 员工也达到了二十多人。

노력은 배신하지 않아서, 그에게 마침내 발전의 기회가 왔다. 국가 정책이 느슨해지자 '샤오웨이 어시스턴트'는 더 많은 고객이 생겼고, 동시에 그들의 양질의 서비스도 많은 사람의 인정을 받았는데, 반년도 안 돼서 업무량이 꼬박 배로 늘었다. 현재 회사는 이미 400여 명의 고객이 있으며, 직원도 20여 명에 이르렀다.

　　公司走上正轨后, 连建亚决定帮助有梦想的大学生创业, 因为他比任何人都了解年轻人创业的艰辛。连建亚找到"大学生创业网", 联合他们一同举办了大学生创业俱乐部活动。活动集合了大批小微企业创业者, 开展了经验分享会及资源对接活动, 打造了年轻创业者互相帮助, 合作共赢的平台。连建亚的创业之路并不那么顺利, 但不断的坚持和不灭的热情最终帮助他取得了成功。成功之后的连建亚不仅没有骄傲自满, 还向更多心怀创业梦想的年轻人提供了帮助, 为社会做出了巨大的贡献。

　　회사가 정상적인 궤도에 오른 후, 롄젠야는 꿈이 있는 대학생의 창업을 돕기로 결정했는데, 그가 누구보다도 청년 창업의 고달픔을 잘 알고 있기 때문이었다. 롄젠야는 '대학생 창업 네트워크'를 찾아 그들과 연합하여 대학생 창업 동호회 활동을 함께 벌였다. 활동은 많은 소형 기업 창업자를 모았고, 경험 나눔회 및 자원 협력 활동을 열었으며, 젊은 창업가들이 서로 돕고 협력하며 함께 이익을 얻을 수 있는 플랫폼을 만들었다. 롄젠야의 창업의 길은 그리 순탄하지 않았지만, 끊임없는 꾸준함과 불멸의 열정은 결국 그가 성공을 얻도록 했다. 성공 이후의 롄젠야는 자만하지 않고 더 많은 창업의 꿈을 품은 젊은이들에게 도움을 제공하여, 사회를 위해 큰 공헌을 했다.

어휘 商务 shāngwù 몡 비즈니스, 상업상의 용무　小微帮忙 Xiǎowēi Bāngmáng 고유 샤오웨이 어시스턴트[중국의 비즈니스 서비스 회사]
創始人 chuàngshǐrén 몡 창립자　连建亚 Lián Jiànyà 고유 롄젠야['샤오웨이 어시스턴트' 창립자]　家庭 jiātíng 몡 집안, 가정
创业 chuàngyè 통 창업하다　经商 jīngshāng 통 장사하다　充满 chōngmǎn 통 많다, 충만하다
郑州 Zhèngzhōu 고유 정저우[허난성의 성정부 소재지]　物流 wùliú 몡 물류　宿舍 sùshè 몡 기숙사
三点一线 sān diǎn yí xiàn (도서관·기숙사·교실이) 반복되는 쳇바퀴 일상　课余 kèyú 몡 방과 후
尝试 chángshì 통 시도해 보다, 시험해 보다　实践 shíjiàn 통 실천하다, 이행하다　摆地摊 bǎi dìtān 노점을 벌이다
坐垫 zuòdiàn 몡 (의자에 까는) 방석　售卖 shòumài 통 판매하다　设备 shèbèi 몡 장비, 시설　视野 shìyě 몡 시야
格外 géwài 뷔 아주, 특히　开阔 kāikuò 휑 넓다, 광활하다　零售 língshòu 몡 소매　出路 chūlù 몡 (상품의) 출로, 발전의 여지
打包 dǎbāo 통 포장하다　形式 xíngshì 몡 형태, 형식　送货 sònghuò 통 배달하다　上门 shàngmén 통 방문하다
一下子 yíxiàzi 단번에, 즉시　火爆 huǒbào 휑 불티나다　配货 pèihuò (상품을) 출고하다　立刻 lìkè 뷔 곧바로, 즉시
国营 guóyíng 몡 국영　企业 qǐyè 몡 기업　采购 cǎigòu 통 (주로 기관·기업 등에서) 구매하다　稳定 wěndìng 휑 안정되다, 평범하다
平淡 píngdàn 휑 무미건조하다, 평범하다　反而 fǎn'ér 뷔 오히려, 도리어　倍感 bèigǎn 통 더욱더 느끼다
无趣 wúqù 휑 재미없다, 흥미 없다　激情 jīqíng 몡 열정　渴望 kěwàng 통 갈망하다, 간절히 바라다
深思熟虑 shēn sī shú lǜ 심사숙고하다　辞职 cízhí 통 회사를 그만두다, 사직하다　合伙 héhuǒ 통 동업하다, 동료가 되다
创立 chuànglì 통 창립하다, 창설하다　小型 xiǎoxíng 휑 소형의, 소규모의　微型 wēixíng 휑 초소형의
工商注册 gōngshāng zhùcè 사업자 등록　代理记账 dàilǐ jìzhàng 기장 대리[회사의 회계 장부를 복식 부기로 대리 작성하는 것]
咨询 zīxún 통 컨설팅하다, 물어보다　市场 shìchǎng 몡 시장　营销 yíngxiāo 통 마케팅하다
推广 tuīguǎng 통 홍보하다, 널리 보급하다　方式 fāngshì 몡 방식, 방법　见效 jiànxiào 통 효과가 나타나다
不光如此 bùguāng rúcǐ 뿐만 아니라　启动 qǐdòng 통 가용하다, 시동하다　资金 zījīn 몡 자금　单子 dānzi 몡 거래, 주문, 영수증
业务 yèwù 몡 업무　缓慢 huǎnmàn 휑 더디다, 느리다　时期 shíqī 몡 (특정한) 시절, 시기　员工 yuángōng 몡 직원, 종업원
省钱 shěngqián 통 (돈을) 아끼다, 절약하다　整个 zhěnggè 휑 내내, 전체의, 전부의
功夫不负有心人 gōngfū bú fù yǒu xīn rén 셩 노력은 배신하지 않는다　政策 zhèngcè 몡 정책　宽松 kuānsōng 휑 느슨하다, 넓다
客户 kèhù 몡 고객　优质 yōuzhì 휑 양질, 우수한 품질　认可 rènkě 통 인정하다, 승낙하다
涨 zhǎng 통 (수위나 물가 등이) 늘다, 올라가다　达到 dádào 통 이르다, 도달하다　正轨 zhèngguǐ 몡 정상적인 궤도
梦想 mèngxiǎng 몡 꿈　艰辛 jiānxīn 휑 고달프다, 고생스럽다　联合 liánhé 통 연합하다, 단결하다　俱乐部 jùlèbù 몡 동호회, 클럽
集合 jíhé 통 모으다, 집합하다　大批 dàpī 휑 많은, 대량의　开展 kāizhǎn 통 (전람회·전시회 등이) 열리다
分享 fēnxiǎng 통 나누다, 공유하다　资源 zīyuán 몡 자원　对接 duìjiē 통 협력하다, 연결하다　打造 dǎzào 통 만들다, 제조하다
合作 hézuò 통 협력하다　共赢 gòngyíng 함께 이익을 얻다　平台 píngtái 몡 플랫폼　不断 búduàn 뷔 끊임없이, 부단히
不灭 bùmiè 휑 불멸의, 사라지지 않는　骄傲自满 jiāo'ào zìmǎn 셩 자만하다　心怀 xīnhuái 통 마음에 품다
巨大 jùdà 휑 크다, 막대하다　贡献 gòngxiàn 몡 공헌

지문 요약

지문	기억한 스토리	
파란색 글자는 지문에서 반드시 인쳐야 할 핵심표현이에요.	제목	–
商务服务公司——"小微帮忙"的创始人连建亚, 出生在一个商人家庭。他从小就对创业、经商充满了兴趣。所以他考入郑州某大学的物流专业后, 就正式开始了自己的创业之路。	① 주인공의 어린시절	"小微帮忙"의 창립자 连建亚는 상인 집안에서 태어남. 그는 어려서부터 창업에 관심이 있어서 대학에 들어간 후, 정식으로 创业之路를 걷기 시작함.
进入大学校园后, 连建亚没有过图书馆、宿舍、教室三点一线的生活, 而是在课余时间尝试了很多创业实践类活动。从刚开始摆地摊卖坐垫、袜子、英语词典、报纸, 到后来售卖英语听力设备和宿舍生活用品, 这些尝试使他的视野变得格外开阔。 后来, 校园里做零售生意的人开始互相竞争, 所以连建亚另找出路, 将生活用品以打包的形式卖给学生, 同时还提供送货上门的服务。就这样, 他的生意一下子火爆了起来, 最忙的时候甚至要请几十个同学帮忙配货、送货。	② 주인공의 대학시절	대학 기간에 롄젠야는 많은 创业实践 활동을 시노함. 그는 각종 학용품과 생활용품을 판 적이 있었는데, 이러한 경험은 그의 视野를 变得开阔하게 함. 그 후 캠퍼스에서 장사하는 사람들이 경쟁하기 시작해서 그는 생활용품을 포장하여 학생들에게 팔았고, 또 送货上门 서비스도 제공했다. 장사는 一下子火爆하기 시작함.
大学毕业后, 连建亚并没有立刻开始创业, 而是去家人给他安排的国营企业做采购工作。这是因为家人希望他能过上有稳定收入的生活, 但三年平淡的生活不仅没有给他带来快乐, 反而让他倍感无趣。他发现自己仍然对创业充满了激情和渴望, 所以深思熟虑后辞了职, 回到郑州与同学合伙创立了"小微帮忙"商务服务有限公司。他们的公司主要为小型、微型企业提供专业的工商注册、代理记账和法务咨询等服务。	③ 첫 번째 시련	대학 졸업 후, 롄젠야는 국영 기업에 근무하러 갔으나, 무미건조한 생활은 그를 无趣하게 느끼게 함. 한차례 고민끝에 그는 회사를 그만두었고, 동창과 合伙해서 '샤오웨이 어시스턴트'를 创立하여, 小型企业를 위한 각종 서비스를 제공함.
公司创立之初, 由于不熟悉市场, 不懂得营销, 连建亚一直没有找到合适的推广方式。他尝试了贴广告、打电话、登报纸等方式, 结果这些方式都不怎么见效。不光如此, 由于公司的启动资金只有二十万, 能做的单子十分有限, 业务自然增长缓慢, 就算拿到大的单子也只能交给其他的代理公司去做。在资金最困难的时期, 连建亚给员工发的工资都是和朋友借的。为了省钱, 连建亚经常带着员工去公司楼下的小饭店里吃最便宜的面, 一吃就是一整个夏天。	④ 두 번째 시련	막 시작했을 때, 롄젠야는 효과적인 推广方式을 찾지 못했고 회사의 启动资金도 有限했기 때문에, 회사 운영이 매우 어려웠음. 가장 어려웠을 때, 그는 어쩔 수 없이 돈을 빌려 직원들에게 월급을 줌.
功夫不负有心人, 他终于等到了发展机会。由于国家政策变得宽松, "小微帮忙"有了更多的客户, 同时他们优质的服务也得到很多人的认可, 不到半年, 业务量整整涨了一倍。现在公司已有四百多个客户, 员工也达到了二十多人。	⑤ 시련 극복 과정	功夫不负有心人, 국가 정책이 宽松해지자 '샤오웨이 어시스턴트'는 더 많은 고객이 생겼고, 회사의 서비스가 인정을 받아 업무량이 배로 늘었으며, 회사의 규모도 확대되었음.
公司走上正轨后, 连建亚决定帮助有梦想的大学生创业, 因为他比任何人都了解年轻人创业的艰辛。连建亚找到"大学生创业网", 联合他们一同举办了大学生创业俱乐部活动。活动集合了大批小微企业创业者, 开展了经验分享会及资源对接活动, 打造了年轻创业者互相帮助, 合作共赢的平台。连建亚的创业之路并不那么顺利, 但不断的坚持和不灭的热情最终帮助他取得了成功。成功之后的连建亚不仅没有骄傲自满, 还向更多心怀创业梦想的年轻人提供了帮助, 为社会做出了巨大的贡献。	⑥ 성공의 결실	회사가 走上正轨 한 후, 롄젠야는 대학생들의 창업을 도왔고, 각종 활동을 열어 互相帮助, 合作共赢의 平台를 하나 打造함. 그가 성공할 수 있었던 것은 不断的坚持和不灭的热情이 있었기 때문임. 성공한 후에 그는 사회를 위해 贡献함.

요약	요약 포인트
连建亚的成功故事	连建亚의 성공 일화에 대한 지문 내용이므로 '连建亚的成功故事(렌젠야의 성공 이야기)'을 제목으로 쓴다.
"小微帮忙"的创始人连建亚，出生在商人家庭。他从小对创业感兴趣，进入大学后，就正式开始了创业之路。	• '대학에 들어간 후'로 기억한 내용은 '进入大学后'와 같은 표현을 사용한다.
大学期间，连建亚尝试了很多创业实践。他卖过各种学习用品和生活用品，这些经验使他的视野变得开阔。 后来，在校园做生意的人开始竞争，所以他将生活用品打包卖给学生，还提供送货上门的服务。生意一下子火爆了起来。	• 지문의 '进入大学校园后'처럼 새로운 시점의 사건으로 전환되는 내용은 '大学期间'과 같은 포괄적인 시간 표현으로 쉽게 쓴다. • 지문에서 '坐垫、袜子、英语词典、报纸'처럼 길게 열거된 내용은 '各种学习用品和生活用品'과 같은 포괄적인 표현으로 간단히 기억해서 쓴다.
大学毕业后，连建亚去了国营企业工作，但平淡的生活让他感到无趣。经过一番考虑，他辞了职，与同学合伙创立了"小微帮忙"，为小型企业提供各种服务。	• 지문의 '深思熟虑'처럼 외우기 어려운 표현이나 구문은 비슷한 뜻을 가진 쉬운 표현인 '经过一番考虑'로 쉽게 기억해서 쓴다. • 지문에서 '工商注册、代理记账和法务咨询'처럼 길게 열거된 내용은 '各种服务'와 같은 포괄적인 표현으로 간단히 기억해서 쓴다.
刚开始，连建亚找不到有效的推广方式，而且由于公司的启动资金有限，公司经营十分困难。最困难的时候，他不得不借钱给员工发工资。	• 지문의 '公司创立之初'처럼 새로운 시점의 사건으로 전환되는 내용은 '刚开始'과 같은 포괄적인 시간 표현으로 쉽게 쓴다. • '가장 어려웠을 때'로 기억한 내용은 '最困难的时候'와 같은 표현을 사용한다.
功夫不负有心人，国家政策变得宽松，"小微帮忙"有了更多客户，公司的服务得到了认可，业务量涨了一倍，公司规模也扩大了。	• '회사의 규모도 확대되었음'으로 기억한 내용은 '公司规模也扩大了'와 같은 표현을 사용한다.
公司走上正轨后，连建亚帮助大学生创业，开展了各种活动，打造了一个互相帮助，合作共赢的平台。他之所以能获得成功，是因为他有不断的坚持和不灭的热情。成功之后，他为社会做出了贡献。	• '~할 수 있었던 것은 ~ 때문임'처럼 인과 관계를 나타내는 내용을 요약할 때는 '之所以……，是因为……'와 같은 연결어를 활용한다.

모범 답안[80점]

→ 파란색 글자는 지문에서 외운 표현을 그대로 쓴 것이에요.

连建亚的成功故事

　　"小微帮忙"的创始人连建亚，出生在商人家庭。他从小对创业感兴趣，进入大学后，就正式开始了创业之路。

　　大学期间，连建亚尝试了很多创业实践。他卖过各种学习用品和生活用品，这些经验使他的视野变得开阔。

　　后来，在校园做生意的人开始竞争，所以他将生活用品打包卖给学生，还提供送货上门的服务。生意一下子火爆了起来。

　　大学毕业后，连建亚去了国营企业工作，但平淡的生活让他感到无趣。经过一番考虑，他辞了职，与同学合伙创立了"小微帮忙"，为小型企业提供各种服务。

　　刚开始，连建亚找不到有效的推广方式，而且由于公司的启动资金有限，公司经营十分困难。最困难的时候，他不得不借钱给员工发工资。

　　功夫不负有心人，国家政策变得宽松，"小微帮忙"有了更多客户，公司的服务得到了认可，业务量涨了一倍，公司规模也扩大了。

　　公司走上正轨后，连建亚帮助大学生创业，开展了各种活动，打造了一个互相帮助、合作共赢的平台。他之所以能获得成功，是因为他有不断的坚持和不灭的热情。成功之后，他为社会做出了贡献。

렌젠야의 성공 이야기

'샤오웨이 어시스턴트'의 창립자 렌젠야는 상인 집안에서 태어났다. 그는 어려서부터 창업에 관심이 있어서 대학에 들어간 후, 정식으로 창업의 길을 걷기 시작했다.

대학 기간에 렌젠야는 많은 창업 실천 활동을 시도했다. 그는 각종 학용품과 생활용품을 판 적이 있었는데, 이러한 경험은 그의 시야를 넓혀 주었다.

그 후 캠퍼스에서 장사하는 사람들이 경쟁하기 시작해서 그는 생활용품을 포장하여 학생들에게 팔았고, 또 방문 배달 서비스도 제공했다. 상사는 단숨에 불타나기 시작했다.

대학 졸업 후, 렌젠야는 국영 기업에 근무하러 갔으나, 무미건조한 생활은 그를 지루하다고 느끼게 했다. 한차례 고민 끝에 그는 회사를 그만두었고, 동창과 동업해서 '샤오웨이 어시스턴트'를 창립하여, 소형 기업을 위한 각종 서비스를 제공했다.

막 시작했을 때, 렌젠야는 효과적인 홍보 방식을 찾지 못했고 회사의 가용 자금도 한정적이었기 때문에, 회사 운영이 매우 어려웠다. 가장 어려웠을 때, 그는 어쩔 수 없이 돈을 빌려 직원들에게 월급을 줬다.

노력은 배신하지 않았다. 국가 정책이 느슨해지자 '샤오웨이 어시스턴트'는 더 많은 고객이 생겼고, 회사의 서비스가 인정을 받아 업무량이 배로 늘었으며, 회사의 규모도 확대되었다.

회사가 정상적인 궤도에 오른 후, 렌젠야는 대학생들의 창업을 도왔고, 각종 활동을 열어 서로 돕고 협력하여 함께 이익을 얻는 플랫폼을 하나 만들었다. 그가 성공할 수 있었던 것은 끊임없는 꾸준함과 사라지지 않는 열정이 있었기 때문이다. 성공한 후에 그는 사회를 위해 공헌을 했다.

어휘
小微帮忙 Xiǎowēi Bāngmáng 고유 샤오웨이 어시스턴트[후난성에 있는 비즈니스 서비스 회사] 　創始人 chuàngshǐrén 명 창립자
连建亚 Lián Jiànyà 고유 렌젠야['샤오웨이 어시스턴트' 창립자] 　家庭 jiātíng 명 집안, 가정 　创业 chuàngyè 동 창업하다
尝试 chángshì 동 시도해 보다, 테스트해 보다 　实践 shíjiàn 동 실천하다, 이행하다 　开阔 kāikuò 동 넓히다 형 넓다, 광활하다
打包 dǎbāo 동 포장하다 　送货 sònghuò 동 배달하다 　上门 shàngmén 동 방문하다 　一下子 yíxiàzi 단숨에, 즉시
火爆 huǒbào 형 불티나다 　国营 guóyíng 명 국영 　企业 qǐyè 명 기업 　无趣 wúqù 형 지루하다, 재미없다
辞职 cízhí 동 회사를 그만두다, 사직하다 　合伙 héhuǒ 동 동업하다, 동료가 되다 　创立 chuànglì 동 창립하다, 창설하다
小型 xiǎoxíng 형 소형의, 소규모의 　推广 tuīguǎng 동 홍보하다, 널리 보급하다 　方式 fāngshì 명 방식, 방법
启动 qǐdòng 동 가용하다, 시동하다 　资金 zījīn 명 자금 　员工 yuángōng 명 직원, 종업원
功夫不负有心人 gōngfū bú fù yǒu xīn rén 노력은 배신하지 않는다 　政策 zhèngcè 명 정책
宽松 kuānsōng 동 느슨히 하다, 풀다 형 (폭이) 넓다, 여유가 있다 　客户 kèhù 명 고객 　认可 rènkě 동 인정하다, 승낙하다
涨 zhǎng 동 (수위나 물가 등이) 늘다, 올라가다 　规模 guīmó 명 규모 　正轨 zhèngguǐ 명 정상적인 궤도
开展 kāizhǎn 동 (전람회·전시회 등이) 열리다, 전개되다 　打造 dǎzào 동 만들다, 제조하다 　合作 hézuò 동 협력하다
共赢 gòngyíng 동 함께 이익을 얻다 　平台 píngtái 명 플랫폼 　不断 búduàn 부 끊임없이, 부단히 　不灭 búmiè 형 사라지지 않는, 불멸의
贡献 gòngxiàn 명 공헌 동 공헌하다

모범 답안[60점]

					连	建	亚	的	成	功	故	事							
	"	小	微	帮	忙	"	的	创	始	人	连	建	亚	从	小	对	创	业	
感	兴	趣	,	进	入	大	学	后	,	就	正	式	开	始	创	业	了	。	
		大	学	期	间	,	连	建	亚	卖	过	学	习	用	品	和	生	活	用
品	,	这	使	他	的	视	野	变	得	开	阔	。							
		后	来	,	学	校	里	做	生	意	的	人	开	始	竞	争	,	所	以
他	就	把	生	活	用	品	打	包	卖	给	学	生	,	还	提	供	送	货	服
务	。	生	意	一	下	子	就	火	了	。									
		毕	业	后	,	连	建	亚	在	一	个	公	司	工	作	,	但	他	感
觉	并	不	快	乐	。	所	以	他	辞	了	职	,	与	同	学	创	立	了	"
小	微	帮	忙	"	,	为	小	企	业	提	供	服	务	。					
		刚	开	始	,	公	司	的	资	金	少	,	经	营	十	分	困	难	。
最	困	难	的	时	候	,	他	还	得	借	钱	给	员	工	发	工	资	。	
		之	后	,	由	于	国	家	政	策	有	所	改	变	,	他	的	公	司
有	了	更	多	客	户	,	公	司	规	模	也	变	大	了	。				
		公	司	情	况	好	转	后	,	连	建	亚	为	一	些	想	创	业	的
大	学	生	举	办	了	各	种	活	动	。	他	靠	不	断	的	坚	持	取	得
了	成	功	,	并	且	为	社	会	做	出	了	贡	献	。					

렌젠야의 성공 이야기

'샤오웨이 어시스턴트'의 창립자 렌젠야는 어려서부터 창업에 관심이 있어서, 대학에 들어간 후 정식으로 창업을 시작했다.

대학 기간에 렌젠야는 학용품과 생활용품을 판 적이 있었는데, 이것은 그의 시야를 넓혀 주었다.

그 후 학교에서 장사하는 사람들이 경쟁하기 시작해서 그는 생활용품을 포장하여 학생들에게 팔았고, 또 배달 서비스도 제공했다. 장사는 단숨에 흥했다.

졸업 후, 렌젠야는 한 회사에 근무했지만 그는 즐겁지 않다고 느꼈다. 그래서 그는 회사를 그만두고 동창과 '샤오웨이 어시스턴트'를 창립하여 소형 기업을 위한 서비스를 제공했다.

막 시작했을 때, 회사의 자금이 적어서 운영이 매우 어려웠다. 가장 어려웠을 때, 그는 돈을 빌려 직원들에게 월급을 줘야 했다.

그 후, 국가 정책에 변화가 생겨 그의 회사는 더 많은 고객이 생겼고, 회사의 규모도 커졌다.

회사의 상황이 좋아진 후, 렌젠야는 창업을 하고 싶어하는 대학생들을 위해 각종 활동을 열었다. 그는 끊임없는 꾸준함으로 성공을 얻었고, 게다가 사회를 위해서 공헌을 했다.

어휘 小微帮忙 Xiǎowēi Bāngmáng [고유] 샤오웨이 어시스턴트[후난성에 있는 비즈니스 서비스 회사] 创始人 chuàngshǐrén [명] 창립자
连建亚 Lián Jiànyà [고유] 렌젠야['샤오웨이 어시스턴트' 창립자] 创业 chuàngyè [동] 창업하다 视野 shìyě [명] 시야, 시계, 시야
开阔 kāikuò [형] 넓히다 打包 dǎbāo [동] 포장하다 送货 sònghuò [동] 배달하다 一下子 yíxiàzi 단숨에, 즉시
辞职 cízhí [동] 회사를 그만두다, 사직하다 创立 chuànglì [동] 창립하다, 창설하다 资金 zījīn [명] 자금 员工 yuángōng [명] 직원, 종업원
政策 zhèngcè [명] 정책 客户 kèhù [명] 고객 规模 guīmó [명] 규모 不断 búduàn [부] 끊임없이, 부단히
贡献 gòngxiàn [명] 공헌 [동] 공헌하다

본 교재 동영상강의 · 무료 학습자료 제공
china.Hackers.com

부록
고난도 어휘집

☑ 잘 외워지지 않는 단어는 박스에 체크하여 복습하세요.

🎧 고난도 어휘_1회.mp3

** : 최빈출어휘 / * : 빈출어휘

[듣기]

☐ **转换插座** zhuǎnhuàn chāzuò	변환 콘센트, 변환 플러그	
☐ **型号**** xínghào	몡 타입, 모델	
☐ **微生物** wēishēngwù	몡 미생물	
☐ **耗资** hàozī	통 자금을 들이다, 자금을 소모하다	
☐ **集装箱** jízhuāngxiāng	몡 컨테이너	
☐ **失控** shīkòng	통 통제력을 잃다	
☐ **静电** jìngdiàn	몡 정전기	
☐ **尖端放电** jiānduān fàngdiàn	첨단방전[전도체 표면의 뾰족한 부분에 전기가 집중하여 방전되는 현상]	
☐ **火爆*** huǒbào	혱 인기가 있다, 왕성하다	
☐ **共享**** gòngxiǎng	통 공유하다, 함께 누리다	
☐ **二维码*** èrwéimǎ	QR 코드	
☐ **推行**** tuīxíng	통 보급하다, 널리 시행하다	
☐ **优化**** yōuhuà	통 최적화하다	
☐ **流程** liúchéng	몡 과정, 공정	
☐ **举措** jǔcuò	몡 조치	
☐ **废旧** fèijiù	혱 폐기된, 오래된	
☐ **平台**** píngtái	몡 플랫폼	
☐ **推出**** tuīchū	통 선보이다, 내놓다	
☐ **时隔** shígé	~(시간) 만에	
☐ **水墨画** shuǐmòhuà	몡 수묵화	
☐ **鲜嫩** xiānnèn	혱 신선하고 연하다	
☐ **挥发性** huīfāxìng	휘발성	
☐ **发芽*** fāyá	통 발아하다, 싹이 트다	
☐ **遗址**** yízhǐ	몡 유적	
☐ **莲子** liánzǐ	몡 연밥	
☐ **移植**** yízhí	통 옮겨 심다, 이식하다	
☐ **清香** qīngxiāng	몡 은은한 향기, 담백한 향기	
☐ **耳目一新** ěrmùyìxīn	졍 눈과 귀가 번쩍 뜨이다	
☐ **激光扫描** jīguāng sǎomiáo	레이저 스캔	

☐ **建造*** jiànzào	(건물을) 짓다, 세우다	
☐ **洞窟** dòngkū	몡 동굴	
☐ **绝伦** juélún	혱 뛰어나다	
☐ **沉浸** chénjìn	통 골두하다, 빠지다	
☐ **领略** lǐnglüè	통 (감성적으로) 음미하다, 깨닫다	
☐ **风采*** fēngcǎi	몡 기품, 풍모	
☐ **一无所知** yìwúsuǒzhī	졍 아무것도 모른다	
☐ **不懈** búxiè	혱 꾸준하다, 게으리하지 않다	
☐ **所知甚少** suǒzhī shèn shǎo	아는 게 별로 없다, 아는 게 매우 적다	
☐ **康复** kāngfù	몡 재활 통 재활하다, 건강을 회복하다	
☐ **众说纷纭** zhòngshuōfēnyún	졍 이런저런 말들이 많다	
☐ **秉持** bǐngchí	통 유지하다, 장악하다	
☐ **顾客至上** gùkè zhìshàng	고객이 왕이다	
☐ **搭建** dājiàn	통 구축하다, 세우다	
☐ **荞麦** qiáomài	몡 메밀	
☐ **壳*** ké	몡 껍질	
☐ **走遍*** zǒubiàn	통 두루 돌아다니다	
☐ **以次充好** yǐ cì chōng hǎo	나쁜 물건을 좋은 물건이라고 속이다	
☐ **不留情面** bù liú qíngmiàn	인정사정없다, 사정을 봐주지 않는다	
☐ **甄选** zhēnxuǎn	통 선별하다, 선발하다	
☐ **樱花** yīnghuā	몡 벚꽃	
☐ **枯萎** kūwěi	통 시들다, 마르다	
☐ **花芽** huāyá	몡 꽃눈[자라서 꽃이 될 싹]	
☐ **激素*** jīsù	몡 호르몬	
☐ **脱落酸** tuōluòsuān	몡 아브시스산	
☐ **吹秃** chuītū	(잎을 남김없이) 바람으로 날리다	

☐ 杀菌素 shājūnsù	살균소[세균을 죽이며 몸을 보호하는 물질]	☐ 安抚 ānfǔ	통 위로하다, 위안하다
☐ 侵袭 qīnxí	통 (침입하여) 습격하다	☐ 皮质醇 pízhìchún	코티솔[부신 피질에서 생기는 스테로이드 호르몬의 일종]
☐ 惊险 jīngxiǎn	형 스릴 넘치다, 아슬아슬하다	☐ 过剩 guòshèng	통 (수량이) 과잉되다, 초과하다
☐ 视网膜 shìwǎngmó	명 망막	☐ 千丝万缕 qiānsīwànlǚ	성 (비유) 관계가 매우 밀접하다
☐ 脱落 tuōluò	통 떨어지다, 빠지다		
☐ 所幸 suǒxìng	부 다행히도	☐ 怨天尤人 yuàntiānyóurén	성 하늘을 원망하고 다른 사람을 비난하다
☐ 眼轴 yǎnzhóu	안구축[안구의 각막·수정체·유리체·망막을 잇는 라인]	☐ 自暴自弃 zìbàozìqì	성 자포자기하다
☐ 闪光灯 shǎnguāngdēng	명 플래시	☐ 误入歧途 wùrùqítú	성 잘못된 길로 들어서다
☐ 刺激性 cìjīxìng	명 자극성	☐ 一蹶不振 yìjuébúzhèn	성 한 번 실패하면 다시 일어나지 못하다
☐ 漆树 qīshù	명 옻나무		
☐ 器物 qìwù	명 도구, 기물	**[독해]**	
☐ 漆器* qīqì	명 칠기	☐ 琥珀 hǔpò	명 호박[보석의 일종]
☐ 埋藏* máicáng	통 묻히다	☐ 雏形 chúxíng	명 초기 형태, 사물의 시작 단계에 형성된 규모
☐ 变形* biànxíng	통 변형하다		
☐ 发霉 fāméi	통 곰팡이가 피다	☐ 粘度 niándù	명 점도
☐ 碰撞* pèngzhuàng	통 (물체가) 부딪치다, 충돌하다	☐ 树脂 shùzhī	명 수지[소나무나 전나무 따위의 나무에서 분비하는 점도가 높은 액체]
☐ 胎质 tāizhì	태질[도자기의 밑감이 되는 흙의 품질]		
☐ 疏松 shūsōng	형 (토양 등이) 푸석푸석하다	☐ 灌输 guànshū	통 (사상이나 지식 등을) 심어 주다
☐ 油脂 yóuzhī	명 기름	☐ 青睐* qīnglài	통 주목하다, 흥미를 가지다
☐ 箭术 jiànshù	명 궁술	☐ 吸尘器 xīchénqì	명 진공청소기
☐ 射箭 shèjiàn	통 활을 쏘다	☐ 枢纽* shūniǔ	명 허브, 중추
☐ 老翁 lǎowēng	명 노인	☐ 针灸 zhēnjiǔ	명 침구[침질과 뜸질]
☐ 葫芦 húlu	명 호리병박, 조롱박	☐ 养生* yǎngshēng	통 양생하다, 보양하다
☐ 沾 zhān	통 닿다, 묻히다	☐ 胶带 jiāodài	명 테이프
☐ 鬼斧神工* guǐfǔshéngōng	성 기교가 귀신이 만든 것처럼 뛰어나다	☐ 聚合物 jùhéwù	명 화합물, 폴리머
		☐ 夺得* duódé	통 차지하다, 쟁취하다
☐ 熟能生巧 shúnéngshēngqiǎo	성 숙련되면 요령이 생긴다, 매우 능숙하다	☐ 佛殿 fódiàn	명 불전
		☐ 露台 lùtái	명 마루, 테라스
☐ 勤学苦练 qínxuékǔliàn	성 부지런히 공부하고 열심히 연마하다	☐ 烧香 shāoxiāng	통 향을 피우다
		☐ 拜佛 bàifó	통 예불하다
☐ 窍门 qiàomén	명 요령	☐ 信徒 xìntú	명 신도, 신자
☐ 与生俱来 yǔ shēng jù lái	타고나다	☐ 宇航员 yǔhángyuán	명 우주 비행사
		☐ 演化* yǎnhuà	통 변천하다, 진화하다
☐ 焦虑 jiāolǜ	형 마음을 졸이다, 애태우다	☐ 萎缩 wěisuō	통 (경제가) 쇠퇴하다, 부진하다
☐ 抚慰 fǔwèi	통 달래다, 위로하다		

☐ 编年体 biānniántǐ	圀 편년체[연대순으로 편찬한 역사 편찬의 체재]	
☐ 通史 tōngshǐ	圀 통사	
☐ 官修 guānxiū	图 관청에서 주관하여 편찬하다	
☐ 流言 liúyán	圀 유언비어	
☐ 瞬息万变 shùnxīwànbiàn	웡 변화가 매우 빠르다	
☐ 老字号 lǎozìhao	圀 유서가 깊은 가게, 전통이 있는 가게	
☐ 景点* jǐngdiǎn	圀 (경치가 좋은) 명소	
☐ 别具一格 biéjùyìgé	웡 독특한 품격을 지니다, 색다른 품격을 갖추다	
☐ 趣味盎然 qùwèi àngrán	흥겹다, 흥미진진하다	
☐ 蕴含* yùnhán	图 내포하다, 포함하다	
☐ 轮椅 lúnyǐ	圀 휠체어	
☐ 折射 zhéshè	图 굴절하다	
☐ 相悖 xiāngbèi	图 어긋나다, 위배하다	
☐ 金钱豹 jīnqiánbào	圀 표범	
☐ 观测 guāncè	图 관찰하다	
☐ 拓宽 tuòkuān	图 넓히다	
☐ 猫薄荷 māobòhe	圀 캣닢[고양이가 좋아하는 풀의 종류로 개박하라고 함]	
☐ 触碰 chùpèng	图 건드리다, 접촉하다	
☐ 打滚 dǎgǔn	图 뒹굴다, 구르다	
☐ 陶醉 táozuì	图 도취하다, 빠지다	
☐ 手铲 shǒuchǎn	圀 조그만 삽	
☐ 四世同堂 sì shì tóngtáng	사세동당[4대가 한 집에 살다]	
☐ 屋檐 wūyán	圀 처마	
☐ 热议 rèyì	图 열띠게 토론하다	
☐ 填充 tiánchōng	图 (어떤 공간을) 채우다, 메우다	
☐ 混凝土 hùnníngtǔ	圀 콘크리트	
☐ 承载 chéngzài	图 (물체를 받쳐서) 하중을 견디다	
☐ 栖息地 qīxīdì	서식지	
☐ 缝隙 fèngxì	圀 틈, 사이[벌어져서 사이가 생긴 곳]	
☐ 太守 tàishǒu	圀 태수[고대에 지방의 최고 행정 장관]	
☐ 当政 dāngzhèng	图 정사를 다스리다, 집권하다	

☐ 爱民如子 àimínrúzǐ	웡 백성을 자신의 자녀와 같이 아끼고 사랑하다	
☐ 横行 héngxíng	图 날뛰다, 난폭하게 굴다	
☐ 安居乐业 ānjūlèyè	웡 편안하게 살면서 즐겁게 일하다	
☐ 召见 zhàojiàn	图 (윗 사람이 아랫 사람을) 만나다, 소견하다	
☐ 不同寻常 bùtóng xúncháng	예사롭지 않다, 보통이 아니다	
☐ 坦然 tǎnrán	웡 (마음이) 차분하다, 태연하다	
☐ 布满 bùmǎn	图 가득 퍼지다	
☐ 伐木 fámù	图 벌목하다, 나무를 베다	
☐ 坦荡 tǎndàng	웡 거리낌이 없다, 순결하다	
☐ 感叹 gǎntàn	图 감탄하다	
☐ 化解 huàjiě	图 사라지다, 없애다	
☐ 不由自主 bùyóuzìzhǔ	웡 자신도 모르게	
☐ 磕头 kētóu	图 머리를 조아리다	
☐ 酵母菌 jiàomǔjūn	圀 효모균, 이스트	
☐ 有益菌 yǒuyìjūn	유익균	
☐ 发酵 fājiào	图 발효시키다, 발효하다	
☐ 碳水化合物* tànshuǐhuàhéwù	圀 탄수화물	
☐ 滋生 zīshēng	图 번식하다	
☐ 酿造* niàngzào	图 양조하다	
☐ 蒙受 méngshòu	图 입다, 받다	
☐ 显微镜* xiǎnwēijìng	圀 현미경	
☐ 乳酸杆菌 rǔsuāngǎnjūn	젖산간균	
☐ 灌 guàn	图 (액체·기체 또는 알갱이 형태의 물체를) 채우다	
☐ 瓶颈 píngjǐng	圀 병의 목 부분	
☐ 烧瓶 shāopíng	圀 플라스크	
☐ 竖直 shùzhí	수직	
☐ 天鹅 tiān'é	圀 백조	
☐ 弯曲* wānqū	웡 굽다, 구불구불하다	
☐ 煮沸 zhǔfèi	图 부글부글 끓이다	
☐ 灭菌 mièjūn	图 멸균하다, 살균하다	
☐ 揭开* jiēkāi	图 밝혀내다, 드러내다	

☐ 贫血 pínxuè	몡 빈혈	☐ 核裂变 hélièbiàn	몡 핵분열
☐ 眩晕 xuànyùn	동 현기증이 나다	☐ 投放 tóufàng	동 버리다, 던지다
☐ 发软 fāruǎn	동 힘이 빠지다, 나른해지다	☐ 怨声载道 yuànshēngzàidào	성 원성이 자자하다
☐ 处方药 chǔfāngyào	몡 처방약		
☐ 增压 zēngyā	동 압력을 올리다, 더하다	☐ 叫苦连天 jiàokǔliántiān	성 고충을 끊임없이 호소하다
☐ 毫米汞柱 háomǐgǒngzhù	양 수은주밀리미터(mmHg)	☐ 细则 xìzé	몡 세칙
☐ 肾脏 shènzàng	몡 신장, 콩팥	☐ 精细化 jīngxìhuà	세심하게 하다, 꼼꼼하게 하다
☐ 供氧 gōng yǎng	산소를 공급하다	☐ 粗暴 cūbào	형 무례하다, 난폭하다, 거칠다
☐ 代谢产物 dàixiè chǎnwù	몡 대사 산물	☐ 敷衍了事 fūyǎnliǎoshì	성 일을 대강대강 해치우다
☐ 机体 jītǐ	몡 유기체	☐ 处罚 chǔfá	동 처벌하다
☐ 代偿 dàicháng	동 보완하다, 대신 작용하다		
☐ 呼吸衰竭 hūxī shuāijié	호흡 부전	**[쓰기]**	
☐ 氧运输 yǎng yùnshū	산소 공급	☐ 失之交臂 shīzhījiāobì	성 기회를 놓치다, 어깨를 스치고 지나간 격이다
☐ 脑血管 nǎoxuèguǎn	몡 뇌혈관	☐ 心灰意冷 xīnhuīyìlěng	성 의기소침하다, 실망하다
☐ 酸痛 suāntòng	형 쑤시고 아프다	☐ 巡回 xúnhuí	동 순회하다
☐ 耳鸣 ěrmíng	몡 이명	☐ 收敛 shōuliǎn	동 자제하다, 삼가다
☐ 浮现 fúxiàn	동 (과거에 경험했던 일이) 떠오르다	☐ 好莱坞 Hǎoláiwù	고유 할리우드
☐ 雄壮 xióngzhuàng	형 웅장하다	☐ 争抢 zhēngqiǎng	동 다투어 빼앗다, 쟁탈하다
☐ 颠覆 diānfù	동 뒤엎다, 전복하다	☐ 混出名堂 hùnchū míngtang	성과를 내다
☐ 摸清 mōqīng	동 확실하게 파악하다	☐ 冲昏头 chōng hūn tóu	넋을 잃다
☐ 合群 héqún	형 잘 어울리다, 사이좋다	☐ 开启 kāiqǐ	동 열리다, 시작하다
☐ 屈指可数 qūzhǐkěshǔ	성 손에 꼽을 정도이다	☐ 养家糊口 yǎngjiāhúkǒu	성 가족을 부양하다
☐ 讲解 jiǎngjiě	동 설명하다, 해설하다	☐ 琐碎 suǒsuì	형 소소하다
☐ 等离子体 děnglízǐtǐ	몡 플라즈마	☐ 消磨 xiāomó	동 꺾다, 소모하다
☐ 磁约束核聚变 cíyuēshù héjùbiàn	자기 밀폐 핵융합	☐ 执导 zhídǎo	동 (연극·영화) 감독을 맡다
☐ 兆瓦 zhàowǎ	양 메가와트(MW)	☐ 书香门第 shū xiāng mén dì	학자 가문, 선비 가문
☐ 储能 chǔ néng	에너지 축적	☐ 打拼 dǎpīn	동 고군분투하다
☐ 焦 jiāo	양 킬로줄[kilojoules, 에너지의 양을 나타내는 단위]	☐ 标杆 biāogān	몡 본보기, 모범
☐ 核力 hélì	몡 핵에너지	☐ 融入 róngrù	동 녹여내다, 융합되어 들어가다
☐ 放射性 fàngshèxìng	몡 방사성	☐ 贴合 tiēhé	형 밀착하다, 딱 맞다
☐ 核废料 héfèiliào	몡 핵폐기물	☐ 落榜 luòbǎng	동 시험에 떨어지다, 낙방하다
☐ 匮乏 kuìfá	형 부족하다, 모자라다		

고난도 어휘

해커스 해설이 상세한 HSK 6급 실전모의고사

☑ 잘 외워지지 않는 단어는 박스에 체크하여 복습하세요.

[듣기]

** : 최빈출어휘 / * : 빈출어휘

🎧 고난도 어휘_2회.mp3

☐ 挤压 jǐyā	통 (상하·좌우로) 내리 누르다	
☐ 未尽全力 wèijìnquánlì	최선을 다하지 않다, (어떤 일에) 전력 투구하지 않다	
☐ 仰泳 yǎngyǒng	명 배영	
☐ 惨遭 cǎnzāo	통 참혹하게 당하다, 참혹한 일을 당하다	
☐ 出局 chūjú	통 (시합에서 져서) 탈락하다	
☐ 强项 qiángxiàng	명 (스포츠에서 실력이) 강한 종목	
☐ 弹性工作时间 tánxìng gōngzuò shíjiān	유연 근무제	
☐ 调休 tiáoxiū	통 휴일을 조정하다	
☐ 扣除 kòuchú	통 (총액에서) 빼다, 공제하다	
☐ 年假 niánjià	명 연차	
☐ 造价 zàojià	명 제조 비용	
☐ 力觉 lìjué	역각, 힘 감지	
☐ 操控** cāokòng	통 (조종하여) 제어하다	
☐ 猛增 měngzēng	통 급증하다, 갑자기 늘어나다	
☐ 自拍杆 zìpāigān	셀카봉	
☐ 关节 guānjié	명 관절	
☐ 骨化 gǔhuà	통 골화하다	
☐ 协调能力 xiétiáo nénglì	협응력[근육·신경 기관·운동 기관 등의 움직임의 상호 조정 능력]	
☐ 稚嫩 zhìnèn	형 미숙하다	
☐ 鲨鱼 shāyú	명 상어	
☐ 猎物 lièwù	명 사냥감	
☐ 隐藏* yǐncáng	통 숨다	
☐ 亮光 liàngguāng	명 빛	
☐ 显示屏* xiǎnshìpíng	명 디스플레이 장치, 모니터	
☐ 可穿戴 kěchuāndài	웨어러블	
☐ 可折叠 kězhédié	폴더블	
☐ 不得而知 bùdé'érzhī	알 수가 없다, 알 방법이 없다	
☐ 海水稻 hǎishuǐdào	바닷물벼[중국에서 개발된 바닷물에서도 자라는 벼]	

☐ 滩涂地 tāntúdì	간석지[강물이 바다로 들어가는 곳 또는 해안 부근에 침적토로 인해 형성된 얕은 갯벌]	
☐ 盐碱地 yánjiǎndì	명 알칼리성 토양	
☐ 抗涝 kànglào	통 (장마의) 수해와 싸우다	
☐ 放缓 fànghuǎn	통 늦추다	
☐ 频发 pínfā	통 빈번하게 발생하다	
☐ 诸如 zhūrú	통 이를테면, 예를 들자면	
☐ 沙湖 Shā Hú	고유 사호[중국 닝샤후이족자치구에 있는 호수]	
☐ 积聚 jījù	통 축적하다, 모으다	
☐ 洼地 wādì	명 저지대, 움푹한 지대	
☐ 山洪 shānhóng	명 (큰비가 내리거나 쌓인 눈이 녹아 발생하는) 산의 홍수	
☐ 排水沟 páishuǐgōu	배수구	
☐ 金元宝 jīnyuánbǎo	금원보[중국 명나라 시대에 쓰였던 금으로 만든 말발굽 모양의 화폐]	
☐ 实体店* shítǐdiàn	오프라인 매장	
☐ 集合店 jíhédiàn	편집숍	
☐ 摆设 bǎishè	통 진열하다, 장식하다	
☐ 店堂 diàntáng	명 (상점의) 매장	
☐ 家居物品 jiājū wùpǐn	인테리어 물품	
☐ 炙手可热 zhìshǒukěrè	형 뜨거운 인기를 누리다, 권세가 대단하다	
☐ 蜘蛛 zhīzhū	명 거미	
☐ 有限公司 yǒuxiàn gōngsī	명 유한 회사	
☐ 哈尔滨市 Hā'ěrbīn Shì	고유 하얼빈 시[중국의 지명]	
☐ 企划 qǐhuà	통 기획하다	
☐ 主推 zhǔtuī	통 주로 판매하다, 집중 홍보하다	
☐ 跟团游 gēntuányóu	패키지 여행, 단체 여행	
☐ 自助游 zìzhùyóu	자유 여행	
☐ 添加** tiānjiā	통 더하다, 첨가하다	

☐ 充裕 chōngyù	웹 충분하다, 여유롭다		☐ 晶莹 jīngyíng	웹 빛나고 투명하다
☐ 原汁原味 yuánzhī yuánwèi	오리지널, 원래의 풍격		☐ 诱人 yòurén	웹 매력적이다
☐ 启动资金 qǐdòng zījīn	사업 운영 자금, 착수금		☐ 细心 xìxīn	웹 세심하다, 주의 깊다
☐ 园区 yuánqū	웹 단지, 구역, 지구		☐ 表皮 biǎopí	웹 껍질, 표피
☐ 写字楼 xiězìlóu	웹 사무실		☐ 霜 shuāng	웹 서리
☐ 全职 quánzhí	웹 정규의, 상근의		☐ 抹* mǒ	웹 바르다, 칠하다
☐ 孜孜不倦 zīzībújuàn	웹 부지런하게 노력하다		☐ 糖醇类 tángchúnlèi	글리시톨[glycitols, 포도당을 수소로 환원시켜서 얻을 수 있는 설탕과 매우 흡사한 물질]
☐ 创意** chuàngyì	웹 새로운 의견, 창조적인 생각			
☐ 运营 yùnyíng	웹 운영		☐ 果粉 guǒfěn	웹 과분
☐ 应聘者 yìngpìnzhě	지원자		☐ 李子 lǐzi	웹 자두
☐ 吃苦耐劳 chīkǔnàiláo	웹 고통을 참고 힘든 일을 견디어 내다		☐ 蓝莓 lánméi	웹 블루베리
☐ 精挑细选 jīng tiāo xì xuǎn	까다롭게 고르다		☐ 西梅 xīméi	웹 프룬
			☐ 溶 róng	웹 녹다, 용해되다
☐ 无与伦比 wúyǔlúnbǐ	웹 (너무 완벽하여) 견줄 것이 없다		☐ 冲洗 chōngxǐ	웹 (붙어 있는 것들을 떼어내기 위해) 물로 씻다
☐ 富有* fùyǒu	웹 가득하다, 충분히 가지다			
☐ 何等 héděng	웹 얼마나		☐ 浮尘 fúchén	웹 (물체의 표면에 붙어 있는) 먼지, 티끌
☐ 定位 dìng wèi	위치를 정하다		☐ 杂质 zázhì	웹 불순물
☐ 应变 yìngbiàn	웹 임기응변하다		☐ 叮咬 dīngyǎo	웹 (모기 등이) 물다
☐ 来访 láifǎng	웹 내방하다		☐ 揉搓 róucuo	웹 (손으로) 문지르다, 비비다
☐ 话剧 huàjù	웹 연극		☐ 面子工程 miànzi gōngchéng	전시 행정, 겉치레용 행정
☐ 随机应变 suíjīyìngbiàn	웹 임기응변하다		☐ 起步* qǐbù	웹 (사업·업무·일 등을) 시작하다
☐ 台词 táicí	웹 대사		☐ 填埋 tiánmái	매립
☐ 师资 shīzī	웹 교사		☐ 迫在眉睫 pòzàiméijié	웹 대단히 시급하다, 눈앞에 임박하다
☐ 育人 yùrén	웹 인재를 양성하다		☐ 有机溶剂 yǒujī róngjì	유기 용제[고체·기체·액체를 녹일 수 있는 액체 유기 화합물]
☐ 授课 shòukè	웹 수업하다, 강의를 하다			
☐ 男中音 nánzhōngyīn	웹 바리톤		☐ 堆肥 duīféi	웹 퇴비
☐ 歌唱家 gēchàngjiā	웹 성악가		☐ 肥料 féiliào	웹 비료
☐ 节目组 jiémùzǔ	제작진		☐ 归宿 guīsù	웹 귀착점, 귀결점
☐ 歌剧 gējù	웹 오페라		☐ 焚烧炉 fénshāolú	소각로
☐ 收视率 shōushìlǜ	시청률		☐ 可燃 kěrán	웹 불에 잘 타는, 가연성의
☐ 出乎意料* chūhūyìliào	웹 예상을 뛰어넘다, 예상 밖이다		☐ 焚烧 fénshāo	웹 소각하다, 불태우다
☐ 音乐剧 yīnyuèjù	웹 뮤지컬		☐ 检疫 jiǎnyì	웹 검역하다
☐ 齐聚一堂 qí jù yì táng	한자리에 모이다		☐ 审批 shěnpī	웹 검사하다, 심사하여 허가하다
☐ 结识 jiéshí	웹 친분을 맺다, 사귀다		☐ 许可证 xǔkězhèng	웹 허가증
☐ 门槛 ménkǎn	웹 조건, 표준		☐ 报关 bàoguān	웹 (수출입 물품을) 통관 수속을 하다, 세관에 신고하다

☐ 涉事人 shèshìrén	관련된 사람	☐ 牙龈 yáyín	몡 잇몸
☐ 牢狱 láoyù	몡 감옥	☐ 短暂 duǎnzàn	휑 (시간이) 짧다
☐ 狠狠* hěnhěn	뵘 매섭게, 호되게	☐ 几经 jǐjīng	통 여러 번 거치다
☐ 红肿 hóngzhǒng	튱 (피부가) 빨갛게 붓다	☐ 起落 qǐluò	통 기복이 있다, 오르락내리락하다
☐ 难忍 nánrěn	참을 수 없다, 참기 어렵다	☐ 北斗 běidǒu	베이더우[중국에서 구축 중인 범지구 위성 항법 시스템]
☐ 蚁酸 yǐsuān	몡 개미산, 폼산		
☐ 水泡 shuǐpào	몡 물집	☐ 全球卫星导航系统 quánqiú wèixīng dǎoháng xìtǒng	범지구 위성 항법 시스템[GNSS]
☐ 逃税 táoshuì	통 탈세하다		
☐ 琳琅满目 línlángmǎnmù	정 훌륭한 것이 매우 많다	☐ 全天候 quántiānhòu	몡 전천후의
		☐ 精度 jīngdù	몡 정밀도
☐ 誉为 yùwéi	통 ~라고 불리다, ~라고 칭송받다	☐ 测绘 cèhuì	통 측량하다
☐ 跨界 kuàjiè	몡 크로스오버	☐ 聘任 pìnrèn	통 초빙하여 임용하다, 모시다
		☐ 山清水秀 shānqīngshuǐxiù	정 경치가 아름답다, 산 좋고 물 맑다
[독해]			
☐ 年迈 niánmài	휑 연로하다, 나이가 많다	☐ 印有 yìnyǒu	통 (글자·문양 등이) 인쇄되어 있다, 찍혀 있다
☐ 球风 qiúfēng	몡 (경기 중 선수들의) 태도, 매너		
☐ 打湿 dǎshī	통 젖다, 적시다	☐ 憧憬* chōngjǐng	통 동경하다, 지향하다
☐ 提交 tíjiāo	통 제출하다	☐ 神往 shénwǎng	통 (마음이) 끌리다, 쏠리다
☐ 汪洋大海 wāngyángdàhǎi	정 물살이 매우 큰 바다	☐ 华为 Huáwéi	고유 화웨이[중국의 통신 장비 업체 회사]
		☐ 把控** bǎkòng	파악하고 통제하다
☐ 显露 xiǎnlù	통 드러나다, 나타나다	☐ 新款 xīnkuǎn	몡 새로운 디자인
☐ 存放* cúnfàng	통 보관하다	☐ 起名 qǐmíng	통 이름을 짓다
☐ 阻挡 zǔdǎng	통 저지하다	☐ 沙丘 shāqiū	몡 모래 언덕, 사구
☐ 浪潮 làngcháo	몡 물결, 흐름	☐ 沉积 chénjī	통 퇴적하다
☐ 编程 biānchéng	통 (컴퓨터) 프로그래밍을 하다	☐ 叹为观止 tànwéiguānzhǐ	정 (눈으로 본 것을) 감탄하다, 감탄해 마지 않다
☐ 一根筋 yìgēnjīn	통 고지식하다, 융통성이 없다		
☐ 偏执 piānzhí	휑 완고하다	☐ 绝美 juéměi	휑 더없이 아름답다
☐ 开窍* kāiqiào	통 (생각·사상이) 트이다	☐ 隔天 gétiān	통 하루의 간격을 두다
☐ 认死理 rènsǐlǐ	고집불통이다	☐ 苛刻 kēkè	휑 (조건·요구 등이) 까다롭다, 너무 지나치다
☐ 插图 chātú	몡 삽화		
☐ 老陈醋 lǎochéncù	몡 노진초[산시성에서 나는 검은 식초]	☐ 中签率 zhòngqiānlǜ	당첨률
☐ 志怪 zhìguài	통 기괴한 일을 기록하다	☐ 份数 fènshù	몡 횟수, 부수
☐ 实属 shíshǔ	통 정말 ~이다	☐ 透彻 tòuchè	휑 확실하다, 투철하다
☐ 氧化物 yǎnghuàwù	몡 산화물	☐ 走弯路 zǒuwānlù	시행착오를 겪다, 길을 돌아가다
☐ 漱口水 shùkǒushuǐ	가글액	☐ 砂岩 shāyán	몡 사암, 사암석
☐ 牙菌斑 yájūnbān	플라크, 치태[이에 끼는 젤라틴 모양의 퇴적물]	☐ 纹路 wénlù	몡 무늬, 주름, 결

□ 抽中 chōuzhòng	당첨되다	
□ 棉花 miánhua	몡 목화, 면화, 목화솜	
□ 中原* zhōngyuán	몡 중원	
□ 能工巧匠 nénggōngqiǎojiàng	셩 숙련공	
□ 黎族 Lízú	고유 여족[중국의 소수 민족]	
□ 轧棉 yà mián	조면[면화의 씨를 빼고 솜을 만드는 것]	
□ 弹棉 tán mián	타면[솜을 타서 부드럽게 하다]	
□ 纺纱* fǎngshā	동 방적하다, 실을 잣다	
□ 回归 huíguī	동 돌아가다, 회귀하다	
□ 五角星 wǔjiǎoxīng	몡 오각별	
□ 多边形 duōbiānxíng	몡 다각형, 다변형	
□ 扇贝 shànbèi	몡 가리비	
□ 鸟嘌呤 niǎopiàolíng	구아닌[핵산을 구성하는 성분의 하나]	
□ 精雕细琢 jīngdiāoxìzhuó	셩 심혈을 기울여 조각하다	
□ 衍射效果 yǎnshè xiàoguǒ	회절 효과[파동의 전파가 장애물 때문에 일부가 차단되었을 때 장애물의 그림자 부분에까지도 파동이 전파하는 현상]	
□ 四芒 sìmáng	사망성, 사각성	
□ 六芒 liùmáng	육망성, 육각성	
□ 本色纸 běnsèzhǐ	무표백 화장지, 표백하지 않은 화장지	
□ 白色纸 báisèzhǐ	표백지	
□ 漂白剂 piǎobáijì	몡 표백제	
□ 荧光粉 yíngguāngfěn	몡 형광 분말	
□ 秸秆 jiēgǎn	몡 짚	
□ 纸浆 zhǐjiāng	몡 펄프	
□ 洗涤 xǐdí	동 세척하다, 씻다	
□ 木质素 mùzhìsù	몡 리그닌	
□ 拉扯 lāche	동 잡아당기다, 끌어당기다	
□ 断裂 duànliè	동 찢어지다, 부러지다	
□ 弩 nǔ	고유 석궁	
□ 戈 gē	몡 창	
□ 锈蚀* xiùshí	동 (금속이) 녹슬어서 부식되다	
□ 锡 xī	몡 주석	
□ 光洁 guāngjié	동 광택이 나고 깨끗하다, 빛나고 깨끗하다	
□ 解开 jiěkāi	동 (질문이나 의문 등을) 풀다, 해답하다	

□ 谜底* mídǐ	몡 수수께끼의 답, 일의 진상	
□ 铬 gè	몡 크롬	
□ 冶金 yějīn	동 야금하다, 제련하다	
□ 抗腐蚀 kàng fǔshí	부식 방지, 방부식	
□ 基底 jīdǐ	몡 베이스, 밑바탕	
□ 石墨烯 shímòxī	몡 그래핀	
□ 构建 gòujiàn	동 세우다, 수립하다	
□ 原子 yuánzǐ	몡 원자	
□ 精准 jīngzhǔn	혱 (계산·분석 등이) 정확하다	
□ 触摸屏 chùmōpíng	몡 터치스크린	
□ 直升机 zhíshēngjī	몡 헬리콥터, 헬기	
□ 航模 hángmó	몡 비행기 모형	
□ 悬停 xuántíng	동 (헬리콥터 등이) 공중에서 멈추다	
□ 攻读 gōngdú	동 열심히 공부하다	
□ 筹集** chóují	동 모으다, 마련하다	
□ 投靠 tóukào	동 빌붙다, (남에게 몸을) 의탁하다	
□ 紧要关头 jǐnyàoguāntóu	중대한 고비, 관건	
□ 曙光 shǔguāng	몡 서광, (비유) 좋은 징조	

[쓰기]

□ 完璧归赵 wánbìguīzhào	셩 완벽귀조[빌려온 물건을 손상 없이 그대로 돌려보내다]	
□ 战国时期 Zhànguó Shíqī	고유 전국 시대	
□ 和氏璧 Héshìbì	고유 화씨벽[화씨가 발견한 둥근 돌 모양의 원석]	
□ 计谋 jìmóu	몡 책략, 계책	
□ 拜见 bàijiàn	동 알현하다, 만나 뵙다	
□ 见机行事 jiànjīxíngshì	셩 적당한 시기에 행동하다, 상황에 따라 대처하다	
□ 完好无损 wánhǎo wúsǔn	온전하다, 완전하고 손상이 없다	
□ 献给 xiàngěi	동 바치다, 올리다	
□ 后宫 hòugōng	몡 후궁	
□ 妃子 fēizi	몡 (임금의) 첩	
□ 站定 zhàndìng	꼼짝 않고 서다, 단단히 밟고 서다	

☑ 잘 외워지지 않는 단어는 박스에 체크하여 복습하세요.

🎧 고난도 어휘_3회.mp3

[듣기]

** : 최빈출어휘 / * : 빈출어휘

☐ 餐盒 cānhé	명 도시락, 찬합
☐ 聚丙烯 jùbǐngxī	명 폴리프로필렌
☐ 刺鼻 cìbí	형 (냄새가) 코를 찌르다
☐ 糖尿病 tángniàobìng	명 당뇨병
☐ 内脏 nèizàng	명 내장
☐ 三维* sānwéi	명 3차원, 3D
☐ 散热 sànrè	통 열을 방출하다, 산열하다
☐ 玩耍 wánshuǎ	통 놀다, 장난하다
☐ 腹部 fùbù	명 배, 복부
☐ 平板电脑 píngbǎn diànnǎo	태블릿 PC
☐ 蓝光 lánguāng	명 블루라이트
☐ 帝国 dìguó	명 제국
☐ 星宿 xīngxiù	명 성수[고대 중국에서 28수(宿)로 나눈 별자리를 일컫던 말]
☐ 浓缩** nóngsuō	통 농축하다
☐ 交融 jiāoróng	통 융합하다, 혼합되다
☐ 贯通* guàntōng	통 연결하다, 개통하다
☐ 详尽 xiángjìn	형 상세하고 빠짐없다
☐ 探测仪 tàncèyí	명 탐지기, 측정기
☐ 制造商 zhìzàoshāng	명 제조자, 제조업체
☐ 红外 hóngwài	적외선의
☐ 监控 jiānkòng	통 모니터링하다, 감독하고 제어하다
☐ 准确率 zhǔnquèlǜ	명 정확도
☐ 住持 zhùchí	명 주지
☐ 安家 ānjiā	통 터를 잡다, 가정을 이루다
☐ 村庄 cūnzhuāng	명 마을
☐ 忍心 rěnxīn	통 냉정하게 ~하다, 모진 마음을 먹고 ~하다
☐ 收留 shōuliú	통 거두다, 받아들이다
☐ 久而久之 jiǔ'érjiǔzhī	성 오랜 시간이 지나다, 오래오래 지속되다

☐ 量身 liángshēn	맞춤식
☐ 段子 duànzi	명 메시지, 단락
☐ 传承 chuánchéng	통 전승하다
☐ 倾倒 qīngdào	통 붓다, 쏟다
☐ 海浪 hǎilàng	명 파도, 파랑
☐ 双曲线 shuāngqūxiàn	명 쌍곡선
☐ 世界卫生组织 Shìjiè Wèishēng Zǔzhī	고유 세계 보건 기구(WHO)
☐ 综合征 zōnghézhēng	명 증후군
☐ 并发症 bìngfāzhèng	명 합병증
☐ 童星 tóngxīng	아역 스타
☐ 播音 bōyīn	통 방송하다
☐ 深造* shēnzào	통 (더 높은 수준에 도달하기 위해) 깊이 공부하다
☐ 紧凑 jǐncòu	형 빈틈없나
☐ 学霸 xuébà	공부왕[공부를 잘하는 사람을 지칭하는 말]
☐ 标签 biāoqiān	명 꼬리표, 태그
☐ 迈向 màixiàng	통 (앞으로) 나아가다, 내딛다
☐ 绊脚石 bànjiǎoshí	명 걸림돌, 장애물
☐ 一概而论 yígài'érlùn	성 일률적으로 논하다, 한결같이 대하다
☐ 双刃剑 shuāngrènjiàn	명 양날의 검
☐ 时有 shíyǒu	심심찮게
☐ 强有力 qiángyǒulì	형 강력하다
☐ 惩戒 chéngjiè	통 징계하다
☐ 条例 tiáolì	명 규정
☐ 防患于未然 fánghuàn yú wèirán	사고를 미리 방지하다
☐ 双管齐下 shuāngguǎnqíxià	성 두 가지를 동시에 하다
☐ 承建方 chéngjiànfāng	건축업자
☐ 修缮 xiūshàn	통 (건축물을) 보수하다, 수리하다
☐ 机制** jīzhì	명 메커니즘

☐	联动 liándòng	图 연동하다	☐	祈求 qíqiú	图 기도하다
☐	追责** zhuīzé	책임을 묻다	☐	避邪 bìxié	图 액땜을 하다
☐	诱因 yòuyīn	图 원인, 유인	☐	无人机* wúrénjī	드론, 무인기
☐	评定* píngdìng	图 평가하여 결정하다	☐	引爆 yǐnbào	图 폭발을 일으키다
☐	曲折蜿蜒 qūzhé wānyán	구불구불하다	☐	炸弹 zhàdàn	图 폭탄
☐	检测* jiǎncè	图 검사하다	☐	穿透* chuāntòu	图 뚫고 지나가다, 관통하다
☐	高耸 gāosǒng	图 높이 솟다	☐	加固 jiāgù	图 단단하게 하다
☐	抗冻抗寒 kàngdòng kànghán	추위에 맞서다	☐	出台 chūtái	图 (정책 등을) 공포하다
☐	赛道 sàidào	图 코스, 서킷	☐	掉以轻心 diàoyǐqīngxīn	图 대수롭지 않게 여기다
☐	高原反应 gāoyuán fǎnyìng	图 고산병	☐	奇特* qítè	图 독특하다
☐	带动 dàidòng	图 이끌다, 선도하다	☐	语调 yǔdiào	图 억양
☐	旗下 qíxià	图 아래, 휘하, 산하	☐	大数据 dàshùjù	빅 데이터
☐	中国结 zhōngguójié	图 중국 매듭[하나의 긴 실을 여러 가지 방식으로 교차하여 만든 중국 전통 민간 공예품의 일종]	☐	运转 yùnzhuǎn	图 운영하다, 진행하다
☐	编结 biānjié	图 손뜨개질	☐	测试 cèshì	图 테스트하다, 측정하다
☐	佩戴 pèidài	图 몸에 달다, 패용하다	☐	渐渐 jiànjiàn	图 점점, 점차
☐	盛传 shèngchuán	图 (어떤 일이나 사실 등이) 널리 알려지다, 널리 퍼지다	☐	兴起 xīngqǐ	图 흥하다, 왕성하게 생겨나다
☐	尼龙 nílóng	图 나일론	☐	雨后春笋 yǔhòuchūnsǔn	图 우후죽순[새로운 사물이 한때 많이 생겨나다]
☐	硬度 yìngdù	图 강도	☐	寥寥无几* liáoliáowújǐ	图 몇 개 되지 않다, 매우 드물다
☐	韵致 yùnzhì	图 느낌	☐	列入 lièrù	图 편성하다, 끼워 넣다
☐	绚丽多彩 xuànlìduōcǎi	图 현란하고 다채롭다, 색채가 화려하다	☐	气息 qìxī	图 정취
☐	寓意* yùyì	图 의미	☐	顺畅** shùnchàng	图 원활하다, 순조롭다
☐	吉庆有余 jíqìng yǒuyú	길하고 경사로운 일이 충만하다	☐	攀岩 pānyán	图 암벽 등반
☐	福寿双全 fúshòu shuāngquán	행복하고 장수하다	☐	雄性 xióngxìng	图 수컷
☐	双喜临门 shuāngxǐ línmén	图 겹 경사가 나다	☐	强壮 qiángzhuàng	图 건장하다
☐	吉祥如意 jíxiáng rúyì	좋은 일이 뜻대로 이뤄지다	☐	聚集 jùjí	图 한데 모이다, 집합하다
☐	一路顺风 yílù shùnfēng	图 하는 일이 모두 순조롭다			
☐	浓郁** nóngyù	图 짙다, 그윽하다			

[독해]

☐	皮炎 píyán	图 피부염
☐	载人潜水器 zàirén qiánshuǐqì	유인 잠수함
☐	采样 cǎiyàng	图 샘플을 채취하다, 견본을 채집하다
☐	柠檬 níngméng	图 레몬
☐	黏膜 niánmó	图 점막
☐	魔镜 mójìng	매직 미러, 정전자 복사 단층 스캐너[심장 검시에 사용되는 장비]

□ 透光 tòuguāng	통 투광하다
□ 僻静 pìjìng	형 (지역이) 외지다, 으슥하다
□ 点子 diǎnzi	명 아이디어, 방법
□ 守信 shǒuxìn	통 신용을 지키다
□ 猜想 cāixiǎng	통 추측하다, 미루어 짐작하다
□ 流程** liúchéng	명 (작업) 과정, 공정
□ 实习岗位 shíxí gǎngwèi	인턴십
□ 过滤器 guòlǜqì	명 필터, 여과기
□ 微粒 wēilì	명 미립자
□ 脊椎 jǐzhuī	명 척추
□ 野鸡 yějī	명 꿩
□ 背负 bēifù	통 짊어지다, 부담하다
□ 番茄* fānqié	명 토마토
□ 抗氧化* kàngyǎnghuà	항산화
□ 矿物质* kuàngwùzhì	미네랄, 광물질
□ 消遣* xiāoqiǎn	통 소일하다, 심심풀이하다[자신이 즐겁다고 생각하는 일을 하며 시간을 보내는 것을 가리킴]
□ 围墙 wéiqiáng	명 담장, 담
□ 协作 xiézuò	통 협업하다, 협력하다
□ 触及 chùjí	통 영향을 주다, 닿다
□ 博客 bókè	명 블로그
□ 视察 shìchá	통 시찰하다, 관찰하다
□ 扑克牌 pūkèpái	명 포커, 카드
□ 梅花 méihuā	명 (포커 카드나 트럼프에서의) 클로버, 매화
□ 三叶草 sānyècǎo	명 세 잎 클로버, 토끼풀
□ 车轴草 chēzhóucǎo	명 토끼풀, 클로버
□ 幸运值 xìngyùnzhí	행운치
□ 攀升 pānshēng	통 (수량 등이) 오르다, 상승하다
□ 趋向 qūxiàng	명 경향, 추세
□ 印章 yìnzhāng	명 도장, 인장
□ 陨石 yǔnshí	명 운석
□ 残骸 cánhái	명 잔해
□ 舒张 shūzhāng	통 (심장이나 혈관 등의 근육 조직이 긴장 상태에서) 이완되다
□ 分子* fēnzǐ	명 분자

□ 模拟 mónǐ	통 모방하다, 본뜨다
□ 纳米 nàmǐ	양 나노미터
□ 调控 tiáokòng	통 조절하고 통제하다
□ 传世 chuánshì	통 (주로 고대의 진귀한 보물 등이) 후세에 전하다, 후세에 물려주다
□ 场景* chǎngjǐng	명 장면, 신(scene), 상황
□ 名贵 míngguì	형 유명하고 진귀하다
□ 稀有** xīyǒu	형 희소하다, 드물다
□ 改编 gǎibiān	통 각색하다
□ 脉络 màiluò	명 맥락, 두서
□ 照搬 zhàobān	통 (기존의 방법·경험 등을) 그대로 모방하다, 답습하다
□ 把玩 bǎwán	통 손에 들고 감상하다
□ 付出* fùchū	통 (돈·대가 등을) 쏟다, 지불하다
□ 调校 tiáojiào	통 (기계의 눈금 등을) 조정하다
□ 拔出 bá chū	뽑다
□ 收起 shōuqǐ	통 멈추다, 그만두다
□ 慵懒 yōnglǎn	형 게으르다
□ 警戒 jǐngjiè	통 경계하다
□ 神色 shénsè	명 기색, 안색
□ 猛兽 měngshòu	명 맹수
□ 捕猎 bǔliè	통 사냥하다
□ 一模一样* yìmúyíyàng	성 (모양이나 생김새가) 완전히 똑같다
□ 凶猛 xiōngměng	형 (기세나 힘 등이) 사납다, 맹렬하다
□ 打破 dǎpò	통 (구속·속박 등을) 깨뜨리다, 타파하다
□ 扭动 niǔdòng	통 (몸을 좌우로) 흔들거리다, 흔들다
□ 弹跳力 tántiàolì	점프력, 도약력
□ 起跳 qǐtiào	통 점프하다, 뛰어오르다
□ 滑倒 huádǎo	통 미끄러져 넘어지다
□ 下游* xiàyóu	명 하류
□ 遗存 yícún	명 유물
□ 美誉 měiyù	명 좋은 평판, 명성과 명예
□ 墓葬 mùzàng	명 고분
□ 墓地 mùdì	명 무덤, 묘지
□ 音调 yīndiào	명 톤, 음조[소리의 높낮이]
□ 调子 diàozi	명 멜로디, 가락
□ 吹奏 chuīzòu	통 연주하다

☐ 跑调 pǎodiào	图 음 이탈이 나다	☐ 玉环 yùhuán	圆 옥고리
☐ 吹口哨 chuī kǒushào	휘파람을 불다	☐ 规整 guīzhěng	圈 반듯하다, 가지런하다
☐ 猩猩 xīngxing	圆 오랑우탄	☐ 规行矩步 guīxíngjǔbù	図 규칙대로 행동하다
☐ 付费服务 fùfèi fúwù	유료 서비스	☐ 衍生* yǎnshēng	图 파생하다
☐ 自动续费 zìdòng xùfèi	자동 결제	☐ 安慰剂 ānwèijì	플라세보, 위약[효능이 없는 약]
☐ 扣款 kòukuǎn	图 (비용을) 공제하다	☐ 使然 shǐrán	图 그렇게 되게 하다
☐ 搜索引擎 sōusuǒ yǐnqíng	검색 엔진	☐ 膝关节 xīguānjié	무릎 관절
☐ 关键词 guānjiàncí	圆 키워드	☐ 缝合 fénghé	图 봉합하다, 꿰매하다
☐ 繁琐 fánsuǒ	圈 번거롭다, 자질구레하다	☐ 告知 gàozhī	图 고지하다, 알리다
☐ 欲罢不能 yùbàbùnéng	図 그만두려 해도 그만둘 수 없다	☐ 大打折扣 dàdǎzhékòu	(어떠한 이유로 가격이나 효과 등의 정도가) 크게 떨어지다
☐ 损害* sǔnhài	图 손상시키다, 침해하다	☐ 定论 dìnglùn	圆 정론
☐ 搭售 dāshòu	图 끼워 팔다	☐ 不容置疑 bùróngzhìyí	図 의심할 여지가 없다
☐ 默认选项 mòrèn xuǎnxiàng	디폴트 옵션[지정하지 않았을 때 자동으로 선택되는 옵션]	☐ 麻醉药 mázuìyào	圆 마취제
☐ 知情权 zhīqíngquán	圆 알 권리	**[쓰기]**	
☐ 公平交易权 gōngpíng jiāoyì quán	공정거래권	☐ 烦闷 fánmèn	圈 답답하다
☐ 到位 dàowèi	圈 적합하다, 적절하다	☐ 鸿雁 hóngyàn	圆 기러기
☐ 常规 chángguī	圈 정규적인, 일반적인	☐ 丰衣足食 fēngyīzúshí	図 생활이 윤택하다, 먹고 입는 것이 다 풍족하다
☐ 从严 cóngyán	图 엄격하게 실행하다, 엄중하게 처리하다	☐ 爪子 zhuǎzi	圆 (짐승의) 발톱
☐ 视而不见 shì'érbújiàn	図 보고도 못 본 체하다	☐ 鸡冠 jīguān	圆 (닭의) 볏
☐ 听之任之 tīngzhīrènzhī	図 방임하다, 마음대로 하게 내버려 두다	☐ 招呼 zhāohu	图 부르다, 인사하다
☐ 黑名单 hēimíngdān	圆 블랙리스트	☐ 忠于职守 zhōngyúzhíshǒu	図 자신의 본분에 충실하다
☐ 维权 wéiquán	图 권익을 유지하다	☐ 打鸣 dǎmíng	图 닭이 울어서 때를 알리다
☐ 老规矩 lǎoguīju	圆 관례, 낡은 규칙	☐ 器重 qìzhòng	图 소중히 하다, 중시하다
☐ 规 guī	圆 컴퍼스	☐ 一席话 yìxíhuà	말, 일장 연설
☐ 矩 jǔ	圆 곡척[굽은 자]	☐ 哀求 āiqiú	图 애원하다, 애걸하다
☐ 画像砖 huàxiàngzhuān	화상전[사람의 초상이 그려진 벽돌]	☐ 乘凉 chéngliáng	图 더위를 식히다
☐ 画像石 huàxiàngshí	화성석[석재에 사람의 모습을 조각한 것]	☐ 官职 guānzhí	圆 관직
☐ 撑开 chēngkāi	图 펼치다, 억지로 열다	☐ 可谓* kěwèi	图 ~라고 말할 만하다
☐ 玉珠 yùzhū	주옥, 옥구슬	☐ 叹息 tànxī	图 탄식하다
		☐ 知人善任 zhīrénshànrèn	図 사람의 능력을 잘 파악하여 적재적소에 잘 배치하다
		☐ 舍近求远 shějìnqiúyuǎn	図 가까이 있는 것을 버리고, 멀리 있는 것을 찾다

☑ 잘 외워지지 않는 단어는 박스에 체크하여 복습하세요.

🎧 고난도 어휘_4회.mp3

[듣기]

** : 최빈출어휘 / * : 빈출어휘

☐ 次数** cìshù	몡 횟수	☐ 对阵 duìzhèn	동 (경기에서) 맞붙다, 싸우다
☐ 痛风 tòngfēng	몡 통풍	☐ 扣球 kòuqiú	동 스매시하다
☐ 嘌呤 piàolìng	몡 푸린	☐ 生涯 shēngyá	몡 인생, 생애
☐ 逗乐 dòulè	동 (우스갯소리 등으로) 웃기다	☐ 付诸 fùzhū	동 (~에) 부치다, 기울이다, 옮기다
☐ 捂* wǔ	동 붙잡다, 가리다	☐ 盛名 shèngmíng	몡 높은 명성, 훌륭한 명성
☐ 积木 jīmù	몡 (장난감) 블록	☐ 不堪一击 bùkānyìjī	셍 한 번의 공격도 버티지 못하다, 일격에 무너지다
☐ 拼合 pīnhé	동 조립하다		
☐ 挤满 jǐmǎn	동 가득 차다	☐ 转折点 zhuǎnzhédiǎn	몡 전환점
☐ 喷 pēn	동 내뿜다, 분출하다	☐ 养老* yǎnglǎo	동 노인을 부양하다, 받들어 모시다
☐ 区段 qūduàn	몡 구간	☐ 授粉 shòufěn	동 수분하다, 꽃가루받이하다
☐ 限速 xiànsù	제한 속도, 주행 속도를 제한하다	☐ 绝收 juéshōu	동 (농작물의) 수확이 전혀 없다
☐ 晚点 wǎndiǎn	동 연착하다	☐ 单一** dānyī	혱 단일하다
☐ 延误 yánwù	동 (시간·시기 등을) 지연하다, 끌다	☐ 灭绝 mièjué	동 멸종하다, 소멸하다
☐ 遮阳板 zhēyángbǎn	몡 햇빛 가리개, 차광막	☐ 蜂蜜* fēngmì	몡 벌꿀
☐ 毒辣 dúlà	혱 매섭다, 악랄하다	☐ 联合国教科文组织 Liánhéguó Jiào Kē Wén Zǔzhī	고유 유네스코
☐ 刺眼 cìyǎn	혱 눈이 부시다, 눈이 따갑다	☐ 审议 shěnyì	동 심의하다
☐ 挡住 dǎngzhù	동 가리다, 가로막다, 저지하다	☐ 立春 lìchūn	몡 입춘[양력 2월 4일경]
☐ 盲区 mángqū	몡 사각지대	☐ 雨水 yǔshuǐ	몡 우수[양력 2월 19일경]
☐ 炎症 yánzhèng	몡 염증	☐ 惊蛰 jīngzhé	몡 경칩[양력 3월 5일경]
☐ 挑食 tiāoshí	동 음식을 가려서 먹다	☐ 物候 wùhòu	몡 물후[철이나 기후에 따라 변화하는 만물의 상태]
☐ 偏食 piānshí	동 편식하다, 좋아하는 것만 먹다		
☐ 预测** yùcè	동 예측하다	☐ 春分 chūnfēn	몡 춘분[양력 3월 21일경]
☐ 路线 lùxiàn	몡 노선, 여정	☐ 夏至 xiàzhì	몡 하지[양력 6월 21일경]
☐ 稳妥 wěntuǒ	혱 확실하다, 타당하다	☐ 立夏 lìxià	몡 입하[양력 5월 5일경]
☐ 新生代 xīnshēngdài	몡 신생, 신세대	☐ 立秋 lìqiū	몡 입추[양력 8월 8일경]
☐ 壮大 zhuàngdà	동 키우다, 강대하다	☐ 立冬 lìdōng	몡 입동[양력 11월 8일경]
☐ 大手笔 dàshǒubǐ	대규모 투자, 큰 손	☐ 小暑 xiǎoshǔ	몡 소서[양력 7월 7일경]
☐ 翻天覆地* fāntiānfùdì	셍 천지가 개벽하다, 커다란 변화가 일어나다	☐ 大暑 dàshǔ	몡 대서[양력 7월 24일경]
		☐ 小满 xiǎomǎn	몡 소만[양력 5월 21일경]
☐ 撤出 chèchū	동 철수하다	☐ 芒种 mángzhòng	몡 망종[양력 6월 6일경]
☐ 着眼 zhuóyǎn	동 착안하다, 초점을 맞추다	☐ 收成 shōucheng	몡 (농작물 등의) 수확
☐ 傲人 àorén	동 자랑할 만하다		

☐ 装满 zhuāngmǎn	동 가득하다	☐ 艰苦奋斗 jiānkǔfèndòu	성 간고분투[어려움과 고통을 두려워하지 않고 계속 용감하게 투쟁해 나가다]
☐ 水缸 shuǐgāng	명 물독, 물 항아리	☐ 石窟* shíkū	명 석굴
☐ 不知所措 bùzhīsuǒcuò	어쩔 줄을 모르다	☐ 造像 zàoxiàng	명 조각상
☐ 手忙脚乱 shǒumángjiǎoluàn	성 허둥지둥하다	☐ 远扬 yuǎnyáng	동 (명성 등이) 널리 알려지다
☐ 砸碎 zásuì	동 깨뜨리다, 산산조각을 내다	☐ 石刻 shíkè	명 석각
☐ 奄奄一息 yǎnyǎnyìxī	생명이 위독하다	☐ 谨防 jǐnfáng	동 주의하여 경계하다
☐ 缸 gāng	명 항아리, 단지	☐ 脚踏实地* jiǎotàshídì	성 착실하고 성실하다, 성실하고 진지하다
☐ 缺失* quēshī	동 결핍, 결함		
☐ 填饱 tiánbǎo	동 배를 채우다	☐ 巧手 qiǎoshǒu	명 훌륭한 솜씨
☐ 均衡 jūnhéng	형 균형을 맞추다	☐ 绚丽 xuànlì	형 눈부시게 아름답다
☐ 特性** tèxìng	명 특성	☐ 投 tóu	동 던지다, 보내다
☐ 害虫 hàichóng	명 해충	☐ 长足 chángzú	형 장족의, 진전이 빠른
☐ 出头 chūtóu	동 ~남짓 되다	☐ 捉迷藏 zhuōmícáng	숨바꼭질하다
☐ 干渠 gànqú	명 간선 수로[강물이나 저수지 등과 같은 수원지와 직접 이어진 물길]	☐ 益智 yìzhì	동 지능을 계발하다
		☐ 鸢尾 yuānwěi	명 아이리스
☐ 防护林 fánghùlín	명 방호림, 보호림	☐ 丛林 cónglín	명 무성한 수풀
☐ 养殖业 yǎngzhíyè	명 양식업	☐ 翩翩 piānpiān	형 훨훨 나는 모양
☐ 谋划 móuhuà	동 계획하다, 짜다	☐ 飞舞 fēiwǔ	동 춤추듯 날다
☐ 精打细算 jīngdǎxìsuàn	성 면밀하게 계산하다, 세밀하게 계산하다	☐ 坚持不懈* jiānchíbúxiè	성 느슨해지지 않고 끝까지 해 나가다
☐ 林场 línchǎng	명 삼림 농장	☐ 黄沙 huángshā	명 황사
☐ 焕发* huànfā	동 뿜어내다, 진작하다	☐ 遮 zhē	동 가리다
☐ 林业 línyè	명 임업	☐ 科幻* kēhuàn	명 SF, 공상과학
☐ 畜牧业 xùmùyè	명 목축업	☐ 整洁 zhěngjié	형 말끔하다
☐ 防波堤 fángbōdī	명 방파제	☐ 窒息 zhìxī	동 숨이 막히다, 질식하다
☐ 牌坊 páifāng	명 패방[위에 망대가 있고 문짝이 없는 아치형으로 생긴 건축물]	☐ 基石 jīshí	명 초석
		☐ 小苏打 xiǎosūdá	명 베이킹 소다
☐ 院落 yuànluò	명 정원, 뜰	☐ 刻意 kèyì	부 마음을 다해서, 일부러
☐ 摇身一变 yáoshēnyíbiàn	형 갑자기 변하다, 탈바꿈하다	☐ 看齐 kànqí	동 본받다, 귀감으로 하다
		☐ 直观 zhíguān	형 직관적이다
☐ 光鲜 guāngxiān	형 말끔하다, 밝고 선명하다	☐ 禁忌* jìnjì	동 금기하다
☐ 街区 jiēqū	명 (도시에서의 어느 한) 구역, 블록	☐ 炕 kàng	명 방구들
☐ 雷同 léitóng	형 비슷하다, 유사하다	☐ 供奉 gòngfèng	동 모시다
☐ 美化 měihuà	동 아름답게 하다, 미화하다	☐ 格斗 gédòu	동 격투하다
		☐ 强健 qiángjiàn	형 (몸이) 강건하다, 건장하다
[독해]		☐ 体魄 tǐpò	명 몸과 정신

□ 荒土 huāngtǔ	몡 황무지	
□ 造福 zàofú	통 행복을 가져다주다	
□ 良田 liángtián	몡 비옥한 논밭	
□ 荒草 huāngcǎo	몡 잡초, 들풀	
□ 一文不值 yìwénbùzhí	셩 조금의 가치도 없다	
□ 充电* chōngdiàn	통 충전하다	
□ 触发 chùfā	통 촉발하다	
□ 切断 qiēduàn	통 끊다, 절단하다	
□ 火苗 huǒmiáo	몡 불꽃, 화염	
□ 火势 huǒshì	몡 불길	
□ 屡见不鲜 lǚjiànbùxiān	셩 자주 볼 수 있어서 신기하지 않다	
□ 铺天盖地 pūtiāngàidì	셩 천지를 뒤덮다, 기세가 대단히 맹렬하다	
□ 届时 jièshí	통 그때가 되면, 그때가 돼서	
□ 会合 huìhé	통 합류하다, 한곳에 모이다	
□ 预示 yùshì	통 예고하다, 미리 보이다	
□ 科考 kēkǎo	통 과학적으로 조사하다	
□ 掉落 diàoluò	통 떨어지다	
□ 桂花 guìhuā	몡 금목서, 계화	
□ 铃声 língshēng	몡 종소리, 벨소리	
□ 古色古香 gǔsègǔxiāng	셩 (색채나 분위기가) 옛 모습을 그대로 간직하고 있다	
□ 拉动* lādòng	통 촉진시키다, 성장시키다	
□ 触动 chùdòng	통 건드리다, 부딪치다	
□ 心仪 xīnyí	통 마음에 들다, 흠모하다	
□ 盆满钵满 pén mǎn bō mǎn	엄청나게 돈이 많다	
□ 柔软 róuruǎn	혱 부드럽다, 유연하다	
□ 心智 xīnzhì	몡 사고 능력, 지혜	
□ 依恋 yīliàn	통 연연하다, 그리워하다	
□ 指尖 zhǐjiān	몡 손가락 끝	
□ 无穷 wúqióng	혱 무한하다, 끝이 없다	
□ 熬过 áoguò	통 견디어 내다, 참아 내다	
□ 跳动 tiàodòng	통 (심장이) 뛰다, 고동치다	
□ 惊喜 jīngxǐ	혱 놀랍고 기쁘다	

□ 缂丝 kèsī	몡 객사[중국의 전통 비단 공예 중 하나]	
□ 刺绣* cìxiù	몡 자수 통 수를 놓다	
□ 顶尖 dǐngjiān	혱 최고 수준의, 정점의	
□ 显赫 xiǎnhè	혱 (권세·명성 등이) 대단하다	
□ 缝制 féngzhì	통 (옷·이불 등을) 봉제하다, 만들다	
□ 剪裁 jiǎncái	통 (옷감을) 재단하다, 마름질하다	
□ 雌性* cíxìng	몡 암컷	
□ 长此以往 chángcǐyǐwǎng	셩 이런 식으로 나아가다, 이대로 계속 가다	
□ 超出 chāochū	통 (어떤 수량이나 범위를) 뛰어넘다, 넘다	
□ 游历 yóulì	통 유람하다	
□ 艺坛 yìtán	몡 예술계	
□ 无人能及 wúrénnéngjí	따라잡을 수 있는 사람이 없다, 아무도 이를 수 없다	
□ 下厨 xiàchú	통 (주방에 가서) 요리하다, 음식을 만들다	
□ 设宴 shèyàn	통 연회를 베풀다	
□ 精巧 jīngqiǎo	혱 정교하다, 정밀하다	
□ 绝佳 juéjiā	혱 대단히 훌륭하다, 더할 수 없이 좋다	
□ 娴熟 xiánshú	혱 능숙하다, 숙련되다	
□ 俱全 jùquán	통 모두 갖추다, 완비하다	
□ 大相径庭 dàxiāngjìngtíng	셩 (의견·견해 등의) 차이가 매우 크다	
□ 珊瑚 shānhú	몡 산호	
□ 艳丽 yànlì	혱 곱고 아름답다	
□ 逊色 xùnsè	혱 뒤떨어지다	
□ 钙化 gàihuà	통 석회화하다, 칼슘화하다	
□ 衡量 héngliáng	통 가늠하다, 비교하다	
□ 覆盖率 fùgàilǜ	점유율	
□ 厄尔尼诺 è'ěrnínuò	몡 엘리뇨	
□ 捕捞 bǔlāo	통 어획하다, 잡다	
□ 超标 chāobiāo	통 기준치를 초과하다	
□ 涣散 huànsàn	혱 해이하다, 산만하다	
□ 纷至沓来 fēnzhìtàlái	셩 끊임없이 연속으로 밀려오다	
□ 自闭 zìbì	몡 자폐	
□ 迫在眉睫 pòzàiméijié	셩 매우 시급하다, 매우 긴박하다	

□ 白领 báilǐng	몡 사무직 근로자, 화이트칼라 계층
□ 耳塞 ěrsāi	몡 귀마개
□ 冥想 míngxiǎng	동 명상하다
□ 减缓** jiǎnhuǎn	동 (속도가) 느려지다, (속도를) 늦추다
□ 超负荷 chāofùhè	몡 과부하
□ 椭圆形 tuǒyuánxíng	몡 타원형
□ 酷似 kùsì	동 매우 비슷하다, 몹시 닮다
□ 前端 qiánduān	몡 앞부분, 전단부
□ 抛出 pāochū	동 던지다
□ 抓取 zhuā qǔ	잡다, 잡아 빼앗다
□ 上浮 shàngfú	동 수면으로 떠오르다
□ 水域 shuǐyù	몡 수역
□ 悬崖* xuányá	몡 벼랑, 낭떠러지
□ 捞救 lāojiù	동 구조하다, 건져 내다
□ 变废为宝 biàn fèi wéi bǎo	쓸모없는 것을 유용한 것으로 재활용하다
□ 沾 zhān	동 묻다, 젖다
□ 污渍* wūzì	몡 (물체에 묻은) 기름때
□ 蜻蜓 qīngtíng	몡 잠자리
□ 复眼 fùyǎn	몡 복안, 겹눈
□ 趋光 qūguāng	동 빛을 향해 가다
□ 猴 hóu	몡 원숭이
□ 考证 kǎozhèng	동 고증하다
□ 辟邪 bìxié	동 악귀를 물리치다
□ 饰物 shìwù	몡 장신구, 장식품
□ 一席之地 yīxízhīdì	셩 자그마한 곳
□ 由此可见* yóucǐ kějiàn	이로써 ~을 알 수 있다
□ 封侯 fēng hóu	제후로 봉하다
□ 期盼 qīpàn	동 기대하다, 바라다
□ 枫树 fēngshù	몡 단풍나무
□ 古往今来 gǔwǎngjīnlái	셩 예나 지금이나, 옛날부터 지금까지
□ 杂耍 záshuǎ	몡 서커스, 놀이
□ 笔下 bǐxià	몡 작가의 의도
□ 担水 dānshuǐ	동 물을 긷다, 물을 져 나르다
□ 走索 zǒusuǒ	동 줄타기하다

□ 爬竿 pá gān	장대타기를 하다
□ 面具 miànjù	몡 가면, 탈
□ 工匠 gōngjiàng	몡 공예가
□ 热衷 rèzhōng	동 열중하다
□ 无人问津 wúrénwènjīn	셩 관심을 가지는 사람이 없다
□ 下坡路 xiàpōlù	몡 내리막길
□ 异军突起 yìjūntūqǐ	셩 새롭게 두각을 나타내다
□ 人满为患 rénmǎnwéihuàn	셩 사람이 많아 탈이다, 사람으로 꽉 차다
□ 便捷* biànjié	혱 편리하다
□ 聚焦 jùjiāo	동 초점을 맞추다, 집중하다

[쓰기]

□ 湖南省 Húnán Shěng	고유 후난성
□ 古玩 gǔwán	몡 골동품
□ 瞒* mán	동 숨기다, 속이다
□ 耕耘 gēngyún	동 정신을 집중하고 노력을 기울이다
□ 温饱 wēnbǎo	몡 (풍족하게) 먹고 사는 것, 의식이 풍족한 생활
□ 动摇 dòngyáo	동 흔들리다, 동요하다
□ 魔法 mófǎ	몡 마법
□ 征程 zhēngchéng	몡 여정
□ 一经 yìjīng	뮈 ~하자마자
□ 坊间 fāngjiān	몡 거리, 항간
□ 造谣 zàoyáo	동 헛소문을 내다, 유언비어를 피뜨리다
□ 勾勒 gōulè	동 윤곽을 그리다, 간결한 필치로 그리다
□ 工序 gōngxù	몡 제조 공정
□ 到头来 dàotóulái	뮈 결과적으로, 결국에는
□ 摧垮 cuīkuǎ	동 무너뜨리다, 뒤집어엎다
□ 引荐 yǐnjiàn	동 추천하다
□ 顶级 dǐngjí	혱 최고인, 정상급인
□ 连载 liánzǎi	동 연재하다
□ 转载 zhuǎnzài	동 (출판물에 글이나 그림을) 옮겨 싣다, 전재하다
□ 喧嚣* xuānxiāo	혱 소란스럽다, 시끄럽다
□ 造就 zàojiù	동 만들어 내다, 양성하다

☑ 잘 외워지지 않는 단어는 박스에 체크하여 복습하세요.

🎧 고난도 어휘_5회.mp3

[듣기]

** : 최빈출어휘 / * : 빈출어휘

☐ 褪黑素 tuìhēisù	몡 멜라토닌
☐ 服用* fúyòng	통 복용하다
☐ 松果体 sōngguǒtǐ	몡 송과선[척추동물의 간뇌 등면에 돌출해 있는 내분비선]
☐ 节律 jiélǜ	몡 리듬[물체 운동의 리듬과 법칙]
☐ 古琴 gǔqín	몡 칠현금, 고금
☐ 打击乐器 dǎjī yuèqì	몡 타악기
☐ 弹拨乐器 tánbō yuèqì	몡 현악기
☐ 支付宝 Zhīfùbǎo	고유 알리페이[알리바바 그룹이 개발한 전자화폐 시스템이자 온라인 결제 서비스]
☐ 荒漠 huāngmò	몡 황무지, 황량한 광야
☐ 烟瘾 yānyǐn	몡 담배 중독
☐ 多巴胺 duōbā'àn	도파민
☐ 萎靡 wěimǐ	혱 생기가 없다, 활기가 없다
☐ 等腰三角形 děngyāo sānjiǎoxíng	몡 이등변 삼각형
☐ 花岗岩 huāgāngyán	몡 화강암
☐ 屹立于 yìlì yú	~에 우뚝 솟아 있다
☐ 二叠纪 Èrdiéjì	고유 이첩기[고생대 6기 중 마지막기]
☐ 喷发 pēnfā	통 분출하다
☐ 玄武岩 xuánwǔyán	몡 현무암
☐ 锂离子 lǐlízǐ	리튬 이온
☐ 电极* diànjí	몡 전극
☐ 流动 liúdòng	통 옮겨다니다, 흐르다
☐ 人脸识别** rénliǎn shíbié	안면 인식
☐ 高校 gāoxiào	몡 대학교
☐ 利大于弊 lì dà yú bì	장점이 단점보다 많다
☐ 精英教育 jīngyīng jiàoyù	엘리트 교육
☐ 放任型 fàngrènxíng	방임형
☐ 拉伸 lāshēn	통 잡아당기다, 잡아끌다

☐ 蝌蚪 kēdǒu	몡 올챙이
☐ 姜子牙 Jiāngzǐyá	고유 강태공, 강자아[중국 신화 속 인물]
☐ 猜测 cāicè	통 추측하다
☐ 既定 jìdìng	통 이미 정하다
☐ 可再生 kězàishēng	재생이 가능한
☐ 防雨* fángyǔ	방수되다
☐ 防风* fángfēng	방풍, 바람을 막다
☐ 防晒* fángshài	자외선을 차단하다
☐ 面料 miànliào	몡 섬유
☐ 聚酯纤维 jùzhǐxiānwéi	몡 폴리에스테르 섬유
☐ 栗子 lìzi	몡 밤
☐ 稠 chóu	혱 걸쭉하다
☐ 绒毛 róngmáo	몡 솜털
☐ 垂涎欲滴 chuíxiányùdī	성 군침이 돌다
☐ 抢购一空 qiǎnggòu yìkōng	매진되다, 품절되다
☐ 票房保障 piàofáng bǎozhàng	흥행 보증 수표
☐ 台前幕后 tái qián mù hòu	무대 앞과 뒤
☐ 谈不上 tán bu shàng	(~라고까지) 말할 수 없다
☐ 热度 rèdù	몡 열기, 열정
☐ 上乘 shàngchéng	혱 수준이 높다, 품질이 좋다
☐ 主创人员 zhǔchuàng rényuán	주요 창작 멤버
☐ 出彩 chūcǎi	통 멋진 활약을 하다, 연기가 매우 뛰어나다
☐ 打动* dǎdòng	통 마음을 울리다, 감동시키다
☐ 持有* chíyǒu	통 가지고 있다, 소지하다
☐ 演技 yǎnjì	몡 연기

☐ 编剧 biānjù	동 대본을 쓰다, 각본을 쓰다		☐ 捕食 bǔshí	동 먹이를 잡다
☐ 录制 lùzhì	동 녹화하다		☐ 寄生虫 jìshēngchóng	명 기생충
☐ 哈佛大学 Hāfó Dàxué	고유 하버드 대학교		☐ 迷失** míshī	동 (방향·길 등을) 잃다
☐ 质感 zhìgǎn	명 질감		☐ 乱窜 luàn cuàn	마구 날뛰다
☐ 翻阅 fānyuè	동 훑어보다, 뒤져보다		☐ 声呐 shēngnà	명 수중 음파 탐지기
☐ 伤亡 shāngwáng	명 사상자		☐ 紊乱 wěnluàn	형 혼란하다, 어지럽다
☐ 挡风玻璃 dǎngfēng bōli	바람막이용 유리		☐ 守候 shǒuhòu	동 기다리다
☐ 破裂* pòliè	동 파열되다, 터지다		☐ 重返 chóngfǎn	동 다시 돌아가다
☐ 驾驶舱 jiàshǐcāng	명 조종석, 조타실		☐ 世界自然基金会 Shìjiè Zìrán Jījīnhuì	고유 세계 자연 기금[WWF]
☐ 副驾驶员 fù jiàshǐyuán	부조종사		☐ 携手* xiéshǒu	동 서로 손을 잡다
☐ 抖动 dǒudòng	동 흔들다, 떨다		☐ 易拉罐 yìlāguàn	명 (음료수나 캔 식품 등의) 원터치 캔
☐ 仪表 yíbiǎo	명 계기판, 측정 기계		☐ 摄像头 shèxiàngtóu	명 카메라, 웹캠
☐ 千钧一发 qiānjūnyífà	명 위기일발, 매우 위험하다		☐ 积分 jīfēn	명 포인트, 누계 점수
☐ 操纵杆 cāozònggǎn	명 조종간[비행기 등을 조작하는 막대 모양의 장치]		☐ 一致好评 yízhì hǎopíng	한결같은 호평
☐ 区间 qūjiān	명 구간		☐ 探测器 tàncèqì	탐사선, 탐측기
☐ 单衣 dānyī	명 홑옷		☐ 着陆 zhuólù	동 착륙하다
☐ 精疲力尽 jīngpílìjìn	체력이 고갈되다, 몸과 마음이 지치다		☐ 探究 tànjiū	동 탐구하다
☐ 步骤* bùzhòu	명 (일이 진행되는) 단계, 절차		☐ 热流动 rèliúdòng	열흐름
☐ 当兵 dāngbīng	동 군대에 가다		☐ 钉子 dīngzi	명 못
☐ 基本功 jīběngōng	명 기본기		☐ 机械臂 jīxièbì	로봇 팔
☐ 客舱 kècāng	명 객실, 선실		☐ 找寻 zhǎoxún	동 모색하다, 찾다
☐ 脑海 nǎohǎi	명 머릿속		☐ 旧石器时代 Jiùshíqì Shídài	고유 구석기 시대
☐ 演练 yǎnliàn	동 연습하다, 훈련하다		☐ 彩陶 cǎitáo	명 채도[중국 신석기 시대의 채문 토기]
☐ 万无一失 wànwúyìshī	한치의 착오도 없다		☐ 中游* zhōngyóu	명 (강의) 중류
☐ 心有余悸 xīnyǒuyújì	성 (이미 지나간 위험한 일이지만) 생각만 해도 무섭다		☐ 青铜器 qīngtóngqì	명 청동기
☐ 机翼 jīyì	명 비행기의 날개		☐ 铁器 tiěqì	명 철기
☐ 迟疑不决 chíyí bù jué	머뭇거리며 결정하지 못하다		☐ 冶炼技术 yěliàn jìshù	제련 기술
☐ 鲸鱼 jīngyú	명 고래		☐ 枯竭* kūjié	동 고갈되다, 다 쓰다
☐ 搁浅 gēqiǎn	동 고립되다, (배가) 좌초하다		☐ 新纪元 xīnjìyuán	명 신기원[시대의 획을 긋는 사업의 시작]
☐ 希腊 Xīlà	고유 그리스		☐ 植株 zhízhū	명 식물체
☐ 惊恐 jīngkǒng	동 놀라서 두려워하다, 질겁하다		☐ 光感受器 guānggǎnshòuqì	광수용기[생물체가 광자극을 수용하는 기관]
☐ 回声定位系统 huíshēng dìngwèi xìtǒng	반향정위 시스템[동물이 스스로 소리를 내어서 그것이 물체에 부딪쳐 되돌아오는 음파를 받아 정위하는 일]		☐ 光波 guāngbō	명 광파
			☐ 光照 guāngzhào	명 일조 동 빛을 비추다

[독해]

□ **冲淡** chōngdàn — [동] 가라앉히다, 희석하다

□ **松懈*** sōngxiè — [형] 해이하다, 느슨하다

□ **孜孜不倦** zīzībújuàn — [성] 지칠 줄 모르고 꾸준히 하다

□ **后顾之忧** hòugùzhīyōu — [성] 뒷걱정

□ **青蒿素** qīnghāosù — 아르테미시닌[말라리아의 치료 성분]

□ **庇护** bìhù — [동] 보호하다, 감싸주다

□ **留守儿童** liúshǒu értóng — 유수 아동[부모가 돈을 벌러 도시로 떠나고 농촌에 홀로 남아 있는 아동]

□ **从头再来** cóng tóu zài lái — 처음부터 다시 시작하다

□ **纹理** wénlǐ — [명] 무늬, 결

□ **栩栩如生*** xǔxǔrúshēng — [성] 진짜처럼 생동감 있다

□ **孔雀** kǒngquè — [명] 공작

□ **无瑕** wúxiá — [동] 티가 없다, 틈이 없다

□ **世人*** shìrén — [명] 세상 사람

□ **颁布** bānbù — [동] 공포하다, 반포하다

□ **闪耀** shǎnyào — [동] 반짝반짝 빛나다

□ **审时度势** shěnshíduóshì — [성] 시기와 형세를 잘 파악하다

□ **心田** xīntián — [명] 마음속, 내심

□ **风貌** fēngmào — [명] 풍모, 풍격과 면모

□ **建构主义** jiàngòu zhǔyì — 구성주의[의식을 쪼개서 분석하는 방법]

□ **刻瓷** kè cí — 각자[완성된 도자기에 산수, 인물 등을 조각하는 것]

□ **顾名思义*** gùmíngsīyì — [성] 글자 그대로

□ **动感** dònggǎn — [명] 생동감

□ **韵味** yùnwèi — [명] 정취

□ **赖** lài — [동] 기대다, 의지하다

□ **驴** lǘ — [명] 당나귀, 나귀

□ **商队** shāngduì — [명] 캐러밴[사막이나 초원 등지에서 낙타나 말에 상품을 싣고 떼를 지어 먼 곳으로 다니면서 장사하는 상인 또는 그 무리]

□ **不可或缺*** bù kě huò quē — 없어서는 안 되다, 필수불가결하다

□ **牲口** shēngkou — [명] (소·말·당나귀 등 사람을 도와 일을 하는) 가축

□ **两岸三地** liǎng'àn sāndì — 양안 세 지역[중국의 대륙과 홍콩, 마카오]

□ **轻便*** qīngbiàn — [형] (무게가 비교적 가벼워 제작이나 사용이) 쉽다, 간편하다

□ **弘扬** hóngyáng — [동] (사업·문화·전통 등을 더욱) 드높이다

□ **兴盛*** xīngshèng — [동] 흥성하다, 번창하다

□ **抗病** kàngbìng — 항병원성

□ **机身** jīshēn — [명] (비행기의) 기체

□ **燃油** rányóu — [명] 연료용 기름

□ **雾化** wùhuà — [동] (액체를) 안개 모양으로 분무하다

□ **飘散** piāosàn — [동] 공중에 흩어지다

□ **起落架** qǐluòjià — [명] (비행기의) 랜딩 기어, 이착륙 장치

□ **童趣** tóngqù — [명] 동심, 유아적 취향, 어린이의 정취

□ **氧苯酮** yǎngběntóng — 옥시벤존[자외선 차단제나 화장품의 성분으로 쓰이는 유기 화합물]

□ **司空见惯** sīkōngjiànguàn — [성] 흔히 있는 일이다, 자주 보아서 익숙하다

□ **审讯** shěnxùn — [동] 취조하다, 심문하다

□ **犀利** xīlì — [형] (무기·언어 등이) 날카롭다, 예리하다

□ **里程** lǐchéng — [명] 노정, 이정

□ **通勤** tōngqín — [동] 통근하다

□ **卫星城镇** wèixīng chéngzhèn — 위성 도시[대도시 근교 도시]

□ **豆骨** dòugǔ — [명] 장딴지 근머리 종자뼈[파벨라, 장딴지 근 가쪽 갈래의 힘줄 속에 생긴 종자뼈]

□ **肌腱** jījiàn — [명] 힘줄

□ **灵长类** língzhǎnglèi — 영장류

□ **阑尾** lánwěi — [명] 맹장, 충수

□ **远古** yuǎngǔ — [명] 먼 옛날, 상고

□ **灵长目** língzhǎngmù — [명] 영장목

□ **猿类** yuánlèi — 유인원류

□ **骤增** zhòuzēng — [동] 급증하다, 격증하다

□ **历程**** lìchéng — [명] 과정, 노정

- ☐ 胫骨 jìnggǔ [명] 정강이뼈, 경골
- ☐ 小腿 xiǎotuǐ [명] 종아리, 아랫다리
- ☐ 吐槽 tǔcáo [동] 비아냥거리다
- ☐ 格调* gédiào [명] 격조, 풍격
- ☐ 有理有据 yǒulǐ yǒujù 이치에 맞고 근거가 있다
- ☐ 言之凿凿 yánzhīzáozáo [성] 믿을 만하다
- ☐ 误入歧途 wùrùqítú [성] 잘못된 길로 들어서다
- ☐ 善恶美丑 shàn' è měi chǒu 선악미추[착함과 악함, 아름다움과 추함]
- ☐ 删繁就简 shānfánjiùjiǎn [성] 번잡한 부분을 간결하게 고치다
- ☐ 裹挟 guǒxié [동] 휩쓸다
- ☐ 全盘 quánpán [형] 전부의, 전면적인
- ☐ 经不起 jīng bu qǐ 참을 수 없다, 오래가지 못하다
- ☐ 推敲 tuīqiāo [동] (곰곰이) 생각하다, 헤아리다
- ☐ 一面之缘 yí miàn zhī yuán 겨우 한 번 만나본 인연
- ☐ 不经意 bùjīngyì [동] 신경쓰지 않다, 주의하지 않다
- ☐ 冗余 rǒngyú [형] 쓸데없는, 여분의
- ☐ 鸡肋 jīlèi [명] 계륵[가치는 그다지 없으나 버리기는 아까운 것을 비유하는 말]
- ☐ 降解 jiàngjiě [동] 분해하다
- ☐ 亟待 jídài [동] 시급하게 ~을 기다리다
- ☐ 物尽其用 wùjìnqíyòng [성] 조금의 낭비 없이 충분히 이용하다
- ☐ 烘干 hōnggān [동] (불에) 건조하다, 쪼이다
- ☐ 山地车 shāndìchē [명] 산악 자전거
- ☐ 小轮折叠车 xiǎolún zhédiéchē 접이식 미니벨로 자전거
- ☐ 手拨铃 shǒubōlíng 자전거 벨
- ☐ 链子 liànzi [명] 체인
- ☐ 弹簧 tánhuáng [명] 스프링, 용수철
- ☐ 充气轮胎 chōngqì lúntāi 뉴매틱 타이어[자동차·자전거 등에 사용되는 공기 타이어]
- ☐ 挡泥板 dǎngníbǎn [명] 자전거 흙받이
- ☐ 黑科技 hēikējì [명] 블랙 테크[아직 널리 알려지지 않은 첨단 기술]
- ☐ 煞费苦心 shàfèikǔxīn [성] 대단히 고심하다, 몹시 애를 쓰다
- ☐ 挂锁 guàsuǒ 자물쇠를 잠그다
- ☐ 桩 zhuāng [명] 거치대, 말뚝
- ☐ 源源不断 yuányuánbúduàn [성] 끊임없이 계속되다
- ☐ 蓄电池 xùdiànchí [명] 축전지
- ☐ 传动 chuándòng [동] 전동하다
- ☐ 链条 liàntiáo [명] 체인
- ☐ 轴 zhóu [명] 축
- ☐ 齿轮 chǐlún [명] 기어
- ☐ 实心胎 shíxīntāi 솔리드 타이어[고무만으로 만들어진 타이어]
- ☐ 狼 láng [명] 늑대, 이리
- ☐ 清道夫 qīngdàofū [명] 청소부, 해결사
- ☐ 尾鳍 wěiqí [명] 꼬리 지느러미
- ☐ 出没 chūmò [동] 출몰하다
- ☐ 畸形 jīxíng [형] 기형적인, 비정상적인

[쓰기]

- ☐ 村落 cūnluò [명] 촌락
- ☐ 求教 qiújiào [동] 가르침을 구하다
- ☐ 露天 lùtiān [명] 노천, 야외
- ☐ 集市 jíshì [명] 장터, 시장
- ☐ 闷闷不乐* mènmènbúlè [성] 시무룩하다, 마음이 답답하고 울적하다
- ☐ 敲击 qiāojī [동] 두드리다
- ☐ 清脆 qīngcuì [형] 맑다, 낭랑하다
- ☐ 悦耳 yuè'ěr [형] 듣기 좋다
- ☐ 源头 yuántóu [명] 근원, 원천
- ☐ 一幕 yímù [명] 한 장면
- ☐ 惊呆 jīngdāi 놀라서 멍해지다
- ☐ 质地 zhìdì [명] 질감
- ☐ 一气呵成 yíqìhēchéng [성] 단숨에 일을 해치우다
- ☐ 轻而易举 qīng'éryìjǔ [성] 매우 쉽다, 수월하다
- ☐ 长年累月 chángniánlěiyuè [성] 오랜 세월을 겪다
- ☐ 秘诀 mìjué [명] 비결
- ☐ 出乎意料* chūhūyìliào [성] 뜻밖이다, 예상을 벗어나다

☑ 잘 외워지지 않는 단어는 박스에 체크하여 복습하세요.

🎧 고난도 어휘_6회.mp3

[듣기]

** : 최빈출어휘 / * : 빈출어휘

☐ 沸水 fèishuǐ	뗑	끓는 물
☐ 可回收** kěhuíshōu		재활용이 가능한
☐ 切割 qiēgē	통	(칼로) 자르다, 썰다
☐ 纱线 shāxiàn	뗑	실
☐ 一望无际 yíwàngwújì	쪙	끝없이 넓다
☐ 戈壁 gēbì	뗑	사막[굵은 모래와 자갈로 덮여 있는 황량한 지역을 가리킴]
☐ 仙境 xiānjìng	뗑	선경[신선이 사는 곳]
☐ 拖欠 tuōqiàn	통	(빚을) 질질 끌다
☐ 侵害** qīnhài	통	침해하다
☐ 误认 wùrèn	통	오인하다, 잘못 보다
☐ 奉节脐橙 Fèngjié Qíchéng	고유	펑제 오렌지[충칭 펑제 현에서 생산되는 오렌지]
☐ 导盲马 dǎomángmǎ		맹인 안내마
☐ 上岗 shànggǎng	통	업무를 맡다
☐ 指示灯 zhǐshìdēng	뗑	(교통) 지시등, 조명등
☐ 按钮 ànniǔ	뗑	버튼, 스위치
☐ 漏洞* lòudòng	뗑	취약점, 빈틈
☐ 滑翔 huáxiáng	통	활공하다
☐ 索道 suǒdào	뗑	삭도[공중에 로프를 가설하고 여기에 운반 기구(차량)를 걸어 동력 또는 운반 기구의 자체 무게를 이용하여 운전하는 것]
☐ 息息相关* xīxīxiāngguān	쪙	밀접하게 관련되어 있다
☐ 数据库* shùjùkù	뗑	데이터베이스
☐ 率先 shuàixiān	통	앞장서서, 먼저
☐ 操作系统 cāozuò xìtǒng	뗑	운영 체제, 운영 시스템
☐ 门锁 ménsuǒ		도어락
☐ 住户 zhùhù	뗑	거주자
☐ 领头 lǐngtóu	통	선두에 서다, 앞장서다
☐ 表率 biǎoshuài	뗑	모범, 본보기
☐ 厌倦 yànjuàn	통	싫증나다, 물리다

☐ 拓展 tuòzhǎn	통	확장하다
☐ 投身 tóushēn	통	몸을 담다, 헌신하다
☐ 改行 gǎiháng	통	전업하다, 원래의 직업을 바꾸다
☐ 一招 yìzhāo		방법
☐ 奏效 zòuxiào	통	효과가 있다, 효과가 나타나다
☐ 契机* qìjī	뗑	계기
☐ 默契 mòqì	뗑	호흡이 잘 맞다, 암묵적으로 뜻이 서로 맞다
☐ 高粱酒 gāoliángjiǔ	뗑	고량주
☐ 血脉相连 xuèmài xiānglián		혈맥이 서로 이어지다[관계가 밀접하게 이어져 있음을 나타냄]
☐ 召唤 zhàohuàn	통	부르다
☐ 子子孙孙 zǐzǐsūnsūn	뗑	대대손손, 자자손손
☐ 胸口 xiōngkǒu	뗑	가슴
☐ 尤为* yóuwéi	뗑	특히, 더욱이
☐ 心绞痛 xīnjiǎotòng	뗑	협심증
☐ 急性心肌梗塞* jíxìng xīnjī gěngsè	뗑	급성 심근경색
☐ 庇护所 bìhùsuǒ	뗑	피난처, 은신처
☐ 喧闹 xuānnào	통	시끌벅적하다, 떠들썩하다
☐ 后遗症* hòuyízhèng	뗑	후유증
☐ 语音导览 yǔyīn dǎolǎn		음성 안내
☐ 监测* jiāncè	통	모니터링
☐ 路况 lùkuàng	뗑	도로 상황
☐ 预警 yùjǐng	통	조기 경보하다
☐ 数字化** shùzìhuà	통	디지털화하다
☐ 范例 fànlì	뗑	범례
☐ 救助 jiùzhù	통	구조하다
☐ 悄无声息 qiǎowúshēngxī	쪙	고요하다, 잠잠하다
☐ 商圈 shāngquān	뗑	상권

☐ 亮丽 liànglì	톙 아름답다, 환하고 예쁘다		☐ 段落 duànluò	톙 단락
☐ 风景线 fēngjǐngxiàn	톙 볼거리, 풍경		☐ 插入 chārù	통 끼워 넣다, 삽입하다
☐ 竖起 shùqǐ	통 세우다		☐ 权益 quányì	톙 권익
☐ 大拇指 dàmǔzhǐ	톙 엄지 손가락		☐ 应当 yīngdāng	조통 마땅히 ~해야 한다
☐ 叫好 jiàohǎo	통 갈채를 보내다		☐ 困扰* kùnrǎo	통 귀찮게 굴다
☐ 占用 zhànyòng	통 차지하여 사용하다, 점용하다		☐ 索然无味 suǒránwúwèi	셩 무미건조하다
☐ 风口浪尖 fēngkǒulàngjiān	셩 치열하고 복잡한 곳, 바람이 세고 파도가 높은 곳		☐ 辞去 cíqù	통 물러나다, 사직하다
☐ 破烂 pòlàn	톙 노후하다, 낡아 빠지다		☐ 抑制* yìzhì	통 억제하다, 억압하다
☐ 拆除 chāichú	통 철거하다		☐ 怀抱 huáibào	톙 품 통 품에 안다
☐ 毁灭性 huǐmièxìng	톙 치명적인, 결정적인		☐ 追捧 zhuīpěng	통 성원하다, 추종하다
☐ 统筹 tǒngchóu	통 총괄하다, 전면적인 계획을 세우다		☐ 旅居 lǚjū	통 해외에 머물다, 객지에 머물다
☐ 底蕴* dǐyùn	톙 내포, 상세한 내용		☐ 加拿大籍 Jiānádàjí	캐나다 국적
☐ 腾讯集团 Téngxùn Jítuán	고유 텐센트 그룹[중국의 IT기업]		☐ 山坡 shānpō	톙 산비탈
☐ 试点 shìdiǎn	통 시험 삼아 해 보다		☐ 撒 sǎ	통 뿌리다, 살포하다
☐ 知识产权 zhīshi chǎnquán	톙 지적 재산권		☐ 加班加点 jiābān jiādiǎn	연장 근무

[독해]

☐ 甲板 jiǎbǎn	톙 갑판		☐ 缅甸 Miǎndiàn	고유 미얀마
☐ 可可豆 kěkědòu	코코아		☐ 红宝石 hóngbǎoshí	톙 루비
☐ 烟熏味 yānxūnwèi	연기에 그을린 듯한 향		☐ 克拉 kèlā	톙 캐럿[보석의 질량과 중량을 재는 단위]
☐ 阅读器 yuèdúqì	톙 리더기		☐ 明亮 míngliàng	톙 반짝거리다, 빛나다
☐ 小巧* xiǎoqiǎo	톙 작고 정교하다		☐ 谷物* gǔwù	톙 곡물
☐ 省长 shěngzhǎng	톙 성장[중국의 행정 단위인 성(省)의 장]		☐ 大胆* dàdǎn	톙 대담하다
☐ 暴富 bàofù	통 벼락부자가 되다		☐ 丢弃 diūqì	통 버리다, 내버리다
☐ 增值* zēngzhí	통 (자산이나 상품의) 가치가 올라가다		☐ 抽签 chōuqiān	통 추첨하다, 제비뽑기를 하다
☐ 欠债 qiànzhài	톙 빚 통 빚을 지다		☐ 霍金 Huòjīn	고유 스티븐 호킹
☐ 朝九晚五 zhāo jiǔ wǎn wǔ	정시 출퇴근하다		☐ 渊博 yuānbó	톙 (학식이) 해박하다, 깊고 넓다
☐ 山体 shāntǐ	톙 산, 산의 형태		☐ 著述 zhùshù	톙 저술 통 저술하다, 편집하다
☐ 滑坡 huápō	통 산사태가 나다		☐ 望远镜 wàngyuǎnjìng	톙 망원경
☐ 水库 shuǐkù	톙 댐, 저수지		☐ 伽利略 Jiālìlüè	고유 갈릴레이[이탈리아의 천문학자·물리학자]
☐ 排查 páichá	통 (일일이) 검사하다		☐ 随时随地 suí shí suí dì	언제 어디서나
☐ 险情 xiǎnqíng	톙 위험한 상황		☐ 示人 shìrén	통 (남에게) 보이다
			☐ 亏负 kuīfù	통 (호의·은혜·기대 등을) 저버리다, 어기다
			☐ 困境* kùnjìng	톙 곤경, 궁지
			☐ 创始人* chuàngshǐrén	톙 설립자, 창시자

☐ **万木草堂** Wànmù Cǎotáng	고유	만목초당[중국 광저우에 위치한 글방]
☐ **剧场** jùchǎng	명	극장
☐ **夜幕*** yèmù	명	땅거미, 밤의 장막
☐ **茂密** màomì	형	(풀과 나무 등이) 울창하다, 무성하다
☐ **丽江古城** Lìjiāng Gǔchéng	고유	리장 고성[중국 윈난성에 있는 AAAAA급 관광지로, 옛 도시의 모습을 그대로 간직하고 있는 곳]
☐ **融汇** rónghuì	동	융합하다
☐ **糅合** róuhé	동	접목하다, 혼합하다
☐ **藏族** Zàngzú	명	티베트족[중국의 소수 민족]
☐ **白族** Báizú	명	백족[중국의 소수 민족]
☐ **技艺*** jìyì	명	기예
☐ **经受** jīngshòu	동	(시련이나 고난 등을) 견디다, 버티다
☐ **架构** jiàgòu	명	틀, 지지대
☐ **构型** gòuxíng	명	모양, 모습
☐ **新兴*** xīnxīng	형	신흥의, 새로 일어난
☐ **直播平台** zhíbō píngtái		라이브 동영상 플랫폼
☐ **走红** zǒuhóng	동	인기를 얻다
☐ **防范** fángfàn	동	방범하다, 대비하다
☐ **解读** jiědú	동	연구하다, 해독하다
☐ **瑞士** Ruìshì	고유	스위스
☐ **波动** bōdòng	동	변동하다, 오르내리다
☐ **换牙** huànyá	동	이갈이를 하다, 치아 교체를 하다
☐ **哺乳动物** bǔrǔ dòngwù		포유동물, 포유류
☐ **乳牙** rǔyá	명	젖니
☐ **恒牙** héngyá	명	영구치
☐ **细嚼慢咽** xìjiáomànyàn	성	오래 씹고 천천히 삼키다
☐ **饲料** sìliào	명	사료
☐ **细微*** xìwēi	형	미세하다, 사소하다
☐ **轻而易举** qīng'éryìjǔ	성	(어떤 일을 하기가) 쉽다, 수월하게 하다
☐ **荆棘** jīngjí	명	가시덤불, 고난
☐ **水稻** shuǐdào	명	벼
☐ **凭借*** píngjiè	동	～에 기대다
☐ **享誉** xiǎngyù	동	명성을 누리다, 명예를 누리다
☐ **塞满** sāimǎn	동	가득 채우다
☐ **无情** wúqíng	형	무자비하다, 무정하다
☐ **练就** liànjiù	동	(훈련이나 연습을 통하여) 몸에 익히다
☐ **精湛*** jīngzhàn	형	능수능란하다, 정밀하고 뛰어나다
☐ **灵活性** línghuóxìng	명	유연성, 신축성
☐ **爆发力** bàofālì	명	순발력, 폭발력
☐ **领奖台** lǐngjiǎngtái		시상대
☐ **相距** xiāngjù	동	(서로 간에) 멀어지다, 떨어져 있다
☐ **秧苗** yāngmiáo	명	(농작물의) 모종, 새싹
☐ **拔除** báchú	동	뽑아 버리다, 제거하다
☐ **长三角**** chángsānjiǎo		창강 삼각주[창강과 첸탕강이 만나는 곳]
☐ **胜地*** shèngdì	명	명승지
☐ **兼顾**** jiāngù	동	(여러 방면을) 고루 살피다, 동시에 돌보다
☐ **与时俱进*** yǔshíjùjìn	성	시대와 더불어 발전하다
☐ **人情味** rénqíngwèi	명	인간적, 인간미
☐ **死板** sǐbǎn	형	융통성이 없다
☐ **客流量** kèliúliàng	명	(승객의) 유동량
☐ **适龄** shìlíng	명	적령의
☐ **万寿灯** wànshòudēng		만수등
☐ **锻** duàn	동	단조하다, 만들다
☐ **浮雕** fúdiāo	명	돋을새김, 부조[조각에서 평평한 면에 글자나 그림 등을 도드라지게 새기는 것]
☐ **技法** jìfǎ	명	기법
☐ **金属板** jīnshǔbǎn	명	금속판
☐ **千变万化** qiānbiànwànhuà	성	변화무궁하다
☐ **锻造** duànzào	동	(쇠를) 연마하다, 단조하다
☐ **大殿** dàdiàn	명	대전[중국 사원과 정전을 이르는 말]
☐ **归属** guīshǔ	동	귀속하다, ～에 속하다
☐ **公益*** gōngyì	명	공익
☐ **拍卖** pāimài	동	경매하다
☐ **捐款*** juānkuǎn	명	기부금
☐ **捐赠*** juānzèng	동	기부하다

☐ 基金会* jījīnhuì	몡 기금회	
☐ 扶贫 fúpín	동 (가난한 가정이나 빈곤한 지역을) 구제하다, 돕다	
☐ 游轮 yóulún	몡 크루즈, 유람선	
☐ 扑面而来 pūmiàn érlái	확 스쳐오다	
☐ 踪影 zōngyǐng	몡 자취, 종적	
☐ 偏向 piānxiàng	동 편향하다, 편들다	
☐ 猛火 měnghuǒ	몡 센 불, 세찬 불	
☐ 菜肴 càiyáo	몡 요리, 반찬	
☐ 另辟蹊径 lìngpìxījìng	성 새로운 방법을 창안하다, 작은 길을 따로 개척하다	
☐ 蒸 zhēng	동 찌다	
☐ 煲 bāo	동 삶다, 끓이다	
☐ 悠闲 yōuxián	혱 여유롭다, 한가하다	
☐ 聘请 pìnqǐng	동 초빙하다	
☐ 高端 gāoduān	혱 고급의	
☐ 斑马 bānmǎ	몡 얼룩말	
☐ 条纹 tiáowén	몡 줄무늬	
☐ 费解 fèijiě	혱 (문장의 단어와 구절 등이) 이해하기 힘들다	
☐ 猎食者 lièshízhě	사냥꾼	
☐ 凉爽 liángshuǎng	혱 시원하다, 서늘하다	
☐ 驱虫 qūchóng	동 기생충을 없애다	
☐ 猎豹 lièbào	몡 치타	
☐ 热成像 rèchéngxiàng	열화상[물체의 열복사를 전자적으로 측정하여 기록함으로써 만들어지는 그림]	
☐ 肉眼 ròuyǎn	몡 육안	
☐ 马蝇 mǎyíng	몡 말파리	
☐ 帧 zhēn	얭 (영화나 동영상의) 프레임	
☐ 录像 lùxiàng	몡 녹화 영상	
☐ 停留* tíngliú	동 (잠시) 머물다	
☐ 变量 biànliàng	몡 변수	
☐ 辨别 biànbié	동 판별하다, 분별하다	
☐ 晒伤 shài shāng	햇볕에 타다	
☐ 慕课 mùkè	몡 MOOC[온라인 공개 수업]	
☐ 传递 chuándì	동 전달하다	

☐ 感触 gǎnchù	몡 감명	
☐ 发帖 fātiě	동 게시글을 올리다	
☐ 快递* kuàidì	몡 택배	
☐ 真切 zhēnqiè	혱 뚜렷하다	
☐ 四面八方 sìmiànbāfāng	성 방방곡곡	
☐ 乃至 nǎizhì	젭 심지어	
☐ 推进 tuījìn	동 추진하다	
☐ 仿真 fǎngzhēn	몡 시뮬레이션	
☐ 全息 quánxī	몡 홀로그래피[입체 사진술]	
☐ 客机* kèjī	몡 여객기	
☐ 偏远 piānyuǎn	혱 외지다, 궁벽지다	
☐ 虚拟 xūnǐ	혱 가상의	

[쓰기]

☐ 三点一线 sān diǎn yí xiàn	(도서관·기숙사·교실이) 반복되는 쳇바퀴 일상	
☐ 课余 kèyú	몡 방과 후	
☐ 摆地摊 bǎi dìtān	노점을 벌이다	
☐ 零售 língshòu	몡 소매	
☐ 配货 pèihuò	동 (상품을) 출고하다	
☐ 倍感 bèigǎn	동 더욱더 느끼다	
☐ 深思熟虑 shēn sī shú lǜ	심사숙고하다	
☐ 工商注册 gōngshāng zhùcè	사업자 등록	
☐ 代理记账 dàilǐ jìzhàng	기장 대리[회사의 회계 장부를 복식 부기로 대리 작성하는 것]	
☐ 营销 yíngxiāo	동 마케팅하다	
☐ 见效 jiànxiào	동 효과가 나타나다	
☐ 启动 qǐdòng	동 가용하다, 시동하다	
☐ 功夫不负有心人* gōngfū bú fù yǒuxīn rén	성 노력은 배신하지 않는다	
☐ 宽松 kuānsōng	혱 느슨하다, 넓다	
☐ 优质 yōuzhì	몡 양질, 우수한 품질	
☐ 对接 duìjiē	협력하다, 연결하다	
☐ 共赢 gòngyíng	동 함께 이익을 얻다	

고득점을 향한 막판 10일!

해커스 중국어

해설이 상세한

HSK 6급

실전모의고사

초판 8쇄 발행 2024년 7월 8일

초판 1쇄 발행 2020년 6월 8일

지은이	해커스 HSK연구소
펴낸곳	㈜해커스
펴낸이	해커스 출판팀

주소	서울특별시 서초구 강남대로61길 23 ㈜해커스
고객센터	02-537-5000
교재 관련 문의	publishing@hackers.com
	해커스중국어 사이트(china.Hackers.com) 교재Q&A 게시판
동영상강의	china.Hackers.com

ISBN	979-11-6430-518-6 (13720)
Serial Number	01-08-01

중국어인강 1위
해커스중국어(china.Hackers.com)

해커스 중국어

- 어려운 중국어 듣기를 완전 정복할 수 있는 **다양한 버전의 무료 교재 MP3**
- HSK 6급 필수어휘 2500, HSK 6급 쓰기 원고지, HSK 기출 사자성어, 매일 HSK 필수어휘 테스트 등 **다양한 HSK 무료 학습 콘텐츠**
- 해커스 스타강사의 **본 교재 인강** (교재 내 할인쿠폰 수록)

[중국어인강 1위] 주간동아 선정 2019 한국 브랜드 만족지수 교육(중국어인강) 부문 1위

합격생들이 해커스중국어 를 선택한 이유

1

**HSK 베스트셀러
중국어인강 1위
굿콘텐츠 서비스
해커스중국어**

HSK 전 급수
베스트셀러

중국어인강
1위

굿콘텐츠
서비스 인증
획득

HSK 베스트셀러

1위

굿콘텐츠서비스
인증서

[중국어인강 1위] 주간동아 선정 2019 한국 브랜드 만족지수 교육(중국어인강) 부문 1위
[굿콘텐츠 서비스] 정보통신산업진흥원 인증 굿콘텐츠제공서비스 품질인증 (2019년도)
[단어장 베스트셀러] YES24 국어 외국어 사전 베스트셀러 중국어 한어수평고시(HSK) 분야(2021년 2월 3주 주별베스트 기준)
[기본서 베스트셀러] YES24 국어 외국어 사전 베스트셀러 중국어 한어수평고시(HSK) 분야(2022년 6월 2주 주별베스트 기준)
[3급 실전모의고사] 교보문고 외국어 베스트셀러 HSK/중국어시험 분야(2020.04.20. 온라인 수산집계 기준)
[4급 실전모의고사] 교보문고 외국어 베스트셀러 HSK/중국어시험 분야(2019.11.19. 온라인 주간집계 기준)
[5급 실전모의고사] 교보문고 외국어 베스트셀러 HSK모의고사/테스트 분야 모의고사 1위(2018.06.15. 온라인 주간집계 기준)
[6급 실전모의고사] 교보문고 외국어 베스트셀러 HSK모의고사/테스트 분야 1위(2020.06.19. 온라인 주간집계 기준)

2

**수강생이 직접
체험한 결과로 증명하는
해커스중국어
강의 효과**

해커스중국어 인강 수강 후, HSK 6급 275점 고득점 합격!
HSK 시험은 처음 보는 거라 모든 부분의 문제가 어떻게 나오는지, 대략 어떻게 푸는지 알아야 했고,
해커스에선 한 번에 해결할 수 있어서 좋았어요. 또 강의 내용 모두 시험에서 실제로 도움이 되는
꿀팁이 많아 시험 볼 때 많은 도움이 되었습니다.

– 해커스중국어 인강 수강생 장*종님

인강 2주 수강 후, HSK 6급 합격+취업 스펙 완성!
졸업을 앞두고 HSK 6급에 응시하기 위해 해커스중국어 인강을 통해 HSK를 공부하게 되었습니다.
인강을 들으면서 HSK 문제 유형과 문제 푸는 스킬들을 터득할 수 있었고, 동시에 HSK 6급을
취득할 수 있어서 정말 기뻤습니다.

– 해커스중국어 인강 수강생 이*진님

해커스중국어 china.Hackers.com

해커스 중국어

해설이 상세한

HSK6급

실전모의고사

고득점을 향한 막판 10일!

문제집

추가 자료 해커스중국어 china.Hackers.com

본 교재 동영상강의(할인쿠폰 수록)·무료 HSK 6급 필수어휘 2500·무료 HSK 6급 쓰기 원고지·무료 HSK 기출 사자성어·무료 매일 HSK 필수어휘 테스트

해커스

해커스 중국어

해설이 상세한
HSK 6급
실전모의고사

문제집

해커스

시험에 나올 어휘를
효과적으로 공부하려면?

해커스중국어(china.Hackers.com)에서
<품사별로 암기하는 HSK 6급 필수어휘 2500 PDF> 무료 다운받기!

해커스 해설이 상세한 HSK 6급

실전모의고사

제1회

*시험을 보기 전, <해설집> p.422의 '제1회 고난도 어휘'를 먼저 익히면
 문제를 더 쉽게 풀 수 있어요.

* 실제 시험을 보는 것처럼 시간에 맞춰 실전모의고사를 풀어보세요.

잠깐! 테스트 전 확인 사항

1. 휴대 전화의 전원을 끄셨나요? ⋯⋯⋯⋯⋯⋯ □

2. 답안지, 연필, 지우개가 준비되셨나요? ⋯⋯⋯ □

3. 시계가 준비되셨나요? ⋯⋯⋯⋯⋯⋯⋯⋯⋯⋯ □

   * 듣기 답안 작성 5분, 독해+쓰기 95분

고사장 소음까지 대비하고
듣기 점수 올리려면?

해커스중국어(china.Hackers.com)에서
고사장 소음 버전 MP3 무료 다운받기!

답안지 작성법

汉语水平考试 HSK（六级）答题卡

✓수험자 정보를 기입하세요.   ✓고사장 정보를 기입하세요.

| 请填写考生信息 | | 请填写考点信息 |

请按照考试证件上的姓名填写：수험표 낭의 영문 이름을 기입하세요.

| 姓名 | KIM JEE YOUNG |

如果有中文姓名，请填写：중문 이름이 있다면 기입하세요.

| 中文姓名 | 金志玲 |

✓수험 번호를 쓰고 마킹하세요.

考生序号

6	[0] [1] [2] [3] [4] [5] [6] [7] [8] [9]
O	[0] [1] [2] [3] [4] [5] [6] [7] [8] [9]
2	[0] [1] [2] [3] [4] [5] [6] [7] [8] [9]
5	[0] [1] [2] [3] [4] [5] [6] [7] [8] [9]
9	[0] [1] [2] [3] [4] [5] [6] [7] [8] [9]

✓고사장 번호를 쓰고 마킹하세요.

考点序号

8	[0] [1] [2] [3] [4] [5] [6] [7] [8] [9]
1	[0] [1] [2] [3] [4] [5] [6] [7] [8] [9]
5	[0] [1] [2] [3] [4] [5] [6] [7] [8] [9]
O	[0] [1] [2] [3] [4] [5] [6] [7] [8] [9]
3	[0] [1] [2] [3] [4] [5] [6] [7] [8] [9]
O	[0] [1] [2] [3] [4] [5] [6] [7] [8] [9]
O	[0] [1] [2] [3] [4] [5] [6] [7] [8] [9]

✓국적 번호를 쓰고 마킹하세요.

国籍

5	[0] [1] [2] [3] [4] [5] [6] [7] [8] [9]
2	[0] [1] [2] [3] [4] [5] [6] [7] [8] [9]
3	[0] [1] [2] [3] [4] [5] [6] [7] [8] [9]

✓나이를 쓰고 마킹하세요.

年龄

| 2 | [0] [1] [2] [3] [4] [5] [6] [7] [8] [9] |
| 3 | [0] [1] [2] [3] [4] [5] [6] [7] [8] [9] |

✓해당하는 넝별에 마킹하세요.

| 性别 | 男 [1]   女 [2] |

注意   请用2B铅笔这样写： ■■■ 2B 연필로 마킹하세요.

답안 마킹시 답안표기 방향에 주의하세요.   **一、听力 듣기**

제1부분
1. [A] [B] [C] [D]
2. [A] [B] [C] [D]
3. [A] [B] [C] [D]
4. [A] [B] [C] [D]
5. [A] [B] [C] [D]

6. [A] [B] [C] [D]
7. [A] [B] [C] [D]
8. [A] [B] [C] [D]
9. [A] [B] [C] [D]
10. [A] [B] [C] [D]

11. [A] [B] [C] [D]
12. [A] [B] [C] [D]
13. [A] [B] [C] [D]
14. [A] [B] [C] [D]
15. [A] [B] [C] [D]

제2부분
16. [A] [B] [C] [D]
17. [A] [B] [C] [D]
18. [A] [B] [C] [D]
19. [A] [B] [C] [D]
20. [A] [B] [C] [D]

21. [A] [B] [C] [D]
22. [A] [B] [C] [D]
23. [A] [B] [C] [D]
24. [A] [B] [C] [D]
25. [A] [B] [C] [D]

26. [A] [B] [C] [D]
27. [A] [B] [C] [D]
28. [A] [B] [C] [D]
29. [A] [B] [C] [D]
30. [A] [B] [C] [D]

제3부분
31. [A] [B] [C] [D]
32. [A] [B] [C] [D]
33. [A] [B] [C] [D]
34. [A] [B] [C] [D]
35. [A] [B] [C] [D]

36. [A] [B] [C] [D]
37. [A] [B] [C] [D]
38. [A] [B] [C] [D]
39. [A] [B] [C] [D]
40. [A] [B] [C] [D]

41. [A] [B] [C] [D]
42. [A] [B] [C] [D]
43. [A] [B] [C] [D]
44. [A] [B] [C] [D]
45. [A] [B] [C] [D]

46. [A] [B] [C] [D]
47. [A] [B] [C] [D]
48. [A] [B] [C] [D]
49. [A] [B] [C] [D]
50. [A] [B] [C] [D]

二、阅读 독해

제1부분
51. [A] [B] [C] [D]
52. [A] [B] [C] [D]
53. [A] [B] [C] [D]
54. [A] [B] [C] [D]
55. [A] [B] [C] [D]

56. [A] [B] [C] [D]
57. [A] [B] [C] [D]
58. [A] [B] [C] [D]
59. [A] [B] [C] [D]
60. [A] [B] [C] [D]

제2부분
61. [A] [B] [C] [D]
62. [A] [B] [C] [D]
63. [A] [B] [C] [D]
64. [A] [B] [C] [D]
65. [A] [B] [C] [D]

66. [A] [B] [C] [D]
67. [A] [B] [C] [D]
68. [A] [B] [C] [D]
69. [A] [B] [C] [D]
70. [A] [B] [C] [D]

제3부분
71. [A] [B] [C] [D] [E]
72. [A] [B] [C] [D] [E]
73. [A] [B] [C] [D] [E]
74. [A] [B] [C] [D] [E]
75. [A] [B] [C] [D] [E]

76. [A] [B] [C] [D] [E]
77. [A] [B] [C] [D] [E]
78. [A] [B] [C] [D] [E]
79. [A] [B] [C] [D] [E]
80. [A] [B] [C] [D] [E]

제4부분
81. [A] [B] [C] [D]
82. [A] [B] [C] [D]
83. [A] [B] [C] [D]
84. [A] [B] [C] [D]
85. [A] [B] [C] [D]

86. [A] [B] [C] [D]
87. [A] [B] [C] [D]
88. [A] [B] [C] [D]
89. [A] [B] [C] [D]
90. [A] [B] [C] [D]

91. [A] [B] [C] [D]
92. [A] [B] [C] [D]
93. [A] [B] [C] [D]
94. [A] [B] [C] [D]
95. [A] [B] [C] [D]

96. [A] [B] [C] [D]
97. [A] [B] [C] [D]
98. [A] [B] [C] [D]
99. [A] [B] [C] [D]
100. [A] [B] [C] [D]

三、书写 쓰기

101.

| | | | | 卧 | 薪 | 尝 | 胆 | | | | | | | | |

不要写到框线以外！넌 밖으로 작성하지 않도록 주의하세요! →

400자 이상의 분량을 채우기 위해 최소 23~25행까지 작성합니다. → 23행

24행

25행

자르는 선

不要写到框线以外!

실전모의고사 1 답안지

汉语水平考试 HSK (六级) 答题卡

<table>
<tr><td colspan="2" align="center">请填写考生信息</td></tr>
</table>

请按照考试证件上的姓名填写:

| 姓名 | |

如果有中文姓名,请填写:

| 中文姓名 | |

<table>
<tr><td rowspan="5">考生序号</td><td>[0] [1] [2] [3] [4] [5] [6] [7] [8] [9]</td></tr>
<tr><td>[0] [1] [2] [3] [4] [5] [6] [7] [8] [9]</td></tr>
<tr><td>[0] [1] [2] [3] [4] [5] [6] [7] [8] [9]</td></tr>
<tr><td>[0] [1] [2] [3] [4] [5] [6] [7] [8] [9]</td></tr>
<tr><td>[0] [1] [2] [3] [4] [5] [6] [7] [8] [9]</td></tr>
</table>

<table>
<tr><td colspan="2" align="center">请填写考点信息</td></tr>
</table>

<table>
<tr><td rowspan="7">考点序号</td><td>[0] [1] [2] [3] [4] [5] [6] [7] [8] [9]</td></tr>
<tr><td>[0] [1] [2] [3] [4] [5] [6] [7] [8] [9]</td></tr>
<tr><td>[0] [1] [2] [3] [4] [5] [6] [7] [8] [9]</td></tr>
<tr><td>[0] [1] [2] [3] [4] [5] [6] [7] [8] [9]</td></tr>
<tr><td>[0] [1] [2] [3] [4] [5] [6] [7] [8] [9]</td></tr>
<tr><td>[0] [1] [2] [3] [4] [5] [6] [7] [8] [9]</td></tr>
<tr><td>[0] [1] [2] [3] [4] [5] [6] [7] [8] [9]</td></tr>
</table>

<table>
<tr><td rowspan="3">国籍</td><td>[0] [1] [2] [3] [4] [5] [6] [7] [8] [9]</td></tr>
<tr><td>[0] [1] [2] [3] [4] [5] [6] [7] [8] [9]</td></tr>
<tr><td>[0] [1] [2] [3] [4] [5] [6] [7] [8] [9]</td></tr>
</table>

<table>
<tr><td rowspan="2">年龄</td><td>[0] [1] [2] [3] [4] [5] [6] [7] [8] [9]</td></tr>
<tr><td>[0] [1] [2] [3] [4] [5] [6] [7] [8] [9]</td></tr>
</table>

| 性别 | 男 [1]　　　　女 [2] |

注意　请用2B铅笔这样写: ■

一、听力

1. [A] [B] [C] [D]
2. [A] [B] [C] [D]
3. [A] [B] [C] [D]
4. [A] [B] [C] [D]
5. [A] [B] [C] [D]

6. [A] [B] [C] [D]
7. [A] [B] [C] [D]
8. [A] [B] [C] [D]
9. [A] [B] [C] [D]
10. [A] [B] [C] [D]

11. [A] [B] [C] [D]
12. [A] [B] [C] [D]
13. [A] [B] [C] [D]
14. [A] [B] [C] [D]
15. [A] [B] [C] [D]

16. [A] [B] [C] [D]
17. [A] [B] [C] [D]
18. [A] [B] [C] [D]
19. [A] [B] [C] [D]
20. [A] [B] [C] [D]

21. [A] [B] [C] [D]
22. [A] [B] [C] [D]
23. [A] [B] [C] [D]
24. [A] [B] [C] [D]
25. [A] [B] [C] [D]

26. [A] [B] [C] [D]
27. [A] [B] [C] [D]
28. [A] [B] [C] [D]
29. [A] [B] [C] [D]
30. [A] [B] [C] [D]

31. [A] [B] [C] [D]
32. [A] [B] [C] [D]
33. [A] [B] [C] [D]
34. [A] [B] [C] [D]
35. [A] [B] [C] [D]

36. [A] [B] [C] [D]
37. [A] [B] [C] [D]
38. [A] [B] [C] [D]
39. [A] [B] [C] [D]
40. [A] [B] [C] [D]

41. [A] [B] [C] [D]
42. [A] [B] [C] [D]
43. [A] [B] [C] [D]
44. [A] [B] [C] [D]
45. [A] [B] [C] [D]

46. [A] [B] [C] [D]
47. [A] [B] [C] [D]
48. [A] [B] [C] [D]
49. [A] [B] [C] [D]
50. [A] [B] [C] [D]

二、阅读

51. [A] [B] [C] [D]
52. [A] [B] [C] [D]
53. [A] [B] [C] [D]
54. [A] [B] [C] [D]
55. [A] [B] [C] [D]

56. [A] [B] [C] [D]
57. [A] [B] [C] [D]
58. [A] [B] [C] [D]
59. [A] [B] [C] [D]
60. [A] [B] [C] [D]

61. [A] [B] [C] [D]
62. [A] [B] [C] [D]
63. [A] [B] [C] [D]
64. [A] [B] [C] [D]
65. [A] [B] [C] [D]

66. [A] [B] [C] [D]
67. [A] [B] [C] [D]
68. [A] [B] [C] [D]
69. [A] [B] [C] [D]
70. [A] [B] [C] [D]

71. [A] [B] [C] [D] [E]
72. [A] [B] [C] [D] [E]
73. [A] [B] [C] [D] [E]
74. [A] [B] [C] [D] [E]
75. [A] [B] [C] [D] [E]

76. [A] [B] [C] [D] [E]
77. [A] [B] [C] [D] [E]
78. [A] [B] [C] [D] [E]
79. [A] [B] [C] [D] [E]
80. [A] [B] [C] [D] [E]

81. [A] [B] [C] [D]
82. [A] [B] [C] [D]
83. [A] [B] [C] [D]
84. [A] [B] [C] [D]
85. [A] [B] [C] [D]

86. [A] [B] [C] [D]
87. [A] [B] [C] [D]
88. [A] [B] [C] [D]
89. [A] [B] [C] [D]
90. [A] [B] [C] [D]

91. [A] [B] [C] [D]
92. [A] [B] [C] [D]
93. [A] [B] [C] [D]
94. [A] [B] [C] [D]
95. [A] [B] [C] [D]

96. [A] [B] [C] [D]
97. [A] [B] [C] [D]
98. [A] [B] [C] [D]
99. [A] [B] [C] [D]
100. [A] [B] [C] [D]

三、书写

101.

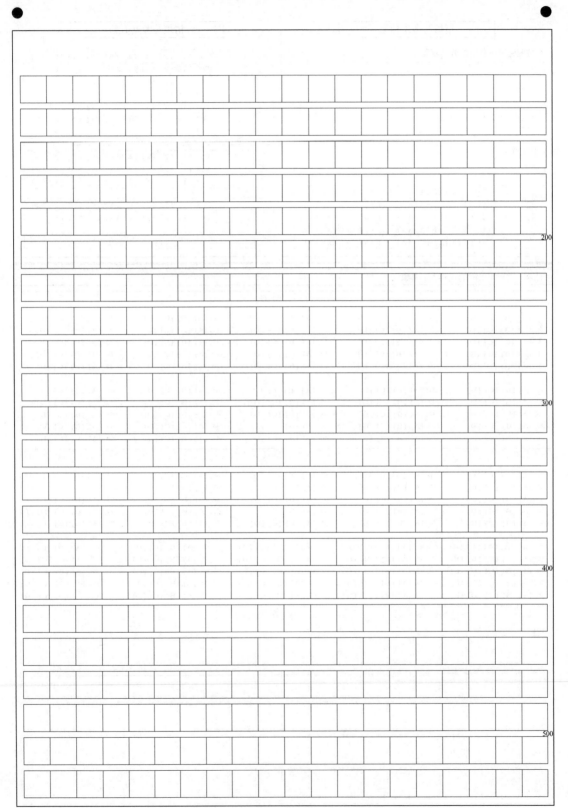

不要写到框线以外!

汉语水平考试

HSK（六级）

注　意

一、HSK（六级）分三部分：

　　1.听力（50题，约35分钟）

　　2.阅读（50题，50分钟）

　　3.书写（1题，45分钟）

二、听力结束后，有5分钟填写答题卡。

三、全部考试约140分钟（含考生填写个人信息时间5分钟）。

一、听 力

第一部分

第1-15题：请选出与所听内容一致的一项。

1. A 带婴儿的乘客得不到任何照顾
   B 乘客可向列车员借用转换插座
   C "动感号"列车设有残疾人车厢
   D "动感号"列车具有完备的设施

2. A 月饼冷冻后不能食用
   B 尚未发现不合格月饼
   C 冰皮月饼容易被污染
   D 月饼须在密封后储存

3. A 博物馆允许有适当盈利
   B 博物馆的经营耗资巨大
   C 博物馆应开展推广活动
   D 博物馆急需文物修复师

4. A 演员控制情绪的能力较强
   B 这些志愿者性格比较急躁
   C 该实验受到了很大的批评
   D 孤独对人的精神影响极大

5. A 摩擦可以防止静电
   B 静电可能损害健康
   C 静电不会产生刺痛感
   D 静电常通过手指释放

6. A 民宿的类型比较单一
   B 民宿的档次普遍不高
   C 民宿比传统酒店更加昂贵
   D 民宿的优势在于特色鲜明

7. A 唐代已有中欧陶瓷贸易
   B 专家挖掘出了丝绸碎片
   C 古代的货物运输十分困难
   D 瓷器的制作已有五百年历史

8. A 医生可在线诊断病情
   B 医院可共享患者信息
   C "电子健康卡"便于就诊
   D "电子健康卡"已全面实行

9. A 该计划将不定期开展
   B 该计划受到用户的欢迎
   C 该计划将对车辆进行维修保养
   D 该计划将对废旧车辆进行更新

10. A 游客的数量大幅度减少
    B 景区的维修工作已完毕
    C 可以在官网预约景区门票
    D 文化遗产保护政策已落实

11. A 该电影实现了动作片的飞跃
    B 拍这部电影耗费了两年时间
    C 该电影有浓厚的中国文化色彩
    D 观众不认可该电影的表现手法

12. A 冷藏会影响西红柿的口感
    B 西红柿的营养价值并不高
    C 食用西红柿前应浸泡片刻
    D 高温天气会使西红柿减产

13. A 古老的种子顺利萌芽了
    B 这种莲子时隔六年开花
    C 景区暂时不向游客开放
    D 这种花的生长周期很长

14. A 野外摄影引发巨大争议
    B 野外摄影存在安全隐患
    C 鸟类摄影对技术要求高
    D 鸟类摄影应有行为规范

15. A 这种草莓价格昂贵
    B 这种草莓是新品种
    C 这种草莓淘汰率高
    D 这种草莓最受欢迎

第二部分

第16-30题：请选出正确答案。

16. A 眼镜和耳机
    B 耳机和照明灯
    C 眼镜和遥控手柄
    D 耳机和遥控手柄

17. A 拍摄资金不足
    B 缺乏创作热情
    C 摄影装备落后
    D 创作受到局限

18. A 无法得到观众认可
    B 技术发展过于缓慢
    C 从业人员不够多样
    D 审查制度较为严格

19. A 充满想象力
    B 内容有深度
    C 有分量的不多
    D 缺少社会热点

20. A 排斥在纪录片里使用VR技术
    B 是中国纪录片界的传奇人物
    C 试图拍摄题材有趣的纪录片
    D《行走敦煌》是男的的处女作

21. A 症状明显改善
    B 始终没有就业
    C 受到专业机构的帮助
    D 与人交流时问题不大

22. A 基因改变
    B 空气污染
    C 电器辐射
    D 外力伤害

23. A 刚出生时
    B 刚确诊时
    C 学走路时
    D 三四岁前

24. A 宽容对待孤独症患者
    B 主动帮助孤独症患者
    C 对孤独症迹象提高警惕
    D 了解孤独症的治疗方式

25. A 情绪十分急躁
    B 行为都有偏差
    C 有的极具天赋
    D 普遍喜爱艺术

26. A 属于教育类品牌
    B 商品的性价比低
    C 是原创生活品牌
    D 不与制造商直连

27. A 过于相信广告
    B 需承担昂贵的邮费
    C 无法分辨货品的真假
    D 买不到新款式的商品

제1회
제2회
제3회
제4회
제5회
제6회

해커스 해설이 순제한 HSK 6급 실전모의고사

28. A 严格

B 严峻

C 严重

D 严寒

29. A 说明创业的艰辛

B 阐明品牌的态度

C 介绍公司的业务

D 推广当地旅游业

30. A 提高产品价格

B 无视品牌理念

C 缩小服务范围

D 用心做好产品

第三部分

第31-50题：请选出正确答案。

31. A 在春秋两季都会开放
    B 在夏天重新形成花芽
    C 叶子会分泌出杀菌素
    D 对土壤和气候要求高

32. A 樱花提早盛开了
    B 九州岛没有樱花
    C 樱花叶子枯萎了
    D 樱花遭昆虫侵袭

33. A 气温升高
    B 环境污染
    C 基因改变
    D 人为干预

34. A 流泪不止
    B 十分疼痛
    C 神经麻痹
    D 视野缺损

35. A 使用闪光灯
    B 使用电子产品
    C 进行激烈运动
    D 吃刺激性食物

36. A 控制饮食
    B 注射药物
    C 按摩头部
    D 进行手术

37. A 使其更为美观
    B 使其保持湿润
    C 使其愈加牢固
    D 使其散发香气

38. A 收藏条件并不复杂
    B 仅供贵族家庭使用
    C 能长期保持鲜艳的颜色
    D 比现代漆器制作水平高

39. A 避免碰撞
    B 经常清洗
    C 涂抹油脂
    D 长期暴晒

40. A 打仗
    B 骑马
    C 战术
    D 射箭

41. A 佩服
    B 平静
    C 冷酷
    D 厌恶

42. A 老翁觉得射箭不重要
    B 老翁倒油的技术高超
    C 老翁表现得十分激动
    D 老翁觉得年轻人值得夸奖

43. A 做人要谦虚谨慎
    B 天赋是与生俱来的
    C 熟练了就能找到技巧
    D 应努力寻找事物的规律

44. A 孤独
    B 欢乐
    C 疲惫
    D 震惊

45. A 较少的脂肪含量
    B 某种元素的缺乏
    C 皮质醇水平的增高
    D 低于标准的营养成分

46. A 无法有效调节情绪
    B 无法解决现实问题
    C 容易引起肠胃疾病
    D 容易造成神经麻痹

47. A 在儿童中更常见
    B 易造成营养过剩
    C 对人体危害不大
    D 抚慰效果不持久

48. A 刚刚组织的家庭
    B 从小成长的家庭
    C 条件很优越的家庭
    D 气氛不和谐的家庭

49. A 人们应该为家庭牺牲
    B 家庭的影响是相对的
    C 家庭成员应该互相尊重
    D 家庭是人们珍贵的财富

50. A 人们可以忽略家庭
    B 家庭条件极其重要
    C 人们可以自己创造未来
    D 自我挑战需要家庭支持

제1회

제2회

제3회

제4회

제5회

제6회

해커스 해설이 상세한 HSK 6급 실전모의고사

二、阅读

第一部分

第51-60题：请选出有语病的一项。

51. A 在严寒的北极，植物们面临着最严峻的生存考验。
    B 琥珀的雏形来自于植物分泌出的高粘度物质——树脂。
    C 他通过通俗易懂的成语故事，灌输了我们中国传统文化。
    D 受年轻人青睐的牛仔裤，是一种不会被时尚淘汰的单品。

52. A 这款能够自动清扫的吸尘器上配备着最新的跟随系统。
    B 在北京，新建的大兴机场与首都机场形成了双枢纽格局。
    C 福建平潭岛拥有一种得天独厚的奇妙自然景观——蓝眼泪。
    D 很多人认为，针灸的中国传统医学是一门古老而又神奇的学问。

53. A 在现代社会，养生不再是只有老年人关注的事情。
    B 此类路面修补胶带由高分子聚合物和玻璃纤维合伙而成。
    C 女教练头发短短的，眼睛里闪烁着光芒，干练里透着一股英气。
    D 他在无数次的严峻考验下都没有退缩，这种超越常人的毅力令人佩服。

54. A 这位农民把自家院里挖出的十九件文物全部捐给了故宫博物院。
    B 改变不了风向，但可以调整风帆；改变不了事物，但可以重塑观念。
    C 为了防止此类事故不再发生，相关部门开展了一系列和安全有关的讲座。
    D 管理者必须要明白，没有物质保障，只有精神奖励的话，是留不住优秀员工的。

55. A 中国的姓氏大多源于上古时期，几乎每个姓氏都有其起源和演变历史。
    B 良好的评价和声誉，是每个人都应该重视的，因为这会带来意想不到的收获。
    C 汉魏时期的诗歌朴实自然，非常口语化，具象多而抽象少，适合让孩子们背诵。
    D 这位思想家在捍卫真理的过程中所经历的曲折曲折，本身就是一部非常伟大的作品。

56. A 人在一定的环境下久了生活工作，往往容易形成一套固定的思维模式。
    B 方言是文化的载体，不同的方言体现的是多元化的社会文化以及各地的风土人情。
    C 自2010年起，内地居民的出境人数每年都在大幅递增，在2016年达到了1.37亿人次。
    D 在奥运会一万米长跑比赛上，她凭借不放弃的精神，克服了所有困难，最终夺得了冠军。

57. A 去其他国家之前，必须要先了解当地的社会状况、风俗文化等，否则很容易闹出笑话。
    B 佛殿坐北朝南，从其前殿露台前行约5米即可进入正殿，正殿里有不少烧香拜佛的信徒。
    C 医学研究表明，这种治疗心脏病的药物被用于对人体没有任何副作用，病人可放心服用。
    D 目前，白色污染已成为世界各国无法忽视的问题，因此食品包装厂商也在不断寻求突破
    和转变。

58. A 宇航员顺利登上月球一事，让大众对月球的起源、结构及演化过程有了更进一步的了解。
   B 两年前，这家公司发现了中国产的石材物美价廉，于是就果断地和中国的石材公司签订了合同。
   C 学校为学生提供的午餐无论价格合理，都富含学生在生长发育时所需的热量、蛋白质、脂肪和维生素。
   D 在发展经济的过程中，中国采用了"中心——外围"的模式，其中，国家以首都为中心，各省以省会为中心。

59. A 面对文具市场的萎缩，著名的文具品牌"晨光"决定进军化妆品市场，打造多元化的业务线。
   B 据记者现场了解，事故现场清理工作已基本完成，而卡车司机正在接受了交通部门的事故调查。
   C 在科技时代，人们可以通过手机软件查询植物的种类，再也不用像以前一样凭着脑海里的记忆翻书了。
   D 很多城市规划专家认为，必须保持原有格局的胡同改造工程，是中国实行难度最大、限制条件最多的项目之一。

60. A 《资治通鉴》是中国第一部编年体通史，在中国官修史书中占有极重要的地位，参考价值巨大。
   B 在纷繁复杂、瞬息万变的市场竞争中，"老字号"要打开思路，开阔眼界，用创新思维打造新时代的文化精品。
   C 科普节目《流言终结者》，自开播以来对数百个流言进行了实验，让大众了解到了它们究竟是谣言还是假的。
   D 近年来，国内不少景点频繁发生乱刻乱画的不文明行为，所以相关部门号召老百姓从自身做起，保护珍贵的文化遗产。

第二部分

第61-70题：选词填空。

61. 别具一格，_____的中国诗词生动体现了中国的文化精神。这些或是趣味盎然，或是雄伟大气的诗词里，不仅_____着诗人的思想和感悟，还包含着当时社会的发展和历史的_____。

    A 博大精深   蕴藏   沉淀
    B 丰富多彩   蕴含   沉思
    C 精益求精   酝酿   内涵
    D 难能可贵   陷入   内幕

62. 电梯里的镜子给坐轮椅的_____人士提供了极大的便利。使用电梯时，他们可以通过镜子确认出入口的_____。此外，镜子的折射功能会让电梯的空间看起来没那么_____，这可以缓解封闭空间给人带来的不安和焦虑。

    A 残障   岗位   压迫
    B 进步   诸位   压制
    C 外交   设置   压榨
    D 残疾   位置   压抑

63. 不管去哪里，这位科学家总是随身_____一个本子，这个本子是他的科研备忘录。_____发现与自己提出的理论相悖的现象，他就会迅速记下来。他认为一味地_____自己的研究成果，并不会对科研有任何积极影响。

    A 带领   一向   推广
    B 携带   一旦   维护
    C 收藏   一贯   推论
    D 保存   一再   维持

64. 在野外考察时，科学家发现了金钱豹的_____，还拍摄到了_____的影像资料。这是该地区动物多样性研究的重大_____。科学家还会对金钱豹的种群数量、生活_____等做进一步的观测和研究。

    A 踪迹   珍贵   突破   模式
    B 痕迹   珍稀   更新   格式
    C 迹象   难得   事件   方式
    D 形象   罕见   启发   样板

65. 网络剧之所以深受大众欢迎，是因为制作方积极_____与传统剧集不同的模式，拓宽剧情类作品的_____边界。以往电视剧中较少出现的主题，现在在网络剧中不断_____，还包含了网络独有的_____和风格。

    A 探讨   话题   出现   要素
    B 探望   专题   体现   因素
    C 探测   题目   实现   特征
    D 探索   题材   涌现   特色

66. 在很早以前，人们就发现猫薄荷会对猫的行为产生一些_____的影响。猫薄荷被轻微地触碰后，就会散发出_____的香味。每当猫闻到这种味道，或变得_____兴奋，四处打滚，或_____地闭上眼睛。

A 奇特	雄厚	优异	熏陶
B 神奇	浓厚	异常	陶醉
C 神气	浓郁	格外	麻醉
D 惊奇	激烈	时常	摇摆

67. 对考古工作者来说，最基本的装备就是一把手铲和一_____手套。手铲是在做细部_____时用的，手套是为了防止工作人员和文物直接接触，避免文物受到污染。_____留下的文物非常宝贵，所有人都应当学习这种对文物_____的态度。

A 枚	开采	先人	荒唐
B 束	雕刻	先祖	偏见
C 副	挖掘	祖先	慎重
D 粒	采集	前辈	茫然

68. 中国人常用"四世同堂"这个词来_____四代人在一个屋檐下生活的情景。_____，在互联网晒一家四代人的合影或者视频成为了一种_____。这不仅引发了热议，还得到了众多网友的共鸣，因为不少人认为这是家庭和睦、生活_____的象征。

A 记载	以来	趋势	喜悦
B 形容	向来	时尚	圆满
C 描绘	近来	潮流	美满
D 描写	历来	风气	美妙

69. 超高建筑是_____一大奇观，但其反重力的设计不免让人心生_____：这样的建筑真的能保证安全吗？答案是肯定的。因为施工方会在钢管里填充混凝土，使钢管的抗压能力发挥到_____，这样做的结果是钢管能够承载的力量和纯钢柱子_____无几。

A 如今	迷惑	极端	误差
B 当代	疑惑	极限	相差
C 现代	迟疑	极致	差距
D 当今	疑问	极点	偏差

70. 黑疣大壁虎体长可达30多厘米，头长大于尾长，其栖息地主要集中在森林和_____壁上。它们白天躲藏在各种_____中，夜间出来_____食物，食物以昆虫为主。这种大壁虎具有很强的领地_____，进入其活动范围的其它生物都会_____攻击。

A 岩石	空隙	寻找	意识	遭到
B 钻石	缝隙	索取	思想	遭受
C 化石	空白	寻觅	意志	遭殃
D 悬崖	空洞	查获	思维	忍受

第三部分

第71-80题：选句填空。

71-75.

　　东汉时期，一个叫做刘昆的人在江陵县当县令。有一天，县里突然发生了火灾，刘昆闻讯赶赴现场。到达现场后，他看到火势愈来愈猛，心里惦记着百姓安危，焦急不已，（71）_____。没想到，忽然天降大雨，一下子就把大火熄灭了，（72）_____。

　　后来，朝廷任命他为弘农太守。他当政三年，实施德政，爱民如子。当地曾经猛虎横行，经常发生老虎在乡间的道路上吃人的事件，旅客都不敢经过此地。但刘昆当政时，当地老虎都背着幼虎，到别的地方去了，（73）_____，百姓得以安居乐业。

　　听到这些事情后，皇帝感到非常惊奇，同时认为刘昆是个能臣，想提拔他。召见刘昆时，（74）_____："你推行了什么德政，怎么会有这般不同寻常的效果？"刘昆坦然地回答道："这并不是我的功劳。"他解释道："这纯粹只是巧合。发生大火的那天，天空早已布满阴云；当地百姓长期伐木，导致老虎的栖息地大量减少，弘农郡的老虎只好外逃。"皇帝见刘昆如此大公无私、真诚坦荡，不禁感叹道："（75）_____！"

A　皇帝迫不及待地问他

B　这片土地终于恢复了安宁

C　就这样，一场灾难很快被化解了

D　便不由自主地对着大火磕头

E　这才是品德高尚的长者啊

76-80.

　　每个孩子都听说过"兔子爱吃胡萝卜"这一说法，（76）＿＿＿＿＿。然而，实际上兔子并不那么爱吃胡萝卜。给兔子喂太多胡萝卜的话，会对它们的身体产生不良的影响。

　　作为食草动物，兔子的消化系统与人类不同。被兔子吃下的食物经过胃、小肠后，会被分组处理：（77）＿＿＿＿＿，直接被推进结肠；而体积小，可继续消化的纤维则进入盲肠。兔子的盲肠非常发达，其容量约占消化系统的一半，里面混合着的酵母菌和有益菌一般都会和谐共处。这些微生物会让盲肠里的纤维发酵，然后转化成可以吸收的养分，之后通过盲肠将其排出体外。（78）＿＿＿＿＿，兔子能从高纤维、低蛋白质、低碳水化合物的食物中获得身体所需的营养。如果给兔子喂高脂肪、低纤维、高碳水化合物的食物，则会打破盲肠内的生态平衡，滋生有害细菌。

　　胡萝卜就是对兔子的盲肠不宜的食物。（79）＿＿＿＿＿，以"甜品"的形式喂给兔子的话，则不会有太大的问题，但如果人为地把兔子的主食换成胡萝卜，兔子肠内的生态平衡就会被打破，（80）＿＿＿＿＿。这对兔子百害而无一利。

A 体积大、难消化的纤维

B 如果将胡萝卜和草料组合起来

C 它的消化系统也会遭到严重的损坏

D 依靠这套神奇的消化系统

E 这是因为童话书和动画片都传达了这样的信息

第四部分

第81-100题：请选出正确答案。

81-84.

　　十九世纪，法国的葡萄酒业在欧洲十分有名，但刚酿造好的葡萄酒总会在短时间内变酸，导致很多酿酒商因为无法控制品质而蒙受巨大损失。因此，一家酿酒商在1856年主动请求著名的化学教授路易•巴斯德帮助寻找原因，看看能否防止葡萄酒变酸。

　　巴斯德答应研究这个问题。他先在显微镜下观察了未变质的陈年葡萄酒，结果发现其液体中含有一种圆球状的酵母细胞。而等到葡萄酒变酸后，他又发现酒液里出现了一根根细棍似的乳酸杆菌。多次对比证实，正是这种乳酸杆菌导致葡萄酒变酸。

　　这个发现是前所未有的，但巴斯德并没有就此满足。为了找到细菌产生的原因，他进行了著名的"鹅颈瓶实验"。他将肉汤分别灌进瓶颈不同的两个烧瓶里，一个是普通的烧瓶，瓶颈竖直朝上；另一个则是瓶颈像天鹅颈一样弯曲的烧瓶。他把里面的肉汤煮沸灭菌后冷却。两个烧瓶都没有用塞子塞住瓶口。几天后，瓶颈竖直的烧瓶里，肉汤腐败变质；瓶颈弯曲的鹅颈瓶里，肉汤却新鲜如初。

　　这究竟是为什么呢？因为第一个烧瓶的瓶颈竖直，空气中的细菌可以落入瓶口直达肉汤里，这些细菌在肉汤里迅速生长繁殖，导致肉汤变质。第二个烧瓶——鹅颈瓶的瓶口虽然也直接接触空气，但由于瓶颈弯曲，空气中的细菌很难落入肉汤中，从而没有使肉汤腐败变质。

　　为了进一步证实该结论，巴斯德把鹅颈瓶弯曲的瓶颈打断，瓶里原本新鲜的肉汤立刻就腐败了。实验很简单，但完美证明了接触外部环境中的细菌是液体变质的重要原因。这一结论揭开了葡萄酒变酸的奥秘。

　　为了保证葡萄酒的质量，巴斯德接下来做了一个新的尝试，就是在很短的时间内将液体加热后密封保存。事实证明，这个方法能够完全杀死液体中的细菌。这就是著名的"巴斯德灭菌法"。

81. 酿酒商邀请化学教授解决什么问题？
　　A 酒的浓度过高　　　　　　　　　B 酒的纯度较低
　　C 酿酒时间过长　　　　　　　　　D 酒的味道变酸

82. 巴斯德是如何发现乳酸杆菌的？
　　A 品尝肉汤　　　　　　　　　　　B 使用显微镜
　　C 摇晃玻璃瓶　　　　　　　　　　D 闻酒的气味

83. 鹅颈瓶实验：
　　A 难以被其他人复制　　　　　　　B 遭到了酿酒商的反对
　　C 揭示了细菌产生的作用　　　　　D 改变了人们的饮食习惯

84. 关于"巴斯德灭菌法"，下列哪项正确？
　　A 对人体有很大的害处　　　　　　B 现在已经被禁止使用
　　C 不需要将液体密封保存　　　　　D 能完全杀死液体中的细菌

85-88.

现在，乘飞机出差或者旅行已经是很平常的事情了。然而部分身体孱弱的人，其实是不适合坐飞机的。对贫血患者来说，飞机在地面时不会给他们带来特别的感觉，但起飞后，他们就会出现眩晕、呕吐、浑身发软的症状。这种说法并非**言过其实**，实际上这样的情况已经发生了很多次。多数航空公司考虑到其中的风险，不建议中度及重度贫血患者乘坐飞机。如果贫血患者要乘坐飞机，最好事先从医院获取处方药或采取一些预防措施。

那么，为什么会出现这样的情况呢？研究表明，在高空飞行时，飞机上的增压程序将舱内气压维持在海拔2400米左右的大气压力。这时，大气压下降，人吸入的氧分压也会下降，动脉血里的氧分压就会从正常的98毫米汞柱降到60毫米汞柱。氧气进入呼吸系统后，携带氧气的红细胞给大脑、心脏、肾脏等脏器供氧，然后将代谢产物——二氧化碳排出。当吸入的氧气减少时，红细胞携带的氧气和对身体组织的氧供给都会减少。通常情况下，如果血氧下降，人的机体会通过增加呼吸频率、增快心跳的方法来代偿。经过代偿，氧分压仍低于60毫米汞柱的话，就会出现呼吸衰竭的症状，从而造成重要脏器的损害。也就是说，当人们处在海拔较高的地方时，身体健康的人能依靠强大的代偿能力供氧，而贫血患者却可能会因为代偿能力不足，无法维持足够的氧运输而出现种种不适症状。

除了贫血患者以外，脑血管不好，或心肺功能较弱的人都不适合坐飞机。必须要乘坐飞机的话，一定要在了解航空公司的规定后咨询医生，以防意外发生。

85. 第一段中，"言过其实"是什么意思？
A 讲出真实的话
B 不愿听过分的话语
C 符合现实生活的言语
D 说出的话超过实际情况

86. 人吸入的氧分压下降时，会出现什么情况？
A 人的呼吸频率会减缓
B 细胞的携氧功能上升
C 动脉血的流动速度加快
D 动脉血里的氧分压下降

87. 血氧过低的话，会造成什么严重后果？
A 肌肉酸痛
B 心跳过快
C 脏器受损
D 耳鸣加重

88. 下列哪类人坐飞机前需要咨询医生？
A 心肺不好的人
B 视力不佳的人
C 关节脆弱的人
D 皮肤敏感的人

89-92.

提起故宫，很多人脑海里浮现出"雄壮"、"大气"、"厚重"这样的形容词。但故宫博物院第六任院长单霁翔颠覆了人们的印象，在他的管理下，故宫成了有趣、时尚的代名词，还获得了众多年轻人的喜爱和关注。

单院长是个凡事都喜欢亲力亲为的人，所以一上任就带着秘书调查故宫的情况。在五个月的时间里，他每天走四五公里，最后终于摸清了故宫有9371间房子。不光如此，他还带领员工拆除"不合群"的临时建筑。

单院长实施的改革措施中，影响力最大的还是扩大故宫的开放面积和打造各种文化产品。单院长上任之前，故宫的开放区域只有30%，绝大部分的文物收藏品都沉睡在仓库里。所以故宫的游客在参观古建筑物时，能亲眼看到的文物更是屈指可数。游客无法尽兴，自然就不会主动学习关于故宫的知识。因此故宫的推广变得格外艰难。

不过单院长上任后，成功解决了这些问题。他不仅把故宫的开放面积提高至80%以上，更是打造了一系列和故宫有关的网红节目、人物及文创产品。从文物修复师王津，到故宫文创、化妆品，再到丰富多样的文化活动，故宫从未停下前进的脚步。对此，故宫工作人员表示，单院长才是故宫真正的"网红"。

最近，为故宫工作了七年的单院长已退休。被问及今后的计划时，单院长表示自己想在故宫做一名志愿者，为广大游客讲解关于故宫的一切。

89. 根据第一段，下列哪项**不属于**单霁翔所做出的成就？
   A 让故宫变得时尚有趣　　　　　B 在故宫内开设了很多商店
   C 颠覆了人们对故宫的印象　　　D 使故宫获得了年轻人的喜爱

90. 单霁翔担任院长之前，故宫：
   A 经济效益很好　　　　　　　　B 游客数量不多
   C 可参观的区域有限　　　　　　D 文物修复进展缓慢

91. 在单霁翔担任院长期间，故宫博物院发生了什么变化？
   A 面积变大了　　　　　　　　　B 收藏品减少了
   C 文创产品诞生了　　　　　　　D 文化活动变得单一了

92. 单霁翔退休后可能会做什么？
   A 文创网红　　　　　　　　　　B 讲解志愿者
   C 文物收藏家　　　　　　　　　D 文物修复师

93-96.

最近，中国科学工作者独立设计制作了被称为"人造太阳"的科学装置——"东方超环(EAST)"。它是中国科学院等离子体物理研究所自主设计研制的磁约束核聚变实验装置，其目的是让海水中的元素通过核聚变的方式产生清洁能源。经过不断地研究和改进，"东方超环(EAST)"在多个方面实现了重大突破，包括首次实现加热功率超过10兆瓦，等离子体储能增加到300千焦等。

专家表明，这项研究成果可以让人类走出地球，探索更多的宇宙奥秘。人类在探索宇宙时，离不开火箭。但火箭最常用的还是通过燃烧方式产出的化学能，导致可以获取的能量和动力十分有限。这种有限的能量是无法让宇宙飞行器远距离飞行的。不过"东方超环(EAST)"产生的核聚变能将会改变这一局面。因为核聚变能属于核能的一种，而核能又比化学能先进。从本质上来看，核能是从物质转化而来的，是原子核层面的变化。电子打破核力的束缚，从一种元素变成另外一种元素，产生质量的变化，最终实现能量的变化。

除了探索宇宙外，"东方超环(EAST)"产生的核聚变能还会给未来的生活带来极大的改变。众所周知，人类社会的发展和生活水平的提高离不开能源的保障。与有限的不可再生能源不同，核聚变能具有资源无限，不污染环境，不产生高放射性核废料等优点。所以它一定会在未来取代不可再生能源，成为人类未来能源的主导形式之一。

作为人类未来能源的重要来源，核聚变能将会在各个方面发挥重要作用，带来重大影响。或许在不久的将来，它可以为我们提供电能和热能，全方位保障日常生活所需的能源。生活物资自然会变得廉价，食物、水、能源将会更加充沛，且随处可见。全球70亿人不必担心未来吃不饱穿不暖，也不用担心后代会因为资源匮乏而无法生存了。

93. 根据第一段，中国的"人造太阳"实现了什么方面的突破？
   A 化学燃烧
   B 水利发展
   C 废物利用
   D 加热功率

94. 火箭是如何获取化学能的？
   A 通过燃烧的方式
   B 通过爆炸的方式
   C 通过放烟花的方式
   D 通过核裂变的方式

95. 下列哪项属于核聚变的特点？
   A 放射性强
   B 能量有限
   C 干净清洁
   D 原料稀少

96. 第四段主要介绍的是：
   A 核聚变能可大幅提高收入
   B 核聚变能改变未来的生活
   C 核聚变能会产生放射性核废料
   D 核聚变能与不可再生能源相同

97-100.

近日，《上海市生活垃圾管理条例》（简称"定时定点"）正式实施。该条例以构建全程分类体系为核心，在分类投放、分类收集、分类处置垃圾等方面作出制度规范，为提升上海市生活垃圾管理水平提供法制保障。

各区都在全力推进这项"定时定点"制度的落实，但在推行这项制度的过程中，出现了一些问题。问题主要集中在两个方面，一是市民不理解且不适应"定时定点"制度，二是部分管理者在督促政策实施的过程中急于求成。

关于这些问题产生的原因，相关专家给出了答案。首先，"定时定点"不符合居民投放垃圾的固有习惯，缺乏过渡期很难让居民在短时间内改变生活方式。其次，政府要求各地区迅速落实"定时定点"制度，这就导致部分居住区的管理方式出现简化倾向。工作人员没有对"定时定点"进行详细说明，所以居民不了解投放点和投放时间，不理解"定时定点"的必要性，自然就不会配合这项政策。这不仅使普及工作陷入困境，更使居民们怨声载道，叫苦连天。

相关部门应针对这些问题提出一些可行性较高的改革措施，比如说制定具体的实施细则，要求各办公室坚持精细化管理，做到"一小区一方案"。同时，居委会、物业、业委会三方也要加强沟通合作，充分理解细则后及时传达给居民。在这个过程中，一定要避免粗暴提要求，不详细解释说明的情况出现。只有这样做才能取得居民的信任和支持。

另外，利用一些智能设备和补救措施，做好平稳过渡的工作也是必要的。例如安装监控设备，设置"误时投放点"等。类似做法既能强化监督措施，又能方便错过投放时间的人群投放垃圾。

97. 在实行"定时定点"制度的过程中，一些管理者的态度如何？
   A 积极踊跃　　　　　　　　　　B 比较急躁
   C 耐心细致　　　　　　　　　　D 敷衍了事

98. 为什么居民不适应"定时定点"的投放方式？
   A 不符合固有习惯　　　　　　　B 处罚的金额太高
   C 投放点数量太少　　　　　　　D 程序复杂难以理解

99. 设置"误时投放点"是为了：
   A 对垃圾进行有效分类　　　　　B 强化对居民的监督措施
   C 提高与居民的沟通效率　　　　D 方便错过时间的人投放垃圾

100.上文主要介绍的是：
   A 垃圾投放方式　　　　　　　　B 居民的陈旧观念
   C 垃圾管理带来的收益　　　　　D 关于新政策的问题和建议

三、书 写

第101题：缩写。

(1) 仔细阅读下面这篇文章，时间为10分钟，阅读时不能抄写、记录。

(2) 10分钟后，监考会收回阅读材料。请将这篇文章缩写成一篇短文，字数为400字左右，时间为35分钟。

(3) 标题自拟。只需复述文章内容，不需加入自己的观点。

(4) 请把短文直接写在答题卡上。

제1회 제2회 제3회 제4회 제5회 제6회

해커스 해설이 상세한 HSK 6급 실전모의고사

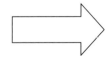

1954年10月，著名华人导演李安在台湾出生。他家一共有四个孩子，他是体质最弱、玩心最强的一个。李安身体孱弱，总得去医院打针，还得时不时吃药。进了高中的李安成绩出众，人缘极佳，高考时却发挥失常，和心仪的大学失之交臂。他选择了复读，但在第二次高考时，又因为紧张不幸落榜。一连串的打击让李安心灰意冷，甚至有了最坏的想法。好在家人和数学家教一直陪在他身边，伴他度过了最艰难的时光。

两次失败反而让李安有了平常心。第三次挑战高考的李安发挥出色，进入了理想的大学。李安学习的是戏剧和美术，这为他今后的导演之路打下了良好的基础。在校期间，李安非常活跃，不是参加巡回公演就是表演舞台剧。这样的生活让他快乐不已，但是面对父亲时，他还是会收敛一些，因为他知道父亲不喜欢这些。

毕业后，他准备报考美国伊利诺伊大学的戏剧电影系，却遭到父亲的强烈反对。父亲告诉李安，在好莱坞，每年有5万多人争抢200个角色，黄皮肤的华人很难混出名堂。然而被梦想冲昏头的李安，根本没听进去父亲的话。和父亲大吵一架后，他就坐上了去美国的飞机。

在美国顺利完成学业后，李安结婚了。本以为美好的生活即将开启，但他的电影梦遭到了现实的打击。父亲说的话一一得到了验证。即便进入剧组，李安也只能做一些杂事，根本接触不到核心部门，更别说为自己的剧本拉到投资了。电影梦还没有实现，生活却变得困难，所以李安一度想放弃电影。这时妻子表示自己可以养家糊口，继续支持李安的梦想。

于是李安一边做家务带孩子，一边研究好莱坞的电影模式，就这样度过了6年。琐碎的家务并没有消磨掉李安的意志，反而让他进一步了解到普通人的日常生活。在他的《饮食男女》等作品中，都可以看到这种富有真实感的细节。

后来，李安凭借剧本《推手》获得一笔奖金，正式踏上了导演之路。由他执导的《喜宴》、《卧虎藏龙》、《少年派的奇幻漂流》在国际电影节上取得了大大小小的奖项。被鲜花和掌声包围后，李安依然没有忘记初心，还是很严谨地对待自己的每一个作品。

李安所有的成就都离不开他丰富的人生经历。出身于书香门第的李安从小就接触到了中国的传统文化，而在美国打拼的日子又让他对美国文化有了深层次的了解。所以，在亚洲电影人和欧美电影人的眼里，李安就是华人导演的标杆。他们认为，不管是中文电影还是英文电影，李安在拍摄时都能完美地将中美文化融入其中。出现在他电影中的文化和情感，完美贴合了中美人民的生活，引发了所有人的共鸣。

다음 페이지(p.32)에 정답이 있으니 바로 채점해보세요.

제1회

제2회

제3회

제4회

제5회

제6회

해커스 해설이 상세한 HSK 6급 실전모의고사

듣기

해설집 p.26

제1부분

1 D **2** C **3** B **4** D **5** D **6** D **7** A **8** C **9** C **10** C **11** C **12** A **13** A **14** D **15** B

제2부분

16 C **17** D **18** C **19** C **20** B **21** B **22** D **23** D **24** A **25** C **26** C **27** C **28** A **29** B **30** D

제3부분

31 B **32** A **33** A **34** D **35** C **36** D **37** C **38** C **39** A **40** D **41** B **42** B **43** C **44** A **45** C
46 B **47** D **48** B **49** B **50** C

독해

해설집 p.50

제1부분

51 C **52** D **53** B **54** C **55** D **56** A **57** C **58** C **59** B **60** C

제2부분

61 A **62** D **63** B **64** A **65** D **66** B **67** C **68** C **69** B **70** A

제3부분

71 D **72** C **73** B **74** A **75** E **76** E **77** A **78** D **79** B **80** C

제4부분

81 D **82** B **83** C **84** D **85** D **86** D **87** C **88** A **89** B **90** C **91** C **92** B **93** D **94** A **95** C
96 B **97** B **98** A **99** D **100** D

쓰기

해설집 p.82

모범 답안

李安的成功故事

　　1954年, 导演李安在台湾出生。高中时他成绩出众, 人缘极佳, 但高考没发挥好, 没能进入心仪的大学。第二次高考又不幸落榜, 这让他感到灰心。

　　第三次高考李安发挥出色, 终于进入了理想的大学学习戏剧和美术, 这为他的发展打下了良好的基础。他在学校很活跃, 然而很少在父亲面前表现出内心的快乐。

　　毕业后, 他想报考美国某大学, 却遭到了父亲的反对。父亲认为, 美国电影界竞争激烈, 中国人很难成功。尽管如此, 他还是去了美国。

　　李安在美国结婚后, 以为可以过上好日子, 但他的梦想遭到了现实的打击。正如父亲所说的那样, 他只能在剧组做杂事, 生活也变得困难。当他想放弃时, 妻子愿意养家糊口, 支持他的梦想。

　　于是李安一边做家务, 一边研究电影, 这种平凡的日子让他了解到了普通人的生活。

　　后来, 李安靠剧本《推手》获得奖金, 正式走上了导演之路, 他导演的多部作品也在国际上获奖。成功后, 李安一如既往地严谨对待自己的每一个作品。

　　李安的成就离不开丰富的人生经历。他非常了解中国和美国的文化, 并把中美文化完美地融入电影中。他的电影引发了所有人的共鸣。

해커스 해설이 상세한 HSK 6급

실전모의고사

제2회

*시험을 보기 전, <해설집> p.426의 '제2회 고난도 어휘'를 먼저 익히면 문제를 더 쉽게 풀 수 있어요.

* 실제 시험을 보는 것처럼 시간에 맞춰 실전모의고사를 풀어보세요.

잠깐! 테스트 전 확인 사항

1. 휴대 전화의 전원을 끄셨나요? ····················· ☐
2. 답안지, 연필, 지우개가 준비되셨나요? ··········· ☐
3. 시계가 준비되셨나요? ···························· ☐
* 듣기 답안 작성 5분, 독해+쓰기 95분

쓰기 연습을 더 해보고 싶다면?

해커스중국어(china.Hackers.com)에서
<HSK 6급 쓰기 원고지 PDF> 무료 다운받기!

실전모의고사 2 답안지

汉语水平考试 HSK（六级）答题卡

注意　请用2B铅笔这样写：■■■

一、听力

1. [A] [B] [C] [D]　　6. [A] [B] [C] [D]　　11. [A] [B] [C] [D]　　16. [A] [B] [C] [D]　　21. [A] [B] [C] [D]
2. [A] [B] [C] [D]　　7. [A] [B] [C] [D]　　12. [A] [B] [C] [D]　　17. [A] [B] [C] [D]　　22. [A] [B] [C] [D]
3. [A] [B] [C] [D]　　8. [A] [B] [C] [D]　　13. [A] [B] [C] [D]　　18. [A] [B] [C] [D]　　23. [A] [B] [C] [D]
4. [A] [B] [C] [D]　　9. [A] [B] [C] [D]　　14. [A] [B] [C] [D]　　19. [A] [B] [C] [D]　　24. [A] [B] [C] [D]
5. [A] [B] [C] [D]　　10. [A] [B] [C] [D]　　15. [A] [B] [C] [D]　　20. [A] [B] [C] [D]　　25. [A] [B] [C] [D]

26. [A] [B] [C] [D]　　31. [A] [B] [C] [D]　　36. [A] [B] [C] [D]　　41. [A] [B] [C] [D]　　46. [A] [B] [C] [D]
27. [A] [B] [C] [D]　　32. [A] [B] [C] [D]　　37. [A] [B] [C] [D]　　42. [A] [B] [C] [D]　　47. [A] [B] [C] [D]
28. [A] [B] [C] [D]　　33. [A] [B] [C] [D]　　38. [A] [B] [C] [D]　　43. [A] [B] [C] [D]　　48. [A] [B] [C] [D]
29. [A] [B] [C] [D]　　34. [A] [B] [C] [D]　　39. [A] [B] [C] [D]　　44. [A] [B] [C] [D]　　49. [A] [B] [C] [D]
30. [A] [B] [C] [D]　　35. [A] [B] [C] [D]　　40. [A] [B] [C] [D]　　45. [A] [B] [C] [D]　　50. [A] [B] [C] [D]

二、阅读

51. [A] [B] [C] [D]　　56. [A] [B] [C] [D]　　61. [A] [B] [C] [D]　　66. [A] [B] [C] [D]　　71. [A] [B] [C] [D] [E]
52. [A] [B] [C] [D]　　57. [A] [B] [C] [D]　　62. [A] [B] [C] [D]　　67. [A] [B] [C] [D]　　72. [A] [B] [C] [D] [E]
53. [A] [B] [C] [D]　　58. [A] [B] [C] [D]　　63. [A] [B] [C] [D]　　68. [A] [B] [C] [D]　　73. [A] [B] [C] [D] [E]
54. [A] [B] [C] [D]　　59. [A] [B] [C] [D]　　64. [A] [B] [C] [D]　　69. [A] [B] [C] [D]　　74. [A] [B] [C] [D] [E]
55. [A] [B] [C] [D]　　60. [A] [B] [C] [D]　　65. [A] [B] [C] [D]　　70. [A] [B] [C] [D]　　75. [A] [B] [C] [D] [E]

76. [A] [B] [C] [D] [E]　　81. [A] [B] [C] [D]　　86. [A] [B] [C] [D]　　91. [A] [B] [C] [D]　　96. [A] [B] [C] [D]
77. [A] [B] [C] [D] [E]　　82. [A] [B] [C] [D]　　87. [A] [B] [C] [D]　　92. [A] [B] [C] [D]　　97. [A] [B] [C] [D]
78. [A] [B] [C] [D] [E]　　83. [A] [B] [C] [D]　　88. [A] [B] [C] [D]　　93. [A] [B] [C] [D]　　98. [A] [B] [C] [D]
79. [A] [B] [C] [D] [E]　　84. [A] [B] [C] [D]　　89. [A] [B] [C] [D]　　94. [A] [B] [C] [D]　　99. [A] [B] [C] [D]
80. [A] [B] [C] [D] [E]　　85. [A] [B] [C] [D]　　90. [A] [B] [C] [D]　　95. [A] [B] [C] [D]　　100. [A] [B] [C] [D]

三、书写

101.

不要写到框线以外！

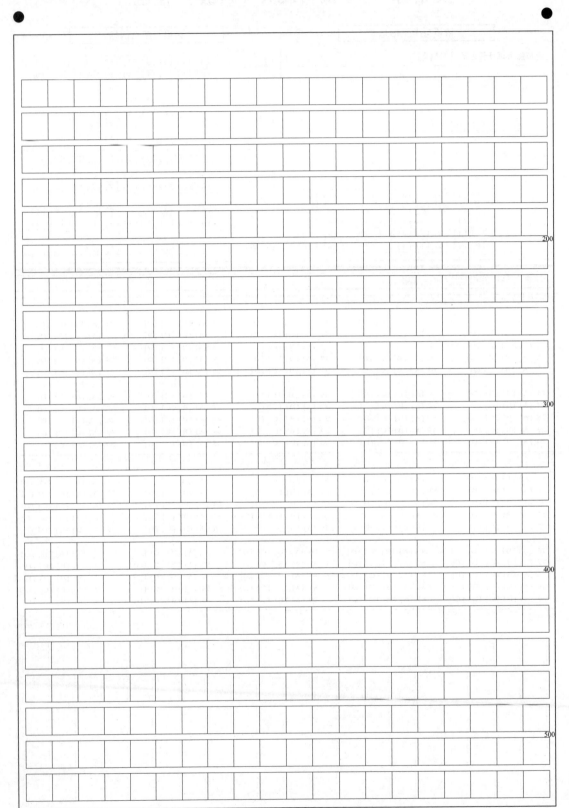

汉语水平考试
HSK（六级）

注　意

一、HSK（六级）分三部分：

　　1.听力（50题，约35分钟）

　　2.阅读（50题，50分钟）

　　3.书写（1题，45分钟）

二、听力结束后，有5分钟填写答题卡。

三、全部考试约140分钟（含考生填写个人信息时间5分钟）。

一、 听 力

第一部分

第1-15题：请选出与所听内容一致的一项。

1. A 西瓜运输难度大
   B 西瓜水分含量高
   C 变质的西瓜对人体有害
   D 身体弱的人应少吃西瓜

2. A 傅园慧初次参加比赛
   B 傅园慧发挥得非常出色
   C 傅园慧的淘汰出人意料
   D 傅园慧在比赛中未尽全力

3. A 弹性工作时间与节日无关
   B 新调休方式不会扣除年假
   C 新调休方式方便员工出行
   D 职工的假期普遍增加了一天

4. A 工人的工作环境艰苦
   B 该机器人的造价很高
   C 该机器人能做极限运动
   D 工人能远程操纵机器人

5. A 近日游客的数量猛增
   B 该乐园有相关安全规定
   C 有些区域不让游客拍照
   D 该娱乐项目有安全隐患

6. A 过早写字不利于孩子发育
   B 锻炼孩子的肌肉十分重要
   C 家长辅导孩子要注意态度
   D 孩子能在学习中获得乐趣

7. A 歌手选拔赛即将开始
   B 网络有利于音乐传播
   C 优秀的儿歌数量众多
   D 该活动鼓励儿歌创作

8. A 这种鲨鱼体积巨大
   B 这种鲨鱼冬季不易捕捉
   C 这种鲨鱼生活在深海海底
   D 这种鲨鱼分泌的液体能够发光

9. A 这款手表即将上市
   B 这款手表没有显示屏
   C 公司未公布市场战略
   D 公司还未获得专利权

10. A 海水稻生长于海水中
    B 海水稻生存能力更强
    C 种植海水稻经济效益高
    D 所有的海水稻口感相似

11. A 近五年气温大幅度上升
    B 气候变化速度正在放缓
    C 科学家对天气变化很乐观
    D 赤道附近会频发自然灾害

12. A 沙湖的轮廓像蝴蝶
    B 沙湖位于高山地区
    C 沙湖由洪水积聚而成
    D 沙湖堤坝在暴雨中塌了

제1회
제2회
제3회
제4회
제5회
제6회

해커스 해설이 상세한 HSK 6급 실전모의고사

13. A 繁华区域开店成本太高
    B 实体店的发展前景不明
    C 集合店里摆设着二手商品
    D 集合店得到年轻人的关注

14. A 文物专业成为热门选择
    B 故宫文物数量不断增加
    C 国家急需修复文物的人才
    D 成为文物修复师并非易事

15. A 所有的蜘蛛都会飞
    B 蜘蛛能转移栖息地
    C 蜘蛛飞行时不携带卵
    D 鲁宾逊岛上没有蜘蛛

第二部分

第16-30题：请选出正确答案。

16. A 家庭主妇
    B 退休人员
    C 在校大学生
    D 学校教职工

17. A 线路比较新颖
    B 精挑细选景点
    C 旅行时间充足
    D 费用十分昂贵

18. A 给予经济资助
    B 协助媒体宣传
    C 给予技术支持
    D 提供学生贷款

19. A 没有固定办公地点
    B 还在开发新的线路
    C 国内线路还不成熟
    D 全职员工超过一百人

20. A 不怕吃苦受累的
    B 性格幽默风趣的
    C 广告宣传能力强的
    D 有相关工作经验的

21. A 非常深刻
    B 文字生动
    C 令人震撼
    D 十分新颖

22. A 锻炼意志
    B 挖掘潜力
    C 提升自信
    D 树立理想

23. A 学生刻苦训练
    B 学生懂得感激
    C 学生沉着应变
    D 学生有创新意识

24. A 扩大学校的招生规模
    B 聘请艺术专业的教师
    C 提供高层次戏剧教育
    D 开展一系列研究项目

25. A 是戏剧导演
    B 是高中校长
    C 曾经是话剧演员
    D 在高校兼职授课

26. A 网络广告
    B 观众来信
    C 问卷调查
    D 导演组投票

27. A 结识更多的音乐人
    B 打响自己的知名度
    C 降低歌剧演员的门槛
    D 消除观众对歌剧的误解

28. A 净化心灵

    B 激发灵感

    C 了解世界历史

    D 提升文学修养

29. A 挖掘角色的内涵

    B 表现高超的技巧

    C 多积累演出经验

    D 向音乐大师学习

30. A 非常排斥娱乐节目

    B 试图改变表演形式

    C 致力于推广古典音乐

    D 拥有极高的娱乐天赋

第三部分

第31-50题：请选出正确答案。

31. A 农药
    B 果粉
    C 乳油
    D 雾气

32. A 可增加葡萄甜度
    B 可避免昆虫叮咬
    C 可防止细菌繁殖
    D 可使葡萄不易破损

33. A 可直接食用
    B 要用纸擦掉
    C 在水中浸泡
    D 须用力揉搓

34. A 填埋
    B 焚烧
    C 回收
    D 分类

35. A 湿垃圾
    B 有害垃圾
    C 可燃垃圾
    D 可回收垃圾

36. A 中国的垃圾分类
    B 垃圾的处理成本
    C 焚烧垃圾的危害
    D 垃圾的回收技术

37. A 伪造的文件
    B 逃税的商品
    C 动物的标本
    D 邮寄的蚂蚁

38. A 已经报关的猫狗
    B 海外寄来的昆虫
    C 体积巨大的物品
    D 未包装好的食品

39. A 破坏生态环境
    B 导致疾病的流行
    C 扰乱宠物市场的秩序
    D 涉事人会受经济处罚

40. A 产品种类众多
    B 费用不断上涨
    C 发展较为缓慢
    D 一般由学校主导

41. A 与时俱进的
    B 有专人领队的
    C 能接触自然的
    D 与艺术相关的

42. A 一共包括了五十条线路
    B 只接收十六岁以上的人
    C 是暑期游学的热门产品
    D 大多数主题为科学实践

43. A 由权威人士亲自带队
    B 学生能接触最新技术
    C 学生受到最好的照顾
    D 家长全程陪同与管理

44. A 分析社交媒体
    B 记录健康指标
    C 阅读书信日记
    D 进行追踪研究

45. A 情绪变化剧烈
    B 情感逐渐麻木
    C 患病风险增加
    D 无法与人沟通

46. A 观察记录自己的反应
    B 对压力持欢迎的态度
    C 运用压力带来的能量
    D 寻求专业人士的帮助

47. A 只要付出就能够有收获
    B 不经受挫折就不会成熟
    C 心态和结局有因果关系
    D 希望越大失望也就越大

48. A 给壁画注入生命
    B 修复元代的壁画
    C 培训景区的员工
    D 拍摄景点纪录片

49. A 对宫殿进行维修
    B 挖掘埋藏的文物
    C 对壁画进行绘制
    D 解读壁画的含义

50. A 知名度非常高
    B 建筑都是重建的
    C 拥有罕见的壁画
    D 深受年轻人喜爱

제1회

제2회

제3회

제4회

제5회

제6회

해커스 해설이 상세한 HSK 6급 실전모의고사

二、阅 读

第一部分

第51-60题：请选出有语病的一项。

51. A 贫困地区的教育问题，一直是政府关注的重点之一。
    B 为了完成任务，他不惜离开了新婚的妻子和年迈的父母。
    C 一次比赛的输赢并不代表什么，下次多注意，谨慎出手就行了。
    D 哈雷尔是一个非常出色的球员，他充满激情的球风让人印象深刻。

52. A 电脑系统崩溃了，我得拜托朋友找一个修电脑的高手。
    B 由于下了零星小雨，致使不一会儿就停了，连地面都没打湿。
    C 根据被告的陈述和律师提交的证据，法院对被告人做出了无罪判决。
    D 这里遍布着大大小小，形状各异的瀑布，因此获得了"瀑布之乡"的称号。

53. A 当雾气渐渐散去，那座小岛美丽的轮廓就在汪洋大海中显露出来。
    B 很多人之所以爱健身，是因为健身不仅能改变容貌，还能改变气质。
    C 世界上没有绝对完美的事物，所谓的完美不过是人们虚假的想象而已。
    D 家庭常备药物并非越多越好，以免长期存放后，因过期药物而失去疗效。

54. A 互联网以不可阻挡之势，在世界范围内掀起了巨大的浪潮。
    B 这些食材是古代丝绸商人从西域带来的，但大多已经过培育和改良了。
    C 礼文化是与中华文明一同诞生的，它影响和制约着中国人的思想和言论。
    D 如果一个本来跟自己特别好关系的人莫名其妙变得冷淡了，就得先从自身找原因。

55. A 获取人们的理解和认可是道德观念成为社会准则的必经之路。
    B 无论走多远，都不要忘记当初为什么出发，也不要忘记生活本身的意义。
    C 自从在课堂上翻译了这位演说家的演讲片段然后，我就深深地为他着迷了。
    D 他仅学了八个月的编程，就顺利通过了西宁大学计算机系的考试，太不可思议了。

56. A 这些现象严重影响了市民的日常生活，给国民经济形成了极大损失。
    B "一根筋"在汉语中常被用来形容一个人性格偏执顽固，不开窍，认死理。
    C 对3岁以下的幼儿来说，文字少、插图多的儿童启蒙读物既简单，又有趣。
    D 古代神话来源于现实生活，它反映了先民们征服自然、追求美好生活的愿望。

57. A 龙华区是深圳的产业大区，采取了以工业为主导，以电子信息产业为辅助的发展格局。
    B 乳木果油具有很好的深层滋润功效，一般会被各大化妆品公司制成保养干性皮肤的产品。
    C 每个公司都要提前做好准备，因为在优胜劣汰的市场准则下，业务竞争只会越来越缓和。
    D 民间艺术是中国传统文化的瑰宝，所以很多人投入了大量的时间和精力来研究它的起源和演变。

58. A 高考考生在考场上专心地答题，场外的老师和家长无时无刻都在焦急地等待着。

    B 不同的场合要求不一样的着装，穿着不仅要符合个人特点，而且还要与特定的氛围相协调。

    C 独生子女想要在竞争激烈的社会上立足，就一定要摆脱凡事依赖父母的习惯，培养自力更生的能力。

    D 《蒋公的面子》凭借特殊的题材与对人物入木三分的刻画，获得了一致好评，创造了校园戏剧演出的奇迹。

59. A 这件事发生后，班主任老师召集全体班级委员开会研究，决定让全班同学对这个问题进行一次教育。

    B 急功近利是导致身心疲惫的重要原因，如果过分计较个人的成败得失，人生也就无法得到片刻的平静。

    C 随着经济的发展，越来越多的高楼大厦出现在人们的视野中，这使幽静古老的胡同和传统的四合院成为这个时代的"珍宝"。

    D 这是一家刚创办不久的公司，由于该公司进入市场的时机恰当，又选择了一个前景不错的产品，因此，短短几个月就创下了巨大的经济收益。

60. A 山西老陈醋已有3000多年的历史，它凭借复杂的酿造流程和保存方法获得了"天下第一醋"的美誉。

    B 《山海经》是中国著名的志怪小说，里面不少故事都被影视工作者改编成了趣味横生的电影和电视剧。

    C 这位男演员出演的两部电影包揽了本年度票房榜的冠亚军。这样的成绩实属罕见，理所当然地成为了公认的票房之王。

    D 很多司机在驾驶汽车的时候不会晕车，但是在乘坐汽车的时候却会晕车，这种情况出现的原因是，驾驶是主动状态，而乘坐是被动状态。

第二部分

第61-70题：选词填空。

61. 油炸食物是一种吃起来香，吃完却容易发胖的食物。它含有的氧化物还会令皮肤_____，不宜吃太多。实在_____不住的话，吃之前不妨提前补充一些富含维生素E的食物，以便增强皮肤的_____力。

    A 衰退　　　　　克服　　　　　投降
    B 衰老　　　　　克制　　　　　抵抗
    C 脆弱　　　　　制服　　　　　对抗
    D 薄弱　　　　　抑制　　　　　反抗

62. 漱口水是_____口腔、促进口腔健康的用品之一。在每天刷牙的基础上使用漱口水，能够进一步控制牙菌斑的形成。这样做不仅可以减少细菌，还可以_____牙龈的健康。因为漱口水属于液体，可以深入口腔内部清洗各个_____。

    A 清理　　　　　确认　　　　　局部
    B 清除　　　　　确保　　　　　部门
    C 澄清　　　　　保险　　　　　方位
    D 清洁　　　　　保障　　　　　部位

63. 环保袋有两个_____，一个是指用天然材料做成的，可以重复利用的袋子；另一个是指丢弃后不会在自然环境中_____固体废物的袋子。而一般的塑料袋和环保袋不同，当它被丢弃后，不但无法_____，还会产生有害物质。

    A 定义　　　　　残留　　　　　分解
    B 含义　　　　　遗留　　　　　解除
    C 理念　　　　　遗失　　　　　解体
    D 概念　　　　　滞留　　　　　解散

64. 在一直_____电子游戏的爱好者眼中，电子游戏的传播史虽然十分短暂，却也异常_____，几经起落。当下电子游戏已具备了作为一种传播_____的基本条件，同时还具有多元化及_____的传播效果。

    A 守护　　　　　艰苦　　　　　手法　　　　　确切
    B 拥护　　　　　艰难　　　　　媒介　　　　　清晰
    C 支持　　　　　曲折　　　　　媒体　　　　　精确
    D 坚持　　　　　挫折　　　　　中介　　　　　良好

65. "北斗"系统是中国_____研发的全球卫星导航系统，它的_____标志着中国科技的一大进步。"北斗"可以全天候为各类_____提供高精度的服务。如今测绘、水利、交通运输等领域都_____着这项技术的身影。

    A 自主　　　　　问世　　　　　用户　　　　　遍布
    B 擅自　　　　　出身　　　　　顾问　　　　　涉及
    C 自行　　　　　开发　　　　　客户　　　　　蔓延
    D 私自　　　　　诞辰　　　　　群众　　　　　普遍

66. 中国篮球协会发布_____称：经过一_____考察和评估，现聘任李楠为新一届男篮主教练。李教练是一个有着强烈的责任心、事业心和_____感的人，同时他还凭着不凡的眼光挖掘出了一大批很有_____的年轻球员。

A 专题	串	正义	精力
B 公告	番	使命	潜力
C 政策	轮	优越	才干
D 章程	阵	压迫	天赋

67. 在追求个性的年轻人中，"美黑"逐渐成为一种_____，因为现在已经不是以白为美的时代了。人们不再_____推崇雪白的肤色，也不再畏惧将皮肤_____在阳光下了。但"美黑"_____需适度，不然皮肤很容易被晒伤，还会出现红肿、破皮等问题。

A 气氛	拼命	揭露	皆
B 风气	随意	流露	颇
C 时尚	盲目	暴露	亦
D 潮流	胡乱	透露	便

68. 桂林山清水秀，风光迷人，是许多人_____的旅游胜地。现在_____的二十元人民币的背面，就印有桂林山水。桂林的美食也是一绝，其中最著名的就是美味_____的桂林米粉。它风味独特，所以吸引了众多食客前去_____。

A 憧憬	通用	适口	尝试
B 向往	流通	可口	品尝
C 神往	流浪	爽口	鉴定
D 爱戴	流传	苦口	品味

69. 华为手机是中国_____手机的代表。它旗下有多_____产品，既有适合年轻人的系列，也有拍照功能强劲的系列和着力于商务功能的系列，可以说是十分_____了。为了打造领先世界的民族品牌，华为在把控产品质量一事上也是_____的。

A 聪明	样	健全	千方百计
B 智能	款	齐全	一丝不苟
C 智慧	种	完备	急功近利
D 智商	型	完整	急于求成

70. 给新款汽车起名时一定要再三_____，因为名字代表了品牌的态度。那种把字母和数字组合起来的固有做法_____随意，而且会让消费者质疑厂商的诚意。而在这方面一直持有"绝不_____"原则的吉利汽车，就做出了很好的_____。他们会选取诸如"远程"、"几何"这类_____的词汇来为汽车命名。

A 构思	极其	固执	模范	古老
B 探讨	极端	轻视	规范	新奇
C 考核	过度	闭塞	提示	陈旧
D 斟酌	过于	敷衍	示范	新颖

第三部分

第71-80题：选句填空。

71-75.

　　在风光壮丽的美国西部，有一个叫做波浪谷的景区。(71)＿＿＿＿＿，这种纹路清晰地展示了沙丘沉积的过程。作为一个天然景点，波浪谷不同角度的风景都让人叹为观止。

　　如此绝美的奇观，自然有不少人想去观光。(72)＿＿＿＿＿，美国土地管理局每日只允许20个人进入景点，而且波浪谷的门票只售7美元，(73)＿＿＿＿＿。和一般的售票方式不同，波浪谷主要实行现场抽签和网上申请的方法，两个方法的名额各有10人。

　　即便如此，还是有一些抽签的小窍门可以参考。比如说约几个朋友，组成一个6人组进行申请的话，(74)＿＿＿＿＿。即使没抽到也不用担心，因为还可以隔天参加第二次抽签。

　　网上申请的难度比现场的还大。首先，申请人需要提前4个月申请，(75)＿＿＿＿＿，可以说是十分苛刻了。但还是有办法增加中签率的。因为美国旅游局是根据邮箱数量去计算申请份数的，所以只要群组里的人使用不同的邮箱申请，就会有更多的机会了。

　　将以上这些窍门研究透彻，既会减少走弯路的次数，也能大大增加进入波浪谷游玩的几率。

A 可以想象到竞争会有多激烈

B 其砂岩呈现出类似海浪的纹路

C 而且每人每个月只能申请一次

D 但考虑到波浪谷独特的地质

E 被抽中的几率就会很高

76-80.

众所周知，中国有着一流的棉纺织工艺水平。然而很少有人知道，（76）_____。西汉时期，中国西南地区和两广地区率先从印度引进了树棉。到了东汉时期，新疆地区也通过丝绸之路引进了草棉，用它织出了名为"白叠布"的棉布。不过，无论是南方还是西域的棉花种植，在很长一段时间内，都没有延伸到中原地区，所以中原地区在制作服装的时候，（77）_____。

直到元代，情况终于发生了变化。这时候，南方的棉花向北传播到了长江流域，而西域的棉花也向东传播到了陕西一带。在众多能工巧匠中，黄道婆是最有名的一位。黄道婆年轻时流落到了海南岛，向那里的黎族人学会了轧棉、弹棉、纺纱、织布等全套技术。她晚年回归故里，（78）_____。从此，以松江府为中心的江南地区逐渐变成重要的棉纺织手工业区。

在明代，棉花的种植技术进一步向华北等地扩散，（79）_____，成为纺织的主要原料。为了在寒冷的北方栽培棉花，（80）_____。在之后的几百年间，这种树棉成为了中国种植最广泛的棉花。

A 中国原本是没有棉花的

B 便把这整套技术传授给了家乡人

C 人们培育出了植株矮小的树棉品种

D 棉花也逐渐淘汰了葛和麻

E 使用的还是麻、丝绸等面料

第四部分

第81-100题：请选出正确答案。

81-84.

一提起星星，很多人的脑海里都会出现五角星的形状。但大多数观测结果表明，真实的星星更接近圆形而非多边形。那么，为何在仰望夜空时，看不到圆形的星星呢？这个问题的答案就在人类的眼睛里。

经历了漫长的演化过程后，人类的眼睛变得格外精密。很多生物也和人类一样，都有着性能超过高级相机的眼睛。而它们眼睛中存在的透明物质，都可以成为记录生命中偶然痕迹的"**镜头**"。比如说，在观察世界时，虫子的眼睛依靠的是石头晶体，扇贝的眼睛利用的是鸟嘌呤，人类的眼睛借助的则是蛋白质。虽然蛋白质本身就具有复杂的结构和多种多样的功能，但是它对于人类来说却只有一个功能，就是在演化中作为构建晶状体的材料。

不过，自然选择是不完美的，只要能够看得见这个世界，感受所有的生命就足够了。因此充满偶然，也布满缺陷的眼睛显得格外宝贵。和精雕细琢的特殊光学玻璃不同，眼睛里晶状体的表面不是光洁如新的，而是充满了发育过程中留下的纹路。所有人的晶状体纹路都不尽相同，而且还会随着年龄的增长有所改变。

这些纹路表面上看起来似乎微不足道，但面对星星这样几乎纯圆的光源时，它们的衍射效果就发挥出来了。就像望远镜支架和相机光圈会让照片里的星星显示出四芒或六芒一样，因为有了这些独一无二的纹路，人们眼里的星星变成了有趣的多边形。

81. 根据上文，可以知道：
   A 星星是多边形的
   B 星星的形状很完美
   C 真实的星星接近圆形
   D 很多国旗上印有星星

82. 第二段中画线词语指的是：
   A 人或动物的观察力
   B 眼睛里面的晶状体
   C 一种透明的小石头
   D 观察星空的望远镜

83. 为什么我们眼中的星星不是正圆的？
   A 晶状体表面有纹路
   B 晶状体自身会发光
   C 眼睛能接收光的信息
   D 星星和地球的距离遥远

84. 上文最有可能出现在下列哪本杂志上？
   A 服装潮流
   B 文学遗产
   C 科普知识
   D 情报研究

85-88.

近几年，棕黄色本色纸的价格一直比白色纸昂贵，但本色纸依然受到消费者的热捧。本色纸不含漂白剂、荧光粉等化学剂，因此，人们认为它更加安全环保，使用起来也更令人放心。但是，被称为"自然无公害"的本色纸，真的比传统的白色卫生纸健康吗？

首先，让我们了解一下本色纸和白色纸的区别。两种卫生纸有一个共同的制作流程，就是将秸秆、木头、竹子等原材料蒸煮成木色纸浆。然而，其他的制作流程就稍有差别了。白色纸需要先漂白纸浆，再对纸浆进行洗涤和筛选。漂白时会使用含氯化合物，就算反复清洗，也会有少量残留。而本色纸则省略了漂白的程序，只需要直接对纸浆进行洗涤筛选。

有关部门规定，可以在卫生纸中适当添加一些漂白剂，含量不超标的话，对人体无害。而未经漂白的本色纸中木质素含量较高，生产出来的纸比较硬。所以很多厂家为了让本色纸达到柔软亲肤的效果，添加了比白色纸更多的化学剂。由此可见，"本色纸因不含化学剂而天然环保"的宣传内容并不属实。

综上所述，本色纸未必比白色纸更加安全健康。既然如此，到底该怎样选择卫生纸呢？购买时，我们可以通过以下方法进行挑选：一、看触感：好的卫生纸柔软细腻，不会掉粉、掉毛；二、比韧度：好的卫生纸柔韧性好，使劲拉扯也不会立即断裂；三、用水泡：将卫生纸浸泡后进行搅拌，如果能完整捞出的话，说明质量过关；四、看包装：包装能从侧面反映出卫生纸的质量。我们可以通过查看生产日期、产品等级、主要原料等信息，判断卫生纸的质量。

85. 关于本色纸，下列哪项正确？
   A 比白色纸安全健康
   B 手感比白色纸柔软细腻
   C 制作工序比白色纸复杂
   D 价格比白色纸高出不少

86. 下列哪项**不属于**本色纸的制作程序？
   A 洗涤筛选
   B 漂白纸浆
   C 蒸煮原材料
   D 添加化学剂

87. 第四段主要介绍的是：
   A 白色纸的优缺点
   B 本色纸的制作工序
   C 选择卫生纸的方法
   D 两种卫生纸的区别

88. 根据上文，什么原材料可用于制作卫生纸？
   A 羊毛
   B 布料
   C 蚕丝
   D 木头

89-92.

　　1974年从兵马俑坑里出土的武器和兵马俑，吸引了全世界的目光。当时出土的武器主要包括弩、剑、戈、箭等等。其中，大部分铜武器上找不到锈蚀的痕迹，这令人惊奇不已。因为通常情况下，材料为铜锡合金的金属制品很容易锈蚀。那么，究竟是什么技术让它们历经两千年还保持光洁如新的样子呢？

　　为了解开这个谜底，专家对这些铜武器的化学成分进行了分析，结果发现了武器中含有的一个元素——铬。这一发现让人想起了现代冶金工业中常用的铬转化膜防腐蚀技术。武器有了这层保护膜，就像是穿上了一层"衣服"。这不仅可以避免和氧气、水分以及酸性物质直接接触，还大大减缓了武器被腐蚀的速度。

　　专家认为，这些铜武器表面的铬元素，也许来自周边的环境。其中，"嫌疑"最大的可能是武器周边的土壤，因为土壤与武器的接触时间最长。然而检测结果显示，武器周边土壤中，铬的含量极少。相关模拟实验也否定了这一假设。

　　后来，研究人员想到了另一种平时无处不在，但很难被注意到的东西，这便是"油漆"。兵马俑在上色之前，需要涂几层漆作为基底，武器上同样也会涂漆。所以，漆在整个兵马俑坑中的存量非常大。中国古代传统的漆是从漆树干上采集的，属于"纯天然"产品，不可能含铬。但是古人为了提升漆的性能，通常会放一些添加剂进去，而这其中或许就有铬元素存在。

　　于是，专家对武器上残留的油漆成分进行了检测。漆的含铬量果然非常丰富，比土壤中的含铬量足足高出了好几个等级！就这样，兵马俑坑武器的含铬之谜终于<u>真相大白</u>了。

89. 根据上文，兵马俑坑中发现了：
　　A 衣服　　　　　　　　　　　　B 药物
　　C 古代钱币　　　　　　　　　　D 金属制品

90. 关于兵马俑坑中的铜武器，可以知道：
　　A 发掘难度较大　　　　　　　　B 保存得非常好
　　C 采用了抗腐蚀技术　　　　　　D 上面涂抹了有毒物质

91. 武器上的铬最可能来自于哪里？
　　A 土壤　　　　　　　　　　　　B 油漆
　　C 氧气　　　　　　　　　　　　D 地下水

92. 最后一段中画线词语的意思是：
　　A 弄明白了真实情况　　　　　　B 真理是需要检验的
　　C 相关研究仍是空白　　　　　　D 白白浪费了很多时间

93-96.

美国密苏里大学最近发布了一项研究报告。报告指出，继自动驾驶、语音识别、图像识别后，人工智能又在材料科学领域取得了重大进展。人工智能网络经过训练，能在一秒内准确预测出数十亿材料的性能。

这项了不起的进展是由密苏里大学机械和航空航天工程系、电子工程和计算科学系的三名中国研究员齐心协力完成的。他们将石墨烯的数千种可能性输入到高性能计算机中，然后将这些数据录入到人工智能网络中进行训练。这是因为石墨烯作为典型的二维材料，具有导电性强等特性，特别适合应用在航空航天等诸多领域。而人工智能擅长通过学习小规模数据来构建结构性能关系，进而进行大规模的性能预测。

经过多次检验后，他们发现预测材料结构的时间被大大缩短了。通常情况下2天才能完成的预测工作，现在只要一秒就能完成。不光如此，预测准确度也提高到了95%。

对此，三名中国研究员表达了自己的看法。董源教授说："用科学的方式训练计算机，让其在短时间内完成人类需要好多年才能做成的事情。这既是了不起的突破，也是重要的起点，对社会、对科技的发展都有着举足轻重的作用。"而林见教授则指出："当原子的位置不同时，材料的表现也会出现很大的差异，因为结构决定性质。而计算机的功能就是，在不进行任何实验的情况下预测这些属性。这提高了研究效率，减轻了研究员的负担。"另一名教授——程建林表示："材料科学领域出现了一种新的趋势，那就是不管遇到什么样的材料结构，人工智能都可以精准地进行预测。这是一个巨大进步，也是应用人工智能改变该领域设计流程的一个典型示范。"

最后，研究员们进一步指出，这项技术未来可用于LED电视、触摸屏、智能手机、太阳能电池、航空航天装备等的设计。

93. 下列哪项**不属于**人工智能取得突破的领域？
   A 图像识别　　　　　　　　　　B 语音识别
   C 材料合成　　　　　　　　　　D 自动驾驶

94. 在材料科学中，人工智能能够：
   A 提高材料价值　　　　　　　　B 提升测量速度
   C 改善材料属性　　　　　　　　D 树立行业标准

95. 根据第四段，用科学的方式训练计算机：
   A 降低了研究效率　　　　　　　B 是一个巨大的退步
   C 增加了研究员的负担　　　　　D 对科技发展意义重大

96. 根据上文，这一研究：
   A 可行性仍不明确　　　　　　　B 是中国学者的成果
   C 未改变材料设计流程　　　　　D 已应用于触摸屏的制造

97-100.

　　小时候，汪滔在一个偶然的机会下读了一本书，那是一本关于直升机探险的漫画故事书。从此，他就对航模产生了浓厚的兴趣，这份儿时的爱好一直伴随他进入大学。上大学后，他毅然决定研究遥控直升机的飞行控制系统，并将它作为毕业课题的方向。汪滔为了实现儿时的一个设想——"让遥控直升机自由选择悬停的位置"，努力研究了大半年，可还是失败了。

　　然而，这次失败给汪滔带来了意想不到的机会。他的领导才能及对技术的理解得到了香港科技大学李泽湘教授的认可。在李教授的推荐下，汪滔顺利进入了香港科技大学攻读硕士。他敏锐地嗅到了无人机市场的商机后，就把研究方向转向了无人机。经过没日没夜的研究，他在2006年1月做出了第一台无人机样品。然后，他用筹集到的资金，和朋友在深圳成立了"大疆"公司，主要研发和生产无人飞行器控制系统。

　　公司刚成立时可谓举步艰难。团队中只有汪滔有无人机技术背景，所以需要他手把手地教其他员工。由于公司效益不好，员工陆续投靠了其他公司，还有人偷偷在网上出售了公司的物品。这段时期被汪滔认为是"黎明前的黑暗"。在紧要关头，李教授给公司带来了资金，还带来了很多优秀的人才。"大疆"终于迎来了发展的曙光。

　　2013年，公司推出了一款小型一体航拍无人机——"大疆精灵"。凭借简洁性和易用性，该产品迅速占领了无人机市场70％的市场份额。通过不断的创新，"大疆"的一系列产品成为全球航模航拍爱好者的首选，同时也被广泛应用到工业及商业领域。

　　成功后，汪滔决定用实际行动回报母校。他与香港科技大学推出了"联合奖学金计划"，对电子计算机工程专业的博士和硕士新生提供每人1.4万元港币的全额奖学金。在大多数人眼里，中国的高科技企业历来只扮演"追赶者"和"跟跑者"的角色，而汪滔和他的公司却在短短十年内，打破了这个偏见，成为了无人机领域的"领跑者"。

97. 根据第一段，汪滔想解决什么核心问题？
　　A 直升机的自由升降　　　　　　　B 节约直升机的能源
　　C 直升机的自由悬停　　　　　　　D 直升机的加速飞行

98. 关于"大疆"公司，可以知道什么？
　　A 由政府投资建立　　　　　　　　B 母公司位于香港
　　C 人才的竞争激烈　　　　　　　　D 创业初期很艰辛

99. "大疆"公司的转折点是什么？
　　A 公司最终成功上市　　　　　　　B 订单数量大幅增长
　　C 研发出了新一代产品　　　　　　D 李教授带来资金和人才

100.汪滔决定如何报答母校？
　　A 设立全额奖学金　　　　　　　　B 赠送无人机产品
　　C 创办无人机学院　　　　　　　　D 为校友提供实习机会

三、书写

第101题：缩写。

(1) 仔细阅读下面这篇文章，时间为10分钟，阅读时不能抄写、记录。

(2) 10分钟后，监考会收回阅读材料。请将这篇文章缩写成一篇短文，字数为400字左右，时间为35分钟。

(3) 标题自拟。只需复述文章内容，不需加入自己的观点。

(4) 请把短文直接写在答题卡上。

제1회 제2회 제3회 제4회 제5회 제6회

해커스 해설이 상세한 HSK 6급 실전모의고사

战国时期，赵王得到了一块珍贵的玉——和氏璧。因为和氏璧象征着吉祥，秦王也想得到这块玉，于是他就派人给赵王送来一封信，说秦国愿意拿十五座城池来交换这块玉。

看完信后，赵王心想：秦王向来只占便宜，从不吃亏，这次怎么这么大方？不答应他的请求，他可能会以此为借口进攻赵国；答应的话，又怕上当受骗。思来想去，赵王还是拿不定主意，就把大臣们叫来商量对策。

在大家都不知道如何是好的时候，有人向赵王推荐了自己的门客蔺相如。此人表示，蔺相如虽然体格小，但机智勇敢，很有计谋，所以赵王召见了蔺相如。拜见赵王时，蔺相如诚恳地说："大王，请让我带着和氏璧去见秦王吧。到秦国后我会见机行事，如果秦王不肯用十五座城池交换，我一定把和氏璧完好无损地带回来。"赵王看他决心很大，就派他带着和氏璧去秦国了。

秦王在宫殿里接见了蔺相如，蔺相如把和氏璧献给秦王。秦王十分高兴，接过和氏璧反复地看，赞叹不已。他看完后，又给大臣们展示了一遍，然后又让后宫的妃子们观赏。蔺相如站在一旁等候了很久，始终不见秦王提起给赵国十五座城池的事。

蔺相如发现秦王没有诚意，便上前一步说道："这块玉虽然很美，但其实有个小毛病，让我指给您看看吧。"秦王相信了他的话，吩咐手下将和氏璧递给蔺相如。蔺相如接过和氏璧，退后几步，靠着宫殿的一根大柱子站定，然后冷静地说："我看您并不想交出十五座城池，所以把和氏璧要了回来。您要是强迫我，我就把这块玉撞碎！"说完，他就举起和氏璧，做出要撞柱子的动作。

秦王想让士兵去抢，可是又怕在争夺的过程中摔坏了玉，只好向蔺相如道歉，又叫人取来秦国地图，随手指定了十五座城。但聪明的蔺相如一下就看出来秦王并不是真心想交换，就补充道："和氏璧是罕见的宝贝，赵王在我动身以前，为它举行了隆重的仪式。如果您是真的有诚意交换，也请准备一个仪式，到时候我再把玉献给您。"秦王没有办法，只好同意了。

蔺相如回到住处，立即安排随从带着和氏璧走小路回赵国。过了几天，秦王发现和氏璧已经被送走，十分恼火。但他冷静下来一想，此时惩罚蔺相如，不但得不到和氏璧，还会使秦赵两国的关系恶化，可以说是得不偿失了。所以他最终下令放了蔺相如。

蔺相如安全回到赵国之后，被赵王重用，成为了赵国著名的政治家和外交家。这个历史故事叫做"完璧归赵"，在《史记》中有详细的记载。后来，"完璧归赵"演变为一个成语，比喻把物品完好无损地归还给主人。

다음 페이지(p.60)에 정답이 있으니 바로 채점해보세요.

해커스 해설이 상세한 HSK 6급 실전모의고사

듣기

해설집 p.90

제1부분

1 A **2** C **3** C **4** D **5** B **6** A **7** D **8** D **9** C **10** B **11** D **12** C **13** D **14** D **15** B

제2부분

16 C **17** D **18** A **19** B **20** A **21** B **22** C **23** C **24** D **25** B **26** D **27** D **28** D **29** A **30** C

제3부분

31 B **32** C **33** C **34** A **35** C **36** A **37** D **38** B **39** D **40** A **41** B **42** C **43** A **44** D **45** C
46 D **47** C **48** A **49** C **50** C

독해

해설집 p.114

제1부분

51 B **52** B **53** D **54** D **55** C **56** A **57** C **58** A **59** A **60** C

제2부분

61 B **62** D **63** A **64** B **65** A **66** B **67** C **68** B **69** B **70** D

제3부분

71 B **72** D **73** A **74** E **75** C **76** A **77** E **78** B **79** D **80** C

제4부분

81 C **82** B **83** A **84** C **85** D **86** B **87** C **88** D **89** D **90** B **91** B **92** A **93** C **94** B **95** D
96 B **97** C **98** D **99** D **100** A

쓰기

해설집 p.148

모범 답안

完璧归赵

战国时期，赵王得到了一块和氏璧。秦王也想得到它，于是他写信给赵王，说愿意用十五座城池来交换。赵王想不出好办法，不答应的话，秦王可能会进攻赵国，答应的话，又怕上当受骗。赵王想来想去，还是拿不定主意，就叫大臣们一起商量。

这时，有人推荐了聪明勇敢的蔺相如。蔺相如向赵王保证，如果秦王不肯用城池交换，自己一定把和氏璧完好无损地带回来。

到了秦国后，蔺相如把和氏璧献给秦王，秦王赞叹不已，却始终不提起给赵国十五座城池的事。

蔺相如见秦王没有诚意，就骗秦王这块玉有个小毛病，拿回了和氏璧，还表示如果秦王强迫自己，就会把它撞碎。

秦王只好道歉，又在地图上随手指定了十五座城。但蔺相如看出来秦王不是真心的，就要求秦王准备一个仪式。

蔺相如回到住处，立刻派人带着和氏璧回赵国。过了几天，秦王发现和氏璧被送走后，非常生气。但秦王冷静一想，惩罚蔺相如可能会使两国关系恶化，就放了蔺相如。

蔺相如回到赵国后，成为了著名的政治家和外交家。这就是"完璧归赵"的故事。后来"完璧归赵"演变为成语，比喻把物品完好无损地归还给主人。

해커스 해설이 상세한 HSK 6급

실전모의고사

제3회

*시험을 보기 전, <해설집> p.430의 '제3회 고난도 어휘'를 먼저 익히면
  문제를 더 쉽게 풀 수 있어요.
* 실제 시험을 보는 것처럼 시간에 맞춰 실전모의고사를 풀어보세요.

잠깐! 테스트 전 확인 사항

1. 휴대 전화의 전원을 끄셨나요? ····················· ☐
2. 답안지, 연필, 지우개가 준비되셨나요? ··········· ☐
3. 시계가 준비되셨나요? ··························· ☐
   * 듣기 답안 작성 5분, 독해+쓰기 95분

시험에 나올 어휘를
효과적으로 공부하려면?

해커스중국어(china.Hackers.com)에서
<품사별로 암기하는 HSK 6급 필수어휘 2500 PDF> 무료 다운받기!

실전모의고사 3 답안지

汉语水平考试 HSK（六级）答题卡

一、听力

1. [A] [B] [C] [D]　　6. [A] [B] [C] [D]　　11. [A] [B] [C] [D]　　16. [A] [B] [C] [D]　　21. [A] [B] [C] [D]
2. [A] [B] [C] [D]　　7. [A] [B] [C] [D]　　12. [A] [B] [C] [D]　　17. [A] [B] [C] [D]　　22. [A] [B] [C] [D]
3. [A] [B] [C] [D]　　8. [A] [B] [C] [D]　　13. [A] [B] [C] [D]　　18. [A] [B] [C] [D]　　23. [A] [B] [C] [D]
4. [A] [B] [C] [D]　　9. [A] [B] [C] [D]　　14. [A] [B] [C] [D]　　19. [A] [B] [C] [D]　　24. [A] [B] [C] [D]
5. [A] [B] [C] [D]　　10. [A] [B] [C] [D]　　15. [A] [B] [C] [D]　　20. [A] [B] [C] [D]　　25. [A] [B] [C] [D]

26. [A] [B] [C] [D]　　31. [A] [B] [C] [D]　　36. [A] [B] [C] [D]　　41. [A] [B] [C] [D]　　46. [A] [B] [C] [D]
27. [A] [B] [C] [D]　　32. [A] [B] [C] [D]　　37. [A] [B] [C] [D]　　42. [A] [B] [C] [D]　　47. [A] [B] [C] [D]
28. [A] [B] [C] [D]　　33. [A] [B] [C] [D]　　38. [A] [B] [C] [D]　　43. [A] [B] [C] [D]　　48. [A] [B] [C] [D]
29. [A] [B] [C] [D]　　34. [A] [B] [C] [D]　　39. [A] [B] [C] [D]　　44. [A] [B] [C] [D]　　49. [A] [B] [C] [D]
30. [A] [B] [C] [D]　　35. [A] [B] [C] [D]　　40. [A] [B] [C] [D]　　45. [A] [B] [C] [D]　　50. [A] [B] [C] [D]

二、阅读

51. [A] [B] [C] [D]　　56. [A] [B] [C] [D]　　61. [A] [B] [C] [D]　　66. [A] [B] [C] [D]　　71. [A] [B] [C] [D] [E]
52. [A] [B] [C] [D]　　57. [A] [B] [C] [D]　　62. [A] [B] [C] [D]　　67. [A] [B] [C] [D]　　72. [A] [B] [C] [D] [E]
53. [A] [B] [C] [D]　　58. [A] [B] [C] [D]　　63. [A] [B] [C] [D]　　68. [A] [B] [C] [D]　　73. [A] [B] [C] [D] [E]
54. [A] [B] [C] [D]　　59. [A] [B] [C] [D]　　64. [A] [B] [C] [D]　　69. [A] [B] [C] [D]　　74. [A] [B] [C] [D] [E]
55. [A] [B] [C] [D]　　60. [A] [B] [C] [D]　　65. [A] [B] [C] [D]　　70. [A] [B] [C] [D]　　75. [A] [B] [C] [D] [E]

76. [A] [B] [C] [D] [E]　　81. [A] [B] [C] [D]　　86. [A] [B] [C] [D]　　91. [A] [B] [C] [D]　　96. [A] [B] [C] [D]
77. [A] [B] [C] [D] [E]　　82. [A] [B] [C] [D]　　87. [A] [B] [C] [D]　　92. [A] [B] [C] [D]　　97. [A] [B] [C] [D]
78. [A] [B] [C] [D] [E]　　83. [A] [B] [C] [D]　　88. [A] [B] [C] [D]　　93. [A] [B] [C] [D]　　98. [A] [B] [C] [D]
79. [A] [B] [C] [D] [E]　　84. [A] [B] [C] [D]　　89. [A] [B] [C] [D]　　94. [A] [B] [C] [D]　　99. [A] [B] [C] [D]
80. [A] [B] [C] [D] [E]　　85. [A] [B] [C] [D]　　90. [A] [B] [C] [D]　　95. [A] [B] [C] [D]　　100. [A] [B] [C] [D]

三、书写

101.

200

300

400

500

不要写到框线以外！

汉语水平考试

HSK（六级）

注　意

一、HSK(六级)分三部分：

　　1.听力(50题，约35分钟)

　　2.阅读(50题，50分钟)

　　3.书写(1题，45分钟)

二、听力结束后，有5分钟填写答题卡。

三、全部考试约140分钟(含考生填写个人信息时间5分钟)。

一、听 力

第一部分

第1-15题：请选出与所听内容一致的一项。

1. A 塑料餐盒上没有标志
   B 聚丙烯塑料安全无害
   C 聚丙烯塑料气味刺鼻
   D 塑料餐盒上都标着"5"

2. A 爱吃甜食的人性格更外向
   B 高热量饮食让人精力充沛
   C 患糖尿病和爱吃甜食无关
   D 尽量不要吃脂肪多的食物

3. A 这位画家知名度很高
   B 画像里的主人公是总统
   C 这幅画像近日首次展出
   D 这幅画像有被损坏的痕迹

4. A 该程序是城市规划师制作的
   B 制作三维城市需要很多指令
   C 系统能够自动绘制三维模型
   D 城市规划项目的工作量很大

5. A 猫毛可以帮助猫及时散热
   B 夏天要定期给宠物剃光毛
   C 夏天宠物不宜在室内玩耍
   D 剃毛会影响宠物的生理规律

6. A 平板电脑会发出耀眼的红光
   B 睡前看电子屏幕有助于睡眠
   C 蓝光会使人体合成睡眠激素
   D 电子屏幕的蓝光会干扰睡眠

7. A 该书以文字描述为主
   B 该书讲述中国古代星空
   C 该书主要介绍书画艺术
   D 该书揭开了成语的秘密

8. A 巡逻的警察十分疲惫
   B 警察清除了道路障碍
   C 司机应提前了解路况
   D 疲劳驾驶有安全隐患

9. A 该博物馆已经有百年历史
   B 展馆的啤酒供人免费品尝
   C 青岛啤酒仍使用传统工艺
   D 该展馆展示了青啤的历史

10. A 中国从国外进口了地铁
    B 该地铁有多种先进设备
    C 地铁站外面安装了探测仪
    D 车厢可以容纳一百人以上

11. A 寺庙的住持喜欢饲养小动物
    B 寺庙里猫的数量高达两千只
    C 寺庙是为了拯救猫而修建的
    D 许多流浪猫到那座寺庙安家

12. A 传统礼节经常被人忽略
    B 文创产品能够传播文化
    C 经济效益占据首要位置
    D 年轻人创业对社会有益

13. A 海洋塑料垃圾多来自轮船

B 海洋塑料垃圾的体积很大

C "微塑料"会破坏海洋生态

D 这些塑料是被人工粉碎的

14. A 这枚火箭的规格比较小

B 航天研究所成功发射火箭

C 此次火箭发射由民企主导

D 这枚火箭主要负责传输信号

15. A 过度劳累被认为是种疾病

B 过度劳累对人体并无害处

C 过度劳累对心理影响不大

D 过度劳累是缺乏锻炼引起的

第二部分

第16-30题：请选出正确答案。

16. A 广告拍摄
    B 大型活动
    C 宿舍环境
    D 新人选拔

17. A 由父母督促学习
    B 请专家辅导功课
    C 和粉丝一起学习
    D 在拍摄空隙学习

18. A 不再平凡
    B 相对忙碌
    C 收入很高
    D 受人关注

19. A 受益很大
    B 难以摆脱
    C 是双刃剑
    D 带来阻碍

20. A 擅长播音主持
    B 曾是电影主演
    C 考试成绩较差
    D 得到父母支持

21. A 技术不够完备
    B 没有统一标准
    C 建筑结构不佳
    D 消防员人数少

22. A 应加大处罚力度
    B 应考虑施工难度
    C 应与刑法措施相结合
    D 应向文物施工单位追责

23. A 明显提高其防火能力
    B 会减少文物施工队伍
    C 能淘汰懒惰的施工方
    D 难以判断其防火能力

24. A 乱扔烟头
    B 电气故障
    C 领导不重视
    D 缺少防火材料

25. A 文物保护单位的状况
    B 当地消防单位的数量
    C 当地文物部门的权力
    D 当地消防单位的能力

26. A 欣赏风景
    B 感受文化
    C 挑战自我
    D 拿到奖牌

27. A 抗冻抗寒的训练
    B 针对高海拔的训练
    C 增强爆发力的训练
    D 攀登高原雪山的训练

28. A 赛中供氧服务
    B 赛道引导服务
    C 高原反应检测
    D 心肺功能检测

29. A 风土人情
    B 传统小吃
    C 赛场设施
    D 特殊地形

30. A 带动了经济发展
    B 宣传了当地文化
    C 吸引了大量游客
    D 改善了生活条件

第三部分

第31-50题：请选出正确答案。

31. A 企业管理
    B 动物医学
    C 金融投资
    D 食品工业

32. A 口味好
    B 包装精美
    C 价格平稳
    D 生产周期长

33. A 增加了研究人员
    B 制定了五年规划
    C 投放了大量的广告
    D 拿到了可观的投资

34. A 中国结只有一种结式
    B 中国结从唐朝开始流行
    C 中国结主要使用红色的线
    D 中国结属于宫廷绘画艺术

35. A 造型朴素
    B 绚丽多彩
    C 寓意深刻
    D 内涵丰富

36. A 价格较为昂贵
    B 可以消灾避邪
    C 显示身份和地位
    D 带有祝福的寓意

37. A 掉以轻心
    B 十分紧张
    C 郑重对待
    D 无法理解

38. A 重量异常大
    B 材料很坚固
    C 形状十分奇特
    D 飞行速度很快

39. A 鼓励企业使用无人机
    B 严格限制无人机的速度
    C 要对无人机进行质量检测
    D 不能阻碍无人机技术的发展

40. A 根据收到的求职信
    B 通过和应聘者聊天
    C 依靠网站上的信息
    D 通过倾听员工心声

41. A 性格测试
    B 智商测试
    C 能力测试
    D 财务测试

42. A 口音
    B 语调
    C 用词
    D 音量

43. A 扩大公司规模
    B 降低投入成本
    C 提高公司信誉
    D 丰富面试内容

44. A 危险与边缘
    B 潮流与时尚
    C 安全且无害
    D 健康且实惠

45. A 专业人士越来越多
    B 民间比赛层出不穷
    C 有不少攀岩爱好者社区
    D 攀岩馆的数量增幅较大

46. A 把攀岩列入团体项目
    B 取消攀岩的奥运项目资格
    C 减少攀岩项目的奖牌数量
    D 把攀岩列入巴黎奥运会项目

47. A 具有悠久的历史
    B 容易让人感到疲倦
    C 只在年轻人中流行
    D 与奥林匹克精神契合

48. A 形成了幼年雄性象群
    B 形成了幼年雌性象群
    C 形成了雌雄混合象群
    D 形成了成年雄性象群

49. A 象群的规模很小
    B 幼象的四肢更粗
    C 象群里的个体更健壮
    D 幼象可以协助人类耕地

50. A 为了找到更多食物
    B 为了提高繁殖频率
    C 为了方便互相交流
    D 为了应对人类威胁

二、阅读

第一部分

第51-60题：请选出有语病的一项。

51. A 面对吸引力极大的太空，人类从未停下探索的脚步。
    B 10月18日晚，第七届世界军人运动会在湖北武汉隆重开幕。
    C 专家指出，过度紧张、疲劳或焦虑难免不引发神经性皮炎的症状。
    D 这款载人潜水器具有能近距离观察，近距离采样，精确操作等优点。

52. A 这行缺的不是工人，而是懂得创新和管理的优秀人才。
    B 如果你胃酸过多，那么日常饮用一些淡柠檬水有利于胃黏膜的修复。
    C 这种"魔镜"的制作原理相近与《梦溪笔谈》里所写的"透光鉴"。
    D "煎熬"原本指的是制作中药的方法，现在则被用来形容人们的心理状态。

53. A 小王在十多年前开了一家工厂，它虽然规模不大，但效益不错。
    B 公司能够迅速占领国内市场，靠的就是对每副鞋的质量都精益求精。
    C 这回投资失败，归根结底还是因为你太心急了，没有看明白市场行情。
    D 医院这次推出的网络挂号系统，成功解决了患者们一直以来的"挂号难"问题。

54. A 坐落在一条普通胡同里的万圣书园，人烟稀少，很是非常僻静。
    B 在"新经济"论坛上，各抒己见的青年学者使现场气氛变得格外热烈。
    C 中国工程院院士兼植物学家朱有勇表示，自己最喜欢别人称为"农民教授"。
    D 道德准则并不是用来教育别人、强迫别人的，而是用来约束自己、要求自己的。

55. A 培养想象力固然重要，但浪费时间在一些莫名其妙的点子上也不能。
    B 诚实守信不但是每个人应有的道德品质，而且是社会生活中不可缺少的优秀品质。
    C 所谓的作品风格，就是艺术作品本身所显现出来的，一种可以被显著辨识的总体特征。
    D 在十几个学生的协助下，这位老师终于论证了自己的猜想，同时还开辟了新的研究思路和方向。

56. A 在中国，心理咨询行业仍处于起步阶段，不仅缺乏完善的培训流程，更缺少有经验的从业者。
    B 公司要想以招聘的方式选出对公司有帮助的人才，就要对每个环节举行科学的、精细化的数据分析。
    C 运输是该国经济的重要动脉，所以承担运输的高速公路和负责运输货物的卡车司机发挥着重要的作用。
    D 大家需要知道一个常识，即产前检查是有局限性的，很多隐藏的疾患和发育异常的情况很难被医生发现。

57. A 骆驼被称作"沙漠之舟",因为它非常耐旱。喝一次水之后,它可以在沙漠里连续走很多天。

B 近日,多个深圳公司给即将毕业的大学生开放了实习岗位,学生们可以根据自己的需求进行申请。

C 大多数空气过滤器里使用的都是微粒系统,这种系统效率极高,能在短时间内完成所有的过滤工作。

D 艺术体操是一种难度极高,观赏性极强的运动。它凭走、跑、跳跃、旋转、平衡、波浪等徒手动作组成。

58. A 在两千多万年至二三百万年前,中国和印度的一些地方,生活着长颈鹿的祖先,它们的颈和腿比现在的长颈鹿非常短。

B 石油是大自然给予人类的宝贵财富,因为它被广泛应用于人类生产生活的各个方面,同时也为交通运输提供了巨大动力。

C 经过多年的挖掘和骨骼重建工作,科学家终于还原了这具恐龙化石,并确认它是迄今为止世界上发现的最大的霸王龙骨骼化石。

D 近年来,一些热门景区尝试通过各种限流举措来合理引导客流,这些措施在控制游客人数、保护景区环境等方面都取得了良好的效果。

59. A 面对经济全球化带来的机遇和挑战,正确的选择是,充分利用一切机遇,合作应对一切挑战,引导好经济全球化走向。

B 无论你在哪儿,都不能否认,中国人最喜欢的团圆方式就是全家人围坐在一起吃一顿美食,再畅饮一瓶精心选择的好酒。

C 300万年前,脊椎动物完成了一次重要的演化,它们脱离了水体,进化完了一种强大的生物体,从此之后就开始在陆地上生活了。

D 这种野鸡俗称"娃娃鸡",它在繁殖前的清晨,常会发出"哇哇"的叫声,它这样做,一是为了保卫领土,二是为了确保敌人不会靠近。

60. A 这座居住着近两百户藏民的老村寨,正在迎接来自世界各地的游客,还将自己独特、朴素、原始而神秘的风情呈现在众人眼前。

B 与其投入巨额成本建设大规模的垃圾处理厂,并长期背负沉重的处理成本和运营负担,相应的要从根源上控制生活垃圾的泛滥。

C 物美价廉的番茄一直深受人们欢迎,除了口味酸甜、颜色鲜艳之外,它所含的抗氧化成分、维生素和矿物质可以帮助人们抵抗各种疾病。

D 农作物的生产需要消耗大量的水和耕地,生产过程中使用的农药还会污染土壤,因此,无论人们种什么作物,都会对环境产生不小的负面影响。

第二部分

第61-70题：选词填空。

61. 早茶是一种社交饮食_____，多见于中国南方地区。早茶不仅包括茶水，还包括许多_____的点心。在人们眼中，早茶不只是一种简单的早餐，更是愉快的消遣。一家人聚在一起喝喝茶，聊聊_____，可以说是一件幸福的事。

   A 惯例　　　　　精心　　　　　平常
   B 习俗　　　　　精致　　　　　家常
   C 风俗　　　　　精美　　　　　往常
   D 通俗　　　　　实惠　　　　　家务

62. 网络技术突破了教室围墙的局限，把交流和协作_____到了互联网能触及到的每个角落。比如说，学生对某次北极科学_____感兴趣的话，可以通过上网阅读科学家的博客，或者发邮件向科学家提问等方式进行_____学习。

   A 延伸　　　　　考察　　　　　跟踪
   B 延期　　　　　观察　　　　　跟随
   C 延续　　　　　视察　　　　　追究
   D 延长　　　　　勘探　　　　　讲究

63. 这次的美术体验课非常有趣。首先，美术中心的负责人会提前在教室中间放几_____颜色鲜艳的葡萄，然后老师会_____学生描述葡萄的形状和颜色，再要求他们在纸上作画。同时，老师会不断地提醒学生，画的时候不要把几个葡萄_____在一起。

   A 串　　　　　引导　　　　　重叠
   B 丛　　　　　主导　　　　　陈列
   C 颗　　　　　引用　　　　　并列
   D 支　　　　　辅导　　　　　堆积

64. 扑克牌中的"梅花"_____其实并不是花，而是_____被人们称为"三叶草"的车轴草。三叶草在一些文化中有着_____的含义，很多人认为获得一_____三叶草后，自己的幸运值就会攀升。

   A 图案　　　　　一致　　　　　独特　　　　　茎
   B 记号　　　　　一度　　　　　奇特　　　　　堆
   C 称号　　　　　一律　　　　　出色　　　　　艘
   D 符号　　　　　一向　　　　　特殊　　　　　株

65. 出于环保考虑，用纸质吸管代替塑料吸管已成为一种新的_____。但有些人对纸质吸管比较反感，主要是因为它带有纸张的气味，也极易被_____。不过纸质吸管的制造_____很低，也_____运输和循环使用。

   A 趋向　　　　　亏损　　　　　底本　　　　　善于
   B 走向　　　　　破坏　　　　　资本　　　　　勇于
   C 趋势　　　　　损坏　　　　　成本　　　　　便于
   D 走势　　　　　败坏　　　　　版本　　　　　属于

66. 今年，西安石油大学给每个学生_____了一枚印章作为毕业纪念品。每份_____的纪念品里都有一滴原油。这是因为学校希望毕业生们无论在哪里_____，都不要忘记母校赋予他们的_____的青春。

A 供给   封锁   就近   根深蒂固
B 赠送   密封   就业   独一无二
C 馈赠   封闭   敬业   微不足道
D 捐赠   关闭   创业   循序渐进

67. 陨石研究中心有一台设备，里面_____着四万块陨石残骸。这样做有两个目的，一是为了_____它们受到污染，影响将来的研究工作。二是想通过它们找到太阳系形成的_____，进而研究未来人类如何在太空中_____。

A 储蓄   防治   标记   生效
B 储存   避免   根源   生存
C 保存   截止   起点   生活
D 储备   制止   源泉   生长

68. 受到肌肉运动模式的启发，研究者_____出了一种类似于生物肌肉的，不断_____与舒张的分子。在这种分子的基础上，首个模拟人体肌肉的_____机械得以问世，它的长度仅有11纳米，能够实现对细微物体的_____调控。

A 合成   收缩   操作   精确
B 落成   压缩   操练   精简
C 合并   回收   操纵   精密
D 达成   压抑   操劳   精通

69. 《清明上河图》是中国十大传世名画之一，在人类绘画史上也具有_____的地位。在这幅极其_____的画作中，画家_____地描绘了12世纪初北宋都城繁华而_____的生活场景，具有很高的历史价值和艺术价值。

A 举世瞩目   名贵   灵活   沸腾
B 与日俱增   稀有   敏捷   喧哗
C 名副其实   昂贵   灵敏   热闹
D 举足轻重   宝贵   生动   喧闹

70. 不少电影都改编自小说，但把原著小说成功拍成电影并不是一件容易的事。影像语言和文字语言是两个_____，所以不能完全_____原著的情节和脉络来拍摄电影，因为照搬原著会使影片的逻辑显得十分_____。想要在两个小时内用影像表现_____的戏剧冲突，就必然要对原著做出大_____的改编。

A 体系   遵循   荒谬   剧烈   幅度
B 系统   追寻   愚昧   强烈   范畴
C 体裁   循环   沉闷   猛烈   频率
D 系列   依托   幼稚   热烈   密度

第三部分

第71-80题：选句填空。

71-75.

　　不少人都被机械表的高超工艺所吸引，迫切地想要买一枚机械表好好把玩，(71)_____，因为使用机械表需要付出相当多的心力。

　　首先，机械表可能会(72)_____。比如，在正常情况下，普通机械表日误差一般在30秒以内，而高精准度机械表的日误差一般在10秒以内。石英表的走时比机械表更精准，日误差在0.5秒以内。因此，机械表经常需要调校时间，以免产生误差。

　　除此之外，(73)_____，也需要手动调校才能保证其准确性，避免出现"当天是7月1日而手表却显示6月31日"的问题。调校时间时只需要拔出表冠，(74)_____，达到标准时间刻度即可。每天晚上9点到凌晨3点之间为日期调校禁区，因为在这段时间内，手表中的各个零件齿轮正在缓慢咬合，一旦强行调校，很可能会造成机械损坏，因此调校时应避免在这一时段进行。

　　机械表属于精密仪器，每佩戴三年，(75)_____。每次保养的费用少则几百，多则好几千，这也是一笔不小的开支。

　　A 产生或多或少的误差

　　B 就需要定期送到专业机构进行保养

　　C 当手表拥有日历功能时

　　D 然后将其按顺时针或逆时针方向旋转

　　E 但是机械表并不适合所有人

76-80.

　　猫咪是一种非常敏感的动物，它们能够准确判断外界的情况。当猫咪有安全感的时候，精神就会非常放松，但感觉到威胁时，猫咪就会收起慵懒可爱的姿态，立刻进入警戒模式。首先，(76)_____，紧接着就会藏在那里，弓下身子，神色警惕地打量着周围。猫咪这种姿态和猛兽捕猎前的状态一模一样，看起来凶猛又可怕。然而，(77)_____，很快就打破了这紧张的氛围，看起来可爱又可笑。

　　对此，动物学家解释道："进入警惕状态后，(78)_____。这时它们会活动身体，做出各种各样的动作。其中最有代表性的就是扭动尾巴。这是因为扭动尾巴能帮助猫咪快速调动肌肉，以便顺利做出下一个动作。这种行为和猫咪的行动模式有很大的关系。猫咪在走路的时候，会以左右两条后腿前后交替的方式前进，而跳跃时，它们则会用两条后腿同时发力，(79)_____。"

　　就算弹跳力极佳，自我保护意识很强的猫咪也不会在没有准备的情况下起跳。通常，它们会摇摆后腿以测试地面的硬度，只有确定没有任何问题时才会起跳。因为在过软或过硬的地面上跳跃时，(80)_____。

A　猫咪就会时刻准备进攻

B　可能会有滑倒或受伤的危险

C　它们会找一个隐蔽的地方

D　推动身体离开地面

E　猫咪在空中扭来扭去的长尾巴

제1회　제2회　제3회　제4회　제5회　제6회

第四部分

第81-100题：请选出正确答案。

81-84.

近日，良渚古城遗址申遗成功，中国的世界遗产总数增至55处，位居世界第一。此次申遗成功最大的意义在于，向世界证明了中华文明史的起点的确可以追溯到五千年前。

良渚古城遗址位于浙江省杭州市，它既是长江下游地区首次发现的新石器时代古城遗址，也是中华五千年文明史的有力证据。该遗址规模宏大，遗存类型复杂，内涵丰富。其中包括城址，外围水利系统，不同等级的墓地和各种器物。因为良渚古城有着规模最大的城墙和水利系统，所以在考古界享有"中华第一城"之美誉。

从高级墓葬中出土的大量玉器象征着当时的宗教信仰和政治制度。而外围的水利系统，是中国迄今为止最早的大型水利系统，也是世界最早的拦洪大坝系统，具有极其重要和独特的价值。这座巨大的堤坝是一万人修建数年的成果，这充分证明了"良渚王国"强大的组织动员能力和后勤管理能力。从良渚古城遗址可以隐约看到当年宏伟的王宫和依水而居的生活方式。良渚人临水而居的生活方式与如今的江南文化有着千丝万缕的联系。良渚古城遗址的发现表明，中华文明的起源不仅仅在黄河流域。

长期以来，很多人有意无意地将研究古代文化史的目光紧盯在黄河流域和北方地区，而忽略了"中华文明未必只有一个起源"，"中华文明不同起源间相互影响"这些观点。这种"为古人争正统"的偏见，在一定程度上干扰了对中华文明起源的研究和发掘。因此良渚古城遗址申遗成功，在很大程度上提醒人们应该正确、全面、深入地了解自己的历史和文化。

81. 良渚古城遗址申遗成功的意义在于：
    A 丰富了中华文明史的价值　　　　B 说明了世界遗产的重要性
    C 中华五千年文明史得到证实　　　D 发现了殷商朝代的历史遗迹

82. 下列哪项**不是**在良渚古城遗址中发现的？
    A 金属　　　　　　　　　　　　　B 墓地
    C 城墙　　　　　　　　　　　　　D 水利系统

83. 良渚古城遗址出土的玉器：
    A 数量十分有限　　　　　　　　　B 制作工艺复杂
    C 需要大量人力　　　　　　　　　D 象征政治权力

84. 上文主要想告诉我们：
    A 史学界的视野过于狭隘　　　　　B 考古科研工作的重要性
    C 应该正确地了解历史和文化　　　D 中华文明与其他文明的差异

85-88.

在所有的哺乳动物中，人类最擅长使用嗓音。人们想要说话或者唱歌的时候，只要稍微升个音降个调就能做到。人们会以声调，即声音的高低升降来表达兴奋、强调、惊讶、疑惑等多种多样的情绪。把人类看作是天生的歌唱家也不过分，但科学家通过实验发现，在旋律相同的情况下，人们吹出来的调子比唱出来的好。

大多数情况下，吹奏时不会跑调，唱歌时却容易跑调。打个比方，会吹口哨的人在吹奏时不会跑调，所以他们发出的声音能完美对应音阶里的音符。相反，即便是专业的歌剧演员，也会出现演唱时跑调的现象。

这一现象和人体结构有着极大的关系。因为人是通过喉咙发出声音的，喉咙在肺和嘴之间，由软骨、肌肉和喉咙里的膜状声带等结构组成。空气会使声带振动，让人发出声音。虽然吹口哨和唱歌的发声原理类似，但主要使用的部位有所不同。吹口哨时用到的部位不是喉咙，而是嘴唇，相对来说可以控制的范围更大更自由。但唱歌时主要用喉咙发声，所以很难控制。因为喉咙是由一组结构复杂的肌肉构成的，升降音调时，需要所有肌肉的配合。此外，肌肉毕竟不是机器，使用过度会造成严重疲劳。而且，喉咙的肌肉也会随着人体的生长而有所改变。

最后，为了确认人类的发声技巧，科学家对猩猩做出了对比研究。研究表明，猩猩也能用喉咙发声，但这远远赶不上人类发声的技巧和多样性。由此证实，人类的发声技巧并不是在猿类时期出现的，而是彻底脱离猿类形态后才出现的。这一结论引发了一种猜想，即人类唱歌时跑调的原因是喉咙的演化时间较短，发育还不够完善。

85. 下列哪项**不属于**人类嗓音的特点？
    A 可以升音降调　　　　　　　　　　B 表达不同情绪
    C 完美对应音符　　　　　　　　　　D 声音里包含声调

86. 人的喉咙靠什么发出声音？
    A 声带的震动　　　　　　　　　　　B 肺部的活动
    C 嘴唇的厚度　　　　　　　　　　　D 口腔的粘液

87. 和人类相比，猩猩的喉咙：
    A 音色更加丰富　　　　　　　　　　B 发声技巧不高
    C 演化时间更早　　　　　　　　　　D 唱歌音调更准

88. 根据第四段，人类唱歌时跑调的原因可能是：
    A 喉咙的结构更加复杂　　　　　　　B 锻炼嘴唇的机会更多
    C 嘴唇的振动更容易控制　　　　　　D 喉咙的演化时间不够长

89-92.

近年来，消费者通过APP或者网站购买付费服务的现象越来越普遍，这原本是件好事，但一些APP或网站为了赚钱，设置了许多自动续费圈套。这些圈套让消费者在不知情的情况下就被扣款，情况十分恶劣。

开通付费服务时只需动动手指，但取消相关业务却让人大伤脑筋。在某搜索引擎上，如果以"会员自动续费"为关键词搜索，就可以找到约167万个相关结果。其中，多数内容为"如何取消自动续费"，许多还配有详细的操作图解。从这些信息可以发现，申请取消自动续费服务的程序颇为繁琐。自动续费的陷阱既让消费者"**欲罢不能**"，又无形中严重损害了消费者的合法权益。

相关法律法规对此类现象已有明确的规定：经营者搭售商品或者服务，应当以显著的方式引起消费者注意，不得将搭售商品或者服务作为默认选项。但在实际操作过程中，一些无良经营者却故意采取了最不显著的提醒方式，使不少消费者落入了自动续费的圈套之中。这既侵犯了消费者的知情权和公平交易权，又违反了市场交易中最基本、最重要的诚信原则，违背了商业道德和职业道德。

要消灭自动续费的陷阱，就需要监管部门发挥作用。首先，监管要到位。相关部门要定期开展一些常规检查。其次，处罚要从严。对故意设置自动续费服务的不法行为，应予以严厉的打击，不能视而不见，听之任之。此外，要建立"黑名单"制度。通过"黑名单"制裁机制，限制无良经营者的办事资格，使其"一时失信，处处受限"，为无良行为付出沉重的代价。

总之，监管发力，处罚力度加大，再加上消费者维权意识的积极跟进，相信自动续费圈套一定能得到有效遏制，消费者的合法权益和公平公正的市场秩序也可以得到维护。

89. 根据第一段，自动续费圈套：
   A 简化所有的操作程序　　　　　　B 降低会员的消费欲望
   C 增加对服务的监管力度　　　　　D 让消费者不知不觉被扣款

90. 第二段中画线词语"欲罢不能"的意思是：
   A 玩电脑游戏玩上瘾　　　　　　　B 消费者失去了购买欲望
   C 不能停止使用智能手机　　　　　D 想取消服务却无法做到

91. 下列哪项属于相关法律法规的规定？
   A 禁止商品或服务的捆绑销售　　　B 传授取消续费服务的新方法
   C 禁止银行提供自动扣款服务　　　D 适当控制互联网技术的传播

92. 无良经营者可能会遭受到什么处罚？
   A 被警察关进监狱　　　　　　　　B 办事资格受到限制
   C 必须支付巨额罚款　　　　　　　D 不能享受医疗保险

93-96.

　　人们办事时，常常会说"还是按老规矩办吧！"；人与人之间出现纠纷时，有人就会说"你懂不懂规矩？"；家长送孩子去异国他乡时，还会嘱咐说"在外面要守规矩。"总而言之，"规矩"一词在古今都被广泛使用。规矩表示大家应该遵守的一种规则或行为规范。那么，规矩一词的来历是什么呢？

　　原来，"规"和"矩"是古代工匠们常用的两种工具，"规"用来画圆，"矩"用来画方。在许多古代绘画、画像砖以及画像石文物中都能看到"规"和"矩"的样子。在新疆吐鲁番唐墓中出土的《伏羲女娲图》里画有神话传说中的人类始祖——伏羲和女娲，他们手里拿着的就是一个微微撑开了两足的"规"和直角的"矩"。为什么伏羲和女娲要拿着"规"和"矩"呢？从神话故事中可以知道，伏羲和女娲开辟了天地，而中国古人一直有"天圆地方"这个认知。所以这两位创造天地的神就各拿着用来测量天的"规"和用来测量地的"矩"。

　　从考古资料上看，"规"和"矩"的使用要追溯到新石器时代。考古学家在河姆渡遗址出土了许多圆球形的玉珠和圆环形的玉环，它们的圆形都很规整。从半坡遗址可以看出，当时的房屋有圆形和方形两种，形态也都很规整。类似的文物还有许多，从这些遗址可以知道两点：一是当时的人们对圆形和方形已经有了很清晰的概念；二是当时已经有了用来绘制、加工圆形和方形的器具。那些绘制、加工圆形和方形的器具，可以被看作是最原始的"规"和"矩"。

　　由于"规"和"矩"有确定形状的作用，中国人就用"规矩"一词来比喻一定的标准、法则或习惯，也表示一个人的行为端正老实。而成语"规行矩步"就是从"规矩"这个词衍生出来的，主要形容一个人很谨慎，严格按照规矩办事。

93. 伏羲手里的"规"有什么作用？
　　A 测量土地　　　　　　　　　　B 测量天空
　　C 规范行为　　　　　　　　　　D 开辟天地

94. 河姆渡遗址出土的文物说明当时：
　　A 不存在方圆的概念　　　　　　B 没有绘制方形的技术
　　C 可以建造高大的房屋　　　　　D 有可以加工圆形的器具

95. 成语"规行矩步"形容：
　　A 走路要按照规矩　　　　　　　B 严格地遵守规矩
　　C 继承祖先的传统　　　　　　　D 测量形状要精确

96. 根据上文，出现纠纷时人们可能会说：
　　A 按老规矩办　　　　　　　　　B 出门要守规矩
　　C 你懂不懂规矩　　　　　　　　D 规矩是怎么来的

97-100.

几个世纪以来，不含有任何治疗成分却可以改善病情的安慰剂，一直受到医学界的密切关注。安慰剂生效的原因仍然是个不解之谜。一些专家认为它是人体在生理上对服药这一行为下意识反应的结果，类似于条件反射行为。其他专家则认为，这是人的心理作用使然。

现代医学对安慰剂的效果持肯定态度。一些医疗中心已经证实，假的膝关节手术——就是把患者的膝盖切开再缝合，但不实施任何治疗的手段，在改善关节炎患者的膝盖疼痛问题上，完全不逊于真正的膝关节手术。在实施假手术的过程中，患者因为对治疗有信心，而安全感十足。很多研究人员也惊奇地发现，有时候仅仅使用安慰剂就能让患者的病情获得很大改善。美国科学家发表了关于安慰剂疗效的论文，文中分析了15种安慰剂的临床实验结果，从而得出了结论：在一般情况下，35%的患者在使用安慰剂后，病情能得到有效改善。

同时，研究人员也了解到，安慰剂本身也存在一些缺陷。如果患者被告知该药不易获得或价格昂贵，其效果往往会大大增加；反之，疗效则会大打折扣。有时，安慰剂的效果完全取决于病人的心理状态。在容易神经过敏的患者那里，安慰剂的疗效最好。此外，还有很多因素会影响安慰剂的效果，这也导致有的患者使用安慰剂后认为它有效，而有人却表示安慰剂毫无效果。

虽然安慰剂的疗效尚无定论，但它对药物研发的贡献却不容置疑。理论上，任何药物都可产生安慰剂效应，因此，为了确定一个药物的治疗作用是否为安慰剂效应，研究人员就要使用安慰剂治疗作为对比参照。在一项实验中，一半受试者服用受试药物，一半服用安慰剂，此时医护人员和病人均不知受试药物和安慰剂的差别，这就是著名双盲法药物测试。例如，在研究一种新的抗心绞痛药物时，服用安慰剂的病人中，有50%的人症状得到了缓解，这就表明新药的疗效值得怀疑。可以说，安慰剂在药物研发中的参照作用是它存在的最大意义。

97. 根据第一段，可以知道：
A 安慰剂含有多种治疗成分
B 安慰剂不具有安慰的疗效
C 安慰剂并不能有效改善病情
D 安慰剂生效的原因尚未被发现

98. 为什么假手术能使患者减轻疼痛？
A 病人对治疗信心十足
B 手术的确治好了众多病人
C 手术使用了大量的麻醉药
D 手术能转移病人的注意力

99. 安慰剂对哪类人效果最好？
A 积极向上的
B 身体强壮的
C 神经易过敏的
D 思维能力强的

100.根据本文，安慰剂最大的价值是：
A 创造新的治疗方法
B 降低社会医疗成本
C 在药物研发中提供对照
D 使病人不再依赖新药物

三、书 写

第101题：缩写。

(1) 仔细阅读下面这篇文章，时间为10分钟，阅读时不能抄写、记录。

(2) 10分钟后，监考会收回阅读材料。请将这篇文章缩写成一篇短文，字数为400字左右，时间为35分钟。

(3) 标题自拟。只需复述文章内容，不需加入自己的观点。

(4) 请把短文直接写在答题卡上。

제1회 제2회 제3회 제4회 제5회 제6회

해커스 해설이 상세한 HSK 6급 실전모의고사

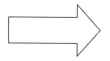

春秋时期，鲁国国君鲁哀公手下有个叫田饶的人。田饶跟随鲁哀公多年，却始终得不到重用。因为无法施展自己的本事，田饶感到极其烦闷，苦恼很久后，他最终决定离开鲁哀公，去别的国家。离开前，他对鲁哀公说道："感谢您的照顾，但我打算离开您了，就像鸿雁一样飞向遥远的地方了。"鲁哀公对田饶的决定感到无法理解，于是就问他："你在这里丰衣足食，过得也很轻松，为什么要离开呢？"

　　田饶苦笑道："大王，您经常见到雄鸡吧？雄鸡十分英勇，双脚长有锋利的爪子，头上戴着鲜红的鸡冠，走路的时候很有气势。它面对敌人时，从不畏惧，勇敢战斗；它看到食物时，绝不会独吞，而是招呼同伴们一起享用，善良且仁慈；它还忠于职守，每天都早早起来，按时打鸣叫人起床。雄鸡有这么多长处，我相信大王都清楚，但您最后还是会把它煮了吃掉。这又是为什么呢？我想理由很简单，就是因为雄鸡每天在您身边，它做的所有事情大王都能看到，功劳都变得理所当然。"

　　说完这些，田饶顿了顿，继续说道："而那鸿雁从千里之外飞来，糟蹋您的水池，破坏您的田园和庄稼。然而大王您不但没有驱逐鸿雁，反而更加器重它。很多人不明白您为什么会这样，但我已经看出了其中的原因。鸿雁从远方飞来，所以大王觉得它很神奇，它的缺点在大王眼里变得十分渺小，而优点变得格外突出。我在大王身边兢兢业业了这么多年，却落得和雄鸡差不多的处境，所以我要离开了，像鸿雁一样飞向远方。"

　　田饶的一席话使鲁哀公非常后悔，鲁哀公哀求道："请你别走，你今天说的话我都会记录下来，今后不会再怠慢你了。"田饶摇摇头，说道："很多人说，吃别人的食物，决不能毁坏他人的容器；在树下乘凉，就不能折断树枝。不打算重用他人，即使在史书里记载一百遍他说的话，也没有任何用处。"说完这些，田饶头也不回地离开了鲁国奔向燕国。

　　燕王是个非常看重人才的人，所以他接纳了田饶，还让他担任重要的官职。三年后，在田饶有条不紊的治理下，燕国变得更加富足，百姓的生活稳定又幸福。燕王十分满意，因此更加器重田饶了。田饶在燕国施展了才能，而燕国因田饶变得更好，可谓是最好的结局了。

　　鲁哀公得知这些情况后，极其后悔。他叹息道："一国之君最重要的能力就是知人善任啊，我就是缺少这个能力，所以才失去了田饶这样的人才。真希望他能重新回来。但失去的人心哪有那么容易挽回啊。"

　　通过这个故事，我们可以知道，善于发现、重视人才是每个领导都应该具备的能力。舍近求远的行为是不科学的，也是不理智的。

다음 페이지(p.88)에 정답이 있으니 바로 채점해보세요.

제1회

제2회

제3회

제4회

제5회

제6회

해커스 해설이 상세한 HSK 6급 실전모의고사

듣기

해설집 p.156

제1부분

1 B **2** C **3** C **4** C **5** D **6** D **7** B **8** D **9** D **10** B **11** D **12** B **13** C **14** C **15** A

제2부분

16 C **17** D **18** B **19** C **20** A **21** A **22** C **23** D **24** B **25** A **26** C **27** B **28** D **29** A **30** B

제3부분

31 B **32** C **33** D **34** C **35** A **36** D **37** A **38** B **39** D **40** C **41** A **42** D **43** B **44** B **45** D

46 D **47** D **48** A **49** C **50** D

독해

해설집 p.180

제1부분

51 C **52** C **53** B **54** A **55** A **56** B **57** D **58** A **59** C **60** B

제2부분

61 B **62** A **63** A **64** D **65** C **66** B **67** B **68** A **69** D **70** A

제3부분

71 E **72** A **73** C **74** D **75** B **76** C **77** E **78** A **79** D **80** B

제4부분

81 C **82** A **83** D **84** C **85** C **86** A **87** B **88** D **89** D **90** D **91** A **92** B **93** B **94** D **95** B

96 C **97** D **98** A **99** C **100** C

쓰기

해설집 p.214

모범 답안

雄鸡与鸿雁

　　从前，鲁哀公有个叫田饶的下属。田饶跟随鲁哀公很多年，但一直没有得到重视。因为无法发挥自己的能力，田饶决定离开鲁哀公。鲁哀公理解不了田饶的决定，就问他为什么要离开自己。

　　田饶苦笑着说，雄鸡十分勇敢，有气势，它不怕和敌人战斗，不会占食食物，还很有责任心，但鲁哀公最后还是会把它吃掉，这是因为雄鸡每天在鲁哀公身边，所以它的功劳都变得理所当然。

　　田饶继续说，鸿雁从远方飞来，破坏水池和粮食，但鲁哀公反而更重视它，由于鲁哀公觉得它很神奇，所以忽略了它的缺点，放大了它的优点，田饶觉得自己的处境和雄鸡差不多，因此他想离开。

　　鲁哀公非常后悔，说以后不会再忽视田饶。但田饶说如果不打算重用自己，怎么做都没有用。说完，田饶就去了燕国。

　　燕王十分重视田饶，让他担任了重要的官职。田饶把燕国治理得越来越好，这让燕王感到很满意。

　　鲁哀公知道这些情况后非常后悔，但也知道很难再让田饶回到自己的身边了。

　　这个故事告诉我们，善于发现、重视人才是每个领导都应该具备的能力。

해커스 해설이 상세한 HSK 6급

실전모의고사

IBT **제4회**

*해커스중국어(china.Hackers.com)에서 IBT로도 풀어 보실 수 있습니다.

*시험을 보기 전, <해설집> p.434의 '제4회 고난도 어휘'를 먼저 익히면
 문제를 더 쉽게 풀 수 있어요.
* 실제 시험을 보는 것처럼 시간에 맞춰 실전모의고사를 풀어보세요.

잠깐! 테스트 전 확인 사항

1. 휴대 전화의 전원을 끄셨나요? ···················· ☐
2. 답안지, 연필, 지우개가 준비되셨나요? ··········· ☐
3. 시계가 준비되셨나요? ························· ☐
 * 듣기 답안 작성 5분, 독해+쓰기 95분

고사장 소음까지 대비하고
듣기 점수 올리려면?

해커스중국어(china.Hackers.com)에서
고사장 소음 버전 MP3 무료 다운받기!

실전모의고사 4 답안지

汉语水平考试 HSK（六级）答题卡

请填写考生信息		请填写考点信息	

请按照考试证件上的姓名填写：

姓名

如果有中文姓名，请填写：

中文姓名

考生序号	[0] [1] [2] [3] [4] [5] [6] [7] [8] [9] [0] [1] [2] [3] [4] [5] [6] [7] [8] [9] [0] [1] [2] [3] [4] [5] [6] [7] [8] [9] [0] [1] [2] [3] [4] [5] [6] [7] [8] [9] [0] [1] [2] [3] [4] [5] [6] [7] [8] [9]

考点序号	[0] [1] [2] [3] [4] [5] [6] [7] [8] [9] [0] [1] [2] [3] [4] [5] [6] [7] [8] [9] [0] [1] [2] [3] [4] [5] [6] [7] [8] [9] [0] [1] [2] [3] [4] [5] [6] [7] [8] [9] [0] [1] [2] [3] [4] [5] [6] [7] [8] [9] [0] [1] [2] [3] [4] [5] [6] [7] [8] [9] [0] [1] [2] [3] [4] [5] [6] [7] [8] [9]

国籍	[0] [1] [2] [3] [4] [5] [6] [7] [8] [9] [0] [1] [2] [3] [4] [5] [6] [7] [8] [9] [0] [1] [2] [3] [4] [5] [6] [7] [8] [9]

年龄	[0] [1] [2] [3] [4] [5] [6] [7] [8] [9] [0] [1] [2] [3] [4] [5] [6] [7] [8] [9]

性别	男 [1] 女 [2]

注意　请用2B铅笔这样写：■■

一、听力

1. [A] [B] [C] [D]　　6. [A] [B] [C] [D]　　11. [A] [B] [C] [D]　　16. [A] [B] [C] [D]　　21. [A] [B] [C] [D]
2. [A] [B] [C] [D]　　7. [A] [B] [C] [D]　　12. [A] [B] [C] [D]　　17. [A] [B] [C] [D]　　22. [A] [B] [C] [D]
3. [A] [B] [C] [D]　　8. [A] [B] [C] [D]　　13. [A] [B] [C] [D]　　18. [A] [B] [C] [D]　　23. [A] [B] [C] [D]
4. [A] [B] [C] [D]　　9. [A] [B] [C] [D]　　14. [A] [B] [C] [D]　　19. [A] [B] [C] [D]　　24. [A] [B] [C] [D]
5. [A] [B] [C] [D]　　10. [A] [B] [C] [D]　　15. [A] [B] [C] [D]　　20. [A] [B] [C] [D]　　25. [A] [B] [C] [D]

26. [A] [B] [C] [D]　　31. [A] [B] [C] [D]　　36. [A] [B] [C] [D]　　41. [A] [B] [C] [D]　　46. [A] [B] [C] [D]
27. [A] [B] [C] [D]　　32. [A] [B] [C] [D]　　37. [A] [B] [C] [D]　　42. [A] [B] [C] [D]　　47. [A] [B] [C] [D]
28. [A] [B] [C] [D]　　33. [A] [B] [C] [D]　　38. [A] [B] [C] [D]　　43. [A] [B] [C] [D]　　48. [A] [B] [C] [D]
29. [A] [B] [C] [D]　　34. [A] [B] [C] [D]　　39. [A] [B] [C] [D]　　44. [A] [B] [C] [D]　　49. [A] [B] [C] [D]
30. [A] [B] [C] [D]　　35. [A] [B] [C] [D]　　40. [A] [B] [C] [D]　　45. [A] [B] [C] [D]　　50. [A] [B] [C] [D]

二、阅读

51. [A] [B] [C] [D]　　56. [A] [B] [C] [D]　　61. [A] [B] [C] [D]　　66. [A] [B] [C] [D]　　71. [A] [B] [C] [D] [E]
52. [A] [B] [C] [D]　　57. [A] [B] [C] [D]　　62. [A] [B] [C] [D]　　67. [A] [B] [C] [D]　　72. [A] [B] [C] [D] [E]
53. [A] [B] [C] [D]　　58. [A] [B] [C] [D]　　63. [A] [B] [C] [D]　　68. [A] [B] [C] [D]　　73. [A] [B] [C] [D] [E]
54. [A] [B] [C] [D]　　59. [A] [B] [C] [D]　　64. [A] [B] [C] [D]　　69. [A] [B] [C] [D]　　74. [A] [B] [C] [D] [E]
55. [A] [B] [C] [D]　　60. [A] [B] [C] [D]　　65. [A] [B] [C] [D]　　70. [A] [B] [C] [D]　　75. [A] [B] [C] [D] [E]

76. [A] [B] [C] [D] [E]　　81. [A] [B] [C] [D]　　86. [A] [B] [C] [D]　　91. [A] [B] [C] [D]　　96. [A] [B] [C] [D]
77. [A] [B] [C] [D] [F]　　82. [A] [B] [C] [D]　　87. [A] [B] [C] [D]　　92. [A] [B] [C] [D]　　97. [A] [B] [C] [D]
78. [A] [B] [C] [D] [E]　　83. [A] [B] [C] [D]　　88. [A] [B] [C] [D]　　93. [A] [B] [C] [D]　　98. [A] [B] [C] [D]
79. [A] [B] [C] [D] [E]　　84. [A] [B] [C] [D]　　89. [A] [B] [C] [D]　　94. [A] [B] [C] [D]　　99. [A] [B] [C] [D]
80. [A] [B] [C] [D] [E]　　85. [A] [B] [C] [D]　　90. [A] [B] [C] [D]　　95. [A] [B] [C] [D]　　100. [A] [B] [C] [D]

三、书写

101.

不要写到框线以外！

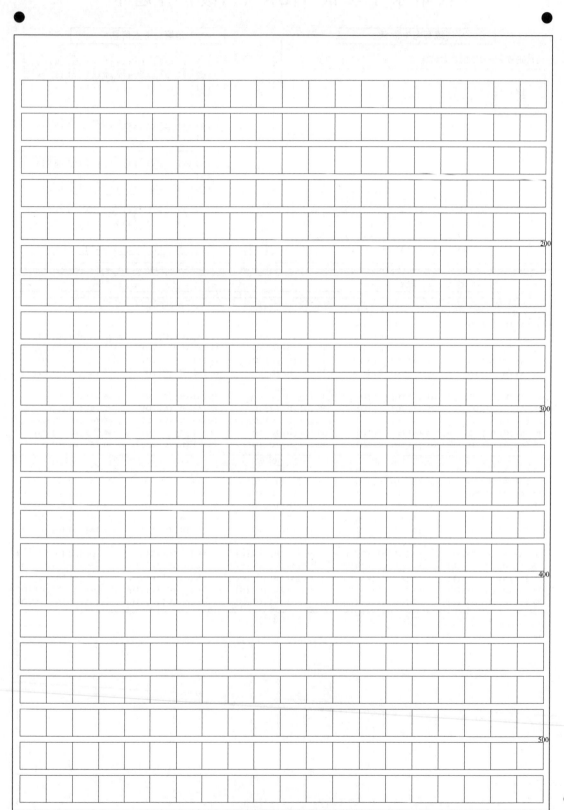

不要写到框线以外!

汉语水平考试

HSK（六级）

注　意

一、HSK(六级)分三部分：

　　1.听力(50题，约35分钟)

　　2.阅读(50题，50分钟)

　　3.书写(1题，45分钟)

二、听力结束后，有5分钟填写答题卡。

三、全部考试约140分钟(含考生填写个人信息时间5分钟)。

一、 听 力

第一部分

第1-15题：请选出与所听内容一致的一项。

1. A 洗脸的次数越多越好
   B 洗脸时最好使用冷水
   C 常洗脸会破坏油脂平衡
   D 频繁洗脸会使皮肤光滑

2. A 饮酒过量影响健康
   B 尽量注意饮食卫生
   C 痛风患者需及时就医
   D 痛风的疼痛感不明显

3. A 朋友经常嘲笑老王
   B 老王觉得自己很风趣
   C 儿子喜欢老王的发言
   D 老王在公司人缘不好

4. A 报雨花能预报天气
   B 报雨花遍布世界各地
   C 报雨花喜爱潮湿的土壤
   D 报雨花的花瓣在雨中开放

5. A 家长要陪孩子玩玩具
   B "唐块"的设计很简单
   C 玩具应该具有教育意义
   D "唐块"能培养创新思维

6. A 中间座位将被调整
   B 飞机的过道较为狭窄
   C 乘客可自由选择座位
   D 经济舱的座位减少了

7. A 工作忙碌的人喜欢网购
   B 快递公司不应透露隐私
   C 目前已有代寄包裹服务
   D 商品应满足消费者需求

8. A 父母在教育孩子时要有技巧
   B 学校教育是孩子教育的起点
   C 老师应承担孩子的全部教育
   D 社会教育是家庭教育的基础

9. A 闻香师人才缺口大
   B 闻香师的嗅觉敏锐
   C 香水的种类越来越多
   D 香水中添加了化学成分

10. A 人们能亲自饲养熊猫
    B 熊猫直播受到观众欢迎
    C 熊猫直播时间为八小时
    D 人们可以拍摄熊猫的视频

11. A 喷瓜的果实口感香甜
    B 喷瓜是新的植物品种
    C 喷瓜最长可以长到十几米
    D 喷瓜以爆炸的方式传播种子

12. A 供电设备正在维修中
    B 地铁九号线即将通车
    C 部分列车出现了故障
    D 列车预计十点恢复运行

13. A 车内的温度不宜过高
    B 要及时清洁汽车玻璃
    C 开车前要确保车况良好
    D 遮阳板会遮挡司机的视野

14. A 吃盐能缓解炎症
    B 慢性病不易治疗
    C 营养不良很常见
    D 挑食行为会遗传

15. A 餐厅数量有助于城市研究
    B 发展城市须提前做好规划
    C 大城市应有效控制人口数量
    D 社区要为居民提供生活服务

第二部分

第16-30题：请选出正确答案。

16. A 拥有较为先进的技术
    B 销售利润率普遍较高
    C 采用风险较大的融资方式
    D 与传统科技企业差别不大

17. A 有利于提高效益
    B 有助于优胜劣汰
    C 能扩大企业规模
    D 能促进技术更新

18. A 难以长期留住人才
    B 管理层的经验不足
    C 难以吸引更多客户
    D 私人投资正持续减少

19. A 进军海外
    B 降低成本
    C 吸引用户
    D 扩大合作

20. A 最近写的书十分畅销
    B 认为目前投资风险大
    C 曾经担任腾讯公司的高管
    D 对科技企业的前景很悲观

21. A 思想负担较小
    B 情绪起伏过大
    C 紧张得不得了
    D 有必胜的信念

22. A 进入了决赛
    B 变得更为自信
    C 其他队伍不堪一击
    D 发挥出了最大潜力

23. A 拼命扣球
    B 注重防御
    C 更加沉着
    D 尝试新战术

24. A 获得奖金
    B 结交朋友
    C 多展示自己
    D 全力以赴取胜

25. A 充满感激
    B 保持清醒
    C 半信半疑
    D 受到激励

26. A 六十岁以后
    B 七十岁以后
    C 感觉衰老时
    D 行动不便时

27. A 孤独感降低了
    B 幸福感增强了
    C 压力逐年增加
    D 精神比较空虚

제1회 제2회 제3회 제4회 제5회 제6회

해커스 해설이 상세한 HSK 6급 실전모의고사

28. A 家人不太理解老人的心理
    B 无法满足老人的实际需求
    C 公共设施不方便老人使用
    D 老人的医疗保障仍有不足

29. A 公立养老院泛滥
    B 硬件方面缺口很大
    C 护理专业的学生较少
    D 缺乏专业的护理人员

30. A 大量建设养老院
    B 社区设立服务站
    C 社会和家庭共同承担
    D 由政府提供养老资金

第三部分

第31-50题：请选出正确答案。

31. A 食品业
    B 手工业
    C 旅游业
    D 医药业

32. A 嗅觉
    B 视觉
    C 繁殖能力
    D 神经系统

33. A 尽量防止气候变暖
    B 降低杀虫剂的使用量
    C 减少蜂蜜的购买频率
    D 采取单一的种植方式

34. A 中国传统民间艺术
    B 中国5A级旅游景区
    C 人类非物质文化遗产
    D 世界文化与自然遗产

35. A 天文现象类
    B 气候特征类
    C 物候现象类
    D 地理环境类

36. A 中国第五大发明
    B 中国农业里程碑
    C 古代科学的大发现
    D 劳动人民的指南针

37. A 机智
    B 勤劳
    C 节约
    D 坚强

38. A 准确抓住核心问题
    B 将挑战转化为机遇
    C 不盲目听从他人建议
    D 跳出固有的思维模式

39. A 尽量不要折腾
    B 应该以不变应万变
    C 可以依赖以往的经验
    D 要不断尝试新鲜事物

40. A 消除宇航员的寂寞
    B 给宇航员补充营养
    C 监测太空生态环境
    D 降低环境污染指标

41. A 饿肚子
    B 受辐射
    C 精神崩溃
    D 营养不足

42. A 能有效抵抗害虫
    B 能改善空气质量
    C 能在缺水的地方生长
    D 能在二氧化碳中生存

제1회　제2회　제3회　제4회　제5회　제6회

해커스 해설이 상세한 HSK 6급 실전모의고사

43. A 遇到难题
　　B 令人满意
　　C 需要资金投入
　　D 引起很多争议

44. A 沙漠面积减少
　　B 沙漠生态恶化
　　C 进入沙漠生活
　　D 了解沙漠特征

45. A 种大量树木
　　B 挖掘地下水
　　C 发展畜牧业
　　D 建立防波堤

46. A 小心翼翼
　　B 知足常乐
　　C 细致周到
　　D 一丝不苟

47. A 收入的提高
　　B 林业的兴旺
　　C 家人的支持
　　D 官方的肯定

48. A 城市人口大幅度增长
　　B 大城市的房价不断上涨
　　C 理想和现实之间存在冲突
　　D 发展经济和保护历史有矛盾

49. A 经营方式落后
　　B 业态杂乱无章
　　C 环境污染加重
　　D 游客逐年减少

50. A 举办艺术活动
　　B 用少量经费更新
　　C 在较小范围内改造
　　D 美化建筑物的外部

제1회

제2회

제3회

제4회

제5회

제6회

해커스 해설이 상세한 HSK 6급 실전모의고사

二、阅 读

第一部分

第51-60题：请选出有语病的一项。

51. A 中国航天事业的辉煌成就离不开科研人员的艰苦奋斗。
    B 文文对哥哥刚买的那本小说爱不释手，被它翻得破烂不堪。
    C 石窟造像群气势宏伟大气，不愧是名声远扬的石刻艺术之冠。
    D 王师傅的两个年轻徒弟又聪明又勤奋，而且他们的烹饪手艺也不相上下。

52. A 面对层出不穷的信息诈骗手法，我们一定要擦亮眼睛，谨防上当。
    B 学习与思考是相辅相成的关系，其中学是思的基础，思是学的深化。
    C 这两年他几乎变成了其他一个人，从"坏孩子"变成一个脚踏实地的好学生。
    D 经过他的巧手，古老的陶瓷艺术与传统的中国文化完美融合，绽放出了绚丽色彩。

53. A 北京市政府出台了多项保护传统文化遗产的法律措施。
    B《埃达》是北欧最古老的文学经典，它包括诗歌体和散文体两种体裁。
    C 这家公司发展前景很好，所以即便待遇一般，也有很多同学投了简历。
    D 当前的中小学教育已经取得了长足进步，但在实践过程中，依然面临了多重挑战。

54. A 从视觉到味觉，从历史文化到风土人情，处处贵州都令人向往不已。
    B 五代十国期间，由于各国政局混乱，传统的中国文化遭受了非常严重的破坏。
    C 科学家发现，捉迷藏这类益智游戏，可以调动儿童的思维，锻炼儿童的逻辑能力。
    D 鸢尾的花朵像是在茂盛的丛林间翩翩飞舞的蓝色蝴蝶，因此鸢尾又被称为"蓝蝴蝶"。

55. A 篮球这项运动，既需要坚持不懈的训练，也需要正确的方法和窍门。
    B 河北的塞罕坝昔日飞鸟不栖，黄沙遮面，如今却树木茂盛，天净水清。
    C 如果没有民间对科学技术的热爱，就不可能有好莱坞科幻电影的群众基础。
    D 近来，不断涌现的补习班和花样繁多的家庭作业，是使孩子们感到压力和焦虑。

56. A 如果你多为他人着想，你务必也会从他人那里得到更多的关心和帮助。
    B 猫不仅能够分辨出自己主人的声音，还能对主人的举动与话语做出反应。
    C 为了迎接全国运动会，市容管理委员会集中力量打造了整洁有序的城市形象。
    D 演讲结束时，整个会议中心鸦雀无声，安静得可怕，空气像凝固了一般，令人窒息。

57. A 制造业是一个国家发展的基石，其中，机械加工行业更是国家经济发展的重要保障。
    B 大脑后半部分的顶下叶区域，一个人的数学思维、想象能力以及他对视觉空间的认识直接影响了。
    C 在为梦想奋斗的路上，锲而不舍的精神固然可贵，但学会及时放弃也是一种智慧和勇气的体现。
    D 如果你爱吃鱼，但又讨厌鱼的腥味，不妨将鱼浸泡在小苏打水里，并在冰箱里放上一小时，然后再烹饪。

58. A 刻意向欧美企业制度看齐，这未必是好事，选择最适合自己生存与发展条件的制度才是最重要。

B 通过对比，人们可以很直观地认识到这个世界的许多事物。任何事物只要放在一起对照，好坏便一目了然。

C 自20世纪80年代以来，中国的城乡面貌发生了日新月异的变化，尤其是群众的居住条件得到了很大的改善。

D 春天的公园有宜人的风景和令人陶醉的暖风。为了观看盛开的百花，学校打算组织全校师生一同去公园春游。

59. A 语言考试的写作部分，不是检验考生的文章有多华丽，而是测试他们的语言表达能力和逻辑思维能力。

B 去满族人的家里做客时，客人禁忌不许随便坐西炕，因为西炕上方是供奉祖先的地方，不应随便触碰。

C 学习格斗对人们有很大的帮助，它可以让人们在遇到危急情况时保护自己，也可以帮助人们练就一个强健的体魄。

D 努力和懒惰会带来不一样的结果，辛勤劳动会让荒土变成造福千万家的良田，反之，肥沃的田地也会长满荒草，从而变得一文不值。

60. A 在中心医院担任后勤负责人的李明章，工作期间多次被单位及上级部门评为先进人物以及后勤保障模范单位。

B 电动自行车在充电时着火的话，会触发报警设备，智能充电器就能切断电源，开启喷淋系统，及时熄灭火苗，控制火势。

C 大部分中国科学家在研究药物时，都会参考各个方面的资料，所以从中国古代医书中获得启发，攻克医学难题的案例屡见不鲜。

D 不管在街上还是在公交车上，或者在网络上，我们都可以看到各种各样的广告，这些铺天盖地的广告已经潜移默化地影响了大众的消费观。

第二部分

第61-70题：选词填空。

61. "雪龙二号"即将由上海出发，前往南极执行_____任务。届时它将在南极与"雪龙一号"会合，共同_____作业。此次任务预示着中国南极科考事业出现了新的_____。

   A 验收　　　　发表　　　　局面
   B 调查　　　　开展　　　　格局
   C 搜索　　　　召开　　　　姿势
   D 调研　　　　敞开　　　　款式

62. 随园校区第一片金黄色银杏叶的掉落，_____着秋天的到来。不到一个星期，校园里到处_____着桂花的香气，伴随着耳边的上课铃声，古色古香的校园让人的内心变得无比_____。

   A 宣誓　　　　分散　　　　稳定
   B 标志　　　　散布　　　　舒服
   C 表现　　　　散发　　　　爽快
   D 意味　　　　弥漫　　　　舒适

63. 商家为了拉动消费，_____创设了购物节。购物节期间，优惠力度大的商品触动了消费者的购物_____。"618购物节"、"双十一"等各大电商平台主办的购物节_____，既让消费者买到了心仪的物品，又让各个商家赚得盆满钵满。

   A 统统　　　　需求　　　　礼尚往来
   B 接连　　　　心理　　　　空前绝后
   C 特意　　　　欲望　　　　层出不穷
   D 专程　　　　指望　　　　得天独厚

64. 大多数孩子都会经历喜爱毛绒玩具的情感_____期。这些柔软的物品能带给孩子舒适、温暖的感受，所以有一些孩子会把对父母的依赖_____到毛绒玩具等物品上。然而_____着心智的成熟，大部分孩子最终都会_____这样的"软物依恋"。

   A 过滤　　　　移动　　　　跟随　　　　脱离
   B 过分　　　　转变　　　　随即　　　　妥协
   C 过渡　　　　转移　　　　伴随　　　　摆脱
   D 过敏　　　　扭转　　　　随身　　　　消除

65. 电子书可以把一整座图书馆的书都浓缩在一个小小的_____里，让人们不用再扛着一箱子书四处_____。人们在飞机上，在地铁上，在世界上任何一个_____，都随时可以进行阅读。阅读从此变得_____轻便，世界仿佛就在我们的指尖。

   A 平面　　　　寻觅　　　　位置　　　　永恒
   B 框架　　　　启程　　　　边缘　　　　日益
   C 屏幕　　　　奔波　　　　角落　　　　无比
   D 附件　　　　徘徊　　　　区域　　　　无穷

66. 冬眠的_____在于尽量减少身体内外的生命活动，将能量消耗降到最低，_____熬过那段最严寒的时期。有的动物冬眠时，心脏跳动的速度极其缓慢，这令人_____。这是因为这些动物在冬眠时，身体会自动_____到最安全的状态。

A 意向	不惜	惊喜	调动
B 意图	姑且	赞叹	调整
C 作用	便于	惊奇	调解
D 意义	以便	惊讶	调节

67. 缂丝十分精美，但为什么名声远不如刺绣_____呢？专家解释道：刺绣时出错的话，可以用新线_____旧线的方式来修改；但缂丝采用的是由线到面的_____方法，即使出错了也无法修改。缂丝在制作方面需要顶尖的_____，自然就会在传承手艺时困难重重。

A 响亮	覆盖	纺织	技巧
B 显赫	代替	缝制	智力
C 遥远	安置	编织	层次
D 猛烈	布置	剪裁	标准

68. 很多人发现鸟类中的雄性比雌性更漂亮，这是为什么呢？其实这个问题可以用选择理论来_____：雄性之间会为争夺_____而战斗，_____的竞争会使它们变得强壮有力。此外，雄性还要通过_____羽毛的方式来吸引雌性。长此以往，雄性就进化出了美丽的外表。

A 辩解	助手	残忍	照耀
B 描述	下属	冷酷	发布
C 叙述	伴侣	剧烈	吹捧
D 阐述	配偶	残酷	炫耀

69. 服装不仅仅为穿，还是一个身份、一种生活态度、一个展示个人_____的表现。对现在的年轻人来说，服装已经超出了功能的_____，更多地被赋予了个性、社交等心理层面的_____。网络的发展让不同的服装潮流能够影响到世界的角角落落，不同国家年轻人之间的时尚_____也正在逐渐变小。

A 地位	范围	内在	间隙
B 魅力	范畴	内涵	隔阂
C 吃力	界限	焦点	间隔
D 动力	地域	惯例	等级

70. 在没有任何外界刺激的情况下，耳内产生的_____声音就是耳鸣。睡眠不足时短暂出现的耳鸣，一般对人体没有_____影响。但在睡眠_____的状态下，如果出现_____的耳鸣症状，一定要尽快就医，因为这可能_____着听力受到了损害。人们不重视这种现象的话，就会有丧失听觉的风险。

A 恐怖	持续	足够	缓慢	预算
B 古怪	定期	十足	悠久	预期
C 奇妙	本质	充沛	迟缓	预言
D 异常	实质	充足	持久	预示

第三部分

第71-80题：选句填空。

71-75.

　　张大千是中国最著名的画家之一。上个世纪五十年代，他曾经在很多国家游历、作画，(71)_____，还被艺坛称为"东方之笔"。但是张大千最为得意的身份不是画家，而是美食家。

　　张大千对饮食的研究和领悟可以说是无人能及，(72)_____。不光如此，张大千还有个不为人知的技能，就是烹饪。他的好友谢稚柳回忆道："大千精于烹饪，招待客人时也很热情。他经常亲自下厨，做一大堆好吃的菜给大家品尝。"不管是在海外还是在中国，张大千都会定期设宴款待亲朋好友，(73)_____。

　　张大千认为，(74)_____。就像艺术家用想象力和精巧的手艺创作出绝佳的作品一样，优秀的厨师也会用娴熟精湛的厨艺，将食材打造成色香味俱全的一盘盘料理。张大千曾经教导弟子：懂得欣赏美食的人，自然会领悟艺术的美妙，因为这两者有很多相似之处。所以，张大千常以画论吃，以吃论画。

　　有一次，张大千回到了故乡四川。谈到四川小吃时，他说："做好这些小吃，既需要技术，也需要天赋。这就像作画一样，天赋不同的人就算使用一模一样的纸笔，(75)_____。"

A 优秀的厨师跟艺术家没什么差别

B 说他是名副其实的美食家也不过分

C 也会创造出风格大相径庭的作品

D 因此享有巨大的国际声誉

E 这是他一贯的潇洒作风

76-80.

珊瑚色彩艳丽，不逊色于陆地上的各种花。这种美是亿万年时间，(76)_____。许许多多的造礁生物和钙化生物相互挤压，慢慢形成了珊瑚礁。同时，珊瑚礁的周围聚集了大量的鱼虾贝藻和其他生物，生物种类之丰富令人惊讶。因此珊瑚被人们誉为"海底热带雨林"。

珊瑚不仅绚丽多彩，而且是衡量海洋生态的重要指标。珊瑚覆盖率决定了海洋生态的好坏，而珊瑚的覆盖率指的是，(77)_____。然而，近十年的统计数据表明，珊瑚的覆盖率从百分之五六十下降到了百分之十五至二十，近五分之一的珊瑚礁已经消失。

导致珊瑚覆盖率下降的原因有好几个，其中最重要的是全球性的气候变化。比如发生严重的厄尔尼诺现象的时候，海洋表面的温度会受到巨大影响，(78)_____。

此外，人类对珊瑚的破坏也不可忽略。(79)_____，过度捕捞，含量超标的二氧化碳，无节制的商业开采都是威胁珊瑚礁的因素。例如对大法螺进行过度捕捞，(80)_____。以珊瑚为主要食物的长棘海星，大量繁殖后就会像蝗虫一样食用大面积的珊瑚，造成毁灭性的破坏。

A 除了大量排放的生活和工业污水外

B 不断沉淀、堆积、演化的结果

C 这对珊瑚礁来说是一个灾难性的破坏

D 活珊瑚的覆盖面积在海底所占的比例

E 会直接导致长棘海星大量繁殖

第四部分

第81-100题：请选出正确答案。

81-84.

　　如果你是位电脑控或手机控，是否发现自己在接受大量信息时，经常出现注意力涣散的现象？如果有，你可能得了一种大脑认知上的"流行病"——大脑肥胖症。

　　大脑肥胖症有几个典型的症状：面对工作时，会出现莫名的茫然无措感；不适应与人面对面谈话；遗忘的速度加快；注意力难以集中等。调查显示，现代人多少都患有一定程度的大脑肥胖症，特别是年轻人。

　　其实，大脑肥胖症不是身体上的疾病。这种病是由网络带来的过多信息引起的。便捷的网络使人们获取信息的速度更快，范围更广。但糟糕的是，纷至沓来的信息也使人们逐渐丧失注意力。大脑肥胖症会制约人们的思考和想象力，严重时还会引发自闭等问题。

　　因此，对于沉迷电脑或者手机的人来说，及时预防大脑肥胖症，适当地给大脑"减肥"迫在眉睫。那么，该怎么给大脑"减肥"呢？第一，适度减少上网时间。大脑肥胖的根本原因是，我们无节制地向大脑传输大量的信息，使它超负荷运转，得不到充分的休息。所以应管理好上网的时间，制定严格的管理制度。第二，做适量的运动。长期伏案工作的白领可以在工作一小时后，起身走两圈，稍微运动一下，顺便呼吸新鲜的空气。第三，每天给自己的大脑一定的休息时间。这是因为大脑很难忽略周围的声音，所以不管去哪里，带一个耳塞或者耳机都是个不错的选择。身处吵闹的地铁时，戴上耳机就能建造一个属于自己的"庇护所"。此外，可以每天在固定时间练习冥想。已有研究证明，冥想有助于修复大脑，增强注意力。

81. 关于大脑肥胖症的症状，下列哪项正确？
　　A 容易使人发胖　　　　　　　　　　B 遗忘速度减缓
　　C 注意力高度集中　　　　　　　　　D 产生茫然无措感

82. 根据第三段，可以知道：
　　A 大脑肥胖症不会影响想象力　　　　B 大脑肥胖症是身体上的疾病
　　C 大脑肥胖症使人们获取更多信息　　D 大脑肥胖症可能会引发自闭问题

83. 大脑肥胖的根本原因是：
　　A 想象力过于丰富　　　　　　　　　B 大脑会忽略噪音
　　C 大脑超负荷运转　　　　　　　　　D 无法呼吸新鲜空气

84. 白领该如何给大脑减轻负担？
　　A 随时补充营养　　　　　　　　　　B 做适量的运动
　　C 经常阅读书籍　　　　　　　　　　D 增加上网时间

85-88.

　　中国制造的海底潜水器——"海底飞船"属于载人潜水器。它有望在下半年下水试验。届时，它将成为世界上下潜最深的载人潜水器，可以到达全世界99.8%的海洋底部。

　　"海底飞船"长8米，宽3米，高3.4米，由特殊的钛合金材料制成。该潜水器呈椭圆形，外观酷似一头小鲸鱼，能容纳一名操作员和两名科学家。潜水器的前端安装着一个密封的玻璃舷窗，科学家可以透过它看到海底的神秘世界。

　　"海底飞船"有两个配重块和一个压水舱，它们在不同的情况下发挥着不同的作用。需要下潜时，只要在压水舱内注满水即可。当需要在水中悬停时，就要抛出配重块。如果此时启动动力装置，"海底飞船"就可以工作了；它的两只机械手可以抓取75公斤的矿物。当需要上浮时，要在压水舱内加入空气，排出海水。这种设计是为了尽量节省蓄电池的能量，使它在水下连续工作7个小时。

　　像"海底飞船"这类载人潜水器在深海资源勘探，海底测绘和采样，热液硫化物考察，深海生物基因采样，深海地质调查等领域发挥重要的作用。在过去的二十多年里，载人潜水器已经取得了众多的科研成果。1991年俄、美两国科学家两次乘坐"和平号"，在大西洋发现了迄今为止最大的热液矿体。1994年俄国科学家在大西洋水域热液场探测时，发现了多种热液生物，其中具有代表性的有虾类、贻贝类、鳗类等生物群。在深海地质研究方面，日本科学家在日本海沟6200米深的斜坡上发现了裂缝，同时还发现了一条地震断层悬崖。

　　此外，在军事上，载人潜水器可以直接为海底军事基地的建设提供服务，还可以直接参与水雷战，完成潜艇救生和水下捞救等任务。

85. 根据第一段，可以知道：
　　A "海底飞船"是载人宇宙飞船　　　　B "海底飞船"不需要下水试验
　　C "海底飞船"将到达大部分海底　　　D "海底飞船"已成为下潜最深的潜水器

86. 下列哪项**不属于**"海底飞船"的特点？
　　A 总共能容纳三个人　　　　　　　　B 船身呈长方体形状
　　C 可以持续工作7个小时　　　　　　D 用特殊钛合金材料制成

87. 配重块和压水舱的设计是为了：
　　A 节省蓄电池的能量　　　　　　　　B 节约潜水艇的空间
　　C 减轻机械手的重量　　　　　　　　D 让潜水器上浮更快

88. 第四段主要介绍的是：
　　A 载人潜水器的工作原理　　　　　　B 载人潜水器的科研成果
　　C 载人潜水器的种类以及特点　　　　D 载人潜水器在经济上的应用

89-92.

　　仿生学是一种模仿和再造动植物的特性和功能的学科。它可以提高人类对大自然的适应和改造能力，也能为社会创造巨大的经济效益。现代仿生学已延伸到很多领域，其应用领域之一是建材仿生学，而功能仿生建材又是建材仿生学的突出代表。

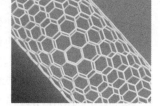

　　研究表明，动物或人的皮肤是典型的功能仿生建材之一，具有可弯曲，可变形，可调节温度，防水，阻止细菌进入，以及自我修复等特点。人们从这里受到启发，在一些高层建筑上使用了功能仿生建材。这些材料将风、光等对建筑产生负面影响的因素，转化为高层建筑环境所需的一部分能量，可以说是变废为宝了。曾经有一位比利时建筑师，根据蜥蜴的皮肤能对环境做出反应这一特点，在大厦的外墙装置了一层百叶窗，这层百叶窗成了大厦的"第二层皮"。这个"第二层皮"夏天能遮挡阳光，冬天能采集日光。它既起到了装饰的作用，又达到了节能的目的。

　　除了动物之外，植物的特性也在该领域得到了广泛的应用。荷叶出淤泥而不染，历来为世人所赞。所以人们利用这种"荷叶效应"，研制出自清洁材料，或利用自清洁技术生产出涂层，将其涂抹在水龙头或门窗上，这样做就不会沾上污渍。

　　功能仿生建材还具有自我调节和修复的高级功能。其中，自我调节是指能根据外部需求，对自身承载能力、变形性能等进行自我调整。自我修复是指利用与自然生物相似的生长及新陈代谢功能，对遭受破坏的部位进行自我修复。如果将这样的材料应用在建筑物上的话，可以大大延长建筑物的使用期限。

　　相信随着材料科学、电子技术以及自动控制手段的不断进步，在不久的将来，对功能仿生建材的探索研究必将取得巨大的进展。

89. 第一段主要介绍的是：
　　A 仿生学的诞生　　　　　　　　B 仿生学的作用
　　C 生物的特性和功能　　　　　　D 自然界的演化过程

90. 大厦的"第二层皮"是根据什么制作出来的？
　　A 鲨鱼的表皮特征　　　　　　　B 鸟类的翅膀特性
　　C 蜥蜴的皮肤特点　　　　　　　D 蜻蜓的复眼性能

91. 人们利用"荷叶效应"研制出了：
　　A 遮阳百叶窗　　　　　　　　　B 无公害油漆
　　C 日光采集器　　　　　　　　　D 自清洁材料

92. 仿生建材的"自我修复"利用了生物的哪项功能？
　　A 新陈代谢　　　　　　　　　　B 趋光生长
　　C 消毒灭菌　　　　　　　　　　D 调节温度

93-96.

北京一处距今六七千年前的新石器时代文化遗址中，曾出土了一件小石猴雕塑，经考证，这件雕塑为人类早期的辟邪饰物。据史料记载，殷商后期的王室中就存在养猴、戏猴的习俗。同时，猴在中国传统的十二生肖中也有一席之地，排名第九，被称为"申猴"。由此可见，中国人很早之前就喜欢猴了。

那么，猴为什么会受到中国人的喜爱呢？主要有两个原因，一是猴有"封侯"的意思。"猴"与"侯"音同，"封侯"就是成为地位很高的官员，这是古代读书人的奋斗目标和最大愿望。在民间吉祥图案上，这样的期盼随处可见：一只猴在挂有一枚封印的枫树上的图案，表达了"封侯挂印"的寄托；两只猴坐在一棵松树上，或一只大猴背着一只小猴的图案，有"辈辈封侯"的寓意。二是猴能发现马的疾病，猴子"避马瘟"的别名由此而来。直到今天，高原上的马帮长途贩运货物时，也常常携带一只猴。

带着这样的喜爱之情，中国人用多种多样的艺术手法表达了对猴的喜爱。古往今来，各种艺术作品里都能找到猴子的身影。文学中有猴，影视中有猴，民间杂耍中有猴，工艺作品中也有猴：吴承恩笔下的美猴王——孙悟空，成了正义的化身。《西游记》被拍成电视剧后，成了中国重播率最高的影视作品之一。民间盛行的猴戏是汉族最古老的表演艺术之一，其中的猴翻筋斗、猴担水、猴走索、猴爬竿、猴戴面具等节目，深得男女老少的喜爱。在各类工艺品中，工匠们利用猴的天然属性，结合人们对猴的认知，创造了许许多多极具个性的猴的形象，比如西北的"护娃猴"，南阳的"猴加官"，北京的"毛猴"等等。

由此可见，在中国人的眼里，猴不是一种普通的动物，而是一个文化符号，是民间文化中不可或缺的存在。

93. 第二段的例子说明：
   A 古人为何热衷于耍猴　　　　　B 关于十二生肖的传说
   C 中国人喜爱猴的理由　　　　　D 古代王室辟邪的方法

94. 马帮长途贩运货物时，为什么会与猴同行？
   A 猴能为人解除寂寞　　　　　　B 猴能保障旅途平安
   C 猴能帮忙寻找水源　　　　　　D 猴能发现马的疾病

95. 关于孙悟空，下列哪项正确？
   A 是正义的象征　　　　　　　　B 是真实的人物
   C 一直颇有争议　　　　　　　　D 擅长杂技表演

96. 最适合做上文标题的是：
   A 美猴王孙悟空　　　　　　　　B 古代养猴的习俗
   C "猴"文物的介绍　　　　　　　D 中国文化里的"猴"

97-100.

知名电脑商城"百脑汇"近日停业，带走了不少市民的回忆，也真实反映出了传统零售商场的"尴尬"现状。传统零售商场的困境，和两种新型零售方式有着密不可分的联系。

第一种是日常生活中随处可见的电子商务。它们具有物美价廉，交易便利，品种丰富等优势，对传统零售商场产生了很大的冲击。靠销售电子产品和家电崛起的京东、苏宁易购等电商平台都采用这种零售方式。这些电商平台会提供更丰富的产品和服务，满足消费者的需求。在这样的竞争中，传统零售商场完全处于下风，既不能在服务方面有所创新，也不能满足人们对于个性化、多元化的需求。

第二种则是新型购物中心。传统零售商场不景气，并不代表消费者不去实体店购物。只是随着经济的发展，消费者对购物场所的要求越来越高。比如说在北京，大部分年轻人都会选择去大悦城、世贸天阶这类集娱乐和购物为一体的综合商业中心。而像长安商场、燕莎商场这种传统的零售商场，几乎无人问津。不少消费者表示，装修陈旧，功能单一的传统零售商场，很难让人产生购物欲。

综上所述，在新型零售方式的冲击下，传统零售商场如果不及时转变思维和经营模式，就只会走<u>下坡路</u>了。然而，在这之中还是有一些异军突起的传统商场。同样在北京，同样是传统零售商场，但SKP就一直保持着全国第一的业绩。每次举办大型活动时，该商场内外都人满为患。专家指出，这种反差说明，传统零售商场只有深度了解目标消费群体，挖掘潜在需求，才能跟得上消费升级的步伐，从单纯地售卖商品转为引领大众生活方式。

专家分析，未来零售业的发展模式主要为线上线下相融合。那么，传统零售商场就要在产品创新、业态创新和服务创新方面，为消费者提供更优质的商品和更便捷的购买渠道。为消费者服务，是零售业的本质。只有聚焦本质，才会有更光明的发展前景。

97. 传统零售业的现状：
　　A 让人泄气　　　　　　　　　　B 令人愤怒
　　C 十分尴尬　　　　　　　　　　D 混乱不堪

98. 根据第二段，下列哪项**不属于**电商平台的优势？
　　A 价格便宜　　　　　　　　　　B 交易方便
　　C 商品多样　　　　　　　　　　D 发货及时

99. 第四段中画线词语"下坡路"的意思是：
　　A 发展趋势越来越糟糕　　　　　B 市场竞争越来越激烈
　　C 人际关系越来越复杂　　　　　D 经济压力越来越沉重

100.根据上文，零售业的本质是什么？
　　A 开拓新的业务　　　　　　　　B 为消费者服务
　　C 获取更高的效益　　　　　　　D 适应时代的变化

三、书 写

第101题：缩写。

(1) 仔细阅读下面这篇文章，时间为10分钟，阅读时不能抄写、记录。

(2) 10分钟后，监考会收回阅读材料。请将这篇文章缩写成一篇短文，字数为400字左右，时间为35分钟。

(3) 标题自拟。只需复述文章内容，不需加入自己的观点。

(4) 请把短文直接写在答题卡上。

漫画家夏达出生于湖南省的一个小城市。她的父亲是一位常年在外奔波的古建筑修复师，她的母亲则是一位经常在办公室研究古玩字画的人，所以夏达的童年非常寂寞。在一个偶然的机会，夏达迷上了绘画。十几岁的时候，她瞒着父母参加了本地书店组织的漫画社，开始进行了漫画创作。

大学毕业后，夏达做了很多份工作，但她都不怎么满意。后来，她来到了北京，决心重拾绘画。她在地下室里废寝忘食地画画儿，每天伏案工作十个小时以上，一动笔就停不下来。她辛勤耕耘，发表的作品却少得可怜。别说实现梦想了，她那时连温饱都无法保证。

后来，漫画行业逐渐变得不景气，但夏达的梦想依然没有动摇，在不断的坚持下，她创作出了《雪落无声》、《冬日童话》、《魔法》等精彩的漫画故事。没过多久，杭州著名漫画家的工作室向她发出了邀请，夏达决定去杭州开始新的奋斗征程。

在杭州，夏达经过一年的拼搏，终于发行了自己的单行本漫画。作品一经发行就大获好评。与此同时，坊间开始出现了各种各样的谣言。有人造谣说，夏达所谓的创作只是勾勒线条而已，上色等复杂的工序其实都是由她的助理完成的。夏达努力画画儿这么多年，到头来却被人污蔑，她又悲伤又愤怒，于是一遍一遍地和别人说明真相。

然而铺天盖地的舆论盖过了她的声音，她只能在沉默中拼命地工作。没日没夜的工作摧垮了她的身体，她病倒了。好在工作室的同事们始终没有离开夏达，他们一直陪伴在夏达身边，鼓励她、支持她、关心她。在同事们的陪伴下，夏达从这段倒霉的日子里走了出来。

阳光总在风雨后，夏达的好运终于来了，她的作品在中国乃至国际漫画大赛中频频获奖，也被更多的人所熟知。

2009年，在日本资深漫画家的引荐下，夏达成为第一位进入日本漫画界的中国大陆漫画家。她的作品《子不语》在日本顶级漫画杂志上连载后，引起了极大的轰动。这部作品被上百个网站争先恐后地转载，得到了不少读者的称赞。

随着知名度的提升，签售会、采访等活动接连而来，但夏达并不习惯这种热闹的场合。她说："对于喜欢、支持我的人，最好的回报就是努力奉献出更好的作品。只有面对画纸时，我才会感到自在，因为漫画就是我的全部生活。"外界的喧嚣丝毫没有影响夏达的内心，成名之后，她依旧把自己的时间几乎全部投入到了创作当中。也正是这样锲而不舍的努力，才造就了她如今辉煌的成绩。

다음 페이지(p.116)에 정답이 있으니 바로 채점해보세요.

해커스 해설이 상세한 HSK 6급 실전모의고사

듣기

해설집 p.222

제1부분

1 C **2** C **3** B **4** A **5** D **6** A **7** C **8** A **9** B **10** B **11** D **12** A **13** D **14** D **15** A

제2부분

16 C **17** B **18** C **19** A **20** C **21** A **22** B **23** D **24** D **25** B **26** B **27** B **28** B **29** D **30** C

제3부분

31 A **32** D **33** B **34** C **35** B **36** A **37** A **38** D **39** D **40** B **41** D **42** D **43** B **44** A **45** A
46 C **47** B **48** D **49** B **50** C

독해

해설집 p.246

제1부분

51 B **52** C **53** D **54** A **55** D **56** A **57** B **58** A **59** B **60** A

제2부분

61 B **62** D **63** C **64** C **65** C **66** D **67** A **68** D **69** B **70** D

제3부분

71 D **72** B **73** E **74** A **75** C **76** B **77** D **78** C **79** A **80** E

제4부분

81 D **82** D **83** C **84** B **85** C **86** B **87** A **88** B **89** B **90** C **91** D **92** A **93** C **94** D **95** A
96 D **97** C **98** D **99** A **100** B

쓰기

해설집 p.282

모범 답안

夏达的成功故事

　　夏达出生在一个小城市。小时候她的父母忙于工作，所以她的童年很寂寞。那时夏达迷上了绘画，十几岁时，她参加了漫画社，开始了漫画创作。

　　大学毕业后，夏达没找到满意的工作，于是决心重新开始画画儿。她每天在地下室里废寝忘食地创作，但发表的作品却很少，连基本生活都无法维持。

　　后来，漫画行业的情况变差了，但夏达没有放弃，最后创作出了好几部精彩的漫画故事。没过多久，她收到了一个漫画家工作室的邀请。一年后，夏达终于发行了自己的漫画书。但是漫画获得好评的同时，各种谣言出现了。有人说她的作品大部分都是靠助理完成的。这让她很生气，于是她不停地和别人说明真相。

　　然而，她的解释没有起到作用，她只能拼命地工作，却又病倒了。幸好同事们一直在身边陪着她。

　　经历几次挫折后，她的作品在各种漫画大赛中获奖，她还成功进入了日本漫画界。她的漫画在日本引起了很大的轰动，被很多网站争先恐后地转载。

　　夏达出名后，很多活动邀请了她，但热闹的场合让她很不习惯。她还是像从前一样努力创作更好的作品。正是这种锲而不舍的努力成就了她辉煌的成绩。

해커스 해설이 상세한 HSK 6급
실전모의고사
제5회

*시험을 보기 전, <해설집> p.438의 '제5회 고난도 어휘'를 먼저 익히면 문제를 더 쉽게 풀 수 있어요.

* 실제 시험을 보는 것처럼 시간에 맞춰 실전모의고사를 풀어보세요.

잠깐! 테스트 전 확인 사항

1. 휴대 전화의 전원을 끄셨나요? ·················· ☐
2. 답안지, 연필, 지우개가 준비되셨나요? ············ ☐
3. 시계가 준비되셨나요? ························· ☐
   * 듣기 답안 작성 5분, 독해+쓰기 95분

쓰기 연습을 더 해보고 싶다면?

해커스중국어(china.Hackers.com)에서
<HSK 6급 쓰기 원고지 PDF> 무료 다운받기!

실전모의고사 5 답안지

汉语水平考试 HSK（六级）答题卡

一、听力

1. [A] [B] [C] [D]　　6. [A] [B] [C] [D]　　11. [A] [B] [C] [D]　　16. [A] [B] [C] [D]　　21. [A] [B] [C] [D]
2. [A] [B] [C] [D]　　7. [A] [B] [C] [D]　　12. [A] [B] [C] [D]　　17. [A] [B] [C] [D]　　22. [A] [B] [C] [D]
3. [A] [B] [C] [D]　　8. [A] [B] [C] [D]　　13. [A] [B] [C] [D]　　18. [A] [B] [C] [D]　　23. [A] [B] [C] [D]
4. [A] [B] [C] [D]　　9. [A] [B] [C] [D]　　14. [A] [B] [C] [D]　　19. [A] [B] [C] [D]　　24. [A] [B] [C] [D]
5. [A] [B] [C] [D]　　10. [A] [B] [C] [D]　　15. [A] [B] [C] [D]　　20. [A] [B] [C] [D]　　25. [A] [B] [C] [D]

26. [A] [B] [C] [D]　　31. [A] [B] [C] [D]　　36. [A] [B] [C] [D]　　41. [A] [B] [C] [D]　　46. [A] [B] [C] [D]
27. [A] [B] [C] [D]　　32. [A] [B] [C] [D]　　37. [A] [B] [C] [D]　　42. [A] [B] [C] [D]　　47. [A] [B] [C] [D]
28. [A] [B] [C] [D]　　33. [A] [B] [C] [D]　　38. [A] [B] [C] [D]　　43. [A] [B] [C] [D]　　48. [A] [B] [C] [D]
29. [A] [B] [C] [D]　　34. [A] [B] [C] [D]　　39. [A] [B] [C] [D]　　44. [A] [B] [C] [D]　　49. [A] [B] [C] [D]
30. [A] [B] [C] [D]　　35. [A] [B] [C] [D]　　40. [A] [B] [C] [D]　　45. [A] [B] [C] [D]　　50. [A] [B] [C] [D]

二、阅读

51. [A] [B] [C] [D]　　56. [A] [B] [C] [D]　　61. [A] [B] [C] [D]　　66. [A] [B] [C] [D]　　71. [A] [B] [C] [D] [E]
52. [A] [B] [C] [D]　　57. [A] [B] [C] [D]　　62. [A] [B] [C] [D]　　67. [A] [B] [C] [D]　　72. [A] [B] [C] [D] [E]
53. [A] [B] [C] [D]　　58. [A] [B] [C] [D]　　63. [A] [B] [C] [D]　　68. [A] [B] [C] [D]　　73. [A] [B] [C] [D] [E]
54. [A] [B] [C] [D]　　59. [A] [B] [C] [D]　　64. [A] [B] [C] [D]　　69. [A] [B] [C] [D]　　74. [A] [B] [C] [D] [E]
55. [A] [B] [C] [D]　　60. [A] [B] [C] [D]　　65. [A] [B] [C] [D]　　70. [A] [B] [C] [D]　　75. [A] [B] [C] [D] [E]

76. [A] [B] [C] [D] [E]　　81. [A] [B] [C] [D]　　86. [A] [B] [C] [D]　　91. [A] [B] [C] [D]　　96. [A] [B] [C] [D]
77. [A] [B] [C] [D] [E]　　82. [A] [B] [C] [D]　　87. [A] [B] [C] [D]　　92. [A] [B] [C] [D]　　97. [A] [B] [C] [D]
78. [A] [B] [C] [D] [E]　　83. [A] [B] [C] [D]　　88. [A] [B] [C] [D]　　93. [A] [B] [C] [D]　　98. [A] [B] [C] [D]
79. [A] [B] [C] [D] [E]　　84. [A] [B] [C] [D]　　89. [A] [B] [C] [D]　　94. [A] [B] [C] [D]　　99. [A] [B] [C] [D]
80. [A] [B] [C] [D] [E]　　85. [A] [B] [C] [D]　　90. [A] [B] [C] [D]　　95. [A] [B] [C] [D]　　100. [A] [B] [C] [D]

三、书写

101.

不要写到框线以外！

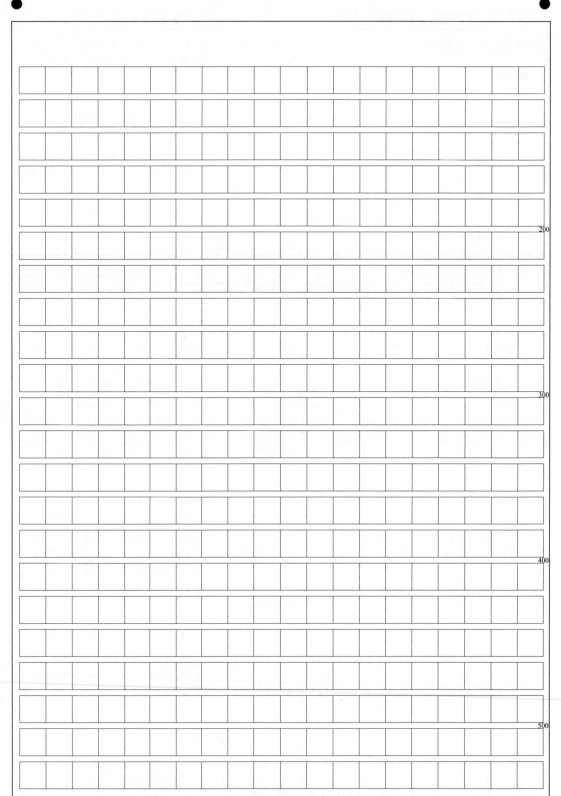

不要写到框线以外！

汉语水平考试

HSK（六级）

注　意

一、HSK(六级)分三部分：

    1.听力(50题，约35分钟)

    2.阅读(50题，50分钟)

    3.书写(1题，45分钟)

二、听力结束后，有5分钟填写答题卡。

三、全部考试约140分钟(含考生填写个人信息时间5分钟)。

一、听 力

第一部分

모의고사용/고사장 소음 버전
mp3 바로듣기

第1-15题：请选出与所听内容一致的一项。

1. A 褪黑素是一种激素
   B 褪黑素源自细胞分裂
   C 褪黑素能够调节日光
   D 医生不建议服用褪黑素

2. A 现代人对古琴没兴趣
   B 古琴是一种打击乐器
   C 古琴成为了文化遗产
   D 古琴的普及范围很广

3. A 该项目的成效一般
   B 该项目的成本很高
   C 改良植物是近期目标
   D 用户为环保做出了贡献

4. A 烟瘾能够在短期内形成
   B 长期抽烟会让人变得急躁
   C 情绪波动会导致戒烟失败
   D 香烟中只包含有害的尼古丁

5. A 大瓦山海拔低于三千米
   B 大瓦山是世界最高的山
   C 大瓦山像个等腰三角形
   D 大瓦山的主体是花岗岩

6. A 锂离子电池相对来说比较安全
   B 锂离子电池的使用寿命是无限的
   C 锂离子电池的性能很快就会减弱
   D 锂离子电池中含有有害化学物质

7. A 人脸识别系统能节省时间
   B 高校开发出了人脸识别系统
   C 人脸识别系统的应用比较繁琐
   D 这种新技术仍然存在很大争议

8. A 快乐教育必然是利大于弊的
   B 极端教育会对孩子造成伤害
   C 家长应让孩子的潜力发挥到极限
   D 家长们一般都能理智地看待教育

9. A 疾病能够影响皮肤的弹性
   B 该男子的皮肤天生很特别
   C 人的皮肤弹性是没有限制的
   D 拉伸皮肤可以使其更有弹性

10. A 科学家们合作发明了人造器官
    B 所有动物的器官普遍可以再生
    C 动物器官的再生能力与基因有关
    D 人们早就发现了器官再生的原因

11. A《姜子牙》是四年前的电影
    B《姜子牙》的情节已被曝光
    C 观众对《姜子牙》兴趣不大
    D《姜子牙》改编自中国神话

12. A 现场创作的艺术品价值不高
    B 展示艺术品时需要详细解释
    C 观众对艺术品的审美差别很大
    D 艺术品会与观众相互产生影响

제1회 제2회 제3회 제4회 제5회 제6회

해커스 해설이 상세한 HSK 6급 실전모의고사

13. A 时尚和环保很难兼顾
    B 回收的原料能再次利用
    C 达到环保标准的衣服很美观
    D 新型衣服的材料来自于大自然

14. A 栗子壳的味道较为苦涩
    B 品质高的栗子外壳发亮
    C 在高温下糖会散发出香味
    D 加糖是为了让栗子肉更甜

15. A 应重视微生物带来的影响
    B 保持环境的清洁尤为重要
    C 微生物的含量因环境而异
    D 干燥的环境有利于保存食物

第二部分

第16-30题：请选出正确答案。

16. A 十分兴奋
    B 特别谦逊
    C 有点恐惧
    D 衷心喜欢

17. A 是集体的功劳
    B 是个人的荣誉
    C 是对努力的回报
    D 有得天独厚的条件

18. A 尽量降低成本
    B 朝多元化发展
    C 模仿其他国家
    D 重视作品质量

19. A 剧场高档豪华
    B 音乐精益求精
    C 演员演技出色
    D 剧本打动人心

20. A 现在能够独立编剧
    B 是世界著名的导演
    C 热衷于录制综艺节目
    D 想要参与音乐剧的创作

21. A 会引领启蒙运动的潮流
    B 可加强民主的自由观念
    C 可以使知识文化大众化
    D 能增加普及阅读的难度

22. A 宗教制度压迫人民
    B 科学技术比较落后
    C 大家对阅读有偏见
    D 群众缺乏阅读机会

23. A 资金投入还不充足
    B 版权的保护期过长
    C 读者不能适应数字化
    D 电子书籍的购买途径少

24. A 修改相关的版权法
    B 推出更多的收费书籍
    C 创立数字公共图书馆
    D 建立更多的私人图书馆

25. A 专门研究出版法
    B 家里收藏了很多书
    C 是知名的历史学家
    D 创立了一个图书馆

26. A 设备运行正常
    B 没有人员伤亡
    C 飞机的机翼断了
    D 爆炸前有种种预兆

27. A 低温低压
    B 噪音过大
    C 仪器损坏
    D 挡风玻璃破裂

28. A 顽强的意志
    B 飞行参照物
    C 剧烈抖动的飞机
    D 飞机飞行的速度

29. A 凭借个人经验
    B 更新设备数据
    C 听从领导指挥
    D 靠同事的协助

30. A 从此变得镇静果断
    B 摆脱了对飞行的恐惧
    C 改掉了迟疑不决的性格
    D 发现自己热爱飞行员职业

第三部分

第31-50题：请选出正确答案。

31. A 鲸鱼分辨方向时只能靠眼睛
    B 环境污染会扰乱鲸鱼的定位系统
    C 疾病会使鲸鱼的定位系统出现故障
    D 船只的声呐会影响鲸鱼的定位系统

32. A 大脑恢复正常
    B 鲸鱼窒息死亡
    C 鲸鱼被送到动物园
    D 鲸鱼自己重返大海

33. A 一种疾病
    B 捕食行为
    C 被困在岸边
    D 在浅水区游泳

34. A 维持超市治安
    B 结算进口商品
    C 识别垃圾种类
    D 修复废旧物品

35. A 使用积分购物
    B 欣赏建筑模型
    C 贩卖二手产品
    D 学习垃圾分类方式

36. A 会耗费大量人力
    B 能创造更多财富
    C 可维持现在的规模
    D 将继续开发先进技术

37. A 控制装置
    B 能源系统
    C 机械手臂
    D 测温设备

38. A 无法深入固定
    B 设备电力不足
    C 周围摩擦力不够
    D 火星土壤温度太高

39. A 机械故障已被修复
    B 其测温设备来自英国
    C 或许机械臂能解决故障
    D 可能受到了地下水的阻碍

40. A 青铜时代
    B 铁器时代
    C 旧石器时代
    D 新石器时代

41. A 小麦等作物进入中国
    B 四大发明被西方接受
    C 农民向西行进寻觅家园
    D 青铜冶炼技术传入西方

42. A 交流通道
    B 科研项目
    C 商业合作
    D 工业成果

43. A 以军事发展为主导
    B 是人口增加的根源
    C 只影响了中国西部地区
    D 促进了中西方文化交流

44. A 粮食
    B 金属
    C 矿产
    D 天然气

45. A 形成时间短
    B 迟早会用完
    C 不影响环境
    D 已代替新能源

46. A 降低开采费用
    B 缩短制造周期
    C 利用宇宙资源
    D 开发可再生能源

47. A 无法实现再生
    B 来源于草本植物
    C 含有多种动物脂肪
    D 是可以燃烧的固体

48. A 豆科植物的根部
    B 植物周围的土壤
    C 细胞上的光感受器
    D 叶片上覆盖的物质

49. A 十几分钟
    B 五六个小时
    C 超过十二个小时
    D 没有特定的时间

50. A 传达信息
    B 吸收蛋白质
    C 分泌遗传物质
    D 识别光照强度

제1회

제2회

제3회

제4회

제5회

제6회

해커스 해설이 상세한 HSK 6급 실전모의고사

二、阅 读

第一部分

第51-60题：请选出有语病的一项。

51. A 选手们从学校出发，到人民公园，跑了超过二十多公里。
    B 最近，南京、济南等地网友纷纷表示哈啰单车出现了系统异常。
    C 老人们渴望儿孙抽时间陪他们聊聊家常，帮他们冲淡生活的孤寂。
    D 我们历来尊重世界文明的多样性，倡导不同文明之间的交流与合作。

52. A 这幅画生动地描绘了海洋深处的光景，体现了人类对海洋的向往。
    B 即便获得了世界冠军，他还是坚持每天训练五个小时，毫不松懈。
    C 这种敏感是修建在尊重的基础上的，需要以尊重对方的思维方式为前提。
    D 我们应当理智地看待政府机构的制度，办事人员的行为以及相关各种制度。

53. A 现在的李安仍然在孜孜不倦地学习着和电影有关的新技术。
    B 只要家里人能够平平安安的，我工作的时候也就没有后顾之忧了。
    C 网络文学与纯文学的边界日益模糊，只剩下了传播媒介不同这一区别。
    D 有了这种传承方式，中华传统文化能一定在青少年心中生根、开花、结果。

54. A 发现青蒿素的药学家屠呦呦，在国内外学术界均享有极高的声誉。
    B 媒体宣传和社会各界的积极行动是解决当前缺乏父母庇护的农村留守儿童问题。
    C 侵犯专利权的赔偿数额，应按权利人被侵权时遭受的损失和侵权人获得的利益来确定。
    D 截至20日16时，初步统计显示，本次地震造成9人死亡，同时4.6万间房屋受到不同程度的损坏。

55. A 村民们的年收入达到了八万多元，比五年前的四万元增加了两倍左右。
    B 把几个故事里的情节组合成一部电影剧本的创作方式，是存在一定难度的。
    C 尽管比赛输了，球迷们依然支持这些球员，希望他们能够吸取教训，从头再来。
    D 今天是爸妈的结婚纪念日，刚好又是周末，所以我们决定出去吃一顿庆祝一下。

56. A 从职业发展角度来看，一些"冷门"行业虽然要求较高，但前景较好，算是不错的选择。
    B 这项工程的勘测、设计和试验工作已进行了近十年，基础资料丰富，前期工作比较做得充分。
    C 有关报告指出，数字技术与传统产业的深度结合将会释放出巨大的能量，成为经济发展的动力。
    D 上级在制定退休方案时要谨慎行事，不仅要考虑多种因素，做到统筹兼顾，还要处理好各种关系。

57. A 在技艺精湛的雕刻家手中，这块拥有天然纹理的石头变成了一个栩栩如生的孔雀雕塑。

B 整个济南城，只有老郑家算得上是名副其实的"馒头大王"，他家做出的馒头每天都供不应求。

C 一个热爱读书的人，既然不能拥有合适的书房，也会始终保持着一份纯洁无瑕的阅读情感和思绪。

D 长大后我明白了一件事，那就是成年人的世界从来没有"容易"二字，也没有谁的生活总是称心如意的。

58. A 消费者行为学专家认为，球鞋、皮包等商品的市场价格一般都是由交易者的心理预期决定的。

B 近日，西汉美酒在西安一古墓中被明白，这些美酒是目前为止保存最好，存量最多的古代美酒。

C 郑和率领船队下西洋，在外交过程中展现出了杰出的才能和优秀的精神品质，赢得了世人的尊重。

D 最近颁布的法规不仅解决了市民停车难的问题，还改善了混乱的城市面貌，可以说是一举两得了。

59. A "夏虫不可语于冰"出自于《庄子》，这句话的意思是对于夏天的虫子，无论你怎样与它讨论冬天的冰雪，它都不会理解。

B 每一种婴儿座椅都有着独特且严格的使用规范，所以家长在安装之前需要仔细、认真地阅读说明书，不能进行想当然的操作。

C 临床诊断发现，大部分口腔健康的人都喜欢口感温和的食物，相反，各种各样的口腔问题总是伴随着喜爱热、辣、坚硬食物的人。

D 随着社会的发展，人们的生活在短短几十年内发生了力所能及的变化，而那些代表着民族文化的经典却在历史的长河中闪耀着光辉。

60. A 在淡季出行有很多意想不到的好处。这样做既可以避开旅游高峰期，又可以用极低的价格度过一个轻松美好的假期。

B 一个智慧又善良的人懂得审时度势，缓解尴尬，与人方便。他们总是恰到好处地协调气氛，平和适度地温暖着他人的心田。

C 80年代至今数十年间，我把创作的重点与嵩岳太行一直联系着，我似乎感到具有北方山水典型风貌的嵩岳太行是我的归宿。

D 建构主义对每一个热爱学习的人都有着举足轻重的作用，这是因为学习者只有通过自己的经历，对知识进行自主建构，才能完全吸收知识。

第二部分

第61-70题：选词填空。

61. 刻瓷，顾名思义就是用特制刀具在瓷器上进行雕刻的_____。瓷器上那些深、浅、浓、淡的刀痕，以动感的线条_____出书法的韵味与绘画的境界，_____是"瓷赖画而显，画依瓷而传"。

   A 杂技　　　　　浮现　　　　　可行
   B 工艺　　　　　呈现　　　　　可恶
   C 技艺　　　　　展现　　　　　可谓
   D 手艺　　　　　兑现　　　　　可靠

62. 古代丝绸之路上，驴在运输中起着_____的作用。曾经有学者对当时在_____出土的进出关记录做过调查，发现驴是一种重要的_____，驴在很多商队中的数目甚至超过了牛和马。

   A 自力更生　　　边界　　　　　家伙
   B 不可或缺　　　边境　　　　　牲畜
   C 必不可少　　　周边　　　　　搭档
   D 兢兢业业　　　边疆　　　　　牲口

63. "港珠澳大桥"开通一周年了，据大桥边检站_____，截止到今日，已有1400多万人通过大桥往返于陆港澳三地。它不仅让两岸三地人民的出行变得更加_____，还加快了珠三角地区一体化的进程，繁荣了经济，_____了人心。

   A 计算　　　　　轻便　　　　　凝固
   B 公布　　　　　轻易　　　　　融洽
   C 统计　　　　　便利　　　　　凝聚
   D 计较　　　　　便捷　　　　　团结

64. 这次展览必将对中国当代工艺美术事业的发展_____积极的影响，也必将为弘扬中华民族_____的文化传统，_____广大人民群众日益增长的物质和精神需要，推动社会主义文化事业的大发展大_____发挥积极的作用。

   A 盛产　　　　　一流　　　　　知足　　　　　兴旺
   B 产生　　　　　优秀　　　　　满足　　　　　繁荣
   C 发挥　　　　　卓越　　　　　无知　　　　　兴盛
   D 达成　　　　　优良　　　　　圆满　　　　　繁华

65. 通过实验，科学家_____，植物细胞内含有保护植物的抗病蛋白，但现在尚未确定这类蛋白能否_____细菌，形成抗病机制。只有进一步研究其结构和_____，才能为抗病蛋白的广泛应用_____理论基础。

   A 拟定　　　　　消除　　　　　原始　　　　　巩固
   B 断定　　　　　消耗　　　　　原料　　　　　指定
   C 确立　　　　　消毒　　　　　原则　　　　　坚固
   D 确信　　　　　消灭　　　　　原理　　　　　奠定

66. 如果飞机_____紧急情况，有时需要临时降落。降落前，为了减轻机身重量，飞行员会操纵飞机，使其在空中_____燃油。高空的低气压会将燃油雾化成气体，随风飘散。_____不采取这样的措施，起落架就很有可能在着陆时_____断。

A 遭受	排放	譬如	拽
B 遭遇	释放	倘若	折
C 面临	分解	假如	劈
D 面对	隔离	假设	掰

67. 乌镇是一个_____的江南水乡，生活节奏缓慢。在这里，你不仅可以乘船体验当地的风土人情，参观展览感受艺术沉淀，还可以踏入_____寻找童趣。当你厌倦都市生活时，_____去乌镇过几天水乡人家的日子，相信你一定能获得属于自己的_____。

A 独特	园林	不免	舒畅
B 典型	田野	不妨	欢乐
C 大型	耕地	不顾	喜悦
D 可观	阵地	不禁	满足

68. 关于防晒霜，一项最新的研究结果令很多人感到_____。研究指出，人们涂抹的防晒霜在海水里溶解的话，会对珊瑚礁造成无法_____的破坏。这是因为防晒霜中含有的氧苯酮成分危害很大，哪怕只有一点，也_____伤害到珊瑚，使其失去_____能力，最终死亡。

A 震撼	挽救	致使	修复
B 震惊	挽回	足以	繁殖
C 好奇	补救	以致	生存
D 惊奇	回避	导致	复活

69. 不管在哪里，一旦手机铃声响起，很多人条件_____似地，迅速拿出口袋里的手机确认。就算没有铃声响起，不少人也会_____地掏出手机按几下，唯恐错过朋友或家人的信息。这些现象虽然看似_____，但其实并不难理解。有心理学家表示，过分_____手机是这种强迫症出现的根本原因。

A 发射	不时	喜闻乐见	依托
B 反抗	时而	家喻户晓	依靠
C 反射	频繁	不可思议	依赖
D 反应	暂且	司空见惯	寄托

70. 最近，网络上出现了一种奇怪的现象。那就是很多网友对还在调查中的，尚未有定论的案件进行某种程度的_____，还会对相关人员或机构进行言语上的攻击，这种行为着实让人有些_____和不理解。我们需要对这样的情况提高警惕，因为语言可以_____很多讯息和情绪，_____的语言会给人带来严重的伤害，同时，也会传播不良的情绪和充满_____的价值观。

A 审讯	惊动	抵达	利害	误解
B 批判	惊讶	转达	敏锐	偏差
C 审判	诧异	传达	尖锐	偏见
D 判决	恐惧	表达	犀利	误差

第三部分

第71-80题：选句填空。

71-75.

　　在中国，高铁的发展超过了人们的想象。十年前中国的高铁还未出现，而今高铁的运营里程已达到2万多公里，(71)＿＿＿＿＿。中国计划到2025年把高铁的运营里程再增加1.5万公里。这些高铁网络，(72)＿＿＿＿＿，从而促进经济发展。

　　在中国三大人口中心——北京、上海和广州，人们的工作和生活与高铁紧密连接。此前，(73)＿＿＿＿＿，车速很慢，而且非常拥挤，给日常通勤带来很大的不便。现在，这三座超级城市正在借助高铁打造通勤走廊，让高铁变得像公交车一样便捷。

　　毫无疑问，高铁帮助卫星城镇获得了更多的资金和人才。因为卫星城镇的房价要比大城市便宜很多，而且和大城市的距离又很近，人们可以乘坐高铁上下班。比如，昆山的房价比上海便宜七成，但是高铁在这两座城市之间的行驶时间仅为19分钟，票价也只有25元，那些试图逃离上海高房价压力的人们，(74)＿＿＿＿＿。

　　世界银行在此前发布的一份报告中指出，(75)＿＿＿＿＿，中国建立的"高铁经济"能够大大提高中国沿海地区企业的生产力。

A　自然会到这里创业、工作和生活

B　超过其他国家高铁里程的总和

C　火车车次没有现在频繁

D　高铁的效益非常可观

E　能把沿线城市密切联系起来

76-80.

　　每个小学生都知道人类一共有206块骨骼，然而当前的教科书可能需要重新改写，因为曾经被科学家认为在进化中消失的一块骨骼——豆骨，(76)_____。

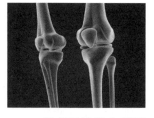

　　豆骨是位于膝盖后方肌腱中的一块小骨骼，(77)_____，常常被发现于我们灵长类祖先的身体中。它被称为"骨骼阑尾"，因为它的存在和阑尾一样毫无意义。

　　科学家称，当远古灵长目动物进化成猿类和人类后，我们似乎已不再需要豆骨，现在它只会给我们带来麻烦。但有趣的是，近年来人体出现豆骨的概率骤增。科学家回顾了过去150多年进行的2.1万多项科学研究，发现1918年全球仅11.2%的居民体内存在豆骨，(78)_____，长有豆骨的全球居民比例增加到了39%。

　　豆骨的存在备受争议，科学家认为它的存在是微不足道的。然而，豆骨被认为在人类进化历程中具有重要角色，它可能对人类祖先起到了膝盖骨的作用。(79)_____，这种变化随着胫骨变长和小腿肌肉变大而出现，因此膝盖会承受更大压力。而豆骨的再次出现缓解了这种压力，但是这也将带来一个问题：(80)_____，从而导致关节发炎。

　　A　其直径不足1.3厘米

　　B　现已奇迹般地复原了

　　C　现代饮食让人类变得更高、更重

　　D　但在截至今年的新数据中

　　E　膝骨骼会因摩擦而损伤重要的软骨组织

第四部分

第81-100题：请选出正确答案。

81-84.

近日，有不少家长在微博上吐槽"安徒生童话是毒草，对孩子的成长毫无益处"，他们的意见在网络上引起了巨大的争议。由于教育背景、生活经历、文化格调以及审美品位不同，人们通常对同一事物表现出不同的态度和立场。那种认为"安徒生童话是毒草"的观念，看似有理有据、言之凿凿，实际上却让人误入歧途，用成人的思维解读了童话这一特殊的文学作品。

其实人性充满善恶美丑，现实往往比童话更难让人琢磨。面对那些社会化不足，认知能力和接受水平有限的孩子们，童话只能删繁就简，以文学的方式来呈现人类命运和精神的碎片，引导孩子具备简单而基本的是非判断能力。对于成年人来说，童话背后的"精神之美"或许存在漏洞，但对于孩子们来说，童话教育却是他们走向成熟的必经道路。

而那种认为"安徒生童话是毒草"的说法，"问题意识"有余，却少了"过程意识"。一些家长之所以对安徒生童话保持警惕，是因为他们担心孩子沉迷于童话建构的虚幻的、完美的"想象世界"，失去自力更生、自强自立的精神。这些被焦虑裹挟的家长，每时每刻都在鞭策孩子。当童话无法起到鞭策作用时，他们自然会对童话提出质疑与批评。

随着孩子们一天天长大，社会化历程不断丰富，他们的认知能力和接受复杂现实的水平也会逐渐提高。"童话教育"中的短板，完全可以通过后期的学校教育和家庭教育来弥补。那种用成人思维对"童话教育"全盘否定的做法，显然是经不起推敲的。

81. 第一段主要介绍的是：
    A 孩子缺少拼搏精神　　　　　　　B 一种有毒的草本植物
    C 培养孩子的正确方法　　　　　　D 对童话持有的否定态度

82. 童话对孩子的特殊意义在于：
    A 了解现实的复杂性　　　　　　　B 激发孩子的想象力
    C 能使孩子变得成熟　　　　　　　D 促进孩子的智力发展

83. 一些质疑童话的家长认为，童话：
    A 缺少了激励作用　　　　　　　　B 脱离孩子的需要
    C 内容简单且幼稚　　　　　　　　D 审美品位不太高

84. 上文主要想告诉我们：
    A 成人的思维与孩子相同　　　　　B 应培养孩子的逻辑思维
    C "童话教育"不存在短板　　　　　D 不应完全否定"童话教育"

85-88.

　　美国的一位社会学家对近300名技术人员和管理人员做了调查，结果发现，很多条件好的工作并不是通过正式的招聘渠道获得的，而是靠"熟人"帮忙。但这里所说的"熟人"不是家人、朋友这些关系密切的人，而是那些偶然在某处碰到的某个人。有时候，只有一面之缘的人却发挥了关键作用，这就是所谓的"弱关系"。

　　在现代社会，人们在职业生涯中普遍有一个经历，那就是家庭背景、教育程度、个人综合素质等因素，固然会对一个人的职业发展和收入水平产生重要影响，但很多时候，人们会因为一些偶然的机遇而得到很好的工作机会，比如一个认识的人随口告诉你一个工作信息等等。不得不承认，在找工作这件事上，结果好不好有很大的运气成分。

　　那么这个所谓的"运气"到底是怎么回事？该社会学家敏锐地注意到了一点，他认为，这个运气其实就是"弱关系"的力量。这种"弱关系"并不是一个人主动选择或者长期维持的关系，而是在不经意间建立的。但就是这些关系，在恰当的时间，恰当的地点，恰好帮上了忙。

　　这位社会学家认为"弱关系"在信息传播中有很明显的优势，它能够帮助人们接触新事物，找到合适的工作。亲戚朋友这些"强关系"中，很多信息都是雷同和冗余的。但"弱关系"就不一样了，它具有很大的差异性，经常能跨越阶层和团体传递信息。此外，"强关系"一般是比较稳定和固化的，而"弱关系"所带来的信息具有更高的流动性，往往会将获得信息的人带进不一样的"圈子"。"弱关系"本身不仅是一种资源，还能够形成跨越社会距离的管道，让整个关系网都变得活跃起来。

85. 根据第一段，社会学家调查了人们：
　　A 参加招聘的理由　　　　　　　　B 获得好工作的途径
　　C 对人际关系的态度　　　　　　　D 对身边熟人的看法

86. 下列哪项属于"弱关系"的特点：
　　A 具有偶然性　　　　　　　　　　B 需长期维持
　　C 是需要回报的　　　　　　　　　D 目的性十分明确

87. 第三段主要介绍的是：
　　A 传递信息的方式　　　　　　　　B 不同阶层的差异
　　C "弱关系"的优势　　　　　　　　D 如何加强"弱关系"

88. "弱关系"传播的信息：
　　A 重复率高　　　　　　　　　　　B 真假难辨
　　C 流动性好　　　　　　　　　　　D 内容全面

89-92.

　　随着生活水平的提高，衣服渐渐从"不够穿"变成了"穿不完"。每到换季时，很多人都能整理出一批废旧衣物。丢弃这些"鸡肋"会带来不少隐患。一般来说，废旧衣物中化纤类原料的比例高达60%到70%，这些衣服被填埋后仍难以降解，将其烧毁也会产生很多问题。如果把废旧衣物当燃料使用，就会产生有害气体，污染空气。有些携带细菌、病毒或寄生虫的废旧衣物还可能会流入二手市场，直接或间接危害人体健康。

　　如何回收和处理这些废旧衣物就成为了一个亟待解决的问题。在回收废旧衣物方面，通常的做法比较单一，就是在居民小区里放置回收箱。固定的回收箱的确便民，但管理上存在着许多弊端。虽然回收箱的数量增加了，服务质量却没能跟得上，这需要安排专人收集和运输，无形中增加了成本。对此，上海做出了良好的示范，由政府主导，回收公司统一回收。除设置回收箱外，还通过电话预约上门，自付运费寄送，募集活动等多种途径进行回收。这些做法，都取得了不错的效果。

　　那么，回收来的废旧衣物，该怎样规范处置，才能物尽其用呢？首先，废旧衣物要经历一次严格的"面试"。那些成色较新、没有破损的衣物会被送往水洗区清洗，然后接受高温高压消毒，最后进行烘干、包装，再无偿捐给慈善机构或贫困地区。而"面试"后"落选"的那些衣物，会根据棉、毛、化纤等面料再次分类，然后发送到有资质的加工企业进行处理，制成可再利用的工业原料，比如说，白色棉织物和有色织物，处理后可以变为棉纱和无纺布；涤纶织物经过化学分解后，就会变为涤纶原料。经过这样的处理，废旧衣物就可以实现循环再利用了。

89. 第一段中画线词语"鸡肋"指的是：
　　A 二手市场　　　　　　　　　　B 废旧衣服
　　C 有害气体　　　　　　　　　　D 生活垃圾

90. 下列哪项**不属于**处理废旧衣物的方式？
　　A 在土壤中填埋　　　　　　　　B 当作燃料烧毁
　　C 送入二手市场　　　　　　　　D 送进仓库消毒

91. 关于衣物回收箱，可以知道：
　　A 便于政府管理　　　　　　　　B 可以降低风险
　　C 增加服务成本　　　　　　　　D 数量逐渐减少

92. 对成色较新的废旧衣服，应如何处理？
　　A 分类　　　　　　　　　　　　B 水洗
　　C 分解　　　　　　　　　　　　D 漂白

93-96.

你所知道的自行车是什么样子的？我们生活中出现过80年代以前的横杠28自行车、山地车、公主车或者小轮折叠车，它们都具有结构稳定的手拨铃、车链子、弹簧车座、充气轮胎、挡泥板和车锁。但是一开始，共享单车就颠覆了以上自行车的形象，闯入了我们的生活。

与普通自行车不同，一辆共享单车可以说集成了许多用户在骑行时感受不到的"黑科技"，从而改变了城市人的生活方式，甚至是整个自行车行业的发展方向。

到目前为止，"摩拜"是公认的共享单车行业的重要企业，它主要设计、生产和制造科技感较强的自行车，这让设计者操碎了心。设计者们首先**煞费苦心**地把发电机"藏"进了车子的后轮里。这个发电机是用来为"摩拜"单车的智能锁随时供电的。智能锁能实现位置上报、引导找车、智能开锁、挂锁自动结束等一系列功能，保证共享单车"无桩"存放。这是共享单车最核心的部件，也是区别于以往城市公共自行车的最大特点。当人往前蹬车时，驱使车子前进的能量转化为电能，源源不断地为蓄电池充电。

此外，为了降低车的维修成本，"摩拜"选择使用一种新的传动结构，也就是现在我们看到的无链条轴传动。从外观来看，这是个完全封闭的系统，这能保证齿轮10年都不会生锈。同时，"摩拜"的车轮使用汽车车轮的结构，拆轮子就跟汽车换胎一样，简单快速。

在车胎的选择上，"摩拜"研发者选用了免维修的实心胎，而不是常见的充气车胎。因为后者虽然舒适性强，滚动阻力小，但是更容易被扎或变形。此外，不一样的还有车铃，普通自行车用的是手拨铃，而"摩拜"的共享单车用的几乎都是旋转车铃。"摩拜"这样设计的原因有二，一是旋转车铃不容易损坏，二是减少突出物，以免在发生事故时，伤害到人。

93. 共享单车如何改变了城市人的生活方式？
   A 加大生产量   B 靠美观的外形
   C 通过市场调查   D 利用"黑科技"

94. 第三段中画线词语"煞费苦心"的意思是：
   A 经历了挫折   B 心里很痛苦
   C 丧失了机会   D 花了很多心思

95. 共享单车最核心的部件是：
   A 车胎   B 智能锁
   C 导航系统   D 齿轮和链条

96. 上文主要讲的是：
   A 共享单车的发展历史   B 共享单车的不足之处
   C 共享单车的具体特点   D 共享单车的未来前景

97-100.

性情凶猛，体型庞大的鲨鱼号称"海中狼"，可是最近它却被贴上了"整容师"和"清道夫"的标签。你是否对此感到十分惊讶呢？

原来，在海洋系统中，许多小鱼都有着较大的眼睛和有力的尾鳍，能帮助它们及时发现并快速躲避鲨鱼的攻击，尤其在鲨鱼常出没的低光环境下更是如此。较大的尾鳍可以保证鱼类瞬间加速，以此来逃离鲨鱼的追捕。研究人员发现，近年来由于人类对鲨鱼的大量猎杀，导致多种鲨鱼濒临灭绝。鲨鱼数量的减少，使得其他鱼类的生存得到了暂时的保障，导致它们的形态也发生明显的改变，如眼睛变小，尾鳍变小等。因此，鲨鱼就成了海洋系统里的"整容师"。

研究人员专门对两个珊瑚礁中7种不同的鱼类进行了对比分析。这两个珊瑚礁有着相似的自然环境，但不同的是，罗利沙洲禁止捕鱼，鲨鱼数量比较稳定，而斯科特礁允许对鲨鱼进行商业捕捞，且已经持续了一百多年。分析结果显示，与罗利沙洲的鱼类相比，斯科特礁同种鱼类的眼睛尺寸小46%，尾鳍尺寸小40%。

研究人员解释说，人类捕捞鲨鱼使其数量减少，这一情况会造成一系列生态后果。除了鱼的眼睛及尾鳍尺寸会发生变化之外，其他的海洋生物及海洋生态系统也会受到极大的影响。

首先，如果鲨鱼数量大幅度减少，那些体弱多病或畸形的鱼就不会及时被淘汰，进化过程中的优胜劣汰也不能更好地延续下去。没有被吃掉的弱鱼、病鱼就会一直繁殖下去，这不利于种群的健康发展，对整个海洋生物的优化将是一个致命打击。

其次，鲨鱼数量的大幅度减少，将会使海洋生态系统无法正常运转，水质环境会进一步恶化。因为鲨鱼是海洋系统名副其实的"清道夫"。它可以通过清理腐烂的大型海洋动物尸体，来净化海洋生态环境。

综上所述，鲨鱼在保持海洋生态环境一事上，起着至关重要的作用，可以说是名副其实的海洋"整容师"和清道夫"了。

97. 海洋鱼类的尾鳍较大是因为：
    A 可以保持平衡   B 能够快速逃跑
    C 让身体显得美观   D 避免被鲨鱼发现

98. 第三段中提到的两个珊瑚礁在哪方面不同？
    A 自然环境   B 地理位置
    C 鲨鱼的数量   D 海水清洁度

99. 人类捕捞鲨鱼会带来什么后果？
    A 使鲨鱼无法进化   B 提升海水的温度
    C 破坏海洋生态系统   D 降低小鱼的生存能力

100. 鲨鱼被称为"清道夫"的原因是：
    A 能清理动物的尸体   B 能帮助珊瑚礁生长
    C 能改变鱼类的体型   D 能消灭畸形的鱼类

三、书 写

第101题：缩写。

(1) 仔细阅读下面这篇文章，时间为10分钟，阅读时不能抄写、记录。

(2) 10分钟后，监考会收回阅读材料。请将这篇文章缩写成一篇短文，字数为400字左右，时间为35分钟。

(3) 标题自拟。只需复述文章内容，不需加入自己的观点。

(4) 请把短文直接写在答题卡上。

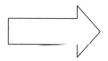

从前，在一个安静的村落里，住着一个想要成为艺术家的年轻人。他渴望学习真正的艺术创作，却不知道从哪里着手，该去哪里求教，这让他感到茫然和困惑。不过这样的情况没有持续太久，有人告诉他某个遥远的小镇里有不少杰出的艺术家，于是年轻人控制不住激动的心情，立刻收拾好行李出发了。

到达镇上的小旅馆后，年轻人放好行李就准备出门了。出门前，旅馆老板告诉他，小镇里有一个专门供艺术家展示自己作品的露天集市，非常繁华。他怀着满心的期待赶往集市，但结果令他非常失望。那里陈列出来的艺术品看起来非常普通，没有什么特别之处。

年轻人闷闷不乐地走出集市，在街头四处徘徊。这时，他身后突然传来了一阵轻轻的敲击声，清脆又悦耳。被这声音吸引的年轻人找了很久，终于找到了声音的源头——一个敞开门的院子。他走到大门前，偷偷地向里面望去，只见那里有一位年轻女子，她身旁摆放着各种各样的动物雕塑，精致又美丽。

过了一会儿，女子走到院子的中央，用小锤子敲了敲面前的大石头。年轻人心想，这肯定是个新手，才下手下得如此之轻。然而，接下来的一幕却让年轻人怀疑自己的眼睛。院中的大石头一下子裂开了，里面露出了像大理石一样光滑漂亮的雕塑，虽然还称不上精致，但已经能看得出来优美修长的天鹅颈模样。

年轻人惊呆了，他确定这个女子是个了不起的艺术家。为了弄清楚其中的奥秘，他走进院子，恭恭敬敬地给女子鞠了一躬，然后小心翼翼地问道：“女士，我能请教一下吗？您是怎么用小锤子一下就敲出了这么厉害的雕塑的？实在是太了不起了！”

女子微笑着对年轻人说：“你可能以为我工作的时间不超过十分钟，所以才会感到神奇。其实，我已经做了很久的准备工作了。在敲击之前，我曾经仔细地研究了这块石头的质地和结构，然后以此为根据，设计出了雕塑方案。由于这无法在短时间内一气呵成，我只能用同样的力气在这块石头上不断地敲击。敲了几百次，持续了很多天后，才出现了你刚才看到的情景。”

女子的一番话让年轻人恍然大悟，他终于明白了，所有出色的作品都不是轻而易举完成的。人生也是如此，如果不努力研究的话，就算跟随名师学习也没有任何效果。想要做出伟大的事业，就要静下心来不断学习，不懈努力。也许短期内很难看到成果，但长年累月积累的变化最终会带来意想不到的收获。

다음 페이지(p.144)에 정답이 있으니 바로 채점해보세요.

제1회
제2회
제3회
제4회
제5회
제6회

해커스 해설이 상세한 HSK 6급 실전모의고사

듣기
해설집 p.290

제1부분
1 A **2** C **3** D **4** C **5** C **6** A **7** A **8** B **9** A **10** C **11** D **12** D **13** B **14** C **15** C

제2부분
16 C **17** A **18** D **19** D **20** D **21** C **22** D **23** B **24** C **25** B **26** B **27** B **28** A **29** A **30** D

제3부분
31 A **32** B **33** C **34** C **35** A **36** B **37** D **38** C **39** C **40** D **41** C **42** A **43** D **44** D **45** B
46 D **47** B **48** C **49** C **50** D

독해
해설집 p.314

제1부분
51 A **52** C **53** D **54** B **55** A **56** B **57** C **58** B **59** D **60** C

제2부분
61 C **62** B **63** C **64** B **65** D **66** B **67** B **68** B **69** C **70** C

제3부분
71 B **72** E **73** C **74** A **75** D **76** B **77** A **78** D **79** C **80** E

제4부분
81 D **82** C **83** A **84** D **85** B **86** A **87** C **88** C **89** B **90** D **91** C **92** B **93** D **94** D **95** B
96 C **97** B **98** C **99** C **100** A

쓰기
해설집 p.348

모범 답안

成功的秘诀

　　从前，有个年轻人想成为艺术家，却不知道该怎么做。有人告诉他某个小镇里有很多出色的艺术家，于是他抱着激动的心情出发了。

　　到达小镇后，年轻人听说有个集市专门展示艺术家的作品。然而到那里之后，他非常失望，因为那些艺术品看起来很普通。

　　年轻人走出集市，到处徘徊。这时，他听到了从院子里传来的敲击声。他走到大门前，向里面望去，发现那里有一位年轻女子和很多精致美丽的雕塑。

　　女子走到院子中间，用小锤子敲了敲面前的大石头，没想到石头一下子裂开了，露出了漂亮的雕塑。虽然它不算精致，但能看出优美的天鹅颈模样。

　　年轻人感到非常惊讶，他确定她是了不起的艺术家，于是问她是怎么用小锤子敲出雕塑的。

　　女子笑着跟年轻人说，其实在敲石头之前，她做了很久的准备工作，仔细研究了那块石头后，不断敲了几百次，才做出了眼前的那个雕塑。

　　听完女子的话，年轻人才明白了出色的作品都不是轻易就能完成的。想要做出伟大的事业，就要不断地学习和努力。长时间的努力最终会带来出乎意料的收获。

해커스 해설이 상세한 HSK 6급
실전모의고사

IBT # 제6회

*해커스중국어(china.Hackers.com)에서 IBT로도 풀어 보실 수 있습니다.

*시험을 보기 전, <해설집> p.442의 '제6회 고난도 어휘'를 먼저 익히면
 문제를 더 쉽게 풀 수 있어요.

* 실제 시험을 보는 것처럼 시간에 맞춰 실전모의고사를 풀어보세요.

잠깐! 테스트 전 확인 사항

1. 휴대 전화의 전원을 끄셨나요? ····················· ☐

2. 답안지, 연필, 지우개가 준비되셨나요? ············ ☐

3. 시계가 준비되셨나요? ···························· ☐

 * 듣기 답안 작성 5분, 독해+쓰기 95분

시험에 나올 어휘를
효과적으로 공부하려면?

해커스중국어(china.Hackers.com)에서
<품사별로 암기하는 HSK 6급 필수어휘 2500 PDF> 무료 다운받기!

실전모의고사 6 답안지

汉语水平考试 HSK（六级）答题卡

请填写考生信息

请按照考试证件上的姓名填写：

姓名

如果有中文姓名，请填写：

中文姓名

考生序号
[0] [1] [2] [3] [4] [5] [6] [7] [8] [9]
[0] [1] [2] [3] [4] [5] [6] [7] [8] [9]
[0] [1] [2] [3] [4] [5] [6] [7] [8] [9]
[0] [1] [2] [3] [4] [5] [6] [7] [8] [9]
[0] [1] [2] [3] [4] [5] [6] [7] [8] [9]

请填写考点信息

考点序号
[0] [1] [2] [3] [4] [5] [6] [7] [8] [9]
[0] [1] [2] [3] [4] [5] [6] [7] [8] [9]
[0] [1] [2] [3] [4] [5] [6] [7] [8] [9]
[0] [1] [2] [3] [4] [5] [6] [7] [8] [9]
[0] [1] [2] [3] [4] [5] [6] [7] [8] [9]
[0] [1] [2] [3] [4] [5] [6] [7] [8] [9]
[0] [1] [2] [3] [4] [5] [6] [7] [8] [9]

国籍
[0] [1] [2] [3] [4] [5] [6] [7] [8] [9]
[0] [1] [2] [3] [4] [5] [6] [7] [8] [9]
[0] [1] [2] [3] [4] [5] [6] [7] [8] [9]

年龄
[0] [1] [2] [3] [4] [5] [6] [7] [8] [9]
[0] [1] [2] [3] [4] [5] [6] [7] [8] [9]

性别　　男 [1]　　女 [2]

注意　请用2B铅笔这样写：■

一、听力

1. [A] [B] [C] [D]
2. [A] [B] [C] [D]
3. [A] [B] [C] [D]
4. [A] [B] [C] [D]
5. [A] [B] [C] [D]

6. [A] [B] [C] [D]
7. [A] [B] [C] [D]
8. [A] [B] [C] [D]
9. [A] [B] [C] [D]
10. [A] [B] [C] [D]

11. [A] [B] [C] [D]
12. [A] [B] [C] [D]
13. [A] [B] [C] [D]
14. [A] [B] [C] [D]
15. [A] [B] [C] [D]

16. [A] [B] [C] [D]
17. [A] [B] [C] [D]
18. [A] [B] [C] [D]
19. [A] [B] [C] [D]
20. [A] [B] [C] [D]

21. [A] [B] [C] [D]
22. [A] [B] [C] [D]
23. [A] [B] [C] [D]
24. [A] [B] [C] [D]
25. [A] [B] [C] [D]

26. [A] [B] [C] [D]
27. [A] [B] [C] [D]
28. [A] [B] [C] [D]
29. [A] [B] [C] [D]
30. [A] [B] [C] [D]

31. [A] [B] [C] [D]
32. [A] [B] [C] [D]
33. [A] [B] [C] [D]
34. [A] [B] [C] [D]
35. [A] [B] [C] [D]

36. [A] [B] [C] [D]
37. [A] [B] [C] [D]
38. [A] [B] [C] [D]
39. [A] [B] [C] [D]
40. [A] [B] [C] [D]

41. [A] [B] [C] [D]
42. [A] [B] [C] [D]
43. [A] [B] [C] [D]
44. [A] [B] [C] [D]
45. [A] [B] [C] [D]

46. [A] [B] [C] [D]
47. [A] [B] [C] [D]
48. [A] [B] [C] [D]
49. [A] [B] [C] [D]
50. [A] [B] [C] [D]

二、阅读

51. [A] [B] [C] [D]
52. [A] [B] [C] [D]
53. [A] [B] [C] [D]
54. [A] [B] [C] [D]
55. [A] [B] [C] [D]

56. [A] [B] [C] [D]
57. [A] [B] [C] [D]
58. [A] [B] [C] [D]
59. [A] [B] [C] [D]
60. [A] [B] [C] [D]

61. [A] [B] [C] [D]
62. [A] [B] [C] [D]
63. [A] [B] [C] [D]
64. [A] [B] [C] [D]
65. [A] [B] [C] [D]

66. [A] [B] [C] [D]
67. [A] [B] [C] [D]
68. [A] [B] [C] [D]
69. [A] [B] [C] [D]
70. [A] [B] [C] [D]

71. [A] [B] [C] [D] [E]
72. [A] [B] [C] [D] [E]
73. [A] [B] [C] [D] [E]
74. [A] [B] [C] [D] [E]
75. [A] [B] [C] [D] [E]

76. [A] [B] [C] [D] [E]
77. [A] [B] [C] [D] [E]
78. [A] [B] [C] [D] [E]
79. [A] [B] [C] [D] [E]
80. [A] [B] [C] [D] [E]

81. [A] [B] [C] [D]
82. [A] [B] [C] [D]
83. [A] [B] [C] [D]
84. [A] [B] [C] [D]
85. [A] [B] [C] [D]

86. [A] [B] [C] [D]
87. [A] [B] [C] [D]
88. [A] [B] [C] [D]
89. [A] [B] [C] [D]
90. [A] [B] [C] [D]

91. [A] [B] [C] [D]
92. [A] [B] [C] [D]
93. [A] [B] [C] [D]
94. [A] [B] [C] [D]
95. [A] [B] [C] [D]

96. [A] [B] [C] [D]
97. [A] [B] [C] [D]
98. [A] [B] [C] [D]
99. [A] [B] [C] [D]
100. [A] [B] [C] [D]

三、书写

101.

不要写到框线以外！

不要写到框线以外！

汉语水平考试

HSK（六级）

注　意

一、HSK(六级)分三部分：

    1.听力(50题，约35分钟)

    2.阅读(50题，50分钟)

    3.书写(1题，45分钟)

二、听力结束后，有5分钟填写答题卡。

三、全部考试约140分钟(含考生填写个人信息时间5分钟)。

一、听力

第一部分

第1-15题：请选出与所听内容一致的一项。

1. A 降血压药应在午睡前服用
   B 午睡能够显著地降低血压
   C 高血压患者常出现失眠症状
   D 患者的午睡时间应严格控制

2. A 这套童话书即将问世
   B 作家号召大家多阅读
   C "围裙妈妈"是平凡人
   D 两位插画家完成了作品

3. A 茶叶的制作要求高
   B 新茶的味道异常苦涩
   C 泡绿茶时不宜用开水
   D 喝绿茶时要过滤沉淀物

4. A 人们喜爱这款鞋的颜色
   B 这款鞋子的制作成本高
   C 这款鞋子使用了环保材料
   D 这款鞋子用稻草编织而成

5. A 玉门关附近盛产玉石
   B 玉门关具体地点不明
   C 玉门关拥有辉煌的历史
   D 玉门关如今依旧十分雄伟

6. A 该线路穿越了整个山脉
   B 该线路有助于区域发展
   C 沿途的景区名气非常大
   D 购买高铁车票并不容易

7. A 这家食品店拖欠了货款
   B 该公司发起了专利诉讼
   C 顾客投诉了产品的质量
   D 应该重视食品安全问题

8. A 要详细说明身体的状态
   B 要把病历写得简单清晰
   C 应增加医生与患者的沟通
   D 应避免用具体数字描述病情

9. A 奉节脐橙需求量不大
   B 奉节脐橙的营养价值高
   C 奉节脐橙有几百年的历史
   D 奉节脐橙将实现无人化种植

10. A 马可以协助警察工作
    B 骑马是非常好的运动
    C 这匹马已适应嘈杂环境
    D 游客可在景区乘坐马车

11. A 汽车租赁很受欢迎
    B 汽车的维修费用过高
    C 共享汽车加大了交通压力
    D 共享汽车的管理存在漏洞

12. A 红色让人变得冲动
    B 红色可以治疗忧郁
    C 红色标记更为明显
    D 红色区域禁止停车

13. A 小盗龙属于鸟类

　　B 小盗龙飞得很远

　　C 小盗龙有两双翅膀

　　D 小盗龙身长至少一米

14. A 景区检查了高空设备

　　B 游客数量应合理控制

　　C 弹性票价越来越流行

　　D 节后景区将全面封闭

15. A 太空飞行让人感到很兴奋

　　B 大多数宇航员情绪变化大

　　C 宇航员的免疫力比一般人强

　　D 宇航员回地球后会有不适症状

第二部分

第16-30题：请选出正确答案。

16. A 对原来的岗位感到厌倦
    B 希望能拓展自己的视野
    C 了解到租房的市场需求
    D 一直对建筑非常感兴趣

17. A 资金缺口大
    B 缺乏参照物
    C 客户数量很少
    D 找不到发展方向

18. A 提供租赁服务
    B 提供居住产品
    C 进行风险投资
    D 进行房屋装修

19. A 智能操作系统
    B 社区配套设施
    C 一流的用户服务
    D 独特的个性色彩

20. A 加快发展步伐
    B 制定行业规范
    C 变竞争为合作
    D 完善管理系统

21. A 她觉得农民十分勤劳
    B 她小时候在农村度过
    C 她妈妈怀念农村生活
    D 她很向往农村的生活

22. A 能激发自己的创作灵感
    B 能提升自己的审美水平
    C 能让自己获得更多机遇
    D 能让自己接触更多同行

23. A 创作遇到困难时
    B 作品受到批评时
    C 与作家的默契不足时
    D 与出版社意见不一致时

24. A 向专家咨询
    B 阅读相关书籍
    C 购买摄影装备
    D 和当地人交朋友

25. A 她想成为雕塑家
    B 她家一直很贫困
    C 她独立创作过绘本
    D 她精通少数民族文化

26. A 属于爱情小说
    B 属于文学剧本
    C 是男的的传记
    D 讲述酒的发展

27. A 矛盾
    B 疏远
    C 忠诚
    D 厌恶

28. A 持续发展经济
    B 提高教育层次
    C 加快城市建设
    D 保护文化遗产

29. A 比别的作品更具趣味性
    B 让人们更好地了解历史
    C 能提高人们的审美水平
    D 能调整人们的知识结构

30. A 他目前居住在山东老家
    B 他的思想比较陈旧保守
    C 对别人的改编不太满意
    D 计划投身于文化保护工作

第三部分

第31-50题：请选出正确答案。

31. A 她喜欢医院的饭菜
    B 她与家人感情不融洽
    C 她对医院产生了依赖心理
    D 她的身上出现了过敏现象

32. A 胆小的
    B 多疑的
    C 有慢性病的
    D 大病初愈的

33. A 剧烈的疼痛
    B 药物的副作用
    C 疾病的后遗症
    D 较差的治疗条件

34. A 提升景区知名度
    B 有效地管理景区
    C 降低运营的成本
    D 宣传新旅游项目

35. A 景区导航
    B 监测路况
    C 分享游记
    D 医疗救助

36. A 调整发展思路
    B 招聘专业人才
    C 扩大服务范围
    D 进行技术更新

37. A 优美的舞姿
    B 高超的技巧
    C 节奏感强的音乐
    D 传统服装的色彩

38. A 难以适应
    B 有点儿可笑
    C 注意力更集中了
    D 舞蹈水平提高了

39. A 占用空间小
    B 方便交朋友
    C 能够节省时间
    D 不会妨碍他人

40. A 关闭店面
    B 高管离职
    C 出售资产
    D 价格上涨

41. A 外地分店的盈利有所提升
    B 营业额下降趋势受到遏制
    C 在国外开设了多家连锁店
    D 得到全国各地顾客的认可

42. A 推出外卖平台
    B 进军休闲餐饮业
    C 开发烤鸭的新品种
    D 进行互联网创意营销

43. A 减少门店数量
    B 积极进入市场
    C 进行广告宣传
    D 拓展销售渠道

44. A 损坏严重
    B 修复缓慢
    C 宣传力度不够
    D 缺乏法律保护

45. A 毁损文化资源
    B 轻视传统风俗
    C 盲目追求利益
    D 失去地方特色

46. A 国家政策
    B 商业投资
    C 乡村的文化内涵
    D 公众的舆论支持

47. A 乡村生活条件提高了
    B 乡村人口在逐渐减少
    C 相关法律已较为完善
    D 人们普遍喜爱古建筑

48. A 利润非常高
    B 技术进步快
    C 青少年沉迷游戏
    D 新游戏层出不穷

49. A 积极删除暴力画面
    B 要求用户实名购买
    C 控制青少年玩的时间
    D 禁止十六岁以下的人玩

50. A 企业能保护用户隐私
    B 企业能研究顾客心理
    C 企业能承担社会责任
    D 企业能重视知识产权

제1회

제2회

제3회

제4회

제5회

제6회

해커스 해설이 상세한 HSK 6급 실전모의고사

二、阅 读

第一部分

第51-60题：请选出有语病的一项。

51. A 在甲板上观看火箭发射的人群发出了一阵阵欢呼声。
    B 各地的可可豆风味不同，有的带着果香，有的带着烟熏味。
    C 家庭对孩子的影响是潜移默化的，反而能让孩子自然地接受教育。
    D 有声电影出现之后，音画的配合使得电影正式脱离了舞台剧的框架。

52. A 这个新款阅读器设计得很小巧，可以放进一个很小的包里。
    B 自从他被提拔为省长后，上门求见的人可以说是滔滔不绝了。
    C 在一夜暴富之后，有些人就开始盲目投资，从不分析市场前景。
    D 他创立了世界上第一个心理学实验室，这标志着现代心理学的诞生。

53. A 一个优秀的运动员通常会具备高超的技巧和勤学苦练的精神。
    B 除了以辛勤工作换取回报之外，人们还可以通过投资使资产增值。
    C 恒创集团已经成为了拥有5个子公司，2个研究基地，9千万元资产。
    D 老人站在街口东张西望，然后来来回回地走了好几趟，看样子可能是迷路了。

54. A 他31岁时厌倦了朝九晚五的工作，所以毅然辞职，开始了环球旅行。
    B 老板迫不得已选择转让这家饭店，是因为他有一大笔急需偿还的欠款。
    C 短期记忆是从感觉记忆到长期记忆的中间阶段，保持时间约为一分钟。
    D 为了培养女儿对艺术的审美能力，我每天都把她看不同风格的美术作品。

55. A 知识不一定能转化为物质力量，但可以帮助人们丰富自己的精神生活。
    B 这儿聚集了大量热爱科学的人，他们组成了各种各样的兴趣小组和协会。
    C 在校长的倡导下，学生们阅读了大量的课外书籍，知识水平得到了丰富。
    D 技术人员对受到山体滑坡影响的水库进行了全面排查，结果没有发现任何险情。

56. A 《生存》这本书上海文艺出版社出版，其作者是旅居海外二十多年的加拿大籍华裔。
    B 他住在北京城的时候，因为租不起城内昂贵的房子，只得在郊区租几间破旧不堪的平房。
    C 当自己的合法权益被侵犯时，公民应当拿起法律武器，通过打官司的方式保障自身权益。
    D 敏感的皮肤给身为皮肤病患者的小张带来了巨大的痛苦，也给他的日常生活造成了不少困扰。

57. A 辞去总裁一职后，他成为了慈善组织的负责人，在很多山区为孩子们修建了标准化的操场。
    B 看到"北京站"三个大字，我抑制不住激动的心情，大喊了一声："北京，我终于来到了你的怀抱！"
    C 十年前刚出版这本书时，许多人都不屑一顾，但它却受到了老板、总经理等企业高层的热烈追捧。
    D 社交能力是指人与人之间运用语言和符号交流思想、表达感情、了解需要、实现沟通的一种能力。

58. A 戏剧剧本由许多复杂的段落组成，所以需要在不同的段落之间插入鲜明的区分标志。
    B 制作家常菜时往往会选用极其普通的材料，但要做家常菜出色，也是非常考验厨师功夫的。
    C 工业革命需要被理智地看待，因为它使社会生产力得到了飞速发展的同时，也带来了严峻的生态问题。
    D 白渡桥是中国第一座全钢结构桥梁，由当时的上海工部局主持修建，所有建筑材料皆是从国外进口的。

59. A 在本场比赛中，这支缺少中心球员的球队大致没有放盐的料理一样，索然无味，毫无生机。
    B 小草给山坡披上了漂亮的绿衣裳，小花给林间撒下了鲜艳的色彩，它们一起给我们传达了春天的信息。
    C 所有的母亲都是伟大的，她们不仅赋予我们生命，更用一生的心血培养我们，给予我们无微不至的关怀。
    D 最近消费者对此类产品的需求量越来越大，多家工厂的工人加班加点生产，也无法改变市场上供不应求的局面。

60. A 缅甸发现了世界上特大型唯一的红宝石，这块红宝石重3450克拉，色彩鲜艳明亮，引发了众多宝石商的关注。
    B 专家们表示，为了吃肉，人们得先用一大片土地种植给动物吃的谷物，而一块用来养活30个素食者的土地，只够养活一名肉食者。
    C 在本年度的独立电影节上，获奖作品都有一个无法忽视的共同点，那就是导演大胆丢弃了传统的拍摄方式，以全新的手法讲述了生动又有内涵的故事。
    D 本次活动有许多丰富有趣的环节，最令人期待的就是智能音箱的免费体验，为此主办方准备了20台智能音箱，届时会以抽签的方式邀请20位用户参与体验。

第二部分

第61-70题：选词填空。

61. 物理学家霍金的《时间简史》获得了巨大成功，这令他一举成为文化_____。一时间，他和他的这部天文学_____成为了人们讨论的焦点。很多人为了显示自己学识渊博，总在不同的_____提起这本书。

A 偶像　　　　　著作　　　　　场合
B 英雄　　　　　宗旨　　　　　场所
C 领袖　　　　　著述　　　　　现场
D 人士　　　　　评论　　　　　场面

62. 荷兰人汉斯发明了望远镜，但他只把望远镜当作玩具，没有为它申请发明_____。后来，意大利天文学家伽利略对_____的设计方案做了改进，逐步增强了它的_____功能，并将其应用于科学研究。

A 地位　　　　　从前　　　　　扩大
B 认定　　　　　当前　　　　　扩充
C 专利　　　　　以往　　　　　放大
D 证书　　　　　往常　　　　　放射

63. 近年来，越来越多的男性开始请专业人士为自己_____服装。他们这样做的目的都不太一样，有的人不想_____伴侣对自己穿着的期待，有的人则希望自己随时随地都能以时尚_____的形象示人，还有的人希望自己的衣着符合自身身份。

A 设计　　　　　隐瞒　　　　　体贴
B 设立　　　　　挥霍　　　　　富裕
C 搭配　　　　　辜负　　　　　体面
D 支配　　　　　亏负　　　　　光彩

64. 经过不断的努力，小王终于摆脱了_____，找到了一份不错的工作。再也不用在外_____的他，终于有机会选择自己想要的居住环境。小王一直梦想着下班之后_____自己的小说，所以他选择了一个远离市中心的，非常_____的小区。

A 贫乏　　　　　奔驰　　　　　构成　　　　　寂寞
B 贫困　　　　　奔波　　　　　构思　　　　　寂静
C 贫穷　　　　　流浪　　　　　反思　　　　　宁静
D 困境　　　　　立足　　　　　顾虑　　　　　镇静

65. 声音博物馆创始人陈弘礼表示，他们非常_____传统文化和现代技术的结合。所以他们在万木草堂内_____了一个充满科技感的声音剧场。夜幕_____时，草堂会变得更加美丽，承载着传统文化的图画和声音也将会以_____的模样和观众见面。

A 注重　　　　　搭　　　　　降临　　　　　崭新
B 珍惜　　　　　建　　　　　拜访　　　　　别致
C 爱惜　　　　　铺　　　　　光临　　　　　陈旧
D 重视　　　　　盖　　　　　来临　　　　　腐败

66. 在信息高度发达的现代社会，如果假新闻_____，真实的言论和思想就会被埋没在海量的网络信息之中。为了_____假新闻，新加坡最近制订了《防止网络假信息法案》。该法案含有针对_____事实、传播谣言、捏造_____信息等的惩罚条例。

A 遍布　　　　防止　　　　扭曲　　　　扎实
B 普及　　　　预防　　　　对抗　　　　不实
C 广泛　　　　断绝　　　　否决　　　　虚伪
D 泛滥　　　　杜绝　　　　歪曲　　　　虚假

67. 这位植物学家克服了大自然的艰险，在东南亚做了八年的_____多样性研究。为了获得第一手资料，他去过很多地方，其行程_____到60多条线路，总长超过了14000英里。前往充满未知数的_____丛林时，胆大心细的他通常只会带一两名当地_____。

A 生存　　　　相差　　　　神奇　　　　司令
B 生物　　　　涉及　　　　茂密　　　　向导
C 形态　　　　相等　　　　神秘　　　　同胞
D 形状　　　　交涉　　　　稠密　　　　导游

68. 丽江古城从总体_____到建筑风格，融汇了各个民族的精华。在外部_____上，古城民居糅合了汉族、藏族和白族的建筑技艺，形成了_____的风格。在结构上，这些以土木为主的建筑，经受住了岁月的考验，_____后依然保持着最佳的风貌。

A 布置　　　　模型　　　　鲜活　　　　朝气蓬勃
B 构造　　　　类型　　　　鲜艳　　　　一如既往
C 架构　　　　构型　　　　鲜嫩　　　　众所周知
D 布局　　　　造型　　　　鲜明　　　　饱经沧桑

69. 近年来，不少新兴游乐项目以短_____的方式在各大直播平台走红。这些游乐项目非常刺激，但也存在很多安全_____。因此，在管理和经营游乐场时，负责人需要具备极强的防范_____。在条件允许的情况下，最好_____一些可以防止事故发生的设备。

A 采访　　　　迫害　　　　负担　　　　安装
B 诉讼　　　　灾害　　　　责任　　　　赋予
C 视频　　　　隐患　　　　意识　　　　配备
D 通讯　　　　事故　　　　知识　　　　给予

70. 化石研究能够_____人们对古生物的好奇心，也可以增强想象力，培养探索精神，因为了解化石的_____过程是解读生命必不可少的重要钥匙。将远古化石与现在的生命形态相_____的话，就能够追溯到生命发展的_____，还可以推测出_____历史时期中地球生态环境的变化。

A 引导　　　　变迁　　　　对立　　　　事迹　　　　悠长
B 促进　　　　进化　　　　对应　　　　象征　　　　保持
C 激发　　　　演变　　　　对照　　　　线索　　　　漫长
D 激励　　　　改进　　　　对比　　　　途径　　　　持续

第三部分

第71-80题：选句填空。

71-75.

　　瑞士的研究人员发现了一个奇怪的现象：大象成年后的体重并不是持续上升的，（71）_____。于是研究人员对瑞士动物园中的非洲象和亚洲象进行了数据分析。研究结果表明，造成这一体重波动的原因竟然是——换牙。

　　大多数哺乳动物，尤其是大象，在一生中会长出乳牙和恒牙两副牙齿。乳牙是出生不久后萌出的牙齿，在个体完全成熟前会全部脱落，（72）_____。大象在旧牙没有掉而新牙已经长出的时间点里，体重会更重一些。这是因为，有两副牙口的大象，咀嚼的效率会更高。也就是说，这可以让大象吃更多的食物，（73）_____。在这一时期，摄入更多热量的大象，想不胖都难。

　　根据这项研究，饲养员可以改进投喂大象的方式。在大象"细嚼慢咽"的换牙期，饲养员可以控制大象饲料的热量，而过了换牙期，（74）_____。研究人员之所以能发现大象细微的体重变化，是因为动物园里提供的食物热量相对固定。但是在野外，换牙这个影响体重的重要因素可能不会被发现，（75）_____。

A 就可以多给大象喂一些食物了

B 这是因为大象摄入和消耗的热量波动很大

C 而是呈现出了反反复复的周期性上下波动

D 也可以把食物咀嚼得更加精细

E 然后长出更大的恒牙以适应身体的发育

76-80.

我们都知道梦想支撑着每一个人的内心世界。有了梦想，（76）_____，生活就会变得更加精彩。梦想会促使我们向更远大的目标，更美好的未来前行。但没有人能轻而易举地实现梦想。通向梦想的道路并不平坦，甚至充满了荆棘。那么，究竟怎样才能克服困难，实现属于自己的梦想呢？

第一，实现梦想需要锲而不舍的精神。"杂交水稻之父"袁隆平为了实现水稻高产的梦想，克服了许多困难。在最艰难的一段时期，（77）_____，他没有放弃；在做杂交试验时，稻谷没有明显的增产，面对这样的困境，他也没有退缩。最后，他终于凭借坚韧不拔的毅力，让中国的杂交水稻享誉世界。

第二，（78）_____。贝利在很小的时候就渴望成为一名足球运动员，但家境贫寒，买不起足球。于是，他在袜子里面塞满破布和旧报纸，做成"布球"踢。虽然遭到他人无情的嘲笑，但他并不在意。通过不断的练习，他练就了精湛的球技，最终成了一代球王。

最后，实现梦想还需要认识自我，挑战自我。成为一名优秀的乒乓球运动员，是邓亚萍儿时的梦想。她知道自己的身材矮小，（79）_____，但她也知道自己灵活性强，爆发力好。于是，她在赛场上发挥优势，努力拼搏，终于站在了世界冠军的领奖台上。俗话说，尺有所短，寸有所长。（80）_____，只有认识自我，挑战自我，才能离自己的梦想越来越近。

A 与乒乓球运动员的标准相距甚远

B 用于试验的秧苗被人全部拔除时

C 每个人都有自己的优势和不足

D 内心就会变得更加充实

E 实现梦想需要有排除外界干扰的意志

第四部分

第81-100题：请选出正确答案。

81-84.

　　长三角地区不仅地理位置优越，还有着十分舒适的气候环境，所以成为了大众青睐的亲子旅游胜地。然而，儿童免票规则在不同的景点差异较大。这让身为家长的消费者感到格外不便。为了解决这一问题，长三角消费者联盟于近日提出了兼顾儿童"身高与年龄"的免票倡议，该倡议得到了200多家景区的积极响应。

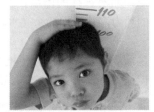

　　倡议内容如下：今后儿童到长三角地区的景点游玩时，只要能出示有效证件，证明年龄不超过6周岁，就可享受免票待遇。新的倡议和旧的规则有明显的区别。旧的规则从不考虑消费者的需求，既不__人性化__也不科学。相反，新的倡议与时俱进，既体现了景区具有人情味的一面，又满足了消费者的需求。

　　此前，景区给儿童免票的依据就是身高，并没有相应的年龄标准。但只参考1.2米的免票身高，不考虑实际年龄的死板规定引发了很多争议，因为现在的生活条件越来越好，孩子们的生长发育状况与几十年前有了显著的差别。有的孩子年龄很小，身高却早早地超过了1.2米。现有的标准对他们来说实在是不公平，不管是外出乘车还是旅行，他们都不能像其他孩子一样享受应有的福利。

　　众所周知，免票政策是为适龄儿童服务的。如果仍然以身高为是否免票的唯一标准，势必令一大批儿童无法享受"儿童免票"的权利。判断儿童是否需要购票时，要参考身高、年龄及其他要素，以便给儿童和家长带来实实在在的好处。

81. 新的倡议：
    A 实施很有难度
    B 反对声音较大
    C 得到了积极响应
    D 不利于亲子出游

82. 第二段中的画线词语"人性化"的意思是：
    A 具有地方特色
    B 含有文化因素
    C 满足消费者需求
    D 改变人们消费习惯

83. 为什么人们对1.2米免票身高有争议？
    A 歧视个子矮的人
    B 现在的孩子长得高
    C 难以精确地测量身高
    D 大人不能享受该福利

84. 兼顾儿童"身高与年龄"的好处是：
    A 增加景区客流量
    B 简化景区购票手续
    C 让适龄儿童享受福利
    D 让家长重视儿童健康

85-88.

　　2019年春节，故宫展示出了多个具有重要历史意义的展览品。其中，以故宫博物院藏品研究成果为基础复制出的万寿灯最为特别。

　　根据研究成果，我们可以知道，万寿灯具有装饰功能，其造型精美繁复。在此次复制万寿灯的过程中，主要采用了锻铜工艺技术。这项工艺技术源自中国传统的铜浮雕，即在设计好形式或图案后，按照一定的工艺流程，用特制的工具和特定的技法，在金属板上加工出千变万化的图案。而万寿灯灯柱上的龙纹都是由工匠师傅们采用锻铜工艺，用皮锤手工锻造的，最大限度地再现了原版的细节。

　　高10.9米，直径5米的万寿灯竖立在大殿前，给故宫增添了浓浓的节日氛围，还让数百万观众梦回明清，感受了一下过去宫廷过年的盛大景象。但是，这么高的装饰灯存在一定的安全隐患，而且在展览结束之后，它的归属也成了问题。

　　对此，博物院有关方面进行了多次讨论，最后决定对展出的万寿灯复制品进行公益拍卖。有关人员透露，决定进行公益拍卖的主要原因是为了支持国家扶贫工作，吸引社会各界关注，并利用博物馆的创新能力和影响力来帮助贫困地区。近年来，故宫博物院的文化遗产保护事业获得了多方面的关注和捐款，为了延续这份暖意，公益拍卖的所有收益将全部用于贫困地区的教育和文化事业。

　　另外，出资支持万寿灯复制工作的是故宫博物院的下属企业——故宫文化传播有限公司。为了让本次公益活动顺利进行，该公司将万寿灯展品捐赠给故宫基金会，并由基金会完成对万寿灯的公益拍卖。

85. 关于锻铜工艺技术，下列哪项正确？
　　A 不太重视细节　　　　　　　　　B 在木板上进行加工
　　C 一般不预先设计图案　　　　　　D 源自传统的金属浮雕

86. 根据第三段，可以知道：
　　A 万寿灯的体积较小　　　　　　　B 万寿灯不在故宫里
　　C 万寿灯有安全隐患　　　　　　　D 万寿灯将会被回收

87. 下列哪项**不属于**拍卖万寿灯复制品的原因？
　　A 帮助贫困地区　　　　　　　　　B 为故宫创造收益
　　C 吸引社会各界关注　　　　　　　D 支持国家扶贫工作

88. 出资支持万寿灯复制工作的是哪个机构？
　　A 故宫博物院　　　　　　　　　　B 故宫基金会
　　C 故宫管理事务所　　　　　　　　D 故宫文化传播有限公司

89-92.

很多人喜欢乘坐豪华游轮去世界各地游玩，因为在游轮上既可以享受温暖的阳光，也可以感受扑面而来的暖风，同时，还有机会品尝品种多样的各国美食。不过，过去不少中国游客发现，豪华游轮提供的餐饮以西餐和日本料理为主，很少有中餐的踪影。

游轮上中餐之所以少于西餐，和厨师的水平没有太大的关系。其原因有以下几点，首先，这与文化及历史遗留问题有关。游轮旅行源于欧洲，因此在餐饮习惯、厨房配套和餐厅布置上自然会偏向于西方模式。而另一个重要原因是，为了保证航行安全，游轮上禁止使用明火。中餐追求的是色香味俱全，且厨师需要用猛火来迅速翻炒食材。而游轮的厨房不能进行这样的"快炒"，也无法进行"颠锅"这一类操作，中式菜肴的品质和口感自然会受到影响。

但为了吸引更多的中国游客，满足他们对中餐的需求，游轮公司想出了各种各样的解决办法。如今可以看到，在越来越多的游轮上出现了中餐厅。考虑到不能用明火大量炒菜的情况，很多豪华游轮上的中餐厅另辟蹊径，将目光投向了火锅和粤菜。火锅做法简单，只要把新鲜食材放入热锅烫熟就可以了。而粤菜则以蒸和煲为主，安全又简便。成为船上人气佳肴的火锅和粤菜，既保证了口味和安全，又符合了大部分中国游客的餐饮习惯。

美食是游轮旅行不可或缺的一个主题。随着游客需求的多元化，游轮公司需要不断开拓更多国家、更多地区的美食。旅行的方式越来越丰富，人们愈发喜欢在豪华游轮上享受悠闲假期。相信逐渐完善的中餐厅会吸引更多的游客。

89. 过去豪华游轮上的饮食以什么为主？
    A 西餐和中餐　　　　　　　　　B 日料和粤菜
    C 粤菜和火锅　　　　　　　　　D 日料和西餐

90. 根据第二段，可以知道什么？
    A 游轮上不能使用猛火　　　　　B 游轮上食材难以储存
    C 游轮上的中餐种类繁多　　　　D 游轮上的餐厅难以聘请厨师

91. 根据上文，为什么火锅在游轮上大受欢迎？
    A 火锅色香味俱全　　　　　　　B 餐厅环境高端典雅
    C 使用最新鲜的食材　　　　　　D 符合中国人的口味

92. 最适合做上文标题的是：
    A 豪华游轮行　　　　　　　　　B 海上中餐厅
    C 中餐烹饪技巧　　　　　　　　D 世界各国美食

93-96.

　　斑马身上为什么长着条纹？这是一个令人费解的问题。在过去的150多年里，关于斑马条纹的假说将近有二十个。其中，流传最广的说法是，条纹能够帮助斑马在自然界中伪装自己，迷惑猎食者。除此之外，也有人认为条纹有助于在炎热的环境中降低斑马的体温，让其感到凉爽；有人认为这种独特的纹理带有社交功能，能让斑马在野外辨认出同伴；还有人认为斑马的条纹具有驱虫功能。

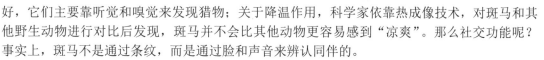

　　但是，相关科学研究一一推翻了上述假设。条纹的伪装功能并不能有效地防御猎食者，因为狮子、猎豹等大型动物的视力并不好，它们主要靠听觉和嗅觉来发现猎物；关于降温作用，科学家依靠热成像技术，对斑马和其他野生动物进行对比后发现，斑马并不会比其他动物更容易感到"凉爽"。那么社交功能呢？事实上，斑马不是通过条纹，而是通过脸和声音来辨认同伴的。

　　最后，只剩下条纹驱虫一说了。为了证明这一假说，加州大学的生物学家近距离地观察了纯色马和斑马。两个研究人员站在距离马两米的位置，一个人用肉眼观察，另一个人用摄像机记录下了马和马蝇的所有举动。一帧一帧分析完录像后，他们发现纯色马和斑马吸引到的马蝇数量差不多，但停留在斑马身上的马蝇相对更少。研究人员推测，斑马身上的黑白条纹可以影响马蝇等昆虫对光的感受。但是他们还不敢随意下结论，因为还存在其他影响马蝇飞行轨迹的因素，比如说气味、温度、风速等。

　　为了控制这些变量，研究人员又设计了一项实验。他们给同一匹马分别穿上白色、黑色以及条纹三种不同的外套，并观察在同样的时长内哪一种外套的驱虫效果最好。实验表明，停留在条纹外套上的马蝇数量远远低于白色或黑色外套上的数量。条纹具有驱虫效果的假说最终得到了证实。

93. 根据流传最广的说法，斑马的条纹：
　　A 能够降温　　　　　　　　　　B 有助于社交
　　C 易于辨认同伴　　　　　　　　D 可以迷惑敌人

94. 关于斑马，下列哪项正确？
　　A 容易吸引昆虫　　　　　　　　B 害怕炎热的天气
　　C 通过声音来辨别同类　　　　　D 排斥没有条纹的同类

95. 研究人员为什么给马穿上不同的外套？
　　A 检验色彩的驱虫效果　　　　　B 防止马的皮肤被晒伤
　　C 研发可以防水的外套　　　　　D 开发动物的识别系统

96. 上文主要想告诉我们：
　　A 斑马的生长过程　　　　　　　B 斑马的生活习惯
　　C 斑马条纹的作用　　　　　　　D 斑马条纹的规律

97-100.

慕课是"互联网+教育"的产物，简单来说，就是"大规模的，开放的在线课程"。它是一种新兴的课程教学模式，充满了大胆而新颖的尝试，吸引了各个领域学习者的目光。

浙江大学副教授翁恺和南京航空航天大学教授田威是慕课的创始人，他们从2013年开始做慕课。之后，慕课的发展非常迅速，目前上线的课程已达到6门，选课人数累计超过230万。

翁恺希望学生能够通过慕课学习到多种多样的知识，然后用这些知识探索更广阔的世界。他表示，自己会和团队一同建设在线课程，把丰富的学科知识，正确的价值观、世界观和人生观传递给更多的学生。在慕课教学过程中，翁恺遇到了一件感触极深的事。他说："有一次线上上课的时候，我给发帖前十名的学员发纪念品，结果其中有一位学员来自连快递都到不了的偏远山区。这一事例让我真切地感受到了网络和慕课的力量，它们可以将优质的教学资源以最快的速度，最低的成本传播到祖国的四面八方。"

近日，中国慕课大会在北京召开，慕课制作团队在大会上发布了《中国慕课行动宣言》。慕课的现状及其发展趋势一直是教育界乃至全社会讨论的焦点。因为高速发展的慕课是提高教育质量、推进教育公平的重要战略举措。不断取得新成果的慕课，已成为中国教育现代化的强大推动力。

在中国慕课大会现场，田威教授以三校异地同步直播的方式，展示了国产飞机大部件装配虚拟仿真实验。通过全息技术，身在外地的田威的影像呈现在会场前方的演讲台上，形象十分逼真。田威介绍说："依托数字仿真和虚拟现实技术，我能把飞机装配现场搬到课堂，还能通过5G技术，把各地学生带到实验室互动。"话音刚落，南京航空航天大学、西北工业大学、贵州理工学院三校学生的影像就呈现在屏幕上。他们戴上VR眼镜，进入为课程专门研发的虚拟仿真实验教学程序中，测量大型客机并为其安装机翼。

97. 根据第三段，可以知道什么？
    A 网络慕课成本很低   B 有学员来自偏远地区
    C 选课人数不到两百万   D 学生的价值观呈多样化

98. 慕课可以：
    A 增加教学收入   B 减少教师人数
    C 提高互联网技术   D 促进教育现代化

99. 在慕课大会现场，田威教授：
    A 展示了虚拟实验   B 亲自安装了机翼
    C 现场招聘实验人员   D 把真正的飞机搬进了课堂

100.上文可能来自于下列哪本杂志？
    A 自然科学   B 幻想天地
    C 小发明家   D 现代教育

三、书写

第101题：缩写。

(1) 仔细阅读下面这篇文章，时间为10分钟，阅读时不能抄写、记录。

(2) 10分钟后，监考会收回阅读材料。请将这篇文章缩写成一篇短文，字数为400字左右，时间为35分钟。

(3) 标题自拟。只需复述文章内容，不需加入自己的观点。

(4) 请把短文直接写在答题卡上。

제1회 제2회 제3회 제4회 제5회 제6회 해커스 해설이 상세한 HSK 6급 실전모의고사

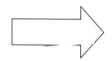

商务服务公司——"小微帮忙"的创始人连建亚，出生在一个商人家庭。他从小就对创业、经商充满了兴趣。所以他考入郑州某大学的物流专业后，就正式开始了自己的创业之路。

进入大学校园后，连建亚没有过图书馆、宿舍、教室三点一线的生活，而是在课余时间尝试了很多创业实践类活动。从刚开始摆地摊卖坐垫、袜子、英语词典、报纸，到后来售卖英语听力设备和宿舍生活用品，这些尝试使他的视野变得格外开阔。

后来，校园里做零售生意的人开始互相竞争，所以连建亚另找出路，将生活用品以打包的形式卖给学生，同时还提供送货上门的服务。就这样，他的生意一下子火爆了起来，最忙的时候甚至要请几十个同学帮忙配货、送货。

大学毕业后，连建亚并没有立刻开始创业，而是去家人给他安排的国营企业做采购工作。这是因为家人希望他能过上有稳定收入的生活，但三年平淡的生活不仅没有给他带来快乐，反而让他倍感无趣。他发现自己仍然对创业充满了激情和渴望，所以深思熟虑后辞了职，回到郑州与同学合伙创立了"小微帮忙"商务服务有限公司。他们的公司主要为小型、微型企业提供专业的工商注册、代理记账和法务咨询等服务。

公司创立之初，由于不熟悉市场，不懂得营销，连建亚一直没有找到合适的推广方式。他尝试了贴广告、打电话、登报纸等方式，结果这些方式都不怎么见效。不光如此，由于公司的启动资金只有二十万，能做的单子十分有限，业务自然增长缓慢，就算拿到大的单子也只能交给其他的代理公司去做。在资金最困难的时期，连建亚给员工发的工资都是和朋友借的。为了省钱，连建亚经常带着员工去公司楼下的小饭店里吃最便宜的面，一吃就是一整个夏天。

功夫不负有心人，他终于等到了发展机会。由于国家政策变得宽松，"小微帮忙"有了更多的客户，同时他们优质的服务也得到很多人的认可，不到半年，业务量整整涨了一倍。现在公司已有四百多个客户，员工也达到了二十多人。

公司走上正轨后，连建亚决定帮助有梦想的大学生创业，因为他比任何人都了解年轻人创业的艰辛。连建亚找到"大学生创业网"，联合他们一同举办了大学生创业俱乐部活动。活动集合了大批小微企业创业者，开展了经验分享会及资源对接活动，打造了年轻创业者互相帮助，合作共赢的平台。连建亚的创业之路并不那么顺利，但不断的坚持和不灭的热情最终帮助他取得了成功。成功之后的连建亚不仅没有骄傲自满，还向更多心怀创业梦想的年轻人提供了帮助，为社会做出了巨大的贡献。

다음 페이지(p.172)에 정답이 있으니 바로 채점해보세요.

듣기

해설집 p.356

제1부분

1 B 2 A 3 C 4 C 5 C 6 B 7 B 8 A 9 D 10 C 11 D 12 A 13 C 14 A 15 D

제2부분

16 C 17 B 18 D 19 A 20 D 21 C 22 A 23 C 24 B 25 C 26 B 27 A 28 D 29 C 30 C

제3부분

31 C 32 C 33 A 34 B 35 A 36 C 37 C 38 C 39 D 40 B 41 B 42 D 43 B 44 A 45 A
46 C 47 B 48 C 49 D 50 C

독해

해설집 p.380

제1부분

51 C 52 B 53 C 54 D 55 C 56 A 57 C 58 B 59 A 60 A

제2부분

61 A 62 C 63 C 64 B 65 A 66 D 67 B 68 D 69 C 70 C

제3부분

71 C 72 E 73 D 74 A 75 B 76 D 77 B 78 E 79 A 80 C

제4부분

81 C 82 C 83 B 84 C 85 D 86 C 87 B 88 D 89 D 90 A 91 D 92 B 93 D 94 C 95 A
96 C 97 B 98 D 99 A 100 D

쓰기

해설집 p.414

모범 답안

连建亚的成功故事

　　"小微帮忙"的创始人连建亚，出生在商人家庭。他从小对创业感兴趣，进入大学后，就正式开始了创业之路。

　　大学期间，连建亚尝试了很多创业实践。他卖过各种学习用品和生活用品，这些经验使他的视野变得开阔。

　　后来，在校园做生意的人开始竞争，所以他将生活用品打包卖给学生，还提供送货上门的服务。生意一下子火爆了起来。

　　大学毕业后，连建亚去了国营企业工作，但平淡的生活让他感到无趣。经过一番考虑，他辞了职，与同学合伙创立了"小微帮忙"，为小型企业提供各种服务。

　　刚开始，连建亚找不到有效的推广方式，而且由于公司的启动资金有限，公司经营十分困难。最困难的时候，他不得不借钱给员工发工资。

　　功夫不负有心人，国家政策变得宽松，"小微帮忙"有了更多客户，公司的服务得到了认可，业务量涨了一倍，公司规模也扩大了。

　　公司走上正轨后，连建亚帮助大学生创业，开展了各种活动，打造了一个互相帮助，合作共赢的平台。他之所以能获得成功，是因为他有不断的坚持和不灭的热情。成功之后，他为社会做出了贡献。

해커스 중국어

해설이 상세한

HSK 6급

실전모의고사

고득점을 향한 막판 10일!

실전모의고사
6회분

고난도 어휘집

무료 MP3
(모의고사용/
문제별 분할/고사장 소음/
고난도 어휘집 MP3)

3

자신의 HSK 실력이 궁금하다면
무료 HSK 레벨테스트

중국어 실력 점검!
무료 HSK 레벨테스트

1. 철저한 시험문제 분석을 반영하여
   해커스 HSK연구소에서 직접 출제!

2. 영역별 점수 및 추천 공부방법까지
   철저한 성적 분석 서비스

무료테스트 바로가기

4

해커스중국어
실전모의고사
3 STEP 학습 시스템

강의 듣고!　　　보충하고!　　　복습하자!

 >  >

오늘의 강의
스타강사 선생님의
명쾌한 강의에
실전 팁까지!

HSK 6급 어휘
해커스 HSK
단어시험지 생성기
프로그램으로
어려운 어휘 학습

HSK iBT 모의고사
실제 시험 환경과
동일한 모의고사
응시하여 시험 전
마지막 실력 점검!